제 8 판

현대경제학원론

김대식 · 노영기 · 안국신 · 이종철 · 박성용

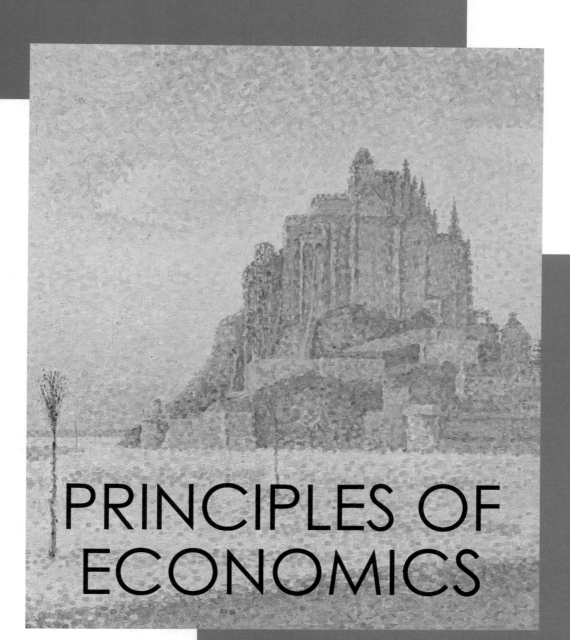

PRINCIPLES OF ECONOMICS

박영사

제 8 판 머리말

　　이해하기 쉬운 경제학원론을 표방하며 『현대경제학원론』을 처음 펴낸 지 어언 40년이 되었다. 지난 7판을 낸 지 7년 만에 제8판을 낸다.

　　생산, 분배, 소비 등 먹고 사는 경제문제는 예나 지금이나 변함없이 중요하다. 경제문제와 이에 따른 경제현상은 갈수록 복잡하고 다양해지고 있다. 경제문제와 경제현상을 조리 있게 이해하고 경제활동을 슬기롭게 영위하는 것은 개인과 기업에 중요하다. 경제정책을 펴는 국가에도 물론 중요하다. 현대 사회에서 수많은 경제문제와 경제현상이 있지만 경제학의 몇 가지 주요 원리만 확실히 알면 핵심을 파악하고 합리적인 대처방안을 논할 수 있다. 이런 문제의식으로 몇 가지 주요 원리를 확실히 체득시켜 주는 쉬운 경제학원론, 우리나라 현실을 이해시켜 주는 재미있는 경제학원론을 쓴다는 것이 최초의 집필 의도였다. 이런 집필 의도는 미국 경제학원론 교과서들이 시장에 많이 나오는 가운데 7판까지 수정되어 오는 과정에서 어느 정도 달성되었다. 뒤늦게 천천히 제8판을 내게 된 이유다.

　　지난 7년 동안 한국은 저출산·고령화가 종전보다 빠르게 진행되고, 경제성장률이 연 2-3%대로 낮아진 데 이어 0%대로 내려 앉는 등 구조적 전환기를 맞았다. 세계는 크게 두 가지 충격을 경험하였다. 코로나19라는 큰 전염병과 AI 기술혁명이 그것이다. 코로나19는 세계 전체를 강타하여 많은 나라가 심각한 경기침체를 겪었다. 세계 주요국은 경제학의 처방대로 확장적인 재정정책과 통화정책을 써서 경기침체가 경제위기로까지 번지는 것을 막을 수 있었다. AI 기술혁명은 이 세상 모든 분야에 영향을 미치고 있으며 그 영향은 갈수록 걷잡을 수 없이 커지고 있다. 이를 체계적으로 분석하고 미래를 예측하는 경제이론은 아직 없다. 머지않아 AI 기술혁명의 전모가 어느 정도 드러나면서 포괄적인 AI의 경제이론도 등장할 것으로 보인다. 다음 판에서 이를 충실하게 소개할 것을 독자들에게 다짐해 본다.

　　이번 제8판의 주요 특징은 다음과 같다.

　　첫째, 제7판을 이어받아 경제학의 기본 개념인 '기회비용'을 확실히 이해하도록 설명하였다. 사람들이 특정의 경제활동을 왜 하는가, 혹은 하지 않는가를 경제학은 비용-편익분석으로 설명한다. 그 활동의 편익과 비용을 비교하여 편익이 비용보다 크면 그 경제활동을 하고, 비용이 편익보다 크면 하지 않는다고 설명하는 것이 비용편익분석이다. 여기에서 비용은 기회비용이다. 경제학 특유의 기회비용 개념 때문에 비용-편익분석을 비단 경제학뿐 아니라 정치학, 사회학, 심리학 등 인접 학문분야에서도 적용하여 각종 현상을 설득력 있게 설명해 낼 수 있다. 경제학을 사회과학의 여왕이라고 부르는 것은 기회비용 개념 때문이라고 해도 지나치지 않다. 국내외로 많은 경제학원론 책이 나와 있지만 기회비용 개념을 본서만큼 수미일관되고 명료하게 설명하는 책은 없다고 자부한다. 독자들은 본서를 읽고 나면 경제현상이 아닌 다른 정치, 사회, 문화 등과 관련된 제반 현상들(예컨대 2024년 12월 윤석열 대통령이 선포한 비상계엄, 미국 트럼프 대통령이 멕시코와 접한 국경지역에 높은 장벽을 쌓는 일)에 관해서도 흥미로운 경제학적 분석을 할 수 있을 것이다.

둘째, 제도와 법령, 규제의 달라진 부분을 수용하고 각종 통계를 최근 연도까지 연장하였다. 그동안 불완전경쟁시장과 공정거래제도 분야, 소득 분배와 사회복지, 국민계정, 금융제도, 재정, 국제경제 분야 등에서 적지 않은 변화가 있었는 바, 이를 충실히 반영하였다. 여러 읽을거리와 삽화(그림 파일)를 현실적합성이 높게 바꾸었다. 기본적인 개념과 주요 원리를 활용하여 우리나라 경제문제를 다루는 연습문제들을 추가하였다. 이런 크고 작은 수정을 통해 독자들, 특히 신세대 독자들이 더욱 이해하기 쉬운 한국적 경제학원론 교과서를 만들었다.

셋째, 거시경제학원론 파트에서 독자들이 어렵게 느끼는 IS-LM모형을 빼고 총수요·총공급의 이론으로 단순화하였다. IS-LM모형은 이론적으로 우아한 총수요의 이론인데 필요 이상으로 복잡하다. 이 모형을 굳이 다루지 않고도 총수요·총공급의 이론을 이해할 수 있다(좀 더 높은 수준의 학습을 원하는 독자들을 위하여 해답집 제25장 끝에 IS-LM모형을 소개하고 있다).

넷째, 제29장 '경제성장 및 발전의 이론' 마지막에 한국경제의 성장과 발전을 추가하였다. 우리나라가 경제 분야에서 선진국이 된 것을 확인하고, 다른 분야에서도 명실상부한 선진국이 되기 위해 성장잠재력을 확충하여 0%대로 내려 앉는 우리 경제의 성장률을 2-3%대로 제고시켜 나가야 한다는 것을 논한다. 세계 평균의 견실한 성장을 지속해야 세계 10위권 안팎의 위상을 유지하고 사회적 약자에 대한 복지를 늘리며 AI시대를 선도하는 능력을 기를 수 있다.

이번 개정판을 내면서 3인 공저로 알려졌던 본서가 지난 7판의 4인 공저로부터 5인 공저로 진화하였다. 중앙대 경제학부에 재직하고 있는 박성용 교수가 공동 저자로 참여하여 미시경제학원론 파트를 수정하고 매끄럽게 다듬었다.

제8판이 나오는 데에 많은 분들의 도움이 있었다. 자세한 논평과 제안을 해 주신 중앙대 경제학부 교수님들을 비롯한 전국 각 대학 교수님들에게 감사드린다. 개정 작업을 적극 지원해준 박영사 안상준 대표와 조성호 이사, 날렵한 편집 솜씨를 보여준 편집부의 배근하 차장에게 사의를 표한다.

2025. 2. 8.
저자 일동

제 7 판 머리말

6년 만에 수정판을 낸다. 이번 제7판의 특징을 다음 네 가지로 요약할 수 있다.

첫째, 역사적으로 반복되는 금융위기를 설명하는 장을 새로 쓰고 최근에 주목받는 새로운 경제학 분야인 행동경제학을 포괄적으로 다루었다. 2008년에 미국에서 일어난 금융위기가 전 세계로 번지면서 세계경제는 10년에 가까운 경제대침체를 겪고 이제야 회복단계에 접어들었다. 경제대침체 기간에 각국은 저성장, 고실업의 고통과 국가 간 경제교류의 위축을 겪었다. 금융위기를 극복하고 경기침체를 완화하기 위해 각국 정부는 확장적인 통화정책과 재정정책을 다양하게 구사하였다. 많은 나라에서 노동부문과 복지분야에서 힘든 구조개혁도 추진하였다. 이런 정책적 노력과 상당히 오랜 시간의 흐름에 따른 시장의 조정에 힘입어 세계경제가 회복국면으로 돌아선 것으로 평가된다. 그러나 경제학이 세계적인 금융위기를 예측하지 못하고 위기타개정책을 제대로 제시하지 못한 한계를 노출하였다. 이런 한계를 돌아보는 차원에서 본서는 이번 개정판에서 주류경제학이 으레 당연하게 받아들이는 경제적 합리성 가정에서 벗어난 금융위기가설을 살펴보았다. 제한된 경제적 합리성을 가정하는 새로운 경제학 분야인 행동경제학도 미시경제학원론 파트의 맨 마지막에서 개관하였다.

둘째, 이해하기 쉬운 경제학원론 책이라는 명성에 걸맞게 전체적으로 더욱 이해하기 쉽게 쓰고 편제가 보기 좋도록 하였다. 경제적 합리성 가정을 받아들인다면 기존 미시경제학은 세월의 흐름에도 불구하고 내적 일관성과 외적 적합성을 유지하는 우아한 이론이다. 응용분야도 많고 넓다. 이런 미시경제이론의 맛을 보도록 가급적 쉽게 풀어쓰고 현실 사례를 풍부하게 제시하는 노력을 기울였다. 거시경제학은 경기변동과 정부의 역할을 보는 관점에서 여전히 고전학파적인 입장과 케인스학파적인 입장이 대립하는 이원화된 이론체계이다. 이런 거시경제학의 실상을 부각시키면서 경제대침체에 대처하는 과정에서 두 학파의 관점이 주요국 거시경제정책에 어떻게 반영되었는지를 설명하고 평가하였다. 독자들의 이해를 돕기 위해 그때그때 주제에 맞는 사진이나 그림 등을 선보였다. 본문 페이지가 늘어나지 않게 하기 위해 일부 읽을거리와 부록 등을 스마트 폰으로 읽을 수 있는 QR로 처리하였다. QR 자료는 박영사 홈페이지(www.pybook.co.kr) 자료실과 이종철 교수의 홈페이지(http://econ.cau.ac.kr/staff/leejongchul/)에서도 읽을 수 있다.

셋째, 경제학은 실용적인 학문이고 실사구시에 충실해야 한다는 점을 보이고자 노력하였다. 문재인 정부는 최저임금과 비정규직 문제, 그리고 소득주도성장정책 등에서 경제학계가 가르치는 경제원리와는 다른 접근방법을 보여줬다. 그것이 어떤 부작용과 문제점을 낳는지를 설명함으로써 우리가 배우는 경제원리와 경제모형이 현실에 어떻게 적용될 수 있는가를 독자들이 이해할 수 있도록 하였다. 경제대침체 기간에도 디지털경제와 인공지능으로 대표되는 기술진보는 계속되어 왔고 새로운 산업혁명으로 묘사되는 경제현상들이 나타나고 있다. 이런 시대의 진전에 대응하여 연구·개발, 인적 자본의 축적, 경제사회제도와 교육의 혁신을 강조하는 경제성장이론의 정책적 시사점을 무겁게 받아들여야 한다. 경제학은 새로운 시대에도 온고이지신과 실사구시의 지혜를 제시해준다.

넷째, 경제학에서 가장 중요한 개념인데도 경제학을 배우는 사람들이 이해하는 데 가장 어려움을 겪는 '기회비용'을 확실히 이해하도록 설명하였다. 기회비용은 으레 원론 시작 부분에서는 화폐 없이 정의하고 생산비용 파트에서는 화폐액으로 정의하면서 양자 간의 관계를 밝히지 않기 때문에 혼란스럽다. 본서는 양자의 관계를 명확히 밝혀 경제학에서 사용하는 기회비용을 확실하게 이해할 수 있게 했다. 국내외로 나온 수많은 경제학원론 책 중에서 기회비용을 본서만큼 명확하게 설명한 책은 없다고 자부해 본다.

이번 개정판을 내면서 「3인 공저」로 알려진 본서가 「4인 공저」로 탈바꿈하였다. 선임저자인 김대식 교수가 연전에 작고하셨다. 본서 발간을 처음 제안하고 제6판까지 애정을 가지고 개정작업에 헌신해 오신 김대식 교수를 기리는 뜻에서 제7판에도 선임저자로 올린다. 한편으로 일찍이 제2판 개정작업에 도움을 주었던 이종철 교수가 이번 개정작업에 공동저자로 가담하였다. 이 교수는 현역 교수의 감각을 살려 책 전체의 개정 작업에 참여한 것은 물론이고, 제30장 금융위기를 집필하고 적재적소에 들어갈 사진과 그림을 선정하였다.

읽기 쉽고 이해하기 쉬운 경제학원론을 쓴다는 것은 매우 어려운 일이다. 저자들이 많은 노력을 기울였지만 아직도 미흡하고 부족한 점이 적지 않으리라고 생각된다. 교수님들과 학생들, 일반 독자들의 기탄없는 비판과 제언을 바라마지 않는다. 9개월에 가까운 개정작업의 기회비용이 매우 컸지만 중요하고 어려운 기회비용의 개념을 독자들에게 확실히 이해시키는 것만으로도 보람 있고 소중한 개정이라고 다시 자부한다.

제7판이 나오기까지 많은 분들의 도움을 받았다. 많은 격려와 제언을 해 주신 중앙대 경제학부 교수님들을 비롯한 전국 각 대학 교수님들에게 깊이 감사드린다. 개정작업을 이해하고 적극 성원해 준 가족에게 고마움을 표한다. 개정작업을 효율적으로 지원해준 박영사 조성호 이사와 이재현 선생, 깔끔한 편집 솜씨를 보여준 편집부의 전채린 과장에게 감사드린다.

2018. 2. 10.

저자 일동

제 6 판 머리말

본서가 1985년에 처음 출간된 지 어언 27년이 되었다. 그간에 정치, 경제, 사회의 모든 제도와 관행이 크게 변하였다. 특히 세계화와 정보화의 시대에 경제의 현상을 이해하고 적용해야 할 필요성은 더욱 강화되는 추세로 이어졌다. 그럼에도 불구하고 경제학은 아직도 어렵고 전공자들만의 전문영역으로 인식되고 있다. 저자들은 본서의 초판을 준비할 때부터 한 편의 소설과 같이 막힘없이 재미있게 읽을 수 있는 경제학원론을 만드는 것을 제일의 목표로 삼았다. 이런 저술의 목적은 이번 제6판에까지도 이어졌으며 경제이론의 일관된 틀 속에서 현실경제를 더욱 이해하기 쉽게 수정하는 데 노력을 집중하였다. 그동안 독자들의 과분한 평가에 힘입어 본서가 토종 경제학원론 서적으로는 지속적으로 베스트셀러가 된 것에 큰 자부심을 느끼고 있다. 국내에 수많은 경제학원론 서적이 있지만 주요 대학의 교과서 채택비율과 각종 시험을 준비하는 수험생들이 본서를 필독서로 추천하는 통계를 보면 저자들의 처음 시도가 독자들로부터 어느 정도 평가받고 있지 않나 하는 긍지를 느끼게 된다.

제6판은 본서의 쉽고 재미있는 경제학의 이해라는 전통을 살리면서 각 장의 내용을 수정했고 여러 장은 폭넓게 개정했다. 그 결과 제6판은 다음과 같은 특징을 가진다.

첫째, 미시·거시경제 부문을 통틀어서 최근의 제도변화를 반영하였고 본문의 내용이나 Table의 모든 통계치를 최신의 숫자로 바꿨다. 이와 같은 수정은 책의 본문에서뿐만 아니라 "읽을거리"의 내용에도 적용되었다. 이렇게 구조적 변화와 더불어 통계치의 변화를 함께 반영함으로써 경제이론의 현실적 적합성을 생동감있게 유지할 수 있도록 노력하였다.

둘째, 미시경제학 부분은 제5판 내용의 큰 틀을 유지하였다. 그러나 본문내용의 크고 작은 부분에 수정을 가하였다. 제2장에서 부록을 추가하였다. 경제현상들의 관계를 설명하고 이해하는 데 많이 사용되는 함수와 그래프 등 가장 기초적인 개념을 예시를 통해 설명하였다. 또한 각 장의 기존의 "읽을거리" 내용을 최근 통계치로 수정하였고 필요한 경우 새로운 "읽을거리"도 추가하였다.

셋째, 거시경제학 부분에 가장 많은 수정과 보완이 이루어졌다. 2008~2009년의 세계적 금융위기와 경기침체의 원인을 설명하고 각국의 재정·통화정책을 통한 대응을 많이 포함시키려고 노력하였다. 특히 이번 금융위기에 대응하는 중앙은행의 정책내용 중에 가장 중요한 양적완화정책이 전통적인 통화정책과 어떻게 다른가를 경제학을 처음 접하는 독자들의 눈높이에 맞추어 보여주고자 하였다. 글로벌 금융위기의 원인과 중앙은행의 양적완화정책은 제23장의 "읽을거리"로 추가하였다. 양적완화정책은 통화정책에서 이자율목표정책(interest rate targeting policy)과 양립하는 주요 정책이다. 제23장에서 이자율목표정책을 제4절에 새롭게 추가하였다. 우리나라를 비롯한 주요 선진국의 대부분이 이자율중심 통화정책을 채택하고 있기 때문에 통화정책을 이해하기 위해서는 이들 정책의 메커니즘과 분석의 틀을 이해하는 것이 중요하다. 따라서 이자율목표제가 통화량목표관리제와 어떻게 다른가를 전통적인 통화수요-통화공급곡선을 통하여 설명하였다.

제22장의 통화지표의 구분 및 금융제도에 관한 부분은 전면적인 수정을 하였다. 2009년 2월에 「자본시장법」이 시행 에 따라 기존의 금융기관 분류의 기준이 전면적으로 개편되었기 때문에 이를 반영하여 수정하였다. 통화지표와 금융자산의 세부 구성 내용을 구체적으로 명시하여 이해를 높였다.

제25장에서는 우리나라의 경기변동 순환주기의 통계치를 2009년까지 연장하여 최근까지의 경기변동의 전환점을 설명하였다.

넷째, 제28장의 국제경제이론 부분도 많은 수정이 이루어졌다. 국제통화기금(IMF)의 권고에 따라 2010년 12월부터 새 기준에 따라 국제수지표가 작성되고 있다. 이에 따라 일부 용어의 명칭과 포괄범위가 변경되어 이를 본문의 내용에 반영하였고 "읽을거리"를 추가하여 보완하였다. 국제통화체제의 변천과정을 설명하는 부분에서는 최근 달러화 중심의 기축통화체제의 문제점과 이로 인한 글로벌 불균형(global imbalance)의 문제를 본문에 추가하였다.

위의 특징 이외에 학생들이 가장 관심을 갖고 있는 경제학 원리들이 현실경제에 어떻게 적용되는가를 보여주는 데 개정의 초점을 맞추었다. 이를 위해 본문 내용을 보다 쉽고 명료하게 수정하였으며 많은 "읽을거리"를 새로 추가하였다.

복잡한 경제수식과 그래프를 보다 쉽게 이해할 수 있도록 본문의 색도와 배열을 전면적으로 바꿨다. 외국의 유명한 경제원론 교과서의 최근 추세에 맞추어 시각적 효과를 극대화할 수 있도록 편제하였다. 우리나라에서 출간된 경제학 교과서 중에서 편제의 내용과 색도의 다양성 측면에서는 단연 으뜸이라고 생각한다.

저자들과 박영사의 노력으로 제5판보다 훨씬 더 개선된 교과서가 되었다고 감히 자부해 본다. 그러나 아직도 여러 가지로 미흡하고 부족한 점들이 적지 않으리라 생각된다. 교수님들과 학생들, 그리고 일반 독자들의 질정과 제언을 바라마지 않는다.

제6판이 출간되기까지 많은 분들의 도움을 받았다. 많은 격려와 제언을 해 주신 전국 각 대학 교수님들에게 머리 숙여 감사드린다. 방대한 통계자료를 수집하여 책

의 구석구석까지 수치를 개정하고 교정에 많은 시간을 보낸 한국은행 금융통화위원
회실의 신승철 차장과 김수영 과장에게 큰 감사를 드린다. 탁월한 지적 능력을 가진
두 한은맨의 도움이 없었다면 성공적인 개정작업에 많은 시간이 걸렸으리라 생각한
다. 박영사의 안종만 회장님의 변함없는 격려와 편집부의 홍석태 차장에게 감사를
드린다.

2012. 2. 15.

저자 일동

초판 머리말

　본서는 경제학을 공부하고자 하는 학생들은 물론 일반인들에 이르기까지 경제학의 기본원리를 확고하게 체득시켜 주는 길잡이로 쓰여졌다.

　오늘날 우리나라 경제는 한 해가 다르게 변모하고 있으며 한편으로 여러 가지 문제점들을 안고 있는 가운데 다른 한편으로 고도성장을 누리면서 개방화·국제화의 방향으로 나아가고 있다. 이러한 시대적 상황에 비추어 경제 및 경제학의 기본을 이해하는 것은 현대인의 상식이 되다시피 되었다. 이에 따라 지금까지 수많은 경제원론 교과서들이 나와 있고 정부에서도 경제교육을 강화해 오고 있는 실정이다. 그럼에도 불구하고 경제학은 아직도 학생들은 물론 일반인들이 쉽게 이해할 수 없는 난해한 학문으로 인식되고 있는 것이 또한 사실이다.

　본서는 경제학이 난해한 학문이라는 인식을 불식하고 경제학은 오히려 아주 단순하며 아직도 잘 정립되지 않은 미완의 학문이라는 것을 주지시켜 주고자 쓰여진 것이다. 이와 같은 기본취지를 달성하기 위하여 본 저자들은 크게 다음과 같은 다섯 가지 점들을 유의하면서 본서를 만들었다. 따라서 이 다섯 가지가 다른 유서들과 다른 본서의 두드러진 특징이 되겠다.

　첫째, 전체를 꿰뚫는 일관된 체계를 세워서 이 체계에 입각하여 서술하였다. 제도적·구조적 측면을 등한시하는 정통경제학이 의존하고 있는 기본적인 분석도구는 수요·공급의 이론이다. 지금까지 대부분의 경제원론 교과서들이 미시경제학분야에서 수요·공급의 이론을 다루고 거시경제학은 미시경제학과는 다른 별도의 이론분야인양 서술하고 있으나, 거시경제학도 결국은 수요·공급의 이론을 국민경제 전체로 확대·적용시킨 총수요·총공급의 이론으로 다룰 수 있다. 이러한 관점에서 미시경제학이란 수요·공급의 이론을 미시적으로 응용하는 분야이고, 거시경제학이란 수요·공급의 이론을 거시적으로 응용하는 분야라는 것을 본서는 강조하였다.

　둘째, 거시경제학분야는 미시경제학과 같이 일원화된 이론체계가 아니고 크게 고전학파와 케인즈학파로 나누어지는 이원화된 이론체계라는 것을 부각시켰다. 지금까지 대부분의 경제원론 교과서들이 거시경제학에서 케인즈학파 이론만을 주로 다루면서 이 이론이 거시경제학의 주류인 것처럼 설명하여 왔다. 그러나 케인즈학파 이론이 거시경제학의 유일한 이론처럼 군림하던 시대는 1930년대의 대공황 이후 1960년대까지였고 1970년대부터는 서로 상반된 두 학파가 대등한 입장에서 대립하고 있다.

　케인즈학파는 경제의 수요 측면을 강조하는 이론인 반면 고전학파는 공급 측면을 강조하는 이론이다. 따라서 위에서 언급한 수요·공급의 이론을 사용하여 두 학파의 입장을 이론적으로 쉽게 종합할 수 있다. 그러나 두 학파의 정책적인 시사점을 종합하기는 어렵다. 케인즈학파는 적극적인 재량정책을 구사하는 「큰 정부」(big government)를 주장하는 반면, 고전학파는 인위적인 재량정책을 반대하는 「작은 정부」(small government)를 주장하기 때문이다. 결국 두 학파 이론은 각각 내부적 일관성을 가지고 있으며 시대와 사회를 달리함에 따라 외부적 적합성이 변하는 상대적인 이론들이다. 경제원론수준에서부터 이 두 학파를 공평하게 같이 다루어 각 학파 이론의 기본적인 가정과 틀을 확실히 이해시키는 것이 중요하다고 본 저자들은 생각한다.

셋째, 거시경제학에서 주요 거시경제변수들, 예컨대 국민소득, 이자율, 물가, 실업, 경제성장, 국제수지 등이 상호 연관관계를 가지는 것을 강조하였다. 대부분의 경제원론 교과서들은 국민소득, 이자율, 실업 등이 각각 독립되는 개념이나 현상인 것처럼 독자적인 결정이론들을 소개하고 있다. 그러나 이러한 거시경제변수들은 각각 독자적으로 결정되는 것이 아니라 서로 연관관계를 가지며 국민경제 전체적으로 수요·공급에 의하여 동시에 결정되는 것이다.

본서는 또한 고전학파와 케인즈학파의 두 학파에서부터 일취월장으로 정치화하는 거시경제이론의 「현대」적인 조류도 원론적인 차원에서 알아볼 수 있게 엮었다.

넷째, 독자들이 이해하기 쉽게 쓰고자 노력했다. 각 장마다 먼저 <개요>를 통하여 그 장에서 다루는 중요한 개념이 무엇이고 기본내용이 어떠하며 다른 장들과 어떻게 연관되는가를 밝혔다. 문장은 쉽게 읽을 수 있도록 서술하였으며 주요 개념들을 설명할 때 비근한 예를 많이 들었다. 원론수준에 맞는 내용만을 다루는 한편 일단 다루는 기 개념 및 주요 사항은 각 장 의 <주요 학습사항>과 장말의 <요약 및 복습>을 통하여 반복적으로 정리함으로써 확실하게 이해할 수 있도록 하였다.

다섯째, 각 장마다 그 장에서 다룬 내용을 확인하고 그것을 우리나라 경제에 응용하는 문제들을 다양하게 실었다. 경제학을 이해하는 지름길은 수학과 마찬가지로 기 개념 및 분석도구들을 사용하여 가급적 많은 문제들을 풀어보는 것이다. 문제를 푸는 과정에서 추상적인 개념 및 분석도구들이 현실 문제를 설명하는데 어떻게 활용될 수 있고 이용상의 한계점은 무엇인가를 체득할 수 있다. 이러한 분석 및 응용을 통하여 기본 분석도구들의 장단점을 확실히 파악하는 것이 서양에서 수입되어 온 「정통경제학」(mainstream economics)의 장단점을 헤아리고 나아가 우리나라의 특수한 제도·구조 및 상황에 맞는 「한국적 경제학」을 정립하는 첫걸음이 될 것이다. 본서에 가급적 많은 응용문제들을 실은 것은 이와 같은 문제의식에서이다. 지금까지 경제학을 배우면서 이러한 훈련이 되어 있지 않기 때문에 경제이론 따로, 경제현실 따로라는 단절을 낳았다고 본다.

　각 장의 문제들은 대부분 「클라스」 숙제로 지정함으로써 학습효과를 높일 수 있을 것이다. 독학하는 독자들은 각 장의 본문을 한 번 읽은 다음 문제들을 풀어보고 풀리지 않는 문제를 염두에 두면서 다시 읽거나 해당 본문만을 찾아보면 독학의 효과를 극대화할 수 있을 것이다. 독자들은 문제를 푸는 것이 아무리 고통스럽더라도 경제학을 이해하는 지름길이라는 것을 명심하여 모든 문제들을 스스로 풀어보도록 노력하기 바란다.

　본서는 위에서 밝힌 다섯 가지 특징을 살리는 데 주안점을 두고 쓰여졌다. 공저에 따르기 마련인 일관성의 결여를 방지하기 위하여 안국신 교수가 전체적인 흐름 및 표현을 통괄하였다. 본저자들의 이와 같은 의욕적인 노력에도 불구하고 시간이 부족하고 천학비재하여 결과적으로 여러 가지 부족한 점이 많을 줄 안다. 강호제현의 기탄없는 질정과 조언을 통하여 미구에 완벽하게 수정·보완할 수 있기를 기대해 본다.

　본서가 햇빛을 보기까지에는 많은 분들의 도움이 있었다. 우선 중앙대 경제학과 선배·동료 교수들의 많은 조언과 격려에 깊은 감사를 드린다. 특히 홍기택 교수와 이상만 교수는 초고에서 여러 가지 오류를 바로잡아 주었다. 본서는 1983년과 1984년 저자들이 중앙대에서 강의교재로 사용한 「미시경제학 기초」 및 「거시경제학 기초」를 클라스 실험과정을 거쳐 대폭 수정하여 엮었다. 클라스에서 적극적으로 토론에 참여하고 많은 질문과 제안을 해 준 학생들에게 고마운 뜻을 표한다. 이 저작의 원고정리에서부터 교정 및 색인에 이르기까지 중앙대 대학원 경제학과에 재학중인 장용, 김중호, 오경환, 이정재, 김지익, 송상훈 제군이 진력하였다. 특히 장용 군과 김중호 군은 본서의 전신인 강의교재의 작성에서부터 본서의 완간에 이르기까지 불철주야 심혈을 기울였다. 이들의 헌신적인 노력이 없었다면 본서의 간행은 훨씬 늦어졌을 것이다.

　끝으로 본서를 출판토록 권유해 주신 박영사 안종만 사장과 박기남 영업부장, 그리고 촉박한 기일임에도 불구하고 치밀하고도 신속한 편집솜씨를 보여 주신 편집부 송일근 선생에게 심심한 사의를 표하는 바이다.

1985. 2. 9.

흑석동 연구실에서

저자 일동

BRIEF **CONTENTS**

이 책의 차례 CONTENTS

| 미시경제학원론 |

Part III　소비자선택의 이론

| 거시경제학원론 |

Part IX　화폐와 국민경제

Part XII 경제발전과 금융위기

Part XIII　경제학의 흐름과 정치경제학

읽을거리 차례

읽을거리 차례

참고문헌

안국신, 경제학 길잡이
이영환, 미시경제학
이준구, 미시경제학
이준구·이창용, 경제학원론
한국은행, 알기 쉬운 경제지표해설

Acemoglu, D., D. Laibson, and J. List, *Economics*

Dolan, E., *Basic Economics*

Dornbusch, R. and S. Fischer, *Macroeconomics*

Fair, R., *Economics*

Fischer, S. and R. Dornbusch, *Introduction to Economics*

Froyen, R., *Macroeconomics*

Gwartney, J. and R. Stroup, *Economics, Private and Public Choice*

Krugman, P. and R. Wells, *Economics*

Hall, R. and M. Lieberman, *Economics*

Lipsey, R. and P. Steiner, *Economics*

Mankiw, N. G., *Principles of Economics*

McConnel, C., *Economics*

Nicholson, W., *Microeconomic Theory*

Parkin, M., *Economics*

Randall, A., *Resource Economics*

Ruffin, R. and P. Gregory, *Principles of Macroeconomics*

Samuelson, P. and W. Nordhaus, *Economics*

Watson, D., *Price Theory and It's Uses*

경제학의 기초

이 편에서는 사회과학으로서의 경제학을 배워 나가는 데 필요한 초보적인 개념들을 공부한다. 경제란 무엇인가, 경제문제는 왜 일 어나는가, 경제적 효율성이란 무엇인가, 기회비용이란 무엇인가? 각 사회가 경제문제를 풀어가는 양식인 경제체제에는 어떤 것들이 있고 그 장ㆍ단점은 무엇인가, 경제학은 어떤 학문인가, 경제학은 어떻게 배워야 할 것인가 등을 익히는 것이 제1 편이다.

경제문제와 경제체제

이 장에서는 경제학을 공부하는 데 필요한 가장 기초적인 개념들을 정리한다. 먼저 경제문제가 일어나는 이유를 살펴보고, 경제학에서 주된 연구대상이 되는 「희소한 자원의 효율적인 배분」이 무엇을 뜻하는가를 기회비용과 함께 알아본다. 다음으로 경제체제를 자본주의경제와 사회주의경제의 대비를 통하여 살펴보고 두 경제를 절충한 혼합경제를 정의한다. 오늘날 지배적인 경제체제는 자본주의경제가 주축을 이루는 혼합경제로서 이를 흔히 (자유)시장경제라 부른다.

CHAPTER

1 희소성과 경제문제

사람이 살아가는 데에는 의·식·주 및 여가·문화활동 등에 관련된 수많은 재화 (goods)와 서비스(service)[1]를 소비해야 한다. 그런데 이러한 재화와 서비스는 저절로 생기는 것이 아니고[2] 자원(resources)을 사용하여 생산해야 한다. 오늘날 사람은 자기가 필요로 하는 재화와 서비스를 혼자 다 생산할 수 없어 분업하여 일부 품목만을 생산한다. 현대사회의 두드러진 특징은 전문화(specialization)와 분업(division of labor)이다. 분업하여 생산하는 경우에도 보통 자기 홀로 생산하는 것이 아니라 다른 사람들과 협동하여 생산한다. 분업하여 생산하기 때문에 다른 재화와 서비스를 얻기 위해 각자의 생산물을 교환해야 하고, 사람들이 협동하여 생산하기 때문에 생산물을 분배해야한다. 이처럼 재화와 서비스를 생산·교환·분배·소비하는 행위를 경제행위 혹은 경제활동이라 한다.

경제행위
재화와 서비스를 생산·교환·분배·소비하는 행위

현실세계에서의 경제행위에는 여러 가지 문제들이 일어난다. 예컨대 어떤 재화와 서비스를 누가, 얼마나 생산하여, 어떻게 분배하고, 언제 소비해야 하는가 하는 문제가 일어난다. 경제행위에 따르는 문제를 경제문제라 하고 경제행위와 관련된 현상을 경제현상이라 한다.

경제문제는 왜 생기는가? 경제문제가 일어나는 이유는 기본적으로 자원의 희소성 때문이다. 각종 재화와 서비스를 모든 사람이 만족할 만큼 생산해 내기에는 자원이 상대적으로 부족한 것이다.

희소성
사회구성원들의 욕구에 비하여 그 욕구를 충족시켜 줄 수단인 자원이 상대적으로 부족한 현상

> 사회구성원들의 욕구에 비하여 그 욕구를 충족시켜 줄 수단인 자원이 상대적으로 부족한 현상을 **희소성**(scarcity)이라 한다.

자원의 희소성이 문제가 되지 않으면, 사회구성원들의 욕구를 얼마든지 충족시

---

[1] 서비스라는 말은 용역(用役)으로 번역되어 사용되기도 한다. 그러나 서비스라는 외래어 그대로가 더 흔히 쓰이고 있기 때문에 본서에서는 서비스라는 말을 사용하기로 한다.
[2] 사람이 자원을 사용하여 생산하지 않고서도 소비할 수 있는 재화와 서비스가 일부 있기는 하다. 이는 곧 설명하는 바와 같이 자유재라 불린다. 자유재는 극소수에 불과하고 사람의 생활에 필요한 대다수의 재화와 서비스는 자원을 사용하여 생산된다. 경제학의 기본전제는 세상에 공짜가 없다는 것이다.

켜 줄 정도로 많은 재화와 서비스를 생산할 수 있기 때문에 생산·교환·분배·소비를 어떻게 하든 하등 문제가 되지 않고 따라서 경제문제가 일어나지 않는다. 경제학(economics)을 쉽게 풀이하면 경제문제를 다루는 학문이다. 희소성으로 인하여 경제문제가 일어나므로 경제학의 출발점은 희소성이다.

위에서 재화와 서비스, 자원 등의 용어를 사용했다. 이 용어들은 본서에서 수없이 사용될 것이기 때문에 공식적으로 정의를 해 두자.

재화란 의복·음식·건물·도로·책·컴퓨터 등과 같이 사람에게 쓸모가 있는 물건을 말한다. 재화는 여러 가지로 분류할 수 있다. 우선 공기처럼 그 존재량이 무한히 많아 돈이나 노력을 들이지 않고서도 얻을 수 있는 재화를 자유재(free goods)라 하고, 돈이나 노력을 지불해야 얻을 수 있는 재화를 경제재(economic goods)라 한다. 자유재는 대가를 치르지 않고서도 얼마든지 얻을 수 있기 때문에 경제문제를 일으키지 않는다.

현실세계에서 자유재는 극히 드물다. 극히 드문 자유재마저 사람이 만족스럽게 소비하려고 하면 실상은 자유재가 아니기 쉽다. 공기를 예로 들어 보자. 공기는 공짜로 얻을 수 있으니까 자유재이다. 그러나 우리가 소비하고자 (즉 숨쉬고자) 하는 공기는 깨끗한 공기이다. 대기 오염이 심한 도시에서 깨끗한 공기는 자유재가 아니라 경제재이다. 대기 정화를 위한 인위적인 노력과 돈을 들여야 깨끗한 공기를 마실 수 있기 때문이다. 우리가 소비하는 거의 대부분의 재화는 경제재이다. 본서에서 다루는 재화도 경제재이다.

재화는 용도에 따라 소비재(consumption goods)와 생산재(production goods)로 구분된다. 소비재는 소비자가 소비에 사용하는 재화이고, 생산재는 생산자가 생산에 사용하는 재화이다. 한 재화는 쓰이는 용도에 따라 소비재가 되기도 하고 생산재가 되기도 한다. 가령 보리가 일반소비자에 의해 보리차를 만드는 데 쓰이면 소비재이지만, 청량음료회사에 의해 보리음료를 만드는 데 쓰이면 생산재가 된다.

서비스는 의사의 진료, 음악가의 연주, 노동자의 노동, 상인의 도매·소매활동, 교통, 통신, 디스코 춤 등과 같이 재화의 생산·교환·분배·소비와 관련된 사람의 유용한 행위를 말한다. 재화가 구체적인 물건임에 비하여 서비스는 물건이 아니면서 사람에게 쓸모 있는 것을 가리킨다. 서비스는 대개 경제재와 같이 돈이나 노력을 들여야 얻을 수 있다.[3]

재화와 서비스는 자원을 사용하여 생산되는 것이기 때문에 생산물 또는 산출

구세주
다빈치가 500년 전에 그린 〈구세주〉. 2017년 11월 경매사상 최고가인 4억 5,030만 달러(약 5,000억 원)에 낙찰되었다. 희소성은 으레 가치로 연결된다.

자유재
공짜로 얻을 수 있는 재(財)

경제재
대가를 지불해야 얻을 수 있는 재

소비재
소비자가 소비에 사용하는 재

생산재(=자본, 자본재)
생산자가 생산에 사용하는 재

---

3 서비스는 때로 무형의 재화라고도 불린다. 재화와 서비스는 실상 구별이 미묘한 경우가 많다. 의사의 진료와 같은 서비스도 의료기구라는 재화가 있어야 가능하다. 따라서 경제학에서 경제재, 소비재 등을 말할 때의 재(財, goods)에는 재화뿐 아니라 서비스도 포함된다. 본서에서는 논의의 편의상 재화의 예를 많이 들지만 그런 예가 서비스를 제외하는 것은 아니다.

물(products; outputs)이라 부르기도 한다. 시장에서 사고 파는 재화나 서비스를 상품(commodities)이라고 부른다.

자원이란 재화나 서비스를 생산하기 위하여 투입되는 것으로서 생산요소(factors of production) 또는 투입물(inputs)이라고도 부른다. 자원은 크게 인적자원(human resources)과 비인적자원(non-human resources)으로 구분된다.

인적자원은 노동이나 기업경영능력을 말하는 것으로서 어느 경제에서나 가장 중요한 자원이다. 노동은 재화와 서비스를 생산하는 데 유용한 사람들의 육체적 · 정신적 능력을 일컫는다. 기업경영능력은 생산요소들을 투입하여 제품을 생산 · 판매하는 기본적인 기업전략에 관한 결정을 내리며 위험을 부담하고 혁신을 수행하는 특수한 능력을 일컫는다. 비인적자원은 토지 · 광물 · 석유 · 나무 같은 자연자원과 생산재로 다시 나누어진다. 생산재는 앞에서 생산자가 생산에 사용하는 재화라고 설명하였거니와 원재료 · 반제품 · 공구 · 기계 · 공장 등이 생산재에 포함된다. 생산재가 자연자원과 다른 점은 자연적으로 주어져 있는 것이 아니고 사람이 만든 생산수단(man-made means of production)이라는 점이다. 생산재는 흔히 자본(capital) 또는 자본재(capital goods)라 불린다.

경제학에서는 인적자원을 노동으로, 자연자원을 토지로 대표시켜 전통적으로 노동 · 토지 · 자본을 세 가지 본원적인 생산요소라 불러 왔다.4 때로는 토지를 자본에 포함시켜 노동과 자본을 본원적인 생산요소로 보기도 한다. 그 이유는 토지가 원래 자연적으로 주어져 있는 것이지만 사람이 일구고 관개와 시비(施肥)를 하지 않으면 토지의 생산력이 유지되지 않기 때문이다.

본서에서는 그림을 이용한 설명의 편의를 위해 주로 노동과 자본의 두 생산요소를 가지고 설명할 것이다.

2 선택과 기회비용

경제적 효율성과 생산가능곡선

현실세계의 희소성으로 인해 사람들은 자기가 가지는 모든 욕구를 충족시킬 수

---

4 경영학에서는 기업경영능력을 중요시하여 노동 · 토지 · 자본 · 경영을 네 가지 본원적인 생산요소라고 설명하기도 한다. 이와 같은 분류는 20세기에 들어와 기업의 소유(자본가)와 경영(경영자)이 분리되고 경영의 독자적인 역할이 중요시되면서부터 시작되었다. 자본이나 노동에 체화된 것으로 다루어 온 기술과 지식이 최근에는 가장 중요한 생산요소로 부각되고 있다. 이에 대하여는 제29장을 참고할 것.

없다. 따라서 많은 욕구 중에서 충족시켜야 할 욕구와 억제해야 할 욕구를 구분하여 충족시켜야 할 욕구에 자원을 사용하는 것이 바람직하다. 여기에 어떤 욕구를 충족 시키고 어떤 욕구를 억제해야 할 것인가 하는 선택의 문제가 일어난다. 프랑스 철학 자 사르트르는 "인생은 B와 D 사이의 C다"라고 말했다. 인생은 태어남(Birth)과 죽음 (Death) 사이의 선택(Choice)이라는 것이다. 삶이 수많은 선택의 연속이거니와 희소성 은 경제활동에 필연적으로 선택의 문제를 낳는다. 사람들은 희소성 때문에 충족시켜 야 할 욕구에 자원을 사용할 때에도 자원을 낭비하지 않고, 가장 시급한 욕구의 충족 에서부터 우선적으로 사용하여 한정된 자원을 가장 유용하게 사용하고자 한다. 자원 을 아껴서 가장 유용하게 쓰는 것을 합리적 선택(rational choice)이라 하고 그렇게 쓰고 자 하는 의지를 경제하려는 의지(will to economize)라 한다. 희소성이 합리적 선택의 문 제와 경제하려는 의지를 낳는 것이다. 이 합리적 선택의 문제와 경제하려는 의지는 개인적으로는 물론 사회 전체적으로도 일어난다.

희소성에서 비롯되는 합리적 선택의 문제와 경제하려는 의지는 '효율적인' 자 원의 사용이라는 개념을 낳는다. 경제학에서 '효율적인' 자원의 사용은 두 가지 측면 에서 본다. 먼저 자원량이 주어져 있을 때 이 주어진 자원으로 최대의 효과를 얻고 자 한다.[5] 이를 최대효과의 원칙이라고 한다. 한편 일정한 효과를 얻고자 할 때 들어 가는 비용을 최소로 하고자 한다. 이를 최소비용의 원칙이라 한다. 최대효과의 원칙 과 최소비용의 원칙은 동전의 양면과 같은 것으로서 둘을 포괄하여 경제적 효율성 (economic efficiency) 또는 경제적 합리주의(economic rationalism)라 한다. 경제적 효율성이 충족되는 자원배분을 효율적인 자원배분 혹은 자원의 효율적인 배분이라 한다.

합리적 선택
자원을 아껴서 가장 유용하게 쓰는 것

최대효과의 원칙
주어진 자원으로 최대의 효과 를 얻고자 하는 것

최소비용의 원칙
일정한 효과를 얻는 데에 들 어가는 비용을 최소로 하고자 하는 것

경제적 효율성
최대효과의 원칙과 최소비용 의 원칙을 포괄하는 개념

효율적인 자원배분
경제적 효율성이 충족되는 자 원배분

읽을거리 1-1 ▶ 비효율적인 자원배분

최대효과의 원칙이나 최소비용의 원칙과 같은 경제적 효율성이 이루어지지 않는 자원배분을 비효율적인 자원배 분이라 한다. 자원배분이 효율적이지 않으면 비효율적이다. 자원배분이 비효율적이면 효과를 더 늘리거나 비용을 절감할 여지가 있다. 일상생활에서는 비효율적인 자원배분의 방식들을 비교하면서 자원배분이 더 효율적이다, 덜 효율적이다 등의 말을 많이 쓴다. 엄밀하게는 자원배분이 덜 비효율적이다, 더 비효율적이다와 같이 말해야 옳다. 그러나 일상생활에서 워낙 많이 쓰이고 있기 때문에 경제학에서도 자원배분이 더 효율적이다(more efficient), 덜 효율 적이다(less efficient)는 표현을 흔히 사용한다.

---

5 경제학에서 흔히 효과란 소비자의 경우 만족을, 생산자의 경우 수익이나 이윤을 뜻한다.

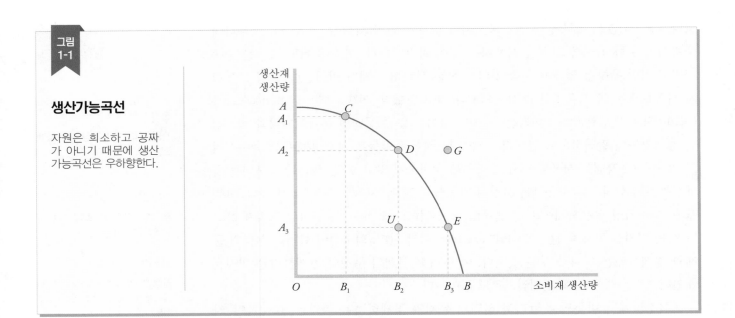

그림 1-1

생산가능곡선

자원은 희소하고 공짜
가 아니기 때문에 생산
가능곡선은 우하향한다.

생산가능곡선

한 사회의 자원과 기술이 주
어져 있을 때 그 사회가 모든
자원을 효율적으로 사용하여
생산할 수 있는 두 생산물의
여러 가지 조합을 나타내 주
는 곡선

결국 경제문제의 핵심은 합리적 선택의 문제이고 희소한 자원의 효율적인 배분
에 관한 문제이다. 이를 시각적으로 쉽게 이해할 수 있도록 보여 주는 그림이 생산가
능곡선(production possibilities curve)이다.

> **생산가능곡선**이란 한 사회의 자원과 기술이 주어져 있을 때 그 사회가 **모든 자원을 효율
> 적으로** 사용하여 생산할 수 있는 두 생산물의 여러 가지 조합을 나타내 주는 곡선이다.

그림 1-1에서 횡축(가로축)은 소비재의 생산량을, 종축(세로축)은 생산재의 생산
량을 나타낸다. 현실세계에서 소비재와 생산재는 그 종류가 무수히 많지만 그림에서
는 소비재와 생산재가 각각 하나씩만 있다고 가정한다.[6]

한 사회는 그 사회가 가지고 있는 모든 자원을 사용하여 생산재만을 생산할 수
도 있고 소비재만을 생산할 수도 있으며 생산재와 소비재를 동시에 생산할 수도 있
다. 그림 1-1은 사회가 가지고 있는 모든 자원을 생산재의 생산에만 사용하되 효율
적으로 사용하면 OA만큼 생산할 수 있다는 것을 보여 준다. OA보다 적게 생산할 수
도 있지만 이는 최대효과의 원칙에 어긋나므로 비효율적이다. 비효율적인 결과를 얻
는 것은 자원의 일부를 낭비했거나, 사용하지 않았거나, 혹은 자원을 모두 사용하더

---

6 이런 종류의 터무니 없는 가정은 설명의 편의를 위해 본서에서 자주 도입될 것이다. 경제학에서 이런 '비현실
적인' 가정을 하는 것은 그와 같은 가정하에 도출된 결론이 그 가정을 제거한 '현실적인' 경우에도 기본적으로
유효하기 때문이다. 즉, 단순한 가정이 결론을 변경시킬 정도로 중요한 역할을 하지 않기 때문에 논의의 편의
를 위해 즐겨 사용된다. 보다 자세한 것은 제2장을 참조하라.

라도 열악한 기술을 사용했기 때문이다. 현존하는 자원과 기술 여건에서 OA보다 더 많이 생산재를 생산할 수는 없다. OA만큼 생산재를 생산하면 모든 자원을 생산재의 생산에만 사용했으므로 소비재의 생산량은 물론 0이다.

이제 소비재를 OB_1만큼 생산하려고 한다 하자. 재화를 공짜로 생산할 수 없다. 따라서 소비재를 생산하려면 생산재의 생산에만 사용되어 온 자원 중에서 일부를 소비재 생산에 돌려 써야 한다. 자원의 일부가 생산재의 생산에서 빠져 나가면 생산재는 OA만큼 생산될 수 없다. 그림은 OB_1의 소비재를 최소의 자원으로 생산하고 나머지 자원으로 생산재를 최대로 생산하면 OA_1만큼 생산하는 것을 보여 준다. 따라서 C점은 A점과 같은 생산가능곡선상에 있게 된다. 이와 같은 방법을 되풀이하여 $ACDEB$의 생산가능곡선을 얻는다.

생산가능곡선이 오른쪽으로 갈수록 수평이거나 올라가지 않고 내려간다는 것, 즉 우하향의 곡선이라는 것에서 세상에 공짜가 없다는 기본전제와 선택의 문제가 드러난다. 우리는 자본재도 많이 생산하고 동시에 소비재도 많이 생산하고 싶어한다. 그러나 자원이 일정하게 주어진 사회에서 일정한 시점을 놓고 볼 때 이것은 불가능하다. 한 상품을 더 생산하려면 다른 상품의 생산량을 줄여야 하는 것이다.

그림에서 G점은 주어진 자원과 기술수준으로는 도달할 수 없는 점이다. 생산가능곡선 밖에 있기 때문이다. U점과 같이 생산가능곡선 안에 있는 점들은 비효율적인 점들이다. 자원을 일부 사용하지 않았거나 최상의 기술을 사용하지 않았기 때문이다. 생산가능곡선상의 점들이 주어진 자원과 기술수준으로 달성가능한 효율적인 점들이다. 이들 중 어떤 점을 선택하느냐 하는 것이 이 사회가 해결해야 할 합리적 선택의 문제이자 희소한 자원의 효율적인 배분에 관한 문제이다.

생산가능곡선만 주어져 있고 다른 정보가 일체 없으면 정의에 의하여 생산가능곡선상에 있는 모든 점들이 기술적으로 효율적인 자원배분이자 경제적으로도 효율적인 자원배분을 나타낸다. 만약 생산재와 소비재의 가격이 주어져 있거나 소비자의 선호에 관한 정보가 주어져 있으면 생산가능곡선상의 어느 한 점만이 효율적인 자원배분점이 된다. 이는 제16장과 제27장에서 다루어진다.

기회비용

선택을 한다는 것은 다른 대안들을 포기한다는 것을 뜻한다. 따라서 선택에는 다른 기회를 포기하는 데 따르는 비용이 수반된다. 생산가능곡선에는 경제학에서 중요하게 다루는 기회비용(opportunity cost)이라는 개념이 나타난다.

> 어떤 활동의 **기회비용**은 그 활동을 함으로써 포기해야 하는 다른 활동들 가운데에서 최선의 활동(the next best alternative)의 가치로 정의된다.

그림 1-1에서 C점을 보면 OB_1의 소비재 생산을 선택하기 위해서는 AA_1만큼의

기회비용
그 활동을 함으로써 포기해야 하는 다른 활동들 가운데에서 최선의 활동의 가치

생산재를 생산할 기회를 포기해야 하는 것을 알 수 있다. 따라서 소비재 OB_1의 기회비용은 생산재 AA_1이라고 말한다. 이처럼 기회비용은 하나를 얻기 위해서는 반드시 다른 하나를 포기해야 한다는 것을 보여 준다. 따라서 어떤 선택의 기회비용이 클수록 그 선택은 큰 대가를 치러야 하므로 선택이 어려워질 것이다. 기회비용에 대하여는 제10장에서 더 엄밀하게 정의하고 설명하기로 한다. 그림에서 소비재 B_1B_2의 기회비용은 생산재 A_1A_2이고, B_2B_3, B_3B의 기회비용은 각각 A_2A_3, A_3O이다.

그림 1-1 의 생산가능곡선은 소비재의 생산을 증가시킴에 따라 소비재 1단위의 기회비용이 점점 증가하는 것을 보여 주고 있다. 이를 기회비용체증(遞增)의 법칙(law of increasing opportunity cost)이라고 한다.

기회비용체증의 법칙
모든 자원을 효율적으로 사용하는 상황에서 한 재화의 생산을 증가시킴에 따라 그 재화 생산의 기회비용이 증가하는 현상

기회비용체증의 법칙이란 모든 자원을 효율적으로 사용하는 상황에서 한 재화의 생산을 증가시킴에 따라 그 재화 생산의 기회비용이 증가하는 현상을 말한다.

경제학에서는 기회비용체증의 법칙이 현실세계에서 일어나는 일반적인 현상이라고 본다. 기회비용이 체증하는 경우 생산가능곡선은 그림 1-1 에서와 같이 원점에 대하여 오목한 곡선으로 그려진다.

기회비용은 왜 체증할까? 생산재만을 생산하다가 소비재를 조금 생산하기 시작할 때에는 생산재 생산에 별로 기여하지 않으나 소비재 생산에 크게 기여하는 자원만을 빼내어 생산할 수 있다. 따라서 최초에는 소비재 생산을 늘릴 때 감소시켜야 하는 생산재 수량은 적다. 그러나 소비재 생산을 계속 늘려나가면 생산재 생산에 적합한 자원까지 소비재 생산으로 용도를 변경해야 한다. 그 결과 감소되는 생산재 수량은 점점 커진다. 이러한 자원의 이질성이 기회비용체증의 법칙이 성립하는 근거이다.

3 기본적인 경제문제

소비자의 경우 희소성은 소비자의 다양한 욕구를 두루 충족시켜 줄 수 없는 한정된 소득으로 나타난다. 소비자는 한정된 소득으로 어떤 재화와 서비스를 얼마나 소비하고, 언제 소비해야 할 것인가를 결정해야 한다. 소비자의 소득은 크게 노동소득과 재산소득으로 나누어진다.[7] 노동소득은 자기가 제공한 노동의 대가로 얻고, 재

7 노동소득을 근로소득, 재산소득을 자산소득이라고도 한다.

산소득은 자기가 가지고 있는 재산을 활용하여 얻는다. 따라서 소비자는 어떤 직업을 선택할 것인가, 재산을 어떻게 활용해야 할 것인가도 결정해야 한다. 이것들이 소비자에게 기본적인 경제문제가 된다.

생산자도 생산에 관한 여러 가지 문제를 가진다. 경제이론을 수학적으로 엄밀하게 표현한 공로로 일찍이 노벨경제학상을 받은 미국의 경제학자 새뮤얼슨(Paul A. Samuelson)은 생산에 초점을 맞추어 어느 사회나 다음과 같은 세 가지 기본적이고 상호의존적인 경제문제를 해결하지 않으면 안 된다고 하였다. ① 무엇을 얼마나 생산할 것인가(What & How much to produce), ② 어떻게 생산할 것인가(How to produce), ③ 누구를 위하여 생산할 것인가(For Whom to produce)라는 문제들이 그것이다. 첫째는 한 사회가 생산해야 할 생산물의 종류와 수량의 선택에 관한 문제이다. 둘째는 생산조직과 생산기술의 선택에 관한 문제이다. 첫째와 둘째는 자원의 사용량과 사용방법에 관한 문제도 된다. 셋째는 생산물의 분배에 관한 문제이다.

앞에서 경제문제는 생산·교환·분배·소비에 관련된 문제라고 했다. 위의 세 가지 기본적인 경제문제는 생산과 분배를 명시적으로 강조하고 교환·소비는 묵시적·부수적으로 다루고 있다.

최근에는 세 가지 기본적인 경제문제 외에 또 한 가지 중요한 문제에 주목한다. 그것은 ④ 언제 생산할 것인가(When to produce)이다. 이 문제는 석유·석탄·기타 광물과 같이 한번 써 버리면 재생할 수 없는 자원(exhaustible resources)의 시간적인 배분에 관심을 가지면서 그 중요성이 부각되었다. 지구상에 존재하는 지하자원의 부존량은 한정되어 있기 때문에 현재 세대가 많이 쓸수록 다음 세대에게 돌아갈 몫이 적어지게 된다. 지하자원은 현재 세대뿐 아니라 다음 세대도 이용할 권리가 있다.[8] 따라서 부존량이 한정된 자원을 세대간에 어떻게 배분해야 하는가 하는 문제가 발생하게 된다.

4 경제의 정의

재화와 서비스의 생산·교환·분배·소비와 관련되는 사회질서와 제도, 인간행위를 통틀어 **경제**(economy)라고 한다.

경제
재화와 서비스의 생산·교환·분배·소비와 관련되는 사회질서와 제도, 인간행위

---

8 이는 최근 범세계적인 관심사로 떠오르고 있는 지속가능개발(sustainable development)론의 출발점이다. 1987년 세계환경개발위원회(World Commission on Envirnment and Development)는 지속가능개발을 "미래세대의 필요를 충족시킬 수 있는 능력을 훼손하지 않으면서 현세대의 필요를 충족시키는 개발"이라고 정의하였다.

로빈슨 크루소
로빈슨 크루소는 외부와 단절된 폐쇄경제에서 모든 것을 혼자 해결했다.

경제는 포괄범위에 따라 여러 가지로 구분된다. 개인이나 가정 단위로 이루어지는 경제를 가정경제(home economy), 지역 단위로 이루어지는 경제를 지역경제(regional economy), 국가 단위로 이루어지는 경제를 국민경제(national economy)라 한다. 국민경제는 가정경제와 지역경제를 포괄한다. 한 국민경제가 다른 국민경제와 교류를 가질 때 그 국민경제를 개방경제(open economy)라 하고, 다른 국민경제와 교류를 가지지 않을 때 폐쇄경제 또는 봉쇄경제(closed economy)라 한다. 오늘날 모든 국민경제는 개방경제이다.

경제행위를 수행하는 개인이나 집단을 경제주체 혹은 경제단위라고 한다. 경제주체는 크게 가계·기업·정부·해외부문 등으로 나눈다. 가계는 생산요소를 공급하고 생산물을 소비하는 소비의 경제주체로서 개인이나 가정으로 구성된다. 가계가 수행하는 경제가 앞에서 말한 가정경제이다. 기업은 생산요소를 고용하여 생산물을 생산하는 생산의 경제주체이다. 가계와 기업으로 구성된 경제를 민간경제(private economy)라 한다. 정부는 민간경제를 조정·규제하는 경제정책의 주체이다. 정부는 국방·치안·교육·기타 행정활동을 수행하면서 가계처럼 소비단위가 되기도 하고 기업처럼 생산단위가 되기도 한다. 국민경제는 민간경제와 정부로 구성된다. 해외부문은 국민경제가 다른 나라와 거래할 때 다른 나라의 가계·기업·정부를 포괄하여 사용하는 개념이다.

경제는 아주 작게는 생산자 겸 소비자가 단 한 사람밖에 없는 로빈슨 크루소경제에서부터 아주 크게는 「지구촌」으로 표현되는 세계경제에 이르기까지 다양하다. 로빈슨 크루소경제와 같이 다른 경제주체와 교환이 없는 경제를 자급자족경제(autarky)라 한다. 자급자족경제는 극히 드물다. 경제이론을 쉽게 전개하기 위해 상정해 보는 하나의 유형일 뿐이다. 오늘날 대부분의 경제는 각자의 생산물을 다른 경제주체들과 교환하는 교환경제(exchange economy)이다.

1 경제체제의 구분

새뮤얼슨이 말한 기본적인 경제문제는 어느 사회를 막론하고 어떤 형태로든 풀어야 한다. 인류는 기본적인 경제문제를 여러 가지 방식으로 해결해 왔다. 경제문제를 풀어나가는 제도나 방식을 경제체제(economic system), 간단히 줄여서 경제(economy)라 한다.

사람들은 개별적으로 행동하든, 정부를 통하여 집단적으로 행동하든 간에 경제체제를 선택해야 한다. 원시시대부터 현대에 이르기까지 이 지구상에는 다양한 경제체제가 존재하여 왔다. 다양한 경제(체제)를 크게 전통경제, 자본주의경제, 사회주의경제의 세 가지로 분류할 수 있다.

전통경제

기본적인 경제문제들이 전통적인 관습이나 신분제도 등에 의해 해결되는 경제체제를 전통경제(traditional economy)라 한다. 근세에 자본주의가 출현하기 이전의 다양한 경제체제를 전통경제로 뭉뚱그릴 수 있다.

인류는 지구상에 출현한 이래 수렵이나 목축생활을 거쳐 촌락을 이루어 한 곳에 거주하고 농작물을 경작하는 촌락공동체의 생활로 들어갔다. 이런 원시시대에 무엇을 얼마나 생산할 것인가 하는 경제문제는 집단의 원로들이나 촌락집회에 의해 결정되었다. 어떻게, 언제, 누구를 위하여 생산할 것인가 하는 문제는 공동으로 생산에 참여하고 공동으로 소비함으로써 해결하였다. 각 씨족이나 촌락은 대개 자급자족경제였으며 구성원 상호간에 평등한 관계를 유지하였다. 칼 마르크스(Karl Marx, 1818~1883)는 이를 원시공산경제라 불렀다.

고대사회에서는 사유재산이 발생하고 노예제도라는 신분관계가 생겨 원시사회의 평등한 관계가 경제적 지배·피지배의 관계로 바뀌었다. 무엇을 얼마나, 어떻게, 언제, 누구를 위하여 생산할 것인가 하는 문제는 노예소유주에 의해 결정되었다. 농업·수공업·각종 서비스업 등 육체노동을 요하는 일들은 노예의 손으로 행해졌다. 노예노동의 계속적인 공급에 필요한 최소한의 몫만 노예에게 돌아가고 나머지 생산물은 노예소유주에게 돌아갔다.

중세사회에서는 대규모의 토지를 소유하는 영주들이 토지를 농민에게 빌려 주

경제(체제)
경제문제를 풀어나가는 제도나 방식

전통경제
기본적인 경제문제들이 전통적인 관습이나 신분제도 등에 의해 해결되는 경제체제

고 농민으로부터 고율의 지대를 받는 봉건제도가 주류를 이루었다. 봉건제도에서 무엇을 얼마나, 어떻게, 언제 생산할 것인가 하는 문제는 주로 토지에 매어 있는 농민에 의하여 결정되었다. 그러나 누구를 위하여 생산할 것인가 하는 문제가 영주에 의해 불공평하게 결정되기 때문에 대다수 농민들의 생활은 겨우 생존을 유지할 정도로 빈궁했다. 이처럼 근세 이전에는 기본적인 경제문제들이 관습이나 신분제도 등에 의해 해결되는 전통경제의 형태를 띠었다.

자본주의경제

> **자본주의경제**란 사유재산제도와 경제적 자유를 두 축으로 하여 개별경제주체가 자기 책임하에 자유롭게 자기 이익(self-interest)을 추구하는 가운데 시장에서 기본적인 경제문제들이 해결되도록 하는 경제체제이다.

사유재산제도란 한 사회의 자본과 토지 등 생산수단을 대부분 개인이 소유하고, 소유자가 생산수단을 자유롭게 사용·처분할 수 있는 제도를 뜻한다. 경제적 자유란 경제행위에 대한 개인의 의사결정이 자유롭게 이루어지는 것을 뜻하는데 이에는 계약의 자유, 영업의 자유(자유기업주의), 직업선택의 자유, 거주이전의 자유 등이 포함된다.

자본주의경제에서는 개별경제주체들이 시장에서 형성되는 가격을 지표로 하여 시장에서 만나 자유롭게 생산·교환·소비활동을 한다. 자유로운 시장경제활동을 강조하여 자본주의경제를 자유시장경제(free market economy)라고 흔히 부른다.

자본주의경제에서는 생산수단을 가지고 있는 자본가가 이윤을 얻을 목적으로 노동자를 고용하여 상품을 생산한다. 이 체제에서는 생산물은 물론 토지·노동·자본과 같은 생산요소도 시장에서 상품으로 매매된다. 그리하여 생산·교환(유통)·분배·소비가 모두 시장을 통하여 이루어진다. 시장의 구체적인 작동과 그에 따른 자원배분을 연구하는 것이 본서 제I부의 주요 내용이다.

자본주의경제는 15세기 중엽부터 18세기 중엽까지 유럽에서 형성된 상업자본주의에서부터 발달하였다. 당시 유럽은 지방분권적인 봉건제도가 점차 붕괴되고 중앙집권적인 절대왕정이 이루어지고 있었다. 각국은 근대민족국가를 튼튼하게 세우기 위하여 정부주도하에 부국강병책을 썼다. 부(富)는 유통과정에서 창출된다고 보아 상업, 특히 무역을 중요시하는 중상주의(重商主義, mercantilism)의 이론이 시대의 주류를 이루었다. 중상주의에 입각한 정부정책은 봉건제도 말엽부터 발달하기 시작한 상업과 수공업을 크게 발전시켰다. 상업의 발전은 상품의 본격적인 공장생산이 이루어질 수 있도록 자본을 최초로 축적시켜 주었다는 뜻에서 '상업'자본주의라 부른다.

시장
시장과 가격은 자본주의경제체제의 핵심이다.

18세기 중반부터 19세기 중엽까지 기계와 동력의 발명에 기인한 공업상의 일대 혁명이 일어난다. 이를 산업혁명(industrial revolution)이라 한다. 산업혁명이 광범위하게 파급된 18세기 중엽부터 개인의 부와 국부가 유통과정이 아니라 생산과정에서 창출된다는 것을 인식하게 되었다. 이에 따라 종래의 수공업생산 대신 기계에 의한 공장생산이 일반적인 생산형태로 보급되어 산업이 비약적으로 발전하였다. 상업이 아니라 제조업이 자본축적과 경제발전의 원동력이 되었다. 그리하여 18세기 후반부터 자본주의의 원형이라 할 산업자본주의가 영국을 필두로 하여 유럽에서 등장한다. 이어 일어난 시민혁명으로 정치적으로 민주주의, 사회적으로 시민사회가 형성된다. 이를 바탕으로 사유재산제도와 경제적 자유를 근간으로 하는 산업자본주의가 완성된다. 산업자본주의하에서 인류는 일찍이 경험하지 못한 비약적인 생산력의 증가를 보였다.

산업자본주의는 19세기 후반부터 심한 빈부격차와 주기적인 공황을 경험하였다. 1930년대의 대공황을 겪고 나서 서구의 산업자본주의는 정부가 공공의 이익을 위해 사유재산제도와 경제적 자유의 일부를 제한하는 형태를 취하게 되었다.

사회주의경제

산업자본주의에서 나타난 부익부 빈익빈의 빈부격차와 공황 등 자본주의의 모순을 극복하기 위해 자본주의와 정반대의 경제체제로서 출현한 것이 사회주의경제이다. 사회주의경제는 1917년 러시아에서 노동자·농민혁명이 일어나 처음으로 등장했다.

> 사회주의경제의 기본 특징은 생산수단의 국유화와 중앙계획이다. 생산수단을 개인이 소유하는 것이 아니라 국가가 소유하고, 생산·분배·소비가 국가의 계획에 의하여 이루어지는 경제체제가 **사회주의경제**이다.

생산수단의 사유화를 부정하기 때문에 자본주의경제에서와 같은 이윤동기에 의한 상품생산은 원천적으로 부정된다. 무엇을 얼마나, 어떻게, 누구를 위하여, 언제 생산할 것인가 하는 기본적인 경제문제가 모두 중앙당국의 계획에 의하여 이루어지기 때문에 사회주의경제를 계획경제(planned economy)라고도 한다.

사회주의경제의 중앙당국은 효율(efficiency)보다 형평(equity)에, 경제적 자유보다 경제자립과 경제안정에 주안점을 둔다. 효율을 앞세워 자본가가 이윤을 추구하는 자본주의경제에서는 노동자의 생산기여도가 임금수준에 못 미치면 그 노동자는 일자리를 잃게 마련이다. 경기가 나쁠 때에는 물건이 안 팔리고 기업사정이 어려워져서 능력 있는 노동자도 일자리를 잃게 된다. 개인이 직업선택의 자유를 누리는 반면 실업의 책임도 스스로 져야 한다. 그런데 사회주의경제에서는 공식적으로 실업자가 한 명도 없다. 노동능력이 크게 떨어지는 신체부자유자나 노약자라도 노동의욕만 있으면 국가가 책임지고 일자리를 마련해 주기 때문이다. 그 대신 중앙당국의 명령에 의해 노동자들이 각 직장에 배치되기 때문에 직업선택의 자유가 없다.

각자가 자유와 창의를 발휘하여 피나는 경쟁을 뚫고 억만장자가 되는 것이 얼마든지 미화되는 사회가 자본주의사회이다. 이에 반해 사회주의사회는 혼자 부자가 될 수 있는 자유도 없고, 혼자 거지가 될 수도 없는 집단주의사회이다.

제2차 세계대전 이후 동구권과 중국·베트남·쿠바·북한 등 여러 나라들이 소련의 뒤를 이어 사회주의경제를 채택하였다. 그리하여 1980년대까지 전 세계 인구의 약 1/3이 사회주의경제에서 생활해 왔다.

읽을거리 1-2 ▶ 우리나라 헌법의 기본이념

우리나라 헌법은 정치·사회적으로는 자유민주주의, 경제적으로는 자유시장경제를 기본이념으로 하고 법치주의를 그 수단으로 하고 있다. 자유민주주의는 자유주의에 기초한 민주주의이다. 자유주의란 개인의 자유와 존엄을 가장 중요한 가치로 여기는 사상으로서 가급적 개인적 선택의 폭을 늘리고 집단적 선택의 영역은 줄이자는 이념이다. '내 인생은 나의 것'이라는 말처럼 자기의 진로와 일상행동을 자기 선택에 따라 자유롭게 결정할 수 있어야 한다는 것이다. 어디까지 개인의 선택의 폭과 자유를 보장해야 할까? 밀(John Stuart Mill)의 말대로 "타인에게 피해를 주지 않는 범위 내에서 개인의 자유가 허용되어야 한다." 민주주의는 국민이 국가의 주인인 정치 제도로서 군주제, (1당)독재체제, 귀족제에 대응하는 개념이다. 타인에게 피해를 주지 않고 사유재산제도를 보호하기 위하여는 엄정한 법치가 있어야 한다. 따라서 자유민주주의와 자유시장경제는 법치와 동행한다.

북한 헌법은 정치·사회적으로는 인민민주주의, 경제적으로는 사회주의경제를 규정하고 있다. 인민민주주의는 개인의 자유와 인권 대신 국가의 가부장적 역할을 중시함으로써 필연적으로 일당독재체제로 연결된다. 자유민주주의가 자유시장경제와 궁합이 잘 맞듯이 인민민주주의는 사회주의경제와 궁합이 잘 맞는다.

경제체제 경쟁에서 사회주의경제가 자유시장경제에 패퇴함으로써 자유민주주의와 자유시장경제는 오늘날 인류의 보편적 가치가 되고 있다. 지금까지 인류가 모색하고 시도한 것 중에 최선의 정치경제제도이기도 하다. 1948년 건국과 함께 채택된 우리나라 헌법의 이념은 결과적으로 오늘의 국가적 번영과 민주화를 가져다 준 보편적 이념과 부합한 것이다. 똑같은 역사와 언어와 문화를 공유해 온 같은 민족인데 북한이 수많은 국민을 굶겨 죽이고 개인의 자유와 인권을 억누르는 병영국가가 된 것은 인류 보편의 이념과 어긋나는 정치체제와 경제체제를 선택한 결과이다.

---

2 자본주의경제와 사회주의경제의 장·단점

오늘날 각국 경제에는 자유시장경제의 요소와 계획경제의 요소가 섞여 있다. 이는 앞에서 설명한 자본주의와 사회주의가 완전하지 않고 각각 특유의 단점을 가지고 있기 때문이다. 자본주의의 단점은 크게 세 가지로 요약할 수 있다.

① 소득과 자산의 분배가 불공평하다.

② 실업과 인플레이션이 번갈아 일어나며 경제가 불안정하다.

③ 탐욕스런 이윤추구로 인하여 환경이 파괴되고 사익과 공익의 괴리(예컨대 마약이나 밀수의 성공적인 거래는 사익을 높일지 모르지만 공익을 해친다)가 일어난다.

사회주의는 사유재산과 이윤추구를 부정하고 국가적인 계획·통제를 함으로써 자본주의의 문제점들을 극복할 수 있다. 그러나 사회주의는 고상한 이념임에도 불구하고 현실에서는 다음과 같은 일련의 단점을 드러낸다.

① 자원배분이 비효율적이다 : 이윤추구나 개인성취의 유인이 없기 때문에 개별 경제주체들이 품질향상, 기술혁신 등에 관심을 가지지 않는다.

② 경직적인 계획의 수정장치가 없다 : 중앙계획에 의하여 자원배분이 이루어지므로 그릇된 판단에 의한 중앙계획의 효과는 전 경제에 파급된다. 오류를 자동적으로 수정할 장치가 없으므로 일단 오류가 생기면 계획기간중 수정이 아주 어려워 그 부작용은 엄청나게 커진다. 경제가 초기 발전단계를 지나 복잡해질수록 이런 문제는 더욱 두드러진다.

③ 이념이 경제를 지배하여 개인의 자유가 제약되고 독재정치가 불가피하다 : 자원배분의 결정에 경제적 효율성보다 정치적·이념적 목적이 우선한다. 중앙계획의 수립과 집행을 위하여 방대한 계획과 행정기구가 필요해진다. 이에 따라 개인의 정치적·경제적 자유가 제약된다. 소비자의 선호가 제대로 정책에 반영되지 않고 완전히 무시되는 경우가 흔하다. 계획의 획일성과 자본가 계급의 부정은 흔히 공산당(혹은 노동당) 1당독재를 필요로 하게 된다.

20세기의 가장 위대한 경제학자인 케인스(John M. Keynes, 1883~1946)는 "인류의 정치적 문제는 경제적 효율, 사회적 정의, 개인의 자유, 이 세 가지를 결합하는 것이다"고 말하였다. 사회주의는 인류가 직면하는 세 가지 중요한 문제 중에서 사회적 정의를 지나치게 앞세운 나머지 경제적 효율과 개인의 자유를 희생시켰다. 북한이 1970년대 중반 이후 남한보다 생활수준이 떨어지기 시작하여 오늘날 최빈국에 가까운 중하위소득국가에 속해 있는 이유는 이런 사회주의의 비효율 때문이다. 제29장에서 보는 것처럼 우리나라는 고소득국가에 속해 있다. 소련이 미국과의 체제경쟁에서 진 것도 사회주의의 비효율 때문이다.

사회주의경제의 단점은 그대로 자본주의경제의 장점이 된다. 자본주의는 ① 효율적인 자원배분과 기술진보를 이루고, ② 자동적으로 오류를 수정해 나갈 수 있는 시장기구로 체제면에서 유연성을 가지며, ③ 개인의 자유를 보장하고 자유민주주의와 손잡고 나간다.

3 현대의 경제체제와 체제전환국

1930년대의 대공황을 겪고 난 후 서구 자본주의국가들은 일부 기간산업을 국유화하고 사유재산의 사용이 공공복리에 적합하도록 규제하며 사회보장제도와 경제안정화정책을 실시함으로써 분배의 공평과 경제안정을 도모하였다. 사유재산제도와 경제적 자유의 큰 골격을 유지하면서 자본주의의 단점을 시정하기 위하여 정부가 경제에 개입하게 된 것이다.

자본주의 요소와 사회주의 요소가 섞여 있는 경제를 혼합경제(mixed economy)라 한다. 오늘날 자유시장경제라고 불리는 선진자본주의경제는 자본주의를 주축으로 하고 정부의 규제·조정기능을 보완적으로 활용하는 혼합경제이다.

혼합경제
자본주의 요소와 사회주의 요소가 섞여 있는 경제

사회주의국가에서도 1960년대 이후 일정한 목표달성에 경제적인 보상을 해 주는 유인제도(incentive system)를 도입하고 일부 소비재에 대해 민간기업과 자유로운 시장거래를 허용함으로써, 생산의 효율을 높이고 소비자의 선호를 부분적으로나마 반영하는 노력을 기울여 왔다. 현실사회주의는 계획경제를 주축으로 하고 자본주의경제 요소를 보조적으로 활용하는 혼합경제를 취해 온 것이다. 그러나 1989년에 일어난 대변혁을 계기로 동구권은 더 이상 계획경제가 주축인 혼합경제가 아니다. 공산당 1당독재가 무너지고 정치적·경제적 자유가 허용되며 자본주의경제 요소가 광범위하게 도입되었다. 사회주의 종주국인 소련은 1991년에 해체되고 러시아를 중심으로 자본주의경제 요소를 과감히 도입하였다. 이제 자본주의경제 요소가 계획경제 요소를 능가하는 자본주의경제로 이행하고 있다. 동구권과 러시아 등은 계획경제에서 자본주의경제로 전환하는 과정에 있다는 뜻에서 체제전환국(country in transition) 혹은 체제전환경제(transition economy)라 불린다.

오늘날 우리나라를 포함한 대부분의 개발도상국들은 자본주의경제가 주종을 이루면서 정부가 시장기구의 역할을 부분적으로 교정하는 혼합경제이다. 많은 개발도상국들은 경제개발계획을 수립·추진함으로써 서구 선진국에 비하여 정부의 계획·조정 요소가 큰 역할을 수행한다. 현재 사회주의경제를 채택하고 있는 나라들은 중국, 베트남, 북한, 라오스, 쿠바의 5개국뿐이다. 중국은 일당독재가 지속되고 있고 사회주의를 표방하는 공산당 강령이 수정되지 않고 있을 뿐 실상 체제전환경제이다. 1970년대 말에 본격적으로 개혁·개방을 표방한 이후 가격자유화, 임금차등화 허용, 실업의 용인, 과감한 외자도입, 기업 설립의 자유화 등 점진적으로 자본주의경제 요소들을 도입해 옴으로써 고도성장을 누리면서 자본주의경제에 성공적으로 적응하고 있다.

중국은 특히 1990년대 초반부터 '사회주의 시장경제'

인공위성에서 바라본 한반도
우리나라와 북한의 물질적 풍요의 격차는 무엇에서 비롯된 것일까.

의 기치 아래 본격적으로 사회주의 내에서 자본주의를 실험하고 있다. 중국이 현재 표방하고 있는 중국 특색의 사회주의 시장경제(the socialist market economy with Chinese characteristics)의 핵심은 자원배분을 일차적으로 시장에 맡기되 토지와 주요 기간산업은 국가가 소유하고, 필요하다고 판단하면 언제든지 자원배분을 통제하는 것이다. 베트남도 중국에 버금가는 개혁과 개방을 추진하고 있다. 북한과 라오스, 쿠바도 정도는 크게 약하지만 중국식 체제전환을 표방하고 있다. 따라서 공식적으로 사회주의경제를 채택하고 있는 나라들도 실제로는 체제전환경제이다. 가장 폐쇄적인 사회주의국가 북한마저 국가가 정해준 직장에서만 일하는 성인은 전체의 50% 미만으로 조사되고 있다. 장사, 개인서비스 제공, 가축 사육, 텃밭 재배, 밀수 등과 같은 사적(私的) 경제활동에도 종사하는 성인이 70%이다. 사적 경제활동으로 가족 생활비의 대부분을 마련한다. 돈만 있으면 북한 내 장마당이나 중국 단둥에서 무엇이든 살 수 있다. 생존과 풍요의 추구라는 인간 본능에 기초한 시장은 북한에서도 폭넓게 퍼지고 있는 것이다.

요컨대 오늘날 거의 모든 나라의 경제체제는 자본주의경제가 주축이거나 주축이 되어 가는 혼합경제이다. 본서에서는 자본주의경제가 주축을 이루는 혼합경제를 자유시장경제 혹은 줄여서 시장경제라 부르기로 한다.

2008년에 미국에서 일어난 금융위기, 2010~2011년에 유럽에서 일어난 재정위기로 인해 자유시장경제가 위기에 처했다는 진단이 많이 나왔다. 자유시장경제가 위기에 처했다는 진단은 이번이 처음이 아니다. 1930년대에 대공황을 겪을 때에도 나왔었다. 최근의 위기를 극복하는 과정에서 정부의 역할이 커졌지만 사회주의경제가 주축을 이루는 혼합경제로 돌아가는 일이 일어나지는 않을 것이다.

읽을거리 1-3 ▶ 자유시장경제와 사회적 시장경제

최근에는 시장경제를 자유시장경제와 사회적 시장경제로 나누기도 한다. 자유시장경제는 개인의 자유와 책임을 강조하는 시장경제로서 미국과 영국이 대표적인 예이다. 사회적 시장경제(social market economy)는 각자의 삶을 개인의 책임으로 돌리는 자유시장경제에서 빈부 격차가 크고 빈곤층이 많은 것에 유의하여 복지 면에서 국가의 책임과 사회적 연대를 강조하는 시장경제이다. 독일과 북유럽국가들이 채택하고 있는 사회적 시장경제에서는 국가가 책임지고 요람에서 무덤까지 국민의 복지를 보장해주는 복지국가를 지향한다. 이에 따라 일반국민이 부담해야 하는 세금도 당연히 많다. 자유시장경제가 저부담-저복지 사회라면 사회적 시장경제는 고부담-고복지 사회인 것이다.

최근에는 심화되는 빈부 격차를 완화하기 위해 자유시장경제는 복지지출을 상대적으로 늘리고, 사회적 시장경제는 걷잡을 수 없는 재정부담을 완화하기 위해 복지지출을 상대적으로 줄이고 있다. 두 시장경제가 이른바 중부담-중복지 사회로 수렴하는 양상을 보이고 있는 것이다. 우리나라는 저부담-저복지의 영미형 자유시장경제인데 최근에 중부담-중복지를 향하여 움직이고 있다.

자유시장경제와 사회적 시장경제 둘 다 사유재산제도와 경제적 자유를 두 축으로 하는 자본주의경제임은 두말할 필요도 없다.

1   재화와 서비스를 생산·교환·분배·소비하는 행위를 경제행위라 한다. 경제행위에 수반하여 일어나는 문제를 경제문제라 한다. 경제문제는 희소성이 현실세계를 지배하고 있기 때문에 일어난다. 희소성이란 사회구성원들의 욕구에 비하여 그 욕망을 충족시켜 줄 수단인 자원이 상대적으로 부족한 현상을 말한다.

2   희소성 때문에 선택의 문제가 일어나고 「경제하려는 의지」가 생긴다. 또 효율적인 자원배분의 필요성이 생긴다. 주어진 자원 또는 비용으로 최대의 효과를 얻고자 하는 것을 최대효과의 원칙이라 한다. 일정한 효과를 얻는 데에 소요되는 비용을 최소로 하고자 하는 것을 최소비용의 원칙이라 한다. 이 두 원칙을 합쳐 경제적 효율성, 또는 경제적 합리주의라 한다. 경제적 효율성이 이루어지는 자원배분을 효율적인 자원배분이라 한다.

3   경제문제의 핵심인 선택의 문제와 희소한 자원의 효율적인 배분에 관한 문제를 그림으로 보여 주는 분석도구가 생산가능곡선이다. 생산가능곡선이란 한 사회의 자원과 기술이 주어져 있을 때 그 사회가 모든 부존자원을 효율적으로 사용하여 생산할 수 있는 두 생산물의 조합을 나타내 주는 곡선이다. 생산가능곡선이 우하향한다는 점에서 선택의 문제가 나타난다.

4   어떤 활동의 기회비용이란 그 활동을 함으로써 포기해야 하는 다른 활동들 중에서 최선의 활동의 가치를 말한다. 현실세계에서는 일반적으로 한 생산물의 생산량을 증가시킴에 따라 그 생산물의 기회비용이 증가한다. 이를 기회비용체증의 법칙이라고 한다. 기회비용체증의 법칙 때문에 생산가능곡선은 원점에 대하여 오목하게 우하향한다.

5   어느 시대, 어느 사회건 ① 무엇을 얼마나, ② 어떻게, ③ 누구를 위하여 생산할 것인가 하는 세 가지 기본적인 경제문제, 혹은 ④ 언제 생산할 것인가까지 포함한 네 가지 기본적인 경제문제를 해결해야 한다. 기본적인 경제문제를 해결하는 사회의 제도적 양식을 경제체제라 한다. 경제체제는 크게 전통경제, 자본주의경제, 사회주의경제(체제)로 구분된다. 전통경제란 관습이나 신분제도와 같은 전통에 의해 경제문제가 해결되는 경제체제이다. 20세기에 자본주의경제와 사회주의경제가 체제경쟁을 벌였다.

6   자본주의경제란 사유재산제도와 경제적 자유를 근간으로 하여 개별경제주체들이 자기책임하에 자유롭게 사적 이익을 추구하는 가운데 시장기구를 통하여 기본적인 경제문제들이 해결되는 경제체제이다. 이 체제의 장점은 ① 효율적인 자원배분, ② 오류의 자동적인 수정, ③ 자유민주주의의 창달, ④ 기술혁신 등이고, 단점은 ① 분배 불공평, ② 경제불안정, ③ 자연파괴, 공익과 사익의 괴리 등이다.

7   사회주의경제는 생산수단의 국유화를 바탕으로 기본적인 경제문제가 국가의 계획·통제에 의하여 이루어지는 경제체제이다. 이 체제의 장점은 ① 분배 공평, ② 경제안정, ③ 환경보존, 공익과 사익의 일치 등을 위한

국가 기능의 활용이고, 단점은 ① 비효율적인 자원배분, ② 계획의 비신축성, ③ 개인의 자유의 제약 등이다.

8 체제전환경제란 시장의 도입과 사유화를 통해 기존의 사회주의경제를 자본주의경제로 전환시키고 있는 이행기 경제를 말하며 러시아 및 동구 제국, 중국 등이 이에 해당한다.

9 오늘날 북한과 쿠바를 뺀 모든 나라의 경제체제는 자본주의경제가 주축이거나 주축이 되어 가고 있다.

주요용어 및 개념   K / E / Y / W / O / R / D / S / & / C / O / N / C / E / P / T

- 희소성
- 인적자원
- 비인적자원
- 본원적 생산요소
- 경제재
- 자유재
- 생산재
- 소비재
- 최소비용의 원칙
- 최대효과의 원칙
- 경제적 효율성
- 경제적 합리주의
- 생산가능곡선
- 기회비용
- 기회비용체증의 법칙
- 경제체제
- 개방경제
- 봉쇄경제(폐쇄경제)
- 자급자족경제
- 교환경제
- 자본주의경제
- 자유시장경제
- 상업자본주의
- 산업혁명
- 산업자본주의
- 사회주의경제
- 사회주의 시장경제
- 체제전환국(체제전환경제)
- 사유화
- 혼합경제
- 사회적 시장경제

연습문제   E / X / E / R / C / I / S / E

1 다음 각 활동의 기회비용이 독자들에게 얼마인가 따져 보라.

(1) 주말데이트   (2) 대학 재학
(3) 마약복용   (4) 경제원론 시험공부
(5) 전자오락   (6) 외국유학

2 1번 문제에서 (1)과 (2)는 해 본 적이 있지만 (3)은 해 본 적이 없다면 그것이 기회비용과 어떤 관련을 가진다고 결론내릴 수 있겠는가?

3 다음은 어떤 경제에서 부존자원과 생산기술을 이용하여 얻을 수 있는 빵과 총의 최대 생산량 조합을 나타낸다.

조합	빵 (톤)	총 (1000정)
A	100	0
B	95	10
C	85	20
D	70	30
E	50	40
F	25	50
G	0	60

(1) 각 조합점들을 연결하여 생산가능곡선(PPC)을 그려라. 위 표와 비교하여 PPC는 얼마나 많은 정보를 제공해 주고 있는가?
(2) 왜 PPC가 우하향하는가?
(3) 각 조합점에서 총의 기회비용을 계산하고 기

회비용이 체증함을 확인하라.

(4) 각 조합점에서 빵의 기회비용을 계산하고 기회비용이 체증함을 확인하라.

(5) 50톤의 빵과 30,000정의 총은 PPC상에 있는가? PPC상에 있지 않다면 그 이유는?

(6) 25톤의 빵과 60,000정의 총은 PPC상에 있는가? 있지 않다면 그 이유는?

(7) 어느 경우에 50톤의 빵과 50,000정의 총을 생산할 수 있을까?

4 (1) 생산가능곡선을 원점에 대하여 오목하게 그리는 이유를 설명하라.

(2) 생산가능곡선이 직선이거나 원점에 대하여 볼록하다면 그것은 무엇을 의미할까?

5 혼합경제체제가 자본주의체제와 사회주의체제의 장점을 취한다는 것이 결과적으로 단점만 취해 버리는 수도 있겠는가 설명하라.

6 다음 주장을 설명하고 평가해 보라. "사유재산권을 인정하지 않는 체제는 그 형태가 어떤 것이든지 사회주의체제로 정의된다."

7 다음 기술이 옳은가 틀리는가를 밝히고 그 이유를 설명하라.

① 미팅(meeting)이나 데이트(date)도 경제행위이다.

② 자원량이 절대적으로(=수량면에서) 부족한 것을 희소성이라고 한다.

③ 경제학에서 숲이나 광산, 호수 등의 자원은 토지로 분류된다.

④ 화폐(금융자본)는 세 가지 본원적인 생산요소에 포함되지 않는다.

⑤ 시간은 자원이다.

⑥ 「포로수용소」경제는 일종의 계획경제이다.

⑦ 한강물은 개인에게는 자유재이지만 사회로 보아서는 경제재이다.

⑧ 동양의 고전에 나오는 무릉도원이나 서양의 고전에 나오는 유토피아 등은 일종의 공상적인 공산사회이다.

⑨ 생산재는 생산물도 되고 생산요소도 된다.

⑩ 자본주의경제에서 노동은 자본이나 토지처럼 상품이다.

⑪ 기회비용체증의 법칙에 의하면 한 재화의 생산이 감소됨에 따라 그 재화의 기회비용도 감소한다.

⑫ 사회주의계획경제체제를 선택한 기회비용이 자본주의시장경제체제를 선택한 기회비용보다 컸다.

⑬ 군비냐 복지냐 하는 문제를 생산가능곡선으로 분석할 수 있다.

⑭ 구소련에서 평균적으로 잠자는 시간을 제외한 총가용시간의 약 1/4을 줄을 서서 기다리는 데 허비한 것은 계획경제의 기회비용이 컸음을 의미한다.

경제학의 본질

이 장에서는 경제학이 어떤 학문인가를 배운다. 경제학은 전통적으로 경제이론·경제사·경제정책론의 세 분야로 분류된다. 본서에서 주로 다루는 경제이론은 단순한 가정을 세워 경제현상을 조리 있게 설명하고 조건부 예측을 시도한다. 경제학은 경제생활을 지배하는 몇 가지 주요 원리를 제시해 준다.

CHAPTER

2

제1절 경제학의 정의와 구분

1 경제학의 정의

애덤 스미스와 국부론
"우리가 저녁 식사를 기대할 수 있는 건 정육점 주인, 양조장 주인, 빵집 주인의 자비심 때문이 아니라, 그들 자신의 이익을 위한 그들의 고려 때문이다."

경제학(economics)이란 경제문제와 경제현상을 다루는 학문이다.

영국의 논리학 및 도덕철학 교수인 애덤 스미스(Adam Smith, 1723~1790)가 1776년에 펴낸 『국부론』(*The Wealth of Nations*)이 경제학을 독립된 사회과학으로 출발시킨 저서로 평가된다. 이 책으로 스미스는 경제학의 아버지라고 불린다.

『국부론』에서 스미스는 경제학을 여러 나라 국민의 부(富)에 관하여 연구하는 학문이라고 정의하였다. 앞에서 설명한 경제문제와 연관시켜 설명하면 부의 생산 · 교환 · 분배 · 소비에 관하여 연구하는 학문이라고 정의한 셈이다.

부는 국가적 · 사회적인 차원에서 논의할 수도 있고 개인적인 차원에서도 논의할 수 있다. 그리고 부는 생산활동을 통한 소득의 수취와 처분을 통하여 그 규모가 변한다. 따라서 오늘날은 부보다 생산이나 소득이 일차적인 관심의 대상이다. 재화와 서비스를 생산하는 데에는 희소한 자원을 효율적으로 사용해야 한다. 이를 토대로 하여 경제학을 정의하면,

---

읽을거리 2-1 경제학의 어원(語源)

경제란 한자로 경세제민(經世濟民: 세상을 다스려 백성을 구제함) 혹은 경국제민(經國濟民: 나라를 다스리고 백성을 구제함)의 약자이다. 백성을 구제한다는 것은 무엇보다 백성이 먹고 살게 해 주는 것이다. 일찍이 공자는 "백성은 먹는 것을 하늘로 삼는다(民은 食爲天)"고 하였다. 예전부터 먹고 사는 문제는 가장 중요한 문제였다. 오늘날도 전 세계 인구의 1/3이 굶주림에서 헤어나지 못하고 있다. 경기가 나빠지면 많은 사람들의 먹고 사는 게 힘들어진다.

경제란 영어 economy는 원래 그리스 말의 오이코노미아(oikonomia)에서 나왔다. oikonomia는 집안관리라는 뜻이다. 번성한 집안의 '집사'(執事) 혹은 '관리인'을 뜻하는 오이코노모스(oikonomos)가 하는 일이 바로 오이코노미아이다. 아무리 번창한 집안이라도 집사가 관리를 제대로 하려면 근검절약에 힘써야 할 것이다. 따라서 그리스 말에서 유래되는 경제는 '근검절약'을 뜻한다. 어원에 충실하게 설명한다면 경제는 근검절약으로 개개인과 나라의 살림을 풍족하게 만드는 것이고, 근검절약과 경국제민을 연구하는 학문이 경제학이라고 할 수 있다.

경제학이란 개인이나 사회가 여러 가지 용도를 가지는 희소한 자원을 선택적으로 사용하여 다양한 재화와 서비스를 생산·교환·분배·소비하는 과정에서 일어나는 경제현상을 연구대상으로 하는 학문이다.

2 경제학의 구분

경제학은 기준을 달리함에 따라 여러 가지로 분류할 수 있다.

경제이론, 경제사와 경제정책론

경제학의 학문체계는 전통적으로 경제이론, 경제사, 그리고 경제정책론의 세 분야로 분류된다.

경제이론은 여러 경제현상 사이에 존재하는 경제법칙을 규명하며 그 법칙을 이용하여 현재의 경제현상을 분석하고 미래의 경제현상을 예측하는 분야이다. 제1장에서 다룬 생산가능곡선은 한 분석도구이고, 기회비용체증의 법칙은 한 경제법칙이다. 경제이론을 이론경제학이라고도 한다.

경제사는 지나간 경제현상을 해석하거나 과거의 경제자료를 통해 경제법칙을 밝혀내는 분야이다. 예컨대 원시시대의 경제생활을 연구하거나 우리나라에서 해방 이후 시행된 토지개혁의 효과와 의의를 고찰하는 것은 경제사의 분야이다.

경제이론이 구명하는 경제법칙들은 대부분 과거의 역사적 사실과 연관되어 있다. 따라서 경제이론은 경제사의 도움을 받음으로써 경제법칙들을 쉽게 확인할 수 있다. 반대로 경제사를 연구할 때에는 과거의 경제현상들 사이에 존재했을 경제법칙을 규명해야 하는데 이를 위해서 경제이론과 경제이론이 사용하는 분석도구에 의존해야 한다.

경제정책론은 어떤 경제상태가 바람직하며 그 바람직한 경제상태를 효율적으로 달성하기 위해서는 어떤 정책수단을 어떤 방법으로 사용해야 하는가를 다루는 분야이다. 바람직한 경제상태는 사회적·정치적·윤리적·시대적 상황에 따라 달라질 수 있다. 그러나 포괄적으로 말해서 모든 사회구성원들이 최소한의 인간다운 삶을 영위하면서 시간이 지날수록 생활이 안정되고 향상되는 상태라고 정의할 수 있다. 이 바람직한 상태는 제1장에서 설명한 경제적 효율성에 형평과 경제안정이 조화를 이룸으로써 도달할 수 있을 것이다. 효율과 형평, 안정이 조화를 이루는 방법은 경제이론과 경제사에 의하여 밝혀진 경제법칙과 실제사례를 이용하여 연구해야 한다. 그렇지 않으면 경제정책론은 사람마다 다르게 마련인 주관적 가치판단에 빠짐으로써 학문으로서 요구되는 객관성을 잃어버릴 것이다.

물론 경제사와 경제이론은 경제정책을 통하여 사회과학으로서의 실천적 유용성을 가지게 된다. 따라서 경제사·경제이론·경제정책론은 상호 밀접한 연관관계를 가진다.

본서에서는 경제이론과 경제정책론을 다룬다.

실증경제학과 규범경제학

실증경제학
경제현상을 있는 그대로 분석
하는 경제학의 한 분야

규범경제학
「바람직한 상태」를 설정하고
그 상태에 도달하기 위해서는
어떻게 해야 하는가를 다루는
경제학의 한 분야

경제학은 가치판단의 유무에 따라 실증경제학과 규범경제학으로 분류할 수 있다. 실증경제학(positive economics)은 경제현상을 「있는 사실」(what is) 그대로 분석하는 경제학의 한 분야이다. 경제현상들간에 존재하는 인과관계를 발견하고 설명하여 경제현상의 변화를 예측하는 지식체계가 실증경제학이다. 보통 경제학이라고 말할 때는 이 실증경제학을 지칭한다. 앞에서 설명한 경제사와 경제이론이 실증경제학이다.

규범경제학(normative economics)은 「바람직한 상태」(what should be)를 설정하고 그 상태에 도달하기 위해서는 어떻게 해야 하는가를 다루는 경제학의 한 분야이다. 앞에서 설명한 경제정책론이 규범경제학에 속한다.

있는 사실 그대로를 묘사하거나, 참인가 거짓인가를 밝힐 수 있는 문장을 실증적인 기술(positive statement)이라 한다. 좋다, 나쁘다 혹은 바람직하다, 바람직하지 않다는 가치판단이 개입되는 문장을 규범적인 기술(normative statement)이라 한다. 실증경제학은 실증적인 기술로 구성되어 있고, 규범경제학은 규범적인 기술로 구성되어 있다. "세금을 늘리고 사회복지 지출을 확대하면 국민들이 덜 열심히 일할 것이다"라는 주장은 실증적인 기술이고, "세금과 사회복지 지출을 늘려야 한다"라는 주장은 규점적인 기술이다. 실증경제학은 관찰된 사실을 통계적 기법을 이용하여 맞느냐 혹은 틀리느냐를 가릴 수 있는 과학적인 분석방법이다. 오늘날 경제학은 실증경제학의 바탕 위에 규범경제학을 전개함으로써 양자가 융합되어 있다.

정태경제학과 동태경제학

경제학은 분석방법에 따라 정태경제학과 동태경제학으로 분류할 수 있다. 어떤 상태에 도달하면 그 상태에서 벗어날 유인이 없을 때 그 상태를 균형상태라 하는바 정태경제학(static economics)은 두 균형상태를 비교·연구하는 분석방법을 말한다. 이때 한 균형상태에서 다른 균형상태로 이동하는 과정은 무시한다. 정태경제학에서는 시간의 변화를 고려하지 않는 상태에서 경제현상간의 상호관계를 분석한다. 정태경제학은 정태분석(static analysis) 또는 비교정학(comparative statics)이라고도 한다.

동태경제학(dynamic economics)이란 시간의 변동을 고려하면서 경제현상간의 상호관계를 분석하는 방법이다. 동태경제학은 한 균형상태에서 다른 균형상태로 이동해 가는 과정을 중요시한다. 동태경제학은 동태분석(dynamic analysis)이라고도 한다. 동태분석이 정태분석보다 고도의 분석기법을 필요로 한다.

본서에서는 분석이 용이한 정태분석을 주로 다룬다.

미시경제학과 거시경제학

경제학은 연구대상에 따라 미시경제학과 거시경제학으로 구분한다. 미시경제학(microeconomics)은 개별경제주체들의 경제행위와 그 상호작용을 연구대상으로 한다. 다시 말해서 미시경제학은 가계와 기업의 경제행위와 그 상호작용을 지배하는 원리를 분석하는 학문이다. 시장경제를 주 연구대상으로 하는 미시경제학에서 경제행위의 상호작용은 주로 시장에서 나타나는 상호작용이다. 시장에서의 상호작용은 시장가격을 중심으로 이루어진다. 가계의 소비와 기업의 생산이 연결되는 시장에서 가계와 기업의 상호작용이 가격을 결정하고 거꾸로 가격은 개별 경제주체들의 상호작용에 영향을 미친다. 따라서 미시경제학에서는 시장에서의 가격결정이론이 중요하다. 이러한 맥락에서 미시경제학을 전통적으로 가격론(price theory)이라고도 부른다.

거시경제학(macroeconomics)은 개별 경제주체들로 구성된 국민경제의 전체적인 현상을 연구대상으로 한다. 국민소득·물가·고용·통화량·국제수지·경제성장 등 국민경제 전체의 총량개념들(aggregate concepts), 즉 거시경제변수들이 서로 어떤 관계를 가지고 있으며 각종 경제정책이 이들에 어떤 영향을 미치는가를 다루는 학문이 거시경제학이다.

본서의 제I부는 미시경제학을, 제II부는 거시경제학을 다룬다.

부분균형분석과 일반균형분석

경제이론은 어떤 한 시장(혹은 부문)만을 따로 떼어 분석하느냐 아니면 모든 시장간의 상호연관관계를 명시적으로 고려하면서 각 시장을 분석하느냐에 따라 부분균형분석(partial equilibrium analysis)과 일반균형분석(general equilibrium analysis)으로 나누어진다. 부분균형분석에서는 다른 시장상황이 일정하게 주어져 있다고 가정하고 특정시장에 초점을 맞추어 분석한다. 그러나 일반균형분석에서는 특정시장과 다른 모든 시장이 서로 영향을 주고 받는 것을 고려하면서 특정시장을 분석하거나 모든 시장들을 한꺼번에 분석한다.

부분균형분석은 분석이 간편하다는 장점이 있는 반면 시장간에 영향을 주고 받는 것을 고려하지 않기 때문에 불완전하거나 때로는 그릇된 결론에 도달하기 쉽다. 일반균형분석은 올바른 결론을 얻을 수 있는 반면 분석이 지나치게 복잡하다는 단점을 가진다.

미시경제학에서 개별시장의 가격이 오르는가 내리는가, 거래량이 증가하는가 감소하는가 하는 방향만 알고자 할 때에는 부분균형분석으로도 대개 올바른 결론을 얻을 수 있다. 그러므로 본서에서 미시경제학의 대부분(제15장까지)은 부분균형분석

미시경제학
가계와 기업의 경제행위와 그 상호작용을 지배하는 원리를 분석하는 학문

거시경제학
국민경제 전체의 총량개념들이 서로 어떤 관계를 가지고 있으며 각종 경제정책이 이들에 어떤 영향을 미치는가를 다루는 학문

에 의존한다. 그러나 경제 전체의 자원배분이 효율적인가 아닌가 하는 문제와 거시경제변수들을 분석할 때에는 복잡하더라도 일반균형분석을 따라야 한다. 거시경제변수들은 고도로 상호의존관계를 가지기 때문에 모든 시장을 동시에 고려하여 분석해야 하는 것이다. 본서에서 제7편부터는 대개 일반균형분석을 따르고 있다.

제2절 이론경제학의 구성과 방법론

1 경제이론의 구성

경제이론의 목적

일반적으로 경제현상은 매우 복잡다양하기 때문에 이를 직접 관찰하는 것만으로는 거기에 존재하는 보편적인 규칙성을 발견할 수 없는 경우가 많다. 따라서 복잡한 경제현상을 추상화(abstraction)하고 단순화(simplification)하여 이로부터 보편적인 법칙성을 밝혀내고자 한다. 또한 그 법칙성을 이용하여 다른 경제현상을 설명하고, 경제현상의 여러 가지 변화를 예측하고자 한다. 이것이 경제이론의 목적이다.

경제이론 구성의 3단계

경제이론은 다음과 같은 세 단계를 밟아서 출현한다. 첫째, 가정(assumption)을 도입하여 복잡다양한 경제현상을 추상화하고 단순화한다. 둘째, 단순화된 경제현상들 사이에 존재할 수 있다고 생각되는 상관관계나 인과관계를 설정한다.[1] 추리된 인과관계를 가설(hypothesis), 또는 모형(model)이라고 한다. 셋째, 모형이 현실경제현상과 일치하는가를 검증(test)한다. 이 셋째 단계에서 모형이 현실경제현상과 잘 부합하는

---

1 A와 B 중에 하나가 변하면 다른 하나도 변할 때 A와 B는 상관관계가 있다고 말한다. A가 B를 일으킬 때 A와 B는 인과관계가 있다고 말한다. 이 때 A는 B의 원인이고 B는 A의 결과이다. 상관관계보다 인과관계가 훨씬 구체적이다. 당연히 경제이론은 인과관계까지 구명하려고 노력한다. A와 B 사이의 인과관계는 A가 B의 원인이거나 B가 A의 원인이거나 양자 모두일 수 있다.

것으로 검증되면 이 검증된 모형이 경제이론으로 수용되고 다른 경제현상을 설명·예측하는 데 사용된다.

가정의 도입

사회현상으로서의 경제현상은 매우 복잡하고 다양하다. 어떤 경제현상에 영향을 주는 요인은 많다. 그 중에는 직접적으로 영향을 주는 요인도 있고 간접적으로 영향을 주는 요인도 있다. 모든 요인들을 다 포함하여 어떤 보편적인 법칙성을 가려내기란 거의 불가능하다. 따라서 경제학에서는 어떤 경제현상에 가장 직접적이고도 큰 영향을 주는 요인들만 뽑고 다른 요인들은 「일정불변이다」, 「존재하지 않는다」, 「어떤 조건에 있다」는 등의 가정으로 단순화하여 인과관계를 추론한다.

이와 같이 가정이란 주어진 것으로 간주되는 일련의 조건들을 말한다. 경제학에서 사용되는 가정들은 대개 다음 세 가지 중 어느 한 범주에 속한다.

첫째, 자원과 생산기술에 관한 가정이다. 이것은 경제 내의 자원부존량 (endowment) 및 투입량과 생산량 사이의 기술적 관계를 규정하고 일정기간 동안 그 관계에 변화가 없다는 것을 전제하는 것이다.

둘째, 제도와 기구(mechanism)에 관한 가정이다. 예컨대 사회주의인가 자본주의인가, 자본주의라면 독점시장인가 경쟁시장인가를 상정하는 것이 제도적인 가정에 속한다.

셋째, 경제주체들의 행태에 관한 가정이다. 주류경제학에서는 경제주체들이 경제적 합리주의를 냉정하게 그리고 일관성 있게 추구한다고 상정한다. 경제학에서 상정하는 이러한 유형의 사람을 경제인(homo economicus)이라고 부른다. 본서에서 단순히 「합리적인」 경제주체라고 말할 때에는 이 경제인을 가리킨다. 대개 합리적인 소비자는 효용을 극대로 하고자 행동하며, 합리적인 생산자는 이윤을 극대로 하고자 행동한다고 가정한다.

<aside>
경제인
주류경제학에서 항상 합리적으로 행동한다고 가정하는 인간
</aside>

가정은 현실적인 것도 있지만 비현실적인 경우도 많다. 복잡한 경제현상을 추상화·단순화하는 것 자체가 어느 정도 비현실적이다. 따라서 가정의 현실성 여부에 지나치게 얽매일 필요는 없다. 경제이론이 얼마나 현실경제에 대한 설명력과 예측력을 가지느냐가 중요하다.

모형의 정립

가정에 의하여 복잡다양한 경제현상이 단순화되면 그 단순화된 경제현상에서 성립할 만한 인과관계를 추리해 볼 수 있다. 이렇게 추리된 인과관계를 가설 또는 모형(model)이라고 한다. 모형은 대개 「다른 모든 조건이 일정불변이라면 어떤 요인이 변함에 따라 어떤 경제현상은 어떻게 변한다」와 같은 형식으로 표시된다. 예를 들어 X라는 경제현상에 영향을 주는 요인들 A, B, C, D가 있다고 할 때 「B, C, D가 일정불변이라면 A가 증가함에 따라 X는 증가한다」고 말하면 이것은 하나의 모형이다. 여기서

<aside>
경제모형(가설)
경제현상들 간의 추리된 인과관계
</aside>

「B, C, D가 일정불변이라면」은 가정이고 A는 독립변수, X는 종속변수이다.[2] 독립변수란 영향을 주는 변수이고 종속변수란 영향을 받는 변수이다. 따라서 모형은 가정·종속변수·독립변수의 세 가지 요소로 이루어지는 것이다. 경제학에서는 「다른 모든 조건이 일정하다면(일정불변이라면, 같다면)」(ceteris paribus 또는 other things being equal)의 가정이 자주 그리고 유용하게 사용된다.

경제모형을 이용한 미래의 예측은 조건부 예측(conditional forecasting)이다. 다른 것들을 일정하다고 놓고 우리가 관심을 가지는 독립변수가 변할 때 종속변수가 어떻게 변할 것인가를 예측하기 때문이다.

모형의 검증

앞에서 설명한 바와 같이 모형은 가정으로 단순화된 틀에서부터 있음직하다고 추리된 인과관계이다. 따라서 어떤 모형의 적합성 여부를 확인하기 위해서는 그 모형이 제시하는 인과관계가 현실에 부합되느냐 안되느냐를 검증해야 한다. 검증이란 여러 가지 통계자료를 분석하여 모형이 현실과 일치하는가를 검사하는 것을 말한다. 만약 어떤 모형이 현실과 부합하는 것으로 검증되면 그 모형은 하나의 경제이론이 되어 다른 경제현상의 변화를 설명하고 예측하는 데 사용될 수 있다. 경제이론이란 검증된 경제모형이다.

경제이론의 형성과정을 쉽게 이해하기 위하여 제3장에서 배우게 될 수요의 법칙을 예로 들어 보자. 사람들이 어떤 상품을 소비하고자 하는 수량(수요량)에 영향을 주는 요인들은 그 상품의 가격, 소득, 취미, 다른 상품의 가격 등 무수히 많은데, 이들은 각기 서로 다른 영향력을 가진다. 이들 모든 요인들을 함께 생각하면 각 요인의 영향력이 섞여 있어 분석하기가 어렵다. 따라서 「해당상품의 가격 이외의 다른 모든 요인들이 일정하다면」의 가정을 세운다. 이와 같은 가정하에서 해당상품의 가격과 수요량 사이에 있음직한 인과관계를 「가격이 상승(하락)하면 수요량은 감소(증가)한다」라는 모형으로 정립시킨다. 그리고 이 모형이 여러 소비자들의 행위를 관찰하여 볼 때 현실과 일치하는 것으로 검증되기 때문에 수요의 법칙이라는 하나의 경제이론이 되는 것이다.

경제이론이 검증에 의해 일단 그 타당성이 인정되었다 하더라도 그것이 영구불변의 진리인 것은 아니다. 같은 경제현상일지라도 시대와 사회, 경제체제에 따라 그 인과관계가 달라질 수 있기 때문이다. 한때 타당성을 인정받았던 경제이론도 경제여건의 변화에 따라 그 유의성을 상실할 수 있다. 종래의 경제이론이 현실에 잘 부합되지 않을 때 현실을 보다 잘 설명하는 새로운 경제이론이 등장한다. 경제학은 끊임없이 진화하고 있는 사회과학분야이다. 특히 거시경제학은 더욱 그러하다.

경제이론
검증된 경제모형

읽을거리 2-2

경제학은 다양한
경제모형들을
포괄한다

---

[2] 독립변수는 종속변수의 변화를 설명하는 변수라는 뜻에서 설명변수라고도 한다. 종속변수는 설명을 당하는 변수라는 뜻에서 피설명변수라고도 한다.

2 경제학의 방법론

앞에서 설명한 경제이론을 구성하는 데에는 여러 가지 유의할 사항이 있다. 자 칫 빠지기 쉬운 방법론상의 오류를 피하면서 이론이 가지게 마련인 주관성을 인식하 는 것이 중요하다.

인과의 오류

개별적인 사실들로부터 일반적인 원리나 법칙을 끌어내는 방법을 귀납 법(induction)이라 한다. 가정을 설정할 때 이 귀납법을 제대로 활용하기 위해 서는 사전에 많은 요인들을 두루 살펴보아야 한다. 그러나 모형을 세우는 데 그 많은 요인들을 한꺼번에 다 이용할 수는 없기 때문에, 중요하다고 생각되 는 요인들만 뽑고 나머지는 '다른 모든 조건이 일정하다면'의 가정으로 처리 한다고 앞에서 설명하였다. 그런데 중요하다고 생각되어 뽑은 요인들이 실상 중요하지 않을 수가 있다. 이를 유념하여 귀납법을 올바로 활용하도록 경종 을 울려 주는 것이 인과의 오류이다.

여러 경제현상간의 인과관계를 구명함에 있어서 A라는 현상이 B라는 현상보다 먼저 일어났다는 이유로 A가 B의 원인이라고 논단하기 쉽다. 이를 인과의 오류(post hoc fallacy)라 한다. 「까마귀 날자 배 떨어진다」는 속담을 곧이 곧대로 받아들여 배 떨어지는 원인을 까마귀 나는 데에서 찾는다면 이것은 인과의 오류를 범하는 것이다.

어떤 현상들의 단순한 선후관계를 인과관계로 착각하는 것이 인과의 오류이다. 경제이론을 구성함에 있어서 이런 인과의 오류를 경계해야 함은 물론이다.

오비이락
까마귀 때문에 배가 떨어진다?

인과의 오류
어떤 현상들의 단순한 선후 관계를 인과관계로 착각하는 오류

구성의 오류

이미 널리 알려져 있는 일반적인 사실이나 법칙으로부터 다른 구체적인 사실이 나 법칙을 끌어내는 방법을 연역법(deduction)이라 한다. 경제학에서 연역법은 귀납법 과 함께 상호보완적으로 이용되고 있다.

연역법에 있을 수 있는 여러 가지 오류 중 경제학에서 범하기 쉬운 것이 구성의 오류(fallacy of composition)이다. 부분에 맞다고 해서 전체에도 맞다고 생각하는 것이 구 성의 오류이다.

경기장의 관중석에서 경기를 관람할 때 어느 한 사람이 일어서면 그 사람은 경 기를 더 잘 볼 수 있다. 그러나 모든 사람이 일어서면 각자가 종전보다 경기를 더 잘 볼 수 있다고 말할 수 없다.

구성의 오류
부분에 맞다고 해서 전체에도 맞다고 생각하는 오류

어느 한 산업에서 생산물 가격이 올라가면 그 산업의 기업들은 가격상승으로 혜택을 본다. 그러나 생산요소까지 포함하여 모든 산업에서 가격이 오르면 모든 산업의 모든 기업들이 혜택을 본다고 말할 수 없다.

물론 부분에 참인 것이 전체에 대하여 참인 것도 많다. 구성의 오류가 말하는 것은 이 명제가 항상 옳지는 않다는 것이다.

구성의 오류는 경제학에서 중요한 역할을 수행한다. 거시경제학을 단순히 미시경제학의 연장·확대로 취급하지 않고 별도로 취급하는 이유도 구성의 오류 때문이다. 각각의 나무(미시경제현상)에 집착하다 보면 숲 전체(거시경제현상)를 잘못 파악할 수 있는 것이다.

경제이론의 주관성과 진화

앞에서 가치판단이 명시적으로 개재하는 규범경제학도 객관적인 경제이론이 시사하는 정책을 제시한다고 설명하였다. 그러나 경제이론에는 명시된 가정 이외에도 여러 가지 숨은 가정과 이론가의 주관이 은연중에 들어가 있는 경우가 많다. 숨은 가정과 이론가의 주관이 다름에 따라 똑같은 경제현상을 전혀 다른 시각에서 볼 수 있다. 본서에서 배우는 거시경제원론에서 판이하게 다른 두 거시경제학파(고전학파와 케인스학파)가 존재하는 것은 이 때문이다.

뉴턴의 물리학에 젖어 있는 학자일수록 처음에 아인슈타인의 상대성이론이 나왔을 때 이를 이해하고 수용하기가 더 어려웠다. 마찬가지로 경제학자들도 자기나름의 이론틀 속에 갇혀 새로운 이론틀을 받아들이지 않을 수도 있다. 그러나 세월이 지나 새로운 이론틀의 설명력과 예측력이 계속 우월하면 차차 새로운 이론틀을 따르는 사람들이 늘어나게 된다. 경제학은 이러한 진화를 거듭하고 있는 학문이다. 따라서 독자들은 열린 마음으로 상이한 이론들의 숨은 가정을 음미하며 각 이론이 어떤 내적 일관성(internal consistency)과 외적 적합성(external adequacy)을 가지는가를 살펴보아야 한다. 내적 일관성이란 이론이 앞뒤 모순이 없이 논리정연한 것을 말한다. 외적 적합성이란 이론이 현실에 잘 들어 맞는 것을 말한다.

경제현실의 불확실성

100년 전에 프랑스의 수학자 라플라스(Pierre-Simon Laplace)는 계산할 수 있는 통계자료와 시간만 충분하면 미래를 현재처럼 명료하게 알 수 있을 것이라고 생각했다. 현대와 같은 불확실성시대에 라플라스의 생각이 틀리다는 것은 두말할 나위가 없다.

불확실성은 사람들의 행동을 결정하는 합리성의 기준에도 적용된다. 같은 도박도 대부분의 사람에게는 불로소득과 요행을 바라는 비합리적인 행위로 보이는 데 반하여, 일부 사람들에게는 승부의식과 모험심을 충족시켜 주는 합리적인 행위로 보이

서늘한 머리와 따뜻한 가슴(cool heads but warm hearts)

근대 경제학의 틀을 다진 영국의 경제학자 알프렛 마샬(Alfred Marshall, 1842-1924)은 1885년 캠브리지 대학 교수로 취임하며 한 강연에서 지성인의 '서늘한 머리(냉철한 두뇌)와 따뜻한 가슴'을 강조하였다. 이 말은 애덤 스미스의 '보이지 않는 손', 조셉 슘페터의 '혁신', 케인스의 '동물적 야성'과 더불어 경제학에서 가장 유명한 말이다. 오늘날 마샬의 말은 경제학의 관점에서는 '따뜻한 가슴과 서늘한 머리'(warm hearts but cool heads)로 '따뜻한 가슴'을 앞세워 해석하는 것이 더 그럴듯하다.

먹고 사는 문제를 해결하지 못하고 빈곤에서 허덕이는 많은 사람들, 국민이 하루에 평균 2달러 이하로 살아가는 많은 저개발국가, 부익부 빈익빈이 심화되는 불평등사회, 문제를 해결하기보다 부작용을 일으키는 정부 정책 등 현실세계에서 일어나는 경제문제들이 많이 있다. 경제학자는 따뜻한 가슴으로 사회적 약자에 연민을 가지고 이런 경제문제들을 해결하기 위해 씨름해야 한다. 그러나 해결책은 어디까지나 서늘한 머리로 마련해야 한다. 감성이 아니라 이성으로 합리적인 해법을 강구해야 하는 것이다. 그래야 제대로 문제를 해결하고 경제학이 지향하는 효율적인 자원배분과 경세제민을 이룰 수 있다.

서늘한 머리와 따뜻한 가슴은 다른 학문 분야에서도 본받을 만한 바람직한 자세이다. 정책당국과 정치인들은 특히 '뜨거운 가슴'만 내세운 대중영합주의에 빠지기 쉬운데 이를 경계해야 한다. 경제학에서 서늘한 머리는 내적 일관성과 외적 적합성을 갖춘 경제모형을 개발하는 데에서 나타난다.

알프레드 마샬
그의 대작 〈경제학 원리 (Principles of Economics)〉 (1890)는 경제학에 큰 공헌을 했다.

는 것이 그 예이다. 1970년대 이래 경제학은 합리성을 폭넓게 정의하고 통계학의 기법으로 불확실성을 수용하여 불확실성하의 의사결정에 대한 이론을 크게 발전시켰다. 그러나 이 이론은 매우 어려우므로 원론 수준에서는 깊이 다루지 않는다. 본서에서는 불확실성에 관한 초보적인 접근방법을 소비자의 의사결정문제 및 경제주체들의 미래예상과 관련하여 간략하게 소개한다.

경제학원론은 으레 경제현실이 확실성의 세계인 것처럼 가정하여 이론을 전개한다. 따라서 경제법칙이 모든 사람, 모든 경우에 정확하게 들어맞을 수 없다. 불확실성의 세계에서 경제법칙은 다만 평균적으로(on the average) 성립할 뿐이다.

가격이 오를 때 수요량이 감소한다는 수요의 법칙은 모든 사람을 평균해 볼 때 그렇다는 것이다. 따라서 "나는 사과를 아주 좋아해서 사과가격이 올라도 사과 소비량을 줄이지는 않는다"면서 수요의 법칙을 부정하려고 한다면 이는 문제의 핵심에서 벗어나는 것이다.[3] 「평균적」이라는 뜻으로 경제학에서는 대표적 가계, 대표적 기업 (representative firm)이라는 용어를 많이 사용한다.

---

[3] 사과를 아주 좋아하는 사람이라도 사과 한 개에 1,000원인 때에 비해 10,000원일 때의 소비량은 줄어들 것이다.

개별경제주체들의 행태에는 엄청난 차이가 있다 하더라도 사회 전체로 나타나는 행태에는 흔히 높은 규칙성(regularities)이 있다. 이는 통계학에서 말하는 대수의 법칙(the law of large numbers) 혹은 평균의 법칙(the law of averages)이 작용하기 때문에 그렇다. 동전을 단 한 번만 던질 때에는 앞면이 나올지 뒷면이 나올지 알 수 없다. 그러나 동전을 100번 던지면 앞면과 뒷면이 거의 반반씩 나온다.

실험횟수가 커질수록 평균치에 가까운 결과가 나오는 것을 대수의 법칙이라 한다. 경제법칙은 평균의 법칙이 작용하는 체계적인 행태를 묘사한다.

대수의 법칙
실험횟수가 커질수록 평균치에 가까운 결과가 나오는 것

3 경제이론의 표현방법

경제이론을 표현하는 방법에는 세 가지가 있다. 서술적인 방법, 수리적인 방법, 기하학적인 방법이 그것이다.

서술적인 방법

경제이론의 표현은 우선 서술적인 방법(descriptive method)에 의한다. 서술적인 방법이란 수식이나 그림 등을 사용하지 않고 문장으로 표현하는 것이다. 앞에서 설명한 바와 같이 수요의 법칙을 「다른 모든 조건이 일정할 때 어떤 상품의 가격이 상승(하락)하면 그 상품에 대한 수요량은 감소(증가)한다」라고 표시하면 이는 곧 서술적인 방법이다.

수리적인 방법

서술적인 방법은 읽으면서 그 의미를 바로 파악할 수 있다는 장점이 있는 반면에, 표현이 길기 때문에 여러 경제현상을 동시에 설명할 때는 장황해지는 단점이 있다. 이를 보완하는 방법으로 경제이론을 수리적으로 표현하는 방법이 많이 사용된다. 위에서 서술적으로 표시한 수요의 법칙을 수리적으로 표현하면 다음과 같다.

[2-1] $\quad Q^D = f(P), \qquad \dfrac{\Delta Q^D}{\Delta P} < 0$

윗식에서 $Q^D = f(P)$는 「Q^D는 P의 함수이다」라고 읽는다. Q^D는 한 상품에 대한 수요량, P는 그 상품의 가격을 표시한다. 함수(function)란 한 변수의 값이 정해지면 다른 변수의 값이 유일하게 결정되는 관계를 말한다. P가 결정되면 Q^p가 유일하게 결정되는 것을 $Q^p = f(P)$로 나타낸다. $\varDelta$(delta)는 증분 또는 변화분을 뜻한다. $\dfrac{\varDelta Q^p}{\varDelta P} < 0$는 가격의 증분과 수요량의 증분의 방향이 정반대라는 것을 표시한다. P가 오르면(즉 $\varDelta P > 0$이면) Q^p는 감소하고(즉 $\varDelta Q^p < 0$), P가 하락하면($\varDelta P < 0$이면) Q^p는 증가하는 것($Q^p > 0$)을 나타내는 것이다.[4] 식 (2-1) 전체를 「Q^p는 P의 감소함수이다」라고 읽는다.

수리적 표현방법은 복잡하게 얽혀 있는 여러 경제현상들을 종합적으로 설명할 때 아주 유용하다.[5]

기하학적인 방법

경제학원론에서는 흔히 여러 변수들간의 관계를 표(table)나 그림으로 알기 쉽게 표현한다. 대개 표보다는 그림이 훨씬 많은 정보를 더 쉽게 제공한다. 경제이론을 그림으로 표시하는 데에는 일반적으로 직각좌표(또는 평면)를 사용하는데 이는 상대되

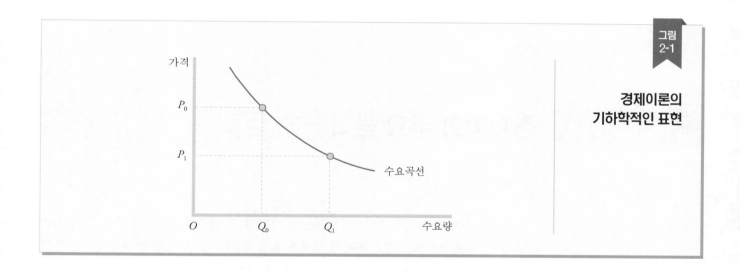

그림 2-1

경제이론의 기하학적인 표현

---

[4] $\dfrac{\varDelta Q^p}{\varDelta P} > 0$는 $\varDelta P$와 $\varDelta Q^p$의 변화방향이 같다는 것을 나타낸다. 즉 $\varDelta P > 0$이면 $\varDelta Q^p > 0$이고 $\varDelta P < 0$이면 $\varDelta Q^p < 0$이다. 이 경우 「Q^p는 P의 증가함수이다」라고 말한다.

[5] 식 (2-1)은 실제로 가격이 얼마 오르면 수요량이 얼마 감소한다는 가격과 수요량 사이의 구체적인 함수관계까지 표시하지 않고, 다만 가격이 오르면 수요량이 감소한다는 가격과 수요량 사이의 추상적인 함수관계만을 표현한다. 이와 같이 경제현상들 사이에 존재하는 인과관계를 추상적인 함수관계로 분석하는 것을 수리적 분석(mathematical analysis)이라 하고, 수리적 분석을 주로 하는 이론경제학의 한 분야를 수리경제학(mathematical economics)이라 한다. 한편 시장에서 여러 소비자들이 실제로 어떤 가격수준에서 얼마만큼 수요하는가를 관찰하여 얻은 통계자료를 분석하면 소비자들이 평균적으로 얼마의 가격수준에서 얼마만큼을 수요한다는 가격과 수요량 사이의 구체적인 관계를 알아낼 수 있다. 예컨대 식 (2-1)을 $Q^p = 100 - 2P$로 표시한다면 가격이 2원일 때 수요량은 96단위이고 가격이 5원일 때의 수요량은 90단위라는 가격과 수요량 사이의 구체적인 관계를 나타낸다. 이와 같이 경제현상들간의 인과관계를 통계학적인 지식을 이용하여 구체적인 함수관계로 나타내는 것을 계량적 분석(econometric analysis)이라 하고 계량적 분석을 주로 하는 이론경제학의 한 분야를 계량경제학(econometrics)이라 한다.

는 두 변수를 횡축(가로축)과 종축(세로축)에 대응시켜 두 변수의 변화를 그림으로 표시할 수 있게 해 준다. 수요의 법칙의 경우 가격을 종축에 표시하고 수요량을 횡축에 표시하여 「가격이 상승(하락)하면 수요량은 감소(증가)한다」라는 수요의 법칙을 그림 2-1 에서 보는 바와 같은 우하향하는 수요곡선으로 표현할 수 있다. 그림 2-1 의 수요곡선은 가격이 P_0에서 P_1으로 하락하면 수요량은 Q_0에서 Q_1으로 증가한다는 사실을 나타낸다.

경제학에서는 가격을 종축, 수량을 횡축으로 측정하는 것이 영국의 경제학자 마샬(A. Marshall) 이래 관행으로 되어 있다.

이상에서 설명한 세 가지 표현방법은 상호보완적이다. 따라서 본서에서는 세 가지 표현방법을 적절히 혼합하여 경제이론을 설명하기로 한다.

본서는 경제이론(= 이론경제학)을 원론적인 수준에서 다룬다. 그 접근방법은 주로 실증경제학적인 정태분석이다. 다루는 경제(체제)는 시장경제이다. 본서는 2부로 구성되어 있다. 제 I 부는 미시경제학원론이고, 제 II 부는 거시경제학원론이다.

제3절 경제학의 주요 원리

경제학에서 금과옥조로 가르치는 몇 가지 주요 원리가 있다. 이 주요 원리는 단순한 듯 보이면서도 현실세계에서 강력하게 작용한다. 비단 경제분야뿐 아니라 다른 분야의 현상을 설명하는 데에도 아주 유용한 경우가 많다. 경제학이 사회과학의 여왕이라고 불리는 것은 이 때문이다.

이 절에서는 앞으로 본서에서 다룰 경제학의 주요 원리를 개괄적으로 소개하기로 한다.

사람들은 자기 이익을 위해 행동한다 : 사람들은 경제적 유인에 반응한다

영국의 경제학자 에지워스(Francis Edgeworth, 1845~1926)는 "경제학의 제1원리는 사람들이 자기 이익을 위해 행동한다는 것이다"라고 말하였다.

발명가가 불철주야로 연구와 실험에 몰두하는 것은 국가와 민족을 위해서가 아니다. 훌륭한 발명을 하여 상업화에 성공하면 큰 돈을 벌 수 있기 때문이다. 사업가가 자기 사업에 전력투구하는 것은 물론 돈을 벌기 위해서이다. 많은 사람들이 각종 자격시험을 준비하는 것도 자격증을 따면 소득과 신분이 보장되기 때문이다.

돈벌이와는 무관하게 사명감이나 명예, 권력 등을 위해 경제활동을 하는 사람들도 있다. 그러나 이런 사람들은 극소수이다. 대부분의 사람들은 자기 이익을 위해 경제활동을 한다.

자기 이익을 위해 경제활동을 하는 사람들은 자기 이익에 영향을 미치는 경제적 유인(economic incentive)에 반응한다. 예컨대 소주값이 비싸지면 소주를 덜 마신다. 외국 농산물이 방부제를 많이 쓴다는 사실이 알려지면 수입농산물 소비를 줄인다. 밀수나 마약복용과 같은 불법적 활동은 구속이라는 값비싼 대가를 치러야 하기 때문에 삼가게 된다.

유기농산물
비싸도 유기농산물을 사 먹는 것은 인센티브에 반응한 것일까

한 활동의 진짜 비용은 그 활동의 기회비용이다

이것은 제1장에서 설명하였다. 자원은 인간의 욕구에 비해 희소하다. 또한 자원은 여러 가지 용도를 가진다. "세상에 공짜가 없다"는 말처럼 우리가 어떤 활동을 하든 자원이 들어간다. 따라서 한 활동의 진짜 비용은 그것 때문에 포기해야 하는 수많은 활동 중에 가장 값 있는 활동의 가치이다. 경제학에서 비용은 항상 이런 기회비용 개념으로 말한다.

제1장에서는 기회비용을 화폐 없이 정의하였다. 화폐액으로 표시할 때의 기회비용에 대하여는 제10장에서 자세히 다룬다.

특화와 분업, 자발적 교환은 모든 당사자들을 이롭게 한다

망망대해의 외딴섬에 표류한 로빈슨 크루소처럼 자기가 필요로 하는 모든 것을 자기가 생산해야 한다면 우리의 소비수준은 형편 없이 낮아질 것이다. 몇몇 소수의 생산활동에 집중하는 것을 특화라 한다. 생산과정을 나누어 맡는 것을 분업이라 한다. 특화와 분업을 통해 생산성이 높아진다. 이런 선택과 집중으로 각자 적성에 맞는 분야에서 일하여 그 성과물을 자발적으로 교환하면 모든 당사자들의 삶이 풍요로워진다.

특화와 분업, 교환에 대하여는 제9장과 제27장에서 자세히 다루어진다.

비교우위가 있는 분야를 선택하라: 비교우위이론

농구의 황제 마이클 조단은 최우수 선수로 날리던 전성기에 야구를 하겠다고 농구를 그만두었다. 그러나 의욕과는 달리 야구선수로서 대성하기 어렵다는 것을 깨닫고 얼마 후 다시 농구계로 복귀하였다. 조단은 야구나 다른 어떤 구기보다 농구에 주특기가 있고, 이 주특기를 잘 살리는 것이 조단과 사회 모두에게 이득이다. 이때 조

손흥민
비교우위를 따르지 않았더라면 무엇을 했을까

단은 야구보다 농구에 비교우위(comparative advantage)가 있다고 말한다. 조단이 열심히 노력하면 야구도 잘할 수 있겠지만 농구가 더 잘할 수 있는 구기이다.

손흥민 선수가 축구선수가 된 것은 축구가 다른 분야의 일보다 비교우위가 있는 일이기 때문이다. 그가 잘할 수 있는 다른 분야의 일도 있겠지만 축구는 더 잘할 수 있는 일이다.

지체장애인들이 모여서 목각품을 만든다고 하자. 이 목각품은 전문가가 만드는 목각품에 비해 수준이 떨어진다. 그러나 지체장애인들이 할 수 있는 다른 일들에 비해 목각품 만드는 일이 상대적으로 나은 일이라면 목각품을 만드는 것이 좋다. 못해도 다른 일에 비해 덜 못하면 비교우위가 있다, 또는 비교우위를 가진다고 말한다. 목각품 제작에 비교우위가 있다고 스스로 판단하여 그들이 목각품을 만드는 일에 종사하게 된 것이다.

세상에는 수많은 직업이 있다. 사람들이 그 중 어느 하나를 택하는 것은 그 직업이 다른 직업보다 비교우위가 있다고 스스로 생각하기 때문이다. 다른 직업에 종사해도 좋지만 해당 직업에 종사하는 것이 더 좋을 것 같다고 생각한 것이다. 사회에 처음으로 진출하는 사람은 자기 능력과 적성을 감안하여 비교우위가 있는 분야를 선택해야 한다.

앞서 말한 특화와 분업에서 어떤 분야에 특화할 것인가를 가르쳐 주는 것이 비교우위이론이다. 지역과 지역, 나라와 나라 사이의 무역에도 이 비교우위이론이 그대로 적용된다. 이에 대하여는 제27장에서 다룬다.

합리적 선택은 한계적으로 이루어진다: 한계원리

경제활동은 대개 수량화할 수 있다. 생산이나 소비나 수량으로 표시할 수 있는 것이다. 기업이 얼마나 생산할 것인가? 소비자가 얼마나 소비할 것인가? 이에 대해 경제학은 한계원리(marginal principle)로 대답한다.

한계원리란 추가적인 활동에 따른 편익이 비용보다 크면 그 활동을 늘리고, 추가적인 활동에 따른 편익이 비용보다 작으면 그 활동을 줄이라는 것이다.

생산, 소비와 같은 경제활동은 수량을 크게 조정할 수도 있지만 조금 조정할 수도 있다. 조금 조정하는 것을 한계적으로 조정한다고 말한다. 한계적인 조정이 지속되면 결과적으로 큰 조정이 된다. 한계적으로 조정하는 데 따르는 편익을 한계편익, 한계적으로 조정하는 데 따르는 비용을 한계비용이라고 한다. 한계편익이 한계비용보다 크면 그 활동을 늘리고, 한계편익이 한계비용보다 작으면 그 활동을 줄이라는 것이 한계원리이다. 한계원리는 합리적인 경제활동의 구체적인 지침을 보여 준다.

술을 한 잔 더 마실까 말까, 시험공부를 한 시간 더 할까 말까, 자녀를 하나 더 가질까 그만둘까, 자동차를 한 대 더 만들까 말까, 한강에 다리를 하나 더 놓을까 말까, 통신위성을 하나 더 띄울까 말까 등등 수량화할 수 있는 수많은 의사결정문제에 대해 한계원리는 합리적인 선택기준을 제시해 준다.

한잔 더
한잔 더 하는 편익과 비용은 무엇일까.

시장은 균형을 향하여 움직인다

시장에서 사는 사람이 많아 물건이 모자라면 그 물건은 값이 비싸진다. 파는 사람이 많아 물건이 남아 돌면 그 물건은 값이 싸진다. 모자라면 비싸지고 남으면 싸지는 것이 시장의 생리이다.

모자라지도 않고 남지도 않으면 값이 오르지도 않고 내리지도 않는다. 즉, 값이 현재수준에서 변하지 않는다. 이 경우 시장이 균형이라고 말한다. 시장의 두드러진 특징은 균형을 향하여 움직이는 경향이 있다는 점이다. 사는 사람들과 파는 사람들이 시장에서 상호작용하여 물건이 모자라지도 않고 남지도 않게 해 주는 수준에서 시장가격이 결정된다고 설명하는 이론을 수요·공급의 이론이라고 한다. 수요·공급의 이론은 경제학에서 가장 중요한 이론이다. 모든 시장에서 소비자와 생산자가 가격을 지표로 삼아 사고 팔면 수요·공급의 이론이 통용되고 경제 전체적으로 효율적인 자원배분을 이룬다. 이를 제5장과 제11장, 제16장에서 다룬다.

읽을거리 2-4 ▶ **자유로운 선택이 중요하다**

자원의 희소성이 지배하는 사회에서 사람들은 합리적으로 선택하고자 한다. 교환이 이익이 된다고 생각하면 자발적 교환을 선택한다. 스스로 비교우위가 있다고 생각하고 다른 사람들도 그렇게 인정하는 분야를 선택하여 전문화하는 것이 성공의 지름길이다. 이런 합리적 선택, 자발적 선택의 밑바탕에는 자유로운 선택이 중요하다는 기본전제가 깔려 있다.

자유주의는 다른 사람에게 해를 끼치지 않는 한 각자가 자유롭게 행동할 수 있어야 한다는 것이다. 이것과 비슷한 맥락으로 경제학은 다른 사람에게 해를 끼치지 않는 한 각자가 자기 이익을 위해 자유롭게 행동하고 자유롭게 선택해야 한다고 강조한다.

문재인 정부가 내세운 공공부문 비정규직 0%는 직업 형태의 자유로운 선택을 막는 잘못된 정책이다. 정해진 일터와 시간에서 벗어나 일하는 스마트 워크(smart work)와 로봇이 확산되고 일과 삶의 균형이 중요해지는 현대 사회에서 이른바 비정규직은 갈수록 늘어나게 되어 있다.

경제학자들은 자유로운 선택이 중요하다는 명제가 경제 이외의 다른 모든 분야에도 적용되어야 한다고 생각한다. 교육의 평준화라는 이름으로 우리나라 중고등학생들의 자유로운 학교선택권과 사립학교의 자유로운 학생선발권을 가로막는 것, 고등교육에 3불정책(본고사·고교등급제·기여입학제 불허)을 고집하는 것을 대다수의 경제학자들이 반대하는 것은 이 때문이다.

사람들의 소득은 그들이 제공하는 생산자원의 시장가치에 의해 결정된다

근로자의 소득은 그가 생산하는 제품의 시장가치와 그가 얼마나 많은 제품을 생산해 내느냐에 달려 있다. 비싼 제품을 많이 생산해 낼 수 있는 근로자의 소득은 높다. 싼 제품을 적게 생산해 내는 근로자의 소득은 낮다.

자본가의 소득은 그가 생산과정에 제공하는 생산시설의 성능이 얼마나 우수하며 얼마나 많은 생산시설을 가지고 있느냐에 달려 있다. 우수한 성능의 생산시설을 많이 가지고 있는 자본가일수록 소득이 높다. 기업가의 소득은 그가 얼마나 기업경영을 잘 하느냐에 달려 있다. 기업경영을 잘 하여 높은 이윤을 내는 기업인일수록 높은 보수를 받는다.

시장경제에서 사람들의 소득은 그들이 제공하는 생산자원이 생산과정에서 얼마나 요긴하게 사용되는가, 시장에서 얼마나 높게 평가되는가에 따라 결정된다. 이에 대하여는 제14장에서 자세히 다룬다.

정부가 때로는 시장의 성과를 개선할 수 있다

시장은 모든 거래당사자들을 이롭게 하고 효율적인 자원배분을 이룬다고 하였다. 그러나 예외없는 규칙이 없듯이 시장이 항상 이런 좋은 결과를 낳는 것은 아니다.

때로 시장은 불완전하다. 주식시장·부동산시장·외환시장·국제금융시장 등은 단기에 과잉반응하여 경제를 혼란에 빠뜨릴 수 있다. 약육강식으로 한 기업이 시장을 석권하여 독점시장이 되기도 한다. 이런 경우 효율에 문제가 생긴다. 사회에는 돈과 재주가 없어서 시장거래에 제대로 참여할 수 없는 사람들도 있다. 이 경우에는 형평의 문제가 생긴다. 이처럼 시장이 완전하지 않아 효율이나 형평의 문제가 생길 때 정부가 개입하여 바람직한 방향으로 개선을 꾀할 수가 있다. 이에 관하여는 제13장과 17장에서 자세히 다룬다.

시장이 완전하지 않지만 정부는 더욱 완전하지 않다. 경제활동을 수행하는 주된 역할은 시장이 담당하고 정부는 보조적인 역할에 그쳐야 한다.

장기에 한 나라 국민의 생활수준은 그 나라의 생산능력에 달려 있다

오늘날 각국은 시간이 흐를수록 생산과 소비의 규모가 커지고 사람들의 생활수준도 일반적으로 상승한다. 1960년대에 우리나라 인구의 40%가 봄철에 식량이 없어서 풀뿌리나 나무껍질을 먹으면서 겨우 연명하였고 굶어 죽는 사람도 적지 않았다. 그러나 오늘날 이렇게 가난한 사람들은 거의 없다. 우리나라의 생산능력이 눈부시게 발전해 왔기 때문이다. 반면에 북한은 우리 남한의 1970년대보다 주민들의 생활이 더 어렵다. 북한의 생산능력이 너무 낮기 때문이다.

1950년대에 우리 국민의 절반 이상이 농업부문에 종사하면서도 식량난을 해결하지 못하였다. 오늘날은 전체 취업자의 7%가 농업부문에 종사하는데 식량 걱정을 하지 않아도 된다. 대다수의 취업자는 각종 서비스업과 제조업에 종사하여 우리 생활을 윤택하게 하고 있다.

오늘날 우리나라가 옛날에 비해 그리고 대부분의 개발도상국에 비해 훨씬 풍족한 생활을 할 수 있는 것은 생산능력이 크고 근로자들의 생산성이 높기 때문이다. 미국과 일본 국민의 생활수준이 우리나라보다 높은 것은 그 나라의 자본과 생산인력이 우리나라보다 많고 근로자들의 숙련도와 기술이 높기 때문이다.

자본과 생산인력이 늘어나고 생산기술이 높아질수록 그 나라 국민들의 생활수준도 높아진다. 자본과 생산인력, 생산기술이 늘어나는 속도를 결정하는 요인에 대하여는 제29장에서 다룬다.

돈은 경제활동의 윤활유이다. 그러나 장기에 돈이 많이 풀리면 물가가 많이 오른다

돈은 상품을 사고 팔고, 빌려 주고 받고, 저축하고 투자하고, 상품들의 가치를 비교하는 것 등을 쉽게 해 준다. 돈을 경제활동의 윤활유나 인체의 피로 묘사하는 것은 이 때문이다. 그러나 돈의 양(통화량)이 많아지면 물가(일반 상품의 평균적인 가격수준)가 올라간다.

돈
한 나라에 돈이 많을수록 좋을까. 돈은 경제의 윤활유이지만 인플레이션의 주범이기도 하다.

가계소득이 두 배로 오른다 해도 물가가 두 배로 오른다면 가계의 생활수준은 나아지지 않는다. 물가가 오르면 물건 값이 전반적으로 비싸져서 같은 돈으로 살 수 있는 물건의 양이 줄어든다. 물가가 올라가는 현상을 인플레이션(inflation)이라 한다. 국민생활의 안정을 위해서는 물가가 안정되어야 한다. 경제학에서는 물가가 한 해에 2~3%의 낮은 한 자릿수로 올라가면 물가가 안정되어 있다고 평가한다.

물가가 오르는 요인은 단기에 여러 가지가 있을 수 있다. 그러나 장기에 물가가 오르는 가장 중요한 요인은 통화량이다. 돈이 적게 풀리면 물가는 적게 오르고 돈이 많이 풀리면 물가는 많이 오른다.

1년에 수백 %, 수천 %씩 물가가 오르는 나라는 거의 예외없이 돈이 엄청나게 많이 풀리는 나라이다. 인플레이션이 장기에 화폐적인 현상이라는 것은 경제학의 중요한 기본원리로 자리잡고 있다.

인플레이션과 실업은 단기에 상충관계가 있지만 장기에는 아무런 관계가 없다

인플레이션은 국민생활의 안정을 해치는 공적 1호(public enemy number one)이다. 돈줄을 조여 인플레이션을 잡을 수 있다면 왜 현실세계에서 인플레이션을 없애지 못하는 것일까? 이는 물가를 안정시키고자 할 때 단기적으로 실업이 늘어나기 때문이다. 인플레이션과 실업은 단기에 반대방향으로 움직이는 경향이 있다. 이런 인플레이션과 실업의 상충관계(trade-off)를 발견자의 이름을 따서 필립스곡선(Phillips curve)이라 부른다.

단기에 물가도 안정시키고 실업도 줄일 수 있다면 금상첨화일 것이나 이런 묘약은 없다. 물가를 안정시키려면 단기에 실업이 늘어나는 것을 각오해야 한다. 실업을 줄이려면 단기에 물가가 오르는 것을 감수해야 한다. 이것이 정책당국이 직면하는 현실이다.

인플레이션과 실업 간의 상충관계는 단기적인 현상이다. 다행스러운 것은 장기적으로는 양자간에 특별한 관계가 없다는 것이다. 장기에는 인플레이션과 관계 없이 실업률이 일정수준에 접근해 간다. 경제가 장기적으로 접근해 가는 실업률을 자연실업률(natural rate of unemployment)이라 한다. 장기에는 인플레이션이 높거나 낮거나 상관없이 실업률은 자연실업률 근처에 있을 수 있는 것이다.

인플레이션과 실업의 관계에서와 같이 경제학에서는 단기와 장기의 결과가 다른 경우가 많다. 특히 여건의 변화에 시장이 반응하는 양상이 흔히 단기냐 장기냐에 따라 달라진다. 이에 대하여는 제11장에서 다룬다.

인플레이션과 실업 간의 장·단기 관계에 대하여는 제26장에서 자세히 다룬다.

경제정책은 단기의 경기변동과 장기의 경제성장에 영향을 미친다

오늘날 각국 경제는 단기에 기복을 보이는 가운데 장기에 성장해 나가는 양상을 보이고 있다.

단기에 경제활동이 지나치게 위축되어 있거나 과열상태일 때 정부는 경제안정화정책을 써서 지나친 변동을 완화시킬 수 있다. 장기에 경제가 성장해 나가는 속도가 느릴 때 정부는 인적·물적 투자와 기술개발을 촉진하는 정책을 써서 적절한 경제성장을 꾀할 수 있다.

정부의 경제정책은 나라 전체의 생산과 고용에 영향을 미친다. 정부의 경제성장 촉진정책은 유효하고 바람직하다. 단기에 경제안정화정책이 유효하고 바람직한가에 대하여는 논란이 많다. 이에 대하여는 제25장과 제29장에서 자세히 다룬다.

부록
변수 · 함수 · 그림

1   경제학이란 개인이나 사회가 희소한 자원을 선택적으로 사용하여 여러 가지 재화와 서비스를 생산·교환·분배·소비하는 과정에서 발생하는 경제현상을 연구의 대상으로 하는 학문이다.

2   경제학의 학문적 체계는 전통적으로는 경제이론·경제사·경제정책론의 3분야로, 가치판단의 유무에 따라서는 규범경제학과 실증경제학으로, 시간 변화를 고려하는가의 여부에 따라서는 동태경제학과 정태경제학으로, 연구대상에 따라서는 미시경제학과 거시경제학으로, 많은 시장간의 상호의존관계를 고려하는가의 여부에 따라서는 부분균형분석과 일반균형분석으로 분류한다.

3   경제이론의 목적은 여러 경제현상들 사이의 인과관계를 설명하고 경제현상들의 변화를 예측하고자 하는 것이다.

4   경제이론은 다음 세 단계를 밟아 형성된다.
(1) 가정을 세워 복잡한 경제현상을 추상화·단순화한다.
(2) 단순화된 경제현상으로부터 인과관계를 추리하여 경제모형(가설)으로 정립한다.
(3) 정립된 경제모형이 제시하는 인과관계가 현실에 부합하는가를 검증한다.

5   경제학에서는 자연과학처럼 통제된 실험을 할 수 없기 때문에 여러 가지 방법론상의 문제점들이 일어난다. 경제학을 공부함에 있어서는 주관적인 가치판단을 피하고 과학적인 귀납법과 연역법의 분석방법을 사용하며, 인과의 오류와 구성의 오류를 피하고, 현실세계의 불확실성에 유의해야 한다.

6   경제생활에는 불확실한 관계와 종잡을 수 없는 경제주체들의 행태가 많다. 그러나 경제 전체로는 평균의 법칙(대수의 법칙)이 작용하여 대개 체계적인 행태를 보인다. 경제법칙은 평균의 법칙이 작용한 체계적인 행태를 묘사하는 것이다.

7   경제이론의 표현방법에는 서술적, 수리적, 기하학적인 방법의 세 가지가 있다.

8   본서에서 배울 경제학의 주요 원리는 다음과 같다.
(1) 사람들은 자기 이익을 위해 행동한다 : 사람들은 경제적 유인에 반응한다.
(2) 한 활동의 진짜 비용은 그 활동의 기회비용이다.
(3) 특화와 분업, 자발적 교환은 모든 당사자들을 이롭게 한다.
(4) 비교우위가 있는 분야를 선택하라 : 비교우위이론
(5) 합리적 선택은 한계적으로 이루어진다 : 한계원리

(6) 시장은 균형을 향하여 움직인다.

(7) 사람들의 소득은 그들이 제공하는 생산자원의 시장가치에 의해 결정된다.

(8) 정부가 때로는 시장의 성과를 개선할 수 있다.

(9) 장기에 한 나라 국민의 생활수준은 그 나라의 생산능력에 달려 있다.

(10) 돈은 경제활동의 윤활유이다. 그러나 장기에 돈이 많이 풀리면 물가가 많이 오른다.

(11) 인플레이션과 실업은 단기에 상충관계가 있지만 장기에는 아무런 관계가 없다.

(12) 경제정책은 단기의 경기변동과 장기의 경제성장에 영향을 미친다.

주요용어 및 개념

- 경제학
- 이론경제학(경제이론)
- 실증경제학
- 규범경제학
- 정태분석
- 동태분석
- 미시경제학

- 거시경제학
- 부분균형분석
- 일반균형분석
- 가정
- 경제인
- 경제모형
- 귀납법

- 인과의 오류
- 연역법
- 구성의 오류
- 대표적 기업
- 평균의 법칙(대수의 법칙)
- 독립변수
- 종속변수

- 비교우위
- 비교우위이론
- 한계원리
- 필립스곡선
- 자연실업률

연습문제

1 경제학을 배워야 할 이유에 대해 생각해 보라.

2 "현실은 초록빛으로 생생한데 모든 이론은 회색이다"는 파우스트(Faust)의 독백을 본문에서 설명한 경제이론의 구성과 연관시켜 논의하라.

3 경제학과 인류학·심리학·윤리학·정치학·사회학·수학·통계학 등 다른 학문과의 연관관계를 생각해 보라.

4 제1장에 나온 생산가능곡선을 가지고 경제이론 구성의 3단계를 설명하라.

5 인과의 오류와 구성의 오류에 관한 예를 각각 세 개씩 들어 보라.

6 「까마귀 날자 배 떨어진다」는 법칙이 아니고, 만유인력은 법칙이 됨을 설명하라.

7 경제이론 구성의 3단계를 설명하고 다른 사회과

학이나 자연과학의 이론구성과 기본적인 차이가 있는가를 논하라.

8 평균의 법칙에 관한 예를 세 가지 이상 들어 보라.

9 귀납법과 연역법, 그리고 양자의 상호관계를 설명하라.

10 경제학의 주요 원리를 무시하는 행동을 할 때 손해가 나는 것을 구체적인 예로 설명해 보라.

11 제1장의 그림 1-1에서

(1) 사회가 C점보다 D점을 선호한다고 하자. 이를 한계원리를 이용하여 설명해 보라.

(2) 사회가 D점과 E점을 똑같이 선호한다고 하자. 이를 한계원리를 이용하여 설명해 보라.

12 다음 기술이 옳은가 틀리는가를 밝히고 그 이유를 설명하라.

① 불우한 이웃을 돕는 것은 규범적인 행위이다.

② "오늘 최고온도는 32℃였다"는 실증적인 표현이고, 「오늘은 너무 더웠다」는 규범적인 표현이다.

③ "장미꽃이 아름답다"는 실증적인 표현이다.

④ "소비의 크기는 소득의 크기에 의하여 결정된다"는 가설에서 소비는 독립변수, 소득은 종속변수이다.

⑤ "2020년대의 복지사회 건설"에 관한 문제는 실증경제학과 규범경제학에서 같이 다루어져야 할 성질의 것이다.

⑥ 삼단논법은 귀납법에 속한다.

⑦ 1＋1＝1은 실증적인 기술이다.

⑧ "정부규제가 심해질수록 우리 기업들이 외국 기업과 경쟁하기가 힘들어진다"는 규범적 기술이다.

⑨ "땅값이 너무 비싸므로 토지의 사유를 제한해야 한다"라는 견해는 실증경제학과 관계 없는 규범경제학만의 문제이다.

⑩ 나무만 보고 숲을 보지 못하는 것을 구성의 오류라고 한다.

⑪ 어떤 친구가 매년 크리스마스 전에 카드를 보내기 때문에 그의 카드가 와야 크리스마스가 시작된다고 생각하는 것은 인과의 오류이다.

Principles of
Economics

미시경제학원론

수요 · 공급의 이론과 그 응용

이 편에서는 시장경제에서 가격이 어떻게 결정되고 자원이 어떻게 배분되는가를 수요 · 공급의 이론으로 다룬다. 수요와 공급의 상호 작용에 의해 시장가격과 거래량이 결정된다는 수요 · 공급의 이론은 경제학의 출발점이다. 수요 · 공급의 이론은 많은 현실경제현상을 설명할 수 있는 기초적이면서도 대단히 유용한 분석도구이다.

수요 · 공급의 이론

이 장에서는 시장경제에서 가격이 결정되고 자원이 배분되는 원리를 설명하는 수요 · 공급의 이론을 다룬다. 먼저 가격이란 무엇이며 어떠한 역할을 하는가를 설명한다. 그 다음으로 수요와 공급에 관련된 여러 개념들을 차례로 살펴보고 수요와 공급의 상호작용에 의하여 가격이 결정되는 원리를 설명한다. 제1 장에서 설명한 바와 같이 경제학의 주요 관심사는 희소한 자원을 효율적으로 배분하는 문제, 즉 무엇을 얼마나, 어떻게 생산하여, 누구에게 배분할 것인가 하는 문제이다. 이러한 문제는 시장경제에서 가격의 자율적인 조절기능에 의하여 해결된다. 이 장에서 다루는 가격의 결정원리와 가격의 자율적인 조절기능을 제대로 이해하는 것은 앞으로 경제학을 공부하는 데 필수적이다.

CHAPTER

3

제1절 가격의 기능

시장에서 거래되는 모든 상품은 제각기 값을 가지고 있다. 상품 1단위의 값을 가격이라고 한다.

가격(절대가격)
상품 1단위와 교환되는 화폐액

> 어떤 상품의 **(절대)가격**이란 그 상품 1단위와 교환되는 화폐액을 말한다.[1]

상품이 시장에서 거래되기 때문에 상품의 가격을 시장가격(market price)이라고도 부른다. 시장이란 사람들이 물건을 사고 파는 곳이다. 여기에서 '곳'은 구체적인 장소만을 뜻하지는 않는다. 국제금융시장, 사이버마켓(cyber market) 등과 같이 전신·전화·인터넷(internet) 등에 의하여 지리적으로 서로 떨어져 있는 사람들이 연결되어 거래하는 것까지 포괄한다. 경제학에서 시장이란 상품의 매매가 이루어지는 제도(institution) 혹은 기구(mechanism)를 의미한다.

시장
상품의 매매가 이루어지는 제도 혹은 기구

개별 상품의 가격이 어떻게 결정되는가를 분석하는 것이 이 장의 주된 목적이다. 수요·공급의 이론을 쉽게 풀어 말하면 소비자들이 상품을 사는 데 지불하고자 하는 가격 및 구입하고자 하는 수량과 생산자들이 받고자 하는 가격 및 팔고자 하는 수량이 각각 일치하는 수준에서 그 상품의 가격과 거래량이 결정된다는 것이다. 수요·공급의 이론을 이해하기 위해서는 먼저 가격의 기능을 알아야 한다. 가격의 기능은 크게 다음의 두 가지로 나누어 볼 수 있다.

첫째, 가격은 생산활동과 소비활동의 지표(indicator)가 된다. 스웨터 한 벌의 가격이 10,000원이라면 생산자들로서는 이 10,000원의 가격으로 스웨터를 몇 벌 만들어 팔 것인가를 결정하고 소비자들은 몇 벌의 스웨터를 살 것인가를 결정한다. 가격은 합리적인 경제활동을 하는 데 필요한 기초정보이다. 10,000원의 가격이 적절한 이윤을 보상해 주는 수준이라고 생각하는 생산자는 스웨터 생산을 계속할 것이다. 어떤 니트 생산자가 스웨터의 가격이 10,000원으로 지속되면 니트 생산보다 스웨터 생산이 수익성이 더 좋다고 생각한다고 하자. 그러면 그는 조만간 니트 생산 대신에 스웨터 생산에 뛰어들 것이다. 소비자측에서도 이 가격수준이 적당하며 더 내려가지

읽을거리 3-1

시장이라는 것

---

[1] 여기에서 정의하는 가격은 화폐의 절대액으로 표시되었기 때문에 절대가격(absolute price)이다. 실상 미시경제학에서는 상대가격(relative price)이라는 개념이 더 중요하다. 상대가격이란 두 상품의 가격의 비율을 말한다. 상대가격에 대하여는 제7장과 제16장을 참조하라. 경제학에서 그냥 가격이라고 쓸 때에는 절대가격을 뜻한다.

않을 것이라고 생각하는 소비자는 스웨터를 살 것이고 이 가격수준이 너무 비싸다고 생각하는 소비자는 사지 않을 것이다. 이처럼 시장가격은 생산과 소비활동을 하는 데 유용한 신호(signal) 노릇을 하거나 유인(incentive)을 마련해 준다는 점에서 경제활동의 지표가 된다.

둘째, 가격은 자율적인 배분(allocation)의 기능을 한다. 한 사회에 사과는 100개밖에 생산되지 않았는데 구성원은 1,000명이라고 하자. 그러면 부족한 사과를 사람들에게 어떻게 배분해야 할 것인가 하는 문제가 발생한다. 사과를 꼭 먹고 싶어하는 사람은 아주 비싼 가격을 치르고서라도 사과를 사고자 한다. 따라서 사과가격이 오르게 된다. 사람들이 사고자 하는 사과수량이 100개를 초과하는 한 소비자들끼리 서로 경쟁적으로 '웃돈'을 주겠다고 할 것이기 때문에 사과가격은 계속 올라갈 것이다. 그리하여 예컨대 사과가격 10,000원에서 사과를 사고자 하는 수량이 꼭 100개가 된다고 하면 사과가격은 10,000원이 되고 사과를 가장 먹고 싶어하는 사람들이 이 가격으로 사과를 산다. 즉, 사과가격이 그처럼 터무니없이 높은 것은 말도 안 된다고 생각하는 대부분의 사람들이 사과소비를 단념함으로써, 그만큼 높은 가격을 치르더라도 사과를 먹고 싶어하는 사람들에게만 사과가 부족함이 없이 배분되는 것이다. 이처럼 가격은 인위적인 간섭이 없이도 상품을 필요한 사람에게 배분해 주는 기능을 수행한다.

경제주체들이 가격을 생산 및 소비활동의 지표로 삼아 자기 책임하에 경제활동을 자유롭게 수행하면 가격의 자율적인 배분 기능에 의하여 각 상품을 시장에 내다 팔고자 하는 수량(=공급량)과 사고자 하는 수량(=수요량)이 일치하는 방향으로 조정이 이루어진다. 이와 같이 상품의 수요량과 공급량이 일치하도록 인도하는 가격의 기능을 가격의 자율적인 조정기능이라 한다. 가격의 자율적인 조정기능은 경제활동의 지표와 자율적인 배분이라는 가격의 두 가지 기능을 종합하여 일컫는 개념이다. 인위적인 간섭이 없이 가격의 자율적인 조정기능이 작용할 수 있게 구성된 시장조직을 자유시장기구(free market mechanism) 또는 가격기구(price mechanism)라 한다.

시장경제에서는 가격기구가 무엇을 얼마나, 어떻게, 누구를 위하여 생산할 것인가 하는 경제문제를 풀어낸다. 이를 제5장에서 다룬다. 가격기구가 작동하는 것을 설명하는 이론이 수요·공급의 이론이다. 이하에서 수요·공급의 이론의 기본요소인 수요와 공급부터 차례로 살펴보기로 하자.

가격의 자율적인 조정기능
상품의 수요량과 공급량이 일치하도록 인도하는 가격의 기능

자유시장기구(=가격기구)
가격의 자율적인 조정기능이 작용할 수 있게 구성된 시장조직

읽을거리 3-2 ▶ 계획경제하의 시장과 가격

사회주의경제에서도 각종 생산물시장과 가격이 있다. 그러나 가격은 시장이 결정하는 것이 아니라 국가가 결정한다. 예전에 소련에서는 50,000여 개의 주요 품목에 대해 생산량과 가격을 국가가 정하였다. 소요자원의 희소성과 용도, 소비자의 선호, 각 품목의 생산비용 등을 고려하여 국가가 가격을 결정한다고 하지만 그 많은 품목의 생산량과 가격을 합리적으로 결정한다는 것은 불가능에 가까운 일이다. 특히 경제여건의 변동에 따라 상대가격을 신축성

북한 장마당
사회주의의 시장. 북한에서도 장마당에서 생필품 거래가
이루어지고 있다.

있게 변경시킨다는 것은 바랄 수 없다.

북한은 2002년 7월 1일에 주요 생활필수품의 가격을 현실화하였다. 이 조치로 적게는 7배에서, 많게는 수백 배까지 가격이 올랐다. 특히 쌀은 1950년대 이후 내내 1Kg에 8전이었던 것이 44원으로 550배나 올랐다. 사회주의경제에서 가격이 생산·소비활동의 지표나 자율적인 배분의 기능을 전혀 수행하지 못한다는 것을 가늠할 수 있다.

사회주의사회에서 토지와 생산시설은 국유화되어 있기 때문에 이런 생산요소들이 거래되는 시장은 없다.

제2절 수요

1 수요의 개념

수요의 일반적 의미
상품을 구입하고자 하는 욕구

수요(demand)란 경제주체가 상품을 구입하고자 하는 욕구를 말한다. 구입하고자 하는 상품의 수량을 수요량(quantity demanded)이라고 한다.

다른 모든 조건이 일정불변이라면 일정기간에 사람들이 구입하고자 하는 상품의 수량은 그 상품의 가격이 높고 낮음에 따라 좌우된다. 일반적으로 사람들은 어떤 상품의 가격이 높을수록 그 상품을 적게 구입하고자 하고, 반면에 가격이 낮을수록 많이 구입하고자 한다.

상품의 가격과 수요량 사이에 존재하는 관계를 숫자로 표시한 것을 **수요표**(demand schedule)라고 한다.

표 3–1은 사과에 대한 어느 소비자의 가상적인 수요표이다. 이 수요표에서 사과의 가격이 2,500원이면 소비자가 한 달에 30개를 구입하고자 하고, 가격이 3,500원으로 상승하면 20개를, 가격이 1,500원으로 하락하면 50개를 구입하고자 한다. 이제 이

표
3-1

	사과가격(원)	한 달간 사과수요량(개)
A	4,000	18
B	3,500	20
C	3,000	24
D	2,500	30
E	2,000	38
F	1,500	50

**어느 소비자의
사과에 대한 수요표**

와 같은 가상적인 숫자를 가지고 수요량이 뜻하는 바를 보다 구체적으로 설명해 보자.

첫째, 수요량은 주어진 가격수준에서 소비자가 구입하고자 하는 최대수량 (maximum quantity desired)이다. 이는 예컨대 표 3-1에서 사과가격이 4,000원일 때 소비자는 한 달 동안에 18개까지만 사고자 할 뿐 19개나 그 이상은 사기를 원하지 않는다는 뜻이다. 수요량이 실제 구입량(quantity purchased)과 항상 일치한다는 보장은 없다. 예를 들어 사과의 가격이 2,500원인 경우 소비자는 30개를 구입하고자 하지만 가게에 20개밖에 없다면 소비자가 가게의 사과를 모두 구입해도 수요량보다 적게 된다. 물자부족현상이 없어야만 수요량과 실제 구입량이 같아진다.

둘째, 수요량은 막연히 의도된 수량이 아니라 구매력(purchasing power)을 가지고 구입하고자 하는 수량을 의미한다. 구매력이란 상품을 구입할 수 있는 능력, 즉 상품의 대가를 지불할 수 있는 능력을 말한다. 따라서 사과가격이 250원일 때 소비자의 사과에 대한 수요량이 30개라는 것은 소비자가 그 30개를 구입하고자 함은 물론 그 30개에 대한 대금 75,000원을 지불할 수 있음을 의미한다. 만일 대금 75,000원을 지불할 수 없다면 사과 30개에 대한 구매욕구는 소비자의 공허한 욕구이지 수요량이 아니다.

셋째, 상품에 대한 수요량은 대개 일정한 기간을 명시해야 비로소 그 의미가 명확해진다. 예컨대 어느 소비자의 사과에 대한 수요량이 30개라면 아무런 의미를 갖지 못한다. 만일 하루의 수요량이 30개라면 소비자는 사과를 엄청나게 많이 먹는 사람일 것이고, 1년의 수요량이 30개라면 소비자는 사과를 별로 먹지 않는 사람일 것이다. 이와 같이 수요량은 1일간, 1개월간, 1년간 등의 기간을 명시해야만 비로소 그 의미가 명확히 전달될 수 있는 유량(flow)개념이다.[2] 기간의 길이를 구태여 밝힐 필요가

유량(flow)
일정기간에 측정하는 수량

저량(stock)
일정시점에서 측정하는 수량

---

[2] 일정기간을 밝혀서 표시하는 유량개념과 대조되는 것은 일정시점을 밝혀서 표시하는 저량(stock)개념이다. 저량과 유량의 개념은 저수지와 연관된다. 저수지에 고여 있는 물은 저량이다. 저수지에서 흘러나오는 물이나 저수지로 흘러들어 가는 물은 유량이다. 미시경제학에서 주로 다루는 상품에 대한 수요는 유량개념이다. 그러나 부동산·주식·채권 또는 화폐와 같은 자산에 대한 수요는 일정시점을 밝혀서 표시하는 저량개념의 수요이다.

없을 때에는 통상 매기당(per unit time)이라는 말을 쓴다.[3]

이상에서 살펴본 수요량의 개념을 정리해 보면

수요량
구매력을 가진 소비자가 일정
기간에 구입하고자 하는 최대
수량

상품에 대한 **수요량**이란 구매력을 가진 소비자가 일정기간에 구입하고자 하는 최대수량
이다.

미시경제학에서는 흔히 수요량과 수요를 개념적으로 구분한다. 표 3-1 에서 보
는 바와 같이 일정한 기간에 성립할 수 있는 가격수준은 여러 가지이고, 각각의 가격
수준에 대응하여 소비자가 구입하고자 하는 상품의 수량이 다르다. 이 때 어느 한 가
격수준에 대응하여 사고자 하는 상품의 수량이 수요량이고, 있을 수 있는 모든 가격
과 수요량의 대응관계를 표시하는 것이 수요이다.[4]

수요
일정기간에 가격과 수요량 사
이에 존재하는 일련의 대응
관계

수요란 일정기간에 가격과 수요량 사이에 존재하는 일련의 대응관계를 말한다.

2 수요곡선

종축에 가격을 표시하고 횡축에 수요량을 표시하는 직각좌표(평면)에 표 3-1 과
같은 수요표를 옮겨 놓으면 그림 3-1 에서 A, B, C, …, F점으로 표시된다. 이 점들을
연결한 곡선을 수요곡선(demand curve)이라고 한다.

수요곡선
한 상품의 가격과 수요량의
조합들을 나타내는 곡선

한 상품의 **수요곡선**이란 일정기간에 있을 수 있는 그 상품의 여러 가지 가격과 수요량
의 조합(combination)들을 나타내는 곡선이다.

수요곡선을 읽을 때 가격을 먼저 읽고 수요량을 나중에 읽는 것이 보통이다. 즉
"사과의 가격이 2,500원일 때 소비자가 한 달 동안에 구매하고자 하는 최대수량은 30
개이다"라고 말한다. 그러나 이 말을 달리 표현하면 한 달 동안에 필요한 사과 30개
를 구입하기 위하여 소비자가 지불해도 좋다고 생각하는 최고가격은 2,500원이라는

---

3 이는 모든 유량개념에 적용된다. 본서에서 다루는 여러 가지 유량에 특정기간을 명시하지 않았을 때에는 「매
기당」이라는 수식어가 붙어 있는 것으로 생각하면 된다.
4 경제학에서 수요는 적어도 두 가지 의미로 사용된다. 우선 앞에서 설명한 바와 같이 일반적으로 수요라 할 때
는 「얻고자 하는 욕구」를 뜻한다. 다음으로 미시경제학에서 수요량의 변화와 수요의 변화를 구분할 때에는 수
요를 「있을 수 있는 일련의 가격에 대응하는 수요량」으로 사용한다.

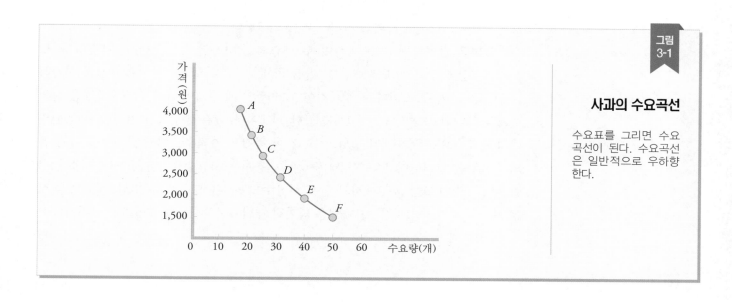

그림
3-1

사과의 수요곡선

수요표를 그리면 수요 곡선이 된다. 수요곡선은 일반적으로 우하향 한다.

말과 똑같다. 2,500원을 넘어서면 수요량이 30개보다 적어진다. 소비자가 지불할 용의가 있는 최고가격을 수요가격(demand price) 혹은 지불용의가격(willingness to pay)이라고 한다. 이와 같이 수요량을 먼저 읽고 가격을 나중에 읽는 방법도 수요곡선이 사용되는 여러 경제이론을 이해하는 데 큰 도움이 된다.

표 3-1을 그림으로 나타내면 그림 3-1의 여섯 점만을 얻는다. 그림에서는 가격과 수요량을 무수히 세분할 수 있다는 가정하에 각 점을 연결하였다. 예컨대 A점과 B점 사이의 수요곡선은 4,000원과 3,500원 사이에 있을 수 있는 모든 가격수준에 대응하는 수요량을 표시해 준다. 이와 같이 수요곡선은 수많은 가격과 수요량의 조합을 일목요연하게 표시해 준다. 수요표로 수많은 가격과 수요량의 조합을 일일이 표시하기는 번거로운 일이다. 따라서 경제학에서는 수요표보다 수요곡선을 많이 이용한다.

수요가격(=지불용의가격)
소비자가 지불할 용의가 있는 최고가격

3 개별수요와 시장수요

지금까지 개별소비자의 수요곡선을 다루었다. 시장에는 많은 소비자들이 존재한다. 소비자 한 사람 한 사람의 수요를 개별수요(individual demand)라 하고 시장 전체의 수요를 시장수요(market demand)라 한다. 사람들의 수요가 상호 독립적이라고 가정하면 시장수요는 개별수요를 합하여 구하고, 시장수요곡선은 개별수요곡선의 수평적 합계(horizontal summation)에 의하여 구한다. 수평적 합계란 동일한 가격수준에서

개별수요
소비자 각자의 수요

시장수요
개별수요를 시장 전체로 합친 수요

모든 소비자의 개별수요량을 합하는 것을 의미한다.

　설명을 간편하게 하기 위하여 두 사람의 소비자만 있는 시장을 가정하자. 표 3-2와 그림 3-2는 사과에 대한 갑과 을의 개별수요를 합계하여 시장수요를 산출하는 과정을 보여 주고 있다. 사과가격이 3,500원일 때 사과에 대한 시장수요량은 갑의 수요량 20개와 을의 수요량 30개를 합한 50개이다. 같은 방법으로 가격이 2,500원일 때의 시장수요량은 70개가 된다. 이와 같이 각각의 가격수준에서 갑의 수요량과 을의 수요량을 합계하여 각각의 가격수준에 대응하는 시장수요량을 구한다. 이것을 그림으로 그리면 그림 3-2에서와 같은 시장수요곡선을 도출할 수 있다. 수평축을 같은 크기로 측정하면 시장수요곡선은 당연히 개별수요곡선보다 완만하게 그려진다.

표 3-2

소비자의 사과에 대한 수요표

사과가격(원)	한 달간 사과수요량(개)		
	갑의 수요량	을의 수요량	시장수요량
4,000	18	28	46
3,500	20	30	50
3,000	24	34	58
2,500	30	40	70
2,000	38	48	86
1,500	50	60	110

그림 3-2

사과의 개별수요곡선과 시장수요곡선

시장수요곡선은 시장에 나와 있는 소비자들의 개별수요곡선들을 각 가격에서 수평으로 합하여 그린다.

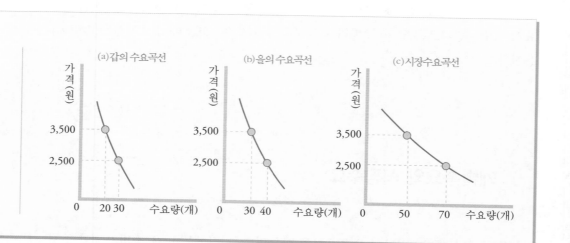

4 수요의 법칙

수요곡선은 일반적으로 우하향하는 형태를 갖는다. 즉 가격이 오르면 수요량은 감소하고 가격이 내리면 수요량은 증가한다. 이를 수요의 법칙(law of demand)이라 한다.

> 다른 모든 조건이 일정할 때 한 상품의 가격이 상승하면 그 상품의 수요량은 감소하고 가격이 하락하면 수요량은 증가한다. 이처럼 상품의 가격과 수요량이 서로 반대방향으로 변하는 것을 **수요의 법칙**이라 한다.

수요의 법칙
상품의 가격과 수요량이 반대 방향으로 변하는 것

수요의 법칙이 성립하는 이유를 합리적인 소비행태를 가정한 경제모형으로부터 엄밀하게 설명하는 것이 제3편에서 다루는 소비자균형이론의 핵심적인 내용이다. 여기에서는 우선 다음과 같은 두 가지 직관적(intuitive)인 이유를 들어 설명해 본다.

첫째, 어느 한 상품의 가격이 하락하면 다른 상품에 비하여 상대적으로 값이 싸지기 때문에 그 상품에 대한 수요량이 증가한다. 사과와 배의 가격이 각각 5,000원이다가 사과의 가격만 4,000원으로 하락했다고 하자. 그러면 배 10개 값으로 종전에는 사과 10개를 살 수 있었는데 이제 사과 12.5개를 살 수 있게 되었다. 이 경우 배가 상대적으로 비싸지고 사과가 상대적으로 싸졌다고 말한다. 다른 조건이 일정하다면 상대적으로 비싸진 상품을 가급적 덜 사고 상대적으로 싸진 상품을 더 사고자 하는 것이 사람들의 일반적인 소비심리이다. 이를 대체효과라고 한다. 대체효과 때문에 가격이 하락한 사과의 수요량이 늘어나게 마련이다.

둘째, 상품의 가격이 하락하면 동일한 지출액으로 전보다 더 많은 수량을 구입할 수 있게 되기 때문에 일반적으로 수요량이 증가한다. 이를 소득효과라고 한다. 100,000원으로 사과가격이 5,000원일 때는 사과를 20개 구입할 수 있는 데 반하여 가격이 4,000원으로 하락하면 25개를 구입할 수 있다.

가격변동에 따른 수요량의 변동량을 가격효과라 하는데 이 가격효과를 대체효과에 의한 변동량과 소득효과에 의한 변동량으로 구분해 낼 수 있음을 제7장에서 설명한다.

5 수요량의 변화와 수요의 변화

앞에서 살펴본 바와 같이 어떤 상품의 가격이 변하면 그 상품의 수요량이 변한

다. 수요곡선은 이러한 가격과 수요량의 대응관계를 표시한 것이다. 따라서

> 가격변화에 따른 수요량의 변화(changes in quantity demanded)는 **주어진 수요곡선상에서의 이동**으로 표시된다.

그러나 해당 상품가격이 변하지 않더라도 다른 요인의 변동으로 수요량이 변할 수 있다. 가령 소비자들의 소득이 증가하였다고 하자. 그러면 소비자들은 종전보다 쓸 돈이 많아져 상품을 더 많이 살 수 있다. 이는 상품가격이 어떤 수준에 있든 간에 마찬가지다. 따라서 표 3–3에서 보는 바와 같이 월(月)소득이 150만원에서 180만원으로 증가할 경우 각 가격수준에서 새로운 수요량은 원래의 수요량보다 증가한다.

이러한 변화를 그림으로 나타낸 것이 그림 3–3이다. 이 그림에서 곡선 D_1은 소

표 3-3

어느 소비자의 사과에 대한 수요표

사과가격(원)	한 달간 사과수요량(개)		
	소득이 120만원일 때	소득이 150만원일 때	소득이 180만원일 때
4,000	8	18	28
3,500	10	20	30
3,000	14	24	34
2,500	20	30	40
2,000	29	38	48
1,500	40	50	60

그림 3-3

소득의 증가 및 감소와 사과의 수요곡선

소비자의 소득이 증가하면 사과의 수요곡선이 오른쪽으로 이동한다. 소득이 감소하면 사과의 수요곡선이 왼쪽으로 이동한다.

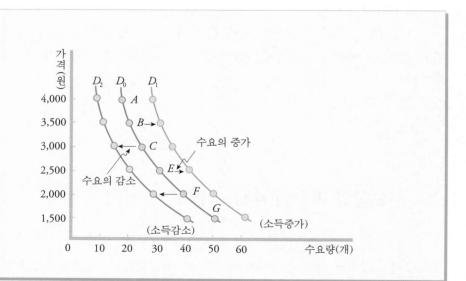

득이 180만원일 때의 수요곡선인데 소득이 150만원일 때의 수요곡선 D_0보다 오른쪽에 위치한다. 즉 소득의 증가는 수요곡선을 오른쪽으로 이동시킨다. 마찬가지 논리로 만약 월소득이 150만원에서 120만원으로 감소한다면 수요곡선은 왼쪽으로 이동하여 D_2가 될 것이다. 이와 같이

> 해당 상품가격 이외의 요인이 변화하여 일어나는 수요량의 변화는 **수요곡선 자체의 이동**으로 표시된다. 해당 상품가격 이외의 요인이 변화하여 일어나는 수요량의 변화를 **수요의 변화**(changes in demand)라고 부른다.

수요의 변화
수요곡선의 이동

그림 3-3에서 수요곡선이 D_0에서 D_1, D_2로 이동하는 것이 수요의 변화이고 한 수요곡선 D_0상에서 가격이 변함에 따라 A점에서 B점 또는 C점 등으로 이동하는 것이 수요량의 변화이다.

수요의 변화에는 수요의 증가와 수요의 감소가 있다. 수요의 증가는 각각의 가격수준에서 수요량이 증가하는 것이며 수요의 감소는 각각의 가격수준에서 수요량이 감소하는 것이다. 즉 수요곡선이 오른쪽으로 이동하는 것이 수요의 증가이고 수요곡선이 왼쪽으로 이동하는 것이 수요의 감소이다.

수요의 증가
수요곡선의 오른쪽(상방) 이동

> **수요의 변화**란 수요곡선 자체가 이동하는 것을 뜻하고, **수요량의 변화**란 어느 한 수요곡선상에서의 이동을 뜻한다. 수요곡선이 오른쪽으로 이동하는 것을 수요의 증가, 왼쪽으로 이동하는 것을 수요의 감소라고 한다.

수요의 감소
수요곡선의 왼쪽(하방) 이동

6 수요 변화의 요인

위에서 설명한 것처럼 해당 상품가격 이외의 다른 요인이 변하면 그 상품에 대한 수요가 변하여 수요곡선이 이동한다. 현실적으로 개별수요곡선의 이동을 초래하는 요인은 많은데 그 중에서 비교적 중요하다고 생각되는 요인으로 다음 다섯 가지를 꼽을 수 있다.

소비자의 소득

앞에서 살펴본 바와 같이 일반적으로 소득이 증가하면 수요가 증가하고 소득이 감소하면 수요가 감소한다.

그러나 상품에 따라서는 소득이 증가하면 오히려 수요가 감소하는 경우가 있다. 예를 들어 돼지고기를 소비하던 사람이 소득이 증가하여 살림형편이 나아지니까 돼

지고기 대신 쇠고기를 즐겨 먹는다면 소득이 증가하는데도 돼지고기에 대한 수요는 오히려 감소한다.

소득이 증가함에 따라 수요가 증가하는 상품을 **정상재**(normal goods) 혹은 **상급재**(superior goods)라고 부른다. 반면에 소득이 증가함에 따라 수요가 감소하는 상품을 **열등재**(inferior goods) 또는 **하급재**라 한다.

현실생활에서 대부분의 상품은 정상재이다.

소비자의 선호

어떤 상품에 대한 소비자들의 선호(preference)가 달라지면 그 상품에 대한 수요가 변하여 수요곡선이 이동한다. AI가 산업에서 많이 사용되면 GPU(graphic processing unit)에 대한 수요가 증가하게 마련이다. 또 스마트폰이 유행하면 스마트폰에 대한 수요가 증가한다. 이와 같이 어떤 상품에 대한 소비자들의 선호가 증가하면 그 상품에 대한 수요가 증가하여 수요곡선이 오른쪽으로 이동한다.

연관상품의 가격

한 상품은 소비면에서 다른 여러 상품들과 대체관계나 보완관계에 있다. 따라서 한 상품에 대한 수요는 그 상품과 대체관계나 보완관계에 있는 다른 상품의 가격이 변함에 따라 영향을 받는다.

녹차와 홍차, 사이다와 콜라처럼 그 용도가 비슷하여 한 상품 대신에 다른 상품을 소비해도 얻는 만족에는 별 차이가 없는 상품들을 (소비면에서) 대체재(substitute goods)라 하고 대체재 상호간에는 대체관계가 있다고 말한다

커피와 설탕, 자동차와 휘발유, 태블릿 PC와 태블릿 터치펜 등과 같이 따로따로 소비할 때보다 함께 소비할 때 더 큰 만족을 얻을 수 있는 상품들을 보완재(complementary goods)라 하고 보완재 상호간에는 보완관계가 있다고 말한다.

한 상품의 가격변화가 그 상품과 대체관계에 있는 다른 상품의 수요에 미치는 영향을 콜라와 사이다의 예를 들어 설명해 보자. 콜라와 사이다는 다 같은 청량음료로서 그 용도가 비슷한 대체재이다. 사이다가격에는 변함이 없는데 콜라가격이 오르면 사이다에 대한 수요는 어떻게 변할까? 콜라가격이 오르면 수요의 법칙에 의하여 콜라수요량이 줄어든다. 그리고 가격이 오르지 않아 상대적으로 싸진 사이다를 사람들이 더 찾게 된다. 즉, 주어진 사이다가격수준에서 사이다수요량은 종전보다 증가한다. 예컨대 그림 3-4(a)에서 콜라가격이 P_0^C에서 P_1^C로 상승하면 콜라수요량은 Q_0^C에서 Q_1^C로 줄어들고 이 때 그림 3-4(b)에서와 같이 사이다가격이 P_0로 주어져 있다면 사이다수요량은 Q_0에서 Q_0'으로 증가한다.

이러한 상황은 최초에 사이다가격이 어느 수준에 있든지 간에 마찬가지이다. 즉, 콜라가격이 오르면 현실적으로 형성될 수 있는 사이다의 모든 가격수준에서 사

정상재
소득이 증가할 때 수요가 증가하는 상품

열등재
소득이 증가할 때 수요가 감소하는 상품

대체재
용도가 비슷한 상품

보완재
함께 소비하면 더 큰 만족을 얻는 상품

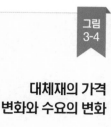

그림
3-4

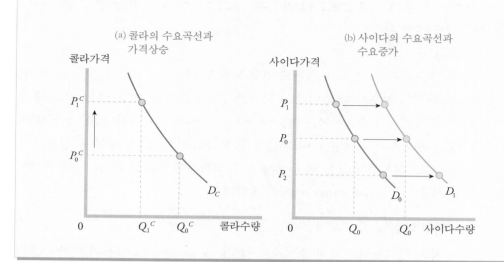

(a) 콜라의 수요곡선과 가격상승

콜라가격

P_1^C

P_0^C

D_C

0 Q_1^C Q_0^C 콜라수량

(b) 사이다의 수요곡선과 수요증가

사이다가격

P_1

P_0

P_2

D_0 D_1

0 Q_0 Q_0' 사이다수량

대체재의 가격 변화와 수요의 변화

콜라의 가격이 상승하면 대체재인 사이다의 수요가 증가한다.

이다의 수요량이 증가한다. 따라서 그림 3-4(b)에서와 같이 사이다에 대한 원래의 수요곡선 D_0는 오른쪽으로 이동하여 새로운 수요곡선은 D_1이 된다.

마찬가지 논리로 콜라가격이 하락하면 사람들이 콜라를 더 마시는 대신 대체재인 사이다수요량을 줄이는데 이러한 수요량의 감소는 사이다가격이 종전에 어느 수준에 있었든 간에 일어나기 때문에 사이다의 수요곡선이 왼쪽으로 이동한다. 요약하면

> 대체관계에 있는 두 상품 X재와 Y재의 경우 X재의 가격이 상승(하락)하면 Y재의 수요가 증가(감소)한다.

이번에는 한 상품의 가격이 오를 때 보완관계에 있는 다른 상품의 수요가 어떻게 변하는가를 커피와 설탕의 예를 들어 살펴보자. 커피값이 오르면 설탕의 수요는 어떻게 변할까? 많은 사람들이 커피에 설탕을 넣어 마신다. 커피값이 오르면 사람들은 커피를 덜 마시기 때문에 설탕의 소비도 줄어든다. 이러한 현상은 설탕가격이 어떤 수준에 있었든 간에 마찬가지로 일어난다. 즉, 커피값이 오르면 있을 수 있는 설탕의 모든 가격수준에서 설탕수요량이 감소하여 설탕에 대한 수요곡선이 왼쪽으로 이동한다. 반대로 커피값이 내리면 설탕가격이 어느 수준에 있었든 간에 설탕수요량은 증가하고 따라서 설탕의 수요곡선이 오른쪽으로 이동한다. 이와 같이

보완관계
스마트폰과 유튜브는 서로를 필요로 한다.

보완관계에 있는 두 상품 X재와 Z재의 경우 X재의 가격이 상승(하락)하면 Z재에 대한 수요는 감소(증가)한다.

물론 상품에 따라서는 대체관계도 없고 보완관계도 없는 경우가 있다. 스마트폰과 테니스 라켓의 경우가 한 예이다. 스마트폰값이 오른다고 해서 테니스 라켓에 대한 수요가 증가하거나 감소하지는 않는다. 테니스 라켓의 가격변화 또한 스마트폰에 대한 수요를 변화시키지 않는다. 이와 같이 한 상품의 가격변화가 다른 한 상품의 수요에 아무런 영향을 주지 않을 때 두 상품은 독립관계에 있다고 말하며 독립관계에 있는 상품들을 독립재(independent goods)라고 한다.

소비자의 예상

한 상품의 가격변화에 대한 소비자의 예상(expectation)이 그 상품에 대한 수요를 변화시켜 수요곡선을 이동시킨다. 일반적으로 사람들은 한 상품의 가격이 가까운 장래에 오를 것이라고 예상하면 값이 오르기 전에 더 많이 사두려 하기 때문에 그 상품에 대한 수요는 증가한다. 반대로 가격이 내릴 것이라고 예상하면 값이 더 싸질 때를 기다려 현재의 구입량을 줄이기 때문에 수요는 감소한다. 즉 어떤 상품의 가격이 오를 것이라고 예상되면 현재의 가격수준에는 변동이 없는데도 그 상품에 대한 현재의 수요가 증가하여 수요곡선이 오른쪽으로 이동한다. 가격이 내릴 것이라고 예상되면 현재의 수요가 감소하기 때문에 수요곡선이 왼쪽으로 이동한다.

소득의 변화에 관한 소비자의 예상도 수요곡선을 이동시킬 수 있다. 일반적으로 사람들은 가까운 장래에 소득이 증가할 것이라고 예상되면 정상재의 모든 가격수준에서 그 상품을 종전보다 더 사고자 한다. 따라서 소득의 증가가 예상되면 정상재에 대한 수요가 증가한다.

재 산

소비자의 재산 혹은 부(富)도 상품의 수요곡선을 이동시킬 수 있다. 부유한 사람은 가난한 사람보다 상품을 더 많이 수요할 수 있는 능력이 있다. 소비자들이 부유해지면 종전보다 상품을 더 많이 수요할 수 있다.

지금까지 개별수요를 변화시키는 요인들을 살펴보았다. 개별수요가 증가(감소)하면 시장수요도 증가(감소)한다. 따라서 소비자의 소득, 선호, 연관상품의 가격, 소비자의 예상, 재산 등 개별수요곡선을 이동시키는 요인들이 변하면 시장수요곡선도 이동한다. 이 밖에 시장수요곡선을 이동시키는 요인으로는 소비자의 수를 들 수 있다. 어떤 시장에 참여하는 소비자가 인구증가 등으로 종전보다 증가한다면 해당 상품의 시장수요가 증가할 것이다.

7 수요함수

지금까지의 논의를 수요함수(demand function)로 종합할 수 있다.

> 한 상품의 수요량을 수요량에 영향을 미치는 여러 변수들의 함수로 표시한 것을 그 상품의 **수요함수**라 한다.

수요함수

상품의 수요량을 가격과 수요변화의 요인들의 함수로 표시한 것

어떤 상품의 가격이 변하면 물론 그 상품에 대한 수요량이 변한다. 해당 상품에 대한 수요를 변화시키는 여러 요인 중 어느 하나만 변해도 수요곡선이 이동하여 수요량이 변한다.

사람들이 소비하는 모든 재화와 서비스에 대하여 수요함수를 정의할 수 있다. 어떤 상품의 수요함수는 수요량을 개별소비자의 수요량으로 삼느냐 시장 전체의 수요량으로 삼느냐에 따라 개별수요함수와 시장수요함수로 나눈다. 이하에서는 개별수요함수를 가지고 설명하기로 한다.

소비자의 어떤 상품 X에 대한 수요량을 D_X, X의 가격을 P_X, 소비자의 소득을 I, 소비자의 선호를 T, 연관상품의 가격을 P_R, 소비자의 예상을 E, 소비자의 재산을 W로 표시해 보자. 수요함수는 D_X와 P_X, I, T, P_R, E, W 사이에 존재하는 함수관계로서 그 일반적인 형태는 다음과 같이 표시된다.

[3-1] $D_X = D(P_X; I, \ T, \ P_R, E, W)$

여기서 D는 D_X와 P_X, I, ⋯, W 사이에 함수관계가 있다는 기호인데 식 (3-1)을 「D_X는 P_X, I, ⋯, W의 함수이다」라고 읽으라는 표시이다.

식 (3-1)에서 P_X 이외의 다른 모든 요인들이 일정하다고 가정하면 수요함수는 다음과 같이 표시된다.

[3-2] $D_X = D(P_X; \overline{I}, \ \overline{T}, \ \overline{P_R}, \overline{E}, \overline{W})$

식에서 P_X 이외의 다른 변수들 위에 그은 횡선은 해당 변수가 일정불변이라는 뜻이다. 식 (3-2)는 다른 모든 요인이 일정불변이라면 어떤 상품에 대한 수요량(D_X)은 그 상품의 가격(P_X)의 함수라는 것을 표시한다. 이를 그림으로 그리면 X재에 대한 하나의 수요곡선으로 나타난다.

앞의 그림 3–1에 표시된 사과에 대한 수요곡선은 사과가격 이외에 사과에 대한 수요량에 영향을 미치는 모든 요인들이 일정불변이라는 가정하에 그려진 것이다. 식

(3-2)에서 P_X 이외의 어느 한 요인이 변하면 수요곡선이 오른쪽이나 왼쪽으로 이동하는 것으로 나타난다. 앞에서 구분한 수요량의 변화는 식 (3-2)에서 P_X의 변화로, 수요의 변화는 P_X 이외의 요인들의 변화로 나타나는 것이다.[5]

제3절 공급

1 공급의 개념

공급의 일반적 의미
상품을 판매하고자 하는 욕구

공급(supply)이란 생산자가 상품을 판매하고자 하는 욕구를 말한다. 판매하고자 하는 상품의 수량을 공급량(quantity supplied)이라고 한다.

다른 모든 조건이 일정불변일 때 한 상품의 공급량은 그 상품의 가격변화에 직접적으로 영향을 받는다. 일반적으로 한 상품의 가격이 상승하면 그 상품의 공급량이 증가하고 가격이 하락하면 공급량은 감소한다. 당해 상품의 가격과 공급량의 이러한 관계를 숫자로 표시한 것이 공급표(supply schedule)이다.

표 3-4는 어느 생산자의 가상적인 사과공급표이다. 이 표에 표시된 공급량은 수요량과 마찬가지로 다음 세 가지 중요한 특성을 갖는다. 첫째로, 공급량은 주어진 가격수준에서 생산자가 판매하고자 하는 최대수량으로서 실제로 판매된 수량과는 구분된다. 둘째로, 공급량은 생산자가 실제로 팔 수 있는 능력을 갖춘 상태에서 판매하고자 하는 상품수량이다. 셋째로, 상품의 공급량은 대개 일정한 기간을 명시해야만 그 의미가 분명해지는 유량이다.

공급량
판매능력을 가진 생산자가 일정기간에 판매하고자 하는 최대수량

상품의 **공급량**이란 판매능력을 가진 생산자가 일정기간에 판매하고자 하는 최대수량이다.

---

[5] 구체적인 수요함수를 통해 본문의 설명을 확인할 수 있을 것이다. 이에 관하여는 이 장의 연습문제 4번을 참조할 것.

표
3-4

	가격(원)	월간 공급량(개)
A	4,000	420
B	3,500	390
C	3,000	350
D	2,500	300
E	2,000	240
F	1,500	170

어느 생산자의
사과의 공급표

일정한 기간에 있을 수 있는 가격수준은 여러 가지이다. 따라서 각각의 가격수준에 대응하여 생산자가 판매하고자 하는 상품의 수량 또한 다르다. 이 때 어느 한 가격수준에 대응하여 팔고자 하는 상품의 수량이 공급량이고, 있을 수 있는 모든 가격과 공급량의 대응관계를 표시하는 것이 공급이다.

공급이란 일정기간에 가격과 공급량 사이에 존재하는 일련의 대응관계를 말한다.

이와 같이 공급과 공급량의 구분은 수요와 수요량을 구분할 때와 동일하다.

공급
일정기간에 가격과 공급량 사이에 존재하는 일련의 대응관계

2 공급곡선

공급표를 가격을 종축, 공급량을 횡축으로 하는 평면에 그림으로 표시한 것을 공급곡선(supply curve)이라고 한다. 공급곡선을 그리는 방법은 수요곡선을 그리는 방법과 같다. 표 3-4에 표시된 가격-공급량의 대응관계는 그림 3-5에서 A, B, C, D, E, F점으로 표시되는데 이 점들을 연결한 곡선이 바로 공급곡선이다.

한 상품의 **공급곡선**이란 일정기간에 있을 수 있는 그 상품의 여러 가지 가격과 공급량의 조합들을 나타내는 곡선이다.

공급곡선
한 상품의 가격과 공급량의 조합들을 나타내는 곡선

수요곡선의 경우와 마찬가지로 공급곡선도 가격과 공급량을 세분할 수 있다고 가정하여 그린다. 즉 그림 3-5의 A와 B, B와 C 등의 사이에 많은 가격-공급량의 조

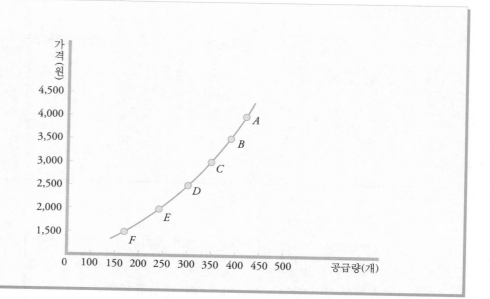

그림
3-5

사과의 공급곡선

사과의 공급곡선은 사과가격과 매기당 사과 공급량의 조합을 나타낸다. 공급곡선은 일반적으로 우상향한다.

합이 있을 수 있다고 가정하여 매끄러운 공급곡선을 그린 것이다.

공급곡선도 수요곡선의 경우와 같이 두 가지 방법으로 읽을 수 있다. 가격을 먼저 읽고 나중에 공급량을 읽는 방법과 공급량을 먼저 읽고 가격을 나중에 읽는 방법이 그것이다. 예를 들어 사과가격이 2,500원일 때 생산자가 판매하고자 하는 사과의 최대수량이 300개라고 말할 수도 있고, 생산자가 사과 300개를 판매하고자 할 때 최소한으로 받고자 하는 가격은 2,500원이라고 말할 수도 있다. 가격이 2,500원을 밑돌면 공급량이 300개보다 적어진다. 공급자가 받고자 하는 최소한의 가격을 공급가격(supply price)이라고 한다. 공급가격은 제품생산의 기회비용과 같다는 것을 제10장에서 배운다.

공급가격
공급자가 받고자 하는 최소한의 가격

3 개별공급과 시장공급

개별공급
생산자 각자의 공급

시장공급
개별공급을 시장 전체로 합친 공급

생산자 한 사람 한 사람의 공급을 개별공급(individual supply)이라 하고 시장 전체의 공급을 시장공급(market supply)이라고 한다. 기업들의 공급이 상호독립적이라면 시장공급은 개별공급의 합계이고, 시장공급곡선은 개별공급곡선의 수평적인 합계이다.

두 사람의 생산자 병과 정만이 존재하는 시장을 예로 들어 보자. 병과 정의 공급

표
3-5

사과가격(원)	한 달간 사과공급량(개)		
	병의 공급량	정의 공급량	시장공급량
4,000	420	520	940
3,500	390	490	880
3,000	350	450	800
2,500	300	400	700
2,000	240	340	580
1,500	170	270	440

**사과의
개별공급표와
시장공급표**

그림
3-6

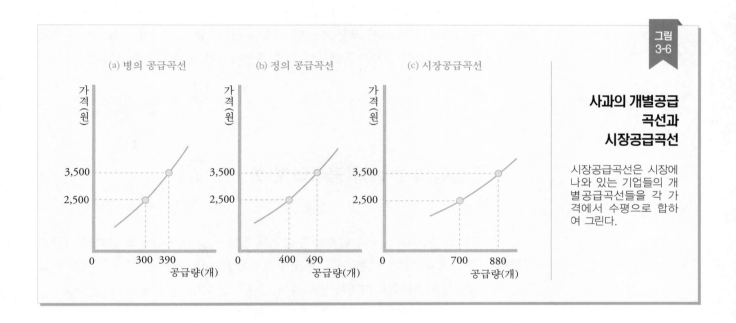

**사과의 개별공급
곡선과
시장공급곡선**

시장공급곡선은 시장에
나와 있는 기업들의 개
별공급곡선들을 각 가
격에서 수평으로 합하
여 그린다.

이 상호독립적이라면 표 3-5에서 볼 수 있는 바와 같이 각각의 가격수준에서 병의
공급량과 정의 공급량을 합하여 시장공급량을 산출할 수 있다. 이러한 가격과 시장
공급량의 관계를 그림으로 그리면 그림 3-6에서와 같이 시장공급곡선이 도출된다.
그림 3-6의 (a)와 (b)는 각각 병과 정의 개별공급곡선이고 (c)는 (a)와 (b)를 수평으로
합계한 시장공급곡선이다. 시장공급곡선은 개별공급곡선보다 완만하게 그려진다.

4 공급의 법칙

공급의 법칙
상품의 가격과 공급량이 같은 방향으로 변하는 것

공급곡선은 그림 3-6에서 볼 수 있는 바와 같이 우상향하는 형태를 갖는 것이 일반적이다. 공급곡선이 우상향하는 것을 공급의 법칙(law of supply)이라고 부른다.

다른 모든 조건이 일정할 때 한 상품의 가격이 상승하면 그 상품의 공급량은 증가하고 가격이 하락하면 공급량은 감소한다. 이와 같이 가격과 공급량 사이에 존재하는 양(+)의 관계, 즉 가격과 공급량이 같은 방향으로 변하는 것을 **공급의 법칙**이라 한다.

제11장에서 기업이 이윤극대화를 추구한다고 가정하여 공급의 법칙을 엄밀하게 도출한다. 일반적으로 다른 모든 조건이 일정할 때 한 상품의 가격이 상승하면 해당 상품생산의 수익성이 높아지기 때문에 기존 생산자들은 공급량을 증가시킨다.

5 공급량의 변화와 공급의 변화

수요량의 변화와 수요의 변화를 구분하는 것과 똑같이 공급량의 변화와 공급의 변화를 구분할 수 있다. 다른 모든 조건이 일정할 때 어떤 상품의 가격이 변하면 그 상품의 공급량이 변한다. 이러한 변화를 공급량의 변화(changes in quantity supplied)라 하고 주어진 공급곡선상의 이동으로 표시된다. 그러나 해당 상품가격이 변하지 않더라도 일정하다고 가정하였던 요인들 중의 어느 하나가 변하면 공급량은 변하게 된다. 생산기술이 진보한 경우를 예로 들어 설명해 보자. 일반적으로 생산기술이 진보하면 단위당 생산비용이 절감된다. 따라서 종전과 같은 생산비로 보다 많은 상품을 생산할 수 있기 때문에 매기당 상품의 공급량은 해당 상품의 가격이 상승하지 않아도 증가한다. 이러한 증가효과는 있을 수 있는 모든 가격수준에서 일어난다.

표 3-6은 이를 보여 주는 가상적인 사과공급표이다. 표는 생산기술이 진보할 경우 각각의 가격수준에 대응하는 새로운 공급량이 원래의 공급량보다 증가함을 보여 주고 있다. 이를 그림으로 표시한 것이 그림 3-7의 공급곡선이다. 곡선 S_0는 원래의 공급곡선이고 곡선 S_1은 생산기술이 진보한 결과로 얻어진 새로운 공급곡선이다. 생산기술이 진보한 결과 원래의 공급곡선 S_0가 오른쪽으로 이동한 것이다. 그럴 일은 없겠지만 만일 생산기술이 퇴보한다면 공급곡선 S_0는 왼쪽으로 이동할 것이다. 이와 같이 가격 이외의 다른 요인이 변함에 따라 일어나는 공급량의 변화는 공급곡선 자

표
3-6

	사과가격(원)	한 달간 사과공급량(개)	
		원래 기술 수준	새로운 기술 도입
A	4,000	420	520
B	3,500	390	490
C	3,000	350	450
D	2,500	300	400
E	2,000	240	340
F	1,500	170	270

**생산기술진보와
사과의 공급표**

그림
3-7

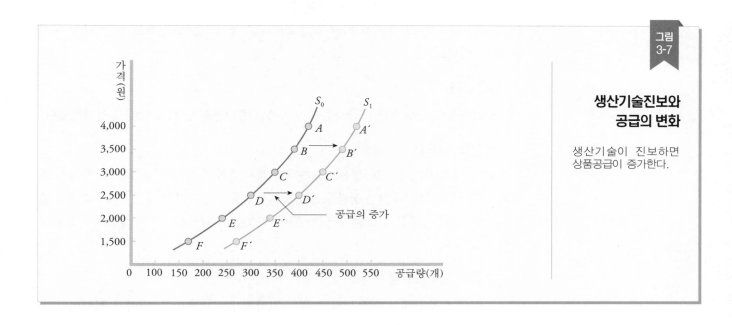

**생산기술진보와
공급의 변화**

생산기술이 진보하면
상품공급이 증가한다.

체의 이동으로 표시된다. 이러한 변화를 공급의 변화(changes in supply)라 하여 가격변
화에 의한 공급량의 변화와 구분한다.

 공급의 변화란 공급곡선 자체가 이동하는 것을 의미하고 **공급량의 변화**란 어느 한 공급
곡선상에서의 이동을 뜻한다.

 수요의 변화와 같이 공급의 변화도 공급의 증가와 감소로 나누어진다. 공급의
증가는 각각의 가격수준에서 공급량이 증가하는 것으로서 공급곡선이 오른쪽으로
이동하는 것으로 나타난다. 공급의 감소는 각각의 가격수준에서 공급량이 감소하는
것으로서 공급곡선이 왼쪽으로 이동하는 것으로 나타난다.

공급의 변화
공급곡선의 오른쪽 또는 왼쪽
이동

공급량의 변화
주어진 공급곡선 상에서의 이동

수요곡선이나 공급곡선이나 모두 오른쪽으로 이동하는 것이 증가이고 왼쪽으로 이동하는 것은 감소인 것이다.[6]

6 공급 변화의 요인

위에서 설명한 바와 같이 해당 상품가격 이외의 요인이 변하면 그 상품의 공급이 변하여 공급곡선이 이동한다. 현실적으로 개별공급곡선의 이동을 초래하는 요인은 무수히 많지만 그 중에서 비교적 중요하다고 생각되는 요인으로 다음 다섯 가지를 들 수 있다.

생산기술

생산기술이 향상되면 공급곡선이 오른쪽으로 이동하는 것을 앞에서 설명하였다.

생산요소가격

임금·임대료·이자 등 생산요소가격이 하락하면 생산비가 절감된다. 따라서 종전과 같은 생산비로 더 많은 상품을 생산할 수 있게 되어 각각의 상품가격수준에서 종전보다 더 많은 상품을 공급할 수 있게 된다. 반면에 생산요소가격이 상승하면 상품공급이 감소한다.

조세와 정부보조금

기업에게 부과되는 대부분의 조세는 기업에게는 비용이다. 따라서 재산세나 소비세를 올리면 상품의 생산비가 증가하여 공급이 감소한다. 정부의 기업에 대한 보조금은 「음(−)의 조세」로서 기업의 비용을 낮춘다. 따라서 특정상품에 대한 정부보조금은 해당 상품의 생산비를 낮추어 공급을 증가시킨다.

연관상품의 가격

소비면에서 볼 때와 마찬가지로 생산면에서 볼 때에도 한 상품은 다른 여러 상품과 대체관계나 보완관계에 있다. 한 상품의 공급은 그 상품과 생산면에서 대체관

---

6 수요곡선이나 공급곡선이 왼쪽(좌측) 또는 오른쪽(우측)으로 이동한다고 말할 때에는 가격을 기준으로 한 것이다. 본서에서는 때에 따라 수량을 기준으로 수요곡선이나 공급곡선이 위쪽(상방) 또는 아래쪽(하방)으로 이동한다고도 말할 것이다. 그러나 수요·공급의 증가 또는 감소에 관한 한 왼쪽·오른쪽으로 이동한다는 표현이 일관성이 있어서 편리하다. 수요곡선이 위쪽으로 이동하는 것은 수요의 증가이지만 공급곡선이 위쪽으로 이동하는 것은 공급의 감소이기 때문이다. 독자들은 그림을 그려 직접 확인해 보기 바란다.

계나 보완관계에 있는 다른 상품의 가격변화에 영향을 받는다.

전기자동차
휘발유자동차와 보완관계일까 대체관계일까.

　농부는 가지고 있는 토지로 콩을 생산하여 공급할 수도 있고 옥수수를 생산하여 공급할 수도 있다. 이 때 콩과 옥수수는 생산면에서 대체관계에 있다고 말한다. 옥수수의 가격은 변하지 않고 콩의 가격만 상승하면 옥수수의 공급은 어떻게 될까? 콩의 가격이 상승하면 콩의 수익성이 옥수수의 수익성보다 좋아지기 때문에 농부들은 옥수수의 생산을 줄이고 콩의 생산을 늘린다. 옥수수의 생산이 감소하면 옥수수의 공급량도 감소한다. 이러한 옥수수의 공급량의 감소는 최초에 옥수수의 가격이 어떤 수준에 있었든 간에 일어난다. 따라서 콩의 가격이 상승하면 옥수수의 공급곡선은 왼쪽으로 이동한다. 요약하면

생산면에서 대체관계에 있는 두 상품 X재와 Y재의 경우 X재의 가격이 상승(하락)하면 Y재의 공급이 감소(증가)한다.

　한편 양고기를 생산하면 양털은 저절로 생산된다. 이 때 양고기와 양털은 생산면에서 보완관계에 있다고 말한다. 양고기의 가격이 오르면 양고기의 공급량이 증가하고 따라서 양털의 공급량도 증가한다. 이는 최초에 양털의 가격이 어떤 수준에 있었든 간에 일어나기 때문에 양털의 공급곡선이 오른쪽으로 이동한다. 이와 같이

공급면에서 보완관계에 있는 두 상품 X재와 Z재의 경우 X재의 가격이 상승(하락)하면 Z재의 공급이 증가(감소)한다.

공급자의 예상
　공급자가 해당 상품가격이 앞으로 오를 것이라고 예상하면 오를 때 팔기 위해 금기의 상품공급은 감소한다.[7] 앞으로 가격이 떨어질 것이라고 예상하면 떨어지기 전에 팔기 위해 금기의 상품공급은 증가한다.

　지금까지 개별공급곡선을 이동시키는 요인들을 살펴보았다. 개별공급이 증가(감소)하면 시장공급도 증가(감소)한다. 따라서 이 요인들은 시장공급곡선을 이동시키는 요인들도 된다. 이 밖에 시장공급곡선을 이동시키는 요인으로는 공급자의 수를 들 수 있다. 시장에 100사람의 공급자가 있을 때는 10사람의 공급자가 있을 때보다

---

7 현실세계에서는 공급자가 가격이 오를 때 폭리를 취할 목적으로 물건을 몰아 사두고 공급을 제한하여 가격을 올리고자 하는 경우가 있는데 이를 매점매석이라고 한다.

모든 가격수준에서 공급량이 증가한다. 그러므로 공급자의 수가 증가하면 시장공급 곡선이 오른쪽으로 이동하고 공급자의 수가 감소하면 시장공급곡선은 왼쪽으로 이동한다.

7 공급함수

공급함수

상품의 공급량을 가격과 공급
변화의 요인들의 함수로 표시
한 것

지금까지의 공급에 관한 논의를 공급함수로 종합할 수 있다.

> 한 상품의 공급량을 공급량에 영향을 미치는 여러 변수들의 함수로 표시한 것을 그 상 품의 **공급함수**라 한다.

어떤 상품 X의 공급량을 S_X, 해당 상품의 가격을 P_X, 생산기술을 T_E, 생산요소가 격을 P_F, 해당 상품에 부과되는 세금을 T_A, 연관상품의 가격을 P_R, 공급자의 예상을 E 로 표시한다면 개별공급함수의 일반적인 형태는 다음과 같이 표시된다.

[3-3] $\quad S_X = S(P_X; T_E, P_F, T_A, P_R, E)$

여기서 S는 S_X와 P_X, T_E, P_F, T_A, P_R, E 사이에 어떤 함수관계가 있다는 것을 표시 하는 기호이다.[8]

식 (3-3)에서 해당 상품가격 이외의 다른 모든 요인들이 일정불변이라고 가정하 면 공급함수는 다음 식으로 표시된다.

[3-4] $\quad S_X = S(P_X; \overline{T_E}, \overline{P_F}, \overline{T_A}, \overline{P_R}, \overline{E})$

식 (3-4)를 그림으로 표시하면 X재에 대한 하나의 공급곡선이 된다. 해당 상품의 가격이 변하면 공급량이 주어진 공급곡선을 따라 이동한다. P_X 이외의 어느 요인이 변하면 공급곡선 자체가 이동하는 것으로 나타난다. 공급량의 변화는 식 (3-4)에서 P_X 의 변동으로, 공급의 변화는 P_X 이외의 요인들의 변화로 나타나는 것이다.

---

[8] 함수관계를 표시하는 기호로서 수요함수에서는 수요(demand)를 뜻한다는 점에서 D를 사용하였고 공급함수에 서는 공급(supply)을 뜻한다는 점에서 S를 사용하였다. 다른 어떤 기호로도 함수관계를 표시할 수 있다.

1 시장균형의 결정

지금까지 우리는 수요와 공급을 따로따로 살펴보았다. 다른 모든 조건이 일정하다면 한 상품의 수요량은 그 상품의 가격과 반대방향으로 변하고 공급량은 가격과 같은 방향으로 변한다. 이제 이 수요와 공급이 시장에서 어떻게 작용하여 시장가격을 결정하는가를 살펴보자.

가락동 농산물시장에서 하루에 거래되는 사과의 시장수요표와 공급표가 표 3-7과 같다고 하자. 이 표에서 각각의 가격수준에 대응하는 시장수요량은 시장에 나와 있는 모든 소비자들의 개별수요량을 합한 것이고, 시장공급량은 모든 생산자들의 개별공급량을 합한 것이다.

사과 한 상자 가격이 4만원이라고 하자. 이 가격에서 소비자들의 수요량은 46만 상자이다. 반면에 생산자들의 공급량은 94만 상자나 된다. 이 경우에 46만 상자만 시장에서 거래된다. 시장에 나와 있는 소비자들이 4만원에 사고자 하는 최대수량이 46만 상자이기 때문이다. 48만 상자는 팔리지 않고 남게 되는데 이것을 초과공급량(excess quantity supplied)이라고 한다.

> 어떤 가격수준에서 소비자들의 수요량보다 생산자들의 공급량이 많아서 상품이 남아돌 때 이 잉여분을 **초과공급량**이라고 한다.

초과공급량
시장공급량-시장수요량

가격(원)	사과의 시장수요·공급량(萬 상자)			
	수요량	공급량	초과공급량	초과수요량
40,000	46	94	48	
35,000	50	88	38	
30,000	58	80	22	
25,000	70	70	0	0
20,000	86	58		28
15,000	110	44		66

표 3-7

사과의 시장수요·공급표

만일 시장가격이 4만원이라면 생산자들에게는 매일 48만 상자라는 초과공급량이 불필요한 재고로 쌓이게 된다. 불필요한 재고가 쌓이면 생산자들은 값을 낮추어 재고를 처분하려 한다. 그 결과 시장가격은 하락하게 된다. 가격이 하락하면 생산자들은 공급량을 줄이는 반면에 소비자들은 종전보다 더 많은 수량을 사고자 한다. 가격이 하락하면 그림 3-8에서 보는 바와 같이 공급량의 감소와 수요량의 증가가 이중으로 초과공급량을 축소시키는 것이다. 초과공급량이 축소되더라도 양(+)인 한 시장가격은 계속 하락한다.

이번에는 사과가격이 15,000원이라고 가정해 보자. 이 가격에서 소비자들은 하루에 110만 상자를 사고자 하는 데 반하여 생산자들은 44만 상자를 공급한다. 그 결과 44만 상자의 사과만 시장에서 거래된다. 시장에 나와 있는 생산자들이 15,000원에 팔고자 하는 최대수량이 44만 상자이기 때문이다. 소비자들은 66만 상자를 더 사고 싶어도 사과가 시장에 나오지 않기 때문에 살 수 없다.

어떤 가격수준에서 소비자들의 수요량이 생산자들의 공급량보다 많아서 상품의 부족현상이 발생할 때 이 부족분을 **초과수요량**(excess quantity demanded)이라고 한다.

초과수요량이 생기면 소비자끼리 경쟁이 일어나 좀 더 높은 가격을 주고서라도 사과를 사고자 하기 때문에 시장가격은 오르기 시작한다. 가격이 오름에 따라 소비자들의 수요량은 줄어들고 생산자들의 공급량은 늘어나 초과수요량은 축소된다. 그러나 초과수요량이 양인 한 시장가격은 계속 상승한다.

이와 같이 초과공급량이 존재하면 가격이 하락하고 초과수요량이 존재하면 가격이 상승하게 마련이다. 초과공급량도 없고 초과수요량도 없는 상태, 즉 시장공급량과 시장수요량이 일치하는 상태에서만 가격은 상승하거나 하락할 유인이 없게 된다. 표 3-7에서 사과가격이 25,000원인 경우를 보자. 이 가격수준에서는 소비자들이 사고자 하는 수량과 생산자들이 팔고자 하는 수량이 똑같기 때문에 초과수요량도 없고 초과공급량도 없다. 따라서 가격은 상승압력도 받지 않고 하락압력도 받지 않게 되어 25,000원의 수준에서 더 이상 움직이지 않게 된다. 이 때 우리는 시장이 균형(equilibrium)에 있다고 말한다.

균형 혹은 **균형상태**란 일단 그 상태에 도달하면 다른 상태로 변화할 유인이 없는 상태를 말한다.

시장수요량과 시장공급량이 일치하는 가격수준에서는 소비자들이 사고 싶어하는 수량을 모두 살 수 있고 생산자들이 팔고 싶어하는 수량을 모두 팔 수 있다. 따라서 소비자들과 공급자들이 모두 만족하게 되기 때문에 다른 가격수준으로 변경될 유인이 없다. 이러한 의미에서 시장수요량과 시장공급량이 일치하는 가격수준을 시장

그림
3-8

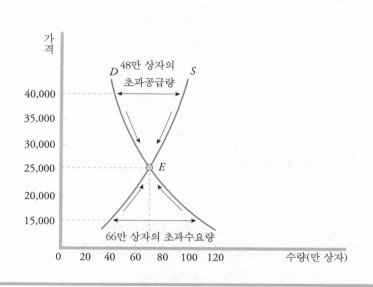

**사과의 시장균형
가격 결정**

상품의 시장가격은 그
상품의 시장수요곡선과
시장공급곡선이 만나는
점에서 결정된다.

균형가격(market equilibrium price)이라고 부른다. 시장균형가격은 간단히 줄여서 균형가격이라고도 부른다. 균형가격하에서의 수요량과 공급량을 균형거래량 혹은 균형수급량이라고 한다. 표 3-7에서 사과의 균형가격은 25,000원이고 균형거래량은 70만상자이다.

그림 3-8은 표 3-7을 반영한 시장수요곡선 *D*와 시장공급곡선 *S*를 동일한 평면에 함께 표시한 것이다. 두 곡선 모두 종축은 가격을 표시하고 횡축은 수량을 표시한다. 수량은 공급곡선에 관해서는 공급량으로 읽고, 수요곡선에 관해서는 수요량으로 읽으면 된다.

균형
시장에서 가격은 수요와 공급이 균형을 유지하도록 조정된다.
삶에서는 균형을 유지하기가 쉽지 않다.

그림에서 균형상태는 시장수요곡선과 시장공급곡선이 만나는 *E*점에서 달성된다. *E*점을 균형점이라 부른다. 균형점은 수요량과 공급량이 일치하는 점이다. 이 때 균형가격은 25,000원, 균형거래량은 70만 상자이다. 균형가격 25,000원보다 높은 가격수준에서는 초과공급량이 발생하여 가격을 하락시키는 압력이 존재한다. 반대로 균형가격보다 낮은 가격수준에서는 초과수요량이 발생하여 가격을 상승시키는 압력이 존재한다. 앞 장에서 경제학의 주요 원리로 제시한 것처럼 시장은 균형을 향하여 움직인다. 균형가격 25,000원에서만이 가격은 상승이나 하락의 압력을 받지 않아 그 가격이 유지된다.

균형가격

시장수요량과 시장공급량이
일치하는 가격

수요 · 공급의 이론은 현실시장에서 관측되는 시장가격과 거래량을 균형가격과 균형거래량으로 파악하는 이론이다.

수요·공급의 이론

현실시장에서 관측되는 시장가격과 거래량을 균형가격과 균형거래량으로 파악하는 이론수요·공급의 이론은 경제학에서 시장가격과 거래량의 결정을 설명하는 가장 중요하고 강력한 이론이다. 수요·공급의 이론이 적용되는 시장에서는 시장가격이 균형가격과 같게 되어 양자를 같은 뜻으로 혼용할 수 있다.

2 시장균형의 변동

현실시장에서는 가격과 거래량이 수시로 변한다. 이를 수요·공급의 이론은 어떻게 설명할까? 수요·공급의 이론은 시장수요곡선이나 시장공급곡선이 이동하여 균형가격과 균형거래량이 변한 것으로 설명한다.

앞에서 살펴본 바와 같이 소비자의 소득, 소비자의 선호, 연관상품의 가격, 소비자의 예상, 소비자의 재산, 소비자의 수 등이 변하면 시장수요곡선이 이동한다. 생산기술, 생산요소가격, 기업에 부과되는 조세, 연관상품의 가격, 생산자의 예상, 생산자의 수 등이 변하면 시장공급곡선이 이동한다. 시장수요곡선이나 시장공급곡선이 이동하면 균형가격과 거래량이 변한다.

수요의 변화와 시장균형의 변동

그림 3-9는 공급은 일정한데 수요가 변하는 경우 시장균형이 어떻게 변하는가를 보여 주고 있다.

최초의 균형점은 시장수요곡선 D_0와 시장공급곡선 S_0가 교차하는 E_0이고 이 때의 균형가격과 거래량은 각각 P_0, Q_0이다. 이제 해당 상품의 가격 이외의 한 요인, 예컨대 소득이 증가하였다고 하자. 이 상품이 정상재라면 수요가 증가하여 그림 (a)에서처럼 수요곡선은 D_0에서 오른쪽으로, 예컨대 D_1으로 이동한다. 그러면 원래의 가격수준 P_0에서 수요량은 Q_1'이 되어 공급량 Q_0를 초과한다. 이에 따라 $Q_1' - Q_0 = OQ_1' - OQ_0 = Q_0Q_1'$만큼의 초과수요량이 발생하게 되어 원래의 균형은 깨지고 가격은 상승하게 된다. 가격이 상승함에 따라 공급량은 증가하고 수요량은 감소하여 초과수요량이 감소한다. 결국 새로운 균형가격과 거래량은 공급곡선 S_0와 새로운 수요곡선 D_1이 교차하는 점 E_1에서 P_1과 Q_1으로 각각 결정된다. 이와 같이 공급이 일정한 상태에서 수요가 증가하면 균형가격이 상승하고 거래량은 증가한다.

한편 공급이 일정한 상태에서 수요가 감소하면 그림 (b)에서처럼 종전의 균형점에서 초과공급량이 발생하여 균형가격은 하락하고 거래량은 감소한다.

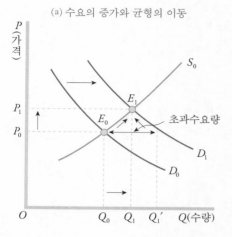

(a) 수요의 증가와 균형의 이동

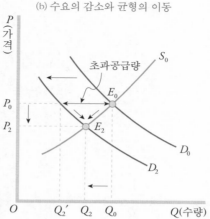

(b) 수요의 감소와 균형의 이동

수요의 변화와 균형의 이동

수요가 증가하면 시장가격이 상승하고 거래량이 증가한다. 수요가 감소하면 시장가격이 하락하고 거래량이 감소한다.

읽을거리 3-3 ▶ 주택은 수요·공급의 법칙이 작동하지 않는 상품이다?

언론과 인터넷에 경제에 관한 기사와 해설, 칼럼이 넘쳐 난다. 그 중에는 틀린 내용도 적지 않다. 경제학원론을 제대로 배움으로써 틀린 것을 알아보는 눈을 가질 수 있다. 예컨대 한 일간신문의 칼럼에 나온 다음과 같은 문장을 보자.

"주류경제학에서 수요·공급의 법칙은 가격의 균형을 잡아주는 핵심적인 메커니즘이다. 이 법칙은 특정 상품의 가격이 균형가격 이상으로 상승하면 소비자가 소비를 줄일 수 있거나, 상대적으로 싼 대체 상품의 소비가 가능한 조건에서 작동한다. 주택은 대체 상품이 없으며, 재생산할 수 없는 토지로 인해 공급을 일정한도 이상 늘릴 수도 없다. 이보다 더 중요한 주택 상품의 특성은 자산가치가 사용가치만큼이나 중요한 재화로서 가격 상승기에 오히려 구매 수요가 증가한다는 것이다. 즉, 가격 안정화 메커니즘으로서 수요·공급의 법칙은 주택에 대해서는 제대로 작동하지 않는다." (장흥배, 을의 경제학, "부동산 투기는 벤처 투자가 아니다", 한겨레신문 2017. 8. 10.)

우선 "주택에 대체 상품이 없다"는 말은 "식품에 대체 상품이 없다"는 말과 마찬가지로 터무니없는 말이다. 구체적인 주택의 형태를 거론해야 하고 그러면 여러 대체 상품을 들 수 있다. 주택의 형태로는 아파트, 단독주택, 오피스텔, 콘도 등이 있는데 이들은 서로 대체 상품이다. 토지가 한정되어 있기 때문에 주택을 일정한도 이상 늘릴 수 없다는 말도 맞지 않는다. 밀도를 높여 주택을 얼마든지 늘릴 수 있다. 대도시에 고층 아파트가 즐비한 것을 보라.

무엇보다 주택은 수요·공급의 법칙이 들어맞지 않는 특별한 상품인 것처럼 말하는 것은 넌센스이다. 가격 상승기에 오히려 구매 수요가 증가한다면 수요의 법칙에 어긋나게 수요곡선이 우상향한다는 것을 나타내는 것이 아니다. 가격이 앞으로도 상승할 것이라는 예상이 우하향하는 수요곡선을 오른쪽으로 이동시킨 것이다. 주택도 다른 상품들과 마찬가지로 수요·공급의 법칙이 적용된다. 이 법칙이 제대로 작동하지 않는다고 느끼는 것은 다른 상품들에 비해 새로운 균형에 도달하는 데에 오랜 시간이 걸리기 때문이다. 시장에서 거래되는 거의 모든 상품들이 수요·공급의 법칙의 지배를 받는다. 제7장에 나오는 극소수의 기펜재 정도가 수요의 법칙에 위배될 뿐이다.

이른바 명품과 한정판매 상품도 수요·공급의 법칙을 비웃는 특별한 상품인 것처럼 대중매체에서 종종 소개된다. 이것 또한 틀린 논리이다.

그림 3-10

**공급의 변화와
균형의 변동**

공급이 증가하면 시장가격이 하락하고 거래량이 증가한다. 공급이 감소하면 시장가격이 상승하고 거래량이 감소한다.

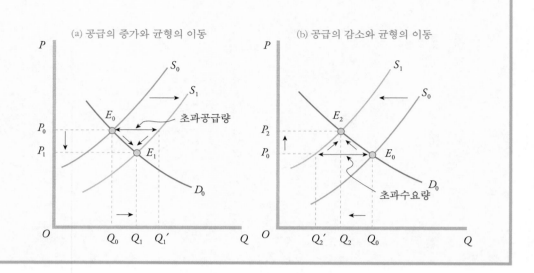

공급의 변화와 시장균형의 변동

그림 3-10은 수요가 일정한데 공급이 변하면 시장균형이 어떻게 변하는가를 보여 준다.

원래의 균형가격과 거래량이 시장수요곡선 D_0와 시장공급곡선 S_0가 교차하는 E_0에 대응하여 P_0와 Q_0라 하자. 이제 예컨대 생산기술이 진보하여 공급이 증가하면 그림 (a)에서처럼 공급곡선 S_0는 S_1으로 이동할 것이다. 그 결과 원래의 균형가격 P_0에서 Q_0Q_1'만큼의 초과공급량이 발생하게 된다. 이러한 초과공급량의 존재는 가격을 하락시킨다. 가격이 하락하면 공급량이 감소하고 수요량은 증가하여 초과공급량이 줄어든다. 결국 E_1이 새로운 균형점이고, 새로운 균형가격은 P_1, 새로운 거래량은 Q_1이 된다. 수요가 일정할 때 공급이 증가하면 가격은 하락하는 반면에 거래량은 증가하는 것이다.

한편 수요가 일정할 때 공급이 감소하면 그림 (b)에서처럼 종전의 균형점에서 초과수요량이 발생하여 가격은 상승하고 거래량은 감소한다.

수요 · 공급의 4법칙

이상의 논의를 요약해 보면 공급의 변화가 없이 수요만 변하는 경우 균형가격과 거래량은 같은 방향으로 변화하고, 수요의 변화 없이 공급만 변할 때는 균형가격과 거래량이 서로 반대방향으로 변화한다.

① 공급일정 · 수요증가 : 가격상승 · 거래량증가
② 공급일정 · 수요감소 : 가격하락 · 거래량감소
③ 수요일정 · 공급증가 : 가격하락 · 거래량증가
④ 수요일정 · 공급감소 : 가격상승 · 거래량감소

위 4원칙을 수요·공급의 4법칙이라고 하는데 이들은 여러 가지 경제현상을 설명하는 데 아주 긴요하게 사용된다. 이 예를 제5장에서 살펴보기로 한다.

현실세계에서는 수요와 공급이 같이 변하는 경우도 많다. 수요와 공급이 같이 증가(감소)하면 시장가격은 어떻게 변할지 미리 알 수 없으나 거래량은 많이 증가(감소)한다. 수요와 공급 중 어느 쪽이 상대적으로 더 많이 증가하느냐에 따라 가격의 변동방향이 결정된다.

읽을거리 3-4 ▶ 농산물 작황이 나쁜데도 가격이 떨어지는 이유는?

농산물 작황이 예년보다 나쁘면 각각의 가격 수준에서 농가가 팔 수 있고 팔고자 하는 수량이 감소하여 농산물 개별공급곡선이 왼쪽으로 이동한다. 농산물 개별공급곡선이 왼쪽으로 이동하면 시장공급곡선도 왼쪽으로 이동한다. 이에 따라 다른 모든 조건이 일정하다면 농산물 가격이 오르고 거래량이 줄어든다. 그런데 우리나라에서는 농산물 가격이 오르는 건 잠깐이고 가격이 크게 떨어지는 경우가 흔하다. 왜 그럴까? '다른 모든 조건이 일정하다면'의 전제가 성립하지 않기 때문이다. 구체적으로 값싼 중국 농산물이 들어오기 때문이다.

예컨대 배추가 흉작이어서 배추 가격이 오르면 중국산 배추가 수입된다. 신토불이를 생각하는 국내 소비자에게 국내산 배추와 중국산 배추가 똑같은 상품은 아니다. 그러나 양자가 밀접한 대체재인 것은 사실이다. 소비 면에서 밀접한 대체재가 싼 값으로 많이 들어오면 국내산 배추에 대한 시장수요는 크게 감소한다. 이에 따라 국내산 배추의 값이 크게 떨어지는 것이다. 세계화시대에 대체재의 수입이 국산품 수요 변화의 주요인으로 추가되어야 한다.

1　　(시장)가격이란 상품 1단위와 교환되는 화폐액을 말한다. 가격은 생산활동과 소비활동의 지표가 되며 상품을 자율적으로 배분해 주는 역할을 한다.

2　　소비자가 사고자 하는 수량과 생산자가 팔고자 하는 수량이 일치하도록 자율적으로 조절해 주는 가격의 기능을 가격의 자율적인 조정기능이라고 한다. 가격의 자율적인 조정기능이 작용할 수 있게 구성된 시장조직을 자유시장기구 또는 가격기구라고 한다. 가격기구가 온전히 자원배분의 역할을 수행하는 경제를 시장경제라 한다.

3　　수요란 소비자가 상품을 사고자 하는 욕구를 말하며 사고자 하는 상품의 수량을 수요량이라고 한다. 미시경제학에서 수요량은 일반적으로 일정기간에 소비자가 사고자 하는 최대의 상품수량으로 정의된다.

4　　수요곡선은 일정기간에 있을 수 있는 여러 가격수준과 수요량의 조합을 나타내는 곡선이다. 소비자가 지불할 용의가 있는 최고가격을 수요가격이라고 한다. 수요곡선은 매기당 각각의 소비량에 대하여 수요가격을 나타내는 곡선이라고 정의할 수도 있다.

5　　한 상품의 가격이 오르면 그 상품에 대한 수요량은 감소하고 가격이 내리면 수요량이 증가하는 현상을 수요의 법칙이라고 한다. 수요의 법칙은 우하향의 수요곡선으로 표현된다.

6　　다른 요인들은 일정불변이고 한 상품의 가격만 변하면 주어진 그 상품의 수요곡선을 따라 수요량이 변한다. 해당 상품가격 이외에 해당 상품에 대한 수요량에 영향을 미치는 요인들이 변하면 수요곡선 자체가 오른쪽이나 왼쪽으로 이동한다. 수요곡선이 오른쪽(왼쪽)으로 이동하는 것을 수요의 증가(감소)라 한다.

7　　시장수요의 증가는 다음의 경우에 일어난다.
① 정상재의 경우 소득이 증가하거나 앞으로 증가할 것이라고 예상될 때
② 소비자의 선호가 유리하게 변할 때
③ 소비면에서 대체관계에 있는 상품의 가격이 오를 때
④ 소비면에서 보완관계에 있는 상품의 가격이 내릴 때
⑤ 해당 상품의 가격이 앞으로 오를 것이라고 예상될 때
⑥ 소비자의 재산이 증가하거나 앞으로 증가할 것이라고 예상될 때
⑦ 소비자의 수가 증가할 때
　　공급측은 불변인데 위에 열거한 수요의 증가가 일어나면 시장가격이 상승하고 거래량은 증가한다.
위와 반대의 경우에는 시장수요가 감소하여 시장가격이 하락하고 거래량은 감소한다.

8   공급이란 생산자가 상품을 팔고자 하는 욕구를 말하며 팔고자 하는 상품의 수량을 공급량이라고 한다. 미시경제학에서 공급량은 일반적으로 일정기간에 생산자가 팔고자 하는 최대수량으로 정의된다.

9   공급곡선이란 일정기간에 있을 수 있는 여러 가지 가격수준과 공급량의 조합을 나타내는 곡선이다. 공급자가 받고자 하는 최소한의 가격을 공급가격이라고 한다. 공급곡선은 매기당 각각의 상품수량에 대하여 공급가격을 나타내는 곡선이라고 정의할 수도 있다.

10   한 상품의 가격이 오르면 그 상품의 공급량이 증가하고 가격이 내리면 공급량이 감소하는 현상을 공급의 법칙이라고 한다. 공급의 법칙은 우상향의 공급곡선으로 표현된다.

11   다른 요인들은 일정불변인 채 한 상품의 가격만 변하면 주어진 공급곡선을 따라 공급량이 변한다. 해당 상품가격 이외에 해당 상품의 공급량에 영향을 미치는 요인들이 변하면 공급곡선 자체가 이동한다. 공급곡선이 오른쪽(왼쪽)으로 이동하는 것을 공급의 증가(감소)라 한다.

12   시장공급의 증가는 다음의 경우에 일어난다.
① 생산기술이 진보할 때
② 임대료·임금·이자 등의 생산요소가격이 하락할 때
③ 정부가 기업에 부과하는 세금을 감면해 주거나 보조금을 줄 때
④ 생산면에서 대체관계에 있는 상품의 가격이 내릴 때
⑤ 생산면에서 보완관계에 있는 상품의 가격이 오를 때
⑥ 해당 상품의 가격이 앞으로 내릴 것으로 예상될 때
⑦ 생산자의 수가 증가할 때
   수요측은 불변인데 위에 열거한 공급의 증가가 일어나면 시장가격이 하락하고 거래량은 증가한다.
위와 반대의 경우에는 시장공급이 감소하여 시장가격이 상승하고 거래량은 감소한다.

13   수요와 공급이 일치하는 경우를 시장균형이라 하고 이 때 결정되는 가격을 균형가격, 상품의 수량을 균형거래량이라고 한다. 수요·공급의 이론은 현실시장에서 관측되는 시장가격 및 거래량을 시장수요곡선과 시장공급곡선이 교차하는 균형가격과 균형거래량으로 파악하는 이론이다.

14   수요 공급의 4법칙
① 공급일정·수요증가 ⇒ 가격상승·거래량증가
② 공급일정·수요감소 ⇒ 가격하락·거래량감소
③ 수요일정·공급증가 ⇒ 가격하락·거래량증가
④ 수요일정·공급감소 ⇒ 가격상승·거래량감소

- 시장
- 가격의 자율적인 조정 기능
- (자유)가격기구
- 수요량
- 수요

- 수요의 법칙
- 대체재 vs 보완재
- 정상재 vs 열등재
- 개별수요곡선
- 시장수요곡선
- 수요량의 변화

- 수요의 변화
- 공급량
- 공급
- 공급의 법칙
- 개별공급곡선
- 시장공급곡선

- 공급량의 변화
- 공급의 변화
- 초과수요량
- 초과공급량
- 시장균형
- 수요·공급의 4법칙

연습문제   E/X/E/R/C/I/S/E

1 「공급량은 가격과 같은 방향으로 움직인다」는 공급의 법칙과 「공급의 감소는 가격을 상승시킨다」는 기술은 일견 상충되는 것 같이 보인다. 과연 그러한가?

2 다음과 같은 주장을 논평하라.

"우리나라 승용차시장을 보면 최근 몇 해 동안에 (새로운 모델의) 가격이 상승하는 가운데 승용차의 구입량은 증가하여 왔다. 따라서 매년 승용차가격과 구입량을 대응시켜 보면 우상향하는 수요곡선을 얻는다. 그러므로 경제원론에서 배우는 수요의 법칙이 우리나라 승용차시장에는 해당되지 않는다."

3 삼성전자가 시판하는 냉장고의 가격이 1년 전과 같지만 1년 전보다 매월 판매수량은 더 늘고 있다고 하자. 이는 수요의 변화인가? 아니면 수요량의 변화인가? 이처럼 가격이 변하지 않는데도 판매수량이 증가하는 이유를 적어도 세 가지 들어라.

4 개별수요함수가 $Q = 20 - 2P + 0.5I - 0.1P_Y$라 하자. 단, Q=수요량, P=가격, I=소비자소득, P_Y=연관재가격이다.

(1) $I = 1,000$원, $P_Y = 400$원일 때 수요표를 작성하고 수요곡선을 그려라.

(2) I가 2,000원으로 증가할 때 수요표를 작성하고 수요곡선을 그려라. 이 때 수요 및 수요량의 변화를 설명하라.

(3) $I = 1,000$원이고 $P_Y = 500$원으로 상승한다고 하자. 새로운 수요표를 작성하고 수요곡선을 그려라.

(4) 이 상품이 정상재인 것을 설명하라. 어느 경우에 열등재가 되는가?

(5) 이 상품과 Y재는 보완재인 것을 설명하라. 어느 경우에 대체재나 독립재가 되는가?

5 다음과 같은 현상이 발생하였을 때 땅콩가격이 어떻게 변하겠는가? 단, 땅콩은 수요측면에서 호두와 대체관계에 있고 오징어와 보완관계에 있다고 하자.

(1) 호두가 크게 풍년이다.

(2) 호두에 발암물질이 포함되어 있다는 연구보고가 발표된다.

(3) 100년 만의 한발(가뭄)이 휩쓸다.

(4) 오징어의 수출이 급증하다.

(5) 땅콩에 항암물질이 포함되어 있다는 연구보고가 발표된다.

(6) 미국으로부터 땅콩을 수입하다.

6 다음과 같은 신문 머리기사를 수요·공급이론으로 설명하라.

(1) "남산터널 혼잡료 징수로 우회도로 정체 심각"
(2) "심각한 교통체증이 지하철요금 인상 부채질"
(3) "원유가격은 하락했으나 올 여름 휴가철 휘발유값은 오히려 상승"
(4) "송이버섯의 항암효과 알려지자 송이버섯값은 오히려 폭락"

7 다음은 굴에 대한 시장수요·공급표라 하자. 물음에 답하라.

가격(원)	10	20	30	40	50	60	70	80	90
수요량	120	110	100	90	80	70	60	50	40
공급량	40	50	60	70	80	90	100	110	120

(1) 균형가격과 거래량을 구하라.
(2) 왜 시장가격이 60원으로 결정되지 않는가?
(3) 왜 시장가격이 30원으로 결정되지 않는가?
(4) 수요함수가 $D_X = -P+130$, 공급함수는 $S_X = P+30$으로 표시됨을 확인하라.
(5) 균형조건이 $D_X = S_X$인 것을 이용하여 수요함수와 공급함수로부터 균형가격과 거래량을 구하라.

8 갑의 수요함수가 $Q_1 = 20-2P$, 을의 수요함수가 $Q_2 = 50-4P$라 하자, 시장에 소비자가 갑과 을만 있다고 할 때 개별수요곡선과 시장수요곡선을 그려라. 시장수요함수는 $Q_m = Q_1 + Q_2 = 70-6P$인 것을 확인하고 경제논리로 설명하라.

9 다음 각 기술에 대하여 옳고 그름을 밝히고 그 이유를 설명하라.

① 소비자들이 어떤 상품의 가격이 앞으로 오를 것이라고 예상하여 사재기를 하면 그 상품의 가격이 실제로 오른다.
② 소득이 증가하면 각 소비재에 대한 수요곡선은 오른쪽으로 이동한다.
③ 커피값이 오르면 홍차에 대한 수요는 증가한다.
④ 사람마다 열등재가 다르다.
⑤ 쇠고기가 고혈압을 유발시키는 콜레스테롤 식품이라는 것이 밝혀지면 돼지고기값이 오른다.
⑥ 온라인 서점과 동네 책방은 책소비(수요)면에서 대체관계에 있다.
⑦ 어떤 상품의 수요가 증가하는 한편 공급이 감소하면 그 상품의 가격은 어느 한 가지만 일어날 때보다 더 오른다.
⑧ 공급곡선의 기울기가 급할수록 수요곡선의 이동으로 인한 가격변화가 크다.
⑨ 두 상품 A와 B가 소비면에서 대체관계에 있을 때 A의 가격이 하락하면 B의 가격도 따라서 하락한다.
⑩ 수요·공급의 이론은 시장거래량을 수요량과 공급량이 일치하는 균형거래량으로 본다.
⑪ 실제로 구입한 수량이 수요량을 초과할 수는 없다.
⑫ 시장에 물자부족현상이 없다면 수요량과 실제 구입량이 같다.
⑬ 종전과 같은 수량을 소비하는데 수요가격이 높아지면 수요의 증가, 수요가격이 낮아지면 수요의 감소이다.
⑭ 산유국이 원유가격을 올리면 우리나라의 원유수요는 감소한다.
⑮ 가격이 오를 것 같아 사재기를 하면 수요가 증가한다.
⑯ 사람들이 노래방을 많이 찾으면 노래방 영업시간이 늘어나면서 요금도 오른다.
⑰ 수입쇠고기에 병균이 있다는 보도가 있으면 한우 고기값이 오른다.
⑱ 쇠고기값이 올라가자 닭고기 수요가 늘었다면 쇠고기와 닭고기는 대체재이다.
⑲ 넷플릭스(미국 최대 인터넷 동영상 서비스 업체)가 커질수록 영화관을 기반으로 한 기존 영화산업도 커진다.
⑳ 스마트폰과 각종 앱(app)은 소비면에서 보완관계이다.

수요와 공급의 탄력도

제3장에서 수요와 공급이 변할 때 균형가격과 거래량이 어느 방향으로 변할 것인가 하는 변동의 방향에 대하여 고찰하였다. 균형가격과 거래량이 얼마나 변할 것인가 하는 변동의 크기에 대하여는 고찰하지 않았다. 이 장에서는 탄력도의 개념을 사용하여 변동의 크기를 측정한다. 일반적으로 탄력도란 독립변수가 1% 변할 때 종속변수가 몇 % 변하는가를 나타낸다. 수요의 탄력도에는 수요의 가격탄력도·소득탄력도·교차탄력도 등이 있다. 공급의 탄력도에는 공급의 가격탄력도가 많이 사용되고 있다.

CHAPTER

4

1 수요의 가격탄력도

수요의 가격탄력도의 정의

상품의 가격이 오르면 수요의 법칙에 의해 그 상품의 수요량이 감소한다. 그러나 얼마나 감소하는가는 모른다. 얼마나 감소하는가를 알려주는 개념이 수요의 가격탄력도이다. 수요의 가격탄력도(price elasticity of demand)란 한 상품의 가격이 변화할 때 그 상품의 수요량이 얼마나 변화하는가를 보여주는 지표이다. 수요의 가격탄력도는 다음과 같이 정의된다.

$$[4\text{-}1] \quad \text{수요의 가격탄력도}(\varepsilon_d) = \left| \frac{\text{수요량의 변화율}}{\text{가격의 변화율}} \right| = \left| \frac{\frac{\Delta Q^D}{Q^D} \times 100}{\frac{\Delta P}{P} \times 100} \right|$$

$$= \left| \frac{\Delta Q^D / Q^D}{\Delta P / P} \right| = \left| \frac{\Delta Q^D}{\Delta P} \right| \cdot \frac{P}{Q^D}$$

윗식에서 Δ(delta)는 제2장에서 나온 바와 같이 증분 또는 변화분을 뜻하는 기호이다. 따라서 가격의 변화율(% change in price)은 $\Delta P / P \times 100$, 수요량의 변화율은 $\Delta Q^D / Q^D \times 100$으로 정의된다. 수요의 가격탄력도는 흔히 수요의 탄력도, 혹은 수요의 탄력성이라 부른다. 수요의 탄력도는 개별수요에 대하여도 쓸 수 있고 시장수요에 대하여도 쓸 수 있다.

한 상품의 가격과 수요량은 수요의 법칙에 의하여 서로 반대방향으로 변하기 때문에 수요의 가격탄력도는 원래 음(−)의 부호를 갖는다. 그러나 본서에서는 가격과 수요량은 항상 반대방향으로 변한다는 것을 염두에 두면서, 음의 부호를 무시한 절대값으로 탄력도를 나타내고 그 크기를 비교하기로 한다.[1] 식 (4-1)의 기호 | |는 절

<aside>
수요의 (가격)탄력도,
수요의 탄력성
한 상품의 가격이 1% 변할 때 수요량이 몇 % 변하는가를 보여주는 지표
</aside>

---

1 후술하는 수요의 소득탄력도·교차탄력도에서는 부호가 중요한 의미를 가지지만 수요의 가격탄력도와 공급의 가격탄력도에서는 으레 한 가지 부호만 가지므로 부호가 별다른 의미를 갖지 못한다. 수요의 가격탄력도는 원래 음인데 절대값을 취하여 양의 값으로 만드는 이유는 「값이 클수록 탄력도가 크다」는 논리가 더 직관적으로 이해하기 쉽기 때문이다.

표
4-1

$\|\varDelta Q^D/Q^D\| = 0$	$\varepsilon_d = 0$	완전비탄력적
$\|\varDelta Q^D/Q^D\| < \|\varDelta P/P\|$	$0 < \varepsilon_d < 1$	비탄력적
$\|\varDelta Q^D/Q^D\| = \|\varDelta P/P\|$	$\varepsilon_d = 1$	단위탄력적
$\|\varDelta Q^D/Q^D\| > \|\varDelta P/P\|$	$\varepsilon_d > 1$	탄력적
$\|\varDelta P/P\| = 0$	$\varepsilon_d = \infty$	완전탄력적

수요의 탄력도

$$\varepsilon_d = \left| \frac{\varDelta Q^D/Q^D}{\varDelta P/P} \right|$$

의 구분

대값을 취하라는 기호이다.

수요의 가격탄력도는 가격이 1% 변할 때 수요량이 몇 % 변하는가를 표시해 준다. 예컨대 X재의 수요의 탄력도가 1.5라면 이는 X재의 가격이 1% 상승(하락)할 때 수요량이 1.5% 감소(증가)한다는 것을 뜻한다(가격과 수요량의 변화방향은 항상 반대라는 것을 유의하라). 따라서 X재 가격이 2% 하락(상승)하면 X재의 수요량은 3% 증가(감소)한다.

수요의 탄력도는 0과 무한대(∞) 사이의 값을 갖는다. 한 상품에 대한 수요량의 변화율과 가격의 변화율이 같다면 수요의 탄력도는 1이 된다. 이 경우 수요는 단위탄력적(unitary elastic)이라고 말한다. 한 상품에 대한 수요량의 변화율이 가격의 변화율보다 커서 수요의 탄력도가 1보다 크게 되면 수요가 탄력적(elastic)이라고 말한다. 반면에 수요량의 변화율이 가격의 변화율보다 작아서 수요의 탄력도가 1보다 작으면 수요가 비탄력적(inelastic)이라고 말한다.

만약 가격이 아무리 변해도 수요량에 아무런 변화가 없다면 분자인 수요량의 변화율이 0이 되기 때문에 수요의 탄력도가 0이다. 이 경우 수요는 완전비탄력적(perfectly inelastic)이라고 말한다. 한편 아주 미미한 가격변화(즉, 거의 0에 가까운 변화)가 아주 큰 수요량의 변화를 초래한다면 수요의 가격탄력도는 무한히 큰 값을 갖게 되는데 이 때 수요가 완전탄력적(perfectly elastic) 또는 무한탄력적(infinitely elastic)이라고 한다.

이상에서 설명한 다섯 가지 경우를 요약하면 표 4–1 과 같다.

수요의 호탄력도와 점탄력도

수요의 호탄력도

수요의 호탄력도(arc elasticity)란 수요곡선상의 두 점 사이에서 계산된 탄력도를

탄력적
탄력도가 1보다 큼

비탄력적
탄력도가 0과 1 사이

수요의 호탄력도
수요곡선상의 두 점 사이에서 계산된 탄력도

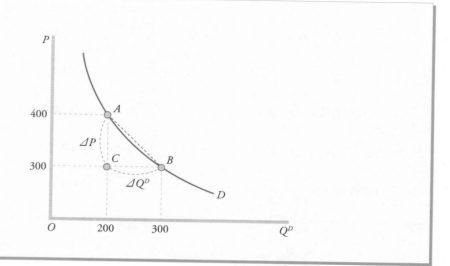

그림
4-1

**수요곡선과
호탄력도**

수요곡선상의 두 점 사
이에서 정의되는 호탄
력도를 계산할 때 가격
과 수요량을 각각 평균
가격과 평균수요량으로
쓴다.

말한다. 식 (4-1)이 바로 호탄력도를 계산하는 기본공식이다. 그런데 식 (4-1)을 이용할 때 기준이 되는 가격을 최초의 가격으로 삼느냐, 변화된 후의 가격으로 삼느냐에 따라 수요의 호탄력도가 다르게 나타나는 문제점이 있다. 따라서 실제 계산에는 식 (4-1)을 약간 바꾼 수정공식을 이용한다. 이를 그림 4–1 로 알아보자.

그림에서 A점에서의 가격은 400원이고 수요량은 200이며, B점에서의 가격은 300원, 수요량은 300이다. 가격이 처음에 400원이었는데 300원으로 떨어졌다고 하자. 최초의 가격을 기준으로 수요의 호탄력도를 계산하면

$$\varepsilon_d = \left| \frac{\Delta Q^D / Q^D}{\Delta P / P} \right| = \left| \frac{100/200}{-100/400} \right| = \frac{1}{2} \times 4 = 2$$

이다. 반면에 변동된 후의 가격을 기준으로 계산하면

$$\varepsilon_d = \left| \frac{\Delta Q^D / Q^D}{\Delta P / P} \right| = \left| \frac{-100/300}{100/300} \right| = \frac{1}{3} \times 3 = 1$$

이다.

가격이 400원에서 300원으로 하락하거나 300원에서 400원으로 상승하거나 똑같은 가격변동구간이기 때문에 수요의 탄력도가 같은 것이 바람직할 것이다. 그런데 식 (4-1)의 호탄력도 개념을 사용하면 기준가격과 기준수요량을 어디로 잡느냐에 따라 서로 다른 탄력도가 나오는 것이다.

이와 같은 문제점을 해결하기 위하여 A와 B 사이의 호탄력도를 계산할 때 A와 B의 중간점을 기준으로 하는 다음과 같은 수정공식을 사용한다.

$$[4\text{-}2] \quad \varepsilon_d = \left| \frac{\dfrac{\Delta Q^D}{(Q_1^D + Q_2^D)/2}}{\dfrac{\Delta P}{(P_1 + P_2)/2}} \right| = \left| \frac{\dfrac{\Delta Q^D}{Q_1^D + Q_2^D}}{\dfrac{\Delta P}{P_1 + P_2}} \right| = \left| \frac{\Delta Q^D}{\Delta P} \cdot \frac{P_1 + P_2}{Q_1^D + Q_2^D} \right|$$

식 (4-2)가 (4-1)과 다른 점은 식 (4-1)의 P와 Q^D 대신 평균가격과 평균수요량을 사용하고 있다는 점이다. 식에서 P_1은 원래의 가격, P_2는 새로운 가격, Q_1^D은 원래의 수요량, Q_2^D는 새로운 수요량이다.

이 중간점방법(midpoint method)에 의하여 A와 B 사이의 호탄력도를 구하면

$$\varepsilon_d = \left| -\frac{100/250}{100/350} \right| = \frac{2}{5} \times \frac{7}{2} = 1.4$$

이다. 수요곡선상의 두 점 A, B가 한 점이 되다시피 가까워지면 호탄력도는 다음에 소개하는 점탄력도가 된다.

수요의 점탄력도

수요의 점탄력도(point elasticity)란 말 그대로 수요곡선상의 한 점에서 측정한 탄력도이다. 점탄력도는 가격의 변화분이 아주 미소할 때 수요의 탄력도를 측정하는 개념이다. 호탄력도를 계산하는 수요곡선상의 두 점을 한없이 가깝게 하여 계산한 것이 점탄력도이다.

호탄력도의 계산공식인 식 (4-2)에서 수요곡선상의 두 점을 한없이 가깝게 하면 P_2는 P_1과 거의 같게 되고, Q_2^D는 Q_1^D과 거의 같게 된다. P_2가 P_1과 거의 같게 되므로 $\Delta P = P_2 - P_1$은 0으로 수렴한다. 0에 가까운 미분(=미소한 변화분)을 Δ대신 d로 표시하면 식 (4-2)는

$$[4\text{-}3] \quad \varepsilon_d = \left| \frac{dQ_1^D}{dP_1} \right| \cdot \frac{P_1}{Q_1^D}$$

으로 수렴한다.[2] 식 (4-3)은 수요곡선상의 한 점 $A = (P_1, Q_1^D)$에서의 점탄력도를 나타

---

[2] 함수의 미분(differentiation)에 관한 지식을 가지고 있는 독자라면 식 (4-3)에 나오는 $\dfrac{dQ_1^D}{dP_1}$가 함수 $Q^D = f(P)$를 P에 관하여 미분하고 $P = P_1$에서 평가한 것이라는 것을 알 수 있을 것이다.

Q^D의 P에 관한 미분은 ΔP가 0으로 수렴할 때 $\dfrac{\Delta Q^D}{\Delta P}$의 극한(limit)인 도함수이다.

$$\frac{dQ^D}{dP} = \lim_{\Delta P \to 0} \frac{\Delta Q^D}{\Delta P} = \lim_{\Delta P \to 0} \frac{f(P + \Delta P) - f(P)}{\Delta P}$$

도함수 $\dfrac{dQ^D}{dP}$는 가격이 미소하게 변할 때 순간적인 수요량의 변화분을 나타낸다.

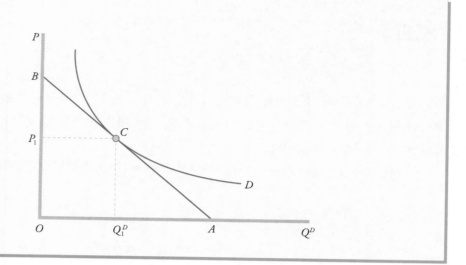

그림
4-2

**수요곡선과
점탄력도**

수요곡선상의 한 점에
서 가격이 아주 미소
하게 변하면 호탄력도
대신 점탄력도를 사용
한다. C의 점탄력도는
AC/BC로 계산된다.

낸다.

그림 4–2는 수요곡선상의 한 점 $C=(P_1, Q_1^D)$에서 점탄력도를 기하학적으로 구하는 방법을 보여 주고 있다.

직선 AB는 점 C에서 수요곡선에 대하여 그린 접선(tangent line)이다. 점 C에서 수요곡선에 대하여 그린 접선이란 C점에서만 수요곡선과 접하는 직선이란 뜻이다. C점에서의 수요곡선의 기울기는 접선 AB의 기울기 $\dfrac{OB}{OA}=\dfrac{CQ_1^D}{AQ_1^D}$이다. 그런데 이 기울기는 C점에서 수요량이 미소하게 변했을 때의 가격의 순간적인 변화분인

$$\left|\frac{dP_1}{dQ_1^D}\right| = \frac{CQ_1^D}{AQ_1^D}$$

와 같다. 따라서 C점에서 가격이 미소하게 변했을 때의 수요량의 순간적인 변화분은

$$\left|\frac{dQ_1^D}{dP_1}\right| = \frac{AQ_1^D}{CQ_1^D}$$

이다. C점에서의 가격과 수요량은 $P_1 = OP_1$, $Q_1^D = OQ_1^D$이다. 따라서 C점에서의 점탄력도는

$$[4\text{-}4] \quad \varepsilon_d = \left|\frac{dQ_1^D}{dP_1}\right| \cdot \frac{P_1}{Q_1^D} = \frac{AQ_1^D}{CQ_1^D} \cdot \frac{OP_1}{OQ_1^D}$$

$$= \frac{AQ_1^D}{OP_1} \cdot \frac{OP_1}{OQ_1^D} = \frac{Q_1^D A}{OQ_1^D}$$

가 된다. 삼각형 BP_1C와 삼각형 CQ_1^DA는 닮은꼴이다. 따라서 점탄력도

$$\frac{Q_1^D A}{OQ_1^D} = \frac{Q_1^D A}{P_1 C} \text{는} \frac{CQ_1^D}{BP_1} = \frac{P_1 O}{BP_1} \text{와} \frac{AC}{BC}$$

로도 표시될 수 있다. 즉

$$\varepsilon_d = \frac{Q_1^D A}{OQ_1^D} = \frac{P_1 O}{BP_1} = \frac{AC}{BC}$$

인 것이다. 요약컨대 수요곡선상의 한 점에서의 수요의 점탄력도는 그 점에서 수요곡선에 대하여 그린 접선이 수평축과 만나는 점까지의 거리를 수직축과 만나는 점까지의 거리로 나눈 값이다.

일반적으로 가격이 조금만 변할 때에는 점탄력도, 가격이 크게 변할 때에는 호탄력도를 사용한다.[3]

수요의 점탄력도의 크기

수요의 점탄력도의 크기는 통상 수요곡선상의 위치에 따라 다르다. 탄력도는 기

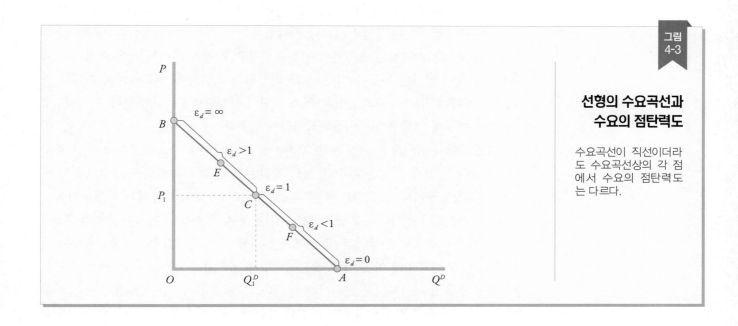

그림
4-3

선형의 수요곡선과 수요의 점탄력도

수요곡선이 직선이더라도 수요곡선상의 각 점에서 수요의 점탄력도는 다르다.

---

3 원래 수요의 점탄력도는 정의에 의해 가격의 변화율이 0.01%처럼 0에 아주 가까워야 사용할 수 있는 개념이다. 그러나 가격의 변화율이 그리 크지 않을 때에도 점탄력도를 즐겨 사용한다. 도함수의 공식을 활용하여 점탄력도를 쉽게 계산할 수 있고 점탄력도와 호탄력도의 차이가 작기 때문이다. 가격의 변화율이 클 때에는 양자의 차이가 커져 호탄력도를 점탄력도로 근사(approximation)시키는 데 따르는 오차가 크게 나타난다.

울기와는 다른 개념이다. 그림 4-3과 같이 수요곡선이 직선이어서 기울기가 항상 같을 때에도 수요의 점탄력도는 각 점에서 다르다.

이 그림에서 C점은 $OQ_1^D = Q_1^D A$(또는 $BC = AC$)가 되도록 잡은 것이다. 따라서 C점에서의 수요의 탄력도는 $\varepsilon_d = \dfrac{Q_1^D A}{OQ_1^D} = \dfrac{AC}{BC} = 1$임을 알 수 있다.

이 C점을 기준으로 해서 왼쪽으로 이동할수록 분모가 되는 선분의 길이는 짧아지고 분자가 되는 선분의 길이는 길어진다. 따라서 C점 왼쪽에 위치하는 모든 점에서의 탄력도는 1보다 크다. 예를 들어 E점에서의 탄력도는 EA/BE인데 EA의 길이가 BE의 길이보다 길어 1보다 크게 된다. 수요곡선상의 점이 왼쪽으로 이동할수록 탄력도는 커진다. 점 B에서는 분모가 0이므로 수학적으로는 값을 정할 수 없다. 그러나 경제학에서는 0에 한없이 가까운 아주 짧은 길이로 생각하므로 점탄력도가 무한대가 된다.

한편 C점 오른쪽에 위치하는 모든 점에서의 점탄력도는 1보다 작다. 이것은 C점 오른쪽에 위치하는 모든 점에서 탄력도를 표시하는 분수의 분자가 분모보다 작기 때문이다. 점 F에서의 탄력도는 FA/BF인데 $FA < BF$이므로 1보다 작다. 수요곡선상의 점이 오른쪽으로 이동할수록 탄력도는 점점 작아지다가 점 A에 이르러서는 0이 된다.

이상에서 살펴본 바와 같이 수요곡선이 직선인 경우[4]에도 수요곡선상의 위치에 따라 일반적으로 점탄력도가 달라진다.

그러나 수요곡선상의 어느 점에서도 탄력도가 같은 특수한 수요곡선이 있다. 수요곡선이 수직선이거나 수평선이거나 직각쌍곡선인 경우이다. 그림 4-4의 D_2는 수요곡선이 수직으로 표시된 경우인데 이것은 가격이 어떻게 바뀌든 간에 매기의 수요량에는 변함이 없다는 것을 의미한다. 가격의 임의의 변화에 대응하는 수요량의 변화율은 0이다. 따라서 수요곡선상의 어느 점에서도 점탄력도는 0이 된다. 이 경우 수요는 가격변화에 대하여 완전비탄력적이라고 하였다.

그림에서 수평선으로 표시된 수요곡선 D_1은 수직선의 수요곡선과 반대인 경우로서 수요량이 얼마가 되든 가격은 항상 똑같은 상태를 의미한다. 즉, 수요량의 변화율은 임의의 양의 값($\varDelta Q^D/Q^D > 0$)을 갖는 데 반하여, 그에 대응하는 가격변화율은 $0(\varDelta P/P = 0)$인 경우이다. 이 때 탄력도를 구하는 분수의 분모는 가격의 변화율이 0이기 때문에 수학적으로 부정이 되어 탄력도를 정할 수 없다. 그러나 경제학에서는 가격변화율을 완전히 0이 아닌 아주 작은 수치, 즉 거의 0에 가까운 아주 작은 수치로 생각하여 수요의 탄력도가 무한대라고 부른다. 수평의 수요곡선은 가격이 아주 미소하게 내릴 기미만 보여도 수요량이 무한대로 늘어나는 것으로 생각하여 모든 점에서

---

4 수요곡선이 직선이면 원칙적으로 「수요직선」이라고 불러야 할 것이다. 그러나 경제학에서는 모든 직선을 곡선과 별도로 구분하지 않고 곡선으로 부른다. 왜냐하면 직선은 결국 곡선의 특수한 형태의 하나이기 때문이다.

그림
4-4

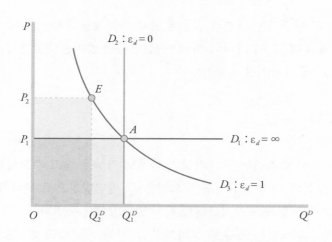

세 가지 특수한 수요곡선의 탄력도

수요의 탄력도가 똑같은 세 가지 특수한 수요곡선을 상정할 수 있다. 수요의 점탄력도가 수평의 수요곡선상에서는 무한대이고 수직의 수요곡선상에서는 0이다. 직각쌍곡선의 수요곡선상에서는 1이다.

수요의 탄력도가 무한대가 되는 것이다. 이는 앞에서 살펴본 수요가 가격변화에 대하여 완전탄력적인 경우이다.

수평의 수요곡선과 수직의 수요곡선은 수요의 법칙에 어긋난다. 수요의 법칙에 부합하는 우하향의 수요곡선 중에서도 모든 점에서 수요의 점탄력도가 같은 경우가 있다. 그림 4-4에서 D_3와 같이 표시된 직각쌍곡선(rectangular hyperbola)의 수요곡선상에서는 수요의 탄력도가 항상 1이다. 직각쌍곡선이란 각 점이 만들어내는 아래 면적(여기에서는 $P \times Q^D$)이 항상 같은 곡선을 말한다.[5] $P \times Q^D$가 일정불변이면 수요의 탄력도가 1인 것은 다음 항에서 배운다.

수요의 호탄력도의 경우에는 수요곡선들이 교차할 때 그 교차점으로부터 일정한 가격구간을 정해 놓고 보면 일반적으로 기울기가 큰 수요곡선일수록(수직선에 가까울수록) 탄력도는 작아지고, 기울기가 작은 수요곡선일수록(수평선에 가까울수록) 탄력도는 커진다. 이는 기울기가 큰 수요곡선일수록 주어진 가격변화율에 대해 수요량의 변화율이 작기 때문이다. 한편 그림 4-3에서 본 것처럼 수요곡선의 기울기가 같다 하더라도 낮은 가격보다 높은 가격에서 수요의 호탄력도가 커진다. 식 (4-2)에서 $|\Delta Q^D / Q^D|$가 같아도 가격이 높으면 평균가격이 높아지고 평균수요량이 적어지므로 탄력도가 커지는 것이다.

---

5 그림에서 사각형 $OP_1AQ_1^D$과 사각형 $OP_2EQ_2^D$의 면적이 같다. 직각쌍곡선으로 그려지는 수요함수는

$$Q^D = \frac{a}{P} \qquad \text{(단, } a \text{는 상수)}$$

로 표시된다. 예컨대 어떤 소비자가 그의 소득 10만원을 모두 우표 수집에만 사용하고 있다면 이 소비자의 우표에 대한 수요함수는 $Q^D = 10$만원$/P$이 된다. 이를 그리면 직각쌍곡선이다.

수요의 탄력도와 가계지출액

수요의 탄력도는 가격의 변동에 따라 가계지출액이 어떻게 변할 것이라는 정보를 제공해 준다. 전체 가계의 어떤 상품에 대한 총지출액(E)은 그 상품에 대한 시장수요량(Q^D)에 가격(P)을 곱한 값, 즉

[4-5] $E = P \times Q^D$

이다.6 따라서 총지출액은 가격의 변화에도 영향을 받고 수요량의 변화에도 영향을 받는다. 그런데 가격이 변하면 수요량은 그 반대방향으로 변하기 때문에 가격의 변화와 수요량의 변화는 총지출액을 각각 반대방향으로 변화시킨다.

가격이 하락하는 경우를 살펴보자. 가격이 하락하면 총지출액은 가격하락률만큼 감소하고 수요량증가율만큼 증가한다. 만약 탄력도가 1보다 크면 수요량증가율이 가격하락률보다 큰 경우($|\Delta P/P| < \Delta Q^D/Q^D$)이기 때문에 총지출액은 증가한다. 반대로 탄력도가 1보다 작으면 수요량증가율이 가격하락률보다 작은 경우로서 총지출액은 감소한다. 수요량증가율이 가격하락률과 동일하여 탄력도가 1일 때에는 가격하락으로 인한 음의 효과와 수요량증가에 의한 양의 효과가 서로 상쇄되어 총지출액에는 변화가 없게 된다.

가격이 상승하는 경우도 같은 논리로 설명할 수 있다. 가격이 상승하면 수요량은 감소하기 때문에 총지출액은 가격상승률만큼 증가하고 수요량감소율만큼 감소할 것이다. 이 때 탄력도가 1보다 크면 수요량감소율이 가격상승률보다 큰 경우이므로 총지출액은 감소한다. 반대로 탄력도가 1보다 작으면 수요량감소율이 가격상승률보

탄 력 도	증 가 율	가격하락	가격상승
$\varepsilon_d > 1$	$\|\Delta Q^D/Q^D\| > \|\Delta P/P\|$	총지출 증가	총지출 감소
$\varepsilon_d = 1$	$\|\Delta Q^D/Q^D\| = \|\Delta P/P\|$	총지출 불변	총지출 불변
$\varepsilon_d < 1$	$\|\Delta Q^D/Q^D\| < \|\Delta P/P\|$	총지출 감소	총지출 증가

표 4-2

수요의 탄력도와 총지출액의 변화

---

6 여기에서는 공급량이 충분하여 수요량이 그대로 거래량이 되는 것을 가정하고 있다. 이 경우 전체 가계의 총지출액(E)은 해당 상품을 공급하는 전체 기업의 총수입도 된다.

다 작은 경우이므로 총지출액은 증가한다. 탄력도가 1이라면 수요량감소율과 가격상 승률이 동일하므로 총지출액에는 변함이 없다.

이상에서 논의한 바를 요약하면 표 4-2와 같다.

가계지출액은 가계가 시장에서 기업이 공급하는 상품을 구입하는 금액이기 때 문에 결국 공급자의 판매수입액이 된다. 따라서 가계지출액과 수요의 탄력도 사이에 성립하는 관계는 공급자의 판매수입과 수요의 탄력도 사이에도 그대로 적용된다.

수요의 가격탄력도를 결정하는 요인

수요의 가격탄력도를 결정하는 요인은 여러 가지가 있지만 그 중에서 중요한 몇 가지만 살펴보면 다음과 같다.

대체재의 유무와 다소

일반적으로 대체재가 없는 상품보다 있는 상품의 수요의 탄력도가 더 크다. 그리고 대체재의 수가 많아질수록 탄력도는 더 커진다.

제11장에서 배우는 완전경쟁시장에서는 동질의 상품을 파 는 기업들이 무수히 많다. 이는 한 기업제품의 대체재가 무수히 많고 한 기업이 자기 제품가격을 조금만 올려도 고객이 다른 기 업제품 수요로 돌아서 버린다는 것을 뜻한다. 따라서 이 경우 개 별기업제품에 대한 수요는 완전탄력적이다.

수요의 탄력도는 상품을 얼마나 좁게 정의하느냐에 따라서 달라진다. 현대자동차가 생산하는 소나타에 대한 수요는 일반승 용차에 대한 수요보다 탄력도가 더 크다. 소나타에는 버스·지하 철·택시 등의 광의의 대체재는 말할 것도 없고 쉐보레·르노코리아 자동차회사가 생 산하는 승용차와 같은 긴밀한 대체재가 있다. 그러나 모든 승용차를 포괄하는 일반 승용차의 대체재는 버스·지하철·택시 등의 대체재만 있다.

자동차 전시장
자동차는 수많은 대체재가 있다. 가격이 소득에서 차지하 는 비중도 크다. 일상생활에서 중요하기도 하다.

상품의 가격이 가계소득에서 차지하는 비중

상품의 가격이 가계소득에서 차지하는 비중이 클수록 탄력도는 커지는 경향이 있다. 이것은 가격이 높을수록 가격변화가 소비자의 가계생활에 주는 영향이 크기 때문이다. 가령 2,000만원 하는 승용차의 가격이 10% 상승했다면 200만원이 소비자 에게 부담이 되지만, 1,000원짜리 볼펜의 가격이 10% 상승했다면 소비자의 부담은 겨우 100원에 불과하다. 이 경우 다른 조건이 일정하다면 승용차가 볼펜보다 수요의 탄력도가 클 것이다.

상품의 일상생활에 있어서의 중요성

쌀과 같은 생활필수품에 대한 수요의 가격탄력도는 작고 귀금속과 같은 사치품에 대한 탄력도는 크다. 가격이 크게 올라도 생활필수품에 대한 수요량은 어떤 최저 수준 이하로 줄일 수 없지만 사치품에 대한 수요량은 0으로 줄일 수 있다. 따라서 사치품에 대한 수요가 생활필수품에 대한 수요보다 가격변화에 대하여 더 민감하다.

기간의 장단

같은 폭의 가격변화에 대하여 기간이 길어질수록 수요량의 변동이 더 크게 되어 수요의 탄력도가 더 커진다. 가령 한 상품의 가격이 대폭 오를 때 단기에는 타성에 젖어 그 상품을 계속 수요하는 소비자도 장기에는 다른 소비재를 찾아 소비행태를 바꾸게 된다. 이에 따라 같은 상품이라도 장기에 수요의 탄력도가 단기보다 크다.

이상을 종합하는 한 가지 예를 들면, 가계에서 소비하는 소금은 수요의 탄력도가 아주 낮다. 소금은 뚜렷한 대체재가 없고 소금에 대한 지출이 가계소득에서 차지하는 비중이 낮으며 일상생활에 없어서는 안 될 생활필수품인데, 이러한 상황은 장기에도 별로 달라지지 않을 것이기 때문이다.

---

2 수요의 소득탄력도와 교차탄력도

수요의 소득탄력도

수요의 소득탄력도
소득이 1% 변할 때 수요량이 몇 % 변하는가를 보여주는 지표

수요의 소득탄력도(income elasticity of demand)란 소득의 변화에 대한 수요량 변화의 정도를 나타내는 지표로서 다음과 같이 정의된다.

[4-6] 수요의 소득탄력도$(\varepsilon_{d,\,I}) = \dfrac{\text{수요량의 변화율}}{\text{소득의 변화율}} = \dfrac{\Delta Q^D / Q^D}{\Delta I / I} = \dfrac{\Delta Q^D}{\Delta I} \cdot \dfrac{I}{Q^D}$

여기서 $\varepsilon_{d,\,I}$는 수요의 소득탄력도, I는 소득, ΔI는 소득의 변화분을 각각 표시한다. 대부분의 상품은 소득이 증가함에 따라 그 수요가 증가하기 때문에 수요의 소득탄력도는 양의 값을 갖는다. 이러한 상품을 앞에서 정상재라고 하였다. 그러나 열등재는 소득이 증가함에 따라 그 수요가 감소한다. 따라서 열등재에 대한 수요의 소득탄력도는 음의 값을 갖는다.

소득이 증가할수록 식료품에 대한 지출보다 주거비·문화비 등 식료품 이외의 지출액이 더 크게 증가한다. 따라서 식료품에 대한 지출액이 소득에서 차지하는 비율은 소득이 증가함에 따라 점차 감소하게 되는데 이를 엥겔의 법칙(Engel's law)이라 한다.

엥겔의 법칙은 식료품에 대한 수요의 소득탄력도가 1보다 작다는 것을 의미한다.

수요의 교차탄력도

수요의 교차탄력도(cross elasticity of demand)란 한 상품의 수요량이 다른 연관상품의 가격변화에 반응하는 정도를 보여주는 지표로서 다음과 같이 정의된다.

> **수요의 교차탄력도**
> Z재 가격이 1% 변하면 X재 수요량이 몇 % 변하는가를 보여주는 지표

$$[4\text{-}7] \quad \text{수요의 교차탄력도}(\varepsilon_{d,\,XZ}) = \frac{X재의 수요량변화율}{Z재의 가격변화율} = \frac{\Delta Q_X^D / Q_X^D}{\Delta P_Z / P_Z} = \frac{\Delta Q_X^D}{\Delta P_Z} \cdot \frac{P_Z}{Q_X^D}$$

여기에서 $\varepsilon_{d,\,XZ}$는 X재 수요의 Z재 가격에 대한 교차탄력도, P_Z는 Z재 가격, Q_X^D는 X재에 대한 수요량이다. 두 상품 X, Z가 서로 대체재라면 X재 수요량(Q_X^D)과 Z재 가격(P_Z)이 같은 방향으로 변하기 때문에 교차탄력도는 양의 값을 갖고, 보완재라면 Q_X^D와 P_Z가 반대방향으로 변하기 때문에 교차탄력도는 음의 값을 갖는다. 두 재화가 독립재일 때는 교차탄력도는 0이 된다.

수요의 가격탄력도는 원래 음의 값만을 가지기 때문에 양·음의 구분이 필요하지 않고 편의상 절대값을 취해 양으로 표시했지만, 수요의 소득탄력도나 교차탄력도의 개념에는 부호가 매우 중요한 의미를 가진다.

수요의 소득탄력도가 양이면 정상재, 음이면 열등재를 의미한다. 수요의 교차탄력도가 양이면 대체관계, 음이면 보완관계, 0이면 독립관계를 의미한다.

치맥
치킨 가격이 오르면 생맥주 수요는 줄어들까.

수요의 가격탄력도는 가격을 특별히 명시하지 않고 단순히 수요의 탄력도라고 하는 반면에 수요의 소득탄력도나 교차탄력도는 꼭 '소득' 또는 '교차'를 명시한다.

한 상품에 대한 수요량에 영향을 미치는 요인은 그 상품의 가격, 소득, 연관재가격, 예상, 재산(부), 소비자의 수 등 여러 가지가 있다. 이 중에서 그 상품의 가격, 소득, 연관재가격이 중요한 요인이라고 보아 이들이 변할 때 수요량이 얼마나 변하는가를 탄력도 개념으로 나타낸 것이 각각 수요의 가격탄력도, 수요의 소득탄력도, 수요의 교차탄력도이다. 예상요인과 재산이 수요량에 중요한 영향을 미치는 경우 수요의 예상탄력도와 수요의 재산탄력도를 정의하여 사용할 수도 있다.

읽을거리 4-2 ▶ 세 가지 탄력도의 응용 예

공공요금을 비롯한 각종 독과점 상품의 가격을 결정하고 가격과 소비량에 관해 특정한 목표를 추구하는 경우에 우리가 배운 세 탄력도가 유용하게 활용된다. 예컨대 전기수요의 가격탄력도는 0.5, 소득탄력도는 0.4, 전기수요의 도시가스요금에 대한 교차탄력도는 0.3이라 하자. 앞으로 가계소득은 5% 상승할 것으로 예상된다. 정부가 전기요금을 10% 인상하면서도 도시가스 요금도 조정하여 전기수요량이 종전과 같은 수준이기를 바란다고 하자. 이 경우 정부는 도시가스요금을 어떻게 조정해야 할 것인가?

가계소득이 5% 상승하면 전기수요의 소득탄력도가 0.4이므로 전기수요량이 2% 증가한다. 한편 전기수요의 가격탄력도가 0.5이므로 전기요금을 10% 인상하면 전기수요량은 5% 감소한다. 따라서 가계소득과 전기요금이 동시에 변함에 따라 전기수요량은 종전보다 3% 감소하는 순효과가 발생한다. 그러므로 도시가스요금의 조정으로 전기수요량이 종전보다 3% 증가하면 된다. 전기수요의 도시가스요금에 대한 교차탄력도가 0.3이라는 정보를 활용하면

$$\frac{전기수요량의\ 증가율(3\%)}{도시가스요금의\ 변화율} = 0.3$$

에서 도시가스요금을 10% 상승시켜야 한다는 것을 알 수 있다.

제2절 공급의 탄력도

공급에 관하여도 공급함수에 나오는 여러 요인에 대하여 탄력도(또는 탄력성)를 정의할 수 있다. 공급량에 영향을 미치는 여러 요인 중에서 해당 상품의 가격, 요소가격, 연관상품가격이 변할 때 공급량이 얼마나 변하는가를 측정하기 위해 공급의 가

격탄력도, 공급의 요소가격탄력도, 공급의 교차탄력도 등을 정의하여 사용할 수 있다. 원론수준에서는 공급의 가격탄력도를 주로 사용한다. 공급의 가격탄력도는 "가격"을 특별히 명시하지 않고 흔히 공급의 탄력도라 부른다.

1 공급의 탄력도의 개념

한 상품의 가격이 변하면 그 상품의 공급량이 변하는데, 그 변화의 정도를 측정하는 척도가 공급의 탄력도(elasticity of supply)이다.

$$[4\text{-}8] \quad 공급의 \ 가격탄력도(\varepsilon_s) = \frac{공급량의 \ 변화율}{가격의 \ 변화율} = \frac{\Delta Q^S / Q^S}{\Delta P / P} = \frac{\Delta Q^S}{\Delta P} \cdot \frac{P}{Q^S}$$

공급의 탄력도는 공급량의 변화율을 가격의 변화율로 나눈 값으로서 가격이 1% 변할 때 공급량이 몇 %나 변하는가를 표시한다. 가격과 공급량은 공급의 법칙에 의하여 같은 방향으로 변하기 때문에 공급의 탄력도는 항상 양의 값을 갖는다. 공급의 탄력도도 수요의 탄력도와 같이 호탄력도와 점탄력도로 구분할 수 있다. 공급의 호탄력도는 가격의 변동폭이 클 때 사용하는 공급의 탄력도 개념이다. 공급의 호탄력도를 계산하기 위해서는 가격(*P*)과 공급량(*Q*^s)을 각각 평균가격과 평균공급량으로 바꾸어 식 (4-8)을 이용하면 된다. 공급의 점탄력도는 가격의 변동폭이 작을 때 사용한다. 공급의 점탄력도를 계산하기 위해서는 $\Delta Q^S / \Delta P$를 dQ^S / dP로 바꾸어 식 (4-8)을 이용한다. 이하에서는 가격의 변동폭이 작다고 가정하여 점탄력도를 계산하는 방법을 설명한다.

공급의 (가격)탄력도,
공급의 탄력성
한 상품의 가격이 1% 변할 때 공급량이 몇 % 변하는가를 보여주는 지표

2 공급의 탄력도의 크기

선형의 공급곡선의 탄력도

탄력적인 공급곡선
선형의 공급곡선이 종축을 횡축보다 먼저 자르는 경우 이 공급곡선상의 모든 점

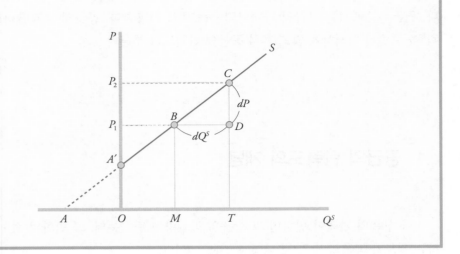

그림
4-5

탄력적인 공급곡선

종축을 통과하는 선형의 공급곡선상에서 임의의 점 B의 공급의 점 탄력도는 $\frac{AM}{OM}$으로 나타나 공급곡선상의 모든 점에서 공급이 탄력적이다.

에서 공급의 탄력도는 1보다 크다. 그림 4-5의 점 B에서 탄력도를 구해 보자. 공급곡선이 직선이므로 어느 점에서도 기울기는 같다. 그 기울기는 $dP/dQ^S = CD/BD$이다. 식에서 d는 $\varDelta$보다 더 미소한 변화분, 즉 미분을 나타낸다. 따라서

$$\frac{dQ^S}{dP} = \frac{BD}{CD} = \frac{AM}{BM}$$

이다. 윗식에서 두 번째 등호는 삼각형 BCD와 삼각형 ABM이 서로 닮은꼴이라는 성질을 이용하였다.

점 B에서 가격은 BM, 공급량은 OM이다. 따라서 공급의 탄력도는

$$\varepsilon_S = \frac{dQ^S}{dP} \cdot \frac{P}{Q^S} = \frac{AM}{BM} \cdot \frac{BM}{OM} = \frac{AM}{OM}$$

이다. 그런데 $AM > OM$이므로 공급의 탄력도는 1보다 큰 것이다.

선형의 공급곡선이 종축을 횡축보다 먼저 자르는 경우 이 공급곡선상의 모든 점에서의 공급의 탄력도가 1보다 큰 가운데 가격이 높아질수록 공급의 탄력도가 감소한다. 그림 4-5의 C점에서 공급의 탄력도는 $\frac{AT}{OT} = \frac{AM+MT}{OM+MT}$이다. 이는 B점에서의 공급의 탄력도 $\frac{AM}{OM}$보다 작다.[7] 그림에서 공급곡선을 따라 오른쪽으로 이동하면서 각 점의 탄력도를 계산해 나가면 탄력도가 점점 감소하면서 1로 접근하는 것을 확인할 수 있다.

---

7 독자들은 두 분수의 차이를 계산하여 이를 쉽게 확인할 수 있다.

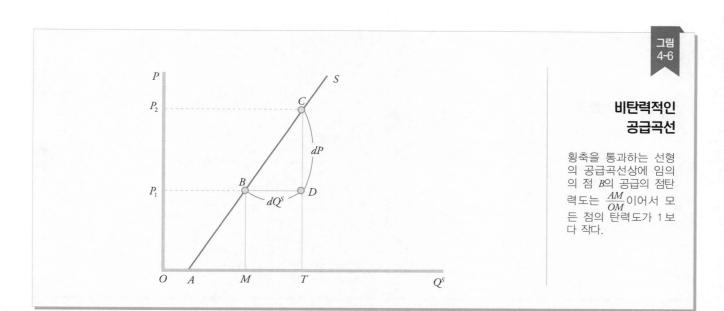

그림
4-6

**비탄력적인
공급곡선**

횡축을 통과하는 선형의 공급곡선상에 임의의 점 B의 공급의 점탄력도는 $\frac{AM}{OM}$이어서 모든 점의 탄력도가 1보다 작다.

비탄력적인 공급곡선

횡축을 종축보다 먼저 자르는 선형의 공급곡선상의 모든 점에서 탄력도는 1보다 작다. 종축을 먼저 자르는 선형의 공급곡선보다 기울기가 커서 공급의 탄력도가 작은데(수요곡선에서도 일반적으로 기울기가 크면 수요의 탄력도가 작았다) 구체적으로 모든 점에서 1보다 작아 비탄력적이다. 예를 들면 그림 4–6의 B점에서의 탄력도는 다음과 같이 구해진다.

$$\frac{dQ^S}{dP} = \frac{BD}{CD} = \frac{AM}{BM}$$이고 가격은 BM, 공급량은 OM이므로

$$\varepsilon_S = \frac{dQ^S}{dP} \cdot \frac{P}{Q^S} = \frac{AM}{BM} \cdot \frac{BM}{OM} = \frac{AM}{OM}$$

그런데 $AM < OM$이기 때문에 ε_S는 1보다 작은 것이다. 공급곡선을 따라 오른쪽으로 이동할수록 탄력도는 점점 커지면서 1에 접근한다.

기타의 선형 공급곡선

위의 두 경우를 통하여 선형의 공급곡선이 그림 4–7의 S_1과 같이 원점을 통과하면 그 공급곡선상의 모든 점에서 공급의 탄력도가 1이라는 것을 쉽게 확인할 수 있다. 공급곡선이 S_2와 같이 수평일 경우에는 가격의 변화율이 0이어도 공급량이 얼마든지 변할 수 있으므로 모든 점에서 공급의 탄력도가 무한대이다. 반면에 공급곡선이 S_3와 같이 수직일 경우에는 가격이 어떻게 변해도 공급량의 변화율이 0이므로 모든 점에서 공급의 탄력도가 0이다. 이는 수요곡선의 경우와 똑같다.

그림
4-7

상이한 공급곡선의 탄력도

공급의 탄력도가 수평의 공급곡선상에서는 무한대이고 수직의 공급곡선상에서는 0이다. 원점을 지나는 선형의 공급곡선상에서는 1이다.

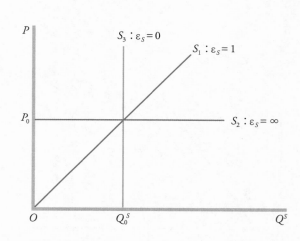

비선형의 공급곡선의 탄력도

이제 앞에서 살펴본 선형 공급곡선의 탄력도에 관한 경우를 응용하면 비선형의 공급곡선상의 임의의 한 점에서 탄력도를 쉽게 구할 수 있다. 예를 들어 그림 4-8에 그려진 비선형의 공급곡선 S상의 E점에서의 공급의 탄력도는 E점에서 공급곡선에 대하여 그린 접선 S'이 공급곡선이라고 할 때 E점에서의 탄력도와 같다. 공급곡선이 S이든 S'이든 간에 E점에서의 dQ^S/dP는 S'곡선의 기울기의 역수가 되기 때문이다. 앞에서 S'처럼 공급곡선이 종축을 횡축보다 먼저 자를 때에는 공급의 탄력도가 1보다

그림
4-8

비선형의 공급곡선의 탄력도

비선형인 공급곡선상에서 점탄력도는 E점처럼 그 점에서 그은 접선이 종축을 먼저 통과하면 탄력적이고 E'점처럼 횡축을 먼저 통과하면 비탄력적이다.

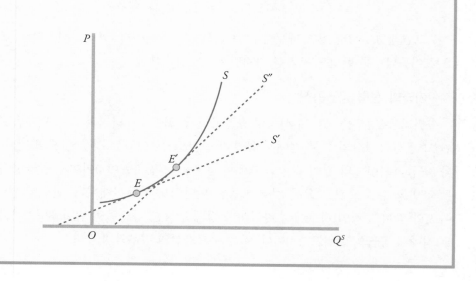

크다고 하였다. 따라서 공급곡선 S상의 E점에서 공급은 탄력적이다. E'점에서 그은 접선 S''은 횡축을 종축보다 먼저 자르므로 E'점에서 공급은 비탄력적이다.

3 공급의 탄력도의 결정요인

공급의 탄력도를 결정하는 요인으로는 다음의 두 가지를 흔히 든다.

생산요소의 가용성

해당 상품의 생산에 필요한 생산요소를 손쉽게 얻을 수 있으면 공급의 탄력도가 커진다. 생산요소를 조달하기가 어려우면 공급의 탄력도가 작아진다.

시   간

수요의 탄력도처럼 기간이 길어질수록 가격 변화에 대응하기가 쉬어지기 때문에 공급의 탄력도가 커진다.

배추밭과 아파트
배추와 같은 농산물, 아파트와 같은 부동산은 공급이 비탄력적이다.

1   수요의 (가격)탄력도는 수요량의 변화율을 가격의 변화율로 나눈 것의 절대값을 말하며 다음과 같은 식으로 나타낸다.

$$\text{수요의 가격탄력도}(\varepsilon_d) = \left| \frac{\text{수요량의 변화율}}{\text{가격의 변화율}} \right| = \left| \frac{\Delta Q^D / Q^D}{\Delta P / P} \right| = \left| \frac{\Delta Q^D}{\Delta P} \right| \cdot \frac{P}{Q^D}$$

수요의 탄력도는 가격이 1% 변할 때 수요량이 몇 %나 변하는가를 뜻한다.

2   수요의 탄력도는 호탄력도와 점탄력도로 나누어진다. 호탄력도란 수요곡선상의 임의의 두 점에서 정의되는 수요의 가격탄력도이다. 호탄력도는 다음 식을 이용하여 계산한다.

$$\varepsilon_d = \left| \frac{\Delta Q^D}{\Delta P} \right| \cdot \frac{P_1 + P_2}{Q_1^D + Q_2^D}$$

점탄력도란 수요곡선상의 한 점에서 측정한 탄력도를 말한다. 수요곡선상의 한 점 $A = (P_1, Q_1^D)$에서의 점탄력도 공식은 다음과 같다.

$$\varepsilon_d = \left| \frac{dQ_1^D}{dP_1} \right| \cdot \frac{P_1}{Q_1^D}$$

3   가계의 한 상품에 대한 총지출액(E)은 $E = P \times Q^D$로 표시되므로 상품의 가격과 수요량의 변화에 따라 변동한다. 가격이 상승(하락)할 때 가계의 총지출액은 $\varepsilon_d > 1$이면 감소(증가)하고, $\varepsilon_d = 1$이면 불변(불변)이며, $\varepsilon_d < 1$이면 증가(감소)한다. 역으로 가격이 변할 때 해당 상품에 대한 가계 전체의 총지출액(=해당 상품 생산기업 전체의 상품판매수입)이 어떻게 변하는가를 살펴봄으로써 그 가격구간에서 수요가 탄력적인가 비탄력적인가를 가늠해 볼 수 있다. 가계지출액은 공급자의 판매수입액이 되기 때문에 가계지출액과 수요의 탄력도 사이의 관계는 공급자의 판매수입과 수요의 탄력도 사이에도 그대로 적용된다.

4   수요의 탄력도는 ① 대체재가 많을수록, ② 상품의 가격이 소득에서 차지하는 비중이 클수록, ③ 상품이 일상생활에서 차지하는 중요도가 작을수록, ④ 기간이 길어질수록 크다.

5   수요의 소득탄력도란 수요량의 변화율을 소득의 변화율로 나눈 값을 말하며 소득이 1% 변할 때 수요량이 몇 %나 변하는가를 나타낸다.

$$\varepsilon_{d,I} = \frac{\text{수요량의 변화율}}{\text{소득의 변화율}} = \frac{\Delta Q^D / Q^D}{\Delta I / I} = \frac{\Delta Q^D}{\Delta I} \cdot \frac{I}{Q^D}$$

수요의 소득탄력도가 양의 값을 갖는 상품은 정상재이고 음의 값을 갖는 상품은 열등재이다.

6   수요의 교차탄력도란 한 상품의 수요량의 변화율을 다른 연관상품가격의 변화율로 나눈 값을 말하며 다음과 같은 식으로 나타낸다.

$$\varepsilon_{d, XZ} = \frac{X재의\ 수요량변화율}{Z재의\ 가격변화율} = \frac{\Delta Q_X^D / Q_X^D}{\Delta P_Z / P_Z} = \frac{\Delta Q_X^D}{\Delta P_Z} \cdot \frac{P_Z}{Q_X^D}$$

수요의 교차탄력도가 양의 값을 가지면 두 상품은 서로 대체관계, 음의 값을 가지면 보완관계, 0이면 독립관계에 있다.

7　공급의 탄력도(ε_S)는 공급량의 변화율을 가격의 변화율로 나눈 값을 말하며 다음과 같은 식으로 나타낸다.

$$\varepsilon_S = \frac{공급량의\ 변화율}{가격의\ 변화율} = \frac{\Delta Q^S / Q^S}{\Delta P / P} = \frac{\Delta Q^S}{\Delta P} \cdot \frac{P}{Q^S}$$

공급의 탄력도는 가격이 1% 변할 때 공급량이 몇 % 변하는가를 뜻한다.

8　공급의 탄력도는 생산요소를 손쉽게 이용할수록, 그리고 기간이 길어질수록 커진다.

주요용어 및 개념

- 수요의 (가격)탄력도, 탄력성
- 호탄력도
- 점탄력도
- 중간점방법
- 수요의 소득탄력도

- 엥겔의 법칙
- 수요의 교차탄력도
- 공급의 (가격)탄력도
- 수요(공급)가 탄력적
- 수요(공급)가 비탄력적

- 수요(공급)가 완전탄력적
- 수요(공급)가 완전비탄력적
- 수요(공급)가 단위탄력적

연습문제

1　갑이 그의 소득 전부를 서화 수집에 투입하고 있다고 하자. 갑의 서화에 대한 수요함수를 정의하라. 수요의 가격탄력도는 얼마인가? 수요의 소득탄력도는? 서화 이외의 다른 수집품(예컨대 우표)에 대한 교차탄력도는?

2　택시 차주조합과 기사조합이 대립하고 있다. 기사조합이 요구한 임금 인상이 불가피하게 되자 차주조합은 택시요금을 인상하였다. 차주조합은 무엇을 근거로 하여 이와 같은 조치를 취하였겠는가?

3　기획재정부가 대기업에게 주요 공산품가격의 인하를 종용하면서 가격인하는 물가안정으로

국민경제에 기여할 뿐 아니라 대기업의 총판매수입도 증가시킬 것이라고 주장하였다 하자. 기획재정부의 주장을 탄력도의 개념으로 설명하라. 이러한 경우에 대기업은 대부분 반대의 입장을 취하는데 그 논거는 무엇이겠는가?

4 전기수요의 가격탄력도는 0.8, 소득탄력도는 0.3, 전기수요의 도시가스요금에 대한 교차탄력도는 0.2라 하자. 앞으로 소비자소득은 10% 상승할 것으로 예상된다. 정부가 전기요금을 5% 인상하면서도 전기수요량을 종전과 같은 수준으로 유지하고자 한다면 도시가스요금을 어떤 방향으로 얼마만큼 변경시켜야 할까?

5 수요가 단위탄력적인 상품 A의 현재 시장가격은 1,000원, 거래량은 10,000단위라 하자. A의 가격이 10% 하락했을 때와 0.1% 하락했을 때의 가계 총지출액을 각각 계산하라. 수요가 단위탄력적이면 가격이 변해도 총지출액은 변하지 않는다고 한 본문의 기술과 어떻게 조화시켜야 할까?

6 X재에 대한 시장수요함수는 $P = 2400 - 20Q_D$이고 시장공급함수는 $P = 2Q_S^2$이라 하자. 균형가격이 1,800원, 거래량이 30임을 확인하라. 균형가격에서 수요와 공급의 가격탄력도는 각각 얼마인가? 수요의 점탄력도가 1인 수요곡선상의 점을 구하라.

7 프로야구 관중들의 수요의 가격탄력도는 입장료가 1,000원에서 3,000원 사이일 때는 0.8, 3,000원에서 5,000원 사이일 때는 1.2이고, 5,000원 이상일 때는 2라 하자. 현재 입장료는 3,000원이다. 입장수입을 극대화하기 위해서는 입장료를 어떻게 조정해야 하는가?

8 미국 소비자의 시장수요의 탄력도에 관한 한 실증분석을 보면 빵 0.15, 쇠고기 0.64, 전기 0.13,

의료 0.31, 의복 0.20, 주택 0.01, 영화 0.87, TV수상기 1.2, 해외여행 4.0 등으로 나타났다. 수요의 탄력도를 결정하는 요인들과 연관시켜 이 숫자들을 설명해 보라. 우리나라의 경우 미국의 숫자와 크게 달라야 할 이유가 있겠는가? 휘발유, 담배, 승용차, 야구경기, 금목걸이, 노래방, 경제원론교과서의 수요는 탄력적일까 비탄력적일까?

9 어떤 상품의 수요곡선이 그림 4-3과 같다고 하자. 각각의 수요량에 대해 가계지출이 어떻게 변할까? 수요량을 횡축, 가계지출을 종축으로 그림을 그리며 설명하라. C점에서 가계지출이 최대가 됨을 보여라.

10 다음 각 기술이 옳은가 그른가를 밝히고 그 이유를 설명하라.

① 가격이 4% 상승하는데 수요량이 8% 감소했다면 수요의 가격탄력도는 2이다.
② 일반적으로 쌀에 대한 수요의 가격탄력도는 자동차에 대한 그것보다 크다.
③ 수요의 가격탄력도는 해당 상품의 가격이 높을수록 더 크다.
④ 자동차에 대한 수요의 가격탄력도는 구두에 대한 그것보다 크다.
⑤ 직선으로 표시된 공급곡선이 횡축을 먼저 지나면 공급은 모든 가격수준에서 탄력적이다.
⑥ 우유값을 인상할 때 우유회사의 총수입이 증가한다면 우유에 대한 수요의 가격탄력도는 1보다 크다.
⑦ 소득이 5% 증가할 때 어떤 상품에 대한 수요가 0.3%밖에 증가하지 않았다면 이 상품은 열등재이다.
⑧ 커피와 설탕 사이의 수요의 교차탄력도는 0보다 크다.
⑨ 예전에 대형아파트의 분양가격이 소형아파트의 그것보다 더 많이 오른 이유는 대형아파트에 대한 수요의 소득탄력도가 소형아파트에 대한 그것보다 컸기 때문이다.
⑩ 사과의 공급이 가격에 대하여 완전탄력적일 때 밀감의 가격이 오르면 사과 생산자의 총수입은 감소한다.

⑪ 수요의 가격탄력도는 −4이고 수요의 소득탄력도는 −2인 상품이 있다. 가격이 2% 하락하고 소득이 2% 증가한다면 수요량은 2% 증가한다.

⑫ 공급이 가격에 대하여 무한탄력적일 때 수요가 증가하면 가격은 상승한다.

⑬ 수요의 가격탄력도가 0인 경우 가격변동과 기업의 판매수입은 비례한다.

⑭ 매일우유는 매일우유, 서울우유, 빙그레우유, 남양우유 등을 통틀어 우유 일반보다 수요의 탄력도가 크다.

⑮ 백화점이 수요가 탄력적인 품목을 세일하면 수입이 늘어난다.

⑯ 엥겔의 법칙에 의하면 소득이 증가함에 따라 식료품에 대한 가계지출액은 감소한다.

⑰ 승용차 소나타에 대한 수요의 탄력도는 국내시장에서보다 해외시장에서 더 크다.

⑱ 천연가스수요의 석유가격에 대한 교차탄력도가 클수록 원유가격 인상에 따른 원유수입액 증가율이 작다.

⑲ 생산물 공급의 임금탄력도를 정의해 보면 그 부호가 일반적으로 음일 것이다.

⑳ 공급의 교차탄력도는 생산면에서 보완관계에 있는 두 상품의 경우에는 양, 대체관계에 있는 두 상품의 경우에는 음이다.

수요 · 공급의 이론의 응용

제3장에서 시장가격과 거래량을 수요 · 공급의 이론으로 설명하였다. 제4장에서는 수요 · 공급의 변동의 크기를 측정하는 데 필요한 탄력도의 개념을 배웠다. 이 장에서는 이와 같은 기본적인 분석도구들이 현실 경제현상을 분석하는 데 어떻게 응용될 수 있는가를 배운다.

자유시장기구는 희소한 자원을 배분하여 세 가지 기본적인 경제문제를 해결하는 과정에서 소비자의 선호를 최대한 존중하고 반영하는데 이를 소비자주권의 개념으로 설명한다. 시장에서 소비자는 수요가격을 모두 치를 필요가 없고, 생산자는 공급가격 이상을 받을 수가 있어 거래 쌍방이 이익을 얻게 되는데 이를 소비자잉여와 생산자잉여의 개념으로 설명한다. 정부는 흔히 각종 상품에 대하여 조세를 부과함으로써 가격과 거래량, 그리고 자원배분에 간접적인 영향을 미친다. 때로는 가격통제를 통하여 자유시장기구에 직접적인 제약을 가하기도 한다. 이러한 정부의 간접 · 직접적인 개입이 미치는 영향을 조세의 부담과 가격통제로 다룬다.

제1절 시장경제와 자원배분
제2절 소비자잉여와 생산자잉여
제3절 정부의 시장개입과 자원배분의 왜곡

CHAPTER

5

주요 학습사항

- 시장경제가 소비자주권의 사회라고 말하는 이유는
- 시장경제가 경제의 기본적인 문제들을 해결하는 방식은
- 소비자잉여와 생산자잉여란
- 시장이 효율적이라는 의미는
- 수요와 공급의 탄력도에 따른 조세 부담의 효과는
- 조세부과시 수요·공급의 탄력도에 따라 후생손실의 정도는 어떻게 달라지는가
- 최고가격제의 효과와 한계는
- 최저가격제의 효과와 한계는

앵무새도 수요·공급의 두 말을 배우면 경제학박사가 될 수 있다는 우스개 말이 있다. 그 정도로 경제학에서는 수요와 공급의 개념이 중요하다. 일상생활에서 접하는 여러 가지 경제현상들을 수요와 공급의 개념으로 설명해 보고자 하는 문제의식을 가지는 것이 경제학을 이해하는 지름길이다.

수요·공급의 이론을 이용하여 설명할 수 있는 경제현상들이 우리 주변에 많이 있다. 이 절에서는 몇 가지 비근한 예를 들어 가면서 시장기구가 수요·공급을 통하여 기본적인 경제문제들을 어떻게 해결하는가를 알아본다.

1 시장경제와 소비자주권

각종 스마트폰
다양한 스마트폰이 소비자주권을 반영하고 있는 것일까.

자본주의경제에서는 전시(戰時)를 빼고는 소비자들이 생활필수품이 부족하여 슈퍼마켓 앞에서 줄을 서서 기다리거나 배급을 받는 일이 거의 없다. 그러나 북한과 같은 사회주의경제에서는 여러 가지 생활필수품이 부족하여 가게 앞에서 장사진을 이루고 줄을 서서 기다리거나 원하는 수량보다 적게 배급받는 일이 흔하다. 어떤 줄이든지 일단 서 보는 것이 상책이라는 농담까지 있다.

자본주의사회와 사회주의사회의 이러한 차이는 자본주의사회가 시장경제하에서 소비자선호가 존중되는 데 반하여 사회주의사회는 계획경제하에서 소비자선호가 제대로 반영되지 않고 있는 데에서 나온다.

소비자주권
희소한 자원의 배분에 소비자의 선호가 존중되고 반영되는 현상

희소한 자원의 배분에 소비자의 선호가 존중되고 반영되는 현상을 **소비자주권**(consumer's sovereignty)이라고 부른다.

자유시장기구가 작동하는 자본주의사회를 소비자주권의 사회라고 부른다. 이렇게 부르는 이유는 제3장에서 이미 간접적으로 설명하였다. 소비자의 선호가 유리하

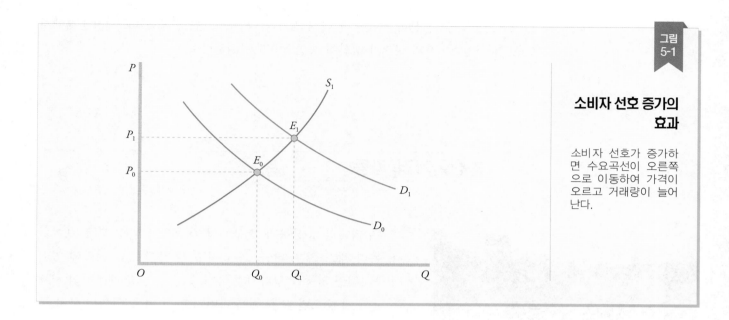

그림
5-1

소비자 선호 증가의 효과

소비자 선호가 증가하면 수요곡선이 오른쪽으로 이동하여 가격이 오르고 거래량이 늘어난다.

게 변하면 그 상품에 대한 시장수요곡선이 오른쪽으로 이동하여 그 상품의 거래량이 늘고 가격이 오른다. 그림 5-1[1]에서 소비선호가 유리하게 변하면 수요곡선이 D_0에서 D_1으로 이동한다. 사람들이 종전보다 더 즐겨 찾으므로 종전가격 P_0에서는 초과수요량, 즉 물자부족현상이 일어난다. 그러면 웃돈을 주고서라도 소비하고자 하는 소비자들의 경쟁으로 가격이 오른다. 가격이 오르기 때문에 기업은 종전보다 더 많이 그 상품을 생산하게 된다. 그리하여 소비자들이 종전보다 더 찾는 상품들은 거래량이 늘고 가격이 오르는 것이다. 반대로 소비자들이 종전보다 덜 찾는 상품들은 거래량이 줄고 가격이 내린다.[1]

닭고기나 돼지고기 등의 육류가 성인병을 일으키는 고혈압식품이고 야채와 해산물이 건강식품이라는 인식이 소비자들 사이에 번지게 된다고 하자. 그러면 다른 모든 조건이 일정하다면 닭고기·돼지고기의 수요가 감소하여 이들 육류의 가격이 떨어지는 반면에 야채와 해산물의 수요가 증가하여 이들 식품의 가격이 오르고 거래량도 증가한다. 야채도 무공해농산물에 대한 수요가 늘면 일반야채보다 무공해야채의 가격이 높아지고 거래량이 늘어난다. 소비자들이 즐겨 찾는 상품의 거래량이 늘어난다는 것은 이 상품 생산에 종전보다 많은 자원이 배분된다는 것을 뜻한다. 생산자들은 수요가 늘어나는 상품의 가격이 오름으로써 이 상품을 생산하는 것이 수요가 줄

---

1 제3장에서 다룬 수요·공급의 이론은 단기를 다루었다. 그림 5-1도 단기효과를 분석한 것이다. 기존 생산자들이 생산시설규모를 변경시키거나 새로운 생산자들이 진입할 수 있는 장기에는 공급곡선도 이동하여 자원배분이 선호 변화에 더욱 많은 영향을 받는다. 소비자 선호가 증가하는 경우 장기에는 공급곡선도 오른쪽으로 이동하여 장기균형가격은 그림 5-1의 P_1보다 낮아지고 매기당 거래량은 Q_1보다 증가하는 것이다. 자세한 것은 제11장 제3절을 참고하라.

어드는 상품을 생산하는 것보다 더 수지가 맞다는 신호를 받게 된다. 시장경제에서는 이처럼 소비자의 선호가 생산에 자연스럽게 반영된다.

2 농산물가격 파동

산지 폐기되는 대봉감
대봉감의 출하가 집중되면 큰 폭으로 가격이 하락해 재배농가들의 시름이 깊어진다.

우리나라 농산물과 축산물의 가격은 심한 기복을 보여왔다. 특히 채소·고추·마늘·소·돼지 등은 가격 및 거래량에 있어서 주기적인 파동을 겪다시피 했다. 최근 수년간 배추값의 시세는 한 해에 좋으면 다음 해에 나빠지고 그 다음 해에는 다시 좋아지는 등 상승과 하락을 반복하였다. 이를 수요·공급의 이론으로 설명하여 보자.

대부분의 농산물에 대한 수요와 공급은 (가격)비탄력적이다. 먼저 수요가 비탄력적인 것은 식량·채소·양념 등의 가격이 비싸다고 해서 소비를 당장 종전보다 많이 줄일 수도 없고 싸졌다고 해서 더 소비하는 데에도 한계가 있기 때문이다. 쌀값이 비싸졌다고 해서 쌀밥만 찾는 사람이 하루에 한 끼만 먹을 수는 없다. 반면에 쌀값이 싸졌다고 해서 하루에 네 끼 이상 쌀밥을 먹지는 않는다. 다른 농산물도 기본적으로 이러한 설명이 통용된다. 즉, 대부분의 농산물은 생활필수품인데다가 기본적으로 위장의 크기에 의해 제약을 받기 때문에 수요가 비탄력적인 것이다.

농산물의 공급이 비탄력적인 것은 공산품보다 대개 생산기간이 길고 보관이 어려우며 인력으로 어찌할 수 없는 기후에 의해 많은 영향을 받기 때문이다.

그림 5-2는 이처럼 비탄력적인 농산물의 수요곡선과 공급곡선을 표시하고 있다. 수요곡선과 공급곡선의 기울기를 가파르게 그림으로써 비탄력적인 수요와 공급을 포착하였다.

우선 어느 해 김장철의 배추값이 그림 5-2에서 보는 바와 같이 수요·공급이 일치하는 E_0에 대응하여 P_0로 결정되었다고 하자. 만약 이 가격수준이 다른 농산물에 비하여 좋은 시세라면 농민들은 소득을 증대시키기 위하여 다음 해에 배추를 더 많이 재배한다. 즉, 배추시세가 좋으면 기왕에 배추를 재배하던 농민들은 배추 재배면적을 늘리고, 또 이제까지 배추를 재배하지 않던 농민들도 배추 재배에 뛰어든다. 따라서 다음 해 김장철에는 배추의 공급량이 상정할 수 있는 모든 가격수준에서 종전보다 늘어나 공급곡선이 S_0에서 오른쪽으로, 예컨대 S_1으로 이동하게 된다. 따라서 그

그림
5-2

농산물가격의 변동

농산물에 대한 수요와 공급은 둘 다 가격에 대해 비탄력적이다. 따라서 공급이 조금 변해도 가격은 크게 변한다.

동안 수요가 변함이 없다면[2] 수요곡선과 새로운 공급곡선 S_1이 E_1에서 교차하여 배추 값은 전년도보다 대폭 낮은 수준인 P_1으로 결정된다. 이와 같이 배추시세가 나빠지면 이번에는 농민들이 배추를 재배할 유인이 없어져 다음 해 배추의 공급곡선이 왼쪽으로, 예컨대 S_2로 이동하고, 이에 따라 E_2에서 수요곡선과 교차하여 배추시세는 P_2로 급등한다.

수요가 비탄력적인 농산물이 풍작을 이루면 자유시장기구에 그대로 맡길 경우 농가소득이 오히려 감소한다. 제4장에서 설명한 바와 같이 수요가 비탄력적인 상품의 가격이 하락하면 그 상품에 대한 소비자의 지출액=생산자의 판매수입액이 감소한다. 배추가 풍작을 이루면 가격이 하락한다. 이 때 배추에 대한 수요는 비탄력적이기 때문에 생산자의 배추판매수입이 감소한다. 그림에서 배추농사를 통한 농가소득이 평년에 $OP_0E_0Q_0$로 표시된다면 대풍을 이룬 해의 농가소득은 $OP_1E_1Q_1$으로 줄어드는 것이다.

우리나라는 2016년 말부터 2017년 초에 걸쳐 조류독감(AI, avian influenza)으로 닭을 대량 살처분했다. 이에 따라 계란 가격이 폭등했다. 그림 5–2의 틀로 이런 현상을 쉽게 분석할 수 있다.

---

2 수요곡선이 변하더라도 그 변동폭이 공급의 변동폭보다 적으면 이하의 논의가 그대로 적용된다. 그동안 세대수가 늘어났다면 늘어나는 만큼 수요가 증가할 것이나 각 세대가 종전보다 점차 김장규모를 줄여가는 경향을 보이고 있어, 여기서는 논의의 편의상 수요곡선은 이동하지 않는다고 가정한 것이다.

3 시장경제와 세 가지 기본적인 경제문제

시장경제는 수요와 공급을 통하여 제1장에서 설명한 세 가지 기본적인 경제문제, 즉 ① 무엇을 얼마나 ② 어떻게 ③ 누구를 위하여 생산할 것인가를 해결한다. 시장기구가 이러한 경제문제를 어떻게 해결하는가를 알아보기 위하여 그림 5-3을 보자.

의식주 및 오락, 문화 등에 관련된 최종생산물은 생산물시장에서 거래된다. 가계는 생산물시장에서 수요자로 나타나고 기업은 공급자로 나타난다. 한 상품에 대한 가계의 수요는 수요곡선으로, 기업의 공급은 공급곡선으로 표시된다. 수요곡선의 위치에 영향을 미치는 요인들은 제3장에서 배운 바와 같이 여러 가지가 있다. 그림에서는 그 중 소비자의 선호와 소득을 중요한 요인으로 뽑아 표시하였다. 공급곡선의 위치에 영향을 미치는 요인들도 여러 가지가 있는데 그 중 생산비용과 기술을 중요한 요인으로 뽑아 표시하였다. 각각의 생산물시장에서는 그 생산물에 대한 시장수요곡선과 공급곡선이 만나는 균형점에서 가격과 거래량이 결정된다. 무수히 많은 생산물 모두가 각각 시장수요·공급곡선에 의하여 거래량이 결정됨으로써 무엇을 얼마나 생산할 것인가 하는 첫째 문제가 풀리는 것이다. 소비자가 전혀 선호하지 않는 생산물은 생산되지 않고, 많이 선호하는 생산물일수록 많이 생산된다.

자유시장경제에서 어떻게 생산할 것인가 하는 두 번째 문제는 어떻게 해결되는가? 이는 기업들이 효율적으로 생산하고자 하는 자율적인 노력을 통하여 저절로 해결된다. 기업들은 소비자들의 돈을 얻기 위해 시장에서 경쟁한다. 같은 품질의 상품

그림 5-3

시장경제와 기본적인 경제문제

시장경제에서 무엇을 얼마나 생산할 것인가는 생산물시장의 수요·공급에 의해 결정된다. 누구를 위하여 생산할 것인가는 생산요소시장의 수요·공급에 의해 결정된다. 어떻게 생산할 것인가는 기업의 자율적인 노력에 의해 결정된다.

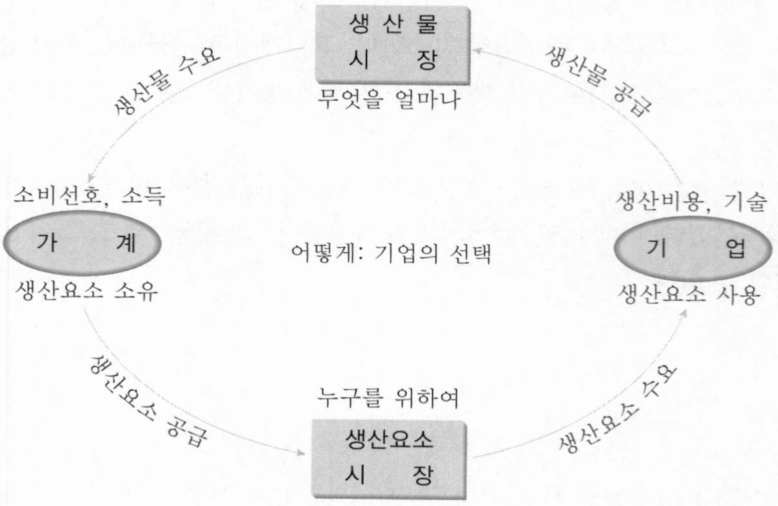

이라면 값싸게 생산하여 싼 값으로 파는 기업이 시장을 석권한다. 그렇지 못한 기업은 곧 도태되고 만다. 같은 값의 상품이라면 더 좋은 품질의 상품을 공급하는 기업이 더 많은 소비자를 끌게 된다. 따라서 개별기업은 더 값싸게 혹은 더 질 좋게 생산하기 위해 생산요소들을 고용하고 생산활동을 조정하며 기술을 혁신한다. 이처럼 기업의 자율적인 판단과 노력에 의해 어떻게 생산할 것인가 하는 문제가 저절로 해결되는 것이다.

누구를 위하여 생산할 것인가라는 세 번째 문제는 어떻게 해결되는가? 기업이 최종생산물을 생산하기 위하여는 자본·토지·노동 등 생산요소를 필요로 한다. 따라서 기업은 생산요소시장에서 수요자로 나타난다. 한편 가계는 소유하고 있는 생산요소들을 공급함으로써 요소시장에서 공급자로 나타난다. 그리하여 생산요소시장에서도 각각의 요소에 대하여 시장수요·공급곡선이 그려지고 그 교차점에서 균형요소가격과 요소고용량이 결정된다.

기업은 생산과정에 참여한 각 생산요소에 대하여 요소가격을 치르는데 이는 가계의 요소소득이 된다. 자본을 제공하는 자본가에 대하여는 이자, 노동을 제공하는 근로자에게는 임금, 토지를 제공하는 지주에게는 지대 등으로 분배되고 나머지는 기업가에게 기업이윤으로 귀속된다. 이처럼 생산요소시장에서 분배의 문제가 해결된다.

생산물시장과 생산요소시장은 상호 연관되어 있다. 예컨대 주택이라는 생산물에 대한 수요가 늘면 건설인부라는 생산요소에 대한 수요가 증가한다.[3] 이에 따라 건설인부들의 노동소득이 증가한다.

그러나 자유시장기구는 분배를 공평하게 해 주지는 않는다. 현실사회에서 어떤 사람들은 자본이나 토지 혹은 좋은 기술과 지성, 근면성 등의 자원을 많이 가지고 있는가 하면 또 다른 사람들은 이런 자원을 거의 못 가지고 있다. 시장경제는 좋은 자원을 많이 가지고 있는 사람에게는 많은 소득을 주고, 가치 있는 자원을 못 가진 사람에게는 소득을 주지 않는다. 따라서 공평한 분배가 보장되지 않는다. 이와 같이 누구를 위하여 생산할 것인가 하는 문제를 시장경제가 바람직스럽게 해결해 주지 않기 때문에 정부가 시장에 개입하는 당위성이 생긴다.

자유시장기구는 '보이지 않는 손'이다

앞에서 자유시장기구는 분배면에서 형평의 문제를 일으키지만 '무엇을 얼마나' '어떻게' 생산할 것인가 하는 문제를 효율적으로 해결하는 것을 살펴보았다. 정부의 인위적인 통제나 간섭이 없이 자기 이익을 좇는 경제주체들에게 그냥 맡겨 두어도

---

3 이렇게 생산물에 대한 수요에 뒤따라 일어나는 수요라고 해서 생산요소에 대한 수요를 파생수요라고 한다. 이에 관하여는 제6편 생산요소시장의 이론에서 자세히 다루어진다.

가격기구를 통해 효율적인 자원배분이 저절로 이루어지는 것이다. 이러한 가격기구의 바람직한 속성을 애덤 스미스는 『국부론』에서 보이지 않는 손(invisible hand)이라 표현하였다.

보이지 않는 손

시장
애덤 스미스에게 시장은 만사형통의 보이지 않는 손이었을까.

"우리가 저녁식사를 할 수 있는 것은 정육점 주인이나 양조장 주인 또는 농부의 자비심이 아니라 자리심(自利心, self-interest) 때문이다. 개인이나 기업은 일반적으로 사회의 이익을 증진시키려고 하지도 않거니와 자기가 얼마나 사회의 이익을 증진시키고 있는가도 알지 못한다. 다만 스스로의 이익을 위하여 행동할 뿐이다. 이렇게 하는 가운데 '보이지 않는 손'의 인도를 받아 자신이 의도하지 않았던 다른 목적도 달성하게 된다. 즉, 사리 또는 사익을 추구하는 가운데 공익도 저절로 증진된다. 이것이 의도적으로 공익을 증진시키려고 하는 경우보다 오히려 공익을 더 효과적으로 증진시킨다. 전체 사회의 복리가 아닌 자기 자신의 이익에 대한 추구는 자연적으로, 아니 필연적으로, 사람들로 하여금 사회에 가장 이익이 되는 방식을 취하도록 이끈다."**4**

스미스의 '보이지 않는 손'은 정부가 시장에 개입하지 않고 자유방임하면 만사형통이라는 최소정부론과 시장만능주의로 일부 (신자유주의) 학자들에 의해 해석되어 왔다. 이는 잘못된 확대 해석이다. 스미스는 같은 책(국부론)에서 다른 계급과 달리 자본가계급(스미스의 표현으로는 고용주계급)의 이익은 사회 일반의 이익과 반드시 일치하지는 않는다고 보았다. 다른 계급보다 예리한 이해력을 갖고 사회의 이익보다는 자기의 특수한 사업상의 이익을 더 많이 고려하기 때문이다. "동업자들은 오락이나 기분 전환을 위해 만나는 경우에도 그들의 대화는 공중에 반하는 음모나 가격 인상을 위한 모종의 책략으로 끝나지 않을 때가 거의 없다."(제1편 10장) 따라서 이러한 회합은 공중의 이익을 위해 조장되어서는 안 된다고 경고하고 있다.

『국부론』(1776)보다 17년 앞서 출간한 『도덕감정론』(1759)에서는 공정을 시민사회의 네 가지 미덕 중 하나로 제시하고, 공정(정의)만큼은 개인들에게 맡겨서는 완전하게 준수되지 않기 때문에 정부가 적극 개입해야 한다고 강조하였다. 스미스는 담합을 비롯한 각종 불공정한 행위와 경쟁을 가로막는 독과점에 대해서는 누구보다 정부의 적극적인 개입을 옹호한 시장개입주의 입장을 취하고 있는 것이다. 스미스는 도덕감정론을 죽기 직전까지 수정할 정도로 국부론보다 중시하였다. 유언을 통해 자신의 묘비명을 "도덕감정론의 저자, 여기 잠들다"로 써 달라고 하였다.

스미스가 살던 18세기 후반 유럽은 절대왕정이 각 산업의 독점적인 생산 판매권을 동업조합(guild)에 주고 특허료를 받는 시기였다. 대외무역도 특권상인만이 할 수 있는 중상주의체제였다. 산업혁명이 진행되던 당시에 이런 독점과 특권, 경제 규제는 떠오르는 산업자본가들에게는 깨뜨려야 할 족쇄였다. 이와 같은 시대적 대세를 스미스가 대변하였다. 동시에 강력한 신흥계급으로 등장하는 자본가계급의 횡포와 다양한 불공정행위의 가능성도 꿰뚫어 보았다.

---

4 Adam Smith, *The Wealth of Nations*, New York: Modern Library, 1937, pp.14, 421, 423.

읽을거리 5-1 에 있는 스미스의 말은 자유시장기구에 대한 최대의 찬사이자 시장경제가 계획경제보다 자원배분의 효율성면에서 우월한 체제임을 밝혀 주는 논거이기도 하다. 스미스는 인간이 오직 자기애(自己愛)의 본능에 의해서만 행동한다고 말하지 않았다. 다만 자애심(自愛心)의 본능이 이타심이나 희생정신 등 인간심성의 고귀한 측면보다 더 강력하고 지속적으로 경제활동에 동기를 부여한다는 것을 강조한 것이다. 스미스의 이 통찰에 비추어 볼 때 사회주의경제가 그 고상한 이념에도 불구하고 자본주의경제에 결국 압도당한 것은 놀랄 일이 아니라 하겠다.

 제2절 ## 소비자잉여와 생산자잉여

1 소비자잉여

영국의 경제학자 마샬은 소비자가 어떤 상품을 소비함으로써 소비하지 않을 때와 비교하여 얼마만큼 혜택을 받는가를 소비자잉여(consumer's surplus)라는 개념으로 설명하였다. 예를 들어 우리나라 최초의 우표를 꼭 사고 싶어하는 어떤 우표수집광이 100만원을 주고라도 그 우표를 사려고 했는데 실제 80만원을 주고 샀다면 20만원의 소비자잉여를 얻었다고 말한다.

> 소비자가 어떤 상품을 소비하기 위하여 지불할 용의가 있는 가격과 실제로 지불한 가격과의 차액을 **소비자잉여**라고 한다.

소비자잉여는 개별 소비자에 대해 정의할 수도 있고 전체 소비자에 대해 정의할 수도 있다. 한 상품에서 얻는 개별 소비자의 소비자잉여를 모두 더하면 전체 소비자의 소비자잉여가 된다. 전체 소비자의 소비자잉여를 시장소비자잉여라 한다.

소비자잉여는 수요곡선을 이용하여 시각적으로 쉽게 이해할 수 있다. 제 3 장에서 설명한 것처럼 수요곡선은 소비자가 상품을 구입할 때 상품 각 단위에 대하여 지불해도 좋다고 생각하는 최고가격, 즉 수요가격을 표시해 준다. 그림 5-4에서 전체 소비자는 P_E의 가격으로 해당 상품을 Q_E만큼 구입하고 이 때 전체 소비자가 지출한

소비자잉여
소비자가 상품을 소비하기 위하여 지불할 용의가 있는 가격과 실제로 지불한 가격과의 차액

그림
5-4

**소비자잉여와
생산자잉여**

한 상품의 시장수요곡
선과 시장공급곡선이
만나 E점에서 균형을
이룬다면 이 상품 생산
으로 얻는 전체 생산자
의 이득은 면적 P_EEP_S의
시장생산자잉여로, 소
비로 얻는 전체 소비자
의 이득은 면적 P_DEP_E의
시장소비자잉여로, 사
회 전체의 이득은 P_DEP_S
의 총잉여로 표시된다.

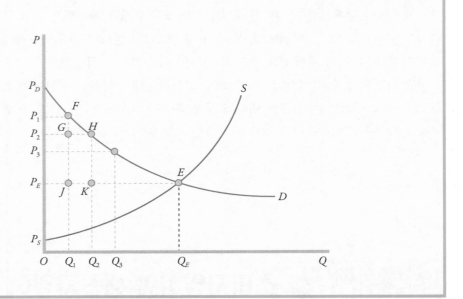

다이아몬드
이 다이아몬드를 구입한 사람의 소
비자잉여는 얼마나 될까.

금액은 $OP_E \times OQ_E$, 즉 사각형 면적 OP_EEQ_E이다. 그런데 시장수요곡선을 보면 최초
의 1단위를 구입하기 위하여 소비자가 지불할 용의가 있는 수요가격은 P_1이다. 시
장에 이 상품이 1단위만 나와 있을 때 이 1단위를 P_1 혹은 면적 OP_1FQ_1까지 지불하
면서 사려고 하는 소비자가 있다는 것을 수요곡선이 보여 주고 있다. 마찬가지로
이 상품 두 단위가 시장에 공급되었을 때 두 단위째 상품을 $P_2 = Q_1GHQ_2$까지 지불
하고 사려는 소비자가 있다. 그런데 이처럼 높은 가격을 치르고 사고자 하는 소비
자들도 시장가격 P_E만 치르면 된다. P_E를 초과하여 수요가격을 모두 치를 필요가
없는 것이다. 따라서 첫 번째 단위, 두 번째 단위를 산 소비자는 각각 $P_1P_E = P_1P_EJF$,
$P_2P_E = GJKH$만큼의 이득을 본다.

위와 같은 논의를 되풀이하면 시장거래량 Q_E단위를 얻기 위하여 전체 소비자
가 지불해도 좋다고 생각하는 금액은 면적 OP_DEQ_E로 근사시킬 수 있다. 그런데 전
체 소비자가 Q_E단위를 얻는 데 실제로 지불한 금액은 OP_EEQ_E이다. 수요가격의 총계
OP_DEQ_E에서 실제로 지불한 금액 OP_EEQ_E를 뺀 면적 P_DP_EE가 시장소비자잉여이다.

소비자잉여는 상품을 한 단위보다 많이 구입하면서 수요가격이 다를 때 발생하
는 보편적 현상이다. 수요의 법칙에 반하여 시장수요곡선이 수평이라면 수요가격이
모든 단위에서 같게 되어 소비자잉여가 발생하지 않는다. 수요의 법칙이 성립하는
현실세계에서 시장은 품질이 같은 한 그 상품에 한 가지 가격만 성립하게 함으로써
소비자들로 하여금 그 상품에 지불해야 하는 가격보다도 더 많은 가치를 얻을 수 있
게 한다. 수요곡선이 주어져 있을 때 가격이 낮을수록 소비자잉여는 더 커진다.

2 생산자잉여

마샬의 소비자잉여에 대한 정의를 원용하여 생산자잉여(producer's surplus)를 정의할 수 있다. 예를 들어, 어떤 피자가게 주인이 10,000원의 비용으로 피자 하나를 만들었다면, 피자가게 주인은 최소한 10,000원은 받고 피자를 팔려고 할 것이다. 그런데 실제 11,000원을 받고 피자를 팔았다면 이 피자가게 주인의 생산자잉여는 1,000원이다.

> 생산자가 어떤 상품을 판매하여 얻는 실제수입이 생산자가 그 상품을 판매하여 꼭 얻어야 되겠다고 생각한 수입(상품생산의 기회비용)보다 초과하는 부분을 **생산자잉여**라고 한다. 한 시장에 있는 모든 기업의 생산자잉여를 합한 것을 **시장생산자잉여**라고 한다.

생산자잉여
생산자가 생각한 최소한의 수입을 초과하여 얻은 수입

시장공급곡선을 이용하여 시장생산자잉여를 설명하여 보자. 그림 5-4의 균형점 E에서 생산자는 P_E의 가격으로 Q_E만큼을 판매하고 이 때 전체 생산자가 얻는 실제수입은 OP_EEQ_E가 된다. 제3장에서 설명한 바와 같이 공급곡선은 생산자가 상품을 판매할 때 상품 각 단위에 대하여 꼭 받아야겠다고 생각하는 최저가격, 즉 공급가격을 표시한다. 전체 생산자가 Q_E단위를 판매하여 꼭 얻어야겠다고 생각하는 최저수준의 수입은 대략적으로 면적 OP_SEQ_E이다. 이 OP_SEQ_E를 생산자가 얻은 실제수입 OP_EEQ_E로부터 뺀 면적 P_SP_EE가 시장생산자잉여이다. 시장공급곡선이 주어져 있을 때 가격이 높을수록 시장생산자잉여는 더 커진다.

그림에서 소비자와 생산자는 시장거래를 통해 소비자잉여와 생산자잉여라는 이름의 혜택을 본다. 이것이 제2장에서 경제학의 주요원리의 하나로 소개한 '자발적 교환은 모든 당사자들을 이롭게 한다'는 원리이다. 시장은 자발적 교환이 이루어지는 곳이다.

3 총잉여와 시장의 효율성

한 상품이 시장에서 거래됨으로써 그 상품이 전혀 거래되지 않을 때에 비해 전체 소비자는 시장소비자잉여만큼, 전체 기업은 시장생산자잉여만큼 혜택을 본다. 따라서 사회 전체로는 양자를 합한 만큼 혜택을 본다. 양자의 합을 총잉여(total surplus) 혹은 총편익(total benefits)이라 한다. 그림 5-4에서 총잉여는 면적 P_SP_DE로 표시된다.

총잉여(=총편익)
시장소비자잉여와 시장생산자잉여의 합

그림
5-5

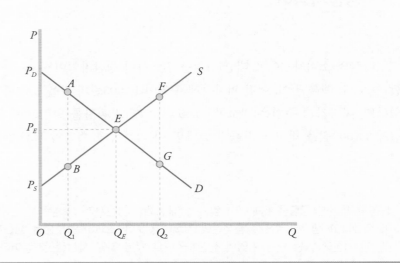

총잉여는 상품에 대해 전체 소비자가 평가하는 총가치에서 그 상품 생산의 기회비용을 뺀 것으로도 표시할 수 있다.

$$총잉여 = 시장소비자잉여 + 시장생산자잉여$$
$$= (전체\ 소비자가\ 평가하는\ 총가치 - 전체\ 소비자의\ 실제\ 지불액)$$
$$+ (전체\ 생산자의\ 실제\ 수입액 - 상품생산의\ 기회비용)$$
$$= 전체\ 소비자가\ 평가하는\ 총가치 - 상품생산의\ 기회비용$$
$$= 수요가격의\ 합 - 공급가격의\ 합$$

위의 세 번째 등식에서 한 상품에 대한 전체 소비자의 실제 지불액은 전체 생산자의 실제 수입액과 같다는 것을 이용하였다. 전체 소비자가 평가하는 총가치는 시장수요곡선 아래 면적이고, 상품생산의 기회비용은 공급곡선 아래 면적이다(후자에 대하여는 제10장에서 자세히 다룬다). 따라서 총잉여는 수요가격의 합에서 공급가격의 합을 뺀 것과 같다.

그림 5–5에서 전체 소비자가 평가하는 총가치는 면적 OP_DEQ_E로, 상품생산의 기회비용은 면적 OP_SEQ_E로 표시된다. 여기서 총잉여는 면적 OP_DEQ_E에서 면적 OP_SEQ_E를 뺀 나머지 면적 P_SP_DE로 표시된다.

총잉여의 개념을 이용하여 시장의 효율성을 논할 수 있다.

시장의 효율성
시장에서 총잉여가 극대화되는 상황

> 한 시장에서 총잉여가 극대화될 때 그 시장은 효율적이라고 말한다.

경제학에서 수요·공급의 이론을 애용하는 이유 중의 하나는 시장수요곡선과 시장공급곡선이 만나서 이루어지는 균형가격과 균형거래량 수준에서 총잉여가 극대화되기 때문이다.

그림 5-5의 균형점 E에서 총잉여가 극대화되는 것을 확인해 보자. 생산량이 균형거래량 Q_E보다 적은 Q_1에서 총잉여는 사각형 $P_S P_D AB$로 표시된다. 상품이 Q_1만큼 있을 때 전체 소비자가 평가하는 총가치는 수요가격의 합인 사각형 $OP_D AQ_1$이고 상품 생산의 기회비용은 공급가격의 합인 사각형 $OP_S BQ_1$이기 때문이다. 수요가격이 공급가격보다 크기 때문에 Q_1에서 생산을 늘릴수록 총잉여는 커진다.

생산량이 균형거래량 Q_E보다 많은 Q_2를 보자. Q_2에서는 수요가격의 합이 사각형 $OP_D GQ_2$이고 공급가격의 합은 사각형 $OP_S FQ_2$이다. 따라서 총잉여는 삼각형 $P_S P_D E$에서 삼각형 EFG를 뺀 것이다. 이 경우에 생산을 줄이면 총잉여는 커진다.

결국 균형거래량 Q_E에서 총잉여가 극대화된다. 극대화된 총잉여는 삼각형 $P_S P_D E$이다. 시장에 아무런 간섭을 하지 않으면 기업과 소비자의 자율적인 경제활동으로 Q_E가 선택된다. 따라서 자율적인 시장은 효율적이다.

시장에서 가격이 P_E로 결정되면 수요가격이 P_E보다 낮은 소비자와 공급가격이 P_E보다 높은 기업들은 시장의 교환활동에 참여하지 않는다. 수요가격이 P_E보다 낮지 않은 소비자와 공급가격이 P_E보다 높지 않은 생산자는 자발적으로 시장의 거래에 참여하여 이득을 본다. 제2장에서 자발적인 거래는 거래당사자 모두를 이롭게 한다고 하였다. 이 기본원리는 수요·공급곡선을 이용하여 쉽게 설명된다.

 제3절 정부의 시장개입과 자원배분의 왜곡

1 세금 부과와 자원배분의 왜곡

우리가 소비하는 일상용품의 대부분에 소비세가 부과된다. 소비세가 부과되면 수요와 공급에 어떠한 영향을 미치고 세금은 결국 누가 부담하게 되는가를 수요·공급의 이론으로 설명하여 보자.

소비세는 과세표준을 무엇으로 표시하느냐에 따라 종가세(ad valorem tax)와 종량세

(specific tax)로 구분한다. 종가세는 가격의 일정비율을 세금으로 내게 하는 것이고, 종량세는 팔리는 상품 한 단위마다 일정액의 세금을 내게 하는 것이다. 종가세가 일반적이지만 종량세가 분석하기 쉽다. 종량세가 공급자에게 부과되는 경우를 살펴보자.

종량세와 조세의 부담

그림 5-6에서 종량세가 부과되기 이전의 수요곡선과 공급곡선이 각각 D와 S로 표시된다고 하자. 그러면 균형가격과 거래량은 각각 P_0, Q_0이다. 이제 이 상품 한 단위마다 100원씩 종량세가 부과되어 공급자가 상품을 한 단위 팔 때마다 100원씩 정부에 납부해야 한다고 하자. 그러면 수요곡선과 공급곡선은 어떻게 이동할 것인가? 먼저 수요곡선은 변동이 없을 것이다. 소비자들이 세금을 직접 납부하지 않으므로 수요곡선 D는 여전히 각각의 가격수준에 대응하여 소비자들이 사고자 하는 수량을 나타낸다.

그러나 공급곡선은 그대로 있지 않고 종전의 공급곡선 S보다 모든 공급량수준에서 위로 정확하게 100원씩 이동하게 된다. 이를 이해하기 위해서 P_0 가격수준을 보자. 세금이 부과되기 이전에는 가격이 P_0일 때 공급자들이 상품을 Q_0만큼 팔고 싶어 했다. 달리 말하면 공급자들이 Q_0만큼만 시장에 상품을 내놓게 하기 위한 공급가격이 P_0였다. 이제 상품 한 단위마다 100원의 세금이 부과되면 Q_0만큼만 시장에 내놓게 하기 위한 공급가격은 P_0+100원이다. 그래야 100원의 세금을 낸 후 공급자 수중에 들어가는 순수입이 종전과 같이 P_0이기 때문이다. 이는 어떤 공급량에 대해서도 마찬가지이다. 따라서 새로운 공급곡선은 종전의 공급곡선 S보다 모든 공급량수준에서 세금부과액 100원씩 상방이동한 S'이다.

그림
5-6

종량세 부과의 효과

100원의 종량세를 공급자에 부과하면 시장 공급곡선이 100원만큼 수직으로 상방이동한다. 이에 따라 균형점이 E에서 E'으로 이동하여 가격이 오르고 거래량이 줄어든다. 가격이 100원만큼 오르지는 않기 때문에 소비자와 공급자 양쪽이 세금을 부담한다.

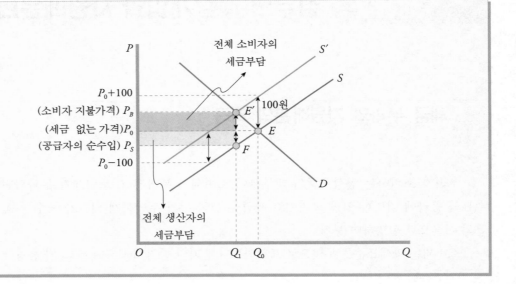

세금부과 후의 새로운 균형점은 그림 5-6에서 수요곡선 D와 새로운 공급곡선 S'이 만나는 E'이다. 새로운 균형가격은 P_B, 새로운 균형거래량은 Q_1이다. 종전의 균형가격 P_0와 새 균형가격 P_B를 비교하면 P_B가 P_0보다 높지만 정확하게 P_0+100원만큼 높지는 않다. 여기에서 우리는 일반적으로 한 상품에 소비세를 부과할 때 공급자가 소비세 전액을 소비자에게 전가시키지는 못한다는 것을 알 수 있다.

상품 한 단위당 소비세 100원이 생산자와 소비자에게 얼마만큼의 부담으로 돌아가는가를 살펴보자. 소비자는 물건 한 단위를 종전보다 $P_B P_0$만큼 더 비싸게 주고 구입해야 하므로 소비세 중 소비자부담은 $P_B P_0$이다. 한편 공급자는 P_B씩 소비자에게서 받지만 세금을 제하고 실제로 수중에 들어가는 금액은 $P_B-100=P_S$이다(공급곡선 S와 S'의 수직거리 $E'F$가 100원인 것을 상기하라). 이 P_S는 종전가격 P_0보다 $P_0 P_S$만큼 낮으므로 이 $P_0 P_S$가 공급자부담으로 귀착된다. 물론 소비자부담과 공급자부담을 합하면 상품 한 단위당 세금 100원이 된다($P_B P_0 + P_0 P_S = P_B P_S = E'F = 100$원). 정부가 거두어들이는 세수입은 $100 \times Q_1$이고 이는 $P_B E'FP_S$의 면적으로 표시된다. 독자들은 이 세수입 중 얼마만큼이 전체 소비자의 부담이고 얼마만큼이 전체 공급자의 부담인지를 쉽게 가려낼 수 있을 것이다.

정부가 조세를 부과하는 대신에 생산물 단위당 보조금을 생산자에게 지급하는 경우를 가정해 보자. 그림 5-6에서 원래의 공급곡선이 S'이고, 균형가격은 P_B, 균형량은 Q_1이라고 하자. 정부가 이 상품의 소비량을 Q_1에서 Q_0로 증가시키려고 하면 상품 한 단위 팔 때마다 100원씩의 보조금을 지급하면 된다. 그러면 생산자는 공급가격을 100원만큼 낮출 수 있기 때문에 공급곡선은 S'에서 S로 이동하게 되고 새로운 거래량은 Q_0가 된다. 여기서 한 가지 유의할 점은 보조금 지급 후의 균형가격 P_0와 보조금 지급 전의 균형가격 P_B의 차이가 단위당 보조금 지급액 100원보다 작다는 것이다. 보조금을 지급해도 균형가격이 보조금보다 작은 폭으로 인하되어 생산자가 보조금($P_B P_S FE'$)을 모두 가져갈 수는 없게 된다.

소비세가 종가세일 경우에도 분석이 좀 더 복잡할 뿐 거래량이 감소하고 가격이 상승하며 세금을 소비자와 생산자가 나누어 부담하는 것은 똑같다.

가격탄력도와 조세의 부담

앞에서 소비세가 부과될 때 소비자와 공급자가 그 소비세액을 나누어 부담하는 일반적인 경우를 살펴보았다. 그러나 때에 따라서는 세금을 소비자나 공급자 어느 한 쪽에서만 부담하는 특수한 경우가 일어날 수 있다. 그림 5-7이 이를 보여 준다.

그림 5-7⒜에서와 같이 수요곡선이 수직이어서 수요가 완전비탄력적이면 시장가격은 종전보다 종량세 부과액만큼 상승하고 전체 세수는 고스란히 소비자가 부담하게 된다. 그와 반면에 그림 5-7⒝에서와 같이 수요곡선이 수평이어서 수요가 완전탄력적이면, 공급자는 자기 제품에 부과된 세금을 가격인상으로 소비자에게 전가

그림 5-7

수요의 탄력도와 조세의 부담

시장수요곡선이 수직선 이거나 수평선인 특수 한 경우에는 소비자나 공급자 어느 한쪽이 세 금을 모두 부담한다.

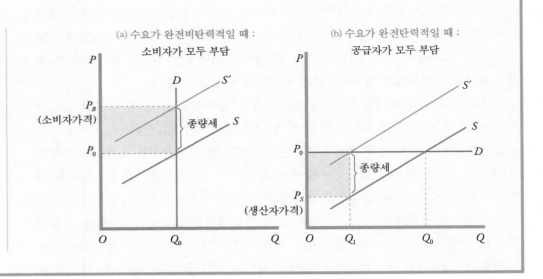

(a) 수요가 완전비탄력적일 때 : 소비자가 모두 부담

(b) 수요가 완전탄력적일 때 : 공급자가 모두 부담

그림 5-8

수요·공급의 탄력도와 조세의 부담

수요가 공급에 비해 탄력적일수록 소비세의 소비자부담이 작아진다. 공급이 수요에 비해 탄력적일수록 소비세의 공급자부담이 작아진다.

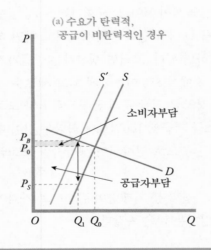

(a) 수요가 탄력적, 공급이 비탄력적인 경우

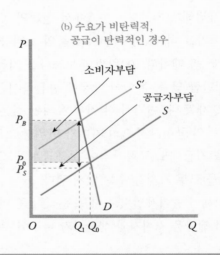

(b) 수요가 비탄력적, 공급이 탄력적인 경우

시키지 못하고 고스란히 스스로 부담해야 한다. 독자들은 그림 5-7과 같은 그림을 그려가며 공급곡선이 수직이어서 공급이 완전비탄력적이면 전체 세수는 공급자가 모두 부담하고 공급곡선이 수평이어서 공급이 완전탄력적이면 모든 세금을 소비자가 부담하는 것을 확인하라.

이제 일반적으로 수요곡선과 공급곡선의 탄력도에 따라 소비자와 공급자의 세금부담이 어떻게 달라지는가를 살펴보자. 그림 5-8에서 볼 수 있듯이 공급이 상대적으로 탄력적일수록 소비자부담이 커지고 수요가 상대적으로 탄력적일수록 공급자부담이 커진다.

이상에서 논의된 바를 다음과 같이 정리할 수 있다.

> 수요가 탄력적일수록(공급이 비탄력적일수록) 소비세의 소비자부담은 작아지고 공급자부담은 커진다. 반대로 공급이 탄력적일수록(수요가 비탄력적일수록) 소비세의 공급자부담은 작아지고 소비자부담은 커진다.

일반적으로 탄력도가 크다는 것은 유력한 대안이 있어서 불리한 상황에 보다 융통성 있게 대처할 수 있다는 것을 뜻한다.

요트
요트와 같은 사치재는 세금을 얼마나 부과하는 것이 바람직할까.

조세와 후생손실

조세가 소비자잉여와 생산자잉여에 어떤 영향을 미치는가를 보기 위해 먼저 정부가 조세를 부과하지 않는 경우를 살펴보자. 그림 5-9에서 볼 수 있듯이 조세부과 전 시장균형가격은 P_0, 거래량은 Q_0이며 소비자잉여는 $A+B+C$, 생산자잉여는 $D+E+F$이다. 따라서 총잉여는 $A+B+C+D+E+F$이다. 이 경우 조세수입은 0이다.

조세부과로 공급곡선이 S에서 S'으로 이동하면 소비자가 치르는 가격은 P_0에서 P_B로 상승한다. 따라서 소비자잉여는 A로 축소된다. 생산자가 상품을 한 단위 팔고 실제로 버는 수입은 P_0에서 P_S로 하락하여 생산자잉여는 F로 줄어든다. 정부의 조세수입은 $B+D$이다. 조세부과 후의 총잉여는 소비자잉여, 생산자잉여 및 조세수입을 합한 $A+B+D+F$가 된다.

조세부과로 인해 소비자잉여는 $B+C$만큼 감소하고 생산자잉여는 $D+E$만큼 감소하지만 조세수입은 $B+D$만큼 증가함으로써, 총잉여가 $C+E$만큼 감소한다. 이처럼

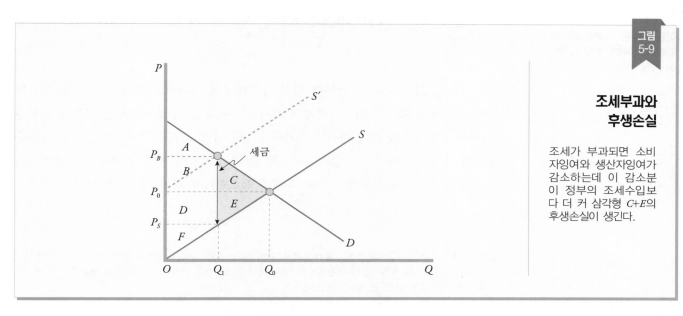

그림 5-9

조세부과와 후생손실

조세가 부과되면 소비자잉여와 생산자잉여가 감소하는데 이 감소분이 정부의 조세수입보다 더 커 삼각형 $C+E$의 후생손실이 생긴다.

정부의 조세부과로 총잉여가 감소한다. 총잉여가 감소하는 것을 후생손실(welfare loss) 혹은 순손실(deadweight loss)이라고 한다. 후생손실은 효율성을 깨뜨린다.

조세부과가 후생손실을 야기하고 시장의 비효율성을 일으키는 이유는 무엇일까? 수요·공급이 균형을 이룰 때 소비자와 생산자의 총잉여가 극대화되는 것을 배웠다. 조세부과로 소비자가격이 상승하고 생산자가 받는 가격이 낮아짐으로써 소비자는 종전보다 덜 소비하게 되고, 생산자는 덜 생산하게 된다. 조세부과는 앞에서 나온 그림 5–5의 Q_2과 같은 상황을 조성하여 시장을 비효율적으로 만드는 것이다.

이상의 논의를 바탕으로 다음과 같은 사실을 알 수 있다. 효율성의 관점에서 볼 때 정부는 자유시장[5]에 개입하지 않는 것이 좋다. 이른바 최소의 정부가 최상의 정부다. 형평성이나 다른 목표를 위해 정부가 시장에 개입해야 할 때는 비효율성을 줄이기 위해 가급적 최소의 개입에 그쳐야 한다.

2 가격통제와 자원배분의 왜곡

가격결정을 자유시장기구에 맡기는 자본주의시장경제에서도 때로는 특정상품에 대하여 그 시장가격을 인위적으로 정해 놓고 유지하는 데에 정책적인 노력을 기울이는 경우가 있다. 예전의 사회주의계획경제에서는 계획당국이 자체 필요와 판단에 따라 시장수요·공급에 관계 없이 각 생활필수품의 가격을 결정하였다. 이것들이 가격통제(price control)의 예이다.

가격통제란 어떤 특수한 목적을 달성하기 위하여 정부가 직접 가격형성에 개입하는 것을 말한다.

가격통제는 자유시장기구에 의한 자원배분에 인위적인 제약을 가한다. 가격통제의 대표적인 예로서 최고가격제와 최저가격제가 있다. 조세부과는 정부가 시장수요나 공급에 영향을 미쳐 가격과 거래량을 변동시킨다. 시장기구의 정상적인 작동을 통하여 가격과 거래량에 간접적으로 영향을 미치는 것이다. 이에 반하여 가격통제는 정부가 시장기구의 정상적인 작동 자체를 막으면서 가격과 거래량에 영향을 미치는

---

5 이 장에서 다루는 자유시장경제는 제11장에서 다루는 완전경쟁시장을 가정하고 있다. 독점시장과 과점시장에서는 일반적으로 자원배분이 효율적이지 않다. 따라서 효율성의 관점에서 볼 때에도 정부의 시장 개입이 정당화된다. 이에 대해서는 제17장에서 다룬다.

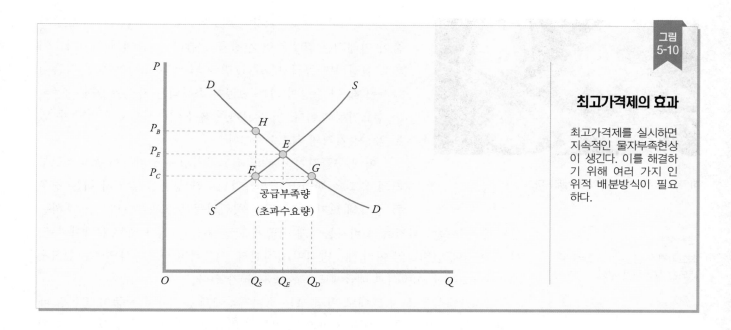

그림 5-10

최고가격제의 효과

최고가격제를 실시하면 지속적인 물자부족현상이 생긴다. 이를 해결하기 위해 여러 가지 인위적 배분방식이 필요하다.

직접적인 규제이다.

최고가격제

전시(戰時)와 같이 생활필수품이 절대적으로 부족하여 물가가 치솟을 때 정부는 흔히 물가를 안정시키고 소비자를 보호할 목적으로 가격의 상한선을 설정하고 그 상한수준 이상에서의 거래를 법령으로 금지한다. 이러한 경우에 정부가 정한 가격을 상한가격(price ceiling) 또는 최고가격(maximum price)이라 하고, 최고가격을 실시하는 제도를 최고가격제라 한다.

최고가격은 시장에서 자율적으로 형성되는 가격수준이 너무 높다고 판단되어 설정되는 가격이다. 따라서 최고가격수준은 균형가격보다 낮게 설정된다. 최고가격이 균형가격보다 낮게 설정되면 최고가격이 바로 시장가격이 된다. 그림 5-10에서 최고가격이 균형가격 P_E보다 낮은 수준 P_C로 설정된다고 하자. P_C의 가격수준에서는 수요량 Q_D가 공급량 Q_S를 초과한다. 따라서 자유시장기구에서는 가격이 P_C 이상으로 곧 오르게 된다. 그러나 P_C 이상으로 가격이 오르는 것을 법으로 금지해 놓고 있기 때문에 시장가격은 P_C에 머무르게 되는 것이다. 시장거래량은 Q_S이다. 이 최고가격제가 시장의 효율성을 해치는 것은 두말할 필요가 없다. 최고가격제를 실시하여 삼각형 HEF로 표시되는 후생손실이 발생한다.

시장가격 P_C에서 FG만큼의 공급부족량(초과수요량)이 발생하기 때문에 소비자들은 원하는 만큼을 구입할 수 없게 된다. 이러한 품귀상태하에서는 소비자들이 최고가격보다 높은 가격을 지불하고서라도 부족한 상품을 구입하고자 하기 때문에 암시장(black market)이 형성되게 마련이다.

최고가격제
상품가격의 상한수준을 법령으로 정하고 그 상한(최고가격)을 넘는 가격으로 거래하는 것을 금지하는 제도

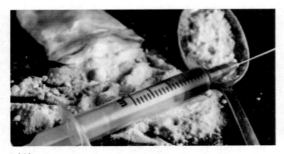

마약
마약은 암시장에서 고가로 거래된다.

암시장

최고가격을 넘는 가격으로 거래되는 불법적인 시장

암시장이란 정부가 정한 최고가격을 상회하는 가격으로 상품이 거래되는 불법적인 시장을 말한다. 그림에서 최고가격이 P_C로 설정되면 공급자들은 Q_S만 공급한다. 시장에 Q_S만 상품이 출하될 때 이 수량이 과부족 없이 소진되는 가격은 Q_S에 대응하는 수요가격 P_B이다. 이 수요가격 P_B가 이론적으로 설명할 수 있는 암시장가격의 최고수준이다.

이제 공급자가 정부의 최고가격정책에 따라서 소비자로부터의 유혹을 뿌리치고 P_C가격으로만 상품을 팔고자 하는 경우를 생각해 보자. 이 선량한 공급자들은 초과수요량이 존재하는 상황에서 부족한 물자를 소비자들에게 어떻게 할당해 줄 것인가 하는 문제에 부딪힌다. 여기에 인위적인 여러 배분방식이 등장한다. 대표적인 배분방식으로는 선착순(first-come-first-served)방식과 배급제도(coupon system)가 있다.

선착순방식은 문자 그대로 먼저 오는 소비자들에게 순서대로 상품이 떨어질 때까지 판매하는 방식이다. 이는 형평의 견지에서 바람직스럽지 못한 방식이다. 먼저 온 소비자들은 원하는 만큼 살 수 있겠지만 뒤에 오는 소비자들은 필요한 물건을 하나도 사지 못하기 때문이다. 이 방식에서는 먼저 온 소비자들이 자기가 필요한 수량 이상으로 물건을 사서 늦게 오는 소비자에게 웃돈을 얹어 팔게 되는 또다른 형태의 암시장이 출현하기 쉽다.

배급제도는 각 소비자에게 배급표(coupon)를 나누어 주고 그 배급표만큼만 상품을 살 수 있게 하는 제도이다. 행정의 편의상 가장 많이 이용되는 배급제도는 총상품수량을 소비자 수로 나누어 그 수량만큼 살 수 있게 배급표를 소비자에게 나누어 주는 것이다. 이 방식에서는 형평은 달성되지만 소비자의 선호가 반영되지 못하는 단점이 있다. 상품을 배급표에 기재된 수량보다 더 소비하고자 하는 사람들과 덜 소비해도 되는 사람들 사이에 배급표가 거래되고 배급표의 가격은 상한가격을 상회하게 된다. 이것 또한 일종의 암시장이다.

실제에 있어서는 선착순방식과 배급제도가 같이 이용된다. 배급제도를 도입하면서도 선착순방식을 쓰게 되는 이유는 시간이 흘러감에 따라 해당 상품의 공급량이 줄어들기 때문이다. 가격이 인위적으로 낮게 묶여 있으므로 시간이 흐름에 따라 일부 공급자들이 가격통제를 받지 않는 다른 상품생산으로 전업함으로써 정부가 기대했던 만큼 상품이 생산되지 않는다. 자유시장경제 대신 계획경제를 채택했던 나라들에서 으레 식료품가게 앞에 장사진을 이루면서 서 있는 가정주부들의 줄이 이러한 상황을 나타낸다.

이 밖에도 인위적인 배분방식으로 추첨(lotteries)방식이 있을 수 있다. 모자라는 대학의 기숙사 방을 배분하거나 인기 있는 강좌에 수강생이 넘칠 때 추첨방식이 쓰일 수 있다. 물론 뇌물(bribery)을 통해서도 부족한 물자가 인위적으로 배분될 수 있다. 부족한 물자를 뇌물을 주고 통제가격으로 구한 후, 통제가격에 뇌물에 들어간 비용

이상을 붙여서 팔 수 있기 때문이다(통제가격에 뇌물비용을 덧붙인 가격이 암시장가격보다 낮은 한 팔릴 것이다).

최고가격제도가 없이 가격의 자동조절기능에 맡기면 최고가격제도에서 나타나는 지속적인 품귀현상은 일어나지 않는다. 초과수요량이 존재하는 한 가격이 상승하고, 가격이 상승하면 공급량이 늘어나는 한편 수요량이 줄어들어, 초과수요량이 자동적으로 해소되기 때문이다. 시장기구에서는 선착순이나 배급제도와 같은 인위적인 배분장치가 필요 없다.

소비자들은 자유시장기구에서보다 가격통제하에서 더 낮은 가격으로 물건을 살 수 있다. 그러나 물건을 싸게 사는 대신 번번히 가게 앞에 줄을 서서 오랜 시간을 기다려야 하고 기다려서 꼭 산다는 보장도 없다. 그리고 이러한 상황은 시간이 흘러갈수록 더욱 심각해진다. 유한하고 유용한 자원인 시간을 할 일 없이 낭비하게 함으로써 줄서서 기다리는 기회비용이 갈수록 커진다. 소비자를 보호할 목적으로 최고가격제가 실시되지만 최고가격제가 소비자의 후생을 증진시킨다고 말할 수 없는 이유가 여기에 있다.

임대료규제와 금리규제

오늘날 시장경제에서도 계획경제처럼 최고가격제를 지속적으로 실시하는 품목이 있다. 선진국의 대도시에서 서민아파트에 대해 실시하는 임대료규제(rent control)와 대부분의 개발도상국에서 실시하는 이자율규제(interest rate control)가 그것이다. 임대료규제는 무주택서민의 주거생활을 안정시킨다는 취지하에 서민아파트 임대료 상승률을 매년 일정범위 안에서 억제하는 것이다. 규제되는 임대료수준은 시장기구에 맡길 경우 형성될 균형임대료보다 낮게 마련이어서 임대주택에 대한 초과수요량이 생긴다. 이 임대주택 부족현상은 앞에서 설명한 바와 같이 임대료규제가 지속되는 한 시간이 흘러감에 따라 더 악화됨으로써 서민의 주거생활 안정이라는 본래의 목적을 달성하지 못하게 한다.

이자율은 돈을 빌려 주고 돌려 받을 때 그 대가로 지불하는 이자가 원금에서 차지하는 비율이다. 이자율이 연 10%라면 10만원을 1년간 빌릴 때 원금 10만원 외에 이자 1만원을 더 내야 한다는 것을 뜻한다. 다른 조건이 일정할 때 이자율이 상승하면 빌려 주려는 돈은 증가하고 빌리려는 돈은 감소한다. 돈을 빌려 주고 빌리는 시장을 대출시장(loan market)이라 한다. 대출시장의 가격을 이자율, 거래량을 대출자금액이라고 하면 이자율통제의 경제적 효과를 그림 5-10을 이용하여 분석할 수 있다. 대부분의 개발도상국에서는 이자율이 자금수요곡선과 자금공급곡선이 만나는 균형이자율 P_E보다 낮은 P_C수준에서 규제된다. 이자율이 낮기 때문에 기업들은 너도 나도 자금을 빌리려고 하지만 대출시장에서 빌릴 수 있는 자금은 P_CF로 한정되어 만성적인 자금의 초과수요량(FG만큼)에 직면한다. 인위적인 가격규제에 따른 상품부족현상과 마찬가지로 인위적인 이자율규제에 따른 자금부족현상이 일어난다. 그러면 부족한 가용자금 P_CF를 누구에게 배분할 것인가 하는 신용배급(credit rationing)문제가 발생하고 이 과정에서 으레 부정과 부패가 뒤따른다. 또한 자금의 초과수요분 때문에 P_C 보다 높은 이자율로 자금을 얻고자 하는 암시장으로서의 「사채시장」이 생긴다.

최저가격제

최저가격제
상품가격의 하한수준을 법령으로 정하고 그 하한(최저가격) 아래로 가격이 내려가지 못하게 통제하는 제도

최고가격제와는 정반대로 정부가 하한가격(price floor) 또는 최저가격(minimum price)을 설정하여 그 이하로 가격이 내려가지 못하게 통제하는 제도를 최저가격제라 한다. 최저가격제를 설정하는 취지는 상품생산자의 이익을 보호하기 위한 것이다. 농산물가격지지제도나 최저임금제도 등이 최저가격제의 예이다. 전자는 농산품을 생산하는 농가의 이익을, 후자는 노동서비스를 제공하는 근로자의 권익을 보호하기 위하여 도입된 제도이다. 물론 이러한 취지를 달성하기 위해서 최저가격은 자유시장에서 결정될 균형가격수준보다 높게 설정된다.

원래의 취지가 아무리 좋더라도 최고가격제가 만성적인 초과수요량을 야기시키는 것과 같이 최저가격제는 만성적인 초과공급량을 야기시킨다. 그림 5-11에서 최저가격 P_F가 균형가격 P_E보다 높게 설정되면 시장공급량은 Q_S인 데 비해 시장수요량은 Q_D가 된다. 따라서 시장거래량은 Q_D이고 Q_DQ_S만큼 초과공급량으로 남는다. 이런 초과공급량을 어떻게 해결할 것인가가 최저가격제의 문제점이다.

시장거래량만을 놓고 보면 최저가격제의 실시로 거래량이 Q_E에서 Q_D로 감소한다. 이러한 이론적 근거에서 최저임금제를 실시하면 실업이 늘어난다고 말할 수 있다. 그림 5-11로 최저임금제의 효과를 논할 때에 횡축은 노동량, 종축은 임금이 되고 노동의 초과공급량 FG가 실업량이 된다. 최저임금제를 실시하기 이전 노동자계층의 노동소득은 OP_EEQ_E였다. 최저임금제를 실시한 이후의 전체 노동소득은 OP_FFQ_D이다. 임금이 올랐지만 고용량이 줄어 들었으므로 전체 노동소득이 최저임금제를 실시하기 이전보다 증가한다고 말할 수 없다. 노동수요의 임금탄력도(=노동수요량 변화율/임금 변화율)가 1보다 크면 임금인상률보다 노동수요량의 감소율이 더 크므로 전체 노동소득이 오히려 감소한다. 노동수요가 비탄력적일 때에만 최저임금제의 실시로 전체 노동소득이 증가한다. 물론 이 경우에도 기존 노동자의 임금소득이 늘고 신규노동자, 특히 비숙련노동자의 취업기회는 종전보다 좁아진다.

이번에는 그림 5-11이 농산물시장을 나타낸다고 하자. 그러면 최저가격 P_F에서 FG만큼의 잉여농산물이 발생한다. 선진국에서는 이를 해소하는 여러 가지 방안을 사용하고 있다. 그 중 몇 가지를 들면 다음과 같다.

① 정부가 농산물비축기금을 이용하여 FG를 전부 사들이는 방법
② 빈곤층에게 FG만큼의 농산물과 교환할 수 있는 식량권(food stamp)을 무상으로 교부하는 방법
③ 농가에게 재배면적을 줄이도록 권장하여 놀리는 농지에서 생산될 농산물 가치만큼을 보상하는 직접지불방법

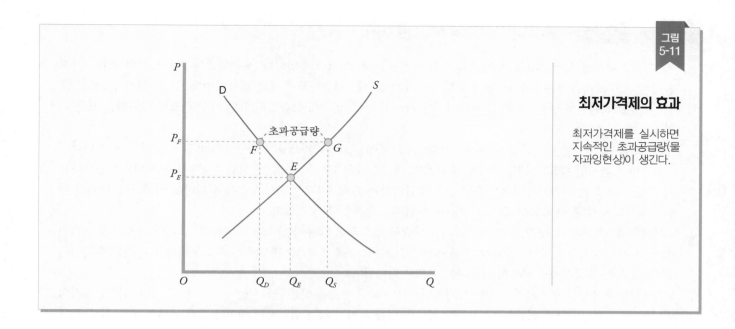

그림
5-11

최저가격제의 효과

최저가격제를 실시하면
지속적인 초과공급량(물
자과잉현상)이 생긴다.

등인데, 여기서 ①②는 수요증가 방안이고, ③은 공급감소 방안이다.

최고가격제에서와 마찬가지로 최저가격제에서 시간이 흘러감에 따라 수요곡선과 공급곡선이 더 완만하게, 더 탄력적으로 된다. 주어진 P_F 가격 수준에서 소비자들은 가격이 너무 높기 때문에 대체품을 찾아 이 가격지지 상품에 대한 소비를 줄이는 반면, 생산자들은 가격이 매력적이기 때문에 더 생산하여 장기적으로 초과공급량은 더욱 커진다. 농산물가격지지제도가 광범위하게 실시되고 있는 미국에서 잉여농산물 처리로 골머리를 앓는 것은 이 때문이다. 우리나라에서 실시하고 있는 일부 농산물에 대한 이중곡가제와 직접지불제는 농산물가격지지제도의 한 예이다.

편의점 알바생
이들의 시간당 최저임금을 대폭 올리면 알
바 자리 얻기가 어려워진다.

우리나라의 최저임금제도

최저임금제도를 세계 최초로 도입한 나라는 뉴질랜드다. 1894년의 일이다. 우리나라는 1988년부터 최저임금제를 시행하였다. 처음에는 10인 이상 정규직 근로자가 일하는 제조업체에 대해 적용하였다. 그 후 점차 단계적으로 확대하여 2002년부터 정규직이든 비정규직이든 가리지 않고, 업종에 상관없이, '1인 이상 근로자가 일하는 모든 직장'으로 확대되었다.

2024년의 최저임금은 시간급 9,860원이었다. 2025년에는 10,030원으로 시간당 10,000원을 넘었다. 우리나라는 2010년대 초까지만 해도 최저임금이 전체 근로자 평균임금의 1/3 수준으로 경제협력개발기구(OECD)가 권장하는 1/2 수준에 크게 못 미쳤다. 그러나 몇 년 동안에 급속하게 올라 2017년에 1/2 수준을 상회하고 이제 65% 내외가 되었다. 최저임금 수준 자체도 OECD 국가들 중 네 번째로 높은 나라가 되었다.

경제학계의 실증분석에 의하면 최저임금이 완만하게 오르면 고용이 감소하지 않는다. 그러나 과도하게 오르면 영세중소기업(특히 노동집약적인 요식, 유통, 숙박 등의 서비스업종에 속하는 자영업자)의 노동비용을 올리고 수익성을 떨어뜨려 본문의 분석처럼 고용이 감소하는 것으로 나타난다.

한국경영자 총연합에 따르면 2023년에 최저임금보다 낮은 임금을 받은 근로자는 301만 명으로 전체 임금근로자의 14%를 차지한다. 이 근로자들을 고용하는 기업주는 법을 지키지 않는 범법자인 셈이다. 2002년부터 모든 직장, 모든 근로자에 적용되는 최저임금제라지만 실제로는 영세중소기업의 지급능력이 취약하여 제도의 사각지대가 많다.

1   희소한 자원의 배분에 소비자의 선호가 존중되고 반영되는 현상을 소비자주권이라고 부른다. 자유시장 기구가 작동하는 자본주의사회에서는 소비자의 선호가 가격을 통해 소비(수요)와 생산(공급)에 자연스럽게 반영 된다.

2   시장경제에서는 수요·공급의 이론이 작용하는 자유시장기구를 통해 무엇을 얼마나, 어떻게, 누구를 위 하여 생산할 것인가 하는 세 가지 기본적인 경제문제가 생산물시장, 기업들의 효율적 생산노력, 생산요소시장 등 을 통해 해결된다. 자유시장기구는 자원을 효율적으로 배분한다. 이를 애덤 스미스는 '보이지 않는 손'이라고 불 렀다.

3   자유시장기구에서는 자발적인 상품의 매매를 통하여 소비자와 생산자 쌍방이 소비자잉여 및 생산자잉 여라는 이익을 얻는다. 소비자잉여는 상품 각 단위에 대한 수요가격과 시장가격과의 차액을 전 거래량에 걸쳐 합 계한 것이고, 생산자잉여는 시장가격과 공급가격과의 차액을 합계한 것이다. 한 상품에 대한 개별소비자의 소비 자잉여를 모든 소비자에 걸쳐 합한 것을 시장소비자잉여라 한다. 개별생산자의 생산자잉여를 모든 생산자에 걸 쳐 합한 것을 시장생산자잉여라 한다. 시장소비자잉여와 시장생산자잉여를 합한 것을 총잉여라 한다. 사회는 어 떤 상품을 생산함으로써 전혀 생산하지 않는 것에 비하여 총잉여만큼 혜택을 누린다.

4   소비세가 부과될 때 정상적인 수요·공급곡선하에서는 생산자와 소비자 양쪽이 조세를 부담한다. 조세부 담의 크기는 가격탄력도가 큰 쪽일수록 작아진다. 즉 수요의 탄력도와 소비자부담, 공급의 탄력도와 생산자부담 은 각각 반비례한다.

5   가격통제란 어떤 특수한 목적을 달성하기 위하여 정부가 직접적으로 가격형성에 간섭하는 것을 말한다. 가격통제의 대표적인 예로서 최고가격제와 최저가격제가 있다.

6   생활필수품 등이 절대적으로 부족한 경우 정부가 물가를 안정시키고 소비자를 보호할 목적으로 가격상 한을 설정하여 상한가격 이하에서만 거래하도록 통제하는 제도를 최고가격제라 한다. 최고가격제하에서는 물자 부족현상(초과수요량)이 발생하기 때문에 소비자들이 최고가격보다 높은 가격을 주고서라도 상품을 구입하고자 하여 암시장이 형성된다. 초과수요량이 있을 때 부족한 물자의 배분방식으로 선착순방식과 배급제도가 있다.

7   상품생산자의 이익을 보호하기 위하여 정부가 하한가격 또는 최저가격을 설정하고 그 이하로 가격이 내 려가지 못하도록 하는 제도를 최저가격제도라 한다. 최저가격제도의 대표적인 예로 농산물가격지지제도와 최저 임금제도가 있다. 최저가격제도하에서는 지속적인 물자과잉현상(초과공급량)이 발생한다.

- 자유시장기구
- 보이지 않는 손
- 소비자주권
- 소비자잉여
- 생산자잉여

- 총잉여
- 종가세
- 종량세
- 후생손실
- 가격통제

- 최고가격제
- 최저가격제
- 암시장
- 임대료규제
- 대출시장

- 이자율규제
- 신용배급
- 사채시장
- 최저임금제도

1 다음 주장을 비판하라. "A재 수요가 증가하면 A 재 가격이 상승한다. A재 가격이 상승하면 A재 소비와 A재 수요가 감소한다. 따라서 A재 수요 증가가 A재 수요 감소를 낳는다는 모순된 결론 에 도달한다."

2 어떤 상품의 가상적인 시장수요·공급표가 다음 과 같다고 하자.

P(원)	100	200	300	400	500	600
Q^D(개)	1,300	1,100	900	700	600	300
Q^S(개)	400	500	600	700	800	900

① 균형가격과 거래량을 구하라. 왜 균형가격·거 래량이 되는가?

② 수요함수가 $Q^D=1,500-2P$(단, $P=500$원일 때는 $Q^D=600$), 공급함수는 $Q^S=300+P$인 것을 확인 하라. 이 두 함수로부터 균형가격과 거래량을 계산하라.

③ 정부가 가격상한(=최고가격)을 300원으로 설정 할 경우의 효과를 분석하라.

④ 상품 한 단위당 200원의 소비세가 공급자에게 부과된다고 하자. 이 경우 새로운 수요·공급표 를 작성하라.

⑤ ④의 경우 공급함수가 $Q^S=300+(P-200)=$ $100+P$로 바뀌는 것을 확인하라. 공급함수가 이렇게 바뀌는 것을 경제논리로 설명하라, 수 요함수와 새 공급함수로부터 균형가격과 거래 량을 계산하라.

⑥ 소비세 부과 후의 새로운 시장균형가격과 거 래량을 구하라.

⑦ 조세의 부담을 설명하라.

⑧ 정부의 총소비세 수입은?

⑨ 소비세 200원이 공급자가 아니고 소비자에게 부과된다고 하자. 즉 소비자가 상품 한 단위를 살 때마다 시장가격을 공급자에게 치르면서 별도로 200원씩을 지불해야 한다고 하자. 새 로운 수요·공급표를 작성하고 ⑥⑦⑧ 문제를 풀어라.

⑩ ⑨의 경우 수요함수가 $Q^D=1,500-2(P+200)=$ $1,100-2P$(단, $P+200=500$일 때는 $Q^D=600$)로 바 뀌는 것을 설명하라. 수요함수가 이렇게 바뀌 는 것을 경제논리로 설명하라.

⑪ 가격이 500원에서 600원으로 인상될 때 공급 의 가격탄력도를 계산하라.

⑫ 수요표가 어떻게 바뀌면 소비세를 전액 공급 자가 부담하게 되는가? 그 이유는?

3 소비자가 사는 우유 한 팩당 100원의 세금을 매 겨 왔는데 50원으로 소비세를 낮추었다고 하자.

(1) 소비세를 공급자에게 부과할 때의 효과를 분 석하라.

(2) 소비세를 소비자에게 따로 부과한다고 가정하 여 분석하라.

(3) '소비세 부과가 자원배분을 왜곡한다'는 정리 를 확인하고 설명하라.

4 "쌀의 수요가 아주 비탄력적이라면 쌀농사가 흉작일 때 농가의 소득은 오히려 증가한다." 이 기술을 그림을 그려가며 논평하라.

5 다음 각각의 현상을 수요·공급의 이론으로 설명하라.

① 잠실체육관 안에서의 콜라가 체육관 밖에서의 콜라보다 값이 비싸다.
② 최근 수년간 아파트 전세금이 연 5% 이상 상승하여 왔다.
③ 졸업시즌에 튤립·아이리스·국화 등의 꽃이 잘 팔린다.
④ 정부가 정부미가격을 인하한 후 그동안 오르던 일반미값의 상승세가 둔화되었다.
⑤ 풍작 햇과일 출하가 늘어 과일가격이 약세이다.
⑥ 신형차가 등장하면 휴가철을 제외하고는 일반적으로 구형차값이 떨어진다.
⑦ 같은 딸기도 겨울딸기가 여름딸기보다 비싸다.
⑧ 중국산 고추의 수입개방으로 고추파동이 일어나다.

6 수요곡선이 $Q^D=400$으로 표시된다고 하자.

① 수요곡선을 그려라.
② 수요곡선의 가격탄력도를 구하라.
③ 정부가 100원의 소비세를 공급자에게 부과한다 하자. 조세의 부담을 설명하라.

7 수요곡선이 $P=200$으로 표시된다고 하자. 6번 문제①②③을 풀어라.

8 A.D. 302년 로마의 디오클레티아누스 황제는 다음과 같은 칙령을 내렸다. "짐의 군대가 행군할 때마다 촌락이나 도시에서는 물론이고 모든 노상에서도 식료품 가격이 4배, 8배, 심지어는 수십배 오름으로써 제멋대로의 탐욕이 횡행하는 것을 목도한다. 이에 이러한 탐욕을 규제하는 법을 제정·공포하노라." 왜 군대가 행군할 때마다 식료품가격이 폭등했을까? 이 칙령의 효과가 어떠했으리라고 생각하는가?

9 추석·설날 때 귀성열차, 유명 연예인의 공연장 등에는 으레 암표상이 등장한다. 암표상의 경제적 역할에 대하여 설명하라. 당국에서는 굳이 암표상을 근절하려 하지는 않는데 그 이유를 설명해 보라.

10 레오나르도 다빈치의 「모나리자」 원화를 경매한다면, 그 가격이 적어도 몇 백억원대일 것이다. 수요·공급곡선으로 분석하라. 이 그림의 공급의 탄력도는 얼마일까? 소비자잉여와 생산자잉여는 얼마일까?

11 채소·고추·마늘·소·돼지 등 농산물 및 축산물의 가격과 거래량은 심한 기복을 보이는 것이 일반적인 현상이다.

(1) 농산물에 대한 수요가 비탄력적인 이유를 설명하라.
(2) 농산물의 공급이 비탄력적인 이유를 설명하라.
(3) 수요·공급곡선을 이용하여 농산물파동(예컨대 배추파동)현상을 설명하라.
(4) 농산물이 풍작을 이루면 자유시장에서는 농가소득이 오히려 감소할 수 있음을 설명하라.
(5) 농가소득 보호차원에서 최저가격제를 시행할 경우의 문제점은 무엇인가?

12 "일반적으로 수요와 공급의 탄력도가 클수록 조세 부과로 인한 후생손실이 커진다." 이 명제를 종량세를 예로 들어 설명하라.

13 귀금속, 손목시계와 같이 종가세가 부과되는 경우에

(1) 수요곡선이나 공급곡선이 어떻게 변할까?
(2) 종량세가 부과되는 경우와 같은 점은 무엇일까?
(3) 종량세가 부과되는 경우와 다른 점은 무엇일까?

11 최저임금제도에 관하여

(1) OECD는 최저임금이 전체 근로자 평균임금의 1/2 수준을 권장한다. 그 논리를 알아보라. 최근 OECD 주요국의 실태를 조사해 보라.
(2) OECD 주요국의 1인당 소득 대비 최저임금을 조사해 보라.
(3) 최저임금을 두 자리 수로 올린 나라들을 알아보고 그 배경을 조사해 보라.
(4) 우리나라의 최저임금이 시간당 1만원은 되어야 한다고 주장하는 정부와 노동계의 논리를 알아보라.
(5) 정부와 노동계의 논리를 평가·비판해 보라.

15 아래의 읽을거리 5-3을 읽고 물음에 답하라.

(1) 국제통화기금은 외환위기 때 왜 이자제한법의 폐지를 권고했을까?
(2) 2002년에 대부업법을 제정하면서 왜 상한을 연 66%의 고율로 정했을까?
(3) 수백만 명의 신용불량자는 이자제한법 폐지의 결과인가, 외환위기와 금융위기의 결과인가 알아보자.
(4) '고리대의 덫에 걸려' 인신매매를 강요당하는 사람들까지 있으면 이들에 대하여 어떻게 해야 할까?
(5) 법정 최고금리를 연 15%나 10%까지 낮추지 않고 20%로 낮추겠다는 이유는?
(6) 본서에서는 금리규제의 문제점을 강조하고 읽을거리에서는 금리규제의 필요성을 강조하고 있다. 양쪽의 입장을 평가하고 정리해 보라.

16 다음 기술이 맞는가 틀리는가를 밝히고 그 이유를 설명하라.

① 초과수요량이 양일 때는 시장가격이 상승하고 음일 때는 시장가격이 하락한다.
② 수요가 증가할 때 공급이 감소하면 가격은 상승한다.
③ 종량세가 소비자에게 부과되는 경우와 공급자에게 부과되는 경우 조세의 부담효과는 같다.
④ 수요가 비탄력적이고 공급이 탄력적일 때 소비세를 부과하면 판매자가 구매자보다 더 많이 부담하게 된다.
⑤ 보리의 가격이 상승하면 쌀의 수요곡선이 오른쪽으로 이동한다.
⑥ 수요가 완전탄력적인 경우 최저가격제도는 실효를 거두지 못한다.
⑦ 수요가격이 시장균형가격과 같은 소비자에게 소비자잉여는 0이다.
⑧ 초과공급량이 발생하여 가격이 하락할 때 이 가격하락을 막기 위하여 최고가격제를 실시한다.
⑨ 수요가 완전탄력적인 상품에 소비세를 부과하면 세금은 전액 공급자부담이 된다.
⑩ 수요와 공급이 비탄력적일수록 조세부과로 인한 후생손실의 정도가 크다.
⑪ 재래시장에서 소비자의 가격 흥정은 판매자의 잉여를 줄이고 자기의 소비자잉여를 늘리려는 행위이다.
⑫ 물건값이 너무 비싸다고 느끼면서 물건을 샀다면 그의 소비자잉여는 0이나 마이너스다.

읽을거리 5-3
마침내 외환위기
이전으로 돌아가는
이자상한선

PART

III

소비자선택의 이론

제3장에서 수요의 법칙(=우하향하는 생산물수요곡선)이 성립하는 이유에 관하여 직관적인 설명을 하였다. 제3편에서는 우하향하는 생산물수요곡선의 배후에 있는 경제논리를 깊이 있게 분석한다.

제1장에서 배운 희소성의 법칙은 소비자에게 한정된 소득으로 나타난다. 따라서 소비의 주체인 소비자(또는 가계)가 경제적 합리주의를 추구한다면 그것은 한정된 소득으로 합리적인 소비활동을 함으로써 최대의 만족을 얻고자 하는 것으로 나타날 것이다. 이와 같이 한정된 소득을 가지고 소비자의 만족을 극대화하고자 하는 최적소비행태(optimal consumption behavior)로부터 우하향의 수요곡선을 도출하는 것이 제3편의 주요 내용이다.

소비자의 최적소비행태를 분석하는 소비자선택의 이론에는 한계효용이론과 무차별곡선이론 그리고 현시선호이론이 있다. 한계효용이론을 제6장에서, 무차별곡선이론과 현시선호이론을 제7장에서 다룬다. 소비자선택의 이론이 어떻게 응용되고 불확실성이 있을 때 어떻게 확장되는가를 제8장에서 다룬다.

한계효용이론

이 장에서는 가장 기초적인 소비자선택이론인 한계효용이론을 다룬다. 한계효용 이론에 따르면 소비자가 주어진 가용소득 범위 내에서 각 상품 1원어치의 한계효용이 같도록 소비할 때 최대의 효용(만족)을 얻을 수 있다. 한계효용이론은 소비자가 상품들을 소비하여 얻은 만족을 길이나 무게처럼 정확하게 측정할 수 있다고 가정하여 우하향의 수요곡선을 도출해 낸다.

CHAPTER

6

제1절 소비자선택이론의 기초

1 효용의 개념

사람들은 다양한 욕망을 가지고 있다. 그런데 대부분의 욕망은 여러 가지 상품을 소비함으로써 충족된다. 재화나 서비스를 소비함으로써 주관적으로 느끼는 만족을 효용(utility)이라고 한다. 효용이란 소비자의 주관적인 만족이기 때문에 그 크기를 객관적으로 측정한다는 것은 어려운 일이다. 그러나 경제학에서 합리적인 소비원리를 쉽게 설명하고자 흔히 효용의 크기를 측정할 수 있다고 가정한다.

효용의 크기를 측정하는 데에는 기수적 방법과 서수적 방법을 생각할 수 있다. 기수적 방법이란 효용의 크기를 양적으로 측정하는 방법으로, 서로 다른 재화나 서비스 간의 효용의 차이가 중요한 의미를 가진다. 예컨대 사과 1개의 효용이 2이고 밀감 1개의 효용이 4라면 밀감의 효용은 사과의 효용보다 큰 것은 물론 정확히 2배 크다고 하는 것이 효용의 기수적 측정이다. 이렇게 측정된 효용을 기수적 효용(cardinal utility)이라고 한다.

서수적 방법이란 효용을 그 크기의 순서로만 측정하는 것이다. 위의 사과와 밀감의 예에서 밀감의 효용이 사과의 효용보다 「2배나 크다」고 하는 것이 아니라 그냥 「크다」고만 하는 것이 효용의 서수적 측정이다. 즉 밀감의 효용이 사과의 효용보다 크기는 큰데 얼마나 큰지는 표시하지 않는 것이다. 효용의 서수적 측정에는 크기의 순서만 문제가 되기 때문에 사과 1개의 효용은 0, 밀감 1개의 효용은 100이라고 해도 되고, 사과 1개의 효용은 999, 밀감 1개의 효용은 1,000이라고 해도 무방하다. 밀감의 효용을 사과의 효용보다 큰 숫자로만 표시하면 되는 것이다. 이렇게 크기의 순서로만 측정된 효용을 서수적 효용(ordinal utility)이라고 한다.

> 재화나 서비스를 소비함으로써 느끼는 만족을 **효용**이라 한다. 효용의 크기를 측정하는 방법에 따라 효용을 두 가지로 분류한다. 양적으로 측정된 효용을 **기수적 효용**이라 하고 크기의 순서로만 측정된 효용을 **서수적 효용**이라 한다. 효용의 차이가 기수적 효용에서는 중요한 의미를 가지지만 서수적 효용에서는 아무런 의미를 가지지 못한다.

효용의 일반적 의미
상품을 소비함으로써 느끼는 만족

기수적 효용
길이나 무게처럼 양적으로 정확하게 측정되는 효용

서수적 효용
크기의 순서로만 측정되는 효용

2 소비자선택이론의 개요

소비자들은 효용을 얻기 위해서 여러 가지 상품을 구입하여 소비한다. 그런데 "같은 값이면 다홍치마"라는 속담과 같이 소비자들은 같은 가격이라면 효용이 큰 상품을, 같은 효용이라면 가격이 저렴한 상품을 구입하여 소비함으로써 최대의 효용을 얻고자 한다. 이것이 경제원칙에 맞는 합리적인 소비행태이다. 합리적인 소비행태는 소비자들의 소득이 한정되어 있기 때문에 필요하다. 만일 소득이 무한하다면 소비자들은 상품가격의 변화에 관계 없이 원하는 상품을 원하는 만큼 구입하여 소비함으로써 효용을 쉽게 극대화시킬 수 있을 것이다. 제1장에서 언급한 자원의 희소성이 소비자들에게는 한정된 소득으로 나타난다.

이와 같이 소비자가 한정된 소득으로 최대의 만족을 얻을 수 있도록 소비하고자 하는 합리적인 소비행태를 가정하여 제3장에서 설명한 우하향의 수요곡선을 도출하는 것이 소비자선택이론(theory of consumer's choice)의 주요 내용이다. 소비자선택이론은 소비자행태이론(theory of consumer's behavior)이라고도 하는데 그 접근방법에는 다음의 세 가지가 있다.

첫 번째 접근방법은 오스트리아의 경제학자 멩거(C. Menger), 영국의 제본스(W. S. Jevons), 프랑스의 왈라스(L. Walras) 등 한계효용학파의 창시자들이 1860년대에 발전시킨 한계효용이론(theory of marginal utility)이다. 이들은 효용을 기수적, 즉 양적으로 측정할 수 있다는 전제하에서 소비자선택이론을 전개하였다.

두 번째 접근방법은 이탈리아의 경제학자 파레토(V. Pareto), 소련의 슬루츠키(E. Slutsky), 영국의 힉스(J. R. Hicks), 미국의 알렌(R. G. D. Allen) 등이 1920년대에 발전시킨 무차별곡선이론(theory of indifference curve)이다. 이 이론은 효용이란 주관적인 것이기 때문에 기수적으로 측정할 수 없고, 다만 서수적으로만 측정할 수 있다는 전제하에서 전개된 이론이다.

세 번째 접근방법은 1960년대에 미국의 새뮤얼슨(P. A. Samuelson)과 하우스테커 (H. S. Houthakker) 등이 전개한 현시선호이론(theory of revealed preference)이다. 이 이론은 소비자가 시장에서 나타내 보이는 소비행동이 합리적인 선택의 결과라고 보고 이것을 연구하는 이론이다. 현시선호이론은 효용을 기수적으로든 서수적으로든 측정할 수 없다는 효용불가측성을 전제로 하고 있다는 점에서 다른 두 이론과 구별된다.

제2절 한계효용이론

이 장에서는 한계효용이론을 살펴보고 무차별곡선이론은 다음 장에서 다루기로 한다. 현시선호이론은 제7장의 부록에서 간략하게 소개한다.

1 총효용과 한계효용

총효용과 효용함수

목이 마를 때 콜라 한 병을 마시면 갈증이 해소되어 일정한 만족을 느끼게 되는데, 그 만족의 총량을 콜라 한 병에 대한 총효용(total utility)이라고 한다.

(총)효용
일정기간 동안 상품을 소비함으로써 얻는 만족의 총량

> 일정기간 동안 일정량의 상품을 소비함으로써 얻는 주관적인 만족의 총량을 **총효용** 또는 단순히 **효용**이라고 한다.

갈증이 심하다면 콜라 한 병으로는 부족해서 한 병을 더 마시고자 할 것이다. 이때 콜라 한 병으로 얻는 총효용보다 콜라 두 병으로 얻는 총효용이 크다. 상품의 소비량이 증가하면 일반적으로 총효용도 증가한다. 이와 같이 어떤 재화나 서비스를 소비했을 때 얻는 소비량과 총효용의 관계는 효용함수를 통해 표현 가능하다.

효용함수
상품의 소비량과 총효용의 관계를 보여 주는 것

> 일정기간에 상품의 소비량과 그로부터 얻어지는 총효용의 관계를 보여 주는 것을 **효용함수**(utility function)라고 한다.

소비자가 소비하는 상품이 X재와 Y재만 있다고 가정하자. 그러면 그 소비자의 효용함수는

(6-1) $\quad U = U(X, Y)$

로 표시할 수 있다. 식 (6-1)에서 X는 소비자의 X재 소비량, Y는 Y재 소비량, U는 총효

용을 나타낸다.[1] 두 재화 중 어느 한 재화의 소비량이 증가하면 소비자의 효용은 대개 증가한다.

한계효용

한계효용
소비량이 1단위 증가할 때 총효용의 증가분

앞에서 설명한 바와 같이 한 상품의 소비량이 변하면 일반적으로 소비자의 총효용도 변한다. 총효용의 변화분(ΔU)을 소비량의 변화분(ΔX)으로 나눈 값을 그 상품의 한계효용(marginal utility; MU)이라고 한다. X재의 한계효용을 MU_X, Y재의 한계효용을 MU_Y로 표시하면

$$\text{[6-2]} \quad MU_X = \frac{\Delta U}{\Delta X}, \qquad MU_Y = \frac{\Delta U}{\Delta Y}$$

이다. 여기서 소비량의 변화분이 1단위라고 하면 분모가 1이기 때문에 한계효용은 총효용의 변화분 ΔU가 된다. 다시 말해서 한계효용이란 소비량을 한 단위 증가시킬 때 총효용에 추가되는 효용, 또는 소비량을 한 단위 줄일 때 그 한 단위로 인하여 잃게 되는 효용을 말한다.[2]

한계효용이란 소비량이 1단위 증가(감소)할 때 총효용의 증가(감소)분을 말한다.

표 6-1은 앞의 콜라의 예를 구체화시킨 것으로서 어느 한 소비자가 일정기간 동안 콜라의 소비량을 계속적으로 증가시키는 경우에 총효용이 어떻게 변하는가를 숫자로 표시하고 있다. 표는 효용을 기수적으로 측정할 수 있다는 한계효용학파의 가정을 받아들여 작성되었다.

이 표의 제1열은 콜라의 소비량을 표시하고 제2열은 콜라를 소비하여 얻는 총효용을 나타낸다. 예컨대 콜라를 한 병 소비할 때의 총효용은 4이고, 두 병 소비할 때의 총효용은 7이라는 것을 보여 준다. 제3열은 콜라의 한계효용을 표시한다. 예컨대 콜라를 전혀 소비하지 않으면 총효용은 0인데 소비량을 1병으로 증가시키면 총효용은

---

1 X, Y는 효용함수 안에 들어가 있을 때는 소비량으로, 본문에서는 그냥 X재, Y재의 뜻으로 쓴다. X재, Y재의 소비량은 Q_X, Q_Y 등으로 달리 표기하는 것이 원칙이다. 그러나 표기를 가급적 복잡하게 사용하지 않기 위해 혼동의 여지가 별로 없는 범위에서 표기의 가지 수를 줄였다.

2 한계효용은 소비량의 증가분 ΔX가 1단위 이상 몇 단위가 되어도 마찬가지로 해석된다. 예컨대 소비량이 5단위 증가할 때 총효용의 증가분이 10이라면 한계효용은 총효용의 증가분을 소비량의 증가분으로 나눈 값 2가 되고, 이것은 소비량 1단위당 증가분에 대한 총효용의 증가분이 되는 것이다. ΔX=5인 경우가 ΔX=1의 경우와 차이가 있다면 ΔX=5의 경우 총효용의 평균증가분이라는 것이다. 즉 매 단위 한계효용이 2가 아니라 1단위에서 5단위까지의 한계효용의 평균이 2라는 것이다. 본서에서는 주로 ΔX=1의 경우로 한계효용을 정의해 나가기로 한다. 이는 다른 한계치에도 마찬가지로 적용된다.

표
6-1

총효용과 한계효용

(1) 콜라 소비량(병)	(2) 총효용(TU)	(3) 한계효용(MU)
0	0	
1	4	4
2	7	3
3	9	2
4	10	1
5	10	0
6	9	−1
7	7.5	−1.5

4가 된다. 따라서 소비량이 0에서 1병으로 증가됨으로써 부가되는 총효용의 증가분은 4인데, 이것이 바로 콜라 한 병째의 한계효용이다.[3] 마찬가지로 콜라의 소비량을 1병에서 2병으로 증가시킬 때 총효용은 4에서 7로 증가하는데, 이 때 총효용의 증가분 3이 콜라 두 병째의 한계효용이다.

콜라를 한꺼번에 많이 마시면 배탈이 나서 총효용이 증가하는 것이 아니라 감소할 수도 있다. 소비량이 어느 수준에 도달하면 총효용이 극대가 되고 그 이상 더 소비량이 많아지면 총효용은 증가하지 않거나 오히려 감소할 수 있는데, 이 때 총효용이 최대가 되는 점을 만족의 포화점(saturation point)이라고 한다. 표 6-1에서는 콜라 4병 혹은 5병이 포화점이다.

포화점
총효용이 최대가 되는 점

표 6-1로부터 총효용과 한계효용간에 다음과 같은 두 가지 관계가 성립함을 알 수 있다.

첫째, 상품 n단위의 총효용은 n단위째까지 각 단위의 한계효용을 모두 합한 것과 같다. 예를 들어 표 6-1에서 콜라 3병의 총효용은 9인데 이것은 3병째까지의 한계효용의 누계(=4+3+2)와 같다.[4] 이와 같이 총효용은 한계효용의 누계이므로 총효용표와 한계효용표 중 어느 하나만 주어지면 다른 하나를 계산할 수 있다.

---

3 한계효용은 $\Delta U/\Delta X$의 정의에서 보는 바와 같이 두 소비량 사이에 정의되므로 원칙적으로 두 소비량 사이에 써야 한다. 예컨대 표에서 콜라 두 병째 한계효용 3은 콜라 소비량 1병과 2병 사이의 칸에 써야 한다. 두 수량, 예를 들어 $n-1$번째 수량과 n번째 수량 사이에 쓸 때에는 n번째 수량의 한계치로 읽는다. 이하의 그림 6-1에서처럼 한계효용곡선을 그릴 때에도 n번째 단위의 한계효용을 $n-1$과 n의 한 가운데에 표시한다. 한계효용곡선 아래의 면적이 총효용과 같게 하기 위하여 이와 같이 그린다. 그러나 본서에서는 표기의 간편을 위해 표 6-1에서와 같이 n단위째 한계효용을 n단위란에 쓴다. 이 경우 $n-1$단위로부터 한 단위 더 추가시킬 때 얻는 한계효용 또는 n단위로부터 한 단위 감소시킬 때 잃는 한계효용으로 해석하기로 한다.

4 이 기술은 상품을 전혀 소비하지 않을 때의 총효용수준이 0일 때에 한하여 정확한 기술이 된다. 만약 소비량이 0일 때의 총효용수준이 a라면 이 a를 추가해야 한다. 본서에서는 상품의 소비수준이 0일 때 총효용은 0이라고 가정한다.

둘째, 상품의 소비량을 증가시켜 갈 때 한계효용이 양의 값을 갖는 한 총효용은 증가하고, 한계효용이 음의 값을 가지면 총효용은 감소하며, 한계효용이 0일 때 총효용은 극대가 된다.[5] 반대로 총효용이 증가하는 한 한계효용의 값은 양이고, 총효용이 감소하면 한계효용의 값은 음이며, 총효용이 극대일 때 한계효용수준은 0이다.

한계효용과 총효용의 관계
① 한계효용>0   ⇔   총효용 증가
② 한계효용<0   ⇔   총효용 감소
③ 한계효용= 0   ⇔   총효용 극대

표 6-1은 소비량이 증가할수록 추가되는 효용이 감소하게 만들어져 있다. 한계효용이론에서는 이것이 일반적인 현상이라고 보아 한계효용체감의 법칙(law of diminishing marginal utility)이라고 부른다.[6]

<aside>
한계효용체감의 법칙
한 상품의 소비량이 증가함에 따라 그 상품의 한계효용이 감소하는 것
</aside>

다른 상품들의 소비량이 고정된 상태에서 한 상품의 소비량이 증가할수록 그 상품의 한계효용이 감소하는 것을 **한계효용체감의 법칙**이라고 한다.

소비량이 증가할수록 한계효용이 체감한다는 것은 소비량이 증가함에 따라 총효용이 증가하더라도 점점 조금씩 증가한다는 것을 의미한다.

표 6-1을 곡선 및 막대그림표로 표시한 것이 그림 6-1이다. 그림 6-1(a)에서 콜라 소비량 2병의 총효용 7은 2병에서의 곡선의 높이로도 나타낼 수 있고 2병에서의 막대그림의 면적(=밑변×높이=1×7)으로도 나타낼 수 있다. 이 그림을 통하여 독자들은 앞에서 논한 총효용과 한계효용의 두 가지 관계를 확인할 수 있어야 한다. 첫째 관계는 두 그림에서 색깔 있는 막대로 나타나고, 둘째 관계는 그림에서 막대의 높이로 나타난다. 그림 6-1(b)에서와 같이 각 막대 위 중간점들을 이어 한계효용곡선을 그리면 한계효용곡선 아래의 면적(구체적으로 MU곡선과 종축 및 횡축이 만들어 내는 면적)이 총효용수준과 거의 같음을 알 수 있다. 본서에 나오는 한계효용곡선·한계비용곡선 등 각종 한계량곡선은 이와 같은 방법으로 그려진 것이다.

표 6-1이나 그림 6-1을 보면 콜라 6병째부터는 한계효용이 음의 값을 가진다.

---

[5] 이와 같은 총효용과 한계효용의 관계는 앞으로 설명될 총생산물과 한계생산물, 총비용과 한계비용, 총수입과 한계수입의 관계에서도 그대로 적용된다. 즉 총량과 한계량과는 일반적으로 위의 두 가지 관계가 성립한다.

[6] 한계효용체감의 법칙은 궁극적인 한계효용체감의 법칙(law of ultimately diminishing marginal utility)이라고도 부른다. 소비량이 일정수준에 도달하기 전까지는 한계효용이 증가하는 경우도 생각할 수 있기 때문이다. 본문 앞의 예에서 콜라를 병으로 마시지 않고 아주 작은 잔으로 마신다고 가정해 보자. 작은 잔의 콜라 한 잔으로는 어림도 없는 큰 갈증을 느낄 때 콜라 한 잔을 더 마신다면 작은 한 잔으로 얻는 만족보다 더 큰 만족을 느끼게 될 것이다. 이 경우 한계효용은 증가한다. 그러나 처음에 한계효용이 증가하는 경우라도 소비량을 계속 늘려가면 궁극적으로 한계효용은 체감한다. 이것이 우리 일상생활에서 경험하는 일반적인 현상이다.

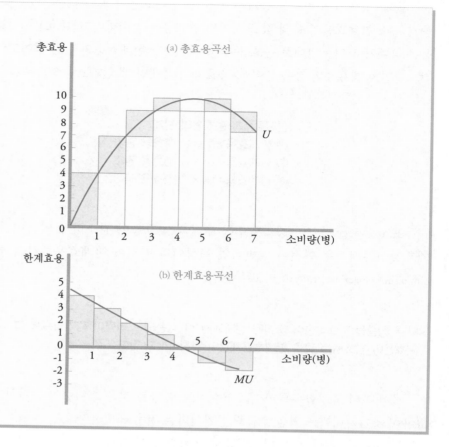

그림
6-1

**총효용곡선과
한계효용곡선**

총효용곡선은 소비량과 총효용의 관계를, 한계효용곡선은 소비량과 한계효용의 관계를 보여 준다. 총효용곡선에서 한계효용곡선을 도출할 수 있고, 한계효용곡선에서 총효용곡선을 도출할 수 있다. 한계효용곡선은 한계효용체감의 법칙에 의해 우하향한다.

이는 소비량이 6병으로 증가함에 따라 총효용은 오히려 감소한다는 것을 표시한다. 합리적인 소비자라면 총효용이 감소하는 수준까지 소비량을 증가시키지는 않는다. 그러므로 한계효용이 음의 값을 갖는 부분은 소비자이론에서 자동적으로 논의의 대상으로부터 제외된다.

2 소비자선택의 조건

한계효용균등의 법칙

경제학에서는 소비자가 자기의 효용이 극대화되도록 소비하는 것이 합리적인 소비라고 상정한다. 어떻게 소비하는 것이 합리적인 소비인가? 만약 소득이 모든 상품을 얼마든지 구입할 수 있도록 많다면 합리적인 소비계획의 문제는 쉽게 해결할 수 있다. 각각의 상품에서 얻는 한계효용이 0이 될 때까지(즉 총효용이 극대가 될 때까지) 상품을 소비하는 것이다. 그러나 일반적인 소비자들의 소득은 한정되어 있다. 따라서 한정된 소득으로 최대의 효용을 얻기 위하여 각 상품을 얼마만큼씩 구입하여 소비하느냐가 문제인 것이다. 이것이 효용극대화(utility maximization)를 위한 소비자선택의 문제이다.

한계효용이론에서 이 문제에 대한 해답은 한계효용균등의 법칙(law of equimarginal utility)으로 제시한다. 주어진 소득으로 소비자가 두 상품 X재와 Y재만을 구입하고 소비자의 선호체계가 식 (6-1)의 효용함수로 표시된다고 하자. 그러면 한계효용균등의 법칙은 다음과 같이 표시된다.

$$(6\text{-}3) \quad \frac{MU_X}{P_X} = \frac{MU_Y}{P_Y}$$

윗식에서 MU_X/P_X는 X재의 한계효용을 X재의 가격으로 나눈 것이다. 따라서 그 값은 X재 1원어치의 한계효용이다. 가령 X재 가격이 300원이고 X재 1단위를 더 구입할 때 한계효용이 1,500이라면, X재 1원어치의 한계효용은 5이다. 다른 말로 하면 1원을 추가로 지출하여 X재를 구입할 때 얻는 효용이 5라는 것이다. 이때 화폐 한 단위의 한계효용(marginal utility per won)은 5라고 한다. 마찬가지로 MU_Y/P_Y는 Y재 1원어치의 한계효용이다.

그렇다면 식 (6-3)은 X재 1원어치의 한계효용과 Y재 1원어치의 한계효용이 같아야 한다는 것을 표시하고 있다. 주어진 소득으로 X재 1원어치의 한계효용과 Y재 1원어치의 한계효용이 같도록 X재와 Y재를 소비해야 효용이 극대화된다는 것이다. 한계효용균등의 법칙은 각 재화의 한계효용이 같은 것이 아니라 각 재화의 한계효용을 그 재화의 가격으로 나눈 값이 같아야 한다는 것을 강조하기 위하여 가중된 한계효용균등의 법칙이라고도 한다.

만약 X재 1원어치의 한계효용과 Y재 1원어치의 한계효용이 서로 다르게 두 상품을 소비한다면 소비자의 효용은 극대가 되지 못한다. 예를 들어 현재 소비수준에서 X재 1원어치의 한계효용이 5이고, Y재 1원어치의 한계효용이 3이라 하자. 이 소비자에게 1원이 더 생긴다면 그는 그 1원을 X재 구입에 사용할 것이다. X재를 소비함으로써 효용을 더 증가시킬 수 있기 때문이다. 그러나 이와 같은 추가적인 소득이 생기지 않더라도 기존의 지출액으로 소비계획을 변경하여 효용을 더 증가시킬 여지가 있다. 예컨대 Y재를 1원어치 덜 사고 그 1원으로 X재를 더 사면 지출액은 종전과 똑같지만 소비자의 총효용수준은 종전보다 2만큼 증가한다. 왜냐하면 Y재를 1원어치 덜 구입해서 잃는 효용은 3인 데 반하여, 그 1원으로 X재를 더 구입하여 얻는 효용은 5이기 때문이다.

요약컨대 주어진 소비수준에서 $\frac{MU_X}{P_X} > \frac{MU_Y}{P_Y}$이면 소비지출을 더 증가시킴이 없이 Y재를 덜 사고 X재를 더 사는 소비조정을 통하여 소비자의 효용은 증가될 수 있

(가중된) 한계효용
균등의 법칙

각 재화의 한계효용을 그 재화의 가격으로 나눈 값이 같은 소비조합이 최대의 효용을 가져다 준다는 것

다. 이처럼 주어진 소득으로 소비조정을 통하여 총효용을 증가시킬 수 있는 여지가 있기 때문에 그 소비수준에서는 총효용이 아직 최대에 이르지 못하고 있다. $\frac{MU_X}{P_X} >$ $\frac{MU_Y}{P_Y}$인 소비수준에서 X재를 더 사고 Y재를 덜 사는 소비조정은 한계효용체감의 법칙에 의하여 MU_X를 감소시키고 MU_Y를 증가시켜 식 (6-3)과 같은 등식을 회복시켜 준다.

만약 현재의 소비수준에서 거꾸로 $\frac{MU_X}{P_X} < \frac{MU_Y}{P_Y}$이면 어떻게 되는가? 위에서의 논리와 마찬가지로 1원어치 한계효용이 낮은 X재를 덜 사고 1원어치 한계효용이 큰 Y재를 더 사는 방향으로 소비를 조정하는 것이 바람직하다. 이러한 조정은 한계효용체감의 법칙을 통하여 MU_X를 증가시키고 MU_Y를 감소시켜 식 (6-3)으로 접근하게 해 준다. 결국 주어진 소득으로 $\frac{MU_X}{P_X} = \frac{MU_Y}{P_Y}$인 소비수준에서만이 소비자는 최대의 효용을 얻는다.

각 상품 1원어치의 한계효용 혹은 화폐 한 단위로 구입한 상품의 한계효용이 같게 소비조합을 택할 때 소비자는 최대의 효용을 얻게 된다. 이것을 가리켜 **(가중된) 한계효용균등의 법칙**이라 한다.

효용극대화조건 = 소비자균형조건

소비자의 소득을 I, X재와 Y재의 가격을 각각 P_X, P_Y라 하고 구입량을 각각 X, Y라 한다면 소비자는 다음과 같은 소득제약조건(income constraint) 또는 예산제약식(budget constraint)을 갖는다.

소득제약조건(= 예산제약식)
재화와 서비스에 대한 총지출액이 소득과 같아야 한다는 제약

$$[6\text{-}4] \quad P_X X + P_Y Y = I$$

윗식의 왼쪽 항은 두 상품에 대한 총지출액을 나타낸다. 총지출액이 소비자의 소득을 초과할 수는 없다. 반면에 총지출액이 소득보다 적을 때에는 여분의 소득으로 X재나 Y재를 더 구입함으로써 소비자의 효용은 증가한다.[7] 따라서 식 (6-4)와 같은 등식이 성립해야 한다.

결국 식 (6-4)의 조건하에서 식 (6-3)을 만족시키도록 X재와 Y재의 구입량을 결정할 때 소비자는 주어진 소득 I로 최대의 만족을 얻게 된다. 식 (6-3)과 (6-4)를 소비자의 효용극대화조건이라 한다.

효용극대화조건은 상품의 종류가 두 가지 이상인 경우로 쉽게 확대할 수 있다. 소비자가 주어진 소득 I로 n종류의 상품을 구입한다고 가정하자. 각 상품의 가격을

---

7 X재와 Y재만이 소비자에게 효용을 가져다 주는 상품이라고 가정한 것을 상기하라. 저축도 효용을 가져다 준다면 저축을 제3의 상품으로 간주하여 식 (6-5)와 (6-6)을 이용하면 된다. 이 장의 연습문제 2번을 참조하라.

P_1, P_2, $\cdots$, P_n으로, 한계효용을 MU_1, MU_2, $\cdots$, MU_n으로, 구입량을 Q_1, Q_2, $\cdots$, Q_n으로 표시하자. 그러면 효용극대화조건 식 (6-3)과 (6-4)는 다음과 같이 일반화된다.

> 한계효용균등의 법칙과 예산제약식을 묶어 효용극대화조건= 소비자균형조건이라 한다.

[6-5] $\dfrac{MU_1}{P_1} = \dfrac{MU_2}{P_2} = \cdots = \dfrac{MU_n}{P_n}$ = 화폐의 한계효용 : 한계효용균등의 법칙

[6-6] $P_1Q_1 + P_2Q_2 + \cdots + P_nQ_n = I$: 예산제약식

각 상품의 구입에 필요한 총지출액이 소득과 같아야 한다는 조건하에서 각 상품 1원어치의 한계효용이 균등하도록 각 상품을 소비할 때 소비자는 최대의 효용을 얻게 된다는 것이다. 상품가격이나 소득이 변하지 않는 한 소비자는 식 (6-5)와 (6-6)을 만족시키는 소비조합을 바꿀 유인이 없다. 따라서 소비자의 효용극대화조건을 소비자균형조건이라고도 한다.

식 (6-5)가 성립하면 단돈 1원의 소득이 더 생겼을 때 그 1원으로 n종류의 상품 중 어떤 상품을 구입하여 소비하더라도 동일한 효용을 얻을 수 있기 때문에 소비자로서는 상관이 없다. 이는 추가적인 소득 1원을 들여 얻을 수 있는 효용이 모든 상품

읽을거리 6-1 ▶ 돈 갚을 능력 없는데 신용카드 사용하면 사기

식 (6-4)와 같은 정태적인 예산제약식에서 I는 소비자가 버는 소득뿐 아니라 빌리는 돈까지 포함한 가용소득으로 해석할 수 있다. 그러나 빌리는 경우에 자기가 갚을 수 있는 한도 내에서 빌려야 할 것이다. 그렇지 않으면 예산제약식을 만족시키지 못하는 비합리적 소비자가 된다. 이와 관련한 대법원 판결을 보자.

A씨는 1,000만원을 현금서비스로 대출받고 1,500여만원어치의 물품을 구입한 뒤 이를 갚지 않아 사기죄로 기소됐다. 그러나 1, 2심 법원은 A씨의 물품 구매 부분은 유죄로 인정했으나 현금서비스 부분에 대해서는 "A씨가 처음부터 갚을 생각이 없었다는 증거가 부족하다"며 무죄로 판단해 벌금 250만원을 선고했다.

이에 대해 대법원은 일부 무죄를 선고한 원심을 깨고 유죄 취지로 사건을 지방법원으로 돌려보냈다. 재판부는 판결문에서 "신용카드 회원이 현금서비스를 받는 것은 대금을 성실히 갚을 의무를 전제로 한다"며 "변제 의사나 능력이 없는 상황에서 카드를 사용한 것은 사기죄에 해당한다"고 설명했다.

재판부는 또 "원심은 현금서비스가 기계를 통해 돈을 인출하는 것이어서 사람을 속인 기망행위가 아니라고 봤지만 이는 신용카드사와 회원간 계약에 따른 행위임을 잘못 이해한 것"이라고 덧붙였다.

출처: 중앙일보(2005.11.30)

에 걸쳐 똑같다는 것을 의미한다. 즉, $\frac{MU_1}{P_1} = \frac{MU_2}{P_2} = \cdots = \frac{MU_n}{P_n} = m$이라 할 때 추가적인 소득 1원을 어느 상품에 소비해도 그 1원은 소비자에게 m만큼의 효용을 가져다 준다. 따라서 m은 추가적인 돈 1원이 가져다 주는 효용이라는 뜻에서 「화폐 1단위의 한계효용」또는 화폐의 한계효용(marginal utility of money)이라 부른다.

지금까지 설명한 효용극대화조건을 간단한 예를 들어 살펴보자. 효용극대화 문제를 풀기 위하여는 위에서 간접적으로 시사된 바와 같이 소비자의 소득, 각 상품의 가격, 소비자의 각 상품에 대한 선호 등에 관한 정보가 있어야 한다. 이제

(1) 소비자의 소득은 2,600원이고,

(2) 소비자는 주어진 소득 2,600원으로 두 상품 X재와 Y재만을 구입하며,

(3) X재의 가격은 200원이고 Y재의 가격은 300원이라고 하자. 또한 소비자의 X재와 Y재에 대한 선호는 표 6-2와 같이 표시된다고 가정하자.

이제 표 6-2를 이용하여 소비자가 주어진 소득으로 효용을 극대화할 수 있도록 X재와 Y재의 구입량을 결정하는 과정을 살펴보자. 우선 소득이 300원뿐이라면 합리적인 소비자는 어떻게 소비를 할 것인가? 300원으로 소비자는 Y재를 1단위 사거나 X재를 1.5단위 살 수 있다. Y재를 1단위 살 때 얻는 총효용은 2,800이고 X재를 1.5단위 살 때 얻는 총효용은 2,600($=1,800+\frac{1,600}{2}$)이어서 전자가 후자보다 크다. 따라서 소비자는 300원으로 Y재를 1단위 살 것이다.

이제 소득이 800원이라면 위에서 본 바와 같이 300원으로 우선 Y재를 1단위 사고 나머지 500원으로 X재를 1단위, Y재를 1단위 더 살 것이다. 왜냐하면 화폐의 한계효용이 Y재 첫 단위, X재 첫 단위, Y재 둘째 단위 순으로 크기 때문이다. 독자들은 800원으로 Y재 2단위와 X재 1단위를 사는 것이 다른 어떤 소비행태(예컨대 X재만 4단위를 사거나, Y재 1단위, X재 2.5단위를 사는 경우)보다 더 높은 효용을 누리게 해 주는 것을 표에서 확인할 수 있어야 한다.

표
6-2

한계효용균등의
법칙과 소비조합

	X재 : P_X=200원				Y재 : P_Y=300원		
X재 소비량	TU_X	MU_X	$\frac{MU_X}{P_X}$	Y재 소비량	TU_Y	MU_Y	$\frac{MU_Y}{P_Y}$
1	1,800	1,800	9.0	1	2,800	2,800	9.3
2	3,400	1,600	8.0	2	5,400	2,600	8.6
3	4,800	1,400	7.0	3	7,800	2,400	8.0
4	6,000	1,200	6.0*	4	10,000	2,200	7.3
5	7,000	1,000	5.0	5	12,000	2,000	6.6
6	7,800	800	4.0	6	13,800	1,800	6.0*
7	8,400	600	3.0	7	15,400	1,600	5.3
8	8,800	400	2.0	8	16,800	1,400	4.6
9	9,000	200	1.0	9	18,000	1,200	4.0

소득이 1,000원이라면 소득이 800원일 때의 합리적인 소비계획(즉 Y재 2단위, X재 1단위)에서 추가되는 200원으로 Y재나 X재 어느 것을 구입해도 상관없다. Y재 3단위째와 X재 2단위째의 화폐의 한계효용이 8로 같기 때문이다. 200원으로 두 단위째 X재를 살 때 추가되는 효용은 1,600이다. 그런데 Y재를 2/3단위 더 살 경우의 효용도 3단위째 한계효용 2,400의 2/3배인 1,600이다. 따라서 소득이 1,300원이라면 Y재를 3단위, X재를 2단위 살 것이라는 것을 쉽게 알 수 있다. 위와 같은 관념적 실험을 되풀이하여 각각의 소득수준에서의 합리적인 소비계획을 알아낼 수 있다.

어떻게 고를까(1)
가용소득 내에서 추가되는 이득(효용)이 추가되는 비용보다 큰 것을 고를까

결국 소득이 2,600원인 소비자는 X재를 4단위, Y재를 6단위 소비함으로써 효용극대화를 달성한다. 이 소비수준은 식 (6-3), (6-4)의 효용극대화조건을 만족시킨다. 즉

$$\frac{MU_X}{P_X} = \frac{MU_Y}{P_Y} = 6$$

$$P_X X + P_Y Y = (200 \times 4) + (300 \times 6) = 2,600 = I$$

이 때 소비자가 얻는 총효용은 X재로부터 6,000, Y재로부터 13,800, 총 19,800이다. 총효용 19,800은 주어진 X재와 Y재의 가격과 주어진 소득 2,600원으로 얻을 수 있는 최대효용이다. 2,600원의 소득으로 X재와 Y재의 배합이 4단위와 6단위가 아닌 다른 어떤 배합을 구입해도 소비자는 19,800보다 작은 효용을 얻는다.

지금까지 상이한 소득수준에서 효용을 극대화하는 소비점들을 구체적인 예로 살펴보았다. 독자들은 이제 위와 같이 장황한 관념적 실험을 하지 않고도 효용극대화조건을 이용하여 균형소비량을 쉽게 구할 수 있을 것이다. 먼저 표 6–2에서 $\frac{MU_X}{P_X} = \frac{MU_Y}{P_Y}$ 인 소비조합을 보면

① X재 2단위와 Y재 3단위,

② X재 4단위와 Y재 6단위,

③ X재 6단위와 Y재 9단위

가 있다. 이 중에서 총지출액이 소비자의 소득 2,600원과 같은 소비조합은 ②번이다.

3 효용극대화조건과 수요곡선

이상에서 설명한 바와 같이 합리적인 소비자는 주어진 소득으로 최대효용을 얻을 수 있도록 상품의 구입량을 결정한다. 이제 효용극대화조건을 이용하여 한 상품의 가격이 변할 때 각각의 가격수준에 대응하는 균형소비량을 계산함으로써 수요곡선을 도출하고 이 수요곡선이 우하향하는 것을 보일 수 있다.

앞의 예에서 $P_X = 200$원, $P_Y = 300$원일 때 소비자는 주어진 소득 2,600원으로 X재 4단위와 Y재 6단위를 소비함으로써 균형에 도달하고 있음을 보았다. 이 균형상태로부터 Y재에 대한 가격과 수요량의 대응관계($P_Y = 300$일 때 $Y = 6$)를 직각좌표상에 표시하면 그림 6-2의 A점이 된다. 이것은 소비자의 소득이 2,600원, 연관재인 X재의 가격이 200원, 소비자의 선호가 표 6-2로 주어져 있을 때, Y재의 가격이 300원이면 소비자는 Y재 6단위를 구입함으로써 효용을 극대화하고 있음을 의미한다.

이제 만약 소비자의 소득과 선호, 그리고 X재의 가격 P_X는 종전과 같은데 Y재의 가격 P_Y가 300원에서 200원으로 하락했다고 하자. X재 1원어치의 한계효용은 종전과 같지만 Y재 1원어치의 한계효용은 표 6-3과 같이 변하기 때문에 소비자균형도 변한다. 즉 종전의 소비수준에서

$$\frac{MU_X}{P_X} = \frac{1,200}{200} = 6 < \frac{MU_Y}{P_Y} = \frac{1,800}{200} = 9$$

이기 때문에 소비자는 균형상태에 있지 못하게 된다. 이 경우 소비자는 소득이 허락하는 한 1원어치의 한계효용이 큰 Y재를 더 구입함으로써 효용극대화를 꾀할 것이다. Y재의 구입량이 증가할수록 Y재의 한계효용은 체감하기 때문에 Y재 1원어치의 한계효용 MU_Y / P_Y가 감소한다. 표에서 효용극대화를 위한 조정과정은 소비자가 X재의 구입량을 종전과 같이 4단위로 유지하고 Y재의 구입량을 6단위에서 9단위로 늘림으로써 끝나고, 소비자는 새로운 균형에 도달하게 된다. 왜냐하면 이 새로운 소비조합에서

$$\frac{MU_X}{P_X} = \frac{1,200}{200} = \frac{MU_Y}{P_Y} = 6$$
$$P_X X + P_Y Y = (200 \times 4) + (200 \times 9) = 2,600 = I$$

로 소비자의 효용극대화를 위한 두 조건이 동시에 만족되기 때문이다. 이와 같은 새로운 균형으로부터 얻을 수 있는 Y재에 대한 가격과 수요량의 새로운 대응관계, 즉 $P_Y = 200$일 때 $Y = 9$라는 관계를 직각좌표상에 표시한 것이 그림 6-2의 B점이다.

A점과 B점은 동일한 수요곡선상에 있다. 왜냐하면 Y재 수요에 영향을 미칠 만

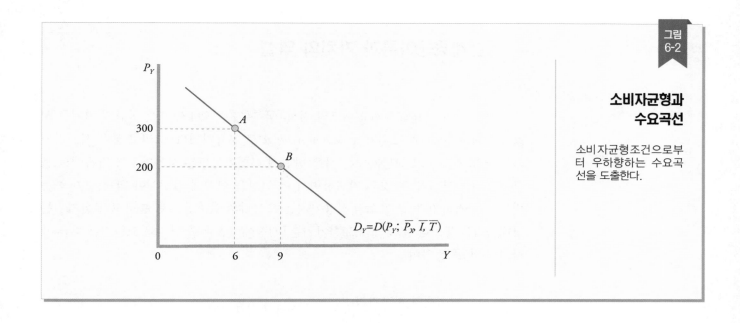

표
6-3

가격변화와
한계효용 및
화폐의 한계효용

수 량	1	2	3	4	5	6	7	8	9
$\dfrac{MU_X}{P_X}$	9	8	7	⑥*	5	4	3	2	1
MU_Y	2,800	2,600	2,400	2,200	2,000	1,800	1,600	1,400	1,200
$\dfrac{MU_Y}{P_Y=300}$	9.3	8.6	8.0	7.3	6.6	6.0*	5.3	4.6	4.0
$\dfrac{MU_Y}{P_Y=200}$	14	13	12	11	10	9	8	7	⑥*

그림
6-2

소비자균형과
수요곡선

소비자균형조건으로부
터 우하향하는 수요곡
선을 도출한다.

한 다른 요인들(즉 소비자의 소득과 선호, 다른 상품 X재의 가격 등)이 일정불변인 가운데 Y재 가격만 변했기 때문이다. B점이 A점의 동남쪽에 있기 때문에 Y재의 가격이 하락함에 따라 Y재 수요량이 증가하는 우하향의 수요곡선을 보여 준다. 소비자가 Y재를 1단위, 2단위 등 정수단위는 물론 분수단위로도 살 수 있다고 가정하자.[8] 위에서와 같이 다른 요인들을 고정시킨 채 Y재 가격을 280원, 250원, 240원, …, 150원, 100원 등으로 계속 변경시키면서 새로운 균형소비점들을 추적하면 그림 6–3에서 보는 바와 같이 연속적으로 우하향하는 수요곡선 D_Y를 얻을 수 있다. 독자들은 소득과 선

---

8 이를 상품의 완전가분성(perfect divisibility)의 가정이라고 한다. 논의의 편의를 위해 경제학에서는 완전가분성의 가정을 즐겨 사용한다. 분수로 살 수 없을 경우에는 수요량이 그 분수에 가장 가까운 두 정수 중 하나라고 생각하면 된다.

호, 그리고 Y재의 가격을 일정불변이라 하고 X재의 가격 P_X가 200원에서 300원으로 증가했다고 가정하여 위와 같은 요령으로 X재에 대한 소비자의 우하향하는 수요곡선을 도출해 보라.

한계효용이론은 소비자가 한정된 소득으로 최대의 효용을 얻고자 하는 최적소비행태로부터 수요의 법칙을 도출하는 것이다. 개별소비자들의 수요곡선이 도출되면 제3장에서 설명한 바와 같이 각각의 시장가격에서 개별수요량을 수평으로 합계함으로써 시장수요곡선을 도출한다.

4 한계효용이론과 가치의 역설

애덤 스미스(Adam Smith)는 그의 저서 『국부론』(1776)에서 모든 상품의 가치를 사용가치(value in use)와 교환가치(value in exchange)로 분류하였다. 그리고 물은 사용가치가 큼에도 불구하고 교환가치는 작은 반면에 다이아몬드는 사용가치가 작음에도 불구하고 교환가치가 큰 것을 지적하면서 이 현상을 어떻게 설명해야 할 것인가 하는 의문을 제기하였다. 스미스의 사용가치는 오늘날의 총효용으로 통하고 교환가치는 상대가격을 뜻한다. 즉 X재의 교환가치는 「시장에서 X재 한 단위와 교환되는 다른 재화의 수량」을 뜻하며

$$[6-7] \quad \frac{X재의 \ 시장가격(P_X)}{다른 \ 재화의 \ 시장가격(P_Y)} = X재의 \ 상대가격$$

으로 표시된다. 다른 재화의 시장가격은 싼데 P_X가 비싸면 X재의 교환가치가 크다. 스미스가 제기하는 문제는 물은 인간생활에 없어서는 안 될 아주 유용한 재화인데도 값이 아주 싸고, 다이아몬드는 전혀 없어도 살아갈 수 있는데 아주 비싼 것은 무슨 이유 때문인가 하는 것이다. 스미스가 제기한 가치의 이율배반적 현상을 스미스의 역설(Smith's paradox) 또는 가치의 역설(paradox of value)이라고 부른다. 스미스의 역설은 1세기나 지나서 1870년대에 등장한 한계효용이론에 의하여 비로소 만족스럽게 설명되어 역설적 현상이 아니라 합리적 현상이라는 것이 밝혀졌다.

한계효용이론에 의하면 상품가격에 영향을 미치는 것은 총효용이 아니라 한계효용이며, 한계효용은 존재량이 많을수록 작고 소비량이 많아질수록 작아진다. 존재량이 풍부한 물은 사람들이 일상생활에서 많이 소비하고 있다. 따라서 물을 $1m^3$더 소비할 때의 한계효용이 아주 낮다. 반면에 다이아몬드의 부존량은 물에 비하여 극히 적다. 따라서 일반인의 소비량은 아주 적다. 그러므로 다이아몬드 소비를 1캐럿트

스미스의 역설(=가치의 역설)
사용가치가 높은 물은 값이 싸고 사용가치가 낮은 다이아몬드는 값이 비싼 현상

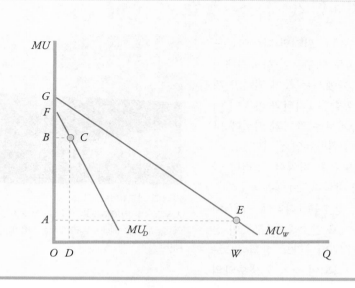

가치의 역설

물은 생활필수품이지만 평소에 많이 소비하기 때문에 물의 한계효용이 낮다. 다이아몬드는 귀하기 때문에 그 한계효용이 높다. 따라서 한계효용균등의 법칙에 의해 물의 가격은 낮고 다이아몬드의 가격은 높게 된다.

증가시킬 때의 한계효용은 아주 높다.

그림 6–3은 이와 같은 현상을 설명해 주고 있다. 소비량이 똑같을 때 물은 다이아몬드보다 인간생활에 더 유용하기 때문에 물의 한계효용곡선(MU_W)은 다이아몬드의 한계효용곡선(MU_D)보다 위에 있다. 그러나 현실적으로 물의 소비량 OW는 다이아몬드의 소비량 OD보다 훨씬 많기 때문에 물의 한계효용 OA는 다이아몬드의 한계효용 OB보다 훨씬 작다. 그런데 상품의 가격에 영향을 미치는 것은 그 상품의 총효용이 아니라 한계효용이기 때문에 한계효용이 훨씬 큰 다이아몬드가 물보다 훨씬 비싸다.[9] 따라서 한계효용이론에 의하면 가치의 역설은 역설적 현상이 아니다. 그림 6–3의 한계효용곡선들이 그림 6–1 (b)에 있는 한계효용곡선과 같은 요령으로 그려졌다면 다이아몬드의 총효용은 사각형 $ODCF$의 면적으로, 물의 총효용은 $OWEG$의 면적으로 표시될 것이다. 따라서 물의 총효용이 다이아몬드의 총효용보다 훨씬 큰 것을 그림은 보여 주고 있다.

---

9 다이아몬드와 물의 가격을 각각 P_D, P_W라 하면 소비자균형조건

$$\frac{MU_D}{P_D} = \frac{MU_W}{P_W} = 화폐의\ 한계효용(m)에서$$

$P_D = \frac{1}{m} \times MU_D$, $P_W = \frac{1}{m} \times MU_W$를 얻는다. 여기에서 두 재화의 가격은 공급측 요인을 감안하지 않았기 때문에 엄밀하게 말하면 수요가격이다. 그러나 다른 조건이 일정할 때 수요가격이 높으면 시장가격도 높아진다(다이아몬드의 생산비용은 높고 물의 생산비용은 낮기 때문에 공급측 요인까지 보더라도 다이아몬드의 시장가격은 높고 물의 시장가격은 낮게 된다). 다이아몬드의 소비량이 적어서 MU_D가 크므로 P_D가 크고, 물의 소비량이 많아서 MU_W가 작으므로 P_W가 낮다.

읽을거리 6-2 ▶ **사우디 아라비아와 가치의 역설**

다이아몬드와 물의 역설은 물은 풍부해서 싸지만 다이아몬드는 귀해서 비싼 상황을 다루고 있다. 국토 대부분이 사막지대이자 세계 최대 산유국인 사우디 아라비아에서는 물이 귀하고 휘발유는 흔하다. 따라서 1리터의 물이 휘발유 1리터와 가격이 비슷하거나 더 비싸다. 사우디 아라비아에서는 가치의 역설에 나오는 비싼 다이아몬드가 물이고 싼 물이 휘발유인 셈이다.

우리나라에서는 물론 물이 싸고 휘발유는 비싸다. 그러나 물도 수돗물이 아닌 생수의 경우에는 꽤 비싸다. 2023년 4월 기준으로 휘발유가 1리터에 1,600원대인데 생수는 1리터에 800원대이다. UN은 우리나라가 물 부족 국가이고 갈수록 물 부족이 심화될 것이라고 예측하고 있다. 따라서 우리나라도 정책적으로 싸게 매겨 놓은 수돗물 값이 점차 현실화되어 장기에 생수와의 가격 격차가 줄어들 것이다.

사우디 아라비아의 주유소
사우디 아라비아에서는 휘발유가 리터당 200원 정도에 불과하다. 베네수엘라에서는 이보다 훨씬 싼 10원대이다.

5 한계효용이론의 평가

객관적 가치설
상품의 가격이 그 상품의 생산에 투입된 노동량 또는 생산비에 의해 결정된다는 주장

주관적 가치설
상품의 가격이 그 상품으로부터 얻는 한계효용에 의해 결정된다는 주장

한계효용이론은 1870년대 이전의 경제학자들이 주장한 객관적 가치설을 정면으로 부정한 주관적 가치설이다. 종전에는 한 상품의 시장가격은 그 상품의 생산에 객관적으로 투입된 노동량 또는 생산비에 의해 결정된다고 보았다. 반면에 한계효용이론은 상품의 마지막 1단위에서 얻는 주관적인 효용이 상품의 가격을 결정한다고 보았다.

두 가치설은 영국의 고전학파 경제학자 마샬(A. Marshall)에 의하여 종합되었다. 시장가격은 시장공급곡선과 시장수요곡선의 상호작용에 의하여 결정되는데 시장공급곡선을 결정하는 것이 생산비이고 시장수요곡선을 결정하는 것이 한계효용이라는 것이다. 시장공급곡선과 시장수요곡선은 가위의 양날과 같은 것이어서 어느 하나가 빠져서는 시장가격을 결정할 수 없고 양자의 상호작용에 의하여 가격을 결정한다. 한계효용이론은 시장수요곡선을 결정해 준다. 시장수요곡선 없이 시장공급곡선만으로는 가격을 결정할 수 없다는 의미에서 한계효용이론이 시장가격 결정의 주춧돌이 되는 것이다.

한계효용학파 이전의 경제학계는 시장가격 결정의 양면성, 즉 공급측면과 수요측면을 깨닫지 못하고 객관적 가치설에 매달려 공급측면만 보았다. 한계효용학파는 이를 뒤집어 주관적 가치설로 수요측면에 주목하였다. 한계효용학파가 수요측면을 강조한 덕택에 마샬이 가격 결정에 대하여 통합적인 접근을 할 수 있었다. 이처럼 한

계효용이론이 가격결정이론에 획기적인 전기를 마련해 주었다는 뜻에서 경제학계에서 한계혁명(marginal revolution)이라고까지 표현한다.

그러나 한계효용이론에는 중대한 문제점이 있다. 그것은 이 이론이 사람들의 효용의 크기를 무게·길이·높이처럼 객관적으로 정확하게 측정할 수 있다고 가정한 점이다. 표 6-2에서 본 바와 같이 각 상품, 각 소비량에 대하여 효용을 기수적으로 측정할 수 있어야 한계효용이론으로 수요의 법칙을 설명할 수 있다. 그러나 사람들이 상품 하나하나의 소비를 통하여 얻는 효용을 객관적·기수적으로 측정할 수 없다. 따라서 한계효용이론과 같이 우하향하는 수요곡선을 설명하면서도 한계효용이론에서 가정한 「효용의 기수적 측정」을 완화할 수 없을까 하는 문제의식이 일어났다. 그 결과로 나타난 이론이 다음 장에 나오는 무차별곡선이론이다.

한계혁명
한계효용이론이 가격결정이론에 획기적인 전기를 마련해 준 것을 표현하는 말

1   소비자가 일정기간에 상품을 소비함으로써 느끼는 만족을 효용 혹은 총효용이라고 한다. 효용은 주관적인 개념이기 때문에 그 크기를 객관적으로 측정하기 어렵지만 경제학에서는 논의의 편의상 효용을 측정할 수 있다고 가정하여 기수적 효용과 서수적 효용으로 구분한다. 기수적 효용이란 kg이나 cm처럼 크기의 절대적 차이가 중요한 의미를 가지는 효용이고, 서수적 효용은 크기의 순서로만 측정된 효용이다.

2   소비자선택이론이란 주어진 소득으로 최대효용을 얻고자 하는 소비자의 행동원리를 연구하는 이론이다. 소비자선택이론에는 한계효용이론, 무차별곡선이론 등이 있다. 한계효용이론은 기수적 효용을 전제로 하고 무차별곡선이론은 서수적 효용을 전제로 한다.

3   한계효용이란 상품의 소비량이 1단위 증가(감소)할 때 변화하는 총효용의 증가(감소)분을 말한다. 총효용은 한계효용이 양이면 증가하고 음이면 감소하고 0일 때 극대가 된다.

4   다른 상품의 소비량은 고정시킨 채 매기당 한 상품의 소비량을 증가시키면 그 상품의 한계효용은 궁극적으로 감소하는데 이를 한계효용체감의 법칙이라고 한다. 한계효용이 감소한다는 것은 총효용이 증가하더라도 점점 조금씩 증가한다는 것을 뜻한다.

5   주어진 소득으로 여러 가지 상품을 구입할 때 각 상품 1원어치의 한계효용이 같도록 각 상품의 구입량을 결정해야 소비자의 효용이 극대가 된다. 이것을 한계효용균등의 법칙이라 한다. 한계효용균등의 법칙과 소비자의 소득제약조건을 합쳐 효용극대화조건 혹은 소비자균형조건이라 한다.

6   한계효용이론은 소비자균형조건으로부터 우하향하는 수요곡선을 도출한다. 한계효용이론에 의하면 수요곡선상의 모든 점은 수요변화의 요인들이 일정불변일 때 각각의 가격수준에서 소비자가 효용극대화를 달성하기 위하여 구입하고자 하는 상품의 수요량을 표시한다.

7   스미스는 『국부론』에서 가치의 역설을 제기하였다. 물은 사용가치가 큰데 가격이 낮고 다이아몬드는 사용가치는 작은데 가격이 비싼 것을 조리있게 설명할 수 없다는 것이다. 한계효용이론은 가치의 역설을 조리 있게 설명한다. 물은 총효용은 크지만 존재량이 아주 많아 한계효용이 거의 0에 가깝기 때문에 가격이 아주 낮다. 다이아몬드는 총효용은 작지만 존재량이 매우 적어 한계효용이 높기 때문에 가격이 높다. 한계효용이론에 따르면 가치의 역설은 역설이 아니다.

- 효용, 총효용
- 기수적 효용
- 서수적 효용
- 한계효용
- 포화점

- 한계효용체감의 법칙
- 한계효용균등의 법칙
- 소득제약조건(예산제약식)
- 소비자균형(효용극대화)조건
- 화폐의 한계효용

- 사용가치와 교환가치
- 스미스의 역설(가치의 역설)
- 한계혁명
- 객관적 가치설
- 주관적 가치설

1   X재와 Y재의 한계효용표가 다음과 같다고 하자.

수량	1	2	3	4	5	6	7	8
MU_X	110	100	90	80	70	60	50	40
MU_Y	190	170	150	130	120	100	80	60

(1) 소득이 80원이고 X재와 Y재의 가격이 모두 10원일 때 소비자의 균형소비량을 구하고 그 때의 총효용수준을 구하라.
(2) 다른 조건은 변하지 않고 X재의 가격만 5원으로 하락하였을 경우 소비자의 새로운 균형소비량과 총효용수준을 구하라.
(3) X재에 대한 수요곡선을 그려라.

2   어떤 소비자의 하루 소득이 1,024원, 저축을 포함한 다섯 재화에 대한 한계효용이 아래와 같다고 하자.

단위 \ 한계효용	MU_A	MU_B	MU_C	MU_D	MU_S
1	36	150	240	720	5
2	30	120	150	540	4
3	24	80	120	450	3
4	18	70	90	360	2
5	13	50	70	270	1
6	7	40	50	180	$\frac{1}{2}$
7	4	35	20	150	$\frac{1}{4}$
8	2	30	10	120	$\frac{1}{8}$

(단, A, B, C, D는 상이한 네 재화이고 S는 저축임)

(1) 저축의 가격은 1원이다. 그 이유를 설명하라.
(2) 가격이 $P_A=24$원, $P_B=40$원, $P_C=60$원, $P_D=180$원일 때 소비자효용을 극대화시키는 재화의 조합을 구하라. 이 때 저축은 얼마인가?
(3) 균형점에서 어떤 재화는 전혀 소비하지 않는다면 왜 소비하지 않는지 그 이유를 설명하라.
(4) 최대효용수준을 구하라.

3   갑은 부유하고 을은 가난하다. 두 사람은 다음 그림과 같이 똑같은 화폐의 한계효용곡선을 가지고 있다. 갑의 소득은 OR이고 을의 소득은 OP라 하자.

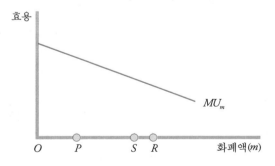

(1) 갑과 을의 화폐의 한계효용을 구하라.
(2) 갑과 을의 화폐에 대한 총효용을 구하라.
(3) 갑으로부터 SR만큼의 소득을 징수하여 을에게 준다면 갑과 을의 화폐에 대한 새로운 총효용수준은 어떻게 변하는가?

(4) 갑의 총효용과 을의 총효용의 합계가 극대화
   되도록 하기 위해서는 소득을 어떻게 재분배
   해야 하는가?

(5) (4)의 재분배방법은 어떤 문제점을 낳을까?

4 식 (6-3)으로 표시되는 한계효용균등의 법칙은
$\frac{MU_X}{MU_Y} = \frac{P_X}{P_Y}$ 로 바꿔 쓸 수 있다. 어떤 소비수준
에서 $\frac{MU_X}{MU_Y} > \frac{P_X}{P_Y}$ 이거나 $\frac{MU_X}{MU_Y} < \frac{P_X}{P_Y}$ 이면 어떻
게 소비를 재조정해야 하는가?

5 다음 기술이 맞는가 틀리는가를 밝히고 그 이유
를 설명하라.

① 재화를 소비함으로써 얻는 총효용은 사람들이
   재화의 소비량을 증가시킬수록 증가한다.

② 한계효용이란 소비량의 감소분 1단위당 총효
   용의 감소분으로도 표현된다.

③ 한계효용이 0이라는 것은 총효용의 증가분이
   0 이라는 것이고 이는 총효용이 극대가 된 상
   태를 말한다.

④ n 단위 총효용은 n 단위까지의 각 단위의 한계
   효용을 모두 합한 것과 같다.

⑤ 한 가정주부가 쇠고기와 돼지고기를 구입하고
   자 한다. 현재의 소비수준에서 쇠고기 마지막
   한 단위의 한계효용이 60, 돼지고기는 30이고,
   쇠고기가격은 10원, 돼지고기가격은 5원이라
   면 이 가정주부는 한계효용이 높은 쇠고기를
   더 구입할 것이다.

⑥ 부자에게서 소득의 일부를 세금으로 거두어
   가난한 사람에게 나누어 주면 국민 전체의 총
   효용은 증가한다.

⑦ 한계효용곡선을 직각좌표상에 그릴 때 종축
   및 횡축과 한계효용곡선으로 둘러 쌓인 면적
   이 총효용의 크기이다.

⑧ 한계효용균등의 법칙만으로 우하향하는 수요
   곡선을 도출할 수 있다.

⑨ X재 1원어치에 대한 한계효용이 Y재 1원어치
   에 대한 한계효용보다 클 때 (즉 $\frac{MU_X}{P_X} > \frac{MU_Y}{P_Y}$),
   Y재를 $\frac{MU_X}{P_X} = \frac{MU_Y}{P_Y}$ 가 될 때까지 더 구입하면
   최대효용을 얻을 수 있다.

⑩ 총효용이 증가하면 한계효용은 증가한다.

⑪ 수요곡선은 소비자의 소득으로 구입할 수 있
   는 재화의 최대수량을 나타낸다.

⑫ 개별 소비자의 한계효용곡선은 보통 우하향의
   형태로 나타나지만 산봉우리형으로 나타날 수
   도 있다.

⑬ 「같은 값이면 다홍치마」라는 경제행위는 소비
   자의 합리적 행동을 반영한다고 볼 수 있다.

⑭ 한계효용이론에서 공장매연과 폐수와 같은 공
   해물질의 (총)효용은 음(−)이다.

⑮ 일반적으로 어떤 상품을 포화점까지 소비하는
   것은 합리적인 소비가 아니다.

⑯ 개별수요곡선상의 모든 점은 그 재화에 대한
   소비자의 한계효용을 나타낸다.

⑰ 벤담이 말한 「최대다수의 최대행복」은 기수적
   효용 개념에 입각한 것이다.

⑱ 상품의 완전가분성 가정이 성립되지 않으면
   수요곡선은 곡선이 아니라 점들로 표시될 것
   이다.

무차별곡선이론

앞 장에서 기수적 효용의 개념을 전제로 하는 한계효용이론에 의하여 소비자의 최적소비행태를 설명하고 우하향하는 수요곡선을 도출하였다. 이 장에서는 서수적 효용의 개념을 사용하여 소비자의 최적소비행태를 설명하고 우하향의 수요곡선을 도출하는 무차별곡선이론을 배운다.

소비자의 서수적 효용은 무차별곡선으로, 소득제약조건은 예산선으로 나타난다. 무차별곡선이론에 의하면 사람들의 선호와 소득, 그리고 소비재의 시장가격이 주어져 있을 때 무차별곡선과 예산선이 접하는 점에서 최적소비조합이 결정된다.

CHAPTER

7

1 무차별곡선

무차별곡선의 개념

한계효용이론에서는 각 상품의 소비량에서 얻을 수 있는 효용을 다른 상품의 소비량과 관계 없이 독자적으로 그리고 기수적으로 측정할 수 있다고 가정하였다. 예컨대 밀감 세 개의 총효용은 사과의 소비량에 관계 없이 일정하게 주어져 있다. 그러나 현실적으로 밀감 세 개의 총효용은 사과가 한 개 있을 때보다 사과가 세 개 있을 때 더 클 것이다. 따라서 각 상품을 따로따로 떼어 총효용을 독자적으로 계산하는 대신에 ① 밀감 세 개와 사과 한 개, ② 밀감 두 개와 사과 두 개, ③ 밀감 한 개와 사과 세 개 등과 같이 상품을 조합(combination) 또는 묶음(bundles)으로 고찰하는 것이 더 바람직하다. 그리고 효용을 기수적으로 측정할 수 있다는 가정은 너무 비현실적이기 때문에 완화해야 한다.

이처럼 상품을 조합으로 고찰하면서 효용의 「기수적 측정」 대신 「서수적 측정」만을 가정하여 우하향의 수요곡선을 도출하는 것이 무차별곡선의 이론이다. 효용의 서수적 측정이란 위의 예에서 조합 ①과 ②를 비교할 때 조합 ①이 조합 ②보다 소비자에게 더 선호되는가 덜 선호되는가 아니면 두 조합이 똑같은가만을 구분하는 것이다.

> 소비자에게 똑같은 효용을 주는 상품의 조합들에 대하여 소비자는 무차별(indifferent)하다고 말한다. 무차별한 상품의 조합들을 이은 곡선을 **무차별곡선**(indifference curve)이라고 한다.

무차별곡선
소비자에게 똑같은 효용을 주는 상품의 조합들을 연결한 곡선

소비자가 두 가지 상품 X재(밀감), Y재(사과)만을 구입한다고 가정하여 무차별곡선의 개념을 좀 더 자세히 설명해 보자. 밀감과 사과 소비량의 상이한 조합은 무수히 얻을 수 있는데 그 중에는 소비자에게 동일한 만족을 주는 조합도 있을 것이다. 가령 소비자에게 동일한 만족을 주는 사과와 밀감의 여러 가지 조합이 표 7-1과 같다고 하자. 사과 5개와 밀감 3개로 구성되는 조합을 C라 하고 사과 3개와 밀감 4개로 구성되는 조합을 D라 할 때 조합 C와 D는 소비자에게 무차별하다. 조합 C에서 사과 2개를 빼고 밀감 1개를 더하면 조합 D가 되는데 소비자가 이 두 조합으로부터 얻는 만

표
7-1

조 합	A	B	C	D	E
Y재(사과)의 수량	12	8	5	3	2
X재(밀감)의 수량	1	2	3	4	5

소비자에게 동일한 만족을 주는 X재와 Y재의 조합표

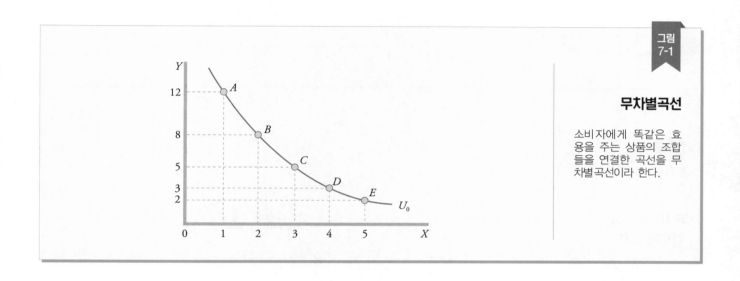

그림
7-1

무차별곡선

소비자에게 똑같은 효용을 주는 상품의 조합들을 연결한 곡선을 무차별곡선이라 한다.

족은 동일하다는 것이다. 두 재화의 소비량을 양축으로 하는 평면에서 표 7-1을 표시하여 선으로 연결하면 그림 7-1에서의 무차별곡선 U_0가 얻어진다. 무차별곡선상의 모든 점들은 소비자에게 동일한 만족을 주는 두 상품의 여러 가지 조합을 표시하는 것이다.

수요표에서 수요곡선을 그릴 때와 마찬가지로 그림 7-1을 그릴 때 상품들을 분수단위로 쪼갤 수 있다고 가정하였다. 예컨대 조합 A와 B 사이에도 소비자에게 동일한 만족을 주는 조합점들이 많이 있는 것으로 가정하여 그렸다.

한 무차별곡선으로 표시되는 만족수준보다 더 큰 만족수준은 보다 오른쪽 위에 위치하는 무차별곡선으로 표시된다. 가령 그림 7-2의 B점과 B'점을 비교해 볼 때 B'점은 B점보다 Y재 수량은 같은데 X재 수량은 많다. 한 상품 또는 두 상품을 모두 더 가지면 그로부터 얻는 만족도 더 크다. 따라서 무차별곡선 U_0로 표시되는 만족수준보다 더 큰 만족수준을 표시하는 모든 조합은 무차별곡선 U_0의 오른쪽 위에 있다. B'점의 조합과 동일한 만족을 주는 모든 조합들을 연결하면 무차별곡선 U_1을 얻게 되는데, 이 곡선상의 모든 점들은 U_0로 표시된 무차별곡선상의 어느 조합보다 더 높은 만족수준을 나타낸다.

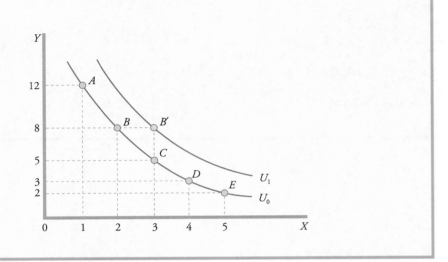

그림
7-2

**무차별곡선의
위치와 만족의 크기**

무차별곡선 U_0보다 원점에서 멀리 떨어진 무차별곡선 U_1은 더 높은 효용을 나타낸다.

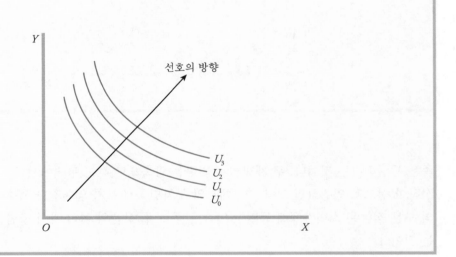

그림
7-3

**무차별지도와
선호의 방향**

X재와 Y재의 어떤 소비조합에서도 그 점을 지나는 무차별곡선을 그릴 수 있다. 무차별곡선의 집합을 무차별지도라 한다. 무차별지도에서 원점으로부터 멀리 떨어진 무차별곡선일수록 사람들이 더 선호한다.

이론적으로 그림 7-3에서 보는 바와 같이 직각좌표상에 만족수준을 달리하는 무차별곡선을 얼마든지 그릴 수 있다. 이러한 무차별곡선의 집합을 지도의 등고선에 비유하여 무차별지도(indifference map)라고 부른다.

무차별지도에서 오른쪽 위에 위치하는 무차별곡선일수록 높은 만족의 수준을 표시한다. 만족이 증가하는 방향을 그림 7-3에서 북동쪽의 화살표로 표시하였다. 그림에서 무차별곡선 U_2가 무차별곡선 U_1보다 큰 만족을 나타내지만 구체적으로 얼마나 큰가 하는 것은 따지지 않는다. 효용을 서수적으로만 측정하는 것이다. 따라서 무차별곡선이론에서는 한계효용의 크기가 아무런 의미를 가지지 않는다.

무차별곡선의 성질

무차별곡선은 다음과 같은 네 가지 기본적인 속성을 갖는다.

원점에서 멀리 떨어진 무차별곡선일수록 높은 만족수준을 나타낸다

이는 위에서 설명한 바와 같이 상품을 많이 소비할수록 좋다는 다다익선(the more, the better)의 결과이다.[1]

무차별곡선
우리의 만족감에도 높낮이가 있다.

무차별곡선은 우하향한다

이것은 다다익선에서부터 파생되는 속성이다. 무차별곡선이 우하향하지 않을 때 그릴 수 있는 모든 가능한 무차별곡선이 그림 7-4에 그려져 있다. 즉 AC와 같이 수평이거나 AE와 같이 수직이거나 AG와 같이 우상향일 것이다. 그러나 A에서 C나 E방향으로 가면 한 상품의 수량이 늘어난다. 따라서 다다익선에 의하여 소비자들이 C나 E방향으로 나가는 것을 A점보다 더 선호하게 된다. 예컨대 A점은 X재 2단위, Y재 3단위의 소비조합임에 반하여 D점은 X재 2단위, Y재 6단위의 소비조합이다. 따라서 소비조합 A와 D를 놓고 선택하라고 할 때 모두 D를 선택할 것이다. 즉 D점은 다다익선에 의하여 A점보다 더 선호되는 상품의 조합임에도 불구하고 동일한 무차별곡선상에 있기 때문에 동일한 만족수준을 나타내게 된다는 모순이 생긴다. A에서 G방향으로 가는 것은 두 상품 수량이 모두 늘어나기 때문에 더 높은 무차별곡선으로 옮겨가는 것임은 두말할 나위도 없다.

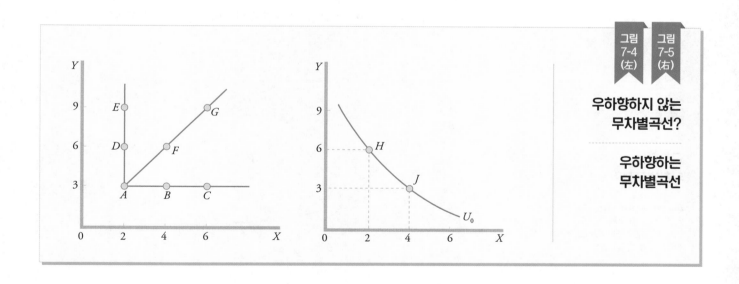

그림 7-4 (左)   그림 7-5 (右)

우하향하지 않는 무차별곡선?

우하향하는 무차별곡선

---

1 한 상품을 지나치게 많이 소비하면 앞 장에서 설명한 포화점에 도달할 것이다. 그러나 희소성의 지배를 받는 소비자가 한두 상품만 지나치게 많이 소비하여 포화점에 도달하는 것은 합리적인 소비활동이 아니다. 따라서 소비자가 실제로 선택하는 소비영역에서 포화점의 가능성을 배제하고 다다익선이라고 가정한다.

결국 다다익선인 두 상품 사이의 무차별곡선은 그림 7–5와 같이 우하향하여야 한다. 이러한 우하향의 무차별곡선은 두 상품 사이에 대체관계가 존재함을 의미한다. H에서 J로 이동할 때 Y재를 3단위 포기하는 대신 X재를 2단위 더 갖더라도 동일한 효용수준을 유지할 수 있다. 동일한 효용수준을 유지하면서 Y재를 X재로 대체할 수 있는 것이다. 다다익선인 상품의 경우 소비자가 한 상품의 소비를 늘리면서도 종전과 동일한 효용수준을 유지하기 위해서는 다른 상품의 소비를 줄일 수밖에 없기 때문에 무차별곡선은 우하향한다.

무차별곡선은 서로 교차할 수 없다

이 성질은 임의의 두 무차별곡선이 교차한다고 가정할 때 어떠한 모순이 생기는가를 보임으로써 증명할 수 있다. 무차별곡선이 그림 7–6의 U_0와 U_1처럼 서로 교차한다고 가정하자. 이 그림에서 A와 B는 U_0라는 무차별곡선상에 있어서 효용수준이 같고, B와 C는 U_1이라는 무차별곡선상에 있어서 효용수준이 같으므로 A, B, C점 모두 똑같은 효용수준을 나타낸다. 그러나 C가 A와 똑같은 효용수준이라고 하는 것은 앞에서 말한 다다익선과 모순이 된다. C는 A보다 북동쪽에 있어서 A에서보다 두 상품을 더 많이 소비하는 조합점이므로 A보다 더 높은 효용수준을 나타내는 것이다. C가 A와 효용수준이 같은 소비조합이라는 모순된 결론을 얻은 것은 최초에 두 무차별곡선이 교차한다고 가정했기 때문이다. 따라서 무차별곡선은 서로 교차할 수 없다.

무차별곡선은 우하향하면서 원점에 대하여 볼록한 형태를 취한다

이것은 한계대체율체감의 법칙을 의미하는데 이를 이해하기 위하여 우선 한계대체율이라는 개념부터 설명해 보자.

앞에서 살펴본 바와 같이 동일한 무차별곡선상에서는 X재와 Y재의 한 조합에

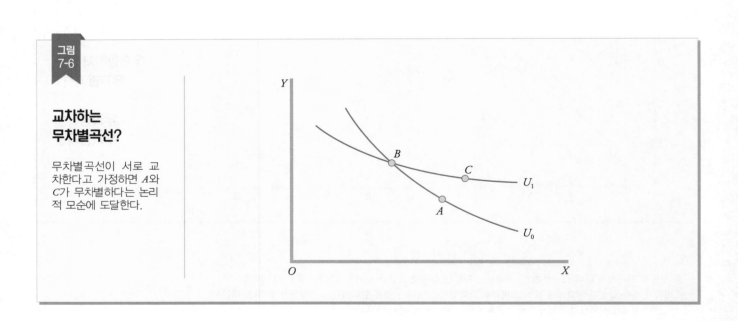

그림
7-6

**교차하는
무차별곡선?**

무차별곡선이 서로 교차한다고 가정하면 A와 C가 무차별하다는 논리적 모순에 도달한다.

서 출발하여 Y재를 덜 갖는 대신 X재를 더 가짐으로써 종전과 동일한 효용수준을 유지할 수 있다. 이 경우 Y재의 감소분($-\varDelta Y$)을 X재의 증가분($\varDelta X$)으로 나눈 비율 ($-\varDelta Y / \varDelta X$)을 Y재로 표시한 X재의 한계대체율(marginal rate of substitution of X in terms of Y) 또는 X재와 Y재 사이의 한계대체율이라고 한다. 이 한계대체율을 MRS_{XY} 또는 단순히 MRS로 표시하면 다음과 같이 정의된다. 한계대체율이 동일한 무차별곡선상에서 정의된다는 것을 강조하기 위하여 식에서 $\overline{U}$라는 전제를 밑에 달았다.

$$[7\text{-}1] \quad MRS_{XY} \equiv MRS \equiv -\left. \frac{\varDelta Y}{\varDelta X} \right|_{\overline{U}}$$

> (Y재로 표시한 X재의) **한계대체율**은 「X재 소비를 1단위 증가시킬 때 종전과 같은 효용수준을 유지하기 위해 감소시켜야 하는 Y재의 수량」을 뜻한다. MRS는 소비자의 「X재 1단위에 대한 Y재의 주관적인 교환비율」이라는 의미를 가진다.

X재의 한계대체율
X재 소비를 1단위 증가시킬 때 종전과 같은 효용수준을 누리기 위해 감소시켜야 하는 Y재 수량

예컨대 $MRS = 2$는 X재를 1단위 증가시키면서도 종전과 같은 만족을 유지하기 위해서는 Y재를 2단위 감소시켜야 한다는 것을 말한다.[2] 따라서 $MRS = 2$인 소비자 갑에게 X재 1단위를 줄 테니까 Y재 2단위를 내놓겠느냐고 제의하면 갑은 이러한 교환제의를 받아들일 것이다. 갑으로서는 어차피 양쪽 모두 무차별하니까 상대방이 원하는 교환에 응함으로써 생색낼 수 있는 것이다. MRS를 소비자의 X재 1단위에 대한 Y재의 주관적인 교환비율이라고 말한 이유가 여기에 있다.

$MRS = 2$는 위에서와 반대방향으로 해석할 수도 있다. 즉 $MRS = 2$는 X재 소비를 1단위 감소시킬 때 종전과 같은 만족을 유지하기 위하여는 Y재 소비를 2단위 증가시켜야 한다는 것을 뜻하기도 한다. 동일한 무차별곡선상에서 X재가 증가하면($\varDelta X > 0$), Y재는 감소해야($\varDelta Y < 0$ 또는 $-\varDelta Y > 0$) 하고, X재가 감소하면($\varDelta X < 0$ 또는 $-\varDelta X > 0$) Y재는 증가해야($\varDelta Y > 0$) 한다. MRS를 $-\left. \frac{\varDelta Y}{\varDelta X} \right|_{\overline{U}}$로 표시하면 이 수학 기호 자체가 음인 것으로 혼동하는 경우가 있는데, X재와 Y재 수량의 변화방향이 반대라는 뜻으로 음의 부호가 붙었을 뿐 위의 정의 그대로 MRS는 양의 비율이다. X재와 Y재 수량의 변화방향이 반대라는 관계는 무차별곡선의 기울기가 음이라는 것을 의미한다.

결국 한계대체율이란 X재 1단위의 주관적인 중요도를 Y재의 수량으로 평가한 값이라고 볼 수 있다. X재 1단위와 Y재 2단위가 교환되는 것은 X재 1단위의 중요도가 Y재 2단위의 중요도와 같기 때문이다.

---

2 X재 1단위를 더 소비하기 위하여 Y재 2단위의 소비를 포기한다는 것은 X재 1단위를 얻기 위하여 지불해도 좋다고 생각하는 비용이 Y재 2단위와 같다는 뜻이다. 이러한 이유로 MRS를 소비자가 X재 1단위를 더 얻기 위하여 기꺼이 지불하고자 하는 한계지불성향(marginal willingness to pay)이라고도 한다.

표
7-2

한계대체율체감의 법칙

조　합	A		B		C		D		E
Y재의 수량	12		8		5		3		2
X재의 수량	1		2		3		4		5
Y재의 감소분($-\varDelta Y$)		4		3		2		1	
X재의 증가분($\varDelta X$)		1		1		1		1	
한계대체율$\left(-\dfrac{\varDelta Y}{\varDelta X}\bigg\vert_{U}\right)$		4		3		2		1	

　　무차별곡선의 이론에서는 사람들이 한 상품의 소비량을 증가시킴에 따라 그 상품에 대한 중요성을 상대적으로 낮게 평가하고, 반대로 소비량을 감소시킴에 따라 그 상품에 대한 중요성을 상대적으로 높게 평가하는 것이 일반적인 현상이라고 본다. 이 경우 Y재를 X재로 계속 대체해 갈 때 X재 1단위를 더 얻기 위해 포기하고자 하는 Y재의 수량은 점점 작아질 것이다.

　　이를 표 7-2와 같은 가상적인 예를 통하여 알아보자. 표에서 조합 A는 Y재를 12개나 가지고 있는 반면 X재는 1개밖에 가지고 있지 않은 소비조합이다. 이 경우에는 상대적으로 더 중요한 X재 1단위를 얻기 위해 상대적으로 덜 중요한 Y재를 비교적 많이 포기하고자 한다. 이 때 MRS는 4이다. 그러나 소비자가 X재 1단위를 더 얻고 그 대신으로 Y재 4단위를 포기하여 조합 B가 되면 종전보다 X재의 중요성은 적어지고 Y재의 중요성은 커지게 된다. 그러므로 또다시 추가적으로 X재 1단위를 얻기 위해서는 종전처럼 4단위의 Y재를 포기하려 하지 않을 것이다. 표에서는 조합 B에서부터 X재 1단위를 더 얻을 때에는 Y재를 종전보다 작은 3단위만 포기하려 한다는 것을 보여 주고 있다. 이 때 MRS는 3이 된다. 이와 같이 동일한 만족수준을 유지하면서 Y재를 X재로 계속해서 대체할 경우 Y재의 수량으로 평가한 X재 1단위의 가치는 점점 작아지는 것이 일반적인 현상이다. 이러한 현상을 한계대체율체감의 법칙(law of diminishing marginal rate of substitution)이라 한다.

한계대체율체감의 법칙
X재 소비를 증가시킴에 따라 한계대체율이 체감하는 현상

> **한계대체율체감의 법칙**이란 동일한 효용수준을 유지하면서 Y재를 X재로 대체해 감에 따라 한계대체율이 점점 감소하는 현상을 말한다.

　　한계대체율체감의 법칙을 그림으로 표시하면 그림 7-7에서 보는 바와 같이 원점에 대하여 볼록한 무차별곡선을 얻는다. 그림에서 X재를 1단위에서 2단위, 3단위 … 등으로 늘려갈 때 포기할 용의가 있는 Y재의 수량이 4단위, 3단위 … 등으로 점점

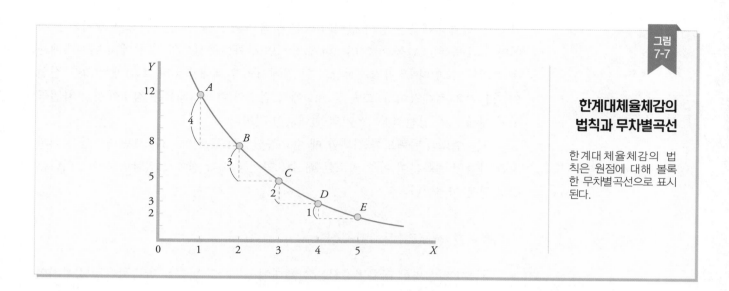

그림
7-7

**한계대체율체감의
법칙과 무차별곡선**

한계대 체율체감의 법
칙은 원점에 대해 볼록
한 무차별곡선으로 표시
된다.

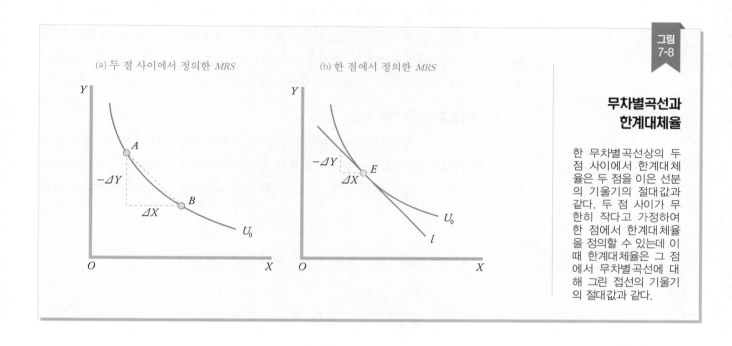

그림
7-8

**무차별곡선과
한계대체율**

한 무차별곡선상의 두
점 사이에서 한계대 체
율은 두 점을 이은 선분
의 기울기의 절대값과
같다. 두 점 사이가 무
한히 작다고 가정하여
한 점에서 한계대 체율
을 정의할 수 있는데 이
때 한계대체율은 그 점
에 서 무차별 곡선에 대
해 그린 접선의 기울기
의 절대값과 같다.

감소한다. 이것이 무차별곡선을 원점에 대하여 볼록하게 만드는 것이다.[3]

끝으로 한계대체율이란 곧 무차별곡선의 기울기라는 것을 이해하는 것이 중요
하다. 그림 7-8(a)에서 무차별곡선상의 두 점 A와 B 사이의 한계대체율은 A와 B를
연결한 점선 AB의 기울기의 절대값과 같다. AB의 기울기는 음인데 위에서 설명한 바

---

3 여기서 독자들은 기회비용체증의 법칙이 생산가능곡선을 원점에 대하여 오목하게 만드는 것을 다시 한번 확
인하라.

와 같이 한계대체율은 양의 값이기 때문에 음의 부호를 뺀 절대값으로 표시되는 것이다. X의 증분(ΔX)을 아주 미소하게 잡으면 무차별곡선상의 각 점에서 한계대체율을 정의할 수 있다. 무차별곡선상의 한 점에서의 한계대체율은 그 점에서 그은 접선의 기울기의 절대값이다. 그림 7–8(b)에서 점 E의 한계대체율은 점 E에서 무차별곡선에 대해 그린 접선 l의 기울기의 절대값인 것이다.

이는 수요의 탄력도를 정의할 때 수요곡선상의 두 점에 대해 호탄력도를 정의하지만 가격의 변화분이 아주 미소할 때 수요곡선상의 각 점에서 점탄력도를 정의하는 것과 같은 이치이다.

특수한 경우의 무차별곡선

지금까지 설명한 무차별곡선은 한계대체율체감의 법칙을 만족시키는 정상적인 무차별곡선이다. 일반적으로 두 재화가 서로 대체하기가 쉬울수록 무차별곡선은 덜 볼록한 형태를 취하고, 대체가 어려울수록 더 볼록한 모양이 된다. 완전대체관계에 있거나 또는 완전보완관계에 있는 상품들을 통해 이를 확인할 수 있다. 이 경우의 무차별곡선은 한계대체율체감의 법칙을 만족시키지 않는다. 특수한 경우의 무차별곡선을 살펴보는 것은 정상적인 무차별곡선을 보다 명확하게 이해하기 위해 유용하다.

완전대체재의 무차별곡선

콜라와 사이다 중 어느 것을 마셔도 상관없는 소비자가 있다고 하자. 그러면 이 소비자에게 콜라와 사이다는 완전대체재가 된다. 이 소비자에게는 콜라를 마셨느냐 사이다를 마셨느냐에 상관없이 몇 잔을 마셨느냐에 의해서만 효용이 결정되기 때문

그림 7-9

특수한 경우의 무차별곡선

소비면에서 1:1로 완전한 대체관계에 있는 두 재의 무차별곡선은 우하향의 직선으로 그려진다. 완전한 보완관계에 있는 두 재의 무차별곡선은 L자형으로 그려진다. 이것들은 한계대체율체감의 법칙에 어긋나는 특수한 무차별곡선의 예이다.

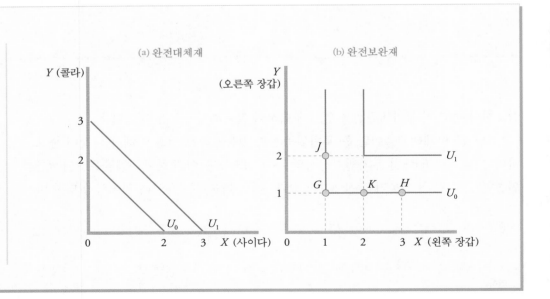

이다. 이 경우에 무차별곡선은 그림 7-9(a)에서 볼 수 있는 바와 같이 −1의
기울기를 갖는 직선으로 그려진다. 콜라 한잔을 포기하는 대신 사이다 한잔
을 더 마셔도 효용에는 변함이 없는 것이다.

막걸리와 부침개는 보완재일까?

완전보완재의 무차별곡선

오른쪽 장갑과 왼쪽 장갑은 완전보완관계에 있는데 이 경우의 무차별곡
선은 그림 7-9(b)에서 보듯이 L자형태로 그려진다. 왜냐하면 오른쪽 장갑은
한짝인데 왼쪽 장갑이 2짝 있어 보았자(K점) 이 때의 효용수준은 오른쪽·왼
쪽 장갑이 한짝씩 있는 경우(G점)와 다를 바 없기 때문이다. 왼쪽 장갑 한짝에
대하여 오른쪽 장갑 2짝 있는 경우(J점)도 마찬가지이다. 이와 같이 오른쪽 장
갑과 왼쪽 장갑이 1:1로만 대응한다는 것은 두 상품 사이에 대체가 전혀 이루
어지지 않는 것을 뜻한다. 따라서 무차별곡선이 L자 형태로 그려지는 완전보완재 사
이의 한계대체율은 0(수평선 부분)이거나 무한대(수직선 부분)이다. 수평선 부분에서는
X재가 1단위 증가할 때 종전과 같은 효용을 유지하기 위해 감소되어야 하는 Y재 수
량이 0이기 때문에 한계대체율이 0이다. 수직선 부분에서는 Y재 수량이 어떻게 변해
도 X재 증가분이 0이면서 똑같은 무차별곡선상에 있기 때문에 한계대체율이 무한대
이다.

2 예 산 선

예산선의 개념

지금까지 무차별곡선의 개념과 특성에 대해 살펴보았다. 무차별곡선은 소비자
의 선호에 관한 것이고 그 선호를 실현시킬 수 있는 것은 소비자의 구매능력이다. 상
품에 대한 소비자의 구매능력을 나타내는 것이 예산선이다. 선호와 구매능력을 결합
시켜야 소비자의 균형조건을 도출할 수 있다.

예산선(budget line) 또는 **가격선**(price line)이란 주어진 소득 또는 예산을 전부 사용하여
구입할 수 있는 상품의 조합들을 나타내는 직선이다. 예산선은 소비자의 구매능력을 그
림으로 나타낸 것이다.

예산선(=가격선)
예산제약식을 그림으로 나타
낸 것

소비자의 구매능력은 한계효용이론을 다루면서 소득제약조건으로 이미 설명하
였다. 두 상품을 구입하는 경우 소득제약조건은 다음과 같다.

$$[7\text{-}2] \quad P_x X + P_Y Y = I$$

식에서 I는 소득, P_X와 P_Y는 각각 X재와 Y재의 가격, 그리고 X와 Y는 각각 X재와 Y재의 구입량을 표시한다. 식 (7-2)를 Y에 대하여 정리하면 다음과 같다.

$$[7\text{-}3] \quad Y = \frac{I}{P_Y} - \frac{P_X}{P_Y} X$$

이 식은 고등학교에서 배우는 1차식 형태[4]로서 I/P_Y는 수직절편, $-P_X/P_Y$는 기울기이다. 가령 $P_X = 20$원, $P_Y = 10$원, $I = 100$원일 때 소득제약조건은

$$[7\text{-}4] \quad 20X + 10Y = 100 \text{ 또는 } Y = 10 - 2X$$

이다. 이 식을 그림 7-10과 같이 두 상품의 구입량을 양축으로 하는 평면에 그리면 예산선이 된다. 예산선의 수직절편(I/P_Y)은 주어진 소득으로 모두 Y재를 구입할 때의 Y재 수량이다. 예산선의 수평절편(I/P_X)은 주어진 소득으로 모두 X재를 구입할 때의 X재 수량이다. 이 두 절편을 직선으로 연결한 것이 예산선이다.

그림 7-10의 G점과 같은 예산선 밖의 점은 현재의 두 상품의 가격과 소득으로는 구입할 수 없는 두 상품의 조합점이다. 반대로 H와 같은 예산선 안의 점은 주어진

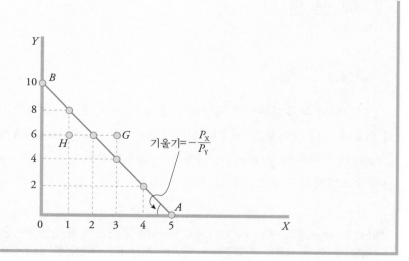

그림 7-10

예산선

소득제약조건은 소득과 상품가격이 주어져 있을 때 소비자가 구입할 수 있는 상품의 조합을 보여 준다. 두 상품의 경우 소득제약조건을 그리면 예산선이 된다. 예산선의 기울기는 $-\frac{P_X}{P_Y}$이다.

---

4 1차식의 일반적인 형태는 $y = a + bx$인데 y를 종축, x를 횡축으로 하는 평면에 그림으로 표시하면 수직절편이 a, 기울기가 b인 직선이 된다는 것을 중고등학교에서 배웠을 것이다. 여기에서는 이러한 절편과 기울기의 개념을 복습하고 있다.

소득을 모두 상품 구입에 사용하지 않은 점이다.

예산선의 기울기는 식 (7-3) 아래에서 설명한 바와 같이 $-P_X/P_Y$이다. 예산선의 기울기의 절대값 P_X/P_Y를 두 상품의 가격비(price ratio) 또는 상대가격(relative price)이라고 한다.

X재와 Y재의 가격비 P_X/P_Y는 「시장에서 X재 1단위와 교환되는 Y재의 수량」이다. 예컨대 $P_X = 400$원이고 $P_Y = 200$원이면 X재 1단위를 사는 대신 그 돈 400원으로 Y재를 사면 2단위를 살 수 있다. 즉 시장에서 X재 1단위와 교환되는 Y재 수량은 2단위이다. MRS가 X재(1단위)와 Y재와의 주관적인 교환비율임에 반하여 P_X/P_Y는 시장에서의 객관적인 교환비율인 것이다.

상대가격(=가격비)
두 재화의 가격 비율

X재 가격/Y재 가격
시장에서 X재 1단위와 교환
되는 Y재의 수량

예산선의 변동

소득의 변화와 예산선의 이동

예산선은 소득이 변함에 따라 이동한다. 최초에 소비자의 소득이 1,000원이고 X재의 가격이 200원, Y재의 가격이 100원이라 하자. 그러면 그림 7–11에서 예산선은 AB가 된다. 만약 X재와 Y재의 가격은 불변인데 소득이 1,000원에서 1,200원으로 증가한다면, 총소득으로 살 수 있는 X재와 Y재의 최대수량이 종전의 5단위와 10단위에서 각각 6단위와 12단위로 증가하기 때문에 예산선은 AB에서 $A'B'$으로 평행이동한다. 반대로 소득이 800원으로 감소한다면 총소득으로 살 수 있는 X재와 Y재의 최대수량이 각각 4단위와 8단위로 감소하여 예산선은 AB에서 $A''B''$으로 평행이동한다. 이와 같이 두 상품의 가격이 변하지 않고 소득만 변하면 예산선은 종전과 같은 기울기로 평행이동한다.

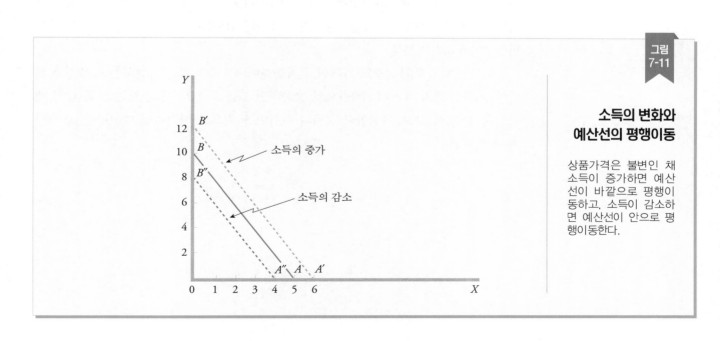

그림 7-11

소득의 변화와 예산선의 평행이동

상품가격은 불변인 채 소득이 증가하면 예산선이 바깥으로 평행이동하고, 소득이 감소하면 예산선이 안으로 평행이동한다.

그림
7-12

**가격의 변화와
예산선의 회전**

한 재의 가격이 변하여
상대가격이 변하면 예
산선의 기울기가 달라
진다.

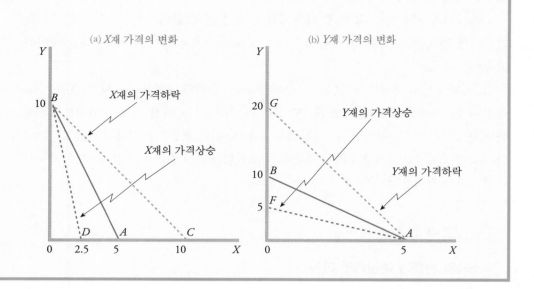

가격의 변화와 예산선의 변동

X재나 Y재의 가격이 변하면 두 상품의 가격비가 변하고 따라서 예산선의 기울기가 변한다.

그림 7-12(a)에서 예산선 AB는 소득이 1,000원이고 X재와 Y재의 가격이 각각 200원과 100원인 경우의 예산선이다. 만약 소득과 Y재의 가격은 변하지 않고 X재의 가격만 200원에서 100원으로 하락한다면 1,000원의 소득으로 살 수 있는 X재의 총수량이 5단위에서 10단위가 되고 예산선은 AB에서 CB로 회전할 것이다. 이 때 가격비는 원래의 $P_X/P_Y = 200/100 = 2$에서 $P_X/P_Y = 100/100 = 1$로 작아진다. 반대로 X재의 가격이 200원에서 400원으로 상승한다면 예산선은 AB에서 DB로 회전하고 이 때 가격비는 2에서 4로 커진다.

이번에는 소득과 X재의 가격이 일정불변이고 Y재의 가격만 변하는 경우를 살펴보자. 가령 Y재의 가격이 200원으로 상승하면 그림 7-12(b)에서 보는 바와 같이 예산선은 AB에서 AF로 회전한다. Y재의 가격이 50원으로 하락하면 예산선은 AB에서 AG로 회전한다.

제2절 무차별곡선이론과 소비자균형

1 소비자선택의 균형조건

소비자는 주어진 소득과 가격조건하에서 가장 큰 만족을 얻을 수 있는 소비조합을 선택함으로써 균형에 도달한다. 앞에서 살펴본 바와 같이 무차별곡선은 소비자에게 동일한 만족을 주는 두 상품의 여러 가지 조합을 표시하고, 예산선은 소비자가 주어진 소득으로 구입할 수 있는 두 상품의 여러 가지 조합을 표시한다. 이제 무차별곡선과 예산선을 결합하여 소비자선택의 균형조건을 설명할 수 있다.

그림 7–13은 소비자의 예산선과 무차별지도를 동일 좌표상에 그린 것이다. 예산선은 앞에서와 같이 $P_X = 200$원, $P_Y = 100$원, $I = 1,000$원이라고 가정하여 그렸다. 소비자는 1,000원의 소득으로 이 예산선상의 어떤 점이든지 구입할 수 있다. 그러면 소비자는 무수히 많은 예산선 위의 점들 중에서 어느 점을 선택할 것인가? 무차별곡선이 이를 결정하게 된다. 소비자는 상품의 조합 D나 C를 택하지는 않을 것이다. 왜냐하면 조합 D나 C보다 조합 E를 택하면 동일한 지출로 보다 큰 효용을 얻을 수 있기 때문이다. 즉 E는 D나 C보다 원점에서 더 멀리 떨어진 무차별곡선상에 있기 때문에 소비자에게 보다 큰 효용을 준다. G는 E보다 오른쪽에 있어 더 높은 효용을 주지만 예산선 밖에 있으므로 주어진 소득으로는 구입할 수 없는 조합이다. 주어진 소득으로 구입할 수 있는 모든 상품조합 중에서 E점을 제외한 다른 모든 조합은 E점보다 낮은 효용수준을 표시하는 무차별곡선상에 있다.

결국 E가 주어진 소득과 시장가격의 제약조건하에서 최대의 효용을 주는 상품의 조합이다. 그러므로 소비자는 X재 3단위와 Y재 4단위를 구입함으로써 균형에 도달하게 된다.

균형점 E가 갖는 특징은 무엇일까? E점에서 예산선과 무차별곡선이 접한다는 것이다. 다시 말하면 접점(point of tangency) E에서 예산선의 기울기와 무차별곡선의 기울기가 같다. 앞에서 살펴본 바와 같이 예산선의 기울기의 절대값은 두 상품의 가격비이고, 무차별곡선의 기울기의 절대값은 두 상품 사이의 한계대체율이다. 그러므로 균형점 E에서는 다음과 같은 관계가 성립한다.

[7-5] MRS(무차별곡선 기울기) $= \dfrac{P_X}{P_Y}$(예산선 기울기)

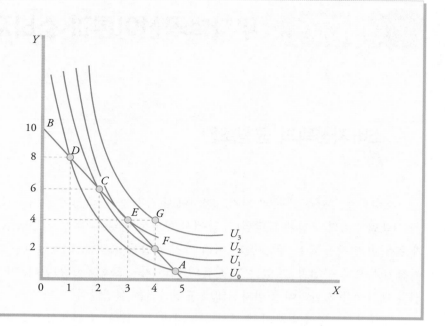

그림
7-13

소비자균형

예산선이 AB로 주어지고 소비자의 선호가 U_0, U_1, U_2, U_3의 무차별지도로 표시될 때 소비자가 가장 선호하는 소비점은 무차별곡선과 예산선이 접하는 E이다. E점에서는 무차별곡선의 기울기와 예산선의 기울기가 같아 Y재로 표시한 X재의 한계대체율과 두 상품의 가격비가 일치한다.

물론 E점은 소득제약조건을 만족시킨다. 결국 예산선을 나타내는 식 (7-2)와 무차별곡선과 예산선의 접점(무차별곡선의 기울기와 예산선의 기울기가 같은 점)을 표시하는 식 (7-5)가 소비자선택의 균형조건 혹은 간단히 줄여서 소비자균형조건이 된다.

$MRS = P_X/P_Y$가 소비자의 균형조건이 되는 이유를 경제논리로 설명해 보자. 이는 $MRS > P_X/P_Y$이거나 $MRS < P_X/P_Y$인 소비점에서는 소득지출을 증가시키지 않고(즉 소득제약조건인 식 (7-2)를 여전히 만족시키면서) 소비조합을 재조정하는 것만으로써 소비자의 효용이 증가될 수 있다는 것을 보이면 된다.

우선 $MRS > P_X/P_Y$인 경우를 보자. 예컨대 $P_X/P_Y = 2$인데 어느 소비점에서 $MRS = 3$이라고 하자. 이 경우 소비자는 X재 1단위를 더 소비하기 위하여 Y재를 3단위까지 포기할 용의가 있다. 그런데 시장에서 X재 1단위를 더 구입하기 위하여는 Y재를 2단위만 포기하면 된다. 즉 시장에서 평가된 X재의 객관적 가치보다 소비자가 평가한 주관적 가치가 더 크다. 따라서 소비자의 입장에서는 X재를 더 소비하고 싶어할 것이다. 소비자가 Y재를 2단위 포기하고 그 대신 X재 1단위를 더 구입하여 소비하면 소비지출을 증가시킴이 없이 소비자의 만족은 종전보다 증가한다. X재 1단위를 더 소비하는 대신 Y재를 3단위까지 포기할 용의가 있었는데 실제로는 2단위밖에 포기하지 않았기 때문이다. X재를 더 소비하면 한계대체율체감의 법칙에 따라 MRS가 감소하여 등식이 회복되는 방향으로 나간다.

이번에는 $MRS < P_X/P_Y$인 경우를 보자. $P_X/P_Y = 2$인데 어느 소비점에서 $MRS = 1$이라고 하자. 이 경우 소비자는 X재를 1단위 더 소비하기

어떻게 고를까(2)
내가 생각하는 가치가 시장가격보다 큰 것을 고를까

위하여 Y재를 1단위 포기할 용의가 있다. 혹은 X재를 1단위 덜 소비하는 대신 Y재를 1단위 더 소비할 용의가 있다. 그런데 시장에서는 X재 1단위가 Y재 2단위와 교환된다. 즉 소비자가 주관적으로 평가한 X재 가치보다 시장에서 객관적으로 평가된 X재 가치가 더 크다. 이러한 상황에서 소비자가 X재를 1단위 덜 사고 Y재를 2단위 더 산다면 소비지출이 증가하지 않으면서도 소비자의 만족은 종전보다 증가한다. 왜냐하면 X재를 1단위 덜 소비하는 대신 Y재를 1단위만 더 소비해도 만족수준은 종전과 똑같은데 Y재를 2단위까지 소비할 수 있기 때문이다. X재를 덜 소비하면 한계대체율체감의 법칙에 의해 MRS가 증가함으로써 $MRS = P_X/P_Y$의 방향으로 움직인다.

읽을거리 7-1 ▶ 돈으로 행복을 살 수 있는가?

우리 모두는 소비자이다. 재(財)의 소비량이 늘면 소비자의 효용이 증가한다. 효용이 증가하면 행복감도 증가한다고 할 수 있다.

소비는 소득이나 돈이 있어야 가능하다. 돈이 많으면 으레 재산소득이 많아진다. 따라서 경제학에서 다루는 효용함수는 돈이 행복('주관적인 복지')을 살 수 있는 것으로 상정하고 있다.

행복은 매우 주관적이고 상대적인 개념이다. 칼 마르크스는 일찍이 이 점을 잘 설파하였다. "집의 크기 자체는 중요하지 않다. 집 옆에 궁전이 들어서면 그 집이 오두막으로 변해버리는 게 문제일 뿐." 2002년 노벨 경제학상을 받은 미국의 심리학자 대니얼 카너먼(Daniel Kahneman) 교수는 20년 이상 행복을 측정하여 믿을 수 있고 공정한 척도를 만들려고 노력했지만 결국 포기했다. 많은 심리학자들이 여러 행복지수를 여전히 만들어내고 있다. 일부 경제학자들도 기존 경제학에 심리학, 진화생물학, 신경과학 등을 접목하여 행복경제학을 연구하고 있다. 이런 시도와 연구를 통해 얻은 결과는 대략 다음과 같다.

• 소득이 오르기 시작하면 사람들의 행복감도 올라간다. 그러나 어느 정도까지일 뿐이다.
• 가난은 불편을 초래하고 흔히 불행을 야기한다. 하지만 돈이 있다고 행복해지는 것은 아니다.
• 집단으로 구분할 때 노인세대가 청년세대보다, 장애인이나 만성적인 질환에 걸린 사람들이 보통사람들보다 좀 더 행복감을 느낀다. 자신에게 주어진 삶의 의미를 더욱 소중하게 여기기 때문이다.
• 남과 비교하지 않고 자기가 가진 것에 감사하는 사람들의 행복감이 높다.
• 대인관계에 많은 투자를 하고 운동, 취미생활 등 여가를 즐기며 봉사활동을 하는 사람들의 행복감이 높다.

돈으로 살 수 없는 소중한 것으로 아기의 미소, 지나간 청춘, 좋은 사람의 사랑, 진정한 우정과 존경, 천국입장권 등이 있다고 한다. 긍정적인 생각을 갖고 매사에 감사해 하며 자족할 줄 아는 사람이야말로 가장 행복한 사람일 것이다. 그래서 성서에 "마음이 가난한 자는 행복하다"는 구절이 있으며, 가난한 부탄이나 방글라데시 국민이 세계에서 높은 행복감을 느끼는 국민으로 알려져 있다.

돈으로 행복을 살 수 있는가라는 물음에 대한 답변은 '그렇다. 어느 정도까지는.'이다. 불의한 돈은 불행의 지름길로 안내한다. 정당한 돈이라도 돈이 많은 사람이 더 행복한 것은 결코 아니다. 샤일록처럼 더 많은 돈을 벌기 위해 아득바득한다면 돈의 노예가 되므로 돈이 행복을 산다고 할 수 없다. 같은 돈을 가진 사람들도 주관적인 만족감은 천차만별이다. 그러나 각자의 성격과 지향 등 여러 조건들이 주어져 있다면 돈이 많을수록 많은 재화와 서비스를 소비할 수 있고 다양한 여가활동을 즐길 수 있어서 행복감이 늘어날 것이다. 경제학에서 다루는 소비자이론은 이런 전제하에 전개된다.

결국 *X*재 소비의 한계대체율(X재에 대한 소비자의 주관적인 가치)이 *X*재의 상대가격(시장에서 평가된 X재의 객관적 가치)보다 크면 X재 소비를 증가시키고, 작으면 X재 소비를 줄임으로써 소비자의 효용을 증가시킬 수 있다는 말이다.

소비자가 평가하는 주관적인 교환비율이 시장에서 평가되는 객관적인 교환비율과 같지 않으면 소비지출을 늘리지 않고도 상품간 소비의 비율만 변경시킴으로써 소비자의 만족도가 증가한다. 이러한 소비의 재조정과정을 통하여 소비자가 평가하는 주관적인 교환비율이 시장에서 평가되는 객관적인 교환비율과 일치하게 되는 것은 한계대체율체감의 법칙이 작용하기 때문이다.

2 소비자균형의 이동

위에서 주어진 무차별지도와 예산선을 결합하여 소비자의 균형조건을 설명하였다. 소비자의 소득이나 상품의 가격이 변하여 예산선이 변하면 소비자의 균형점도 변한다. 소득변화에 따른 소비자균형의 이동으로부터 엥겔곡선이 유도되고, 가격변화에 따른 소비자균형의 이동으로부터 수요곡선이 도출된다.

소득소비곡선과 엥겔곡선

상품의 가격이나 소비자의 선호 등 다른 모든 조건이 일정불변인데 소득만 변하면 소비자의 균형이 어떻게 변하는가를 살펴보자. 앞에서 설명한 바와 같이 두 상품 *X*재와 *Y*재의 가격이 일정한데 소득이 변하면 예산선은 평행이동한다. 소비자의 선호가 불변이면 무차별지도는 불변이다.

그림 7-14에서 당초에 소비자가 균형점 E_1에 있었다고 하자. 이 때 소비자는 소득수준 I_1으로 OX_1단위의 X재와 OY_1단위의 Y재를 소비하여 최대의 만족 U_1을 얻고 있다. 이제 X재와 Y재의 가격이 불변이고 소득만 I_1에서 I_2로 증가한다고 하자. 그러면 예산선이 AB에서 $A'B'$으로 평행이동하게 된다. 이에 따라 새로운 균형점은 $A'B'$과 무차별곡선이 접하는 E_2이다. 이 새로운 균형점에서 소비자는 전보다 X재를 X_1X_2만큼, Y재를 Y_1Y_2만큼 더 소비한다. 소득이 감소하면 예산선이 안쪽으로 평행이동하여 X재와 Y재의 소비량은 일반적으로 감소한다. 이와 같이 소득이 변하면 각 상품의 소비량이 변하는데 이것을 소득효과(income effect)라고 한다.

만약 소득이 I_2에서 I_3로 증가하면 예산선은 $A''B''$으로 되고 균형점은 E_3로 이동할 것이다. 이와 같이 재화의 가격들은 불변인 채 소득수준이 변함에 따라 변하는 균형

소득효과
소득이 변하여 상품의 수요량이 변하는 효과

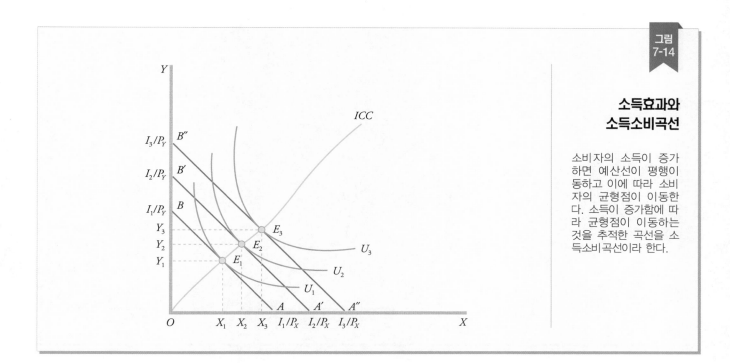

그림
7-14

**소득효과와
소득소비곡선**

소비자의 소득이 증가하면 예산선이 평행이동하고 이에 따라 소비자의 균형점이 이동한다. 소득이 증가함에 따라 균형점이 이동하는 것을 추적한 곡선을 소득소비곡선이라 한다.

점 E_1, E_2, E_3 등을 연결한 곡선을 소득소비곡선(income consumption curve: ICC) 또는 소득확장경로(income expansion path)라고 한다.

> **소득소비곡선** 혹은 **소득확장경로**는 소득의 변화에 따른 소비자의 균형소비조합을 표시하는 곡선이다.

소득소비곡선
소득이 변함에 따라 균형소비조합이 변하는 것을 보여주는 곡선

소득소비곡선은 반드시 원점을 지난다. 소득이 0일 때는 두 상품 소비량도 0이기 때문이다. 소득소비곡선은 대부분의 경우 그림 7-14에서 보는 바와 같이 우상향하는 형태를 취한다. 이것은 소득이 증가함에 따라 대부분의 상품에 대한 소비자의 소비량이 증가한다는 것을 의미한다. 소득이 증가함에 따라 소비량이 증가하는 상품을 제3장에서 정상재라고 하였다. 그러나 소득이 증가할 때 소비량이 오히려 감소하는 열등재도 있다. 그림 7-15에서 X재가 열등재라면 소득소비곡선은 우상향하다가 나중에는 좌상향하는 형태를 취한다. 이것은 소비자의 소득이 일정수준 이상으로 증가하면 X재를 오히려 적게 소비한다는 것을 의미한다.

소득이 낮을 때는 돼지고기를 먹다가 소득이 높아지면 돼지고기의 소비량을 줄이는 대신 쇠고기를 더 많이 먹는 소비자가 있다면, 그에게 돼지고기는 열등재이다. 그림 7-15에서 예산선 AB에 대응하는 소득수준에서 소비자는 돼지고기 OX_1만큼을 소비하고 있는데, 소득이 예산선 $A'B$에 대응하는 수준으로 증가하면 소비자는 열등재인 돼지고기의 소비를 OX_2로 줄인다. 그림에서 쇠고기는 물론 정상재이다.

이제 소득소비곡선으로부터 제4장에서 다룬 엥겔곡선(Engel curve)을 도출할 수 있

그림
7-15

열등재의 소득소비곡선

소득이 증가하여 예산선이 AB에서 $A'B'$으로 이동하는데 균형점이 E_0에서 E_1로 이동하여 X재 소비량이 감소한다면 해당 소득수준에서 X재는 열등재이다.

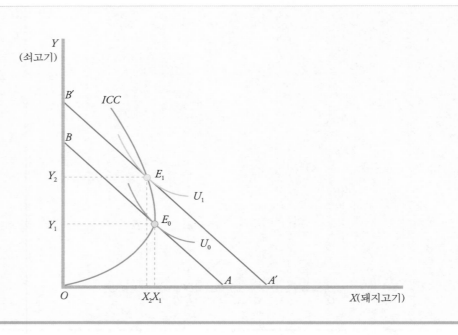

다. 그림 7-14에서 소득이 I_1에서 I_2, I_3로 증가하면 예산선은 AB에서 $A'B'$, $A''B''$으로 평행이동하고 그 결과 소비자균형점은 E_1에서 E_2, E_3로 이동한다. 이 때 소득과 한 상품에 대한 소비량의 대응관계를 직각좌표에 표시하면 엥겔곡선이 된다. 예를 들어 X재의 경우를 보면 소득이 I_1에서 I_2, I_3로 증가함에 따라 소비량이 X_1에서 X_2, X_3로 증가하는데, 이 관계를 소득–소비량의 직각좌표에 표시하면 그림 7-16(a)의 EC곡선과 같이 X재에 대한 엥겔곡선이 그려지는 것이다.

그림
7-16

엥겔곡선

소득과 수요량의 관계를 나타내는 곡선을 엥겔곡선이라 한다. 정상재의 엥겔곡선은 우상향하고 열등재의 엥겔곡선은 좌상향한다. E_1처럼 45°선보다 위쪽에 있는 엥겔곡선은 수요의 소득탄력도가 1 보다 작다. E_2처럼 45°선보다 아래에 있는 엥겔곡선은 수요의 소득탄력도가 1 보다 크다.

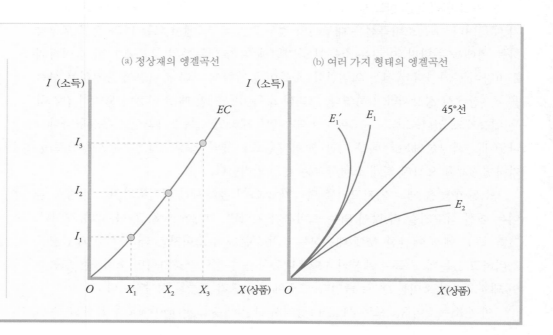

우상향하는 엥겔곡선은 그림 7-16(b)의 E_1, E_2와 같이 크게 두 가지 유형으로 나눌 수 있다. E_1은 소득증가율이 소비증가율 보다 큰 경우이고 E_2는 소득증가율이 소비증가율보다 작은 경우 이다. 소득증가율과 소비증가율이 똑같은 45°선을 중심으로 E_1 과 E_2곡선을 비교해 보면 그 증가율의 차이를 알 수 있다. 이 경우 45°선은 수요의 소득탄력도가 1이다. E_1은 수요의 소득탄력도 가 1보다 작은 경우이고 E_2는 수요의 소득탄력도가 1보다 큰 경우이다. 생활필수품과 사치품을 대비시켜 본다면 E_1은 생활필수 품에 대한 엥겔곡선이고 E_2는 사치품에 대한 엥겔곡선이다.

삼겹살
국민식품 삼겹살의 엥겔곡선은 어떤 모양일까

X재를 식료품이라 가정하면 엥겔곡선은 E_1으로 그려질 것 이다. 소득이 증가할수록 식료품에 대한 지출보다 주거비·문화비 등 식료품 이외의 지출액이 더 크게 증가하여 식료품비가 소득에서 차지하는 비중이 감소한다는 엥겔 의 법칙이 성립하기 때문이다.

X재가 열등재인 경우에는 그림 7-16(b)의 E_1'과 같이 엥겔곡선은 소득축을 향하 여 구부러지게 그려진다.

엥겔의 법칙
가계소득이 증가함에 따라 식 료품 지출 비중이 감소하는 것

가격소비곡선과 수요곡선

이번에는 소비자의 선호와 소득, 다른 상품의 가격은 일정불변인데 한 상품의 가격이 변할 때 소비자균형이 어떻게 변하는가를 살펴보자.

그림 7-17(a)에서 최초에 X재와 Y재의 가격이 각각 P_{X0}, P_{Y0}이고 소비자의 소득 이 I_0라 하자. 그러면 예산선은 AB이고 이 예산선이 무차별곡선과 접하는 E_0가 최초의 균형점이다. 즉 소비자는 매기에 Y재 OY_0와 X재 OX_0를 소비함으로써 주어진 가격 및 소득으로 최대 만족을 누리고 있다.

이제 소득과 Y재의 가격은 각각 I_0와 P_{Y0}로 일정한데 X재의 가격이 P_{X0}에서 P_{X1}으 로 하락했다 하자. 그러면 앞에서 배운 바와 같이 예산선은 B점을 축으로 오른쪽으 로 회전하여 $A'B$가 된다. 그림에서 새로운 균형점은 새로운 예산선 $A'B$와 무차별곡선 U_1이 접하는 E_1점이다.

소득과 Y재의 가격이 일정불변이고 X재의 가격이 다시 P_{X2}로 하락한다면 예산선 은 $A''B$로 회전하고 균형점은 E_2로 이동할 것이다. 이와 같이 각각의 X재 가격에 대응 하는 균형점 E_0, E_1, E_2 등을 연결한 곡선을 가격소비곡선(price consumption curve: PCC)이 라고 한다.[5]

---

5 그림에서는 X재의 가격탄력도가 1보다 작다고 가정하여 우상향하는 가격소비곡선을 그렸다. X재 수요가 비탄 력적이면 P_X가 1% 하락할 때 X재 수요량은 1%보다 적게 증가하기 때문에 X재에 대한 총지출액은 감소한다. 소득(I)이 일정한데 $P_X \cdot X$는 감소하니까 $P_Y \cdot Y$는 증가해야 한다. 그런데 P_Y는 불변이라고 가정하고 있기 때문

그림
7-17

가격소비곡선과 수요곡선

다른 조건들은 불변이고 X재 가격만 변할 때 균형소비조합을 추적한 곡선을 가격소비곡선이라 한다. 가격소비곡선으로부터 X재 수요곡선을 도출할 수 있다.

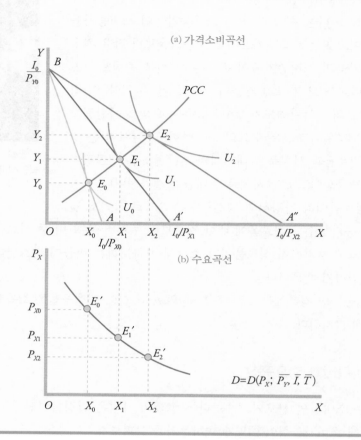

(a) 가격소비곡선

(b) 수요곡선

가격소비곡선은 다른 조건이 일정불변일 때 한 상품의 가격변화에 따른 소비자의 균형소비조합을 표시해 주는 곡선이다.

이제 우리는 가격소비곡선으로부터 X재에 대한 수요곡선을 도출할 수 있다. 그림 7-17(a)에서 소비자균형이 E_0, E_1, E_2로 이동하는 것을 추적해 보면 X재의 가격이 P_{X0}, P_{X1}, P_{X2} 등으로 하락함에 따라 X재의 소비량이 OX_0, OX_1, OX_2 등으로 증가하는 것을 알 수 있다. 이러한 대응관계를 X재 가격을 종축, X재 수요량을 횡축으로 하는 평면에 표시하면 그림 7-17(b)에서 보는 바와 같은 우하향하는 수요곡선을 얻는다.

수요곡선은 주어진 소득으로 최대 만족을 얻기 위해 각각의 가격수준에서 구입

에 Y재의 수요량은 증가한다. 독자들은 가격소비곡선이 X재에 대한 수요의 가격탄력도가 1인 경우 수평이고 1보다 큰 경우에 우하향하는 것을 확인해 보기 바란다.

하고자 하는 수량을 나타낸다. X재 가격만 변화시키고 X재 수요량에 영향을 미칠 만한 다른 요인들, 예컨대 Y재 가격, 소득, 소비자의 선호 등이 일정불변이기 때문에 이 점들이 동일한 수요곡선상에 있게 된다.

앞의 제3장에서 사용한 우하향의 수요곡선은 위와 같은 소비자균형의 이론적 배경으로부터 도출된 것이다. 소비자 개개인의 개별수요곡선이 도출되면 이를 수평으로 합계하여 시장수요곡선을 얻는다는 것은 이미 설명하였다.

소득효과와 대체효과

한 상품의 가격이 변하면 그 상품에 대한 소비자의 균형소비량이 변하는데 이것을 가격효과(price effect)라고 한다. 가격효과는 이론적으로 소득효과(income effect)와 대체효과(substitution effect)로 구분할 수 있다.

앞에서 상품의 가격이 일정할 때 소득이 변함에 따라 상품의 소비량이 변하는 것을 소득효과라 하였다. 그런데 이러한 소득효과는 소득이 일정할 때에도 한 상품의 가격이 변하면 나타난다. 상품가격이 하락(상승)하면 소비자의 실질소득이 증가(감소)하기 때문이다. 가령 어떤 소비자가 주어진 소득 1,000원으로 가격이 100원인 Y재 6단위와 가격이 200원인 X재 2단위를 구입하여 소비함으로써 균형상태에 있다고 하자. 이제 소득과 Y재의 가격은 불변인데 X재의 가격만 200원에서 100원으로 하락한다면, 종전과 같이 Y재 6단위와 X재 2단위를 구입해도 200원이 남는다. 이것은 소비자의 입장에서 보면 가격이 내린 X재나 가격이 불변인 Y재를 종전보다 200원어치 더 살 수 있게 되었으므로 소득과 구매력이 증가한 것과 같다. 이와 같이

> 한 상품가격의 변동이 소비자의 구매력을 변동시키는 효과를 **소득효과**라 한다.

X재 가격의 하락은 한편으로 상대가격의 변동을 초래한다. Y재 가격은 변하지 않고 X재 가격만 하락해도 상대가격 P_X/P_Y가 하락한다. 즉, X재 가격이 하락할 때 X재가 상대적으로 싸진다. 다른 한편 Y재는 상대적으로 비싸진다.

> 사람들은 다른 조건이 같을 때 상대적으로 싸진 상품을 더 수요하고 상대적으로 비싸진 상품은 덜 수요하는 경향이 있는데 이를 **대체효과**라 한다.

그림 7-18에서 최초에 예산선 AB와 무차별곡선 U_0의 접점 E_0에서 소비자가 균형상태에 있다고 하자. 그러면 소비자는 X재 OX_0를 소비하고 있다. 소득과 Y재의 가격은 불변인데 X재의 가격이 하락하여 예산선이 AB에서 $A'B$로 회전한다고 하자. 그러면 소비자의 균형점은 E_0에서 E_1으로 이동하고 X재의 소비량은 OX_0에서 OX_1으로 X_0X_1만큼 증가한다. 이것을 X재의 가격변화에 의한 총효과 혹은 줄여서 가격효과라고

가격효과
상품가격이 변할 때 균형소비량이 변하는 효과. 소득효과와 대체효과의 합.

대체효과
상대가격이 싼 상품을 더 수요하는 효과

그림
7-18

X재 가격 하락에 따른 소득효과와 대체효과

X재 가격이 하락하여 예산선이 AB에서 A'B로 바뀌고 균형점이 E_0에서 E_1으로 이동했다고 하자. 새 예산선 A'B와 평행하면서 원래의 무차별곡선과 접하는 가상의 예산선 A"B'을 그려 그 접점을 G라 하자. 그러면 E_0에서 G로 이동하는 효과가 대체효과이고 G에서 E_1으로 이동하는 효과가 소득효과이다. 이처럼 E_0에서 E_1으로 이동하는 가격효과를 개념적으로 대체효과와 소득효과로 분해할 수 있다.

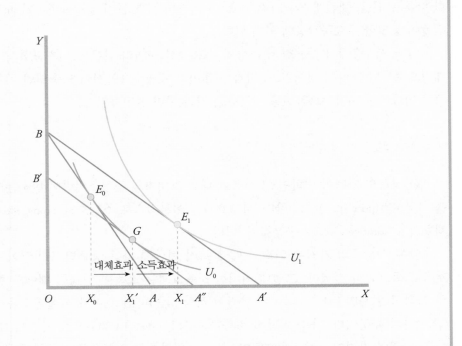

한다.

　이제 이러한 X재의 가격효과를 소득효과와 대체효과로 분리할 수 있다. X재 가격이 싸졌기 때문에 X재를 종전보다 많이 구입하는 대체효과만을 측정하기 위해서는 구매력의 변화에 따른 소득효과를 우선 제거해야 한다. 즉 X재 가격이 하락하기 전의 구매력을 유지하여 새로운 가격수준에서도 종전과 동일한 효용수준을 얻을 수 있도록 하는 것이다.[6]

　그림 7-18에서 X재 가격이 하락할 때 종전과 동일한 효용수준을 유지하기 위해서는 새로운 가상의 예산선이 무차별곡선 U_0와 접점을 이루어야 하고, 동시에 새로운 예산선 A'B와 평행해야 한다. 이 두 가지 조건을 만족시키는 가상의 예산선은 그림에서 A"B'이고 접점은 G점이다. 따라서 X재 가격이 하락했지만 가격하락의 소득효과를 제거할 때 X재의 수요량은 최초의 X_0에서 X_1'으로 증가하는 것이다. E_0에서 G로의 이동 혹은 $X_0 X_1'$만큼의 X재 수요량증가는 순전히 X재의 가격하락 때문에 생긴 대

---

6 소득효과를 제거하는 방법으로는 크게 두 가지가 있다. 하나는 영국의 경제학자 힉스(J. R. Hicks)가 창안한 것으로 본문처럼 종전과 동일한 효용수준을 누릴 수 있도록 소득을 뺏는다고 상정하는 것이다. 다른 하나는 소련의 경제학자 슬루츠키(E. Slutsky)가 창안한 것으로 종전의 소비수준(E_0) 또는 구매력을 유지할 수 있을 정도까지만 소득을 뺏는다고 상정하는 것이다. 무차별곡선이론에서는 설명의 편의를 위해 힉스의 방법을 주로 사용한다. 무차별곡선을 사용하지 않는 현시선호이론에서는 부록에서 보는 바와 같이 슬루츠키의 방법을 사용한다.

체효과이다.

 X 재 가격의 하락은 종전보다 X 재, Y 재를 더 많이 살 수 있는 구매력을 주기 때문에 실제로 소득의 증가효과를 갖는다. 이것은 새로운 가격비에서 예산선이 $A''B'$ 에서 $A'B$ 로 평행이동하고 균형점이 G 에서 E_1 으로 이동하는 것으로 나타난다. G 에서 E_1 으로의 이동 혹은 $X_1'X_1$ 만큼의 X 재 수요량 증가가 X 재 가격 하락에 따른 소득효과이다.

> 한 상품의 가격이 변하면 그 상품에 대한 소비자의 균형소비량이 변하는 것을 가격효과라 한다. 가격효과는 대체효과와 소득효과의 합이다.

 물론 시장에서 실제로 관측할 수 있는 소비점은 E_0 와 E_1 이다. G 점은 E_0 에서 E_1 으로 옮겨가는 과정을 관념적으로 나누어 설명하는 데 이용될 뿐 실제로 관측할 수 없는 점이다.

 대체효과는 어떤 상품의 가격이 하락할 때 상대적으로 싸진 그 상품에 대한 수요량을 언제나 증가시키고, 가격이 상승할 때 상대적으로 비싸진 그 상품에 대한 수요량을 언제나 감소시킨다. 즉 대체효과는 가격과 수요량의 변동방향을 정반대로 만든다. 이러한 뜻에서 대체효과는 항상 음(−)이라고 말한다.

 그러나 소득효과는 해당 상품이 정상재인가 열등재인가에 따라 부호가 달라진다. 정상재의 경우 가격이 상승하여 소득이 감소하는 효과가 일어나면 수요량도 감소하여 가격과 수요량의 변동방향이 반대이기 때문에 소득효과는 음이다. 반면 열등재의 경우 가격이 상승하여 소득이 감소하는 효과가 일어나면 수요량이 증가하기 때문에 가격과 수요량의 변동방향이 같아서 소득효과가 양(+)이다. 그러나 대부분의 열등재는 음의 대체효과가 양의 소득효과보다 크기 때문에 소득효과와 대체효과를 합한 가격효과는 정상재와 마찬가지로 음이다. 가격효과가 음이라는 말은 가격이 상승(하락)할 때 수요량이 감소(증가)한다는 뜻이기 때문에 다름아닌 수요의 법칙을 표현한 말이다.

 그러나 열등재 중에서 양의 소득효과가 음의 대체효과를 압도하여 가격효과가 양이 되는 예외적인 경우가 있다. 이 때에는 가격의 하락(상승)이 오히려 소비량의 하락(증가)을 가져와 수요의 법칙에 위배된다. 이와 같은 현상을 처음 발견한 사람 (Robert Giffen)의 이름을 따 기펜의 역설(Giffen's paradox)이라 하고 기펜의 역설이 나타나는 상품을 기펜재라 한다. 19세기에 아일랜드 지방에서 감자가격이 하락하여 소비자의 구매력이 증가하자 그 동안 주식으로 해 온 감자에 신물이 나서 감자 소비를 줄이고 고기 소비를 늘린 사례가 전해지고 있다. 현실적으로 기펜재는 거의 존재하지 않는다.

 가격변화와 수요량변화가 반대방향이면 음(−)으로, 같은 방향이면 양(+)으로 표시할 때 대체효과는 정상재이든 열등재

기펜과 감자
현실에서 기펜재를 찾을 수 있을까

효용을 기수적으로 측정할 수 있다고 가정하면 소비자균형조건은 예산제약식과 한계효용균등의 법칙으로 표시된다. 한계효용균등의 법칙은 제2장에서 소개한 한계원리의 한 가지 예이다.

$$\frac{MU_X}{P_X} = \frac{MU_Y}{P_Y} \text{에서}$$

$$MU_X = \frac{P_X}{P_Y} \times MU_Y$$

를 얻는데 이 식이 한계원리를 나타낸다.

X재를 1단위 더 소비하면 소비자의 효용은 X재의 한계효용만큼 증가한다. 따라서 MU_X는 X재를 1단위 더 소비할 때 얻는 한계편익이다.

X재를 1단위 더 소비하면 Y재를 P_X/P_Y단위만큼 덜 사게 된다. 예컨대 X재 가격이 1,500원이고 Y재 가격이 1,000원이면 X재를 1단위 더 살 때 Y재를 1.5단위 포기해야 한다. Y재를 1단위 덜 소비함으로써 잃는 효용은 Y재 한계효용이다. 따라서 X재를 1단위 더 소비할 때 소비자는 $P_X/P_Y \times MU_Y$만큼 효용이 감소한다. 결국 $P_X/P_Y \times MU_Y$는 X재를 1단위 더 소비할 때 지불하는 한계비용이다. 한계편익과 한계비용이 같아야 한다는 것이 한계원리이다.

본문에서 1재의 가격만 변할 때를 다루었다. X재와 Y재의 가격이 변하되 똑같은 비율로 변하면 어떻게 될까? 예산선이 이동하되 기울기는 변하지 않는다. 따라서 가격효과 중에 소득효과만 있고 대체효과는 없다. 이 경우 가격소비곡선은 원점을 지나는 직선이 되고 X재 소비량과 Y재 소비량은 $Y = aX$라는 비례관계를 가진다.

이든 모두 음으로 나타나고 소득효과는 정상재의 경우 음으로, 열등재의 경우 양으로 나타난다. 따라서 정상재의 경우 음의 대체효과와 음의 소득효과의 합인 가격효과는 자연히 음으로 나타난다. 그러나 열등재는 음의 대체효과가 양의 소득효과를 압도하여 가격효과가 음으로 나타나는 경우와, 양의 소득효과가 음의 대체효과를 압도하여 가격효과가 양으로 나타나는 경우의 두 가지가 있는데 후자의 경우가 기펜재이다.

이상의 논의를 요약하면 표 7–3과 같다.

표 7-3

**가격효과
=대체효과
+소득효과**

상 품	대체효과	소득효과	가격효과
정상재	–	–	–
열등재	–	+	–
(Giffen재)	–	+	+

"+": 가격과 수요량의 변동방향이 같은 것을 뜻함.
"–": 가격과 수요량의 변동방향이 다른 것을 뜻함.

1 무차별곡선이론과 한계효용이론의 관계

이상에서 살펴본 바와 같이 무차별곡선이론은 서수적 효용을 이용하여 소비자의 균형조건을 설명하고 있다. 그러나 무차별곡선이론에 효용의 기수적 측정을 허용하면 무차별곡선이론과 한계효용이론은 동일한 소비자균형조건에 도달한다.

그림 7-19에서 소비자는 A 대신에 B를 택하더라도 총효용수준에는 변함이 없다. B점에서는 A점에 비하여 Y재를 $\varDelta Y$만큼 적게 소비하는 대신 X재를 $\varDelta X$만큼 더 소비한다. 무차별곡선이론에서는 각 재화의 소비에 따른 한계효용을 기수적으로 측정하지 않는다. 그러나 이제 한계효용이론과 비교하기 위하여 효용을 기수적으로 측정한다고 가정해 보자. 그러면 B점에서의 효용수준이 A점과 같은 것은 $\varDelta Y$를 포기함으로써 잃게 되는 효용이 $\varDelta X$를 더 소비함으로써 얻는 효용과 같기 때문이다. Y재의 한계효용을 MU_Y로 표시하고 X재의 한계효용을 MU_X로 표시하면 이와 같은 관계는 다음과 같이 표시할 수 있다.

[7-6] $\quad MU_Y \cdot (-\varDelta Y) = MU_X \cdot \varDelta X$

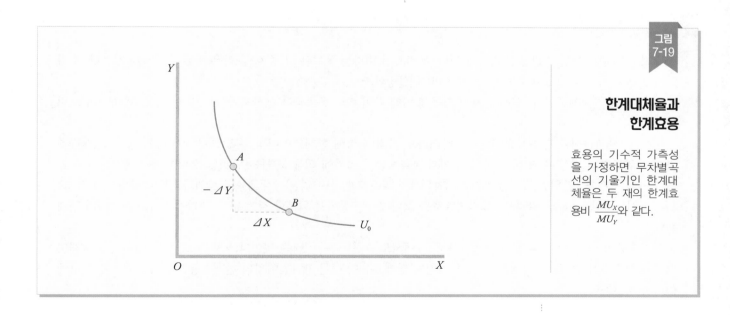

그림 7-19

한계대체율과 한계효용

효용의 기수적 가측성을 가정하면 무차별곡선의 기울기인 한계대체율은 두 재의 한계효용비 $\dfrac{MU_X}{MU_Y}$와 같다.

식 (7-6)의 양변을 $MU_Y \cdot \Delta X$로 나누면

$$[7\text{-}7] \quad -\frac{\Delta Y}{\Delta X} = \frac{MU_X}{MU_Y}$$

로 된다. 식의 왼쪽항에 있는 $-\Delta Y/\Delta X$는 동일한 무차별곡선상에서 Y재를 X재로 대체할 때의 한계대체율, 즉 $MRS = -\dfrac{\Delta Y}{\Delta X}\bigg|_{\bar{U}}$ 이다. 따라서 효용을 기수적으로 측정한다고 가정하면 X재와 Y재 사이의 한계대체율이 두 재의 한계효용비와 같게 된다.

무차별곡선이론에 의한 소비자균형조건은

$$[7\text{-}8] \quad MRS = \frac{P_X}{P_Y}$$

이다. 식 (7-7)의 좌변과 식 (7-8)의 좌변이 같기 때문에

$$[7\text{-}9] \quad \frac{MU_X}{MU_Y} = \frac{P_X}{P_Y}$$

가 된다. 이 식의 양변에 $\dfrac{MU_Y}{P_X}$를 곱하면

$$[7\text{-}10] \quad \frac{MU_X}{P_X} = \frac{MU_Y}{P_Y}$$

가 성립한다.

읽을거리 7-3 ▶ **비(非)소비품목과 소비자선택의 이론**

슈퍼마켓에 가 보면 수많은 소비재가 있다. 우리가 소비하는 품목은 그 중 아주 작은 일부에 지나지 않는다. 소비하지 않는 품목에 대해 소비자선택이론은 어떻게 설명할까?

첫째, 고급 가전제품이나 가구 등 자기 소득에 비해 값이 비싼 품목들은 예산제약식을 만족시키지 못하니까 소비할 수 없다.

둘째, 예산제약식은 충족시킬 수 있다 하더라도 가격에 비해 한계편익이 너무 낮으면 소비하지 않는다. 재화를 정수 단위로만 소비할 수 있다고 하자. 한계대체율체감의 법칙에 의해 X를 1단위만 소비할 때의 한계대체율이 제일 크다. X재를 1단위만 소비할 때에도 X재와 Y재(혹은 Z재) 사이의 한계대체율이 상대가격보다 낮다고 하자. 즉 $X=1$에서도 $MRS_{XY} < P_X/P_Y$라 하자. 그러면 X재를 소비해서는 등식을 회복할 길이 없다. 따라서 X재를 소비하지 않게 된다.

한계효용이론에 의한 X재 비소비조건은 $X=1$에서도 $\dfrac{MU_X}{P_X} < \dfrac{MU_Y}{P_Y}$라는 것이다. X재를 1단위만 소비할 때 X재의 한계효용이 가장 큰데, 그 때에도 X재 1원어치의 한계효용이 다른 재 1원어치의 한계효용보다 낮으면 X재를 아예 소비하지 않는다.

식 (7-10)은 제6장에서 배운 한계효용이론에 의한 소비자균형조건, 즉 한계효용 균등의 법칙이다. 이와 같이 무차별곡선이론에 의한 소비자균형조건은 효용의 기수적 측정을 허용하면 한계효용이론에 의한 소비자균형조건으로 환원된다.

무차별곡선이론은 서수적 효용을 가정함으로써 기수적 효용을 전제로 한 한계효용이론보다 더 현실적이며 분석의 폭이 크고 응용범위가 넓다는 장점을 가진다.

2 소비자선택이론의 평가

지금까지 배운 소비자선택이론에서는 선호의 독립성을 가정하였다. 즉, 다른 소비자가 어떻게 소비하든 관계 없이 자기 자신의 독자적인 선호체계 속에서 상품의 쓸모에 따라, 주어진 소득으로 자기 자신의 효용이 극대가 되게 소비한다는 것이었다. 그러나 소비자들의 선호가 상호독립적이지 않고 상호의존적인 경우도 있다. 선호가 상호의존적인 경우로 편승효과, 「백로」효과, 베블렌효과 등이 있다.

편승효과 혹은 포장마차효과(bandwagon effect)란 친구따라 강남 간다는 말처럼 다른 사람들이 소비하니까 자기도 덩달아 소비하는 것을 말한다.[7] 특정 스타일의 의상이 유행할 때 유행에 뒤질세라 그 의상을 너도 나도 수요하는 것이 편승효과의 예이다. 편승효과가 있으면 그것이 없을 때보다 개별수요가 커지고 따라서 시장수요도 커진다.

백로효과 혹은 속물효과(snob effect)는 편승효과와는 정반대되는 것으로서 다른 사람들이 어떤 상품을 많이 소비하고 있기 때문에 자기는 그 재화의 소비를 중단하거나 줄이는 것을 말한다. 백로효과는 자기가 다른 사람들과는 격이 다르다는 것을 과시하고자 할 때 나타난다.[8] 백로효과가 있으면 그것이 없을 때보다 개별수요가 작아지고 시장수요 또한 작아

의류구매사이트의 홈페이지
쇼핑 사이트의 한 페이지에서 편승효과, 백로효과, 베블렌 효과를 모두 관찰할 수 있다.

---

7 미국 서부개척시대에 많은 사람들이 황금을 찾아 서부로 향할 때 주로 포장마차(bandwagon)를 사용하였는데 bandwagon effect란 이러한 시대적 상황으로부터 유래된 말이다. 즉, 다른 소비자들이 어떤 상품을 많이 소비하고 있다는 이유만으로 그 상품을 소비하는 것이 마치 다른 사람들이 포장마차를 타고 서부로 가니까 나도 포장마차를 타고 서부로 간다는 것과 같다. 이러한 의미에서 유행에 편승한 소비를 미국의 경제학자 라이벤스타인(Harvey Leibenstein)은 "bandwagon effect"라 하였다.

8 snob effect 원어 그대로 번역하면 속물효과이다. 그러나 이는 정의를 제대로 드러내는 번역어가 아니다. 원어에 가까운 것으로는 「속물회피심리효과」라 해야 할 것이나 너무 장황한 단점이 있다. 원의가 까마귀 노는 골에 가지 않으려는 고고한 백로의 심리와 맥을 같이하기 때문에 「백로」효과라 번역해 보았다. 「백로」효과, 「통뼈」효과, 「청개구리」효과, 속물효과 등 아무 것이나 취향대로 사용하되 괄호 안에 원어를 병기하면 무난할 것이다.

진다.

　　베블렌효과(Veblen effect)[9]는 소비자들이 돋보이고 싶어서 이른바 명품만을 소비하는 것을 말한다. 외제자동차·다이아반지·외제가구 등 값비싼 상품을 구입할 수 있는 능력을 과시하기 위해 소비하는 경우가 베블렌효과에 속한다. 남들에게 과시하기 위해 사치성 소비를 일삼는 졸부들은 가격이 싸면 거들떠 보지 않고 가격이 비싸면 오히려 소비한다. 이 경우 수요의 법칙과 반대로 가격이 비싼 명품일수록 싼 제품보다 잘 팔리는데 이런 명품을 베블렌재라 한다.

　　선호가 상호독립적이면 한계효용이론이나 무차별곡선이론을 이용하여 합리적인 소비행태를 설명할 수 있다. 두 이론 모두 가계의 예산제약식이 효용극대화조건의 기본식으로 들어간다. 자기가 처한 상황을 돌아보지 않고 충동구매를 일삼아 신용불량자가 되는 사람은 예산제약식을 제대로 따져 보지 못한 경우이다. 알뜰하게 소비하고 "쇼핑은 즐거워"하면서 만족하는 소비자는 전통적인 소비자선택이론이 말하는 최적소비조건을 만족시키는 사람이다. 합리적인 소비자는 우선 예산제약식을 고려하고, 다음으로 그가 비록 한계대체율이나 한계효용을 일일이 계산하지 않아도 이론적으로 따져 보자면 임의의 두 재(財) 사이의 한계대체율 혹은 한계효용의 비율을 가격비와 일치시키도록 소비하는 것이다.

부록

현시선호이론

---

9 미국의 경제학자 베블렌(T. Veblen)은 그의 저서 『유한계급론』에서 「큰 손」들의 과시소비행태를 묘사하였다. 이에 그의 이름을 따서 베블렌효과라 명명되었다.

1   한계효용이론이 기수적 효용을 가정하는 데 반하여 무차별곡선이론은 서수적 효용을 가정한다. 똑같은 만족을 주는 상품의 조합들에 대하여 소비자는 무차별하다고 말하고, 이러한 상품의 조합들을 연결한 곡선을 무차별곡선이라 한다.

2   무차별곡선은 다음 네 가지 특징을 갖는다.
① 오른쪽에 위치한 무차별곡선일수록 높은 만족수준을 표시한다.
② 무차별곡선은 우하향한다.
③ 무차별곡선은 서로 교차할 수 없다.
④ 무차별곡선은 원점에 대하여 볼록하다.

3   두 재화 X재와 Y재의 한 조합에서 Y재를 덜 갖는 대신 X재를 더 가짐으로써 종전과 동일한 효용수준을 유지할 때 Y재의 감소분($-\varDelta Y$)을 X재의 증가분($\varDelta X$)으로 나눈 비율을 「X재의 Y재로 표시한 한계대체율」 또는 단순히 한계대체율이라고 하며 다음 식으로 정의된다.

$$MRS_{XY} \equiv MRS \equiv -\frac{\varDelta Y}{\varDelta X}\bigg|_{\bar{U}}$$

MRS는 「X재 한 단위를 증가시킬 때 종전과 같은 만족을 유지하기 위하여 감소시켜야 하는 Y재 수량」을 의미하며 「X재 1단위에 대한 Y재의 주관적인 교환비율」이다.

4   한계효용이론에서 한계효용체감의 법칙이 수행하는 역할을 무차별곡선이론에서는 한계대체율체감의 법칙이 수행한다. 한계대체율체감의 법칙이란 동일한 효용수준을 유지하면서 Y재를 X재로 대체해 감에 따라 한계대체율이 점점 감소하는 현상을 말한다. 한계대체율체감의 법칙은 원점에 대하여 볼록한 무차별곡선으로 표시된다.

5   예산선이란 주어진 소득(또는 예산)을 다 사용해서 구입할 수 있는 상품의 여러 가지 조합을 나타내는 직선으로서 가격선이라고도 한다. 소득의 증가는 예산선을 오른쪽으로 평행이동시키고 소득의 감소는 예산선을 왼쪽으로 평행이동시킨다. 소득과 한 상품의 가격이 일정하고 다른 한 상품의 가격만 변하면 두 상품의 가격비가 변화하고 따라서 예산선은 기울기가 변한다.

6   주어진 소득과 가격의 제약조건하에서 소비자에게 최대만족을 주는 소비조합은 예산선과 무차별곡선이 접하는 점이다. 이 점에서 두 상품의 가격비와 두 상품의 한계대체율이 같다. 소비자의 균형조건은 다음 두 식으로 표현된다.

① $MRS = \dfrac{P_X}{P_Y}$

② $P_X X + P_Y Y = I$

7 소득이 증가(감소)하면 예산선이 오른쪽(왼쪽)으로 평행이동하여 각 상품의 소비량이 변하게 되는데 이 것을 소득효과라 한다. 두 상품의 소비량을 양축으로 하는 평면에서 소득효과를 나타낸 곡선을 소득소비곡선이라 한다. 소득소비곡선에서 엥겔곡선이 도출된다. 엥겔곡선은 소득의 변화와 한 상품의 수요량 사이의 관계를 나타내는 곡선이다.

8 소득과 한 상품의 가격이 일정할 때 다른 한 상품의 가격이 변하면 두 상품의 가격비가 변하여 예산선의 기울기가 변하기 때문에 균형점이 이동하게 되는데 이러한 균형점들을 연결한 곡선을 가격소비곡선이라 한다. 가격소비곡선은 다른 모든 조건이 일정할 때 한 상품의 가격변화에 따른 균형소비조합을 표시해 주는 곡선이다. 가격소비곡선에서 수요곡선이 도출된다.

9 가격변동에 따른 수요량의 변동을 가격효과라 한다. 가격효과는 이론적으로 소득효과와 대체효과로 구분할 수 있다. 가격하락으로 소득이 늘어날 때처럼 종전보다 상품을 더 많이 사게 되는 효과를 소득효과라 한다. 가격변동으로 상대가격이 변하여 상대적으로 싸진 상품을 더 많이 수요하고, 상대적으로 비싸진 상품을 더 적게 수요하는 효과를 대체효과라 한다.

10 대체효과는 항상 가격과 수요량의 변동방향이 반대로 작용해서 음(−)으로 나타난다. 소득효과는 음일 수도 있고 양일 수도 있다. 소득효과의 부호와 크기에 의해 가격효과를 분류하면 다음과 같다.
① 가격효과 : 음(−)
┌ 소득효과가 음일 때 : 정상재
└ 소득효과가 양일 때 : 열등재
② 가격효과 : 양(+)
　소득효과가 양이면서 대체효과를 압도할 때 : 기펜재 … 수요의 법칙에 위배

11 무차별곡선이론에 의한 소비자균형조건은 효용의 기수적 측정을 허용하면 $MRS = \dfrac{MU_X}{MU_Y}$가 되어 한계효용이론에 의한 소비자균형조건과 같아진다. 즉, $MRS = \dfrac{MU_X}{MU_Y} = \dfrac{P_X}{P_Y}$가 된다.

- 무차별곡선
- 무차별지도
- 한계대체율
- 한계대체율체감의 법칙
- 예산선, 예산제약식

- 상대가격
- 소득소비곡선
- 엥겔곡선
- 가격소비곡선
- 가격효과

- 소득효과
- 대체효과
- 정상재
- 열등재
- 기펜재

- 기펜의 역설
- 편승효과
- 속물효과
- 베블렌효과
- 베블렌재

연습문제   E / X / E / R / C / I / S / E

1 X재를 보통의 상품, Y재를 쓰레기라고 가정하여 무차별곡선을 그리고, 선호의 방향을 표시하라. 이로부터 다다익선이라는 가정이 너무 강한 가정이라고 할 수 있을까? 이제 Y재를 쓰레기와 관련된 서비스로 바꾸어 정상적인 무차별곡선을 그려 보라.

2 그림 7-17에서 Y재 가격의 변화에 따른 가격소비곡선과 Y재의 수요곡선을 그려라. 만약 P_X와 똑같은 비율로 P_Y와 소득이 감소한다면 X재의 수요는 증가하는가 감소하는가? 그림을 그려서 증명하라.

3 그림 7-18과 관련하여

(1) 정상재 가격이 상승할 때 대체효과와 소득효과를 그림으로 표시하라.
(2) X재가 열등재인 경우를 그림으로 표시하라.

4 한 소비자가 다음과 같은 상품의 조합들에 대하여 무차별하다고 가정해 보자.

X재	1	2	3	4	5	6
Y재	20	15	11	8	6	5
MRS_{XY}						

(1) MRS_{XY}를 계산하라.
(2) 위 상품조합들로 무차별곡선(U_1)을 그려라.
(3) 더 높은 만족수준을 나타내는 무차별곡선(U_2)과 더 낮은 만족수준을 나타내는 무차별곡선(U_3)을 그려라.
(4) X재, Y재 가격이 각각 30원, 10원이고 소비자 소득이 200원이라 하자. 최적소비조합을 구하라.
(5) X재 가격, Y재 가격이 각각 3,000원, 1,000원이고 소득이 20,000원이라 하자. 최적소비조합을 구하라.
(6) 가계소득이 오르더라도 소비재 가격들이 오르면 소비자의 효용이 줄어들 수 있음을 설명하라.

5 갑의 맥주와 소주의 한계대체율($= \left| \dfrac{\Delta 소주}{\Delta 맥주} \right|_{\overline{U}}$)이 현행 주류 소비수준에서 2라 하자.

(1) 맥주 한 병에 3,000원, 소주 한 병에 3,000원이라면 현행 소비수준은 적정한가? 아니면 갑의 주류 소비패턴은 어떻게 바꾸어져야 하는가? 그 이유는?
(2) 갑의 한계대체율이 현행 수준에서 0.8이라 하고 (1)의 질문들에 답하라.
(3) 한계대체율체감을 가정하지 않으면 (1), (2)의 답에 변화가 있는가?

6 가계소득이 500원이라 할 때 다음 그림을 보고 물음에 답하라.

(1) X재 가격은?
(2) E_1, E_2, E_3에 상응하는 Y재 가격과 Y재 수량을 구하라.
(3) Y재에 대한 수요곡선을 구하라(적어도 세 점의 가격, 수요량을 명기하라).

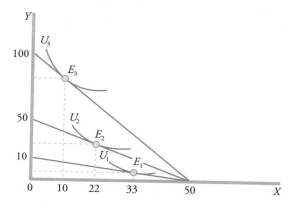

(4) X재와 Y재는 대체재인가 아니면 보완재인가? 그 이유는 무엇인가?
(5) 균형점 E_3에서 E_2로 이동하는 과정에서 소득효과와 대체효과를 보여라.

7 X재의 소비자에게 t원의 종량세가 부과된다면 예산선이 $P_X X + P_Y Y = I$에서 $(P_X + t)X + P_Y Y = I$로 바뀌지는 것을 설명하라. 종량세 부과의 효과를 그림으로 설명하라.

8 어떤 소비자가 그의 소득을 감자와 쇠고기를 사는 데 쓴다고 하자.

(1) 감자의 흉작으로 감자가격이 비싸졌다면 이 소비자의 예산선은 어떻게 변하는가?
(2) 감자와 쇠고기 모두 정상재라고 가정하고 감자가격 상승에 따른 대체효과와 소득효과를 설명하라. 감자가격 상승으로 이 소비자의 최적소비집합은 어떻게 변하는가?
(3) 감자가 열등재라고 가정하면 감자가격 상승으로 이 소비자의 최적소비집합은 어떻게 변하는가?
(4) 감자가 기펜재라고 가정하면 이 소비자의 최적소비집합은 어떻게 변하는가?

9 다음 각 기술이 맞는가 틀리는가를 밝히고 그 이유를 설명하라.

① 소비자균형조건은 예산선이 무차별곡선에 접할 때 만족된다.
② 소득확장경로는 무차별지도상에서 가격변화에 따른 모든 균형점들을 나타낸다.
③ 양의 소득효과는 수요의 법칙에 어긋난다.
④ 한계대체율은 한계효용처럼 체증하는 경우나 0이 되는 경우는 없고 체감하는 경우만 있다.
⑤ 엥겔곡선이란 화폐소득과 한 재화의 수요량과의 관계를 나타내는 곡선이다.
⑥ 예산선에 나오는 두 재화의 가격과 소득이 똑같은 비율로 변화하면 소비자균형은 증가할 수도 있고 감소할 수도 있다.
⑦ 가격소비곡선이란 한 재화의 가격이 변화할 때 소비자균형점이 이동한 점들을 이은 곡선이다.
⑧ 소득소비곡선이 X와 Y 두 상품의 직각좌표상에 원점에서부터 직선으로 나타나 있다면 X재는 정상재이고 Y재는 열등재이다.
⑨ 어느 재화의 가격소비곡선이 수직이면 그 재화의 수요곡선은 수직선이다.
⑩ 대체효과란 두 재화의 상대가격의 변화에 따른 수요량 변화의 효과를 말한다.
⑪ 한 재화의 가격이 상승할 때 대체효과의 크기는 0과 1 사이의 값을 갖는다.
⑫ 정상재의 가격이 하락하면 소비자는 그 재화의 구입을 증가시키는데 이는 순전히 소득효과 때문이다.
⑬ 다른 모든 조건이 일정할 때 한 재화의 가격이 하락하면 소비자는 그 재화가 열등재일 경우 구입을 감소시키고 정상재일 경우는 구입을 증가시킨다.
⑭ 기펜재의 수요곡선은 우상향으로 나타난다.
⑮ 무차별곡선은 소비자가 실제로 구입할 수 있는 상품수량에 대하여만 그릴 수 있다.
⑯ 기펜재는 열등재이다.
⑰ 무차별곡선이론에서 한계효용의 크기는 아무런 의미를 가지지 못한다.
⑱ 수요의 소득탄력도가 1인 상품의 엥겔곡선은 원점을 지나는 직선으로 그려진다.
⑲ 한계효용체감의 법칙이 성립하면 한계대체율 체감의 법칙도 성립한다.

소비자선택이론의 응용과 확장

이 장에서는 앞의 두 장에서 배운 소비자선택의 기본이론을 현실에 응용하여 본다. 또한 불확실성이 존재하는 상황에서는 소비자선택이론이 어떻게 적용될 수 있는지 살펴본다. 우선 무차별곡선을 적용하여 이해할 수 있는 현실경제현상의 몇 가지 예를 설명한다. 다음으로 기대효용의 개념을 도입하여 불확실한 상황에서의 소비자선택문제를 설명한다.

1 사회복지정책의 효과

저소득계층을 돕는 방법으로 흔히 현금보조(cash transfer)를 통해 구매력을 증대시켜 주는 방법, 양곡과 같은 기본필수품을 현물보조(in-kind transfer)해 주는 방법, 기본필수품의 가격을 할인해 주는 가격보조(price subsidy)의 방법 등이 쓰인다. 무차별곡선이론은 이들 세 가지 방법의 효과를 비교·분석할 수 있게 해 준다.

현금보조와 현물보조

부모님 용돈
상품권이나 속옷보다 현금을 더 좋아하실까

정부가 저소득계층의 소비자에게 월 10만원 어치의 양곡을 보조해 주는 경우를 상정해 보자. 소비자에게 현금으로 10만원을 주거나 10만원 어치의 양곡으로 주거나 간에 재정지출에는 하등의 차이가 없다. 그러나 소비자는 양곡으로 보조받는 것보다 현금으로 보조받는 것이 일반적으로 더 유리하다. 그림 8–1 을 이용하여 그 이유를 분석해 보자.

그림에서 AB는 보조 전의 예산선이고, 무차별곡선 U_0와 이 예산선이 접하는 E_0에서 소비자는 균형상태에 있다. 만약 정부가 10만원의 현금을 보조해 주는 방식을 택한다면 소비자의 소득이 그만큼 증가하여 예산선이 $A'B'$으로 평행이동한다. 현금으로 보조해 주지 않고 10만원 어치의 양곡을 주는 방식을 택한다면 새로운 예산선은 보조 전의 예산선 AB를 양곡보조량만큼 오른쪽으로 밀어낸 AE_1B'이 된다. $A'E_1$ 부분이 현금보조 때는 새로운 예산선에 포함되지만 현물보조 때는 포함되지 않는 것이다.

만약 소비자가 양곡보다 옷(Y)을 선호하여 현물보조량 이상의 양곡 소비를 원치 않는다면 균형은 무차별곡선 U_1이 예산선 AE_1B'과 접하는 E_1에서 성립한다. 보조받기 전의 소비량(X_0)보다 더 많은 양의 양곡 OX_1을 보조받기 때문에 X_0X_1만큼의 양곡을 의무적으로 더 소비해야 하는 것이다. 그러나 현금으로 보조받을 경우에 소비자는 무차별곡선 U_2와 예산선 $A'B'$이 접하는 E_2에서 균형에 도달한다. U_2는 U_1보다 더 높은 효용수준을 나타낸다. 똑같은 10만원의 보조이지만 현금보조가 현물보조보다 소비자에게 더 높은 효용을 가져다 주는 것이다.[1]

---

1 그림 8–1 에서 소비자가 최초에 OX_1보다 많은 양의 양곡을 소비하고 있었다면 OX_1만큼의 양곡을 현금으로 보

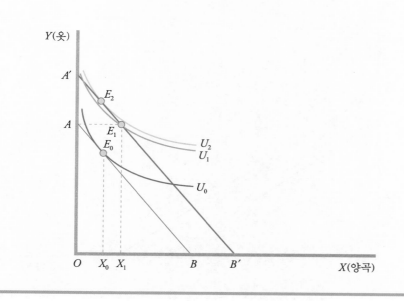

그림
8-1

현물보조와 현금 보조의 경제적 효과

양곡을 OX_1만큼 현물보조하면 예산선이 AB에서 AE_1B'으로 바뀐다. 양곡 OX_1의 가치 AA'을 현금보조하면 예산선이 $A'B'$으로 바뀐다. 이에 따라 현금보조가 예산선 영역을 $A'E_1$만큼 넓혀 으레 현물보조보다 나은 결과를 낳는다.

현금보조와 가격보조

정부는 저소득층의 실질소득을 증가시키기 위하여 저소득층에게 특정상품에 대한 가격할인권을 교부하기도 한다. 이는 저소득층에게 할인권에 기재된 할인액만큼 현금을 보조해 주는 것과 효과면에서 어떻게 다를까? 이를 그림 8-2를 이용하여 분석해 보자.

그림 8-2에서 종축은 소비자가 가지고 있는 현금을 표시한다. 지금까지는 종축에 특정 재화를 측정했는데 여기서는 분석의 편의를 위해 현금을 측정하고 있다. 최초의 예산선이 AB라면 소비자가 쓸 수 있는 현금이 OA이고 그 현금을 X재 구입에 모두 쓰면 OB만큼의 X재를 살 수 있음을 나타낸다. 이 분석틀에서는 X재 이외의 재화를 수요하기 위해 균형상태에서 양(+)의 현금을 보유한다.

이제 정부가 양곡가격의 할인권을 소비자에게 준다고 하자. 이는 할인권을 받은 소비자 입장에서 볼 때 마치 양곡가격이 할인권에 기재된 금액만큼 하락한 것과 같다. 따라서 할인권을 교부받은 소비자의 예산선은 원래의 AB에서 AB'으로 회전하게 되고 이 새로운 예산선과 무차별곡선 U_1이 접하는 E_1에서 소비자는 균형에 도달한다. 이 균형점에서 소비자는 다른 재화의 구입을 위해 OH의 현금을 보유하고 나머지 AH의 현금을 지출하여 X_0만큼의 양곡을 구입한다. 그런데 이 소비자가 가격보조를 받기 전에 X_0의 양곡을 구입하고자 했다면 그는 AJ만큼의 현금을 지출했어야 한다.

조하든 현물로 보조하든 소비자의 효용에는 하등의 차이가 없다. 이에 관하여는 이 장의 연습문제 1번을 참조하라.

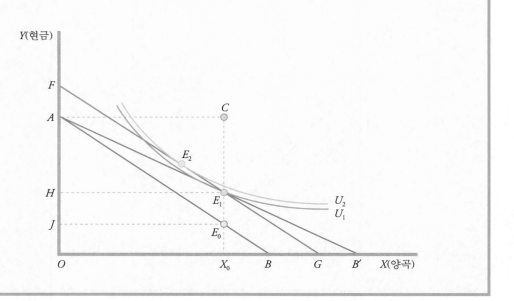

그림
8-2

가격보조와 현금 보조의 경제적 효과

가격보조보다 현금보조가 낫다. 양곡을 싸게 살 수 있도록 할인권을 주면 예산선이 AB에서 AB'으로 바뀌어 E_1이 균형점이 된다. 이 때 생기는 가격보조액 E_0E_1을 현금으로 주면 예산선이 AB에서 FG로 평행이동하여 E_1보다 높은 효용을 주는 E_2가 균형점이 된다.

즉 소비자는 X_0의 양곡을 구입하기 위하여 가격보조가 없을 때에는 AJ의 현금을 지출해야 하지만 가격보조를 받으면 AH의 현금만 지출해도 되는 것이다. 따라서 AJ와 AH의 차이인 $HJ = E_1E_0$가 가격보조금이 된다.

이제 소비자에게 가격보조 대신 가격보조금만큼 현금을 준다고 하자. 그러면 소비자의 예산선은 원래의 AB에서 가격보조금 E_1E_0만큼 위로 평행이동하여 FG가 된다 (새로운 가격선은 반드시 E_1을 통과해야 한다). 이 때 소비자의 균형은 예산선 FG와 무차별곡선 U_2가 접하는 E_2에서 이루어진다.[2] 물론 U_2는 U_1보다 더 높은 효용수준을 나타낸다. 즉 같은 액수를 보조하더라도 가격보조보다 현금보조가 소비자에게 더 높은 효용수준을 가져다 준다.[3]

지금까지 우리는 현물보조나 가격보조보다 현금보조가 소비자에게 더 높은 효용수준을 가져다 주는 것을 보았다. 왜 그러한가? 현금보조는 예산선의 기울기, 즉 상대가격을 일정하게 유지하면서 보조를 해 주기 때문에 소비자의 자율적인 효용극대화 선택이 가능하지만, 현물보조나 가격보조의 경우 예산선의 축소나 상대가격의

---

[2] 현시선호이론으로 되돌아가 보자. 그림 8–2에서 선분 E_1B'상의 모든 점들은 E_1점보다 낮은 효용수준을 나타낸다. 선분 E_1G상의 점들은 선분 E_1B'상의 점들보다 낮은 효용수준을 나타낸다. 따라서 예산선이 AB일 때 무차별곡선 U_1으로 E_1점에서 균형이던 소비자는 예산선이 FG일 때 선분 FE_1의 한 점에서 새로운 균형을 이룰 수밖에 없다.

[3] 소비자에게 똑같은 효용을 달성하게 하기 위해 가격보조 대신 현금보조를 해 주면 재정 부담이 더 적게 일어난다는 측면으로도 현금보조가 가격보조보다 더 효과적이라는 것을 설명할 수 있다. 이에 관하여는 이 장의 연습문제 2번을 참조할 것.

교란을 통해 소비자로 하여금 보조대상상품의 선택을 강요하는 셈이 되기 때문이다. 즉, 현물보조나 가격보조의 경우 일반적으로 소비자가 보조대상상품을 필요 이상으로 소비하게 만들기 때문에 효용수준이 현금보조 때보다 낮아진다.

2 조세와 소비자후생

소비자가 누리는 효용을 소비자후생(consumer welfare)이라 한다. 소비자에게 부과되는 세금은 소비자후생을 감소시킨다. 그러나 후생 감소의 정도는 세금의 종류에 따라 다르게 나타난다. 경제학에서는 정액세가 다른 어떤 세금보다 소비자후생을 덜 감소시킨다고 말한다. 이를 소비세와 대비시켜 설명해 보자.

> 사람들의 소득이나 소비와 관계 없이 한 사람(혹은 가구)당 얼마씩 똑같이 부과하는 세금을 **정액세**(lump-sum tax)라 한다.

그림 8-3에서 Y축은 소비자가 가지고 있는 현금소득을 나타낸다. 최초에 소비

소비자후생
소비자가 누리는 효용

정액세
주민세처럼 모든 사람에게 똑같은 금액을 부과하는 세금

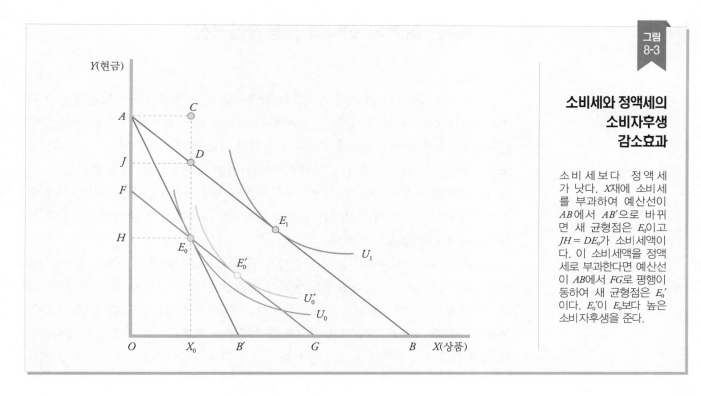

그림 8-3

소비세와 정액세의 소비자후생 감소효과

소비세보다 정액세가 낫다. X재에 소비세를 부과하여 예산선이 AB에서 AB'으로 바뀌면 새 균형점은 E_0이고 $JH = DE_0$가 소비세액이다. 이 소비세액을 정액세로 부과한다면 예산선이 AB에서 FG로 평행이동하여 새 균형점은 E_0'이다. E_0'이 E_0보다 높은 소비자후생을 준다.

자는 AB의 예산선과 무차별곡선 U_1이 접하는 E_1에서 균형에 도달하고 있다. 이제 X재에 소비세가 부과된다고 하자. 그러면 X재의 가격이 상승하여 예산선이 AB'으로 회전하고, 소비자는 이 새로운 예산선과 무차별곡선 U_0가 접하는 E_0에서 균형을 이루게 된다. U_0는 U_1보다 낮은 수준의 효용을 나타낸다. 소비세가 소비자의 후생을 감소시킨 것이다.

소비세가 부과되어 새롭게 형성된 균형점 E_0에서 소비자는 X재를 X_0만큼 소비하기 위하여 $AH = CE_0$의 현금을 지출하고 있다. 그런데 소비세가 부과되기 전에 이 소비자는 X재를 X_0만큼 소비하기 위하여 $AJ = CD$만큼의 현금을 지출했었다. 따라서 X재를 X_0만큼 소비하기 위하여 소비세 부과 전에 지출해야 했던 금액과 소비세 부과 후에 지출한 금액의 차이 $JH = DE_0$가 소비세액이 된다.

이제 이 소비세액과 동일한 금액을 소비세가 아닌 정액세의 형태로 부과한다고 해 보자. 그러면 최초의 예산선 AB는 세금액 JH만큼 아래로 평행이동하여 FG로 되고, 소비자는 이 예산선과 무차별곡선 U_0'이 접하는 E_0'에서 균형을 달성한다. U_0'은 소비세를 부과할 때의 효용수준 U_0보다 높은 효용수준이다.

그림 8-2와 8-3을 비교해 보면 소비세는 음(-)의 가격보조이고 정액세는 음의 현금보조라는 것을 알 수 있다. 현금보조가 가격보조보다 낫다는 것은 정액세가 소비세보다 낫다는 것과 같다.

3 소득 · 여가의 선택과 노동공급곡선

노동자는 주어진 가용시간 중 얼마만큼을 노동하고 얼마만큼을 여가로 즐길 것인가를 선택한다. 이는 소비자이론에서 주어진 소득을 가지고 두 가지 상품을 구입할 때 어떤 상품조합을 선택하는가 하는 문제와 다를 것이 없다. 주어진 가용시간을 노동하는 데 더 많이 배분하면 그 대신 여가시간이 줄어들고, 여가를 즐기는 데 더 많이 배분하면 노동시간이 줄어든다. 노동자가 주어진 가용시간을 노동과 여가에 얼마만큼씩 배분하느냐 하는 문제는 노동자가 가지는 노동과 여가 사이의 예산선과 무차별곡선에 의해 결정될 것이다.

그림 8-4(a)에서 Y축은 노동의 대가로 얻는 소득을 나타내고 L축은 여가시간을 나타낸다. 하루 중 노동자가 노동과 여가에 배분할 수 있는 가용시간(24시간에서 수면과 식사에 필요한 시간을 빼고 남는 시간)을 T라 하고 여가에 배분한 시간을 L이라 하면 노동시간(N)은 $N = T - L$이 된다. 즉 L축을 왼쪽에서 오른쪽으로 읽으면 여가시간이 되고, 오른쪽에서 왼쪽으로 읽으면 노동시간이 된다. 만약 가용시간 T를 모두 여가

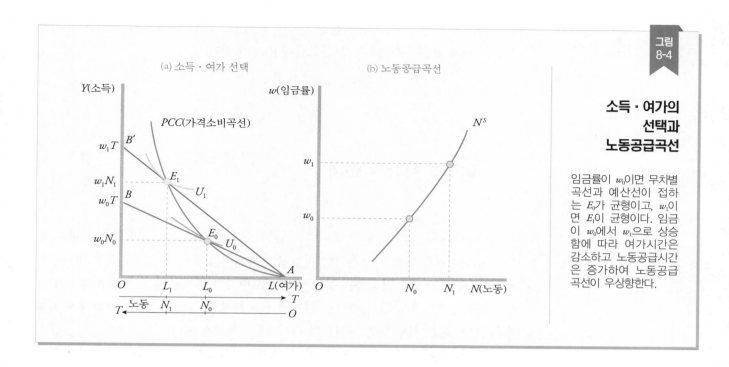

그림
8-4

(a) 소득 · 여가 선택

(b) 노동공급곡선

소득 · 여가의
선택과
노동공급곡선

임금률이 w_0이면 무차별
곡선과 예산선이 접하
는 E_0가 균형이고, w_1이
면 E_1이 균형이다. 임금
이 w_0에서 w_1으로 상승
함에 따라 여가시간은
감소하고 노동공급시간
은 증가하여 노동공급
곡선이 우상향한다.

로 사용한다면 노동소득은 0이 된다. 그러나 T를 모두 노동에 사용하고, 이 때 시간
당 임금(임금률)이 w_0라면 소득은 w_0T가 된다. 따라서 가용시간 T를 모두 여가에 배분
한 점 A와 모두 노동에 배분한 점 B를 연결한 직선 AB는 소득(=노동시간×임금률)과
여가 사이의 예산선이 된다. 직선 AB의 기울기는 $w_0T/T = w_0$이므로 소득 · 여가 사이
의 예산선의 기울기는 임금률로 표시된다.[4]

노동자는 소득 · 여가 사이의 예산선과 무차별곡선이 접하는 점에서 가용시간
을 소득 · 여가에 배분한다. 그림에서 임금률이 w_0일 때 노동자는 T의 가용시간 중
$OL_0 = L_0$를 여가에 배분하고 나머지 $T - L_0 = AL_0 = N_0$시간을 노동하여 그 대가로 w_0N_0
의 소득을 얻고 있다.

이제 임금률이 w_0에서 w_1으로 상승한다고 해 보자. 그러면 예산선은 AB에서 AB'
으로 회전한다. 이 새로운 예산선과 종전보다 높은 효용수준을 나타내는 무차별곡선
U_1이 접하는 E_1에서 노동자는 새로운 균형을 달성하게 된다.

그림 8-4(a)에서 E_1점을 E_0점과 비교해 보면 여가시간은 L_0에서 L_1으로 줄어들고,
그 대신 노동시간은 N_0에서 N_1으로 늘어나는 것을 알 수 있다. 즉 임금률이 w_0에서 w_1
으로 오름에 따라 노동자는 여가시간을 줄이고 노동시간을 N_0에서 N_1으로 늘린 것이

임금률
매기당 임금

---

[4] 여가 1시간을 얻기 위해서는 노동 1시간을 포기해야 한다. 그러므로 노동 1시간을 포기하는 데에 따르는 임금
률이 여가의 기회비용이 되기 때문에 임금률을 여가의 가격(P_L)이라 할 수 있다. 소득의 가격(P_Y)은 1이다. 소
득 100원을 얻기 위해서는 100원을 지불해야 하기 때문이다. 따라서 소득 · 여가 사이의 가격비, 즉 예산선의
기울기(P_L/P_Y)는 임금률(w)로 표시된다.

다. 이를 임금률을 종축, 노동시간을 횡축에 표시하는 평면에 옮겨 놓으면 그림 (b)에서 보는 바와 같은 우상향하는 노동공급곡선 N^s를 얻게 된다.

4 소비와 저축의 선택

소비자는 주어진 소득 중 소비하고 남는 소득을 저축한다. 얼마를 소비하고 얼마를 저축할 것인가 하는 것은 전형적인 소비자선택의 문제이다. 그런데 소비자들이 현재소비를 포기하고 저축하는 것은 미래에 소비하기 위해서이다. 따라서 소비와 저축의 선택문제는 일정하게 주어진 현재소득을 현재소비와 미래소비 사이에 어떻게 배분하는가 하는 서로 다른 시점간의 소비자선택문제가 된다.

논의의 편의상 소비자선택의 시간영역을 1기와 2기의 두 기간으로 단순화시켜 보자. 예컨대 정상적인 노동이 가능한 청·장년기를 1기라 하고 정년퇴임한 후의 노년기를 2기라 하는 것이다. 소비자는 현재(1기)와 미래(2기)에 각각 Y_1과 Y_2의 소득을 얻게 되어 있으며, 이 이외에는 다른 소득이 없다고 가정하자.

현재가치와 미래가치

이와 같은 2기간 최적화문제를 제대로 분석하기 위해서는 먼저 현재가치와 미래가치의 개념을 이해할 필요가 있다. 이자율이 10%일 때 현금 10만원을 은행에 정기예금하면 1년 후에 원금과 이자를 합하여 11만원을 받게 된다. 그 계산식은

[8-1] $a_1 = a_0(1+r)$

이다. 여기서 a_1은 1년 후에 받을 원금과 이자의 합계액, a_0는 원금, r은 연이자율을 각각 표시한다. 위의 예를 이 공식에 대입하면

$$a_1 = 10만원(1+0.1) = 11만원$$

이 되어 현재 10만원의 1년 후의 가치는 11만원이다. 이 때 1년 후 11만원의 현재가치(present value)는 10만원이라고 말한다. 현재 a_0의 1년 후의 미래가치는 a_1이고 1년 후 a_1의 현재가치는 a_0인 것이다. 그러면 주어진 미래가치의 현재가치는 어떻게 구할 수 있는가? 식 (8-1)을 변형하면

$$[8-2] \quad a_0 = \frac{a_1}{1+r}$$

이 된다. 현재가치와 이자율을 알면 미래가치를 구할 수 있듯이 미래가치와 이자율을 알면 현재가치를 구할 수 있는 것이다. 미래가치를 현재가치로 바꾸는 것을 할인(discount)이라고 한다.

예산제약식과 예산선

이제 원래의 문제로 돌아가서 우선 1기의 소득을 모두 저축할 경우 2기에 소비할 수 있는 최대소득이 얼마나 되는가를 알아보자. 1기의 현재소득 Y_1을 기간중 이자율 r로 저축하면 2기에 받을 수 있는 미래소득은 $Y_1(1+r)$이 된다. 그런데 2기에는 2기의 소득 Y_2도 있다. 따라서 1기의 소득 Y_1을 모두 저축할 경우 소비자가 2기에 소비할 수 있는 최대소득($\overline{Y_2}$)은

$$[8-3] \quad \overline{Y_2} = Y_1(1+r) + Y_2$$

가 된다.

다음으로 2기의 소득 Y_2를 모두 차입할 경우 1기에 소비할 수 있는 최대소득은 얼마나 될까? 2기의 미래소득 Y_2를 이자율 r로 할인하여 1기에 받을 수 있는 현재소득은 $Y_2/(1+r)$이 된다. 1기의 최대소득($\overline{Y_1}$)은 2기소득을 할인한 소득에 1기소득 Y_1을 합계한 것, 즉

$$[8-4] \quad \overline{Y_1} = Y_1 + \frac{Y_2}{1+r}$$

로 구해진다.

현재소비 C_1을 횡축, 미래소비 C_2를 종축으로 하는 평면에서 수직절편을 식 (8-3)의 $\overline{Y_2}$, 수평절편을 식 (8-4)의 $\overline{Y_1}$로 잡고 두 점을 직선으로 이으면 그림 8–5의 직선 $\overline{Y_2} \overline{Y_1}$와 같은 예산선이 된다. 이 예산선의 방정식, 즉 예산제약식은

$$[8-5] \quad C_2 = Y_2 + (Y_1 - C_1)(1+r)$$

로 나타낼 수 있다. 식 (8-5)는 2기의 소비 C_2가 2기의 소득 Y_2에 1기의 저축 $Y_1 - C_1$으로 인하여 2기에 받을 수 있는 소득 $(Y_1 - C_1)(1+r)$을 합한 것과 같다는 것을 나타내고 있다. 위 식을 변형하면

그림
8-5

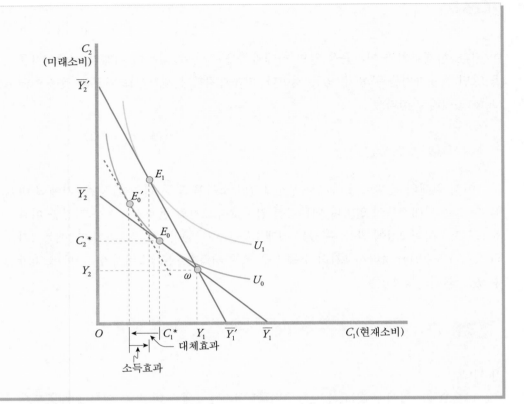

생애소득 ω와 이자율이
정해지면 예산선이 정
해진다. 예산선이 $\overline{Y_2}\overline{Y_1}$
라면 E_0가 균형점이어서
현재소비가 C_1^*이고 저
축이 $C_1^*Y_1$이다. 이자율
이 상승하면 예산선이
ω를 중심으로 $\overline{Y_2'}\overline{Y_1'}$처
럼 시계방향으로 회전
한다. 새 균형점에서 현
재소비가 감소하고 저
축이 증가한다.

$$[8-5]' \quad C_1 + \frac{C_2}{1+r} = Y_1 + \frac{Y_2}{1+r}$$

가 된다. 식의 왼쪽 항을 생애소비의 현재가치, 오른쪽 항을 생애소득의 현재가치라
부른다. 생애소비의 현재가치가 생애소득의 현재가치와 같아야 한다는 것이 예산제
약식이다. 생애소득의 현재가치가 식 (8-4)에 나온 $\overline{Y_1}$이다.

소비와 저축의 결정

예산선과 무차별곡선을 이용하여 이자율이 r일 때 소비자가 주어진 생애소득
을 생애소비에 어떻게 배분하는가를 설명하여 보자. 무차별곡선은 현재소비와 미래
소비를 앞 장에서 배운 X재와 Y재처럼 별도의 소비재로 생각하여 그리면 된다. 그림
8-5에서 최초에 1기와 2기의 소득이 각각 Y_1, Y_2로 주어져 있고 예산선이 직선 $\overline{Y_2}\overline{Y_1}$
라고 하자. 그러면 생애소비는 예산선과 무차별곡선 U_0가 접하는 E_0에 대응하여 각
각 C_1^*, C_2^*에서 이루어진다. 즉 1기에 소비자는 Y_1의 소득 중 OC_1^*를 소비하고 나머지
$Y_1C_1^*(=Y_1-C_1^*)$를 저축한다. 1기의 저축으로부터 2기 소비에 충당되는 금액은 $C_2^*-Y_2$
$=(Y_1-C_1^*)(1+r)$이다. 이는 생애소비가 2기에서 모두 끝나야 하기 때문이다.

이자율 상승의 효과

이제 이자율이 상승한다고 해 보자. 그러면 새로운 예산선은 그림 8-5의 $\overline{Y_2'Y_1'}$ 처럼 ω점을 중심으로 시계방향으로 회전한다. 현재소득(Y_1)과 미래소득(Y_2)이 변하지 않아도 이자율이 상승하면 식 (8-3)에서 보는 바와 같이 미래에 소비할 수 있는 최대 소득이 증가하고, 식 (8-4)에서 보는 바와 같이 현재에 소비할 수 있는 최대소득이 감소한다. 따라서 예산선이 $\overline{Y_2Y_1}$에서 $\overline{Y_2'Y_1'}$럼 시계방향으로 회전하는 것이다. 예산선이 ω점을 중심으로 회전하는 이유는 이자율이 어떻게 변하든 소비자는 원한다면 현재에 현재소득 Y_1을 모두 소비하고, 미래에 미래소득 Y_2를 모두 소비할 수 있기 때문이다. 즉, 이자율이 상승하든 하락하든 관계 없이 $C_1 = Y_1$, $C_2 = Y_2$는 항상 가능하기 때문에 $(Y_1, Y_2) = \omega$점은 항상 예산선상에 있어야 하는 것이다.

이자율이 상승하여 새로운 예산선이 $\overline{Y_2'Y_1'}$이라면 이 예산선과 무차별곡선이 접하는 E_1이 새로운 균형점이 된다. 새 균형점에서 소비자는 종전보다 더 높은 효용수준 U_1을 누린다. 앞 장에서 배운 대로 E_0에서 E_1으로 이동하는 것을 대체효과와 소득효과로 구분해 볼 수 있다. 새로운 예산선 $\overline{Y_2'Y_1'}$과 평행하면서 최초의 무차별곡선 U_0와 접하는 가상의 예산선을 그려 그 접점이 E_0'이라 하자. 그러면 E_0에서 E_0'으로 이동하는 것이 이자율 상승에 따른 대체효과이다. 이자율이 상승하면 현재소비의 가격이 비싸지고 미래소비의 가격이 싸지므로 대체효과에서는 항상 현재소비가 감소하고 미래소비가 증가한다. E_0'에서 E_1으로 이동하는 것이 소득효과이다. 똑같은 금액의 저축이라도 이자율이 상승하면 저축에서 얻는 미래의 소득이 증가한다. 미래소득이 증가하면 그 소득을 할인한 만큼 현재소득도 증가한다. 따라서 현재소비와 미래소비가 정상재라면 이자율 상승에 따른 소득효과로 현재소비도 증가하고 미래소비도 증가한다.

결국 이자율이 상승하면 대체효과와 소득효과 모두 미래소비를 증가시킨다. 그러나 현재소비에 대하여는 두 효과가 서로 상반되는 영향을 미친다. 대체효과는 현재소비를 감소시키지만 소득효과는 현재소비를 증가시키는 것이다. 앞 장에서 가정한 대로 대체효과가 소득효과보다 크다고 가정하면 이자율 상승이 현재소비를 감소시킬 것이다. 현재소비를 감소시킨다는 것은 저축을 증가시킨다는 것과 같은 말이다. 일반적으로 사람들은 이자율이 상승하면 현재소비를 감소시키고 저축을 증가시킨다. 이런 현실 경제현상과 부합시키기 위해 경제학에서는 이자율 상승의 대체효과가 소득효과보다 크다고 가정한다. 그림 8-5에서도 대체효과가 소득효과보다 크다고 가정하여 그렸다.

 **제2절** **불확실성하의 소비자선택**

지금까지 우리는 소비자가 자신이 직면한 모든 선택의 대안과 그 결과에 관하여 확실히 알고 있다는 가정하에서 소비자선택의 이론을 설명하였다. 그러나 현실세계에서는 선택대안들의 내용이 부분적으로, 혹은 전적으로 불확실하여 선택의 결과가 어떻게 실현될지 알 수 없는 경우가 많다. 예컨대 복권을 사는 경우 그것이 당첨될지 안 될지 알 수 없다. 화재·질병·교통사고 등 각종 재난에 대비해 드는 손해보험도 우리에게 얼마나 도움이 될지 확실히 알 수 없다. 알 수 있는 것은 당첨될 수 있는 확률, 재난이 일어날 수 있는 확률 정도이다. 예컨대 로또복권에 1등으로 당첨될 확률은 대략 815만분의 1이다. 이러한 불확실한 상황에서 복권이나 보험상품을 살 것인가 말 것인가를 결정하는 것과 같은 문제가 바로 불확실성하의 소비자선택의 문제이다.[5]

1 위험에 대한 태도

어떤 사람들은 별로 승산이 없는 도박을 즐기거나 규정속도를 초과하는 과속운전을 일삼는다. 이들은 비합리적인 소비자인가?(도박을 하는 것은 오락서비스를 소비하는 것이고 운전하는 것은 교통서비스를 소비하는 것이다.)

경제학에서는 이들을 비합리적이라고 규정하지 않는다. 위험에 대한 태도가 일반사람과 다르다고 설명한다. 위험은 확률로 측정할 수 있는 불확실성이다.

위험에 대한 태도는 크게 위험기피적(risk averse) 태도, 위험애호적(risk loving) 태도, 위험중립적(risk neutral) 태도의 세 가지로 나눈다. 이렇게 구분하는 기준은 공정한 도박(fair gamble)에 대한 태도이다.

공정한 도박
기대소득이 비용과 똑같은 기회

> 위험한 기회에 참여해 얻을 수 있는 순기대소득이 0인 경우 이러한 기회를 **공정한 도박**이라 한다. 순기대소득이 양인 기회를 **유리한 도박**, 음인 기회를 **불리한 도박**이라 한다.

---

5 현실세계에는 확률로 측정할 수 없는 불확실성도 있다. 이런 경우는 여기서 논외로 한다. 미국의 경제학자 나이트(Frank Knight, 1885~1962)는 확률을 측정할 수 있는 불확실성을 위험(risk)이라고 불렀다. 측정할 수 있는 불확실성을 다룬다는 전제하에 경제학원론에서는 불확실성과 위험을 흔히 혼용한다.

합리주의 철학의 대가 파스칼(Blaise Pascal, 1623~1662)은 『팡세』를 쓰면서 "신은 존재하는가 존재하지 않는가?"의 문제는 이성에 의해 답을 얻을 수는 없다고 했다. 그는 신의 존재에 대한 문제는 동전을 던져 앞면이 나오면 유신론, 뒷면이 나오면 무신론으로 하는 일종의 '내기'와 같다고 말했다. 불확실한 상황에서 유신·무신의 게임은 어쩔 수 없이 확률이 5:5이다.

경건한 생활이냐 방탕한 인생이냐는 게임에서 유신론자는 어떤 경우라도 크게 낭패할 일은 없다. 그러나 무신론에 내기를 걸었을 경우 만에 하나 신이 존재한다면 영원히 천벌을 받을 것이 아닌가. 파스칼이 스스로를 유신론에 의탁했던 의사결정은 이와 같은 확률과 위험관리적 사고의 결과였다.

우리나라에서는 파스칼의 합리적 위험관리의 사고와는 동떨어지게 일확천금의 허황된 꿈에 사로잡혀 비트코인이나 카지노에 빠진 사람들이 많다. 대부분의 신용불량자도 합리적 위험관리에 눈감은 도박꾼과 마찬가지라 하겠다.

동전을 던져서 앞면이 나오면 10,000원을 얻고, 뒷면이 나오면 10,000원을 잃는 게임은 (앞면과 뒷면이 나올 확률이 50%인 평평한 동전이라고 할 때) 공정한 도박이다.

순기대소득은 기대소득에서 비용(혹은 가격)을 뺀 것이다. **기대소득**(expected income)은 어떤 경우가 일어날 확률에 그 경우가 일어날 때 받게 되는 소득을 곱하여 모든 경우에 걸쳐 합한 것이다.

예컨대 당첨될 확률이 0.2이고 상금이 100만원인 복권의 기대소득은 낙첨될 확률이 0.8이고 그 때 상금은 0원이므로

카지노의 사람들
이들은 모두 위험애호자들일까

$$기대소득 = 0.2 \times 100만원 + 0.8 \times 0 = 20만원$$

이다. 따라서 이 복권가격이 20만원이면 공정한 도박이다. 복권가격이 20만원보다 적으면 유리한 도박이고 20만원보다 많으면 불리한 도박이다.

공정한 도박의 기회가 주어져도 참여하지 않는 사람은 **위험기피적**이다. 공정한 도박의 기회가 주어지면 반드시 참여하는 사람은 **위험애호적**이다. 공정한 도박에 참여하든, 안 하든 무차별한 사람은 **위험중립적**이다.

위험기피자
공정한 도박에 참여하지 않는 사람

위험기피적인 사람, 즉 위험기피자는 공정한 도박을 하지 않는다. 도박을 한다면 유리한 도박만을 한다. 그리고 불확실성을 줄이기 위해 으레 보험에 가입한다. 반면에 위험애호적인 사람, 즉 위험애호자는 공정한 도박을 즐기는 것은 물론 불리한 도

박에도 참여한다. 대부분의 사람들은 위험기피자이다. 그러나 위험애호자들도 일부 있다.

2 기대효용의 이론

동전을 던지는 게임을 하는데 n번째 던져서 최초로 앞면이 나오면 게임이 중단 되고 2^n원을 받는 게임을 생각해 보자. 예컨대 첫번째 던져서 앞면이 나오면 $2^1=2$원 을 받고 두 번째 던져서 앞면이 나오면 $2^2=4$원을 받는다. 29번 계속 뒷면이 나오고 30번째에야 비로소 앞면이 나온다면 2^{30}원을 상금으로 받는데 이 금액은 무려 10억 원이 넘는다. 이 게임의 기대소득은 얼마이고 이 게임에 참여하기 위해 위험애호자 가 얼마나 비용을 치를 용의가 있을까?

이 게임의 기대소득은 놀랍게도 무한대이다. n번째에 앞면이 나올 확률은 $\frac{1}{2^n}$이 고 그 때 받을 상금은 2^n이어서 양자를 곱하면 1원이다. 그런데 n은 1에서 무한대까지 있을 수 있으므로 이 모든 경우에 걸쳐 합하면 무한대가 되는 것이다. 정의에 의하면 위험애호자는 무한대의 가격을 치르고 이 게임에 참여해야 한다. 과연 그럴까? 실제 조사에 의하면 이 게임의 비용이 10만원이라도 게임에 참여하는 위험애호자가 없다. 이를 성 피터스버그의 역설(Saint Petersburg Paradox)이라 부른다. 성 피터스버그의 역설 은 스위스의 수학자 베르누이(Daniel Bernoulli, 1700~1782)가 1738년에 제시하였다. 성

성 피터스버그의 역설
기대소득이 무한대인 게임의
가격이 매우 낮은 현상

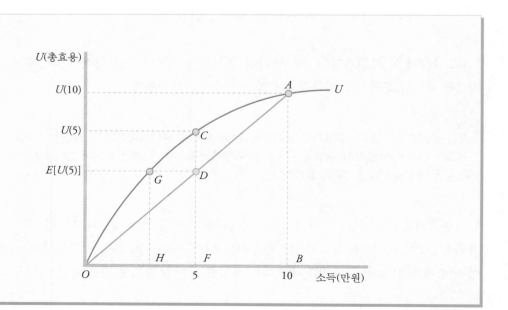

그림 8-6

위험회피자의 효용곡선

위험회피자의 효용곡선 은 OU처럼 아래로 오 목하게 그려진다. 5만원 의 기대소득을 주는 복 권의 기대효용은 DF로 서 5만원의 확정소득이 주는 효용 CF보다 낮다. 따라서 공정한 도박에 참여하지 않는다.

베르누이와 성 피터스버그 역설
베르누이가 거주하고 있던 러시아의 북부도시 이름을 따라 성 피터스버그의 역설로 불려지게 되었다.

피터스버그의 역설 때문에 경제학에서 불확실성하의 소비자선택에 중요한 기준은 기대소득이 아니라 기대효용(expected utility)이라고 본다.

그림 8–6에서 곡선 U는 소득(혹은 자산)의 (총)효용곡선이다. 일반상품들과 마찬가지로 소득의 한계효용도 체감한다고 가정하여 아래로 오목하게 그렸다. 수학자 폰 노이만(John von Neuman, 1903~1957)과 모르겐스턴(Oscar Morgenstern, 1902~1977)은 위험기피자의 총효용곡선이 그림 8–6처럼 아래로 (원점에 대해) 오목하고, 위험애호자의 총효용곡선은 아래에 대해 (원점에 대해) 볼록하며, 위험중립자의 총효용곡선은 원점을 지나는 직선으로 표시된다는 것을 보였다. 그림 8–6으로 위험기피자의 효용곡선이 아래로 오목한 것을 설명해 보자.

1주일 후 날씨를 놓고 상금을 내거는 복권이 있다고 하자. 1주일 후에 비가 오면 상금 10만원을 받는다. 비가 오지 않으면 상금이 없다. 비가 오거나 오지 않을 확률은 각각 50%라고 가정한다.

이 경우 복권을 살 때의 기대소득은

[8-6]   기대소득 = 0.5×10만원 + 0.5×0 = 5만원

이다. 복권을 살 때의 기대효용은

[8-7]   기대효용 = 0.5 × U(10만원) + 0.5 × U(0)

으로 표시된다. 위 식에서 $U(x)$는 x원에서 얻는 효용이다. 복권에 당첨될 때의 효용과 낙첨될 때의 효용을 평균한 것이 복권의 기대효용이다. 식 (8-7)은 기대소득 5만원에서 얻는 기대효용이자 이 복권의 기대효용이다.

그림 8–6에서 복권을 살 때의 기대효용은 U(10만)과 U(0)의 평균이고 $U(0)=0$이므로 0과 U(10만)의 중간점이다. 이 중간점은 선분 OA의 중간점인 D이다. 삼각형 ODF와 OAB가 닮은꼴이고 DF가 AB의 1/2이기 때문이다. 그림에서 이 중간점의 기대효용을 $E[U(5)]$라 표시하였다. 여기서 E는 평균(기대값)을 나타내는 통계학 기호이다.

요약하면 날씨복권을 살 때의 기대소득은 5만원이고 이로부터 DF의 기대효용을 얻는다. 그런데 이는 확정소득 5만원으로 얻는 효용 CF보다 낮다. 따라서 날씨복

권의 가격이 5만원이라면 기대소득과 비용이 같은 공정한 도박이어서 이 복권을 사지 않는다. 즉, 이 소비자는 위험회피자이다.

이상의 설명을 통해 독자들은 효용곡선이 선분 OA처럼 직선으로 그려지면 위험중립자이고 아래로 볼록하면 위험애호자인 것을 알 수 있을 것이다.

그림 8-6에서 OH의 확정소득이 있으면 복권을 살 때의 기대효용과 같은 수준의 효용을 준다. 이와 같이

> 위험한 기회로부터 예상되는 기대효용과 동일한 수준의 효용을 주는 확실한 소득을 **확실성등가**(certainty equivalent)라 한다. 기대소득과 확실성등가의 차를 **위험프리미엄**(risk premium)이라 한다.

위험회피자의 확실성등가는 기대소득보다 항상 적어서 위험프리미엄이 항상 양 (+)이다. 그림 8-6에서 확실성등가는 OH이고 기대소득은 OF이며 위험프리미엄은 $OF-OH=HF$이다. 확실성등가에서 얻는 효용(이 경우 기대효용이기도 하다)은 복권의 기대효용과 같다.

복권의 가격이 확실성등가보다 싸면 복권 구입의 기대효용이 복권비용(가격)의 기대효용보다 크기 때문에 위험기피자가 복권을 산다. 같은 논리로 복권의 가격이 확실성등가보다 비싸면 복권을 사지 않는다. 같은 말이지만 위험프리미엄은 위험기피자가 위험을 감수하여 복권(위험자산)을 사는 데에 필요한 최소한의 보상이다.

3 적정보험료의 산정

대부분의 사람들은 위험기피자이다. 따라서 위험이 수반되는 행위나 자산관리 등에서 위험을 제거하여 확실성의 세계에서와 동일한 결과를 얻을 수 있다면 그 위험을 제거하기 위해 어느 정도의 비용을 치르고자 한다. 자동차사고·화재·질병·사망 등에 대비하여 보험에 가입하는 것이 그 좋은 예이다. 자동차보험을 예로 들어 보험료가 어떻게 산정되는가를 분석하여 보자.

그림 8-7에서 곡선 U는 자가용을 손수운전하는 갑의 소득효용곡선이다. 자동차운행중 사고를 내지 않으면 갑의 소득이 I_2로 유지되지만, 사고를 내면 인명이나 재산상의 피해보상을 해 주어야 하기 때문에 I_1으로 줄어든다고 하자. 갑이 사고를 낼 확률을 π_1이라 하면 사고를 내지 않을 확률은 $1-\pi_1$이고 갑의 기대소득은

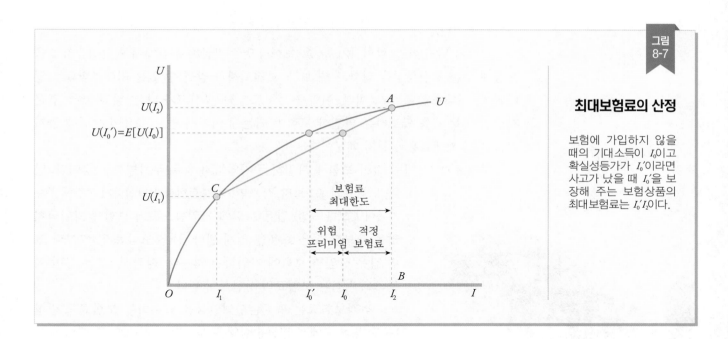

그림
8-7

최대보험료의 산정

보험에 가입하지 않을 때의 기대소득이 I_0이고 확실성등가가 I_0'이라면 사고가 났을 때 I_0'을 보장해 주는 보험상품의 최대보험료는 $I_0'I_2$이다.

[8-8] $E(I) = \pi_1 I_1 + (1-\pi_1) I_2 = I_0$

이다. 그림에서 이 기대소득을 I_0라고 표기하였다.

기대효용은 어떻게 구할까? 그림 8-7에서 소득 I_1의 효용은 $U(I_1)$이고 I_2의 효용은 $U(I_2)$이다. $U(I_1)$을 얻을 확률은 π_1이고 $U(I_2)$를 얻을 확률은 $1-\pi_1$이다. 따라서 보험에 들지 않을 때의 기대효용은

[8-9] $E[U(I)] = \pi_1 U(I_1) + (1-\pi_1) U(I_2) = E[U(I_0)]$

가 된다.

이 기대효용이 그림 8-7의 $E[U(I_0)]$로 표시되는 것은 그림 8-6과 같은 원리이다. 그림 8-6에서 두 가능한 경우의 효용수준을 나타내는 O와 A를 직선으로 이으면 기대소득에 대응하는 이 직선의 높이가 기대효용이었다. 여기에서는 두 가능한 경우의 효용수준이 A와 C로 바뀐 것뿐이다.

갑이 자동차보험에 가입하지 않음으로써 앞에서 예로 든 복권을 사는 것과 같은 위험한 상황에 처해 있는 것이다. 따라서 위험기피자인 갑은 자동차보험에 가입할 유인이 있다.

보험에 들면서 보험회사에 내는 돈을 보험료(insurance premium)라 한다. 사고가 났을 때 보험회사로부터 받는 돈을 보험금(coverage)이라 한다. 미래의 위험을 완전히 제거하도록 해 주는 보험을 완전한 보험(full insurance)이라 한다.

그림 8-7에서 보험에 들지 않을 때의 기대소득은 I_0이고 이 기대소득의 확실성

보험료
보험회사에 내는 돈

보험금
보험회사로부터 받는 돈

등가는 I_0'이다.

사고가 났을 때 보험회사가 I_1I_0'을 보험금으로 지급하여 갑에게 확실성등가 I_0'을 보장해 주는 보험상품을 판다고 해 보자. 보험회사가 받을 수 있는 최대보험료는 얼마일까? 최대보험료는 $I_0'I_2$이다. 이만큼 보험료를 내면 사고가 나든, 나지 않든, 갑은 확실한 소득 I_0'을 확보하는 완전한 보험이 되는데 여기서 얻는 효용이 보험에 들지 않을 때의 기대효용과 같기 때문이다.

보험료가 $I_0'I_2$라면 갑이 보험에 가입하든 가입하지 않든 무차별한 상황이다. 만약 보험료가 $I_0'I_2$보다 작으면(즉, 보험회사가 확실하게 보장해 주는 소득이 I_0'보다 크면) 갑은 보험에 가입함으로써 보험에 가입하지 않을 때보다 높은 효용을 얻게 된다. 물론 보험료가 $I_0'I_2$보다 크면 갑은 당연히 보험에 가입하지 않는다. 따라서 $I_0'I_2$는 갑이 지불하고자 하는 보험료의 상한선이 된다.

차량사고
(적정)보험료를 납부했을까

적정보험료는 평균손실액만큼을 납부하는 보험료를 말한다. 그림 8-7에서 평균손실액은 사고가 나지 않았을 때의 소득(I_2)에서 기대소득(I_0)를 뺀 I_0I_2이기 때문에 이것이 적정보험료(또는 공정보험료)가 된다. 앞에서 기대소득(I_0)과 확실성등가(I_0')의 차이를 위험프리미엄이라 하였다. 따라서 적정보험료(I_0I_2)는 최대보험료($I_0'I_2$)에서 위험프리미엄($I_0'I_0$)을 뺀 것이다.

'원앙부부'의 생명보험

갑남과 을녀는 부부지간이다. 그런데 원한과 앙심이 큰 '원앙부부'이다.

원한과 앙심이 크니 날마다 싸우며 원수처럼 산다. 그러던 어느 날 을녀가 진짜 앙심을 품었다. 그리고서 보험계약을 체결한다. 을녀가 보험료를 내고 계약을 체결하니 을녀 자신이 보험계약자이다. 그런데 누구의 몸을 보험에 가입했느냐? 바로 갑남이었다. 갑남이 피보험자가 되는 셈이다. 갑남이 죽을 경우 누가 보험금을 받느냐? 을녀 자신이 받겠다는 것이다. 결국 을녀가 보험계약자이면서 보험수익자가 된 것이다.

이처럼 보험계약자와 피보험자가 서로 같은 사람이 아닌 계약을 '타인의 생명보험'이라 한다.

이런 계약을 아무런 제약도 없이 누구나 체결하게 한다면 어떻게 될까? 세상의 원수는 모두 상대방 원수에 의해 보험이 가입되고 청부살인과 같은 인위적 사고들이 수없이 발생할 것이다.

우리 법에서는 이런 경우를 예상해서 타인의 사망보험의 경우 반드시 그 타인(피보험자)의 동의를, 그것도 서면동의를 얻도록 하고, 동의가 없는 계약은 어떤 경우라도 무효가 되도록 집행하고 있다(상법 제731조).

1　현금보조는 상대가격을 변동시키지 않아 소비자로 하여금 자율적인 효용극대화 선택을 가능케 한다. 현물보조는 예산선을 축소시키고 가격보조는 상대가격을 변동시킴으로써 소비자로 하여금 특정상품을 필요 이상으로 선택하게 강요한다. 따라서 현금보조는 일반적으로 현물보조나 가격보조보다 소비자에게 더 높은 효용수준을 달성하게 한다.

2　동일한 금액의 세금이 소비세와 정액세의 형태로 부과될 경우 정액세가 소비세보다 소비자후생을 덜 감소시킨다. 이는 정액세가 상대가격을 변동시키지 않는 데 반해 소비세는 상대가격을 변동시키기 때문이다.

3　소득·여가 선택모형에서 소득·여가 사이의 예산선의 기울기는 임금률(＝매기당 임금)로 표시된다. 임금률이 상승(하락)하면 여가시간은 감소(증가)하고 노동시간은 증가(감소)한다. 이 관계로부터 임금률과 노동 사이의 관계를 나타내면 우상향하는 노동공급곡선이 그려진다.

4　현재소비·미래소비의 선택모형에서 현재소비·미래소비 사이의 예산선의 기울기는 −(1+이자율)로 표시된다. 이자율이 상승하면 현재소비가 상대적으로 비싸지고 미래소비가 상대적으로 싸져서 대체효과에 따르면 현재소비는 감소하고 미래소비는 증가한다. 한편 이자율이 상승하면 이자소득이 증가하기 때문에 소득효과가 발생한다. 소득효과에서는 현재소비와 미래소비가 모두 증가한다. 결국 이자율이 상승하면 미래소비는 확실히 증가하고 현재소비는 확실치 않다. 대체효과가 소득효과보다 크다는 일반적인 가정을 사용하면 이자율이 상승할 때 현재소비는 감소하고 저축(＝미래소비)은 증가한다.

5　사람들이 미래에 일어날 수 있는 불확실한 대안에 대한 의사결정을 할 때 선택의 기준으로 삼는 것은 기대소득이 아니라 기대효용이다. 기대소득은 발생가능한 모든 경우에 각각 받게 되는 상금을 각각의 경우가 일어날 확률로 가중평균한 값이다. 기대효용은 발생가능한 모든 경우에 얻을 수 있는 각각의 효용수준을 각각의 경우가 일어날 확률로 가중평균한 값이다.

6　사람들을 위험기피의 정도에 따라 위험기피자·위험애호자·위험중립자로 분류한다. 위험한 기회에 참여해 얻을 수 있는 순기대소득(기대소득−비용)이 0인 경우 이런 기회를 공정한 도박이라 한다. 공정한 도박에 참여하지 않는 사람을 위험기피자, 참여하는 사람을 위험애호자, 참여하든 안하든 무차별한 사람을 위험중립자라 한다. 종축에 효용을, 횡축에 소득을 표시하는 직각좌표에서 효용곡선이 아래로 오목하면 위험기피자, 위로 오목하면 위험애호자, 직선이면 위험중립자이다.

7　위험기피자는 보험에 가입함으로써 불확실성을 없애고 보험에 가입하지 않을 때보다 높은 효용을 누릴 수 있다.

- 현물보조
- 현금보조
- 가격보조
- 소비자후생
- 정액세, 소비세
- 할인

- 현재가치
- 미래가치
- 불확실성
- 위험
- 기대소득
- 공정한 도박

- 기대효용
- 위험기피자
- 위험중립자
- 위험애호자
- 성 피터스버그의 역설
- 확실성등가

- 위험프리미엄
- 보험료
- 보험금
- 완전한 보험
- 적정보험료

연습문제   E / X / E / R / C / I / S / E

1   그림 8-1에서

(1) 소비자가 최초에 OX_1보다 많은 양의 양곡을 소비하고 있었다면 OX_1만큼의 양곡을 현물로 보조하든 현금으로 보조하든 소비자의 효용에는 하등의 차이가 없음을 설명하라.

(2) 현물보조를 하면 현금보조를 할 때보다 일반적으로 소비자의 효용이 감소한다. 그러면 정부는 왜 소비자의 효용을 감소시키면서까지 현물보조를 하고자 할까? 그 이유를 직관적으로 설명해 보라.

2   그림 8-2를 이용하여

(1) 종축에 소득을 측정하더라도 무차별곡선을 여전히 원점에 대하여 볼록하게 그리는 이유를 생각해 보라.

(2) 예산선을 수식으로 표시하라.

(3) 소비자에게 똑같은 효용을 얻게 하기 위해서 가격보조 대신 현금보조를 하면 재정부담이 덜 발생하게 됨을 설명하라.

3   갑의 하루 가용시간은 10시간이고, 임금률은 2,000원이라 하자.

(1) 예산선을 그려라.

(2) 정부가 저소득층 생계보호를 위해 하루 소득이 10,000원이 안 되는 사람에게 그 차액을 보조하여 누구나 하루에 최소한 10,000원의 소득이 있게 만들어 주는 정책을 실시한다고 해보자. 이 정책 실시 후의 예산선을 그려라.

(3) 이 정책의 실시로 갑의 노동공급에는 어떤 변화가 있겠는가?

4   그림 8-5와 관련하여 다음 물음에 답하라.

(1) 균형조건을 경제논리로 설명하라.

(2) 본문에서 이자율이 상승하면 현재소비의 가격이 비싸지고 미래소비의 가격이 싸진다고 말하는 이유를 설명하라.

(3) 현재소비재 가격이 P_1, 미래소비재 가격이 P_2라면 분석이 어떻게 달라지는가? 이 때 예산선의 기울기는 명목이자율이 아니라 제19장에 나오는 실질이자율과 밀접한 연관이 있음을 설명하라.

(4) 식 (8-5)′에서 현재소비의 가격은?

5   100명에게 복권을 팔고, 이 중 당첨자 한 명에게만 100만원을 주는 도박을 생각해보자. 공정한 도박, 유리한 도박, 불리한 도박을 설명하라.

6   당첨되면 10만원을 받고 낙첨되어도 10,000원을 받을 수 있는 복권이 있고, 이 복권에 당첨될 확률은 20%라 하자. 만약 이 복권의 가격이 25,000

원이라면 위험중립자인 갑이 이 복권을 구입하겠는가? 복권의 가격이 30,000원이라면?

7 (1) 똑같이 불확실한 사안에 대하여 위험기피 정도가 큰 사람일수록 지불하고자 하는 보험료의 최대한도액이 크게 됨을 그림을 그려가며 설명하라.

(2) 일반적으로 도박에 거는 상금이 작을 때보다 클 때 도박하기를 꺼리는 사람이 더 많은 이유를 그림을 그려 가며 설명하라.

(3) 기대효용의 이론이 성 피터스버그의 역설을 어떻게 해결할까?

8 갑이 자동차사고를 내지 않을 때의 소득은 100만원, 사고를 낼 때의 소득은 25만원이라고 하자. 갑이 사고를 낼 확률은 0.2이고, 소득(I)으로 표시한 갑의 효용함수는 $U(I) = \sqrt{I}$ 이다.

(1) 갑의 기대소득은?

(2) 갑의 기대효용은?

(3) 보험회사가 받을 수 있는 최대보험료는? 이때 보험계약조건은?

(4) 갑의 효용함수가 $U(I) = I$라면 위 문제의 답들이 어떻게 달라지는가?

9 파스칼이 유신론자가 된 것을 기대효용의 관점에서 설명해 보라.

10 로또복권에 1등으로 당첨될 확률이 $\dfrac{1}{8,145,060}$인 것을 보여라.

11 다음의 기술이 옳은가 그른가를 밝히고 그 이유를 설명하라.

① 결식아동에게 점심을 보조할 경우 현금보조보다 현물보조가 더 효과적일 것이다.

② 생일선물을 물건으로 하지 않고 현금으로 하는 풍조는 일견 인정 없는 일 같지만 실상 합리적인 행태이다.

③ 이자율이 오르면 미래소득의 현재가치가 감소한다.

④ 이자율이 하락하면 현재소득의 미래가치가 감소한다.

⑤ 이자율이 오를 때 대체효과보다 소득효과가 큰 사람은 저축을 감소시킨다.

⑥ 임금률이 상승하면 노동공급량은 항상 증가한다.

⑦ 모든 종류의 세금은 소비자후생을 감소시킨다.

⑧ 갑의 하루 가용시간이 12시간이고 그가 최대로 벌 수 있는 일당이 24,000원이라면 그의 여가 1시간에 대한 가격은 2,000원이다.

⑨ 위험프리미엄은 위험중립자에게 0, 위험애호자에게 마이너스이다.

⑩ 가격보다 기대소득이 큰 복권이 있다면 위험중립자는 이 복권을 산다.

⑪ 무보험 자가운전자는 위험애호자이다.

⑫ 적정보험료의 크기는 소득효용곡선의 형태에 따라 다르다.

⑬ 보험회사는 위험기피자가 아니다.

⑭ 불확실성하에서는 기대소득이 불확실하다.

⑮ 성 피터스버그의 역설은 위험애호자의 정의가 성립하지 않는 경우이다.

⑯ 동전을 열 번 던지는데 처음 다섯 번에 앞면이 뒷면보다 많이 나왔다면 나중 다섯 번에는 뒷면이 앞면보다 많이 나올 것이다.

PART

IV

생산자선택의 이론

제3편에서는 가계의 합리적인 소비행태로부터 생산물의 수요곡선을 도출하였다. 제4편에서는 기업의 합리적인 생산행태로부터 생산물의 공급곡선을 도출하기 위해 필요한 기초개념들을 배운다. 먼저 제9장에서 생산에 투입되는 요소와 생산량 간의 기술적 관계를 나타내는 생산함수를 중심으로 생산에 관한 중요한 개념들을 살펴보고 이를 제10장에서 생산비와 연결시킨다. 생산함수와 생산비를 배우는 것은 이것들이 제5편의 완전경쟁시장에서 장·단기 생산물공급곡선을 도출하는 데 필수적인 요소이고 불완전경쟁시장에서 기업이 이윤극대화생산량을 결정하는 데 중요한 역할을 수행하기 때문이다.

기업과 생산함수

소비행태에서 소비자의 선호가 중요한 것처럼 생산행태에서 기업의 생산기술이
중요하다. 지금까지 알려진 생산기술 중 가장 우수한 기술을 사용하여 각 생산요
소의 다양한 결합으로 얻을 수 있는 최대생산량을 보여 주는 것이 생산함수이다.
한 상품의 생산에 필요한 여러 가지 생산요소 중 적어도 한 요소의 투입량이 고
정되어 있는 기간을 단기라 하고 모든 요소의 투입량을 변경시킬 수 있는 기간을
장기라 한다. 단기에는 수확체감의 법칙이 작용하고 장기에는 규모에 대한 보수
의 변화가 일어난다.

CHAPTER

9

제1절 기업과 생산함수

1 기업과 생산

현실세계에는 수많은 재화와 서비스가 있다. 이 재화와 서비스는 누군가에 의해 생산된 것이다. 사람에게 유용한 재화와 서비스를 만들어 소비할 수 있게 하는 모든 인간활동을 생산이라 한다. 생산을 담당하는 사람을 생산자라 하고, 생산을 담당하는 조직체를 기업(firm)이라 한다.

재화는 물론 각종 서비스를 만들어 내는 사람도 생산자이다. 예컨대 도매상이나 소매상은 유통서비스[1]를, 연예인은 흥행서비스를, 의사는 의료서비스를 생산하는 생산자이다. 현대사회에서 대부분의 생산자는 단독으로 생산활동을 하지 않고 일정한 조직체를 만들어 생산활동을 하는데 이 조직체가 기업이다. 기업을 만들어 생산하는 이유는 개인이 단독으로 생산하여 판매하는 것보다 시장에서의 거래비용이 싸게 들고 한정된 자원으로 더 높은 효과를 얻을 수 있기 때문이다.

기업은 누가 소유·운영하느냐에 따라 크게 정부기업(government firm)과 민간기업(private firm)으로 나누어진다. 정부기업은 정부가 소유·운영하는 기업이다. 우리나라의 경우 철도·상하수도사업 등이 정부기업의 예이다. 민간기업은 민간이 소유·운영하는 기업이다.

민간기업은 크게 비영리기업과 영리기업으로 나뉜다. 비영리기업(non-profit organization)은 이윤을 추구하지 않고 특별한 사회적 목적을 수행하면서 가급적 수입과 비용을 같게 하려는 기업이다. 학교와 교회·절·공익재단 등이 비영리기업이다. 시장경제에서 대부분의 민간기업은 이윤을 추구하는 영리기업(profit organization)이다. 영리기업은 다시 개인기업·합명회사·합자회사·주식회사 등으로 구분할 수 있다.

개인기업(proprietorship)은 농부·의사·가수 등과 같이 한 사람이 소유하고 경영하는 기업이다. 합명회사(partnership)는 소유주가 둘 이상 소수인 영리기업이다. 개인기업과 합명회사는 기업의 채무에 대해 소유주가 자기의 전 재산을 들여서까지 갚아야 하는 법적 책임이 있다. 이를 무한책임(unlimited liability)이라 한다. 기업이 빚을 갚지 못할 경우 기업의 채권자는 개인기업이나 합명회사의 소유주가 가지고 있는 재산

영리기업
이윤을 추구하는 기업

비영리기업
이윤 대신 특별한 사회적 목적을 추구하는 기업

---

1 상품의 포장·저장·보관·운송 등도 광의의 유통서비스업에 포함되는 생산의 개념이다.

을 청구할 수 있는 것이다.

주식회사(corporation)는 출자액에 대해서만 법적 책임을 지는 주주들이 소유하는 회사이다. 주식회사에 출자한 몫을 표시한 증서를 주식(share)이라 한다. 주식의 소유주(주주)는 회사가 파산할 경우 자기가 가지고 있는 주식가치만 손해를 보는 유한책임(limited liability)을 진다. 주식회사에서는 대개 소유와 경영이 분리된다. 소유주인 주주들이 이사회의 구성원인 이사를 선임하고 이사회가 경영진(management)을 임명하여 경영진이 이사회의 감독을 받아 회사를 운영한다. 합자회사(limited partnership)는 유한책임을 지는 사람과 무한책임을 지는 사람이 같이 만든 기업이다.

현대경제에서 생산활동의 대종을 이루고 있는 기업은 주식회사이다. 주식회사는 많은 사람들로부터 출자받아 대규모 자금조달이 용이하며 소수의 자연인의 수명에 관계 없이 활동이 영속되기 때문이다.

어떤 형태의 기업이든 그 기업이 사용할 수 있는 한정된 자원을 가지고 최대의 효과를 얻고자 한다. 이를 위해 기업이 결정해야 할 주요 사항은 ① 무엇을 얼마나 생산할 것인가, ② 어떤 생산기술을 사용하여 생산할 것인가, ③ 각 생산요소를 얼마나 고용하고 어떻게 보상할 것인가, ④ 기업의 조직과 경영구조를 어떻게 만들 것인

주식

회사에 출자한 몫을 표시한 유가증권

주식회사

출자액에 대해서만 법적 책임(유한책임)을 지는 주주들이 소유하는 회사

읽을거리 9-1 ▶ **경영권과 기업가정신**

오늘날 기업의 주요 형태는 주식회사이다. 주식회사의 주인은 주식을 가진 모든 주주(株主)이다. 그러나 기업규모가 확대될수록 불특정다수인 모든 주주가 주식회사의 경영에 일상적으로 참여할 수 없다. 따라서 대주주나 전문경영인이 기업을 경영한다. 기업이 커질수록 대주주가 보유하는 주식 비중은 낮아지게 마련이다. 전문경영인은 주식지분이 전혀 없는 경우도 많다. 따라서 오늘날 주식회사에는 정도의 차이가 있지만 소유와 경영이 분리되어 있고 기업지배구조의 핵심은 소유권이 아니라 경영권이라고 할 수 있다.

주식회사든 아니든 기업경영의 최고 책임자를 최고경영자(Chief Executive Officer: CEO)라 부른다. CEO와 기타 이사들을 뭉뚱그려 경영진이라 부른다. 경영진이 경영권을 행사한다. 경영권은 ① 노동·토지·자본 등의 생산요소를 체계적으로 사용하여 생산활동을 조직하고, ② 기업의 비전과 경영전략을 세우며, ③ 사업확장이나 구조조정을 단행하고, ④ 기술개발과 혁신을 추진하는 일 등을 포괄한다. 시장경제에서는 재산권, 직업선택의 자유, 자유기업주의 등에 입각하여 경영권을 폭넓게 인정해 주고 있다.

우리나라에서도 노동조합이 기업의 구조조정에 반대하여 파업하는 것은 불법이라고 2003년에 대법원이 판결하였다. 모든 국민은 일할 수 있는 권리와 노동3권(단결권·단체교섭권·단체행동권)을 가진다고 헌법은 규정하고 있다. 이런 노동권을 내세워 노동조합은 공장을 닫거나 옮기거나 부서를 없애는 등 구조조정을 할 때에 경영진이 노조와 반드시 합의해야 한다고 주장하였다. 사법부의 판단은 구조조정은 경영권의 고유영역에 속하기 때문에 합의대상이 아니라 협의대상일 뿐이라는 것이다.

경영학에서는 기업경영을 토지·노동·자본에 이어 제4의 생산요소로 본다. 최근에 일부 경제학자들도 수익성 있는 기회를 창출하는 기업인의 능력과 의지를 기업가정신(entrepreneurship)이라고 정의하고 이 기업가정신을 제4의 생산요소로 보고 있다. 당연히 기업가정신에 입각하여 기업경영이 이루어져야 할 것이라는 점에서 기업경영과 기업가정신은 상통하는 개념이다.

가 등이다. 이 중 기업의 조직과 경영구조는 경영학에 맡기고 경제학에서는 앞의 세 가지를 다룬다.

2 기업의 목표

기업이 어떤 상품을 얼마나, 어떻게, 누구를 위하여 생산할 것인가 하는 문제를 어떻게 풀어내는가? 이는 기업의 목표가 무엇인가라는 문제와 연관된다.

앞에서 생산활동의 대종을 이루고 있는 기업은 주식회사라고 했거니와 주식회사는 이윤을 추구하는 영리기업이다. 이윤이 중요한 유인기제라는 것은 시장경제에서 자명한 명제이자 원리이다. 현대경제에서 기업을 이윤과 분리시켜 생각할 수 없다. 체제전환국에서 국유기업을 민영화하고 서구선진국에서 공익을 표방해 온 통신·전화·철도 등 국영산업의 민영화를 추진하는 것도 이윤추구동기를 불어넣어 효율성을 살리기 위해서이다.

어떤 상품을 얼마나 생산할 것인가는 그 상품생산에서 이윤을 향유한다는 전제하에서 의미가 있다. 얼마를 생산하든 이윤이 생기지 않는다면 그 상품을 생산하지 않을 것이다. 기업들은 현존하는 최상의 생산기술을 사용하려고 하는데 이는 가급적 많은 이윤을 얻기 위한 것이다. 누구를 위하여 생산할 것인가라는 문제도 생산에 참여한 생산요소의 소유자들에게 각종 요소소득을 지불하고 남는 소득인 이윤을 가급적 크게 하려고 하는 기업의 관점에서 접근해야 한다.

경제학에서는 기업의 목표가 이윤추구라는 것에 그치지 않고 더 나아가 최대이윤의 추구, 즉 이윤극대화(profit maximization)라고 가정한다. 이 가정에 대하여는 많은 비판과 논란이 있다. 그 중의 하나는 기업은 최대이윤을 추구하지 않고 어느 정도 이상의 이윤을 내면 만족한다는 것이다. 이를 경영학에서 만족화가설(satisficing hypothesis)이라 한다. 다른 하나는 기업이 이윤극대화를 추구하는 것이 아니라 판매수입극대화 혹은 시장점유율극대화를 추구한다는 것이다. 우리나라 상당수 국민이 생각하는 것처럼 부의 사회적 환원, 지속가능한 경영, 투명·정도(正道)경영 등을 기업의 목표라고 여기는 사람도 있다. 이런 비판에도 불구하고 경제학에서는 기업의 가장 중요한 목표가 이윤극대화라고 일관되게 가정한다.

만족화가설의 문제점은 만족스럽다고 생각하는 이윤수준을 객관적으로 제시하기가 어렵다는 것이다. 이윤을 극대화할 수 있는 상황에서 이윤극대화를 도모하지 않는다면 그 기업은 다른 기업들과의 경쟁에서 뒤지게 마련이고 자칫하면 도태되거나 적대적 인수·합병(merger and acquisition: M&A)의 대상이 되기 쉽다. 판매수입극대화를 추구하는 기업도 궁극적으로 이윤극대화를 효과적으로 달성하기 위해 전략적으로 그러한 단기목표를 추구하는 경우가 많다. 지속가능한 경영, 투명정도경영은 이윤극대화를 추구하는 과정에서 적절한 방법과 수단을 사용해야 함을 강조한 것이다. 이는 이윤극대화를 추구하되 법의 테두리 안에서 추구해야 하는 것과 마찬가지이다. 부의 사회적 환원은 이윤극대화를 성공적으로 추구해 온 기업이 기업의 이미지 제고 차원에서 자발적으로 할 수 있는 선택사항이지 기업의 일차적 목표는 아니다.

기업이 이윤을 추구하는 이상 '같은 값이면 다홍치마'라는 말처럼 극대이윤을 추구한다고 상정하는 것이 자연스런 논리적 귀결이다.

이윤은 총수입에서 총비용을 뺀 잔여소득이다. 본서에서 말하는 비용은 다음 장에서 설명하는 경제적 비용이고 따라서 이윤은 경제적 이윤이다.

기업은 여러 면에서 수입을 올린다. 그러나 가장 큰 수입원은 제품판매수입이다. 본서는 기업이 제품을 생산하여 일체의 재고를 남기지 않고 당기에 모두 시장에 파는 것으로 가정한다. 그러면 기업의 총수입은

$$총수입 = 제품가격 \times 제품판매량$$
$$= 제품가격 \times 제품생산량$$

이다. 제품생산량은 기업이 얼마나 많은 요소를 어떻게 결합하느냐에 따라 달라진다. 이에 관한 정보를 보여 주는 것이 생산기술과 생산함수이다.

3 생산기술과 생산함수

생산함수의 기초개념

소비자가 소비할 때 소비자의 선호에 따라 효용이 달라지듯이 기업이 생산할 때 생산기술에 따라 생산량이 달라진다. 기업은 현재까지 알려진 생산기술 가운데 가장 우수한 생산기술을 사용하고자 한다. 이는 경제학에서 생산함수(production function)로 표시된다.

생산함수란 일정기간 동안에 생산과정에 투입되는 생산요소들의 수량과 최대생산량의 기술적 관계를 나타낸다.

생산함수
일정기간 동안에 생산과정에 투입되는 생산요소들의 수량과 최대생산량의 기술적 관계

생산요소란 기업이 생산과정에서 생산물을 생산하기 위하여 사용하는 모든 것을 말한다. 농가에서 곡물을 생산하는 경우를 예로 들면 노동·농지·종자·물·비료, 그리고 여러 가지 종류의 농기구 등이 생산요소가 된다. 앞에서 생산요소를 크게 노동·토지·자본·기업가정신의 넷으로 구분하였다.

매기당 생산물의 수량을 Q, 매기당 노동과 자본의 투입량을 각각 N, K로 표시하고 토지와 기업가정신은 무시하여 전통적인 생산함수를 나타내면 다음과 같다.

[9-1] $Q = F(N, K)$

식 (9-1)과 같은 생산함수에 관련되는 중요한 특성을 다음의 두 가지로 요약할 수 있다.

첫째, 생산함수는 유량(flow)의 개념이다.[2] 즉 기간을 명기하여 투입요소와 생산물의 관계를 나타낸다. 기간을 밝힌다는 뜻으로 위에서 매기당이라는 말을 사용하였다.

둘째, 생산함수는 주어진 생산요소를 가지고 지금까지 알려진 생산기술 가운데 가장 우수한 기술을 이용하여 생산할 수 있는 최대생산량을 보여 준다. 이는 바꾸어 말하면 주어진 생산량을 생산하는 데에는 요소투입량을 가장 적게 사용한다는 것을 의미한다.

단기와 장기의 구분

생산함수와 관련하여 경제학에서는 기간을 단기와 장기로 구분한다.

> **단기**(short-run)란 여러 가지 생산요소들 중 적어도 한 가지 요소의 투입량이 고정되어 있는 기간을 말한다.

생산요소들 중에서 생산시설과 공장건물 등의 자본재는 다른 요소에 비하여 투입량이나 규모를 변경하는 것이 쉽지 않다. 따라서 단기란 기업이 생산시설의 규모를 변경시킬 수 없을 만큼 짧은 기간이라고 할 수 있다.

> 단기에 생산시설(자본)과 같이 투입량이 고정되어 있는 생산요소를 **고정요소**(fixed input)라 한다. 반면에 노동자와 원재료 등 투입량을 변경시킬 수 있는 생산요소를 **가변요소**(variable input)라 한다.

단기
적어도 한 가지 요소의 투입량이 고정되어 있는 기간

고정요소
단기에 투입량이 고정되어 있는 생산요소

가변요소
투입량을 변경시킬 수 있는 생산요소

---

2 경제학에서 다루는 수량 중에서 특정기간을 밝혀서 표시하는 수량을 유량(flow)이라 하고 특정시점을 밝혀서 표시하는 수량을 저량(stock)이라 함은 제3장에서 설명하였다.

단기에 생산물에 대한 수요가 증가할 때 고정요소는 증가시킬 수 없지만 가변요소를 증가시켜 생산을 늘릴 수 있다.

> **장기**(long-run)란 모든 생산요소가 가변적으로 될 수 있는 충분히 긴 기간을 말한다. 어떠한 생산요소도 고정요소가 될 수 없는 기간이 장기이다.

장기
모든 생산요소의 투입량이 변경될 수 있는 기간

개별기업이 아닌 산업 전체로 볼 때 단기는 기존기업이 타 산업으로 퇴거하거나 새로운 기업이 그 산업에 진입해 오지 못할 정도로 짧은 기간을 의미하고, 장기는 모든 산업으로의 이동이 자유롭게 이루어질 수 있을 정도로 충분히 긴 기간을 의미한다.

장기와 단기를 구분하는 데 있어서 중요한 점은 한 달이나 1년과 같은 시간 구분보다는 생산요소의 가변성의 정도에 따라 장기와 단기를 구분한다는 것이다. 따라서 장기와 단기는 산업이 다르고 기업의 규모가 다름에 따라 달라진다. 예컨대 학교 앞 전자오락실에서 종업원을 하나 더 고용하는 데에는 하루면 족하고 기계 한 대 더 주문하여 설치하는 데에는 열흘이 소요된다면 이 전자오락기업의 단기는 하루이고 장기는 열흘이다. 그러나 자동차회사의 장기는 최소한 몇 개월 혹은 몇 년일 것이다.

제2절 단기생산함수

1 수확체감의 법칙

앞에서 생산함수에는 항상 기간의 개념이 포함된다는 것을 배웠다. 단기생산함수는 적어도 한 생산요소의 투입량이 고정된 상태에서 가변요소의 투입량과 산출량의 기술적 관계를 나타낸다.

분석을 단순화하기 위해 본서에서는 노동과 자본의 두 가지 생산요소만을 주로 다루기로 한다. 단기에 자본은 고정요소이고 노동은 가변요소이다. 이 경우 단기생산함수를 수식으로 나타내면 다음과 같다.

$$\boxed{[9\text{-}2]} \quad Q = F(N, \overline{K})$$

식에서 N은 매기당 투입되는 노동량, K는 매기당 투입되는 자본량, Q는 매기당 생산되는 총생산물(total product: TP 또는 Q)을 나타낸다. 총생산물을 총생산 혹은 총생산량이라고도 부른다. 자본량 K 위에 그은 횡선은 자본량이 일정하다는 것을 표시한다. 단기에 기업은 주어진 자본량으로 노동자를 얼마만큼 고용하여 생산물을 얼마만큼 생산할 것인가를 결정해야 한다.

표 9-1에 가상의 단기생산함수가 있다. 표의 첫째 줄은 노동의 고용량을, 둘째 줄은 주어진 자본량과 각각의 노동량의 결합에 의해 생산되는 매기의 총생산물을 나타내고 있다. 셋째 줄은 노동의 한계생산물(marginal product of labor: MP_N)을 표시하고 있다.

노동의 한계생산물은 노동자 한 사람을 더 고용할 때 늘어나는 생산물의 수량이다.

$$\boxed{[9\text{-}3]} \quad MP_N = \frac{\Delta Q}{\Delta N} = \frac{F(N+\Delta N, \overline{K}) - F(N, \overline{K})}{\Delta N}$$

소비자선택의 이론에서 한계효용을 분석할 때 배운 바와 같이 「한계」란 「추가적」이라는 것을 뜻한다. 노동자를 3명에서 4명으로 한 사람을 더 추가하면 총생산물은 18단위에서 21단위로 증가하므로 4번째로 추가되는 노동자의 한계생산물은 3단위의 생산물로 표시되어 있다. 표에서 두 번째 노동자의 한계생산물은 첫 번째 노동자의 한계생산물보다 크지만 3번째, 4번째, 5번째, 6번째 노동자의 한계생산물은 점점 작아지고 있다. 이와 같은 현상을 한계생산물체감의 법칙(law of diminishing marginal products) 혹은 수확체감의 법칙(law of diminishing returns)이라고 부른다.

수확체감의 법칙이란 다른 생산요소들은 고정시켜 놓고 한 가변요소를 증가시킬 때 어느 단계를 지나고 나서는 그 가변요소의 한계생산물이 점점 감소하는 현상을 말한다.

수확체감의 법칙은 원래 농업부문에서 발견되었다. 그러나 모든 산업부문에서 정도의 차이는 있지만 적어도 한 생산요소의 투입량이 고정되어 있는 단기에 일어나는 일반적인 현상이다.

한계생산물이 변하는 이유는 고정요소에 대한 가변요소의 비율이 변하기 때문이다. 한계생산물의 변동이 요소비율 변화에 따르는 현상이라는 것을 강조하여 수확체감의 법칙을 가변비례의 법칙(law of variable proportion)이라고 부르기도 한다.

요소비율 변화에 따라 가변요소의 한계생산물이 체감하는 이유를 이해하기 위해서 다음과 같은 예를 들어 보자. 표 9-1의 생산물을 농작물, 자본은 1정보(=3,000

총생산물(총생산량, 총생산)
매기당 생산되는 전체 생산물 수량

노동의 한계생산물
노동자 한 사람을 더 고용할 때 늘어나는 생산물의 수량

수확체감(=가변비례)의 법칙
다른 생산요소들은 고정시켜 놓고 한 가변요소를 증가시킬 때 어느 단계를 지나고 나서는 그 가변요소의 한계생산물이 점점 감소하는 현상

노동자 수	0	1	2	3	4	5	6	7	8
총생산물	0	5	12	18	21	23	24	24	22
한계생산물		5	7	6	3	2	1	0	−2
평균생산물		5	6	6	5.25	4.6	4	3.43	2.75

표 9-1

**단기생산함수와
수확체감의 법칙**

평)의 농지, 매기는 1년 단위라고 생각해 보자. 표는 지금까지 알려진 생산기술 가운데 가장 우수한 기술을 사용하여 1정보의 농지를 노동자 1명, 2명, 3명이 경작하면 1년에 각각 5단위, 12단위, 18단위의 농작물을 생산할 수 있다는 것을 보여 준다. 1정보의 농지를 노동자 한명이 일년 내내 혼자 경작하는 것보다 둘이 같이 경작하는 것이 협동의 이점을 살리게 되어 두 번째 노동자의 한계생산물이 첫 번째 노동자의 한계생산물보다 더 클 수 있다. 그러나 한정된 농지에 노동자를 계속해서 투입하면 총생산물이 증가하더라도 추가되는 노동자들의 한계생산물은 줄어들 것이다.

이렇게 노동의 한계생산물이 처음에는 증가할 수도 있지만 결국 감소하게 마련이라고 해서 수확체감의 법칙을 궁극적인 수확체감의 법칙이라고 부르기도 한다. 너무나 많은 노동자가 투입되면 사람과 사람이 부딪쳐서 일을 할 수 없게 되어 오히려 총생산물이 감소하기도 할 것이다. 노동량을 추가할 때 총생산물이 감소한다는 것은 제6장에서 배운 총량과 한계량의 관계에서 한계생산물이 음이 된다는 것을 의미한다. 이러한 현상은 나중에 고용되는 노동자가 처음에 고용되는 노동자와 똑같은 능력을 가지고 있어도 일어난다.

수확체감의 법칙이 작용하지 않는다면 인구가 폭발적으로 증가하더라도 식량부족문제가 일어나지 않을 것이다. 왜냐하면 일정한 농지에 투입되는 추가적인 노동의 한계생산물이 일정하다고 하면 인구 증가분만큼 계속해서 노동자를 농업에 투입하여 총생산물을 일정비율로 증가시킬 수 있기 때문이다. 수확체감의 법칙이 작용하기 때문에 식량부족과 굶주림의 문제가 저개발국에서 사라지지 않는다.

이제 한계생산물과 관련시켜 단기에 노동고용량에 대한 개략적인 기준을 말할 수 있다. 그 기준이란 기업은 노동의 한계생산물이 0이거나 음인 수준만큼 노동을 고용하지 않는다는 것이다. 표 9-1에서 기업은 최대한 6명의 노동자를 고용할 것이다. 합리적인 기업이라면 생산에 전혀 기여하지 못하는 일곱 번째 근로자를 임금을 주어가며 고용하지 않는다. 그러면 1~6명의 노동자 중 구체적으로 얼마나 고용할 것인가? 이는 생산물의 시장가격과 시장임금에 따라 달라지는 것으로서 제14장의 생산요소시장이론에서 다루어진다.

표 9-1에서 넷째 줄에 있는 노동의 평균생산물(average product of labor: AP_N)은 단순히 총생산물을 노동자수로 나눈 값을 말한다.

노동의 평균생산물
매기당 노동자 1인당 생산물 수량

[9-4] 노동의 평균생산물$(AP_N) = \dfrac{총생산물(Q)}{노동자수(N)}$

　　표 9–1에서 세 사람의 노동자가 18단위의 생산물을 생산하므로 한 사람의 평균생산물은 6단위가 된다. 평균생산물도 한계생산물과 마찬가지로 노동량을 일정수준 이상으로 증가시키면 감소하는 현상을 보인다.

2　평균생산물과 한계생산물의 관계

　　표 9–1에 있는 총생산물(TP 또는 Q), 평균생산물(AP)과 한계생산물(MP)을 그리되 노동자 수를 임의의 분수단위로 고용할 수 있다고 가정하여 그리면 그림 9–1과 같이 부드러운 곡선이 된다.[3]

　　그림 9–1 (a)의 총생산물곡선은 식 (9-2)로 표시되는 단기생산함수의 일반적인 형태를 그림으로 나타낸 것이다. 총생산물곡선은 가변요소인 노동량을 증가시키면 N_0까지는 총생산물이 체증적(increasing rate)으로 증가하다가 N_0를 지나서는 체감적(decreasing rate)으로 증가한다. 즉 N_0에 대응하는 E점까지는 노동량이 증가함에 따라 총생산물이 증가하되 그 증가분이 점점 커진다. E점 이후부터는 총생산물은 증가하지만 증가분이 점점 작아진다. 노동의 한계생산물은 $MP_N = \dfrac{\varDelta TP}{\varDelta N}\left(= \dfrac{\varDelta Q}{\varDelta N}\right)$이므로 기하학적으로 총생산물곡선의 기울기가 된다. 예컨대 N_0의 노동량에 대한 MP_N은 E점에서 그은 접선(HI)의 기울기와 같다.

　　그림 9–1 (b)에 한계생산물곡선이 표시되어 있다. 총생산물이 체증적으로 증가하는 N_0까지는 한계생산물이 증가하고 총생산물이 체감적으로 증가하는 N_0 이후부터는 한계생산물이 감소한다. 노동량 N_2 수준에서 총생산물곡선이 최대점(D)에 도달하면 접선 SW의 기울기가 0이 되어 한계생산물은 0이 된다. 이 단계 이후부터는 추가적인 노동량의 고용은 오히려 총생산물을 감소시킨다. 이것은 한계생산물이 음이 된다는 것을 뜻한다.

　　노동의 평균생산물은 $AP_N = TP/N(= Q/N)$이므로 각 노동량에 대응하는 총생산

---

3 노동자를 파트타임으로 고용하여 하루의 정상적인 노동시간 8시간의 절반인 4시간만 일하게 한다면 하루에 0.5명, 2시간만 일하게 한다면 0.25명 고용했다고 말할 수 있다. 이처럼 노동자를 한 명, 두 명 등 정수단위로 고용하지만 노동시간의 변동으로 노동자 수가 임의의 분수값도 가질 수 있다. 이를 생산요소의 가분성(divisibility)에 관한 가정이라고 말한다. 이하에서는 이렇게 측정하는 노동자를 노동량이라고 표기하기로 한다.

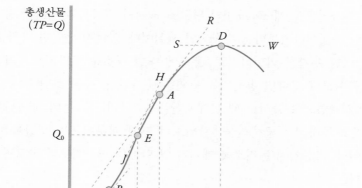

(a) 총생산물곡선

총생산물
$(TP=Q)$

Q_0

O　N_0'　N_0　N_1　N_2　노동량(N)

R
S　D　W
H
A
E
J
B

(b) 평균생산물 및 한계생산물곡선

평균생산물
한계생산물

O　N_0'　N_0　N_1　N_2　노동량(N)

AP_N

MP_N

그림
9-1

각종 생산물곡선의 도출

궁극적인 수확체감의 법칙에 의해 노동의 한계생산물곡선은 산봉우리형이다. 노동의 한계생산물곡선이 산봉우리형이면 한계생산물과 평균생산물의 관계에 의해 노동의 평균생산물곡선도 산봉우리형이다. 총생산물곡선은 처음에 체증적으로 증가하다가 나중에는 체감적으로 증가한다.

물곡선상의 점과 원점을 연결하는 직선의 기울기가 그 노동량의 평균생산물이다. 그림 9-1 (b)에서 N_1의 평균생산물은 N_1에 대응하는 총생산물곡선상의 A점과 원점을 연결하는 직선(RO)의 기울기 $\dfrac{AN_1}{ON_1}$이다. 총생산물곡선과 원점을 연결한 직선의 기울기가 가장 큰 A점에 대응하는 노동량은 N_1이다. 또한 A점에서는 원점을 연결한 직선이 곧 접선이기도 하다. 따라서 고용량이 N_1일 때 평균생산물이 최대가 되며 한계생산물과 똑같아진다는 것을 알 수 있다. 노동의 평균생산물이 N_1까지는 증가하다가 N_1에서 최대가 된 이후부터는 감소한다.

　지금까지 그림표에 의해서 도출한 평균생산물곡선과 한계생산물곡선은 다음과 같은 특징을 가지고 있다. 첫째, 한계생산물이나 평균생산물은 처음에는 증가하다가 최대점에 도달하고 그 이후에 감소한다. 둘째, 평균생산물이 증가할 때 한계생산물은 평균생산물보다 많고, 평균생산물이 최대일 때 한계생산물과 평균생산물은 같으며, 평균생산물이 감소할 때 한계생산물은 평균생산물보다 적다. 다시 말하면 한계생산물곡선이 우상향하든지 우하향하든지 관계 없이 한계생산물곡선이 평균생산물곡선 위(아래)에 있는 한 평균생산물곡선은 우상(하)향한다.

이와 같은 사실은 한계(marginal)와 평균(average)의 개념을 이해하면 당연한 결과이며 경제적인 사실이라기보다는 수학적인 사실이다. 앞에서 언급한 바와 같이 한계량은 총량에 대한 추가를 의미하므로, 총량에 대한 새로운 추가치로서의 한계치가 앞단계의 평균치보다 크다면 평균치는 당연히 증가한다. 예를 들면 표 9-1에서 노동자가 1명에서 2명으로 늘어날 때 한계생산물은 7단위가 되는데, 이 7단위가 이미 고용된 1명의 노동자의 평균생산물 5단위보다 크기 때문에 평균생산물은 6단위로 증가하는 것이다. 마찬가지 논리로 한계치가 앞 단계의 평균치보다 작으면 평균치는 감소하게 된다.

이상의 설명을 요약하면 다음과 같다.

(1) MP_N곡선이 AP_N곡선의 위에 위치하면 AP_N곡선이 상승한다.
(2) MP_N곡선이 AP_N곡선의 아래에 위치하면 AP_N곡선이 하강한다.
(3) AP_N곡선이 극대점에서 MP_N곡선과 AP_N곡선이 교차한다.

 제3절   장기생산함수

지금까지 자본이 고정되어 있고 노동의 고용량이 변하는 단기를 대상으로 분석하였다. 이제 모든 생산요소가 변할 수 있는 장기를 살펴보자. 장기에 기업은 자본량을 자유롭게 조절할 수 있기 때문에 생산요소를 결합하는 데 보다 폭넓은 선택의 여지를 가지게 된다. 장기생산함수란 장기에 가변적인 모든 생산요소들의 수량과 최대생산량의 기술적 관계를 나타낸다.

노동과 자본만이 존재하는 간단한 경우의 가상적인 장기생산함수가 표 9-2에 나와 있다. 이 표의 각 항목은 노동과 자본의 조합으로 생산되는 최대생산량을 나타낸다. 예를 들면 노동 6단위와 자본 1단위의 조합으로부터 얻을 수 있는 최대생산량은 24단위이다. 앞의 표 9-1은 자본이 1단위로 고정되어 있는 상황에서 노동을 1명

장기생산함수
장기에 생산요소들의 수량과 최대생산량의 기술적 관계

표
9-2

자본 \ 노동	1	2	3	4	5	6
1	5	12	18	21	23	(24)
2	14	19	(24)	28	32	(35)
3	17	(24)	30	(35)	39	42
4	20	28	(35)	40	44	47
5	23	32	39	44	48	51
6	(24)	(35)	42	47	51	54

장기생산함수

에서 차례로 6명까지 증가시키면 얻을 수 있는 최대생산량을 표시한 것으로서, 표 9-2의 첫째 행에 해당한다. 만약 자본을 2단위로 고정하고 노동을 1명에서부터 6명까지 차례로 증가시키면 생산량은 둘째 행에 나타나 있는 바와 같이 변한다. 단기생산함수는 자본이 고정되어 있는 각 행을 나타내는 것이다.[4] 노동을 고정시키고 자본을 변화시킬 때의 생산량은 표 9-2를 열로 읽으면 된다. 따라서 표에 예시된 장기생산함수는 36(=6×6)개의 다양한 요소결합방법으로 생산할 수 있음을 보여 주고 있다.

이와 같은 다양한 노동과 자본의 결합 중에서 기업은 어떠한 요소결합을 선택할 것인가 하는 문제에 직면하게 된다. 예를 들면 노동을 많이 사용하고 자본을 적게 사용할 것인가, 혹은 노동을 적게 사용하고 자본을 많이 사용할 것인가 하는 선택의 문제이다. 이와 같은 문제에 해답을 얻기 위해 등생산량곡선 또는 등량곡선(isoquant curve)의 개념이 필요하게 된다.

1 등량곡선의 개념

표 9-2에서 생산량에 동그라미를 그린 것을 살펴보면 생산량 24단위나 35단위를 생산하는 생산요소조합이 여러 가지가 있음을 알 수 있다. 표 9-2에서 24단위의 생산량을 생산해 낼 수 있는 여러 가지 생산요소의 조합을 그림으로 나타내면 그림 9-2의 A, B, C, D점이 되는데 이 점들을 연결하면 Q₁으로 표시되는 등량곡선이 그려

---

4 각 행을 보면 단기생산함수에 수확체감의 법칙이 작용하고 있다.

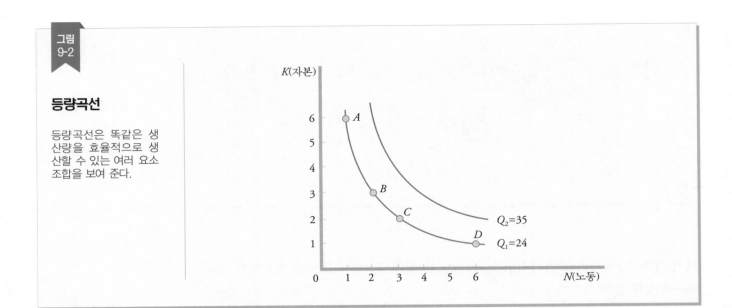

그림
9-2

등량곡선

등량곡선은 똑같은 생산량을 효율적으로 생산할 수 있는 여러 요소 조합을 보여 준다.

진다. 마찬가지로 생산량 35단위에 대한 여러 가지 요소의 조합을 연결하면 등량곡선 Q_2가 된다.

등량곡선(=등생산량곡선)
동일한 수준의 생산량을 효율적으로 생산해 낼 수 있는 여러 가지 생산요소의 조합을 보여 주는 곡선

> **등량곡선** 또는 **등생산량곡선**이란 동일한 수준의 생산량을 효율적으로 생산해 낼 수 있는 여러 가지 생산요소의 조합을 보여 주는 곡선이다.

　　노동자 6명과 자본 1단위의 조합으로부터 얻을 수 있는 매기당 최대생산량이 24단위라면, 자본이 1단위 있을 때 매기당 생산량 24단위를 얻기 위해 필요한 최소 노동자수는 6명이다. 이런 뜻에서 등량곡선을 정의할 때 효율적으로 생산하는 요소조합이라는 말을 썼다.

　　등량곡선을 그리는 데 있어서 표 9-2에 나온 조합들을 부드럽게 연결하였다. 표에서는 표시되지 않았지만 생산량 24단위나 35단위를 생산하는 데에 많은 생산요소의 결합비율이 존재한다는 것을 가정하였다. 이는 앞에서 설명한 생산요소의 가분성을 가정하는 것이다.

2 등량곡선의 성질

등량곡선의 성질은 소비자균형이론에서 다룬 무차별곡선의 성질과 유사하다.

원점으로부터 멀리 떨어진 등량곡선일수록 높은 생산량을 나타낸다

이것은 요소의 투입량이 많을수록 높은 수준의 생산량을 생산할 수 있다는 것을 뜻한다. 소비자균형이론에 나오는 무차별곡선은 원점에서 멀리 떨어질수록 효용수준이 높은 것을 나타내는데, 효용의 크기를 서수적으로 나타냈다. 그러나 등량곡선은 구체적인 생산량을 기수적으로 표시한다. 효용은 객관적으로 측정하기 어렵지만 생산량은 객관적인 측정이 가능하기 때문이다.

등량곡선은 우하향한다

장기에는 모든 생산요소가 가변적이기 때문에 요소간의 대체가 발생한다. 등량곡선은 동일한 생산량에 대응하는 생산요소의 여러 가지 다른 조합을 표시한다. 따라서 한 생산요소의 사용량을 줄이면서도 동일한 수준의 생산량을 얻기 위해서는 다른 생산요소의 사용량을 증가시켜야 한다. 이와 같은 생산요소간의 대체는 우하향의 등량곡선으로 표시된다.

등량곡선은 서로 교차할 수 없다

그림 9-3에서와 같이 두 개의 등량곡선이 교차한다고 가정하자. 그러면 B와 C가 각각 A와 같은 생산량을 생산하므로 B와 C에서의 생산량이 같다. 그러나 앞의 성질 (1)에 의해 C는 B보다 원점에서 더 멀리 떨어져 있으므로 더 높은 생산량을 생산하는 점이다.[5] B와 C의 생산량이 같다는 모순된 결과를 얻은 것은 등량곡선이 서로 교차한다고 가정했기 때문이다. 따라서 등량곡선은 서로 교차할 수 없다.

기계
이 공장에서 자동차 생산에 필요한 기계는 많을수록, 사람은 적을수록 좋을까.

---

[5] B와 C의 자본량은 2단위로 똑같으나 노동량은 B(3단위)보다 C(4단위)가 더 많다.
당연히 C가 B보다 더 높은 생산량을 생산하는 점이다.

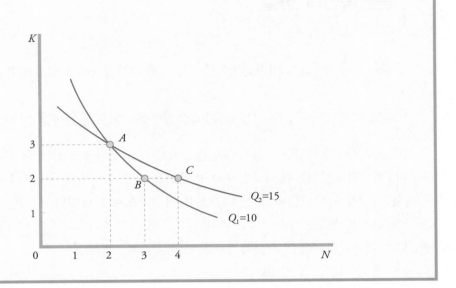

그림
9-3

교차하는
등량곡선?

등량곡선은 교차할 수 없다. 만약 교차한다면 점 B와 C에서의 생산량이 똑같다는 모순에 도달한다.

등량곡선은 일반적으로 원점에 대하여 볼록한 형태를 취한다

이는 한계기술대체율체감의 법칙이 작용하기 때문이다. 먼저 한계기술대체율이라는 개념부터 설명해 보자. 그림 9-4의 B에서 자본을 고정시키고 노동을 1단위 추가시키면 C로 가는데, 이 때 노동의 한계생산물은 얼마인가? 추가적인 노동 1단위의 고용으로 생산량이 10단위에서 20단위로 증가했기 때문에 노동의 한계생산물은 10단위의 생산량이다.

같은 방법으로 자본의 한계생산물을 계산할 수 있다. B에서 A로 간다는 것은 노동을 1단위에 고정시킨 채 자본을 2단위에서 4단위로 2단위 증가시키면 생산량이 10단위에서 20단위로 증가한다는 것을 보여 주고 있다. 자본이 2단위 증가할 때 생산량이 10단위만큼 증가했기 때문에 자본의 한계생산물(marginal product of capital: MP_K)은 5단위가 된다.[6] 즉 자본 1단위의 증가(감소)는 생산물을 5단위 증가(감소)시킨다는 것이다.

그림 9-4의 점 A에서 C로 이동하는 것을 A에서 B로 이동하고 B에서 C로 이동하는 두 과정이 합성된 것으로 생각할 수 있다. A에서 B로 이동하기 위해서는 노동을 고정시킨 채 자본을 ΔK(2단위)만큼 감소시키면 된다. 이 때 Q_2보다 낮은 Q_1의 등량곡선으로 이동하게 되어 생산량을 10단위 감소시킨다. 감소되는 생산물 10단위는

---

6 한 요소의 한계생산물은 식 (9-3)의 정의에서 나타난 바와 같이 다른 요소들의 수량을 고정시킨 채 그 요소가 한 단위 증가했을 때 총생산물이 얼마나 증가하는가를 나타낸다.

즉 $MP_K = \dfrac{\Delta Q}{\Delta K} = \dfrac{F(\overline{N}, K + \Delta K) - F(\overline{N}, K)}{\Delta K}$

그림
9-4

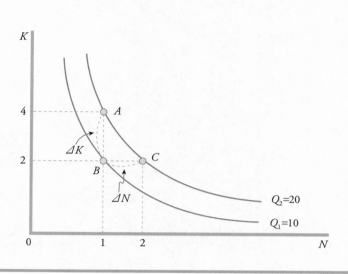

**등량곡선에 의한
요소의
한계생산물 도출**

한 등량곡선상의 점 A 에서 C로 이동할 때 자본을 ΔK만큼 감소시키는 경우 생산량 감소분은 $\Delta K \times MP_K$이고 노동을 ΔN만큼 증가시키는 경우 생산량 증가분은 $\Delta N \times MP_N$이고 양자는 같다.

$\Delta K = 2$단위에 자본의 한계생산물 5단위를 곱하여 얻는다. 즉, 그림 9-5에서 ΔK만큼의 자본감소는 생산량을 $\Delta K \times MP_K$만큼 감소시킨다. 마찬가지로 B에서 노동의 고용을 ΔN만큼 추가하면 C로 이동하는데, 이 때 생산량은 $\Delta N \times MP_N$만큼 증가한다. C는 A와 같은 등량곡선상의 점이므로 동일한 생산량을 나타낸다. 총생산량의 변화가 일어나지 않았기 때문에 $\Delta Q = 0$이다. 지금까지의 설명은 동일한 등량곡선상에서 다음과 같은 식이 성립하는 것으로 요약할 수 있다.

$$\Delta K \times MP_K + \Delta N \times MP_N = \Delta Q = 0$$

위 식은 점 C에서 A로 이동할 때에도 성립한다. 따라서 한 등량곡선상에서는 다음 식을 얻을 수 있다.

[9-5] $\quad -\Delta K \times MP_K = \Delta N \times MP_N$

이제 식 (9-5)의 왼쪽 항은 자본을 ΔK만큼 감소시킴으로써(왜냐하면 ΔK 앞에 음의 부호가 있으므로) 감소되는 생산량이고 오른쪽 항은 노동을 ΔN만큼 증가시킴으로써 증가되는 생산량이다. 즉, 동일한 생산량수준을 유지하면서 자본을 노동으로 대체할 때 자본감소로 인한 생산량감소분과 노동증가로 인한 생산량증가분은 정확히 상쇄된다. 식 (9-5)를 다시 쓰면 동일한 등량곡선상에서는 다음 식이 성립하는 것을 알 수 있다.

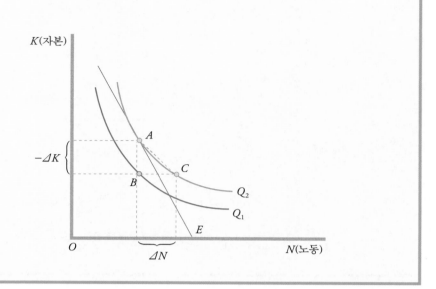

그림
9-5

한계기술대체율

등량곡선상의 한 점에서 노동과 자본 사이의 한계기술대체율은 그 점에서 등량곡선에 대해 그린 접선의 기울기와 같다.

$$[9\text{-}6] \quad -\frac{\Delta K}{\Delta N}\bigg|_{\overline{Q}} = \frac{MP_N}{MP_K}$$

식 (9-6)의 왼쪽 항은 노동을 ΔN만큼 증가시키면서 동일한 등량곡선상에 있기 위하여 감소되어야 하는 자본량이 ΔK일 때(즉 K의 변화분이 $-\Delta K$일 때) 그 $-\Delta K$를 ΔN으로 나눈 것이다. 따라서 노동을 한 단위 증가시킬 때 동일한 생산수준을 유지하기 위하여 감소시켜야 하는 자본량을 나타낸다. 이것을 노동과 자본 사이의 한계기술대체율 혹은 기술적인 한계대체율(marginal rate of technical substitution: *MRTS*)이라 한다.

그림 9-5에서 A와 C 사이에 한계기술대체율을 보면 직선 AC의 기울기의 절대값 AB/BC로 나타난다. 만약 ΔN이 0에 가까울 정도로 작아지면 직선 AC는 A점에서의 접선 AE와 거의 같게 된다. 이 경우 A점에서의 한계기술대체율이라는 말을 쓸 수 있고 이는 접선 AE의 기울기의 절대값으로 표시된다.[7] 이런 방식으로 등량곡선 위의 모든 점에 대하여 한계기술대체율을 구할 수 있다. 각 점에서의 한계기술대체율은 자본을 노동으로 대체하는 비율을 나타내며 그 점에서 그은 접선의 기울기의 절대값이 한계기술대체율이 된다.

---

7 이는 제4장에서 호탄력도의 개념으로부터 점탄력도의 개념을 이끌어낸 것과 같다.

그림
9-6

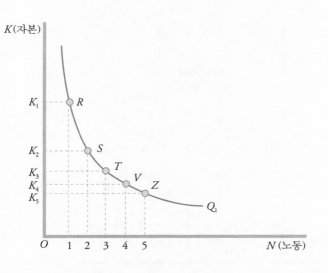

**한계기술대체율은
으레 체감한다**

자본을 노동으로 대체
해 감에 따라 노동과 자
본 사이의 한계기술대
체율은 점점 감소한다.

노동과 자본 사이의 **한계기술대체율**($MRTS$)이란 동일한 생산수준을 유지하면서 노동을 한 단위 더(덜) 고용할 때 포기(추가)해야 하는 자본량을 말한다. 등량곡선상의 한 점에서의 한계기술대체율은 그 점에서 그은 접선의 기울기의 절대값과 같으며, 노동의 한계생산물을 자본의 한계생산물로 나눈 값과 같다. 즉

$$MRTS = -\frac{\Delta K}{\Delta N}\bigg|_{\bar{Q}} = \frac{MP_N}{MP_K}$$

이다.

> **한계기술대체율**
>
> 노동을 한 단위 더 고용하면서도 종전과 같은 생산량을 유지하기 위해 감소시켜야 하는 자본량

이제 그림 9-6과 같이 등량곡선이 원점에 대하여 볼록할 때, 노동의 고용을 증가시켜 감에 따라 한계기술대체율이 어떻게 변하는가를 살펴보자.

예컨대 R에서 S로 이동할 때 한계기술대체율은

$$MRTS = -\frac{\Delta K}{\Delta N}\bigg|_{\bar{Q}} = \frac{OK_1 - OK_2}{2-1} = K_1 K_2$$

이다. 마찬가지로 S에서 T, T에서 V로 이동함에 따라 한계기술대체율은 각각 $K_2 K_3$, $K_3 K_4$가 된다. $K_1 K_2 > K_2 K_3 > K_3 K_4$이므로 노동을 더 많이 사용함에 따라 한계기술대체율은 점점 감소하는 것을 알 수 있다.

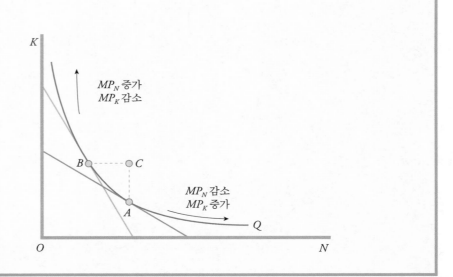

그림 9-7

요소의 한계생산물과 한계기술대체율의 변화

등량곡선을 따라 서북쪽으로 올라갈수록 MP_N이 증가하고 MP_K가 감소하여 한계기술대체율이 커진다. 동남쪽으로 내려올수록 MP_N이 감소하고 MP_K가 증가하여 한계기술대체율이 작아진다.

한계기술대체율체감의 법칙
자본을 노동으로 대체해 감에 따라 한계기술대체율이 점점 감소하는 현상

자본을 노동으로 대체해 감에 따라 노동과 자본 사이의 한계기술대체율이 점점 감소하는 현상을 **한계기술대체율체감의 법칙**(law of diminishing marginal rate of technical substitution)이라고 한다. 한계기술대체율체감의 법칙이 성립하기 때문에 등량곡선이 원점에 대하여 볼록한 형태를 갖는다.

앞에서 설명한 수확체감의 법칙이 두 요소 사이에 성립하면 한계기술대체율체감의 법칙이 성립한다. 자본을 고정시킨 채 노동을 더 많이 사용하면 노동의 한계생산물(MP_N)이 감소하고, 노동을 고정시킨 채 자본을 더 많이 사용하면 자본의 한계생산물(MP_K)이 감소한다는 것이 수확체감의 법칙이다. 예컨대 그림 9-7의 점 B에서 C로 가면 노동 사용이 늘어나 MP_N이 감소하고 C에서 A로 가면 자본 사용이 줄어들어 MP_K가 증가하는 것이 수확체감의 법칙인 것이다. 따라서 B에서 A로 갈 때 수확체감의 법칙이 작용하면 MP_N은 감소하고 MP_K는 증가하여 MP_N/MP_K으로 정의되는 한계기술대체율이 감소한다. 반대로 A에서 B로 갈 때는 MP_K가 감소하고 MP_N이 증가하여 한계기술대체율이 증가한다.

한계기술대체율체감의 법칙은 매기당 일정 생산량을 생산함에 있어서 자본 대신 노동을 쓸 때 대체가 점점 어렵게 되고 노동의 추가단위가 점점 소량의 자본을 대신하게 된다(=자본 1단위를 줄이기 위해 점점 더 많은 양의 노동이 필요하게 된다)는 것을 뜻한다.

3 특수한 형태의 등량곡선

지금까지 설명한 일반적인 등량곡선은 두 생산요소가 여러 가지 비율로 결합할 수 있다는 것을 가정하고 있다. 만약 어떤 생산량을 생산하는 데에 생산요소간에 대체가 전혀 이루어지지 않고 생산요소의 결합비율이 항상 고정되어 있다면 등량곡선이 어떤 형태를 취할까? 그림 9-8(a)는 이와 같은 특수한 형태의 등량곡선을 나타낸다. 가령 $Q_1 = 100$을 생산하기 위해서 노동 1단위와 자본 2단위가 결합된다고 가정하자. R점에서 자본은 2단위로 고정시켜 놓고 노동을 계속해서 증가시켜도 생산량은 변하지 않고 $Q_1 = 100$이다. 즉 추가된 노동의 한계생산물은 0이다. 노동을 1단위에 고정하고 자본을 계속 증가시켜도 같은 현상이 일어난다. 그런데 노동을 2단위로 증가시키고 자본을 4단위로 증가시키면, 생산량은 200으로 증가하게 된다. 이 경우 노동과 자본의 결합비율은 1:2이다. 이는 노동과 자본을 꼭 1:2의 비율로 증가(감소)시킬 때만 생산량이 증가(감소)한다는 것을 뜻한다. 이와 같은 고정투입비율(fixed input ratio)의 생산함수를 레온티에프 생산함수(Leontief production function)라고, 그림 9-8(a)에서 보는 바와 같이 L자형으로 그려지는 등량곡선을 레온티에프 등량곡선이라고 부른다.[8] 예컨대, 잔디 깎는 기계가 한 대 있을 때 잔디 깎는 인부가 한 명 있으나 두 명,

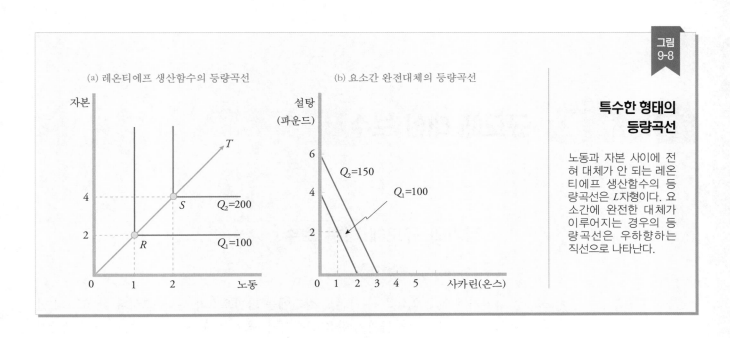

그림 9-8

특수한 형태의 등량곡선

노동과 자본 사이에 전혀 대체가 안 되는 레온티에프 생산함수의 등량곡선은 L자형이다. 요소간에 완전한 대체가 이루어지는 경우의 등량곡선은 우하향하는 직선으로 나타난다.

---

8 구 소련에서 미국으로 망명한 경제학자 레온티에프가 일반균형모형인 투입-산출(input-output)모형을 만들면서 고정투입비율 생산함수를 가정하였기 때문에 고정투입비율 생산함수와 그에 따른 등량곡선 앞에 레온티에프를 붙여 부른다.

세 명 있으나 마찬가지이고, 거꾸로 인부가 한 명 있을 때 잔디 깎는 기계가 한 대 있으나, 두 대, 세 대 있으나 마찬가지라면 잔디깎이 생산함수의 등량곡선은 L자형으로 표시될 것이다.

앞에서 한계기술대체율은 요소간의 한계생산물 비율($MRTS = \dfrac{MP_N}{MP_K}$)로 표시된다는 것을 배웠다. L자형 등량곡선에서 수직선 부분에서는 $MP_K = 0$, $MP_N > 0$이고 수평선 부분에서는 $MP_K > 0$, $MP_N = 0$이다. 따라서 L자형 등량곡선의 경우 수직선 부분에서 $MRTS$가 ∞, 수평선 부분에서는 $MRTS$가 0이다.

생산요소간에 완전대체가 가능한 경우에는 등량곡선이 어떤 형태를 취할까? 여기에서 완전대체라고 하는 것은 한 요소를 다른 요소로 대체하는 것을 말한다. 예컨대 사카린 1온스를 덜 사용하는 대신 2파운드의 설탕을 보충하여도 빵의 생산에는 전혀 영향이 없다면 그림 9–8(b)와 같이 직선의 등량곡선의 형태를 취하게 된다. 이 경우 사카린 1온스와 설탕 2파운드를 쓰거나, 사카린을 전혀 쓰지 않고 설탕 4파운드를 쓰거나, 설탕을 전혀 쓰지 않고 사카린 2온스를 쓰거나 모두 생산량이 같게 된다. 등량곡선이 직선이므로 기울기가 일정하다. 기울기가 일정하다는 것은 두 생산요소간 한계기술대체율이 일정불변이라는 것을 나타낸다. 즉, 직선의 형태를 갖는 등량곡선의 경우 한계기술대체율이 상수(constant)값을 갖는다.

제4절 규모에 대한 보수

1 장기와 규모에 대한 보수

단기에 고정요소로 본 자본도 장기에는 가변요소가 된다. 그러나 한 요소의 한계생산물은 다른 요소들의 수량을 고정시켜 놓고 그 요소의 고용량을 1단위 증가시킬 때 총생산량이 얼마나 증가하는가로 표시한다. 따라서 모든 요소가 변하는 장기를 설명할 때 한계생산물 개념은 적절하지 않다. 장기에 요소들의 투입량과 제품의 생산량의 관계를 나타내는 개념이 규모에 대한 보수(returns to scale) 또는 규모에 대한 수익이다.

규모에 대한 보수는 모든 생산요소를 똑같은 비율로 변동시킬 때 생산량이 어떤 비율로 변하는가를 나타낸다. 생산에 필요한 모든 생산요소를 동일한 비율로 증가시킬 때, 총생산량이 생산요소 증가율과 같은 비율로 증가하는가, 혹은 생산요소의 증가율보다 큰 비율로 증가하는가, 작은 비율로 증가하는가에 따라 각각 규모에 대한 보수 불변(constant returns to scale), 규모에 대한 보수 증가(increasing returns to scale), 규모에 대한 보수 감소(decreasing returns to scale)라고 부른다.

모든 생산요소의 투입량이 λ(lamda)배 증가할 때 생산량이
① λ배로 증가하면 **규모에 대한 보수 불변**,
② λ배보다 크게 증가하면 **규모에 대한 보수 증가**,
③ λ배보다 작게 증가하면 **규모에 대한 보수 감소**라고 한다.
여기서 λ는 임의의 양수이다.

규모에 대한 보수 증가는 간단히 줄여서 규모의 경제(economies of scale)라고도 부른다. 규모에 대한 보수 감소는 규모의 비경제(diseconomies of scale)라고도 부른다. 기업이 규모를 확대시킬 때 반드시 모든 생산요소들을 똑같은 비율로 증가시키는 것은 아니다. 그러나 포스코가 포항에 있는 제철공장과 똑같은 공장을 여천에 짓고 포항과 똑같은 인력을 쓴다면 여천에서도 포항에서와 같은 수량의 철강제품을 만들 수 있다. 현실세계에서 규모에 대한 보수 불변은 흔하게 볼 수 있는 것이다. 생산규모를 늘려가는 경우 생산규모가 너무 작을 때는 규모에 대한 보수 증가가 일어나다가, 규모에 대한 보수 불변을 거쳐 생산규모가 너무 클 때는 규모에 대한 보수 감소로 돌아서는 것이 일반적인 현상이다.

생산규모가 작은 단계에서 생산규모가 커짐에 따라 규모에 대한 보수 증가가 일어나는 원인은 ① 분업에 따른 전문화, ② 경영의 효율성, ③ 금전상의 이득 등을 들 수 있다.

분업에 따른 전문화(specialization)는 스미스(Adam Smith)가 1776년에 쓴 『국부론』에서 지적한 이래 규모의 경제의 가장 중요한 원인으로 인정되고 있다. 생산규모가 커지면 각각의 노동자가 맡은 분야의 작업에만 전적으로 종사할 수 있게 되어 작업의 반복에 의한 숙련도가 높아지고 이것이 작업의 효율성을 증대시킨다. 기계도 한 대의 다목적기계 대신 각 공정에 맞는 전문화된 기계를 사용함으로써 생산의 효율을 높이고 서로 다른 공정으로 옮겨 다니는 시간을 절약할 수 있다.

경영의 효율성은 규모가 경영자의 능력에 부합하는 수준일 때 달성된다. 1,000명의 노동자를 잘 활용·관리할 수 있는 경영자에게 10명의 노동자가 있는 공장을 맡긴 경우 노동자 수를 늘려 규모를 키울수록 경영능력이 빛을 볼 것이다.

생산규모가 커지면 생산요소를 대량으로 구입하고 제품을 한꺼번에 대량으로 팔 수 있다. 생산요소를 대량으로 구입하는 경우에는 대개 대량구매할인(volume

규모에 대한 보수(수익) 증가
=규모의 경제
모든 요소의 투입량이 λ배 증가할 때 생산량이 λ배보다 크게 증가하는 것

분업과 교환

현대사회는 분업에 따른 전문화(혹은 특화)와 교환에 기초한 사회이다. 우리가 일상생활에서 소비하는 수많은 재화와 서비스를 각자 따로따로 만들어 자기가 만든 것만 소비하는 자급자족의 경제를 상상해 보라. 현재 우리가 누리고 있는 소비수준의 1/100도 제대로 누리지 못할 것이다. 분업과 전문화가 자급자족보다 얼마나 효율적인가를 보여 주는 고전적인 예는 애덤 스미스의 『국부론』 제1장에 나오는 핀(pin, 못바늘) 생산이다.

핀 생산은 대단한 숙련공이라 하더라도 한 사람이 모든 공정을 담당하면 하루에 20개를 만들기도 어렵다. 스미스가 살던 18세기 후반에 핀 제조공정은 대략 18단계로 나눌 수 있었다. 철사를 꺼내 놓는 일, 철사를 펴는 일, 절단하는 일, 뾰족하게 하는 일, 머리부분을 가는 일, 핀 머리를 만드는 일, 머리를 핀 위에 씌우는 일, 핀을 하얗게 염색하는 일, 종이에 싸는 일 등등.

스미스는 소규모 핀 제조공장을 방문하여 열 명의 노동자가 한두 공정씩 맡아 분업과 협업으로 하루에 48,000개의 핀을 만드는 것을 견학하였다. 핀을 혼자 만들면 하루에 노동의 생산성(노동의 평균생산물)이 고작 핀 20개인데 열 명의 노동자가 분업을 하면 48,000/10=4,800개로 엄청나게 증가하는 것이다.

생산규모를 확대시킬 때 처음에 규모의 경제가 발생하는 것은 이러한 분업의 이득에 기인하는 바 크다. 분업은 교환을 전제로 한다. 다른 상품과 교환할 수 있다는 보장이 없으면 분업이 활발하게 이루어질 수 없다. 그런데 시장이 클수록 다양한 상품간의 교환이 가능하다. 따라서 시장이 교환을 가능하게 하고 교환은 분업을 낳고 분업은 생산을 증가시키는 것이다. 이러한 분업의 이점은 한 나라 안에서만 일어나는 것이 아니라 나라와 나라 사이에도 일어난다.

우리나라의 직업은 모두 13,000여 개, 일본에서는 20,000여 개, 미국에서는 3만여 개의 직업이 있다고 한다. 일반적으로 경제가 발전할수록, 그리고 시장이 클수록 새로운 직업이 많아진다.

이처럼 다양하고 광범한 사회의 분업체계에서 사람들은 각자가 소수의 상품생산에만 전업한다. 그러면 최초에 그 생산에 전업하게 된 이유는 무엇인가? 왜 세탁소 주인은 음식점이나 부동산중개소를 차리지 않고 세탁소를 차렸을까? 왜 어떤 사람은 변호사가 되고 다른 사람은 의사가 되며 또 다른 사람은 공사판 노동자가 되는가? 이에 대하여는 적성, 능력, 교육, 행운이나 불운 등 여러 가지 이유로 설명할 수 있다. 이 모든 것들을 포괄하여 경제학에서는 비교우위와 기회비용이라는 개념으로 설명한다. 그 직업이나 활동에 종사하는 것이 다른 대안보다 상대적으로 낫다고 생각하여 선택한 것으로 보는 것이 비교우위의 이론이다. 비교우위의 이론에 대하여는 제27장에서 다시 다룬다.

---

discount)을 받을 수 있다. 제품을 도매할 경우에는 판매·운영비가 절약된다. 따라서 생산규모가 커짐에 따라 생산기술이나 경영과는 무관한 금전상의 이득을 볼 수 있다.

그러면 생산규모가 아주 커질 경우에는 왜 규모의 비경제가 발생할까? 그것은 규모의 경제를 가져 오는 위에 열거한 ①②가 지나치게 큰 생산규모에서 규모의 비경제의 원인이 되어 ③을 압도하기 때문이다.

지나친 노동의 전문화는 단순반복적인 일이 되어 사기 저하, 인간 소외 등을 초래한다. 지나친 기계의 전문화는 한 공정의 기계가 고장날 때 전체 공정을 멈추게 만든다. 경영면에서도 생산규모가 지나치게 커지면 비효율성이 나타난다. 규모가 지나

그림
9-9

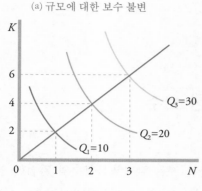

(a) 규모에 대한 보수 불변

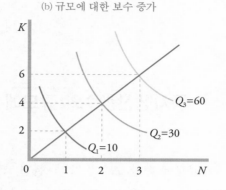

(b) 규모에 대한 보수 증가

(c) 규모에 대한 보수 감소

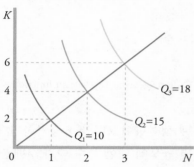

등량곡선과 규모에 대한 보수의 관계

모든 생산요소의 투입량을 2배, 3배 늘릴 때 생산량도 각각 2배, 3배 늘어나면 규모에 대한 보수 불변, 2배, 3배보다 많이 늘어나면 규모에 대한 보수 증가, 적게 늘어나면 규모에 대한 보수 감소이다.

치게 커지면 각 부문의 활동을 효과적으로 통제하고 조정하는 일이 어려워지고 관료주의적인 폐단이 생겨 오히려 효율성이 떨어지는 것이다.

지금까지 설명한 규모에 대한 보수를 등량곡선으로 표시할 수 있다. 그림 9-9는 등량곡선과 규모에 대한 보수의 관계를 나타낸다.

그림 9-9(a)는 생산량을 $Q_1 = 10$단위에서 $Q_2 = 20$, $Q_3 = 30$단위로 증가시킬 경우에 규모에 대한 보수 불변이 있음을 보여 주고 있다. 만약 $Q_2 = 20$을 생산하려고 하면 $Q_1 = 10$의 생산을 위해 투입한 노동과 자본을 2배로 증가하고, $Q_3 = 30$의 생산을 위해서는 노동과 자본을 3배로 증가하면 된다. 노동과 자본을 2배, 3배로 증가하면 생산량도 2배, 3배로 증가한다.

그림 9-9(b)는 규모에 대한 보수 증가를 나타내고 있다. 생산요소를 2배, 3배로 증가시키면, 생산량은 2배, 3배를 초과하여 증가한다. 다시 말하면 생산량을 정확히 2배, 3배로 증가시키기 위해서는 생산요소의 투입비율을 2배, 3배보다 적게 증가시켜도 되는 것이다.

그림 9-9(c)는 생산요소들의 투입비율을 동일하게 증가시킬 때 생산량은 생산요소들의 증가율보다 낮은 비율로 증가하는 규모에 대한 보수 감소를 나타내고 있

다. 이 경우 생산량을 2배, 3배로 증가시키기 위해서는 생산요소들의 투입비율을 2배, 3배보다 더 크게 증가시켜야 한다.

2 동차생산함수와 규모에 대한 보수

규모에 대한 보수가 증가·불변·감소하는 것은 장기생산함수와 밀접한 연관을 가진다. 생산함수 $Q = F(N, K)$에서 노동과 자본을 각각 λ배로 증가시킬 때

[9-7] $\lambda^k Q = F(\lambda N, \lambda K)$ 단, λ는 임의의 양수

와 같이 되면 이 생산함수를 k차 동차생산함수(homogeneous production function of degree k)라고 한다(자세한 설명은 부록 참조).

앞에서 노동과 자본을 λ배씩 증가시킬 때 생산량이 λ배만큼 증가하면 규모에 대한 보수 불변이고, λ배를 초과하여 증가하면 규모에 대한 보수 증가, λ배를 못 미쳐 증가하면 규모에 대한 보수 감소라고 정의하였다. 만약 식 (9-7)에서 $\lambda = 2$이고 $k = 1$이라면, $2^1 Q = F(2N, 2K)$가 되어 노동과 자본을 2배로 증가시킬 때 생산량도 2배로 증가하게 되므로 규모에 대한 보수가 불변인 경우이다. λ가 어떤 양수이더라도 $k = 1$이면 모든 요소와 생산량의 증가율이 같다. 따라서 1차동차생산함수는 규모에 대한 보수불변을 나타낸다.

$\lambda = 2$인데 $k = 2$이면 $2^2 Q = F(2N, 2K)$가 되어, 자본과 노동을 2배 증가시키면 생산량은 4배 증가하게 되므로 규모에 대한 보수가 증가하고 있는 경우이다. $\lambda = 2$인데 $k = 0.5$인 경우에는 규모에 대한 보수가 감소하는 경우이다. 이를 정리하면 다음과 같다.

---
k차 동차생산함수
모든 요소를 λ배 늘리면 생산량이 λ^k배로 증가

> 생산함수 $Q = F(N, K)$를 $\lambda^k Q = F(\lambda N, \lambda K)$로 쓸 수 있다면 이 생산함수는 **$k$차 동차생산함수**라고 한다. 여기에서
> $k > 1$이면 규모에 대한 보수 증가,
> $k = 1$이면 규모에 대한 보수 불변,
> $k < 1$이면 규모에 대한 보수 감소를 나타낸다.

경제학에서 가장 널리 사용되고 있는 생산함수는 창안자인 미국의 두 경제학자의 이름을 딴 콥─더글라스(Cobb-Douglas) 생산함수로서 다음과 같다.

[9-8] $Q = AN^\alpha K^\beta$ 단, α, β 는 임의의 양수

이 식에서 A가 커지면 노동과 자본의 투입량이 일정해도 생산량이 증가한다. 따라서 A는 기술수준을 나타내는 파라메타이다. 이 생산함수에서 노동과 자본을 λ배 하면

$$A(\lambda N)^\alpha (\lambda K)^\beta = \lambda^{\alpha+\beta} AN^\alpha K^\beta = \lambda^{\alpha+\beta} Q$$

가 된다. 만약 $\alpha + \beta = 1$이면 λQ가 되어 생산요소를 λ배 증가시킬 때 생산량도 λ배 증가하게 되므로 규모에 대한 보수 불변을 나타낸다. $\alpha + \beta > 1$이면 규모에 대한 보수 증가, $\alpha + \beta < 1$이면 규모에 대한 보수 감소를 나타낸다.

3 범위의 경제

지금까지 한 기업이 한 가지 제품만 생산한다고 가정하여 논의를 전개하여 왔다. 그러나 현실기업들은 흔히 두 가지 이상의 제품을 생산한다. 이 현실은 한 제품의 생산이 다른 제품의 생산에 영향을 미치지 않으면 별로 문제가 되지 않는다. 각 제품에 대해 본서에서 다루는 이론을 적용하면 되기 때문이다.

한 제품의 생산이 다른 제품의 생산에 영향을 미치면 문제는 복잡해진다. 따로따로 생산하는 것보다 같이 생산할 때 비용이 적게 들면 범위의 경제(economies of scope)가 있다고 말한다. 현실기업들이 여러 제품들을 같이 생산하는 이유는 그 제품들 생산에 범위의 경제가 있기 때문이다. 선풍기와 냉장고와 에어컨은 세 기업이 따로따로 생산하는 것보다 한 기업이 같이 생산하는 것이 비용이 적게 든다. 일반적으로 생산공정이 비슷한 제품간에는 범위의 경제가 있다. 범위의 경제가 있을 때 각 제품의 등량곡선과 비용곡선들을 그리는 것은 어려운 과제로서 경제학원론의 수준을 벗어난다. 본서는 이 범위의 경제를 도외시하고 한 기업이 한 가지 제품만을 생산한다고 가정하여 논의를 전개하고 있다.

가전제품
따로 생산하는 것보다 같이 생산할 때 비용이 적게 드는 상품이 많다.

범위의 경제
제품들을 따로 생산하는 것보다 같이 생산할 때 비용이 적게 드는 현상

지금까지는 가장 우수한 생산기술이 단기에나 장기에나 변하지 않는다고 가정하여 논의를 전개해 왔다. 그러나 현실세계에서는 기술의 발명과 혁신 등 기술진보가 끊임없이 일어나 가장 우수한 생산기술이 자주 바뀐다. 가장 우수한 생산기술이 바뀌면 단기생산함수와 장기생산함수가 달라진다.

기술진보가 일어나면 똑같은 자본량과 노동량을 투입하더라도 종전보다 더 많은 생산량을 매기당 생산할 수 있게 된다. 또는 매기당 종전과 똑같은 생산량을 생산하기 위해 필요한 요소투입량이 감소한다. 그림 9–10에서 매기당 Q_0를 생산하기 위해 기술진보가 있기 전에 K_0의 자본량과 N_0의 노동량을 투입하고 있었다고 하자. 기술진보가 있고 난 후에는 매기당 Q_0를 생산하는 데에 투입되는 요소투입량이 감소한다.

F점에서는 자본량이 종전과 같지만 노동량이 $N_1 N_0$만큼 절약된다. 이처럼 똑같은 생산량을 종전보다 적은 노동으로 생산할 수 있게 해 주는 기술진보를 노동절약적 기술진보(labor-saving technological progress)라 한다. G점에서는 노동량이 종전과 같지만 자본량이 $K_0 K_1$만큼 절약된다. 이처럼 똑같은 생산량을 종전보다 적은 자본으로 생산할 수 있게 해 주는 기술진보를 자본절약적 기술진보(capital-saving technological progress)라 한다. F점과 G점

노동절약적 기술진보
똑같은 생산량을 종전보다 적은 노동으로 생산할 수 있게 해 주는 기술진보

기계화
노동절약적 기술진보가 기존 노동자의 일자리에는 나쁜 영향을 미친다.

그림 9-10

기술진보와 등량곡선

기술진보는 똑같은 생산량을 종전보다 적은 요소조합으로 생산할 수 있게 해 주기 때문에 등량곡선을 안쪽으로 이동시킨다.

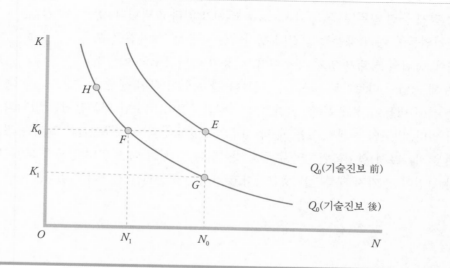

사이의 등량곡선부분에서는 자본과 노동 둘 다 종전보다 절약된다. 이 중에 자본과 노동이 동일한 비율로 절약되는 경우를 특별히 중립적 기술진보(neutral technological progress)라 한다. H점에서는 종전과 같은 Q_0의 생산량을 생산하기 위해 노동을 절약하는 대신 자본투입량을 증가시키고 있다. 이와 같은 생산방식을 가져오는 기술진보를 자본집약적(capital-intensive) 기술진보라 한다. 자본주의사회가 발전해 나감에 따라 대개 자본집약적 기술진보가 일어나는데 공장자동화(factory automation)가 그 좋은 예이다.

자본집약적 기술진보
똑같은 생산량을 종전보다 적은 노동과 많은 자본으로 생산할 수 있게 해주는 기술진보

기술진보가 일어남에 따라 생산함수가 바뀌는 것을 다음과 같이 나타낼 수 있다.

[9-9] $Q = A(t)F(N, K)$

식에서 $A(t)$는 시간(t)의 함수로서 시간이 흐름에 따라 기술진보가 일어나는 것을 반영한다.

기술진보는 제29장에서 다루는 바와 같이 경제성장의 가장 중요한 동인이며 개별산업과 기업의 흥망성쇠에 중요한 영향을 미치는 요인이다. 기술진보의 핵심은 새로운 지식의 창출이라는 것을 제18장에서 다룬다.

읽을거리 9-3 ▶ 공장자동화와 '노동의 종말'

"미래의 공장에는 종업원 한 명과 개 한 마리, 단 둘 밖에 없을 것이다. 사람은 개에게 먹이를 주려고 있고, 개는 사람이 기계를 건드리지 못하게 하려고 있을 것이다." 한 조직 컨설턴트의 농담이 머지않아 실현될지 모른다. 다가오는 인공지능(artificial intelligence : AI)시대에는 개도 필요 없을 것이다. 인공지능을 갖춘 로봇이 감시 기능을 스마트하게 잘할 것이기 때문이다.

공장자동화는 일단 도입되면 으레 생산의 효율성을 크게 높일 수 있다. 노동자처럼 쟁의와 노사분규를 걱정하지 않아도 된다. 따라서 매년 인상되는 노동비용에 비해 기계임대료가 상대적으로 비싸지 않다고 판단되면 자동화설비 투자는 기업에게 뿌리칠 수 없는 유혹이다. 자동화가 이루어지면 종전의 노동자를 대부분 실업자로 만든다. 설비 가동과 정비, 수리 등을 담당하는 한두 명의 고급 기술자만 있으면 된다. 이처럼 현재 급속하고도 끊임없이 일어나는 기술진보로 사람이 하는 많은 일자리가 곧 사라질 것이다. 예전의 두어 차례 산업혁명처럼 이번에도 기계가 사람을 완전히 대체하는 것은 아니고, 궁극적으로 고용이 증가할 것이라고 낙관적으로 전망하는 전문가도 일부 있다. 그러나 많은 전문가는 현재의 기술진보가 노동절약인 방향으로 워낙 빠르게 진행되고 있기 때문에 일자리가 사라지는 속도가 새 일자리가 생기는 속도를 훨씬 앞지를 것이라고 본다. 궁극적으로 인간 노동이 거의 필요 없는 '노동의 종말'에 다가갈 것이라고 예측한다.

로봇이 대부분의 인간노동을 대신하여 부가가치를 생산한다면 사람들은 주 40시간 일하는 대신 예컨대 15시간, 혹은 10시간만 일하고 여가를 즐기는 한편 진정 자기가 하고 싶은 활동을 하면서 자아를 실현하는 생활을 할 수 있을 것이다. 그러기 위해서는 인간 대신 부가가치를 생산한 로봇에 대해 세금을 물리고 모든 사람이 생활에 필요한 소득을 받을 수 있도록 해야 한다. 서구 선진국에서 로봇세와 기본소득이 논의되고 있는 배경이다.

1   사람에게 유용한 재화나 서비스를 만드는 생산의 조직체인 기업은 크게 비영리기업과 영리기업으로 나누어진다. 영리기업은 다시 개인기업·합명회사·합자회사·주식회사 등으로 나누어진다. 대부분의 민간기업은 이윤을 추구하는 영리기업이다. 영리기업 중 오늘날 생산면에서 가장 큰 비중을 차지하고 있는 것은 주식회사이다.

2   생산요소의 일부가 고정요소인 기간을 단기라 한다. 단기에 여러 가지 생산요소와 그 조합으로부터 얻을 수 있는 최대생산량의 기술적 관계를 단기생산함수라 한다. 모든 생산요소가 가변요소인 기간을 장기라 한다. 장기에 모든 생산요소와 그 조합으로부터 얻을 수 있는 최대생산량의 기술적 관계를 장기생산함수라 한다.

3   어떤 생산물의 총량을 그 생산에 투입된 특정 생산요소의 총량으로 나눈 값을 그 요소의 평균생산물이라 한다. 생산요소를 1단위 추가할 때 생산물 총량의 증가분을 그 요소의 한계생산물이라 한다. 평균생산물과 한계생산물 사이에는 다음과 같은 관계가 존재한다.
① 평균생산물이 증가할 때 한계생산물은 평균생산물보다 크다.
② 평균생산물이 극대일 때 한계생산물은 평균생산물과 같다.
③ 평균생산물이 감소할 때 한계생산물은 평균생산물보다 작다.

4   단기에는 가변요소가 증가함에 따라 수확체감의 법칙이 작용한다. 수확체감의 법칙은 고정요소가 주어져 있는 상황에서 가변요소를 증가시킬 때 어떤 단계를 지나고 나서는 가변요소의 한계생산물이 감소하는 현상을 말한다.

5   장기에 기업이 생산과정에서 어떤 요소결합을 선택할 것인가 하는 문제와 관련하여 등량곡선이 등장한다. 등량곡선은 한 상품을 생산하는 데 있어서 똑같은 생산량을 얻을 수 있는 두 생산요소의 여러 가지 조합을 표시해 준다. 등량곡선은 원점에서 멀리 떨어질수록 높은 생산량을 나타내고, 우하향하며, 서로 교차하지 않고, 원점에 대해 볼록한 성질을 갖는다.

6   한계기술대체율(MRTS)이란 동일한 생산수준을 유지하면서 수평축 생산요소(노동)를 한 단위 더(덜) 고용할 때 포기(추가)해야 하는 수직축 생산요소(자본)의 양을 말한다. 한계기술대체율체감의 법칙이란 동일한 생산량을 유지하면서 수직축 생산요소를 수평축 생산요소로 계속 대체해 감에 따라 한계기술대체율이 체감하는 것을 말한다. 노동의 추가단위가 점점 소량의 자본을 대신하게 되는 현상인 한계기술대체율체감의 법칙은 원점에 대하여 볼록한 등량곡선으로 표시된다.

7   장기에 생산에 필요한 생산요소를 모두 똑같은 비율로 증가시킬 때 총생산량이 동일한 비율로 증가하면

규모에 대한 보수 불변, 생산량이 요소투입 증가율보다 크게 증가하면 규모에 대한 보수 증가(규모의 경제), 작게 증가하면 규모에 대한 보수 감소(규모의 비경제)라 한다.

8 생산함수 $Q = F(N, K)$를 $\lambda^k Q = F(\lambda N, \lambda K)$로 쓸 수 있으면 이 생산함수는 k차 동차생산함수라 한다. 여기에서 $k = 1$이면 규모에 대한 보수 불변, $k > 1$이면 규모에 대한 보수 증가, $k < 1$이면 규모에 대한 보수 감소이다.

9 일반적으로 기업의 생산규모가 커짐에 따라 처음에는 규모에 대한 보수 증가가 일어나지만 계속 커지면 규모에 대한 보수 불변을 거쳐 보수 감소가 일어난다.

10 기술진보가 일어나면 종전과 똑같은 생산량을 얻기 위해 필요한 생산요소 투입량은 감소하게 되어 등량곡선이 원점을 향하여 안으로 이동한다.

주요용어 및 개념 K/E/Y/W/O/R/D/S/&/C/O/N/C/E/P/T

- 생산함수
- 단기와 장기
- 고정요소
- 가변요소
- 수확체감의 법칙
- 총생산물
- 평균생산물

- 한계생산물
- 등량곡선
- 한계기술대체율
- 한계기술대체율체감의 법칙
- 규모에 대한 보수
- 규모의 경제

- 규모의 비경제
- 동차생산함수
- 콥—더글라스 생산함수
- 범위의 경제
- 기술진보
- 노동절약적 기술진보
- 자본절약적 기술진보

- 중립적 기술진보
- 자본집약적 기술진보
- 생산의 노동탄력도
- 생산의 자본탄력도
- 오일러의 정리
- 노동소득분배율
- 자본소득분배율

연습문제 E/X/E/R/C/I/S/E

1 합명회사·합자회사·주식회사 등을 뭉뚱그려 법인기업이라고도 부른다. 개인기업과 대비되는 법인기업의 특징을 알아보라. 영리기업과 대비시켜 최근에 사회적 기업이 거론되는데 이에 대해 알아보라.

2 다음 기술을 기업의 존재이유와 결부시켜 비판적으로 논하라.

"시장경제는 분권화된 체제이고 자율성을 기본 특징으로 한다. 삼성그룹은 '관리의 삼성'이라고 불릴 만큼 계획과 기획의 산물이다. 따라서 삼성그룹은 시장적이지 못하다."

3 다섯 사람의 평균 키가 170cm라 하자. 이제 한 사람이 추가되었다.

① 여섯 사람의 평균 키가 171cm이면 여섯 번째 사람의 키는 얼마인가?

② 여섯 사람의 평균 키가 168cm이면 여섯 번째 사람의 키는 얼마인가?

③ 여섯 사람의 평균 키가 170cm이면 여섯 번째 사람의 키는 얼마인가?

④ 이상의 연습에서 본문에서 설명한 평균량과 한계량의 일반적인 관계를 확인·정리하라.

4 장기적 현상인 규모의 경제와 규모의 비경제가 단기적 현상인 수확체감의 법칙과 양립할 수 있음을 그림으로 보여 가며 설명하라.

5 아래 그림은 등량곡선을 나타내고 있다. A와 B의 각 점에서 MP_K와 MP_N의 부호를 확인하고 왜 AB구간만이 경제적 의미를 갖는가를 설명하라. 단, 점선 a와 b는 각각 수직선과 수평선이다. 점 C와 D에서는 어떤 현상이 일어나는가?

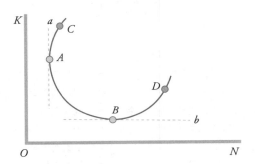

6 표 9-2의 장기생산함수가 나타내는 규모에 대한 보수는?

7 현대는 정보화사회, 지식기반사회라고 말한다. 정보와 지식을 별도의 생산요소로 볼 수 있을까? 본문에서 배운 생산함수의 틀에서 정보와 지식을 어떻게 수용할까?

8 어떤 기업의 생산함수가 $Q=\sqrt{NK}$ 라 하자.

(1) $K=16$으로 주어진 단기에 총생산물곡선을 그려라.

(2) AP_N곡선과 MP_N곡선을 그려라. 본문에서 설명한 양자의 관계를 확인하라.

(3) K가 25로 증가할 때 (1)과 (2)를 다시 풀어라.

(4) 장기에 $Q=4$의 등량곡선을 그려라.

(5) MP_N과 MP_K가 자본·노동비율만의 함수인 것을 보여라.

(6) 생산의 자본탄력도와 노동탄력도가 각각 1/2인 것을 보여라.

(7) 오일러의 정리 $MP_N \cdot N + MP_K \cdot K = Q$가 성립함을 보여라.

9 생산함수가 $Q=5N+10K$로 주어졌다고 하자.

(1) $Q=100$과 $Q=200$의 등량곡선을 그려라.

(2) 등량곡선의 모양과 기울기는?

(3) 위의 생산함수는 등량곡선에 관한 기본성질 중 어느 조건을 위반하고 있는가?

10 다음 표는 어떤 농부의 노동시간과 감자생산량의 관계를 나타낸다.

노동시간	0	1	2	3	4	5
생산량(가마)	0	10	18	24	28	30

(1) 각 노동시간의 평균생산물 및 한계생산물을 계산하라.

(2) 이 표를 이용하여 생산함수를 그리고 생산함수의 모양을 설명하라.

(3) 평균생산물 및 한계생산물 곡선을 그리고 관계를 설명하라.

11 CGV, 롯데시네마 등 복합상영관을 예로 들어 규모의 경제와 비경제를 설명하라.

12 다음의 기술이 옳은가 그른가를 밝히고 그 이유를 설명하라.

① 우리나라에서 개인기업의 수가 주식회사의 수보다 많지만 주식회사의 생산액 비중이 개인기업의 그것보다 훨씬 크다.

② 한계생산물이 최대일 때 평균생산물도 최대가 된다.

③ 한계생산물체감의 법칙은 단기에는 성립하지만 장기에는 성립하지 않는다.

④ 등량곡선이 원점에서 멀어질수록 생산량이 많아진다는 것은 두 생산요소의 한계생산물이 0보다 크다는 것을 의미한다.

⑤ 단기에 생산량은 시설규모의 확장에 의해 증가시킬 수 없다.

⑥ 고정투입비율의 생산함수는 요소간에 완전대체가 이루어지는 등량곡선을 갖는다.

⑦ 규모에 대한 보수가 불변일 때는 한계생산물 체감의 법칙이 작용하지 않는다.

⑧ 노동과 자본 사이의 한계기술대체율($MRTS_{NK}$)이 4이면 MP_K/MP_N도 4이다.

⑨ 규모에 대한 보수가 증가하는 주요 요인은 기술진보이다.

⑩ 생산요소가 단 하나뿐이라면 수확체감이 규모에 대한 보수 감소를 뜻한다.

⑪ 범위의 경제가 있으면 규모의 경제도 있다.

⑫ 생산함수 $Q=AK^\alpha N^\beta$에서 $\alpha=0.65$, $\beta=0.35$이면 K와 N이 1%씩 증가할 때 Q는 1% 증가한다.

⑬ 기술진보가 일어나면 생산가능곡선이 밖으로 이동한다.

⑭ 한계생산물이 평균생산물보다 크면 평균생산물이 감소한다.

⑮ 투입된 생산요소의 매단위당 한계생산물을 합계하면 총생산물이 된다.

⑯ 노동절약적 기술진보가 발생하면 자본-노동비율(K/N)이 감소한다.

⑰ 자본절약적 기술진보는 노동집약적 기술진보와 같은 것이다.

⑱ 생산함수가 $Q=AK^{0.5}N^{0.5}$일 때 자본이 10% 증가하면 생산량은 5% 증가한다.

⑲ 규모의 경제가 있을 때 생산요소들의 사용량을 절반으로 줄이면 생산량은 종전의 절반 미만으로 줄어든다.

⑳ 한계기술대체율체감의 법칙에 의하면 노동을 자본으로 대체해 감에 따라 노동과 자본 사이의 한계기술대체율이 점점 증가한다.

㉑ 범위의 경제가 있을 때에는 기업생산에 다각화가 일어난다.

 **부록** ## 콥-더글라스 생산함수의 성질

콥-더글라스 생산함수 $Q=AN^{\alpha}K^{\beta}$는 경제학에서 가장 많이 사용되는 생산함수이다. 특히 $\alpha+\beta=1$인 1차동차의 콥-더글라스 생산함수는 소득분배와 경제성장의 이론에서 즐겨 사용되고 있다. 규모에 대한 보수 불변을 나타내는 1차동차의 콥-더글라스 생산함수

$$Q=AN^{\alpha}K^{1-\alpha} \qquad 단, 0<\alpha<1$$

는 다음과 같은 몇 가지 성질을 가진다.

각 요소의 평균생산물과 한계생산물은 자본·노동비율($\dfrac{K}{N}=k$)만의 함수로 표시된다

증명

$$AP_N=\frac{Q}{N}=\frac{AN^{\alpha}K^{1-\alpha}}{N}=AN^{\alpha-1}K^{1-\alpha}=A\left(\frac{K}{N}\right)^{1-\alpha}=Ak^{1-\alpha}$$

$$AP_K=\frac{Q}{K}=\frac{AN^{\alpha}K^{1-\alpha}}{K}=AN^{\alpha}K^{-\alpha}=A\left(\frac{K}{N}\right)^{-\alpha}=Ak^{-\alpha}$$

$$MP_N=\frac{\Delta Q}{\Delta N}\approx\frac{\partial Q}{\partial N}=\frac{\partial}{\partial N}(AN^{\alpha}K^{1-\alpha})=\alpha AN^{\alpha-1}K^{1-\alpha}=\alpha A\left(\frac{K}{N}\right)^{1-\alpha}=\alpha Ak^{1-\alpha}$$

$$MP_K=\frac{\Delta Q}{\Delta K}\approx\frac{\partial Q}{\partial K}=\frac{\partial}{\partial K}(AN^{\alpha}K^{1-\alpha})=(1-\alpha)AN^{\alpha}K^{-\alpha}$$

$$=(1-\alpha)A\left(\frac{K}{N}\right)^{-\alpha}=(1-\alpha)Ak^{-\alpha}$$

위 증명에서 $MP_N=\dfrac{\Delta Q}{\Delta N}$는 ΔN이 아주 작을 때 Q의 N에 대한 편도함수 $\dfrac{\partial Q}{\partial N}$와 같아진다는 것을 이용하여 곱의 편도함수 공식을 이용하였다.

각 요소의 평균생산물과 한계생산물이 자본·노동비율만의 함수로 표시된다는 것은 이것들이 자본과 노동에 대한 0차동차함수라는 것을 뜻한다. 자본과 노동이 똑같은 비율로 변하면 AP와 MP는 변하지 않는다. 미국의 경제학자 솔로우(R. Solow)는

$$AP_N=\frac{Q}{N}=Ak^{1-\alpha} \qquad 단, k=\frac{K}{N}$$

를 1인당 생산함수로 정의하여 경제성장모형에서 이용하였다.

생산의 노동탄력도는 α, 생산의 자본탄력도는 $1-\alpha$이다

증명

수요의 가격탄력도가 $\dfrac{\text{수요량의 변화율}}{\text{가격의 변화율}}$ 로 정의되듯이 생산의 요소탄력도는 $\dfrac{\text{생산량의 변화율}}{\text{요소량의 변화율}}$ 로 정의된다(어떤 문헌에서는 요소의 생산탄력도라고 말하기도 한다).

생산의 노동탄력도는 (1)에서 나온 AP_N과 MP_N을 이용하며

$$\frac{\text{생산량의 변화율}}{\text{노동량의 변화율}}=\frac{\dfrac{\Delta Q}{Q}\times 100}{\dfrac{\Delta N}{N}\times 100}=\frac{\Delta Q/Q}{\Delta N/N}=\frac{\Delta Q/\Delta N}{Q/N}=\frac{MP_N}{AP_N}=\frac{\alpha Ak^{1-\alpha}}{Ak^{1-\alpha}}=\alpha$$

생산의 자본탄력도는

$$\frac{\text{생산량의 변화율}}{\text{자본량의 변화율}}=\frac{\Delta Q/Q}{\Delta K/K}=\frac{\Delta Q/\Delta K}{Q/K}=\frac{MP_K}{AP_K}=\frac{(1-\alpha)Ak^{-\alpha}}{Ak^{-\alpha}}=1-\alpha$$

오일러의 정리(Euler's theorem)

$N\cdot MP_N+K\cdot MP_K=Q$가 성립한다.

증명

$$
\begin{aligned}
N\cdot MP_N+K\cdot MP_K&=N\alpha A\left(\frac{K}{N}\right)^{1-\alpha}+K(1-\alpha)A\left(\frac{K}{N}\right)^{-\alpha}\\
&=\alpha AN^{\alpha}K^{1-\alpha}+(1-\alpha)AN^{\alpha}K^{1-\alpha}\\
&=AN^{\alpha}K^{1-\alpha}(\alpha+1-\alpha)=AN^{\alpha}K^{1-\alpha}=Q
\end{aligned}
$$

오일러의 정리가 의미하는 것은 생산함수가 규모에 대한 보수 불변일 때 각 생산요소에 그 요소의 한계생산물만큼 지불하면 총생산물이 과부족 없이 정확하게 분배된다는 것이다. 오일러의 정리는 제15장에서 설명하는 바와 같이 오늘날 주류경제학의 분배이론의 기초를 이루고 있다.

한 경제의 각 요소가 그 요소의 한계생산물만큼 보상을 받는다면 α는 노동소득분배율($=\dfrac{\text{노동소득}}{\text{총생산}}$), $1-\alpha$는 자본소득분배율을 나타낸다

증명

한 나라의 총생산함수가 $Q=AN^{\alpha}K^{1-\alpha}$로 표시되면

$$① \ 노동소득분배율 = \frac{노동소득}{총생산} = \frac{N \cdot MP_N}{Q} = \frac{N \cdot \alpha AN^{\alpha-1}K^{1-\alpha}}{AN^\alpha K^{1-\alpha}} = \alpha$$

$$② \ 자본소득분배율 = \frac{자본소득}{총생산} = \frac{K \cdot MP_K}{Q} = \frac{K \cdot (1-\alpha)AN^\alpha K^{-\alpha}}{AN^\alpha K^{1-\alpha}} = 1-\alpha$$

미국의 노동소득분배율은 0.7 안팎으로 장기간 안정적이며, 주요 산업의 생산기술은 1차동차의 콥-더글라스 생산함수로 대개 표시할 수 있는 것으로 밝혀져 있다. 따라서 각 요소가 그 요소의 한계생산물만큼 분배받는다면 미국의 생산함수는 $Q = AN^{0.7}K^{0.3}$로 표시할 수 있다. 우리나라의 노동소득분배율은 0.6 안팎이다. 따라서 우리나라의 생산함수는 $Q = AN^{0.6}K^{0.4}$로 근사시킬 수 있다.

생산과 비용함수

다음 장에 나오는 생산물공급곡선을 이해하기 위해서는 먼저 생산비와 생산함수
의 관계를 이해하여야 한다. 앞의 제9장에서 생산함수를 다루었다.

경제학에서 다루는 비용은 회계적 비용이 아니라 기회비용이다.

이 장에서는 1장에서 다룬 기회비용의 개념을 자세히 살펴보고, 단기비용과 장기
비용의 성질을 분석한다. 평균비용과 평균생산물, 한계비용과 한계생산물이 표리
의 관계에 있음을 보인다. 주어진 생산물을 어떻게 하면 최소의 비용으로 생산할
수 있는가, 혹은 주어진 비용으로 어떻게 하면 최대의 생산량을 생산할 수 있는
가에 대한 해답으로 최소비용의 원칙(=최대생산량의 원칙)이 다루어진다.

CHAPTER

10

1 회계적 비용과 경제적 비용

기업들이 생산물을 시장에 얼마나 공급하느냐를 결정하는 기본요인은 생산물의 가격과 생산에 들어가는 비용이다. 경제학에서 비용은 실제로 돈을 지불한 명시적 비용에 잠재적 비용까지를 포함하는 기회비용의 개념이다.

경제학에서는 비용을 제1장에서 설명한 기회비용의 개념으로 파악하는데 이를 경제적 비용이라고 한다. 경제적 비용은 실제로 지출된 비용만을 포괄하는 기업의 회계적 비용보다 더 넓은 의미를 가진다. 표 10-1을 이용하여 경제적 비용과 회계적 비용의 차이를 설명해 보자. 표 10-1 (a)는 어떤 조그마한 치킨가게의 1년간 경영상태를 나타내는 손익계산서이다.

손익계산서란 일정기간 동안 기업의 수입과 비용, 그리고 이윤을 나타내는 표를 말한다. 손익계산서에는 임금·원재료값·임대료·세금 등 각종 명목의 비용이 나타난다. 이 비용들은 기업이 실제로 화폐를 지불한 비용이라는 뜻에서 명시적 비용 (explicit cost)이라고 한다. 회계학과 공인회계사가 관심을 가지는 것은 명시적 비용이다.

명시적 비용
기업이 실제로 지출한 비용

회계학의 입장에서 이윤을 계산하면 치킨가게의 총수입 3,400만원에서 명시적 비용 2,100만원을 뺀 1,300만원의 이윤을 얻는다. 1,300만원이 이 기업의 손익계산서에 나타나는 회계적 이윤(accounting profit)인 것이다.

회계적 비용에는 가게에서 고용한 노동자에 대한 임금, 사들인 원재료의 비용, 임대한 건물에 대한 임대료 등 다른 사람들이 가진 생산요소를 사용함으로써 명시적으로 지출해야 했던 비용이 모두 포함된다.[1] 그러나 기업가(치킨가게 주인) 자신이 가

---

[1] 표 10-1에서는 이 가게에 투자한 자본이 모두 자기자본이라고 가정하고 있다. 만일 가게에 투자한 자본 중에 타인자본, 즉 외부로부터 차입한 부채가 있다면 명시적 비용항목에 이자비용이 추가되어 그 부채에 대하여 지불하는 연간 이자금액이 기록된다.

표
10-1

(a) 회계학		(b) 경제학	
총수입	34,000	총수입	34,000
총비용		총비용(=경제적 비용=총기회비용)	39,000
명시적 비용	21,000	명시적 비용	21,000
임 금	9,600	임 금	9,600
원료비	5,400	원료비	5,400
임대료	6,000	임대료	6,000
		잠재적 비용	18,000
		잠재적 임금	12,000
		잠재적 이자	3,600
		정상이윤	2,400
회계적 이윤	13,000	경제적 이윤	-5,000

비용과 이윤
(단위: 천원)

지는 노동·자본·토지·경영활동 등 생산요소를 사용함에 따라 포기해야 하는 이득은 포함되지 않는다.

기업가 자신이 가지는 생산요소를 사용함에 따라 포기해야 하는 이득을 귀속비용(imputation cost) 또는 잠재적 비용(implicit cost)이라 한다. 명시적 비용에 잠재적 비용을 합한 것이 경제학에서 사용하는 경제적 비용(economic cost)이다. 기업가가 보유하는 생산요소를 사용함에 따라 포기해야 하는 이득을 비용개념으로 파악하는 이유는 그 생산요소를 다른 용도에 사용할 경우 벌 수 있었을 소득을 포기하고 있기 때문이다. 따라서 잠재적 비용은 제1장에서 배운 기회비용의 한 구성항목으로 들어간다.

> **잠재적 비용**이란 기업가 자신이 가지고 있으면서 생산에 투입한 생산요소의 기회비용이다. 잠재적 비용은 잠재적 임금·잠재적 이자·잠재적 지대·정상이윤 등으로 구성된다. **경제적 비용**은 명시적 비용에 잠재적 비용을 합한 것으로서 어떤 활동의 기회비용을 나타낸다.

잠재적 비용
기업가 자신이 가지고 있으면서 생산에 투입된 요소의 기회비용

경제적 비용
명시적 비용에 잠재적 비용을 합한 것

치킨가게 주인이 치킨가게 일을 그만두고 피자가게를 하면 연간 1,000만원을 벌 수 있고, 자동차 정비공장에 취직하면 1,200만원을 벌 수 있다고 하자. 그러면 귀속임금은 1,200만원이다. 치킨가게 일을 함으로써 정비공장 취직이라는 최선의 대안으로 벌 수 있었을 1,200만원을 포기해야 하기 때문이다. 표 10-1 (b)에 있는 귀속이자 360만원은 치킨가게에 투자한 자기자본을 은행에 예금을 하거나 남에게 빌려주거나 하면 1년에 이자소득을 360만원 벌 수 있다는 것을 나타낸다. 표에서 치킨가게는 남으로부터 임대받은 것을 알 수 있다. 명시적 비용으로서의

치킨가게
이 치킨가게의 정상이윤은 얼마일까.

임대료는 있고 잠재적 임대료는 없기 때문이다.

> **정상이윤**(normal profit)이란 기업가로 하여금 동일한 상품을 계속 생산하게 하는 유인으
> 로서 충분한 정도의 이윤을 말한다.

읽을거리 10-1 ▶ 경제학에서 기회비용이라는 것

기회비용은 경제학에서 가장 중요한 개념 중의 하나이자 가장 혼동하기 쉬운 어려운 개념이다. 제1장에서 어떤 활동의 기회비용은「그 활동을 함으로써 포기해야 하는 다른 활동들 가운데에서 최선의 활동의 가치」로 정의하고 화폐가 없는 경우의 예를 들었다. 이 장에서와 같이 화폐로 평가되는 경우에는 기회비용이 더 혼란스럽다. 어떤 활동 A에 돈이 들어가면 그 돈은 다른 활동에 쓰는 것을 포기했기 때문에 당연히 A의 기회비용에 들어간다. 구체적으로 A의 명시적 비용에 포함된다. 한편 최선의 대안활동 B를 했다면 얻었을 순가치(혹은 B를 못함으로써 잃어버리는 순가치)는 A의 잠재적 비용으로 들어간다. 다음과 같은 예를 생각해 보자.

"요요마 연주회의 무료입장권을 얻었다. 원래 입장료는 60,000원이다. 무료입장권은 다른 사람에게 팔 수 없다. 그런데 같은 날 저녁 레미제라블의 공연이 있다. 레미제라블의 공연을 보러 가는 것이 다른 활동들 가운데 최선의 활동이다. 레미제라블 공연의 입장료는 50,000원이다. 레미제라블의 공연을 보기 위해 70,000원까지 지불할 용의가 있다. 양쪽 공연을 보는 데에 다른 비용은 없다고 가정하자. 요요마 연주회를 관람하는 기회비용은 얼마일까?"

요요마 연주회를 관람할 기회비용은 요요마 연주회에 참가하기 위하여 희생해야 할 모든 것의 가치를 말한다. 요요마의 연주회에 가면 무료입장권이 있기 때문에 직접 들어가는 돈은 없다. 레미제라블 공연을 못 봄으로써 잃어버리는 가치만 기회비용에 포함된다. 레미제라블 공연 관람에 대한 총가치 혹은 지불용의가격은 70,000원이고 입장료는 50,000원이다. 따라서 레미제라블 공연 관람의 순가치는 20,000원이다. 이 20,000원이 요요마 연주회 관람의 기회비용이다.

요요마 연주회에 갔다면 연주회 관람의 순가치가 기회비용 20,000원보다 크다는 것을 유추할 수 있다. 만약 무료입장권이 없다면 요요마 연주회 관람의 기회비용은 80,000원이다. 무료입장권을 다른 사람에게 팔 수 있어 재판매가격이 양이라면 이 재판매가격이 기회비용에 포함된다.

이상의 논의를 통해 A활동의 기회비용은 최선의 대안활동이 B라고 할 때 다음과 같이 종합할 수 있다.

> (1) A의 기회비용＝A의 명시적 비용＋B의 총가치(즉, B에 대한 지불용의액)－B의 명시적 비용
> ＝A의 명시적 비용＋B의 순가치

제1장에서 A의 기회비용은 B의 총가치로 정의했는데 윗식에서는 왜 B의 순가치인가 의문을 갖는 예리한 독자도 있을 것이다. 이 때는 윗식을

> (2) A의 기회비용＝B의 총가치＋(A의 명시적 비용－B의 명시적 비용)

으로 생각해보면 된다. A와 B의 명시적 비용이 같으면 A의 기회비용은 제1장에서 정의한 것처럼 B의 총가치가 된다. 화폐경제에서는 기회비용을 식 (1)처럼 생각하는 것이 편리하다.

표 10-1에서 치킨가게 경영의 기회비용은 가게경영의 명시적 비용에 최선의 대안활동의 순가치를 더하는데 잠재적 비용이 최선의 대안활동의 순가치이다.

경제학에서는 정상이윤을 잠재적 비용의 필수적인 한 요소라고 본다. 왜 그럴까? 그것은 기업가가 장기에 정상이윤이 기대되지 않을 때에는 그 상품을 생산하는 기업활동을 하려 들지 않을 것이기 때문이다. 소비자의 입장에서는 그 상품을 계속해서 소비할 수 있으려면 정상이윤만큼의 대가를 치러야 한다.

명시적 비용에 잠재적 비용을 합한 것을 경제적 비용이라 한다. 경제적 비용은 치킨가게 경영의 기회비용이다. 명시적 비용도 가게 경영의 기회비용에 포함된다는 점을 유의하라. 가게 경영을 하지 않으면 가게 경영에 들어간 명시적 비용을 다른 용도에 쓸 수 있을텐데 그 기회를 포기했기 때문이다. 총수입에서 경제적 비용을 뺀 것을 경제적 이윤(economic profit)이라 한다. 경제적 이윤이 양의 값을 가질 때 초과이윤 (excess profit)이 발생했다고 말한다.[2] 반대로 표에서와 같이 경제적 이윤이 음의 값을 가질 때 기업이 손실을 보고 있다고 말한다. 경제적 이윤이 음일 때에는 정상이윤도 제대로 보상받지 못하게 된다. 정상이윤을 제대로 보상받게 되는 경우는 경제적 이윤이 0일 때이다.

표 10-1에서 경제적 비용은 3,900만원이고 총수입은 3,400만원이어서 500만원의 손실을 보고 있다. 앞으로 이 책에서 다루는 비용은 명시적 비용에 잠재적 비용을 합한 경제적 비용(=기회비용)의 개념이다.

경제적 이윤
총수입−경제적 비용

초과 이윤
경제적 이윤이 +인 것

제2절 단기비용함수와 단기비용곡선

비용함수는 생산함수와 밀접한 관련을 가진다. 기업이 생산물을 생산하기 위해서는 생산요소를 구입해야 하고, 생산요소를 구입하는 데는 비용이 들기 때문이다. 이 절에서는 기업의 생산과 비용의 관계를 살펴본다.

제9장에서 생산함수를 다룰 때 고정요소가 존재하는 경우를 단기라 하고, 모든 생산요소가 가변적인 경우를 장기라고 하였다. 비용을 분석할 때에도 이 장기와 단

---

2 경제학에서 특별한 언급이 없이 이윤이라고 할 때는 초과이윤을 나타낸다. 초과이윤의 장기적인 원천은 독과점기업의 시장지배력과 기업가의 혁신 및 위험부담이다. 이윤이 0이라는 말은 정상이윤만을 얻고 있다는 뜻이다.

표
10-2

여러 가지 비용 개념

생산량 Q	총고정비용 TFC	총가변비용 TVC	총비용 $TC=TFC+TVC$	한계비용 $MC=\frac{\Delta TC}{\Delta Q}$	평균비용 $AC=\frac{TC}{Q}$	평균가변비용 $AVC=\frac{TVC}{Q}$	평균고정비용 $AFC=\frac{TFC}{Q}$
(1)	(2)	(3)	(4)=(2)+(3)	(5)	(6)=(4)/(1)	(7)=(3)/(1)	(8)=(2)/(1)
0	35	0	35				
1	35	24	59	24	59	24	35
2	35	40	75	16	38	20	17.5
3	35	60	95	20	32	20	12
4	35	85	120	25	30	21	9
5	35	115	150	30	30	23	7
6	35	155	190	40	32	26	6
7	35	210	245	55	35	30	5
8	35	295	330	85	41	37	4

기의 구분이 그대로 적용된다.

고정요소가 존재하는 경우 각 생산량에 대응하는 최소비용을 보여 주는 것이 단기비용함수이다. 모든 생산요소가 가변적인 경우 각 생산량에 대응하는 최소비용을 보여 주는 것이 장기비용함수이다.

즉 생산량의 증감에 관계 없이 발생하는 고정비용이 존재하면 단기비용, 그렇지 않으면 장기비용으로 구분한다. 이 절에서는 단기비용을 다루고 다음 절에서 장기비용을 다룬다.

표 10–2는 어떤 기업의 가상적인 단기비용체계를 나타내고 있다. 이 표를 중심으로 단기비용의 여러 가지 개념을 살펴보자.

1 총비용

단기에 자본시설은 고정되어 있다. 공장과 기계는 생산을 하든지 안 하든지 관계 없이 감가상각비와 유지비, 보험료 등이 들어간다. 만약 건물을 짓고 기계를 설치하는 데 필요한 돈의 일부를 은행에서 빌렸다면 이자를 내야 하며, 남의 땅에 공장을 지었다면 땅에 대한 지대도 지불해야 할 것이다. 이와 같이 생산수준과 관계 없이 발생하는 비용을 총고정비용(total fixed cost: TFC) 혹은 경상비(overhead cost)라고 한다. 총경제학에서 매몰비용이라는 용어가 종종 등장한다. 매몰비용(sunk cost)이란 일단 지출하고 난 뒤에는 회수할 수 없는 비용이다. 올 한해 생산설비를 빌리면서 1년치 임대료를 냈다고 하자. 1년이 되기 전에 생산설비를 돌려준다 해도 임대료를 돌려받을 수 없다고 하자. 그러면 이 임대료는 매몰비용이다. 매몰비용은 흔히 재판매가치(resale value)가 없는 자산을 구입한 경우에 생긴다.

단기에 비용은 고정비용과 가변비용으로 나뉜다. 고정비용은 생산량의 증감과 무관하게 투입량이 고정되어 있는 요소로부터 생기는 비용이다. 가변비용은 생산량을 늘림에 따라 투입량이 늘어나는 요소로부터 생기는 비용이다. 매몰비용은 이미 묻혀 있는 돈이고 생산량의 증감과 무관하게 일정하다는 점에서 단기에 고정비용에 속한다.

주방용품
치킨가게의 주방용품은 매몰비용으로 처리될까.

고정비용에는 잠재적 비용도 포함되어 있다. 자기 노동, 토지 및 자본에 대한 보수와 정상이윤으로 구성되는 잠재적 비용은 당해 생산활동을 함으로써 어차피 고정적으로 잠겨 있는 비용이기 때문에 총고정비용에 포함되는 것이다. 표 10–2에서 총고정비용은 35만원이다. 생산량이 어느 수준이든 관계 없이, 심지어 생산량이 전혀 없더라도 이 비용은 일정하게 들어간다.

반면에 단기에 생산량이 증가함에 따라 증가하는 비용이 있다. 생산을 증가시킴에 따라 노동·원재료·연료 등의 사용이 늘어나면 임금·원재료비·연료비 등도 늘어난다. 이처럼 생산량이 변함에 따라 변동하는 비용을 총가변비용(total variable cost: TVC)이라고 한다. 앞 장에서 배운 생산의 이론과 결부시켜 설명하면

기업이 매기당 고정요소에 대해 지불하는 비용이 **총고정비용**이고 가변요소에 대해 지불하는 비용이 **총가변비용**이다. 총고정비용은 생산량과 관계 없이 일정하게 들어가는 비용이고 총가변비용은 생산량이 증가함에 따라 늘어나는 비용이다. 총고정비용과 총가변비용을 합하여 **총비용**(total cost: TC)이라고 한다.

각 생산량에 대응하여 **최소의** 총비용을 나타내는 함수를 **총비용함수**라 한다. 총비용함수를 그림으로 표시한 것을 **총비용곡선**이라 한다.

총비용함수는 표 10–2에서 (1)열과 (4)열의 조합으로 표시된다. 표에서 매기당 4단위를 생산하는 데에 120만원의 총비용이 들어간다. 이 120만원은 현재의 생산기술 수준에서 4단위를 생산하는 데 들어가는 최소비용이다. 지금까지 알려진 생산기술

총고정비용
기업이 매기당 고정요소에 대해 지불하는 비용

총가변비용
기업이 매기당 가변요소에 대해 지불하는 비용

총비용
총고정비용+총가변비용

총비용곡선
각 생산량에 대응하여 최소의 총비용을 나타내는 곡선

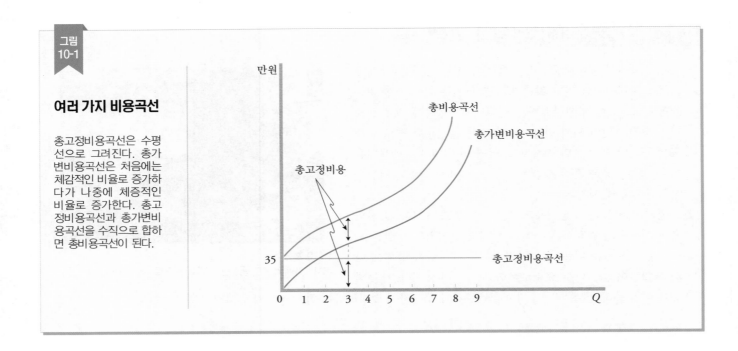

그림 10-1

여러 가지 비용곡선

총고정비용곡선은 수평선으로 그려진다. 총가변비용곡선은 처음에는 체감적인 비율로 증가하다가 나중에 체증적인 비율로 증가한다. 총고정비용곡선과 총가변비용곡선을 수직으로 합하면 총비용곡선이 된다.

만원

총비용곡선

총가변비용곡선

총고정비용

35

총고정비용곡선

0 1 2 3 4 5 6 7 8 9 Q

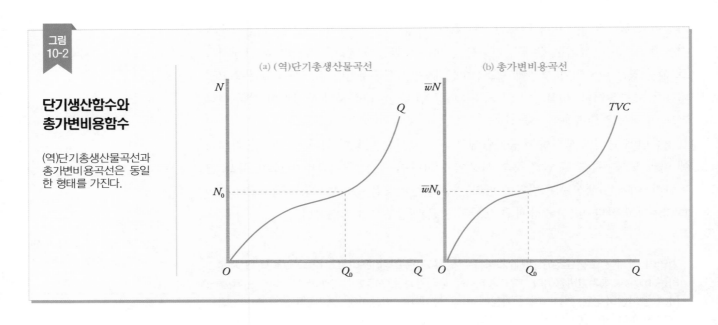

그림 10-2

단기생산함수와 총가변비용함수

(역)단기총생산물곡선과 총가변비용곡선은 동일한 형태를 가진다.

(a) (역)단기총생산물곡선

N

Q

N_0

O Q_0 Q

(b) 총가변비용곡선

$\bar{w}N$

TVC

$\bar{w}N_0$

O Q_0 Q

가운데 가장 우수한 기술을 이용하여 경제적 효율성을 발휘할 때 4단위의 제품을 생산하는 데 120만원의 비용이 소요된다는 것이다. 기업이 비효율적으로 생산하면 4단위의 생산비용이 120만원을 얼마든지 초과할 수 있다. 그러나 지금까지 알려진 생산기술로는 120만원 미만의 비용으로 생산할 수 없다. 경제학에서 말하는 총비용은 기술적으로 가능한 최소의 비용을 말한다.

각 생산량에 대응하여 최소의 총가변비용을 나타내는 함수를 **총가변비용함수**라 한다. 총가변비용함수를 그림으로 표시한 것을 **총가변비용곡선**이라 한다.

일반적으로 총가변비용곡선은 그림 10-1에서와 같이 처음에는 체감적으로 증가하다가 어느 단계를 지나서는 체증적으로 증가하는 특징을 가진다. 이는 총생산물곡선이 제9장의 그림 9-1 (a)에서와 같이 처음에는 체증적으로 증가하다가 나중에는 체감적으로 증가하기 때문이다.

그림 10-2 (a)는 그림 9-1 (a)의 단기총생산물곡선의 형태가 뒤집어진 형태(역함수)를 보이고 있다. 즉 그림 9-1 (a)의 가로축(노동)과 세로축(Q)을 서로 바꾸면 그림 10-2 (a)가 된다. 원래 그림 9-1 (a)는 노동을 N_0만큼 투입하면 최대한 Q_0를 생산할 수 있다는 것을 보이고 있다. 이를 달리 설명하면 그림 10-2 (a)와 같이 Q_0를 생산하기 위해서 노동이 최소한 N_0만큼 필요하다는 것을 의미한다.

그림 9-1 (a)가 S자형이므로 그림 10-1 (a)의 새로운 곡선은 역 S자형이 된다. 단기에서는 Q_0를 생산하기 위해서 임금률(w)에 노동의 고용량(N)을 곱한 값이 총가변비용(wN)이 된다. 단기에는 개별기업의 입장에서 w가 주어진 상수라면 Q_0를 생산하기 위한 총가변비용은 $\bar{w}N_0$이다. 즉 단기총가변비용곡선은 단기생산물곡선과 동일한 형태를 취한다. 다만 $\bar{w}$의 크기에 따라서 곡선이 위 아래로 늘어나거나 줄어들 뿐이다. 그림 10-2 (b)의 총가변비용곡선은 그림 10-1의 총가변비용곡선과 동일한 형태를 취한다.

총고정비용곡선은 각 생산량에 대응하여 총고정비용이 얼마인가를 보여 주는 곡선이다. 생산량에 관계 없이 총고정비용이 일정하므로 총고정비용곡선은 수평선으로 그려진다. 그림 10-1에서 총가변비용(TVC)곡선을 총고정비용(TFC)인 35만원만큼 수직으로 올려주면 총비용(TC)곡선을 얻게 되는 것을 알 수 있다.

그림 10-1을 연속적인 부드러운 곡선으로 그린 것은 표 10-2에는 나타나 있지 않지만, 제9장의 등량곡선에서 설명한 바와 같이 생산량 및 생산요소의 가분성을 가정하고 있기 때문이다.

2 평균비용

총비용을 알면 평균비용을 알 수 있다.

그림
10-3

**평균고정비용곡선
의 도출**

총고정비용곡선이 수평
선이기 때문에 평균고정
비용곡선은 직각쌍곡선
의 형태를 취한다.

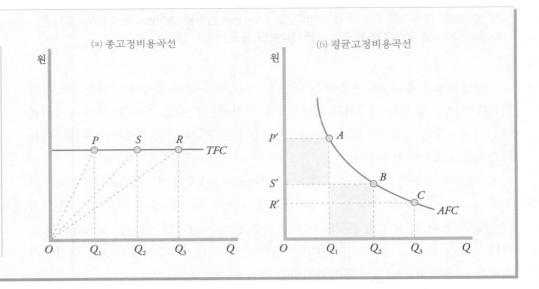

평균비용
생산량 1단위당 비용.
평균고정비용+평균가변비용

평균비용곡선
각 생산량에 대응하여 평균비
용을 나타내는 곡선

평균비용(average cost: AC)은 총비용을 생산량으로 나눈 것으로 생산물 1단위당 생산비를 나타낸다.

총비용이 기술적으로 가능한 최소의 비용을 뜻하기 때문에 평균비용은 기술적으로 가능한 최소의 단위당 비용을 뜻한다. 표 10-2의 (6)열을 보면 생산량 8단위의 평균비용은 41만원(330만원/8단위)이다. 그런데 41만원은 (7)열의 평균가변비용(average variable cost: AVC)과 (8)열의 평균고정비용(average fixed cost: AFC)을 합해서도 얻을 수 있다. 즉 평균비용(AC)은

$$[10\text{-}1] \quad AC = \frac{TC}{Q} = \frac{TVC}{Q} + \frac{TFC}{Q} = AVC + AFC$$

로 정의된다.

각 생산량에 대응하는 평균비용을 나타내는 함수를 평균비용함수라 한다. 평균비용함수를 그림으로 나타낸 것을 평균비용곡선이라 한다. 평균가변비용함수와 평균가변비용곡선, 평균고정비용함수와 평균고정비용곡선도 같은 방식으로 정의된다.

각 비용곡선의 일반적인 형태에 대하여 알아보자. 먼저 평균고정비용곡선은 단조롭게 감소하는 우하향의 곡선으로 그려진다.

표 10-2 (8)열의 평균고정비용은 생산량이 증가함에 따라 계속해서 감소하고 있다. 이는 총고정비용이 35만원에 고정되어 있으므로 생산량이 증가함에 따라 생산물단위당 고정비용이 널리 분산되기 때문이다. 평균고정비용곡선은 총고정비용곡선으로부터 기하학적으로 도출할 수 있다.

그림 10–3(a)의 Q_1에서 평균고정비용은 Q_1P/OQ_1이다. 따라서 원점으로부터 Q_1에 대응하는 총고정비용곡선 위의 점 P를 연결하는 선분 OP의 기울기 값이 Q_1의 평균고정비용이다. 생산량이 증가함에 따라 원점에서부터 연결하는 선분의 기울기 값이 감소하고 있으며, 이와 같은 관계를 그린 것이 그림 10–3(b)이다. 평균고정비용(AFC)에 생산량(Q)을 곱한 것이 총고정비용(TFC)이고 총고정비용은 생산량에 관계없이 일정하기 때문에 평균고정비용곡선은 직각쌍곡선의 형태를 취한다. 직각쌍곡선이기 때문에 그림에서 사각형 $OP'AQ_1$과 $OS'BQ_2$의 면적이 같고 그 면적은 총고정비용인 것이다.

다음으로 평균가변비용은 표 10–2에서 처음에는 감소하다가 나중에는 증가하고 있다. 평균고정비용곡선을 총고정비용곡선으로부터 도출할 수 있는 것과 같이 평균가변비용곡선은 총가변비용곡선으로부터 도출할 수 있다. 원점으로부터 각 생산량에 대응하는 총가변비용곡선 위의 점을 연결하는 선분의 기울기 값이 각각의 생산량에 대응하는 평균가변비용이다. 이것을 그림으로 표시하면 U자형의 평균가변비용곡선이 된다.

각 생산량에 대하여 평균고정비용(AFC)과 평균가변비용(AVC)을 수직으로 합해 나감으로써 평균비용(AC)곡선을 얻는다. 이는 그림 10–1에서 각 생산량에 대하여 총고정비용(TFC)과 총가변비용(TVC)을 수직으로 합해 나감으로써 총비용(TC)곡선을 얻는 것과 같은 이치이다.

3 평균비용과 평균생산물의 관계

표 10–2에서 보는 바와 같이 일반적으로 평균비용(AC)과 평균가변비용(AVC)은 처음에는 감소하다가 나중에는 증가한다. 이처럼 평균비용곡선과 평균가변비용곡선이 U자형을 취하는 것은 생산함수의 성질에 기인한다.

평균고정비용(AFC)은 생산량이 증가함에 따라 단조롭게 감소한다. 한편 AVC는 처음에는 감소하다가 나중에는 증가하는 U자형을 취한다. 따라서 AC는 AFC와 AVC가 모두 감소하는 생산 초기에는 당연히 감소한다. 그러나 생산이 증가함에 따라 AFC가 계속 감소하더라도 AVC의 증가가 AFC의 감소보다 커지기 때문에 결국 AC는 증가한다. 따라서 AC곡선은 AVC의 영향을 받아 AVC곡선처럼 U자형이 된다.

그러면 AVC곡선은 왜 U자의 형태를 가질까? 노동만이 가변요소라고 하자. 노동고용량을 N, 노동 1단위당 지불하는 임금을 w라 하면 총가변비용(TVC)은 총임금지불액 $w \cdot N$과 같다. 따라서 AVC는

그림
10-4

평균생산물과 평균가변비용의 관계

가변요소의 평균생산물 곡선이 산봉우리형이면 평균가변비용곡선은 U자형이다.

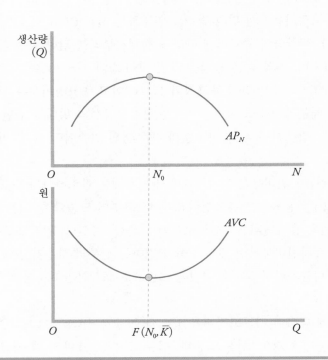

$$[10\text{-}2] \quad AVC = \frac{TVC}{Q} = \frac{w \cdot N}{Q} = \frac{w}{Q/N} = \frac{w}{AP_N}$$

로 표시된다. 윗식은 AVC는 노동 1단위당 임금을 노동의 평균생산물(AP_N)로 나누어 얻을 수 있음을 보여 주고 있다. 제9장에서 설명한 바와 같이 평균생산물은 처음에는 증가하다가 최대점에 도달하고 그 이후에는 감소한다. 개별기업이 노동고용량을 변경시켜도 시장임금률(w)이 변하지 않는다면 식 (10-2)에서 평균가변비용은 평균생산물과 서로 반대의 관계에 있음을 알 수 있다. 즉, 평균생산물이 증가(감소)할 때 평균가변비용은 감소(증가)하고, 평균생산물이 최대일 때 평균가변비용은 최소가 되는 것이다. 그림 10-4는 이와 같은 관계를 나타내고 있다.

식 (10-1)과 식 (10-2)로부터 평균비용은 다음과 같이 나타낼 수 있다.

$$[10\text{-}3] \quad AC = AVC + AFC = \frac{w}{AP_N} + AFC$$

식 (10-3)은 가변요소가 노동뿐일 때 평균비용(AC)과 노동의 평균생산물(AP_N)의 관계를 나타낸다. 노동의 평균생산물곡선이 역U자형을 취함에 따라 평균가변비용곡선은 U자형을 취한다. 노동의 평균생산물이 감소함에 따라 평균가변비용이 증가하기 시작하는데 이 증가분이 평균고정비용의 감소분보다 작을 때에는 평균비용이 계속 감소한다. 그러나 평균가변비용의 증가분이 평균고정비용의 감소분을 상회하게 될 때부터 평균비용은 증가하기 시작한다. 이에 따라 평균비용을 최소로 만드는 생산량이 평균가변비용을 최소로 만드는 생산량보다 많다.

4 한계비용

한계비용(marginal cost: MC)이란 생산량이 한 단위 증가(감소)할 때 증가(감소)하는 총비용을 말한다. 즉

(10-4) $$MC = \frac{\varDelta TC}{\varDelta Q} = \frac{\varDelta TVC}{\varDelta Q} + \frac{\varDelta TFC}{\varDelta Q} = \frac{\varDelta TVC}{\varDelta Q}$$

이다. 윗식에서 총고정비용은 생산량의 증감에 전혀 영향을 받지 않아서 $\varDelta TFC = 0$ 이기 때문에 마지막 등식이 성립한다.

한계비용은 생산량 한 단위를 변화시킬 때 일어나는 총비용 및 총가변비용의 변화분이다.

한계비용을 생산량의 함수로 표시한 것을 한계비용함수라 하고 이를 그림으로 나타낸 것을 한계비용곡선이라고 한다. 총생산물곡선에서 평균생산물곡선과 한계생산물곡선을 도출하는 것과 똑같은 방식으로 총비용곡선으로부터 평균비용곡선과 한계비용곡선을 도출할 수 있다. 총비용곡선상의 점과 원점을 연결하는 선분의 기울기가 해당 생산량의 평균비용이다. 예컨대 그림 10-5에서 Q_4의 평균비용은 선분 OA의 기울기이다. 그림에서 생산량이 OQ_1에서 OQ_2로 증가함에 따라 총비용은 TC_1에서 TC_2로 증가한다. 이 때 한계비용은

$$MC = \frac{TC_2 - TC_1}{OQ_2 - OQ_1} = \frac{DG}{Q_1Q_2} = \frac{DG}{BG}$$

이다. 생산량의 증가분 Q_1Q_2가 작아지면 작아질수록 DG/BG는 B에서 총비용곡선에 그은 접선의 기울기 HG/BG로 접근한다. 각 생산량에 대응하는 총비용곡선상의 점에서 그은 접선의 기울기 값이 그 생산량의 한계비용이 되는 것이다.

그림 10-5(a)에서 총비용곡선에 그은 접선의 기울기는 F점까지 점점 감소하다가 F점에서 최소가 된 후에 증가하고 있다. 따라서 그림 (b)의 한계비용곡선은 처음

한계비용
생산량을 한 단위 늘릴 때 총비용 및 총가변비용이 증가하는 몫

한계비용곡선
각 생산량에 대응하여 한계비용을 나타내는 곡선

그림 10-5

평균비용곡선과 한계비용곡선의 도출

평균비용곡선과 한계비용곡선은 *U*자형을 취한다. 총비용곡선의 변곡점 *F*에 대응하는 생산량 Q_3에서 한계비용이 최소가 된다. 총비용곡선의 점 *S*에서 그은 접선이 원점을 통과하고 선분 *OA*가 다른 어떤 선분보다 기울기가 작다. 따라서 *S*에 대응하는 생산량 Q_4에서 평균비용이 최소이고 한계비용과 같다.

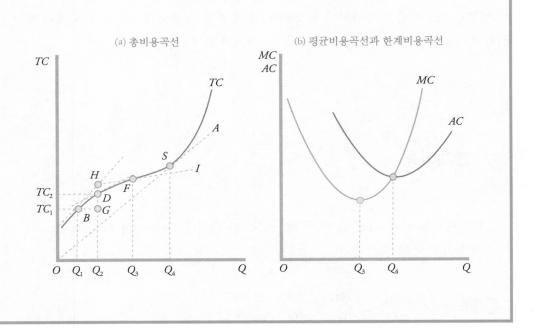

에는 감소하다가 점 *F*에 대응하는 생산량 Q_3에서 최소가 되고, 그 이후에는 증가하는 형태를 보인다. 한계비용이 최소로 되는 생산량 Q_3에서 총비용곡선의 꼴이 달라진다. 총비용곡선은 생산량이 Q_3에 이르기까지는 아래로 오목하고 Q_3를 넘어서부터는 아래로 볼록하다. 이처럼 곡선의 꼴이 달라진다고 해서 *F*점을 변곡점이라 부른다. 한계비용곡선은 총비용곡선이 아래로 오목한 구간에서는 우하향하고 변곡점에 대응하는 생산량수준에서 최저가 되며 총비용곡선이 아래로 볼록한 구간에서는 우상향하는 형태로 U자형을 보인다. 그림 (a)에서 선분 *OA*는 *S*점에서 그은 접선이자 동시에 원점과 *S*점을 잇는 선분이다. 따라서 Q_4의 생산량에서 한계비용과 평균비용은 같게 된다. 그런데 *S*점은 평균비용이 최소가 되는 점이다(총비용곡선상의 각 점과 원점을 직선으로 연결해 보라. 선분 *OA*의 기울기가 가장 작은 것을 확인할 수 있을 것이다). 한계비용은 평균비용의 최저점에서 평균비용과 똑같게 되는 것이다.

한계비용이 최저가 되는 생산량 Q_3는 평균비용이 최저가 되는 생산량 Q_4보다 적은 수준이라는 것을 유의하라. 이는 앞 장에서 설명한 한계치와 평균치의 관계를 적용하면 쉽게 이해할 수 있다. 한계비용이 평균비용보다 낮은(높은) 구간에서는 평균비용은 감소(증가)한다. 그리고 위에서 설명한 대로 한계비용과 평균비용이 같을 때 평균비용은 최소가 된다. 따라서 한계비용곡선과 평균비용곡선은 그림 10-5(b)처럼 그려질 수밖에 없다.

5 한계비용과 한계생산물의 관계

U자형의 한계비용곡선은 역 U자형(혹은 산봉우리형)의 한계생산물 곡선과 표리의 관계를 이룬다. 한계비용은 $MC = \dfrac{\varDelta TVC}{\varDelta Q}$로 표시되었다. 가변요소가 노동 하나뿐일 때 $TVC = w \cdot N$이다. 따라서 주어진 시장임금률로 얼마든지 노동을 고용할 수 있다면 $\varDelta TVC = w \cdot \varDelta N$이 된다. 그러면

$$(10\text{-}5) \quad MC = \frac{\varDelta TVC}{\varDelta Q} = \frac{w \cdot \varDelta N}{\varDelta Q} = \frac{w}{\varDelta Q / \varDelta N} = \frac{w}{MP_N}$$

표리관계
생산이론과 비용이론은 동전의 앞뒷면과 같다.

이다. 한계비용은 노동의 한계생산물(MP_N)과 역의 관계인 것이다. 평균생산물과 같이 한계생산물도 처음에는 증가하다가 최고점에 도달하고 그 이후에 감소한다. 따라서 한계생산물이 증가할 때 한계비용은 감소하고 한계생산물이 최대일 때 한계비용은 최소이며, 한계생산물이 감소할 때 한계비용은 증가하게 됨을 알 수 있다. 그림 10-6은 이와 같은 관계를 나타내고 있다.

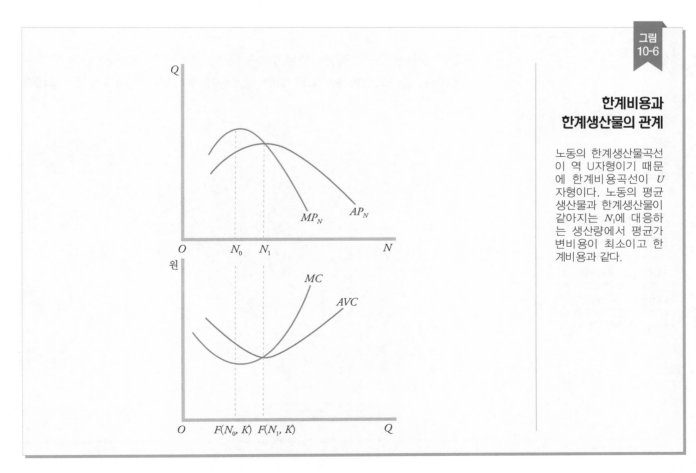

그림
10-6

한계비용과 한계생산물의 관계

노동의 한계생산물곡선이 역 U자형이기 때문에 한계비용곡선이 U자형이다. 노동의 평균생산물과 한계생산물이 같아지는 N_1에 대응하는 생산량에서 평균가변비용이 최소이고 한계비용과 같다.

식 (10-2)와 (10-5)에서 한계생산물과 평균생산물이 일치할 때 한계비용과 평균가변비용이 일치하는 것을 알 수 있다.

결론적으로 U자형의 단기가변비용곡선은 역U자형의 평균생산물곡선에서, U자형의 한계비용곡선은 역U자형의 한계생산물곡선에서 도출된다. 역U자형의 평균생산물곡선과 한계생산물곡선은 물론 궁극적인 수확체감의 법칙을 반영한다. 따라서 단기비용곡선은 단기생산함수에서 성립하는 수확체감의 법칙을 반영하고 있다는 것을 알 수 있다. 경제학에서 비용이론은 생산이론과 표리의 관계를 이룬다고 말하는 것은 이러한 맥락에서이다.

6 여러 비용곡선들의 관계

지금까지 다룬 여러 가지 비용에 대한 개념을 기초로 하여 그림 10-7에 단기비용곡선들을 종합적으로 그렸다. 그림에 나타난 단기비용곡선들에 관한 주요 특징들을 요약하면 다음과 같다.

① 평균비용(AC)곡선, 평균가변비용(AVC)곡선, 한계비용(MC)곡선은 모두 U자형이다. 평균고정비용(AFC)곡선만 단조롭게 우하향하는 직각쌍곡선형태를

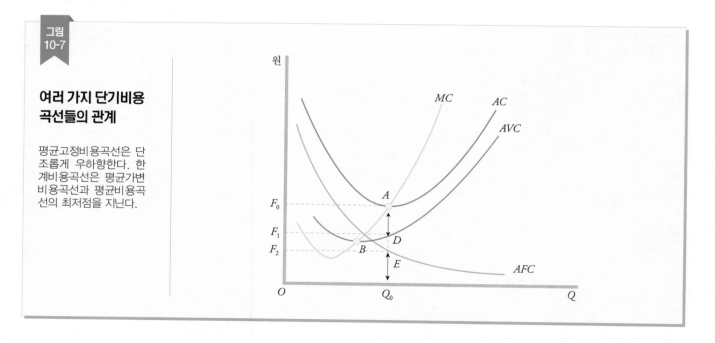

그림 10-7

여러 가지 단기비용 곡선들의 관계

평균고정비용곡선은 단조롭게 우하향한다. 한계비용곡선은 평균가변비용곡선과 평균비용곡선의 최저점을 지난다.

갖는다.

② 평균가변비용곡선은 항상 평균비용곡선 아래에 위치한다. 평균비용에는 평균가변비용 이외에 평균고정비용도 포함되어 있기 때문이다. 각 생산량수준에서 평균비용과 평균가변비용의 차이가 평균고정비용이다(예컨대 Q_0에서 평균고정비용은 $AD = EQ_0$이다).

③ 생산량이 증가함에 따라 평균고정비용은 단조롭게 감소하고, 이에 따라 평균가변비용은 점점 평균비용에 접근한다.

④ 평균가변비용의 최저점(B)은 평균비용의 최저점(A)보다 왼쪽에 위치한다. 평균가변비용이 증가하는 단계에서도 평균고정비용은 계속해서 감소하고 있으므로 평균고정비용의 감소가 평균가변비용의 증가를 능가하는 단계까지는 평균비용이 감소하는 것이다.

⑤ 평균비용의 최저점에 대응하는 생산량은 단기에 주어진 고정요소와 가변요소 가격의 조건하에서 최소비용으로 생산되는 생산량수준이라는 점에서 최적생산량(optimum rate of output)이라고 한다.

⑥ 한계비용곡선은 평균비용이 감소할 때는 평균비용곡선 아래에 있고 평균비용이 증가할 때는 평균비용곡선 위에 있다. 따라서 평균비용이 최소일 때 한계비용과 평균비용은 같다. 이러한 한계비용과 평균비용의 관계는 한계비용과 평균가변비용의 관계에도 그대로 적용된다.

⑦ 총비용은 평균비용곡선 밑의 직사각형 면적으로 표시된다. $AC = TC/Q$에서 Q_0를 생산하는 총비용은 $TC_0 = AQ_0 \times OQ_0 = \square OF_0AQ_0$인 것이다. 같은 논리로 Q_0를 생산하는 총가변비용은 $TVC_0 = DQ_0 \times OQ_0 = \square OF_1DQ_0$이고, 총고정비용은 $EQ_0 \times OQ_0 = \square OF_2EQ_0$이자 $AD \times OQ_0 = \square F_1F_0AD$이다.

제3절 장기비용함수와 장기비용곡선

　단기비용함수는 기업의 자본량(생산시설)이 고정된 단기에 상이한 생산량에 대응하는 비용을 나타낸다. 그러나 장기에는 생산시설도 자유롭게 변경시킬 수 있기 때문에 모든 생산요소가 가변적이다. 즉 장기에는 고정비용이 없고 모든 비용이 가변비용이다. 장기비용함수는 모든 투입요소의 변화에 따른 생산량과 비용의 관계를 나타낸다. 장기에는 생산시설규모를 자유로이 변경할 수 있으므로 각각의 생산시설규모에 따른 단기비용곡선이 존재한다. 만약 장기에 매기당 목표생산량이 주어진다면 기업은 이에 알맞는 생산시설규모를 선택하고 이 시설규모에 알맞는 가변요소를 투입하여 비용의 최소화를 추구한다. 다시 말하면 최적생산시설하에서 단기비용의 최소화를 도모하는 것이다. 이와 같이 단기비용과 장기비용 사이에는 밀접한 관계가 있다. 장기비용곡선은 각 생산시설에 대응하는 단기비용곡선 중에서 주어진 생산량을 최소의 비용으로 생산할 수 있는 점들을 연결하여 얻을 수 있다.

장기비용은 기업가가 앞으로 생산활동을 계획하는 데 도움을 주는 사전적 비용이다. 기업가는 투자를 결정하기 전에 여러 가지 생산시설규모 중의 하나를 선택할 수 있다는 의미에서 장기적 상황에 놓이게 된다. 일단 생산시설규모를 선택하면 기업가는 단기적 상태에서 움직이며, 단기비용곡선상에 있게 된다. 그러므로 기업가는 장기에 걸쳐 계획을 세우고 단기에 운영하는 것이다.

단기평균비용이 (궁극적인) 수확체감의 법칙에 따라 U자형태를 취하는 데 반하여, 장기평균비용은 규모에 대한 보수가 변함에 따라 U자형태를 취한다. 이하에서 생산시설까지 가변요소일 때 장기비용곡선이 어떻게 도출되는가를 먼저 살펴본다. 다음에 규모에 대한 보수가 증가·불변·감소하는 경우에 장기평균비용곡선이 감소·불변·증가하는 형태로 나타나는 것을 배운다.

1 최소비용의 요소배합

생산요소가 노동과 자본 두 가지뿐이라고 가정하자. 기업가가 생산활동을 수행하기 위하여 노동과 자본을 직접 소유할 필요는 없다. 노동과 자본이 제공하는 서비스를 누군가로부터 사서 이용할 수 있기만 하면 된다. 노동이 제공하는 서비스는 노동시장에서 시장임금으로 노동자를 고용함으로써 이용할 수 있다. 자본이 제공하는 서비스는 자본시장3에서 임대료를 지불하고 자본재를 빌려 가동함으로써 이용할 수 있다. 시장경제의 특징은 기업가가 생산활동을 수행함에 있어서 고대사회의 귀족처럼 노예를 소유할 필요도, 생산에 필요한 온갖 기계시설을 일일이 사들일 필요도 없

---

3 여기서 말하는 자본시장은 자본재를 기업에 임대해 주는 리스(lease)기업과 일반기업이 만나 형성되는 시장이다. 미시경제학과 달리 거시경제학에서는 자본시장을 흔히 증권시장과 같은 의미로 사용한다.

그림
10-8

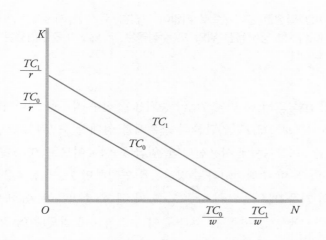

**등비용선과
등비용선의 이동**

등비용선은 주어진 총
비용으로 구입할 수 있
는 자본과 노동의 조합
들을 나타낸다. 총비용
이 증가하면 등비용선
이 우상향으로 평행이
동한다.

다는 것이다. 시장임금과 임대료를 지불하고 수지가 맞으면 요소들을 빌려 생산할 수 있다.

생산량 Q_0를 생산하는 데 드는 총비용을 $TC_0 = w \cdot N + r \cdot K$로 표시해 보자. 여기에서 w는 매기당 노동자 한 사람에게 지불해야 하는 시장임금이고, N은 고용된 노동자의 총수이다. 따라서 $w \cdot N$은 총노동비용이다. r은 매기당 자본재 1단위의 임대료이고, K는 임대한 자본재의 총수량이다. 따라서 $r \cdot K$는 총자본비용이다.[4] 장기에는 모든 비용이 가변비용이기 때문에

[10-6] $TC_0 = TVC_0 = w \cdot N + r \cdot K$

이다. 식 (10-6)을 비용제약조건이라 부른다. 식 (10-6)을 다시 정리하면

[10-7] $K = \dfrac{TC_0}{r} - \dfrac{w}{r} N$

이 된다. 식 (10-7)을 그림으로 나타내면 그림 10–8과 같은 등비용선(isocost line)을 얻는다. 등비용선은 소비자선택이론의 예산선과 같은 개념이다. TC_0만큼의 총비용(혹은 총지출액)과 임금 및 임대료가 주어지면 이에 대응하는 등비용선을 그릴 수가 있다.

---

4 노동과 자본 중 일부가 기업 자체의 소유분이라면 어떻게 될까? 이것들을 자기가 사용하지 않고 다른 기업에 임대해 줄 수도 있었다는 점에서 잠재적 비용의 개념을 적용하여 이 몫에 대하여도 역시 시장임금과 임대료를 계산한다.

등비용선이란 일정한 총비용으로 기업이 구입할 수 있는 자본과 노동의 조합들을 나타내는 직선이다. 한 등비용선 위의 모든 점들은 두 요소의 결합비율은 다르지만 동일한 총비용을 나타낸다.

등비용선을 그릴 때 만약 TC_0의 총비용을 전부 자본을 임대하는 데 사용한다면, 임대료가 r이므로 TC_0/r단위만큼의 자본재를 임대할 수 있다. 반면 TC_0의 총비용을 전부 노동을 고용하는 데 사용한다면, 임금(률)이 w이므로 TC_0/w단위만큼의 노동을 고용할 수 있다. 이 수직절편과 수평절편을 연결하면 TC_0의 등비용선을 그릴 수 있으며, 이 선의 기울기는 $-\dfrac{w}{r}(=-\dfrac{TC_0}{r}/\dfrac{TC_0}{w})$가 된다. 총비용이 TC_0에서 TC_1으로 증가하면 그림 10-8에서 볼 수 있는 것과 같이 수직과 수평의 절편이 각각 이동하여 등비용선이 우상향으로 평행이동하게 된다. 평행이동한다는 것은 기울기는 변하지 않고 절편만 변한다는 것이다. 원점에서 멀리 떨어진 등비용선일수록 더 높은 총비용수준을 나타낸다.

최소비용의 원칙 혹은 최대생산량의 원칙

주어진 총비용을 가지고 최대의 생산량을 얻기 위해서는 노동과 자본을 어떻게 배합할 것인가? 이 문제에 대한 해답은 앞에서 배운 등비용선과 제9장에서 분석한 등량곡선을 이용하여 얻을 수 있다. 그림 10-9에서 주어진 총비용이 TC_0라고 하자. 그러면 등비용선은 직선 AB로 표시된다. Q_0, Q_0', Q_0''은 세 생산량수준을 나타내는 등량곡선들이다. 현재 지출할 수 있는 총비용 TC_0로는 Q_0''을 생산할 수 없다. 왜냐하면 주어진 비용조건으로 선택할 수 있는 요소배합점들은 OAB영역에서만 가능한데 Q_0''

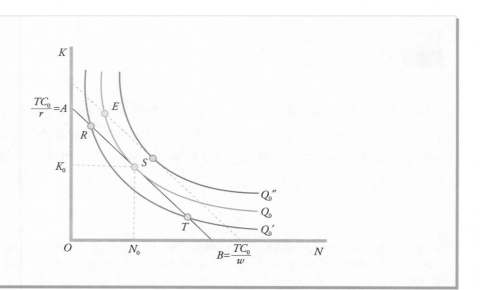

그림 10-9

최적요소배합

등비용선이 AB로 주어져 있을 때 이 등비용선과 등량곡선이 접하는 점 S가 생산을 극대화시킨다. S에서는 등량곡선의 기울기가 등비용선의 기울기와 같다. 즉, 한계기술대체율이 임금/임대료비율과 같다.

수준을 생산할 수 있는 모든 요소배합점들은 이 OAB영역 밖에 존재하기 때문이다. 그러면 OAB의 영역에서 어떤 점을 선택할 것인가? 기업은 예컨대 R과 T를 선택할 수 있다. 그러나 이 점들은 주어진 총비용수준으로 최대생산량을 생산하게 하는 점이 아니다. R과 T를 선택하면 Q_0'의 생산량밖에 얻을 수 없다. 그런데 S점을 선택하면 보다 많은 Q_0의 생산량을 얻을 수 있다. 등비용선상에서 S 이외의 모든 점들에 대하여 같은 논리가 성립한다. 즉, 등비용선 위의 모든 점들은 동일한 비용수준을 나타내지만 최대생산량을 보장하는 점은 등비용선과 등량곡선이 접하는 S뿐이다.

제7장에서 주어진 가계소득으로 최대효용을 얻기 위해서는 무차별곡선과 예산선이 접하는 소비조합을 선택해야 한다고 하였다. 마찬가지로 주어진 총비용으로 최대생산량을 얻기 위해서는 그림 10-9의 S점과 같이 등량곡선과 등비용선이 접하는 요소조합을 선택해야 한다. 앞 장에서 등량곡선 위의 한 점의 기울기의 절대값은 한계기술대체율이며 이것은 각 생산요소의 한계생산물의 비율(MP_N / MP_K)과 같다고 하였다. S점에서 등량곡선의 기울기와 등비용선의 기울기는 같다. 등비용선의 기울기의 절대값은 두 생산요소의 가격비 w/r라는 것을 이미 설명하였다. 따라서 최적요소배합을 나타내는 S점에서

$$MRTS \equiv -\frac{\varDelta K}{\varDelta N}\bigg|_{\overline{Q}} \equiv \frac{MP_N}{MP_K} = \frac{w}{r}$$

가 성립한다. 이 식은 다음과 같이 바꿔 쓸 수도 있다.

(10-8) $\quad \dfrac{MP_N}{w} = \dfrac{MP_K}{r}$

식 (10-8)을 최대생산량의 원칙이라고 하며 (가중된) 한계생산물균등의 법칙이라고도 한다. MP_N/w 및 MP_K/r는 각각 화폐 1단위의 한계생산물을 나타낸다. $\frac{MP_N}{w} > \frac{MP_K}{r}$인 경우를 가정해 보자. 이것은 화폐 1원어치 노동의 한계생산물이 화폐 1원어치 자본의 한계생산물보다 크다는 것을 의미한다. 즉 같은 1원으로 자본을 고용하는 것보다 노동을 고용하면 더 많은 생산량을 얻는다는 것을 뜻한다. 따라서 기업은 노동을 더 많이 사용하게 된다. 생산비가 일정하게 주어져 있을 때 노동을 더 많이 사용하기 위해서는 자본을 적게 사용해야 한다. 이런 요소배합의 조정을 통하여 총생산량이 더 증가한다. 노동을 더 많이 사용함으로써 MP_N은 감소하고 자본을 적게 사용함으로써 MP_K가 증가한다. 따라서 결국은 $\frac{MP_N}{w} = \frac{MP_K}{r}$의 단계에 다시 도달하게 된다. 이 단계에서는 요소배합의 조정을 통해 총생산량이 증가할 여지가 없다. $\frac{MP_N}{w} < \frac{MP_K}{r}$인 경우에는 노동고용을 줄이고 자본사용을 늘림으로써 $\frac{MP_N}{w} = \frac{MP_K}{r}$의 등식을 회복하는 과정에서 총생산량을 더 증가시킬 수 있다.

지금까지는 기업이 사용할 수 있는 총비용이 주어져 있을 때 이 비용으로 최대생산량을 얻는 조건을 살펴보았다. 이제 기업이 장기에 매기당 생산량을 Q_0로 정해

최대생산량의 원칙
각 요소의 한계생산물을 요소가격으로 나눈 값이 모든 요소에 걸쳐 같으면 생산량이 최대가 된다는 것

놓고 이를 최소의 비용으로 생산하려 한다고 가정하자. 그러면 기업은 자본과 노동을 매기당 얼마만큼 고용해야 하는가? 이 문제는 그림 10-9에서 등량곡선 Q_0가 주어져 있고 등비용선의 기울기(임금/임대료비율)만 알 때 요소를 어떻게 고용하는 것이 비용을 최소로 하는 것인가 하는 것이다. 이 경우에도 최적요소고용조건은 등량곡선 Q_0와 등비용선이 접하는 S점이고 이 때의 비용 TC_0가 Q_0를 생산하는 데 드는 최소비용이다. 왜냐하면 Q_0 등량곡선상에서 S 이외의 모든 점들은 TC_0로 달성할 수 없는 점들이기 때문이다.

예를 들어 E점은 S점과 똑같이 Q_0를 생산할 수 있지만 가상적인 점선의 등비용선이 보여 주는 것과 같이 TC_0보다 더 많은 비용이 든다. Q_0 등량곡선상의 다른 모든 점들도 마찬가지이다. TC_0보다 더 적은 비용으로는 등비용선이 AB보다 아래에 있게 되어 Q_0를 생산할 수 없다. 따라서 최대생산량의 원칙을 나타내는 식 (10-8)은 주어진 생산량을 최소의 비용으로 생산하는 조건도 된다는 의미에서 최소비용의 원칙이라고도 부른다.[5] 결국 노동을 N_0, 자본을 K_0만큼 사용하는 요소배합 S를 선택하는 것이 주어진 요소가격과 TC_0의 총비용 수준에서 최대생산량 Q_0를 생산하는 길이자 거꾸로 목표생산량이 Q_0로 정해지고 요소가격이 똑같이 주어져 있을 때 최소생산비 TC_0로 생산하는 길이다.

주어진 비용으로 생산을 최대화하는 문제와 주어진 생산량을 최소비용으로 생산하는 문제가 이처럼 동전의 앞뒷면과 같이 긴밀한 관계를 가지면서 똑같은 원칙을 낳는 것을 생산의 쌍대성(duality in production)이라 부른다.

최소비용의 원칙
각 요소의 한계생산물을 요소가격으로 나눈 값이 모든 요소에 걸쳐 같으면 주어진 생산량을 최소의 비용으로 생산하는 조건도 된다는 것

생산의 쌍대성
최대생산량의 원칙과 최소비용의 원칙이 같다는 것

최소비용의 원칙과 장기비용

위에서 생산량이 주어졌을 때 장기에 최소비용으로 생산할 수 있는 생산요소의 최적배합조건을 살펴보았다. 상이한 생산량에 대하여 이 최소비용의 원칙을 계속 적용함으로써 장기비용곡선을 얻을 수 있다. 비용이론에서는 여러 가지의 생산방법 중에서 비용을 최소로 하는 방법을 선택하기 때문에 비용이라고 할 때는 항상 최소비용을 뜻한다.

그림 10-10(a)에서 요소가격비가 일정할 때 Q_0를 생산하기 위한 최소비용은 TC_0, Q_1의 최소비용은 TC_1, Q_2 최소비용은 TC_2이다. 이와 같은 과정을 반복하면 모든 생산수준에 대응하는 최소비용과 최적요소배합점을 도출할 수 있다. 최적요소배합점 R, S, T를 연결하면 곡선 EP와 같은 생산의 확장경로(expansion path)를 얻는다.

---

[5] 최대생산량의 원칙을 생산량극대화원칙으로, 최소비용의 원칙을 비용극소화원칙으로 부르기도 한다. 경제학에서 최대와 극대, 최소와 극소는 같은 뜻으로 쓰인다. 표현하는 방식이 다를 뿐이다.

그림
10-10

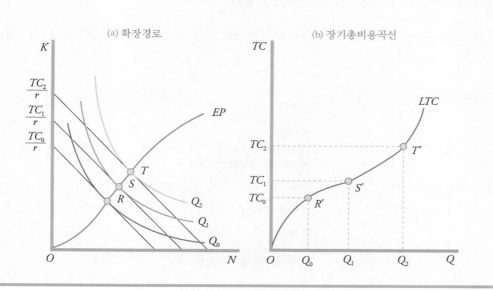

장기총비용곡선의 도출

확장경로는 요소가격비가 주어져 있을 때 다양한 생산량을 최소비용으로 생산하게 하는 요소배합을 보여 준다. 확장경로로부터 장기총비용곡선을 구한다.

확장경로란 요소가격비가 주어져 있을 때 다양한 생산량을 최소비용으로 생산할 수 있는 요소배합들을 연결한 곡선을 말한다

Q_0를 생산하는데 TC_0의 최소비용이 들게 되므로 총비용을 종축, 생산량을 횡축으로 하는 그림 (b)에 옮기면 R'점을 얻을 수 있다. 마찬가지로 Q_1에 대응하는 최소비용 TC_1, Q_2에 대응하는 TC_2를 옮기면 각각 S'과 T'을 얻을 수 있다. 이와 같은 방법으로 확장경로로부터 각 생산량에 대응하는 최소비용인 총비용곡선을 도출할 수 있다. 이 총비용곡선은 노동뿐 아니라 자본도 변하므로 장기총비용(long-run total cost: LTC) 곡선이다.

> 확장경로
>
> 요소가격비가 주어져 있을 때 다양한 생산량을 최소비용으로 생산할 수 있는 요소배합들을 연결한 곡선

장기총비용곡선은 장기에 요소가격비가 주어져 있을 때 각각의 생산량과 최소생산비의 조합을 나타내는 곡선이다.

그림에서 장기총비용곡선은 원점을 통과한다. 장기에는 고정요소가 없어 생산량이 0일 때 총비용도 0이기 때문이다.

> 장기총비용곡선
>
> 장기에 요소가격비가 주어져 있을 때 각각의 생산량과 최소생산비의 조합을 나타내는 곡선

생산자선택의 이론은 소비자선택의 이론과 그 접근방법이 유사하여 많은 개념들이 상호대칭적이다. 상응하는 개념들끼리 짝지으면 다음과 같다.

소비자선택의 이론	생산자선택의 이론
두 상품 : X, Y	두 생산요소 : N, K
효용함수 : $U = U(X, Y)$	생산함수 : $Q = F(N, K)$
한계효용체감의 법칙	한계생산물체감의 법칙
원점에 대하여 볼록한 무차별곡선	원점에 대하여 볼록한 등량곡선
한계대체율$(-\dfrac{\Delta Y}{\Delta X}\big|_{\bar{U}} = \dfrac{MU_X}{MU_Y})$ 체감의 법칙	한계기술대체율$(-\dfrac{\Delta K}{\Delta N}\big|_{\bar{Q}} = \dfrac{MP_N}{MP_K})$ 체감의 법칙
소득제약조건 : $I = P_X X + P_X Y$	비용제약조건 : $C = wN + rK$
예산선 : $Y = \dfrac{I}{P_Y} - \dfrac{P_X}{P_Y} X$	등비용선 : $K = \dfrac{C}{r} - \dfrac{w}{r} N$
효용극대화조건 : $MRS = -\dfrac{\Delta Y}{\Delta X}\big|_{\bar{U}} = \dfrac{MU_X}{MU_Y} = \dfrac{P_X}{P_Y}$	최대생산량의 원칙 : $MRTS = -\dfrac{\Delta K}{\Delta N}\big|_{\bar{Q}} = \dfrac{MP_N}{MP_K} = \dfrac{w}{r}$
가중된 한계효용균등의 법칙 : $\dfrac{MU_X}{P_X} = \dfrac{MU_Y}{P_Y}$	가중된 한계생산물균등의 법칙 : $\dfrac{MP_N}{w} = \dfrac{MP_K}{r}$
소득소비곡선	확장경로

소비자선택의 이론에서 소비자선호를 효용함수로 표시하듯이 생산자선택의 이론에서 생산기술을 생산함수로 표시한다. 선호면에서 한계효용(한계대체율)이 체감하듯이 기술면에서 한계생산물(한계기술대체율)이 체감한다. 똑같은 효용을 낳는 상품의 조합을 무차별곡선으로 나타내듯이 똑같은 생산량을 낳는 요소의 조합을 등량곡선으로 나타낸다. 소득제약조건하에 효용극대화문제를 풀면 한계대체율=가격비 혹은 가중된 한계효용균등의 법칙을 얻듯이 비용제약조건하에 생산극대화문제를 풀면 한계기술대체율=요소가격비 혹은 가중된 한계생산물균등의 법칙을 얻는다.

가계소득이 변함에 따라 효용을 극대로 하는 소비조합을 연결하여 소득소비곡선을 얻듯이 기업비용이 변함에 따라 생산을 극대로 하는 요소조합을 연결하여 확장경로를 얻는다.

표에서 보듯이 소비자선택이론의 소비자선호를 생산자선택이론의 생산기술로 대응시킬 때 1:1로 대응되는 개념들이 아주 많다. 따라서 소비자선택의 이론을 제대로 이해하면 앞 장과 이 장에서 배운 내용을 쉽게 터득할 수 있다.

이제 두 이론의 다른 점을 크게 세 가지만 들어 보도록 한다.

첫째, 소비자선택의 이론에서 효용함수의 값인 효용수준은 객관적으로 정확하게 측정할 수 없는 데 반하여 생산자선택의 이론에서 생산함수의 값인 생산량수준은 정확하게 측정할 수 있다. 따라서 생산자선택의 이론에서는 한계생산물은 물론 평균생산물까지 정의하고 측정하며 양자의 관계를 다룬다.

둘째, 소비자선택의 이론에서는 단기와 장기를 굳이 구분할 필요가 없지만 생산자선택의 이론에서는 단기와 장기를 구분하여 다루어야 한다.

셋째, 가장 중요한 차이점은 소비자는 효용극대화를 추구하는 데 비해 기업은 생산극대화를 추구하는 것이 아니라 이윤극대화를 추구한다는 것이다. 이윤은 총수입에서 총비용을 뺀 것이다. 이윤극대화조건이 충족되면 최대생산량의 원칙도 충족된다. 그러나 최대생산량의 원칙이 충족된다고 해서 이윤극대화조건이 충족되는 것은 아니다. 따라서 생산자선택의 이론은 제4편에서 완결되는 것이 아니라 제5편을 거쳐 제14장까지 연결된다.

2 규모에 대한 보수와 장기비용곡선

단기총비용곡선에서 단기평균비용곡선 및 한계비용곡선을 얻는 것과 똑같은 방법으로 장기총비용(LTC)곡선에서 장기평균비용(long-run average cost: LAC)곡선과 장기한계비용(long-run marginal cost: LMC)곡선을 얻을 수 있다. $LAC = LTC/Q$이고 $LMC = \varDelta LTC/\varDelta Q$이기 때문이다. 앞의 그림 10-10(b)에서 LTC곡선은 처음에 원점을 출발하여 아래로 오목하게 (체감적인 비율로) 증가하다가 일정비율로 증가하고, 나중에는 아래로 볼록하게 (체증적인 비율로) 증가하는 것으로 그렸다. 경제학에서는 이러한 형태가 LTC곡선의 일반적인 형태라고 본다. LTC곡선은 원점을 통과한다는 것을 빼고는 그림 10-1의 단기총비용(STC)곡선과 같은 형태를 취하는 것이다.

장기총비용곡선이 단기총비용곡선과 같은 형태이기 때문에 장기평균비용곡선은 단기평균비용곡선과 같은 U자형태를 취한다. 그러나 장기평균비용곡선이 U자형태를 취하는 이유와 단기평균비용곡선이 U자형태를 취하는 이유는 판이하다. 단기평균비용곡선이 U자형태를 취하는 것은 궁극적인 수확체감의 법칙에 기인한다고 설명하였다. 장기평균비용곡선이 U자형태를 취하는 것은 규모에 대한 보수에 기인한다. 이것이 단기총비용곡선과 장기총비용곡선에도 각각 그대로 적용된다. 생산시설 규모를 증가시켜 나갈 때 일반적으로 처음에는 규모에 대한 보수 증가가 일어나지만 나중에는 규모에 대한 보수 불변을 거쳐 규모에 대한 보수 감소가 일어난다. 이 규모에 대한 보수 증가, 불변, 감소가 각각 장기평균비용의 감소, 불변, 증가로 나타난다. 그리고 장기평균비용의 감소, 불변, 증가는 각각 장기총비용의 체감비율 증가, 일정비율 증가, 체증비율 증가로 연결되는 것이다. 이와 같은 규모에 대한 보수와 장기비용의 관계를 요소가격이 일정하다는 가정하에서 살펴보기로 한다.

설명의 편의상 순서를 바꾸어 규모에 대한 보수 불변부터 살펴보자.

규모에 대한 보수가 불변인 경우

제9장에서 모든 생산요소를 λ배만큼 늘리면 생산량도 λ배만큼 증가하는 것을 규모에 대한 보수 불변이라고 하였다. 규모에 대한 보수가 불변이고 요소가격이 고정되어 있다고 가정하자. 그러면 모든 생산요소를 2배로 증가시킬 때 생산량과 총비용이 각각 2배로 증가한다. 따라서 총비용을 총생산량으로 나눈 평균비용은 변하지 않는다. 여기에서 말하는 평균비용은 장기평균비용이다. 왜냐하면 모든 생산요소의 투입량을 변화시켰기 때문이다.

결국 규모에 대한 보수가 불변인 경우에는 장기평균비용이 일정하고 이에 따라 장기총비용곡선은 그림 10-11(a)의 LTC와 같이 원점을 지나는 직선으로서 기울기가 일정하다. 장기총비용곡선이 원점을 통과하는 것은 장기비용이 모두 가변비용이기

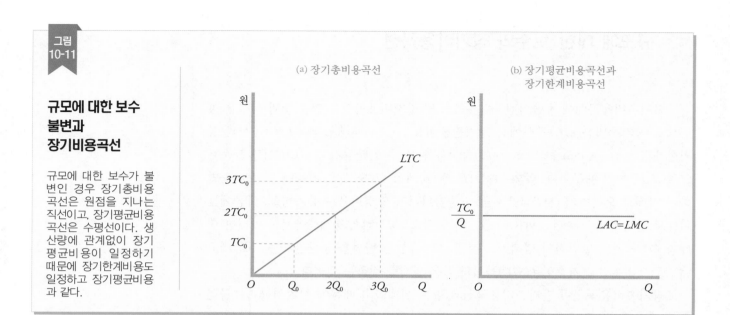

그림
10-11

**규모에 대한 보수
불변과
장기비용곡선**

규모에 대한 보수가 불변인 경우 장기총비용곡선은 원점을 지나는 직선이고, 장기평균비용곡선은 수평선이다. 생산량에 관계없이 장기평균비용이 일정하기 때문에 장기한계비용도 일정하고 장기평균비용과 같다.

(a) 장기총비용곡선

(b) 장기평균비용곡선과 장기한계비용곡선

때문이라는 것을 앞에서 설명하였다. 장기총비용곡선의 기울기가 일정한 것은 모든 생산수준에서 장기평균비용이 같기 때문이다. 장기총비용곡선이 원점을 지나는 직선이기 때문에 모든 생산량수준에서 장기한계비용($= \Delta LTC / \Delta Q$)이 장기평균비용과 같고 일정하다. 즉 장기한계비용(LMC)곡선과 장기평균비용(LAC)곡선은 그림 10-11(b)에서와 같이 수평선이 된다.

장기비용곡선은 그림 10-12, 그림 10-13에서와 같이 단기비용곡선으로부터 도출할 수도 있다. 단기총비용(short-run total cost: STC)곡선은 생산시설규모가 달라짐

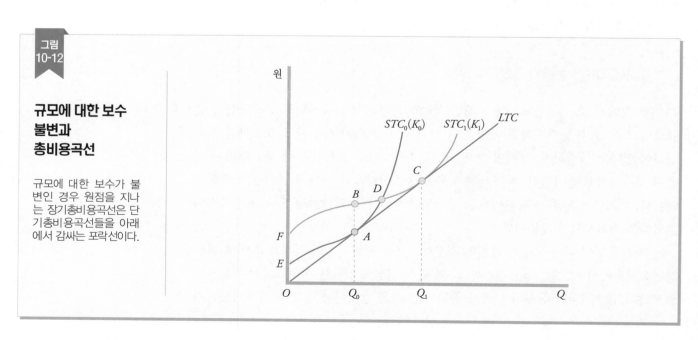

그림
10-12

**규모에 대한 보수
불변과
총비용곡선**

규모에 대한 보수가 불변인 경우 원점을 지나는 장기총비용곡선은 단기총비용곡선들을 아래에서 감싸는 포락선이다.

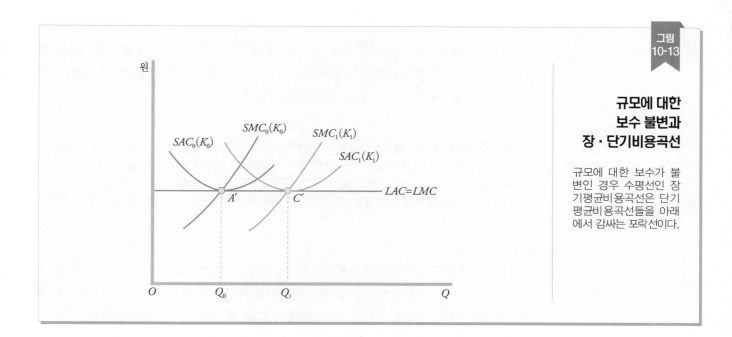

그림
10-13

규모에 대한 보수 불변과 장·단기비용곡선

규모에 대한 보수가 불변인 경우 수평선인 장기평균비용곡선은 단기평균비용곡선들을 아래에서 감싸는 포락선이다.

에 따라 달리 그려진다. 그림 10-12에서 자본이 K_0에 고정되어 있는 경우 고정비용은 OE가 되어 STC_0의 단기총비용곡선을 그릴 수 있고, 자본이 K_0보다 큰 K_1수준에 고정되면 고정비용이 OE보다 큰 OF가 되어 STC_1의 단기총비용곡선을 그릴 수 있다. 장기에는 이와 같이 자본(생산시설)을 변화시킬 수 있는 것이다.

장기에 매기당 Q_0를 생산하는 데에는 여러 가지의 생산시설 중에서 선택할 수 있다. K_0의 생산시설을 가지고 Q_0A만큼의 비용으로 생산할 수도 있고, K_0보다 큰 K_1의 생산시설을 가지고 Q_0B의 비용을 들여 생산할 수도 있다. 그런데 K_1의 생산시설로 Q_0를 생산하면 AB만큼의 비용이 더 들게 된다. 즉 Q_0를 생산하는 데 K_1은 과잉시설이고, K_0가 적정시설이다. 만약 K_0의 생산시설에서 Q_0 이상으로 계속해서 생산을 증가시키면 D점 이후부터는 STC_0가 STC_1을 상회하게 되어 K_0의 생산시설은 비효율적이 된다. 이 때는 생산시설을 K_1으로 확장하면 더 낮은 비용으로 생산할 수 있어 K_1이 적정시설이 된다.

장기에는 생산시설규모를 변경시켜 최소비용으로 생산할 수 있다. 따라서 K_0와 K_1의 생산시설만 있다면 장기총비용곡선은 $EADC$가 될 것이다. 그러나 K_0보다 작거나 K_1보다 크거나 K_0와 K_1 사이에 있는 규모가 다른 많은 생산시설을 상정할 수 있다. 각각의 생산시설에 대응하는 단기총비용곡선을 그려 각 생산량수준에서 최소의 단기총비용을 추적해 가면 그림 10-12의 LTC와 같은 장기총비용곡선을 얻는다. 이 도출과정에서 독자들은 장기총비용곡선상의 모든 점은 각 생산량수준에서 가장 낮은 위치에 있는 단기총비용곡선과의 접점이라는 것을 알 수 있을 것이다. 예컨대 그림 10-12의 A점이나 C점은 장기총비용곡선과 단기총비용곡선의 접점이다.

장기평균비용곡선은 단기평균비용곡선들 가운데 각 생산량을 최소의 평균비용으로 생산하게 하는 점들만을 연결하여 얻는다. 그림 10-12의 장·단기총비용곡선에서 두 비용곡선이 접점을 이루는 A점, C점 등을 제외하고는 단기총비용곡선이 장기총비용곡선 위에 위치하고 있으므로, 단기평균비용곡선도 장기평균비용곡선과 만나는 점을 제외하고는 항상 위에 위치하게 된다.[6]

장기평균비용곡선(=포락선)
생산시설규모가 가변적일 때 각각의 생산량을 최소비용으로 생산할 수 있는 단기평균비용곡선의 점들을 연결한 곡선

장기평균비용곡선은 생산시설규모가 가변적일 때 각각의 생산량을 최소비용으로 생산할 수 있는 단기평균비용곡선의 점들을 연결한 곡선이다. 장기평균비용곡선은 단기평균비용곡선들을 아래에서 감싼다는 뜻에서 단기평균비용곡선의 **포락선**(envelope curve)이라고 한다. 장기총비용곡선도 단기총비용곡선들을 아래에서 감싸므로 단기총비용곡선의 포락선이다.

장기평균비용곡선이 수평이면 장기평균비용곡선이 장기한계비용곡선과 같아진다는 것을 앞에서 설명하였다. 장기한계비용곡선과 단기한계비용곡선 간에는 어떤 관계가 있을까? 그림 10-12의 A점에서 그은 접선의 기울기는 장기한계비용 및 단기한계비용을 나타낸다. 따라서 생산량 Q_0에서 장기한계비용은 시설규모 K_0에서의 단기한계비용과 같다. Q_0보다 작은 생산수준에서는 시설규모 K_0의 단기총비용곡선의 (접선)기울기가 장기총비용곡선의 기울기보다 작다. 따라서 Q_0보다 작은 생산수준에서는 시설규모 K_0하의 단기한계비용이 장기한계비용보다 작다. 이는 다른 시설규모하에서도 마찬가지이다. 따라서 장기한계비용곡선과 단기한계비용곡선은 그림 10-13과 같이 그려진다. 장기비용곡선이 단기비용곡선의 포락선이라는 것은 총비용과 평균비용에만 해당되고 한계비용에는 적용되지 않는 것이다.

규모에 대한 보수가 변하는 경우

규모에 대한 보수
사람과 재봉틀을 배로 늘리면 옷은 몇 배 더 만들어질까.

모든 생산요소를 λ배로 동시에 증가시킬 때 생산량이 λ배를 초과하여 증가하는 경우를 규모에 대한 보수가 증가한다 혹은 규모의 경제가 존재한다고 하였다. 요소가격이 고정되어 있다면 모든 생산요소를 2배로 증가시키면 총비용도 2배로 증가한다. 그런데 규모에 대한 보수 증가로 생산량은 2배를 초과하여 증가하게 된다. 예컨대 생산량이 4배로 증가한다면, 원래의 총비용과 생산량수준을 각각 TC_0, Q_0라 할 때, 새로운 평균비용은 $\frac{2TC_0}{4Q_0} = \frac{1}{2}\frac{TC_0}{Q_0} = \frac{1}{2}AC_0$가 된다. 총비용이 2배 증가하는데 생산량은 4배로 증가하니까 평균비용은 종전의 절반으로 감소하

---

[6] $STC_0 > LTC$이면 $\frac{STC_0}{Q} > \frac{LTC}{Q}$이다. 그런데 $\frac{STC_0}{Q}$는 단기평균비용(SAC_0)이고 $\frac{LTC}{Q}$는 장기평균비용(LAC)이므로, $SAC_0 > LAC$가 된다. 생산량 Q_0에서는 $STC_0 = LTC$이므로 $\frac{STC_0}{Q} = \frac{LTC}{Q}$가 되어 $SAC_0 = LAC$가 된다.

게 되는 것이다. 규모에 대한 보수가 증가하는 경우에는 생산량이 증가함에 따라 장기총비용이 체감적인 비율로 증가하고 장기평균비용은 하락하게 된다. 우하향의 장기평균비용곡선은 규모에 대한 보수 증가를 나타내는 것이다.

모든 생산요소가 λ배로 증가하는데 생산량이 λ배보다 적게 증가할 때 규모에 대한 보수가 감소한다 혹은 규모의 비경제가 존재한다고 하였다. 요소가격이 일정할 때 모든 생산요소가 λ배로 증가하면 총비용도 λ배로 증가한다. 총비용이 λ배로 증가하는데 생산량이 λ배보다 적게 증가하기 때문에 평균비용이 증가한다. 우상향의 장기평균비용곡선은 규모에 대한 보수 감소를 나타내는 것이다.

장기평균비용이 증가하는 경우 장기총비용곡선은 어떠한 형태를 취하게 될까? 규모에 대한 보수가 증가하는 경우의 정반대를 생각하면 된다. 즉 장기총비용곡선은 아래에 대하여 볼록한 형태로 우상향함으로써 생산량이 증가할 때 장기총비용이 체증적인 비율로 증가한다.

일반적인 장기비용곡선

앞 장에서 생산시설규모를 확대해 나갈 때 일반적으로 처음에는 규모에 대한 보수 증가가 일어나지만 나중에는 규모에 대한 보수 불변을 거쳐 규모에 대한 보수 감소가 일어난다고 설명하였다. 따라서 장기평균비용곡선은 U자형 혹은 접시모양으로 그려진다. 단기평균비용곡선이 고정요소에 결합되는 가변요소의 한계생산물의 변화를 반영하여 U자가 되는 데 반하여, 장기평균비용곡선은 규모에 대한 보수의 변화를 반영하여 U자가 되는 것이다.

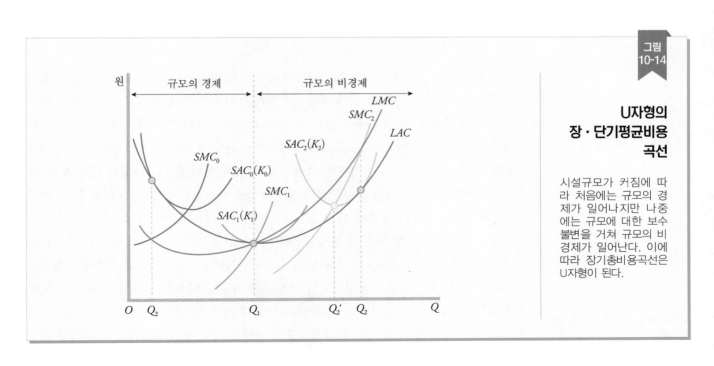

그림 10-14

U자형의 장·단기평균비용 곡선

시설규모가 커짐에 따라 처음에는 규모의 경제가 일어나지만 나중에는 규모에 대한 보수 불변을 거쳐 규모의 비경제가 일어난다. 이에 따라 장기총비용곡선은 U자형이 된다.

그림 10-14는 지금까지의 분석을 종합한 것이다. 그림 10-14는 Q_1 이하의 생산량에서는 규모에 대한 보수 증가가 작용하고 Q_1보다 높은 생산량에서는 규모에 대한 보수 감소가 일어나는 것을 보여 주고 있다. 자본이 K_0, K_1, K_2의 세 가지 규모에 제한되지 않고, 연속적으로 선택할 수 있다면 그림 10-12에서 단기비용곡선들이 무수히 많게 되며 이들이 포락선과 겹치는 영역은 하나의 점으로 줄어든다. 그림 10-14에서 자본의 규모가 K_0일 때는 Q_0를 생산하는데 최소평균비용은 포락선과 겹치는 점이다. 만약 $SAC_0(K_0) = SMC_0$의 최소점에 대응하는 생산량을 생산하고자 하면 K_0의 시설에서 생산하는 것보다 더 큰 자본을 구입하면 더 낮은 새로운 평균비용곡선에서 포락선과 겹치는 점에서 이루어질 것이다. 그림에서는 장기평균비용의 최저가 되는 Q_1의 수준에서만 규모에 대한 보수 불변이 작용한다고 가정하였다. 그러면 장기평균비용곡선의 최저점에서 $SAC_1 = SMC_1 = LMC = LAC$가 된다. 이와 같이

최적시설규모
장기평균비용곡선의 최저점과
접하는 단기평균비용곡선을
가지는 시설규모

> 장기평균비용곡선의 최저점과 접하는 단기평균비용곡선을 가지는 시설규모를 **최적시설규모**(optimum scale of plant)라고 한다. 최적시설규모는 장기적으로 세울 수 있는 모든 시설규모 중에서 지금까지 알려진 생산기술로 달성가능한 최소의 평균비용을 보여 준다는 의미에서 가장 효율적인 시설규모이다.

앞에서 단기평균비용곡선의 최저점에 대응하는 생산량을 최적생산량이라고 하였다. 그림 10-14에서 보는 바와 같이 단기평균비용곡선의 최저점이 장기평균비용곡선과 접하는 경우는 장기평균비용곡선의 최저점에서만 가능하다. 즉 장기평균비용곡선의 최저점과 대응하는 생산량(Q_1)은 최적시설규모가 최적생산량수준으로 가동될 때 달성할 수 있는 가장 효율적인 생산량이다.

경험적인 장기비용곡선

지금까지 다룬 U자형의 장기평균비용곡선이 경제학에서 다루는 전통적인 장기비용이론이다. 그런데 각 산업의 실증분석에서는 기업의 장기평균비용곡선이 그림 10-15에서와 같이 처음에는 규모의 경제가 일어나다가 장기평균비용이 최저점에 이르면 수평이 되는 L자형으로 흔히 나타난다. 규모에 대한 보수불변이 광범위하게 나타난다는 것이다. 이는 경제적 효율성을 추구하는 기업들이 규모에 대한 보수 감소가 일어나는 정도까지 단일공장의 생산시설을 확장시키지 않기 때문이다. 한 공장을 초대형으로 지어 규모에 대한 보수 감소를 경험하는 것보다 다른 지역에 제2, 제3의 대형공장을 지어 규모의 경제를 향유하는 것이다. 그림 10-15에서 단기평균비용곡선이 SAC_1으로 표시되는 소규모의 시설이나 SAC_2로 표시되는 중규모의 시설이나 SAC_3로 표시되는 대규모의 시설이나 모두 최소의 평균비용을 보여 주기 때문에 최적시설규모이다. 규모의 경제가 막 끝나는 생산량 Q_1을 최소의 평균비용으로 생산하게 해 주는 시설규모 K_1을 여러 최적시설규모 중에서 가장 작은 규모라는 의미에서 최소

최소효율규모
최적시설규모 중에서 가장 작
은 규모

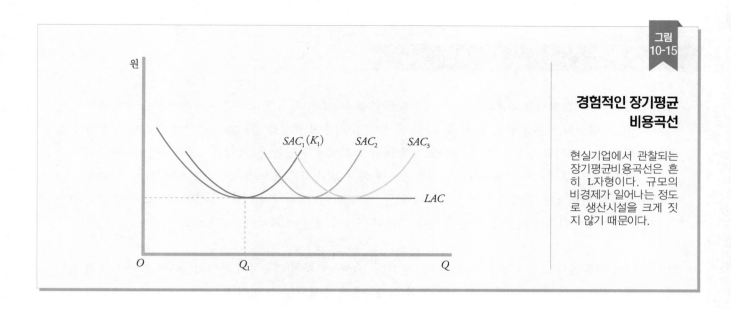

그림
10-15

**경험적인 장기평균
비용곡선**

현실기업에서 관찰되는
장기평균비용곡선은 흔
히 L자형이다. 규모의
비경제가 일어나는 정도
로 생산시설을 크게 짓
지 않기 때문이다.

효율규모(minimum efficient scale)라 한다. 그림 10–15에서 최소효율규모는 SAC_1의 단
기평균비용곡선을 시현시켜 주는 시설규모이다.

　　L자형의 장기평균비용곡선에서도 매기당 생산량을 계속 증가시켜 나가면 전술
한 규모에 대한 보수 감소 효과가 커져 장기평균비용곡선은 결국 접시모양의 U자형
이 될 것이다. 본서에서는 다루기 쉬운 전통적인 U자형의 장기평균비용곡선으로 논
의를 전개한다.

1 생산비용은 회계적 비용과 경제적 비용으로 나눌 수 있다. 회계적 비용이란 화폐의 지출이 실제로 일어나는 비용, 즉 명시적 비용을 말한다. 경제적 비용은 명시적 비용에 잠재적 비용을 포함시킨 개념이다. 잠재적 비용이란 생산에 투입된 기업가 소유의 생산요소에 대한 기회비용을 말한다. 기업인이 소유하는 노동·자본·토지·기업경영 등의 생산요소를 현재의 생산활동에 사용하지 않고 다른 용도에 사용했을 때 얻을 수 있었을 최대소득이 잠재적 비용이다. 잠재적 비용은 잠재적 임금·잠재적 이자·잠재적 지대·정상이윤으로 구성된다. 경제적 이윤은 총수입에서 경제적 비용을 뺀 것이다. 경제적 이윤이 양일 때 초과이윤이 있다고 말한다.

2 생산이론에서 고정요소의 유·무로 장·단기를 구분하는 것에 대응하여 기업의 생산시설이 고정된 상태에서의 생산비용을 단기비용이라 하고, 생산시설도 자유롭게 변경시킬 수 있어 모든 생산요소가 가변적인 경우의 생산비용을 장기비용이라 한다. 생산량의 증감에 관계 없이 발생하는 고정비용은 단기에는 존재하지만 장기에는 존재하지 않는다.

3 평균비용이란 생산량 1단위당 비용으로서 총비용을 생산량으로 나눈 값을 말하며, 평균가변비용과 평균고정비용의 합과 같다. 평균가변비용은 총가변비용을 생산량으로 나눈 값이다. 가변요소가 노동(N) 하나뿐이라고 가정하면 평균가변비용은 임금률(w)을 노동의 평균생산물(AP_N)로 나눈 것과 같다. 따라서 임금이 일정하다면 노동의 평균생산물이 증가할 때 평균가변비용은 감소하고, 평균생산물이 최대일 때 평균가변비용은 최소이며, 평균생산물이 감소할 때 평균가변비용은 증가한다. 그런데 노동의 평균생산물(AP_N)곡선이 역 U자형이기 때문에 평균가변비용(AVC)곡선은 U자형을 갖는다. 평균고정비용은 총고정비용을 생산량으로 나눈 값으로 생산량의 증가에 따라 계속 감소한다. 즉, 평균고정비용(AFC)곡선은 단조롭게 우하향한다. 이상의 논의를 종합하면 가변요소가 노동 하나뿐일 때 평균비용(AC)은

$$AC = AVC + AFC = \frac{\overline{w}}{AP_N} + \frac{TFC}{Q}$$

로 표시된다.

AC곡선은 AVC곡선에 이끌려 U자형을 갖는다. 그러나 AVC곡선이 우상향하기 시작하는 단계에서는 우하향하는 AFC가 우상향하는 AVC를 압도하여 AC곡선이 계속 우하향한다. 따라서 AVC곡선보다 더 많은 생산량에서 AC곡선이 우상향하기 시작한다.

4 한계비용이란 생산량을 한 단위 증가시킬 때 증가하는 비용으로 총가변비용의 증가분을 생산량의 증가분으로 나눈 값이다. 가변요소가 하나뿐이라고 가정하면 가변요소의 한계생산물이 증가할 때 한계비용은 감소하고, 한계생산물이 최대일 때 한계비용은 최소이며, 한계생산물이 감소할 때 한계비용은 증가한다. 따라서 한계비용곡선은 궁극적인 수확체감의 법칙을 반영하여 U자형을 갖는다. 총비용곡선에서 평균비용곡선과 한계비용곡선을 도출할 수 있다. 각 생산량에 대응하는 총비용곡선상의 점과 원점을 연결한 선분의 기울기 값이 그 생산량

에서의 평균비용이다. 총비용곡선상의 각 점에서 그은 접선의 기울기가 그 생산량에서의 한계비용이다.

5 한계비용곡선과 평균비용곡선은 모두 U자형이다. 한계비용곡선은 평균비용이 감소할 때 평균비용곡선 아래에 위치하며, 평균비용이 증가할 때는 평균비용곡선 위에 위치한다. 한계비용곡선과 평균비용곡선은 평균비용곡선의 최저점에서 만난다.

6 등비용선이란 일정한 지출액으로 기업이 구입할 수 있는 자본과 노동의 조합들을 보여 주는 직선을 말한다. 등비용선 위의 모든 점들은 요소의 결합비율은 다르지만 동일한 총비용을 나타낸다.

7 최소비용의 원칙이란 주어진 생산량을 생산하는 데에 어떠한 요소배합이 비용을 최소로 하는가를 보여 주는 조건이다. 최대생산량의 원칙은 주어진 비용으로 생산량을 극대화시키는 요소배합조건이다. 최소비용의 원칙과 최대생산량의 원칙은 화폐 1원으로 살 수 있는 각 투입요소의 한계생산물이 같아지는 한계생산물균등의 법칙($\frac{MP_N}{w} = \frac{MP_K}{r}$)이 달성될 때 충족된다. 바꾸어 표현하면 등비용선과 등량곡선이 접하여 생산요소가격비(w/r)와 한계기술대체율(MP_N/MP_K)이 같아야 한다는 것이 최소비용의 원칙이자 최대생산량의 원칙이다.

8 장기평균비용곡선이 U자형태를 취하는 것은 생산시설규모를 증가시켜 나갈 때 처음에는 규모에 대한 보수 증가가 일어나지만 나중에는 규모에 대한 보수 불변을 거쳐 규모에 대한 보수 감소가 일어나게 되고, 이 규모에 대한 보수 증가, 불변, 감소는 각각 장기평균비용의 감소, 불변, 증가로 나타나기 때문이다. 규모에 대한 보수 증가, 불변, 감소는 각각 장기총비용의 체감적 비율 증가, 일정비율 증가, 체증적 비율 증가로 표시된다.

9 장기평균비용곡선은 각 생산시설규모 아래서 해당 생산량을 최소비용으로 생산할 수 있는 단기평균비용곡선의 점들을 연결한 곡선으로 단기평균비용곡선들을 아래에서 감싸는 포락선이다. 장기총비용곡선도 단기총비용곡선들을 아래에서 감싸는 포락선이다.

10 장기평균비용곡선의 최저점과 접하는 단기평균비용곡선을 가지는 시설규모를 최적시설규모라고 한다. 단기평균비용곡선의 최저점에 대응하는 생산량을 최적생산량이라고 한다. 단기평균비용곡선의 최저점이 장기평균비용곡선과 접하는 경우는 장기평균비용곡선의 최저점에서만 가능하다. 따라서 장기평균비용곡선의 최저점에 대응하는 생산량은 장기에 최적시설규모가 최적생산량으로 가동될 때 달성할 수 있는 가장 효율적인 생산량수준이다.

- 회계적 비용
- 경제적 비용(총기회비용)
- 회계적 이윤
- 경제적 이윤
- 정상이윤
- 초과이윤

- 명시적 비용
- 잠재적 비용
- 총비용 · 평균비용 · 한계비용
- 고정비용
- 가변비용

- 평균가변비용
- 등비용선
- 최소비용의 원칙
- 최대생산량의 원칙
- 생산의 쌍대성
- 규모에 대한 보수

- 장기비용곡선
- 포락선
- 최적시설규모
- 최소효율규모

연습문제

E/X/E/R/C/I/S/E

1 자본재 1단위의 한 달 임대료가 150만원, 임금은 120만원, 기업이 쓸 수 있는 총지출액은 월 3,000만원이라고 하자.

(1) 등비용선의 수식을 구하고 그림을 그려라.
(2) 지출액이 4,500만원이라면 어떻게 되는가?
(3) 임대료가 120만원으로 내린다면 어떻게 되는가? 정상적인 등량곡선을 그려 임대료가 150만원일 때와 120만원일 때의 자본과 노동고용량이 어떻게 변하는가를 따져 보라.

2 ○○기업의 작년 손익계산서가 다음과 같다고 하자.

총수입 : 5억원

총비용
임금 : 2억원 / 원재료비 : 1억원 / 임대료 : 0.3억원 / 광고비 · 접대비 : 0.3억원 / 감가상각비 : 0.2억원 / 이자 : 0.2억원
○○기업 사장의 귀속임금은 0.3억원, 귀속이자는 0.4억원, 귀속임대료는 0.3억원, 정상이윤은 0.5억원이다.

(1) 회계적 이윤과 경제적 이윤을 계산하라.
(2) 임대료와 귀속임대료가 같이 있는 것을 어떻게 설명해야 할까?
(3) 경제적 비용은 얼마인가? 경제적 비용이 고정

비용과 가변비용으로 어떻게 분해되는가?
(4) 이자율이 연 10%라 하자. 이 회사의 총자산은 얼마인가?
(5) 이 기업의 잠재적 비용을 계산하라. 왜 잠재적 비용이 최선의 대안활동의 총가치가 아니고 순가치인가?

3 생산기술이 다음 그림과 같은 네 개의 생산시설만 허용한다고 하자.

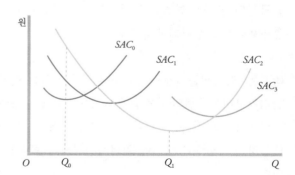

(1) 매기 Q_0를 생산할 때 각 생산시설하에서 평균비용과 총비용은 얼마인가? Q_1을 생산할 때는?
(2) 각 단기평균비용곡선이 그림처럼 그려지는 이유를 설명하라.
(3) 장기평균비용곡선을 도출하라.
(4) 본문에서와 같은 장기평균비용곡선이 도출되기 위해서는 무엇이 필요한가? 필요한 가정을

도입하여 본문에서와 같은 장기평균비용곡선을 도출해 보라.

(5) 장기평균비용곡선은 비효율적으로 생산하는 영역과 그 비용으로는 생산해 낼 수 없는 영역을 구분짓는 경계선이라고 말한다. 그 이유를 설명하라.

4 제9장 표 9-2에서 매기당 임금이 1,000원, 임대료가 2,000원이라고 가정하여 장기총비용곡선과 장기평균비용곡선을 그려라.

5 어떤 기업의 단기총비용함수가

$$TC = \frac{1}{2}Q^3 - 4Q^2 + 100Q + 25$$

로 표시된다고 하자.

(1) 정의에 의해 총가변비용함수는 $TC = \frac{1}{2}Q^3 - 4Q^2 + 100Q$, 총고정비용은 25인 것을 설명하라.

(2) 평균가변비용함수와 평균고정비용함수를 구하라. 평균가변비용곡선과 평균고정비용곡선을 그려라.

(3) 평균비용함수를 구하고 평균비용곡선을 그려라.

(4) 한계비용함수가 $\frac{3}{2}Q^2 - 8Q + 100$임을 확인하라. 한계비용곡선을 그려라.

(5) 한계비용곡선이 평균가변비용곡선과 평균비용곡선의 최저점을 지나는 것을 확인하라. 이를 경제논리로 설명하라.

(6) 그림 10-7처럼 한계비용을 최소로 하는 생산량보다 평균가변비용을 최소로 하는 생산량이 크고 평균비용을 최소로 하는 생산량이 제일큰 것을 확인하라. 이를 경제논리로 설명하라.

6 한 산업 내에 대기업과 중소기업이 공존하는 현실을 그림 10-15로 설명해 보라.

7 다음의 기술이 옳은가 그른가를 밝히고 그 이유를 설명하라.

(1) 단기에
① 생산수준과 관계 없이 발생하는 비용을 고정비용 혹은 경상비라 한다.

② 고정비용 안에는 명시적 비용 이외에 잠재적비용도 포함된다.

③ AC, AFC, AVC, MC곡선은 모두 U자형이다.

④ 평균가변비용은 항상 평균비용보다 적다.

⑤ 평균비용이 증가할 때 한계비용은 항상 평균비용보다 크다.

⑥ 한계비용은 평균비용이 감소할 때 항상 평균비용보다 작다.

⑦ 생산량이 증가함에 따라 평균가변비용은 점점평균비용과 거의 같게 된다.

⑧ 평균비용과 평균가변비용은 각각의 최저점에서 한계비용과 일치한다.

⑨ 평균고정비용은 평균가변비용보다 항상 작다.

⑩ 평균비용이 감소할 때 한계비용은 반드시 감소한다.

⑪ 가변요소의 수확체증이 일어날 때는 한계비용곡선이 우하향한다.

(2) 장기에
① 최소비용의 원칙과 최대생산량의 원칙은 같은조건에 도달한다.

② 장기비용곡선은 각각의 생산량수준에서 최소의 비용을 나타내고 있는 점들이다.

③ 규모에 대한 보수가 불변일 경우에만 각 단기평균비용곡선의 최저점이 장기평균비용과 같아진다.

④ 규모에 대한 보수가 증가하는 경우에는 수확체감의 법칙이 작용하지 않는다.

⑤ 총비용이 증가할 때 한계비용도 증가한다.

⑥ 총비용과 총가변비용과의 차는 0이다.

⑦ 잠재적 비용은 단기에만 발생하고 장기에는발생하지 않는다.

⑧ 수확체감의 법칙이 성립할 때는 규모의 경제가 발생할 수 없다.

⑨ LAC는 항상 SAC보다 크다.

⑩ $r = w$일 때 생산자는 K와 N의 투입량을 같게하여 균형에 도달한다.

⑪ $r = w$일 때 생산자균형은 한계기술대체율이 1인 점에서 성립한다.

⑫ $MP_K = 3$, $MP_N = 2$, $r = 5$원, $w = 4$원일 때 생산자는 K 대신 N을 더 고용한다.

⑬ $MP_K = 5$, $r = 2$원일 때 K를 더 투입하여 증가한1단위 생산량의 비용은 2원이다.

(3) 똑같은 경제행위라도 사람에 따라 기회비용이

다르다.

(4) 어떤 기업에 생산량과 관계 없이 일정액의 세금을 부과할 경우 평균비용과 한계비용이 증가한다.

(5) 규모의 경제는 장기평균비용곡선이 우하향하는 것으로 표시된다.

(6) 총비용곡선이 수평선으로 그려진다면 평균비용곡선과 한계비용곡선이 모두 원점에 대하여 볼록한 우하향의 곡선으로 그려진다.

(7) 총비용곡선은 확장선으로부터 도출된다.

(8) 규모의 경제가 존재하면 요소의 한계생산물이 체증한다.

(9) 최소효율규모는 최적시설규모이다.

(10) 기업이 각 요소에 지출하는 금액이 똑같을 때 비용이 극소화된다.

PART

V

생산물시장의 이론

생산물시장의 형태에는 완전경쟁시장과 불완전경쟁시장이 있다. 불완전경쟁시장은 다시 독점시장, 독점적 경쟁시장, 과점시장으로 나누어진다. 이 편에서는 이처럼 서로 다른 생산물시장의 형태에 따라 가격과 생산량이 어떻게 달리 결정되는가를 다룬다.

생산물시장이 완전경쟁시장이면 개별기업의 공급곡선이 존재하고 이로부터 시장의 공급곡선이 도출된다. 수요 · 공급의 이론이 작동하는 완전경쟁시장에서의 자원배분은 효율적이다.

생산물시장이 불완전경쟁이면 개별기업의 공급곡선이 존재하지 않는다. 시장지배력을 가지는 독과점기업이 시장수요의 크기에 따라 그때 그때 자기에게 가장 유리한 가격이나 공급량을 결정할 뿐이다. 이런 행태를 수요 · 공급의 이론을 약간 변형하여 분석할 수 있다. 불완전경쟁시장에서의 자원배분은 비효율적이다. 따라서 독과점기업의 시장지배력을 약화시키고 공정한 경쟁을 촉진시키고자 하는 정부의 산업정책이 등장한다.

완전경쟁시장에서의
가격과 생산

제10장에서 주어진 생산량을 최소비용으로 생산하는 방법(혹은 주어진 비용으로 최대생산량을 생산하는 방법)을 다루었다. 기업은 생산량이나 비용이 주어져 있다고 보지 않고 이윤을 극대화하는 최적생산량에 관심을 가진다. 최적생산량은 생산물시장형태가 완전경쟁이냐 불완전경쟁이냐에 따라 달라진다.

이 장에서는 생산물시장이 완전경쟁시장일 경우 개별기업이 한계비용을 제품가격과 같게 만드는 수준까지 생산함으로써 이윤극대화를 도모할 수 있음을 보인다. 이 분석을 통하여 완전경쟁기업과 시장의 공급곡선이 도출된다. 소비자선택의 이론이 생산물수요곡선을 낳듯이 완전경쟁시장에서의 생산자선택의 이론이 생산물공급곡선을 낳는다.

CHAPTER

11

 **제1절** **생산물시장의 형태와 완전경쟁시장**

1 생산물시장의 형태

제2편에서 수요와 공급의 이론을 다룰 때 생산물의 수요곡선과 공급곡선이 어떻게 도출되는가는 설명하지 않았다. 수요곡선은 제3편 소비자선택의 이론으로 도출하였다. 같은 논리대로라면 공급곡선은 제4편 생산자선택의 이론에서 도출되어야 한다. 그러나 생산자선택의 이론에서 다룬 생산기술과 비용구조만으로는 기업의 공급곡선을 도출할 수 없다. 그 기업이 어떤 형태의 시장에서 생산·공급활동을 하느냐가 밝혀져야 공급곡선을 도출할 수 있다.

생산물시장은 표 11-1에서 보는 바와 같이 크게 완전경쟁시장과 불완전경쟁시장으로 나누어진다. 불완전경쟁시장은 다시 독점시장·과점시장·독점적 경쟁시장으로 나누어진다.

완전경쟁시장(perfectly competitive market)이란 수많은 소비자와 기업이 주어진 시장가격하에서 동질의 상품을 자유스럽게 사고 파는 시장을 말한다. 완전경쟁시장을 줄여서 **경쟁시장**이라고 부른다.

경쟁시장에서 개별 소비자와 기업이 사고 파는 상품수량은 전체 시장거래량에 비추어 볼 때 너무 미미하다. 따라서 개별소비자나 기업은 시장가격을 스스로의 힘으로 변경시킬 수 없다. 주어진 시장가격수준에서 자기가 사고자 하거나 팔고자 하는 수량을 결정할 수 있을 뿐이다.

시장가격을 주어진 그대로 받아들이는 경제주체를 **가격수용자**(price taker)라 한다. 완전경쟁시장에서는 모든 기업과 모든 소비자가 가격수용자이다.

경제학에서 생산물 소비자는 항상 가격수용자라고 가정한다. 기업이 가격수용자인가 아닌가에 따라서 생산물시장이 완전경쟁시장인가 불완전경쟁시장인가가 결정된다.

불완전경쟁생산물시장에서는 기업이 시장가격을 결정할 수 있는 힘, 즉 시장지배력(market power)을 갖는다. 기업이 가격수용자가 아니라 가격결정자(price maker, price

---

완전경쟁시장(경쟁시장)
수많은 소비자와 기업이 주어진 시장가격하에서 동질의 상품을 자유스럽게 사고 파는 시장

가격수용자
시장가격을 주어진 그대로 받아들이는 경제주체

시장의 형태	기업의 수	상품의 동질성	기업에 의한 가격 통제의 정도	진입장벽	한국경제의 예
1. 완전경쟁 시장	수없이 많음	동질적	없음	없음	농산물, 주식
2. 불완전경쟁시장					
1) 독점	하나	동질적	매우 큼	매우 높음	담배, 수도, 철도
2) 과점	소수	① 동질적 ② 이질적	상당히 큼	상당히 높음	① 정유, 화학, 철강 ② 승용차, 냉장고, 이동통신 서비스
3) 독점적 경쟁	많음	이질적	어느 정도 있음	없음	피자가게, 출판사, 치킨가게, 헤어샵

표 11-1 생산물시장의 형태와 특징

setter)인 것이다. 기업이 하나이냐, 소수이냐, 다수이냐에 따라 독점시장·과점시장·독점적 경쟁시장으로 구분한다. 일반적으로 기업의 수가 소수일수록 기업의 시장지배력이 커진다.

2 완전경쟁시장의 특징

경쟁시장은 다음과 같은 네 가지 특징을 가진다.

대다수의 소비자와 기업

경쟁시장에서는 우선 구매자와 판매자의 수가 아주 많다. 개별소비자의 수요는 시장전체의 수요량에서 차지하는 비중이 아주 작아서 시장가격에 영향을 줄 수 없다. 각 기업이 시장에 공급하는 상품도 시장전체에서 차지하는 비중이 무시할 정도로 작아서 공급량을 변화시켜도 전혀 시장가격에 영향을 줄 수 없다.[1] 경쟁시장에서 개별소비자와 기업은 시장지배력을 전혀 행사할 수 없다.

---

1 생산물시장의 이론분야에 많이 알려진 미국의 경제학자 쉐퍼드(W.G. Shepherd)의 분류에 따르면 시장전체 매출액의 2% 미만을 매출하고 있는 기업들로만 구성된 시장을 완전경쟁시장이라 한다. 이 기준으로 보면 완전경쟁시장은 적어도 50개 이상의 영세기업들이 상품을 공급하고 있는 시장이라고 할 수 있다.

다양한 농산물
농산물시장은 완전경쟁일까. 농산물도 생산지, 생산방식 등에 따라 동질적이지 않을 수 있다.

상품의 동질성

거래되는 상품은 질적인 면에서 동일하다. 여기서 말하는 상품의 동질성은 기술적 특성뿐만 아니라 판매 및 판매 후 서비스와 관련된 조건도 같다는 것을 의미한다. 이와 같은 상품의 동질성 때문에 경쟁시장에서 소비자는 어떤 기업으로부터 상품을 구입해도 마찬가지이다. 만약 어떤 상품이 동종의 다른 기업의 제품보다 조금이라도 더 좋은 조건이라면 그 기업은 상품의 가격 결정에 어느 정도 영향을 미칠 수 있을 것이다. 그러나 경쟁시장에서는 모든 기업의 제품이 똑같은 품질과 조건으로 판매되기 때문에 어느 기업도 시장가격 결정에 영향력을 미칠 수 없다.

위의 두 가지 특징 때문에 경쟁시장에서 모든 소비자와 기업은 시장가격을 주어진 그대로 받아들이는 가격수용자(price takers)이며, 소비량이나 생산량만을 변동시킬 수 있는 수량조정자(quantity adjusters)이다. 물론 소비자 전체로나 기업 전체로는 시장가격에 영향을 미치지만 개별 소비자와 기업은 가격에 영향을 미치지 못하고 집단적으로 행동하지도 않는다.

완전한 정보

시장에 참여하는 모든 소비자와 기업이 시장현황에 관하여 완전한 정보(perfect information)를 갖고 있어야 한다. 그리고 새로운 정보는 아무런 비용 없이 얻을 수 있어야 한다. 예를 들면 가격이 변할 때 이것이 즉시 모든 소비자에게 전달되어 어떤 소비자도 새로운 시장가격보다 비싼 가격을 지불하고 상품을 구입하는 일이 없어야 하며, 기업도 시장가격보다 낮게 판매하는 일이 없어야 한다는 것이다.

위에 열거한 세 가지 특징 때문에 완전경쟁시장에서는 한 상품에 단 하나의 가격만이 있을 수 있다. 즉, 일물일가(一物一價)의 법칙(law of one price)이 성립한다. 불완전경쟁시장에서는 가격차별 등으로 동일상품에 두 가지 이상의 가격이 형성될 수 있다. 완전한 정보는 완전경쟁시장의 본질적인 특징이 아니라 논의의 편의를 위한 가정이다. 이 가정을 완화하여 불완전정보하에서 생산량과 가격이 어떻게 결정되는가를 다룰 수 있다.

일물일가의 법칙
경쟁시장에서는 한 상품에 단 하나의 가격만 있을 수 있다는 것

기업의 자유로운 진입과 퇴출

기업이 자유롭게 해당 산업에 진입(entry)하거나 해당 산업으로부터 퇴출(exit)할 수 있어야 한다. 만일 기업의 진퇴에 제약이 존재하면 산업에 존재하는 기업의 수가 한정되어, 그 중의 일부 기업이 시장가격에 영향을 줄 수 있게 된다. 기업이 마음대로

들어올 수도 있고 빠져 나갈 수도 있다는 것이 장기적인 자원배분과 시장가격에 얼마나 중요한 역할을 하는가를 제3절에서 배운다.

현실적으로 이상의 네 가지 조건들을 모두 갖춘 시장은 거의 존재하지 않는다. 그러면 왜 이처럼 비현실적인 특성을 가지는 경쟁시장을 경제학에서 즐겨 다룰까? 그것은 다음의 두 가지 이유 때문이다. 첫째, 경쟁시장의 모형에서 도출된 결론들은 현실 시장에 대한 설명이나 미래에 대한 예측을 하는 데 아주 유용하다는 점이다. 특히 경쟁이 치열한 시장의 행태를 그럴듯하게 설명할 수 있다. 둘째, 경쟁시장은 다음 절에서 배우게 되는 바와 같이 자원을 효율적으로 배분하여 모든 시장형태의 표준이 된다.

제2절　경쟁시장의 단기균형과 단기공급곡선

제9장에서 설명한 바와 같이 경제학에서는 소비자가 효용극대화를 위해 소비활동을 하듯이 기업은 이윤극대화를 위해 생산활동을 한다고 가정한다. 따라서 이윤극대화가 이루어지지 않은 상황에서는 기업의 균형이 달성되지 않는다. 논의의 편의상 매기의 생산량이 판매량과 같다고 가정하자. 그러면 완전경쟁시장에서 개별기업의 단기균형은 매기에 이윤을 극대화하는 생산량을 생산할 때 달성된다. 완전경쟁시장에서 활동하는 대표적 기업을 완전경쟁기업 혹은 경쟁기업이라고 한다. 이 경쟁기업의 단기균형으로부터 경쟁기업의 단기공급곡선이 도출된다. 경쟁기업의 단기공급곡선으로부터 시장(혹은 산업)의 단기공급곡선이 도출된다.

(완전)경쟁기업
완전경쟁시장에 있는 대표적 기업

1　경쟁기업의 단기균형

경쟁기업은 다음과 같이 총수입(total revenue : TR)과 총비용(total cost : TC)의 차이

로 정의되는 이윤(π)을 극대화하고자 한다.

[11-1] 이윤 = 총수입 − 총비용
　　　　　(π)　　(TR)　　(TC)

　　이윤을 극대화한다는 것은 총수입을 극대화하거나 총비용을 극소화하는 것과 다르다. 총수입과 총비용의 차이를 극대화한다는 것이다. 그러나 이윤을 극대로 하는 생산량이 일단 결정되면 이 생산량을 생산하는 총비용은 극소화되어야 한다. 앞장에서 설명한 바와 같이 정상이윤은 총비용에 포함되므로 여기에서 정의한 이윤은 정상이윤을 초과하는 이윤이다. 기업은 이윤을 극대로 하는 생산량을 생산할 때 균형에 있게 된다. 극대이윤을 보장해 주는 생산량수준에서 벗어나 다른 생산량을 생산하려는 유인이 없기 때문에 균형인 것이다. 기업의 균형은 직접 총수입과 총비용을 사용하여 설명할 수도 있고 한계수입과 한계비용을 사용하여 설명할 수도 있다. 먼저 총수입·평균수입·한계수입의 개념을 살펴보고, 이러한 수입개념을 비용개념과 결합하여 개별 기업의 단기균형을 설명해 보자.

총수입·평균수입·한계수입의 관계

　　경쟁기업은 자기 공급량으로 시장가격을 변경시킬 힘이 없고 시장에서 결정된 가격을 주어진 여건으로 받아들인다. 이는 기업의 입장에서 볼 때 자기가 생산하여 시장에 출하한 공급량은 현행 시장가격에서 얼마든지 판매할 수 있다는 것을 의미한다. 기업의 총수입은 가격이 일정하므로 판매량과 정비례로 증가하게 된다.

　　본서에서는 상품을 판매한 수입이 기업의 유일한 수입원이라고 가정한다. 편의상 기업이 한 가지 상품만 생산하고 매기에 생산한 것을 재고를 남기지 않고 고스란히 시장에 공급·판매한다고 가정하자. 그러면 기업의 매기당 생산량(Q)이 공급량이자 판매량이 된다. 기업의 총수입은 상품의 시장가격(P)과 공급량의 곱으로 표시된다.

[11-2] 총수입 = 상품가격 × 공급량
　　　　　(TR)　　　(P)　　　(Q)

평균수입(average revenue: AR)은 생산물 한 단위당 수입을 말한다.

[11-3] 평균수입$(AR) = \dfrac{총수입(TR)}{공급량(Q)}$

평균수입은 식 (11-2)를 이용하면 시장가격 P와 같게 됨을 알 수 있다.

평균수입
생산물 1단위당 수입

(11-3)′ $\quad AR = \dfrac{TR}{Q} = \dfrac{P \cdot Q}{Q} = P$

한계수입(marginal revenue: MR)은 생산물 한 단위를 추가로 판매할 때 얻어지는 총수입의 증가분이다.

(11-4) $\quad$ 한계수입$(MR) = \dfrac{\text{총수입의 증가분}(\varDelta TR)}{\text{공급량의 증가분}(\varDelta Q)}$

경쟁시장에서는 시장가격이 기업의 공급량과 관계 없이 일정하므로 총수입의 증가분은 $\varDelta TR = P \times \varDelta Q$로 표시된다.[2] 따라서 경쟁기업의 한계수입은

(11-4)′ $\quad MR = \dfrac{\varDelta TR}{\varDelta Q} = \dfrac{P \times \varDelta Q}{\varDelta Q} = P$

로서 시장가격과 같게 된다.

예를 들어 제품 한 단위의 가격이 400원이면 100단위에서 101번째 단위를 더 판매하여 얻을 수 있는 수입, 즉 한계수입은 101번째 단위의 시장가격인 400원이다. 물론 100단위를 팔거나 101단위를 팔거나 간에 평균수입은

(11-3)′ $\quad AR = \dfrac{TR}{Q} = \dfrac{400 \times 100}{100} = \dfrac{400 \times 101}{101} = 400 = P$

이다. 그래서

경쟁기업의 평균수입과 한계수입은 바로 시장가격이다. 즉, $P = AR = MR$이다.

이러한 관계는 제품가격을 400원으로 가정한 표 11-2에서 확인할 수 있다. 표에서 공급량(Q)과 총수입(TR)의 관계를 그림으로 그린 것이 그림 11-1 (a)의 총수입곡선이다. 총수입＝상품가격×공급량이고 상품가격이 일정하기 때문에 총수입곡선은 원점에서 출발하면서 기울기가 P로 일정한 직선이 된다.

표 11-2에서 평균수입과 한계수입은 똑같다. 공급량과 평균수입, 공급량과 한계수입의 관계를 그린 것이 그림 11-1 (b)의 평균수입곡선과 한계수입곡선이다.

총비용곡선과 원점을 연결한 직선의 기울기가 평균비용인 것과 같이 총수입곡

---

2 총수입은 가격이 상승하거나 공급량이 증가할 때 증가한다. 따라서
$\qquad \varDelta TR = (P+\varDelta P) \cdot (Q+\varDelta Q) - PQ = (P \times \varDelta Q) + (\varDelta P \times Q) + (\varDelta P \times \varDelta Q)$
이다. 그런데 경쟁시장에서는 개별기업의 공급량과 관계 없이 시장가격(P)이 일정하기 때문에 $\varDelta P = 0$이다. 따라서 $\varDelta TR = P \times \varDelta Q$이다.

표
11-2

경쟁기업의
총수입 · 평균수입 ·
한계수입

공급량 (Q)	총수입 ($TR=P\times Q$)	평균수입 ($AR=\dfrac{TR}{Q}$)	한계수입 ($MR=\dfrac{\varDelta TR}{\varDelta Q}$)
1	400	400	400
2	800	400	400
3	1,200	400	400
4	1,600	400	400
5	2,000	400	400
6	2,400	400	400
7	2,800	400	400
8	3,200	400	400

선과 원점을 연결한 직선의 기울기가 평균수입이다. 총수입곡선이 원점을 통과하는 직선이기 때문에 평균수입은 P로 일정하다.

각 생산량에 대응하는 총비용곡선의 기울기가 한계비용인 것과 같이 각 생산량에 대응하는 총수입곡선의 기울기는 한계수입이다. 직선으로 표시된 총수입곡선의 기울기는 모든 생산량수준에서 동일하기 때문에 한계수입도 P로 일정하다. 따라서 한계수입과 평균수입은 그림에서 동일한 수평선으로 표시된다.

경제학에서는 '경쟁기업이 자기 제품에 대해 수평의 수요곡선에 직면한다'고 말한다. 이 말의 의미를 생각해 보자.

경쟁기업은 주어진 시장가격으로 자기 제품을 얼마든지 팔 수 있다. 시장가격으

그림
11-1

경쟁기업의
수입곡선

경쟁기업의 총수입곡선
은 원점을 지나는 직선
으로 표시되고 직선의
기울기는 상품가격이다.
경쟁기업의 평균수입곡
선과 한계수입곡선은
상품가격에서 수평이다.

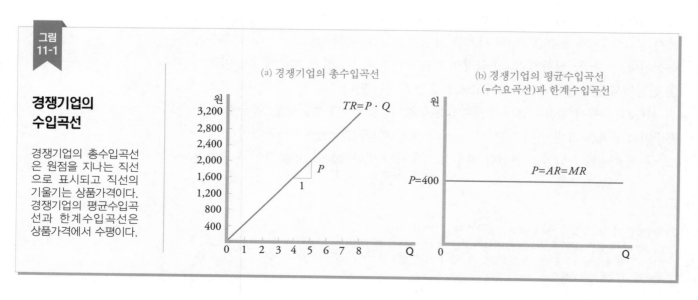

로 얼마든지 자기 제품을 팔 수 있는데도 불구하고 그 가격보다 낮게 판매하는 어리석은 기업은 없을 것이다. 또한 동질의 제품을 판매하는 기업이 무수히 많은데 자기 혼자만이 주어진 시장가격보다 비싸게 판매한다면 아무도 그 제품을 구매하지 않을 것이다. 따라서 개별기업은 주어진 시장가격에서 수평의(=완전탄력적인) 수요곡선에 직면한다. 이 수평의 수요곡선은 경쟁기업의 평균수입곡선이기도 하다.

> 경쟁기업이 직면하는 수요곡선은 수평선(=완전탄력적)이다. 경쟁기업의 평균수입곡선은 그 기업이 직면하는 그 기업의 생산물에 대한 수요곡선이 된다. 이는 평균수입이 시장가격과 같은 데에 기인한다.

경쟁기업의 입장에서 볼 때 자기 제품에 대한 수요곡선이 수평선으로 인식된다는 것이지 소비자의 수요곡선이 수평이라는 것은 아니다. 소비자의 수요곡선은 우하향하고 이를 수평으로 합한 시장수요곡선도 우하향한다.

경쟁기업의 이윤극대화생산량 결정

각각의 생산량수준에서의 총비용은 제10장에서 총비용곡선으로 표시되었다. 각각의 생산량(=공급량)수준에서의 총수입은 앞에서 총수입곡선으로 표시되었다. 이처럼 각 생산량수준에서의 총수입과 총비용을 알면 이윤을 극대로 하는 생산량수준을 쉽게 결정할 수 있다. 그림 11-2(a)에서 총수입(TR)곡선과 총비용(TC)곡선의 차이(수직거리)를 극대로 만드는 생산량 Q_0가 이윤극대화생산량이다.

이윤을 극대화하는 생산량은 한계수입과 한계비용을 사용하여 결정할 수도 있다. 기업이 생산량을 한 단위 증가시킬 때 추가되는 수입은 한계수입이고 추가되는 비용은 한계비용이다. 만약 추가된 생산물의 한계수입이 한계비용보다 크면 생산물을 한 단위 더 생산할 때 얻는 수입이 한 단위 더 생산할 때 들어가는 비용보다 크므로 한 단위 더 생산하여 그 차액만큼 이윤을 늘릴 수 있다. 그러므로 이윤을 극대화하고자 하는 기업은 한계수입이 한계비용과 같게 될 때까지 계속해서 생산을 증가시킨다.

반면에 한계수입이 한계비용보다 작다면 제품을 한 단위 덜 생산할 때 이윤이 한계비용과 한계수입의 차액만큼 줄어들기 때문에 생산량을 감소시켜야 한다. 생산량을 한 단위 줄이면 한 단위분의 수입(한계수입)도 줄고 비용(한계비용)도 줄지만, 줄어드는 한계비용이 줄어드는 한계수입보다 크므로 그 차액만큼 이윤은 늘어나는 것이다. 그러므로 이윤을 극대화하고자 하는 기업은 생산물의 한계수입이 한계비용과 같게 될 때까지 생산을 감소시킨다.

결국 이윤을 극대화시키기 위해서는 한계수입(MR)과 한계비용(MC)이 같게 되는 생산량을 선택해야 한다. 즉, 이윤극대화조건은

그림
11-2

경쟁기업의 이윤극대화 생산량 결정

경쟁기업의 이윤극대화 생산량은 총수입(TR)과 총비용(TC)의 차가 극대화되는 생산량이자 한계수입(MR)=한계비용(MC)인 생산량이다.

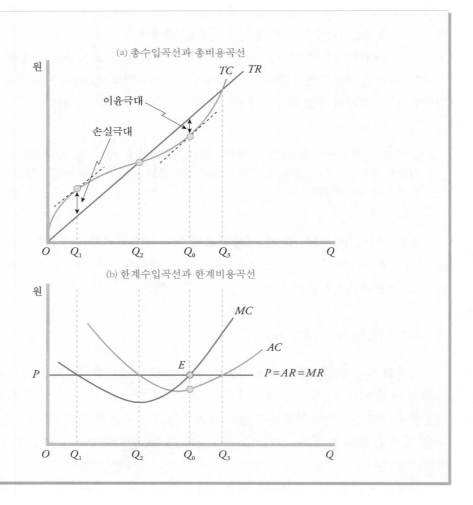

(a) 총수입곡선과 총비용곡선

(b) 한계수입곡선과 한계비용곡선

[11-5]   한계수입 = 한계비용
　　　　　 (MR)　　　 (MC)

이고 이 조건을 만족시키는 생산량을 선택하여 생산하면 이윤이 극대화된다. 그런데 가격수용자인 경쟁기업의 경우 한계수입이 상품가격과 같다. 따라서 식 (11-5)의 이윤극대화조건은 다음과 같이 나타낼 수 있다.

[11-5']   상품가격 = 한계수입 = 한계비용 또는 상품가격 = 한계비용[3]
　　　　　 (P)　　　 (MR)　　 (MC)　　　　 (P)　　 (MC)

――――――――

3 다음 장부터 설명할 불완전경쟁시장에서의 균형조건도 $MR=MC$이다. 그러나 $P=AR>MR$이 되어 경쟁시장에서와 같은 $P=AR=MR=MC$, 즉 $P=MC$의 조건이 성립되지 않는다. 그래서 $MR=MC$의 조건은 모든 시장에 적용되는 이윤극대화조건이지만, 이것을 가격과 연결시킬 때는 항상 주의하여야 한다.

지금까지 설명한 이윤극대화조건을 그림 11-2를 사용하여 살펴보자. 그림 (a)에서 총수입과 총비용의 차가 극대가 되는 생산량은 Q_0이다. Q_0의 생산량에서 총수입곡선의 기울기인 한계수입과 총비용곡선의 기울기인 한계비용이 같게 된다. 즉, Q_0는 $MR = MC$인 이윤극대화생산량이다.

그림 11-2에서는 Q_1의 수준에서도 $MR = MC$가 성립한다. 그러나 Q_1은 손실이 극대화되는 생산량이다. Q_1에서 총비용은 총수입보다 크고 그 차이가 극대가 되기 때문이다. Q_0와 Q_1의 차이는 그림 (b)에서 보듯이 수평의 MR곡선이 Q_0에서는 우상향하는 MC곡선 부분과 만나고 Q_1에서는 우하향하는 MC곡선 부분

어떻게 팔 것인가
붕어빵의 가격은 붕어빵 하나를 더 팔 때 추가되는 비용과 같을까.

과 만난다. 따라서 이윤극대화조건이 $MR = MC$이지만, MC곡선의 우상향하는 부분이 MR과 만나게 되는 생산량에서 이윤극대화생산량이 결정된다는 점을 유의해야 한다.

Q_1이 손실극대화생산량인 것은 생산량 Q_1에서 생산량을 변경시키면 손실이 감소하기 때문이다. 생산을 Q_1보다 증가시키면 한계수입이 한계비용보다 더 크게 되고 이에 따라 이익이 발생하여 손실의 크기가 줄어든다. 생산이 Q_1보다 낮은 수준에서는 한계비용이 한계수입보다 큰데 이 때에는 생산을 감소시킬 때 손실도 감소한다. 생산을 줄일 때 절약되는 비용이 포기해야 하는 수입보다 더 크기 때문이다.

$MR = MC$는 이윤극대화의 필요조건이며, 이 필요조건에 덧붙여 MC가 상승하면서 MR과 만나야 하는 것이 이윤극대화의 충분조건인 것이다.[4] 이윤극대화의 충분조건이 만족되면 기업은 단기에 그 생산량에서 벗어날 유인이 없으므로 균형상태라고 말할 수 있다.

생산량이 늘어남에 따라 MC곡선이 계속 우하향하거나 한계비용이 시장가격 P_0보다 낮은 수준에서 일정하게 되면 기업의 균형생산량은 어떻게 될까? 이 때에는 기업이 생산량을 계속 증가시킴에 따라 이윤이 늘어난다. 따라서 한 기업이 시장수요량을 다 충족시킬 때까지 생산량을 증가시킬 것이다. 이 경우 기업이 대다수이고 각 경제주체는 가격수용자라는 완전경쟁의 요건이 성립되지 않기 때문에 완전경쟁이 파괴된다. 완전경쟁이 성립하기 위해서는 전체 시장수요량에 비해 보잘것없는 생산량수준에서 개별기업의 MC곡선이 우상향해야 한다.

---

4 엄밀하게 말하면 MC곡선이 상승해야 할 필요가 없고 MC곡선의 기울기가 MR곡선의 기울기보다 크기만 하면 된다. 즉 $MR = MC$를 만족시키는 생산량보다 적은 생산량에서는 $MR > MC$, 큰 생산량에서는 $MR < MC$가 성립해야 하는 것이다. Q_1수준에서 이 조건이 충족되지 못함을 확인하라. 앞으로는 이 조건이 만족된다는 전제하에 이윤극대화조건으로 $MR = MC$만을 사용할 것이다.

2 경쟁기업의 공급곡선

경쟁기업은 제품의 가격을 주어진 것으로 받아들이기 때문에 주어진 시장가격에서 이윤을 극대화시키는 생산량을 결정한다. 이윤극대화생산량은 MC곡선이 우상향하면서 $P = MC$인 생산량이라는 것을 앞에서 설명하였다. 생산물가격이 주어지면 그 가격이 기업의 우상향하는 한계비용곡선과 만나는 점, 즉 $P = MC$인 점에서 이윤극대화생산량이 결정된다. 이는 임의의 생산물가격수준에서도 성립한다. 따라서 기업의 우상향하는 한계비용곡선이 바로 생산물의 가격과 생산량의 대응관계를 나타내는 공급곡선이 된다. 그러면 우상향하는 한계비용곡선 전체가 공급곡선인가? 그렇지는 않다. 그 이유를 그림 11-3으로 설명해 보자.

그림 11-3에서 시장가격이 P_4이면 P_4에서 그은 수평선이 기업이 직면하는 수요곡선이자 기업의 한계수입(MR)곡선이다. 기업은 $P = MR = MC$인 Q_4만큼 공급한다. P_4는 평균비용(AC)보다 높은 수준이므로 기업은 초과이윤을 보게 된다. 만약 가격이 P_3로 하락하면, 시장가격을 있는 그대로 받아들이는 경쟁기업으로서는 P_3에서 수평인 새로운 수요곡선과 한계수입곡선에 직면하게 된다. 이 때 새로운 이윤극대화생산량은 $P = MR = MC$인 Q_3이다. P_3는 평균비용과 같은 수준으로 초과이윤은 0이고 정상이윤만 얻는 경우가 된다. 평균비용곡선의 최저점인 H점을 손익분기점(break-even point)이라고 한다. 평균비용곡선의 최저점에 대응하는 가격을 손익분기가격(break-even price)이라 한다. 손익분기가격 P_3에서는 초과이윤이 0이다. 가격이 P_3보다 높으면 기

손익분기점
평균비용곡선의 최저점으로서
초과이윤과 손실의 분기점

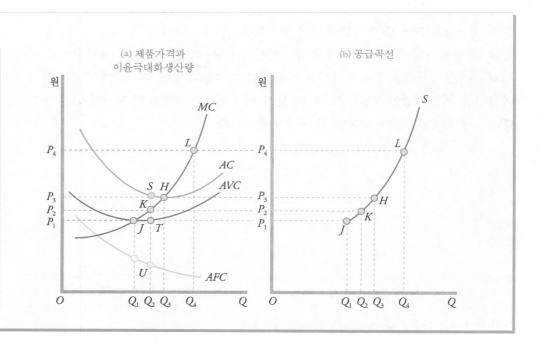

그림 11-3

경쟁기업의 공급곡선

경쟁기업의 공급곡선은 평균가변비용곡선의 최저점 J를 상회하는 우상향하는 한계비용곡선 부분이다.

업은 초과이윤을 벌게 되고 P_3보다 낮으면 손실을 보게 된다.

가격이 P_2로 하락하면 판매가격이 평균비용보다 낮은 수준이므로 기업은 손실을 보게 된다. 이와 같이 손실을 보게 되는 경우에 생산을 중단하는 것이 유리하게 보일지 모른다. 그러나 생산을 $MR=MC$인 Q_2만큼 계속하는 것이 유리하다. 왜냐하면 P_2의 가격수준은 평균가변비용보다는 높은 수준이기 때문이다. 가변비용만을 기준으로 본다면 P_2의 가격에서 Q_2를 생산하면 제품의 단위당 가변비용 Q_2T를 보상하고도 KT만큼 남는다. 고정비용은 생산을 하지 않아도 지출되는 비용이다. Q_2의 생산량수준에서 보면 Q_2를 생산하든지 안 하든지 관계 없이 기업은 $Q_2U=ST$만큼의 평균고정비용을 지불해야 한다. 그런데 Q_2T의 평균가변비용을 들여 Q_2를 생산할 경우 KT만큼 남기 때문에 이것으로 평균고정비용의 일부를 충당할 수 있어 생산하지 않을 때보다 덜 손해를 본다. 즉 P_2의 가격에서 Q_2를 생산하지 않으면 제품단위당 $Q_2U=ST$만큼의 평균고정비용을 고스란히 손해보지만 생산을 하면 이보다 적은 $ST-KT=SK$만큼만 손해를 본다. 가격이 평균비용보다 낮아 손실을 보고 있다 하더라도 생산을 하여 고정비용의 일부를 충당할 수 있으면 생산을 하는 것이 손실을 줄일 수 있기 때문에 유리한 것이다.

가격이 평균가변비용(AVC)보다 크고 평균비용(AC)보다 작은 $P_2(AVC<P_2<AC)$일 때 생산을 전혀 하지 않는 것보다 $MR=MC$인 Q_2를 생산하는 것이 총손실을 극소화시킨다. 독자들은 가격이 P_2일 때 Q_2 이외의 생산량에서 총손실은 Q_2에서보다 더 커지는 것을 그림을 그려가며 확인하기 바란다. $MR=MC$는 이윤극대화조건임과 동시에 손실극소화조건이기도 하다.

예로부터 '상인이 손해보고 판다'는 말은 3대 거짓말 중의 하나라고 하지만 적어도 경쟁기업이 단기에 손해 보고 판다는 것은 거짓말이 아니고 합리적인 행위일 수 있다.

가격이 AVC곡선의 최저점인 P_1으로 하락하면 기업이 직면하는 수요곡선과 기업의 한계수입곡선은 P_1에서 그은 수평선이 된다. 한계수입곡선이 AVC의 최저점을 통과하는 MC곡선과 J점에서 만나게 되어 Q_1이 손실극소화생산량이다. 이 때에는 현재의 가격수준으로 평균가변비용만을 충당할 수 있어 상품 1단위당 손실액이 평균고정비용과 같다. 즉 생산을 계속하든지 안 하든지 총손실은 총고정비용으로 똑같게 된다. 이 경우 기업으로서는 생산을 중단하든지 Q_1만큼 생산하든지 무차별하다. 평균가변비용곡선의 최저점인 J점을 생산중단점 혹은 조업정지점(shutdown point)이라고 한다. 조업정지점에 대응하는 가격 P_1을 생산중단가격 혹은 조업정지가격(shutdown price)이라 한다. 가격이 조업정지가격 이하로 떨어지면 생산에 따른 총손실이 생산하지 않을 때의 총손실인 총고정비용을 상회하기 때문에 기업은 당연히 생산을 중단한다.

지금까지의 논의를 종합하여 그림 11-3(a)에서 각 가격수준에 대응하는 이윤극대화생산량을 그림 11-3(b)에 옮기면 경쟁기업의 공급곡선을 얻는다.

조업정지점
평균가변비용곡선의 최저점으로서 생산을 중단시키는 분기점

경쟁기업의 공급곡선은 평균가변비용곡선의 최저점을 상회하는 우상향하는 한계비용곡선이다.

3 경쟁시장의 공급곡선

앞에서 도출한 경쟁기업의 공급곡선이 제3장에서 소개한 개별공급곡선이다. 개별공급곡선이 우상향하면 제3장에서 설명한 바와 같이 개별공급곡선을 수평으로 합하여 우상향의 시장공급곡선을 얻는다.

여기서 한 가지 덧붙일 점은 생산요소가격이 불변이라는 전제하에서만 개별공급곡선의 수평적인 합이 시장공급곡선이 된다는 것이다. 경쟁시장에서는 기업들이 영세하여 한 기업이 생산량을 늘리기 위해 가변요소를 더 고용해도 그 요소의 가격에 영향을 미치지 못한다. 그러나 경쟁시장 전체로 생산량이 늘어나 가변요소에 대한 수요량이 늘어나면 요소가격이 상승할 수 있다. 요소가격이 상승하면 총비용과 한계비용이 상승한다. 한 생산요소가 여러 시장에서 사용되고 한 시장의 요소수요량이 전체 시장의 요소수요량에 비해 미미하다면 그 시장이 요소수요량을 증가시키더라도 요소가격이 불변일 것이다. 본서에서는 이런 경우를 상정하여 요소가격이 일정 불변이라고 가정한다.

4 경쟁기업과 시장의 단기균형 : 종합

지금까지 개별기업의 단기균형은 $P = MR = MC$의 생산량을 생산하는 것이고, 개별기업의 단기공급곡선은 평균가변비용의 최저점을 상회하는 우상향의 한계비용곡선이라는 것을 설명하였다. 또한 생산요소가격이 일정하다면 개별기업의 공급곡선을 수평으로 합하여 시장공급곡선을 도출할 수 있다고 하였다. 시장수요곡선과 시장공급곡선이 정해지면 시장의 단기균형은 두 곡선이 만나는 점에서 이루어진다.

그림 11-4(a)의 시장공급곡선(S)은 요소가격이 일정할 때 개별기업들의 공급곡선을 수평으로 합한 것이다. 시장의 수요곡선(D)은 소비자선택의 이론에서 도출된 우하향의 개별수요곡선들을 수평으로 합한 것이다. 이 시장공급곡선과 시장수요곡

그림 11-4

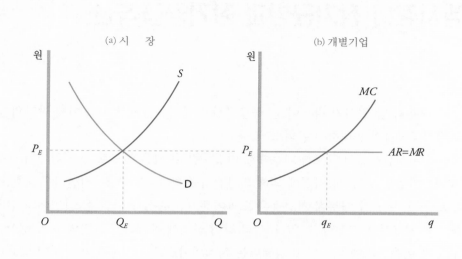

(a) 시　장　　　　　　　　　(b) 개별기업

경쟁기업과 경쟁 시장의 단기균형

경쟁시장에서 시장수요곡선과 공급곡선이 만나 가격이 결정되면 경쟁기업은 이 가격을 주어진 것으로 받아들여 $P=MC$의 이윤극대화공급량을 결정한다. 시장에 나와 있는 모든 기업의 이윤극대화공급량을 합하면 시장공급량이 된다.

선이 교차하여 균형가격(P_E)이 결정된다. 그러면 개별기업들은 이 시장가격을 주어진 것으로 받아들여 그 가격과 자기들의 한계비용곡선이 일치하는 생산량을 선택한다. 그림에서 개별기업의 균형공급량(q_E)을 모든 기업에 대하여 합하면 시장균형거래량(Q_E)과 같게 된다.

읽을거리 11-1　　▶　수요 · 공급의 이론

　　제3장에서 다룬 수요 · 공급의 이론은 그림 11-4 (a)에 그린 경쟁시장의 단기균형에 입각한 것이다. 이 틀에서 소비자의 소득, 선호, 소비면에서 연관상품의 가격 등 수요변화의 요인이 변하면 시장수요곡선이 이동하여 단기균형이 변한다. 요소가격, 제품소비세, 생산면에서 연관상품의 가격 등 공급변화의 요인이 변하면 시장공급곡선이 이동하여 단기균형이 변한다.

　　제12장과 제13장에서 다루는 불완전경쟁생산물시장은 이 수요 · 공급의 이론을 그대로 적용할 수 없다. 생산물공급곡선이 없기 때문이다. 그러나 불완전경쟁생산물시장에서 수요나 공급의 변화요인이 변할 때 생산물공급곡선이 있는 것처럼 상정하여 수요 · 공급의 이론으로 분석해도 정성적(定性的)으로는 올바른 결과를 얻는다. 즉, 시장가격이 상승하는가 하락하는가, 시장거래량이 증가하는가 감소하는가 하는 변동방향은 제대로 짚어낸다. (얼마나 변하는가 하는 정량적(定量的) 분석을 제대로 할 수 없는 것뿐이다. 그런데 정량적 분석은 제16장에서 배우게 되는 바와 같이 부분균형분석으로는 어차피 정확하게 할 수 없다.)

　　경쟁시장과 수요 · 공급의 이론이 미시경제학에서 중요하게 다루어지는 것은 이 때문이다.

제3절 경쟁시장의 장기균형과 장기공급곡선

제3장부터 앞 절까지 다루어 온 공급곡선은 단기공급곡선이다. 이제 장기의 균형과 장기공급곡선에 대하여 살펴보자.

장기는 생산시설의 규모를 마음대로 변경시킬 수 있을 정도로 긴 기간이기 때문에 개별기업들은 장기비용곡선에 의해 의사결정을 하게 된다. 생산시설의 규모를 마음대로 바꿀 수 있기 때문에 기업들은 초과이윤이나 손실에 따라 한 산업에의 진입과 퇴거를 자유롭게 결정할 수 있다. 이와 같이 산업에 존재하는 기업의 수와 생산시설 규모가 이윤동기에 의하여 조정된다는 사실이야말로 장기균형의 달성에 중요한 요소가 된다.

1 경쟁기업과 시장의 장기균형

경쟁기업의 장기균형은 새로운 기업들의 진입이나 기존기업들의 퇴출, 기존기업들의 시설확대와 축소 등의 조정이 다 이루어진 다음에 달성되는 균형상태이다. 장기균형을 이루기 위해서는 대표적 기업이 초과이윤도 손실도 보지 않고 정상이윤만을 얻어야 한다.

대표적 기업(개별기업)이 초과이윤을 보고 있으면 새로운 기업들이 해당산업에 진입하게 마련이다. 대표적 기업이 손실을 보고 있으면 기존기업들 중 일부가 빠져나가게 마련이다. 두 경우 모두 시장의 가격과 거래량을 변동시키기 때문에 균형이 아니다.

그림 11−5는 시장과 대표적 기업이 장기균형에 이르는 과정을 나타내고 있다.

최초에 기업이 단기평균비용곡선이 SAC_0로 표시되는 생산시설을 가지고 있다고 하자. 시장가격이 P_0라면 이 기업은 $P=MR=MC$를 만족시키는 q_0를 공급하고 색칠한 부분만큼 초과이윤을 얻는다. 이러한 상황에서 기업은 생산시설을 확장하여 생산량을 증가시킬 유인을 갖게 된다. 또한 이 산업에서 초과이윤이 발생하고 있기 때문에 새로운 기업들이 이 산업에 진입한다. 기존기업들의 생산시설 확장과 신규기업들의 진입이 이루어지면 시장공급곡선은 S_0에서 우측으로 이동하고 시장가격은 P_0에서 하락한다. 초과이윤이 존재하는 한 이러한 변화는 지속되기 때문에 궁극적으로는 그림

그림
11-5

(a) 시 장

(b) 개별기업

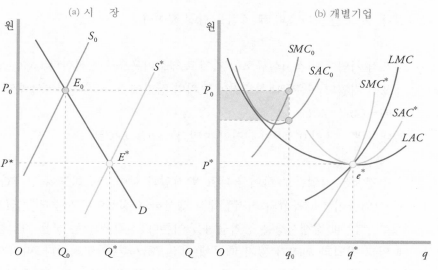

**경쟁기업과
경쟁시장의
장기균형**

대표적 기업이 생산시설을 최적시설규모로 지어 정상이윤만을 얻도록 시장수요와 시장공급이 조정되면 기업과 시장의 장기균형이 성립한다. 기업의 장기균형은 e^*, 시장의 장기균형은 E^*이다.

11-5(a)에서 보는 바와 같이 시장공급곡선이 S^*로 이동하여 시장가격은 장기평균비용곡선의 최저점에 대응하는 P^*수준이 된다.

시장공급곡선이 S^*보다 더 오른쪽으로 이동하여 P^*보다 낮은 수준에서 시장가격이 형성될 수도 있다. P_0와 P^*사이에 존재하는 초과이윤 때문에 기존기업의 무리한 시설확장과 신규기업의 과다진입이 있을 수 있기 때문이다. 그러나 이것은 장기균형이 아니다. 그림 11-5(b)에서 알 수 있는 바와 같이 P^*보다 낮은 수준으로 시장가격이 형성되면 산업 내의 모든 기업이 손실을 본다. 이 경우 기존기업 중 일부가 산업에서 빠져나감으로써 공급감소 → 가격상승의 조정이 일어나 시장가격이 P^*수준으로 오른다.

시장공급곡선이 S^*만큼 이동하지 않고 S_0와 S^* 사이에 있게 되면 P^*보다 높은 수준에서 시장가격이 결정되어 기존기업이 여전히 초과이윤을 누린다. 이는 기존기업들의 시설확장과 신규기업들의 진입을 불러일으켜 시장공급곡선을 더 오른쪽으로 이동시키고 가격을 P^*수준으로 떨어뜨린다. 따라서 장기에는 장기평균비용의 최저점에 대응하는 가격수준에서만 균형이 성립한다. 이 때 대표적 기업은 SAC^*의 단기평균비용으로 표시되는 최적시설규모를 보유하여 매기당 q^*를 생산한다.

대표적 기업의 장기균형생산량인 q^*에서는 초과이윤이나 손실이 없이 정상이윤만을 얻는다. 정상이윤만이 보장되는 상태에서는 기업의 진입과 퇴출이 일어날 이유가 없게 된다(진입과 퇴거가 있더라도 진입하는 기업의 수와 퇴출하는 기업의 수가 평균적으로 맞아떨어져 평균적으로 정상이윤을 얻는다). 제10장에서 최적시설규모와 관련하여 설명한 것을 상기하면 완전경쟁기업의 장기균형조건은

[11-7] $SAC = LAC = SMC = LMC = P = MR$

로 종합된다. 이 조건은 다음의 세 조건을 합친 것이다.

① 대표적 기업이 최적시설규모를 가지고 최소비용으로 생산한다 : $SAC = LAC$
② 대표적 기업의 이윤극대화조건이 단기와 장기에 모두 충족되어야 한다 :
      $SMC = LMC = MR$
③ 극대화된 이윤이 0(정상이윤)이어야 한다 : $SAC = LAC = P$

시장의 경쟁은 기업들로 하여금 대표적 기업과 같이 행동하도록 강제한다. 따라서 모든 기업들이 LAC곡선의 최저점에서 생산하고 정상이윤만을 얻는 균형상태의 가격에 도달할 때 경쟁시장은 장기균형을 이룬다. 시장에 있는 모든 기업들이 균형상태에 있고 진입과 퇴거가 없기 때문에 시장공급량은 안정적이다. 따라서 그림 11-5에서 매기당 시장수요곡선이 D로 주어져 있으면 매기당 시장공급곡선은 S^*가 되고 최소평균비용 P^*가 장기균형가격이 된다. 그림에서 e^*는 대표적 기업의 장기균형점, E^*는 시장의 장기균형점이다.

2 경쟁시장의 장기공급곡선

앞에서 다룬 경쟁기업과 시장의 장기균형을 바탕으로 경쟁시장의 장기공급곡선을 도출할 수 있다.

경쟁시장의 장기공급곡선(혹은 장기시장공급곡선)은 장기에 각 가격에 대응하는 시장공급량을 보여주는 곡선이다.

그림 11-6(a)에서 시장가격이 P^*일 때 기업의 진입과 퇴출, 시설 규모 조정이 모두 이루어진 장기에 시장공급량은 Q^*이다. 따라서 E_0가 장기시장공급곡선의 한 점(장기균형점)이 된다. 같은 그림 오른쪽은 시장에 있는 대표적 기업의 균형상태를 확대한 것으로 그림 11-5(b)와 같다. 그러면 다른 가격수준, 예컨대 그림 11-6(b)에서 시장가격이 P_1일 때 장기균형점은 어떻게 될까? 시장가격이 달라지기 위해서는 시장수요나 공급이 변해야 한다. 각각의 다른 가격에 대응하는 장기시장공급량을 알고자 하기 때문에 시장수요가 변해서 다른 가격이 형성된 것으로 상정하는 것이 자연스럽다.

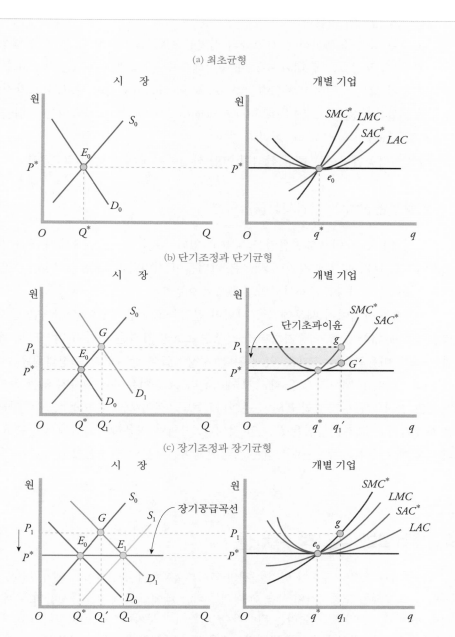

비용불변산업의
장기시장공급곡선

시장수요가 증가하면 가격이 상승하여 기존 기업들이 초과이윤을 보기 때문에 새로운 기업들이 진입하여 시장공급곡선을 오른쪽으로 이동시킨다. 이런 장기적 조정을 거친 시장의 장기균형점을 이은 곡선이 장기시장공급곡선이다. 비용불변산업의 장기시장공급곡선은 장기평균비용곡선의 최저점을 지나는 수평선이다.

그림 11-6(b)에서 시장수요가 D_1으로 증가하여 시장가격이 P_1으로 상승하였다. 이 P_1에서 장기시장공급량은 어떻게 될까? 단기에 기업들은 단기한계비용곡선 SMC^*를 따라 공급량을 q_1^*로 결정하여 색칠한 사각형만큼 초과이윤을 얻는다. 초과이윤 때문에 장기에 신규기업들이 진입한다. 신규기업들이 진입하여 제품을 새로 생산하고 기존기업들이 생산을 늘리기 때문에 해당 산업에서 제품을 만드는 데 필요한 생산요소들에 대한 수요가 증가한다. 이에 따라 해당 생산요소들의 가격이 불변일 수도 있지만 오를 수도 있고 내릴 수도 있다. 요소가격이 변하면 기업들의 비용곡선들

이 변하여 균형점이 변한다.

동일한 상품을 생산하는 기업들의 집합을 산업(industry)이라 한다. 산업생산량이 증가할 때 생산요소에 대한 수요가 증가해도 그 산업에 고용되는 생산요소의 가격이 변하지 않는 산업을 비용불변산업(constant-cost industry)이라 하고, 요소가격이 상승하는 산업을 비용증가산업(increasing-cost industry), 요소가격이 하락하는 산업을 비용감소산업(decreasing-cost industry)이라고 한다.

장기시장공급곡선은 해당 산업이 어떤 산업이냐에 따라 달리 그려진다.

비용불변산업의 장기시장공급곡선

그림 11-6은 비용불변산업을 다루고 있다. 그림 11-6(b)에서 대표적 기업이 초과이윤을 보기 때문에 장기에 새로운 기업들이 진입하여 제품의 시장공급이 증가한다. 이에 따라 시장공급곡선이 오른쪽으로 이동한다.

비용불변산업이기 때문에 신규기업이 진입하고 기존기업이 생산량을 증가시켜 생산요소에 대한 수요가 증가하더라도 생산요소의 가격은 변하지 않으므로 개별기업의 모든 비용곡선은 그대로 있게 된다. 시장공급이 증가하는 조정과정은 이 산업에 초과이윤이 존재하지 않을 때까지 계속된다. 초과이윤이 존재하지 않는 장기균형가격은 원래의 균형가격인 P^*의 수준이다. 수요곡선이 D_1으로 이동하면 단기균형점은 G, g이지만 장기균형점은 E_1, e_0인 것이다. 이처럼 비용불변산업에서는 수요의 변화가 일어나더라도 장기균형가격은 장기평균비용곡선의 최저점에 대응하는 P^*로 불

산업
동일한 상품을 생산하는 기업들의 집합

비용불변산업
산업생산량이 증가할 때 생산요소에 대한 수요가 증가해도 그 산업에 고용되는 생산요소의 가격이 변하지 않는 산업

비용증가산업
산업생산량이 증가할 때 그 산업에 고용되는 요소의 가격이 상승하는 산업

읽을거리 11-2 ▶ 객관적 가치설과 주관적 가치설

애덤 스미스는 『국부론』에서 자본축적과 토지 사유화가 있기 이전의 원시부족사회를 상정하여 노동가치설을 주장하였다. 물개 한 마리를 잡는 데에 소요되는 노동시간이 사슴 한 마리를 잡는 데에 소요되는 노동시간의 두 배라면 시장에서 물개 한 마리가 사슴 두 마리와 교환될 것이라는 것이다. 스미스의 노동가치설을 이어받아 고전학파 경제학자들은 자본축적과 토지사유화가 있는 현실에서 상품의 시장가격은 그 상품생산에 들어간 생산비에 의해 결정된다고 생각하였다. 이 객관적 가치설에 반기를 들고 나온 것이 한계효용이론이라는 주관적 가치설이다. 한계효용이론은 상품의 마지막 단위에서 얻는 주관적인 효용이 상품가격 결정에 영향을 미친다고 보는 것이다.

제6장에서 설명한 바와 같이 마샬은 객관적 가치설이 공급곡선을 낳고, 주관적 가치설이 수요곡선을 낳으며 두 곡선의 상호작용으로 상품가격이 결정된다고 종합하였다. 마샬의 통합적 접근은 경쟁시장의 단기균형으로 앞에서 설명하였다.

만약 산업이 비용불변산업이면 그림 11-6에서 본 바와 같이 단기에는 시장수요곡선과 시장공급곡선의 상호작용으로 시장가격이 결정되지만 장기에는 시장수요곡선과 관계 없이 최저생산비에 의해 결정된다.

물개시장과 사슴시장이 경쟁시장이고, 두 동물을 잡는 산업이 비용불변산업이며, 물개를 잡는 비용이 사슴을 잡는 비용의 2배이면 장기에는 스미스가 말한 대로 시장에서 물개 한 마리가 사슴 두 마리와 교환되는 것이다.

변이다. 단기에는 시장가격이 P^*보다 높아지거나 낮아질 수 있지만 장기에는 기업의
진입과 퇴출을 통해 P^*로 회귀한다. 수요의 변화에 대응하는 시장의 장기균형점 E_0,
E_1 등을 이으면 수평의 장기시장공급곡선을 얻는다. 이는 비용불변산업의 경우 시장
가격이 변하지 않아도 생산량이 수요의 변화에 대응하여 얼마든지 증가하거나 감소
함으로써 완전탄력적인 장기시장공급곡선을 갖는다는 것이다.

비용불변산업에서는 수요가 증가하면 기존기업과 똑같은 비용곡선을 가지고 장
기평균비용곡선의 최저점에서 조업하는 신규기업의 참여를 통해 생산량이 증가한
다. 기존기업들도 단기에는 최적시설규모 이상으로 생산을 증가시키지만 장기에는
최적시설규모로 되돌아가 수요가 증가하기 이전의 최적생산량 q^*를 생산한다. 비용
불변산업의 경우 시장수요가 증가하면 장기에 시장가격은 불변이지만 기업의 수가
증가하여 시장공급량은 증가한다.

비용증가산업의 장기시장공급곡선

산업의 생산량이 증가함에 따라 생산요소의 가격이 상승하는 경우 장기시장공
급곡선은 우상향하게 된다.

그림 11-7은 비용이 증가하는 산업에서 시장수요의 증가에 따라 산업의 공급
이 조정되는 과정을 나타낸 것이다. 시장수요가 그림 11-7(a)에서처럼 D_0에서 D_1으
로 증가하여 단기에 시장가격이 P_0에서 P_2(D_1과 S_0의 교차에 의한 가격)로 상승한다고
하자. P_2에서는 초과이윤이 존재하므로 새로운 기업들이 산업으로 진입한다. 이에 따
라 시장공급곡선이 오른쪽으로 이동한다. 비용불변산업에서는 시장공급곡선이 S_2까

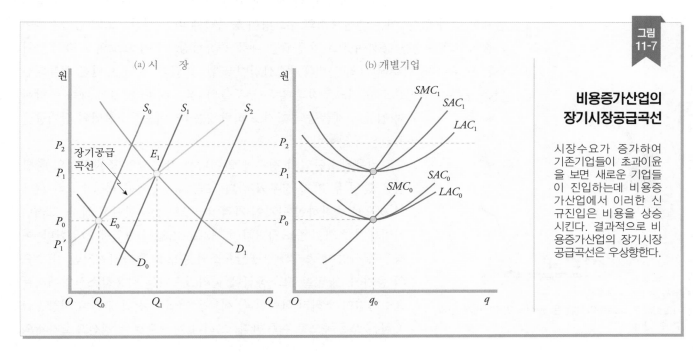

그림 11-7

비용증가산업의 장기시장공급곡선

시장수요가 증가하여 기존기업들이 초과이윤을 보면 새로운 기업들이 진입하는데 비용증가산업에서 이러한 신규진입은 비용을 상승시킨다. 결과적으로 비용증가산업의 장기시장공급곡선은 우상향한다.

지 이동하여 새로운 장기균형가격이 최초의 장기균형가격과 같았다. 그러나 비용증가산업에서는 시장공급곡선이 S_2만큼 오른쪽으로 이동하지 않는다. 산업의 생산량이 증가하여 생산요소의 수요가 증가하면 생산요소가격이 상승하기 때문이다. 요소가격이 상승하면 모든 기존기업과 신규기업들의 비용곡선이 위로 이동하게 된다(SAC_0 → SAC_1, SMC_0 → SMC_1, LAC_0 → LAC_1). 장기평균비용이 상승하면 장기의 공급가격도 상승한다.

이와 같이 한편으로는 가격이 P_2로부터 하락하고, 다른 한편으로는 장기평균비용이 P_0로부터 상승하여, 새로운 장기균형가격은 P_0와 P_2 사이의 어느 점에서 결정된다. 그림에서는 P_1에서 결정되는 것으로 그렸다. 결국 새로운 장기균형시장가격은 원래의 가격수준보다 높아지고 장기균형점은 E_1이 된다. 장기균형점 E_0, E_1을 연결하면 우상향하는 장기공급곡선을 얻게 된다. 그림에서 보는 바와 같이 비용증가산업에서는 장기시장공급곡선이 우상향한다. 이는 시장가격의 상승이 있는 경우에만 생산량이 장기적으로 증가한다는 것을 의미한다.

여기에서 유의할 것은 새로운 균형가격수준 P_1에서 개별기업의 생산량은 요소가격의 상승으로 비용곡선이 어떻게 위로 이동하느냐에 따라서 원래의 P_0에 대응하는 생산량수준 q_0보다 적거나, 많거나, 같아진다는 사실이다. 이는 비용불변산업의 경우에 개별기업의 장기공급량이 일정한 것과 대조를 이룬다. 그림 11-7(b)에서는 당초의 생산량과 같다고 가정하여 그린 것이다. 일반적으로 비용증가산업의 경우에는 시장수요가 증가함에 따라 시장가격이 상승하고, 시장공급량 및 기업의 수가 증가한다.

비용감소산업의 장기시장공급곡선

산업의 생산량이 증가함에 따라 생산요소의 가격이 하락하는 비용감소산업이 존재할 수가 있다. 이는 생산요소의 수요량이 증가함에 따라 생산요소의 공급자들이 기술혁신과 숙련을 통하여 요소의 공급을 대폭 증가시킴으로써 요소의 가격이 하락하는 경우이다. 컴퓨터 산업은 비용감소산업이라 할 수 있다. 지난 30년간 컴퓨터산업은 눈부신 혁신으로 마이크로칩과 같은 부품들의 (품질 대비) 가격이 계속 하락하여 컴퓨터 제품들의 가격도 하락해 왔다. 비용감소산업의 장기공급곡선은 우하향한다.

비용감소산업의 경우에 일어나는 장기적인 조정과정의 출발점은 앞의 두 가지 경우와 같다. 그림 11-8에서 시장수요가 D_0에서 D_1으로 증가하여 단기에 가격이 P_1으로 상승한다고 하자. 그러면 기업들이 초과이윤을 시현하여 새로운 기업이 산업에 진입한다. 이 경우 생산량이 증가하여 생산요소의 수요를 증가시키지만 이 수요의 증가가 더 많은 요소공급을 불러일으키는 비용감소산업에서는 요소가격이 오히려 하락한다. 새로운 기업의 진입에 의해 시장공급곡선은 오른쪽으로 이동한다. 그러나 한편으로는 생산요소가격의

우하향하는 공급곡선
기술진보로 노트북의 성능은 향상되고, 더 싸게 구입할 수 있다.

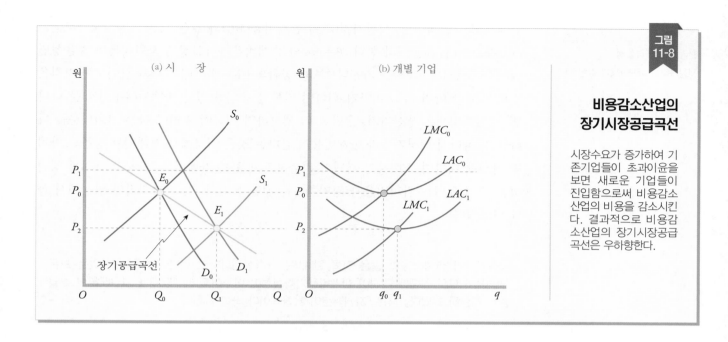

그림
11-8

**비용감소산업의
장기시장공급곡선**

시장수요가 증가하여 기존기업들이 초과이윤을 보면 새로운 기업들이 진입함으로써 비용감소산업의 비용을 감소시킨다. 결과적으로 비용감소산업의 장기시장공급곡선은 우하향한다.

하락으로 개별기업의 장기평균비용곡선이 아래로 이동한다. 새로운 균형가격은 원래의 균형가격 P_0보다 낮은 수준인 P_2에서 결정된다. 원래의 균형점 E_0와 새로운 균형점 E_1을 연결하면 우하향하는 장기시장공급곡선을 얻는다. 비용감소산업의 경우 시장수요가 증가함에 따라 시장공급량과 기업의 수가 증가하는데도 시장가격은 오히려 하락한다.

경쟁산업의 장기시장공급은 기업의 자유로운 진입과 퇴출이 작용하기 때문에 단기시장공급에 비해 가격탄력도가 크다.

 제4절 완전경쟁이론의 평가

완전경쟁시장에서는 단기에나 장기에나 시장가격이 한계비용과 같다. 장기에 제품의 시장가격이 한계비용과 같고 시장가격이 제품의 최소평균비용과도 같다. 균형생산량을 최소의 비용으로 생산하여 최소비용의 원칙을 만족시키기 때문에 자원배분이 효율적이다. 시장가격(P)이 한계비용(MC)과 같은 것을 한계비용가격설정 (marginal cost pricing)이라 한다. $P = MC$의 한계비용가격설정은 자원배분의 효율성면에서 아주 중요한 의의를 가진다. 수요·공급의 이론에서 배운 바와 같이 시장가격은 소비자가 한 단위 더 소비하기 위하여 지불할 용의가 있는 화폐액(수요가격)을 나타낸다. 한계비용은 생산자가 한 단위 더 생산하기 위하여 치러야 하는 기회비용을 나타낸다. 따라서 시장가격과 한계비용이 같다는 것은 시장에서 거래되는 상품의 마지막 단위에 대하여 소비자가 기꺼이 지불하고자 하는 가격이 그 마지막 단위를 생산하는 데 소요되는 기회비용과 일치한다는 것을 뜻한다. 이는 사회적인 입장에서 볼 때 바람직하다.

시장가격이 한계비용과 같은 것을 한계비용가격설정이라고 한다. 경제 내에 있는 모든 산업에서 모든 상품에 대하여 한계비용가격설정이 이루어질 때 「경제가 자원배분의 효율성을 시현하고 있다」 혹은 「자원배분이 효율적이다」라고 말한다.

모든 시장이 경쟁시장이면 자원배분이 효율적으로 이루어진다. 현실적으로 경쟁시장이 별로 없지만 우리가 경쟁시장을 다루는 것은 경쟁시장이 자원배분의 효율성면에서 모든 시장의 기준이 되기 때문이다. 애덤 스미스가 강조한 보이지 않는 손도 경쟁시장에서의 효율적인 자원배분을 뜻하는 것이었다.

불완전경쟁시장에서는 한계비용가격설정이 이루어지지 않고 따라서 자원배분이 효율적으로 이루어지지 않는다.

경쟁시장에서 형성되는 시장가격은 장기에 한계비용과 같은 것은 물론 최저수준의 평균비용과도 같다는 것을 배웠다. 이는 소비자들이 가장 저렴한 가격으로 당해 상품을 소비할 수 있고 생산자들은 최소의 비용으로 생산함으로써 정상이윤만을 얻으며 생산과정에 참여한 생산요소들은 기회비용만큼만 보상받는다는 것을 뜻한다. 경쟁의 압력이 냉엄하게 작용하여 기업들은 최적시설규모하에 최소의 평균비용으로 조업하지 않을 수 없다. 따라서 경쟁시장에서는 소비자잉여가 극대화되고 불완전경쟁시장에 비하여 소득분배의 형평이 이루어진다. 또한 경제력의 집중이 배제되므로 완전경쟁의 자유시장은 참된 정치적 민주주의와 손잡고 나간다.

이 장에서 배운 이윤극대화조건 $MR = MC$는 어떤 시장에도 적용되는 일반적인 조건이다. 가치(편익)와 비용(희생)이 한계에서(at the margin) 서로 같아야 한다는 $MR = MC$ 조건은 바로 제2장에서 말한 한계원리이다.

본문에서는 경쟁기업들이 한 가지 상품만 생산하고 이 상품의 판매수입이 유일한 수입원이며 재고를 남기지 않는다고 가정하였다. 이 가정들은 쉽게 완화될 수 있다. 여러 제품을 생산할 때 기업이 이윤을 극대로 하는 길은 각 제품의 한계수입과 한계비용이 같도록 판매량을 정하는 것이다. 최적재고량도 재고의 한계수입과 한계비용이 같아지는 수준에서 결정된다. 기업이 증권투자나 부동산투자 등 제품생산 이외의 활동을 하는 경우에도 각 활동에서 얻으리라고 예상되는 수입과 그 활동에 소요되는 비용이 한계에서 서로 같게끔 결정하는 것이 이윤을 극대화하는 길이다. 현실적으로 한계수입과 한계비용을 정확하게 측정하는 데에는 어려움이 따르지만 이론적으로 $MR = MC$의 한계원리는 이윤극대화의 일반조건으로 폭넓게 응용할 수 있다.

1　　(완전)경쟁시장은 시장에 참여하는 개별기업이나 소비자가 시장 전체에 비해 미미하여 가격수용자로 행동하는 시장으로서 ① 대다수의 판매자(=기업)와 구매자(=소비자), ② 상품의 동질성, ③ 완전한 정보, ④ 기업의 자유로운 진입과 퇴출 등의 특징을 갖는다.
①②④ 중 어느 하나라도 성립하지 않는 시장을 불완전경쟁시장이라 한다. 불완전경쟁시장은 기업이 하나인가, 소수인가, 다수인가에 따라 독점시장·과점시장·독점적 경쟁시장으로 구분된다. 불완전경쟁기업은 시장가격을 주어진 그대로 받아들이지 않고 독자적으로 결정할 수 있는 시장지배력을 가진다.

2　　기업이 한 가지 상품만을 재고 없이 판다면 기업의 총수입(TR)은 상품의 총생산량(Q)과 가격(P)의 곱으로 표시된다. 평균수입(AR)은 생산물 한 단위당 수입을 말하며 생산물가격과 같다(즉, $AR = \dfrac{TR}{Q} = \dfrac{P \times Q}{Q} = P$). 한계수입($MR$)은 제품 한 단위를 추가적으로 판매할 때 얻어지는 총수입의 증가분을 말한다(즉, $MR = \dfrac{\varDelta TR}{\varDelta Q}$).

3　　경쟁시장에서는 $P = AR = MR$의 관계가 성립한다. 생산물시장가격수준에서 그은 수평선이 경쟁기업의 AR곡선이자 MR곡선이며 동시에 개별기업이 직면하는 수요곡선을 나타낸다.

4　　경제학에서 영리기업은 총수입(TR)과 총비용(TC)의 차이로 정의되는 이윤(π)을 극대화한다고 상정한다. 이윤극대화조건은 한계수입(MR) = 한계비용(MC)이다. 이 때 MC곡선이 MR곡선보다 기울기가 큰 부분에서 $MR = MC$이어야 한다. $MR > MC$이면 생산량을 증가시킴으로써 이윤을 증대시킬 수 있고, $MR < MC$이면 생산량을 감소시킴으로써 이윤을 증대시킬 수 있다. 경쟁시장에서는 $P = AR = MR$이기 때문에 경쟁기업의 이윤극대화조건은 $P = MC$로도 나타낼 수 있다.

5　　경쟁기업은 단기에 가격이 평균비용(AC) 이하로 하락하여 손실이 발생하더라도 가격이 평균가변비용보다는 높아 고정비용의 일부를 회수할 수 있으면 손실을 극소화하기 위하여 생산을 계속한다. 그러나 가격이 평균가변비용(AVC) 이하로 하락할 때는 생산을 중단하게 된다. 따라서 $P = MC$의 균형조건을 갖는 경쟁기업의 단기공급곡선은 평균가변비용곡선 윗부분의 우상향하는 단기한계비용곡선이다.

6　　완전경쟁하에서 단기에는 초과이윤이나 손실이 존재할 수 있다. 그러나 장기에는 초과이윤을 향유하는 산업에 새로운 기업이 진입하여 초과이윤이 없어지고 손실이 발생하는 경우에는 일부기업들이 퇴출하여 정상이윤만을 얻게 된다. 경쟁기업의 장기균형은 $SAC = LAC = SMC = LMC = P = MR$일 때 달성된다.

7　　경쟁시장의 단기공급곡선은 생산요소가격이 일정할 경우 개별기업의 단기공급곡선을 수평으로 합하여 얻는다. 개별공급곡선이 우상향하기 때문에 시장공급곡선도 우상향한다.

8 경쟁시장의 장기공급곡선(혹은 장기시장공급곡선)은 장기에 각 가격에 대응하는 시장공급량을 보여준다. 시장공급량은 개별기업과 시장의 장기균형점(장기균형가격과 장기균형거래량)을 바탕으로 도출된다. 경쟁시장에서는 수요가 변하여 단기에 가격이 변해도 장기에는 가격이 제품의 최소평균비용으로 회귀한다. 최소평균비용은 시장이 속한 산업이 어떤 산업이냐에 따라 세 가지로 구분되고 이에 따라 장기시장공급곡선도 달라진다.

(1) 해당 산업의 생산량이 많든 적든 간에, 제품 생산에 투입되는 요소들의 가격이 변하지 않는 산업을 비용불변 산업이라 한다. 비용불변산업에서는 생산량의 많고 적음에 관계없이 최소평균비용이 똑같기 때문에 장기시 장공급곡선이 주어진 최소평균비용수준에서 수평이다.

(2) 산업의 생산량이 많아지고 요소수요가 증가함에 따라 요소가격이 상승하는 산업을 비용증가산업이라 한다. 비용증가산업에서는 산업의 생산량이 많아짐에 따라 요소가격이 상승하여 최소평균비용이 상승하기 때문에 장기시장공급곡선이 우상향한다.

(3) 산업의 생산량이 많아지고 요소수요가 증가함에 따라 요소 생산에 혁신이 일어나 요소가격이 하락하는 산업 을 비용감소산업이라 한다. 비용감소산업에서는 생산량이 많아짐에 따라 요소가격이 하락하여 최소평균비용 이 하락하기 때문에 장기시장공급곡선이 우하향한다.

9 경쟁시장에서는 한계비용가격설정이 이루어진다. 완전경쟁의 장기균형에서 소비자는 가장 저렴한 가격 으로 소비하고 생산자는 최소비용으로 생산하여 정상이윤만 수취하고 생산에 참여한 생산요소는 기회비용만큼 분배받는다. 따라서 모든 산업이 완전경쟁이면 경제 전체가 자원배분의 효율성을 이룬다. 더욱이 완전경쟁은 소 비자잉여를 극대화시키고 소득의 형평분배와 자유로운 경제활동을 촉진시킨다.

주요용어 및 개념   K/E/Y/W/O/R/D/S/&/C/O/N/C/E/P/T

- (완전)경쟁시장
- 가격수용자
- 수량조정자
- 일물일가의 법칙
- 가격결정자

- 총수입
- 평균수입
- 한계수입
- 손익분기점
- 조업정지점

- 조업중단점
- 손익분기가격
- 조업정지가격
- 경쟁기업의 단기공급곡선
- 경쟁시장의 장기공급곡선

- 비용불변산업
- 비용증가산업
- 비용감소산업
- 한계비용가격설정

연습문제

1 그림 11-3(b)에서 시장가격이 P_1일 때 이윤극대화생산량을 구하라. 그 수준에서 총수입·총비용·이윤을 그림으로 표시하라. $MR = MC$는 이윤극대화조건이자 손실극소화조건임을 확인하라.

2 갑은 자기 가게에서 주방기구 세트(set)를 생산·판매하고 있다. 주방기구 세트 시장은 경쟁시장이라고 가정한다. 아래의 표는 각 생산량에서 총비용(TC)을 나타낸다. 물음에 답하라.

생산량 (주당)	총비용 (TC)	총고정 비용	총가변 비용	평균 비용	평균 고정 비용	평균 가변 비용	한계 비용
1	100	50					
2	140						
3	177						
4	216						
5	265						
6	324						
7	399						
8	496						

(1) 표를 완성하라.
(2) 생산량수준이 얼마일 때 평균비용이 최소가 되는가?
(3) 생산량수준이 얼마일 때 수확체감이 시작되는가?
(4) 이 기업의 평균비용곡선·평균가변비용곡선·한계비용곡선을 그려라.
(5) 갑이 생산하는 주방기구 세트의 현재의 시장가격은 59,000원이다. 갑은 한 달에 얼마나 많은 세트를 생산·판매해야 하는가? 이 때 갑의 이윤(또는 손실)은 얼마인가?
(6) 총고정비용이 50,000원이 아니라 40,000원이라고 하자. 이윤극대화생산량은 어떻게 변하는가? 경제논리로 설명하라.
(7) 시장가격이 49,000원으로 하락했을 경우 갑의 생산량과 최대이윤(또는 최소손실)수준은 얼마나 되는가? 이러한 가격의 하락에도 불구하고 갑은 계속 이 산업에서 생산을 해야 하는가?

3 소비자 A, B, 그리고 X재를 생산하는 생산자 갑, Y재를 생산하는 생산자 을이 존재한다고 가정하자. 소비자 A는 1,200원의 소득을 X재를 구입하는 데 800원, Y재를 구입하는 데 400원을 쓰고 있다. 소비자 B는 1,200원의 소득을 X재를 구입하는 데 400원, Y재를 구입하는 데 800원을 쓰고 있다. 아래의 표는 X재를 생산하는 갑의 비용표(cost schedule)이다. Y재를 생산하는 을은 시장가격이 어떻게 변해도 $Q = 6$의 양을 공급한다. 두 생산자는 서로 완전경쟁생산자이다. 아래 물음에 답하라.

갑의 X재 생산비용표 (단위: 원)

Q	0	1	2	3	4	5	6
TC	400	600	800	1,000	1,200	1,600	2,200

(1) X재와 Y재의 시장수요표를 구하라.
(2) (1)의 수요표에서 가격이 300원에서 100원으로, 또 가격이 300원에서 200원으로 하락할 때 제4장 식 (4-2)의 수정공식에 의하여 탄력도를 구하라.
(3) X재의 공급곡선을 대략적으로 그려라. 단기에 조업정지가격은 얼마인가?
(4) X재, Y재의 균형가격은 얼마인가?
(5) X재, Y재의 균형생산량은 얼마이며 갑과 을의 이윤은 얼마인가?
(6) 을은 새로운 시설을 구입할 때 생산을 $Q = 8$까지 늘릴 수 있다. 그 새로운 시설의 비용은 300원이다. 이러한 시설의 구입으로 이윤을 얻을 수 있는가?
(7) 소비자가 B 한 사람뿐이라면 갑은 단기에 조업을 중단해야 하는가? 그 이유는?

4 그림 11-6에서 최초의 시장가격이 P^* 이하일 때 장기균형에 이르는 과정을 그림을 그려가며 설명하라.

5 그림 11-6과 같은 경쟁시장의 장기균형에서

(1) 모든 기업의 한계비용이 똑같은 것을 설명하라.

(2) 모든 기업의 이윤이 0인 것을 설명하라.
(3) 최소비용의 원칙이 충족됨을 설명하라.
(4) 장기에 생산자잉여는 0인 것을 설명하라.

6 생산물의 공급곡선은 우상향한다는 것이 공급의 법칙이다. 공급의 법칙은 단기에만 성립하고 장기에는 반드시 성립하지는 않음을 설명하라.

7 다음의 기술이 옳은가 그른가를 밝히고, 그 이유를 설명하라.

① 경쟁기업의 경우 한계수입과 평균수입은 생산량수준에 관계 없이 항상 같다.
② 경쟁시장에서 생산요소의 가격이 일정할 때에만 단기시장공급곡선은 개별기업의 단기공급곡선을 수평으로 합하여 구할 수 있다.
③ 경쟁기업은 $MR = MC$에서 초과이윤이나 손실을 볼 수 있다.
④ $MR = MC$는 이윤극대화의 필요조건이지 충분조건은 아니다.
⑤ 비용증가산업이나 불변산업의 장기공급곡선은 단기공급곡선보다 더 탄력적이다.
⑥ 경쟁기업의 장기균형은 손익분기점에서 성립한다.
⑦ 경쟁기업의 총수입곡선은 총수입을 종축, 판매량을 횡축으로 하는 평면에서 원점을 출발

하여 우상향하는 직선으로 표시된다.
⑧ 생산자가 무수히 많더라도 그 생산자들이 협회를 만들어 시장가격에 영향을 미치면 그 시장은 완전경쟁이 아니다.
⑨ 가격이 상승하면 손익분기점과 생산중단점도 상승한다.
⑩ 어떤 상품에 대한 수요곡선이 $Q = \dfrac{100}{P}$으로 주어졌다면 이 상품의 한계수입은 0이다.
⑪ 경쟁기업은 완전탄력적인 수요곡선에 직면한다.
⑫ 단기에 경쟁기업들의 조업정지생산량은 서로 다르다.
⑬ 경쟁시장의 균형상태에서는 모든 기업의 한계비용과 공급량이 똑같다.
⑭ 장·단기에 가격이 평균가변비용보다 높으면 생산하는 것이 유리하다.
⑮ 배달의 민족이나 요기요가 적자를 보면서도 운영한다면 이는 총수입이 총가변비용보다 많기 때문이다.
⑯ 장기에는 장기평균비용의 최저점이 경쟁기업의 생산점이자 손익분기점이요, 조업정지점이다.
⑰ 단기시장공급곡선과 장기시장공급곡선의 주요 차이는 기업의 자유로운 진입과 퇴거가 없느냐, 있느냐이다.
⑱ 비용불변산업에 속하는 기업의 장기균형생산량은 불변이다.

독점시장에서의 가격과 생산

제11 장에서 배운 완전경쟁시장에서는 한 상품을 공급하는 기업의 수가 무수히 많았다. 이 장에서는 기업의 수가 단 하나뿐인 독점시장에서 상품가격과 거래량이 어떻게 결정되는가를 배운다. 수평의 수요곡선에 직면하는 경쟁기업과는 달리 독점기업은 우하향의 수요곡선에 직면하며, 이 수요곡선상의 한 점을 독자적으로 선택하여 가격이나 생산량을 결정할 수 있다. 독점기업은 공급곡선을 가지지 않으며 가격차별을 할 수 있다. 독점시장에서는 자원배분이 비효율적이다.

CHAPTER

12

한 상품을 공급하는 기업의 수가 무수히 많은 경쟁시장과 정반대로 단 하나뿐인 시장을 독점시장이라 한다.

> 독점(monopoly) 또는 독점시장(monopoly market)이란 한 재화나 서비스의 공급이 단일 기업에 의해 이루어지는 시장을 말한다. 이 단일기업을 독점기업이라 하고 독점기업이 공급하는 재화나 서비스를 독점상품이라 한다.

독점(시장)
한 상품의 공급이 단 하나의 기업에 의해 이루어지는 시장

우리나라에서 독점의 예로는 지하철 서비스와 수도서비스를 생산하는 지방자치단체, 우편서비스를 제공하는 우체국 등을 들 수 있다. 아이폰에 쓰이는 iOS 운영체제는 애플사가 단독으로 공급하는 독점상품이다.

독점은 완전경쟁과 다른 여러 가지 특징을 가진다.

첫째, 독점기업의 공급량은 그 상품에 대한 시장의 총공급량과 일치한다. 즉, 독점기업＝독점산업이다. 따라서 독점기업은 경쟁시장의 시장수요곡선과 같이 우하향하는 수요곡선에 직면하게 된다. 독점기업이 상품의 매기당 공급량을 증가시키면 상품가격은 하락하고, 공급량을 감소시키면 상품가격이 상승한다.

둘째, 독점기업은 시장지배력을 가진다. 시장지배력이란 시장가격을 결정할 수 있는 힘을 말한다. 경쟁기업은 시장가격을 그대로 받아들이는 가격수용자로서 시장지배력이 전혀 없다. 이와 다르게 독점기업은 가격결정자(price setter)로서 자기가 원한다면 시장가격을 임의의 수준으로 결정할 수 있다.

셋째, 독점은 다른 시장조직과 대비해 볼 때 아주 밀접한 대체재를 생산하는 경쟁상대기업(rival firms)으로부터 도전을 받지 않는 시장이다. 완전경쟁하에서는 무수히 많은 기업들이 동질의 상품을 생산하기 때문에 한 기업의 상품은 다른 모든 기업들의 상품과 완전대체의 관계를 이루면서 격심한 경쟁을 벌인다. 반면에 독점하에서는 동질의 상품이나 밀접한 대체재를 생산하는 다른 기업들이 존재하지 않기 때문에 이러한 경쟁관계를 경험하지 않는다.

그러나 현실경제에서 어느 독점상품이든지 어느 정도의 대체성을 가지는 상품이 존재하기 때문에 독점은 현실경제에서 흔히 볼 수 있는 시장형태라고 할 수는 없다. 상품시장의 범위를 어떻게 잡느냐에 따라서 독점이 다음 장에서 다루는 과점으로 분류될 수도 있다. 예컨대 서울 지하철서비스는 서울시가 혼자 공급한다는 뜻에서 독점이지만, 대중교통서비스로 시장범위를 넓히면 시내버스도 있기 때문에 서울

시가 더 이상 독점기업이 아니다. 본서에서는 가급적 시장범위를 좁게 잡아 독점시장의 특성을 다룬다.

제2절 독점의 생성원인

독점은 어떻게 해서 생기는가? 어떤 시장에 독점기업 하나만 존재한다는 것은 그 시장에 다른 기업들이 진입하지 못하게 하는 여러 가지 제약이 있다는 것을 뜻한다. 이런 제약을 진입장벽(barriers to entry)이라고 한다. 독점이 생성·유지되게 하는 진입장벽으로는 보통 다음의 네 가지를 든다.

첫째, 규모의 경제(=규모에 대한 보수 증가)이다. 제10장에서 배운 바와 같이 규모의 경제가 작용하면 생산량을 증가시킬수록 평균비용이 감소한다. 어떤 산업에 시장수요량을 충족시키고도 남을 만큼의 대규모생산에 이르기까지 규모의 경제가 있으면 대규모기업일수록 더 낮은 비용으로 생산할 수 있기 때문에 그 산업은 독점화될 가능성이 크다. 이러한 상황에서는 어떤 한 기업이 생산규모를 대폭 늘리면 생산단가를 낮출 수 있고 이

한국고속철도(KTX)
초기 대규모 시설투자에 따른 고정비용이 큰 경우 독점화될 가능성이 크다.

를 통해 다른 소규모 경쟁기업들을 시장에서 몰아낼 수 있기 때문이다.

그림 12–1에서 AC_1, AC_2, AC_3는 세 가지 서로 다른 생산기술을 대표하는 장기평균비용곡선들이고 D는 시장수요곡선이다. 규모의 경제가 막 끝나는 생산량을 최소의 평균비용으로 생산하는 시설규모를 최소효율규모라고 한다는 것은 이미 배웠다.[1] 만약 어떤 산업의 생산기술이 AC_1으로 대표된다면 이 경우의 최소효율규모 생산량 Q_1이 시장수요 Q_3보다 너무 보잘 것 없기 때문에 이 산업은 경쟁체제가 될 것이다. 반

---

[1] 장기평균비용곡선이 U자형일 때 최소효율규모 생산량과 최적시설규모 생산량이 같다. 그러나 장기평균비용곡선이 접시모양(ㄴ)일 때는 단기평균비용곡선의 최저점에 접하는 최적시설규모가 여러 개 있을 수 있고 이 중에서 가장 작은 규모가 최소효율규모이기 때문에 최소효율규모 생산량과 최적시설규모 생산량이 항상 같지는 않다.

그림
12-1

**규모의 경제와
자연독점**

한 산업의 장기평균비
용곡선이 AC_3처럼 대규
모생산에 이르기까지
규모의 경제를 보이면
그 산업은 자연독점이
되기 쉽다.

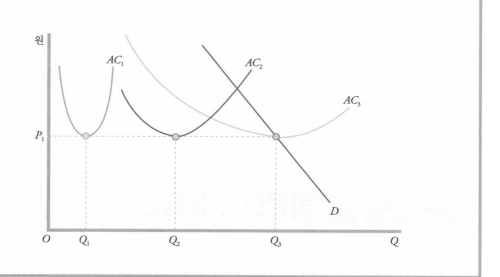

면에 AC_3의 경우와 같이 최소효율규모 생산량이 시장수요량만큼 크다면 생산규모를
가장 먼저 Q_3까지 확장하는 기업이 독점기업이 될 것이다. AC_2의 경우에는 최소효율
규모 생산량이 시장수요량에 비해 어중간하게 크기 때문에 과점화될 가능성이 있다.

> 규모의 경제로 인해 생성되는 독점을 **자연독점**(natural monopoly)이라고 부른다.

자연독점
규모의 경제로 인해 생기는
독점

자연독점은 설비투자와 시장의 규모가 매우 큰 산업에서 주로 생긴다. 자연독점
의 예로는 전력·전신·전화·수도 등 공익사업(public utilities)을 들 수 있다.

둘째, 어떤 상품을 만드는 데 쓰이는 원재료를 독점적으로 소유하는 경우이다.
20세기에 남아연방의 드 비어즈(DeBeers)회사가 세계 전체의 다이아몬드 생산량의
80%를 차지하여 세계 다이아몬드 시장을 석권한 것이나, 19세기 말에 미국의 스탠
다드(Standard)석유회사가 미국의 유전과 운송망을 지배함으로써 다른 기업들을 정유
산업에서 도태시킨 것이 이러한 예이다.

셋째, 정부가 특허권, 독점적인 인·허가 등을 내줌으로써
법적으로 독점의 지위를 누리게 되는 경우이다. 기술혁신의 유
인을 마련하기 위해 각국이 인정하는 특허권이 그 예이다. 우리
나라는 특허법에 의하여 발명가에게 20년간 특허의 효력을 부
여하는데 그 기간중 이 특허권을 이용하여 새로운 상품을 독점
적으로 공급할 수 있는 것이다.

넷째, 정부가 특수한 목적을 위하여 독점적으로 기업을 경
영하는 경우이다. 우리나라의 경우 예전에 재정수입을 목적으로

드 비어즈
1888년부터 다이아몬드를 판매하고 있다.

읽을거리 12-1 ▶ 미국의 스탠다드 오일 회사(1870~1911)

　미국의 석유왕 록펠러(John Rockefeller)가 1870년에 오하이오에서 설립한 스탠다드 오일(Standard Oil)은 원유 생산·수송·정유·판매 등을 총괄하는 대규모 석유회사였다. 송유관을 장악하고 철도업체와의 결탁으로 철도수송망까지 장악한 후 차별적 운송요금을 적용하는 방법으로 경쟁업체들을 차례로 무너뜨렸다. 그리하여 1890년에는 스탠다드 오일 그룹이 미국 전체 석유시장의 88%를 차지하였다.

　석유가격 횡포로 소비자와 중소업체들의 원성이 높아지자 미국 정부는 이 그룹을 겨냥해 1890년 경쟁의 마그나 카르타(대헌장)로 불리는 셔먼 독점금지법(Sherman Anti-Trust Law)을 제정했다. 1904년에 소송이 제기된 이후 오랜 법정 공방이 이어졌다. 1911년에 연방대법원은 "스탠다드 오일 그룹은 셔먼 반독점법 하에 부당한 독점이다"라고 판결하고 34개사로 그룹을 분할할 것을 명령했다. 미국 경제사에 획을 그은 것으로 평가되는 이 판결로 그룹은 해체됐다. 그때 분할된 회사들이 오늘날 미국의 석유 메이저인 엑슨, 모빌(이제 엑슨모빌로 통합됨), 아모코(이제 BP의 일부임), 세브론, 마라톤 등이다.

　이 예에서 볼 수 있듯이 미국의 독점금지법은 독점기업을 분할시킬 수 있는 강력한 원인규제법이다. 미국의 전기, 전화, 담배회사도 일찍이 독점금지법에 의해 분할되었다.

정부가 전매청을 세워 담배와 홍삼을 독점적으로 생산·판매하였는데 이것이 그 좋은 예이다.

　이상의 네 가지 이외에 한 기업이 경쟁상대기업들을 모두 흡수합병한다거나 획기적인 기술혁신을 이룩하여 시장을 석권한다거나 또는 불공정거래행위로 경쟁 상대기업들을 시장에서 몰아내는 경우에도 독점이 발생하게 된다.

제3절　독점의 단기균형

1　독점기업의 수요곡선과 수입곡선

　제1절에서 본 바와 같이 독점기업은 그 자체가 산업이므로 독점기업이 직면하는 수요곡선이 곧 시장수요곡선이고 우하향한다. 독점기업이 이러한 수요곡선의 위

표 12-1

독점기업의 총수입, 평균수입 및 한계수입

(1) 수요량 (Q)	(2) 가격=평균수입(원) $(P=AR=\dfrac{TR}{Q})$	(3) 총수입(원) $(TR=P \times Q)$	(4) 한계수입(원) $(MR=\dfrac{\varDelta TR}{\varDelta Q})$
0	1,300	0	
1	1,200	1,200	1,200
2	1,100	2,200	1,000
3	1,000	3,000	800
4	900	3,600	600
5	800	4,000	400
6	700	4,200	200
7	600	4,200	0
8	500	4,000	-200
9	400	3,600	-400
10	300	3,000	-600
11	200	2,200	-800
12	100	1,200	-1,000
13	0	1,200	-1,200

치를 정확하게 알고 있다고 가정해 보자, 이는 시장 생산물수량에 대응하는 수요가격을 독점기업이 정확하게 알고 있다고 가정하는 것이다. 아래에서 독점기업의 공급곡선은 없다는 것을 배운다. 독점기업은 시장수요곡선을 이용하여 자기가 시장에 내놓는 각각의 상품수량에 대응하여 수요가격을 받아낸다.

경쟁시장에서처럼 제품의 판매수입이 기업의 유일한 수입원이라고 가정하자. 논의의 편의를 위해 독점기업은 재고를 남기지 않고 매기당 생산량을 모두 시장에 출하(shipment)한다, 혹은 시장수요에 맞추어 생산물을 생산·출하한다고 가정한다. 그러면 생산량과 출하량, 판매량, 수요량은 모두 같은 수량이 되어 이 넷을 구태여 구분할 필요가 없어진다.[2]

이제 우하향하는 수요곡선으로부터 총수입곡선·평균수입곡선·한계수입곡선을 도출하는 것을 표 12-1로 알아보자.

표에서 독점상품에 대한 시장수요량과 가격의 관계가 (1)열과 (2)열에 나타나 있

---

2 독점기업이 독자적인 공급곡선을 가지지 않는다는 뜻에서 '공급'이라는 단어 대신 '출하'라는 단어를 썼다. 경쟁시장의 경우와는 다른 뜻으로 쓰인다는 전제하에 이하에서는 '공급'이라는 말도 혼용하기로 한다.

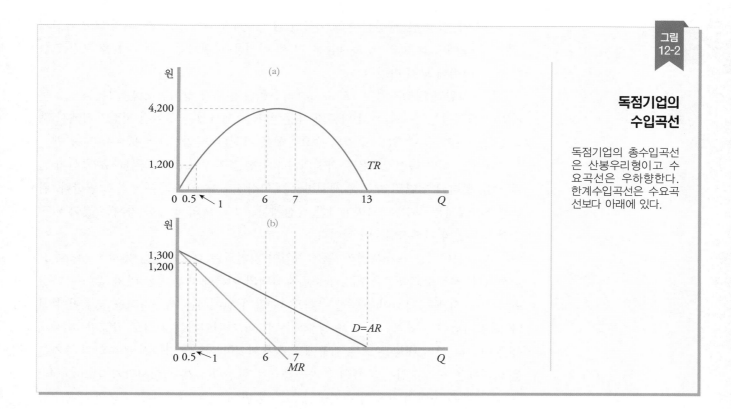

그림
12-2

**독점기업의
수입곡선**

독점기업의 총수입곡선
은 산봉우리형이고 수
요곡선은 우하향한다.
한계수입곡선은 수요곡
선보다 아래에 있다.

다. 예컨대, 독점기업이 제품을 시장에 두 단위 판매하면 한 단위마다 1,100원씩 받을
수 있는 반면, 세 단위 판매하면 한 단위마다 1,000원씩밖에 못 받는다. (1)열과 (2)열
의 조합을 그린 것이 그림 12-2에 있는 우하향하는 수요곡선이다. 뒤에 서술하는 바
와 같이 독점기업의 공급곡선이 따로 없기 때문에 독점상품의 가격은 이 수요곡선에
의해 결정된다. 독점기업의 총수입은 (1)열과 (2)열을 가로로 곱하여 얻는다. 이 총수
입(*TR*)이 (3)열에 계산되어 있다. (1)열과 (3)열의 조합을 그린 것이 총수입곡선이다.

평균수입(*AR*)은 제11장에서 배운대로 제품 1단위당 수입이자 시장가격과 일치
한다. 시장가격이 시장수요곡선에 의해 결정되고 평균수입이 시장가격과 같기 때문
에 평균수입곡선은 시장수요곡선과 같다.

한계수입(*MR*)은 $\Delta TR / \Delta Q$로 정의된다. 표에서 세 단위째 제품의 한계수입은 제
품 세 단위를 판매할 때의 총수입 3,000원에서 제품 두 단위를 판매할 때의 총수입
2,200원을 뺀 800원이다. 즉,

$$MR = \frac{\Delta TR}{\Delta Q} = \frac{3,000 - 2,200}{3 - 2} = 800원$$

이와 같은 방식으로 한계수입이 (4)열에 계산되어 있다. (1)열과 (4)열의 조합을
그린 것이 한계수입곡선이다.

총수입(*TR*)곡선, 생산물수요(*D*)곡선 겸 평균수입(*AR*)곡선, 한계수입(*MR*)곡선이 그림 12-2에 그려져 있다. 독자들은 이 세 곡선을 경쟁기업의 세 곡선을 그린 그림 11-1과 대비해 보기 바란다.

독점기업과 경쟁기업의 *TR*, *AR*, *MR*곡선들의 형태가 상이한 것은 기본적으로 두 기업이 직면하는 수요곡선이 다르기 때문이다. 경쟁기업은 주어진 시장가격에서 제품을 얼마든지 팔 수 있는 수평의 수요곡선을 가진다. 따라서 *P* = *AR* = *MR*의 관계가 성립한다. 그러나 독점기업은 우하향의 수요곡선을 가지므로 *MR*곡선과 *AR*곡선이 같지 않을 뿐더러 첫단위 제품을 제외하고는 항상 *P* = *AR* > *MR*의 관계가 성립한다. 완전경쟁하에서는 항상 *P* = *MR*이지만 독점에서는 *P* > *MR*의 관계를 가지는 것이 완전경쟁과 독점의 기본적인 차이점이다.

왜 독점에서는 *P* > *MR*일까? 독점기업이 직면하는 수요곡선은 동시에 시장수요곡선이다. 시장수요곡선은 제3편 소비자선택의 이론에서 도출한 바와 같이 우하향한다. 따라서 독점기업이 제품을 추가로 더 팔기 위해서는 제품가격을 낮추어야 한다. 독점기업이 동질적인 상품을 생산하는 한 이 가격인하는 추가로 팔고자 하는 제품뿐 아니라 이미 내놓은 모든 제품에도 적용되어야 한다.[3] 따라서 총수입의 증가분을 나타내는 한계수입은 제품의 추가공급으로 형성되는 새로운 시장가격보다 작다. 그 작은 몫은 종전의 제품이 추가공급으로 덜 받게 되는 가격차를 종전의 제품수량으로 곱한 것과 같다. 즉

(12-1) 한계수입＝시장가격－(종전의 판매량×추가공급으로 덜 받게 되는 가격차)

예컨대 표 12-1에서 세 단위째 제품의 한계수입 800원은 식 (12-1)을 이용하여 계산하면 1,000원－(2×100원)이다. 여기에서 세 단위 제품의 공급으로 형성되는 시장가격은 1,000원이고 종전의 판매량은 두 단위, 두 단위가 세 단위째 제품공급으로 덜 받게 되는 가격차는 100원이다. 독점에서는 추가공급에 따른 가격차가 항상 존재하기 때문에 한계수입이 시장가격보다 작게 된다. 반면 완전경쟁에서는 제품이 추가적으로 공급되어도 주어진 시장가격에는 변화가 없다. 따라서 추가공급으로 덜 받게 되는 가격차가 없고 항상 경쟁기업의 한계수입과 시장가격은 같다.

이처럼 독점에서는 *P* > *MR*이고 *P*는 생산량의 증가에 따라 하락하므로 *MR*곡선도 생산량의 증가에 따라 감소하는 우하향의 곡선으로 나타난다. 또한 한계수입은 그림 12-2에서 보는 것처럼 음(陰)이 될 수도 있다. 독점기업이 제품 한 단위를 추가공급할 때 제품가격이 큰 폭으로 하락하여 총수입이 감소하면 한계수입은 음이 된다.

---

3 독점기업이 시장을 효과적으로 분할할 수 있으면 동질적인 상품이라도 제품 각 단위에 다른 가격을 매길 수 있다. 이 경우는 다음의 제5절에서 가격차별이라는 제목으로 따로 다룬다.

독점기업이 직면하는 우하향의 수요곡선과 관련하여 한 가지 유의할 사실은 독점기업이 제품판매량과 제품가격을 동시에 자기가 원하는 수준으로 결정할 수는 없다는 것이다. 즉, 제품판매량을 정해 놓고 시장가격을 임의로 결정할 수 없으며, 시장가격을 정해 놓고 그 가격에서 임의로 판매량을 결정할 수도 없다. 우하향의 수요곡선이 의미하는 바는 독점기업이 제품판매량을 변경시키면 가격이 달라지고, 가격을 변경시키면 판매량이 달라진다는 것이다. 독점기업이 독자적으로 결정할 수 있는 것은 판매량이나 시장가격 둘 중의 어느 하나뿐이다. 어느 한쪽을 독점기업이 결정하면 다른 한쪽은 시장수요곡선에 의하여 결정된다.

2 독점기업의 수입 · 비용 · 이윤

앞에서 독점기업의 수요곡선으로부터 총수입 · 평균수입 · 한계수입 등 수입측면을 고찰했다. 독점기업이 경쟁기업처럼 이윤의 극대화를 추구한다고 가정하자. 이제 독점기업의 비용측면에 관한 자료가 주어지면 이윤극대화를 보장하는 판매량과 이에 상응하는 시장가격을 구할 수 있다.

독점기업의 수입 · 비용 · 이윤

(1) 수요량 (Q)	(2) 가격(원) (P)	(3) 총수입(원) (TR)	(4) 한계수입(원) (MR)	(5) 총비용(원) (TC)	(6) 평균비용(원) ($AC=\dfrac{TC}{Q}$)	(7) 한계비용(원) ($MC=\dfrac{\varDelta TC}{\varDelta Q}$)	(8) 이윤(원) ($\pi=TR-TC$)
0	1,200	0		1,000			-1,000
1	1,200	1,200	1,200	1,600	1,600	600	-400
2	1,100	2,200	1,000	2,000	1,000	400	200
3	1,000	3,000	800	2,400	800	400	600
4	900	3,600	600	2,900	725	500	700
5	800	4,000	400	3,600	720	700	400
6	700	4,200	200	4,600	767	1,000	-400
7	600	4,200	0	6,100	871	1,500	-1,900
8	500	4,000	-200	8,400	1,050	2,300	-4,400
9	400	3,600	-400	11,900	1,322	3,500	-8,300
10	300	3,000	-600	16,100	1,610	4,200	-13,100

독점기업의 각 생산수준에 상응하는 총비용(TC)이 표 12-2의 (5)열과 같이 주어졌다고 하자. 표에서 앞의 네 열은 표 12-1과 같다. 총수입에서 평균수입과 한계수입을 도출한 것과 같이 총비용에서 평균비용(AC)과 한계비용(MC)을 $AC = \dfrac{TC}{Q}$, $MC = \Delta TC / \Delta Q$의 공식으로 계산할 수 있다. 이 평균비용과 한계비용이 표 12-2에서 (6)열과 (7)열에 나타나 있다. 마지막으로 총수입에서 총비용을 뺀 총이윤이 (8)열에 계산되어 있다. 이 가상적인 예에서 독점기업의 최대이윤은 (8)열에서 쉽게 확인할 수 있듯이 700원이며 이는 생산량을 4단위 공급할 때 얻어진다. 이에 상응하는 시장가격은 900원이다. 이상은 제11장에서 설명한 $TR-TC$ 접근방법에 의하여 이윤극대화생산량을 결정하는 방법이다.

제11장에서 $TR-TC$ 접근방법과 동등한 $MR=MC$ 접근방법을 소개하였거니와 이 방법에 의하면 어떠한가? 상품 네 번째 단위의 한계수입은 600원이지만 한계비용은 500원이어서 네 번째 단위에서 $MR=MC$의 조건이 정확하게 충족되지는 않는다. 그러나 네 번째 단위에서 $MR>MC$이므로 제11장에서 배운 바와 같이 네 번째 단위를 생산하는 것은 이윤을 증대시킨다. 따라서 독점기업은 네 번째 단위까지를 틀림없이 생산할 것이다. 그러면 한 단위 더 늘려 다섯 번째 단위를 생산하는 것은 어떠한가? 다섯 번째 단위에서는 MR이 400원인 데 반하여 MC가 700원이어서 $MR<MC$의 관계가 성립한다. 다섯 번째 단위를 생산함으로써 이윤이 감소되는 것을 확인할 수 있다. 구체적으로 다섯 번째 단위를 생산함으로써 네 단위 생산보다 추가로 기업이 얻는 수입은 400원임에 반하여 추가로 들어가는 비용은 700원이어서 네 단위만 생산할 때 얻는 이윤보다 300원이 감소하는 것이다((8)열 참조). 따라서 이윤극대화를 추구하는 독점기업은 다섯 번째 단위를 생산하지 않을 것이며 정수단위로만 공급한다면 이윤극대화공

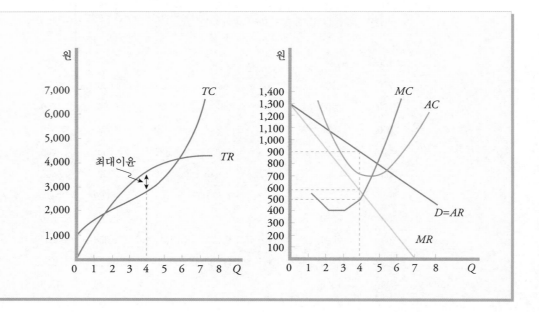

그림 12-3

독점기업의 이윤극대화

독점기업의 이윤을 극대로 하는 생산량은 총수입곡선과 총비용곡선의 수직적인 차이가 가장 큰 생산량이자 한계수입곡선과 한계비용곡선이 만나는 생산량이다. 생산량=판매량이 결정되면 시장가격은 수요곡선에 의해 결정된다.

급량은 4단위가 된다.[4] $MR = MC$ 접근방법에 의해서도 $MR \neq MC$인 상태에서는 생산량을 증감시킴으로써 이윤을 변경시킬 수 있다는 논리를 이용하여 $TR-TC$접근방법과 똑같은 해답을 얻게 되는 것이다. 이 두 접근방법을 그린 것이 그림 12-3이다.

3 독점기업의 단기균형 : 일반적인 경우

앞에서는 상품을 한 단위, 두 단위 등 양의 정수로만 생산하는 경우를 살펴보았다. 이제 상품을 분수단위로도 세분하여 생산하고 그 각각에 대응하여 서로 다른 가격수준으로 공급할 수 있다고 가정하면 곡선들은 모나지 않고 부드러운 곡선이 된다.

독점기업이 직면하는 수요곡선이 그림 12-4에서와 같이 주어져 있다고 하자. 독점기업은 이 수요곡선에서 한계수입곡선을 도출할 수 있다. 앞에서 본 대로 모든 생산량에 대하여 한계수입곡선은 시장가격 = 평균수입을 나타내 주는 수요곡선보다 낮은 수준에 위

윈도우스 11
윈도우스 11의 가격은 윈도우스 11의 한계생산비용보다 훨씬 커 독점이윤을 가능케 한다.

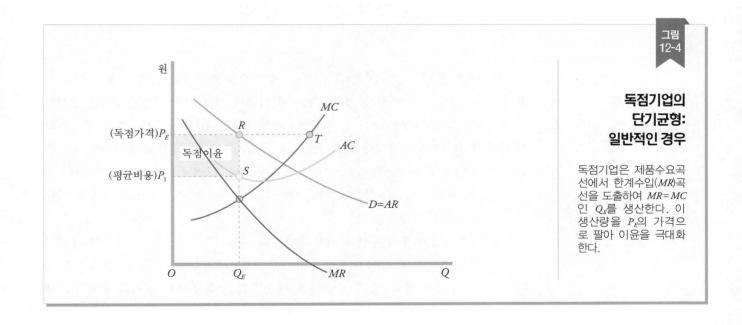

그림
12-4

**독점기업의
단기균형:
일반적인 경우**

독점기업은 제품수요곡선에서 한계수입(MR)곡선을 도출하여 $MR = MC$인 Q_E를 생산한다. 이 생산량을 P_E의 가격으로 팔아 이윤을 극대화한다.

---

4 상품을 분수단위로 공급한다면 상품 4단위와 5단위 사이에서 $MR = MC$가 성립한다. 표 12-2에서 MR은 4단위에서 600원이고 5단위에서 400원인데 MC는 4단위에서 400원이고 5단위에서 700원이다. 따라서 4단위와 5단위 사이에서 $MR = MC$가 된다. 독자들은 이를 그림 12-3에서도 확인할 수 있어야 한다.

치한다.[5] 독점기업은 자기가 가지고 있는 총비용의 자료에서 평균비용(AC)곡선과 한계비용(MC)곡선을 쉽게 그릴 수 있다. 독점기업이 이윤극대화를 추구할 경우 MR곡선과 MC곡선이 만나 $MR = MC$의 조건을 만족시키는 Q_E를 이윤극대화판매량으로 선정할 것이며 이 Q_E가 시장에 출하될 때 수요곡선에 의하여 시장가격은 P_E로 결정된다. 따라서 이윤극대화 독점가격은 $P > MR = MC$로 한계수입은 물론이고 한계비용보다 크다. 완전경쟁의 경우 이윤극대화가격은 $P = MR = MC$로 한계비용과 항상 같았다. 제6절에서 살펴보는 것처럼 이 차이가 독점의 사회적 비용을 이해하는 데 가장 중요한 점이다.

한편 독점기업의 이윤은 총수입(TR) $= P \times Q = \square OP_ERQ_E$에서 총비용($TC$) $= AC \times Q = Q_ES \times OQ_E = \square OP_1SQ_E$를 뺀 총이윤($\pi$) $= TR - TC = \square OP_ERQ_E - \square OP_1SQ_E = \square P_1P_ERS$ (색칠한 면적)가 된다. 이를 독점기업이 수취하는 이윤이라는 점에서 독점이윤이라고도 부른다. 이 독점이윤은 정상이윤을 웃도는 초과이윤이다. 여기에서 RS는 독점기업이 수취하는 제품 한 단위당 이윤으로서 평균이윤($= \pi/Q$)이다.

독점산업의 단기균형은 독점기업 = 독점산업이므로 독점기업의 단기균형과 같다.

독점이윤
독점기업이 수취하는 이윤

4 독점기업은 항상 이윤을 시현할까?

독점기업은 출하량의 조절을 통하여 시장가격을 변경시킬 수 있는데 이 힘을 시장지배력이라 함은 앞에서 설명하였다. 독점기업이 이와 같은 시장지배력을 행사하여 초과이윤을 향유하는 것은 우리가 현실경제에서 흔히 볼 수 있는 현상이다. 따라서 독점기업이라면 시장지배력으로 소비자 위에 군림하여 항상 초과이윤을 시현할 수 있을 것이라고 생각하는 것이 일반적인 통념이다. 그러나 이 일반적인 통념이 항상 옳은 것은 아니다. 독점상품에 대한 시장수요가 적을 때 독점기업은 손실을 시현할 수도 있기 때문이다.

한 독점기업의 수요곡선과 비용곡선들이 그림 12-5의 D, AC, MC와 같다고 가정하자. 그림에서 매기당 이윤극대화판매량은 $MR = MC$의 조건을 만족시켜 주는 Q_E이다. 독점기업이 Q_E를 공급하면 시장가격은 수요곡선에 의하여 P_E수준에

---

5 한계수입곡선의 구체적인 위치는 수요곡선에서 도출할 수 있음을 수리경제학 과목에서 배우게 된다. 예컨대 수요곡선이 $P = a - bQ$일 때 $TR = P \cdot Q = (a - bQ)Q = aQ - bQ^2$이고 $MR = \frac{dTR}{dQ} = a - 2bQ$이다. 여기서 MR곡선과 수요곡선을 비교해 볼 때 절편은 a로 똑같은데 MR곡선의 기울기가 수요곡선의 기울기보다 정확히 2배 크다. 따라서 MR곡선이 수요곡선 또는 평균수입곡선보다 아래에 위치함을 알 수 있다.

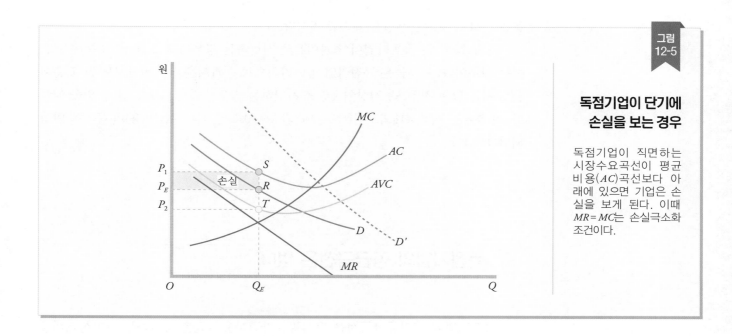

그림
12-5

**독점기업이 단기에
손실을 보는 경우**

독점기업이 직면하는 시장수요곡선이 평균비용(AC)곡선보다 아래에 있으면 기업은 손실을 보게 된다. 이때 $MR = MC$는 손실극소화 조건이다.

서 결정된다. 따라서 총수입은 $\Box OP_ERQ_E$이다. 한편 생산량 Q_E수준에서 평균비용은 $Q_ES = OP_1$이어서 Q_E생산에 따르는 총비용은 $\Box OP_1SQ_E$이다. 총수입에서 총비용을 뺀 총이윤은 $-\Box P_EP_1SR$이 되어 독점기업은 매기당 $\Box P_EP_1SR$(색칠한 면적)만큼의 손실을 보게 된다.

그림 12-5가 그림 12-4와 다른 점은 $MR = MC$의 조건을 만족시켜 주는 이윤극대화판매량수준에서 수요곡선이 평균비용곡선보다 아래에 위치하여 시장가격이 평균비용보다 작다는 점이다. 이는 그림 12-5의 경우 시장수요가 독점기업의 비용구조와 비교해서 상대적으로 크지 않다는 것을 의미한다. 이 때 독점기업은 Q_E를 단기적으로 생산할 것인가? 제11장에서 배운 바와 같이 기업이 손실을 보는 경우 생산 여부의 결정은 손실의 크기가 총고정비용보다 크냐 작으냐에 달려 있다. 그림 12-5에서와 같이 평균가변비용(AVC)곡선이 주어져 있을 경우 평균고정비용(AFC)은 $AC - AVC = Q_ES - Q_ET = ST$이고 총고정비용(TFC)은 $AFC \times Q = ST \times OQ_E = \Box P_2P_1ST$이다. 기업이 Q_E를 생산하지 않는 경우 총수입은 0이어서 총고정비용만큼 손실을 본다. 따라서 Q_E를 생산함으로써 시현하는 손실액 $\Box P_EP_1SR$이 Q_E를 생산하지 않을 때의 손실액 $\Box P_2P_1ST$보다 작아서 독점기업은 매기당 Q_E를 생산할 것이다. 이 $\Box P_EP_1SR$의 손실액은 다른 어떤 생산량에 대응하는 손실액보다 작다. 즉 Q_E는 손실을 극소화시키는 생산량이다.

그림 12-5와 같은 상황이 장기적으로 지속된다면 이 독점기업은 머지않아 생산을 포기하고 다른 품목의 생산으로 전환할 것이다. 조만간 시장수요가 증가하거나 (예컨대 그림 12-5에서 점선으로 표시된 D'으로 이동하는 경우), 혹은 기술진보로 평균비용곡선이 수요곡선 아래에 위치하게 될 전망이 있을 때 독점기업은 단기적으로 손실

을 보더라도 이 제품생산을 계속할 것이다.

　　그림 12-4는 독점기업이 초과이윤을 시현하는 경우이고 그림 12-5는 손실을 보는 경우이다. 독자들은 독점기업이 단기적으로 초과이윤을 시현하지도 않고 손실을 보지도 않는 경우, 즉 정상이윤만을 시현하는 경우를 그림으로 그릴 수 있을 것이다. 이 경우는 이윤극대화조건($MR = MC$)과 $\pi = 0$조건(가격 = 평균비용)이 동시에 만족되어야 한다.

5　독점기업의 공급곡선은 없다

　　경쟁기업의 단기공급곡선은 단기평균가변비용곡선을 상회하는 단기한계비용곡선이었다. 독점기업의 경우도 마찬가지 결과를 얻을 것인가? 경쟁기업의 공급곡선 도출과정을 복습하면 독점기업에서는 마찬가지 결과를 얻지 못하게 됨을 쉽게 알 수 있다.

　　경쟁기업은 시장가격을 주어진 그대로 받아들여 정해진 시장가격으로 얼마든지 제품을 팔 수가 있었다. 이로부터 임의의 시장가격에서 수평인 수요곡선=한계수입곡선을 얻게 되고 이 한계수입곡선과 우상향하는 한계비용곡선이 만나는 점에서 이윤극대화 수량을 결정할 수 있었다.

　　그러나 독점기업에서는 우하향하는 수요곡선으로 인하여 한계수입곡선이 항상 수요곡선보다 아래에 위치하게 된다. 또한 독점시장가격은 기업의 생산량과 독립적인 관계를 가지지 않고 생산량의 많고 적음에 의해 영향을 받는다. 따라서 임의의 시장가격에서 MC곡선은 이윤극대화공급량을 표시해 주지 않는다. 예컨대 앞의 그림 12-4에서 시장가격 P_E에 대응하는 공급량은 MC곡선상의 P_ET가 아니고 $P_ER = OQ_E$인 것이다. 독점기업의 단기한계비용곡선은 단기공급곡선이 아니다.

　　그러면 독점기업의 단기공급곡선은 어떻게 표시되는가? 한마디로 말해서 독점기업은 공급곡선을 가지지 않는다. 이를 이해하기 위하여 경쟁기업의 공급곡선을 다시 보자. 이 공급곡선에 의하면 시장가격이 임의의 수준으로 정해져 있을 때 이 가격수준에 대응하는 이윤극대화공급량은 유일하게 결정되었고 거꾸로 어떤 특정 공급량에 대응하는 시장가격은 유일한 것이었다. 즉 공급곡선의 주요한 특성은 시장가격과 기업의 공급량간에 1 : 1의 대응관계가 성립한다는 것이다. 그러나 독점의 경우에는 이러한 1 : 1의 대응관계가 성립하지 않는다. 어떤 특정한 시장가격수준에 둘 이상의 상이한 공급량이 대응할 수도 있고, 어떤 공급량수준에 둘 이상의 상이한 시장가격이 대응할 수도 있다. 따라서 시장가격과 공급량의 유일한 대응관계를 표시해

그림
12-6

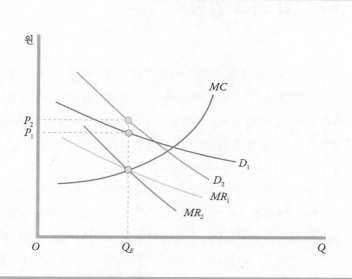

**독점기업의
시장가격과 공급량**

독점기업의 공급곡선은 없다. 독점기업은 시장수요의 크기에 따라 같은 판매량도 다른 가격을 받을 수 있다. 시장수요곡선이 D_1, 한계수입곡선이 MR_1이면 가격을 P_1으로, 시장수요곡선이 D_2, 한계수입곡선이 MR_2이면 가격을 P_2로 받는다.

주는 공급곡선이 독점기업에는 존재하지 않는다.

그림 12–6에서 시장수요곡선이 D_1, 한계수입곡선이 MR_1이면 이윤극대화공급량 Q_E가 P_1의 가격으로 팔린다. 그러나 시장수요곡선이 D_2이고 이에 대응하는 한계수입곡선이 MR_2이면 이윤극대화공급량은 수요곡선이 D_2일 때와 같이 Q_E이지만 시장가격은 P_2가 된다. 따라서 Q_E라는 한 생산량에 P_1과 P_2의 상이한 시장가격들이 대응하게 되어 완전경쟁에서와 같이 생산량과 시장가격간에 유일한 대응관계가 성립하지 않는다.

생산량 Q_E에 대응하여 상이한 가격이 비단 P_1과 P_2, 둘만 있을 수 있는 것이 아니고 시장수요가 달라짐에 따라서 그 밖에 얼마든지 많은 시장가격이 있을 수 있다. 독자들은 동일한 시장가격에 대하여 둘 이상의 상이한 공급량이 있을 수 있음을 그림으로 확인할 수 있어야 한다.

결국 독점기업은 경쟁기업과 같이 시장가격이 어느 수준이면 공급량을 어느 수준으로 하겠다고 하는 사전적인 계획이 존재하지 않고 그때 그때 시장수요의 크기를 감안하여 이윤극대화공급량을 결정한다. 이처럼 독점기업이 시장수요의 크기를 '이용'하는 결과 다른 사정이 동일한 경우 독점하에서의 공급량은 완전경쟁하에서의 시장공급량보다 적고 가격은 높은 것을 곧 배우게 된다.

6 독점기업의 가격 결정

앞의 그림 12-4에서 독점기업이 이윤극대화공급량을 먼저 결정하고 나면 시장수요곡선에 의해 독점상품가격이 결정된다고 설명하였다. 그러나 현실세계의 독점기업은 가격을 먼저 결정하고 이 정해진 가격으로 시장수요량만큼 판다. 우리가 배우는 독점이론과 현실에서의 독점기업 행태는 서로 조화되지 않는 것처럼 보인다. 과연 그럴까. 그렇지 않다.

지금까지 우리는 독점기업이 자기 제품에 대한 시장수요곡선을 정확히 안다고 가정하여 논의를 전개해 왔다. 그림 12-4에서 시장수요 곡선을 D로 그릴 때에는 각각의 가격수준에 대응하는 매기당 수요량이 D로 표시된다는 것을 경제학도도 알고 독점기업도 알고 있다고 가정하는 것이다. 시장수요곡선이 D이면 독점기업은 한계수입곡선 MR을 도출하여 이 한계수입곡선이 한계비용곡선과 만나는 이윤극대화공급량 Q_E를 결정한다. 공급량이 결정되면 시장가격은 수요곡선에 의해 P_E로 결정된다. 이것을 달리 표현하면 시장수요곡선이 D일 때 독점기업은 매기당 이윤극대화공급량 Q_E가 팔릴 수 있도록 시장가격을 P_E로 결정한다고 말할 수 있다. 시장수요곡선의 위치를 정확히 알고 있으면, 독점기업이 이윤극대화공급량을 결정하고 시장수요곡선이 시장가격을 결정한다고 말할 수도 있고, 독점기업이 이윤극대화가격을 결정하고 시장수요곡선이 판매량을 결정한다고 말할 수도 있는 것이다.

독점기업이 시장수요곡선의 정확한 위치를 모를 때에는 어떻게 될까? 시장수요에 불확실성이 많고 이 불확실성을 없앨 정도로 독점기업이 완전한 정보를 가지고 있지 않을 때에는 독점기업이 시장수요곡선의 정확한 위치를 알지 못한다. 이때 불확실성이 어떤 확률분포로 묘사된다면 통계학에서 배우는 불확실성하의 의사결정이론을 이용하여 시장수요곡선이 나타날 수 있는 범위와 빈도 등을 파악하고 이에 입각하여 독점기업의 기대이윤(expected profit)을 극대화시키는 가격이나 공급량을 정한다.

불확실성이 어떤 확률분포로 묘사될 수 없고, 각각의 가격에 대응하는 시장수요량을 파악하는 데 많은 비용이 든다면 시장수요곡선이 나타나는 범위마저도 제대로 파악할 수 없다. 이 경우에 독점기업은 비용할증가격설정방식에 의존한다. 비용할증가격설정(mark-up pricing)이란 생산비에 적정 마진(margin)을 더해 가격을 정하는 것을 말한다. 정상적인 생산수준에서의 평균비용(AC)에 적절하다고 생각되는 마진율(m)을 더해 시장가격(P)을 결정하는 것이다.

비용할증가격설정
생산비에 적정 마진을 더해 가격을 정하는 것

[12-2] $P = AC(1+m)$

시장수요에 관한 불확실성이 크고 불확실성을 없애는 데에 많은 비용이 드는 상황에서는 위 식으로 표시되는 비용할증가격설정이 장기적으로 이윤극대화와도 합치되는 합리적인 가격설정방식이라고 알려져 있다. 비용할증가격설정은 아래에서 배우는 독점적 경쟁산업과 과점산업에서도 흔히 관찰된다.

　　본서에서는 불완전경쟁기업이 시장수요곡선을 정확히 안다고 가정하여 분석을 단순화하고 있다.

제4절　독점의 장기균형

　　독점의 장기균형을 논할 수 있기 위해서는 먼저 시장수요가 충분히 커서 최적생산량수준에서 손실을 보지 않아야 하고(즉, 시장가격이 평균비용보다 낮지 않아야 하고) 다른 기업들이 시장에 진입할 수 없는 장벽이 장기에도 존재해야 한다. 장기에 독점기업이 손실을 볼 정도로 시장수요가 적으면 독점기업이 다른 산업으로 퇴출해 버리고, 진입장벽이 낮으면 다른 기업들이 시장에 진입해 와서 그 어느 경우에나 독점이 파괴되기 때문이다.

　　독점기업의 장기평균비용곡선은 생산시설을 포함한 모든 생산요소가 가변요소인 장기에 각각의 생산량을 최소의 평균비용으로 생산할 수 있는 점들을 이은 것으로서 각각의 점은 동시에 단기평균비용곡선상의 점이다. 독점기업의 장기평균비용(LAC)곡선이 그림 12-7에서와 같다고 하자. 장기한계비용(LMC)곡선은 제10장에서 한계비용곡선과 평균비용곡선의 관계를 설명한 대로 LAC곡선의 최저점을 통과한다. 수요곡선이 장기에나 단기에나 한 가지로 매기당 D곡선으로 주어진다면 한계수입곡선은 장기에나 단기에나 MR곡선으로 표시된다. 즉, MR곡선은 단기한계수입(SMR)곡선이자 장기한계수입(LMR)곡선이다. 장기에는 시설규모의 변경이 가능하므로 기업은 장기평균비용(LAC)곡선상의 한 점(여러 가지 시설규모 중 한 시설규모)을 선택할 수 있다.

　　MR곡선과 LMC곡선의 교차점에 대응하는 생산량 Q_E가 장기 이윤극대화공급량이다. 이 때 균형시장가격은 수요곡선에 의하여 P_E에서 결정된다. 공급량 Q_E를 매기당 최소의 생산비용으로 생산하는 공장시설규모는 SAC_m으로 표시되는 단기평균비용곡선을 가진다. 이 SAC_m에 부응하는 단기한계비용곡선 SMC_m은 그림 12-7에서와 같

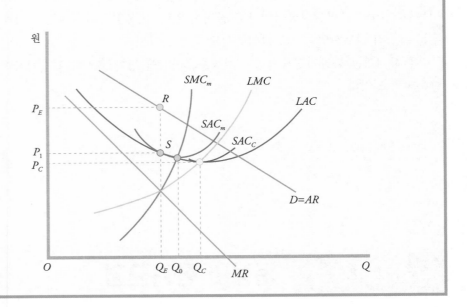

그림 12-7

독점기업의 장기균형

독점기업은 장기에도 새로운 기업의 진입이 없기 때문에 장기적인 평균비용극소화 생산량 Q_C보다 이윤극대화 생산량 Q_E를 공급하여 P_1P_ERS만큼의 독점이윤을 누린다. 따라서 완전경쟁의 경우보다 가격은 높고 공급량은 적다.

이 MR곡선과 LMC곡선의 교차점을 지나고 SAC_m의 최저점을 통과한다. 따라서 독점기업은 SAC_m, SMC_m으로 표현되는 생산시설을 건설하여 매기당 Q_E를 생산한다. 이 공장시설이 단기에 이윤극대화(SMR = SMC)를 가져올 뿐 아니라 장기에도 이윤극대화(LMR = LMC)를 가져올 수 있어, 다른 생산시설규모로 변경시킬 유인이 없는 "균형" 생산시설이 된다. 그림 12-7에서 독점의 장기균형은 공급량과 시장가격이 각각 Q_E, P_E로 표시되고 이윤은 사각형 면적 P_1P_ERS로 표시된다.

독점의 장기균형을 완전경쟁의 장기균형과 대비하면 완전경쟁의 경우보다 시장가격이 높고 공급량이 적은 것을 쉽게 확인할 수 있다. 그림 12-7의 비용곡선이 완전경쟁기업을 나타낸다면 각 기업은 LAC곡선의 최저점에 상응하는 생산시설을 지어 Q_C를 생산하고 시장가격은 P_C까지 낮아져 이윤이 0이 될 것이다. 독점과 완전경쟁의 장기균형이 기본적으로 다른 점은 완전경쟁하에서는 기업의 자유로운 전출입이 허용되는 반면 독점에서는 자유로운 전출입이 허용되지 않는 데 있다. 독점기업의 입장에서 SAC_m보다 SAC_C로 표시되는 생산시설을 가지는 것이 평균비용을 극소화하는 길이지만 평균비용극소화보다는 이윤극대화를 추구하는 독점기업은 MR = MC를 만족시키는 SAC_m으로 표시되는 생산시설을 가지게 된다. 이 생산시설로 장기에 초과이윤을 누릴 수 있는 것은 완전경쟁에서와 같은 자유로운 기업진입이 허용되지 않는 데 있는 것이다. 새로운 기업의 진입이 허용되지 않기 때문에 장기평균비용 극소화의 유인이 생기지 않는다.

그림 12-7은 또한 독점이 완전경쟁에서는 찾아볼 수 없는 과잉시설을 보유하는 것을 보여 준다. SAC_m으로 표시되는 생산시설을 짓게 되면 이 시설로는 SMC_m과 만나는 Q_0를 매기당 생산해야만 평균비용이 최소가 된다. 그러나 이윤극대화를 추구

하는 독점기업은 매기당 Q_0까지 생산하지 않고 Q_E만 생산함으로써 $Q_E Q_0$가 과잉시설 (excess capacity)로 나타난다. 독점에서는 시설능력이 있음에도 불구하고 이 시설능력을 최적으로 가동하지 않는다는 것이 독점의 장기균형이 보여 주는 시사점이고 이것이 독점의 비효율성으로 연결된다.

 | bag **제5절** | **가격차별**

경쟁시장에서는 한 상품에 대하여 단 하나의 가격만이 성립하는 일물일가의 법칙이 존재함을 배웠다. 그런데 독점에서는 동일한 상품에 대하여 생산비용이 같음에도 불구하고 상이한 고객에 상이한 가격을 매길 수 있다. 이것을 가격차별(price discrimi-nation)이라 한다. 서울특별시에서 수도물을 공급하는데 가정용 수도요금은 낮게, 사우나탕 등 고급목욕탕 수도요금은 높게 매긴다거나, 극장에서 대인과 소인의 입장료를 달리 받거나, 우리나라 자동차회사에서 승용차를 외국에 수출할 때 국내판매가격보다 낮은 가격을 매기는 것, 쿠폰을 가져 오면 물건값을 깎아 주는 것 등이 가격차별의 비근한 예이다.

버스요금
버스요금은 연령(일반, 청소년, 어린이), 지불방법 (교통카드, 현금), 이용시간대 등에 따라 다르다.

가격차별이 성립하기 위해서는 다음의 네 가지 조건이 충족되어야 한다. 첫째, 판매자가 시장지배력을 가지고 있어야 한다. 시장가격에 전혀 영향력을 미치지 못하는 경쟁기업은 가격차별을 시행할 수 없다. 둘째, 서로 다른 고객 또는 시장이 쉽게 구분되어야 한다. 극장에서 대인과 소인의 입장료가 다른 것은 대인과 소인의 구분이 용이하기 때문이다. 위에 든 예에서 보더라도 서울시청은 가정과 목욕탕을, 자동차회사는 국내시장과 해외시장을 쉽게 구분할 수 있다. 셋째, 상이한 시장 사이에 상품의 재판매가 불가능해야 한다. 만약 가격이 낮은 시장에서 상품을 구입한 구매자가 가격이 높은 시장에서 팔 수 있다면 매매차익을 노리는 구매자들에 의하여 시장간의 가격차이는 없어질 것이고[6] 가격차별전략은 실패로 돌아갈 것이다. 예컨대 자

---

6 보다 정확하게 말해서 상이한 시장간의 운송비만큼 가격차이가 존재할 것이다. 매매차익을 노려 상품을 구입하고 판매하는 행위를 재정(裁定)거래, 혹은 차익거래(arbitrage transaction)라 한다.

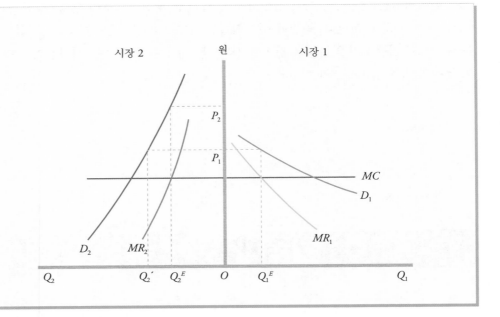

그림
12-8

**독점기업의
가격차별화**

독점기업은 수요의 가
격탄력도가 큰 시장 1
에서 가격을 낮게, 가격
탄력도가 작은 시장 2
에서는 가격을 높게 매
긴다

동차회사의 경우 해외시장에 판 승용차가 자유롭게 국내시장에 흘러들어와 거래되
면 해외시장과 내수시장간의 가격차별은 성공할 수 없다. 국내시장에 싼 값으로 흘
러들어오지 못하게 수입상품에 높은 관세가 부과됨으로써 가격차별이 유지되는 것
이다. 마지막으로, 상이한 시장간에 수요의 가격탄력도(ε_d)가 달라야 한다. 앞의 세
조건이 충족되더라도 한 시장과 다른 시장 사이에 수요의 탄력도가 같으면 시장가격
이 같아지게 되어 가격차별화가 이루어지지 않는다.

그림 12-8에서 독점기업이 시장 1과 시장 2에서 직면하는 수요곡선이 각각 D_1,
D_2라 하자. D_2곡선은 보통 1상한에 그리는 수요곡선을 우측에서 좌측으로 180° 회전
시킨 것이다. D_1이 D_2보다 완만하므로 같은 가격수준에서 비교한다면 시장 1이 시장
2보다 수요가 더 탄력적이다. 두 경우를 명료하게 대비하기 위하여 양쪽 시장에서의
한계비용곡선이 생산량과는 독립적으로 일정하다고 하자.[7] 그러면 각 시장에서의 공
급량은 $MR = MC$의 이윤극대화조건을 만족시키는 Q_1^E, Q_2^E, 이 때 시장가격은 각각 P_1,
P_2가 된다. 즉, 수요의 탄력도가 더 큰 시장에서의 가격이 더 낮게 된다. 그림에서 독
점기업의 입장에서 볼 때 가격차별전략이 가격비차별(=단일가격)전략보다 더 유리
한 것을 쉽게 확인할 수 있다. 독점기업이 시장 2에서도 P_1으로 가격을 매겨 Q_2'만큼
공급하면 Q_2'수준에서 $MR<MC$이므로 공급량을 감소하여 이윤을 증대시킬 수 있다.

일반적으로 수요가 더 탄력적인 시장일수록 독점기업이 매기는 가격은 더 낮아
지고 수요가 덜 탄력적일수록 가격은 더 높아진다. 이는 수요가 덜 탄력적일수록 가

---

7 우상향하는 보통의 한계비용곡선으로도 이하에서와 똑같은 결론을 얻는다.

격을 높이 매기는 데에 따른 판매량 감소가 적게 일어나기 때문이다. 예컨대 시장 1의 수요의 탄력도(ε_d)가 3이고 시장 2의 ε_d가 2이면 시장 1에서의 가격을 시장 2에서의 가격보다 낮게 매기는 것이 이윤극대화전략이다.

읽을거리 12-2 ▶ 가격차별의 종류

지금까지 본문에서 설명한 시장에 따른 가격차별은 영국의 경제학자 피구(A. Pigou)의 분류에 의하면 3급 가격차별이다. 3급 가격차별은 가장 완화된 가격차별이자 가장 일반적으로 생각할 수 있는 가격차별이다. 피구는 가장 강력한 형태의 가격차별로 1급 가격차별을, 그 다음으로 2급 가격차별을 설정하였다.

1급 가격차별은 독점기업이 모든 소비자들의 선호서열을 정확하게 알고 있어서 각 소비자로부터 수요가격(최대지불용의가격)을 받아내는 경우를 말한다. 제5장에서 제품의 시장가격보다 수요가격이 높은 소비자는 해당제품의 구입을 통해 수요가격과 시장가격의 차이만큼 이득을 본다는 것을 배웠다. 수요가격이 가장 높은 소비자부터 차례로 선호서열을 알고 있고 각 소비자에게 그의 수요가격만큼 가격을 매긴다면 소비자잉여는 0이 되고 독점기업은 총잉여를 독점한다. 이 경우 독점기업의 총잉여는 뒤의 그림 12–10의 삼각형 EP_cC이고 거래량은 Q_c가 되어 후생손실이 없게 된다.

1급 가격차별은 현실적으로 찾아보기 어렵지만 독점이라도 이론적으로 완전경쟁처럼 자원배분의 효율성을 이룰 수 있는 특수한 경우로 경제학 문헌에서 종종 인용된다.

2급 가격차별은 일정한 수량을 구입할 때마다 다른 가격을 부과하는 것을 말한다. 1급 가격차별이 재화 1단위마다 다른 가격을 부과하는 완전한 가격차별인 데 반하여, 2급 가격차별은 일정 수량구간마다 다른 가격을 매기는 불완전한 가격차별이다. 전기·가스·전화서비스 같은 경우 일정 수량 이상 소비하면 그 다음 소비에 대해서는 낮은 가격을 적용하는 것이 2급 가격차별의 예이다. 아래의 제7절에 나오는 이중가격제도도 2급 가격차별이다.

제6절 완전경쟁과 독점의 비교

독점은 완전경쟁과는 달리 자원을 비효율적으로 배분한다. 이 절에서는 독점을 몇 가지 측면에서 완전경쟁과 대비해 봄으로써 독점이 구체적으로 어떻게 사회적 손실을 낳는가를 살펴보기로 한다.

1 비용변화가 시장가격과 공급량에 미치는 효과

기술혁신으로 한계비용이 종전보다 낮아진다고 할 때 이 효과가 시장가격과 공급량에 미치는 효과는 어떻게 대비될 것인가?

그림 12-9에서 경쟁시장과 독점시장의 수요곡선 및 한계비용곡선이 최초에 똑같다고 가정하자. 경쟁시장에서 공급곡선은 개별기업의 우상향하는 한계비용곡선을 수평으로 합계하여 도출한 것이다. 독점시장에서 한계비용곡선은 비교를 위해 경쟁시장의 공급곡선과 똑같은 위치에 있으나 한계비용곡선이 공급곡선은 아니므로 MC곡선으로 표시하였다.

이제 기술혁신으로 생산비가 절감되어 공급곡선과 한계비용곡선이 각각 S에서 S', MC에서 MC'으로 이동한다고 하자. 두 시장조직을 대비하기 위하여 이동폭도 똑같다고 가정한다. 이 때 경쟁시장의 경우 가격은 P_c에서 P_c'으로 하락하고 공급량은 Q_c에서 Q_c'으로 늘어난다. 독점시장에서는 P_m에서 P_m'으로 하락하고 Q_m에서 Q_m'으로 증가한다. 두 시장 모두 가격이 하락하고 공급량은 증가하지만 그 크기는 다르다. 독점시장에서의 가격하락폭 P_mP_m'과 공급량증가폭 Q_mQ_m'이 경쟁시장에서의 가격하락폭 P_cP_c'과 공급량증가폭 Q_cQ_c'보다 각각 작은 것이다.

일반적으로 같은 비용변화에 대하여 독점하에서의 가격과 공급량의 변동폭이 더 작게 된다. 이는 독점기업의 공급량 결정이 수요곡선보다 기울기가 더 가파른 한계수입곡선에 의존하기 때문이다.

그림 12-9

비용절감이 시장가격과 공급량에 미치는 효과

기술혁신으로 생산비가 절감되면 가격이 하락하고 공급량이 증가한다. 이 효과는 독점시장보다 경쟁시장에서 더 크게 일어난다.

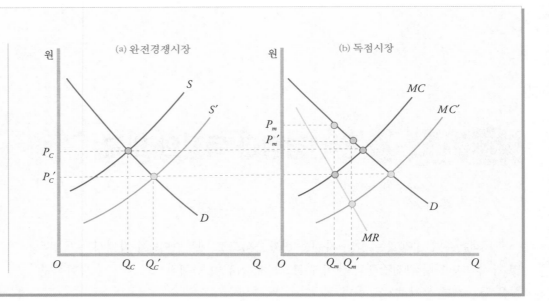

2 완전경쟁산업의 독점화에 따르는 사회적 손실

지금까지 완전경쟁이었던 한 산업이 독점기업으로 통합되어 버린다면 시장가격과 공급량은 어떠한 영향을 받을 것인가?

그림 12-10에서와 같이 경쟁산업의 수요곡선이 D, 한계비용곡선이 수평인 MC로 표시된다 하자. 개별기업의 한계비용곡선이 수평이면 산업의 한계비용곡선도 수평이 되고 이 한계비용이 평균가변비용의 최저점보다 높으면 산업의 한계비용곡선이 그대로 시장의 공급곡선이 된다. 이 때 경쟁시장의 가격은 P_C, 공급량은 시장수요곡선과 공급곡선이 교차하는 Q_C이다.

이제 이 경쟁산업이 한 거대기업에 의하여 독점화되면 P_C에서 수평인 직선은 독점기업의 한계비용곡선이 된다. 이 독점기업은 시장수요곡선에서 한계수입곡선을 도출하여 $MR=MC$인 Q_m을 이윤극대화수량으로 공급하기 때문에 시장가격은 P_m이 된다. 완전경쟁과 비교하여 독점하에서는 시장가격이 높고 공급량은 줄어든다. 소비자의 입장에서는 경쟁산업이 독점화되면 완전경쟁하에서보다 적은 수량을 더 비싸게 사야 하기 때문에 소비자잉여가 감소된다.

같은 비용구조라면 독점하에서의 가격이 완전경쟁하에서의 가격보다 더 높다는 것은 완전경쟁하에서는 $P_C=MC$이지만 독점하에서는 $P_m>MC$인 것에서도 쉽게 확인할 수 있다(같은 비용구조라 했으므로 두 시장에서의 MC를 같게 놓아 보라).

앞 장에서 $P=MC$가 자원배분의 효율성면에서 아주 중요한 의의를 가진다는 것

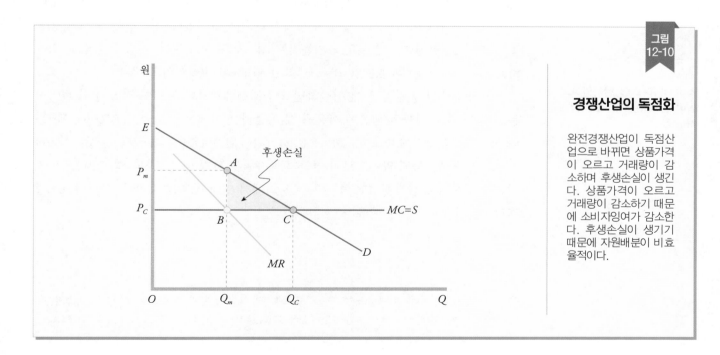

그림
12-10

경쟁산업의 독점화

완전경쟁산업이 독점산업으로 바뀌면 상품가격이 오르고 거래량이 감소하며 후생손실이 생긴다. 상품가격이 오르고 거래량이 감소하기 때문에 소비자잉여가 감소한다. 후생손실이 생기기 때문에 자원배분이 비효율적이다.

을 설명하였다. 독점에서 나타나는 $P>MC$는 어떻게 해석할 수 있을까? 이는 그림 12-10에서 Q_mQ_c로 나타나는 것처럼 독점상품을 생산하는 한계비용(P_c)이나 그 이상의 화폐액(P_c에서 P_m 사이)을 지불하고도 상품을 소비할 용의가 있는 소비자들이 있지만, 그만한 화폐액으로는 그 소비자들이 독점상품을 전혀 소비하지 못하는 것을 의미한다. 독점상품의 생산에 자원이 더 투입되어 Q_c만큼 생산되면 Q_c 생산의 한계비용만 지불하고도 소비자들이 상품을 구입할 수 있으며 이것이 사회적으로 바람직하다. 그러나 이윤극대화를 추구하는 독점기업은 자원의 과소고용으로 상품을 Q_mQ_c만큼 과소생산한다.

현재의 생산수준에서 A산업에서는 $P_A>MC_A$인데 B산업에서는 $P_B<MC_B$라면 사회 전체적으로 볼 때 자원이 효율적으로 배분되고 있다고 말할 수 있을까? B산업에서는 시장에서 거래되는 상품의 마지막 단위에 대하여 소비자들이 기꺼이 지불하고자 하는 가격 P_B가 그 마지막 단위를 생산하는 데 드는 기회비용보다 작다. 즉, 필요 이상으로 많은 생산요소가 B상품 생산에 투입되고 있다. 반대로 A상품 생산에는 생산요소가 필요 이하로 적게 고용되고 있다. 따라서 과다고용되고 있는 B산업에서 과소고용되고 있는 A산업으로 생산요소를 전용하는 것이 사회 전체로 볼 때 생산요소가 보다 효율적으로 이용되는 것이며 이 논리는 $P_A=MC_A$, $P_B=MC_B$가 될 때까지 유효하다. 이러한 이유로 독점의 경우 제품단위당 비효율성의 크기는 $P-MC$가 된다.[8]

경제 내에 있는 모든 산업에서 $P=MC$의 관계가 성립할 때 **자원배분이 효율적이다**라고 말한다. 일부 산업이 독점산업일 때 $P>MC$이기 때문에 자원배분은 비효율적이다.

그림 12-10에서 경쟁산업이 독점산업으로 바뀌면서 생산량이 감소함에 따라 감소되는 한 단위마다 $P-MC$만큼의 사회적 손실이 발생한다. 생산량이 Q_c에서 Q_m으로 감소할 때 발생하는 손실의 크기는 삼각형 ABC로 표시된다. 이를 독점의 사회적 비용(social cost) 혹은 후생손실(welfare loss 또는 deadweight loss)이라고 한다.

독점에서 Q_mQ_c만큼 적게 생산하면 완전경쟁에서보다 자원이 절약된다. 절약되는 자원이 다른 재화의 생산에 사용될 때 창출하는 가치는 사각형 Q_mBCQ_c로 표시된다(어떤 재화의 생산에 따르는 기회비용은 그 재화의 한계비용으로 표시된다는 것을 상기하라). Q_mQ_c를 생산하지 않음으로써 절약되는 자원은 경제 내에서 사각형 Q_mBCQ_c의 가치만을 생산하고 삼각형 ABC의 가치는 사회에서 영영 소멸되고 만다. 삼각형 ABC를 후생손실이라고 부르는 이유가 여기에 있다.

---

8 미국의 경제학자 러너(A.P. Lerner)는 $\dfrac{P-MC}{P}$를 독점도라 불렀다. 독점도가 클수록 자원배분의 비효율성이 커진다. 경쟁산업에서는 $P=MC$이기 때문에 경쟁기업의 독점도는 0이다. 독점기업의 균형조건이 $P>MR=MC$임을 고려하여 독점도를 $\dfrac{P-MR}{P}$로도 표시한다.

독점과 규모의 경제

지금까지 경쟁산업이 독점화될 때의 효과를 논하면서 이러한 시장조직의 변경으로 비용곡선들이 영향을 받지 않는다고 가정하였다. 만약 독점화의 결과 규모의 경제가 나타나 생산비용이 충분히 낮아지면 위에서 얻은 결론과 다른 결론을 얻을 수도 있다.

그림 12-11에서와 같은 시장수요곡선(D)과 공급곡선(S)을 가지는 경쟁산업이 독점화된 결과, 규모의 경제로 한계비용이 S에서 MC'으로 낮아졌다고 하자. 그러면 독점 후의 시장가격과 공급량은 각각 P_C, Q_C로서 경쟁산업일 때와 똑같다. 만약 규모의 경제가 크게 일어나 한계비용곡선이 MC''으로 하방이동한다면 가격이 P_C보다 낮은 P_m으로 하락하고 거래량이 Q_C보다 많은 Q_m으로 증가할 수도 있다.

대부분의 실증분석 결과 독점에 규모의 경제가 따르지만 그림 12-11에서 보는 바와 같은 큰 규모의 경제가 일어나지는 않는 것으로 알려졌다. 그러나 산업에 따라서 그리고 기술혁신의 성격에 따라서 그림 12-11과 같은 예외적으로 경우가 일어날 수 있다.

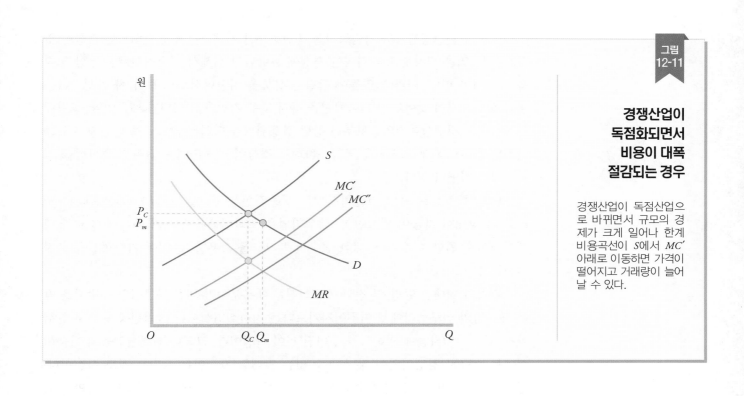

그림
12-11

**경쟁산업이
독점화되면서
비용이 대폭
절감되는 경우**

경쟁산업이 독점산업으로 바뀌면서 규모의 경제가 크게 일어나 한계비용곡선이 S에서 MC' 아래로 이동하면 가격이 떨어지고 거래량이 늘어날 수 있다.

3 소득분배에 미치는 효과

이윤극대화를 추구하는 독점기업이 아무런 규제를 받지 않고 장기적으로 존재할 경우 소득분배를 악화시키는 효과가 있다. 완전경쟁하에서는 장기적으로 수많은 기업들이 정상이윤을 향유하며 경쟁기업들이 생산요소에 요소의 기회비용만큼만 지불하기 때문에 요소소유자들도 초과이윤을 보지 못한다. 반면에 독점기업은 장기적으로 으레 초과이윤을 누린다. 독점기업의 소유자나 주주들은 대부분 중산층 이상인데 이들이 장기적으로 초과이윤을 배당받음으로써 소득분배가 악화된다.

4 기술혁신에 미치는 효과

독점이 완전경쟁보다 기술혁신을 촉진하는가 저해하는가에 관해서는 정설이 없다. 경쟁기업은 적자생존의 격심한 경쟁에 살아남기 위해서 기술혁신에 부단한 노력을 기울여야 한다. 다른 기업들이 똑같은 상품을 기술혁신으로 보다 싸게 생산하는 결과 시장가격이 낮아지면 기술혁신을 하지 않은 기업은 도태되기 때문이다. 그런데 독점기업은 경쟁상대기업으로부터 강한 경쟁위협을 당하지 않으므로 독점의 지위를 지키면서 안이하게 초과이윤을 향유하려는 경향이 작용하여 독점이 기술혁신을 저지시키는 일면이 있다.

다른 한편으로 보면 기술혁신에는 집중적인 연구개발(research and development: R&D)과 방대한 자금이 필요한 바 독점기업은 초과이윤을 누리기 때문에 영세한 경쟁기업이 동원할 수 없는 방대한 연구진과 자금을 활용할 수 있어 기술혁신을 촉진시키는 일면도 있다.

과거의 위대한 발명·발견과 기술혁신은 대부분이 방대한 자금력의 뒷받침을 받는 대기업의 연구센터에서 이루어지기보다는 지하실험실이나 작업현장 등에서 한두 학자 혹은 기술자들에 의하여 이루어진 것이 사실이다. 그러나 첨단산업들의 기술혁신에는 소규모 경쟁기업이 감당할 수 없는 방대한 자금이 소요되는 것도 사실이다. 연구·개발과 기술혁신에 갈수록 큰 비용이 들어가기 때문에 제18장의 지식의 경제학에서 설명하는 바와 같이 최근에는 완전경쟁보다 독점을 포함한 불완전경쟁이 기술혁신에 더 유리한 것으로 평가하고 있다. 세계를 무대로 경쟁하고 거래하는 세계화시대에 성공적인 기술혁신은 종전에 바랄 수 없었던 엄청난 보상을 받을 수 있다. 이 때문에 독과점 기업들은 기술혁신에 큰 비용이 들어가는 것을 감수할 수 있다.

5 독점의 기타 효과

독점은 흔히 X-비효율성(X-inefficiency)을 낳는다. X-비효율성이란 기업이 경영합리화를 달성하지 못하여 평균비용곡선상의 점보다 높은 비용으로 생산하는 비효율을 말한다.

예컨대 앞의 그림 12–7에서 독점기업이 단기에 $Q_E S$의 평균비용으로 Q_E를 생산한다고 했는데 실제로는 경쟁의 압력이 없기 때문에 방만한 경영을 함으로써 $Q_E S$보다 더 많은 평균비용으로 생산하는 것이다.

독점은 수요자와 노동자 및 다른 생산자들의 선택의 자유를 제한한다. 독점시장에서 수요자들은 독점기업이 공급하는 상품 이외에 다른 상품을 선택할 수 없다. 독점기업 이외의 다른 기업들은 독점기업에 의하여 그들의 공급을 제한받는다. 독점시장에서는 독점기업이 유일한 고용주가 되기 때문에 노동자들 또한 선택의 자유를 제한받는다.

독점은 민주정치 발전을 저해하기도 한다. 독점은 독점이윤의 획득으로 축적된 재원을 이용하여 특정 정치인들을 후원하고 이들로 하여금 자신의 경제적 이익에 부합하는 법규나 특혜조항을 만들게 함으로써 보다 큰 시장지배력을 행사하고자 한다. 대부분의 개발도상국에서 말썽이 되고 있는 정경유착(政經癒着, 정치인과 기업가 사이에 특혜와 비자금이 교환되는 것과 같은 부도덕한 밀착관계)이 바로 그 좋은 예이다.

X-비효율성
기업이 경영합리화를 달성하지 못하여 평균비용곡선상의 점보다 높은 비용으로 생산하는 비효율

정경유착
정치인과 기업가 사이의 부도덕한 밀착관계

제7절 독점의 규제와 그 딜레마

앞 절에서 독점은 완전경쟁보다 소비자에게 불리함은 물론 사회 전체적인 관점에서도 비효율적이며 소득불평등을 조장함을 보았다. 이러한 폐해 때문에 각국에서는 독점을 규제하고 특히 자연독점이 발생하는 철도·통신·전기·수도 등 공익사업들을 국가가 소유·경영하기도 한다. 독점의 규제는 크게 조세를 통한 규제와 가격에 대한 규제로 나눌 수 있다. 그러나 어느 규제방식을 택하든 앞에서 설명한 자원배분면에서의 독점의 비효율성을 완전히 제거시켜 주지는 못한다.

독점의 폐단은 본질적으로 독점하에서 $P = MC$의 조건이 성립되지 않기 때문에 일어난다. 따라서 독점의 손쉬운 규제는 정부가 법적으로 $P > MC$의 상황을 금지하고 $P = MC$가 되게끔 강제하는 것이다. 그러나 이 손쉬운 듯한 규제방법이 다른 문제점을 야기한다. 이 문제점은 자연독점의 경우 선명하게 나타나는데 이를 그림으로 설명해 보자.

그림 12-12에서 계속적으로 우하향하는 평균비용곡선 AC와 한계비용곡선 MC는 규모의 경제가 대단히 큰 생산량에 이르기까지 존재하는 경우를 나타낸다.[9] 이때 주어진 시장수요곡선 D에서 정부가 자연독점기업에 $P = MC$의 조건을 강제하면 독점기업은 P_1의 가격으로 매기당 Q_0를 팔아 $\square P_1 P_4 FG$만큼 손실을 보게 된다. 독점기업은 이러한 손실을 장기적으로 감당할 수 없다. 따라서 정부는 독점기업에 대한 $P = MC$의 규제를 철회하든지 아니면 독점기업이 이 산업에 계속 머물러 있도록 손실을 보전하는 보조금을 지급하여야 한다. 이러한 상황을 자연독점규제의 딜레마라 한다.

자연독점규제의 딜레마
자연독점기업에 한계비용가격 설정을 부과하면 지속적인 적자가 발생하는 상황

전기 · 가스 · 수도 · 전화사업 등은 이러한 딜레마를 흔히 가격차별정책의 하나인 이중가격제도(two-tier pricing system)로 대처하고 있다. 그림 12-12에서 이중가격제도 란 $Q_m Q_0$는 P_1으로 계속 공급하되 OQ_m은 예컨대 P_3까지 가격을 매길 수 있게 허용하는 것이다. 그 결과 $Q_m Q_0$를 한계비용으로 공급하는 데 따른 손실 $KJFG$(색칠한 면적)를

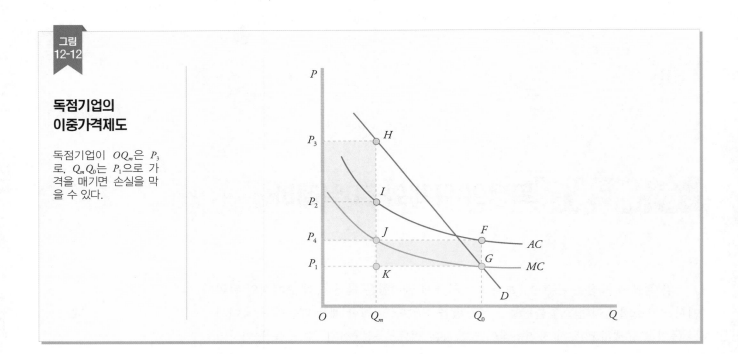

그림 12-12

독점기업의 이중가격제도

독점기업이 OQ_m은 P_3로, $Q_m Q_0$는 P_1으로 가격을 매기면 손실을 막을 수 있다.

---

9 규모의 경제가 존재하는 한 평균비용이 감소한다. 평균비용과 한계비용의 관계에서 평균비용이 감소하는 한 한계비용곡선은 평균비용곡선의 아래에 위치한다.

P_4P_3HJ로 보전하고 P_4P_3HJ의 크기에 따라 이윤을 시현할 수도 있는 것이다.[10] 산업용 전력의 공급은 저렴한 가격으로 하되 가정용 전력은 높은 가격으로 공급하거나, 전기·가스·수도·전화서비스에서 일정한 수량 이상을 소비하면 추가소비에 대해 낮은 가격을 매기는 것 등은 이중가격제도의 한 예이다.

이중가격제도는 피구가 말한 2급 가격차별의 예로서 $P = MC$를 부분적으로 포기하는 제도이다. OQ_0만큼 생산할 때의 한계비용 P_1을 초과하는 가격을 OQ_m에 대해 매기고 있기 때문이다.

주택용전력(저압, 하계)

기본요금(원/호)		전력량요금(원/kWh)	
300kWh이하 사용	910	처음 300kWh까지	120.0
301~450kWh 사용	1,600	다음 150kWh까지	214.6
450kWh초과 사용	7,300	450kWh초과	307.3

1. 하계 : 7월1일-8월31일
2. 슈퍼유저요금 : 하계(7월1일-8월31일) 1,000kWh초과 전력량요금은 736.2원/kWh적용

전기요금
전기요금은 사용량이 많을수록 비싸게 받는 누진적 가격차별제이다. 표는 여름철 요금으로 계절에 따라서도 요금이 다르다.

---

10 Q_m만 생산한다면 이윤의 크기는 사각형 P_2P_3HI로 나타내진다. 그러나 Q_0를 생산하고 그 중 Q_m만큼을 P_3로 공급하면 이윤의 크기는 사각형 P_4P_3HJ로 표시된다. 이에 대하여는 이 장의 연습문제 4를 참조하라.

1   경쟁시장의 특징인 ① 대다수의 기업과 소비자, ② 상품의 동질성, ③ 기업의 자유로운 진입과 퇴거, ④ 완전한 정보 중에서 ① ② ③ 중 어느 한 가지가 만족되지 못할 때 그 시장을 불완전경쟁시장 또는 불완전경쟁이라고 한다.

2   불완전경쟁은 상품을 생산·공급하는 기업의 수를 기준으로 독점·과점·독점적 경쟁 등으로 구분한다. 한 재화나 서비스의 공급이 단일기업에 의하여 이루어지는 시장조직의 형태를 독점(시장)이라 한다.

3   독점이 생성·유지되게 하는 진입장벽에는
① 규모의 경제
② 상품 원재료에 대한 독점적 소유
③ 정부에 의한 법적 권한(판매권, 특허권, 인·허가) 부여
④ 정부가 특수한 목적을 위하여 직접 독점력을 행사하는 경우
등이 있다.

4   독점기업은 그 자체가 산업이므로 우하향의 수요곡선을 가진다. 수평의 수요곡선을 가지는 완전경쟁의 경우에는 $P=AR=MR$이지만 독점기업의 경우에는 $P=AR>MR$이다. 수평의 평균수입곡선이 그 기업이 직면한 수요곡선이므로 완전경쟁의 경우 수요곡선이 곧 한계수입곡선이지만 독점의 경우 한계수입곡선이 우하향하는 수요곡선 아래에 위치한다.

5   독점기업 역시 다른 시장형태에서의 기업과 마찬가지로 $MR=MC$에서 이윤극대화를 달성한다. 그러나 우하향의 수요곡선을 갖기 때문에 $P>MC$여서 단기에 초과이윤을 얻을 수 있고, 진입장벽이 존재하기 때문에 이러한 초과이윤을 장기에도 얻을 수 있다.

6   독점기업은 각각의 시장가격에 대응하여 공급량을 유일하게 결정하는 것이 아니라 그때 그때 시장수요의 크기에 따라 이윤극대화공급량을 결정하기 때문에 공급곡선이 없다.

7   독점기업의 장기균형은 장기평균비용(LAC)곡선의 최저점에 대응하는 생산량보다 낮은 수준($MR=SMC$ $=LMC$인 점에 대응하는 수준)에서 이루어져 과잉시설이 존재하기 때문에 장기적으로도 $P>MC$이다. 이는 독점산업에 자원이 필요 이하로 투입되고 있는 것으로 비효율적인 자원배분을 낳는다. 경제에서 효율적인 자원배분의 조건은 모든 부문에서 $P=MC$가 되는 것이다.

8   독점기업은 동일한 상품에 대하여 생산비용이 동일함에도 불구하고 상이한 고객에 대해 상이한 가격을

매길 수 있는데 이를 가격차별이라 한다. 가격차별의 조건은 ① 판매자가 시장지배력을 보유할 것, ② 상이한 고객(=시장)이 용이하게 구분될 것, ③ 상이한 시장 사이에 상품 재판매가 불가능할 것, ④ 상이한 시장간에 상이한 수요의 가격탄력도를 가질 것 등이다. 독점기업은 수요의 가격탄력도가 큰 시장에 낮은 가격을 매긴다.

9　독점에서는 자원배분이 비효율적일 뿐 아니라 경쟁시장보다 대개 시장가격이 높고 시장거래량은 적으며 공정한 소득분배를 저해한다. 독점이 정당화될 수 있는 근거는 규모의 경제이다. 그러나 일반적으로 독점의 사회적 비용을 상쇄할 수 있을 정도로 규모의 경제가 크지는 않다. 기술혁신에 관하여는 독점과 완전경쟁이 서로 장단점을 가지고 있다.

10　독점에 따른 자원배분의 비효율성을 제거하고자 $P = MC$를 부과하면 자연독점의 경우 지속적인 적자가 발생하는 문제점이 있다. 이를 독점규제의 딜레마라 한다. 이러한 딜레마를 타개하고자 부분적으로 $P = MC$를 포기하는 이중가격제도를 실시한다.

주요용어 및 개념　K/E/Y/W/O/R/D/S/ & /C/O/N/C/E/P/T

- 독점(시장)
- 자연독점
- 규모의 경제
- 과잉시설
- 가격차별
- 효율적인 자원배분
- 독점도
- 독점의 후생손실
- X-비효율성
- 자연독점규제의 딜레마
- 이중가격제도

연습문제　E/X/E/R/C/I/S/E

1　표 12-2에서 총고정비용이 1,000원인 것을 설명하라. 이제 총고정비용이 1,000원에서 1,200원으로 증가하였다고 하자. 표에서 총비용·평균비용·한계비용은 어떻게 달라지는가? 새로운 이윤극대화공급량과 시장가격 그리고 이윤을 구하라. 이 결과를 일반화시킬 수 있을 것인지를 논하라.

2　독점시장의 단기균형을 나타내는 그림 12-4에서

(1) 소비자의 소득이나 제품에 대한 소비선호가 증가할 때의 효과를 분석하라.
(2) 요소가격이나 제품 소비세가 상승할 때의 효과를 분석하라.
(3) (1), (2)의 정성적인 효과가 경쟁시장에서와 같음을 확인하라.
(4) 독점시장도 '광의의 수요·공급의 이론'으로 분석할 수 있음을 설명하라.

3　그림 12-10을 보고 물음에 답하라.

(1) 완전경쟁하에서의 소비자잉여·생산자잉여·총잉여를 구하라.

(2) 독점하에서의 소비자잉여·생산자잉여·총잉여를 구하라.

(3) 독점하에서의 사회 전체의 후생수준이 완전경쟁하에서의 그것보다 삼각형 ABC만큼 적은 것을 확인하라.

(4) 모든 고객에 대해 서로 다른 가격을 매길 수 있다고 가정하자. 이 같은 완전가격차별이 가능한 경우의 소비자잉여·생산자잉여·총잉여를 구하라.

(5) 독점가격하에서보다 완전가격차별하에서의 이윤과 총잉여가 더 큰 것을 확인하라. 사회적인 후생손실과 소비자잉여는 어떻게 변하는지 확인하라.

(6) 현실적으로 완전가격차별은 불가능하다. 현실에서는 완전가격차별 대신 젊은층과 노년층, 주말 쇼핑고객과 주중 쇼핑고객 등으로 고객을 구분하여 서로 다른 가격을 매기는 것이 일반적이다. 이 같은 불완전가격차별시에도 독점 단일가격에 비해 총잉여가 더 커지는지 설명하라.

(7) 사각형 $Q_m BCQ_C$가 후생손실에 포함되지 않는 이유는?

(8) 그림 12-11과 같은 우상향의 MC곡선으로 위 문제들을 다시 풀어라.

---

4 그림 12-12를 보고 물음에 답하라.

(1) OQ_0 생산량의 마지막 단위를 생산할 때 소요되는 한계비용(MC)은?

(2) OQ_0를 생산하는 데 소요되는 총비용(TC)은?

(3) OQ_0를 $P = MC$의 단일가격으로 판매할 때의 총수입은?

(4) (2)와 (3)에서 손실이 본문에 나온 대로 $P_1 P_4 FG$인 것을 확인하라.

(5) 이중가격제도에 따른 이윤이나 손실의 크기를 $P_4 P_3 HJ$와 $KJFG$의 면적 차이로 나타낼 수 있음을 설명하라.

(6) 평균비용가격설정(가격을 평균비용수준으로 설정하는 것)을 할 경우 자원배분의 비효율성이 해소되는가?

(7) 자연독점을 한계비용가격설정을 통해 규제할 경우 손실초래라는 문제점 이외의 또 다른 문제점은 없을까 생각해 보라.

---

5 독점기업의 시장수요곡선을 $P = a - bQ$라 하자.

(1) 총수입곡선은 $TR = aQ - bQ^2$으로 표시됨을 보여라.

(2) 평균수입곡선은 $AR = a - bQ$임을 보여라. 그림을 그려라.

(3) 한계수입곡선은 $MR = \dfrac{\Delta(TR)}{\Delta Q} \approx \dfrac{d(TR)}{dQ} = a - 2bQ$이다. 그림을 그리고 AR곡선과 대비하라.

(4) TR이 최대인 생산량수준은?

(5) 수요곡선에서 e_d가 1보다 큰 부분, 1인 부분, 1보다 작은 부분을 표시하라.

(6) 독점기업은 탄력적인 부분에서만 생산함을 보여라.

---

6 아리스토텔레스의 「정치학」 제1편 제11장에 나오는 다음과 같은 독점을 분석하라.

"시칠리아의 어떤 사람이 돈을 가지고 철광에서 모든 철을 사버렸다. 나중에 여러 시장에서 상인들이 철을 사려고 왔을 때에는 그는 유일한 판매자였다. 그는 가격을 크게 올리지 않고도 200%의 이익을 얻었다."

---

7 두 개의 공장을 가지고 있는 독점기업이 있다. 제1, 제2공장의 한계비용곡선이 각각 $MC_1 = 50 + 2Q_1$, $MC_2 = 90 + Q_2$로 표시된다면 이 독점기업이 총 80단위를 생산하고자 할 때 제2공장에서는 몇 단위를 생산해야 하는가?

---

8 표 12-1에서 평균수입함수는 $P = 1,300 - 100Q$, 총수입함수는 $TR = PQ = 1,300Q - 100Q^2$이다. 따라서 미분공식을 이용하면 한계수입함수는 $MR = \dfrac{d(TR)}{dQ} = 1,300 - 200Q$이다. 그런데 이 공식을 이용하여 한계수입을 계산하면 표의 (4)열과 다르다. 이 차이를 어떻게 설명해야 할까?

9 다음의 기술이 옳은가 그른가를 밝히고 그 이유를 설명하라.

① 독점기업은 $P = MC$인 생산량수준에서 이윤을 극대화한다.

② 심야나 주말의 국제전화요금이 다른 때보다 싼 것은 가격차별의 예이다.

③ 가격차별을 하지 않는 독점기업이 공급량을 늘릴 때 늘리는 공급량뿐 아니라 모든 생산량의 가격을 낮추어야 하기 때문에 $MR < AR$이다.

④ 독점기업이나 경쟁기업이나 이윤극대화조건은 $MR = MC$이므로 MC가 같을 경우 독점과 경쟁산업에서의 생산량은 같아진다.

⑤ 수요가 비탄력적일수록 독점의 후생손실은 커진다.

⑥ 시장수요량 근처에서 최소효율규모가 생기는 시장은 자연독점이 된다.

⑦ 서울시는 수도물시장을 놓고 보면 독점기업이 되지만 식수시장을 놓고 보면 독점기업이 아니다.

⑧ 만약 독점기업의 한계비용이 0이라면 이 독점기업은 수요곡선의 단위탄력적인 부분에서 결정되는 가격으로 판매하고자 할 것이다.

⑨ 조간신문 사이에 끼워져 배달되는 할인쿠폰은 가격차별의 예이다.

⑩ (할인)쿠폰을 챙겨오는 사람은 챙겨오지 않는 사람보다 수요의 탄력도가 클 것이다.

⑪ 동일한 고객에 대해서 구입수량에 따라 가격을 달리 매기는 것(예컨대 한 개 살 때보다 두 개 살 때 가격이 낮아지는 것)도 가격차별로 볼 수 있다.

독점적 경쟁 및 과점 시장에서의 가격과 생산

앞의 제11장과 제12장에서 시장형태의 양 극단인 완전경쟁과 독점을 다루었다. 독점은 완전경쟁이 아니라는 점에서 불완전경쟁으로 분류하였는데 완전경쟁과 마찬가지로 현실세계에서 그 예가 드물다. 현실세계에서 흔히 볼 수 있는 시장형태는 완전경쟁과 독점의 중간형태인 독점적 경쟁과 과점이다. 독점이 갖는 시장지배력보다는 약하지만 독점적 경쟁과 과점도 기업이 시장지배력을 가지면서 한계비용가격설정이 이루어지지 않기 때문에 자원을 비효율적으로 배분한다. 독점적 경쟁과 과점을 제1절과 제2절에서 다룬다. 제3절에서는 현실시장구조가 어떤가를 살펴보고 독과점을 규제하는 공정거래법과 기타 공공규제에 대하여 알아본다.

주요 학습사항

- 독점적 경쟁기업의 단기균형과 장기균형은
- 독점적 경쟁기업과 독점기업의 장기균형은
- 게임의 이론과 과점이론의 관계는
- 과점가격이 경직적인 이유는
- 과점시장에서 담합이 잘 지켜지지 않는 이유는
- 완전경쟁 · 독점 · 독점적 경쟁 · 과점의 특징 및 경제적 효과는
- 공정거래법의 주요 내용은

제1절 | 독점적 경쟁시장에서의 가격과 생산

1 독점적 경쟁의 특징

독점적 경쟁(monopolistic competition)은 완전경쟁과 독점의 성격을 나누어 가지고 있는 시장이다. 먼저 산업 안에 많은 기업이 존재하고 기업의 자유로운 진입과 퇴출이 보장되는 점은 완전경쟁과 같다. 그러나 완전경쟁기업은 시장지배력을 가지지 못하는 반면에 독점적 경쟁기업은 독점기업처럼 큰 시장지배력은 아니지만 공급량을 조절하여 시장가격을 어느 정도 변경시킬 수 있는 힘을 가지고 있다. 이런 시장지배력은 독점적 경쟁기업들이 다른 기업들의 제품과는 다른 차별화된 상품을 생산하는 데에서 기인한다. 보통 독점적 경쟁으로 분류되는 업종으로는 식당·출판사·서점·옷가게·미용실·세탁소·PC방 등이 있는데 이들의 특징을 살펴보면 다음과 같다.

다수의 기업

위에 든 업종들은 흔히 눈에 띄는 업종들이다. 독점적 경쟁은 소비자는 물론 기업의 수가 많다는 점에서 완전경쟁과 비슷하다. 그러나 독점적 경쟁기업의 수는 경쟁기업의 수보다는 현저히 적다.

헤어샵
헤어샵이 많지만 스타일리스트의 기술수준에 따라 차별화된 서비스가 제공되고 이로 인해 단골고객을 확보한다.

상품차별화(product differentiation)

독점적 경쟁기업은 같은 소비자의 선호를 충족시키는 제품일지라도 다른 기업들과는 약간씩 다른 차별화된 상품을 만들어낸다. 예컨대 출판사들은 다같이 책을 출판하는 기업들이지만 책의 저자, 내용, 디자인 등이 똑같지는 않다. 따라서 각 출판사가 공급하는 책은 같은 분야의 책이라도 동질적인 상품이 아니라 이질적인 상품이다. 이 상품차별화의 결과 각 출판사는 약간의 시장지배력을 가진다. 출판사마다 그 출판사 특유의 저자나 내용을 선호하는 고객들이 있어 설사 다른 출판사보다 비싸게 받는다 해도 고객들이 다 떨어져 나가지는 않는 것이다. 따라서 책값은 한계비용을 초과하는 경우가 대부분이다. 예를 들면, 경제원론 책은 경제원론 책을 한 권 더 찍는 데 들어가는 비용보다 비싼 값에 팔리고 있다. 이는 독점적 경쟁기업이 단기에 독점기업처럼 우하향하는 수요곡선에 직면하고 있다는 것을 뜻한다. 다만 한 출판사의 책값이 너무 비싸지면 비슷한 내용의 책을 공급하는 다른 출판사에 고객들을 많이 뺏길 것이다. 이 점에서 독점기업과는 달리 독점적 경쟁기업에는 밀접한 대체재가 존재하여 수요의 가격탄력도가 크다. 따라서 독점적 경쟁기업의 수요곡선은 우하향하더라도 독점기업의 그것보다 훨씬 완만한 기울기를 가지게 된다.

기업의 자유로운 진입과 퇴출

독점적 경쟁에서는 독점에서와 같은 진입장벽이 존재하지 않는다. 따라서 한 독점적 경쟁산업 내의 기업들이 평균적으로 초과이윤을 시현하면 장기적으로 새로운 기업들이 이 산업으로 진입해 온다. 반면에 한 산업 내의 기업들이 평균적으로 손실을 시현하면 장기적으로는 기존기업들 중 일부가 이 산업으로부터 빠져나간다. 따라서 완전경쟁에서와 같이 각 기업들이 장기에 초과이윤을 향유하지 못하고 정상이윤만을 얻게 된다.

비가격경쟁

각 독점적 경쟁기업이 비슷비슷하면서 약간씩만 다른 상품을 생산하기 때문에 자기 제품이 다른 제품보다 다르고 우수한 점들을 강조하여 다른 기업들보다 더 많은 매출을 올리려는 경쟁이 일어난다. 경쟁이 제품가격보다는 판매서비스나 품질, 혹은 광고 등의 형태로 일어날 때 이를 비가격경쟁(non-price competition)이라 한다.

완전경쟁에서는 모든 기업들이 같은 품질의 상품을 같은 시장가격으로 얼마든지 팔 수 있으므로 비가격경쟁의 유인이 존재하지 않는다.[1] 독점에서는 밀접한 대체재가 존재하지 않으므로 다른 기업의 제품보다 우수한 점을 강조할 필요가 없어 비가격경쟁이 존재하지 않는다. 독점에서 행해지는 광고는 단지 독점상품이 얼마나 생활에 유용한가를 알려주는 홍보적(informative)인 성격을 띨 뿐이다. 완전경쟁과 독점에서는 찾아볼 수 없는 비가격경쟁이 존재한다는 것이 독점적 경쟁의 특징이다. 그러나 독점적 경쟁하에서의 비가격경쟁은 다음 절에서 다루는 과점하에서의 비가격경쟁보다는 그 강도가 훨씬 약하다.

비가격경쟁
제품가격이 아닌 판매서비스, 품질, 광고 등으로 경쟁하는 것

---

1 물론 기술혁신을 통하여 획기적으로 좋은 품질의 상품을 생산하면 특허권 기간중 실질적인 독점기업이 되어 초과이윤을 누릴 수 있으므로 경쟁기업들의 기술혁신을 위한 경쟁유인은 존재한다. 독점적 경쟁의 비가격경쟁에서 일어나는 품질의 개선은 획기적인 혁신이 아니라 상품의 크기·색상·디자인 등을 바꾸는 겉치레뿐인 개량의 의미가 많다.

2 독점적 경쟁기업의 단기균형

독점적 경쟁기업의 단기균형을 논하는 데 있어서는 독점적 경쟁의 두 번째 특징으로 든 상품차별화가 중요한 역할을 담당한다. 독점적 경쟁기업은 상품차별화를 통해 독점기업처럼 우하향의 수요곡선을 갖는다. 따라서 기업이 이윤극대화를 추구한다면 독점적 경쟁기업의 단기균형은 독점기업의 그것과 기본적으로 다를 것이 없다.

독점적 경쟁기업이 초과이윤을 시현하는 단기균형을 그림 13-1로 표시하였다. 이 그림은 독점기업의 수요곡선에 비하여 수요곡선을 훨씬 완만하게 그린 것을 빼고는 12장의 그림 12-4와 똑같다.

독자들은 그림 12-4에서와 같이 그림 13-1로 독점적 경쟁기업의 균형생산량·균형시장가격·수입·비용·이윤 등을 설명할 수 있어야 한다. 독점적 경쟁은 수요의 크기에 따라서 손실이나 정상이윤을 볼 수도 있다는 것, 독점적 경쟁기업의 공급곡선은 존재하지 않는다는 것, 가격차별을 할 수 있다는 것 등도 독점의 경우와 같다.

독점적 경쟁시장의 단기균형은 어떠한가? 독점적 경쟁하에서는 상품의 비동질성을 가정했기 때문에 완전경쟁시장에서처럼 각각의 시장가격에서 개별기업이 직면하는 수요곡선을 합계하여 시장수요곡선을 도출할 수 없다. 품질이 차별화된 제품을 생산하는 데 드는 비용도 각각 다르게 된다. 각 독점적 경쟁기업의 제품은 실질적으로 별개의 상품인 것이다. 따라서 독점적 경쟁시장의 균형을 정확히 설명하기는 어렵다. 우리가 논하는 독점적 경쟁기업은 독점적 경쟁시장 내의 전형적인 기업 혹은 대표적 기업의 개념이다.

그림 13-1

독점적 경쟁기업의 단기균형

독점적 경쟁기업은 독점기업과 마찬가지로 한계수입=한계비용인 생산량을 시장에 출하한다. 그러면 시장수요 곡선이 가격을 결정하여 균형에 도달한다.

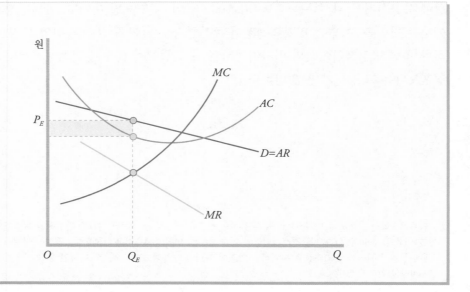

3 독점적 경쟁기업의 장기균형

장기균형을 논하는 데 있어서는 독점적 경쟁의 세 번째 특징으로 든 자유로운 진입과 퇴출이 중요한 역할을 담당한다. 독점적 경쟁에서는 완전경쟁에서와 같이 새로운 기업의 자유로운 진입과 기존기업의 자유로운 퇴거가 보장되기 때문에 장기적으로 초과이윤도 손실도 없이 정상이윤을 향유하게 된다. 따라서

[13-1] 제품가격 = 평균수입 = 장기평균비용 = 단기평균비용
　　　　　 (P)　　　 (AR)　　　 (LAC)　　　　 (SAC)

의 조건이 충족되어야 한다.

한편 독점적 경쟁기업은 단기뿐 아니라 장기에도 이윤극대화조건이 충족되어야 하므로

[13-2] 한계수입 = 단기한계비용 = 장기한계비용
　　　　　 (MR)　　　 (SMC)　　　 (LMC)

의 조건이 성립하여야 한다.

식 (13-1)과 식 (13-2)가 동시에 충족되면 독점적 경쟁기업은 장단기에 걸쳐 이윤극대화를 시현하고 장기의 최대이윤규모는 0이 된다. 그러면 이 두 가지 조건을 충족시키는 장기균형은 그림으로 어떻게 표시될까?

그림 13-1과 같은 상황이 장기적으로 지속된다고 가정하자. 그림 13-1에서 AC곡선이 장기평균비용(LAC)곡선이고 MR곡선이 장기한계수입(LMR)곡선이라 하자. 그러면 그림 13-1과 같은 생산량과 가격이 장기균형점일 수 없다는 것은 쉽게 알 수 있다. 왜냐하면 색칠한 부분만큼의 초과이윤이 발생하고 있기 때문이다. 독점적 경쟁산업 내의 기업들이 이처럼 평균적으로 초과이윤을 시현하면 새로운 기업들이 진입해 와 밀접한 대체재를 생산하게 된다. 그 결과 기존기업의 제품에 대한 수요가 감소하여 장기에는 이윤극대화공급량과 시장가격이 달라지는 것이다.

새로운 기업들이 너무 많이 산업으로 밀려 들어오면 어떻게 될 것인가? 이 때에는 수요가 신규기업 제품으로 분산되기 때문에 기존의 대표적 기업은 그림 13-2와 같이 평균비용을 회수하지 못할 정도로 저조한 수요곡선에 직면하게 된다. 이와 같은 손실은 장기적으로 지속될 수 없어 일부 기업들이 다른 산업으로 빠져나간다. 그 결과 산업에 남아 있는 기업의 제품에 대한 수요는 증가하여 그림에서와 같이 수요곡선이 화살표 방향으로 이동한다. 이러한 조정이 되풀이되는 한 장기균형은 성립되지 않는다.

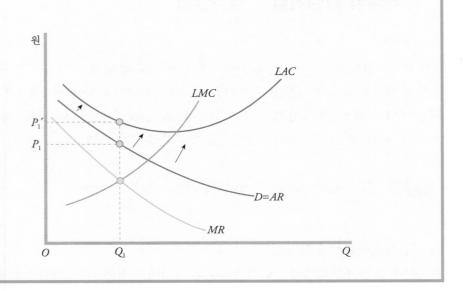

그림
13-2

**독점적 경쟁기업의
장기균형으로의 조정**

독점적 경쟁기업이 직면하
는 상품수요곡선이 장기평
균비용곡선 아래에 위치하
면 $MR=MC$의 생산량에서
도 손실이 생긴다. 이 경우
일부 기업이 시장에서 퇴
출함으로써 시장에 남아
있는 기업이 직면하는 수
요곡선이 오른쪽으로 이동
한다. 이 조정은 수요곡선
이 장기평균비용곡선에 접
할 때까지 계속된다.

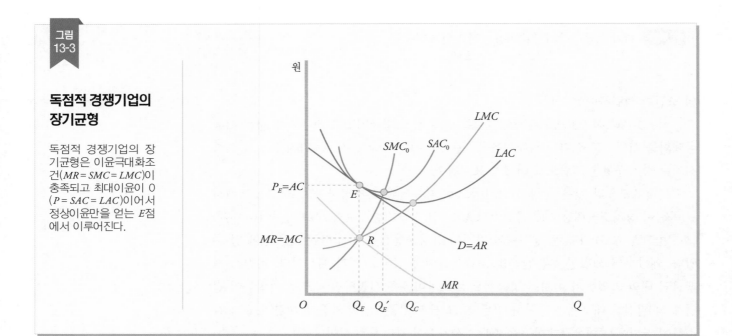

그림
13-3

**독점적 경쟁기업의
장기균형**

독점적 경쟁기업의 장
기균형은 이윤극대화조
건($MR=SMC=LMC$)이
충족되고 최대이윤이 0
($P=SAC=LAC$)이어서
정상이윤만을 얻는 E점
에서 이루어진다.

결국 그림 13–3에서와 같이 수요곡선이 장기평균비용(LAC)곡선과 접할 때까지
기업의 전출입이 계속되어 산업의 대표적 기업이 Q_E를 생산할 때 식 (13-1)의 조건을
충족시킨다. 수요곡선에 의하여 한계수입(MR)곡선이 그려지고 LAC곡선에 의하여 장
기한계비용(LMC)곡선이 그려진다. 이 두 곡선들은 생산량 Q_E수준에 대응하는 R점에
서 교차함으로써 식 (13-2)의 조건도 만족된다. 이 때 가격은 P_E가 되고 기업은 매기당
Q_E를 생산하여 정상이윤만을 얻는다. Q_E를 매기당 생산하는 공장설비규모는 SAC_0로

표시되고 SAC_0곡선에 부응하여 그려지는 단기한계비용(SMC_0)곡선이 SAC_0의 최저점과 R점을 통과한다.

4 독점적 경쟁시장의 가격 경직성

독점적 경쟁시장에서는 다음 절에서 다루는 과점시장만큼은 아니지만 가격이 상당히 경직적이다. 예컨대 미용료와 극장입장료는 몇 년 동안 가격이 그대로인 경우가 많다. 그동안 수요와 공급이 일정할 리가 없는데 어떻게 가격이 그대로일까? 이런 독점적 경쟁시장의 가격경직성은 한계원리로 설명할 수 있다. 가격 변경에 따른 한계편익이 한계비용보다 적기 때문에 가격을 변경하지 않는다는 것이다.

가격 변경에 따른 한계편익은 그때그때 수요의 변화에 따라 가격을 조정하여 한계수입과 한계비용을 일치시킴에 따라 늘어나는 이윤이다. 가격 변경에 따른 한계비

차림표
상품의 가격을 변경하려면 차림표비용이 소요된다.

용은 두 가지가 있다. 첫째, 가격을 변경하는 데에는 가격표나 카탈로그를 새로 만드는 데에 비용이 들어간다. 이런 비용을 차림표비용(menu cost)이라 한다. 둘째, 가격을 빈번하게 변경시킬 때 생기는 가격의 불확실성이 소비자를 불편하게 만들고 기업의 이미지를 나쁘게 해 제품 수요의 감소라는 부매랑으로 돌아올 수 있다는 것이다. 이 두 가지 비용의 합이 한계편익보다 크다고 판단되면 가격을 시장수요에 따라 수시로 변경하는 것은 소탐대실로 인식되어 가격 변경을 자제한다.

5 독점적 경쟁의 평가

그림 13-3에서 독점적 경쟁기업이 P_E로 Q_E를 생산할 때 시장가격이 장기평균비용과 같기 때문에 초과이윤은 0이다. 이것이 독점기업의 장기균형과 다른 점이다. 이 점을 빼놓고는 독점적 경쟁기업의 장기균형은 독점기업의 장기균형과 똑같다.

독점적 경쟁기업의 장기균형은 경쟁기업의 장기균형과 다음 두 가지 측면에서 구별된다. 첫째, 독점적 경쟁기업의 장기균형생산량 Q_E는 장기평균비용(LAC)곡선의 최저점에 대응하는 최적생산량 Q_C보다 적다. 나아가 독점적 경쟁기업은 독점기업과 마찬가지로 $Q_E Q_E'$에 해당하는 과잉시설을 가진다. 둘째, 독점적 경쟁기업은 독점기업과 마찬가지로 우하향의 수요곡선을 가지기 때문에 독점기업과 똑같은 균형조건 $P > MR = MC$를 가진다. 따라서 독점적 경쟁은 $P = MC$에서 균형을 이루는 완전경쟁에 비해 생산량은 적고 시장가격은 높게 된다. 이와 같이 과잉시설이 존재하고 $P > MC$이기 때문에 독점적 경쟁은 자원배분에 있어서 비효율적이다.

그러나 독점적 경쟁에서 시장가격이 장기평균비용의 최저수준보다 높다는 것 때문에 일어나는 자원배분의 비효율성은 독점과 대비할 때 그 성격을 매우 달리한다. 독점적 경쟁기업의 수를 줄이고 생산규모를 늘려 규모의 경제를 살리면 평균생산비와 시장가격이 낮아지겠지만 한편으로 상품의 다양성이 줄어드는 부작용이 있다. 계획경제에서는 소비자의 선호가 계획당국에 의하여 임의로 규제되는 반면에 시장경제에서는 소비자의 선호가 자유롭게 표출·반영되는 것을 전제로 하고 있는 만큼, 소비자들이 상품의 다양성을 원한다면 이 또한 존중되어야 할 것이다. 독점적 경쟁에서의 비효율성은 한편으로 다양한 소비자의 선호를 충족시키는 일면이 있으며, 이 비효율성을 제거하기 위해서는 소비자의 선호를 임의로 제약시켜야 한다는 문제가 뒤따른다. 따라서 독점적 경쟁의 비효율성이 바람직스럽지 못하다고 일방적으로 단정할 수는 없다.

독점적 경쟁이 기술혁신에 관한 유인을 마련해 주는가 하는 면에서는 부정적이다. 기술혁신에 필요한 재원으로서의 초과이윤은 단기에 그쳐서 독점에서와 같은 방대한 자금과 연구진을 장기적으로 활용할 수 없다. 한편 비가격경쟁으로 품질이 개선되지만 이는 외식적(cosmetic)인 개량에 그치고 실질적인 기술혁신에까지 이르지는 못하는 경우가 많다.

소득분배면에서는 많은 기업들이 장기적으로 정상이윤만을 수취하기 때문에 독점보다는 소득의 불평등분배가 약하지만 평등분배에 기여하는 정도는 완전경쟁에 미치지 못한다.

이상에서 배운 독점적 경쟁이론은 그 대부분이 경쟁이론이나 독점이론으로 설명될 수 있다는 점에서 따로 설명할 필요가 없다는 주장도 있다. 그러나 현실세계에서 완전대체재는 아니지만 거의 비슷한 상품들이 서로 다른 가격에 판매되고 있고 $P > MC$인데도 초과이윤이 0인 경우가 있는데 이러한 현상을 설명할 수 있다는 점이 독점적 경쟁이론이 공헌하는 바라 하겠다.

다양한 막걸리
차별화된 원재료, 제조방식, 디자인, 광고 등을 통해 서로 다른 가격에 판매되어 소비자 선택의 폭을 넓혀준다.

제2절 과점시장에서의 가격과 생산

1 과점의 특징

과점(oligopoly)시장이란 소수의 대기업에 의하여 지배되는 시장을 말한다. 과점의 특수한 경우로 단 두 기업이 전체시장을 석권하는 산업이 있는데 이를 복점(duopoly)이라 한다. 우리나라에서 복점의 예는 대한항공과 아시아나항공이 지배하는 국내 주요 항공노선을 들 수 있다. 현실경제에서는 대부분의 산업이 과점인바, 우리나라의 경우 껌·아이스크림·맥주·설탕에서부터 냉장고·승용차·전화서비스·신용평가 등에 이르기까지 다양하다. 국제적인 예로는 세계원유시장과 국제택배시장을 들 수 있다.

과점은 다음과 같은 몇 가지 특징을 가진다.

첫째, 기업간의 밀접한 상호의존관계를 들 수 있다. 이는 과점이 다른 시장조직과 두드러지게 다른 특성이다. 과점을 이루는 기업은 소수이기 때문에 어느 한 기업이 가격이나 생산량을 변경시킬 경우 다른 기업들이 팔 수 있는 상품수량에 현저한 영향을 미친다. 각 기업은 이러한 사실을 인식하여 가격이나 생산량을 결정할 때 다른 경쟁기업들이 어떤 반응을 보일 것인가를 고려하지 않을 수 없다.

경쟁기업은 주어진 시장가격과 비용곡선하에 이윤을 극대화하고자 한다. 독점 및 독점적 경쟁기업은 주어진 수요곡선과 비용곡선하에 이윤을 극대화하고 다른 기업의 행동은 무시할 수 있었다. 이에 비해 과점기업은 주어진 수요곡선과 비용곡선하에 이윤을 극대화하되 이 과정에서 다른 기업들이 어떻게 행동할 것인가를 고려한다.

둘째, 치열한 비가격경쟁과 가격의 경직성을 들 수 있다. 과점기업간에는 밀접한 상호의존관계가 있기 때문에 한 기업이 가격인하를 통하여 다른 기업들로부터 고객을 빼앗아 오려 하면 다른 기업들도 가격인하로 대처함으로써 가격전쟁이 일어나 모든 기업들의 이윤이 낮아지는 경우가 종종 생긴다. 한편 한 기업이 가격을 인상할 때 다른 기업들이 따라서 가격을 인상하지 않거나 인상하더라도 그 폭이 작은 경우에는 가격을 인상한 기업은 수요의 격감과 고객을 잃는 위험에 직면한다. 따라서 기업들은 가급적 가격경쟁을 회피하고 광고나 상품차별화 등 비가격경쟁에 의존하게

과점
소수의 대기업이 지배하는 시장

이동통신 3사
우리나라 이동통신시장은 전형적인 과점구조이다.

된다. 그 결과 과점시장의 제품가격은 다른 시장에서처럼 자주 바뀌지 않고 경직적인 현상을 보인다.

셋째, 기업들이 담합(collusion) 또는 기타 공동행위와 같이 비경쟁행위(non-competitive practices)를 하려는 경향이 강하다. 가격전쟁을 벌이지 않는 것이 상호이익이라는 것을 인식하는 과점기업들은 그들 공동의 이윤을 극대화하기 위하여 가격을 협정하고 나아가 여러 가지 공동행위를 취하는 경우가 흔하다. 카르텔(cartel)이나 기업합동(trust) 등이 그러한 공동행위이다.[2]

넷째, 새로운 기업의 진입에 상당한 장벽이 존재한다. 진입장벽이 독점과 같이 완벽한 것은 아니지만 독점적 경쟁보다는 훨씬 두텁다. 이러한 진입장벽이 과점을 생성·유지시킨다. 진입장벽으로는 독점의 경우처럼

① 규모의 경제가 상당한 생산규모에까지 존재한다.
② 원재료를 몇몇 기업이 소유한다.
③ 정부가 인가·허가 등을 몇몇 기업에만 해 준다.

등을 우선 들 수 있다.

우리나라에 가수들은 아주 많지만 인기가수는 소수이다. 인기가수는 외모, 음색과 창법, 무대에서의 스타일 면에서 대중이 좋아하는 득특한 '원재료'를 가지고 있다. 만일 이러한 원재료를 일반가수들도 똑같이 소유하고 있다면 인기가수라는 과점기업은 존재하지 못할 것이다. 우리나라에서 농기계시장이나 승용차시장, 이동통신시장 등에는 아무 기업이나 자유롭게 진입할 수 없다. 정부가 사업허가를 해 주지 않기 때문이다.

이러한 요인 외에 기존 과점기업들이 전략적으로 진입장벽을 쌓는 경우가 있다. 전략적 진입장벽으로는

① 새로운 기업이 산업에 진입해 오면 기존기업보다 불리한 비용구조로 생산을 시작하게 마련인데, 이 때 기존기업들이 가격을 충분히 낮추어 새로운 기업이 이 가격으로는 손실을 보게 만든다.
② 활발한 광고활동으로 기존 과점기업들의 상표가 너무 널리 알려져 있다.
③ 기존기업들이 수많은 차별화된 상품을 만들어 내어 소비자의 다양한 기호를 충족시켜 준다.

등을 들 수 있다.

읽을거리 13-1

항공시장과
시장원리

---

2 카르텔은 각 참가기업이 독립성을 유지하며 시장지배를 목적으로 일정한 협약의 범위 내에서 공동행위를 하는 형태이다. 기업합동은 카르텔의 발전된 형태로서 각 참가기업이 독립성을 거의 상실하고 시장독점을 통한 초과이윤을 목적으로 마치 하나의 독점기업처럼 행동하는 형태이다.

2 여러 가지 과점이론

과점기업들은 다른 시장의 기업들과는 달리 가격이나 생산량을 결정할 때 다른 기업들이 어떻게 반응을 보일 것인가를 고려한다. 그런데 이 반응이 항상 일정한 것으로 나타나지는 않는다. 예컨대 한 과점기업이 자기 제품의 가격을 인상시킬 경우 다른 기업들이 가격인상에 따를 수도 있고 따르지 않을 수도 있다. 가격인상에 따를 경우에도 똑같은 인상폭으로 올릴 수도 있고 그 이상이나 그 이하로 올릴 수도 있다. 이 각각의 경우에 따라 최초에 가격을 인상시킨 기업의 판매수량과 이윤은 달라진다.

이처럼 다른 기업들의 반응은 여러 가지 양상이 있을 수 있기 때문에 가능한 각각의 양상에 따라서 상이한 과점이론을 전개할 수 있다. 따라서 과점이론은 지금까지 배워 온 다른 시장형태에서와 같은 일원화된 이론체계가 없고, 제1항에서 설명한 과점의 특징을 따로따로 설명하는 이론이 몇 가지 있을 뿐이다. 그 중에서 과점가격의 경직성을 설명하는 굴절수요곡선(kinked demand curve)의 이론이 일찍부터 대표적인 과점의 이론으로 알려져 왔다. 이 이론을 먼저 살펴본 후 그 밖에 개발된 과점이론 몇 가지를 차례로 살펴보기로 한다.

굴절수요곡선의 이론

굴절수요곡선의 이론은 과점시장에서 한 기업이 가격을 조정할 때 다른 기업들의 반응에 관하여 다음과 같이 가정한다. 한 기업이 현재의 시장가격에서 가격을 인하하면 다른 기업들도 시장을 잃지 않으려고 따라서 가격을 인하한다. 그러나 가격을 인상하면 다른 기업들은 가격을 따라서 올리지 않고 수요의 증가에 따른 시장의 확대를 노린다. 이처럼 다른 기업들이 가격인하는 따르되 가격인상은 따르지 않는다고 가정하면 과점기업은 현행가격에서 꺾이는 수요곡선을 가지게 된다.

과점기업의 현행가격수준이 그림 13-4에서 P_0라 하자. 이 기업이 가격을 올리거나 내리거나 간에 다른 경쟁기업들이 따라주지 않을 경우에 이 기업이 직면하는 수요곡선을 D_1D_1'이라 하자. 가격을 올리든지 내리든지 할 때에 다른 기업들도 마찬가지로 따를 경우 이 기업이 직면하는 수요곡선은 D_1D_1'보다 기울기가 가파른 D_2D_2'으로 표시할 수 있다. 왜 그럴까? 먼저 CD_1과 CD_2를 비교해보자. 가격을 어떤 수준으로 올려도 수요량이 둘 다 감소하지만 CD_2는 CD_1에 비해 수요량이 훨씬 적게 감소한다. 다른 기업들도 같이 가격을 올리기 때문에 자기 기업만 중뿔나게 가격을 올리는 CD_1에 비해 수요량이 적게 감소하는 것이다. 다른 기업들이 가격인상에 따르지 않으면 가격을 인상한 기업은 고객을 다른 기업들에게 뺏김으로써 이 기업제품에 대한 수요량이 크게 감소한다. 이를 CD_1이 나타낸다. 그러나 한 기업이 가격을 인하할

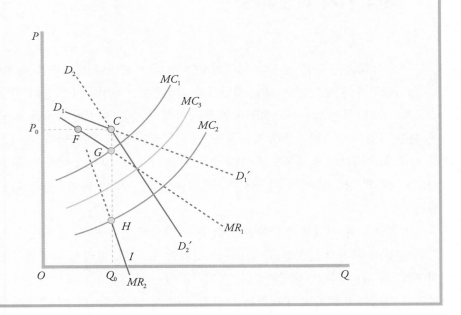

그림 13-4

굴절수요곡선의 이론

가격을 올리면 다른 기업들이 따라서 올리지 않는데 가격을 내리면 따라서 내린다고 예상되는 경우 과점기업은 D_1CD_2'처럼 현행가격에서 꺾이는 수요곡선에 직면한다. 이때 비용이 웬만큼 변하더라도 현행가격을 유지하는 것이 상책이다.

때 다른 기업들이 따라오지 않으면 다른 기업들의 고객을 뺏어옴으로써 따라올 때의 CD_2'보다 수요량이 많이 증가하는 CD_1'으로 표시된다. 따라서 다른 과점기업들이 가격인상을 따르지 않되 가격인하는 따른다고 가정하면 가격변경을 고려하는 과점기업이 직면하는 수요곡선은 그림 13-4에서 보는 바와 같이 D_1CD_2'이 된다. 즉 현행가격 P_0에서 굴절하는 굴절수요곡선이 된다.

수요곡선 D_1D_1'과 D_2D_2'에 대응하는 한계수입곡선이 각각 MR_1, MR_2라면 굴절수요곡선 D_1CD_2'에 대응하는 한계수입곡선은 FG와 HI의 두 곡선으로 표시된다. 이 경우 과점기업의 생산비가 변하더라도 한계비용곡선이 MC_3와 같이 MC_1과 MC_2 사이에 있으면 Q_0보다 낮은 생산량수준에서는 $MR>MC$이기 때문에 생산을 늘리고, Q_0보다 높은 생산량수준에서는 $MR<MC$이기 때문에 생산을 줄이는 것이 이윤을 증대시키는 길이다. 따라서 이윤극대화수량은 종전과 같이 Q_0이고 현행가격 P_0가 지속된다.

굴절수요곡선의 이론에 대한 비판으로는 다음의 세 가지가 있다. 첫째, 이 이론은 과점가격의 현행수준에서의 경직성을 설명하지만 어떻게 해서 가격이 현행수준으로 결정되어 있는가를 설명하지 못한다. 둘째, 한 과점기업이 가격을 인상할 때 이 이론의 가정과는 달리 다른 과점기업들도 따라서 가격을 인상하는 경우가 흔하다. 셋째, 이 이론이 시사하는 것만큼 과점가격이 경직적이지는 않다.

앞에서 논한 것처럼 모든 과점산업과 모든 과점기업의 특징을 설명하는 일반이론은 존재하지 않는다. 따라서 위의 세 가지 비판에도 불구하고 굴절수요곡선의 이론은 과점가격이 다른 시장의 가격보다 상대적으로 덜 변하는 특징을 잘 설명한 이론으로 평가된다.

비가격경쟁의 이론

과점기업들이 가격 이외의 측면에서 벌이는 비가격경쟁은 크게 상품의 차별화, 광고, 판매조건경쟁의 세 가지로 나눌 수 있다.

각 과점기업은 자기 제품이 다른 기업의 제품과 쉽게 구분될 수 있도록 상표·디자인·색채·스타일·제품의 속성 등을 독특하게 한다. 이러한 차별화는 승용차·가전제품·옷 등에서 두드러지게 나타난다. 과점기업은 상품의 차별화로 자기회사 제품이 다른 회사 제품보다 품질이 좋은 상품이라는 인식을 고객들에게 심어줌으로써 시장 확대를 꾀한다.

비가격경쟁의 두 번째 수단은 광고이다. 신문·텔레비전·인터넷 등 대중통신매체를 통하여 과점기업들은 자기들의 상품을 선전한다. 과점기업이 펴는 상품광고에는 ① 상품의 용도·품질·가격·쇼핑장소 등을 올바르게 알려주는 홍보적인 광고(informative advertisement), ② 이 샴푸를 쓰면 매력적인 여성이 되고 이 화장품을 쓰면 남자들의 선망의 대상이 된다는 식으로 그릇된 환상을 심어주어 은근히 소비자의 구매심리를 자극하는 사실왜곡적인 광고(fact-distorting advertisement), ③ 경쟁상대 기업이 광고를 하니까 시장을 잃지 않으려고 따라서 하는 전투적인 광고(combative advertisement) 등이 있다.[3] 우유업계에서 공동으로 우유 선전을 하지 않고 서울·남양·매일 등 회사들이 자기회사 우유 제품만을 텔레비전에서 열심히 선전하는 것은 전투적인 광고의 예이다. 이 중에서 홍보적인 광고는 소비자가 상품정보를 얻기 위해 드는 비용과 수고를 덜어준다는 점에서 건설적이지만 사실왜곡적인 광고와 전투적인 광고는 자원의 낭비를 초래하는 비효율적인 것이다.

판매조건경쟁으로는 일정기간 품질보장, 애프터 서비스(after service)제도, 경품제도, 외상 또는 할부제도 등 다른 기업보다 나은 판매조건을 내세워 소비자의 호의를 얻고자 경쟁하는 것이다.

과점시장에서의 이와 같은 비가격경쟁은 독점적 경쟁에서보다 훨씬 치열하다.

담합의 이론

담합(collusion)이란 기업들이 가격이나 생산량을 결정함에 있어서 상의하여 공동보조를 취하는 것을 말한다.

과점에서 독자적으로 이윤극대화를 추구하는 것보다 담합을 하는 것이 유리하다는 것을 복점의 예를 들어 설명해 보자. 두 기업이 동질적인 상품을 생산하는 데

담합
기업들이 가격이나 생산량을 결정함에 있어서 상의하여 공동보조를 취하는 것

---

3 과점기업의 상품광고를 세 가지 중의 어느 하나로 항상 뚜렷이 구분할 수 있는 것은 아니다. 실제 광고에는 이 세 가지가 혼합되어 있는 경우가 대부분이다. 과점기업은 특정상품광고 외에도 자기의 이미지를 높이려는 P.R., 자선활동, 공익광고 등 광의의 기업광고(institutional advertisement)도 한다.

그림 13-5의 (a), (b)에서와 같은 한계비용곡선을 가진다고 하자. 두 기업을 합친 시장의 수요곡선은 (c)의 D로 주어져 있다고 하자.

이윤극대화를 추구하는 두 기업이 담합하여 독점기업처럼 행동한다면 어떻게 할까? 두 기업의 한계비용곡선을 수평으로 합하여 그림 (c)의 ΣMC곡선을 구하고 시장수요곡선에서 한계수입곡선을 도출하여 두 곡선이 만나는 수량 Q_m을 가격 P_m으로 팔면 이윤이 극대화된다. 이 때 두 기업의 생산할당량은 q_A, q_B이다.

그림 13-5에서 두 기업은 담합하여 독점기업처럼 이윤극대화를 추구한다. 이는 독점기업이 서로 다른 지역에 두 개의 생산공장을 가지고 있을 때의 가격전략(혹은 생산전략)과 똑같은 결과를 낳는다. 이처럼 동일한 산업에 속하는 기업들이 경쟁을 줄이기 위하여 형성한 기업연합이 카르텔(cartel)이다. 카르텔이 경쟁을 줄이기 위하여 사용하는 두 가지 주요수단은 위에서 설명한 대로 가격고정(price fixing)과 생산량을 기업간에 할당하는 시장분할(market sharing)이다.

카르텔은 항상 와해될 소지를 안고 있어 불안정적이다. 그림 13-5에서 기업들이 할당된 생산량보다 더 많이 생산하여 P_m의 가격으로 팔고자 하는 유혹이 생기는데 할당량보다 많이 생산하면 가격이 P_m에 고정되지 않는 것이다. 현실세계에서 흔히 카르텔에 가입하지 않은 기업은 공공연하게, 카르텔에 가입한 기업은 남몰래, 카르텔이 책정한 가격보다 낮은 가격으로 판매하여 시장점유율을 높이고 이윤을 증대시키고자 한다. 이러한 카르텔협약의 위반 유인은 경기가 침체하거나 시장진입의 장벽이 낮거나 상품차별화의 정도가 크거나 독과점규제가 강할수록 더 크게 작용한다. 따라서 위반 기업에 대한 효과적인 제재조치가 마련되어 있지 않으면 어느 때든지 카르텔은 붕괴될 수 있다. 그리고 가격을 고정하여 과점기업들이 독점같이 행동할 때 카르텔 전체로서는 이윤이 극대화되지만, 이 이윤을 카르텔에 가입한 기업들 사이에 어떻게 배분할 것인가 하는 문제가 있다. 기업이 많을수록 이윤의 분배나 시장

카르텔

동일한 산업에 속하는 기업들이 경쟁을 줄이기 위하여 형성한 기업연합

복점기업의 담합

복점기업의 한계비용곡선과 시장수요곡선이 주어져 있다면 두 기업이 담합할 경우 독점기업처럼 통합 한계비용곡선과 (시장수요곡선에서 도출된) 한계수입곡선이 만나는 Q_m을 P_m으로 판매한다.

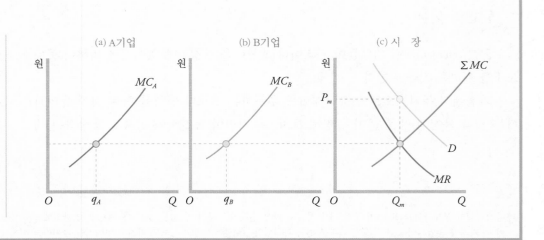

분할 등의 문제에 합의를 보기가 어려워지고, 고정시킨 가격 및 할당량을 준수하고 있는가를 감독하기도 어려워진다.

　　대표적인 국제규모의 카르텔로는 주요 산유국들이 결성한 석유수출국기구(Organization of Petroleum Exporting Countries: OPEC)가 있다.

국제카르텔
1960년 설립된 석유수출국기구. 유가에 상당한 영향을 미치고 있다.

선도기업의 이론

　　앞에서 굴절수요곡선의 이론에 대하여 비판할 때 과점산업에서 한 기업이 가격을 인하할 때는 물론 인상할 때에도 다른 기업들이 가격선도(price leadership)를 따르는 경우가 흔하다는 것을 지적하였다. 이러한 경험적 현상을 배경으로 하여 등장한 이론이 선도기업의 이론이다.

　　카르텔과 같은 명시적인 담합은 우리나라를 포함한 대부분의 자본주의국가에서 불법화되고 있다. 담합이 허용되지 않는 상황에서 기업들은 시장수요의 변화에 적응하기가 힘들다. 예컨대 시장수요가 늘어날 때 각 기업은 이윤증대를 노려 가격을 인상하고 싶어도, 다른 기업들이 이 인상에 따라오지 않을 경우 판매가 오히려 감소하여 손실을 볼 것을 두려워함으로써 선뜻 가격을 인상시키지 못한다. 이 때 과점기업들 사이에 묵시적 협약이 이루어져 한 기업(대개 최대기업)이 가격인상을 주도하면 나머지가 이를 슬며시 따라간다고 하자. 그러면 모든 기업들이 같이 가격을 인상함으로써 각각의 시장점유율을 종전과 비슷하게 유지하면서 이익을 더 얻을 수 있다. 마찬가지로 시장수요가 감소할 때 선도기업이 가격인하를 단행하고 나머지 기업들이 이에 따름으로써 그렇지 않은 경우에 비하여 기업 모두가 이익을 얻을 수 있다. 이러한 가격선도는 미국·영국의 여러 산업에서 종종 이루어져 왔다.

과점의 기타이론

　　앞에서 담합의 결과 형성되는 카르텔은 불안정하다고 설명하였다. 그런데 기존기업들이 일시적으로 담합해야 할 필요성이 높을 때가 있다. 그것은 새로운 기업이 산업에 진입하려고 할 때이다. 새로운 기업이 진입하면 경쟁기업이 늘어나 기존기업들의 시장점유율과 이윤이 줄어든다. 이 경우 기존기업들은 일시적으로 손실을 보더라도 새로운 기업의 진입을 저지하기 위해 가격을 평균비용 이하로 낮게 설정하는 수가 있다. 이를 진입저지가격설정(entry-limit pricing)이라고 한다.

　　현실의 많은 과점기업들은 자기 제품에 대한 시장수요를 확실히 알지 못하기 때문에 평균비용에다 일정한 비율의 마진을 얹어 가격을 설정한다. 정상적인 생산량수준에서의 평균비용(AC)에 적절하다고 생각되는 마진율(m)을 얹어 판매가격(P)을 결정하는 경우가 많은 것이다. 이

진입저지가격설정
새로운 기업의 진입을 저지할 정도로 낮은 가격을 매기는 것

$$[13\text{-}3] \quad P = AC(1+m)$$

비용할증가격설정
평균비용에 일정한 비율의 마진을 얹어 가격을 정하는 것

의 관계가 성립하도록 가격을 설정하는 것을 비용할증가격설정(full-cost or mark-up pricing)이라 한다.

과점기업들은 기점가격제도(basing point price system)를 통하여 가격경쟁을 피하면서 담합적 가격관리를 하기도 한다. 기점가격제도란 생산지의 가격을 기점으로 해서 다른 지역의 가격수준을 관리하는 방법이다. 이 방법을 수용한 대표적인 예는 미국의 철강산업이다. 철강의 주요 생산지는 피츠버그이므로 다른 지역에서 생산 혹은 판매되는 철강의 가격은 피츠버그의 산지가격에 수송비를 더한 정도의 수준에서 관리되었다.

3 게임이론

경제학에서 수요 · 공급의 이론 못지않게 중요한 이론을 든다면 그것은 단연 게임이론이다. 게임이론은 제2차 세계대전 이후 응용수학의 일부로 등장하였는데 경제학에서 밀접한 상호의존관계에 있는 과점기업간의 경쟁을 설명하는 이론으로 활용되기 시작하였다.

게임이론
각자의 행위가 서로에게 영향을 주는 상황에서 어떤 전략을 세워 행동하는가를 연구하는 이론

> **게임이론**(game theory)은 각자의 행위가 자기 이해관계뿐 아니라 상대방의 이해관계에도 영향을 끼치는 상황에서 서로 어떤 전략을 세워 행동하는가를 연구하는 이론이다.

서로 영향을 주고 받는다는 것을 알기 때문에 각자가 어떻게 행동할까 결정할 때 다른 사람들이 어떻게 대응할까를 고려해야 한다. 이처럼 다른 경제주체들의 대응을 고려하면서 행동하는 것을 전략적인 행동이라고 말한다.

게임이론은 전략적인 행동을 연구한다. 오늘날 게임이론은 수요 · 공급의 이론이 도외시한 전략적인 행동을 명시적으로 고려하기 때문에 과점기업간은 물론 노사간, 정부와 민간부문간, 국가간 협상이나 상호작용 등을 설명하고 그 결과를 예측하는 이론으로 활용되고 있다. 특히 국내경제정책을 정부와 민간부문간에 벌이는 게임으로, 국제거시경제정책을 각국 정부간에 벌이는 게임으로 파악하여 정책효과를 게임으로 분석하는 노력이 1980년대부터 활발하게 이루어져 왔다. 게임이론을 이용한

과점이론을 살펴보기에 앞서 게임이론의 기초개념을 간단하게 소개하기로 한다.[4]

게임의 정의와 구성

경제학에서 게임이란 의사결정자의 목표함수의 값이 자신의 행동은 물론 다른 사람의 행동에도 의존하는 상황을 말한다. 게임이론에서의 용어는 장기·바둑·테니스와 같은 오락이나 운동에서의 상황을 그대로 따와서 쓰고 있다. 친구와 내기바둑을 두면서 한 점 이기는 데 100원씩 주고받기로 했다고 하자. 내가 얼마나 따느냐는 내가 얼마나 잘 두느냐는 물론 친구가 얼마나 못 두느냐에도 달려 있다. 이처럼 영향을 서로 주고받는 상황에서 각자가 어떻게 행동하는가를 연구하는 이론이 게임이론이다.

게임은 경기자·전략·보수함수 등의 요소로 구성된다. 경기자(player)는 개인·집단·기업·국가 등 의사결정자를 말한다. 전략(strategy)은 경기자가 선택하는 구체적인 행동(action)에 대한 계획을 말한다. 보수함수(payoff function)는 각 경기자의 효용함수 혹은 이득함수를 말한다. 게임은 각 경기자가 자신의 보수함수를 극대화시키는 전략을 선택하여 행동하는 방식으로 전개된다. 게임은 서로의 전략에 관하여 구속력 있는 합의를 끌어낼 수 있느냐 없느냐에 따라 협조적 게임과 비협조적 게임으로 나눈다.

게임의 균형: 내쉬균형

게임에서 각 경기자의 보수함수는 자신이 선택한 전략에 의해 영향을 받는 것은 물론이고 다른 경기자가 선택한 전략에 의해서도 영향을 받는다. 따라서 다른 경기자가 어떤 전략을 선택할 것인가를 예상하고 이 예상에 입각하여 최상의 전략을 선택한다. 만약 다른 경기자가 선택하리라고 예상한 전략이 실제로 선택한 전략과 일치하지 않으면, 이 그릇된 예상에 입각한 전략은 최상의 전략이 아니다. 올바른 예상에 입각하여 다시 전략을 짜야 하기 때문에 '균형'전략도 아니다. 경제학에서 균형은 일단 그 상태에 도달하면 다른 상태로 바뀔 유인이 없는 상황을 말한다. 이런 의미에서 기존 전략이 다른 전략으로 대체되지 않고 그대로 유지되는 균형전략이 되기 위해서는 다른 경기자가 선택하리라고 예상하는 전략과 실제로 선택한 전략이 일치해야 한다. 이것이 게임의 균형으로서 만족시켜야 할 최소한도의 요건이다.

현실적으로 흥미있는 게임은 각 경기자가 자기 전략을 독자적으로 세우는 비협조적 게임이다. 비협조적 게임의 균형개념으로 가장 많이 쓰이는 것이 내쉬균형이

경기자
의사결정자

전략
구체적인 행동에 대한 계획

보수함수
각 경기자의 효용함수 혹은 이득함수

---

4 게임이론에 관한 자세한 안내서로는 왕규호·조인구, 『게임이론』, 박영사와 신성휘, 『게임이론 길라잡이』, 박영사를 참고할 것.

내쉬균형

다음 글은 1994년에 노벨경제학상을 받은 천재 수학자 내쉬(John Nash, 1928~2015)의 삶을 그린 『뷰티풀 마인드』 제10절에 있는 글이다.

존 내쉬
수학자인데 내쉬균형으로 노벨경제학상을 받았다.

"게임 참여자들은 상대가 어떻게 행동할지도 모른 채 서로 동시에 행동하지만, 서로가 마찬가지로 상대의 의중을 추리하고 있다는 사실을 생각하지 않을 수 없다. 포커 게임은 '그가 생각하는 걸 나도 생각한다고 그가 생각하리라는 걸 나는 생각한다…'의 한 예이다. 각 참여자는 다른 모든 사람의 처지에 서 봐야 하고, 그런 처지에서 결과를 계산해 봐야 한다. 자신의 최선의 행동이 무엇인지를 알아내는 것이 그 계산의 궁극적 목표이다.

이런 순환적 추리는 결론이 나지 않을 것처럼 보인다. 내쉬는 각 참여자가 최선의 전략을 선택함으로써 균형에 도달한다는 개념을 도입함으로써 그러한 순환적 추리에 종지부를 찍었다. 모두가 최선의 전략에 따라 행동한다고 전제할 때, 각 참여자는 수많은 선택 가운데 자기에게 최선인 선택을 찾게 된다는 것이다.

때로 한 사람의 최선책은 상대가 어떻게 행동하든 동일할 수 있다. 그 최선책을 그 사람의 지배전략(dominant strategy)이라고 한다. 때로 또 어떤 사람의 선택은 상대의 행동과 관계 없이 항상 나쁠 수도 있다. 그처럼 상대가 어떻게 행동하든 한결같이 나쁜 결과만 나오는 선택을 피지배전략(dominated strategy)이라고 한다. 균형 찾기는 피지배전략을 배제하고 지배전략을 찾는 데서 시작해야 한다. 그러나 위에서 든 예는 상대적으로 희귀하고 특별한 경우이다. 대부분의 게임에서 각자의 최선의 선택은 상대가 어떻게 행동하느냐에 따라 달라진다. 그러니 내쉬의 말에 귀를 기울이지 않을 수 없다.

내쉬는 균형을 이렇게 정의했다. 누구든 다른 대체전략을 선택해서 더 나은 결과를 얻을 수 없는 상황. 그러나 이 정의는 각자가 개인적으로 최선의 선택이라고 생각하는 것이 집단적 최적 결과(collectively optimal result)를 낳을 거라는 의미를 지니고 있지는 않다.

오늘날 전략적 게임과 관련된 내쉬균형 개념은 사회과학이나 생물학에서 기본적인 패러다임이 되었다. 내쉬는 성공적으로 자신의 비전을 펼침으로써 게임이론을 널리 퍼뜨릴 수 있었다. <뉴 팔그레이브>에는 이렇게 씌어 있다. 내쉬균형은 "점점 복잡해지고 있는 주제를 논하는 아주 강력하고 우아한 방법이다. 뉴턴의 천체 역학이 고대인들의 원시적이고 임시적인 방법들을 일거에 대체했던 것에 비견된다."

내쉬균형
각 경기자가 다른 경기자들의 전략을 주어진 것으로 보고 자신에게 최적의 전략을 선택할 때, 이 최적전략의 조합

다. 내쉬균형(Nash equilibrium)은 미국의 수학자 내쉬(John Nash)가 비협조적 게임의 균형으로 제시한 개념이다.

> 내쉬균형이란 각 경기자가 다른 경기자들의 전략을 주어진 것으로 보고 자신에게 최적의 전략을 선택할 때, 이 최적전략의 조합을 말한다.

내쉬균형은 각 경기자의 합리적 결정과정과 부합된다. 내쉬균형이 아닌 상태에

서는 적어도 한 경기자가 자신의 전략을 바꿀 유인을 갖는다. 따라서 그 상태가 유지되지 않으므로 균형이 아니다. 내쉬균형에서는 다른 경기자의 전략이 주어져 있는 한 어떤 경기자도 자신의 전략을 바꿀 유인이 없다. 이를 내쉬균형이 '개별적 합리성(individual rationality)을 가진다', 혹은 '유인합치성(incentive compatibility)을 갖는다', '유인합치적이다'라고 말한다. 내쉬균형은 일반적인 비협조적 게임에서 일어나기 쉬운 결과를 잘 예측해 준다.

개별적 합리성
개인 차원에서 볼 때 합리적인 것

공범자의 딜레마

지금까지 개괄한 게임이론을 응용하여 게임이론에서 가장 많이 인용되는 공범자의 딜레마(prisoner's dilemma)를 다루어 보자.[5] 두 사람이 작당하여 물건을 훔친 죄로 투옥되었다. 검찰에서는 이 두 사람을 중요한 미제사건의 공동범인으로 지목하고 있다. 검사가 두 용의자를 따로따로 불러 다음과 같이 제의한다고 하자. "이 미제사건의 범인이라고 둘 다 순순히 자백하면 비교적 가벼운 형벌인 징역 2년을 구형하겠다. 만약 한 사람은 순순히 자백하는데 다른 사람은 범행을 부인하면 자백한 사람은 미제사건을 푸는 데 협조한 수사상의 공로를 인정하여 방면해 주겠지만 부인한 사람에게는 징역 10년을 구형하겠다. 둘 다 범행을 부인하면 둘 다 절도죄만 걸어 징역 6개월을 구형하겠다." 이 검사가 구형한 대로 판결이 난다고 가정하자. 두 용의자는 화장실 복도에서 잠깐 스치는 정도의 접촉도, 의사교환의 기회도 없다. 각자가 이런 제의를 똑같이 검사한테서 받았고 이 제의대로 이루어질 것이라는 것을 알 뿐이다. 이 경우 두 용의자는 어떻게 할 것인가?

이 문제는 각 용의자의 후생(보수함수)이 자기의 자백 여하에 의존하는 것은 물론 공범의 자백 여하에도 의존하기 때문에 전형적인 게임의 상황이다. 각자의 전략은 예전의 죄를 자백하느냐 아니면 부인하느냐의 두 가지이다. 두 용의자가 모두 범행을 부인하면 둘 다 이득을 본다. 그러나 자기만 부인하고 공범이 자백하면 자기만 중형을 받는 딜레마에 빠지게 된다. 두 용의자가 취하는 전략에 따라 각자가 받게 되는 보상을 행렬형으로 표시한 것이 표 13-1 이다.

표에서 (·, ·)의 첫째 숫자는 용의자 1이 갖게 되는 효용수준, 둘째 숫자는 용의자 2가 갖게 되는 효용수준이다. 감옥에 갇혀 있는 연수에 비례하여 음의 효용을 누린다고 가정하였다. 예컨대 용의자 1이 자백하고 용의자 2가 부인하면 보수함수는 (0, −10)이다. 용의자 1은 감옥살이를 전혀 하지 않게 되니까 0의 효용을 누리고 용의자 2는 10년을 갇혀 있게 되니까 −10의 효용을 얻게 된다.

이 게임에서 내쉬균형은 두 용의자가 자백하는 전략이다. 둘 다 자백하는 전략

공범자의 딜레마
두 공범자가 모두 죄를 부인하면 가벼운 처벌을 받는데 개별적 합리성에 이끌려 둘 다 죄를 고백함으로써 무거운 처벌을 받는 상황

---

5 공범자의 딜레마를 죄수의 딜레마, 혹은 용의자의 딜레마라고도 부른다.

표
13-1

**공범자의 딜레마의
보수함수**

		용의자 2	
		부인	자백
용의자 1	부인	(−0.5, −0.5)	(−10, 0)
	자백	(0, −10)	(−2, −2)

이 내쉬균형인 것은 자백한다는 상대방의 전략이 주어져 있을 때 나로서도 자백하는 것이 최선이기 때문이다.

이 내쉬균형이 현실적으로 나타나기 쉽고 개별적 합리성을 가지고 있는 것은 용의자 1의 입장에서 볼 때 다음과 같은 관념적 실험을 통하여 확인할 수 있다. 용의자 2는 부인하거나 자백하거나 둘 중의 하나를 택할 것이다. 용의자 2가 범행을 부인한다고 하자. 그러면 용의자 1은 범행을 부인하면 6개월 동안 감옥살이를 하게 되지만 자백하면 자유의 몸이 된다. 따라서 자백하는 것이 자기에게 유리하다. 용의자 2가 범행을 자백한다고 하자. 이 때 용의자 1은 범행을 부인했다간 10년이나 감옥살이를 하게 된다. 이는 범행을 자백할 때의 옥살이가 2년보다 훨씬 중형이다. 따라서 용의자 1로서는 당연히 자백해야 한다. 이런 사정은 용의자 2에 대해서도 대칭적으로 적용된다.

공범자의 딜레마는 구성원 각자에게 이익인 행동이 구성원 전체로는 손해인 경우를 보여 준다. 위 예에서 용의자 둘 다 범행을 부인하면 둘 다 자백하는 것보다 형량이 적어 둘 다 좋다. 그러나 둘 다 부인하는 것은 유인합치적이지 못해 내쉬균형이 아니다. 3인 이상의 비슷한 게임은 공유지의 비극(tragedy of the commons)이라고 불린다. 농부 한 명이 공동목초지에 자기 가축을 더 방목하면 그에게 이익이 된다. 그러나 모든 농부가 가축을 더 방목하면 공동목초지가 황폐해져서 모두에게 손해가 된다. 이를 공유지의 비극이라 한다. 어떤 나라에도 속하지 않는 공해(公海)의 물고기를 남획하여 물고기의 씨를 말리는 것도 공유지의 비극의 예이다.

공유지의 비극
사유지와 달리 공유지는 함부로 사용하여 황폐해지기 쉬운 현상

공유지
공유지의 비극을 해결하려는 여러 가지 방법이 있지만 완전하지는 않다.

공유지의 비극을 해결하는 방법으로는 크게 세 가지가 있다.

첫째, 국가가 개입하는 것이다. 누가 언제 얼마나 공유지를 이용할 수 있는지를 국가가 정하고, 위반할 때 처벌하거나 비용을 부과한다. 이 방법이 잘 작동하기 위해서는 국가가 공유지의 상태를 파악하고 위반할 때 손해가 얼마인가를 계산하며 위반행위를 지속적으로 감시하고 적발할 수 있어야 한다. 이런 전제가 충족되지 않으면 국가 개입은 비효율적인 결과를 낳는다.

둘째, 공유지에 소유권을 설정하여 시장에 맡기는 것이다. 목초지를 각 축산농가에 할당하여 소유권을 인정해 주면 각자가 알아서 자기 목초지가 황폐하지 않게 관리한다. 이 방법은 물이나 수산자원과 같은 많은 공유자원의 경우 따로 분리할 수 없어 소유권을 확정하기 어렵다는 문제점을 가진다.

셋째, 공동체 구성원들 간의 상호 감시와 상호 제재를 통한 관리 방법이다. 공동체 구성원들은 국가가 갖지 못하는 정보를 갖고 있으며 상호 신뢰를 기초로 공동체의 발전을 위해 서로 감시하고 넛지(팔꿈치로 슬쩍 찌름)할 수 있다.

전통적으로 경제학은 첫째와 둘째 방법을 중요시해 왔다. 최근에는 공동체적 해결방식이 다른 방법 못지않게 각광을 받고 있다. 엘리너 오스트럼 교수는 공동체적 해결방식이 가능한 조건과 성공한 사례들을 분석한 공로로 노벨경제학상을 받았다.

용의자의 딜레마가 예측하는 것과 달리 미국에서 체포된 마약범은 좀처럼 공범을 '자백'하지 않는 것으로 알려져 있다. 만일 동료를 배신한 대가로 석방되면 조직이 반드시 응징을 하기 때문이다. 본문에서 다룬 용의자의 딜레마는 단 한 번의 선택으로 끝나는 게임이다. 계속 반복되는 게임에서는 내쉬균형이 달라지는 것으로 밝혀졌다.

1980년대 초 미국의 한 대학에서 용의자의 딜레마 상황이 반복될 때 최선의 전략은 무엇인가에 대한 모의실험을 했다. 무조건 협력, 무조건 배신, 상황별 배신 또는 협력 등 모든 전략들을 대형 컴퓨터에 입력해 분석했다.

결과는 맞대응(tit for tat)전략이 내쉬균형으로서 최선이라는 것이었다. 맞대응전략은 세 가지 행동원리를 따른다. 첫째, 일단 협력한다. 둘째, 상대방이 배신하면 응징한다. 셋째, 상대방이 다시 협력하면 용서하고 협력전략으로 복귀한다. '이에는 이, 눈에는 눈'으로 대처하되 처음에는 호의를 가지고 시작한다는 것이다. 이렇게 공동체 내의 구성원을 일단 신뢰하고 상대방이 협력하려는 의지가 있음이 확인되면 언제든지 이에 협력으로 응답하는 것이 인간의 성향이다. 공동체적 해결방식이 새삼 각광을 받는 이유이다.

조정게임

한 산업에 두 기업이 있다고 하자. 불경기를 맞아 두 기업이 가격을 인하할 것인가 말 것인가를 고려하고 있다. 상대기업이 어떻게 나올 것인가에 따라 각 기업의 보수함수가 표 13-2로 묘사된다고 하자.

두 기업 다 현행가격을 유지하면 각각 매기당 10억원씩의 이윤을 얻는다. 상대기업이 현행가격을 유지하는데 자기기업만 가격을 내리면 불경기 극복에 도움이 안 되고 가격인하만큼 매출이 늘어나지 않아 이윤이 5억원으로 줄어든다. 두 기업 모두 가격을 내리면 산업의 불경기를 극복하여 두 기업의 이윤이 모두 20억원으로 늘어난다.

이런 상황에서 기업 2가 현행가격을 유지하는 전략을 쓸 것이라고 상정된다고

표
13-2

기업의
가격조정게임

		기업 2	
		가격인하	가격유지
기업 1	가격인하	(20, 20)	(5, 8)
	가격유지	(8, 5)	(10, 10)

하자. 기업 1은 가격을 내리거나 기업 2처럼 현행가격을 유지할 수 있다. 기업 1이 가격을 내릴 때는 5억원의 이윤을 얻지만 가격을 유지할 때는 10억원의 이윤을 얻는다. 따라서 기업 2가 가격을 유지한다면 기업 1도 현행가격을 유지하는 것이 낫다. 마찬가지 논리로 기업 1이 현행가격을 유지한다면 기업 2도 가격을 유지하는 것이 낫다. 따라서 기업 1과 2가 현행가격을 유지하는 전략이 내쉬균형이다.

표 13-2에서는 또 다른 내쉬균형이 있다. 다른 기업이 가격을 인하할 것이라고 각 기업이 기대하면 가격을 내리는 것이 단연 유리하다. 따라서 기업 1과 2가 둘 다 가격을 인하하는 전략도 내쉬균형이다.

두 기업 모두 가격을 인하하면 양쪽 다 이득을 본다. 그러나 일단 다른 기업이 가격을 내리지 않을 것이라고 서로 예상하면 이 예상이 맞아 떨어지면서 두 기업 모두 손해인 상태에 고착된다. 이런 불만스러운 내쉬균형에서 벗어나 두 기업 모두 이득인 내쉬균형으로 조정되는 것이 현실적으로 어렵다.

게임이론의 의의

내쉬균형은 애덤 스미스의 '보이지 않는 손'과 다른 메시지를 준다. 시장참가자들이 각자의 이익을 자유롭게 추구하면 시장 메커니즘에 의해 공공의 이익도 극대화되는 균형에 이른다는 것이 보이지 않는 손의 이론이다. 그런데 공범자의 딜레마와 조정게임에서는 각자가 자기의 이익을 자유롭게 추구하면 관련당사자 전체로는 아주 불만스러운 균형에 이를 수가 있다.

스미스의 보이지 않는 손은 시장참가자들이 가격수용자로 행동하는 경쟁시장에 적용된다. 시장참가자들이 가격수용자가 아니고 전략적으로 행동하는 과점시장에서는 개별적 합리성이 공동의 선(善)으로 이어진다는 보장이 없다. 따라서 정부가 대외개방을 통해 과점시장을 경쟁시장으로 전환시키거나 제도를 잘 정비하여 합리적 조정자의 역할을 해야 한다. 공범자의 딜레마가 단 1회에 그치는 것이 아니라 반복되는 상황이면 개별적 합리성과 집단이익의 괴리가 줄어드는 것으로 밝혀졌다. 정부가 개입하여 세금이나 보조금으로 보수함수를 변화시킴으로써 개별적 합리성과 공공이익을 조화시키는 결과를 유도할 수 있다.

4 게임이론과 과점의 이론

과점기업과 조정게임

과점기업이 조정게임의 상황에 처할 수 있다는 것은 앞에서 표 13-2로 설명하였다.

과점기업과 공범자의 딜레마

과점기업은 공범자의 딜레마와 같은 상황에 처할 수 있다. 표 13-2를 약간 변형한 표 13-3을 보자. 경기가 호황이어서 기업이 가격을 올리고 싶어 한다. 두 기업이 같이 가격을 올리면 현행가격을 유지하는 것보다 이윤이 크게 늘어난다. 그러나 한 기업만 가격을 올리고 다른 기업은 올리지 않는 경우 수요의 대체가 크게 일어나 가격을 올린 기업이 큰 코 다친다. 표 13-3과 같은 상황에서 두 기업은 울며 겨자먹기로 현행가격을 유지한다. 두 기업 다 가격을 올리는 것이 누이 좋고 매부 좋은 경우지만 내쉬균형이 아니다. 앞에서와 같은 관념적 실험을 통해 현행가격 유지가 유일한 내쉬균형인 것을 독자들은 쉽게 확인할 수 있을 것이다.

과점기업과 꾸르노경쟁

프랑스의 경제학자 꾸르노는 각 과점기업이 상대기업들의 현재 생산량을 주어진 것으로 보고 자기의 이윤극대화생산량을 결정하는 상황을 연구하였다. 상대기업들이 현재 생산량을 유지할 것이라는 예상하에 자기 이윤을 극대로 하는 생산량을 결정한다는 것이다. 이러한 경쟁방식을 꾸르노경쟁(Cournot competition)이라고 한다.

상대기업들이 현재 생산량을 유지할 것이라는 예상이 쉽게 들어맞지 않을 것이다. 그러나 일련의 시행착오를 통해 서로의 예상이 맞아 떨어지는 상태에 도달할 수 있다. 이 상태가 꾸르노경쟁에서의 내쉬균형이고 꾸르노균형이라고도 부른다.

꾸르노경쟁
상대기업들이 현재 생산량을 유지할 것이라는 예상하에 자기 이윤을 극대로 하는 생산량을 결정하는 경쟁방식

		기업 2	
		가격인상	가격유지
기업 1	가격인상	(20, 20)	(5, 25)
	가격유지	(25, 5)	(10, 10)

표 13-3

과점기업과 공범자의 딜레마

꾸르노경쟁이 이루어지는 과점시장에서의 생산량은 경쟁시장에서의 생산량보다 훨씬 낮은 것으로 알려져 있다.

과점기업과 베르뜨랑경쟁

프랑스의 경제학자 베르뜨랑은 각 과점기업이 상대기업들의 현재가격을 주어진 것으로 보고 자기의 이윤을 극대화시키는 가격을 결정하는 상황을 연구하였다. 과점기업의 선택변수가 꾸르노경쟁에서는 생산물수량인 데 반해 여기서는 가격인 것이다. 이런 경쟁방식을 베르뜨랑경쟁(Bertrand competition)이라고 한다.

베르뜨랑경쟁에서의 내쉬균형을 베르뜨랑균형이라고 부른다. 베르뜨랑균형에서는 과점상품가격이 한계비용과 같아져 완전경쟁시장과 같은 결과를 얻는 것으로 알려져 있다.

앞에서 다룬 굴절수요곡선의 이론도 게임이론 틀에서 설명할 수 있다. 담합의 이론은 협조적 게임으로 분석할 수 있다. 과점이론은 게임이론을 이용하여 다양하게 전개되고 있다.

베르뜨랑경쟁
상대기업들의 현재가격을 주어진 것으로 보고 자기의 이윤을 극대화시키는 가격을 결정하는 경쟁방식

5 과점의 평가

과점은 자원배분이 비효율적이지만 소비자들의 다양한 선호를 충족시켜 준다는 점에서 독점적 경쟁과 같다. 그러나 앞에서 설명한 바와 같이 과점에서는 지나친 광고경쟁을 통하여 자원이 낭비된다는 점이 있다. 사실왜곡적인 광고와 전투적인 광고에 지출되는 자원은 보다 생산적인 일에 전용되는 것이 바람직한데 이러한 전용이 이루어지지 않는다.

기술혁신에 관한 유인면에서는 과점이 다른 어떤 시장형태보다도 긍정적이다. 과점은 시장진입에 상당한 장벽이 있어 장기에도 초과이윤을 누릴 수 있다. 따라서 과점에서는 기술개발에 관한 투자가 활발하여 기술혁신에 대해 독점이 갖는 유리한 면을 나누어 가진다. 다른 한편 다른 기업들과 비가격경쟁을 치열하게 벌임으로써 과점은 적자생존의 완전경쟁이 갖는 기술혁신에의 유리한 면까지 갖추고 있다. 즉, 완전경쟁이나 독점과는 달리 과점은 기술혁신에 필요한 두 가지 요소인 혁신의욕과 자금력을 두루 갖추고 있는 것이다.

여러 가지 과점이론에서 보았듯이 과점기업은 본질적으로 우하향의 수요곡선을 가지며 $P>MC=MR$ 상태의 균형을 선호한다. 자연히 과점시장에서는 소득분배가 불평등하게 이루어지고 자원이 비효율적으로 배분된다. 소득분배의 불평등면과 자원

배분의 비효율성면에서 과점은 독점과 독점적 경쟁의 중간에 위치한다.

끝으로 과점은 대기업들의 횡포에 대항하는 사회세력들을 등장시키는 역설적 기능을 수행한다. 즉 과점하의 대기업들이 지나친 비가격경쟁을 통하여 일반의 선호를 바꾸고자 하거나 묵시적인 연합으로 노동고용조건을 결정하는 등 대중조작을 펴는 것에 대항하여 소비자단체나 노동조합이 결성되어 대등한 세력관계로 부상한다. 이를 미국의 경제학자 갤브레이드(K. Galbraith)는 대항세력의 이론(countervailing power theory)으로 표현하였다.

제3절 　독과점시장구조와 공공규제

지금까지 배운 생산물시장이론에 의하면 시장이 불완전경쟁일 경우에는 완전경쟁일 경우에 비해 자원이 비효율적으로 배분되고 소득분배가 불평등하게 이루어지는 등 여러 가지 부정적인 효과가 일어난다. 따라서 정책당국은 불완전경쟁, 특히 독과점(독점과 과점)을 완화하고 완전경쟁을 지향하고자 여러 가지 공공규제를 강구한다.

우리가 배운 경쟁시장은 그 조건이 너무 엄밀하여 현실적으로는 존재하기 어려운 시장이다. 이에 정책당국은 완전경쟁에 가까우면서도 현실성이 있는 경쟁상태를 경쟁기준으로 삼게 되는데 이것이 유효경쟁의 개념이다. 한편 정책당국이 불완전경쟁에 대한 공공규제를 하기 위하여는 불완전경쟁의 정도, 즉 시장구조를 측정하는 것이 필요하다. 이 절에서는 먼저 시장구조를 측정하는 방법과 유효경쟁의 개념을 다루고 우리나라 시장구조현황을 살펴본 다음 독과점에 대한 공공규제 내용을 알아본다.[6]

---

6 이 절에서 다루는 내용들은 독자들이 경제학원론을 배우고 나서 여러 가지 각론을 공부하게 될 경우에 마주치게 되는 「산업조직론」에서 다루는 내용이다. 산업조직론은 한마디로 시장이 어떤 구조(structure)하에서 기업이 어떻게 행동(conduct)하여 어떤 성과(performance)를 얻는가를 분석하는 이론이다.

1 시장구조의 측정

시장구조(market structure)란 시장이 경쟁의 측면에서 볼 때 어느 상태에 있는가를 말한다. 시장의 경쟁상태는 주로 공급자인 기업의 수와 기업규모에 따라 결정된다. 기업 수와 규모면에서 시장의 집중 여부를 측정하기 위해 사용되는 것이 시장집중지수(market concentration index)이다. 시장집중지수의 종류는 여러 가지가 있지만 그 중에서 가장 흔히 쓰이고 있는 것은 상위k기업집중률과 허쉬만-허핀달지수이다.

상위k기업집중률은 규모면에서 제일 상위에 속하는 k개 기업 각각의 시장점유율을 합계한 것이다.

상위k기업집중률을 구하기 위해서는 먼저 시장내 각 기업의 시장점유율을 구하여 이들을 크기 순서로 배열한 다음 위에서부터 k개 기업의 시장점유율을 합하면 된다. 개별기업의 시장점유율은 일반적으로 개별기업의 매출액이 시장 전체의 매출액에서 차지하는 비중으로 구한다.[7] i번째 기업의 시장점유율을 s_i라 하면 상위k기업집중률 CR_k는

$$[13\text{-}4] \quad CR_k = \sum_{i=1}^{k} s_i$$

로 구해진다. 상위k기업집중률이 높을수록 시장의 불완전경쟁의 정도가 높음을 나타낸다.

상위k기업집중률은 측정이 간단하고 소수 대기업의 시장지배력을 직접적으로 표시해 주므로 독과점규제를 위한 시장구조 분류기준으로 우리나라는 물론 세계적으로 널리 사용되고 있다. 기업의 수 k를 얼마로 할 것인가 하는 객관적인 기준은 없지만 흔히 상위 3개 기업의 시장집중률 CR_3를 사용한다. 우리나라는 CR_3가 75% 이상인 경우 해당 품목의 사업자를 시장지배적 사업자로 추정하고 있다.

상위k기업집중률은 상위k기업 안에서는 규모가 큰 기업이나 작은 기업이나 똑같은 비중으로 취급한다. 이에 비해 한 산업 안에 있는 모든 기업의 시장점유율의 제곱을 합한 것을 허쉬만-허핀달지수(Hirschman-Herfindahl index: HH)라 한다. 허쉬만-허핀달지수는 시장점유율이 큰 기업에 더 큰 비중을 준다.

시장집중지수
기업 수와 규모면에서 시장의 집중 여부를 측정하기 위해 사용되는 지표

상위k기업집중률
최상위 k기업의 시장점유율을 합한 것

허쉬만-허핀달지수
한 산업 안에 있는 모든 기업의 시장점유율의 제곱을 합한 것

----

7 시장점유율을 산정하는 기준으로는 매출액 이외에 고용자 수와 자산액이 사용되기도 한다. 세 가지 기준 모두 장단점이 있기 때문에 어느 것이 절대적으로 좋은 것이라고는 말할 수 없다. 그 중에서도 매출액이 일정기간에 걸친 기업활동의 성과를 나타내는 지표로서 기업의 총체적인 경제력을 나타낸다는 장점이 있기 때문에 집중지수의 기준으로 가장 널리 사용되고 있다.

산업 안에 모두 n개의 기업이 있을 때 허쉬만-허핀달지수는

[13-5] $HH = \sum_{i=1}^{n} s_i^2$

으로 표시된다.

HH지수는 CR_k에 비해 산업내 기업분포에 대한 정보를 많이 반영하지만 모든 기업의 시장점유율을 알아야 하기 때문에 계산이 복잡하다는 문제점이 있다. HH지수도 CR_k와 같이 그 값이 클수록 시장의 불완전경쟁의 정도가 높은 것을 나타낸다. 우리나라의 경우 HH지수에 10,000을 곱한 값이 1,800 이상인 산업을 고(高) 집중산업으로 분류하고 있다.

2 유효경쟁시장과 경합시장

미국의 경제학자 클라크(J.M. Clark)는 완전경쟁보다 현실성이 있는 경쟁기준으로 유효경쟁(effective competition)의 개념을 제시하였다.

> **유효경쟁시장**은 완전경쟁을 규정하는 대다수의 기업과 소비자, 상품의 동질성, 기업의 자유로운 진입과 퇴거의 세 가지 조건을 갖추지 않더라도 기업간에 실질적인 경쟁이 일어나 시장가격이 한계비용으로부터 크게 괴리되지 않는 시장이다.

유효경쟁시장
경쟁시장의 조건을 갖추지 않더라도 기업간에 실질적인 경쟁이 일어나 시장가격이 한계비용으로부터 크게 괴리되지 않는 시장

클라크에 의하면 어느 한 시점에서 나타나는 시장경쟁의 불완전성은 그다지 중요하지 않다. 시장가격이 한계비용보다 너무 크지 않고 장기적으로 완전경쟁에 가까워질 수 있는 시장이면 유효경쟁시장인데 현실시장이 유효경쟁시장이면 된다.

클라크는 유효경쟁의 조건을 구체적으로 제시하지 않았다. 미국의 경제학자 쉐퍼드에 의하면 유효경쟁이란 상위 4기업집중률(CR_4)이 40% 이하이고 각 기업의 시장점유율이 유동적이며 진입장벽이 아주 낮고 담합이 매우 어려우며 이윤율이 아주 낮은 조건하의 경쟁상태를 말한다. 일반적으로 CR_4가 60%이고 각 기업의 시장점유율이 안정적인 경우를 과점으로 분류하고 있음을 감안할 때, 쉐퍼드의 유효경쟁은 그 범위를 상당히 넓게 잡고 있음을 알 수 있다.

미국의 경제학자 보몰(W. Baumol)과 윌릭(R. Willig)은 유효경쟁시장보다 훨씬 파격적인 경합시장(contestable market)의 개념을 제시하였다.

경합시장이란 별다른 비용이 없이 기업의 자유로운 진입과 퇴출이 이루어지는

경합시장
별다른 비용이 없이 기업의 자유로운 진입과 퇴출이 이루어지는 시장

시장이다. 기존기업들이 신규기업에 의해 끊임없이 위협받는 시장이 경합시장이다.

경합시장의 이론에 따르면 한 시장이 경합시장이면 기업 수가 아무리 적더라도, 설사 독점시장이라도, 언제든지 다른 기업이 들어와 치고 빠질 수 있기 때문에 시장가격이 한계비용을 크게 벗어날 수 없고 장기에 초과이윤을 크게 볼 수 없다. 따라서 경합시장은 경쟁시장과 아주 비슷한 자원배분의 효율성을 낳는다.

유효경쟁을 포함한 기존의 독과점이론과 산업정책이 각 산업에 있는 기업의 수에 초점을 맞추어 온 것에 비해 경합시장의 이론은 진입과 퇴출의 장벽을 없애는 데 주력해야 한다는 정책적 시사점을 가지고 있다.

경합시장의 이론은 정부규제 철폐와 작은 정부를 강력하게 주장하는 시카고학파(시카고 대학의 경제학자들)가 선호하는 이론이다. 인터넷 상거래가 보편화된 오늘날에는 갈수록 경합시장의 비중이 커지고 있다. 그러나 각국 정부는 기존의 독과점이론이 주목하는 기업의 수와 시장집중지수에 입각하여 독과점 규제정책을 펴고 있다.

3 우리나라의 시장구조

우리나라 시장구조의 변화를 알아보기 위하여 2015년 이래 광업 및 제조업부문의 상품시장 집중상태를 요약해 보면 표 13-4와 같다.

먼저 표에서는 독점을 말 그대로 단일기업의 시장점유율이 100%인 경우로 국한시키지 않고 상위1기업집중률이 50% 이상인 경우로 잡고 있다는 것을 유의해야 한다. 표에서 고위과점형은 상위1기업집중률이 50% 미만이면서 상위3기업집중률이 75% 이상인 산업이다. 표의 기준에 따르면 우리나라 제조업부문의 높은 독점현상과 완만한 경쟁화현상을 발견할 수 있다. 독점시장은 2019년에 상품수 기준으로 전체 제조업의 32%, 출하액 기준으로 28.4%의 높은 비중을 차지하고 있다. 과거의 자료를 보면 1990년대까지는 독점의 비중이 감소하는 추세를 보였지만 2000년대에 들어와 감소 추세가 멈추었다. 기타인 독점형이나 고위과점형 시장에 해당하지 않는 품목시장의 경우에는 상품수와 출하액의 비중이 2015년에서 2017년까지는 감소하다가 2017년부터는 정체상태다.

이러한 추세는 경제성장과정에서 다수의 새로운 상품이 출현하는데, 시초에는 독점이 형성되었다가 시장규모가 확대됨에 따라 기존시장이 과점화되고 과점시장의 일부는 경쟁화되는 현상으로 이해할 수 있다. 2019년 독과점이 총상품수의 44.7%, 총출하액의 45.6%를 차지하고 있어 우리나라 제조업부문의 독과점도는 아직 높은 편이다.

	2015		2017		2019	
	품목수	출하액	품목수	출하액	품목수	출하액
독점형 (CR1≥50%)	31.8	29.1	32.0	28.5	32.0	28.4
고위과점형 (CR1<50%, CR3≥75%)	12.9	14.6	13.3	17.4	12.7	17.1
기타	55.3	56.3	54.8	54.2	55.3	54.5
합계	100	100	100	100	100	100

출처: (KOSIS : 공정거래위원회, 「시장구조분석」, 2019, 시장지배적 사업자 기준에 따른 품목시장구조 분석(비중))
URL: (https://kosis.kr/statHtml/statHtml.do?orgId=152&tblId=DT_15201_2012_N014&conn_path=I2)

표 13-4

2015, 2017, 2019년도 품목수/출하액 기준 광업, 제조업 시장구조

표에서는 상위 3기업집중률이 75%만 넘지 않으면 기타시장으로 취급하였다. 이 기준은 지나치게 높다. 최대기업의 시장집중률이 45%, 두 번째 및 세 번째로 큰 기업이 10%, 5%인 산업이 있다면 이 산업은 지배적 기업이 있는 고위과점산업이나 다름없다. 그런데 표에서는 이러한 산업도 경쟁산업으로 분류된다. 고위과점산업과 기타산업의 분류기준으로는 상위 3기업집중률을 60% 정도로 삼는 것이 바람직하다. 이렇게 낮추어 잡으면 독과점시장의 비중은 더 높아질 것이다.

지금까지 제조업시장을 중심으로 고찰하였다. 전기·가스·수도와 건설 등 대부분의 서비스산업의 시장구조에 대한 통계는 정비되어 있지 않지만 제조업 못지않게 독과점의 비중이 높을 것으로 보인다.

농업을 제외한 거의 전 산업에 걸쳐 독과점의 비중이 높은 것은 무엇보다도 그동안 정부가 대기업을 중심으로 하여 급속한 경제성장을 추구해 온 데에 있다.

우리나라의 경제력집중

앞에서 본 것처럼 개별산업의 독과점도는 매우 높다. 나아가 소수 재벌에 의한 경제력집중은 세계적으로 유례를 찾기 힘들 정도로 심하다.

경제력집중은 특정인(총수)과 그 가족이 대규모 기업집단(=재벌 혹은 그룹)을 지배하여 경제활동의 주요 부문을 좌지우지하고 있는 상태를 말한다.

우리나라는 경제개발 초기단계부터 대기업을 중심으로 한 전략산업 위주의 공업화를 지속적으로 추진해 오는 과정에서 재벌에 의한 소유·지배의 집중이 심화되었다.

경제력집중은 좋은 점도 많고 나쁜 점도 많다. 경제력집중은 ① 규모의 경제와 범위의 경제를 이룩하고, ② 계열기업간 자금의 효율적인 배분과 인력풀(man-power pool)을 통하여 기술혁신을 선도하며, ③ 경영의 다각화로 위험을 분산시키는 등의 좋은 점을 가진다. 특히 컴퓨터, 메모리 반도체, 스마트폰 등 IT기기의 선구적인 개발에서 보는 바와 같이 첨단산업분야에서 이룩하고 있는 세계적인 기술혁신을 높이 평가해야 한다. 우리 경제가 1990년대까지 누려온 고도성장에 재벌이 견인차 노릇을 한 것도 사실이다. 그럼에도 불구하고 우리나라에서 다음과 같은 문제점들 때문에 경제력집중은 나쁘다는 측면이 부각되어 왔다.

첫째, 부의 축적과정의 정당성에 강한 의문이 제기되어 왔다. 정경유착, 여신 편중, 탈세, 계열사간 일감 몰아주기, 부동산투기 등으로 재벌들이 오늘의 부를 축적하였다는 것이다.

둘째, 현실적으로 기업집단은 거대한 자금력, 생산물시장과 생산요소시장에서의 우월한 교섭력 내지 시장지배력을 바탕으로 공정한 경쟁질서를 저해하고 중소기업의 발전과 신규기업의 진입을 억제한다.

셋째, 기업집단 내부와 중소계열기업에 대한 전근대적 기업지배구조에서 오는 문제점을 들 수 있다. 소유와 경영의 분리가 이루어지지 않고 창업주의 2세나 3세 중심으로 폐쇄적인 경영을 하기 때문에 전문화와 규모의 경제가 도외시된다.

넷째, 위험분산과 비용절감을 위한 업종의 다양화를 추구하는 과정에서 문어발식 사업확장을 추구한다. 기업집단은 유리한 자금력과 정보력을 활용하여 수익성과 상관없이 소재에서부터 가공·조립, 더 나아가서는 판매·무역·금융·부동산에 이르기까지 총체적 시장지배력을 확대해 왔다. 전방위 사업다각화는 과대차입과 과잉·중복투자를 낳아 1997년에 일어난 금융·외환위기의 원인이 되었다.

다섯째, 기업집단은「재벌공화국」이라는 말대로 경제는 물론 정치·사회·언론·사법·문화 등 각 분야에 과도한 영향력을 행사하며 정경유착과 부정부패의 온상이 되었다.

4 우리나라의 독과점 규제

공정거래법

앞에서 우리나라의 시장구조가 대부분 독과점상태이며 재벌에 의한 경제력집중이 심하다는 것을 살펴보았다. 이러한 구조적인 문제점들을 시정하기 위한 여러 가지 법적·제도적 장치가 1980년대에 마련되었다. 그 중에서 가장 포괄적인 내용을 담고 있는 것이「독점규제 및 공정거래에 관한 법률」(간단히 줄여서 공정거래법)이다.

공정거래법은 이미 형성된 독과점구조를 완화시키는 데에 1차적인 목적을 두고 있지는 않다. 이미 형성된 독과점 구조는 인정해 주되 더 이상 독과점이 심화되는 기업결합이나 카르텔을 금지하고, 독과점기업이 자유경쟁에 반하는 행동을 하지 않도록 규제하는 데에 1차적인 목적을 두고 있다. 미국은 한 기업이 독점이라고 최종 판정되면 정부가 기업분할 명령을 내릴 수 있다. 이를 독과점에 대한 원인규제 혹은 구조규제라 부른다. 우리나라는 미국처럼 원인규제를 하지는 않고 독과점의 폐해를 시정하는 폐해규제이다. 독과점의 폐해를 규제하는 정부부처는 공정거래위원회(Fair Trade Commission: FTC)이다.

1981년부터 시행해 오고 있는 공정거래법의 주요 내용은 시장지배적 지위의 남용 금지, 기업결합 제한, 경제력집중 억제, 부당한 공동행위 제한, 불공정거래행위 금지 등이다.

시장지배적 지위의 남용 금지

독·과점기업이 시장지배력을 부당하게 행사하는 것을 시장지배적 지위의 남용(abuse of a market dominating position)이라 한다. 공정거래법이 규정하고 있는 시장지배적 지위의 남용은

① 가격을 부당하게 결정·유지·변경하는 행위(가격남용)
② 판매를 부당하게 조절하는 행위(출고조절)
③ 다른 사업자의 사업활동을 부당하게 방해하는 행위(영업방해)
④ 새로운 경쟁사업자의 참가를 부당하게 방해하는 행위(진입방해)
⑤ 부당하게 경쟁사업자를 배제하기 위하여 거래하거나 소비자의 이익을 현저히 저해할 우려가 있는 행위(경쟁제한 등)

등이다. 공정거래법은 이러한 시장지배적 지위의 남용을 금지하고 있다. 이를 위반한 기업에 대하여는 시정명령을 내리고, 시정명령에 따르지 않는 기업에 대하여는 과징금을 부과한다.

공정거래법은 독과점기업을 시장지배적 사업자라고 부르고 있다. 공정거래법에 의하면 시장지배적 사업자는 연간 매출액 또는 구매액이 80억 이상인 사업자 중 50% 이상의 시장점유율을 갖는 기업 혹은 상위 3기업집중률이 75% 이상이면서 개별기업의 점유율이 10%를 넘는 기업들을 말한다.

기업결합 제한

공정거래법은 '일정한 거래분야에서 경쟁을 실질적으로 제한하는' 주식취득, 임원겸임, 합병, 영업양도·양수, 신규회사 설립에의 참여 등을 통한 기업결합을 금지한다. 단, 산업합리화나 국제경쟁력 강화를 위하여 필요한 경우에는 기업결합이 가능하다. 기업결합을 제한하는 목적은 시장구조의 독과점화를 막기 위한 것이다. 결

원인규제(=구조규제)
독과점의 원인 자체를 없애는 정부규제

폐해규제
독과점의 폐해를 시정하는 정부규제

합규제 대상이 되는 기업은 결합할 때 시장점유율의 합계가 시장지배적 사업자의 요건을 충족시키는 기업이다. 강요나 기타 불공정한 방법을 통한 기업결합은 회사의 규모나 형태 및 효과에 관계 없이 금지된다.

경제력집중 억제

수많은 공정거래법 개정을 통하여 재벌에 경제력이 집중되는 것을 억제하는 여러 장치들이 도입되었다. 우선 매년 재벌의 자산 총액이 5조원 이상이면 대기업집단으로 지정한다. 대기업집단으로 지정되면 여러 가지 규제를 받는데 그 중 중요한 몇 가지를 들면 다음과 같다.

첫째, 상호출자를 금지한다. A회사가 B회사에 출자하고 B회사가 A회사에 출자하는 것을 상호출자라 한다. 두 계열사 간에 10억원을 서로 출자했다면 두 회사를 아우르는 기업집단으로서는 실제 자산이 10억원이지만 장부상으로는 20억원이 된다. 자산규모가 이처럼 부풀려지면 중소기업에 비해 금융기관 대출을 많이 그리고 쉽게 받아 경제력집중이 심해진다. 이런 폐해를 방지하기 위해 계열기업 간에 합병하는 경우를 빼고는 상호출자를 금지한다.

둘째, 신규 순환출자를 금지한다. A회사가 B회사에 출자하고, B회사가 C회사에 출자한다고 하자. 이때 C회사가 A회사에 다시 출자하면 순환출자라 한다. 순환출자 구조 하에서는 재벌 총수가 A회사의 지분 일부만 가지고도 B회사와 C회사를 실질적으로 지배할 수 있게 된다. 이런 지배구조의 왜곡을 막기 위해 순환출자를 금지한다.

셋째, 지주회사 설립·전환이 제한된다. 지주회사(holding company)란 주식의 소유를 통해 다른 회사(자회사, 손자회사)의 사업 내용을 지배하는 것을 주된 사업으로 하는 회사를 말한다. 지주회사의 설립이나 지주회사로의 전환 자체는 허용하되 과도한 경제력집중을 방지하기 위해 행위제한의무를 부과한다. 지주회사의 부채비율(부채/순자산)을 200% 이내로 유지하고, 자회사 주식의 일정비율(상장법인인 자회사의 경우 30%, 비상장자회사 50%) 이상을 보유해야 하는 것이 행위제한의무의 주요한 예이다.

넷째, 계열회사들끼리 채무보증을 할 수 없다. 중소기업은 담보가 없으면 금융기관의 대출을 받을 수 없는데 대기업집단은 계열회사의 채무보증만으로 쉽게 대출을 받을 수 있다. 이런 불평등을 시정하기 위해 계열회사 간 채무보증을 금지한다.

다섯째, 대기업집단 산하의 은행, 증권회사, 보험회사 등의 금융기관이 소유하고 있는 주식에 대한 의결권을 제한한다.

이런 다양한 경제력집중 억제정책에도 불구하고 경제력집중은 완화되지 않았다. 대기업집단이 위의 각종 금지와 제한을 위반할 때의 제재가 강력하지 않은 데다가 경기가 좋지 않을 때는 정부가 억제정책을 한층 느슨하게 운용해 왔기 때문이다.

부당한 공동행위 제한

공정거래법은 계약·협정·결의 등을 통하여 경쟁을 실질적으로 제한하는 사업자간의 부당한 공동행위(undue concerted activity)를 원칙적으로 금지하고 있다. 이는 과

상호출자
두 회사가 서로 출자하는 것

순환출자
셋 이상의 회사가 순환적으로 출자하는 것

지주회사
다른 회사의 주식을 보유함으로써 그 회사의 사업을 지배하는 회사

읽을거리 13-4

지주회사라는 것

부당한 공동행위
경쟁을 실질적으로 제한하는 사업자간의 공동행위

점시장에서 다룬 카르텔을 금지하는 것이다. 부당공동행위의 유형으로는

① 가격의 결정·유지·변경(가격카르텔)
② 상품의 거래조건이나 그 대금의 지급조건 결정(조건카르텔)
③ 상품의 생산·출고·판매 제한(수량카르텔)
④ 거래지역 또는 거래상대방 제한(시장분할카르텔)
⑤ 생산시설의 신·증설 및 장비도입 방해 또는 제한(설비도입카르텔)
⑥ 상품의 종류·규격 제한(특화카르텔)
⑦ 공동영업을 위한 회사의 설립(합작회사)
⑧ 입찰 또는 경매 시 낙찰자, 경락자, 입찰가, 낙찰가 또는 경락가 등을 결정
⑨ 다른 사업자의 사업내용 또는 활동의 제한

등 8가지가 지정되어 있다. 그러나 공동행위가 산업합리화, 연구·기술개발, 불황극복, 산업구조조정, 중소기업 경쟁력향상 등을 위한 것이라면 예외적으로 이를 허용하고 있다.

2인 이상의 사업자가 공동의 이익을 증진할 목적으로 조직한 조합·협회·연합회·중앙회 등을 사업자단체라 부른다. 이 사업자단체가 때로는 진입규제, 가격담합, 사업자의 사업내용 제한 등 경쟁제한행위를 한다. 공정거래법은 이것도 광의의 공동행위로 규정하여 원칙적으로 금지하고 있다.

불공정거래행위 금지

불공정거래행위(unfair trade practices)는 거래 상대방의 자유를 구속하여 정상적인 거래관습상 부당한 방법으로 불이익을 강요하는 행위이다. 불공정거래행위는 대체로 독과점기업의 시장지배력을 배경으로 부당하게 상대방을 차별하거나 경쟁자를 배제하거나 허위·과장광고를 하는 것으로 나타난다. 이러한 불공정거래행위는 기업 상호간의 자유롭고 공정한 경쟁을 제한하고 상대적으로 약세에 있는 소비자를 대상으로 자행될 수 있다는 점에서 법으로 금지하고 있다.

공정거래법에 의해 지정 고시된 불공정거래행위 중 위반사례가 가장 빈번한 것은 하도급거래(subcontracting)와 부당표시(misleading representation) 및 허위과장광고(false and exaggerated advertising)이다. 하도급거래는 대기업이 중소기업에 대하여 물품의 제조·수리와 건설 등을 위탁하는 것을 말한다. 대기업의 중소기업에 대한 불공정하도급거래행위 중 대표적인 형태는 부당한 하도급대금의 결정, 물품의 강제구매, 선급금 미지급, 부당한 물품수령 거부, 부당반품, 하도급대금의 지급지연 등이 있다. 부당표시 및 허위과장광고는 과점업체들의 지나친 비가격경쟁의 소산이다. 표시와 광고는 소비자의 합리적 선택에 필요한 상품정보를 전달해 주는 중요한 방법이다. 따라서 부당표시와 허위과장광고의 금지는 소비자보호를 위하여 중요하다.

공정거래법은 1981년 최초로 시행된 이래 수많은 법 개정을 통해 시장의 자유롭

불공정거래행위
거래 상대방의 자유를 구속하여 정상적인 거래관습상 부당한 방법으로 불이익을 강요하는 행위

고 공정한 경쟁을 보장·강화하는 방향으로 끊임없이 진화하여 오고 있다.

기타 공공규제

공정거래법에 의한 포괄적인 독과점의 규제 외에도 여러 가지 정부의 규제를 들 수 있다. 독과점의 규제를 유형별로 보면 ① 가격규제, ② 생산활동에 관한 규제, ③ 판매활등에 관한 규제, ④ 진입제한, ⑤ 전략물자 비축, ⑥ 자연독점산업의 공기업 유지, ⑦ 수입규제 등으로 구분할 수 있다.

1) 가격규제

우리나라에서 가격을 시장기구에 완전히 맡기는 품목은 실상 그리 많지 않다. 앞에서 본 대로 대부분의 시장이 독과점시장이기 때문에 공급자가 부당하게 시장지배력을 행사하는 것을 막기 위해 가격을 관리·규제한다.

정부의 가격관리방식은 크게 직접규제와 간접규제로 나누어 볼 수 있다. 직접규제는 정부에서 상품가격을 직접 결정해 주는 방식이다. 간접규제는 가격을 일단 시장의 자율기능에 맡기되 정부가 가격이나 산출량을 보완 조절하는 방식이다.

시장지배적 사업자가 가격을 부당하게 결정하거나 유지하거나 변경할 때 정부가 시정명령을 내리는 것은 간접규제의 예이다. 수급이 불확실한 생필품가격을 관리하거나 대중음식점, 이·미용업소, 목욕·숙박업소 등에서 가격을 표시하게 하고 요금담합과 같은 공동행위를 단속하는 것도 간접규제의 예이다.

고급 수입가전제품이나 수입가구의 가격이 수입원가의 5~10배에 이르는 것은 고소득층이 자기 재력과 신분을 자랑하기 위한 과시소비에 기인하는 면이 크지만 수입가격을 소비자가 알지 못하는 정보의 비대칭성에도 기인한다. 수입가격표시제가 제대로 실시되면 후자의 요인을 제거시켜 줄 것이다.

직접규제의 예로는 공공요금·가치재가격·특정산업지원가격·일반관인요금 등이 있다.

- **공공요금:** 공공요금이란 공익성이 높은 서비스의 가격을 말한다. 앞에서 설명한 공익사업제품의 가격, 즉 철도요금, 전신·전화요금, 상하수도요금, 전기료 등은 모두 공공요금이다. 그 밖에 담배요금·도시가스요금·지하철요금 등도 공공요금으로 간주하여 정부가 관리한다.
- **가치재가격:** 가치재(merit good)란 공익성이 큰 상품이지만 경쟁시장에서도 생산될 수 있는 상품을 말한다. 의료·교육서비스와 예술품들이 대표적인 가치재이다. 가치재는 시장기구에 의한 자원배분이 효율적이지 못하거나, 효율적이라도 소득분배면에서 바람직스럽지 못한 성과를 낳기 쉽다. 따라서 정부와 민간기업이 같이 공급자로 등장하는 경우가 흔하다.

  의료서비스의 보험수가, 국공립학교의 수업료, 국정교과서 정가, 육성회비,

가치재

공익성이 큰 상품이지만 경쟁시장에서도 생산될 수 있는 상품

실험실습비 등을 정부 관련부처에서 결정한다.

- **특정산업지원가격:** 정부는 때로 특정산업을 지원하거나 보호하기 위해 그 제품의 가격을 지정한다. 비료·농기계가격과 추곡수매가, 정부미 방출가, 철광석가격 등이 이에 속한다.
- **일반관인요금:** 민간업자가 공급하는 상품 중에서 정부가 그 가격을 승인·허가하는 경우이다. 석탄·연탄·석유류가격, 버스·택시요금, 주류가격, 주차료, 리스산업의 임대료 등이 이에 속한다.

2) 기타 규제

의약품과 식품 등의 산업은 소비자가 기업만큼 제품의 특성에 관한 정보를 가지고 있지 않다. 이를 이용하여 기업이 안전과 건강에 해를 끼칠 유해성분을 사용할 수 있다. 따라서 정부가 안전 및 품질에 관한 기준을 설정하고 그 준수 여부를 감독한다. 상품의 결함으로 인해 소비자의 생명, 신체, 재산에 손해가 발생한 경우 생산기업이 그 손해에 대하여 책임을 지도록 한다. 이를 제조물책임(product liability: PL)이라 한다. 이런 것들이 생산 및 판매활동에 관한 규제의 예이다.

의사·약사·변호사·회계사 등 전문직종은 각종 면허·자격시험을 치르게 한다. 시험이라는 인위적인 진입장벽이 전문서비스의 품질을 최소한도의 수준 이상으로 유지하게 한다.

석유·천연가스·아연·동과 같은 전략물자는 공급에 교란이 일어났을 때 단기적으로 큰 혼란과 불편을 겪게 된다. 따라서 정부가 일정량 이상을 비축하고 비상시 공급계획을 수립한다.

유치산업을 보호하기 위한 수입금지도 공공규제의 일종이다.

제조물책임
상품의 결함으로 인해 소비자의 생명, 신체, 재산에 손해가 발생한 경우 생산기업이 그 손해에 대하여 책임을 지도록 하는 것

부록

조세 부과를 통한 독과점규제

1　　독점적 경쟁은 완전경쟁과 독점의 성격을 나누어 가지고 있는 시장조직이다. 독점적 경쟁의 특징으로는 ① 다수의 기업, ② 상품차별화, ③ 기업의 자유로운 진입과 퇴거, ④ 비가격경쟁을 들 수 있다.

2　　독점적 경쟁기업은 우하향의 수요곡선을 가진다. 따라서 단기균형은 독점기업과 기본적으로 같다. 즉 $MR=MC$인 생산량을 기업이 공급하면 수요곡선에 의하여 시장가격이 결정된다. 독점적 경쟁기업이 단기에 항상 이윤을 누리는 것이 아니라는 것, 공급곡선은 존재하지 않는다는 것, 가격차별을 할 수 있다는 것 등도 독점의 경우와 같다.

3　　독점적 경쟁기업의 장기균형조건은 ① $P=AR=LAC=SAC$, ② $MR=SMC=LMC$의 두 가지이다. 따라서 독점적 경쟁기업은 완전경쟁기업과 같이 장기에 정상이윤만 본다(즉, 초과이윤=0이다). 그러나 독점적 경쟁에서는 독점과 같이 과잉시설이 존재하고 $P>MC$이어서 자원배분이 비효율적이다. 독점과 다른 것은 독점적 경쟁에서는 소비자들의 다양한 기호를 충족시켜 준다는 점이다.

4　　과점이란 소수의 대기업이 지배하는 시장으로서 ① 기업간의 밀접한 상호의존관계, ② 치열한 비가격경쟁과 가격의 경직성, ③ 담합과 같은 비경쟁행위, ④ 상당한 진입장벽 등을 특징으로 한다.

5　　과점이론은 일원화된 이론체계가 없고 과점의 특징을 따로따로 설명하는 이론이 몇 가지 있을 뿐이다. 과점가격의 상대적인 경직성을 설명하는 이론으로는 굴절수요곡선의 이론이 있다. 과점기업들이 가격경쟁을 벌일 경우 다같이 손해를 보기 때문에 가격경쟁 대신 비가격경쟁을 치열하게 벌인다는 것이 비가격경쟁의 이론이다. 비경쟁행위가 독자적인 이윤극대화보다 유리한 반면 불안정적인 것을 보이는 것이 담합의 이론이다. 과점기업들이 명시적인 담합이 없이 가격을 같이 올리거나 내리는 행위를 설명하는 이론으로 선도기업의 이론이 있다. 이 이외에도 진입저지가격설정, 비용할증가격설정, 기점가격제도, 대항세력이론 등의 과점이론이 있다. 과점하에서 협조가 어렵고 비협조적 균형이 일반적인 현상을 공범자의 딜레마와 같은 게임이론을 원용하여 설명한다.

6　　과점에서는 자원배분이 비효율적이지만 기술혁신을 촉진시키는 장점이 있다.

7　　유효경쟁이란 단기적으로는 불완전경쟁상태이지만 기업간에 실질적인 경쟁이 일어나 시장가격이 한계비용으로부터 크게 괴리되지 않는 시장상태를 말한다. 유효경쟁은 완전경쟁보다 실현가능한 정책기준이 될 수 있다는 데에 의의가 있다.

8　　우리나라 산업은 대부분 독과점시장구조를 가지고 있다. 1990년대까지는 시장의 집중도가 감소되는 추세를 보여 오다가 그 이후에는 정체상태에 있다.

9　우리나라는 소수의 대규모기업집단(=재벌)에 의한 경제력집중이 심각하다. 우리나라의 경제력집중은 이득도 크지만 폐해는 훨씬 더 큰 경제사회문제로 인식되어 왔다.

10　공정거래법(독점규제 및 공정거래에 관한 법률)은 독과점과 경제력집중의 폐해를 규제하고 자유로운 경쟁을 촉진하여 소비자를 보호하는 것을 목적으로 1981년부터 시행되었다. 공정거래법은 ① 시장지배적 지위의 남용 금지, ② 기업결합의 제한, ③ 경제력집중 억제, ④ 부당한 공동행위의 제한, ⑤ 불공정거래행위의 금지 등을 주요 내용으로 하고 있다.

11　우리나라는 공정거래법 외에도 생산·판매·가격·수입 등의 여러 면에서 독과점에 대해 각종 규제를 가하고 있다.

주요용어 및 개념　　K/E/Y/W/O/R/D/S/&/C/O/N/C/E/P/T

- 독점적 경쟁기업
- 과점기업
- 굴절수요곡선의 이론
- 비가격경쟁
- 담합
- 트러스트
- 카르텔

- 선도기업의 이론
- 진입저지가격
- 비용할증가격
- 기점가격제도
- 게임의 이론
- 내쉬균형
- 공범자의 딜레마

- 공유지의 비극
- 조정게임
- 꾸르노경쟁
- 베르뜨랑경쟁
- 시장집중지수
- 상위k기업집중률
- 허쉬만-허핀달지수

- 유효경쟁
- 경합시장
- 공정거래법
- 지주회사
- 가격규제

연습문제　　E/X/E/R/C/I/S/E

1　다음 주장을 평가하라.

"현실의 독과점기업은 가격을 먼저 결정하고 시장수요에 따라 시장거래량이 결정되도록 한다. 그런데 본문에서는 독과점기업이 시장거래량(이윤극대화수량)을 먼저 결정하고 시장수요가 가격을 결정하는 것으로 설명한다. 이는 비현실적이다. 독과점기업이 가격결정자라는 사실에도 위배된다."

2　그림 13-3에 표시된 독점적 경쟁기업의 장기균형점 E에서 이 기업이 단기와 장기에 이윤극대화를 달성하고 있는 것을 설명하라.

3　상대적으로 고정비용이 높고 가변비용이 낮으면 담합이 이루어지기 어려워진다. 왜 그럴까? 고도의 기술혁신이 빠르게 진행되면 담합이 이루어지기가 어렵다. 왜 그럴까?

4 어떤 과점기업이 가격인상시에는 다른 기업들도 따라서 인상하고 인하시에는 따라서 인하하지는 않을 것이라고 낙관적인 예상을 할 경우 굴절수요곡선은 어떤 형태를 취할 것인가? 이 경우 가격결정이 아주 불안정함을 설명하라.

5 공정거래위원회 웹사이트(web site) http://www.ftc.go.kr을 이용하여 우리나라 30대 대규모기업집단의 현황과 공정거래법의 주요 내용, 불공정거래행위의 주요 유형, 불공정거래와 관련한 최근의 주요 이슈 등을 살펴보라.

6 "원유에 대한 수요의 가격탄력성이 클수록 OPEC의 영향력은 약화된다." 이를 논평하라.

7 공범자의 딜레마를 원용하여 우리나라 유선전화시장처럼 과점기업들이 담합을 통해 높은 가격을 책정하여 독점이윤을 누리기가 어려움을 설명해 보라. 공범자의 딜레마를 적용할 수 있는 다양한 예를 들어 보라.

8 한 산업에 카르텔을 결성하는 두 기업 A와 B가 있고, 이들은 $MC = Q$원인 동일한 한계비용곡선을 가지고 있다고 하자. 만약 시장수요곡선이 $P = 30 - Q$라면 카르텔가격과 공급량은 각각 얼마인가?

9 다음의 기술이 맞는가 틀리는가를 밝히고 그 이유를 설명하라.

① 모든 과점기업들은 굴절수요곡선을 가진다.

② 경쟁기업은 수평의 수요곡선에 직면하지만 불완전경쟁기업은 우하향의 수요곡선에 직면한다.

③ 기업이 장기에 초과이윤을 누린다면 시장가격이 장기평균비용곡선의 최저점과 같을 수 없다.

④ 과점기업들은 가격의 경직성 때문에 한계비용이 상승하면 손해를 본다.

⑤ 상품차별화나 규모의 경제가 진입장벽이 된다.

⑥ 과점기업들이 서로 합의하여 생산을 줄이면 시장가격을 얼마든지 올릴 수 있다.

⑦ 과점기업은 현행가격 이하에서보다 이상에서 더 탄력적인 수요곡선에 직면하게 된다.

⑧ 독점적 경쟁기업이 직면하는 수요곡선이 탄력적일수록 독점적 경쟁시장은 더 효율적이 된다.

⑨ 과점기업의 제품에 소비세를 부과하면 가격이 항상 오른다.

⑩ 과점시장의 가격이 독점시장의 가격보다 더 안정적이다.

⑪ 독점적 경쟁기업의 장기균형에서는 장기평균수입과 장기평균비용이 일치한다.

⑫ 경기가 좋을 때보다 나쁠 때 카르텔이 와해되기 쉽다.

⑬ 두 개의 공장을 가동하고 있는 기업이 이윤을 극대화하고 있다면 두 공장으로부터의 한계수입은 동일하다.

⑭ 독점적 경쟁기업에서는 $P > MC$인데도 초과이윤은 0이다.

⑮ 상위 k기업집중률이나 허쉬만-허핀달지수가 클수록 시장이 불완전경쟁적이다.

⑯ 불완전경쟁기업이 갖는 과잉시설은 장기평균비용 최저점에 대응하는 생산량과 이윤극대화 생산량의 차이로 정의된다.

⑰ 경합시장은 경쟁시장이 아니지만 경쟁시장에 버금가는 시장이다.

⑱ 독점기업만 가격차별을 할 수 있다.

VI

생산요소시장과
소득분배의 이론

제5편에서는 생산물의 가격과 거래량이 시장형태가 다름에 따라 어떻게 결정되는가를 다루었다. 생산물을 생산하기 위하여는 토지·노동·자본 등 여러 생산요소를 사용해야 한다. 이 편에서는 생산요소의 가격과 거래량이 어떻게 결정되는가를 다룬다. 생산요소시장도 생산물시장과 마찬가지로 수요·공급의 이론으로 분석한다.

어떤 생산요소의 가격과 거래량이 결정되면 해당 생산요소의 소유자가 받는 소득이 결정된다. 따라서 생산요소시장의 이론은 소득분배의 이론으로 연결된다.

생산요소시장의 이론

생산요소에 대한 수요는 생산물에 대한 수요에 따라 일어나는 파생수요이기 때문에 생산물시장과 결부시켜 보아야 한다. 이 장에서는 생산요소시장과 생산물시장(요소가 만들어내는 생산물이 거래되는 시장)이 완전경쟁인 경우에 생산요소의 가격과 고용량이 어떻게 결정되는가를 본문에서 설명한다. 이어 요소시장이나 생산물시장이 불완전경쟁인 경우를 부록에서 다룬다. 생산요소의 가격과 거래량이 어떻게 결정되는가를 살펴봄으로써 다음 장에서 다루는 기능별 소득분배를 파악하는 이론적 기반을 다질 수 있다.

주요 학습사항

- 요소가격 결정이 소득분배와 표리의 관계인 이유는
- 일반적인 이윤극대화 요소고용조건은
- 생산물시장과 요소시장이 모두 완전경쟁인 경우
  이윤극대화 요소고용조건은
- 각 생산요소의 수요곡선은 어떻게 도출되는가
- 각 생산요소의 공급곡선은 어떻게 도출되는가
- 노동시장에서 임금과 고용량이 결정되는 원리는
- 요소수요의 결정요인은
- 임금격차가 발생하는 이유는

제1절 생산요소시장 분석의 중요성

(생산)요소시장
생산요소가 거래되는 시장

노동, 자본, 토지 등 생산요소가 거래되는 시장을 생산요소시장 또는 간단히 줄여서 요소시장이라고 부른다. 생산요소의 가격과 거래량의 결정은 생산물의 그것과 마찬가지로 수요·공급의 이론으로 설명할 수 있다.

생산물시장에서 생산물에 대한 수요는 가계(또는 소비자)가 담당하고, 공급은 기업(또는 생산자)이 담당하였다. 요소시장에서는 이 역할이 뒤바뀐다. 요소에 대한 수요는 기업이, 공급은 가계가 담당한다. 기업은 상품을 생산하기 위하여 요소를 수요한다. 따라서 요소에 대한 수요의 크기는 요소가 만들어내는 생산물에 대한 수요가 얼마나 크냐에 달려 있다. 예컨대 피자배달원에 대한 수요는 소비자들이 피자를 많이 수요하면 늘어나고 적게 수요하면 줄어든다. 이러한 뜻에서 요소에 대한 수요를 파생수요 혹은 유발수요(derived demand)라 한다.

파생수요(유발수요)
생산요소에 대한 수요

경쟁기업은 생산물공급에서와 마찬가지로 요소수요에서도 이윤극대화를 추구한다. 이 과정에서 기업의 요소수요곡선이 도출된다. 한편 가계는 생산물수요에서와 마찬가지로 요소공급에서도 효용극대화를 추구한다. 이러한 노력이 요소공급곡선을 만들어낸다. 기업의 요소수요곡선에서 요소의 시장수요곡선을 도출하고 가계의 요소공급곡선에서 요소의 시장공급곡선을 도출한다. 특정요소의 균형가격과 균형거래량은 이 시장수요곡선과 시장공급곡선의 교차점에서 결정된다. 한편 요소시장이나 생산물시장이 완전경쟁이 아니면 공급곡선이나 수요곡선이 존재하지 않게 되므로 이에 따라 요소가격결정이론은 적절히 수정되어야 한다. 이는 생산물시장이 불완전경쟁인 경우 생산물의 공급곡선이 존재하지 않았던 것과 대칭을 이룬다.

따라서 우리가 제5편까지 배워 온 이론을 수요자와 공급자의 역할만 바꾸어 생산요소시장의 가격결정이론에 원용할 수 있다. 그런데도 경제학에서는 생산요소시장의 가격결정이론을 별도로 떼어서 다룬다. 왜 그럴까? 이는 생산요소의 가격결정이론이 다음의 두 가지 면에서 중요하기 때문이다.

첫째, 요소의 가격과 거래량의 결정은 희소성의 지배를 받는 자원이 사회가 필요로 하는 수많은 재화와 서비스의 생산에 어떻게 배분되는가를 직접적으로 보여 준다. 생산요소의 가격은 기업과 가계, 정부에게 경제 내에 있는 자원이 어떻게 이용되고 있으며, 앞으로 어떻게 활용될 것인가를 알려주는 신호기 노릇을 한다. 예컨대 섬유산업에 종사하는 근로자보다 정보통신산업에 종사하는 근로자가 더 높은 보수를 받는다고 하자. 그러면 다른 조건이 일정한 한 섬유산업에 종사하는 근로자는 정보통신산업 훈련의 기회가 주어진다면 기꺼이 그 기회를 포착하여 정보통신산업에 취업하고자 할 것이다. 대학에서는 이러한 성향으로 섬유공학과보다 정보통신학과의 인기가 높아질 것이다. 새로이 창업하려는 사람에게 이 현상은 정보통신산업이 높은 노동생산성과 수익성을 시현하는 것으로 받아들여져 섬유산업보다는 정보통신산업에 뛰어들 것이다. 섬유산업에 있는 기존업체들도 앞으로 이러한 추세가 지속되리라고 예상하면 정보통신산업으로 전업하거나 섬유산업 투자를 줄이고 정보통신산업까지 겸업하려 할 것이다. 정부도 직종간 보수차를 통해 이러한 신호를 읽어 산업정책의 기본자료로 활용하지 않는다면 미래 산업과 인력수급을 제대로 전망하지 못할 것이다. 희소한 자원의 효율적인 배분이 미시경제학의 기본과제이므로 이처럼 중요한 요소 가격과 거래량의 결정을 명시적으로 다루지 않을 수 없다.

둘째, 요소 가격과 거래량의 결정은 생산활동으로부터 얻어지는 소득이 어떻게 분배되는가를 보여 준다. 경제 내에 존재하는 모든 생산요소는 누군가에 의해서 소유되어 있다. 생산요소의 소유자는 이 요소를 생산활동에 제공하고 그 대가로 소득을 얻는다. 이 소득은 생산요소의 단위당 가격과 요소의 거래량을 곱하여 얻어지는바, 이 두 가지가 요소가격결정이론에서 결정되므로 요소가격결정이론은 동시에 소득분배이론이 되는 것이다. 따라서 모든 사회가 해결해야 하는 세 가지 기본적인 경제문제 중의 하나인 소득분배문제, 즉 누구를 위하여 생산할 것인가(For whom to produce)라는 문제는 요소시장에서 가격기구가 해결한다.

제2절 생산요소시장 분석의 기초

1 생산요소에 대한 수요의 원리

생산물시장에서 기업의 이윤극대화조건은 상품을 한 단위 더 생산하는 데 따르는 한계수입(MR)과 한계비용(MC)이 같게 되는 수준까지 상품을 생산하는 것이었다. 생산물시장에서 기업의 이윤극대화원리는 생산요소시장에도 그대로 적용된다. 즉, 기업의 이윤극대화 요소고용조건은 요소를 한 단위 더 고용하는 데 따르는 한계수입과 한계비용이 같게 되는 수준까지 요소를 고용하는 것이다. 다만 요소시장 분석에서는 한계수입과 한계비용이라는 용어 대신에 요소의 한계수입생산물(MRP_f)과 한계요소비용(*MFC*)이라는 용어를 사용한다.

　　한 요소의 한계수입생산물은 그 요소를 한 단위 더 고용하는 데 따르는 총수입의 증가분이다. 이 총수입의 증가분은 요소를 한 단위 더 고용하는 데에 따르는 생산량의 증가분에 생산량 1단위가 벌어들이는 수입(한계수입)을 곱한 값이다. 그런데 요소를 한 단위 더 고용하는 데에 따르는 생산량의 증가분은 요소의 한계생산물이다.

한계수입생산물
요소를 한 단위 더 고용하는
데 따르는 총수입의 증가분

한 요소의 **한계수입생산물**(marginal revenue product of factor)은 그 요소를 한 단위 더 고용하는 데 따르는 총수입의 증가분으로서

[14-1]　요소의 한계수입생산물＝요소의 한계생산물×생산물의 한계수입
　　　　　　　　(MRP_f)　　　　　　　　　　　　(MP_f)　　　　　　　　　　　　　(MR)

이다.[1]

　　한 요소의 한계요소비용은 그 요소를 한 단위 더 고용하는 데 따르는 총비용의 증가분이다. 요소를 한 단위 더 고용할 때 늘어나는 생산량은 요소의 한계생산물이고 생산물 1단위의 증가로 인하여 추가되는 비용은 한계비용이다. 따라서 한계요소비용은 요소의 한계생산물(MP_f)에 생산물의 한계비용(MC)을 곱한 것이다.[2]

한계요소비용
요소를 한 단위 더 고용하는
데 따르는 총비용의 증가분

한 요소의 **한계요소비용**(marginal factor cost)은 그 요소를 한 단위 더 고용하는 데 따르는 총비용의 증가분으로서

[14-2]　요소의 한계요소비용＝요소의 한계생산물×생산물의 한계비용
　　　　　　　　(MFC_f)　　　　　　　　　　　　(MP_f)　　　　　　　　　　　　(MC)

이다.

　　요소의 한계수입생산물이 한계요소비용보다 크(작으)면 그 요소를 더(덜) 고용하는 것이 기업의 이윤을 증가시킨다. 이는 생산물시장에서 제품의 한계수입이 한계비용보다 크(작으)면 그 제품을 더(덜) 생산하는 것이 기업의 이윤을 증가시키는 것과 똑같은 원리이다. 따라서

---

[1]　노동 *N*을 고용하여 상품 *Q*를 생산할 때 정의에 의하여 $MRP_N = \frac{\Delta TR}{\Delta N} = \left(\frac{\Delta TR}{\Delta Q}\right)\left(\frac{\Delta Q}{\Delta N}\right)$로 바꾸어 쓸 수 있다. 그런데 $\frac{\Delta Q}{\Delta N}$는 노동의 한계생산물이고 $\frac{\Delta TR}{\Delta Q}$은 생산물의 한계수입이다.

[2]　노동의 한계요소비용은 $\frac{\Delta TC}{\Delta N} = \left(\frac{\Delta TC}{\Delta Q}\right)\left(\frac{\Delta Q}{\Delta N}\right)$로 바꾸어 쓸 수 있다. 이 때 $\frac{\Delta Q}{\Delta N}$가 노동의 한계생산물이고 $\frac{\Delta TC}{\Delta Q}$는 생산물의 한계비용이다.

기업의 이윤극대화 요소고용조건은 기업이 요소의 한계수입생산물과 한계요소비용이 일치하는 수준까지 요소를 고용하는 것이다.[3]

2 생산물시장과 생산요소시장의 형태

생산요소의 가격과 거래량이 어떻게 결정되는가를 보기 위하여는 생산요소가 어떻게 수요되고 공급되는가를 보아야 한다. 생산요소에 대한 수요는 생산물에 대한 수요에 따라 일어나는 파생수요이기 때문에 반드시 생산물시장과 결부시켜 보아야 한다. 독점을 불완전경쟁시장의 대표적인 형태로 보고 생산요소의 수요자인 기업이 생산물시장과 생산요소시장에서 처할 수 있는 여러 가능성을 정리하면 표 14-1 과 같이 7가지가 된다.

표에서 A의 경우만이 생산물시장과 생산요소시장이 모두 완전경쟁인 경우이다. A 이외의 6가지 경우들은 생산물시장이나 생산요소시장, 혹은 두 시장 모두가 불완전경쟁인 경우이다. B는 생산요소시장은 완전경쟁인데 생산물시장은 불완전경쟁인 경우로서 A와 더불어 가장 흔히 볼 수 있는 형태이다. C와 D는 요소의 수요독점(monopsony)인 경우이고 E와 F는 요소의 공급독점인 경우이며, G는 요소의 수요와 공

표 14-1

	생산물시장	생산요소시장	
	공 급	수 요	공 급
A	완전경쟁	완전경쟁	완전경쟁
B	독점	완전경쟁	완전경쟁
C	완전경쟁	독점	완전경쟁
D	독점	독점	완전경쟁
E	완전경쟁	완전경쟁	독점
F	독점	완전경쟁	독점
G		독점	독점

생산물-생산요소 시장의 형태

---

3 $MRP_f = MP_f \times MR$이고 $MFC = MP_f \times MC$이기 때문에 $MRP_f = MFC$는 생산물을 기준으로 할 때 $MR = MC$가 된다. 즉 생산요소를 기준으로 하든지 생산물을 기준으로 하든지 기업의 이윤극대화조건은 결국 같다.

급이 모두 독점, 즉 쌍방독점(bilateral monopoly)인 경우이다.

이상에서 정리한 7가지 형태 중에서 생산물–생산요소시장이 모두 완전경쟁인 A의 경우를 통하여 요소의 가격과 고용량 결정에 관한 중요한 원리가 모두 설명될 수 있다. A를 제외한 여타의 경우는 그것이 A와 어떻게 다른가를 설명하는 것으로 충분하다. 이하의 논의에서는 A의 경우를 제3절에서 설명하고 여타의 경우는 불완전경쟁으로 함께 묶어 부록에서 분석하기로 한다.

 제3절 완전경쟁하에서의 요소가격과 고용

생산물시장과 생산요소시장이 모두 완전경쟁인 경우에 요소가격과 고용량은 어떻게 결정될까? 생산요소시장이 완전경쟁이라는 것은 제11장에서 배운 생산물시장의 완전경쟁과 비슷하게 설명할 수 있다. 즉, ① 대다수의 요소판매자와 구매자, ② 요소의 동질성, ③ 요소수요자 및 공급자의 자유로운 진입과 퇴거, ④ 완전한 정보 등으로 특징지어지는 시장으로서 요소의 공급자와 수요자가 시장에서 형성되는 요소가격을 주어진 그대로 받아들이는 가격수용자라는 것이다.

생산물시장과 다른 점이 있다면 공급자와 수요자의 역할이 서로 바뀐다는 것뿐이다. 생산물시장에서 공급자인 기업이 요소시장에서는 수요자로 나타나고, 생산물시장에서 수요자인 가계(소비자)가 요소시장에서는 공급자로 나타나는 것이다. 요소시장에서 기업은 시장가격으로 요소를 얼마든지 구입하거나 전혀 구입하지 않을 자유가 있다. 실상 제11장에서 다룬 완전경쟁생산물시장에서의 가격과 생산량 결정을 설명할 때 생산요소시장도 완전경쟁이라고 묵시적으로 가정하였다.

1 생산요소에 대한 수요

경쟁기업의 요소수요

앞에서 다음과 같은 명제를 확인하였다.

기업의 이윤극대화 요소고용조건은

[14-3] 요소의 한계수입생산물＝요소의 한계요소비용
            (MFC_f)   (MFC)

이다.

이윤극대화를 추구하는 기업은 식 (14-3)을 만족시키는 요소량을 고용할 것이기 때문에 식은 최적요소고용조건이라고도 불린다. 이 최적조건은 기업이 경쟁기업이든 불완전경쟁기업이든 관계 없이 성립한다.

경쟁기업의 경우에는 식 (14-3)을 달리 표현할 수 있다. 앞에서 요소의 한계수입생산물은

[14-1] 요소의 한계수입생산물＝요소의 한계생산물×생산물의 한계수입
            (MRP_f)   (MP_f)   (MR)

으로 정의하였다. 그런데 생산물의 한계수입은 경쟁기업의 경우 생산물가격(P)과 같다. 요소의 한계생산물에 생산물가격을 곱한 것을 요소의 한계생산물가치(value of marginal product of factor: VMP_f)라 한다.

[14-4] 요소의 한계생산물가치＝요소의 한계생산물×생산물가격
            (VMP_f)   (MP_f)   (P)

따라서 경쟁기업의 경우에는 식 (14-3)에 나오는 요소의 한계수입생산물을 요소의 한계생산물가치로도 표시할 수 있다.

한편 경쟁기업에게 요소의 한계요소비용은 바로 요소가격이다. 요소를 한 단위 더 고용하는 데에 요소가격만큼 비용이 더 들어가기 때문이다. 따라서 경쟁기업의 최적요소고용조건은 식 (14-3) 대신 다음 식으로 쓸 수 있다.

한계생산물가치
요소의 한계생산물에 생산물 가격을 곱한 것

[14-5] 요소의 한계생산물가치＝요소가격
$$(VMP_f) \qquad\qquad (P_f)$$

윗식은 완전경쟁시장과 경쟁기업에만 성립한다는 것을 이 장의 부록에서 배운다.

경쟁기업의 노동수요곡선

노동(N)을 예로 들어 경쟁기업의 최적요소고용조건을 나타내는 식 (14-5)를

[14-6] 노동의 한계생산물가치＝임금률
$$(VMP_N = MP_N \times P) \qquad (w)$$

임금률
노동의 가격

로 써 보자. 식에서 임금률(wage rate)은 노동의 가격이다. 이 식으로부터 경쟁기업의 노동수요곡선을 도출할 수 있다.

노동의 한계생산물가치(VMP_N)곡선은 노동의 한계생산물의 변화와 밀접한 관계가 있다. 특히 경쟁기업인 경우에는 생산량에 관계 없이 생산물의 시장가격이 일정하기 때문에 VMP_N곡선은 노동의 한계생산물곡선과 같은 형태를 가진다. 그런데 수확체감의 법칙에 의하여 노동을 계속적으로 늘려갈 때 노동의 한계생산물은 처음에는 증가하지만 궁극적으로는 감소한다. 따라서 VMP_N곡선도 처음에는 우상향하다가 궁극적으로는 우하향하는 형태를 취하게 된다.

그림 14-1에서 임금률이 w_0로 주어졌다면 기업은 $w_0 = VMP_N$을 만족시키는 N_0의 노동을 고용해야 이윤을 극대화할 수 있다. 임금률이 w_1일 때 $w_1 = VMP_N$을 만족시키

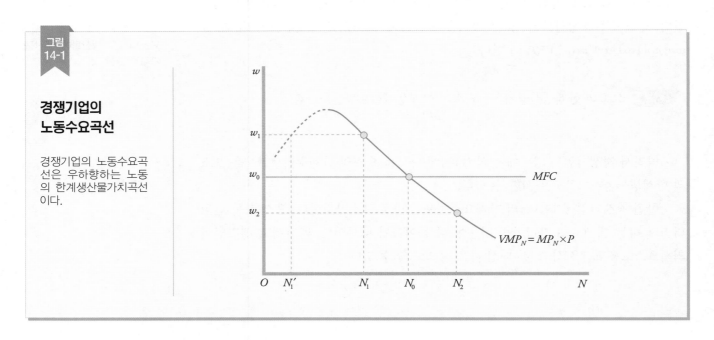

그림 14-1

경쟁기업의 노동수요곡선

경쟁기업의 노동수요곡선은 우하향하는 노동의 한계생산물가치곡선이다.

는 고용량은 N_1'과 N_1이다. 그러나 N_1'은 이윤을 극소화하는 고용량이다. N_1'보다 고용을 증가시키면 $w < VMP_N$이 되어 이윤이 증가하기 때문이다. 임금률이 w_1일 때 기업의 이윤은 노동을 N_1만큼 고용함으로써 극대화된다. 다른 임금률수준에서도 마찬가지 이유로 우상향하는 VMP_N곡선 부분은 이윤극대화고용량이 아니다. 따라서

경쟁기업의 노동수요곡선은 우하향하는 노동의 한계생산물가치곡선이다.

이상의 논의는 노동수요뿐 아니라 토지와 자본 등의 다른 생산요소수요에도 적용된다. 요소수요가 그 요소의 한계생산물가치에 의해 결정되는 것을 요소수요의 한계생산력이론(marginal productivity theory of factor demand)이라 부른다.

요소수요의 한계생산력이론
요소수요가 그 요소의 한계생산물가치에 의해 결정된다는 것

경쟁시장의 노동수요곡선

경쟁시장의 노동수요곡선은 개별경쟁기업의 노동수요곡선을 수평으로 합하여 얻는다. 이는 완전경쟁 생산물시장에서 개별경쟁기업의 생산물공급곡선을 수평으로 합하여 시장공급곡선을 얻는 것과 같은 이치이다. 경쟁기업의 노동수요곡선이 우하향하면 경쟁시장의 노동수요곡선도 우하향한다.

읽을거리 14-1 **현실세계에서의 최적요소고용조건**

신사복 제조회사에서 숙련노동자를 한 명 더 고용하면 한 달에 신사복이 25벌 더 생산된다고 하자. 신사복(한 벌) 가격은 20만원이다. 그러면 숙련노동자의 한계생산물가치는 한 달에 500만원이다. 식 (14-5)에 따르면 숙련노동자의 월급은 500만원이어야 한다. 현실세계에서 과연 그럴까?

숙련노동자 한 명이 추가되어 신사복을 더 생산하면 옷감과 같은 원자재가 들어간다. 따라서 현실세계에서 식 (14-4)는 다음 식으로 바꾸어야 한다.

재단사
이 재단사의 월급은 얼마이고 어떻게 정해질까

$$VMP_f = MP_f \times P - 추가원자재비용$$
$$= MP_f \times P - 추가생산량 \times 제품 1단위당 원자재비용$$
$$= MP_f(P - 제품 1단위당 원자재비용)$$

노동의 한계생산물가치를 계산할 때는 현실세계에서 추가로 제품을 생산하면서 노동 이외의 다른 요소에 대해 추가로 지출하는 비용을 모두 빼 주어야 한다. 본문에서는 노동 이외의 가변요소가 없다고 가정함으로써 이런 가외의 비용을 무시하고 있다.

식 (14-6)의 오른쪽에 있는 임금률도 근로자가 실제로 받는 금액이 아니라 기업이 근로자를 한 명 더 고용하면서 추가로 지출하는 총노동비용이다. 여기에는 추가로 고용되는 근로자에 대한 4대 보험료와 퇴직급여충당금, 현물급여 등이 포함된다.

요소수요의 결정요인

생산요소에 대한 수요량은 그 요소의 시장가격(P_f)이 낮을수록 크다. 이는 우하향하는 요소수요곡선으로 표시된다. 생산요소에 대한 수요를 결정하는 직접적인 요인은 이윤극대화 요소고용조건 $VMP_f = MP_f \times P = P_f$에서 P와 MP_f이다.

첫째, 요소에 대한 수요는 그 요소를 사용해서 생산되는 생산물의 시장가격(P)이 높을수록 크다. 생산물의 시장가격이 높아지면 요소수요가 증가한다. 이를 이해하기 위해 그림 14-1을 보자. 생산물의 시장가격(P)이 오르면 각 고용량 수준에서 노동의 한계생산물가치 = $MP_N \times P$가 커지기 때문에 노동의 한계생산물가치 곡선이 윗쪽으로 이동한다. 이는 각 임금수준에서 노동의 한계생산물가치(VMP_N)곡선 = 노동수요곡선이 오른쪽으로 이동한 것과 같아서 노동수요가 증가한다. 생산물에 대한 시장수요가 증가하면 생산물의 시장가격이 높아져 각각의 주어진 요소가격에서 요소수요량이 증가하므로 앞에서 요소수요를 파생수요라 하였다.

둘째, 요소의 한계생산물(MP_f)이 증가하면 VMP_f곡선이 오른쪽으로 이동하여 요소수요가 증가한다. 주어진 고용수준에서 MP_f를 변화시키는 주요인으로는 다른 요소공급의 변화와 생산기술의 변화를 들 수 있다. 생산면에서 보완적인 다른 요소의 공급이 증가하면 해당 요소의 한계생산력이 높아진다. 기술진보는 흔히 요소의 생산성을 향상시켜 한계생산력을 높인다.

2 생산요소의 공급

앞에서 노동을 예로 들어 개별경쟁기업들이 생산요소를 어떻게 수요하는가를 살펴보고 이것으로부터 우하향하는 노동의 시장수요곡선을 도출하였다. 이제 노동의 개별공급곡선과 시장공급곡선을 도출하여 보자.

사람들은 가급적 소비재를 많이 소비하고 싶어 하는 한편 여가시간도 많이 가지고 싶어 한다. 그런데 다른 사정이 동일할 경우 여가시간을 많이 가질수록 일하는 시간이 줄어들어 소득이 줄기 때문에 소비재를 적게 소비하게 된다. 따라서 사람들은 얼마만큼 일하고 얼마만큼 여가시간을 가져야 만족이 극대화될 것인가 하는 근로-여가선택의 문제에 부딪친다. 제8장의 그림 8-4에서 이러한 근로-여가선택의 문제를 소득-여가선택의 모형으로 단순화시켜 개별노동자의 우상향하는 노동공급곡선을 도출한 바 있다.

개별노동공급곡선은 한계효용이론에서 배운 소비자균형조건

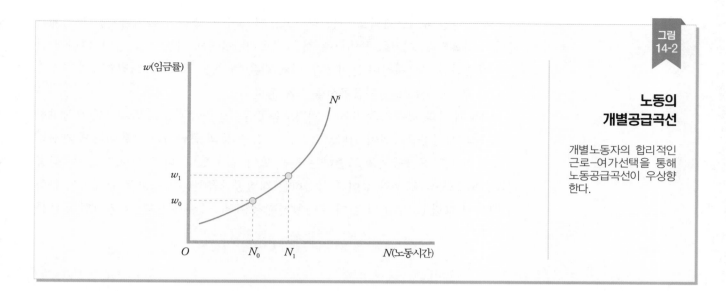

그림
14-2

**노동의
개별공급곡선**

개별노동자의 합리적인
근로–여가선택을 통해
노동공급곡선이 우상향
한다.

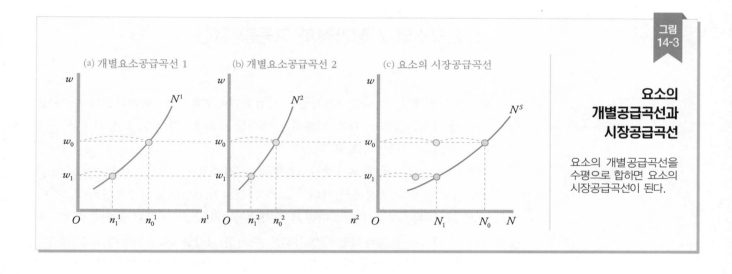

그림
14-3

**요소의
개별공급곡선과
시장공급곡선**

요소의 개별공급곡선을
수평으로 합하면 요소의
시장공급곡선이 된다.

$$\frac{MU_X}{P_X} = \frac{MU_Y}{P_Y}$$

를 이용해서도 간단히 도출할 수 있다. X재를 소비재, Y재를 여가라고 하자. X재 가격 P_X는 시장에서 바로 알 수 있다. 여가의 가격 P_Y는 무엇일까? 여가는 시장에서 거래되는 상품이 아니기 때문에 그 가격을 직접 알 수는 없다. 그러나 여가의 가격을 여가의 기회비용으로 파악하여 간접적으로 알 수는 있다. 여가를 즐기는 대신 일하면 얻을 수 있는 임금률(w)이 여가의 가격인 셈이다.

이제 노동자가 현재의 소비재가격과 임금률에서 균형조건 $\frac{MU_X}{P_X} = \frac{MU_Y}{w}$를 만족시키는 여가–소비수준을 유지하고 있는데 임금률이 상승하였다고 하자. 그러면 종래의 여가–소비수준으로는 $\frac{MU_X}{P_X} > \frac{MU_Y}{w}$가 되어 균형이 파괴된다. 이 때 소비자균형이론에서 배운대로 X재의 소비를 늘리고 Y재(여가)의 소비를 줄여나가는 과정에서 균형이 회복된다. 여가를 줄인다는 것은 근로시간을 늘린다는 것과 같다. 따라서 임금이 상승하면 근로시간이 늘어난다. 이와 같은 현상을 그림으로 그리면 그림 14-2와 같은 우상향하는 노동공급곡선을 얻게 된다.

시장에 나와 있는 노동자들의 개별노동공급곡선을 수평으로 합계하면 우상향하는 노동의 시장공급곡선이 된다. 그림 14-3은 노동의 공급자가 둘뿐이라고 가정하여 노동의 시장공급곡선을 도출하는 것을 보여 주고 있다. 다른 생산요소의 시장공급곡선도 노동의 경우와 같이 우상향하는 개별공급곡선을 수평으로 합계하여 구하기 때문에 그림 (c)의 N^s와 같이 우상향하면서 개별공급곡선보다 더 완만한 형태를 취한다.

3 생산요소의 시장가격과 고용량 결정

앞에서 노동에 대한 시장수요곡선과 시장공급곡선을 각각 도출하였다. 이제 균형임금(률)과 균형고용량을 알기 위해서는 생산물시장에서와 같이 노동의 시장수요곡선과 시장공급곡선을 결합하면 된다.

그림 14-4(a)에서처럼 우하향하는 노동의 시장수요곡선 N^d와 우상향하는 노동의 시장공급곡선 N^s가 E점에서 만나면 w^e가 균형가격, N^e가 균형고용량이다. 이 때 $Ow^e EN^e$로 표시되는 직사각형의 면적은 시장에서 받는 노동소득의 총액이 된다. 노동시장에서 가격 w^e가 정해지면 개별기업은 주어진 임금률 w^e와 노동수요곡선 n^d가 만나는 n^e만큼 노동을 고용한다. 개별기업의 고용량 n^e를 모든 기업에 걸쳐 합하면 N^e와 같다.

생산요소시장이 완전경쟁이면 개별기업의 요소수요량은 시장 전체의 요소수요량에 비해 보잘것 없이 작다. 따라서 개별기업은 많든 적든 요소를 주어진 시장가격으로 구입한다. 요소를 구입할 때 주어진 시장가격보다 높게 지불할 필요가 없다. 시장가격보다 낮게 지불하면 요소를 전혀 구입할 수 없다. 따라서 한 기업이 직면하는 요소의 공급곡선은 주어진 요소가격수준에서 수평선이 된다.

이 수평의 요소공급곡선은 요소수요자인 기업이 직면하는 한계요소비용(MFC)곡선이 되며 또 평균요소비용(average factor cost: AFC)곡선이 되기도 한다. 앞에서 경쟁시장에서는 요소가격이 한계요소비용과 같다는 것을 배웠다. 기업이 지불하는 한 가지 요소에 대한 총요소비용(total fator cost: TFC)은 그 요소가격(P_f)에 요소고용량(q_f)을 곱한 것이다. 한 요소에 대한 평균요소비용(AFC)은 고용된 요소 1단위당 지출액으로

총요소비용
한 생산요소에 지불하는 총지출액

평균요소비용
고용된 요소 1단위당 지출액

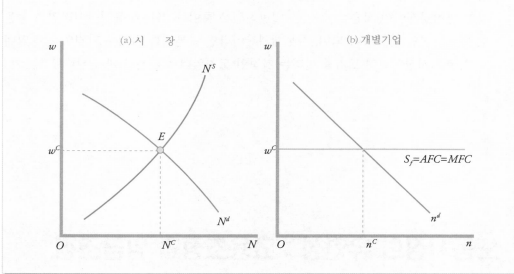

그림
14-4

노동시장의 균형

노동시장에서 노동수요 곡선과 노동공급곡선이 만나 균형임금률과 고용량이 결정된다. 경쟁기업은 균형임금률과 노동의 한계생산물가치 곡선이 만나는 n^c를 고용한다. 이 개별기업의 이윤극대화고용량을 모든 기업에 대해 더하면 시장고용량 N^c와 같게 된다.

서 그 요소에 대한 총요소비용을 그 요소의 고용량으로 나눈 값이다. 즉,

$$\text{평균요소비용} = \frac{\text{총요소비용}(TFC)}{\text{요소고용량}(q_f)} = \frac{P_f \times q_f}{q_f} = P_f$$

이다. 그러므로 요소가격에서 그은 수평선이 기업의 그 요소에 대한 평균요소비용곡 선도 되는 것이다.[4]

> 완전경쟁요소시장에서는 요소가격수준에서 그린 수평선이 개별기업이 직면하는 **요소공급곡선**이자 **평균요소비용곡선**이며 **한계요소비용곡선**이다.
> 이는 완전경쟁생산물시장에서 제품가격수준에서 그린 수평선이 개별기업이 직면하는 생산물수요곡선이자 평균수입곡선이며 한계수입곡선이었던 것과 대칭을 이룬다.

요소의 시장수요가 늘어나면 시장수요곡선이 오른쪽으로 이동하여 요소의 균형가격과 균형고용량이 증가하고 요소가 받는 총소득도 증가한다. 반면에 요소의 시장공급이 늘어나면 시장공급곡선이 오른쪽으로 이동하여 요소의 균형가격은 하락하고 균형고용량은 증가한다. 제3장에서 배운 수요·공급곡선의 이동에 의한 가격·거래량의 변동이 완전경쟁생산요소시장에도 그대로 적용된다. 이러한 요소시장에서의

---

4 총요소비용(TFC)은 어감처럼 모든 요소에 대한 기업의 총지출액을 뜻하는 것이 아니라 각 요소에 대한 총지출액을 뜻한다. 여기에서 사용하는 TFC, AFC는 각각 총요소비용, 평균요소비용으로서 생산물시장에서 사용되는 총고정비용, 평균고정비용과 혼동하지 말아야 한다.

가격결정이론은 요소가 노동이든, 자본이든, 토지든 관계 없이 요소시장과 생산물시장이 완전경쟁이면 적용할 수 있는 일반적인 이론이다. P_f는 노동시장이라면 노동을 빌리는 가격인 임금률이 되며, 자본재시장이라면 자본재를 빌리는 가격인 자본임대료가, 토지시장이라면 토지를 빌리는 가격인 토지임대료 혹은 지대가 된다.

제4절 노동시장의 유연성 : 고용조정과 임금조정

우리나라가 경제위기를 맞은 이후 1998년부터 노동시장의 성격이 구조적으로 바뀌었다. 종전에는 기업이 아무리 어려워도 근로자에게 권고사직을 종용할 수는 있지만 근로자가 응하지 않을 경우에 해고할 수 없었다. 그러나 노동법이 개정되어 경영상의 긴박한 이유로 구조조정이 필요할 경우 기업이 근로자를 해고할 수 있게 되었다.

> 시장 상황의 변화에 따라 기업의 노동고용과 임금률의 결정이 신축적으로 이루어지는 것을 **노동시장의 유연성**이라 부른다.

노동시장의 유연성
시장 상황의 변화에 따라 기업의 노동고용과 임금률이 신축적으로 결정되는 것

우리나라도 노동시장이 종전에는 경직적이었는데 이제 상당한 유연성을 갖게 되었다. 노동시장의 유연성은 시장경제원리를 노동시장에 적용하는 것에 다름 아니다. 한 생산물시장이 최초에 그림 14-5(a)의 E_0에 있다고 해 보자. 그러면 개별기업은 그림(b)에서 보는 바와 같이 시장가격 P_0를 주어진 그대로 받아들여 이윤을 극대화시키는 생산량 q_0를 공급한다. 이 기업의 노동수요곡선은 우하향하는 노동의 한계생산물가치($MP_N \times P$)곡선이다. 생산물의 시장가격이 P_0이기 때문에 시장임금률이 w_0로 주어져 있을 때 이 기업의 이윤극대화고용량은 그림 (c)에서 N_0로 결정된다. 기업은 주어진 자본과 고용량 N_0를 결합하여 매기에 q_0를 생산해 내는 것이다.

이제 이 생산물을 만들어 내는 산업이 사양산업이 되어 혹은 경기가 나빠져서 시장수요가 D_0에서 D_1으로 감소한다고 하

노동시장의 경직성
노동시장의 신축성과 구조조정에 반대하는 노조

그림
14-5

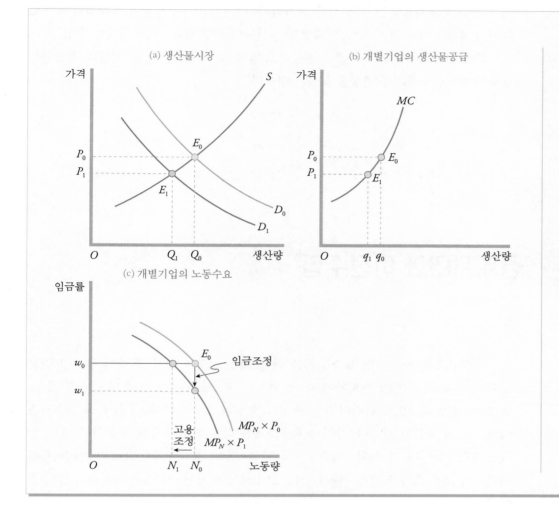

(a) 생산물시장

(b) 개별기업의 생산물공급

(c) 개별기업의 노동수요

**고용조정과
임금조정**

경기가 나빠 생산물 수요가 감소하면 생산량과 생산물가격이 떨어진다. 이에 따라 기업의 노동수요곡선이 왼쪽으로 이동한다. 기업은 종전의 임금률 수준에서는 고용을 줄이고, 종전의 고용수준에서는 임금률을 낮추려고 한다. 이것이 가능한 것이 노동시장의 유연성이다.

자. 그러면 제품의 시장가격이 P_1으로 떨어지고 시장거래량도 줄어든다. 제품가격이 P_1으로 떨어지면 개별기업의 생산량도 q_1으로 감소한다. 이 기업의 노동수요곡선은 아래쪽(왼쪽)으로 이동한다. 각각의 노동량수준에서 노동의 한계생산물은 변함이 없지만 제품가격이 떨어져 노동의 한계생산물가치가 감소하기 때문이다.

이런 상황에서 이윤극대화를 추구하는 기업은 임금률이 변하지 않을 경우 고용을 종전의 N_0에서 N_1으로 줄이려고 한다. 이것이 고용조정이다. 기업이 종전의 고용수준을 그대로 유지하게 하기 위해서는 임금률이 w_1으로 낮아져야 한다. 이것이 임금조정이다. 기업이 이러한 고용조정이나 임금조정을 쉽게 할 수 있는 것이 노동시장의 유연성이다. 그렇지 못한 것이 노동시장의 경직성이다. 노동시장이 경직적이어서 제품가격이 떨어졌는데도 종전과 같은 임금률(w_0)로 같은 노동량(N_0)을 고용한다면 임금이 노동의 한계생산물가치보다 크게 된다. 이에 따라 기업은 이윤극대화를 이루지 못하고 기업의 경쟁력과 수익성이 떨어진다.

노동시장이 경직적이면 기업이 융통성 있게 인력을 조정할 수 없기 때문에 기업이 신규인력을 채용하는 데에 신중을 기하게 마련이다. 노동시장이 경직적인 유로지역이 노동시장이 유연한 미국, 영국보다 실업률이 훨씬 높은 것은 이 때문이다.

각국이 노동부문의 개혁을 추진한다고 말할 때 그 핵심내용은 기업의 경영권을 보장하고 노동시장의 유연성을 높이는 것이다.

제5절 경제지대와 이전수입

생산요소를 공급하면 요소소득을 번다. 생산요소는 대개 한 가지 용도만 있는 것이 아니라 여러 가지 용도가 있다. 합리적인 요소소유자가 여러 가지 용도 중 어느 한 용도에 요소를 공급한다면 다른 용도에 공급할 때보다 그 용도에 공급하는 것이 유리하기 때문일 것이다. 따라서 요소소득을 다른 최선의 용도에 공급할 때 벌 수 있는 소득(기회비용)과 가외소득으로 구분할 수 있다. 경제학에서 요소의 기회비용을 이전수입, 가외소득을 경제지대라 한다. 요소소득은 이전수입과 경제지대의 합인 것이다.

이전수입

한 요소가 현재의 용도에서 다른 용도로 옮겨가지 못하도록 하기 위해 지불해야 하는 보수

경제지대

이전수입을 초과하여 요소에게 지불되는 보수

> 한 요소가 현재의 용도에서 다른 용도로 옮겨가지 못하도록 하기 위해 지불해야 하는 보수를 그 요소의 **이전수입**(transfer earnings)이라 한다. 한 요소의 **경제지대**란 그 요소가 받는 총보수에서 이전수입을 뺀 것이다. 이전수입을 초과하여 요소에게 지불되는 보수가 경제지대이다.

경제외적 요인이 비슷한 상황에서 한 요소가 다른 용도로 옮겨가지 않도록 하기 위해서는 다른 용도에 쓰여질 때 받는 보수 못지않는 보수를 지불해야 한다. 따라서 요소의 이전수입은 요소의 기회비용과 같은 개념이다. 요소의 경제지대는 요소에게 기회비용 이상으로 지불한 몫이다.

그림 14-6을 가지고 이전수입과 경제지대의 개념을 살펴보자. 이 그림은 한 요소에 대한 시장수요곡선(D_f)과 시장공급곡선(S_f)이 교차하는 점에서 요소의 균형가격 P_f^E와 균형수급량 Q_f^E가 결정됨을 보여 주고 있다. 여기에서 요소의 시장공급곡선 아래 색칠한 부분이 이 요소의 이전수입이다. 그림 (a)에서 요소의 시장공급곡선이 보

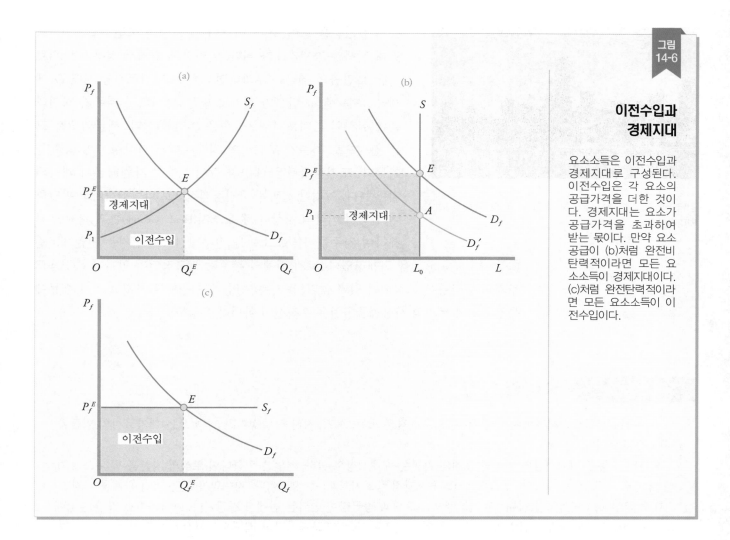

그림
14-6

**이전수입과
경제지대**

요소소득은 이전수입과 경제지대로 구성된다. 이전수입은 각 요소의 공급가격을 더한 것이다. 경제지대는 요소가 공급가격을 초과하여 받는 몫이다. 만약 요소공급이 (b)처럼 완전비탄력적이라면 모든 요소소득이 경제지대이다. (c)처럼 완전탄력적이라면 모든 요소소득이 이전수입이다.

여 주는 바는 최초의 요소소유자는 P_1을 받고도 고용될 의사가 있고, 이어 E에 이르기까지 각각의 요소소유자는 S_f곡선상의 각 점에 상당하는 보수를 받으면 고용될 의사가 있다는 것이다. 즉, 요소의 시장공급곡선의 각 점은 각 요소소유자가 자기 소유의 요소를 공급하기 위하여 꼭 받고자 하는 최소한의 대가인 공급가격을 나타낸다. 따라서 요소의 공급자와 개별적인 교섭을 벌일 수 있다면 사각형 $OP_1EQ_f^E$만큼만 지불해도 OQ_f^E는 다른 용도로 옮겨가지 않을 것이다. 그러므로 사각형 $OP_1EQ_f^E$가 이전수입이다. 그러나 시장가격은 P_f^E에서 결정되어 P_f^E를 받아야 요소를 공급하겠다고 하는 마지막 요소소유자를 뺀 나머지는 자신의 공급가격 이상으로 보상을 받고 있고 이 때의 요소소득총계는 사각형 $OP_f^EEQ_f^E$가 된다. 따라서 경제지대는 요소소득의 총계 사각형 $OP_f^EEQ_f^E$에서 이전수입 사각형 $OP_1EQ_f^E$를 뺀 삼각형 $P_1P_f^EE$의 면적이다.

고전학파 경제학자 리카도(David Ricardo)는 토지의 시장공급곡선이 그림 14-6(b)처럼 토지부존량수준에서 수직이라고 보았다. 수직의 토지공급곡선에서는 지주들이 토지를 놀리느니 아무리 낮은 지대라도 받고—극단적으로는 거저라도—대여할

강남아파트
강남아파트의 가격은 유난히 비싼데 그 중 경제지대는 얼마나 될까?

용의가 있음을 보여 준다. 이 경우에 토지의 이전수입은 0이고 지대 전체가 경제지대가 된다. 이러한 상황에서 정부가 단위토지당 AE만큼의 세금을 부과하면 지주는 단위토지당 지대 EL_0에 세금 AE를 뺀 AL_0만큼만 실제로 받는다. 따라서 지주가 직면하는 실질적인 임대토지수요곡선은 D_f'인 셈이다. 세금액 $P_1P_f^E EA$는 전적으로 지주가 부담하여 경제지대가 사각형 OP_1AL_0로 줄어든다. 토지수급량은 예전과 같이 L_0여서 자원배분이 왜곡되지 않는다. 이러한 결과는 국민경제적으로 바람직하다고 판단하여 일찍이 미국의 사상가 헨리 조지(Henry George)는 토지에만 과세하여 지주들의 불로소득을 정부재원으로 삼자는 단일세운동 (single-tax movement)을 전개하였다. 토지 전체의 부존량은 고정되어 있지만 특정용도 토지의 공급량은 고정되어 있지 않다. 토지는 여러 가지 용도를 가지고 있기 때문에 특정용도의 토지의 시장공급곡선은 수직선이 아니라 우상향한다.

읽을거리 14-2 ▶ 지대와 땅값

지금까지 생산요소시장에서 다루어 온 요소가격은 노동, 토지, 자본을 일정기간 빌려 쓰는 대가로서의 임금률, 지대, 임대료이다.

오늘날 노동은 임대시장만 있지만 토지와 자본은 매매시장도 있다. 기업은 원한다면 토지와 자본을 빌려 쓰는 대신 사서 쓸 수도 있는 것이다. 토지를 사고 파는 가격은 토지가격, 즉 땅값이다. 지대와 땅값은 어떤 관계를 가질까? 지대는 그림 14-6에서처럼 임대토지시장에서 수요량과 공급량이 만나는 점에서 결정된다. 마찬가지로 땅값은 매매토지시장에서 수요량과 공급량이 만나는 점에서 결정된다. 임대토지시장과 매매토지시장은 밀접한 관계가 있다. 예컨대 땅값이 비싸면 토지를 사려는 수량이 감소하고 대신 토지를 빌리려는 수량이 증가한다.

경제학에서는 매기당 받는 지대수입흐름의 현재가치가 땅의 근본가치(fundamental value)라고 말한다. 땅 소유자는 땅을 빌려 줌으로써 매기당 지대를 받는다. 앞으로 계속 받게 될 지대를 현재가치로 환산하여 모두 더한 것이 지대수입흐름의 현재가치이다. 땅을 가지고 있음으로써 얻는 이득이 지대뿐이라는 것이 확실하면 지대수입흐름의 현재가치보다 비싼 값으로 땅을 사려는 사람은 없을 것이다. 지대수입흐름의 현재가치보다 싼 값으로 땅을 팔려는 사람도 물론 없을 것이다.

현실세계에서는 땅을 싸게 사서 나중에 비싸게 파는 자본이득이 생길 수 있다. 이런 자본이득이 생길 것이라고 사람들이 기대하면 땅값은 근본가치를 초과하여 오를 수 있다. 이 때 실제 땅값과 땅의 근본가치의 차이를 거품 (bubble)이라 한다.

지대와 땅값의 관계는 집 임대료와 집값, 자본임대료와 자본가격에도 그대로 적용된다.

잊을만 하면 서울 강남 아파트값이 폭등하여 강남 아파트값에 거품이 많다는 논의가 무성하였다. 현대의 금융위기는 토지, 주택과 같은 부동산(실물자산)이나 주식·채권과 같은 금융자산에 거품이 잔뜩 끼고 부풀었다가 터지는 것으로 시작되는 경우가 많다. 그러나 거품이 얼마나 많은지, 거품이 언제 꺼질지에 대해서는 아무도 확실히 말할 수 없다. 이 점에서 경제학은 아직 갈 길이 먼 학문이다.

만약 요소의 시장공급곡선이 그림 14-6(c)와 같이 수평선이라면 P_F^E가 모두 요소의 공급가격이어서 요소의 총보수와 이전수입이 사각형 $OP_F^E EQ_F^E$로 같아 경제지대는 0이 될 것이다.

일반적으로 요소의 소유자들이 받고자 하는 가격, 즉 공급가격이 다르면 요소소득의 일부가 경제지대로 된다. 우상향하는 요소의 시장공급곡선은 공급가격이 요소소유자마다 다른 것을 보여 준다. 그런데 그림 14-6(a)와 그림 14-6(c)를 비교하여 보면 요소의 시장공급곡선의 기울기가 급할수록(요소가격구간을 고정시켜 놓고 볼 때 요소공급이 비탄력적일수록) 요소가 벌어들이는 총수입 중에서 경제지대가 차지하는 비중이 커지는 것을 알 수 있다. 따라서 경제지대란 요소공급이 비탄력적이기 때문에 발생하는 소득이라 할 수 있다. 그림 14-6(b)에서처럼 요소공급이 완전비탄력적이면 모든 요소소득이 경제지대이다. 반면에 (c)에서처럼 요소공급이 완전탄력적이면 경제지대는 0이다.

경제지대의 예로는 정상급 연예인이나 일류 운동선수의 보수가 높은 것을 들 수 있다. 연기나 운동에 빼어난 이들은 자기 적성 이외의 분야에서 그처럼 각광을 받기가 힘들다. 따라서 이들이 다른 직업으로 옮기는 것을 막기 위하여 지불해야 하는 이전수입은 크지 않다. 그럼에도 불구하고 이들의 보수가 높은 것은 이들의 공급은 제한되어 있는 데 반하여 이들에 대한 수요는 높은 데 기인한다. 즉 그들 수입의 대부분은 제한된 공급 내지 희소성으로 인한 경제지대인 것이다.

희소성과 경제지대, 지대추구행위

근래에 와서 이러한 경제지대의 개념은 시장에서 희소성 때문에 발생하는 모든 종류의 프리미엄(premium)을 설명하는 데에도 적용된다. 예컨대 서울지역에서 개인택시 자격증이 2024년 기준 1억 1,500만원대에 거래되고 있다. 자격증을 만드는 데 드는 종이 값·인쇄비 등의 비용은 단돈 몇 천원에 불과한데 이렇게 높은 가격으로 거래되는 이유는 서울시당국에서 자격증을 제한적으로 발급하기 때문이다. 법적으로 공급을 제한하는 데 따르는 희소성 때문에 큰 경제지대가 생기는 것이다.

현실적으로 많은 경우의 경제지대는 이와 같이 해당 시장으로의 진입이 법적으로나 제도적으로 제한되고 있기 때문에 발생한다. 의사와 변호사 등의 전문직종이 일반적으로 고소득을 올릴 수 있는 것은 국가에서 실시하는 자격시험이나 특수한 교육과정 등의 제도적인 이유로 이들의 공급이 제한되고 있기 때문이다. 일부 수입상품이 수입원가보다 엄청나게 높은 가격으로 팔리는 것은 수입상품 대리점이 극소수로 제한되어 있기 때문이다.

정부당국이나 이익단체들에 의해 인위적으로 진입이 제한되는 경우에 이를 철폐하기란 쉽지 않다. 왜냐하면 기득권을 가진 이익집단들이 경제지대의 유지·보호를 위해 각종 로비활동을 전개하기 때문이다.

지대추구행위
경제지대나 독과점적 지위를
누리기 위한 활동

경제지대나 독과점적 지위를 누리기 위한 활동을 지대추구행위(rent seeking behavior)라고 한다.

지대추구행위는 생산활동과 대비된다. 지대추구행위에 소요되는 비용은 사회 전체적으로 볼 때 자원의 낭비이다. 지대추구행위는 생산을 증가시키지 않고 희소한 자원을 독점하여 가진 자의 이득을 누리려고 하기 때문에 자원 배분이 비효율적이다. 못사는 나라일수록 많은 산업에 걸쳐 신규 기업 진입, 수입 개방 등 자유화정책을 펴는 대신 기업 진입 금지나 복잡한 인·허가, 수입 금지 등 정부규제를 통해 소수 기업이 독과점적 이윤을 향유하는 경우가 흔하다. 이처럼 독과점적 지위를 누리기 위한 경제주체들의 활동도 지대추구행위라 부른다.

제6절 기업경영과 이윤

기업가가 기업경영으로 얻은 소득에서 생산에 참여한 다른 요소들에게 임금·지대·이자를 지불하고 남은 소득을 이윤(profit)이라 한다. 잔여소득으로서의 이윤은 기업가의 정상적인 기업경영에도 불구하고 경기상태가 어떠하냐에 따라 기복이 심하다. 따라서 앞의 제3절에서 다룬 수요·공급의 이론이 이윤의 경우에는 들어맞지 않는다. 아래에서는 이윤의 성격을 설명하는 대표적인 이론 두 가지를 소개한다.

하나는 미국의 경제학자 나이트(Frank Knight)가 주장한 위험부담설이다. 자본과 노동을 이용하여 기업을 경영하는 데에는 필연적으로 위험이 뒤따른다. 예상했던 시장수요와 가격에 따라 제품을 판매함으로써 초과이윤을 벌 수도 있지만, 예상 이하의 시장수요와 가격에 따라 제품을 팔아 손실을 볼 수도 있는 것이다. 이런 위험을 기업이 부담하는 데 대한 보상이 바로 이윤이라는 것이다.

다른 하나는 오스트리아 출신 미국의 경제학자 슘페터(Joseph Schumpeter, 1883~1950)가 주장한 혁신설이다. 슘페터에 의하면 기업가가 혁신을 적극 추진함으로써 기업이 발전하는데, 이윤이란 이와 같은 기업가의 혁신에 대한 보상이라는 것이다. 슘페터에 따르면 기업의 **혁신**(innovation)이란 ① 새로운 상품의 생산, ② 새로운 생산방식의 도입, ③ 새로운 시장의 개척, ④ 새로운 자원의 사용 혹은 발견, ⑤ 새로운 경영기법의 도입 등을 뜻한다.

혁신의 일반적 의미
새로운 요구사항이나 시장의 필요를 충족시키는 더 나은 해결책을 쓰는 것

슘페터는 혁신을 이윤발생의 원천이자 경제발전의 원동력으로 중시하였다. 기업가가 혁신을 통하여 생산력을 비약적으로 향상시켜 나가는 과정을 창조적 파괴의 과정(process of creative destruction)이라고 불렀다. 이러한 창조적 파괴의 과정에서 이윤이 발생하고 이 이윤동기가 경제성장을 촉진한다는 것이다.

기업의 이윤에는 기업의 위험부담에 대한 보상과 기업가의 혁신에 대한 보상이라는 두 가지 측면이 있다.

읽을거리 14-3 ▶ 혁신의 일반적 의미

오늘날 혁신이라는 말만큼 기업활동과 일상생활에 많이 사용되는 단어는 없다고 해도 과언이 아니다. Wikipedia에 따르면 혁신은 '새로운 요구사항이나 시장의 필요를 충족시키는 더 나은 해결책을 적용'하는 것이다. 슘페터가 혁신(innovation)이란 말을 처음 쓸 때에는 기업의 생산과 마케팅을 포함한 경영활동에 초점을 맞추었다. 이제는 어떤 조직이든지 기존의 틀에 안주해서는 경쟁에서 낙오되거나 최고의 경쟁력을 유지하기 어렵다고 생각될 때 강조하는 표어가 되었다. 구글, 애플 등 세계적인 기업들은 세계적인 경쟁력을 유지하기 위해 상시적인 혁신을 주문하고 있다. 미국 정부는 지금까지의 세계 최대강국이라는 위상이 흔들리자 최대강국의 위상을 새삼 다지기 위해 국가혁신이라는 화두를 제시하였다. 대기업이든 중견기업이든 중소기업이든 세계화의 파고를 성공적으로 헤쳐 나가기 위해 혁신을 내세우고 있다.

누구든 오늘날과 같이 급변하는 가속의 시대에 적응하고 나아가 번영하기 위해서는 혁신이 필요하다. 모든 분야에서 종전보다 '더 나은 해결책의 적용'은 바람직하다. 그게 인류의 역사다. 이렇게 광범위하게 정의되는 혁신은 경제발전의 원동력이자 인류 진보의 기초가 된다. 뉴욕 타임스의 칼럼니스트 토머스 프리드먼이 2016년에 쓴 책 『늦어서 고마워』에서 말하는 것처럼 우리 모두 대가속의 시대에 적응하기 위해서는 우선 급속한 변화의 대세를 받아들이고 태풍의 눈에서 춤출 줄 아는 사고의 혁신이 필요한 것으로 보인다.

부록

**불완전경쟁하에서의
요소가격과 고용**

1　생산물시장에서 완전경쟁이든 불완전경쟁이든 간에 기업의 이윤극대화 요소고용조건은 요소마다 한계수입생산물($MRP_f = MP_f \cdot MR$) = 한계요소비용($MFC = MP_f \cdot MC$)이 성립하는 수준까지 요소를 고용하는 것이다.

2　생산물시장이 완전경쟁이면 개별기업은 수평의 생산물수요곡선에 직면하기 때문에 $P = MR$이고, 한계수입생산물($MRP_f = MP_f \cdot MR$) = 한계생산물가치($VMP_f = MP_f \cdot P$)이다. 생산요소시장이 완전경쟁이면 $MFC = P_f$이다. 따라서 생산물시장과 요소시장이 모두 완전경쟁이면 $MRP_f = MFC$의 이윤극대화 요소고용조건은 $VMP_f = P_f$로 표시할 수 있다.

3　경쟁기업의 노동에 대한 수요곡선은 우하향하는 노동의 한계생산물가치곡선으로 나타난다.

4　이윤극대화 요소고용조건 $MRP_f = MP_f \times MR = P_f$에서 생산물가격이 높아 한계수입($MR$)이 높을수록, 기술진보를 통하여 요소의 한계생산물(MP_f)이 증가할수록 요소의 수요가 증가한다. 요소가격(P_f)이 낮을수록 요소의 수요량이 증가한다.

5　생산요소에 대한 개별기업의 수요곡선들을 수평으로 합계하여 시장의 수요곡선을 도출한다. 요소의 개별수요곡선이 우하향하므로 요소의 시장수요곡선도 우하향한다.

6　한 요소의 개별공급량은 소비자균형조건에 의하여 요소가격이 상승함에 따라 증가한다. 따라서 생산요소의 개별공급을 수평으로 합계한 시장공급곡선은 우상향한다.

7　생산요소시장이 완전경쟁이면 요소의 우하향하는 시장수요곡선과 우상향하는 시장공급곡선의 교차점에서 요소의 균형가격과 균형고용량이 결정된다.

8　한 생산요소에 대한 요소의 시장공급곡선은 우상향하지만 경쟁적인 개별기업이 직면하는 요소공급곡선은 주어진 요소가격수준에서 수평선이다. 개별경쟁기업이 직면하는 수평의 요소공급곡선은 기업에게 그 요소에 대한 평균요소비용(AFC)곡선이자 한계요소비용(MFC)곡선도 된다. 평균요소비용은 $\dfrac{총요소비용}{요소량} = \dfrac{요소량 \times 요소시장가격}{요소량}$으로 정의된다. 따라서 평균요소비용은 요소가격과 같아서 요소가격을 나타내 주는 요소공급곡선이 평균요소비용곡선도 된다. 평균요소비용이 불변이면 한계요소비용도 불변이고 평균요소비용과 같다. 따라서 경쟁기업에게는 $P_f = AFC = MFC$이고 요소공급곡선과 평균요소비용곡선, 한계요소비용곡선이 일치한다.

9　한 요소가 현재의 용도에서 다른 용도로 옮겨가지 않도록 지불해야 하는 보수를 이전수입이라 한다. 요

소의 이전수입은 요소의 기회비용과 같은 개념이다. 한 요소가 받는 총보수에서 이전수입을 뺀 것을 그 요소의 경제지대라 한다. 경제지대는 요소의 공급이 비탄력적일수록 더 크다.

10 경제지대를 획득하고 있는 기업이나 이익집단은 경제지대를 계속 유지하고자 각종 로비활동을 전개하는데 이를 지대추구행위라 한다. 독과점적 지위를 누리기 위한 경제주체들의 활동도 지대추구행위라 부른다. 지대추구행위는 생산활동과 달리 사회적으로 볼 때 자원의 낭비를 초래한다.

11 기업경영의 대가인 이윤은 기업의 위험부담에 대한 보상과 기업가의 혁신에 대한 보수라는 두 가지 측면이 있다.

주요용어 및 개념

- 파생수요
- 요소의 한계생산물
- 요소의 한계수입생산물
- 요소의 한계생산물가치
- 총요소비용

- 한계요소비용
- 평균요소비용
- 노동시장의 유연성
- 임금조정
- 고용조정

- 경제지대
- 이전수입
- 지대추구행위
- 근본가치
- 거품

- 위험부담설
- 혁신
- 창조적 파괴

연습문제

1 표를 보고 물음에 답하라. 표 읽는 법은 예컨대 둘째 행을 보면 기업이 노동자 두 명을 매기에 1인당 600원의 임금을 주고 고용하면 39개의 제품을 생산하고 각 제품은 900원에 팔린다.

N	Q	P	w
1	19	100	500
2	39	90	600
3	57	80	700
4	74	70	800
5	90	70	840
6	105	60	900
7	119	50	950

(1) MRP_N을 구하고 그림을 그려라.

(2) 이윤을 극대로 하는 고용량을 구하라.
(3) (2)번 문제를 이윤극대화조건으로 설명하여 합리화하라.
(4) 이 기업의 최대이윤수준은?
(5) 매기당 90원의 최저임금제가 도입되었다고 하자. 이윤을 최대로 하는 고용량을 구하라.
(6) 이 최저임금제로 전체 노동자가 받는 총노동소득은 어떻게 변하는가?
(7) 최저임금제가 고용량을 감소시키지 않는 이유는?

2 그림 14-1을 보고 w_0수준에서 그은 수평선이 MFC, AFC, S_f곡선이 됨을 설명하라.

3 경쟁기업이 생산물시장에서 균형생산량을 결정하는 것과 요소시장에서 균형고용량을 결정하는 것을 대비 설명하라.

4 요소의 수요·공급의 이론을 이용하여 다음을 설명하라.

(1) 유명 프로야구선수가 높은 봉급을 받는다.
(2) 비싼 물건을 만드는 사람은 임금도 비싸다.
(3) 새 기계가 도입되면 임금도 오른다.
(4) 경제지대의 크기는 시장의 범위에 달려 있다.

5 14세기 유럽에서는 흑사병(black death)이 창궐하여 인구의 1/3 가량이 사망하였다고 한다. 흑사병으로 인한 인구감소가 ① 노동 및 토지의 한계생산물, ② 임금 및 지대, ③ 근로자계층 및 지주계층의 소득 등에 미친 영향을 분석하라.

6 외국인 근로자가 유입될 때 ① 노동의 공급, ② 노동에 대한 수요, ③ 노동의 한계생산물, ④ 균형임금에 어떤 영향을 주는지를 설명하라.

7 다음 표는 불완전경쟁기업의 한계수입생산물을 계산하는 가상적인 자료이다. 부록을 읽고 아래 물음에 답하라.

(1) 가변 요소의 투입량 (Q_f)	(2) 총 생산물 (Q)	(3) 한계 생산물 (MP_f)	(4) 생산물 가격 (P)	(5) 총수입 (TR)	(6) 한계수입 생산물 ($MRP_f=$ $\frac{\Delta TR}{\Delta Q_f}$)
0	0		100원	0원	
1	12	12	100	1,200	1,200원
2	26	14	90	2,340	1,140
3	38	12	80	3,040	700
4	46	8	70	3,220	180
5	52	6	60	3,120	-100
6	56	4	50	2,800	-320
7	58	2	40	2,320	-480

(1) $P > MR$임을 확인하라.
(2) $MRP_f = MP_f \cdot MR$의 공식을 이용하여도 (6)열과 같은 MRP를 얻을 수 있음을 확인하라.
(3) VMP_f를 계산하여 $VMP_f > MRP_f$임을 확인하라.
(4) 이 표를 이용하여 불완전경쟁기업의 요소수요곡선을 그려라.

8 다음 표는 요소수요독점에서의 요소시장가격과 한계요소비용에 관한 가상적인 자료이다. 이 표로 요소시장이 묘사되고 문제 7의 표로 생산물시장이 묘사된다고 하자. 물음에 답하라.

(1) $MFC > AFC$임을 확인하라.
(2) 이윤을 극대로 하는 요소고용량은?
(3) 최대이윤을 계산하라.
(4) 이윤극대화 요소고용조건이 충족되지 않는 두 가지 경우를 들고 이 때 고용량을 어떻게 조정해야 하는지 표에서 예를 들어 가며 설명하라.
(5) 공급독점적 착취와 수요독점적 착취를 계산하라.

(1) 가변 요소의 투입량 (Q_f)	(2) 요소시장 가격=평균 요소비용 ($P_f=AFC$)	(3) 총요소 비용(TFC)	(4) 한계요소비용 ($MFC=\frac{\Delta TFC}{\Delta Q_f}$)
0	200원	0원	
1	300	300	300원
2	400	800	500
3	500	1,500	700
4	600	2,400	900
5	700	3,500	1,100
6	800	4,800	1,300

9 자동차회사에서 일하는 근로자들의 임금이 높아서 자동차가격이 비쌀까? 아니면 자동차가격이 비싸서 임금이 높을까? 임금과 제품가격 간의 인과관계에 대하여 논하라.

10 다음 기술이 옳은가 틀린가를 밝히고 그 이유를 설명하라.

① 경쟁기업의 한 요소에 대한 수요곡선은 항상 그 요소의 우하향하는 한계생산물가치곡선이다.
② 요소의 한계수입생산물(MRP_f)곡선과 요소수요곡선은 같다.

③ 생산물에 대한 수요곡선으로부터 요소수요곡선을 유도할 수 있다.

④ 완전경쟁하에서 노동을 $MRP_f = MFC$가 성립하는 수준까지 고용하는 것만으로는 이윤극대화를 달성할 수 없다.

⑤ 완전경쟁하에서 균형요소가격은 MRP_f보다 높거나 같은 점에서 결정된다.

⑥ 요소시장이 불완전경쟁이면 MRP_f는 항상 VMP_f보다 적으므로 요소시장에서 MRP_f곡선이 요소수요곡선이 되지 않는다.

⑦ 어떤 기업이 $MRP_f = MFC$의 조건으로 생산요소를 고용하고 있다면 이 기업은 생산물시장과 생산요소시장 모두에서 불완전경쟁이다.

⑧ 요소가격을 요소의 한계생산물로 나누면 기업의 한계비용이 된다.

⑨ 생산요소가 노동과 자본 둘뿐일 때 노동에 대한 총요소비용과 자본에 대한 총요소비용을 합하면 기업의 총비용이 된다.

⑩ 자본이 유일한 고정요소일 때 총고정비용은 자본에 대한 총요소비용과 같다.

⑪ 배에 대한 수요가 늘어나면 과수원 노동수요가 증가하고 균형임금이 상승한다.

소득분배의 이론

소득분배를 고찰하는 방법에는 기능별 소득분배와 계층별 소득분배가 있다. 기능별 소득분배는 생산과정에서 각 생산요소가 벌어들이는 노동소득 · 자본소득 · 토지소득 등의 크기를 살펴보는 것이다.

계층별(개인별) 소득분배는 소득의 원천은 상관하지 않고 가구별 총소득이 어떻게 분배되어 있는가를 보는 것이다. 제1 절에서는 기능별 소득분배를 개괄적으로 다룬다. 제2절에서는 계층별 소득분배의 이론을 배운다. 계층별 소득분배상태를 측정하는 방법을 살펴보고 이어서 계층별 소득분배와 빈곤, 경제성장에 관련된 주요 개념들을 정리한다.

제1절 **기능별 소득분배의 이론**

소득분배는 기능별 소득분배와 계층별 소득분배로 나눌 수 있다. 이 절에서 기능별 소득분배를 다루고 다음 절에서 계층별 소득분배를 다룬다.

기능별 소득분배의 이론은 노동·자본·토지의 세 가지 본원적인 생산요소와 그 소유자에게 생산물이 어떻게 분배되는가를 다룬다. 어떤 생산요소를 소유하고 있느냐에 따라 사회집단을 노동자·자본가·지주라는 세 계급으로 분류하여 각 계급간에 소득이 어떻게 분배되는가를 다루는 것이다. 이 분석방법은 소득분배상태를 살펴보는 데에 계급간의 상호관계가 중요하다는 것을 명시적으로 수용하고 있다는 장점을 가진다. 이는 후술하는 계층별 소득분배가 각 계급이 갖는 특수성이나 계급간의 역학관계를 전혀 고려하지 않는 점과 대비해 보면 기능별 소득분배의 장점으로 부각된다.

기능별 소득분배의 약점은 시장경제의 구성원을 세 계급으로 도식적으로 나누어 분석한다는 점이다. 소유와 경영이 분리되고, 일반시민도 주식 구입을 통하여 자본을 갖게 되며, 노동자가 토지를 구입하여 지주로도 등장하는 등 현대사회에서는 계급적인 구별이 점점 어려워지고 있다. 계급적인 속성과 특수성도 점차 희미해지고 있다. 이 단점에도 불구하고 기능별 소득분배의 이론은 경제학의 핵심부분으로 자리잡고 있다. 이는 기능별 소득분배의 이론이 생산물시장의 이론과 같은 틀을 가지고 분석할 수 있게 해 주고, 앞 장에서 배운 생산요소시장의 이론과 밀접하게 연관되기 때문이다. 선진자본주의국가에서 오늘날에도 고소득층에서는 자본소득의 비중이 크고, 저소득층에서는 노동소득의 비중이 크다. 기능별 소득분배는 계급으로 구분하는 대신 생산과정에서 수행하는 역할에 따라 각 생산요소가 얼마나 분배받는가를 가늠해 보는 유용한 접근방법이기도 하다.

기능별 소득분배의 이론은 고전학파 경제학자 리카도(David Ricardo)에 의해 시작되어 마르크스와 신고전학파에 의해 발전되었다. 오늘날 주류경제학의 소득분배이론은 신고전학파의 기능별 소득분배의 이론이다. 신고전학파의 분배이론은 이윤극대화를 추구하는 경쟁기업이 각 요소에게 그 요소의 한계생산물가치만큼 지불한다는 기업의 최적화행태에 기초를 두고 있다. 완전경쟁기업이 이윤극대화를 추구하면 제10장에서 설명한 최소비용의 원칙

$$\frac{MP_N}{w} = \frac{MP_K}{r} \qquad \text{또는} \qquad \frac{w}{r} = \frac{MP_N}{MP_K}$$

기능별 소득분배
세 본원적인 생산요소 노동·자본·토지와 그 소유자에게 생산물이 분배되는 것

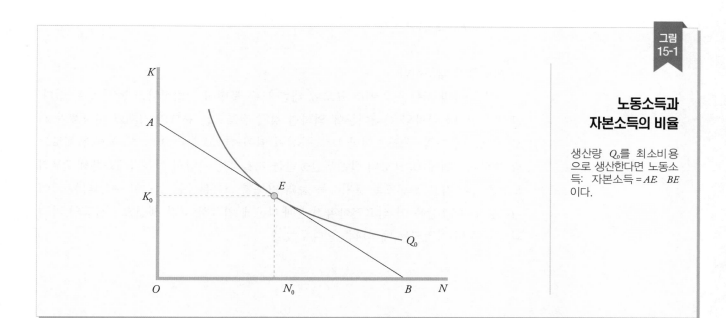

그림
15-1

**노동소득과
자본소득의 비율**

생산량 Q_0를 최소비용
으로 생산한다면 노동소
득： 자본소득 $= AE$ ： BE
이다.

이 성립한다. 윗식의 양변에 N/K을 곱해 주면

$$\frac{w}{r} \cdot \frac{N}{K} = \frac{MP_N}{MP_K} \cdot \frac{N}{K} \quad \Rightarrow \quad \frac{wN}{rK} = \frac{MP_N \cdot N}{MP_K \cdot K}$$

이 되는데 이는 바로 노동소득(wN)과 자본소득(rK)의 비율이다.

그림 15–1에서 기업의 이윤극대화생산량이 Q_0이고, 임금률(w)·임대료(r)비율
이 등비용선 AB의 기울기의 절대값과 같다고 하자. 그러면 기업은 매기당 N_0의 노동
과 K_0의 자본을 고용한다. E점은 등량곡선이 등비용선과 접하는 점이다. 따라서 E에
서 등량곡선의 기울기는 등비용선의 기울기와 같다. 등량곡선의 기울기는 노동의 한
계생산물과 자본의 한계생산물의 비율과 같다는 것을 제9장에서 배웠다. 따라서

$$\frac{wN}{rK} = \frac{MP_N \cdot N}{MP_K \cdot K} = \frac{EN_0}{BN_0} \cdot \frac{ON_0}{EN_0} = \frac{ON_0}{BN_0} = \frac{AE}{BE}$$

이다. 윗식에서 마지막 등식은 삼각형 AK_0E와 EN_0B가 닮은꼴이라는 성질을 이용하였
다. 제10장에서 배운 최소비용의 원칙에서부터 노동소득과 자본소득의 비율은 AE ：
BE로 나타내지는 것이다.

각 요소에게 그 요소의 한계생산물만큼 지불할 때 기업의 생산물이 과부족 없이
완전분배된다는 보장이 있는가? 생산기술이 1차동차의 생산함수(규모에 대한 보수 불
변)라면 이것이 보장된다. 기업이 1차동차의 생산함수로 표현되는 생산기술을 사용
하면 제9장의 부록에서 배운 오일러의 정리

$$N \cdot MP_N + K \cdot MP_K = Q$$

가 성립하기 때문이다.

　　한 나라의 모든 산업에서 규모에 대한 보수 불변이 성립한다고 말할 수는 없다. 그러나 신고전학파의 분배이론에 의하면 경제 전체로는 규모의 경제와 비경제가 서로 상쇄되어 대략 규모에 대한 보수 불변이 일어난다고 본다. 따라서 경제 전체로는 각 생산요소에게 그 요소의 한계생산물만큼 지불하는 기업의 이윤극대화행태로부터 노동소득과 자본소득 또는 토지소득 등의 기능별 소득분배를 설명할 수 있다는 것이다. 앞의 제14장은 이 신고전학파적 분배이론에 입각하여 각 생산요소시장의 가격과 고용량이 결정되는 메커니즘을 다루었다.

제2절　계층별 소득분배의 이론

1　계층별 소득분배의 측정

계층별(=개인별) 소득분배
상이한 가구간에 총소득이 어떻게 분배되어 있는가를 보는 것

　　자본소득과 노동소득의 구분은 이론적으로는 명확하지만 현실적으로는 어렵다. 의사·변호사·농부 등 자영업자의 소득을 자본소득과 노동소득으로 정확하게 구분한다는 것은 매우 어려운 일이다. 따라서 실제의 분배상황을 정확하게 파악하기 위해 계층별 소득분배(size distribution of income)이론이 나왔다.

> 계층별 소득분배는 상이한 소득계층간에 소득이 어떻게 분배되어 있는가를 보여 준다. 계층별 소득분배는 개인별 소득분배(personal distribution of income)라고도 한다. 계층별 소득분배에서는 소득의 원천이나 형태를 따지지 않고 소득의 크기만을 중시한다.

　　계층별 분배는 통상 가계단위에서 파악된다. 이는 학생·노약자·가정주부 등 소득원이 없는 사람도 많고, 또 사람들의 기본 생활단위가 가계이기 때문이다. 가계소득의 계층별 분배상태를 측정하는 대표적인 방법으로는 10분위분배율·5분위배율·

로렌츠곡선·지니(집중)계수 등이 있다.

십분위분배율

한 나라의 전체 가구를 소득수준에 따라 저소득에서 고소득으로 배열한다고 하자.[1] 이 때 첫번째 10%를 제1십분위, 다음 10%를 제2십분위, ……라 한다. 10분위분배율(deciles distribution ratio)은 이러한 계층별 소득분포자료에서 최하위 40% 소득계층의 소득점유율을 최상위 20% 소득계층의 소득점유율로 나눈 값을 말한다.

[15-1] $$10분위분배율 = \frac{최하위\ 40\%\ 소득계층의\ 소득점유율}{최상위\ 20\%\ 소득계층의\ 소득점유율}$$

10분위분배율은 측정하기가 간단하면서도 소득분배정책의 주 대상이 되는 하위 40% 계층의 소득분배상태를 직접 나타낼 수 있고, 또 이를 상위계층의 소득분배상태와 비교할 수 있다는 점에서 큰 장점이 있다. 이 때문에 10분위분배율은 세계적으로 가장 널리 사용되는 소득분배 측정방법이다. 10분위분배율은 이론적으로 0과 2 사이의 값을 갖는데 그 값이 클수록 소득분배가 평등하다는 것을 나타낸다. 현실적으로는 1 이하이다. 구체적으로 10분위분배율이 0.45 이상이면 소득분배가 양호하고 0.35 이하이면 상당히 나쁜 것으로 평가한다.

근래에는 최상위 20% 계층과 최하위 20% 계층의 소득격차가 얼마나 되는가를 알아보기 위해 5분위배율이라는 지표도 자주 사용된다.

[15-2] $$5분위배율 = \frac{최상위\ 20\%\ 소득계층의\ 평균소득}{최하위\ 20\%\ 소득계층의\ 평균소득}$$

5분위배율은 10분위분배율과 달리 값이 클수록 소득분배가 불평등한 것을 나타낸다. 십분위분배율이 현저히 낮아지거나 5분위배율이 현저히 높아지고 중간계층의 소득점유율이 현저히 낮아지면 양극화(bipolarization)가 심화된다고 말할 수 있다.

양극화
상위와 하위계층의 소득점유율이 높아지고 중간계층의 소득점유율이 낮아지는 현상

로렌츠곡선

로렌츠곡선에 의한 소득분배 측정방법은 계층별 소득분포자료에서 가구의 누적비율과 소득의 누적점유율 사이의 대응관계를 그림으로 나타내는 방법이다. 국민

---

1 각종 사회통계를 작성할 때 가계라는 용어 대신 가구라는 용어를 흔히 쓴다. 가계가 대개 혈연가족을 뜻하는 데 비해 가구는 생활을 같이 하고 있는 단위로서 혈연가족은 물론 혈연관계가 없는 사람들끼리 모여 생활을 같이 하고 있는 단위까지 포괄하는 개념이다.

소득이 100억원이고 전체가구는 100개인 경우를 가정해 보자. 100 가구가 1억원씩 균등하게 벌었다면 가구비율과 그들이 가진 소득비율의 관계는 어떻게 될까? 소득이 균등하게 분배되어 있으므로 가구의 10%가 소득의 10%, 가구의 20%가 소득의 20%, … 등으로 가구의 누적비율과 소득의 누적점유율이 같을 것이다. 이는 소득의 완전균등분배의 예로서 이것을 가구의 누적비율을 가로로 하고 소득의 누적점유율을 세로로 하는 사각형에 표시하면 그림 15-2의 OO'과 같은 대각선이 된다.

현실적으로는 여러 가지 요인에 의해서 소득분배가 이렇게 완전균등하게 이루어질 수가 없다. 으레 하위 가구의 40%가 소득의 20% 미만을 갖고 최고소득가구 10%가 소득의 20% 이상을 갖고 있다. 이 경우를 표시한 것이 그림 15-2에서 O와 O' 사이의 곡선이다. 이렇게 가구의 누적비율과 소득의 누적점유율의 관계를 표시한 곡선을 로렌츠곡선(Lorenz curve)이라 한다.

로렌츠곡선
가구의 누적비율과 소득의 누적점유율의 관계를 나타낸 곡선

그림 15-2의 대각선 OO'은 소득분배가 완전균등하게 이루어진 경우의 로렌츠곡선이다. 정반대로 한 사람이 사회의 모든 소득을 갖고 나머지 사람들은 소득이 전혀 없는 완전불평등한 경우를 상정해보자. 이 경우 로렌츠곡선은 OTO'의 선으로 표시된다. 소득분배의 불평등도가 높을수록 로렌츠곡선은 아래로 더 늘어지게 그려진다. 두 나라 사이의 소득분배상태나 한 나라의 서로 다른 시점의 소득분배상태를 비교하기 위해서는 어느 로렌츠곡선이 대각선에 더 가까운가를 판단하면 된다.

로렌츠곡선의 비교는 두 로렌츠곡선이 서로 교차하지 않을 때만 의미가 있다. 만약 로렌츠곡선이 교차한다면 어느 쪽이 대각선에 더 가까운가를 설명하는 것이 무의미해진다. 또 한 가지 유의할 점은 로렌츠곡선에 의하면 어느 소득분배상태가 다른 분배상태보다 더 불평등한지 아닌지만을 평가할 수 있을 뿐 얼마나 더 불평등한

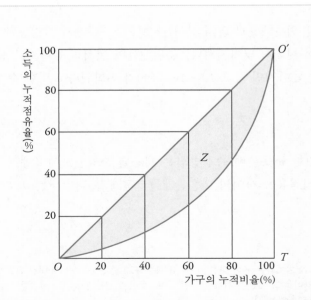

그림 15-2

로렌츠곡선

로렌츠곡선은 가구의 누적비율과 소득의 누적점유율을 짝지은 곡선이다. 소득의 완전균등분배를 나타내는 대각선에서 아래로 처질수록 소득분배가 나쁜 것을 나타낸다.

것인지는 알 수 없다는 사실이다.

지니계수

로렌츠곡선은 소득분배상태를 그림으로 단순명료하게 나타낼 수 있다. 그러나 로렌츠곡선만으로는 소득분배상태의 변동이나 국제간의 차이를 한 눈에 파악하기 어렵다. 예컨대 로렌츠곡선을 써서 50개국의 소득분배상태를 비교하려 할 때 50개의 로렌츠곡선을 그려서 비교하여야 한다. 그러나 50개의 로렌츠곡선을 그리는 일 자체도 번거로울 뿐더러 비교하는 것도 어림짐작으로 해야 되기 때문에 정확할 수 없다. 이러한 단점을 보완하기 위하여 로렌츠곡선이 나타내는 불평등분배의 정도를 하나의 숫자로 표시한 것이 지니계수이다.

그림 15-2에서 소득분배의 불평등 정도가 클수록 소득의 완전균등분배를 나타내는 대각선과 로렌츠곡선 사이의 색칠한 면적 Z가 넓어지는데, 이 면적 Z를 직각삼각형 OTO'의 면적으로 나눈 값을 지니계수(Gini coefficient)라고 한다.

[15-3] 지니계수 $= \dfrac{Z\text{의 면적}}{\triangle OTO' \text{의 면적}}$

소득분배가 완전균등할 경우 로렌츠곡선은 대각선 OO'이 되어 Z의 면적이 0이므로 지니계수도 0이 된다. 반면에 소득분배가 완전불평등할 경우 로렌츠곡선은 OTO'의 선이 되어 Z의 면적과 $\triangle OTO'$의 면적이 같아지기 때문에 지니계수는 1이 된다. 따라서 지니계수는 0에서부터 1까지의 값을 가질 수 있다. 지니계수는 10분위분배율과는 달리 그 값이 클수록 소득분배가 불평등함을 나타낸다. 일반적으로 지니계수가 0.50 이상이면 고불평등분배, 0.50 이하 0.40 이상이면 중불평등분배, 0.40 이하이면 저불평등분배라고 분류된다. 지니계수가 0.30 이하이면 소득분배가 양호한 것으로 평가된다.

10분위분배율과 함께 지니계수는 가장 흔히 쓰이는 소득분배 측정방법이다. 그러나 지니계수는 전 계층의 소득분배상태를 하나의 숫자로 나타내므로 특정 소득계층의 소득분배상태를 나타내지 못한다는 한계가 있다. 더욱이 서로 다른 경우의 소득분배상태를 비교함에 있어서는 지니계수의 배후에 있는 로렌츠곡선이 교차하지 않는가를 확인해야 한다. 앞서 말했듯이 두 로렌츠곡선이 교차한다면 이를 비교하는 것은 의미가 없다.

이상에서 살펴본 10분위분배율 · 5분위배율 · 로렌츠곡선 · 지니계수의 방법들 중 어느 것이 최선의 방법이라고 단정적으로 말할 수는 없다. 각각의 방법이 나름대로의 장점과 단점을 가지고 있기 때문이다. 10분위분배율과 5분위배율은 특정 소득계층의 소득점유율에 중점을 두어 소득분배상태를 표시하는 것이고, 로렌츠곡선이나 지니계수는 국민 전체의 소득분배상태를 나타내는 것이다. 소득분배정책의 주대상이 하위 소득계층이라는 점을 감안한다면 10분위분배율과 5분위배율에 의한 측정방법이 보다 더 실용적이라고 할 수 있다. 계층별 소득분배의 추이를 살펴보는 데에 지니계수와 10분위분배율(혹은 5분위배율)을 같이 사용하고 양자가 서로 다른 신호를 보낼 경우 로렌츠곡선을 그려 확인해 보는 것이 바람직한 방법이다.

2 소득분배 불평등의 요인

왕피자
사람마다 가져가는 몫이 다르다.

소득분배문제를 올바로 이해하기 위하여는 소득분배 불평등의 원인이 무엇인가를 아는 것이 중요하다. 계층별 소득의 불평등을 초래하는 요인에는 여러 가지가 있을 수 있지만 그 중 중요한 몇 가지를 들면 다음과 같다.

첫째, 개인별로 능력과 노력이 서로 다르기 때문에 소득격차가 발생한다. 사람은 신체적 특성, 지성, 성격, 성취욕, 건강상태 등 여러 가지 측면에서 각양각색이다.

둘째, 개인별로 교육·훈련 및 기회에 차이가 있기 때문에 소득격차가 발생한다. 보다 많은, 그리고 보다 좋은 교육과 훈련을 받을 기회가 있었던 사람과 그렇지 못한 사람간의 소득에는 큰 차이가 있을 수 있다.

셋째, 부모로부터 상속받은 재산이 서로 다르기 때문에 개인간의 소득격차가 발생한다.

넷째, 사회제도·경제체제·경제정책 등 거시적인 측면에 문제가 있으면 소득분배가 불평등하게 된다. 예컨대 신분제도가 뚜렷한 사회에서는 개개인의 특성에 관계없이 소득분배 불평등이 발생한다. 불균형성장정책을 장기적으로 실시하는 경우에도 기업가와 노동자, 도시와 농촌, 대기업과 중소기업 사이에 소득분배 불평등이 생긴다. 성별·지연·혈연·학벌·인종 등에 따른 차별이 개인간의 소득격차를 발생시키기도 한다. 후진사회에서는 권력의 집중과 특혜가 기회를 불공평하게 만들어 그 결과 소득불평등이 발생하기도 한다.

다섯째, 위 네 조건이 똑같아도 행운이나 불운과 같은 우연적인 요소에 의해 소득격차가 생길 수 있다.

이상과 같은 여러 가지 원인을 살펴볼 때 소득의 완전균등분배는 현실적으로 실현불가능하다. 사회경제 정의의 측면으로 보아도 소득의 완전균등분배가 바람직한 것은 아니다. 어느 정도의 불평등은 불가피하며 또한 소망스럽기도 하다. 그 이유를 들면 다음과 같다.

첫째, 개인의 선호에 의하여 일어나는 불평등분배의 경우이다. "정승도 저 싫으면 그만"이라는 속담과 같이 보수가 높은 직업에 종사할 수 있는 능력과 기회가 있음에도 불구하고, 명예나 적성, 자기실현 등의 이유로 보수가 낮은 직업을 스스로 선택할 수 있다. 이 경우에 발생하는 소득격차는 문제될 것이 없다.

둘째, 개인의 공헌도에 따른 불평등분배의 경우이다. 생산성이 낮은 사람보다는 생산성이 높은 사람이 더 많은 소득을 버는 것은 시장경제에서 당연한 일이자 정당한 일이다.

셋째, 공정한 기회가 주어지고 공정하게 경쟁했는데도 불구하고 생기는 불평등의 경우이다. 성별·학벌·지연·혈연·특권·특혜 등의 차별이 없는 여건하에서 공정한 경쟁을 한 결과 발생하는 소득격차는 당연한 것으로 받아들여져야 한다. 시장경제에서 추구하는 것은 기회의 평등이지 결과의 평등이 아니다.

현실적으로 소득의 불평등분배는 흔히 불공정한 기회와 불공정한 경쟁을 한 결과 발생한 것이라는 데 문제가 있다. 기회와 경쟁이 공정하지 못하기 때문에 저소득계층이 고소득계층의 부에 대한 정당성을 인정하려 들지 않아 계층간의 갈등이 심화된다. 이러한 현상은 후진국에서 더 심하다.

3 임금격차의 발생요인

앞 장의 기능별 소득분배에서는 임금이 단일수준인 것처럼 가정하여 논의를 전개하였다. 현실경제에서는 직종별·개인별 임금격차가 존재한다. 임금격차와 근로소득의 불평등은 현실 소득분배 불평등의 많은 부분을 설명해 준다.

현실경제에서 임금격차가 발생하는 원인으로는 다음과 같은 몇 가지를 들 수 있다.

첫째, 직업에 따라 작업조건이 다르기 때문에 임금격차가 발생한다. 직업에는 상대적으로 더 고통스럽고, 더 지루하며, 더 위험한 것이 있는데 이러한 직업의 임금은 그렇지 않은 직업의 임금보다 높다. 왜냐하면 사람들이 높은 임금을 받지 않으면 그러한 직업에 종사하지 않으려 하기 때문이다. 실제로 선진국에서는 쓰레기를 수거해야 하는 청소부의 임금이 일반 회사원의 임금보다 높다. 이와 같이 작업조건이 열악하기 때문에 발생하는 임금격차를 보상격차(compensating differentials)라고 부른다.

둘째, 인적자본(human capital)의 차이에 따른 임금격차이다. 인적자본이란 교육·훈련 등을 통해 축적된 지식이나 기술을 말한다. 일반적으로 인적자본이 높을수록

보상격차
작업조건의 차이를 반영하는
임금격차

생산성이 높고 임금수준도 높다. 우리나라를 포함한 대부분의 나라에서 대학과 대학원을 졸업한 근로자의 평균임금이 고등학교를 졸업한 근로자의 평균임금보다 최소한 40% 이상 높다.

셋째, 각 개인의 능력과 노력 정도에 차이가 있기 때문에 임금격차가 발생한다. 같은 인적자본을 가지고 있어도 개인의 능력과 노력 정도에 따라 그 생산성이 다르다. 생산성이 높은 사람은 그렇지 않은 사람보다 더 높은 임금을 받는다. 이러한 임금격차는 임금이 성과급으로 주어질 때 더욱 두드러지게 나타난다.

동등보수의 원칙
동일한 노동에 동일한 보수가
지급되어야 한다는 원칙

이상의 세 가지 임금격차는 작업조건의 차이 및 노동의 질의 차이에서 기인하는 것이기 때문에 동일한 노동에 동일한 보수가 지급되어야 한다는 동등보수(equal pay)의 원칙에 위배되는 것이 아니다. 오히려 시장경제가 제대로 작동한 결과로 받아들여야 한다. 문제가 되는 것은 다음과 같은 요인으로 작업조건이나 노동의 질에 관계없이 발생하는 임금격차이다.

첫째, 노동시장에 대한 정보가 불완전하기 때문에 임금격차가 발생한다. 노동조건·임금수준·개별노동자의 숙련도 등과 같은 시장정보를 완전하게 알 수 없기 때문에 동일한 일을 하면서도 서로 다른 임금을 받는 경우가 있게 된다.

둘째, 노동의 이동성이 완전하지 못하여 임금격차가 발생한다. 특히 단기에 노동의 지역간 이동과 직종간 이동은 많은 제약을 받는다. 장기적으로는 이러한 제약이 다소 완화되기는 하지만 완전히 해소되지는 않는다. 특히 고도의 전문성을 요하는 직종간의 이동은 장기적으로도 많은 제약을 받기 때문에 직종간 임금격차는 상존하게 된다.

셋째, 여러 가지 사회경제적인 차별(socio-economic discrimination) 때문에 임금격차가 발생한다. 미국의 경우 인종차별에 따른 임금격차가 사회문제의 하나로 대두되고 있다. 우리나라의 경우 성별과 관련한 차별대우가 두드러지게 나타나고 있다. 동일한 일을 하고 있으면서도 여성은 남성에 비하여 낮은 수준의 임금을 받고 있다.

넷째, 사회적 역학관계에서 임금격차가 생긴다. 대기업 근로자는 강력한 노조 덕분에 중소영세기업 근로자와 비정규직에 비해 높은 임금을 받는다.

4 경제발전과 소득분배

쿠즈네츠의 U자가설

18세기에 자본주의 시대가 열리면서부터 인류는 지속적인 경제성장을 경험하였다. 따라서 소득분배의 문제는 경제성장/발전의 열매를 어떻게 나누어 갖느냐 하는

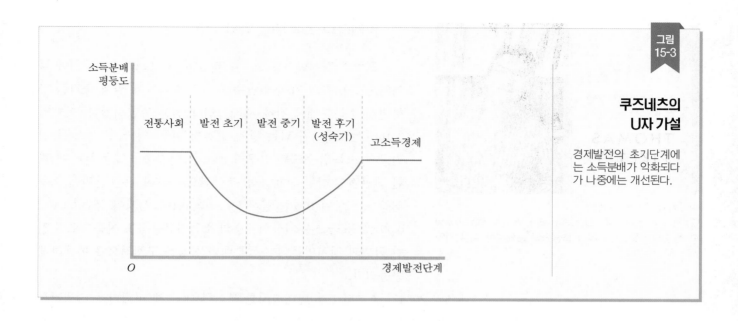

그림
15-3

**쿠즈네츠의
U자 가설**

경제발전의 초기단계에
는 소득분배가 악화되다
가 나중에는 개선된다.

문제이다. 그렇다면 경제가 발전함에 따라 소득분배는 개선되는가 악화되는가? 미국
의 경제학자 쿠즈네츠(Simon Kuznets)는 미국, 영국 등 일부 선진국의 20세기 소득통계
자료를 이용하여, 소득분배의 평등도가 경제발전의 초기단계에는 점점 떨어지다가,
경제발전이 성숙단계에 들어서면 다시 높아지는 현상을 발견하였다. 이러한 현상을
소득분배의 평등도를 종축에 표시하고 경제발전단계(또는 1인당 국민소득)를 횡축에
표시하는 직각좌표에 나타내면 그림 15-3에서 보는 바와 같이 U자 형태가 된다. 이
를 쿠즈네츠의 U자가설이라고 한다. 이 그림에서 종축에 평등도 대신 불평등도를 표
시하면 경제발전에 따른 소득분배 변화는 역U자를 그리게 되기 때문에 U자가설을
역U자가설이라고도 한다.

쿠즈네츠의 가설이 일부 선진국과 개발도상국에 성립하는 것은 크게 다음의 두
가지 이유 때문이다.

첫째, 경제발전의 초기단계에는 농업과 같이 생산성이 낮은 전통부문에서 생산
성이 높은 제조업 부문으로 일부 노동력만 이동함으로써 소득 격차가 커진다. 그러
나 발전의 후기단계에는 대부분의 노동력이 생산성이 높은 제조업과 각종 서비스산
업으로 이동하여 소득 격차가 줄어든다.

둘째, 경제발전의 초기단계에는 자본축적의 부족 때문에 정부가 으레 선택과 집
중 방식으로 불균형성장을 추구한다. 그러다가 발전의 후기단계에는 정부가 불균형
성장을 완화하고 소득재분배정책과 고용보험 · 연금제도 · 의료보험제도 · 최저임금제
도 등 각종 사회보장제도를 확충한다.

쿠즈네츠의 U자가설
소득분배가 경제발전의 초기
단계에서는 악화하다가 성숙
단계에 들어서면 개선된다는
가설

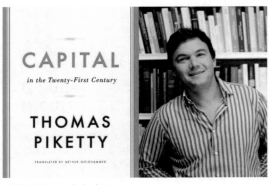

피케티와 "21세기 자본"
『21세기 자본』은 "마르크스보다 크다"(bigger than Marx)
고 칭송되며 일반인들에게 불평등의 중요성을 새삼 각인
시켜 준 역작이다.

피케티의 소득분배 악화 가설

프랑스 경제학자 토마 피케티(Thomas Piketty)는 21세기에 들어와 쿠즈네츠의 가설에 안주해 온 경제학계에 일대 충격을 가하면서 소득분배에 관해 세계적인 관심을 촉발시켰다. 피케티(2014)[2]는 2세기가 넘는 장기에 걸쳐 미국, 영국, 프랑스 등 선진국의 소득집중도를 연구하였다. 지니계수가 소득분배에 관한 전반적인 상황을 개괄적, 추상적으로 보여 주는 반면에 소득집중도는 상위 10%는 물론 5%, 1%, 0.1%, 심지어 상위 0.01%, 0.001% 등 극소수 최상위계층의 소득점유율을 보여줌으로써 일반 국민과 정치인들이 소득분배의 실상을 구체적으로 이해하게 만들었다.

쿠즈네츠가 20세기 초부터 1950년대까지를 분석한 데 비해 피케티는 19세기까지 거슬러 올라가는 한편 2010년대까지 분석기간을 넓혔다. 그 결과 쿠즈네츠의 역U자곡선은 쿠즈네츠가 살펴본 20세기 초부터 중엽까지만 잘 들어맞고 다른 기간은 소득 불평등이 오히려 심화되었다는 것을 실증적으로 보였다. 피케티와 동료교수들은 "세계 부 및 소득 데이터베이스(World Wealth and Income Database, wid. world)"를 만들어 현재 선진국과 신흥국 등 전 세계 23개국의 소득분배 자료를 싣고 있다. 우리나라 소득집중도 통계도 김낙년(2012)[3]과 후속연구의 실증분석 자료가 실려 있다.

피케티의 저서 『21세기 자본』에 의하면 쿠즈네츠가 다루지 않은 19세기에 서구 자본주의국가의 소득 불평등이 높아져 20세기 초(1910~1920년대)에 가장 불평등이 높았다. 그 후 1950년대까지 30~40년 동안은 소득분배가 크게 개선되었다. 1970년대까지 안정적이었던 소득분배는 1980년대부터 급격하게 악화되어 서구 자본주의사회에서 2010년대의 소득분배는 20세기 초의 불평등 수준까지 다시 높아졌다. 앞으로 특단의 정책을 쓰지 않으면 소득분배는 더 악화될 전망이다.

1920년대부터 1950년대까지 소득 불평등이 감소한 주요인은 두 차례 세계대전으로 인한 생산시설의 파괴, 고인플레이션과 대공황으로 인한 금융자본 가치의 멸실, 전비 조달을 위해 최고세율이 90%까지 오른 누진 소득세, 복지국가의 출현 등 과격한 정치적, 경제적 충격과 그에 따른 정책대응 때문이다. 이 때문에 300여 년의 자본주의 역사상 예외적으로 소득분배가 현저히 개선된 것이다. 이런 요인들이 약화되자 1980년대부터 소득분배는 급격히 악화되기 시작했다. 세계대전의 후유증에서 벗어나고 더 이상 고인플레이션이나 공황을 경험하지 않으며 소득세의 최고세율이

---

2 토마 피케티, 『21세기 자본』(Capital in the Twenty-First Century)
3 김낙년(2012), 「한국의 소득집중도 추이와 국제비교, 1976-2010」. 후속 연구인 김낙년(2018), 「한국의 소득집중도 : update, 1933~2016」의 자료로 업데이트 될 전망이다.

30%대까지 낮아지고 복지 지출을 삭감하는 신자유주의체제하에서 소득분배가 급속히 악화된 것은 당연한 일이다. 시장경제에서 경제가 발전함에 따라 소득분배가 개선된다는 쿠즈네츠 가설은 터무니없는 허구다.

피케티는 자본주의 발전과정에서 1910~1970년대를 제외하고는 일반적으로 자본수익률이 경제성장률을 상회해 왔고, 이것이 소득분배를 악화시킨 경제적 요인이라고 보았다. 자본수익률이 경제성장률을 상회하면 장기에 임금상승률이 경제성장률을 초과할 수 없기 때문에 자본소득이 임금소득을 상회하여 기능별 소득분배가 악화하고 개인별 소득배도 악화한다. 피케티에 의하면 자본주의경제가 발전함에 따라 일반적으로 소득분배가 악화한다.

피케티는 소득뿐 아니라 부의 분배도 18세기까지 거슬러 올라가 조사하여 소득분배와 유사한 결과를 얻었다. 선진국의 부의 분배가 18세기 이후 계속 악화하여 1910년대에 가장 불평등하였다. 그 후 1940년대까지 급속하게 개선되고 1960년대까지 안정적이었다. 그러다가 1970년대부터 다시 악화하기 시작하여 2010년대에는 불평등수준이 1910년대에 근접하고 있다.

피케티의 연구 결과가 시사하는 바는 다음과 같다.

첫째, 시장경제를 분배 면에서 낙관적으로 본 쿠즈네츠의 전망은 틀렸다는 사실이다. 300년의 자본주의 역사를 전체적으로 볼 때 경제가 발전함에 따라 소득분배가 저절로 개선된다는 명제는 성립하지 않는다.

둘째, 소득과 부의 불평등은 경제적 요인에 의해서만 결정되는 것이 아니다. 정치적, 경제적, 사회적 요인들과 정책이 결합되어 일어나는 현상이다. 따라서 불평등은 정책으로 해결하는 것이 바람직하다.

한편 밀라노비치(Branko Milanovic)[4]는 피케티보다 더 많은 나라의 더 긴 시계열자료를 통해 쿠즈네츠가 발견한 U자형의 소득분배 패턴이 경기순환처럼 반복적으로 일어난다는 것을 보이고 쿠즈네츠파동이라 불렀다. 자본주의경제가 발전할수록 일반적으로 소득분배가 악화한다는 피케티의 주장과 맞지 않는 실증결과이다.

경제발전과 소득분배의 관계는 쿠즈네츠의 주장도, 피케티의 주장도 아직 가설에 머물러 있다. 발전과정에서 분배의 악화와 개선이 반복된다는 밀라노비치의 쿠즈네츠파동가설이 오히려 현실적합성이 있는 유력한 가설로 보인다.

읽을거리 15-1

피케티의 파격적인 분배 개선 정책

---

4 브랑코 밀라노비치(2016), 『왜 우리는 불평등해졌는가』, 원서의 제목은 *Global Inquality : A New Approach for the Age of Globalization* 임.

5 우리나라의 소득분배

　　우리나라는 1960년대부터 고도성장을 기록하는 가운데 학계의 단편적인 연구에 의해 소득분배도 다른 나라들에 비해 양호한 것으로 알려졌다. 그러다가 1997년의 경제위기를 맞아 소득분배가 크게 악화하였다. 우리나라 분배에 관한 공식적인 통계는 통계청이 작성한다. 통계청은 일찍이 1980년부터 소득분배 통계를 작성했지만 1인 가구를 제외하고 소득 기준도 다른 나라들과 달라 국제 비교에는 문제가 있었다.

　　OECD(경제협력개발기구) 회원국들은 가구의 시장소득 기준과 처분가능소득 기준으로 추계한 지니계수를 쓴다. 이 국제적인 관행을 받아들여 우리나라 통계청도 2006년부터 1인 가구를 포함한 시장소득 기준과 처분가능소득 기준의 지니계수를 추계하고 있다. 시장소득은 시장경제활동으로 가구가 버는 모든 소득을 말한다. 가구 구성원은 노동시장에서 일하여 근로소득, 사업을 벌여 사업소득을 벌고, 자산을 운용하여

표 15-1

우리나라 계층별 소득분배의 추이

	2011		2012		2013		2014		2015		2016		2017	
	시장소득	처분가능소득	시장소득	처분가능소득	시장소득	처분가능소득	시장소득	처분가능소득	시장소득	처분가능소득	시장소득	처분가능소득	시장소득	처분가능소득
지니계수	0.418	0.387	0.411	0.383	0.401	0.370	0.397	0.361	0.396	0.350	0.402	0.353	0.406	0.352
소득 5분위배율(배)	11.21	8.25	10.65	8.01	10.29	7.58	10.32	7.27	10.41	6.81	10.88	6.87	11.27	6.84
소득 10분위배율(배)	28.20	15.85	26.55	15.48	25.90	14.37	25.90	13.29	26.76	12.03	29.36	12.24	31.28	12.28
상대적 빈곤율(중위소득50% 이하, %)	19.7	18.5	19.2	18.1	19.3	18.2	19.9	18.1	19.7	17.4	20.0	17.4	19.9	17.0

	2018		2019		2020		2021		2022		2023	
	시장소득	처분가능소득	시장소득	처분가능소득	시장소득	처분가능소득	시장소득	처분가능소득	시장소득	처분가능소득	시장소득	처분가능소득
지니계수	0.402	0.342	0.404	0.336	0.405	0.328	0.405	0.329	0.396	0.324	0.392	0.323
소득 5분위배율(배)	11.15	6.43	11.56	6.17	11.37	5.75	11.52	5.83	10.99	5.76	10.70	5.72
소득 10분위배율(배)	31.10	11.11	32.43	10.56	31.83	9.59	33.04	9.83	30.77	9.92	30.21	9.79
상대적 빈곤율(중위소득50% 이하, %)	20.2	16.5	21.0	16.1	21.7	15.1	21.1	14.8	20.2	14.9	19.9	14.9

출처: 통계청, [가계금융·복지조사]

이자, 배당, 임대료 등 재산소득을 번다.[5] 처분가능소득은 정부가 연금을 주고 세금을 부과하는 등 정부의 개입으로 가구소득이 달라지는 몫을 조정한 것이다.

> **(15-4)**
>
> 시장소득 = 근로소득 + 사업소득 + 재산소득 + 사적 이전소득 − 사적 이전지출
> 처분가능소득 = 시장소득 + 공적 이전소득 − 공적 이전지출
>
>
> 단, 공적 이전소득 : 국민이 정부로부터 받는 공적 연금(국민연금, 공무원연금 등)과 각종 사회보험금
> 공적 이전지출 : 국민이 정부에 내야 하는 세금, 공적 연금 기여금과 각종 사회보험료 등

표 15-1에 2011~2023년 중 두 소득 기준으로 통계청이 추계한 지니계수가 나와 있다. 공적 이전소득과 공적 이전지출에 소득 재분배 기능이 있기 때문에 시장소득 기준 지니계수보다 처분가능소득 기준 지니계수가 당연히 작다. 일반국민이 피부로 느끼는 소득분배는 처분가능소득 기준 지니계수가 더 잘 반영한다. 지니계수가 13년 기간 중 시장소득 기준으로는 0.40 안팎에서 안정적인 반면 처분가능소득 기준으로는 0.38대에서 0.32대까지 꾸준히 감소하여 소득 분배가 개선되고 있음을 보여준다.

우리나라 소득분배 통계는 다른 통계에 비해 신뢰성이 떨어진다는 비판을 받아왔다. 이 비판을 받아들여 통계청은 2017년에 소득분배지표를 작성하는 자료를 종전의 『가계동향조사』에서 『가계금융·복지조사』로 바꾸고 국세청 소득세 관련 자료 등으로 보완하여 상위소득자의 누락 및 소득 과소보고 등의 문제점을 고쳤다. 그 결과 두 소득 기준 지니계수가 종전의 통계보다 평균 0.05나 높아졌다. 통계청은 새 추계방식을 2011년까지 소급 적용하여 추계치를 개정하였다. 이에 따라 2011년부터 국제비교에 쓸 수 있는 일관성 있고 신뢰할 만한 공식 소득분배 통계가 갖추어졌다.

최근 OECD 평균(OECD 국가들의 지니계수의 평균값)은 시장소득 기준으로 0.47, 처분가능소득 기준으로 0.32다. 우리나라 시장소득 지니계수 0.39, 처분가능소득 지니계수는 0.32이다. 우리 나라 소득분배가 OECD 평균과 비교하여 시장소득 기준으로는 상당히 양호한 편인데 처분가능소득 기준으로는 좀 나쁜 편이다. 정부가 좀더 적극적이고 효율적으로 소득재분배정책을 펼쳐야 한다는 것을 시사한다.

---

5 가구 간에 아무런 대가 없이 받고 주는 사적(私的) 이전 소득과 사적 이전 지출은 시장경제활동과 관계 없지만 시장소득에 편의상 포함시키는 것이 관행이다.

최근 들어 소득불평등의 정도를 상위 1%, 10% 등 최상위 계층에 대한 소득집중도를 통해 살펴보는 경향이 커지고 있다. 상위 1%와 10%의 소득점유율은 각각 소득 최상위 인구 1%, 10%가 전체 소득의 몇 %를 차지하고 있는지를 나타낸다. 아래 표 15-2는 우리나라, 중국, 미국, 프랑스의 상위 1%와 10%의 소득점유율을 비교하고 있다.

소득집중도의 국제비교 자료가 제공되는 "세계 부 및 소득 데이터베이스"의 세전 소득(per-tax income) 자료에 따르면 우리나라의 상위 1% 소득집중도는 1995년 6%에서 2022년 10.5%로, 상위 10% 소득집중도는 25.9%에서 32.6%로 증가한 것으로 나타나고 있다. 하지만 우리나라의 소득집중도는 중국과 미국은 물론 프랑스보다 낮다. 미국은 자원배분에서 시장의 역할을 강조하는 나라이다. 복지국가를 지향하는 프랑스는 정부의 역할과 재분배의 중요성을 강조한다. 한때 사회주의국가로서 '평등'이 가장 중요한 사회적 가치였던 중국의 최근 상위 10% 소득집중도는 43%에 달하고 있다. 상위 1% 소득집중도는 우리보다 높다. 중국은 1990년대 중반 이후 사회주의 시장경제를 추구하면서 자원배분 측면에서 시장의 역할을 강조해 왔다. 중국은 소득불평등 측면에서 사회주의란 단어가 무색해졌다.

흔히 소득불평등의 주요 요인으로 세계화(globalization), 기술진보, 경제정책 등이 거론된다. 무역과 자본, 그리고

표 15-2

주요국의 소득집중도

	한국		중국		미국		프랑스	
	상위1%	상위10%	상위1%	상위10%	상위1%	상위10%	상위1%	상위10%
1995	0.060	0.259	0.094	0.339	0.145	0.399	0.093	0.321
1996	0.056	0.260	0.097	0.339	0.153	0.408	0.102	0.326
1997	0.058	0.263	0.097	0.339	0.160	0.416	0.106	0.329
1998	0.061	0.272	0.099	0.343	0.163	0.419	0.108	0.332
1999	0.064	0.280	0.100	0.348	0.168	0.423	0.107	0.331
2000	0.068	0.289	0.105	0.359	0.173	0.427	0.111	0.335
2001	0.072	0.297	0.110	0.366	0.166	0.419	0.114	0.338
2002	0.076	0.305	0.127	0.397	0.161	0.415	0.111	0.332
2003	0.080	0.313	0.132	0.405	0.163	0.416	0.115	0.336
2004	0.085	0.320	0.139	0.412	0.171	0.424	0.117	0.338
2005	0.090	0.328	0.143	0.422	0.181	0.436	0.116	0.337
2006	0.095	0.337	0.149	0.424	0.185	0.443	0.113	0.335
2007	0.087	0.327	0.154	0.427	0.184	0.440	0.118	0.342
2008	0.102	0.353	0.153	0.427	0.179	0.436	0.117	0.342
2009	0.093	0.335	0.155	0.426	0.167	0.425	0.103	0.325
2010	0.116	0.364	0.152	0.428	0.179	0.438	0.109	0.328
2011	0.095	0.358	0.147	0.431	0.181	0.443	0.115	0.335
2012	0.102	0.356	0.138	0.417	0.195	0.456	0.105	0.325
2013	0.099	0.346	0.139	0.424	0.185	0.449	0.107	0.327
2014	0.107	0.348	0.137	0.416	0.190	0.456	0.108	0.329
2015	0.098	0.325	0.140	0.417	0.189	0.455	0.103	0.333
2016	0.116	0.368	0.141	0.418	0.187	0.454	0.104	0.334
2017	0.110	0.376	0.152	0.428	0.191	0.455	0.108	0.336
2018	0.111	0.364	0.149	0.425	0.192	0.458	0.117	0.343
2019	0.101	0.328	0.147	0.424	0.190	0.457	0.114	0.340
2020	0.106	0.329	0.156	0.432	0.186	0.465	0.111	0.337
2021	0.105	0.326	0.157	0.434	0.202	0.479	0.127	0.348
2022	0.105	0.326	0.157	0.434	0.209	0.483	0.127	0.348

출처: 세계 부 및 소득데이터베이스(World Inequality Database)

사람의 이동을 통한 세계화가 각국의 소득불평등에 미친 영향은 긍정적인 면과 부정적인 면이 혼재되어 있어 평가하기 쉽지 않다. 기술진보가 소득불평등에 미친 영향은 확실하다. 기술진보에 앞장 섰거나, 상대적으로 잘 적응한 고교육, 고숙련 근로자 및 계층과 그렇지 못한 저교육, 저숙련 근로자 및 계층 간의 소득격차는 점점 커지고 있다. 경제정책은 정부가 자원의 재분배를 통해 소득불평등을 감소시키기 위한 것이다. 세계경제포럼(WEF)에서 2016년 발간한 "포용성장과 발전보고서"(The Inclusive Growth and Development Report 2015)에 따르면 프랑스의 경우 시장소득 지니계수가 0.496인 데 비해 세금과 이전소득 등을 고려한 처분가능소득 지니계수는 0.311로 감소되어 소득불평등 감소에 정부의 역할이 중요함을 보여주고 있다. 우리나라의 시장소득과 처분가능소득의 지니계수 차이는 0.03~0.07 정도이다. 흥미로운 것은 중국이다. 중국의 시장소득 지니계수는 0.516인 반면 세금과 이전소득을 고려한 지니계수는 0.531로 시장소득 지니계수보다 오히려 큰 것으로 나타나고 있다. 정부의 재분배정책과 사회보장제도가 제대로 작동하지 않고 있다는 얘기다. 중국처럼 시장소득보다 처분가능소득의 불평등도가 큰 것으로 나타난 나라는 조사대상 112개국 중 페루와 불가리아의 두 나라에 불과하다.

절대적 빈곤과 상대적 빈곤

절대적 빈곤은 소득이 최저생계비에 못 미쳐 최소한의 인간다운 생활을 하기조차 어려운 상황을 말한다. 절대적 빈곤가구가 전체 가구에서 차지하는 비율을 절대적 빈곤율이라 한다. 우리나라 정부는 2000년부터 최저생계비를 계측하기 시작했다. 그러나 최저생계비도 못 버는 가구나 인원의 현황을 공표하지 않고 있다. 한국보건사회연구원이 통계청의 가계조사를 바탕으로 최저생계비도 못 버는 가구와 인원을 추계해 왔다. 이에 따르면 1인 가구를 포함하는 전국가구의 절대적 빈곤율은 시장소득 기준으로 2006년의 10.7%에서 2015년에 12.5%로 크게 높아졌다. 처분가능소득 기준으로는 2006년의 8.5%에서 2015년에 7.9%로 약간 낮아졌다. 8가구 중에 한 가구 꼴로 최저생계비도 안 되는 소득을 벌고 있으며 사회보장 혜택을 받고 나서도 13가구에 한 가구 꼴로 절대적 빈곤을 겪고 있는 것이다.

통계청은 OECD를 따라 상대적 빈곤율 통계도 작성하고 있다. 상대적 빈곤율은 소득이 중위소득의 50% 미만인 가구가 전체 가구에서 차지하는 비율을 말한다. 중위소득이란 가구를 소득 순으로 정렬했을 때 한 가운데 있는 가구의 소득이다. OECD는 소득이 중위소득의 50% 미만인 계층을 저소득층, 50~150%인 계층을 중간층, 150% 이상인 계층을 고소득층으로 분류하고 있다. 저소득층 가구가 전체 가구에서 차지하는 비율이 상대적 빈곤율이다. 최근 우리나라의 상대적 빈곤율은 처분가능소득 기준으로 15% 내외인데 이는 OECD 평균치 10.3%보다 현저히 높다. 특히 OECD가 추계한 우리나라의 66세 이상 노령인구의 상대적 빈곤율은

절대적 빈곤
소득이 최저생계비에 못 미쳐 최소한의 인간다운 생활을 하기조차 어려운 상황

절대적 빈곤율
절대적 빈곤가구가 전체 가구에서 차지하는 비율

상대적 빈곤율
소득이 중위소득의 50% 미만인 가구가 전체 가구에서 차지하는 비율

독거노인
우리나라 노령빈곤층의 절반 가까이는 1인 가구이다.

2021년 39.3%로, 미국의 22.8%보다 높을 뿐 아니라 OECD 국가 중에서도 가장 높은 것으로 나타나고 있다. 노령인구의 상대적 빈곤율의 OECD 평균은 13%이다. 우리 정부가 빈곤문제에 적극 대처하여 절대적 빈곤과 상대적 빈곤, 특히 노령인구의 빈곤율을 선진국 수준으로 낮추는 것이 필요하다.

우리나라의 자산분배

한 나라의 경제적 불평등 문제를 제대로 이해하기 위해서는 소득분배 못지않게 자산(부)분배의 실상을 정확히 파악하는 것도 중요하다. 우리나라의 자산분배에 관한 공식적인 통계는 2011년부터 통계청이 한국은행, 금융감독원과 함께『가계금융·복지조사』라는 이름의 가계조사를 통해 작성하고 있다.[6] 이에 따르면 최근 우리나라는 부동산과 금융자산을 포괄하는 자산분배의 지니계수가 0.60 내외로 주요 선진국보다 양호하다. OECD 국가의 자산지니계수는 평균 0.70 내외인 것으로 알려져 있다. 자산분배는 0.3대인 소득분배에 비해 크게 불평등한 것을 알 수 있다. 일반적으로 선진국이나 개도국을 가리지 않고 자산분배가 소득분배보다 훨씬 불평등하다. 학계에서는 통계청이 공표하는 0.60 내외의 자산지니계수도 과거의 소득지니계수처럼 현실의 보다 열악한 분배상황을 제대로 반영하지 못하는 것으로 보고 있다.

제3절 소득분배정책의 기초

1 소득재분배에 관한 세 가지 견해

앞에서 살펴본 바와 같이 여러 가지 이유로 소득분배는 불평등하게 마련이다.

---

6 앞에서 설명한 것처럼 앞으로 우리나라의 소득분배에 관한 공식적인 통계와 지표도『가계금융·복지 조사』를 바탕으로 작성된다.

그러나 소득분배 불평등이 심화할 경우 이것이 소득계층간의 갈등으로 연결되어 사회발전을 저해하기 때문에 많은 나라들이 소득재분배를 통하여 이를 시정하고자 한다. 소득재분배는 정부가 고소득층의 소득의 일부를 저소득층에게 이전해 주는 것이다. 사회과학계에서는 일찍부터 소득재분배 그 자체의 정당성에 관하여 여러 가지 견해가 개진되어 왔다. 공리주의·진보주의·자유주의가 대표적인 견해들이다.

공리주의(utilitarianism)

공리주의는 영국의 철학자 벤담(Jeremy Bentham)과 경제학자 밀(John S. Mill)이 주창한 것으로 정부는 사회구성원 전체의 효용이 극대화되도록 정책을 펴야 한다는 것이다. '최대 다수의 최대 행복'이라는 목표를 추구하는 공리주의에 따르면 소득에도 한계효용체감의 법칙이 작용하기 때문에 고소득자의 소득의 일부를 저소득자에게 이전해 주는 소득재분배는 사회 전체의 효용을 증대시킨다. 소득의 한계효용이 체감한다는 것은 예컨대 동일한 10만원의 소득이 고소득자보다 저소득자에게 더 요긴하다는 것, 즉 10만원에 대한 저소득자의 효용이 고소득자의 효용보다 크다는 것을 뜻한다. 따라서 고소득자의 소득을 저소득자에게 이전해 줄 경우 고소득자가 잃는 효용보다 저소득자가 얻는 효용이 크기 때문에 재분배는 사회 전체의 효용을 증대시킨다는 것이다.[7]

공리주의는 일견 사회구성원 모두의 소득이 균등해질 때까지 소득을 재분배하면 사회 전체의 효용이 극대화될 것임을 시사한다. 소득의 격차가 존재하는 한 고소득자의 소득을 저소득자에게 이전해 주면 사회 전체의 효용이 증가하기 때문이다. 그러나 일을 많이 하고 열심히 하건, 그렇지 않건 간에 결국 똑같은 소득을 얻는다면 일을 많이, 열심히 하려는 사람들이 갈수록 사라진다. 동태적으로 볼 때 소득의 완전 균등화는 사회 전체의 효용극대화로 연결되지 못하는 것이다. 따라서 공리주의에 의하면 소득재분배는 재분배로 인한 사회 전체의 효용증가분이 재분배가 사회구성원들의 일하고자 하는 유인과 생산을 감퇴시켜 잃게 되는 사회 전체의 효용감소분과 같아지는 수준까지만 이루어지는 것이 바람직하다.

진보주의(liberalism)

진보주의는 미국의 철학자 롤즈(John Rawls)가 주창한 견해로서 경제적으로 가장 불우한 사람에게 가장 큰 혜택이 돌아가도록 하는 것이 분배정의라는 주장이다.

롤즈에 의하면 정의의 원칙(the principles of justice)은 사회구성원들이 자신들의 이

---

7 소득 또는 화폐의 한계효용이 체감하기 때문에 고소득자의 소득 일부를 저소득자에게 이전해 줄 때 사회 전체의 효용이 증가한다는 것은 제6장의 연습문제 3번에서 다루었다.

해관계를 버리고 합의한 기준이다.[8] 사회구성원 모두 자신의 소득이 어떻게 실현될지 모르는 상태에서 소득분배의 원칙을 마련한다고 상정해 보자. 자신의 장래 소득이 상위수준일지, 중위수준일지, 아니면 하위수준일지를 아무도 모른다. 이 경우 롤즈에 의하면 사람들은 자기의 장래 소득이 최하위수준이 될지도 모른다는 가능성을 염두에 두고 최하위소득계층에 최대의 몫이 돌아가야 분배정의라는 입장에 쉽게 합의할 수 있다. 이것이 바로 정의의 원칙에 입각한 소득분배의 기준이다.

앞에서 설명한 공리주의가 사회구성원 전체의 효용을 극대화하고자 하는 극대화원칙(maximum principle)을 따르는 것이라면 진보주의는 최하위소득계층에 최대의 몫이 돌아가야 한다는 최소극대화원칙(maximin principle)을 따르는 것이다. 진보주의는 고소득자의 소득의 일부를 저소득자에게 이전하여 사회 전체효용을 높이는 것은 바람직하지만 소득분배의 완전균등화는 사회 전체의 근로의욕을 감퇴시키기 때문에 바람직하지 않다는 점에서 공리주의와 견해를 같이한다. 다만 진보주의는 최하위소득계층의 효용 증대에 초점을 맞추기 때문에 공리주의보다 고소득자의 소득의 일부를 저소득자에게 이전해 주는 소득재분배를 더 강하게 지지한다.

자유주의(libertariarism)

앞에서 살펴본 공리주의와 진보주의는 국가가 특정 목적을 달성하기 위하여 사회 전체의 소득을 자유롭게 재분배해도 된다는 전제를 깔고 있다. 이와는 반대로 노직(R. Nozick)[9]에 의해 주창된 자유주의는 소득을 만들어 내는 것은 사회구성원이지 사회 그 자체가 아니기 때문에 사회가 구성원들의 소득을 재분배할 이유와 권리가 없다고 주장한다. 노직에 의하면 소득의 크기가 중요한 것이 아니라 소득을 벌어들이는 과정이 중요하다. 소득을 벌어들이는 과정이 불공정할 경우, 예컨대 한 사람이 다른 사람의 소득을 강제로 빼앗았을 때에만 사회가 소득분배에 관여해야 한다. 소득을 벌어들이는 과정이 공정하다면 그 결과가 아무리 불평등하더라도 사회는 이를 정의로운 분배로 인정해야 한다는 것이다. 소득을 버는 기회와 과정이 공정하더라도 최소한의 소득도 벌지 못하는 사회적 약자가 나올 수 있다. 이들을 일으켜 세워주지 않으면 사회적 갈등이 커지고 안정된 공동체의 삶을 유지하기 어렵다. 소득재분배에 관한 자유주의의 견해는 소수의 지식인이 주장하는 극단적인 자유방임주의라 하겠다.

최소극대화원칙
최하위소득계층에 최대의 몫이 분배되어야 한다는 진보주의의 입장

---

8 롤즈는 그의 『정의론』(A Theory of Justic, 1971)에서 사회구성원들이 앞으로 자기가 어떤 사회적 위치에 놓이게 될지 알 수 없는 상태를 '초기상태(original position)' 또는 '무지의 장막(veil of ignorance)'이라 불렀다. 모든 사람이 이런 초기상태에 있다고 상정하면 모두에게 불편 부당한 원칙을 마련할 수 있는데, 이것이 바로 정의의 원칙이라고 하였다.
9 노직은 그의 저서 『무정부, 정부, 그리고 이상향』(Anarchy, State and Utopia)에서 어느 정도의 소득분배 불평등이 사회적으로 가장 이상적인가 하는 것을 판단하는 것이 매우 어렵기 때문에 사회가 인위적으로 소득재분배에 관여하는 것을 불합리하다고 주장한다.

2 자본주의와 공정분배

소득분배에 관한 세 가지 서로 다른 견해로부터 정의로운 분배 또는 바람직한 분배의 개념을 정립할 수 있다. 자본주의경제를 건강하게 유지·발전시키기 위해서는 바람직한 분배의 실천이 매우 중요하다. 자본주의경제는 생리적으로 소득 및 부의 불평등을 심화시킬 수 있기 때문이다. 자본주의경제에서는 사유재산을 인정하기 때문에 소득 중 쓰고 남은 저축이 부(富)가 되고 이 부로부터 다시 소득이 창출된다. 소득분배의 불평등이 부의 분배의 불평등으로 이어지고 이는 다시 소득분배의 불평등을 악화시키기 마련이다. 따라서 소득분배의 불평등이 우선적으로 해결해야 할 과제로 등장한다. 앞에서 본 소득분배불평등의 원인들을 살펴보면 문자 그대로 완전한 평등분배는 불가능하고 바람직스럽지도 않다. 바람직스러운 소득분배는 공정한 분배(fair distribution)이다.

오늘날 시장경제에서 공정분배란 기회평등을 근간으로 하고 그 결과 생기는 불평등은 용인하되 모든 사람이 최소한의 인간다운 삶을 살 수 있는 최저생계비를 보장해 주는 개념이다. 기회평등이란 소득을 벌어들일 수 있는 기회가 평등하게 주어지는 것을 의미한다. 예컨대 교육의 기회, 고용의 기회, 자유경쟁의 기회 등이 균등하게 주어지고 있는가 하는 문제가 기회평등의 문제이다. 공정분배에 있어서 기회평등이 일차적으로 중요하다. 그러나 기회평등이 보장된다고 해서 공정분배가 보장된다고 볼 수는 없다. 왜냐하면 기회평등이 보장되어도 노약자나 병약자 또는 불구자 등과 같은 사람들은 경쟁에서 탈락하여 살아가는 데 필요한 최소한의 소득(최저생계비)도 벌 수 없기 때문이다. 따라서 공정분배는 기회평등의 보장을 근간으로 하되 기회평등이 보장되어도 제대로 소득을 벌어들일 수 없는 사회적 약자에 대해서는 최저생계비를 보장하는 방향으로 보완하는 소득분배라 하겠다.

결과평등이란 결과적으로 어느 정도 평등한가 하는 문제이다. 사회주의경제가 결과평등에 치중하는 데 비해 자본주의경제는 기회평등에 치중한다. 사회주의경제에서 결과평등을 구현하는 정책수단은 생산수단의 국유화와 생산·분배의 국가관리이다. 자본주의경제가 기회평등을 실현하는 정책수단은 생산수단의 사유화와 자유경쟁이다. 사회주의경제가 가지는 분배면의 약점은 능력이나 노력이 결과와 직결되어 있지 않기 때문에 생기는 비효율이다. 자본주의경제가 가지는 약점은 사유재산의 상속으로 출발조건의 차이에서 오는 불공평과 앞에서 말한 대로 경쟁에서 낙오되는 사람들이 최소한의 인간다운 삶도 보장받을 수 없다는 점이다. 이러한 문제점을 보완하기 위해 오늘날 혼합경제에서는 기회평등을 근간으로 하되 여기서 생기는 결과적 불평등을 보완하기 위하여 사회보장제도를 확충시켜 나아가고 있는 것이다.

이러한 점에서 볼 때 자본주의를 주축으로 하는 혼합경제의 분배면에서의 과제는 기회평등을 얼마나 공정하게 보장하느냐 하는 것과 시장의 결과를 얼마나 잘 보완하느냐 하는 것이다. 자본주의경제는 생산에의 기여도와 개인 능력의 차이에서 오는 소득격차를 당연한 것으로 받아들인다. 따라서 가난한 사람이 열심히 노력하면 잘 사는 계층이 될 수 있는 계층간의 유동성이 보장되어야 한다. 계층간의 유동성을 보장하는 제도는 균등한 고용의 기회·교육의 기회·자유경쟁의 기회 등이다.

3 1차분배와 재분배

1차분배(본원적 분배)
생산과정에서 생산요소가 수행한 생산기능에 따른 분배

재분배
1차분배의 결과를 보정하는 분배

소득분배는 1차분배 또는 본원적 분배와 재분배로 나누어 볼 수 있다. 1차분배는 생산과정에서 생산요소가 수행한 생산기능에 따른 분배를 말한다. 자본주의경제에서 1차분배는 생산요소시장과 생산물시장에서 이루어진다. 생산요소시장에서 각 요소의 소득이 결정된다. 생산물시장에서 결정되는 생산물의 가격과 거래량이 각 요소의 수요와 공급에 영향을 미쳐 요소소득을 변화시킨다.

이에 비하여 재분배는 1차분배의 결과를 보정(補正)하는 분배이다. 재분배는 높은 소득계층의 소득을 낮은 소득계층으로 이전시키는 것을 본질로 한다. 누진적 종합소득세제도[10]를 시행하거나 사회보장제도를 통해 소득을 재분배하는 것이 그 예이다. 재분배의 주체는 정부이다.

재분배는 정부의 강제력에 의해 사람과 사람 사이에 소득을 이전시키기 때문에 이에 수반하는 사회적 비용이 크다. 예컨대 누진적 종합소득세제를 실시할 경우 소비를 줄이고 저축과 투자를 많이 하여 소득을 많이 벌어들인 사람일수록 더 많은 세금을 내게 되기 때문에 저축과 투자의욕이 감퇴한다는 문제가 발생한다. 또한 재분배의 혜택을 받는 사람은 공짜로 받은 소득이기 때문에 낭비하기 쉽고 의타심을 갖기 쉽다. 따라서 재분배의 정도가 높을수록 경제의 효율이 저하되어 성장이 위축되고 활력이 약해지는 경향이 생기게 된다.

공정분배를 위해서는 기본적으로 1차분배를 잘해야 한다. 1차분배를 공정하게 하기 위해서 어떻게 해야 할까?

첫째, 완전고용이 달성되어야 한다. 일자리가 있어야만 노동소득이 생기기 때문에 일자리의 보장은 공정한 1차분배의 핵심과제이다. 일자리를 보장하기 위해서는 경제규모가 확대되어야 하므로 경제성장은 곧 공정한 1차분배의 대전제가 된다.

---

10 이는 소득의 원천에 관계 없이 한 사람의 소득을 모두 통합하고 이 통합소득액이 많을수록 더 높은 소득세율을 적용하는 제도를 말한다.

• PART VI 생산요소시장과 소득분배의 이론

둘째, 물가가 안정되어야 한다. 인플레이션은 노동소득자를 불리하게 하는 대신 자본소득자를 유리하게 하여 소득분배가 상대적으로 소득이 높은 사람이나 부자인 사람에게 유리한 방향으로 이루어지게 한다. 인플레이션율이 높은 나라에서 공정한 1차분배는 이루어질 수 없다.

셋째, 교육의 기회가 공평하게 보장되어야 한다. 교육의 정도는 소득능력과 직결된다. 따라서 빈부에 관계 없이 모든 사람이 본인의 능력과 노력에 따라서 교육을 받을 수 있는 기회를 공평하게 부여하는 것은 공정한 1차분배의 관건이다. 교육의 기회가 공평하게 보장되면 계층간의 유동성이 커지고 그만큼 재분배의 필요성이 감소한다.

넷째, 자유롭고 자율적인 시장경쟁이 보장되어야 한다. 생산요소시장이나 생산물시장이 불완전경쟁이면 생산요소에 대한 공정한 보수가 지급되지 못한다. 각 생산요소가 그 생산요소의 한계기여분(marginal contribution)인 한계생산물가치만큼 받기위해서는 생산요소시장과 생산물시장에서의 완전경쟁(혹은 완전경쟁과 흡사한 유효경쟁)이 보장되어야 한다.

다섯째, 경제정의가 바로 서 있어야 한다. 부동산투기와 부정부패, 사채시장과 같은 지하경제가 성행하고 이를 통한 불로소득이 보호되는 상황 아래에서는 공정한 1차분배가 이루어질 수 없다.

4 국가의 빈곤 퇴치 및 복지 정책

1차분배를 공정하게 하면 재분배의 필요성은 그만큼 감소한다. 공정한 소득분배를 이루기 위해서는 먼저 1차분배를 공정하게 하고 미흡한 부분을 재분배로 보완하는 노력을 기울여야 한다.

소득재분배의 궁극적인 목적은 지나친 소득분배 불평등을 시정하여 사회적 안정을 기하는 데 있다. 그런데 사회불안의 주요 원인이 되는 빈궁, 질병, 비행은 주로 빈곤계층에서 나타난다. 따라서 경제가 발전할수록 빈곤을 퇴치하고 저소득층의 복지를 제고시키는 것은 사회의 주요 관심사가 된다. 빈곤 퇴치 및 복지 정책은 빈곤계층으로 하여금 최소한의 인간다운 삶을 영위할 수 있도록 그들의 소득을 보조해 주거나 교육, 의료, 주거 비용 등을 제공하는 것을 내용으로 한다. 빈곤 퇴치 및 복지 정책의 주요 수단으로는 사회보장제도(social security system)가 있다.

빈곤과 국가
이곳에 사는 사람들에게 국가는 무엇을 어떻게 해줄 수 있을까.

사회보장제도(사회안전망)
경제적으로 어려운 사람들의 생활을 보호하기 위하여 국가가 마련한 제도

사회보장제도란 경제적으로 어려운 사람들의 생활을 보호하기 위하여 국가가 마련한 제도를 말한다. 사회보장제도는 **사회안전망**(social safety net)이라고도 부른다.

사회보장제도의 2대 지주는 사회보험(social insurance)과 공적 부조이다.

사회보험

사회보험
각종 사회적 위험에 대처할 수 있도록 정부가 국민을 지원해 주는 것

사회보험은 각종 사회적 위험에 대처할 수 있도록 정부가 국민을 지원해 주는 것이다. 현대사회에서 정부가 지원해 주는 사회적 위험은 크게 네 가지가 있다. 늙어서 더 이상 일하지 못하는 것, 아픈 것, 직장을 잃어버리는 것, 생산 현장에서 일하다 다치는 것이 그것이다. 각각에 대하여 공적 연금(우리나라에서 공적 연금은 공무원연금, 군인연금, 사학연금, 국민연금 등이 있다), 건강보험, 실업보험, 산업재해(=산재)보험의 혜택을 제공하는 것이다. 이 네 보험을 4대 사회보험 또는 1차 사회안전망이라 부른다. 사회보험의 혜택을 받기 위해서는 수혜자인 국민도 공적 연금 기여금과 사회보험료라는 이름의 부담금을 내야 한다.

공적 부조

공적 부조
정부가 정상적인 생활에서 낙오되었거나 낙오될 우려가 있는 사람들을 무상으로 지원해 주는 것

공적 부조는 정부가 정상적인 생활에서 낙오되었거나 낙오될 우려가 있는 사람들을 무상으로 지원해 주는 것이다. 구체적으로 3D(빈궁 Destitution, 질병 Disease, 비행 Delinquency)에 노출되어 있는 사람들을 지원한다. 사회적 약자를 지원해 준다는 점에서 사회보험과 같지만 사회보험과 달리 공적 부조는 정부가 모든 비용을 부담한다.

우리나라의 대표적인 공적 부조로는 국민기초생활보장제도와 기초연금제도가 있다. 2000년부터 시행된 국민기초생활보장제도는 최저생계비 미만 가구의 생계 유지를 위해 부족한 소득을 보충해 주는 제도이다. 2014년부터 시행된 기초연금제도는 65세 이상 소득수준 하위 70%의 노인에게 기초연금이라는 이름으로 2024년 기준 매월 최대 30만원을 지급하고 있다. 수혜자는 따로 부담하는 것이 없다는 점에서 4대 사회보험의 공적 연금과는 다른 공적 부조이다.

근로소득장려 세제

근로(소득)장려 세제(earned income tax credit : EITC)란 일한 만큼 추가로 정부가 지원해 주는 근로연계형 소득지원제도이다. 열심히 일은 하지만 생활이 어려운 근로자가구와 사업자가구에 대해 근로장려금을 지급함으로써 근로를 장려하고 소득을 지원한다. 근로장려세제는 일찍이 미국의 경제학자 프리드먼(Milton Friedman)이 제안한 음의 소득세(negative income tax)와 같은 개념이다. 고소득층이 소득을 많이 벌수록 높은 세금을 부과하듯이 저소득층이 (어느 수준까지) 소득을 많이 벌수록 보조금을 많

이 주는 것이 마이너스 세금을 부과하는 것과 같다는 뜻에서 음의 소득세라고 명명하였다. 우리나라에서는 최저생계비를 상회하는 소득을 벌지만 상회하는 정도가 1.2배 이하여서 생활이 어려운 계층을 차상위 근로빈곤층이라 부르고 이 계층에 속하는 가구에 대해 2024년 기준으로 연 최대 330만원까지 지원하고 있다. 2009년에 아시아 국가에서 최초로 시작된 근로장려세제는 그동안 지원 대상 가구와 지원규모를 단계적으로 확대해 왔다.

우리나라 복지정책의 방향

위에서 설명한 각종 복지제도를 통하여 우리나라도 다른 어느 복지선진국 못지않게 복지제도가 갖추어졌다. 2000년대에 들어와 꾸준히 저소득계층의 사회적 보호를 강화해 왔다. 그런데도 우리나라의 절대적 빈곤율이 9%에 이른다. 노인빈곤율이 46~48%로 OECD 국가들 중 최고이고 이에 따라 노인자살률도 가장 높다. 최저생계비를 밑도는 저소득층에 대해 최저생계비를 보장해 주는 국민기초생활보장제도가 시행된 지 20년이 넘었는데 선진국보다 훨씬 높은 절대적 빈곤을 보이는 복지후진국이다. 이를 극복하기 위해서는 복지구조의 틀을 바꾸어야 한다.

우리나라 복지구조의 틀은 저부담-저복지이다. 국민이 부담하는 세금, 공적 연금 기여금, 각종 사회보험료 등의 공적 이전지출이 낮고 이에 따라 국민이 누리는 복지수준(공적 이전소득)도 낮은 것이다. 2020년대 초 OECD 국가의 사회복지지출이 국내총생산에서 차지하는 비율은 20%이다. 이런 복지지출을 보전하기 위해 국민이 내는 공적 이전소득이 국내총생산에서 차지하는 비율은 35%이다. 우리나라 사회복지지출 비율은 15%, 공적 이전지출 비율(국민부담률)은 25%이다. 복지선진국이라 불리는 북유럽은 사회복지지출 비율이 30% 안팎이고, 국민부담률이 40% 안팎이다. 가구소득의 40%를 국가에 납부하고 30%를 받는 고부담-고복지의 틀이다. 부구와 같은 고부담-고복지는 사회통합에 기여하지만 높은 국민부담으로 경제활력을 해친다는 문제점이 있다. OECD 평균이 지나치게 높지도 낮지도 않은 중부담-중복지 수준이라 하겠다. 우리나라 국민부담률과 복지지출을 중부담-중복지 수준으로 높여나가야 한다.

사회복지지출을 늘려 나가되 보편적 복지를 남용하는 포퓰리즘을 경계해야 한다. 소득, 재산과 관계없이 모든 국민에게 일률적으로 제공하는 복지를 보편적 복지라 한다. 우리나라에서 2000년대에 들어와 무상급식, 무상보육, 무상의료, 대학 반값 등록금 등 여러 가지 보편적 복지가 도입되었다. 이것들은 소득이 낮아 도움이 꼭 필요한 사람에게만 혜택을 주는 선별적 복지로 접근했어야 한다. 소득이 많고 부유한 사람에게도 혜택을 주는 보편적 복지로 인해 그렇지 않아도 부족한 복지지출이 빈곤 퇴치에 집중될 수 없었다.

우리나라는 복지후진국에서 벗어나 더불어 사는 사회를 만들 경제력을 갖추었다. 1인당 국민소득이 3만 달러 대인 나라에서 절대적 빈곤율이 9%에 이른다는 것은

보편적 복지
소득, 재산과 관계없이 모든 국민에게 일률적으로 제공하는 복지

선별적 복지
소득이 낮아 도움이 꼭 필요한 사람에게만 혜택을 주는 복지

수치스러운 일이다. 사회복지지출과 조세부담을 OECD 평균수준까지 끌어 올리는 중부담-중복지의 복지모형을 지향해야 한다. 그 대신 4대 사회보험 외의 보편적 복지는 대폭 줄이며, 절대적 빈곤율을 0%로 만들 정도로 국민기초생활보장제도를 대폭 개편하고 근로장려세제도 확충해야 할 것이다.

1　소득분배의 접근방법은 크게 기능별 소득분배와 계층별 소득분배의 두 가지로 나누어진다. 기능별 소득분배는 요소소득의 수취자가 수행한 생산기능에 따른 소득분배를 고찰하는 것이다. 계층별 소득분배는 모든 가계를 소득의 원천에 관계 없이 총소득의 크기에 따라 차례로 배열하여 상이한 소득계층의 소득이 경제 전체의 총소득 중 얼마의 비율을 차지하고 있는가를 고찰하는 것이다.

2　기능별 소득분배의 장점은 생산요소의 소유별로 사회집단을 지주·노동자·자본가라는 세 계급으로 나누고 이들간의 상호 역학관계를 명시적으로 분석할 수 있다는 것이다. 현대자본주의사회에서는 계급간의 구분·속성·특수성 등이 모호해지고 있기 때문에 기능별 소득분배로는 소득분배상태를 제대로 파악하기 어렵게 되는데 이를 보완하는 것이 계층별 소득분배이다.

3　계층별 소득분배의 불평등도를 측정하는 방법으로는 로렌츠곡선과 지니계수, 10분위분배율과 5분위배율이 있다. 가구의 누적비율을 횡축, 소득의 누적점유율을 종축으로 하는 정사각형에서 계층별 소득분배를 표시한 곡선을 로렌츠곡선이라고 한다. 로렌츠곡선이 아래로 늘어지게 그려질수록 소득분배는 더 불평등하다.

4　로렌츠곡선이 교차할 경우 두 시점간의 소득분배상태나 여러 나라의 소득분배상태를 비교하는 데에는 한계가 있다. 로렌츠곡선의 한계를 보완한 것이 지니계수이다.

$$\text{지니계수} = \frac{\text{소득의 완전균등을 나타내는 대각선과 로렌츠곡선 사이의 면적}}{\text{대각선 밑의 전체 면적}}$$

5　10분위분배율은 최하위 40% 소득계층의 소득점유율을 최상위 20% 소득계층의 소득점유율로 나눈 값으로서 소득정책의 대상이 되는 최하·최상 두 계층의 소득분배상태를 명시적으로 보여 준다는 장점이 있다.

6　5분위배율은 최상위 20% 계층의 평균소득을 최하위 20% 계층의 평균소득으로 나눈 값이다. 최상위계층과 최하위계층의 소득격차가 얼마나 큰가를 나타내는 지표이다. 5분위배율은 값이 클수록 소득분배가 불평등한 것을 나타낸다. 상위계층과 하위계층의 소득점유율이 높아지고 중간계층의 소득점유율이 낮아지는 것을 양극화라고 한다.

7　소득의 완전균등분배는 현실적으로 불가능하고 또 바람직하지도 않다. 공정한 기회를 바탕으로 공정한 경쟁을 한 결과 발생한 소득격차는 근로의욕을 고취시켜 생산성을 향상시킨다는 점에서 어느 정도 당연한 것으로 받아들일 수 있다.

8　계층별 소득분배는 전통사회에서 경제발전이 진행됨에 따라 그 불평등도가 점점 커지다가 경제발전이

성숙한 단계에 이르러서 불평등도가 작아지는 현상을 쿠즈네츠가 일부 선진자본주의국가에서 발견하였다. 이를 쿠즈네츠의 U자가설(또는 역U자가설)이라 한다. 피케티는 쿠즈네츠의 U자가설이 20세기 초반에서 중반까지만 성립하고 19세기와 1970년대 이후에는 성립하지 않는 것을 각국의 과세자료를 이용하여 실증적으로 밝혔다. 이어 자본주의경제에서는 일반적으로 소득분배가 악화한다는 가설을 제시하였다. 밀라노비치는 쿠즈네츠의 가설도, 피케티의 가설도 맞지 않으며 소득분배가 악화와 개선을 되풀이한다는 가설을 제시하였다.

9 분배정의에 관한 견해로는 공리주의·진보주의·자유주의가 있다. 정의로운 분배의 개념을 정의함에 있어서 공리주의는 사회총효용을 극대화하는 소득분배를, 진보주의는 저소득계층의 효용을 극대화하는 소득분배를, 그리고 자유주의는 소득형성의 기회평등을 보장하는 것을 강조한다. 공리주의·진보주의·자유주의 모두 지나친 재분배는 고소득자와 저소득자 모두의 근로의욕을 저하시켜 사회총효용을 감소시킬 수 있음을 경고한다.

10 바람직한 소득분배의 개념은 공정분배이다. 오늘날 시장경제에서 공정분배는 기회평등을 근간으로 하고 경쟁에서 탈락하는 사람들에게 최저생계비를 보장해 주어야 한다는 개념이다. 기회평등은 고용기회·교육기회·경쟁기회를 균등히 하여 능력에 따라 소득을 벌 수 있도록 보장하는 것이다.

11 사회불안의 주요 원인인 빈궁·질병·비행은 주로 빈곤계층으로부터 나타나기 때문에 빈곤퇴치와 복지증진은 사회안정화정책의 주요 관심사가 된다. 빈곤퇴치와 복지 정책의 주요 수단으로 사회보장제도가 있다. 사회보장제도는 경제적으로 어려운 사람들의 생활을 보호하기 위해 국가가 제정한 제도로서 사회보험과 공적 부조로 구성된다.

주요용어 및 개념　　　　K/E/Y/W/O/R/D/S/&/C/O/N/C/E/P/T

- 기능별 소득분배
- 계층별 소득분배
- 오일러의 정리
- 10분위분배율
- 5분위배율
- 로렌츠곡선

- 지니계수
- 절대적 빈곤
- 상대적 빈곤
- 보상격차
- 쿠즈네츠의 (역)U자가설
- 피케티의 가설

- 공리주의
- 진보주의
- 자유주의
- 공정분배
- 1차분배(본원적 분배)
- 2차분배(재분배)

- 사회보장제도
- 사회안전망
- 사회보험
- 공적 부조
- 국민기초생활보장제도
- 기초연금

1 표 15-1의 2021년 소득분배지표와 아래 표의 소득10분위별 누적비율을 보고 물음에 답하라.

우리나라의 소득10분위별 소득분포
(2021년, 처분가능소득 기준)

소득분위	소득점유율	누적비율(%)
1		2.4
2		6.7
3		12.4
4		19.2
5		27.2
6		36.5
7		47.3
8		60.0
9		75.5
10		100.0

(1) 최상위(=10분위)계층은 최하위(=1분위)계층보다 평균적으로 얼마나 더 많은 소득을 받고 있는가?

(2) 위에 나오는 표의 분위별 소득점유율을 계산하라. 몇 분위 계층까지 공평한 몫(10%)을 못 받고 있는가?

(3) 2021년의 10분위분배율을 계산하라.

(4) 표 15-1에 나와 있는 5분위배율이 10분위분배율과 어떻게 다른지 설명하라.

(5) 우리나라의 소득분배는 중국, 필리핀 등의 나라에 비하여 상대적으로 양호하다. 그렇다면 왜 소득분배의 불평등이 문제가 되는가?

(6) 시장소득 기준 소득분포로 위 문제들을 다시 풀어보라.

2 우리나라의 소득분포를 직종별로 보면 자영업자 및 경영자 가구의 소득분포가 가장 심한 불평등도를 나타내고 있다. 그 이유를 생각해 보라.

3 "작은 부자는 노력이 만들고 큰 부자는 하늘이 만든다"라는 말을 소득분배불평등 요인과 결부시켜 논평하라.

4 우리나라 농촌과 도시를 구분하고 그 각각의 소득분배상태를 조사해 보면 어느 쪽이 더 불평등할까? 그 이유는 무엇일까?

5 교차하는 두 로렌츠곡선의 비교가 왜 무의미한지 그 이유를 생각해 보라.

6 우리나라 정부는 2008년부터 근로장려세제 (earned income tax credit)를 도입하여 근로빈곤층의 노동의욕을 고취시키고 있다. 음의 소득세로 불리는 근로장려세제의 내용과 특징을 알아보라.

7 "머리 좋은 사람이 더 높은 소득을 벌 확률이 크고, 좋은 두뇌는 유전하는 경향이 크기 때문에, 머리 좋은 사람에게는 상속세를 부과해야 한다." 이를 논평하라.

8 「양극화 해소」라는 정치적 구호보다 「빈곤 타파」라는 목표가 실용적이고 바람직하다." 이 기술을 설명하고 평가하라.

9 최근에 우리나라 정부가 추진하는 분배, 복지와 관련된 정책의 내용을 알아보고 평가해보라.

10 다음의 기술이 맞는가 틀리는가를 밝히고 그 이유를 설명하라.

① 계층별 소득분포표에서 n분위계층의 소득점유율은 $n+1$분위계층의 소득점유율보다 항상 작다.

② 지니계수가 1이면 완전불평등, 0이면 완전균등을 나타낸다.

③ 10분위분배율은 지니계수처럼 0과 1 사이의 값을 가진다.

④ 파생수요가 크다고 해서 생산물에 대한 수요가 반드시 큰 것은 아니다.
⑤ 경쟁기업의 이윤극대화행태로부터 기능별 소득분배를 설명할 수 있다.
⑥ 쿠즈네츠의 U자가설에서 U자의 최저점은 소득불평등도가 가장 큰 상태이다.
⑦ 10분위분배율이 작을수록, 5분위배율이 클수록 소득분배상태가 더욱 불평등함을 나타낸다.
⑧ 한 나라의 지니계수가 크면 10분위분배율도 크게 나타난다.
⑨ 제1오분위분배율과 제2오분위분배율을 합하여 제5오분위분배율로 나누면 10분위분배율이 된다.
⑩ 최상위 1%의 소득계층이 전소득을 가지고, 나머지 99%의 가구는 전혀 소득이 없는 완전한 소득불평등의 로렌츠곡선은 대각선으로 표시된다.
⑪ 실업률이 증가할수록 지니계수는 커지고, 10분위분배율의 값은 작아진다.
⑫ 절대적 빈곤이 해결되면 상대적 빈곤도 해결된다.
⑬ 1인당 소득이 증가하면 소득분배가 개선된다.
⑭ 공적 보험은 수혜자도 일부 부담하는 제도이고 공적부조는 거저 주는 제도이다.
⑮ 오일러의 정리로 기능별 소득분배를 설명할 수 있다.

PART

VII

후생경제학과 미시 경제이론의 확장

제6편까지는 각 시장을 따로따로 분석하는 부분균형에 입각하여 논의를 전개해 왔다. 그러나 경제 전체적으로 자원배분이 효율적인가 아닌가를 살펴보기 위하여는 모든 시장을 상호연관적으로 분석하는 일반균형으로 접근해야 한다.

제7편에서는 먼저 일반균형분석을 통하여 모든 시장이 완전경쟁시장이면 자원배분이 효율적이라는 것을 보인다. 그러나 규모의 경제, 외부효과와 공공재가 있는 현실시장경제는 자원배분의 효율성을 보장하지 못하는데 이를 시장의 실패로 설명한다. 정부는 시장의 실패를 교정하기 위하여 경제에 개입한다. 정부의 개입이 때로 소기의 목적을 달성하기보다 다른 형태와 이유로 자원배분의 비효율성을 초래하는데 이를 정부의 실패로 설명한다. 마지막 장은 지금까지 배워 온 미시경제이론을 확장하거나 비판하는 이론들을 살펴본다.

일반균형분석과
후생경제학

지금까지 우리는 경제의 어떤 한 부문을 분석할 때 「다른 모든 조건이 일정하다」는 가정(ceteris paribus assumption)하에 다른 부문들을 무시하고 그 부문만을 따로 떼내어 분석하는 부분균형분석에 의존하였다. 그러나 현실경제의 기본속성은 경제의 모든 부문이 상호의존관계에 있다는 것이다. 따라서 이 상호의존관계가 명시적으로 고려되어야 경제 전체에 대한 올바른 이해가 가능하다. 일반균형분석은 경제 전체의 상호의존관계를 감안하여 여러 시장의 동시 균형을 연구하는 분야이다. 일반균형분석은 사회후생과 자원배분의 효율성을 분석하게 해 준다. 경제학에서 자원배분의 효율성에 관한 기준으로 즐겨 쓰는 개념은 파레토최적성이다. 경제 내의 모든 시장이 완전경쟁이면 파레토최적배분이 이루어진다.

CHAPTER

16

제1절 일반균형분석

지금까지 우리가 배워 온 소비자이론과 생산자이론, 그리고 생산물시장과 요소시장에서의 가격결정이론은 부분균형분석(partial equilibrium analysis)에 입각한 것이었다. 부분균형분석이란 「다른 모든 조건이 일정하다」는 가정하에 다른 경제부문들을 무시하고 특정부문만을 따로 떼어내어 분석하는 방법이다.

부분균형분석
다른 경제부문들을 무시하고 특정부문만을 따로 떼어내어 분석하는 방법

부분균형분석은 어떤 개별부문의 특징적인 현상을 단순·명료하게 분석하는 데 유용한 방법이다. 그러나 분석과정에서 다른 부문과의 상호연관관계를 고려하지 않기 때문에 그릇된 결론에 도달할 수도 있다. 예컨대 제3장에서 사이다시장을 분석할 때 콜라가격이 오르면 사이다에 대한 시장수요곡선이 오른쪽으로 이동하여 사이다가격이 상승하였다. 사이다가격이 상승하면 거꾸로 콜라에 대한 시장수요곡선이 오른쪽으로 이동하여 또 콜라가격이 오르고 이것이 사이다가격과 거래량에 다시 영향을 미칠 것이다. 그러나 이 효과는 고려하지 않았다. 부분균형분석에서는 「다른 모든 조건이 일정하다」는 가정하에 우리가 관심을 가지는 시장에 다른 시장으로부터 영향이 들어오는 것(feed-in)만을 고려하고, 그 시장에서 다른 시장으로 되돌아 나가는 것(feed-back)은 분석하지 않는 것이다.

현실경제에서는 시장마다 영향이 들어오고 되돌아 나가는 과정이 연속적으로 이루어진다. 따라서 되돌아 나가는 영향을 고려하지 않음으로써 상호연관관계의 고리를 끊는 부분균형분석은 포괄적인 효과를 감안하지 못하기 때문에 부정확한 분석이다. 즉, 지금까지 그림으로 확인한 균형가격이나 균형거래량은 진정한 의미에서의 균형가격·균형거래량이 아니다. 다른 시장들도 명시적으로 고려하여 시장간에 영향을 주고받는 것을 분석해야만 진정한 의미의 균형가격·균형거래량을 결정할 수 있는 것이다. 이와 같이 여러 시장들을 상호연관적으로 분석하는 것을 일반균형분석(general equilibrium analysis)이라 한다.

일반균형분석
모든 경제부문의 상호의존관계를 고려하는 분석방법

일반균형분석은 개별시장의 가격 및 거래량 결정을 따로 떼어내어 보지 않고 다른 부문과의 상호의존관계를 감안하여 모든 시장과 연관시켜 보는 분석방법이다. 여기에서 **일반균형**이란 모든 시장이 동시에 균형을 이루고 있는 상태를 말한다.

제3장에서 철강과 설탕은 독립재라고 하였다. 그러나 일반균형분석의 관점에서는 독립재가 없다. 모든 상품이 연관재가 된다. 철강산업이 수요부진으로 철강가격이 하락하는 불경기를 경험하여 일부 노동자를 해고했다면 해고노동자들의 소득이 감소하여 그들이 일자리를 잡을 때까지 설탕에 대한 매기당 수요량은 종전보다 감소

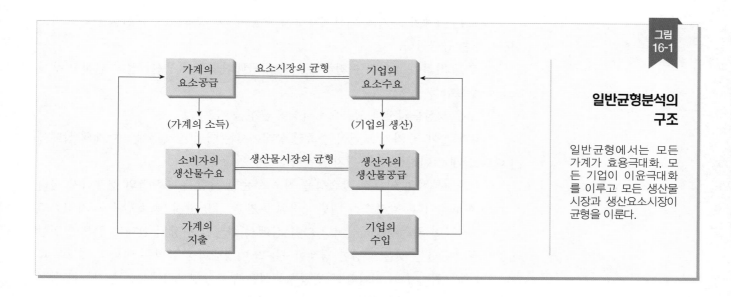

그림
16-1

일반균형분석의 구조

일반균형에서는 모든 가계가 효용극대화, 모든 기업이 이윤극대화를 이루고 모든 생산물시장과 생산요소시장이 균형을 이룬다.

할 것이다. 따라서 철강가격의 하락은 설탕에 대한 수요량에 영향을 미쳐 철강과 설탕은 연관재가 되는 것이다.

그림 16-1은 일반균형분석의 구조를 알기 쉽게 나타낸 것이다. 그림에서 우리는 우선 각 시장간의 상호연관성과 각 경제변수들의 상호의존성을 알 수 있다. 상호의존성과 상호연관성 때문에 각 시장의 균형 거래량과 가격들이 동시에 결정된다. 이러한 틀에서 일반균형의 상태는 다음의 세 가지 조건이 충족되는 상태라 할 수 있다.

읽을거리 16-1 ▶ 왈라스의 법칙

수요·공급의 이론에서 중요한 것은 균형가격과 균형거래량이 어느 점에서 결정되는가이다. 균형가격이 결정되면 균형거래량이 결정된다. 균형거래량수준에서는 시장초과수요량(=시장수요량−시장공급량)이 0이고, 따라서 시장초과수요량의 가치인 시장초과수요액은 0이다.

일반균형의 이론에서도 중요한 것은 모든 시장이 상호작용하여 동시에 균형을 이루게 하는 균형가격체계이다. 균형가격체계에서 각 시장의 초과수요량은 0이고, 시장초과수요액도 물론 0이다.

왈라스는 일반균형의 개념을 정립하면서 어떤 가격체계에서도 각 시장의 초과수요액을 모든 시장에 대해 합하면 0이 된다는 것을 발견하였다. 균형가격체계가 아닌 임의의 가격체계에서 각 시장의 초과수요량이 0이 된다는 보장이 없지만 각 시장의 초과수요액을 모두 더하면 수학적 항등관계로 0이 된다는 것이다. 이를 왈라스의 법칙이라 한다.

왈라스의 법칙으로부터 「경제에 n개의 시장이 있고 $n-1$개의 시장이 균형상태에 있다면 나머지 한 개의 시장도 자동적으로 균형상태에 있게 된다」는 명제가 도출된다. 오늘날 경제학에서 이 명제를 왈라스의 법칙으로 통용하고 있다.

① 모든 가계가 자기의 예산제약하에 효용이 극대화되도록 생산물을 수요하고 생산요소를 공급한다.

② 모든 기업이 주어진 여건하에 이윤이 극대화되도록 생산물을 공급하고 생산요소를 수요한다.

③ 모든 생산물시장과 생산요소시장이 균형을 이룬다.

이상과 같이 세 가지 조건이 충족된 상태에서는 어떤 경제주체도 현재의 상태에서 다른 상태로 변하는 것을 원치 않는다.

일반균형분석의 이론적 필요성을 최초로 논한 사람은 프랑스의 경제학자 왈라스(Léon Walras)이다. 왈라스는 일반균형의 존재를 증명하지 않고 단순히 가정하였다. 모든 시장이 완전경쟁시장이고 다음 장에서 설명할 시장의 실패가 없으면 일반균형이 존재한다는 것을 증명한 경제학자는 노벨경제학상을 받은 미국의 애로우(K. Arrow)와 데브뤼(G. Debreu)이다. 일반균형분석은 부분균형분석에서는 불가능한 사회후생(social welfare)과 자원배분의 효율성을 분석하게 해 준다.

제2절 자원배분과 파레토 최적성

어떤 경제사회의 상태를 비교·평가하기 위해서는 객관적인 기준이 있어야 한다. 즉, 여러 가지 상태 중에서 어떤 것이 좋고 어떤 것이 나쁘다라는 판단의 기준이 있어야 한다.

후생경제학(welfare economics)이란 자원배분의 판단기준을 정립하고 여러 가지 자원배분상태하에서의 사회후생을 상호 비교하는 연구분야이다. 여기에서 **사회후생**이란 사회구성원들의 전반적인 효용수준 혹은 복지수준을 말한다.

경제적인 효율성과 사회후생을 비교할 때 여러 가지의 가치판단기준이 있지만 경제학에서 가장 일반적으로 사용하는 기준은 이탈리아의 경제학자 파레토(V. Pareto)가 제시한 파레토최적기준(Pareto optimality criterion)이다. 파레토최적기준을 설명함에 있어서 중요한 두 가지 개념은 실현가능성(feasibility)과 파레토우위이다.

① 어떤 자원이나 생산물의 배분상태가 경제 내의 부존(endowment)을 초과하지 않을 때 이 배분상태는 실현가능(feasible)하다고 하고, 초과할 때는 실현불가능하다고 한다. 예컨대 경제 내에 사과가 모두 10개 있고 구성원이 둘뿐이라면 두 사람 사이에 4개와 6개로 나누는 배분상태 A는 실현가능하지만 5개와 6개로 나누는 배분상태 B는 실현불가능하다.

② 어떤 두 배분상태를 비교할 때 한 배분상태가 다른 배분상태보다 구성원 누구 하나도 효용이 감소하지 않으면서 적어도 한 사람의 효용이 증가하면 그 배분상태는 다른 배분상태보다 파레토우위(Pareto superior) 또는 파레토개선(Pareto improvement)이라고 부른다. 예를 들어 경제 내에 사과 10개와 오렌지 10개가 있고 구성원이 갑과 을 둘뿐이라고 해 보자. 갑이 사과 5개와 오렌지 4개를 가지고 있고, 을은 사과 5개와 오렌지 6개를 가지고 있다면 사과와 오렌지의 배분상태는 실현가능한 배분상태이다. 이제 갑은 오렌지보다 사과를 더 좋아하지만 을은 사과와 오렌지에 대하여 무차별하다고 해 보자. 그러면 갑이 을에게 오렌지 1개를 주는 대신 을로부터 사과를 1개 받아도 을의 효용에는 변함이 없지만 갑의 효용은 증가한다. 여기서 교환 전 배분상태를 A라 하고 교환 후 배분상태를 B라 하면 B는 A에 비해 한 구성원(을)의 효용을 감소시키지 않으면서 다른 한 구성원(갑)의 효용을 높이기 때문에 A보다 파레토우위이다. 이 때 A는 B보다 파레토열위(Pareto inferior)라 한다. 현재의 상태에서 누이도 좋고 매부도 나쁘지 않은 쪽으로의 변화가 가능하다면 현재의 상태는 파레토열위인 것이다.

이제 파레토최적기준을 정의해 보자.

> 한 배분상태가 실현가능하고 다른 모든 실현가능한 배분상태와 비교해 볼 때 이보다 파레토우위인 배분상태가 없으면 이 배분상태를 **파레토최적**이라 한다. 즉, 사회 내의 어떤 사람의 효용을 감소시키지 않고서는 다른 사람의 효용을 증대시킬 수 없는 실현가능한 배분상태를 파레토최적이라 한다.[1]

만약 현재의 상태가 파레토최적이라면 어떤 한 사람에게 이득을 가져다 줄 수 있는 유일한 방법은 다른 사람에게 손해를 입히면서 뺏어오는 길밖에 없다. 파레토최적상태에서는 누이도 좋고 매부도 좋은 방향으로의 개선의 여지가 전혀 없다.

경제 전체적인 자원배분의 파레토최적을 달성하기 위해서는 교환의 최적성, 생산의 최적성, 생산물 구성의 최적성, 이 세 가지 조건이 충족되어야 한다.

파레토우위, 파레도열위
한 상태 B가 다른 상태 A에 비해 어떤 구성원도 효용이 낮지 않고 적어도 한 사람의 효용이 높으면 B는 A보다 파레토우위이고 A는 B보다 파레토 열위이다.

파레토최적
어떤 사람의 효용을 감소시키지 않고서는 다른 사람의 효용을 증대시킬 수 없는 실현 가능한 배분상태

---

1 파레토최적성(Pareto optimality)은 파레토효율성(Pareto efficiency)이라고 불리기도 한다. 경계학에서 최적성과 효율성은 보통 같은 뜻으로 쓰인다.

1 교환의 최적성

교환의 최적성은 현재 사회에 있는 생산물을 어떻게 배분하는 것이 최적인가를 다룬다.

교환의 최적성조건을 간단한 예로 알아보자. 사회 내에 사람이 둘, 재화가 둘만 있다고 가정하자. 사람은 1(갑), 2(을)로, 재화는 X, Y로 표시하고, 갑이 보유하고 있는 두 재화의 수량을 X_1, Y_1, 을이 보유하고 있는 두 재화의 수량을 X_2, Y_2로 표시하자.

갑과 을이 소비자이론에서 배운 바와 같은 정상적인 선호를 가지고 있다고 가정하면 두 재화에 대한 두 사람의 선호는 그림 16-2에서처럼 우하향하고 원점에 대하여 볼록한 무차별곡선들로 표시할 수 있다. 그림에서 갑과 을의 초기 재화부존은 ω_1과 ω_2로, 효용증가방향은 화살표로 표시되어 있다. 두 재화 X, Y의 사회 총부존량을 각각 $\overline{X}$, $\overline{Y}$라 하자. 그러면 $\overline{X} = X_1 + X_2$이고, $\overline{Y} = Y_1 + Y_2$이다. 그림 16-3에서 그린 직사각형은 가로가 $X_1 + X_2$, 세로가 $Y_1 + Y_2$로서 에지워스상자(Edgeworth box)라 한다. 이 상자의 서남단에는 갑의 원점 O_1이, 동북단에는 을의 원점 O_2가 위치한다. 즉, 그림 16-3은 그림 16-2의 (a)와 (b)를 합쳐 놓되 을의 무차별지도를 서남쪽에서 동북쪽으로 180° 회전시킨 것이다. 따라서 을은 O_2에서 X재 소비량을 왼쪽으로, Y재 소비량을 아래쪽

교환(소비)의 최적성

소비자들에게 소비재를 배분할 때 파레토최적이 되도록 배분해야 한다는 것

두 사람의 무차별 지도와 초기부존

갑과 을의 초기부존점이 ω_1과 ω_2이면 $O_1X_1 + O_2X_2$를 가로, $O_1Y_1 + O_2Y_2$를 세로로 하고, O_2 서남쪽에서 동북쪽으로 180° 회전하여 에지워스상자를 만든다.

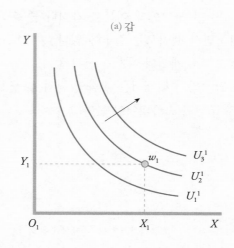
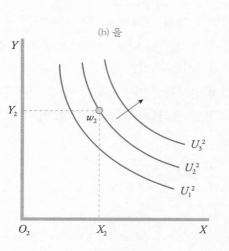

으로 측정한다.

두 사람의 초기 재화부존을 나타내는 그림 16-2의 ω_1과 ω_2는 그림 16-3에서 ω한 점으로 표시된다. 왜냐하면 에지워스상자의 크기를 사회부존량과 같이 했으므로 ω는 갑의 원점(O_1)에서 볼 때 X재를 O_1X_1, Y재를 O_1Y_1으로 하는 점이며 을의 원점 (O_2)에서 볼 때 X재를 O_2X_2, Y재를 O_2Y_2로 하는 점이 되기 때문이다. 에지워스상자 안의 점들(상자의 사각선상을 포함하여)은 사회에 존재하는 총부존량이 두 사람에게 나누어지는 배분상태를 나타낸다. 이 상자 밖의 점들은 사회부존량을 초과하는 배분상태이다. 상자 안의 점들은 파레토최적의 기준에서 요구되는 실현가능한 배분상태이다. 에지워스상자에 그린 두 사람의 무차별지도를 에지워스상자 그림표라 한다.

이제 최초의 배분상태 ω를 보면 갑에게 ω와 같은 효용을 주는 점들은 무차별곡선 U_2^1으로 표시된다. U_2^1보다 동북쪽에 있는 점들은 갑에게 ω보다 높은 효용을 준다. 한편 을에게 ω와 같은 효용을 주는 점들은 무차별곡선 U_2^2로 표시된다. U_2^2보다 서남쪽에 있는 점들은 O_2에서 멀리 떨어져 있기 때문에 을에게 ω보다 높은 효용을 준다. 따라서 그림 16-3에서 ω로부터 화살표 방향으로 재(goods)를 재배분할 때 양자의 효용수준이 높아지므로 ω는 파레토최적이 아니다. 실상 색칠한 눈 모양(eye-shaped)의 부분 전체가 ω'을 빼놓고는 ω보다 파레토우위인 것이다.

예컨대 ω에서 R로 X재와 Y재의 재배분이 이루어진다고 하면 R은 분명히 ω보다 파레토우위이다. 주어진 무차별곡선상의 모든 점들은 동일한 수준의 효용을 나타내므로 갑의 효용수준은 R과 ω에서 U_2^1으로 동일하다. 그러나 을의 효용수준은 U_2^2에서 U_3^2로 증가한다. R에서 갑의 효용수준은 동일하지만 을의 효용수준은 증가하기 때문

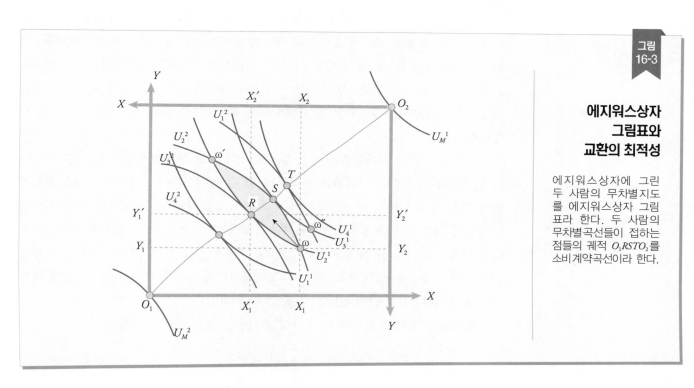

그림
16-3

**에지워스상자
그림표와
교환의 최적성**

에지워스상자에 그린 두 사람의 무차별지도를 에지워스상자 그림표라 한다. 두 사람의 무차별곡선들이 접하는 점들의 궤적 O_1RSTO_2를 소비계약곡선이라 한다.

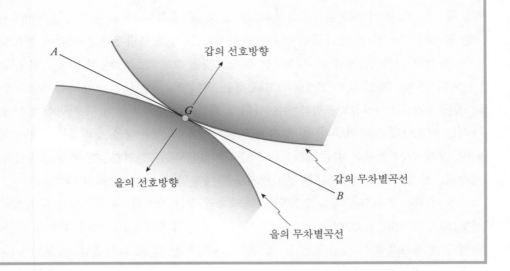

교환의 파레토최적 배분점

두 사람의 무차별곡선이 접하는 점이 파레토최적배분점이다. 이 접점에서 다른 점으로 이동하면 최소한 한 사람의 효용이 감소한다.

에 R은 ω보다 파레토우위이다.

　최초의 배분상태가 눈 모양의 부분 안에 있어도 RS선상에 있지 않으면 위와 같은 논리로 파레토최적이 아니다. RS선은 갑과 을의 무차별곡선들이 서로 접하는 점들을 연결한 것이다. 이 점들에서는 파레토최적인 것을 쉽게 보일 수 있다.

　RS선상의 임의의 점 G를 확대해 보면 그림 16-4와 같다. 그림에서 갑의 효용수준은 갑의 무차별곡선 위쪽으로 갈수록 높아지고 아래쪽으로 갈수록 낮아진다. 한편, 을의 효용수준은 을의 무차별곡선 아래쪽으로 갈수록 높아지고 위쪽으로 갈수록 낮아진다. 따라서 G에서 색칠한 부분 어느 쪽으로 가든지 한 사람의 효용의 증가는 다른 사람의 효용의 감소를 초래한다. 즉, 색칠한 부분은 G보다 파레토열위이다. 그림에서 A나 B지역으로 옮겨 가면 어떤가? 그때에는 두 사람 모두 효용이 감소한다. 그림에 그려진 각자의 무차별곡선보다 원점에 가까운 무차별곡선이 지나가기 때문이다. 결국 G보다 파레토우위인 실현가능한 배분상태가 존재하지 않으므로 G는 파레토최적이다.

　이러한 논리의 전개과정에서 독자들은 갑과 을의 무차별곡선이 서로 접하지 않는 점은 파레토최적이 아니라는 것을 확인할 수 있어야 한다. 이러한 파레토최적점들의 특징은 두 사람의 무차별곡선이 서로 접하기 때문에 그 점에서 한 사람의 무차별곡선에 그은 접선은 동시에 다른 사람의 무차별곡선의 접선도 된다는 것이다. 우리는 무차별곡선의 한 점에서 그은 접선의 기울기는 그 점에서의 두 상품의 한계대체율이라는 것을 배웠다. 따라서 파레토최적상태에서는 두 사람의 두 상품에 대한 한계대체율(MRS_{XY})이 같게 된다는 것을 알 수 있다.

　소비의 (파레토)최적성 혹은 교환의 최적성 조건은

[16-1] 갑의 X재와 Y재 $\qquad$ 을의 X재와 Y재

사이의 한계대체율 $\quad = \quad$ 사이의 한계대체율

$\qquad (MRS^1_{XY}) \qquad\qquad (MRS^2_{XY})$

식 (16-1)을 만족시키는 점들을 이은 곡선을 소비계약곡선(consumption contract curve)이라 부른다. 그림 16-3에서 (소비)계약곡선은 곡선 O_1RSTO_2이다. 식 (16-1)을 교환의 최적성조건이라 부른다. 초기부존이 이 조건을 만족시키지 못하는 경우 두 사람이 자발적인 교환을 통하여 교환 전보다 파레토우위이며 이 식을 만족시키는 한 점으로 이행할 수 있기 때문이다. 예컨대 그림 16-3에서 초기부존점이 ω이면 계약 곡선상의 RS부분이 파레토최적인 교환가능영역이 된다. 제2장에서 자발적인 거래는 모든 참가자들을 이롭게 한다는 것이 경제학의 기본원리 중 하나라고 하였다. ω에서 계약곡선상의 R과 S 사이의 점으로 옮겨 가는 것이 갑과 을에게 모두 이익이므로 이런 자발적인 교환거래가 일어날 것이다. 초기부존점이 ω일 때 RS부분 이외의 점들이 교환가능영역이 되지 못하는 이유는 자명하다. 예컨대 만약 T로 교환이 이루어지면 갑의 효용은 증가하지만 을의 효용수준은 ω에서보다 오히려 감소한다. 초기부존점 이 ω''이면 ST 부분이 파레토최적인 교환가능영역이 된다. 초기부존점은 상자 안이라 면 어디든지 임의로 위치할 수 있으므로 O_1RSTO_2 전체가 계약곡선이 되는 것이다.

계약곡선은 두 원점도 포함한다. O_1과 O_2가 왜 파레토최적점일까? 그림 16-3에 서 O_2를 보면 을의 X재와 Y재의 부존량이 0이고 갑이 경제 내의 부존을 모두 보유하 고 있다. 갑은 이 부존을 자기가 소비할 때 무차별곡선 U^1_M으로 표시되는 만족을 얻는 다. O_2에서 상자 안으로 옮겨가면 을의 만족은 높아지지만 갑의 만족은 낮아진다. 갑 의 효용을 감소시키지 않고서는 을의 효용을 증대시킬 수 없기 때문에 극단적인 분 배의 불평등을 나타내는 O_2도 파레토최적점이다. O_2에서 을은 교환할 재화가 없기 때문에 교환이 이루어지지 않은 채 그 자리에 머물러 있게 된다. 이러한 논의는 을이 경제 내의 모든 부존을 소유하여 U^2_M의 만족을 얻고 있는 경우에도 적용된다. 이로부 터 파레토최적기준에 의한 자원배분의 효율성이 반드시 공평성(equity)을 의미하지는 않는다는 사실을 알 수 있다. 파레토최적은 공평성과는 무관한 것이다.

생산물과 소비자가 각각 셋 이상인 경우에도 임의의 두 생산물과 임의의 두 소 비자에 대하여 식 (16-1)과 같은 등식이 성립하면 된다.

소비계약곡선
교환의 최적성조건을 만족시 키는 점들을 이은 곡선

교환의 최적성조건
두 사람의 소비의 한계대체율 이 같은 것

2 생산의 최적성

교환의 최적성은 이미 생산된 생산물을 사회구성원들에게 어떻게 배분할 것인가에 관한 것이다. 생산의 최적성은 주어진 자원을 여러 종류의 생산물을 생산하는 데에 어떻게 배분할 것인가에 관한 것이다.

생산의 최적성(혹은 생산의 파레토최적)이란 기업들 사이에 요소를 재배분하여도 한 재(財)의 생산량을 감소시키지 않고서는 다른 재의 생산량을 증가시킬 수 없는 상태를 말한다.

생산의 최적성조건을 도출하기 위하여 두 재 X, Y를 각각 두 생산요소인 자본(K), 노동(N)으로 생산하는 경우를 살펴보자. X재, Y재를 생산하는 기술은 제9장에서 배운 바와 같이 K와 N을 양축으로 하는 평면에서 등량곡선으로 나타낼 수 있다. 그림 16–5는 그 한 예이다.

이제 K와 N의 총부존량이 주어져 있으면 각각의 크기를 세로와 가로로 하고 남서쪽 끝을 X재의 원점(O_X), 북동쪽 끝을 Y재의 원점(O_Y)으로 하는 그림 16–6의 에지워스상자를 만든다.[2] 그러면 교환의 최적성에서와 똑같은 논리로 두 재화의 등량곡선들이 접하는 점들이 생산의 최적성을 만족시킨다. 등량곡선의 기울기는 노동

생산의 최적성
기업들 사이에 요소를 재배분하여도 한 재(財)의 생산량을 감소시키지 않고서는 다른 재의 생산량을 증가시킬 수 없는 상태

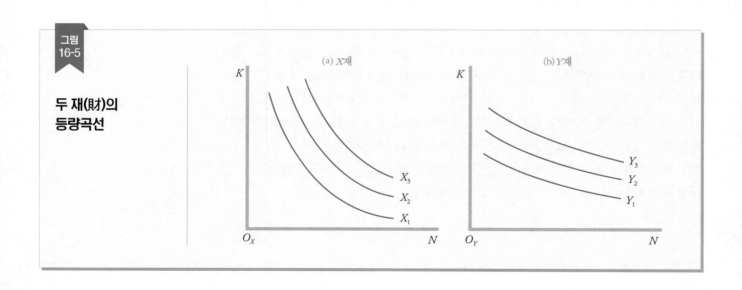

그림 16-5 두 재(財)의 등량곡선

(a) X재   (b) Y재

X_3, X_2, X_1 Y_3, Y_2, Y_1

---

2 두 생산요소 K와 N의 사회총부존량을 각각 $\overline{K}$, $\overline{N}$라 하고, 두 재화 X, Y의 생산에 들어간 K, N을 K_X, K_Y, N_X, N_Y라 하면 $\overline{K}=K_X+K_Y$이고 $\overline{N}=N_X+N_Y$이다. 파레토모형은 두 소비자 1과 2, 두 재화 X와 Y, 그리고 두 생산요소 K와 N을 가지고 분석하기 때문에 2×2×2 모형이라 불리기도 한다.

그림
16-6

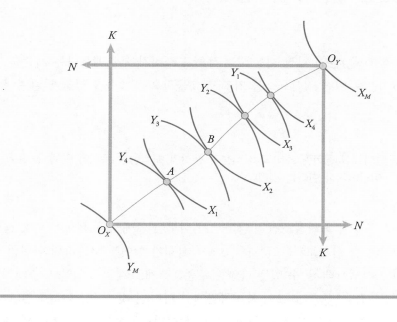

과 자본 사이의 한계기술대체율($MRTS_{NK}$)이다. 따라서 생산의 최적성조건은 두 재 X, Y를 생산하는 데에 노동과 자본 사이의 한계기술대체율이 같다는 것으로 정리할 수 있다.

생산의 최적성 조건은

생산의 최적성 조건
두 생산물의 노동과 자본 사이의 한계기술대체율이 같은 것

(16-2)

X재의 노동과 자본 사이의 한계기술대체율 ($MRTS_{NK}^X$)	=	Y재의 노동과 자본 사이의 한계기술대체율 ($MRTS_{NK}^Y$)

식 (16-2)를 만족시키는 점들은 그림 16–6에서 곡선 O_XABO_Y로 표시된다. 이를 생산의 파레토최적을 나타내는 생산계약곡선(production contract curve)이라고 한다. 이 계약곡선상의 모든 점들은 한 재의 생산량을 감소시키지 않고는 다른 재의 생산량을 증가시킬 수 없는 자원배분 상태를 나타낸다. X재 생산기업과 Y재 생산기업의 요소사용량이 생산계약곡선상에 있지 않으면 자발적인 요소교환을 통해 계약곡선으로 이동함으로써 두 기업 모두 이득을 볼 수 있다.

생산계약곡선
생산의 최적성 조건을 만족시키는 점들을 이은 곡선

요소와 생산물이 각각 셋 이상인 경우에도 임의의 두 요소와 임의의 두 생산물에 대하여 식 (16-2)와 같은 등식이 성립하면 된다.

3 생산물 구성의 최적성

앞의 식 (16-1)은 주어진 재를 효율적으로 소비자에게 배분하는 기준을 나타낸다. 식 (16-2)는 주어진 생산요소를 가지고 효율적으로 재화를 생산해 낼 수 있는 기준을 나타낸다.

생산물 구성의 최적성이란 소비의 최적성과 생산의 최적성을 동시에 만족시키도록 생산물 구성이 이루어져야 한다는 것이다.

생산물 구성의 최적성조건을 알아보기 위하여 앞에서처럼 재가 X, Y, 생산요소가 K, N인 경우를 살펴보자. 그림 16–6에서 사회가 주어진 부존자원과 현존 기술수준에서 최대로 생산해 낼 수 있는 다양한 수준의 X재, Y재의 조합을 도출해 낼 수 있는데 이것을 그림 16–7과 같이 X, Y평면에서 나타낸 것을 생산가능곡선(production possibility curve: PPC)이라 부른다. 구체적으로 생산가능곡선은 그림 16–6의 생산계약곡선에서 도출된다. 예컨대 그림 16–6의 O_X점에서 X재 생산에 생산요소가 전혀 투입되지 않고 Y재 생산에만 모두 투입된다. 이 때 Y재 생산량 규모 Y_M은 O_X점을 지나는 Y재의 등량곡선을 읽어 구한다. 그림 16–7에서 $(X, Y) = (0, Y_M)$인 Y_M점이 이 상황을 나타낸다. 마찬가지로 그림 16–7의 $(X, Y) = (X_M, 0)$인 X_M점은 그림 16–6의 O_Y점을 지나는 X재의 등량곡선 X_M과 대응되고, (X_1, Y_4)인 A점은 그림 16–6에서 X의 등량곡선 X_1과 Y의 등량곡선 Y_4와의 접점인 A점과 대응된다. 이와 같은 방식을 되풀이하여 그림 16–7의 생산가능곡선 $Y_M ABX_M$을 얻는 것이다.

생산가능곡선은 제1장에서 설명한 바와 같이 한 사회의 자원과 기술이 주어져

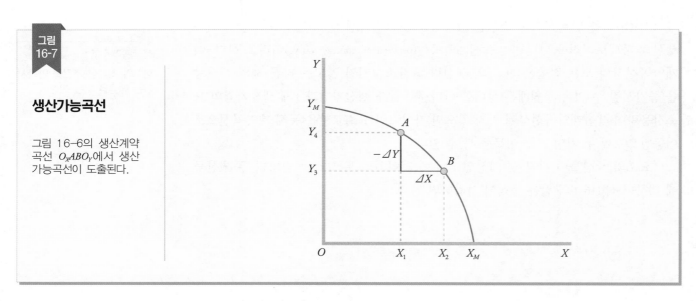

생산가능곡선

그림 16–6의 생산계약곡선 $O_X ABO_Y$에서 생산가능곡선이 도출된다.

있을 때 그 사회가 모든 부존자원을 효율적으로 사용하여 생산할 수 있는 두 생산물의 여러 조합을 나타내 주는 곡선이다. 곡선 $Y_M A B X_M$이 효율적인 생산배합점들을 나타내는 것은 이 점들이 그림 16-6에서 본 것처럼 부존요소를 효율적으로 이용한 결과이기 때문이다. 예컨대 두 그림에서 Y상품을 Y_4만큼만 생산하고 X재를 생산한다면 현존기술과 요소부존량으로 생산할 수 있는 X재의 최대수량은 X_1인 것이다. X_1 이상은 생산이 불가능하다. X_1 이하로는 생산할 수 있지만 이는 열위의 생산기술을 사용하거나 요소부존량을 완전히 고용하지 않는 결과이다. 따라서 생산가능곡선은 현재의 요소부존량 및 최상의 생산기술로 생산할 수 있는 영역과 생산할 수 없는 영역을 구분하는 경계선 노릇을 한다는 뜻에서 생산가능경계선(production possibilities frontier: PPF)이라고도 불린다.

생산가능곡선상의 두 점 A, B를 비교하여 Y재의 감소분을 X재의 증가분으로 나눈 값을 한계전환율(marginal rate of transformation: MRT)이라 한다.

> X재와 Y재 사이의 **한계전환율** $MRT_{XY} = -\dfrac{\Delta Y}{\Delta X}\bigg|_{PPC}$ 는 생산가능곡선상에서 X재를 한 단위 더 생산하기 위하여 포기해야 하는 Y재의 수량이다.

한계전환율
생산가능곡선상에서 X재를 한 단위 더 생산하기 위하여 포기해야 하는 Y재의 수량

제1장에서 생산가능곡선은 기회비용체증의 법칙을 반영하여 원점에 대해 오목하다고 설명하였다. 이를 달리 표현하면 X재 생산을 증가시킴에 따라 X재와 Y재 사이의 한계전환율이 증가하기 때문에 생산가능곡선이 원점에 대하여 오목하다고 말할 수 있다.

X재의 증가분인 ΔX가 아주 작은 경우를 상정하여 생산가능곡선상의 각 점에서 한계전환율을 정의할 수 있다. 이 때 한계전환율은 생산가능곡선상의 각 점에서 그은 접선의 기울기의 절대값으로 표시된다.

생산물 구성의 최적성은 생산가능곡선이 주어졌을 때 어떤 생산물조합을 선택하는 것이 가장 바람직한 것인가 하는 문제이다. 생산물 구성의 최적성조건을 도출하기 위해 소비자 모두가 동일한 효용함수를 가지고 있다고 가정해 보자. 그러면 소비자의 무차별곡선이 그 사회구성원 전체의 선호를 대표하는 것으로 볼 수 있다. 이처럼

> 한 사회의 소비자들이 모두 똑같은 효용함수를 가진다고 가정하여 그린 무차별곡선을 **사회무차별곡선**(social indifference curve)이라 한다.

사회무차별곡선
한 사회의 소비자들이 모두 똑같은 효용함수를 가진다고 가정하여 그린 무차별곡선

한 사회의 생산기술을 생산가능곡선으로 그리듯이 전체 사회구성원의 선호를 사회무차별곡선으로 표현하는 것이다. 사회무차별곡선이 나타내는 효용은 대표적 소비자(representative consumer)의 효용이다.

그림 16–8과 같이 생산가능곡선이 주어지고 사회무차별곡선이 그려지면 대표적 소비자의 효용은 생산가능곡선상에서 가능한 한 높은 수준의 무차별곡선에 도달함으로써 극대화된다. 즉 생산가능곡선과 무차별곡선이 접하는 E점에서 효용은 극대화되고 생산물을 (X_0, Y_0)만큼 생산하는 것이 효율적인 생산물 구성이 된다. 이 때 E점에서 그은 접선의 기울기의 절대값은 MRT_{XY}(한계전환율)이자 동시에 MRS_{XY}(한계대체율)이다. 따라서 생산물 구성의 최적성은 두 생산물 사이의 한계전환율이 두 생산물 사이의 한계대체율과 같아야 한다는 것이다.

생산물 구성의 최적성
두 생산물 사이의 한계전환율이 두 생산물 사이의 한계대체율과 같아야 한다는 것

생산물 구성의 최적성 조건은

[16-3]
$$\begin{matrix} X재와 \, Y재 \\ 사이의 \, 한계전환율 \\ (MRT_{XY}) \end{matrix} = \begin{matrix} X재와 \, Y재 \\ 사이의 \, 한계대체율 \\ (MRS_{XY}) \end{matrix}$$

식 (16-3)이 왜 생산물 구성의 최적성조건이 되는가를 이해하기 위해서는 이 식이 성립하지 않는 경우를 생각해 보면 된다. 예컨대 그림 16–8의 E'점에서 X재와 Y재 사이의 한계전환율은 1인데 한계대체율은 2라 하자. 이는 생산기술면으로 볼 때 X재 한 단위를 더 생산하기 위하여는 Y재를 한 단위 덜 생산해야 하지만, 소비자들은 X재 한 단위를 더 소비하기 위하여 Y재를 두 단위까지 포기할 용의가 있음을 의미한다. 이 때는 X재를 더 생산하고 Y재를 덜 생산해야 한다. 왜냐하면 요소의 재배분을 통해 Y재 두 단위를 덜 생산하면 X재를 두 단위 더 생산할 수 있어 Y재 두 단위의 포기에 따라 X재를 한 단위만 받아도 종전의 효용수준이 유지되는 소비자에게는 가외의 X재 1단위가 효용수준을 증가시키기 때문이다. 이러한 조정과정은 그림에서 E에

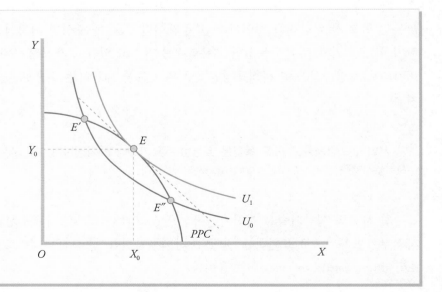

그림 16-8

생산물 구성의 최적성

사회의 생산가능곡선과 사회무차별곡선이 접하는 점 E에서 생산물의 최적구성이 이루어진다. 이 조건은 두 상품 사이의 한계전환율이 한계대체율과 같아야 한다는 것이다.

도달할 때까지, 혹은 같은 말이지만 식 (16-3)의 등식이 성립할 때까지 계속된다.

반대로 E''점에서 X재와 Y재 사이의 한계전환율은 3인데 한계대체율은 1이라 하자. 사회의 생산기술면에서 X재를 1단위 더 생산하기 위해 Y재를 3단위 포기해야 하지만 소비선호면에서 소비자들이 X재와 Y재를 1 : 1로 바꾸고자 한다. 이 때에는 X재를 덜 생산하고 Y재를 더 생산함으로써 사회의 후생은 증가한다. 왜냐하면 요소 재배분을 통해 X재를 한 단위 덜 생산하고 Y재를 세 단위 생산하면 X재 한 단위의 포기에 따라 Y재를 한 단위만 받아도 종전의 효용수준이 유지되는 소비자에게는 가외의 Y재 두 단위가 효용수준을 증가시키기 때문이다. 이러한 조정과정은 E에 도달할 때까지 계속된다.

결국 식 (16-3)이 성립할 때에만 생산면에서 객관적인 기술과 소비면에서 주관적인 선호의 적절한 조화가 이루어져 사회적으로 최적의 생산물조합이 생산되는 것이다.

제3절 완전경쟁과 파레토 최적성

앞 절에서 배운 파레토최적배분은 명시적으로 시장이나 가격을 도입하지 않고 정의했다는 것을 유의해야 한다. 파레토최적배분은 어떤 특정한 경제체제와 결부해서 정의되는 것이 아니다. 파레토최적배분은 자유시장경제에서 이루어질 수도 있고 계획경제에서 이루어질 수도 있다. 그러면 자유시장경제에서 파레토최적배분은 어떻게 이루어질까?

모든 시장이 경쟁시장일 때의 일반균형이 파레토최적조건 중 처음 두 조건, 식 (16-1)과 식 (16-2)를 만족시키는 것은 쉽게 보일 수 있다. 완전경쟁하에서 소비자와 생산자는 시장가격을 있는 그대로 받아들인다. 소비자이론에서 임의의 두 상품 X, Y에 대한 소비최적조건은 무차별곡선과 가격선이 접하는 점의 상품조합을 소비하는 것으로서 $MRS_{XY} = P_X/P_Y$를 만족시켜야 함을 배웠다. 그런데 경쟁시장에서는 시장가격 P_X와 P_Y는 모든 소비자에게 똑같아서 가격비(P_X/P_Y)도 똑같다. 그러므로 모든 사람의 MRS_{XY}가 같게 되는 것이다.

생산자이론에서 생산물시장과 요소시장이 완전경쟁일 때 이윤을 극대화시키는 요소고용조건은 $VMP_N = w$, $VMP_K = r$이고 여기에서 $MRTS_{NK} = w/r$를 도출할 수 있음을 배웠다. 즉, 모든 기업들이 어떤 상품을 생산하든지 자본과 노동을 고용함에 있어서 $MRTS_{NK} = w/r$이 만족되게끔 고용한다. 그런데 완전경쟁하에서 모든 기업들은 시장에서 결정된 임금률 w와 임대료 r을 있는 그대로 받아들이기 때문에 그 비율 w/r도 모든 기업들에게 똑같다. 따라서 어떤 상품을 생산하든지 완전경쟁하에서 각 기업의 $MRTS_{NK}$는 같게 되어 생산의 최적성조건을 충족시키는 것이다.

완전경쟁이 생산물 구성의 최적성조건을 만족시키는 것을 보자. $MRS_{XY} = P_X/P_Y$이기 때문에 $MRS_{XY} = MRT_{XY}$를 보이기 위해서는 $MRT_{XY} = P_X/P_Y$임을 보이면 된다. 여기서는 가변요소가 노동(N) 하나뿐인 경우를 가지고 이 등식이 성립함을 보이기로 한다. 그림 16-7의 생산가능곡선에서 X상품을 ΔX만큼 증가시키기 위하여 필요한 추가노동량을 ΔN이라 하자. 그러면 Y상품을 ΔY만큼 감소시킴으로써 Y상품 생산에서 풀려나는 노동량은 $-\Delta N$이다. 따라서

$$MRT_{XY} = -\frac{\Delta Y}{\Delta X}\bigg|_{PPC} = \frac{\Delta Y \times (-\Delta N)}{\Delta X \times \Delta N} = \frac{\Delta N / \Delta X}{\Delta N / -\Delta Y} = \frac{(\Delta N / \Delta X) \times w}{(\Delta N / -\Delta Y) \times w}$$
$$= \frac{\Delta N \cdot w / \Delta X}{\Delta N \cdot w / -\Delta Y}$$

이다. 그런데 마지막 분수식의 분자는 X상품을 한 단위 더 생산하는 데 드는 한계비용이고, 분모는 Y상품을 한 단위 덜 생산함으로써 절약되는 한계비용이다. 예컨대 $\Delta N / \Delta X$은 X상품을 한 단위 더 생산하는 데 드는 추가노동량이므로 이에 노동 1단위당 임금(w)을 곱하면 X상품 생산의 한계비용(MC_X)이 되는 것이다. 즉, $\Delta N \cdot w$는 총비용의 증가분을 의미하므로 $\Delta N \cdot w / \Delta X = MC_X$다. 따라서 $MRT_{XY} = MC_X / MC_Y$이다. 그런데 두 시장이 완전경쟁시장이면 $MC_X = P_X$이고 $MC_Y = P_Y$이다. 따라서 $MRT_{XY} = MC_X / MC_Y = P_X/P_Y$가 되어 생산물 구성의 최적성조건이 만족된다.

완전경쟁균형이 파레토최적이라는 이상의 논의를 요약하면 다음과 같다.

(16-4) ① $MRS^1_{XY} = \dfrac{P_X}{P_Y} = MRS^2_{XY}$

② $MRTS^X_{NK} = \dfrac{w}{r} = MRTS^Y_{NK}$

③ $MRT_{XY} = \dfrac{MC_X}{MC_Y} = \dfrac{P_X}{P_Y} = MRS_{XY}$

위 세 식에서 ①식과 ③식은 P_X/P_Y를 지표로 삼아 성립하고 ②식은 w/r를 지표로 삼아 성립한다. 따라서 경쟁시장에서는 시장가격을 지표로 소비자는 효용극대화, 기업은 이윤극대화를 자유롭게 추구하는 가운데 파레토최적배분이 이루어지는 것이다.

앞에서 $MRT_{XY} = MC_X/MC_Y$인데 완전경쟁에서는 한계비용가격설정이 이루어지므로 $MRT = MRS$가 성립함을 살펴보았다. 불완전경쟁에서는 한계비용가격설정이 이루

시장형태와 효율적인 자원배분

시장경제에서 자원이 효율적으로 배분되기 위해서는 식 (16-4)가 모든 재(財)와 모든 요소에 대해 성립해야 한다. 이는 모든 생산물시장과 생산요소시장이 경쟁시장이어야 한다는 것을 전제한다. 만약 일부 시장이 불완전경쟁시장이라면 식 (16-4)가 그 시장의 재와 요소에 대해 성립한다는 보장이 없다. 따라서 경제의 자원배분이 비효율적이다.

몇몇 시장이 불완전경쟁시장인 상황에서 그 중 일부시장만 독과점을 제거하면 어떻게 될까? 이 경우 여전히 모든 시장이 경쟁시장이지는 않기 때문에 파레토최적은 달성되지 않는다. 그렇더라도 독과점요소가 줄어들었기 때문에 종전보다 자원배분이 개선되었다고 말할 수 있지 않을까? 경제학에서는 그렇지 않다고 말한다.

파레토최적조건 가운데 일부가 충족될 수 없는 상황에서 가능한 한 파레토최적조건을 많이 충족시킨다고 해서 차선의 자원배분이 이루어지는 것은 아니라는 것을 차선의 이론(theory of second best)이라 한다.

불완전경쟁하에서 한계대체율과 한계전환율이 같다는 보장이 없지만 그렇다고 이론적으로 불가능한 것은 아니다. 설사 모든 시장이 독과점시장이라 하더라도 상품간의 한계비용의 비율이 가격비와 같아질 수 있기 때문이다. 식 (16-4)의 ③에서 완전경쟁의 경우처럼 $P_X=MC_X$, $P_Y=MC_Y$이면 필연적으로 $\frac{MC_X}{MC_Y}=\frac{P_X}{P_Y}$이지만 분자는 분자대로, 분모는 분모대로 같지 않고도 비율이 같을 수 있는 것이다. 그러나 이 등식이 임의의 상품들간에 성립한다는 보장은 없기 때문에 실제로는 불완전경쟁에서 효율적인 자원배분이 이루어지지 않는다고 말할 수 있다.

어지지 않는다. 따라서 *MRT*가 *MRS*와 같다는 보장이 없다.

후생경제학의 제1 정리와 제2정리

우리는 이 책의 많은 부분을 현실적으로 흔하지 않은 경쟁시장에 할애해 왔다. 경제학에서 자유시장경제를 논할 때 흔히 시장이 경쟁시장이라고 가정한다. 이러한 관례를 앞의 논의가 정당화시켜 준다. 경쟁시장이 자원을 효율적으로 배분시킨다는 것을 확인해 주었기 때문이다. 이 중요한 명제를 경제학에서 후생경제학의 제1정리 (first theorem of welfare economics)라 한다.

> 모든 시장이 경쟁시장이면 자원배분이 효율적이다. 즉, 모든 시장이 완전경쟁일 때 이루어지는 일반균형(완전경쟁균형)이 파레토최적이다. 이를 후생경제학의 제1 정리라 한다.[3]

후생경제학의 제1정리
모든 시장이 경쟁시장이면 자원배분이 효율적이라는 것

후생경제학의 제1정리에 대해 다음과 같은 두 가지 논의가 필요하다. 첫째, 제1 정리를 증명하는 식 (16-4)에서 알 수 있는 바와 같이 효율적인 자원배분을 위해 중요한 가격은 절대가격이 아니라 상대가격이다. *X*재 가격과 *Y*재 가격의 절대수준이 아

---

3 후생경제학의 제1정리는 '보이지 않는 손'이 자원을 효율적으로 배분한다는 것을 달리 설명한 것이다. 불특정 다수의 소비자와 생산자들이 가격을 지표로 자신들의 이익에 따라 소비와 생산면에서 합리적 선택을 하면 파레토효율이 달성된다.

니라 두 가격의 비율이 중요한 것이다. 요소가격의 경우에도 가격의 절대수준이 아니라 두 요소가격의 비율이 중요하다. 특정상품에 매기는 세금이 효율적인 자원배분을 해치는 것은 상대가격체계를 교란시키기 때문이다.

둘째, 다음 장에서 다루는 외부효과와 공공재가 없다는 전제하에 제1정리가 성립한다는 점이다. 외부효과나 공공재가 존재하면 모든 시장이 완전경쟁이더라도 자원배분이 효율적이라는 명제가 성립하지 않는다. 이를 다음 장에서 다룬다.

후생경제학의 제1정리의 역(逆)도 성립한다는 것을 보여 주는 것이 제2정리이다. 임의의 효율적인 자원배분을 경쟁균형으로 달성할 수 있다는 것이다. 이 때 필요한 것은 초기부존의 적절한 조정이다. 예컨대 그림 16-4에서 파레토최적배분점 G를 경쟁균형으로 달성하기 위해서는 갑과 을의 부존이 선분 AB상에 있어야 한다. AB상에 있지 않고 다른 곳에 있으면 경쟁시장이 G를 달성하지 못한다. 두 사람의 부존이 AB상에 있도록 조정할 수 있으면 두 재화의 가격비가 선분 AB의 기울기의 절대값과 같아지는 경쟁균형이 바로 G이다.

후생경제학의 제2정리
어떤 효율적인 자원배분상태든지 초기 부존을 적절하게 조정하면 경쟁균형으로 달성할 수 있다는 것

임의의 효율적인 자원배분상태를 초기 부존을 적절하게 재배분한다는 전제하에 경쟁균형으로 달성할 수 있다. 이를 후생경제학의 제2정리라 한다.

후생경제학의 제1정리와 제2정리 때문에 경제학에서는 완전경쟁에 주목한다.

1　　부분균형분석이란「다른 모든 조건이 일정하다」는 가정하에 다른 시장들을 무시하고 특정시장만을 따로 떼어 분석하는 방법이다.

2　　일반균형분석은 개별시장의 균형을 따로 떼어 보지 않고 시장간의 상호의존관계를 감안하여 여러 시장의 동시 균형을 분석하는 방법이다. 일반균형분석에서는 시장과 시장간에 들어오는 영향과 되돌아나가는 영향의 상호작용을 감안하여 모든 시장의 동시 균형을 고찰한다.

3　　어떤 자원이나 상품의 배분상태가 경제 내의 부존을 초과하지 않을 때 이 배분상태를「실현가능하다」고 한다.

4　　두 배분상태를 비교할 때 한 배분상태에서 다른 배분상태보다 구성원 누구 하나의 효용도 감소하지 않으면서 적어도 한 사람의 효용이 증가하면 그 배분상태는 다른 배분상태보다 파레토우위라고 부른다. 이 때 다른 배분상태는 파레토열위라고 한다.

5　　한 배분상태가 실현가능하고 다른 모든 실현가능한 배분상태와 비교해 볼 때 이보다 파레토우위인 배분상태가 없으면 이 배분상태를 파레토최적이라고 한다. 파레토최적성(＝파레토효율성)은 교환의 최적성, 생산의 최적성, 생산물 구성의 최적성의 세 가지 조건이 충족되면 달성된다.

6　　교환(혹은 소비)의 최적성이란 사회 내의 어떤 사람의 효용을 감소시키지 않고서는 다른 누구의 효용도 증대시킬 수 없게 배분해야 한다는 것을 말한다. 임의의 두 사람간에 임의의 두 생산물에 대한 한계대체율이 같아야 한다는 것이 교환의 최적성의 조건이다.

7　　교환의 최적성을 만족시키는 점들을 이은 곡선을 소비계약곡선이라고 한다. 초기부존이 소비계약곡선상에 있지 않으면 자발적인 교환활동을 통하여 계약곡선상의 한 점으로 옮겨 가면서 거래 쌍방이 이득을 얻을 수 있다.

8　　생산의 최적성이란 기업들 사이에 요소를 재배분하여도 한 생산물의 생산량을 감소시키지 않고서는 다른 생산물의 생산량을 증가시킬 수 없는 상태를 말한다. 임의의 두 생산물간에 두 생산요소에 대한 한계기술대체율이 같아야 한다는 것이 생산의 최적성의 조건이다.

9　　생산물 구성의 최적성이란 사회구성원들이 원하는 소비행태에 상응하도록 생산하여야 한다는 것을 말한다. 어떤 생산물 한 단위를 더 생산하기 위하여 포기해야 하는 다른 생산물의 수량을 한계전환율이라 한다. 한

계전환율은 생산가능곡선상의 각 점에서 그은 접선의 기울기의 절대값으로 표시된다. 임의의 두 생산물간의 한계전환율과 한계대체율이 같을 때 생산물 구성의 최적성이 달성된다.

10 경제 내의 모든 시장이 경쟁시장이고 공공재와 외부효과가 없다면 자원배분은 효율적이다. 이것을 후생경제학의 제1정리라고 한다. 한 시장이라도 불완전경쟁시장이면 파레토최적배분이 이루어진다는 보장이 없다.

11 임의의 효율적인 자원배분상태를 초기 부존의 적절한 조정으로 완전경쟁균형에 의해 달성할 수 있다. 이를 후생경제학의 제2정리라 한다.

주요용어 및 개념   K/E/Y/W/O/R/D/S/&/C/O/N/C/E/P/T

- 부분균형
- 일반균형
- 파레토우위
- 파레토개선
- 파레토열위

- 파레토최적
- 교환(혹은 소비)의 최적성
- 소비계약곡선
- 생산계약곡선
- 생산가능곡선

- 생산의 최적성
- 한계전환율
- 사회무차별곡선
- 대표적 소비자
- 차선의 이론

- 생산물 구성의 최적성
- 후생경제학의 제1 정리
- 후생경제학의 제2정리

연습문제   E/X/E/R/C/I/S/E

1 파레토최적기준이 흔히 현상유지를 옹호하는 가치기준이라는 비판을 받고 있는데 그 이유를 생각해 보라.

2 제1장에서 생산가능곡선을 다룰 때 사회구성원의 두 재화에 대한 선호나 상대가격을 알기 전에는 생산가능곡선 전체가 생산의 효율성을 만족시키는 점들이라고 하였다. 선호나 상대가격을 알면 사회전체적으로 효율적인 배분점이 결정됨을 설명하라.

3 그림 16-8의 PPC에서 E점보다 북서쪽에 있는 점들에서는 모두 MRT < MRS이고, 남동쪽에 있는 점들에서는 MRT > MRS임을 확인하라. 이런 영역에서는 본문에서 설명한 바와 같은 생산물 구성의 조정이 이루어져야 함을 설명하라.

4 교환의 에지워스상자에서 갑은 사과만을 좋아하고 을은 배만을 좋아하는 경우의 계약곡선을 그려 보아라.

5 파레토최적이 아닌 배분의 상태가 어떤 사람에게는 파레토최적상태보다 더 유리한 경우는 어떤 배분상태인가?

6 "어느 두 사람 사이에 자발적인 교환이 일어나면 그 두 사람의 효용수준이 증가한다." 이를 논평하라. 강제적·비자발적 교환이 일어나는 경우를 그림 16-3을 이용하여 설명하라.

7 다음의 경우에 왜 파레토최적이 아니고 파레토최적을 이루기 위해 어떻게 조정해야 하는가를 그림을 그려가며 설명하라.

(1) $MRS_{XY}^1 > MRS_{XY}^2$
(2) $MRS_{XY}^1 < MRS_{XY}^2$
(3) $MRTS_{NK}^X > MRTS_{NK}^Y$
(4) $MRTS_{NK}^X < MRTS_{NK}^Y$
(5) $MRS_{XY} > MRT_{XY}$
(6) $MRS_{XY} < MRT_{XY}$

8 소비자 갑의 X재와 Y재 사이의 한계대체율은 1/2이고, 을의 한계대체율은 3/4이다. 이 때 자유로운 교환이 허용된다면 갑은 X, Y의 소비를 어떻게 조정하겠는가? 그림을 그려가며 설명하라.

9 자본(K)과 노동(N)을 사용하여 생산되는 두 상품 X와 Y가 있다. 두 상품 모두 자본집약적으로 생산되는 경우와 노동집약적으로 생산되는 경우의 에지워스상자를 그려 보라.

10 다음 기술이 옳은가 그른가를 밝히고 그 이유를 설명하라.

① 에지워스상자 그림표에서 두 사람의 무차별곡선을 상자 밖으로 그릴 수 없다.

② 두 사람의 X재와 Y재에 대한 효용함수가 똑같으면 교환이 일어날 수 없다.

③ 파레토최적성이 달성되려면 교환의 최적성과 생산의 최적성이 달성되면 된다.

④ 파레토개선이 불가능한 상태를 파레토최적이라 한다.

⑤ 생산의 최적성이란 생산에 투입되는 요소가 낭비없이 사용되는 상태를 말한다.

⑥ 에지워스상자에서 생산계약곡선상의 점은 두 재화를 생산하는데 자본과 노동 사이의 한계기술대체율이 같게 되는 점이다.

⑦ 소득분배가 아주 불공평해도 파레토최적일 수 있다.

⑧ MRT_{XY}는 X재의 기회비용이다.

⑨ 그림 16-3에서 T점은 R점보다 파레토우위이다.

⑩ 그림 16-4에서 A, B지역에 있는 점들은 모두 G점보다 파레토열위이다.

⑪ $MRS_{XY}^1 > MRS_{XY}^2$인 배분상태에서는 갑(1)이 Y재를 내놓고 을(2)이 X재를 내놓아 서로 교환함으로써 파레토우위점으로 이동할 수 있다.

⑫ 교환의 에지워스상자에서 최초의 배분상태가 주어지면 교환의 최적성은 계약곡선 위의 어느 점에서도 달성될 수 있다.

⑬ 교환의 최적성, 생산의 최적성, 생산물 구성의 최적성은 파레토최적배분의 필요충분조건이다.

⑭ 파레토최적배분은 자유시장경제에서만 이루어진다.

⑮ 한 시장이 독점시장이고 다른 모든 시장이 경쟁시장이면 자원배분이 항상 파레토열위이다.

⑯ 생산물시장과 생산요소시장이 개설되지 않으면 파레토최적배분이 이루어지지 않는다.

⑰ 생산계약곡선과 생산가능곡선 중에 하나만 알면 다른 하나는 구할 수 있다.

시장의 실패와 정부의 이론

지금까지 소비자, 기업 등 민간부문을 중심으로 시장의 역할을 강조하였다. 이 장에서는 정부를 중심으로 한 공공부문의 역할을 살펴본다. 앞 장에서 모든 시장이 완전경쟁이면 자원배분이 효율적임을 배웠다. 그러나 현실세계에서 모든 시장이 완전경쟁이지는 않다. 설사 모든 시장이 완전경쟁이라 하더라도 자원배분의 효율성이 달성되지 못하는 경우가 있다. 이런 시장의 실패 때문에 정부개입의 당위성이 생긴다. 이 장에서는 시장실패의 원인과 그 구체적 유형을 살펴본다. 시장의 실패는 정부의 다양한 경제개입을 초래하는데 정부의 개입은 으레 정부의 실패를 낳는다. 마지막 절에서는 경제학과 정치학이 만나는 공공선택이론을 개관한다.

CHAPTER

17

제1절 | 시장의 실패와 그 원인

1 시장의 실패의 의의

자유시장경제에서 자원의 배분은 가격의 자율적인 조정 기능에 의해 소비자와 생산자들간의 자발적인 교환과 경쟁을 통하여 이루어진다. 모든 시장이 완전경쟁이면 자원배분이 효율적이라는 것을 앞 장에서 배웠다.

그러나 이 명제가 성립하기 위하여는 실상 몇 가지 숨은 가정이 필요하다. 그것은 규모의 경제, 외부효과, 공공재 등이 존재하지 않아야 한다는 것이다. 현실경제에서는 대개 이런 것들이 존재한다. 따라서 경제행위를 시장에만 맡길 경우 자원배분이 효율적이라는 보장이 없다. 이 때문에 정부가 경제에 개입하는 혼합경제가 등장하게 되었다.

> **시장의 실패**(market failure)란 경제활동을 시장에 맡길 경우 효율적인 자원배분이나 공평한 소득분배를 실현하지 못하는 상황을 말한다.

시장의 실패
경제활동을 시장에 맡길 경우 효율적인 자원배분이나 공평한 소득분배를 실현하지 못하는 상황

2 시장의 실패의 원인

시장의 불완전성과 규모의 경제

앞 장에서 시장이 완전경쟁이면 자원배분이 파레토최적이고, 독과점시장과 같은 불완전경쟁이면 일반적으로 자원배분이 파레토최적일 수 없음을 배웠다. 불완전경쟁은 시장의 기능이 명백하게 실패하는 이유가 된다.

제12장에서 규모의 경제가 증가하는 경우에는 생산의 규모가 증가함에 따라 평균비용이 계속해서 낮아짐으로써 완전경쟁이 무너지는 것을 배웠다. 규모의 경제가 존재하면 불완전경쟁시장이 출현하여 한계비용가격설정이 이루어지지 않음으로써 비효율적인 자원배분을 낳는 것이다.

외부효과

경쟁시장이 자원배분의 효율성을 달성하기 위해서는 외부효과가 존재하지 않는다는 전제가 필요하다. 외부효과(external effect)는 비록 경쟁시장이라 할지라도 존재할 수 있으며 외부효과가 존재하면 시장의 실패가 일어난다.

외부효과란 어떤 경제활동과 관련하여 제3자(bystander)에게 의도하지 않은 혜택이나 손해를 가져다 주면서도 이에 대한 대가를 받지도 지불하지도 않는 상태를 말한다. 외부효과를 **외부성**(externality)이라고도 한다.

외부효과가 그 이름을 얻게 된 이유는 거래 쌍방이 아닌 제3자에게 끼친 혜택이나 손해는 성격상 시장에서 사고 팔 수 없는 특징을 가졌기 때문에 「시장의 외부」(external to the market)에 존재한다는 의미에서 비롯된 것이다. 시장의 테두리 밖에 존재하니까 시장가격에 반영되지 않는다. 외부효과는 외부경제와 외부비경제로 구분된다. 제3자에게 의도하지 않은 혜택을 입히면서 이에 대한 보상을 받지 못하는 것이 외부경제(external economy) 또는 양의 외부성(positive externality)이다. 제3자에게 의도하지 않은 손해를 입히고도 이에 대한 대가를 지불하지 않는 것이 외부비경제(external diseconomy) 또는 음의 외부성(negative externality)이다.

외부효과가 존재할 때 왜 시장은 자원을 효율적으로 배분하지 못할까? 그 이유는 외부효과가 존재할 때 사회적 관점에서 계산된 사회적 비용(편익)과 개인적 관점에서 계산된 사적 비용(편익)이 서로 다르기 때문이다. 예컨대 자동차공장에서 배출하는 매연이나 폐수는 공기와 하천을 오염시킴으로써 자동차를 타지 않는 제3자에게도 손해를 끼친다. 그러나 자동차생산기업이 한계비용을 계산할 때 공기 및 하천 오염 등으로 사회에 해를 끼치는 비용은 감안하지 않는다. 외부비경제와 관련된 비용은 무시하고 있는 것이다. 이 때 자동차생산의 사회적 비용(social cost)은 기업이 자동차를 생산하는 데에 들어가는 사적 비용(private cost)에다가 자동차생산으로 야기되는 오염을 제거하는 데 소요될 비용을 합한 것이다. 기업은 사회적 비용이 아니라 이보다 적은 사적 비용을 기준으로 생산을 하기 때문에 필요 이상으로 많은 제품을 생산하게 된다.

그림 17-1에서 자동차생산의 외부비경제를 감안한 사회적 한계비용곡선은 MC_S, 외부비경제를 감안하지 않은 사적 한계비용곡선은 MC_P로 표시되어 있다. 먼저 자동차 생산기업이 경쟁기업인 그림 (a)의 경우를 살펴보자. 사회적 관점에서 볼 때 자동차생산은 $P_P = MC_S$인 Q_S까지만 이루어져야 하는데 실제로는 $P_P = MC_P$인 Q_P까지 생산된다. 사회적 비용을 기준으로 할 때 Q_P를 생산하기 위해서 적정한 가격은 P_S이다. 외부비경제가 감안되지 않기 때문에 자동차의 시장가격은 불필요하게 낮고 생

중국의 석탄발전소 매연
왜 공해세가 필요한 것일까. 환경오염은 외부비경제의 대표적 사례이다.

외부효과(외부성)
제3자에게 의도하지 않은 혜택이나 손해를 가져다 주면서도 이에 대한 대가를 받지도 지불하지도 않는 상태

외부경제
제3자에게 의도하지 않은 혜택을 입히면서 대가를 받지 못하는 상태

외부비경제
제3자에게 의도하지 않은 손해를 입히면서 대가를 지불하지 않는 상태

산은 과잉수준이 되는 것이다. 이러한 현상은 자동차생산기업이 불완전경쟁인 경우에도 마찬가지로 발생한다. 그림 (b)에서 사회적 비용을 기준으로 볼 때 $MR = MC_S$인 Q_S를 P_S의 가격으로 생산해야 하는데 $MR = MC_P$인 Q_P를 P_P의 가격으로 생산하는 것이다.[1]

　이 경우 정부가 자동차 한 대당 사회적 비용과 사적 비용의 차이인 AB만큼의 세금을 기업에 부과한다고 하자. 그러면 제5장에서 배운 바와 같이 공급곡선(혹은 한계비용곡선)이 AB만큼 위쪽으로 이동하여 사회적으로 바람직한 Q_S만큼만 생산하게 된다. 이처럼 외부비경제를 낳는 상품의 생산이나 소비에 세금을 부과하면 바람직한 자원배분을 가져올 수 있다. 이러한 경우에 부과하는 세금을 공해세(pollution tax)라 한다. 공해세를 적절히 부과하면 외부비경제에 따른 자원배분의 비효율성을 해결할 수 있는 것이다. 공해세를 영국의 경제학자 피구(A.C. Pigou)가 처음 제시했기 때문에 피구세(Pigouvian tax)라 부르기도 한다. 피구세 외에도 외부비경제에 대처하는 방법은 여러 가지가 있다. 이에 대하여는 아래의 제3절에서 다룬다.

　반대로 외부경제를 낳는 상품의 경우에는 사적 비용이 사회적 비용보다 크다. 따라서 사회적으로 볼 때 더 많이 생산되어야 함에도 불구하고 높은 사적 비용에 입

피구세(공해세)
외부비경제 문제를 해결하기 위해 부과하는 세금

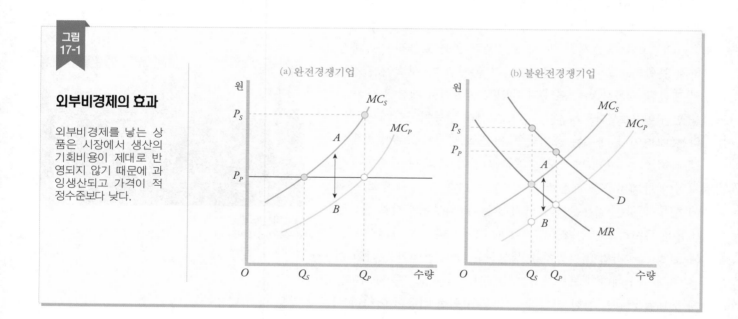

그림 17-1

외부비경제의 효과

외부비경제를 낳는 상품은 시장에서 생산의 기회비용이 제대로 반영되지 않기 때문에 과잉생산되고 가격이 적정수준보다 낮다.

---

1 외부비경제로 인한 저가격·과잉생산 문제를 완벽하게 해결하기 위해서는 자동차생산기업으로 하여금 자동차생산으로 인하여 피해를 보는 모든 사람에게 피해 본 만큼씩 보상하도록 하면 된다. 즉, 외부비경제와 관련된 비용을 자동차생산기업의 비용함수에 포함시키도록 하여 외부비경제를 내부화(internalize)하면 될 것이다. 그러나 자동차생산으로 유발된 공기와 하천오염으로 누가 얼마만큼 피해를 보는지를 정확하게 측정하기란 매우 어렵다. 현실적으로 외부비경제의 내부화가 거의 불가능한 것이다. 이는 외부경제의 경우에도 마찬가지이다.

각하여 생산량을 결정하는 기업은 상품을 필요 이하로 적게 생산하고, 그 결과 가격은 불필요하게 높은 수준이 된다. 이 경우 정부가 보조금을 지급하여 당해 생산활동을 촉진시키면 사회적으로 적정한 수준을 생산할 수 있게 된다.

공 공 재

지금까지는 개별기업들이 이윤극대화를 목적으로 생산하는 상품을 주로 다루었다. 현실세계에는 이러한 민간재 혹은 사적재(private goods)와 다른 공공재(public goods)가 있다. 공공재란 무엇인가? 많은 독자들은 정부나 지방자치단체 같은 공공기관에서 생산·공급하는 재화와 서비스를 의미한다고 생각할 것이다. 그러나 이는 공공재에 대한 정확한 정의가 아니다. 공공부문이 생산·공급하는 재화와 서비스 중에서 공공재가 아닌 것도 많다. 민간부문이 생산·공급하는 것 중에서 공공재인 것도 많다.

공공재는 다음과 같은 두 가지의 특성을 갖는 재화나 서비스이다.

첫째 특성은 소비의 비경합성(non-rivalry in consumption)이다. 이는 여러 사람이 동시에 소비할 수 있는 속성을 말한다. 사과와 같은 사적재는 한 사람이 먹으면 다른 사람은 그 사과를 먹을 수 없다는 점에서 경합적이다. 그러나 등대와 같은 공공재는 한 배가 등대불빛의 혜택을 받는다고 해서 다른 배가 혜택을 못받는 것이 아니다. 많은 배들이 동시에 등대불빛 서비스를 소비할 수 있다는 점에서 비경합적이다.

둘째 특성은 소비의 비배제성(non-excludability)이다. 이는 대가를 치르지 않고 재화와 서비스를 소비하려고 하는 사람에 대해 소비를 못하게 할 수 없는 속성을 뜻한다. 사과는 값을 치르지 않은 사람은 먹을 수 없다는 점에서 배제성을 갖는다. 그러나 파출소의 치안활동은 방범료나 세금을 내지 않은 사람만 뺄 수 없다는 점에서 비배제성을 갖는다.

이상의 두 가지 특성을 갖는 재화와 서비스에는 등대·치안·국방·일기예보·무료공원 등이 있다.

공공재가 존재할 때 시장의 실패가 발생하는 이유는 공공재가 가지고 있는 비경합성과 비배재성 때문이다.[2] 소비의 비경합성 때문에 한 사람을 더 소비에 참여시키는 데 따르는 한계비용은 0이다(추가되는 소비자를 위해 재를 따로 생산할 필요도 없다). 따라서 한계비용가격설정에 따르면 가격이 0이어야 한다. 이 경우 이윤극대화를 추구하는 경쟁기업이 공공재를 생산할 유인이

공공재
소비의 비경합성과 비배제성을 갖는 상품

비경합성
여러 사람이 동시에 소비할 수 있는 속성

비배제성
공짜로 소비하려는 사람을 배제할 수 없는 속성

비무장지대 철책 경계
비무장지대의 경계를 민간회사에게 맡기면 어떻게 될까.

---

2 비경합성과 비배제성의 특성이 동시에 충족되는 공공재를 순수공공재라 하고 그 중 한 가지만 충족되는 재화를 준공공재라 한다. (케이블)TV, 유료공원 등은 소비의 비경합성을 만족시키지만 시청료나 입장료를 납부하지 않으면 이용에서 배제되므로 소비의 비배제성은 만족시키지 못한다. 한편 119소방차나 구급대는 소비의 비배제성을 만족시키지만 비경합성은 만족시키지 못한다. 본서에서는 순수공공재를 다룬다.

없다. 설사 공공재에 양의 가격을 매기더라도 비배제성 때문에 가격을 지불하지 않는 사람을 제외시킬 수가 없다. 공공재에 대하여 대가를 지불하건 지불하지 않건 간에 소비혜택에서 배제되지 않는다면 사람들이 가격을 지불하려고 하지 않을 것이다. 즉, 사람들은 다른 사람들의 부담에 의해 생산된 공공재를 공짜로 소비하는 무임승차자(free rider)가 되려고 한다. 이같은 상황에서 시장에 공공재의 공급을 맡길 때 아무도 공공재에 대한 진실된 선호를 표시하지 않기 때문에 사회적으로 필요한 양만큼의 공급이 이루어지지 않아 시장의 실패가 발생한다. 따라서 공공재는 정부에 의해 적절히 공급될 수밖에 없으며 공공재의 비용부담(가격)도 공권력을 통한 강제적 징수에 의존할 수밖에 없다.

무임승차자
공공재를 공짜로 소비하려는 사람

불확실성과 비대칭정보

현실경제에는 불확실성이 많다. 소비자의 선호와 생산기술, 그리고 경제주체들의 예상 등에 불확실성이 지배하여 시장가격이 종잡을 수 없이 변한다면 효율적인 자원배분의 전제인 한계비용가격설정이 이루어지기 힘들다.

애로우(K. Arrow)는 불확실성이 존재한다 하더라도 미래에 일어날 수 있는 모든 가능성에 대해 완벽한 보험이 제공되면 효율적인 자원배분이 이루어질 수 있음을 보였다. 그러나 현실세계에서는 그러한 완벽한 보험시장이 존재하지 않는다. 거래 쌍방이 동일한 양의 정보를 가지기보다는 어느 한쪽이 더 많은 정보를 가지는 경우가 많다. 이러한 비대칭정보(asymmetric information)로 인해 도덕적 해이(moral hazard)와 역선택(adverse selection)이 생기고 결과적으로 보험시장은 완벽한 보험을 제공하지 못한다. 도덕적 해이와 역선택에 관하여는 다음 장의 정보경제학에서 다룬다.

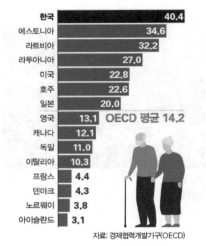

OECD 주요국 노인빈곤율 (단위: %)
2020년 기준 66세 이상 노인 인구 소득빈곤율
*평균 소득이 중위가구 가처분소득 50% 미만인 인구 비중

한국	40.4
에스토니아	34.6
라트비아	32.2
라투아니아	27.0
미국	22.8
호주	22.6
일본	20.0
영국	13.1
캐나다	12.1
독일	11.0
이탈리아	10.3
프랑스	4.4
덴마크	4.3
노르웨이	3.8
아이슬란드	3.1

OECD 평균 14.2

자료: 경제협력개발기구(OECD)

노인
시장에 맡겨두면 노인의 빈곤을 해결하지 못한다.

소득분배의 불평등

시장경제에서의 소득분배는 생산요소의 소유량과 요소가격에 의하여 결정된다. 어떤 사람들은 많은 자원, 가치가 큰 자원을 가지고 있다. 반면에 별 가치가 없는 자원을 그것도 조금밖에 못 가지고 있는 사람들도 있다. 병자, 노약자와 같이 아예 생산활동에 참여하지 못하는 사람들도 있다. 따라서 소득분배에 관한 한 시장은 평등분배를 보장하지 않는다. 이러한 불평등은 시장이 비록 완전경쟁이라 하더라도 발생한다. 오늘날 대부분의 나라가 사회보험, 공적 부조 등의 소득재분배정책을 실시하는 것은 소득분배에 대한 시장경제의 결함을 극복하기 위한 것이다.

 **제2절** **정부의 경제적 기능과 정부의 실패**

1 정부의 경제적 기능

앞에서 설명한 시장의 실패 때문에 정부가 경제활동을 시장기구에 전적으로 맡기지 않고 시장의 실패를 교정하기 위하여 경제에 개입한다. 자본주의경제에서는 시장기구가「무엇을 얼마나」,「어떻게」,「누구를 위하여」의 세 기본적인 경제문제를 풀게 하되 시장의 실패를 교정하는 것이 정부의 역할인 것이다. 구체적으로 정부의 경제적 기능은 크게 네 가지이다. 시장경제를 위한 법과 제도의 제정·운용, 사회적으로 바람직스러운 자원배분, 소득재분배, 거시경제의 안정화가 그것이다.

첫째, 정부는 시장경제가 원활하게 작동하도록 법과 제도를 제정·운용한다. 무엇이 사유재산인가, 경제적 자유의 범위는 어디까지인가, 어떤 계약이 합법이고 어떤 계약이 불법인가, 생산자의 의무는 무엇인가, 노사 쌍방의 권리와 의무는 무엇인가 등등이 명확하게 설정되지 않으면 이해관계 당사자들 간에 합의가 이루어지기 어려워 시장경제가 제대로 작동하지 않는다. 따라서 정부는 경제활동에 필요한 기본준칙들을 각종 법령으로 제정하고 이 법령들을 위반하는 경제주체들에게는 응분의 제재를 가하는 사법제도를 운용한다. 제29장에서 다루는 것처럼 좋은 법과 제도는 경제성장과 삶의 질을 높인다.

둘째, 정부는 사회적으로 바람직스러운 자원배분이 이루어지도록 유도하는 기능을 수행한다. 독과점의 폐단이 크거나 외부효과, 공공재 등의 존재로 시장경제가 효율적인 자원배분기능을 수행하지 못할 때 각종 공공규제를 통하여「무엇을 얼마나」,「어떻게」의 면에서 자원이 효율적으로 배분되도록 유도하는 것이다.

셋째, 정부는 소득재분배의 기능을 수행한다. 시장기구에만 맡길 때 타고난 재능이나 외모, 재산, 노력, 행운 등에 의해「누구를 위하여」의 소득분배가 얼마든지 불평등할 수가 있다. 이 소득분배의 불평등에 대해 정부는 각종 세금과 사회보장제도를 통해 소득재분배를 실시함으로써 모든 사람들이 최소한의 인간다운 삶을 살 수 있도록 해 주어야 한다.

넷째, 정부는 거시경제의 안정화기능을 수행한다. 경제가 심각한 경기침체와 높은 실업을 경험하거나 높은 물가상승을 보이는 경우 정부는 다양한 경제정책을 사용하여 경제를 안정화시킬 수 있다. 경제내에 불확실성요인이 많이 있을 때 일관성 있는 경제정책으로 불확실성을 줄일 수도 있다. 제Ⅱ부의 거시경제학에서는 정부의 이러한 안정화기능에 관하여 자세히 다룬다.

사회주의경제의 정부도 법·제도의 제정·운용, 자원배분, 소득재분배, 안정화 —이 네 가지 경제적 기능을 수행한다.

2 정부의 실패

위에서 설명한 정부의 기능은 정부가 네 가지 바람직스러운 기능을 수행해야 한다는 규범적인 성격의 논의였다. 제2장에서 배운대로 규범적인 것과 실증적인 것은 다르다. 현실경제에서 정부가 과연 네 가지 바람직한 기능을 수행하고 있느냐는 별개의 문제인 것이다.

정부가 법과 제도의 운용, 자원의 효율적인 배분, 소득재분배 등의 기능을 수행하기 위하여는 여러 가지 형태의 정부규제(government regulation) 혹은 공공규제(public regulation)를 부과한다. 독과점이 자원의 효율적인 배분을 저해하는 경우 공정거래법으로 여러 가지 규제를 부과하는 것을 제13장에서 배웠다. 그런데 공공규제에는 흔히 부작용이 수반된다. 독과점기업의 가격횡포로부터 소비자를 보호하기 위하여 가격을 규제한다고 해 보자. 이 경우 독과점기업은 품질을 저하시켜 독과점이윤을 가격규제 이전처럼 확보할 수 있다. 가격규제로 기술혁신에 대한 투자유인이 떨어져 장기적으로 볼 때 비효율적일 수도 있다.

슘페터(J. Schumpeter)는 과점기업들이 누리는 초과이윤은 기업가의 왕성한 기술혁신의 노력과 창조적인 파괴에 대한 보상이자 유인이라고 보았다. 이 초과이윤의 가능성 때문에 기존기업은 물론 새롭게 등장하는 기업이 부단하게 기술혁신의 노력을 기울이며 이것이 자본주의 발전의 원동력이라는 것이다. 슘페터가 강조하는 혁신이 가격규제하에서 제대로 일어나지 않는다는 것은 분명하다. 따라서 가격규제보다 다른 기업의 활발한 진입을 촉진하고 해당상품의 수입을 개방하는 등 시장의 경쟁풍토를 제고시키는 것이 바람직한 대안이다.

어느 정도까지 정부가 규제하는 것이 최적인가? 추상적으로 기업의 이윤극대화조건으로 제시한 한계원리를 원용할 수 있다. 규제의 강도를 높일수록 추가적인 편익은 줄고 앞서 말한 규제의 부작용이 커져 추가적인 비용은 증가한다. 따라서 규제에 따른 한계비용과 한계편익이 같아지는 수준까지만 규제하는 것이 최적이다.

현실적으로는 규제정책을 실시할 때 규제주체인 관료들이

정부규제의 양
트럼프 미국 대통령이 1960년 규제의 양을 나타내는 서류(왼쪽, 2만 페이지)와 2017년 현재 규제의 양을 나타내는 서류(오른 쪽, 18만 5천 페이지)사이에 서 있다. 정부의 규제는 시간이 지날수록 늘어났지만 정치인과 관료들이 이익집단에 포획되면 시장보다 더 나쁜 결과를 초래할 수 있다.
출처: The New York Times(2017.12.16.–17.)

사회주의경제에서는 가격과 수량에 관한 규제가 너무 강하고 경직적이다. 따라서 소비자의 선호나 경제환경의 변화에 신축성 있게 대응하지 못한다. 이는 자원배분의 비효율성과 혁신의 결여로 나타난다. 비효율성과 기술혁신의 결여는 시간이 흐를수록 더 심각해진다. 20세기 초에 등장한 사회주의가 20세기 말에 자본주의와의 체제경쟁에서 패퇴한 것은 이 때문이다. 사회주의의 몰락은 정부의 실패가 시장의 실패보다 훨씬 더 큰 문제라는 것을 단적으로 보여 주었다. 제2장의 경제학의 주요 원리에서 자원배분의 주기능은 정부가 아니라 시장이 맡는 것이 낫다는 명제를 제시한 것은 이 때문이다.

"선출된 자가 선출한 자들을 지배하고 위임받은 자가 위임한 자들을 지배한다." 독일의 사회학자 로베르트 미헬스(Robert Michels, 1876~1936)의 말이다. 그는 이런 소수가 다수를 지배하는 현상이 어느 사회, 어느 조직에서나 일어난다고 보고 과두지배의 철칙(iron law of oligarchy)이라고 불렀다.

과두지배의 철칙은 정부부문과 관료제에서 두드러지게 나타난다. 정부부문이 커질수록 관료들이 자기영역을 고수하고 나아가 영향력을 확대하기 위해 규제를 존속·강화시키는 경향이 커진다. 이런 지대추구행위가 일반 경제주체들의 경제하려는 의지를 떨어뜨리고 이익집단의 지나친 로비활동을 불러일으키며 자원배분의 효율성을 해치는 것은 물론이다. 이와 관련하여 노벨경제학상을 받은 스티글러(J. Stigler)는 정책실패와 큰 정부의 부패를 포획이론(capture theory)으로 설명하였다. 정책규제를 입안하고 실행하는 정치인·관료가 고도의 전문지식과 로비능력으로 조직된 이익집단에 휘둘리게 마련이라는 것이 포획이론이다. 대다수의 경제학자들이 정부는 법과 제도를 공정하고 투명하게 운용하며 가급적 작은 정부를 지향해야 한다고 말하는 것은 이 때문이다.

규제의 한계비용은 낮게 잡고 한계편익은 높게 잡는 경향이 많다. 이는 특히 개발도상국에서 더 심하다. 따라서 불필요한 규제가 불필요하게 오랫동안 지속되는 경우가 흔하다. 규제가 필요 없게 되었을 때에도 담당부서는 규제해야 할 다른 이유를 개발하여 비슷한 규제를 지속시키려 한다. 규제는 관료제의 속성대로 그 자체를 유지·강화하는 기능을 스스로 지니고 있다. 그리하여 시간이 흐를수록 당초에 기대했던 것보다 규제의 한계비용이 높아지고 정부의 실패가 커지기 쉽다.

정부의 실패(government failure)란 시장의 실패를 교정하기 위한 정부개입이 오히려 효율적인 자원배분을 저해하는 상황을 말한다. 정부의 실패가 일어나는 원인으로는 규제자의 불완전한 지식·정보, 규제수단의 불완전성, 규제의 경직성, 근시안적인 규제, 규제자의 개인적 편견이나 권한확보욕구, 정치적 제약 등을 들 수 있다.

정부의 실패
시장의 실패를 교정하기 위한 정부개입이 오히려 효율적인 자원배분을 저해하는 상황

정부의 실패가 일어나기 때문에 공공규제가 시장경제의 작동방식을 대체할 수는 없다. 나아가 지나친 공공규제는 자유로운 기업활동과 창업을 억제하여 경제의 역동성을 해친다. 생명과 안전, 제30장에서 다루는 거시경제 안정성 등과 관련된 규제는 강화하되 그 밖의 규제는 최소화하는 방향으로 규제의 틀을 짜는 규제혁신이 필요하다. 오늘날 기업의 나라간 이동이 자유로운 세계화시대에 규제혁신은 각국 정부의 화두가 되고 있다.

제3절 환경오염 규제정책

공업화를 통한 경제성장이 진행될수록 심각한 사회·경제적 문제가 되는 시장의 실패 중의 하나가 환경오염에 따른 외부비경제이다. 공장에서 각종 공해물질과 산업폐기물을 불법으로 방출하여 국토를 병들게 하는 일, 심각한 대기오염, 산성비, 황사현상, 지구온난화(global warming) 등등 환경오염은 피부에 와 닿는 중대한 문제가 되었다. 환경을 보존하는 가운데 경제성장을 도모해야 한다는 지속가능한 개발(sustainable development)이 국제사회의 주요 의제가 되고 있다. 이 절에서는 정부규제의 한 예로 기업활동과 관련된 환경오염의 규제문제를 다루어 본다.

수질오염으로 폐사한 물고기
환경오염에 대해서는 다양한 규제가 필요하다.

기업의 생산활동이 환경을 오염시키지만 기업이 오염제거에 따르는 비용을 부담하지 않기 때문에 외부비경제가 발생한다. 오염배출기업이 오염제거에 무관심한것은 자신이 발생시킨 오염으로 인하여 손해보는 쪽은 자신이 아니라 제3자이기 때문이다. 즉, 오염배출기업은 자신이 손해보지 않기 때문에 기왕에 일으킨 오염을 제거하거나 오염행위 그 자체를 줄이는 경제적 유인을 갖지 않는다. 따라서 오염배출기업으로 하여금 오염행위를 사회적으로 허용되는 수준까지 줄이도록 하기 위해서는 정부가 개입하여 직접·간접으로 규제해야 한다.

정부가 환경오염을 규제하는 수단은 크게 정부의 직접규제, 시장유인을 통한 간접규제, 정부의 직접투자 등의 세 가지 유형으로 분류할 수 있다.

정부의 직접규제

정부가 직접규제를 통하여 환경오염을 조절하는 방법에는 환경오염행위를 처음부터 완전히 금지시키는 방법과 환경오염 허용기준을 세워 이를 넘지 않도록 감시하는 두 가지 방법이 있다. 이 두 가지 방법 중 환경오염 허용기준을 두어 오염행위를 규제하는 방법이 더 흔하게 사용된다. 이는 금지에 따르는 사회적 비용이 사회적 편익보다 큰 경우가 대부분이기 때문이다.

금 지

금지란 깨끗한 환경수준을 유지하기 위하여 환경오염을 일으키는 원인행위를 완전히 금지시켜 오염이 처음부터 일어나지 않도록 하는 방안을 말한다. 이러한 금지의 대표적인 예로서는 독·극물질의 배출금지와 용도지정 등이 있다.

배출금지(discharge prohibition)는 수은이나 핵 폐기물과 같이 소량이라도 인체에 치명적인 영향을 미치는 독·극물질에 대하여 그 폐기행위를 완전히 금지시키는 것을 말한다. 특정생물을 멸종시킬 수 있는 활동도 금지시킨다. 소량의 화학물질이 그 자체만으로는 크게 문제되지 않지만 그것이 어떤 과정을 통해 생태계나 사람의 건강에 광범위한 해를 미칠 때도 이의 사용을 금지시킨다. 세계 각국에서 DDT나 경성세제 또는 농약 등의 사용을 금지시키고 있는 것이 좋은 예이다. 이와 같은 배출금지와 병행하여 독·극폐기물에 대한 안전한 처리방법이 경제적·기술적으로 불가능할 경우에는 독·극물의 생산 자체를 금지하기도 한다.

용도지정(zoning)이란 일정구역의 토지를 특정목적 이외의 다른 목적으로 사용하는 것을 금지하는 것을 말한다. 이 방법은 토지의 용도를 지정함으로써 무질서한 도시팽창이나 공해·소음·교통혼잡 등과 같은 토지이용의 혼란에서 오는 외부비경제 효과를 차단하기 위한 토지이용규제수단이다. 국토의 효율적인 이용을 위해 각국 정부가 활용하고 있는 토지의 용도지정이 환경오염을 규제하는 효과도 가지는 것이다. 우리나라의 경우 국토의 계획 및 이용에 관한 법률로 전국의 토지를 크게 도시지역·관리지역·농림지역·자연환경보전지역의 4개로 지정하고 있다. 도시지역은 다시 주거지역·상업지역·공업지역·녹지지역으로, 관리지역은 보전관리지역·생산관리지역·계획관리지역으로 세분하여 용도를 지정하고 다른 용도로 사용하는 것을 금지하고 있다.

환경기준

환경기준(environmental quality standards)이란 물이나 공기와 같은 환경자원이 인간의 쾌적한 생활을 위하여 갖추어야 할 최소한의 질적 수준을 말한다. 환경기준은 보통 적용되어야 할 시간과 장소를 포함하여 기술적인 단위나 용어로 나타낸다. 예컨대 우리나라에서는 대기 중에 아황산가스가 24시간 평균 $0.15ppm$을 초과해서는 안되게 되어 있는데 이것이 대기에 관한 여러 가지 환경기준 중의 하나이다.[3]

환경기준은 환경의 질을 일정수준으로 유지하기 위한 일반적인 목표이다. 만일 여러 기업이 동시에 오염행위를 하고 있다면 단순한 환경기준만으로는 환경의 질을 효과적으로 유지하기 어렵다. 왜냐하면 개별오염행위자가 배출한 오염물질만 가지고 보면 환경기준을 초과하지 않지만 여러 오염행위자들의 오염물질을 모두 합계하면 환경기준을 초과할 수 있기 때문이다. 따라서 환경오염의 원천별로 오염배출행위를 규제할 필요가 있다. 이 때 사용하는 방법으로 처방적 규제와 오염물질 배출허용기준의 두 가지가 있다.

---

3 ppm(parts per million)은 미량의 함유물질을 측정하는 단위로서 100만개의 입자 중 해당 물질의 입자가 몇 개인가를 표시한다.

처방적 규제(prescriptive regulation)는 오염행위자에게 특정한 공해방지장치를 설치하거나 특정한 생산요소만을 사용하도록 규제하는 것을 말한다. 자동차에 배기가스정화장치를 의무적으로 달도록 한 것이나 자동차의 연료로 납성분이 없는 무연휘발유(unleaded gasoline)를 사용하도록 한 것 등이 그 좋은 예이다. 이 방법은 규제기관이 집행하기 쉽다는 장점이 있다. 예컨대 자동차에 배기가스정화장치가 장착된 채 출고되는지를 쉽게 감독할 수 있다. 그러나 더 좋은 배기가스정화장치가 개발되었을 때 기존의 정화장치를 새 것으로 교체하도록 요구하기가 어렵고 장착된 정화장치가 제대로 작동하는지를 하나하나 감시하기가 어렵다는 기술적인 단점이 있다. 따라서 처방적 규제방법은 기술적으로 간단한 환경오염을 규제하는 방법으로만 쓰이는 것이 보통이다.

오염물질 배출허용기준(effluent standards)은 오염행위자에게 오염물질의 배출량이 일정수준 이하가 되도록 규제하고 이를 지키지 않을 경우에는 벌과금을 내게 하는 것으로서 처방적 규제보다 더 적극적인 규제방법이다. 오염배출 허용기준은 ppm과 같은 단위당 집중량으로 하는 것보다 시간·일·주일·월·연 단위로 배출되는 오염물질 총량으로 하는 것(이를 총량규제라고도 한다)이 더 효과적이다. ppm과 같은 단위당 집중량으로 기준을 세울 경우, 예컨대 단순히 물을 부어 희석시키는 것만으로도 기준을 지킬 수 있다는 문제점이 있다. 오염물질 배출허용기준은 기준만 규제할 뿐 오염방지기술의 채택은 자유스럽게 할 수 있다는 점에서 오염행위자 각자의 실정에 맞는 최소비용기술을 찾을 수 있도록 하는 장점이 있다. 그러나 오염행위자마다 배출허용기준을 설정해 주고 이를 위반하지 않도록 감시하기가 기술적인 면에서 어려움은 물론 비용면에서도 상대적으로 비싸게 든다는 단점이 있다.

시장유인을 통한 간접규제

시장유인을 통하여 환경오염을 간접규제하는 방법에는 재산권을 부여하는 방법, 배출부과금을 부과하는 방법, 보조금을 지급하는 방법, 오염배출권을 거래하게 하는 방법 등 네 가지가 있다.

재산권의 부여

환경오염에 외부비경제가 존재하는 이유는 오염행위자가 일으키는 환경공해가 제3자에게 손해를 주고 있는데도 이 손해에 대한 배상이 이루어지지 않고 있기 때문이다. 그런데 손해를 보는 제3자에게 환경에 대한 재산권을 갖게 한다면 오염행위자가 마음대로 오염물질을 배출할 수 없게 된다. 이를 최초로 지적한 사람이 미국의 경제학자 코오즈(Ronald H. Coase)[4]이다.

---

4 Ronald H. Coase, "The Problem of Social Costs," *Journal of Law and Economics*, Vol. 3(1960), pp.1~14.

재산권을 분명하게 해 주면 정부의 개입이 없이 시장기구가 스스로 외부효과 문제를 효율적으로 해결할 수 있다는 것을 **코오즈정리**라고 한다.

코오즈정리
재산권을 분명하게 해 주면 정부의 개입이 없이 시장기구가 스스로 외부효과 문제를 효율적으로 해결할 수 있다는 것

재산권의 부여를 통하여 환경오염을 조절하고자 하는 구체적인 방법으로는 협상과 합병의 두 가지가 흔히 사용된다.

협상(bargain)이란 오염의 피해자에게 피해보상을 받을 수 있는 청구권을 줌으로써 오염행위자로 하여금 오염행위에 대한 책임을 지도록 하는 것을 말한다. 오염의 피해자에게 청구권을 주면 피해자는 가해자에 대하여 피해보상을 청구하게 된다. 오염물질을 배출함에 따라 오염행위자는 편익을 얻고 피해자는 손해를 본다. 편익이 손해보다 크면 오염행위자가 피해자의 손해보다 약간 더 보상해 줌으로써 쌍방이 모두 덕을 보는 협상을 타결할 수 있다. 손해가 편익보다 크면 오염행위자가 피해자에게 보상해 주는 대신 오염물질을 배출하지 않는 길을 택할 것이다. 이것 또한 사회적으로 손실이 편익보다 큰 활동을 하지 않는다는 것을 뜻하기 때문에 효율적이다.

합병(merger)은 오염의 행위자와 피해자를 단일기업처럼 행동하게 함으로써 외부효과의 문제를 해결하는 방법이다. 합병도 재산권을 어느 한쪽에 부여함으로써 가능해진다. 강의 상류에서 철강을 생산하고 있는 기업 A와 하류에서 양식업을 하고 있는 기업 B를 생각해 보자. 기업 A가 생산과정에서 폐수를 방출하여 그 결과 기업 B가 피해를 입고 있다. 즉, 기업 A가 B에게 외부비경제를 미치고 사회적인 관점에서 보면 A가 너무 많은 철강을 생산하고 있다. 이 경우 두 기업의 합병이 기업 A로 하여금 적정수준의 생산을 하도록 유도한다. 기업 A가 B를 인수하든, 기업 B가 A를 인수하든, 제3의 기업이 두 기업을 모두 인수하든 상관없다. 어떤 경우라도 두 기업은 별도로 행동하지 않고 서로의 생산량을 조절함으로써 결합이윤을 극대화하려고 노력하게 되므로 외부비경제의 문제가 해결된다. 이것을 외부효과의 내부화(internalization of externalities)라 한다.

제13장에서 게임이론을 다룰 때 나온 공유지의 비극도 재산권이 확립되어 있지 않아서 생기는 문제이다. 자본주의경제의 근간인 사유재산권이 시장의 실패에 대한 유력한 해결책이 될 수 있다는 것을 일깨워 준 중요한 명제가 코오즈정리이다. 코오즈정리가 제대로 성립하기 위해서는 오염행위자와 피해자가 소수이고 오염의 내용이 단순하며, 재산권을 쉽게 부여할 수 있고 거래비용이 작아야 한다는 가정이 필요하다. 이런 가정들이 충족되지 않으면 코오즈정리가 성립하기 어렵다.

오염배출부과금

오염행위자가 오염물질을 함부로 배출하여 환경을 오염시키는 것은 오염물질배출에 따른 비용이 전혀 들지 않기 때문이다. 따라서 오염행위자에게 오염물질의 배출량에 따라 오염세와 같은 소정의 비용을 부담하게 하면 오염행위자는 오염물질의 배출을 스스로 자제하지 않을 수 없게 된다. 이것이 배출부과금(effluent charge)에 의하

그림
17-2

오염배출부과금과 오염정화보조금의 효과

오염정화한계비용곡선이 *MCE*일 때 오염물질 1단위당 *OA*만큼 공해세를 부과하거나 보조금을 지급하면 오염배출량은 *OQ₂*가 된다.

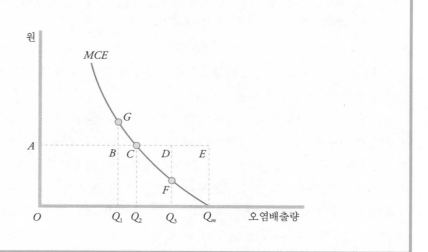

여 환경오염을 조절하는 방법의 내용이다.

그림 17-2에서 우하향하는 곡선 MCE는 공해기업이 오염물질을 정화하는 데에 따르는 오염정화한계비용곡선이다. 환경정화수준을 횡축에 표시하면 통상적인 한계비용곡선처럼 우상향하지만 그림에서는 횡축에 환경오염수준을 표시하고 있기 때문에 MCE곡선이 우하향한다. 아무런 규제가 없을 때 해당 공해기업(오염원)은 환경정화에 굳이 비용을 들일 필요가 없기 때문에 Q_m만큼 공해물질을 배출한다. 여기서 Q_m은 오염규제가 전혀 없는 경우에 해당 공해기업이 배출하는 최대오염량을 나타낸다.

오염배출량을 줄이기 위해서는 정화시설을 갖추어야 하기 때문에 비용이 들어간다. 배출량을 대폭 줄이기 위해서는 훨씬 좋은 정화시설을 갖추어야 하기 때문에 비용이 훨씬 많이 들어간다. 이에 따라 공해기업의 오염정화한계비용곡선은 그림처럼 우하향한다.

이제 오염물질 매단위당 OA만큼의 오염배출부과금을 내야 한다고 가정해 보자. Q_3에서 보면 단위당 오염정화비용 FQ_3에 비해 단위당 오염배출부과금 DQ_3가 더 크기 때문에 부과금을 내는 것보다 오염정화를 하는 것이 더 유리하다. 반대로 Q_1에서 보면 단위당 오염정화비용 GQ_1이 단위당 부과금 BQ_1보다 크기 때문에 차라리 부과금을 내는 것이 유리하다. 따라서 해당 공해기업은 단위당 오염정화비용과 부과금이 일치하는 Q_2수준의 오염배출량을 선택한다. 즉, 아무런 규제가 없을 때 Q_m만큼의오염을 배출하던 기업이 오염물질 단위당 OA만큼의 부과금을 물게 하면 $Q_2 Q_m$만큼의 오염을 정화함으로써 Q_2수준으로 오염배출량을 줄이게 되는 것이다.

부과금을 이용한 오염배출규제는 오염원 스스로 오염행위를 조절하게 한다는 점과 부과금 수입을 개별기업이나 산업이 할 수 없는 환경정화를 위한 투자자금으로 활용할 수 있다는 점에서 매우 설득력이 큰 오염조절방법이 되고 있다.

오염정화보조금

오염원에게 오염방지시설 비용의 일부를 정부가 지원해 주는 보조금(subsidy)도 앞의 오염배출부과금과 똑같은 효과를 가져오는 오염조절방법이다. 그림 17–2를 다시 보자. 만일 공해기업이 오염을 정화할 경우 정부가 오염물질 매단위당 OA만큼의 보조금을 지급한다면 Q_m에서 Q_2에 이르기까지는 오염정화의 단위당 비용이 보조금보다 작기 때문에 해당기업은 Q_2Q_m만큼의 오염을 기꺼이 정화한다. 그러나 Q_2 이상 더 많이 오염을 정화하면 단위당 정화비용이 보조금보다 크기 때문에 해당기업이 손해를 보게 된다. 따라서 해당기업은 Q_2에서 더 이상 오염을 정화하지 않고 Q_2만큼의 오염을 배출한다. 이와 같이 오염정화보조금은 오염배출부과금과 똑같은 환경정화효과를 가져온다.

그러나 오염정화보조금은 오염유발기업이 비용을 물지 않고 오히려 피해자로부터 보조금을 받는 셈이어서 비용을 발생시킨 당사자가 비용을 부담해야 한다는 원칙에 위배될 뿐만 아니라 소득분배를 악화시킨다는 문제점을 갖는다. 앞에서 지적한 바와 같이 부과금의 경우에는 오염원으로부터 부과금을 거두어들여 다른 환경정화사업의 재원으로 활용할 수 있다. 그러나 오염정화보조금은 오염의 피해자라고 볼 수 있는 불특정다수의 국민으로부터 거둔 세금에서 지출되는 것이기 때문에 수익자부담원칙에 위배될 뿐만 아니라 소득분배를 악화시키는 결과를 초래하는 것이다. 더욱이 보조금제도하에서는 오염원이나 산업이 보조금을 받아 상대적으로 더 좋은 생산비조건을 가질 수 있게 된다는 모순이 발생한다. 그럼에도 오염정화보조금제도가 논의되는 것은 오염정화비용이 오염행위자가 감당하기 어려울 정도로 커 오염행위자 스스로 정화하기 어려운 경우도 있기 때문이다.

오염배출권거래

이 제도는 최근에 고안된 시장유인을 통한 환경정책수단이다. (오염)배출권이란 정부가 사회적 적정오염수준으로서의 오염배출총량을 결정하여 이를 개별 오염원들에게 할당해 준 것을 말한다. 각 오염원은 자기가 할당받은 한도(할당량)만큼 오염물질을 배출할 권리를 갖는다.

이 제도하에서 각 오염원은 할당량만큼만 배출하는 것이 아니라 원한다면 할당량 이상이나 이하로 배출할 수 있다. 할당량 이하로 배출할 때에는 나머지를 시장에 팔 수 있다. 할당량 이상으로 배출하고자 할 때에는 그 초과분을 시장에서 살 수 있다. 이처럼

> 배출권의 자유로운 시장거래를 통하여 개별 오염원들의 오염물질배출량이 결정되는 제도가 **배출권거래제도**이다. 이 때 배출권시장의 가격은 오염물질을 1단위 배출할 수 있는 권리를 갖기 위하여 지불해야 하는 화폐액이다.

(오염)배출권
오염물질을 배출할 수 있는 권리

배출권거래제도
배출권의 자유로운 시장거래를 통하여 개별 오염원들의 오염물질배출량이 결정되는 제도

배출권시장의 공급자는 오염물질을 할당량보다 적게 배출하여 사용하지 않은 배출권을 팔고자 하는 오염원이다. 수요자는 오염물질을 할당량보다 많이 배출하고자 하여 모자라는 배출권을 사고자 하는 오염원이다. 보통 시장과 마찬가지로 배출권가격은 공급량이 많을수록 떨어지고 수요량이 많을수록 올라간다. 공급량과 수요량이 같아지는 균형상태에서 배출권가격이 결정된다. 그리고 이 균형상태에서 사회에 배출되는 오염물질총량은 정부가 결정한 사회적 적정오염수준과 같다. 왜냐하면 배출권시장의 공급량 자체가 개별 오염원의 배출할당량에 미달하는 수량뿐이기 때문이다.

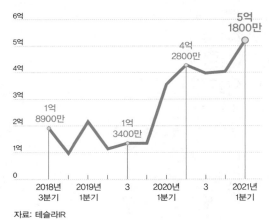

테슬라 배출 가스 크레디트 수익
단위: 달러

6억

5억 — 5억 1800만

4억 — 4억 2800만

3억

2억 — 1억 8900만

1억 — 1억 3400만

0

2018년 3분기 / 2019년 1분기 / 3 / 2020년 1분기 / 3 / 2021년 1분기

자료: 테슬라R

테슬라 탄소배출권 수익
최근 배출권시장이 활성화되고 있다.

배출권거래제도는 이론적으로 오염원들의 오염정화한계비용이 같아지는 수준에서 오염수준이 결정된다는 점에서 오염배출부과금제도의 효과와 동일한 것으로 알려져 있다. 우리나라는 2015년부터 한국거래소(KRX)에서 배출권이 거래되기 시작하였다.

이 제도의 한계는 크게 두 가지이다. 첫째, 각 오염원에게 배출권을 할당할 때 합리적인 할당량의 기준에 관하여 합의하기가 어렵다는 점이다. 둘째, 개별 오염원들이 배출할당량을 초과하지 않도록 확인·감시해야 하는데 이에 따른 비용이 크다는 것이다.

정부의 직접투자

환경오염문제에 관련하여 정부가 직접 나서서 환경오염을 정화하고 오염방지서비스를 생산하는 등의 적극적인 방법이 최근에 이르러 점점 중요해지고 있다. 하수종말처리장의 건설과 운영, 쓰레기 수거와 처리, 빈민가 재개발사업 등이 바로 환경문제에 관련한 정부 직접투자의 좋은 예이다. 정부투자사업이 환경문제의 해결책으로 최근에 점점 중요해진 것은 환경이 공공재적인 성격을 강하게 가질 뿐만 아니라 환경정화시설이 대부분의 경우 개인이나 기업이 감당할 수 없는 대규모까지 규모의 경제를 실현하기 때문이다.

이상에서 살펴본 환경오염에 대한 여러 가지 규제방법 중에서 현실적으로 흔히 쓰이는 방법으로는 환경기준과 배출허용기준, 배출부과금, 배출권 거래 그리고 정부의 직접투자를 들 수 있다.

제4절 공공선택이론

1 공공선택이론의 의의

이 장의 제1절에서 소비자들은 공공재에 대한 선호를 제대로 표시하지 않고 무임승차자로서 행동하려 하므로 경쟁시장에서 공공재의 적정한 공급은 어렵게 되며 따라서 정부의 개입이 불가피함을 설명하였다. 그러면 정부는 실제로 어떤 과정을 통해 공공재의 적정량을 선택할 수 있는가? 사회구성원의 다양한 선호를 정부는 어떻게 통합하거나 조정할 수 있는가? 이런 문제들을 연구하는 것이 공공선택이론이다.

공공선택이론(public choice theory)이란 정부의 의사결정방법을 연구하는 경제이론이다.

> 공공선택이론
> 정부의 의사결정방법을 연구하는 경제이론

정부가 공공지출의 규모를 결정할 때 투표와 같은 정치적 의사결정과정을 통해 구성원들의 다양한 선호를 하나로 집계하여 그 결과에 따라서 어떤 결정을 내린다고 하자. 개인의 선호를 하나의 사회적(또는 집단적) 선호로 도출하는 과정은 여러 가지의 방법—예컨대, 만장일치, 2/3의 찬성, 다수결원칙 등과 같은 투표방법—이 있을 수 있다. 문제는 이와 같은 투표방법이 개인들의 선호를 합리적으로 통합하는 과정이 될 수 있느냐 하는 것이다. 이것이 바로 공공선택의 문제이자 공공선택이론의 대상이 된다.[5]

공공선택의 논리는 생산가능곡선과 비슷한 개념인 그림 17-3과 같은 「소득」가능곡선(혹은 효용가능곡선)으로 설명할 수 있다. 한 사회에 다수파와 소수파의 두 집단이 있다 하자. 예컨대 중·저소득층을 다수파라 하면 고소득층은 소수파가 된다. 앞 절에서 논의한 각종 시장의 실패 때문에 정부가 아무런 공공활동도 하지 않고 시장에 방임할 때의 자원배분은 그림의 E에서 이루어진다고 하자. 정부가 적정수준의 공공재를 공급하고 전염병과 범죄, 환경오염과 같은 외부비경제를 예방하며, 기업으로 하여금 안전한 작업환경과 안정된 일자리를 마련토록 법과 제도를 개선하는 등의 공공선택으로 시장의 실패가 교정될 수 있다. 이는 그림에서 원점으로부터 E보다 더 멀

---

5 이는 비단 정부부문에만 적용되는 것이 아니고 위원회·이사회·협동조합 등 각종 집단의 의사결정에도 적용된다.

그림 17-3

공공선택의 세 가지 가능한 결과

공공선택으로 모두가 이득을 볼 수도 있고, 모두가 손해를 볼 수도 있으며, 일부는 이득, 다른 일부는 손해를 볼 수도 있다.

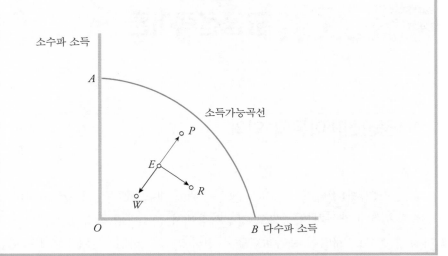

리 떨어진 소득가능곡선 *AB*로 표시된다.

공공선택은 크게 세 가지 가능한 결과를 낳을 수 있다. 첫째는 사회의 모든 구성원들의 소득(혹은 효용)이 증가되는 파레토우위의 결과를 낳는 경우이다. 이는 *E*에서 *P* 방향으로 이동하는 것으로 표시된다. 둘째는 한 집단에서 다른 집단으로 소득을 재분배시키는 경우이다. 이는 그림의 *E*에서 *R* 방향으로 이동하는 것으로서 소수파(고소득층)의 소득을 다수파(중·저소득층)의 소득으로 재분배하는 것을 뜻한다. 마지막으로 어리석은 공공선택이 이루어질 경우 사회의 모든 구성원이 자유방임상태인 때보다 오히려 소득이 감소되는 결과를 초래할 수 있다. 이는 정부의 실패가 시장의 실패보다 큰 경우로서 그림에서 *W* 방향으로 이동하는 것으로 표시된다. 공공선택이론은 *W* 방향으로 가는 것을 피하고 *P* 방향으로 가기 위해서는 사회가 어떻게 집단적인 행동을 해야 하는가를 연구하는 이론이다.

공공선택이론의 발전에 크게 기여한 공로로 1986년에 노벨경제학상을 수상한 미국의 부케넌(J. Buchanan) 교수는 공공선택이론을 정치의 경제이론 또는 신정치경제학이라고 규정하였다. 공공선택이론은 정치와 경제, 혹은 정치와 시장이 상호관련을 맺고 있는 복합영역에 대한 경제학적 연구라는 것이다.

2 투표를 통한 공공선택

집단적 의사결정의 기준으로는 전원(=만장)일치제로부터 일인독재 및 구성원들의 의사와는 별도로 전통과 규율의 힘에 의해 결정되는 제도에 이르기까지 여러 가지가 있을 수 있다. 그 중에서 현실세계에서의 공공선택은 많은 경우 투표에 의존한다. 투표에 의한 공공선택은 개인들의 서로 다른 선호를 집계하여 집단의 결정으로 유도하는 방법이다. 투표에 의한 공공선택에는 만장일치제도와 다수결투표제도가 있다.

만장일치제도

만장일치제도는 모든 사람의 찬성을 끌어내는 제도로서 투표제도의 이상적 기준이라 할 수 있다. 그림 17-4(a)에서 만장일치제도에 의한 공공선택은 어떤 사람의 소득도 감소시키지 않고 모든 사람의 소득을 증가시키기 때문에 그 결과가 EAB 안에서 이루어진다. 그러나 어떤 제안에 대한 결정에 있어서 만장일치의 원칙을 적용한다는 것은 현실적으로 매우 어렵다. 단 한 사람의 반대로도 제안이 부결되기 때문에 반대투표자가 완전히 독재적 힘을 가지게 된다. 이 비토(veto)권을 빌미로 제안에 찬성하는 사람에게 금전이나 기타 특혜를 요구할 수도 있다.

모든 사람이 찬성한다는 것은 모든 사람이 만족하는 상태가 있다는 것을 뜻한다. 따라서 만장일치는 파레토최적상태로 연결된다. 그러나 실제로 만장일치제도가 도입된다면 한 사람만 반대해도 새 정책이 채택되지 않고, 이를 아는 반대자가 전략

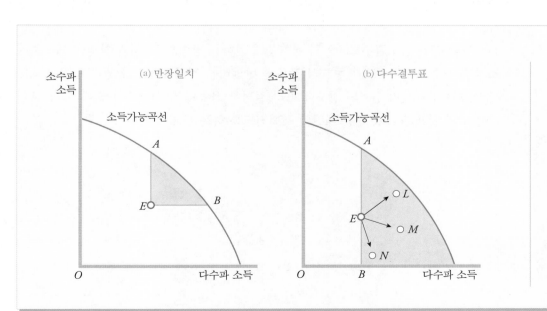

그림
17-4

만장일치제도와 다수결투표제도 하에서의 공공선택

현 상태 E에서 (a)의 만장일치제도는 면적 AEB 상의 점으로 이동시키지만 각자가 전략적으로 행동하여 현 상태에 고착될 수도 있다. 다수결투표는 (b)의 E에서 AB 오른쪽 영역으로 이동시킨다.

적으로 행동하기 때문에 기존 정책이 아무리 좋거나 나쁘거나 간에 그대로 유지되기 쉽다. 그림에서 E점에 그대로 머물러 있기가 쉬운 것이다. 특히 현재상태가 소득가능 곡선상의 점이라면 만장일치제도에 의한 상태 변화는 불가능하다.

다수결투표제도

민주정치과정 속에서 의사결정을 위하여 채택되는 투표방법으로는 과반수 이상의 동의를 요구하는 다수결원칙(majority rule)이 일반적인 방법이다.

다수결투표는 파레토최적의 공공선택은 아니다. 왜냐하면 다수결투표에 의한 결정은 승자에게는 만족을 주지만 패자에게는 불만족을 주기 때문이다. 어떤 선택대상에 반대표를 던졌는데도 그 선택대상이 채택되었다는 것은 반대한 집단의 한계손실이 한계이익보다 크다는 것을 의미한다. 다수결투표는 1인 1표의 원칙하에서 다수표로 결정하기 때문에 선택대상에 대한 투표자들의 선호의 강도를 고려하지 못하는 결점이 있다.

다수결투표가 다수의 횡포를 초래할 수 있다는 것은 잘 알려진 사실이다. 대부분의 다수결투표제도가 투표자에게 어떤 특정대안을 찬성하는가 반대하는가 혹은 약간의 변화를 바라는가 아닌가를 물어 보는 것이기 때문에, 이래도 좋고 저래도 좋다는 중간선호를 가지고 있는 그룹이 각종 결정을 좌우하고 막강한 조정력을 발휘하는 결과를 가져올 수 있다. 이와 같은 현상을 다수결투표에서 중위투표자정리(median voter theorem)라고 한다.

그림 17-4(b)에서 다수결투표는 다수파소득이 증가하는 방향으로 공공선택이 이루어지기 때문에 AB 오른쪽에 다수결투표의 결과가 나타난다. 다수결투표에서는 L점과 같이 상대적으로 효율적이고 공평한 결정을 내릴 수도 있고, N점과 같이 비효율적이고 불공평한 결정을 내릴 수도 있다. 소수파를 희생시키는 M점이나 N점으로 가는 결정이 다수의 횡포(tyranny by the majority)를 나타낸다.

이와 같은 다수결투표제도의 결함을 보완하는 방법으로 2/3의 찬성을 요구하는 조건부 다수결투표제도와 선호의 강도를 반영하는 점투표제도가 있다. 점투표제도는 투표자가 자신의 선호의 강도에 따라 일정한 점수를 각 선택대상에 배분함으로써 그 점수의 합계가 가장 높은 대안이 채택되도록 하는 투표제도이다.

중위투표자정리
중간선호를 가진 그룹이 다수결투표를 좌우하게 되는 현상

3 다수결투표와 정치의 경제이론

다수결투표의 모순

다수결투표제도는 앞에서 설명한 문제점보다 이론적으로 훨씬 심각한 문제점을 가진다. 그것은 집단선택에 일관성이 없는 결정이 내려질 가능성이 있다는 것이다. 이것을 (다수결)투표의 모순이라고 부른다.

다음의 예로 투표의 모순을 설명해 보자. 갑·을·병이라는 투표자가 있고, A(대규모 예산)·B(중규모 예산)·C(소규모 예산)라는 세 가지의 선택대상이 있다고 하자. 각 개인의 선호의 순위는 표 17-1과 같다. 세 가지를 동시에 투표에 부치면 세 가지 모두 똑같은 표를 얻어 어느 것도 뽑히지 않는다. 그런데 현실세계에서는 흔히 이것이냐 저것이냐 식으로 두 가지 중 하나를 뽑는다. 이 경우 다수결투표는 비합리적인 결과를 낳기 쉽다.

A와 B를 비교하면 갑과 병이 A를 B보다 선호하므로 2 : 1로 A가 채택된다. B와 C를 비교하면 갑과 을이 B를 C보다 선호하므로 2 : 1로 B가 채택된다. A가 B보다 선호되고 B가 C보다 선호되므로 논리적으로는 마땅히 A가 선택되어야 할 것이다. 그러나 다수결투표로 A와 C를 부치면 을과 병이 C를 A보다 선호하여 C가 채택된다. 이처럼

> 다수결투표에서 집단적인 선호가 논리적으로 맞지 않고 일관성이 없는 선택을 낳을 수 있는 현상을 **다수결투표의 모순**이라고 한다.

다수결투표의 모순
다수결투표에서 집단적인 선호가 논리적으로 맞지 않고 일관성이 없는 선택을 낳을 수 있는 현상

다수결투표의 모순은 의제를 투표에 부치는 순서가 매우 중요하며 정부가 원하는 정책안이 채택되도록 조작할 수 있다는 것을 시사한다. 앞의 예에서 정부가 B를 선호한다면 A와 C를 먼저 투표에 부쳐 거기에서 채택된 C와 B를 다시 투표에 부치면 되는 것이다.

표 17-1

개인＼순위	1순위	2순위	3순위
갑	A	B	C
을	B	C	A
병	C	A	B

투표자의 선호와 다수결투표
다수결투표는 투표의 모순을 낳을 수 있다.

애로우의 불가능성정리

공공선택의 주요 수단인 다수결투표제도에서 투표의 모순이 발생할 수 있다는 것은 민주정치과정 속의 의사결정이 합리성을 갖기 매우 어려운 일임을 의미한다. 사회구성원 각자의 선호가 주어졌 있을 때 이를 종합하여 사회 전체의 선호를 표현할 수 있게 해 주는 틀이 있다면 그 틀이 갖추어야 할 최소한의 조건들은 무엇일까? 애로우(K. Arrow)는 이 틀을 사회후생함수라고 정의하여 사회후생함수가 갖추어야 할 바람직한 최소한의 조건을 탐구하였다.

사회후생함수(social welfare function)란 개개인의 효용함수를 종합하여 사회후생 또는 사회복지로 나타내는 함수를 말한다.

사회후생함수는 각 개인의 효용함수를 독립변수로 하고 사회 전체의 후생수준을 종속변수로 하는 함수이다.

[17-1] $W = f(U_1, U_2, \cdots, Un)$

위의 식에서 W는 사회후생수준, U_i는 i번째 사람의 효용함수를 의미한다. 일단 사회후생함수가 정립되면 개인의 효용수준에 일어나는 어떠한 변화도 사회적인 관점에서 평가할 수 있게 된다. 공공선택으로 어떤 의제가 선택되면 그 의제가 개별 구성원의 효용에 영향을 미치고 이어 사회후생에 영향을 미친다.

애로우는 사회후생함수가 갖추어야 할 바람직한 속성으로 다음의 네 가지를 들었다.

첫째, 집단적 합리성의 조건이다. 사회의 여러 상태 중에서 어느 것이 더 좋고 어느 것이 더 나쁜가를 항상 판단할 수 있어야 한다. 나아가 A라는 정책이 B보다 선호되고 B라는 정책이 C보다 선호된다면 A는 C보다 선호되어야 한다. 다수결투표의 모순은 바로 이 후자의 조건을 충족시키지 못하고 있다.

둘째, 파레토최적조건이다. A와 B라는 두 가지 상태가 있을 때 사회구성원 중 최소한 1인이 A를 B보다 선호하고 그 1인을 제외한 다른 모든 구성원이 A와 B에 대하여 무차별하다면 사회적 순위는 A가 B보다 선호되어야 한다는 것이다.

셋째, 무관한 선택대상으로부터의 독립성 조건이다. 이는 상이한 정책대안간에 상호의존성이 없어야 한다는 것을 뜻한다. 예컨대 정책순위가 A, B, C, D일 때 어떤 이유로 C라는 대안이 제거되더라도 정책순위는 여전히 A, B, D이어야 한다는 것이다.

넷째, 비독재성(非獨裁性) 조건이다. 사회적 선호가 어느 한 사람의 선호에 따라 독재적으로 결정되어서는 안 된다.

위 네 조건은 공공선택에 최소한으로 필요한 합리적이고 민주적인 조건으로 보인다. 그런데 놀랍게도 이 네 가지 조건을 모두 충족시키는 사회함수는 존재하지 않는다는 것이 애로우의 불가능성정리(Arrow's impossibility theorem)이다. 네 가지 조건 중 최소한 어느 한 가지는 포기할 수밖에 없다는 것이다. 애로우정리는 진정한 민주정치라는 것이 무엇인가라는 근본적인 의문을 제기한다. 집단적 합리성과 파레토최적, 무관한 선택대상으로부터의 독립성의 세 조건을 고집한다면 독재자에게 맡겨야 한다는 것이 애로우정리이기 때문이다. 애로우정리는 공공선택문제의 해답을 주는 공공의사결정과정을 체계적으로 분석할 수 있는 틀을 제시해 준다. 이러한 점에서 애로우정리는 공공선택이론의 출발점이 되고 있다.

불가능성정리
합리적이고 파레토최적이며 민주적인 공공선택은 불가능하다는 애로우의 정리

투표거래

선택해야 하는 대안이 여럿일 때에는 다수결투표가 투표거래(logrolling)와 같은 전략적 행동을 유발할 수 있다.

갑은 X라는 공공사업이 시행되기를 강력하게 원하는 한편 Y라는 공공사업에 대해서는 약하게 반대의사를 가지고 있다고 하자. 반면에 을은 Y사업을 강하게 선호하고 X사업을 약하게 반대한다고 하자. 이 때 갑은 을이 강력하게 원하는 Y사업을 밀어주고, 을은 갑이 강력하게 원하는 X사업을 지지해 준다는 조건으로 연합하여 둘다 X와 Y사업에 찬성투표를 할 수 있다. 독립적으로 다수결투표를 하면 소수의 지지밖에 못받아 채택되지 않을 의안들이 이러한 전략적인 투표거래로 통과될 수 있는 것이다.

투표거래로 소수파들이 연합하여 다수파를 형성하고 영향력을 행사하는 경우는 많이 있다. 이러한 전략적 행동으로 이익집단의 편익이 손실집단의 비용을 능가할 경우에는 사회 전체적으로 효율적인 공공선택에 도달할 수 있을 것이다. 그러나 이해집단이 많고 전략적 행동의 가지 수가 많을 경우에는 복잡한 전략적 행동의 조합을 일으키고 높은 비용을 발생시켜 최적의 공공선택과는 거리가 먼 의사결정에 이를 수 있다.

민주정치의 경제이론

앞에서 다수결투표제도를 설명할 때 중위투표자(투표자들의 선호분포에서 중간계층)에 따라 투표의 결과가 달라진다는 중위투표자정리를 설명하였다. 민주정치하에서는 다수의 지지를 받는 정치인이 의회에 진출하고 다수의 지지를 받는 정당이 결국 정권을 획득하게 마련이다. 중위투표자정리가 시사하는 것은 각 정당이 중위투표자의 지지를 얻기 위해 서로 유사한 정책을 도입한다는 것이다. 혁신정당의 집권이 어려운 점, 혁신정당으로 출범하더라도 시간이 흐름에 따라 흔히 중도보수정당으로 선회하는 점, 선거 때마다 유력한 후보자들의 선거공약이 서로 비슷비슷한 점 등은

중위투표자정리로 설명할 수 있다.

경제학에서는 정치인의 행태를 단순화시켜 득표수의 극대화를 추구한다고 본다. 이는 정치인이 공익을 위하여 행동한다고 보는 것보다 현실정치행태를 더 잘 설명해 주는 가정이다. 득표수의 극대화라는 사익과 정치인이 내세우는 공익이 일치할 때는 실리와 명분이 같게 되어 아무 문제가 없다. 그러나 양자가 일치하지 않을 때에는 문제가 생긴다. 이 경우 대부분의 정치인은 직접 또는 간접으로 사익을 우선하는 것이 정치판의 행태이다. 개혁정책을 표방하다가도 광범위한 지지를 받지 못한다고 판단될 때에는 용두사미가 되는 경우가 그 예이다. 돈으로 유권자를 매수하여 우선 당선되고 보자는 선거행태가 그 다른 예이다.

기업이 이윤을 극대화할 때는 수입과 비용의 차이를 극대화한다. 정치인이 득표수를 극대화한다는 것은 그에 따른 비용에 관계 없이 다수의 득표만 받으면 당선되기 때문에 기업으로 말하면 수입을 극대화한다는 것과 같다. 수입이 극대화된다고 해서 극대이윤이 보장되는 것은 아니다. 경우에 따라 손실을 볼 수도 있다. 따라서 정치인이 득표수를 극대화한다는 것은 이윤(국익)이야 어찌 되든 선거에 이기기에만 몰두한다는 것을 의미한다. 비용측면이 무시되게 마련인 것이 정치판의 속성인 것이다. 선거비용에 상한선을 두고 선거법 위반을 엄하게 다스리는 각국의 관행은 정치판에서 무시되는 기회비용 측면을 제도적으로 감안하는 장치이다.

현실세계에서 중위투표자의 선호가 확실하게 알려져 있지 않고 그들이 투표에 얼마나 많이 참가할 것인가도 불확실한 경우가 많다. 이 경우에는 중위투표자를 자처하는 이익/압력단체들이 많이 생기고 정치인은 이익·압력단체들의 요구에 따르는 경향이 생긴다. 그 결과 집단이기주의가 공익의 탈을 쓰고, 공공지출이 중위투표자의 선호수준보다 과다하게 증대한다.

정치적 현상을 경제적으로 분석하는 신정치경제학의 시도는 정책과학(정치학·행정학)과 경제학의 공유영역을 확장시키는 흥미로운 발전이다.

1　시장의 실패란 경제활동을 시장기구에 맡길 경우에 최적의 자원배분 및 평등한 소득분배를 실현하지 못하는 상황을 말한다. 시장의 실패의 원인에는 시장의 불완전성과 규모의 경제, 외부효과, 공공재, 소득분배의 불평등, 불확실성 등이 있다.

2　외부효과에는 외부경제와 외부비경제가 있다. 외부경제란 거래 쌍방이 아닌 제3자에게 혜택을 주고도 이에 대한 보상을 받지 못하는 것이다. 외부비경제란 제3자에게 손해를 입히고도 이에 대한 대가를 지불하지 않는 것을 말한다. 시장기구에 맡기면 외부경제를 낳는 상품은 필요 이하로 적게 생산되고 외부비경제를 낳는 상품은 필요 이상으로 많이 생산된다.

3　국방·치안·등대·공원 등과 같이 여러 사람이 동시에 소비할 수 있는 특성(비경합성)과 대가를 지불하지 않아도 그 재화와 서비스의 소비를 못하게 막을 수 없는 특성(비배제성)을 동시에 가질 때 이를 공공재라 한다. 공공재의 공급을 시장기구에 맡길 때 무임승차의 문제가 발생하기 때문에 사회가 필요로 하는 수준보다 적게 생산된다.

4　오늘날 혼합경제하의 정부는 시장의 실패를 교정하기 위하여 경제에 개입한다. 이상적인 정부는 ① 시장경제를 위한 법과 제도의 제정·운용, ② 사회적으로 바람직한 자원배분, ③ 소득재분배, ④ 거시경제안정화의 네 가지 경제적 기능을 수행해야 한다. 그러나 현실적으로는 이런 기능을 수행하는 과정에서 정부의 실패가 일어나기 쉽다. 정부의 실패란 시장의 실패를 교정하기 위한 정부개입이 오히려 효율적인 자원배분을 저해하는 것을 말한다. 정부가 경제에 개입할 때 정부의 실패가 시장의 실패보다 크지 않도록 하는 것이 중요하다.

5　정부가 환경오염을 규제하는 수단은 크게 직접규제·간접규제·정부의 직접투자의 세 가지 유형으로 분류할 수 있다. 직접규제수단으로는 독·극물질의 배출금지, 토지의 용도지정, 처방적 규제 및 오염물질 배출허용기준 등이 있다. 간접규제란 시장유인을 통하여 간접적으로 환경오염을 조절하는 방법으로서 ① 재산권을 부여하여 오염행위에 대한 책임소재를 분명하게 하는 방법, ② 오염행위자에게 오염물질의 배출량에 따라 벌과금을 물게 하는 방법, ③ 오염방지시설비용의 일부를 정부가 부담하여 오염행위자로 하여금 오염을 방지토록 장려하는 방법, ④ 오염원들에게 오염물질배출량을 할당해 주고 이 배출권의 거래를 통하여 적정오염수준을 달성하는 방법 등 네 가지가 있다. 직접투자란 정부가 직접 나서서 환경오염을 정화하고 오염방지서비스를 생산하는 등의 방법을 말한다.

6　공공선택이론은 후생경제학의 한 분야로서 정부의 의사결정방법을 연구하는 경제이론이다. 공공선택은 많은 경우 투표에 의존한다. 만장일치제도는 이상적인 투표제도이지만 한 사람만 반대해도 개정이 되지 않기 때문에 현상유지에 머무르기 쉽다. 다수결투표제도는 중간선호그룹이 바라는 대안이 채택될 가능성이 높다. 이것

을 중위투표자정리라고 한다. 다수결투표제도하에서는 일관성이 없는 선택이 일어나는 투표의 모순이 존재할 수 있다. 투표의 모순이 존재하는 상황에서는 의제를 투표에 부치는 순서가 달라짐에 따라 다수결로 채택되는 의제가 바뀔 수 있다.

7 사회구성원의 선호를 종합하여 사회 전체의 선호로 표현할 수 있게 해 주는 법칙이 있다면 그 법칙이 갖추어야 할 최소한의 조건들은 집단적 합리성, 파레토최적조건, 무관한 선택대상으로부터의 독립, 비독재성이다. 이 네 가지의 조건을 동시에 만족하는 어떠한 공공선택제도도 존재하지 않는다는 것이 애로우의 불가능성정리이다.

주요용어 및 개념 　　　　K/E/Y/W/O/R/D/S/&/C/O/N/C/E/P/T

- 시장의 실패
- 외부효과
- 외부경제
- 외부비경제
- 공공재

- 정부의 실패
- 사적 비용
- 사회적 비용
- 코오즈정리
- 오염배출권거래제도

- 공공선택이론
- 신정치경제학
- 중위투표자정리
- 다수결투표의 모순
- 사회후생함수

- 불가능성정리
- 투표거래

연습문제 　　　　E/X/E/R/C/I/S/E

1 그림 17-1(a)에서 경쟁산업을 그려서 외부비경제효과를 감안하지 않을 때의 시장가격이 감안할 때의 시장가격보다 낮은 것을 확인하라.

2 외부경제가 있을 때를 그림 17-1과 같은 그림을 그려서 설명하라. 외부경제의 예를 들어라. 보조금을 지급하여 사회적으로 바람직한 생산량을 유도하는 과정을 설명하라.

3 공공재의 두 가지 특성 중에 하나만 만족하면 준공공재라 한다. 준공공재에 속하는 재화와 서비스의 종류를 들어 보라. 소비의 비배제성과 비경합성을 이용하여 공공재를 설명해 보라.

4 제도로서의 시장경제도 공공재인 것을 설명하라. 국가가 기초과학에 대한 투자에 적극 나서는 이유를 설명해 보라.

5 두 사람 A와 B의 공공재에 대한 개별수요곡선으이 주어져 있다고 하자. A와 B만 있다면 개별수요곡선으로부터 시장수요곡선을 도출하는 방법을 그림을 그려가며 설명해 보라.

6 규제혁신을 해야 할 이유를 들어보라. 최근 규제혁신 방안으로 규제 샌드박스 도입, 규제 시스템의 포괄적 네거티브 시스템으로의 전환 등이 논의되고 있다. 이를 알아보고 평가하라.

7 오염배출허용기준, 오염배출부과금, 오염방지보조금의 방법에 관하여 ① 오염배출량(=환경정화수준), ② 오염유발기업이 받는 영향, ③ 소비자가 받는 영향, ④ 환경정화기술개발유인 등의 네 가지 측면에 초점을 맞추어 그 규제효과를 비교하라. 세 가지 방법 중에서 현실적으로 가장 효과적인 방법을 하나 선정하여 보라.

8 한 동네에 A, B 두 사람이 이웃하여 살고 있다. A가 기르는 개가 밤마다 짖어서 B의 숙면을 방해한다고 하자. 코오즈정리에 따르면 두 사람이 협상을 통해 개짖는 소리로 인한 외부효과를 해결할 수 있다고 한다. 단, A에게 개를 기를 수 있는 권한이 있다고 하자.

(1) A가 개로 인해 얻는 혜택이 50만원에 해당하고 B가 개로 인해 입는 피해가 80만원에 해당한다고 하자. 이 때 B가 A에게 60만원을 줄테니 개를 치워달라고 제의한다면 두 사람 모두 바람직한 결과를 얻을 수 있음을 설명하라.
(2) 반면 A가 개로 인한 혜택이 100만원이고, B가 입는 피해는 여전히 80만원이라면 어떤 협상결과가 바람직한 해결책인지 설명하라.
(3) 이제 (1), (2)에서 가정한 대로 A가 개를 기를 수 있는 권리를 가진 대신 B가 조용한 밤을 보낼 수 있는 권리를 가졌다고 가정하자. 즉 이제 B가 A에게 개를 치워달라고 요구할 수 있는 권리가 법적으로 주어졌다고 하자. 이 경우에도 아쉬운 사람이 바뀔 뿐 협상결과는 A가 권리를 가진 경우와 마찬가지이고 다만 누가 누구에게 지불하느냐만 문제가 됨을 설명하라.
(4) 이처럼 최초에 권리가 누구에게 있더라도 민간경제주체끼리 협상을 통하여 외부효과가 유발하는 문제를 바람직한 방향으로 해결할 수 있다는 것이 코오즈정리이다. 코오즈정리가 시사하는 바와 달리 현실에서 협상을 통한 해결이 항상 가능하지는 않는 이유는 무엇일까?

9 「정치는 타협의 예술이다」는 말을 신정치경제학의 관점에서 설명해 보라.

10 표 17-2에서 개인 '병'의 선호순위가 C, B, A라면 투표의 모순이 일어나지 않음을 보여라.

11 국민적 합의를 이끌어내는 방법이 애로우의 네 가지 조건을 모두 만족시킬 수는 없고 최소한 한 가지 조건을 포기해야 한다고 하였다. 독자는 어떤 조건을 포기해야 한다고 생각하는가? 그 입장을 정당화시켜 보라.

12 다음의 기술이 옳은가 그른가를 밝히고 그 이유를 설명하라.

① 시장의 실패가 발생할 때는 정부가 항상 시장에 개입해야 한다.
② 규모의 경제에 의한 시장의 실패를 방지하기 위해서는 독점기업을 여러 개로 나누어 경쟁체제로 이끌어야 한다.
③ 배기가스의 방출량에 비례하여 세금을 내야 한다면 배기가스는 외부비경제의 문제가 될 수 없다.
④ 막히지 않는 유료고속도로는 준공공재이다.
⑤ 공해산업의 생산량을 사회적 적정수준으로 줄이기 위해서는 보조금을 지급해야 한다.
⑥ 공공재는 정부나 지방자치단체 같은 공공기관에서 생산·공급하는 상품을 의미한다.
⑦ 공공재는 항상 외부경제효과만을 낳는다.
⑧ 시장이 공공재의 배분에 아무런 역할을 하지 못하는 이유는 공공재에 가격을 매길 수 없기 때문이다.
⑨ 외부효과는 사적 비용(편익)과 사회적 비용(편익)의 괴리에서 비롯된다.
⑩ 무임승차자 문제는 공공재 소비의 비배제성 때문에 생긴다.
⑪ 외부효과로 인한 시장실패는 경쟁기업에서만 존재한다.
⑫ 시장의 실패는 정부개입의 필요조건이지만 충분조건은 아니다.

미시경제이론의 응용·확장과 변경

이 장에서는 지금까지 배워 온 미시경제학의 분석도구들을 활용하거나 확장하고 미시경제학의 변경(frontier)을 넓히는 이론들을 살펴 본다. 현대사회에서 갈수록 중요성을 더해 가는 정보와 지식, 인터넷 등에 관한 경제이론을 개관한다. 기존경제학의 합리성 가정을 완화시켜 현실경제에서 일어나는 여러 특이현상을 설명하는 행동경제학을 살펴본다.

CHAPTER

18

현실세계에는 불확실성이 지배한다. 예기치 못한 일이 일어나고 각종 자연재해, 사고, 질병과 테러 등 여러 형태의 위험에 노출된다. 온갖 상품이 거래되는 시장경제가 흥미로운 점은 여러 형태의 위험에 대처할 수 있게 해주는 상품도 시장에서 거래된다는 점이다.

위험 또는 위험회피서비스가 거래되는 시장을 위험시장(market for risk)이라 한다.

위험시장의 예로는 선물시장, 옵션시장과 보험시장을 들 수 있다.

선물시장

우리가 지금까지 다루어 온 시장은 매매계약이 이루어지는 즉시 상품과 대금을 주고받는 현물시장(spot market)이다. 매매계약이 이루어지면서 상품과 대금을 주고받는 거래를 현물거래라 한다. 현물거래가 이루어지는 시장이 현물시장이다. 현실세계에서는 현물시장이 아닌 시장도 있다. 선물시장이 대표적인 예이다. 선물시장에서는 현재 일정한 가격과 수량으로 매매계약이 이루어지지만 실제로 상품과 대금이 인도되는 때는 미래의 특정시점이다.

선물
상품을 현재 결정한 가격으로 미래의 특정시점에 인도할 것을 약정하는 것

선물시장
선물이 거래되는 시장

선물시장(futures market)이란 선물이 거래되는 시장이다. **선물**이란 어떤 상품을 현재 확정한 가격과 수량으로 미래의 특정시점에 인도할 것을 약정하는 것이다.

선물시장에서 이루어지는 계약과 거래를 각각 선물계약, 선물거래라 한다. 선진국에서는 각종 농산물, 금속 등 원자재와 증권, 외환, 금융상품에 걸쳐 선물거래가 광범위하게 이루어지고 있다. 선물거래의 시초는 1848년 시카고상품거래소(Chicago Board of Trade: CBOT)가 설립되어 곡물의 선물거래가 이루어지면서 시작되었다. 우리나라에서는 한국거래소(Korea Exchange: KRX)에서 각종 증권 등의 현물과 함께 선물을 폭넓게 거래하고 있다.

농부가 가을에 수확한 옥수수를 현물로 즉시 팔 수도 있고, 봄까지 창고에 보관하며 기다렸다가 봄에 현물로 팔 수도 있다.

한국거래소(KRX)
증권거래소, 선물거래소, 코스닥 위원회, (주)코스닥증권시장 등 4개 기관이 통합되어 2005년 1월 부산에 설립되었다.

수확기에는 농산물 가격이 으레 낮다. 내년 봄까지 기다리면 가을 수확기보다 비싼 가격에 팔아 이득을 얻을 것 같지만 확실하지는 않다. 가격이 떨어져 손해를 볼 수도 있다. 농부가 이런 위험을 회피하고자 하면 선물을 팔면 된다. 선물을 팔면 내년 봄 특정시점에 팔 옥수수의 가격과 수량이 확정된다. 이에 따라 내년 봄의 가격과 판매량에 대한 불확실성이 사라진다. 이때 확정한 가격을 선물가격(futures price), 거래 대상인 옥수수를 기초상품, 미래의 특정시점을 만기일이라 한다.

선물을 사는 사람은 투기자(speculator)이다. 사전에 있는 정의대로 '시장가격의 변동을 예상하고 그 차익을 얻기 위해 행하는 매매거래'가 투기(speculation)이다. 투기를 하는 사람이 투기자이다. 내년 봄 약정일에 현재 확정된 가격보다 시장가격이 높아지면 선물을 산 투기자는 산 가격보다 비싸게 팔 수 있어 차익을 얻는다. 그러나 시장가격이 확정한 가격보다 낮아지면 투기자는 손해를 본다. 이런 위험을 기꺼이 인수하는 투기자가 있기 때문에 선물시장이 존재한다.

농산물에 선물시장이 있으면 농부가 추수기에 현물로 공급하는 수량이 적어지기 때문에 추수기의 농산물가격이 지나치게 낮아지는 것을 막는다. 또한 선물거래로 단경기(端境期＝비추수기)에 공급하는 물량이 많아지기 때문에 단경기의 농산물가격이 지나치게 높아지는 것도 막는다. 투기자의 투기행위가 추수기와 단경기 간의 가격변동폭을 줄이는 역할을 하고 있다. 이와 같이 가격변동을 줄이는 투기를 유익한 투기(profitable speculation)라고 한다.

유익한 투기가 이루어지면 가격변동이 줄어들어 안정적으로 경제활동을 할 수 있기 때문에 생산자와 소비자가 모두 이익을 본다. 투기자도 싼 가격으로 사서 비싼 가격으로 팔아 매매차익을 얻기 때문에 이익을 본다. 투기자가 유익한 투기를 할 수 있는 것은 가격변동에 대한 예측이 상대적으로 정확하기 때문이다. 정확한 예측은 좋은 정보가 많이 축적되어 있어야만 가능하다. 투기자가 정보의 부족으로 가격변동을 정확히 예측하지 못하면 높은 가격으로 사서 낮은 가격으로 팔게 되어 손해를 본다. 이 경우 생산자와 소비자도 손해를 보기 쉽다. 가격이 높을 때 투기자가 사면 수요가 증가하여 가격이 더 높아지고 가격이 낮을 때 투기자가 팔면 공급이 증가하여 가격이 더욱 낮아지기 때문이다. 이와 같이 가격변동을 증폭시키는 투기를 불익한 투기(unprofitable speculation)라고 한다. 당연히 유익한 투기가 많이 이루어질수록 좋다. 따라서 한 시장이 예측 능력이 우수한 전문투기자를 되도록 많이 갖는 것은 시장 전체의 효율성을 높이는 데 매우 중요하다. 투기자가 많아 투기자들간에 경쟁이 치열해질수록 가격변동폭은 더욱 좁아질 수 있기 때문이다.

투기자 혹은 투기꾼이라는 말은 깎아내리는 어감을 가지고 있지만 투기자는 흔히 시장위험을 분산시켜 주고 시장이 효율적으로 작동하도록 도와주는 긍정적인 역할을 수행한다.

지금까지 기초상품을 가진 사람이 선물을 파는 것으로 설명하였다. 현실 시장에서는 투기자가 상품을 가지지 않고도 빌려서 선물을 팔 수 있다. 이를 공매도(short

공매도
상품을 빌려서 선물을 파는 것

selling)라 한다. 공매도를 한 사람은 만기일에 가격이 선물가격 이하로 떨어지면 떨어진 가격으로 상품을 사서 돌려줌으로써 차익을 얻을 수 있다.

옵션시장

선물시장에서는 미리 정한 계약일이 오면 기초상품의 가격이 오르든 내리든 관계없이 거래를 이행해야 한다. 따라서 계약일의 상품 시세가 처음 계약 당시 상품 시세와 달라지면 거래자 쌍방 간에 희비가 엇갈리게 된다. 한쪽이 이득을 보면 다른 쪽은 반드시 손실을 보게 되어 있다. 이득과 손실의 합은 0인 영합게임(zero-sum game)이다. 예측을 잘못하면 투기자의 손실은 얼마든지 클 수 있다. 이런 선물시장의 위험을 완화시켜 선물계약을 맺고도 손실이 크면 계약을 이행하지 않아도 될 권리가 시장에서 거래될 수 있다. 이런 시장을 옵션시장이라고 한다.

> 미래의 특정시점이나 기간에 미리 정해진 가격으로 기초상품을 사거나 팔 수 있는 권리를 부여한 계약을 옵션(option)이라 한다. 옵션이 거래되는 시장을 옵션시장이라 한다.

미래의 특정시점이나 기간에 미리 정해진 가격으로 기초상품을 살 수 있는 권리를 콜옵션(call option)이라 하고 팔 수 있는 권리를 풋옵션(put option)이라 한다. 미리 정해진 가격을 권리행사가격이라 한다. 사거나 파는 권리를 행사하기 위해 지불하는 가격을 옵션프리미엄(option premium)이라 한다.

콜옵션을 사는 사람은 미래의 특정시점이나 기간에 기초상품의 가격이 권리행사가격보다 더 오를 것이라고 예상한 사람이다. 예상대로 오르면 콜옵션을 행사하여 기초상품을 사서 오른 시세로 팔아 이득을 본다. 예상과는 달리 가격이 떨어지면 상품을 사지 않을 권리를 행사하여 상품을 사지 않는다. 이때 그 사람은 옵션프리미엄만큼만 손해를 본다. 풋옵션을 사는 사람은 미래의 특정시점이나 기간에 기초상품의 가격이 권리행사가격 이하로 떨어질 것이라고 예상하는 사람이다.

콜옵션이나 풋옵션을 산다는 것은 시장에 이것들을 파는 사람이 있다는 뜻이다. 선물시장에서 상품 보유자가 위험을 회피하기를 원한다면 선물을 팔 수 있다. 옵션시장에서는 옵션을 사고 파는 것으로 위험을 회피할 수는 없고 위험을 줄일 수 있을 뿐이다.

보험시장

뜻밖의 사고를 당하여 경제적 손실을 보는 것에 대비하기 위해 사람들이 살 수 있는 것이 손해보험이라는 서비스이다. 갑자기 사망하여 입게 될 경제적 손실에 대비하기 위해 사람들이 살 수 있는 것이 생명보험이라는 서비스이다. 손해보험이나 생명보험서비스를 파는 경제주체는 보험회사이다. 보험서비스의 가격을 보험료

(insurance premium)라고 부른다.

보험서비스를 사고 판다는 것은 소비자가 평소에 보험료를 내고 보험회사는 해당 사고가 일어났을 때 얼마를 지불해 주겠다고 약속하는 계약을 맺는다는 것이다. 해당 사고가 일어나지 않을 때에는 소비자는 아무런 보상도 받지 못하고 평소에 내는 보험료만 날린다. 그러나 사고가 일어났을 때에는 약정된 일정금액(이를 보험금이라고 한다)을 보험회사로부터 받는다. 이처럼 소비자는 보험료를 지불함으로써 보험회사에 위험을 전가시키는 형식으로 위험을 회피할 수 있다. 보험회사가 각종 위험을 인수하여 보험료를 받고 사고가 났을 때 보험금을 주는 투기자인 셈이다.

보험회사가 위험을 인수할 수 있는 것은 통계학에서 다루는 대수의 법칙(the law of large numbers) 때문이다. 동전을 단 한 번 던질 때에는 앞면이 나올지 뒷면이 나올지 알 수 없다. 그러나 동전을 100번 던지면 앞면과 뒷면이 거의 반반씩 나온다. 실험횟수가 많을수록 평균치에 가까운 결과가 나오는 것을 대수의 법칙이라 한다. 어느 한 집에 불이 날 확률은 잘 예측할 수 없다. 그러나 10만 채의 집에 불이 날 확률은 대수의 법칙에 의해 과거 경험을 바탕으로 잘 예측할 수 있다.

같은 조건의 보험상품을 공급하는 보험회사가 아주 많아 가격수용자로 행동한다면 보험시장은 보험료를 종축, 보험거래량을 횡축으로 하는 평면에서 보험서비스수요곡선과 보험서비스공급곡선으로 표시할 수 있다. 다른 조건이 일정할 때 보험료가 비쌀수록 보험회사는 더 많은 양의 보험서비스를 공급하고 소비자는 더 적은 양의 보험서비스를 수요한다. 따라서 보험서비스공급곡선은 우상향하고 보험서비스수요곡선은 우하향한다. 두 곡선이 만나는 수준에서 보험시장의 균형보험료와 보험거래량이 결정된다.

대부분의 경제주체들은 온갖 위험에 대비해 보험에 들고 싶어하지만 현실세계의 보험회사는 모든 위험에 대한 보험서비스를 공급하지는 않는다. 예컨대 기업제품에 대한 수요가 감소하면 제품가격이 하락하고 판매량이 감소하여 기업이 손해를 보기 때문에 기업은 자기 제품에 대한 수요가 감소할 위험에 대비하여 보험을 들고 싶어 할 것이다. 그러나 이런 종류의 보험상품을 공급하는 보험회사는 없다. 그 이유는 아래에서 설명하는 역선택과 도덕적 해이 때문이다.

대수의 법칙
실험횟수가 많을수록 평균치에 가까운 결과가 나오는 것

1 경제재로서의 정보

우리가 배워 온 수요·공급의 이론은 모든 시장참가자들이 완전한 정보를 가지고 있다고 가정하여 논의를 전개하고 있다. 현실세계에서 이 가정이 너무 강한 가정인 경우가 많다.

불완전한 정보에 입각하여 내린 결정이 손해를 가져오는 일은 흔하다. 한 슈퍼마켓에서 치약을 10% 할인판매하는 것을 보고 1년 사용분을 한꺼번에 산 소비자가 다른 슈퍼마켓에서 15% 할인특매하는 것을 발견한다면 잘못 샀다고 후회할 것이다. 제조업자가 자기 상품에 대한 수요를 지나치게 낙관적으로 예측하여 과잉생산하면 기대가격보다 낮은 가격으로 팔게 되어 손해를 볼 것이다. 제약회사가 제조하는 약의 부작용을 제대로 예상하지 못하면 엄청난 손해배상소송에 휘말릴 수 있다.

이처럼 잘못된 결정으로 손해를 보지 않기 위해서는 가급적 많은 정보를 얻는 것이 필요하다. 그러나 정보 자체도 경제재이다. 정보를 획득하기 위하여는 대가를 지불해야 하는 것이다. 소비자가 어느 곳에서 가장 싸게 살 수 있는가를 알기 위하여는 여러 곳을 돌아다니거나 각 시장에 관한 정보를 얻어야 하는데 이에는 교통비와 시간 등의 비용이 든다. 인터넷으로 검색한다 하더라도 시간이 들어가는 것은 마찬가지다. 제조업자가 자기 제품에 대한 수요를 정확히 예측하거나 제약회사가 자기 약품의 부작용을 탐지·제거하는 데에는 가외의 노력과 시간·비용이 들어간다. 따라서 결정을 미룬 채 한없이 정보를 얻을 수만도 없다.

그러면 개별경제주체들이 정보를 얼마만큼 얻는 것이 바람직할까? 이 문제를 수요·공급의 이론으로 접근하여 풀 수 있다. 그림 18–1은 어떤 경제활동에 필요한 정보가 늘어남에 따라 경제주체가 얻는 한계편익은 감소하고 한계비용은 증가하는 것으로 그렸다. 정보가 거의 없다시피 한 상태에서 얻게 되는 한 단위의 정보는 경제주체에게 아주 요긴하다. 그러나 정보가 충분히 많은 상태에서 한 단위의 정보를 더 입수할 때의 가치는 대수롭지 않기 쉽다. 따라서 정보 획득의 한계편익곡선이 우하향하는 것으로 그린 것이다. 정보가 거의 없다시피 한 상태에서 한 단위의 정보를 얻는 데에 들어가는 비용은 상대적으로 싸다고 상정할 수 있다. 그러나 정보가 충분히 많은 상태에서 한 단위의 새로운 정보를 얻는 데에는 많은 노력과 비용이 들어가기 쉽다. 따라서 정보 획득의 한계비용곡선이 우상향하는 것으로 그린 것이다.

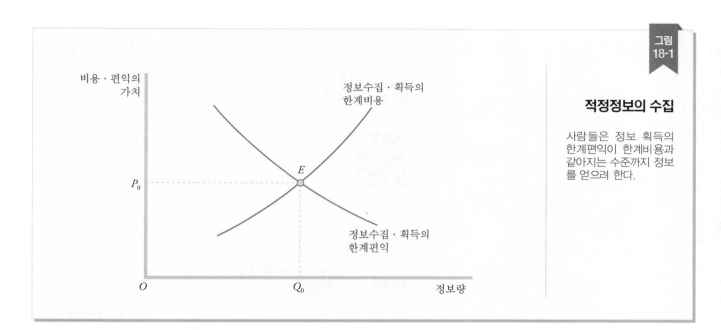

그림
18-1

적정정보의 수집

사람들은 정보 획득의 한계편익이 한계비용과 같아지는 수준까지 정보를 얻으려 한다.

이런 상황에서 개별경제주체는 정보 획득의 한계수입곡선과 한계비용곡선이 만나는 점까지 정보를 획득한다. 그림 18-1에서 정보를 Q_0만큼 획득하고 한 단위의 정보에 P_0의 가격을 지불하는 것이다. 이 때 정보 획득에 소요된 총비용은 면적 OP_0EQ_0로 표시된다. Q_0보다 많은 정보를 획득하면 경제주체에게 도움이 된다. 그러나 추가로 얻는 정보의 편익이 추가로 소요되는 비용보다 적기 때문에 경제주체가 가외의 정보를 획득하려고 노력할 유인이 없다. Q_0보다 적은 정보를 입수할 때는 추가로 얻는 정보의 편익이 추가로 소요되는 비용보다 크기 때문에 가외의 정보를 입수하려고 노력한다. 이에 따라 Q_0가 균형정보량이고 P_0가 정보의 균형가격인 것이다.

소비자가 여러 슈퍼마켓의 카탈로그를 입수하여 가격을 비교하고 할인전단을 확인한 다음 슈퍼마켓에서 치약을 15% 할인특매로 사고 나서 만족해 한다면 이 상황을 그림의 E점으로 묘사할 수 있다. 구매 직후에 자기 집에서 멀리 떨어진 슈퍼마켓에서 20% 할인특매하는 것을 발견한다 하더라도 이 소비자는 자기의 구매행위를 후회하지 않을 것이다. 가외의 정보를 얻는 데 따르는 한계편익이 보잘것 없기 때문이다. 그러나 다른 슈퍼마켓에서 30% 할인특매하는 것을 발견하고 자기의 구매행위를 후회한다면 이 상황은 소비자가 Q_0보다 적은 정보로 구매행위를 한 셈이다. 그쪽 슈퍼마켓도 알아보거나 혹은 들려서 가격정보를 얻었어야 하였는데 그렇게 하지 않았기 때문이다.

제26장에서는 그림 18-1과 같은 그림을 이용하여 실업자가 일자리를 찾는 직업탐색의 이론을 설명하고 있다.

지금까지는 정보수집에 따른 한계편익과 한계비용을 확실히 안다고 가정하여 논의를 전개하였다. 불확실성이 지배하는 현실세계에서는 정보수집에 따른 한계편익과 한계비용을 확실히 안다는 보장이 없다. 이 경우에 합리적인 경제주체는 정보 수집에 따른 기대한계편익(expected marginal benefit)과 기대한계비용(expected marginal cost)이 같아지는 수준까지 정보를 수집한다. 즉, 가능한 여러 경우에 실현될 한계편 익의 평균값과 한계비용의 평균값이 같을 때까지 정보를 수집하는 것이 최적이다.

2. 중개인과 시장

---

3 비대칭정보와 자원배분[1]

시장참여자가 거래에 필요한 완전한 정보를 갖지 못하는 경우는 크게 두 가지로 나누어 볼 수 있다. 상품을 사는 사람이나 파는 사람 모두 완전한 정보를 갖지 못하는 경우와 어느 한쪽이 완전한 정보를 갖지 못하는 경우가 그것이다. 경제학계에서는 비대칭정보라는 이름으로 후자에 주목한다. 흥미로운 현상이 후자에 많기 때문이다.

비대칭정보
거래 당사자 중 한쪽이 다른 한쪽보다 우월한 정보를 갖고 있는 것

> 비대칭정보(asymmetric information)란 거래 당사자 중 한 쪽이 다른 쪽보다 우월한 정보를 갖고 있는 경우이다.

현실 시장거래에 비대칭정보가 흔하게 있다. 중고차를 팔려고 하는 소유자는 사려고 하는 소비자보다 해당 차의 상태에 대해 훨씬 잘 알고 있다. 생명보험에 가입하는 사람은 보험회사보다 자기 건강상태에 대해 더 잘 알고 있다. 취업희망자는 회사보다 자기의 능력을 더 잘 알고 있다.

비대칭정보가 있을 때에는 비록 경쟁시장이라 하더라도 수요와 공급이 일치하는 시장균형이 성립하지 않을 수도 있으며, 시장균형이 성립하더라도 거래가 위축되어 시장이 제 기능을 발휘하지 못하게 된다. 비대칭정보가 시장의 실패를 초래할 수 있는 것이다. 비대칭정보하에 경쟁시장(보이지 않는 손)이 시장의 실패를 보이는 것을 미국의 노벨상 수상 경제학자 스티글리츠(Joseph Stiglitz)는 마비된 손(palsied hand)이라 불렀다.

---

1 이 항의 많은 부분을 이영환, 『미시경제학』에서 인용하였다.

중고차시장 : 감추어진 특성과 역선택

중고차(used car)가 사고 팔리는 시장을 보자. 이 시장에는 품질에 관한 비대칭정보가 있다. 판매자가 구매자보다 중고차의 문제점을 더 잘 알고 있는 것이다. 예컨대 2023년형 소나타 하이브리드를 팔려고 내 놓은 사람은 그 차의 특성을 잘 안다. 그러나 그 특성은 구매자에게 감추어져 있다. 구매자가 아는 것은 2023년형 소나타 하이브리드의 평균품질일 뿐 특정 차량의 품질은 아니다. 이 경우 구매자는 평균품질에 따라 가격을 지불하고자 한다. 그런데 평균품질보다 좋은 중고차를 가지고 있는 사람은 그 가격으로 차를 팔려고 하지 않는다. 이에 따라 구매자는 평균품질보다 못한 불량차를 비싸게 사게 된다. 이처럼

> 감추어진 특성이 있는 시장에서 바람직하지 않은 상대방과 거래할 가능성이 높은 현상을 **역선택**(adverse selection)이라 한다.

역선택은 좋은 품질의 상품을 시장에서 몰아냄으로써 시장기능이 위축되고 극단적으로는 시장 자체가 없어질 수도 있다. 경쟁시장이더라도 역선택 때문에 효율적인 자원배분이 이루어지지 않을 수 있는 것이다. 중고차시장과 역선택의 문제는 일찍이 미국의 경제학자 애컬로프(G. Akerlof)가 레몬시장(lemon market)이라는 이름으로 분석하여 알려졌다.[2]

역선택에 따른 시장기능의 위축을 극복하기 위해 여러 가지 장치가 있다.

먼저 우월한 정보를 가진 쪽에서 취할 수 있는 대표적인 것이 신호발송이다. 신호발송(signalling)이란 우월한 정보를 가진 쪽이 못 가진 쪽에게 자기의 감추어진 특성을 알리는 행위이다. 예컨대 품질을 보장하거나 독자적인 브랜드·광고 등을 통해 명성을 쌓는 것이 그 예이다.

우월한 정보를 못 가진 쪽에서 취할 수 있는 대표적인 것으로는 선별과 자기선택장치가 있다. 선별(screening)이란 상대방의 감추어진 특성을 파악하려는 노력을 말한다. 회사가 다양한 면접방식으로 예비 신입사원들을 테스트하는 것이 선별의 예이다. 자기선택장치(self-selection mechanism)란 우월한 정보를 못 가진 측에서 역선택의 피해를 줄이기 위해 고안해 내는 장치를 말한다. 보험회사가 여러 가지 차별화된 보험상품들을 제공함으로써 보험가입자들이 자기 특성에 맞게 스스로 보험을 선택하도록 유도하는 것이 자기선택장

역선택
감추어진 특성이 있는 시장에서 바람직하지 않은 상대방과 거래할 가능성이 높은 현상

레몬시장
중고차시장처럼 역선택이 두드러지게 일어나는 시장

신호발송
우월한 정보를 가진 쪽이 못 가진 쪽에게 자기의 감추어진 특성을 알리는 행위

선별
우월한 정보를 갖지 못한 쪽에서 상대방의 감추어진 특성을 파악하려는 노력

자기선택장치
우월한 정보를 갖지 못한 쪽에서 역선택의 피해를 줄이기 위해 고안해 내는 장치

빛 좋은 개살구
보기는 좋은데 먹기는 나빠서 '빛 좋은 개살구'. 미국인들한테 레몬(시장)이 우리의 개살구(시장)이다.

---

2 겉만 그럴듯하고 품질은 좋지 않은 상품을 미국에서 '레몬'이라고 부른다. 레몬이 겉으로는 먹음직스러운데 먹어 보면 시고 떫다는 사실에 비유한 것이다. 반면에 품질이 좋은 상품은 '자두'(plum)라고 부른다.

치의 예이다.

　　정부도 역선택의 문제를 완화시키기 위해 유용한 역할을 할 수 있다. 공인된 품질기준을 세워 이 기준을 충족시키는 제품에 대해 정부가 인정하는 증서를 줌으로써 소비자들이 제품의 감추어진 속성에 대해 알도록 도움을 줄 수 있다. KS마크나 소비자원의 품질인증 같은 것이 그 예이다. 상품과 관련된 정보를 충분히, 그리고 정확하게 공개하도록 법으로 강제하는 것도 정부가 할 수 있는 방법이다.

　　이처럼 거래 쌍방과 정부가 다양한 보완책을 취할 수 있지만 역선택의 문제를 완전히 해결하기는 현실적으로 매우 어렵다.

주인-대리인 문제 : 감추어진 행동과 도덕적 해이

　　많은 경제활동이 다양한 계약을 통해 이루어진다. 계약 중에는 한 쪽이 다른 쪽에 전부 또는 부분적으로 권한을 위임해야 하는 경우가 많다. 계약관계에서 권한을 위임하는 사람을 주인(principal)이라 부르고 위임받은 사람을 대리인(agent)이라고 부른다.

　　주인이 대리인에 대해 완전한 정보를 가지고 있다면 아무런 문제가 없다. 대리인이 계약을 충실히 이행하는지 알 수 있기 때문이다. 따라서 완전한 정보하에서 맺는 계약은 효율적이다. 그러나 실제로는 주인이 대리인에 대해 완전한 정보를 가지고 있지 못한 경우가 대부분이다. 주인은 자신을 위해 노력한 대가로 대리인에게 보상을 해 주어야 하는데 대리인이 과연 최선의 노력을 하는지 정확하게 판단할 수 없기 때문이다. 주인은 대리인의 감추어진 행동(hidden action)이나 감추어진 노력(hidden effort)으로 인해 비대칭정보의 상황에 처한다. 이런 관계에서 생기는 문제를 주인-대리인 문제(principal-agent problem)라 부른다. 보험회사와 보험가입자, 상점 주인과 종업원, 지주와 소작인, 기업의 주주와 전문경영자, 국민과 공무원 간에 주인-대리인 문제가 흔히 일어난다. 대표적인 주인-대리인 문제가 도덕적 해이(moral hazard)이다. 도덕적 해이란 계약을 체결함으로써 체결하기 전에 기대한 만큼 최선의 노력을 기울이지 않는 성향을 말한다.

도덕적 해이
계약을 체결함으로써 체결하기 전에 기대한 만큼 최선의 노력을 기울이지 않는 성향

　　화재보험회사와 보험가입자 간의 관계를 보자. 보험회사는 화재가 나는 확률에 입각하여 화재보험료와 보험금을 책정한다. 그런데 일단 보험에 가입하면 보험가입자는 가입하기 전보다 불조심을 게을리하는 경향이 있다. 화재가 발생하더라도 보험회사가 손실을 보상해 주기 때문이다. 이와 같이 보험에 가입함으로써 가입 이전보다 사고예방을 위해 최선의 노력을 기울이지 않으려는 성향이 도덕적 해이이다. 도덕적 해이 때문에 화재가 나는 비율이 보험회사가 생각한 확률보다 높아 보험회사가 손해를 본다.

　　상점 주인은 일정한 임금을 주면서 자기가 있든 없든 종업원이 열심히 일해 주기를 기대한다. 그러나 종업원은 적당히 일하면서 시간만 때울 수 있다. 주주는 전문경영자에게 두둑한 봉급을 주면서 전문경영자가 주주 이익의 극대화를 위해 최선의

노력을 기울여 줄 것을 기대한다. 그러나 전문경영자는 자신의 사무실을 필요 이상으로 호화롭게 꾸미고 필요 이상으로 경비를 지출하는 등 주주 이익보다 자기 이익을 앞세우는 경우가 흔하다. 이처럼 대리인이 최선의 노력을 기울이지 않는 도덕적 해이는 흔히 일어나고 계약은 비효율적이기 마련이다.

도덕적 해이에 대처하는 방법은 대리인이 최선의 노력을 기울이도록 감독하거나 유인을 제공하는 것이다. 회사 간부가 생산현장을 감독하는 것이 감독의 비근한 예이다. 화재보험의 경우 보험가입자도 손실을 부담하게 하는 공동보험 (coinsurance), 상점 주인과 종업원, 주주와 전문경영자의 경우 고정급여에 덧붙여 성과급(performance pay)을 도입하는 것이 유인을 제공하는 예이다. 그러나 도덕적 해이를 완전히 해결하고 효율적인 자원배분을 이루는 최적계약을 설계하는 것은 현실적으로 매우 어려운 일이다.

현대 사회는 각 분야에서 비대칭정보에 따른 도덕적 해이와 역선택의 문제가 일어나고 있다. 이 문제를 보다 잘 해결하는 일은 경제학과 경제학자에게 맡겨져 있다.

읽을거리 18-1 ▶ 순결보험의 덫 : 도덕적 해이와 역선택

1960년대 중반에 이탈리아에서는 보험회사들이 기발한 보험상품을 내놓았다. 딸을 외국에 유학 보내는 부모들이 딸의 처녀성에 문제가 생겼을 경우 보상해 주는 순결보험이 그것이다. 이 순결보험은 부모들에게 인기 있는 보험상품이었다. 그러나 몇 년 안 되어 보험회사들이 너무나 많은 손해를 입게 되어 이 상품을 없애 버렸다. 순결보험을 없애 버린 것은 도덕적 해이와 역선택이 보험회사에 불리하게 작용했기 때문이다.

보험에 가입한 여자는 가입하지 않은 여자에 비해 정조관념이 약해진다. 이것이 도덕적 해이이다. 도덕적 해이 때문에 보험회사가 기대하는 수준 이상으로 보험청구건수가 늘어난다.

손실을 메우기 위해 보험료를 올리면 정숙한 여자들은 보험을 들지 않고 방종한 여자들만 보험에 가입한다. 이것이 역선택이다. 역선택 때문에 보험료를 계속 올려도 보험회사의 손실이 메워지지 않는다.

시장경제에서는 거의 모든 상품이 거래된다. 시장에서 거래되지 않는 상품이 있다면 순결보험처럼 도덕적 해이와 역선택이 크게 일어나기 때문이다.

세계적으로 각종 테러가 빈발하고 있다. 테러에 따른 인명과 재산의 손실을 100% 보상해 주는 테러보험도 순결보험처럼 등장하기 어렵다.

정보의 비대칭성과 승자의 저주(Winner's Curse)

스웨덴 출신의 세계적인 혼성 록그룹인 아바(ABBA)가 1980년에 발표한 'The Winner Takes It All'이라는 노래가 있다. 승자가 모든 것을 차지한다는 제목이다. 사랑의 경우에는 노래처럼 승자가 모든 것을 차지하는 것처럼 보인다. 그러나 우리 주변을 살펴보면 승자가 항상 이익을 보는 것만은 아니라는 것을 알 수 있다.

승자가 손해를 보는 현상은 주로 상품을 팔려는 사람과 구매하려는 사람 간에 정보가 비대칭적으로 존재하기 때문에 발생한다. 정보의 비대칭성 문제는 중고자동차 시장, 주택 및 토지 매매가 이루어지는 부동산시장, 보험시장, 고용시장 등 경제사회 전반에 걸쳐 빈번하게 발생하지만 경매와 같은 경쟁적 상황에서 그 문제의 심각성이 더욱 부각된다.

2024년 세계최고가 저택
2024년 기준 세계최고가 저택은 영국의 버킹엄 궁전으로 49억 달러이며, 개인 저택 중에서는 인도의 안틸라가 20억 달러이다.

대표적인 사례가 기업의 인수·합병(M&A: Merge and Aquisition)시장인데, 대형 M&A가 있을 때마다 '승자의 저주(Winner's Curse)'라는 용어가 단골 메뉴로 등장한다. 이 용어는 미국 애틀랜틱 리치필드사에서 근무하던 석유기술자들이 1971년 발표한 논문에 처음 등장한 개념이다. 이 논문에 의하면 멕시코만 석유 시추권 경매시장에서 석유회사들이 치열한 가격경쟁을 펼치게 되면서 시추권이 본래의 내재가치보다 훨씬 높은 가격으로 낙찰되었고, 이로 인해 낙찰을 받은 석유회사는 큰 손실을 보게 되었다. 이처럼 승자의 저주란 경쟁에서는 승리하였으나, 그 과정에서 과도한 비용을 지출함으로써 나중에 실질적으로 큰 손실을 입게 되는 상황을 일컫는 말이다.

4 인터넷경제학

오늘날은 디지털 혁명의 시대이다. 원래 '데이터를 0과 1의 이진법으로 나타내는 방식'을 뜻하는 디지털(digital)이 개인용 컴퓨터(PC)와 스마트폰 등의 기기에 적용되면서 우리는 세계 각국 사람들과 언제나 어디서나 소통할 수 있게 되었다. 이런 경이로운 소통의 혁신으로 정치, 경제, 사회, 문화를 비롯한 모든 분야에서 혁명적 변화가 일어나고 있다. 디지털 혁명은 인류의 경제사에서 농업혁명, 산업혁명에 이은 제3의 혁명으로 인식되고 있다. 이는 다음과 같은 실리콘 밸리의 신조에서 잘 나타나고 있다.

"아날로그인 모든 것은 디지털화할 수 있다. 디지털화한 모든 것은 저장할 수 있다. 저장한 모든 것은 갈수록 더 강력해지는 컴퓨팅 시스템에서 작동하는 소프트웨어로 분석할 수 있다. 이렇게 해서 알아낸 모든 것은 오래된 것을 더 잘 작동하게 하고, 새로운 것을 가능하게 한다. 또한 오래된 것을 근본적으로 새로운 방식으로 즉시 응용할 수 있다."

우버(Uber) 택시와 카카오(Kakao) 택시 서비스의 발명이 단적인 예다. 이것들은 경쟁하는 새로운 택시 선단을 만들어내는 데 그치지 않는다. 택시를 부르고, 손님들의 필요와 욕구에 관한 자료를 모으고, 요금을 내고, 운전기사와 승객의 행동을 평가하는 데 근본적으로 새롭고 더 나은 방식을 창안해 냈다.

디지털 '혁명'이라고 부르게 만드는 요소가 세 가지 있다. 무어의 법칙, 사물인터넷, 클라우드가 그것이다. 무어의 법칙(Moore's law)은 마이크로 칩(컴퓨터의 모든 프로그램과 기억장치가 돌아가게 만드는 것)의 집적도가 대략 1~2년마다 2배로 늘어난다는 것이다. 무어의 법칙은 지난 50년 동안 지속돼 왔다. 마이크로 칩의 성능이 2년마다 기하급수적으로 증가하는 데 힘입어 관련된 제반 컴퓨팅 기술도 비약적으로 발전할 수 있게 되었다. 앞으로도 당분간 무어의 법칙은 성립할 전망이다. 사물인터넷(Internet of Things : IoT)은 모든 사물이 센서(sensor)를 갖추고 언제든지 자신의 상태를 어떻게 느끼는지 알려주도록 함으로써 사물이 수행하는 작업을 즉시 조정하거나 예측할 수 있게 하는 것이다. 부착된 센서는 과거에는 결코 얻지 못했던 세밀한 정보들을 쏟아낸다. 온갖 기계와 교통수단, 가전제품, 상하수도관, 발전소, 교량, 건물 등 그야말로 모든 사물을 똑똑하게 만들어 주는 것이 사물인터넷이다. 클라우드(cloud)는 각자의 컴퓨터 하드 드라이브 대신에 인터넷에서 작동하는 소프트웨어와 서비스를 말한다. 모든 소프트웨어와 자료를 컴퓨터나 스마트폰이 아니라 클라우드에 저장해 놓으면 인터넷에 연결되는 곳은 어디서나 어떤 컴퓨터, 스마트폰, 태블릿을 쓰든 관계없이 자기 것을 내려받을 수 있을 뿐 아니라 세상의 모든 정보에 접근할 수 있다. 클라우드는 전 세계에 퍼져 있는 컴퓨터 서버들의 거대한 네트워크로서 구름처럼 하늘에 떠 있는 일종의 공공시설이다.

디지털 혁명으로 갈수록 자료와 정보의 양이 천문학적으로 증가하고 있다. 정보(information)는 정리되거나 가공된 자료(data)를 말한다. 자료가 엄청나게 쌓이고 이 빅데이터를 정리, 가공, 분석함으로써 의미 있는 정보가 얼마든지 생산될 수 있다. 디지털 혁명은 정보경제학의 새 지평을 열고 있다.

정보
정리되거나 가공된 자료

디지털 혁명의 중심에 인터넷(internet)이 있다. 인터넷은 1969년에 미국에서 군사적 상황에서의 통신수단으로 개발되었다. 그러나 인터넷은 이제 인류의 생활방식을 바꾸는 엄청난 힘을 갖는 그 '어떤 것'이 되어 가고 있다. 오늘날 세계적으로 수십 억명의 사람들이 어떤 일(something) 또는 모든 일(everything)을 인터넷을 도구로 하여 수행하고 있다. 갈수록 인터넷을 이용한 전자상거래(electronic commerce)뿐 아니라 전자정부(e-government), 전자교육(e-education), 전자보건(e-health) 등 각 분야로 인터넷산업이 확산되고 그 비중도 커지고 있다.

인터넷산업과 인터넷시장에 대한 정의는 잘 정립되어 있지 않다. 인터넷산업을 정보통신산업의 발전된 형태로 보기도 한다.

인터넷경제의 선물
예수님 탄생 축하 선물로 무엇을 선물할까.
출처: The New York Times(2017.11.30)

여기에서는 흔히 정의하는 대로 인터넷을 활용하거나 지원하거나 인터넷에 기반을 둔 산업을 인터넷산업이라고 정의해 보자. 산업과 시장을 같이 써 온 관행대로 인터넷산업을 인터넷시장과 같이 쓸 수 있다.

디지털 컴퓨팅 기술에 기반을 둔 경제를 인터넷 경제 혹은 디지털 경제, 웹경제라 부른다. 인터넷경제와 관련된 이론을 인터넷경제학 혹은 디지털경제학이라 한다. 인터넷경제학에 따르면 인터넷시장은 인터넷을 사용하지 않는 일반 시장에 비해 여러 가지 특징을 갖는다. 그 중에서 중요한 네 가지만 들면 다음과 같다.

첫째, 일반 시장과 달리 시간적·장소적 제약을 받지 않으며 정보를 실시간으로 활용할 수 있어 거래비용이 크게 낮아진다는 점이다. 기업은 자기 제품을 시공을 초월하여 언제 어느 곳에 있거나 인터넷과 접속한 모든 사람에게 알릴 수 있고 직접 주문을 받아 판매할 수 있다. 소비자는 생산자와 직접 관계를 맺으며 자기 선호를 효율적으로 충족시켜 소비자주권을 누릴 수 있다. 같은 소비자끼리 인터넷경매를 통해 중고품의 거래가 가능하다. 이 첫째 특징은 시장을 완전경쟁시장이나 경합시장으로 만든다.

둘째, 규모의 경제가 크게 일어난다는 점이다. 소프트웨어, 온라인 게임, 웹사이트와 같이 디지털화할 수 있는 상품을 정보재(information goods)라 한다. 인터넷시장에서는 정보재가 폭넓게 거래된다. 정보재는 정보나 지식이 담겨 있는 상품이다. 지식은 최초의 개발에 큰 비용이 들고 추가생산에 드는 비용은 0에 가깝기 때문에 규모의 경제가 크게 일어난다. 이 특징은 정보재의 가격책정을 어렵게 만든다.

셋째, 사용자(소비자)가 많을수록 가치가 증가하는 네트워크 외부효과(network externality)가 일어난다는 점이다. 네트워크 외부효과가 일어나는 예로는 인터넷을 들 수 있다. 인터넷은 나 혼자 사용할 때에는 쓸모가 없지만 사용자가 많을수록 가치가 높아진다. 네트워크 외부효과가 두드러지게 나타나는 분야는 기술과 통신부문이다. 마이크로소프트의 윈도우즈(Windows)가 지배하는 PC운영체제, 삼성페이(pay), 알리페이 등 다양한 형태의 전자지불 방식 등이 그 예이다. 또한 SNS와 같은 정보통신망도 사용자가 늘어날수록 개별소비자가 더 많은 소비자와 직접 연결되어 높은 효용을 누림으로써 시장가치가 높아진다.

대규모의 네트워크는 다양한 보완재의 개발을 가져와 가입자에게 혜택을 준다. 스마트폰 보급이 증가하면서 스마트폰을 이용한 다양한 서비스가 개발되는 것이 그 좋은 예이다. 네트워크의 확대는 규모의 경제, 범위의 경제를 실현하여 소비자에게 다양한 상품을 싼 가격에 소비할 수 있도록 한다.

넷째, 소비자가 다른 제품으로 쉽게 바꾸지 못하고 기존제품을 고수하는 잠김효과(lock-in effect)가 일어나기 쉽다는 점이다. 컴퓨터를 구입하면 운영체제, 응용프로그램, 이용 매뉴얼 등의 보완재도 구입한다. 다른 회사의 제품을 사면 이 보완재들이 쓸모없게 되고 새로운 보완재들을 또 사야 한다. 이 이전비용(switching cost)이 크기 때문에 기존제품을 고수하게 되는 것이다. 이 넷째 특징은 시장을 독과점시장으로 만들도록 작용한다.

인터넷시장은 무수히 많은 기업과 소비자가 있고 기업의 자유로운 진입과 퇴출이 이루어진다는 점에서 경쟁시장의 특징을 가진다. 그러나 규모의 경제, 네트워크 외부효과, 잠김효과가 있다는 점에서는 독과점시장의 특징을 가진다. 이 독과점시장의 특징 때문에 여러 가지 버전(version)과 새로운 버전의 상품이 끊임없이 출현하고, 정보·통신·방송 등을 융합하는 통합상품이 출현한다. 또한 기술표준과 시장을 선점하기 위한 경쟁과 기업군간 연합경쟁, 브랜드·디자인·소프트웨어와 같은 무형자산을 이용한 차별화경쟁이 치열하게 일어난다.

인터넷시장은 갈수록 경쟁시장의 특징보다 독과점시장의 특징이 커질 것으로 전망된다. 어떤 기업이든 자유롭게 진입할 수 있기 때문에 수시로 가격파괴가 일어나 안정적인 수익성을 창출할 기반이 마련되기 어렵다. 그러나 세계적 브랜드를 가진 다국적기업이 이런 가격파괴경쟁을 이겨내어 시장지배력을 강화시켜 나가기 쉽다.

제3절 지식의 경제학

읽을거리 18-3에서 든 위대한 발명·발견은 19세기까지만 해도 인류가 알지 못했던 것들로서 20세기에 이룩한 두드러진 기술진보의 사례들이다. 이런 신상품들을 만들어 내는 지식이나 아이디어가 생겨서 기술진보가 일어났다.

경제학에서는 새로운 지식이 기존 지식스톡에 추가되는 것을 기술진보라고 본다. 기술진보를 새 지식의 창출과 동일시하는 것이다. 이 때 지식(knowledge)은 체계화된 정보를 말한다.

지식은 앞 장에서 설명한 공공재에 준하는 것으로서 비경합성(non-rivalry)이라는 근본적인 속성을 가지고 있다. 사과와 같은 사적재(私的財, private goods)는 내가 1개의 사과를 먹으면 다른 사람이 그 사과를 먹을 수 없다는 점에서 경합적이다. 100사람이 하나씩 사과를 먹기 위해서는 100개의 사과가 생산되어야 한다. 그러나 지식은 한 사람이 사용할 때 다른 사람이 사용하는 것을 제한하지 않는다는 점에서 비경합적이다.

기술진보
새로운 지식이 기존 지식스톡에 추가되는 것

지식
체계화된 정보

20세기에 인류는 비행기(1903), 페니실린(1928), 텔레비전(1932), 컴퓨터(1944), 레이저(1958), 인터넷(1969) 등을 만들어 시간과 공간이 혁명적으로 축소되고 각종 질병이 치료되는 등 삶이 풍요롭게 되었다. 인공위성(1957)이 발사되어 지구촌시대를 열었다. 제2차 세계대전 중 핵융합이 개발되어 원자폭탄이 제조됨으로써 지구파멸의 불행을 잉태하는 한편 원자력의 평화적 이용이 가능해졌다. DNA(1953), 피임약(1954), 장기이식(1950), 시험관아기(1978), 복제양(1997)의 등장은 생명의 신비를 푸는 데 기여한 반면 윤리적 논란을 불러일으키기도 했다. AFP 통신은 위 12가지를 20세기 12대 발명 및 발견이라고 발표했다.

에이즈 치료약, 노화 및 치매 방지약, 인간장기 복제, 사람의 감성능력을 갖춘 인공지능(AI) 등은 21세기 10대 발명에 포함될 것이다. 그 중에서도 인간을 뛰어넘는 것을 목표로 하는 생성형 AI는 인류 최대의 발명이자 위협이 될 전망이다.

한 지역에서 녹색혁명을 일으킨 고생산성의 농업기술을 이용하는 것이 다른 지역에서 똑같은 농업기술을 이용하는 데에 아무런 어려움을 주지 않는다.

물론 지식을 다른 사람이 사용하지 못하게 막는 경우도 있다. 지식은 대부분의 경제재가 가지는 배제성(excludability)을 부분적으로 가진다. 특허권·저작권처럼 발명가에게 지식의 독점적 사용권을 부여하는 경우도 많다. 배제성의 정도는 지식 자체의 성질과 재산권에 관한 경제제도에 의존한다. 그러나 기초과학지식이나 특허권의 유효기간이 지난 지식은 다른 사람이 사용하지 못하게 막을 수가 없다.

사과와 같은 경합적 상품은 수요가 있을 때마다 생산되어야 한다. 그러나 지식은 비경합적이기 때문에 단 한번만 생산하면 된다. 그런데 지식은 최초로 생산하는 데에는 흔히 큰 비용이 들어간다. 일단 최초로 생산되고 나면 그 다음에 다시 생산하는 데에는 비용이 전혀 들어가지 않거나 보잘것 없는 비용이 들어간다. 예컨대 마이크로소프트 회사가 윈도우 프로그램을 개발하는 데에 5,000만 달러가 소요되었는데 그 다음부터는 한계비용이 3달러밖에 들어가지 않았다. 일단 개발한 뒤에는 CD와 매뉴얼 등을 만드는 비용만 들기 때문이다. 이 경우 생산량이 증가함에 따라 평균비용이 낮아진다. 생산량이 증가함에 따라 평균비용이 낮아진다는 점에서 지식과 지식을 낳는 연구·개발(research and development: R&D)에는 규모의 경제가 따른다. 규모의 경제는 독과점을 낳는다. 독과점은 으레 초과이윤을 낳는다.

자본주의의 본질을 통찰한 오스트리아 출신의 위대한 경제학자 슘페터는 기업가가 경제를 발전시키는 주역이고 혁신이 기업가의 핵심적인 역할이라고 규정하였다. 혁신은 제14장에서 설명한 바와 같이 신제품, 신생산방식, 신시장을 개발하거나 새로운 원자재를 사용하거나 경제부문을 재조직하는 것을 말한다. 이런 혁신을 위해 기업가가 관행에 안주하지 않고 창조적 파괴를 서슴지 않음으로써 자본주의가 역동적으로 발전한다는 것이다. 그런데 기업가가 혁신에 힘쓰는 것은 혁신에 성공하면 초과이윤을 누릴 수 있기 때문이다. 슘페터는 과점기업들이 누리는 초과이윤은 혁신에 대한 보상이자 유인이라고 보았다.

현대경제학은 이윤을 슘페터처럼 기업가의 혁신에 대한 보상이자 기업활동에 따르게 마련인 위험부담에 대한 보상이라고 본다.

제12장에서 경쟁시장은 한계비용가격설정($P = MC$)이 이루어지기 때문에 자원배분이 효율적이지만 독점시장은 한계비용가격설정이 이루어지지 않기 때문에 자원배분이 비효율적이라고 설명하였다. 독점시장뿐 아니라 과점시장과 독점적 경쟁시장에서도 한계비용가격설정이 이루어지지 않기 때문에 자원배분이 비효율적이다. 그러나 이러한 전통적인 논리는 지식의 경제학에 의해 수정되어야 한다.

방대한 개발비용을 들여 가며 연구·개발에 매진하는 것은 그 성과물에 대해 특허권을 인정받고 한계비용보다 훨씬 높은 가격을 매겨 초과이윤을 누릴 수 있다는 전망 때문이다. 만약 이런 전망이 없다면 기를 쓰고 연구·개발에 몰두하지 않을 것이다. R&D 부문의 활성화와 기술진보를 위해서는 한계비용가격설정이 이루어져서는 안 되는 것이다. 연구·개발에 의한 새로운 지식의 창출은 지식의 비경합성 때문에 두루두루 활용되면서 경제 전체의 생산성을 높이고, 또 다른 새 지식 창출의 디딤돌이 되어 인류 경제성장의 원천이 된다.

시간이 흐르면서 경제가 생산능력을 충분히 발휘하고 나아가 생산능력을 확충하는 방식으로 성장하는 것을 동태적 효율성이라 한다. 동태적 효율성을 위해 새로운 발명과 발견에 대해서는 일정기간 동안 독점적으로 사용할 수 있게 허용하는 것이 지식재산권(intellectual property right)이다.

지식재산권은 지적재산권이라고도 하는데 인간의 지적(知的) 창작물을 사유재산으로 인정하고 보호해주는 것을 말한다. 발명, 과학적 발견, 문학, 예술, 컴퓨터 프로그램 등의 지적 활동에서 생기는 권리를 총칭한다.

시장경제에서 이윤은 중요한 유인기제이다. 초과이윤과 초과이윤을 가능케 하는 지식재산권은 시장경제가 체제경쟁에서 계획경제를 이긴 원동력이다.

동태적 효율성
시간이 흐르면서 경제가 생산능력을 충분히 발휘하고 나아가 생산능력을 확충하는 방식으로 성장하는 것

지식재산권
인간의 지적(知的) 창작물을 사유재산으로 인정하고 보호해주는 것

지금까지 우리는 소비자나 생산자 등의 경제주체가 일관성 있게 합리적으로 행동한다고 가정하여 이론을 전개해 왔다. 일관성 있게 합리적으로 행동하는 경제주체를 제2장에서 경제인(homo economicus)이라 정의하고 이 경제인의 합리적인 경제행위를 연구하였다. 합리적인 소비행태를 효용극대화, 합리적인 생산행태를 이윤극대화로 묘사하였다. 효용극대화와 이윤극대화는 자기의 만족과 이윤을 극대화한다는 점에서 이기적인 경제주체를 상정하였다. 합리성과 이기성은 주류경제학의 전통적인 접근방법이다.

주류경제학의 전통적인 접근방법에 대해 심리학에서는 오래전부터 많은 비판을 해 왔다. 인간은 항상 합리적인 것은 아니다. 감정적으로 행동할 때도 많다. 극대화, 최적화만이 합리성을 대표하는 것은 아니다. 경제주체는 항상 이기적인 것이 아니라 때로 이타적이고 공정성을 추구하기도 한다.

심리학의 비판에 대해 주류경제학은 별로 주의를 기울이지 않았다. 대다수의 경제주체가 대부분의 시간에 합리적 행위를 추구하는 것이 일반적인 현상이며 대부분의 흥미로운 경제현상은 전통적인 접근방법으로 유용하게 분석할 수 있다고 믿기 때문이었다. 그러나 근래에 일단의 경제학자들이 심리학적 접근방법을 경제학에 도입하여 적지 않은 경제현상을 현실적합성 있게 분석해낼 수 있다는 것을 보였다. 경제학계에서도 예전처럼 이런 접근방법을 도외시할 수 없게 되었다. 심리학을 결합한 새로운 경제학을 행동경제학 혹은 행태경제학(behavioral economics)이라 부른다.

행동경제학(=행태경제학)
심리학을 결합한 새로운 경제학 분야

1 행동경제학의 접근방식

주류경제학이 합리적인 인간을 상정하고 연구하는 데 비해 행동경제학은 인간의 실제 행동 패턴을 연구한다. 이 두드러진 특징 때문에 행동경제학이라는 이름이

---

3 이 절은 도모노 모리오 저, 이명희 역, 『행동경제학』과 최정규, 「세일러의 행동경제학」, 한겨레신문, 2017. 10.14.를 참고하였다.

붙여졌다. 사람은 실제로 어떻게 행동하는가, 왜 그렇게 행동하는가, 행동의 결과로 어떤 영향이 발생하는가, 사람들의 행동을 바람직한 방향으로 조절하기 위한 정책은 무엇인가를 연구하는 것이 행동경제학이다.

주류경제학에서는 인간 행동의 비합리성이 나타나지 않는다. 그러나 행동경제학에서는 인간 행동의 비합리성이 흔히 나타날 수 있다고 본다. 주류경제학에서는 인간 심리를 별로 중요하게 생각하지 않는 경향이 크다. 행동경제학에서는 인간 심리가 실제 행동에 매우 중요한 요소라고 보고 심리를 연구한다. 주류경제학에서는 정보가 많으면 많을수록 선택 메뉴가 많아서 좋다고 본다. 행동경제학에서는 정보가 너무 많으면 선택에 혼란과 어려움을 불러 일으키기 때문에 좋은 게 아니라고 본다. 주류경제학은 경제주체들이 으레 자기 이익을 우선적으로 중요시한다는 점에서 이기적 선호에 초점을 맞추고 있다. 행동경제학은 경제주체들이 공정성과 정의감과 같은 사회적 선호도 가지고 있다고 상정한다. 주류경제학은 행동경제학의 문제의식을 인정하면서도 비합리성, 이타성, 심리적 요인 등이 사회 전체에 의미 있는 영향을 미치지 않는다고 생각해 왔다. 행동경제학은 지난 40년간 수많은 연구와 실험을 통해 비합리성, 이타성, 심리적 요인 등이 사회에 중요한 영향을 미친다는 것을 보여 왔다.

읽을거리 18-4

'경제인' 가설에
대한 옹호 논리

2 인간행동의 특성

제한된 합리성

주류경제학이 상정하는 경제인은 필요한 모든 정보를 가지고 있고 정보 처리와 계산면에서 전지전능한 슈퍼맨이다. 소비자는 명확하고 일관성이 있고 안정적인 선호체계를 가지며 모든 소비재의 모든 소비량에 대해 한계효용을 정확히 알고 모든 소비재의 가격도 알기 때문에 최적소비바구니를 즉각 계산해 낼 수 있다. 기업은 현존하는 생산기술 중에서 가장 우수한 기술을 사용하고 모든 요소의 모든 고용수준에서 한계생산물을 정확히 알며 장기의 제품가격도 정확히 예측하고 장기에 최적의 공장규모인 최소효율규모도 제대로 헤아린다.

현실세계의 경제주체는 주류경제학이 상정하는 경제인과 거리가 멀다. 경제적 선택에 필요한 모든 정보를 가지고 있지 않은 경우가 흔하다. 모든 정보를 가지려 하지도 않는다. 설사 모든 정보를 가지고 있다고 하더라도 정확히 인식하고 처리하며 계산해 내기도 어렵다. 이를 진지하게 받아들여 일찍이 사이먼(Herbert Simon)은 제한된 합리성(bounded rationality)이라는 개념을 제시하였다. 현실세계에서 사람들은 한정된 정보와 인지능력의 한계로 반드시 효용극대화, 이윤극대화를 추구하지는 않는다.

제한된 합리성
현실세계에서 사람들은 한정된 정보와 인지능력의 한계로 반드시 효용극대화, 이윤극대화를 추구하지는 않는다는 것

만족화가설

제한된 합리성을 가진 경제주체는 자기가 적절하다고 생각되는 효용이나 이윤을 얻으면 굳이 극대화를 추구하지 않고 그 수준에서 만족한다는 것

그런 뜻에서 경제주체들은 기존 주류경제학이 가정한 완벽한 합리성이 아니라 제한된 합리성을 가진다고 보았다. 제한된 합리성을 가진 경제주체는 자기가 적절하다고 생각되는 효용이나 이윤을 얻으면 굳이 극대화를 추구하지 않고 그 수준에서 만족한다는 만족화가설(satisficing hypothesis)을 주장하였다. 기존경제학에서 상정하는 완벽한 합리성 대신 보다 현실적인 대안의 공준을 제시한 공로로 사이먼은 1978년에 노벨 경제학상을 수상하였다.

사이먼의 제한된 합리성 개념은 기존 경제학에서 상정하는 합리성이 최적화라는 수학적 엄밀성에 빠져 지나치게 비현실적이고 현실 설명력이 제한적일 수 있다는 인식을 경제학계에 부분적으로나마 심어 줌으로써 행동경제학의 모태가 되었다.

어림짐작과 편향

2002년에 노벨 경제학상을 수상한 심리학자 카네만(Daniel Kahneman)과 그의 연구 동료 트버스키(Amos Tversky)는 심리학자로서 행동경제학을 개화시킨 사람들이다. 그들은 사람들이 행동할 때 합리적이라 볼 수 없는 여러 가지 특성을 나타내고 이것이 개인은 물론 시장과 사회에도 중요한 영향을 미친다는 것을 보였다. 우선 그들이 강조하는 것은 사람들이 다른 활동뿐 아니라 경제활동을 하는 데에도 필요한 모든 정보를 활용하여 정확히 계산하는 것이 아니라 주먹구구식이나 어림짐작(heuristic)으로 한다는 것이다.[4] 어림짐작은 많은 경우에 간명하고 단순한 방식으로서 적절한 결과를 낳는다. 상식은 좋은 어림짐작의 예이다. 그러나 어림짐작이 항상 적절한 결과를 낳는 것은 물론 아니다. 엉뚱하거나 매우 비효율적인 결과를 낳을 수 있다. 특히 불확실한 상황에서 의사결정을 할 때 확률이 필요한데 사람들이 확률이론대로 하지 않고 직감에 의존하거나 대충 대충 결정함으로써 심각한 오류를 낳기도 한다.

카네만과 트버스키에 따르면 어림짐작에는 크게 세 가지 종류가 있다. 이용가능성 어림짐작과 대표성 어림짐작, 기준점 설정과 조정 어림짐작이다. 이용가능성(availability) 어림짐작이란 어떤 일이 출현하는 확률을 판단할 때 그 일이 발생했다고 쉽게 알 수 있는 사례(최근의 사례, 두드러진 예 등)를 생각해내고 그것을 기초로 판단하는 것이다. 미국에 사는 사람들에게 자살과 타살 중에 어느 쪽이 많을 것 같으냐고 물으면 대부분은 타살이라고 대답한다. 타살사건 기사는 매스컴을 통해 거의 매일 접하기 때문에 곧바로 머리에 떠오르지만 자살의 예는 짐작하기가 쉽지 않고 매스컴에 보도되는 기사도 타살에 비해 훨씬 적다. 이 때문에 실제로는 자살이 많은데 잘못 판단하는 것이다.

대표성(representativeness) 어림짐작이란 어떤 집합에 속하는 사건(event)이 그 집합

이용가능성 어림짐작

어떤 일이 출현하는 확률을 판단할 때 그 일이 발생했다고 쉽게 알 수 있는 사례를 생각해내고 그것을 기초로 판단하는 것

대표성 어림짐작

어떤 집합에 속하는 사상이 그 집합의 특성을 대표한다고 간주해 확률을 판단하는 방법

---

4 아인슈타인은 heuristic을 '불완전하지만 도움이 되는 방법'이라는 의미로 사용했다. 여러 문헌에서 마땅한 번역어가 없어 휴리스틱이라는 원어를 그대로 쓴다. 본서에서는 '어림짐작'이라고 번역하여 쓰기로 한다.

의 특성을 대표한다고 간주해 확률을 판단하는 방법이다. 제2장에서 설명한 것과 같이 실험횟수가 커질수록 평균치에 가까운 결과가 나오는 것을 대수의 법칙이라 한다. 실험횟수가 적은데도 불구하고 평균치에 가까운 결과가 나오리라고 기대하는 것이 대표성 어림짐작의 예이다. 예컨대 동전을 20번 던지는 동안 5번 연속 앞면이 나오면 다음은 뒷면이 나올 확률이 높다고 판단하는 것이다. 이를 도박사의 오류라고 부르는데 일반인도 이런 어림짐작을 하는 경우가 많다.

기준점 설정과 조정(anchoring and adjustment) 어림짐작은 불확실한 사상에 대해 예측할 때 어떤 기준점(anchor)을 설정하고, 그 다음 단계로 조정을 통해 최종적인 예측치를 확정하는 것이다. 그러나 조정 단계에서 최종적인 예측치가 기준점에 휘말려 충분한 조정을 할 수 없게 되는 편향이 생긴다. 이를 기준점효과 혹은 닻내림효과(anchoring effect)라 부른다.

행동경제학은 주류경제학과 달리 심리학의 여러 실험방법을 도입하여 실증적인 관찰을 중시한다. 카너먼과 트버스키는 "8×7×6×5×4×3×2×1은 얼마인가"라는 질문에 즉시 대답하게 하는 실험을 했다. 답변의 평균치는 2,250이었다. 또 다른 실험 참가자에게는 거꾸로 "1×2×3×4×5×6×7×8은 얼마냐"고 물었다. 답변의 평균치는 512였다. 정답은 40,320이다. 암산할 때 처음 몇 개 항목만 계산해서 기준점으로 정하고 나머지 부분을 적당히 어림짐작으로 조정을 하게 되는데, 이 과정에서 조정이 불충분하기 때문에 부정확한 결과가 나온 것이다. 이때 예측치는 큰 숫자부터 시작할 경우에는 많아지고, 작은 숫자부터 시작할 경우에는 적어진다. 기준점이 맨 처음 숫자 몇 개를 곱한 형태로 저절로 정해지기 때문이다.

물건을 살 때 상품가치를 기초로 한 적정한 가격을 알기 어렵다. 대부분의 경우에 정가 표시를 보고 타당한 가격을 판단한다. 상점에서 희망소매가격 30,000원, 판매가격 25,000원이라는 표시를 보았다고 하자. 그러면 희망소매가격이 기준점이기 때문에 판매가격이 싸게 느껴진다.

손실회피

많은 사람들이 손실회피성향을 갖고 있다. 손실회피(loss aversion)란 똑같은 금액이라도 손실을 이득보다 크게 평가하는 것이다. 예컨대 사람들은 동일한 크기의 위험에 대하여 위험을 없애는 방향으로의 변화(이득)보다 위험을 떠안는 방향으로의 변화(손실)를 더 크게 느낀다는 것이다. 같은 금액의 이익과 손실이 있다면 손실액으로 인한 '불만족'이 이익금이 가져다 주는 '만족'보다 더 크게 느껴진다. 손실회피성향으로부터 아래에서 설명하는 현상유지편향과 보유효과가 일어난다.

도박사의 오류
동전 던지기 등에서 한 사건이 반복되면 다음에는 그 사건이 나올 확률이 줄어들 것이라고 믿는 현상

기준점 설정과 조정 어림짐작
불확실한 사상에 대해 예측할 때 어떤 기준점을 설정하고, 그 다음 단계로 조정을 통해 최종적인 예측치를 확정하는 것

기준점효과
조정 단계에서 최종적인 예측치가 기준점에 휘말려 충분한 조정을 할 수 없게 되는 편향이 생기는 것

읽을거리 18-5

핫핸드와 도박사의 오류

손실회피
똑같은 금액이라도 손실을 이득보다 크게 평가하는 것

3 여러 가지 특이현상

비만
날씬한 사람들과 마찬가지로 뚱뚱한 사람들도 현상유지편향이 있는 것일까.

현상유지편향
현재의 상황을 가급적 유지하려는 성향

보유효과
사람들이 어떤 물건이나 상태를 실제로 소유하고 있을 때에는 소유하고 있지 않을 때보다 높게 평가하는 것

읽을거리 18-6

노벨경제학의 단상

위에서 다룬 인간 행동의 비합리적인 특성으로 인해 여러 가지 특이현상(anomaly)이 나타난다.

현상유지편향

현재의 상황을 가급적 유지하려는 성향을 현상유지편향(status quo bias)이라고 한다. 사람들은 현재 상태에서 가급적 벗어나거나 움직이려 하지 않는다는 의미에서 일종의 관성이 작용하고 있다. 행동경제학자들에 의하면 관성은 물리적인 세계뿐만 아니라 인간사회의 현상이기도 하다.

현재 상황이 특별히 나쁘지 않는 한 변화를 시도하면 좋아질 가능성과 나빠질 가능성 두 가지가 있다. 이때 손실회피성향이 발동하면 현상유지에 대한 지향이 강해진다.

손실회피와 그에 따른 현상유지편향은 사람들이 일자리를 옮길 기회가 왔을 때 옮기기를 주저하게 만든다. 일자리를 옮길 때 얻게 되는 기대이득보다 그 과정에서 발생할 손실을 더 크게 평가하기 때문이다. 이는 옮기는 게 정말 유리할 때에도 옮기지 못하게 만들기 때문에 효율성을 해친다.

보유효과

부존효과 혹은 보유효과(endowment effect)란 사람들이 어떤 물건이나 상태(재산, 지위, 권리, 의견 등도 포함된다)를 실제로 소유하고 있을 때에는 소유하고 있지 않을 때보다 높게 평가하는 것을 말한다. 행동경제학의 정립에 기여한 공헌을 인정받아 2017년에 노벨경제학상을 받은 세일러(Richard Thaler)는 다음과 같은 예를 들었다. 어떤 사람이 1980년대에 한 병에 5달러를 주고 산 와인이 현재 100달러의 가치가 있음에도 팔 생각이 없다. 그런데 똑같은 와인을 지금 다시 살 경우에는 50달러 이상은 주려 하지 않는다. 다른 여러 실험에서도 물건을 가지고 있는 사람이 팔고자 하는 최소 수취용의가격이 물건을 사고자 하는 사람의 최대 지불용의가격보다 훨씬 큰 것으로 나타났다. 예컨대 사람들에게 머그잔을 무작위로 나눠준 뒤 머그잔을 받은 사람에게는 그걸 포기하기 위해 얼마를 받아야 하느냐고 묻고, 받지 않은 사람에게는 그걸 얻기 위해 얼마를 지불할 용의가 있느냐고 물어보았다. 그 결과 전자에게서 두 배 이상 높은 가격이 나온다는 것을 확인하였다. 무작위로 나누어 준 것인데 머그잔을 갖게 되었다는 이유만으로 갑자기 그 머그잔에 더 높은 가치를 매긴 것이다.

보유효과는 손실회피가 인간행동에 미치는 한 가지 영향이다. 보유효과는 두 가

지 의미에서 손실회피를 구체적으로 드러낸다. 첫째, 보유하고 있는 물건을 파는 것은 손실로, 사는 것은 이득으로 느끼는 것이다. 둘째, 물건을 사기 위해 지불하는 금액은 손실로, 물건을 팔아서 얻는 금액은 이득으로 취급한다. 그러나 손실회피에 따라 양쪽 모두 이득보다 손실을 크게 평가한다. 따라서 손실을 피하려면 보유하고 있는 것을 팔려고 하지 않고, 실제로 소유하고 있는 물건에 대한 애착과 집착이 생기는 것이다.

보유효과 때문에 시장거래가 위축된다. 환경문제를 소유권을 확실하게 하면 해결할 수 있다는 코오즈정리도 성립하지 않게 된다. 무차별곡선이 교차하지 않는다는 것이 주류경제학에서 다루는 소비자선택이론의 핵심요소인데 보유효과가 있으면 무차별곡선이 교차하게 되어 주류경제학의 소비이론이 무너진다.

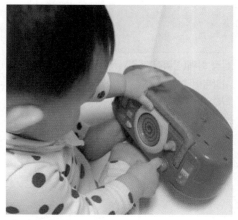

내 것이 좋다
내 것에 대한 집착은 보유효과와 손실회피로 설명된다.

틀짜기효과

물이 가득 들어있는 컵에서 빈 컵으로 물을 반 정도 옮기는 것을 눈 앞에서 보여준다고 하자. 그러면 원래 가득 들어 있던 컵에는 '물이 반만 남아 있다'고 생각할 것이다. 반면에 원래 비어 있던 컵에는 '물이 반이나 차 있다'고 느낄 것이다. 어느 컵이나 '반 컵의 물'인 것에는 변함이 없는데 말이다. 이처럼 사람들은 똑같은 내용을 보고도 상황이나 이용에 따라 다르게 받아들인다. 일반적으로 인간의 의사결정은 질문이나 문제의 제시방법에 따라 달라지는 경우가 많다. 문제의 표현방법을 판단이나 선택에 있어서의 틀(frame)이라 부른다. 틀이 달라짐에 따라 판단이나 선택이 달라지는 것을 틀짜기(framing)효과라 부른다. 합리적인 사람에겐 동일한 문제라면 어떤 형태로 표현되더라도 선호나 선택이 달라지지 않을 것이다. 틀짜기효과는 정책에 대한 투표나 설문조사를 할 경우 결과에 중요한 영향을 미칠 수 있다. 통계자료에서도 틀짜기효과는 발생한다. 통계자료를 어떻게 틀짜기해야 할 것인가는 개인뿐만 아니라 사회 전체에도 매우 중대한 정치적, 경제적 영향을 미친다.

퍼스널 컴퓨터의 다양한 설정을 초기설정(default) 상태 그대로 사용하는 사람이 적지 않다. 잘 모르기 때문에 손을 대지 않거나, PC업체에서 어련히 알아서 잘 설정했겠지 하는 생각으로 그대로 받아들이는 것이다. 두 개의 상태 A와 B 중에 어느 것이 초기설정 상태인가에 따라 선택이 달라지는 것을 초기설정효과라 한다. 초기설정효과도 틀짜기효과의 일종이다. 초기설정효과를 앞에서 설명한 현상유지편향으로 생각할 수도 있다.

심리적 계정

사람들이 금전에 대한 의사결정을 할 때에는 다양한 요인이나 선택대안을 종합

틀짜기효과
틀이 달라짐에 따라 판단이나 선택이 달라지는 것

초기설정효과
두 개의 상태 A와 B 중에 어느 것이 초기설정 상태인가에 따라 선택이 달라지는 것

적으로 평가하여 합리적인 결정을 하는 것이 아니라 비교적 좁은 틀을 만든 다음 그 틀에 끼워넣어 결정하는 경우가 많다. 이 틀을 기업의 회계장부나 가정의 가계부에 비유하여 심리적 계정 혹은 심적 회계(mental accounting)라 부른다. 심리적 계정의 적절한 예로 카너면과 트버스키가 제시한 다음의 예를 들 수 있다.

심적 회계(심리적 계정)
사람들이 금전에 대한 의사결정을 할 때 다양한 요인을 고려하여 합리적인 결정을 하는 것이 아니라 비교적 좁은 틀을 만든 다음 그 틀에 끼워넣어 결정하는 경우

질문 1   당일 티켓이 50달러인 콘서트장에서 티켓을 사려는데 50달러짜리 지폐를 잃어버린 사실을 알았다. 50달러를 지불하고 콘서트 티켓을 살 것인가?

질문 2   전날 50달러를 지불하고 산 티켓을 가지고 콘서트장에 갔는데 그 티켓을 잃어버린 사실을 알았다. 당일 티켓 역시 50달러인데 티켓을 살 것인가?

카지노
심리적 계정에 따르면 도박으로 딴 돈은 도박에 사용되기 쉽다.

실험 결과는 살 것이라고 대답한 사람이 질문 1에서는 88%, 질문 2에서는 46%였다. 양쪽 모두 50달러의 가치가 있는 것을 잃어버린 것에는 변함이 없는데 대답이 달라진 원인은 심리적 계정 때문이다. 예컨대 티켓을 사는 것은 '오락비'라는 계정에 포함되어 있고, 질문 1에서처럼 현금 50달러를 분실한 것은 이 오락비 계정항목의 수지에 영향을 주지 않는다. 그러나 질문 2에서는 동일한 콘서트를 보는 데 합계 100달러를 지불하는 격이기 때문에 '오락비'로는 너무 지나치다는 생각이 들어 지출을 주저하게 만든다. 이처럼 실생활에서는 심리적 계정에 따라 계정별로 할당된 돈은 각각의 계정별로 사용되는 경우가 많다.

행동경제학자들은 도박 등으로 딴 '불로소득'은 일상적인 보통의 수입과 달리 취급하여 다시 새로운 도박에 지출하는 경향이 있다는 사실을 밝혔다.

자기통제력 부족

자기통제력 부족은 인간이 단기적 이익을 선호하는 경향을 말한다. 이를테면 "12개월 후에 10만원을 받겠는가, 아니면 13개월 후에 12만원을 받겠는가?"라고 질문하면 대부분 후자를 선택한다. 그러나 질문을 바꿔 "지금 10만원을 받겠는가, 아니면 한 달 후에 12만원을 받겠는가?"라고 물으면 전자를 선호하는 경향을 띤다.

세일러에 의하면 미래의 계획을 세울 때 우리는 합리적 계획자처럼 행동한다. 그러나 그 미래가 눈 앞에 닥쳐 실행자의 입장에 서면 미래보다는 당장의 득실이 너무 크게 느껴져 계획대로 밀고 나갈 수 없다. 이와 같이 계획자와 실행자의 갈등에서 번번이 실행자가 이기는 성향 때문에 새해 계획은 번번이 실패하고, 시험 준비와 보고서 작성은 벼락치기를 면치 못한다. 적지 않은 사람들이 노후를 제대로 준비하지 않고 건강한 생활습관을 유지하지 못한다.

사회적 선호

사람은 주류경제학이 단순화한 것처럼 이기적 본능에 따라서만 행동하는 것이 아니다. 이타적 행동을 할 때도 있다. 이는 사람들이 항상 이기적 선호를 가지고 있는 것이 아니라 아니라 이타적 선호, 사회적 선호를 가지기도 한다는 것을 뜻한다. 자기 자신뿐 아니라 타인의 이익도 고려하는 선호를 사회적 선호라 한다. 주류경제학이 가정하는 경제인은 사회적 선호를 가지고 있지 않다. 행동경제학자들은 최종제안게임(혹은 최후통첩게임)이라는 실험을 통해 사람들이 사회적 선호를 가지고 있음을 보였다.

이 게임에는 두 명의 참가자, 제안자와 응답자가 있다. 제안자는 초기금액, 예를 들면 1,000원 중 임의의 금액을 응답자에게 나누어준다는 제안을 한다. 그 다음에 응답자는 그 제안을 수락할지 말지를 결정한다. 수락하면 제안대로 분배되고 게임은 끝난다. 응답자가 제안을 수락하지 않으면 양쪽 모두에게 돌아가는 돈이 전혀 없다.

양쪽 모두 경제인이라면 응답자는 1원의 제안이라도 0원보다는 낫기 때문에 수락해야 한다. 제안자는 이 사실을 알고 1원의 제안을 한다. 따라서 주류경제학은 제안자가 999원, 응답자가 1원을 가질 것이라고 예측한다. 그런데 많은 실험 결과 나타나는 공통된 결과는 제안자의 평균 제안액이 초기금액의 45% 전후, 최대치는 50%이다. 또한 30% 이하의 제안 중 절반 정도는 응답자에 의해 거부되었다. 초기금액이 3개월분 월급으로 실험이 실시되어도 결과에 큰 차이가 없었다.

최종제안 게임 실험에서 제안자와 응답자의 이타적 행동은 어떤 동기에 따르는 것일까? 제안자의 행동 동기 중 하나는 공정성에 대한 선호라 할 수 있다. 대략 반반이라는 제안이 공정성과 합치되기 때문에 공정성을 추구하여 행동하는 것이다. 응답자도 불공정하다고 생각하는 낮은 금액의 제안을 거부하고 대략 반반의 분배를 공정하다고 생각하여 수락한다. 제안자가 대부분의 이익을 취하는 것은 불공정하고 정의롭지 못하다는 것을 제안자와 응답자가 모두 인식하고 그에 따라 행동한다고 해석된다.

세일러가 심리학자들과 함께 고안한 '독재자 게임'도 사람들이 사회적 선호를 가지고 있음을 보여준다. 독재자게임은 두 사람을 짝을 짓고 돈을 준 뒤 한 사람은 분배자로, 다른 한 사람은 수령자로 나눈 게임이다. 수령자는 돈을 나눈 결과에 대해 어떤 저항도 할 수 없고 그대로 수용해야 한다. 그런 의미에서 분배자는 독재자다. 두 사람은 일면식도 없고 다음에 다시 만날 일도 없다. 주류경제학의 가정에 따라 이기적으로 행동한다면 분배자는 모든 돈을 독차지할 것이다. 그러나 이 실험을 한 결과 분배자들은 전체 돈의 25% 가량을 수령자에게 주었다. 분배자가 독식하는 것은 공정하지 않고 정의롭지 못하다고 판단하기 때문에 분배자가 일부 떼어 주는 것으로 해석할 수밖에 없다.

사회적 선호
자기 자신뿐 아니라 타인의 이익도 고려하는 선호

4 행동경제학의 의의와 정책적 시사점

행동경제학은 경제적 합리성 외에도 심리적, 사회적 요소가 경제주체의 의사 결정에 중요한 영향을 미친다는 것을 보여준 대안 경제학이다. 주류경제학은 경제적 합리성에만 초점을 맞추어 왔다. 행동경제학은 언제나 합리적이고 이기적인 계산기계로서의 경제인을 상정하여 이론의 엄밀성에 몰두해 온 주류경제학이 현실 인간과 세계에서 너무 벗어나 있다는 경종을 울리고 있다. 인간은 합리적이고 이기적인 것만은 아니다. 보통사람들은 여러 형태의 비합리적인 행동을 하고 때로 이타적인 행동을 할 때도 있다. 이를 인정할 때 이상현상이라고 불리는 여러 사회현상들을 조리 있게 설명할 수 있다.

기존 경제학에 따르면 시장의 실패가 있을 때에만 정부가 경제에 개입해야 한다. 그러나 행동경제학에 따르면 사람들이 합리적이지 않아서 잘못된 판단을 할 수 있기 때문에 좋은 방향으로 선택을 유도하는 아이디어들을 정책으로 활용해야 한다. 비합리성이 경쟁 과정에서 학습되고 교정될 수 있는 게 아니고, 배워서 이겨낼 수 있는 것도 아니라면 비합리성을 역이용하여 좀 더 나은 선택으로 유도하는 것이 바람직하다는 것이다. 대표적인 예가 세일러와 선스타인이 제안하는 넛지(nudge)이다. '팔꿈치로 슬쩍 찌르다'는 뜻의 넛지는 정부가 강제적인 지시와 명령을 내리는 것보다 팔꿈치로 슬쩍 찌르듯 부드럽게 개입하거나 유인을 제공하는 쪽이 경제주체의 행동 변화에 보다 효율적이라는 것이다. 미국 고등학교의 뷔페식 식당에서 단지 음식들의 배열을 바꿈으로써 건강식을 선택하는 비중을 높일 수 있었다는 사실은 넛지의 모범 사례다. 메뉴에서 어떤 음식을 제외한 것도 아니고 건강하지 않은 음식의 가격을 높인 것도 아니고 단지 배열만을 바꿨다. 학생들이 합리적인 개인들이라면 선택이 바뀌지 않을 것이다. 배열에 영향을 받을 정도로 비합리적이기에 배열을 바꿔 좋은 결과를 낼 수 있었던 것이다. 남자 화장실 변기 안에 파리 모양의 스티커를 붙이거나 변기 위에 "남자가 흘리지 말아야 할 것은 눈물만이 아닙니다"는 글을 써 놓는 것도 넛지의 좋은 예이다.

기존 경제학에서는 오직 이성과 합리적 계산만으로 행동을 결정하는 경제인을 분석의 대상으로 삼고 있다. 감정이 끼어들 여지는 없다. 그러나 감정이 좋은 의사결정을 위해 중요한 역할을 한다는 사실이 최근 심리학이나 뇌신경과학의 발전에 의해 밝혀지고 있다. 많은 사람이 선택문제에 직면하면 가장 먼저 선택 대상이 '좋은지' '나쁜지' 또는 '유쾌한지' '불쾌한지'의 감정을 직감적으로 파악하고, 그에 따라 선택 대안을 압축한 다음 그 중에서 최종 선택을 한다. 이 경우에 감정이 어림짐작의 기능을 수행하는 것이다. 감정이나 이성을 통한 판단은 사람의 뇌의 다양한 활동으로 행해진다. 이를 중시하여 2000년대부터 신경경제학(neuroeconomics)이 등장하였다. 신경경제학이란 뇌의 활동을 다양한 방법으로 받아들이고, 행동의 결과만으로는 알 수

신경경제학
뇌의 활동을 이해함으로써 인간의 의사결정에 대한 이해를 높이려는 새로운 경제학 분야

없는 뇌 활동을 이해함으로써 인간의 의사결정에 대한 이해를 높이려는 새로운 경제학 분야다. 신경경제학에서는 행동경제학이 상정하는 인간행동의 특성과 특이현상이 뇌의 활동에 의해 일어난다고 생각하고 뇌 화상을 분석하여 이를 증명하고자 한다. 손실회피와 보유효과, 자기통제력 부족 등의 분야에서 상당한 진전을 이루면서 앞으로 더 크게 발전할 것으로 전망된다.

행동경제학은 기존경제학의 문제점과 한계를 설득력 있게 지적하고 있다. 그러나 아직 기존경제학을 대체할 만한 대안을 제시하지 못하고 있다는 것이 중대한 한계이다. 행동경제학이 인간의 합리성을 전면 부정하는 것도 아니다. 경제주체들이 항상 이타적으로 행동하는 것은 물론 아니다. 자기 만족이 전혀 동반되지 않는 완전히 자기희생적인 이타적 행동을 관찰하기는 매우 어렵다. 으레 자기 만족을 추구하는 결과로서 이타적인 행동이 나타나기 때문에 엄밀한 의미에서는 이타적인 행동이라 할 수도 없다.

다가오는 인공지능(AI: artificial intelligence) 시대에 인간이 인공지능을 똑똑한 도우미로 쓴다면 보통사람이 얼마든지 주류경제학에서 상정하는 '경제인'으로 행동할수 있다. 원한다면 인공지능의 도움을 받아 완벽하게 합리성을 추구할 수 있는 시대가 오고 있는 것이다. 다른 한편으로 인공지능이 따를 수 없는 감성과 공정성에 입각한 사람의 행동이 물질적 만족을 추구하는 것보다 한 차원 높은 행복감을 안겨 줄 수도 있다. 주류경제학과 행동경제학은 서로의 한계를 보완하면서 경제학의 외연을 넓혀 갈 것으로 전망된다.

시장경제원리

지금까지 배운 미시경제학원론을 통해 이미 확인된 시장경제원리를 아래와 같이 정리할 수 있다. 자유시장경제 1극체제하에서 세계화가 피할 수 없는 대세인 오늘날 시장경제원리는 갈수록 중요성이 더해지고 있다. 시장경제원리는 제2장에서 배운 경제학의 주요 원리와 직접·간접적으로 연관되어 있다.

1. 가격과 이윤은 중요한 유인기제(incentive mechanism)이다.
2. 경제주체들의 자유로운 선택이 중요하다.
3. 선택에 따르는 성공과 실패는 각자의 몫이다.
4. 자유로운 경쟁이 있어야 발전이 있다.
5. 시장은 균형을 향하여 움직인다.
6. 사람들의 소득은 그들이 제공하는 생산자원의 시장가치에 의해 결정된다.
7. 시장이 완전하지는 않다. 그러나 정부는 더 불완전하다. 따라서 자원배분의 주역할은 시장이 맡는 것이 낫다.
8. 경제적 자유와 사유재산제도를 보장하는 법치가 중요하다.

1   시장경제에서는 현실세계에 존재하는 여러 위험에 대처할 수 있게 해주는 상품도 거래된다. 위험이나 위험회피서비스가 거래되는 시장을 위험시장이라 한다. 위험시장의 대표적인 예로는 선물시장, 옵션시장, 보험시장이 있다.

2   선물시장이란 가격과 거래량에 관한 계약이 현재 이루어지지만 상품과 대금이 인도되는 때는 미래인 시장을 말한다. 미래의 위험을 회피하고자 하는 사람은 선물시장에서 상품을 팔면 된다. 선물시장에서 상품을 사는 사람은 손실위험을 인수하는 투기자이다. 옵션시장이란 미리 정해진 가격으로 미래에 상품을 사거나 팔 수 있는 권리가 거래되는 시장을 말한다. 선물시장에서 투기자로 나선 사람이 손실위험을 줄이기 위해 옵션시장을 활용할 수 있다. 보험시장은 사망, 화재, 교통사고 등 각종 위험에 대비하는 보험서비스가 거래되는 시장이다.

3   현실시장에서는 완전경쟁시장이 가정하는 「무비용(無費用)의 완전정보」가 성립하기 어렵다. 정보 자체가 경제재이기 때문이다. 일반적으로 정보를 추가로 얻는 데 따르는 편익은 감소하고 비용은 증가한다. 합리적인 경제주체는 경제활동에 필요한 정보의 한계편익과 한계비용이 같아지는 수준까지 정보량을 수집한다.

4   거래 쌍방 중 한 쪽이 다른 쪽보다 우월한 정보를 가지고 있는 것을 비대칭정보라 한다. 현실세계의 다양한 거래에 비대칭정보가 존재한다. 비대칭정보는 흔히 감추어진 특성이나 행동으로 나타난다. 감추어진 특성이란 거래 쌍방 가운데 어느 한 쪽의 특성이나 유형, 의도 등을 알 수 없는 것을 말한다. 감추어진 행동이란 대리인(권한을 위임받은 사람)의 행동을 정확하게 알 수 없는 것을 말한다.

5   감추어진 특성 때문에 정보가 부족한 쪽에게 불리하게 시장의 상황이 전개되는 것을 역선택이라고 한다. 역선택 때문에 시장거래가 위축되고 비효율적인 자원배분이 일어난다. 역선택을 해결하는 유력한 방법으로 정보가 우월한 쪽에서 신호를 발송하는 경우와 정보가 부족한 쪽에서 자기 선택장치를 고안하는 경우가 있다.

6   감추어진 행동으로 인해 주인-대리인 문제가 발생한다. 이 문제는 본질적으로 보험시장에서 발생하는 도덕적 해이와 연관된다. 도덕적 해이란 보험에 가입함으로써 가입 이전보다 사고예방을 위해 노력을 덜 기울이는 성향을 말한다. 도덕적 해이를 완화시키는 방법으로는 보험가입자도 어느 정도 위험을 부담케 하는 공동보험, 노력에 상응하여 추가적으로 보상해 주는 성과급 등이 있다.

7   인터넷을 활용하거나 지원하거나 인터넷에 기반을 둔 산업을 인터넷산업이라 한다. 인터넷산업은 ① 시간적·장소적 제약을 받지 않고 정보를 실시간으로 활용할 수 있고, ② 규모의 경제가 일어나며, ③ 소비자가 많을수록 가치가 증가하는 네트워크 외부효과를 낳고, ④ 소비자가 다른 제품으로 쉽게 바꾸지 못하게 하는 잠김효과가 일어나기 쉽다.

8   지식이란 체계화된 정보를 말한다. 새 지식이 나타나는 것이 기술진보이다. 새 지식을 창출하는 연구·개발(R&D)부문에는 초기에 개발비라는 이름의 고정비용이 많이 들어가고 재생산비용은 보잘것 없이 낮다. 따라서 연구·개발의 성과물에 대해 한계비용가격설정을 할 수 없고 독과점을 용인해 주어야 한다. R&D부문의 독과점은 동태적 효율성을 위해 필요하다.

9   행동경제학(행태경제학)은 인간이 이기적인 본능에 따라 합리적으로 행동한다고 가정하는 주류경제학의 대안으로 떠오른 경제학의 신생분야이다. 행동경제학은 주류경제학이 경제인을 상정하여 연구하는 데 비해 인간의 실제 행동패턴을 연구한다. 심리학의 실험방법을 사용하여 인간은 완벽한 합리성 대신 제한된 합리성을 갖고 어림짐작과 편향, 손실회피성향을 가지고 있음을 보인다. 현실유지편향, 보유효과, 틀짜기효과, 심리적 계정, 사회적 선호 등 경제인의 합리성과 이기심으로는 설명할 수 없는 특이현상을 설명한다.

주요용어 및 개념   K/E/Y/W/O/R/D/S/&/C/O/N/C/E/P/T

- 위험시장
- 현물시장
- 선물시장
- 옵션시장
- 투기
- 보험시장
- 보험료
- 대수의 법칙
- 비대칭정보
- 마비된 손

- 레몬시장
- 역선택
- 신호발송
- 선별
- 자기선택장치
- 주인–대리인문제
- 도덕적 해이
- 공동보험
- 성과급
- 전자상거래

- 인터넷경제
- 인터넷경제학
- 정보재
- 네트워크 외부효과
- 잠김효과
- 지식
- 지적재산권
- 행동경제학(행태경제학)
- 제한된 합리성
- 어림짐작(heuristic)

- 편향
- 기준점효과
- 손실회피
- 보유효과(부존효과)
- 틀짜기효과
- 심리적 계정
- 사회적 선호
- 넛지
- 신경경제학

연습문제   E/X/E/R/C/I/S/E

1   "우리 보통사람들은 정도의 차이는 있지만 모두 투기꾼이다." 이 기술을 논평하라. 증권투자의 예를 들어 투자와 투기가 어떻게 같고 다른지 설명해 보라.

2   유익한 투기가 가격변동폭을 작게 하고 불익한

투기가 가격변동폭을 크게 하는 것을 수요·공급곡선을 이용하여 설명해 보라.

3   작년 말에 금 1돈 가격이 5만원이었는데 금년 말 선물가격이 8만원이라면 이는 금년말 금시장이 어떠하다는 의미인가?

4 어떤 생명보험회사가 가족건강보험료를 연 100만원에서 150만원으로 인상하기로 했다고 하자.

(1) 이 경우 보험가입자의 평균적인 건강상태가 더욱 좋아지는지 나빠지는지 설명하라. 보험료 인상으로 이 보험회사의 이윤이 높아질 수 있는지 설명하라.
(2) 역선택의 예를 들어 보라.

5 다음은 도덕적 해이와 관련된 예이다. 주인과 대리인을 구분하고 정보의 비대칭성으로 유발되는 도덕적 해이를 감소시키기 위해 어떤 방법이 강구되고 있는지 확인하라.

(1) 집주인이 세입자에게 훼손예방금을 요구한다.
(2) 아기엄마가 놀이방 선생님에게 선물을 함으로써 비디오 시청 대신 산수공부를 가르치도록 한다.
(3) 회사가 근로자에게 시장임금보다 더 많이 주면서 열심히 일하게 한다.
(4) 기업임원들에게 스톡옵션을 준다.

6 지식의 생산함수가 아래와 같이 선형의 생산함수 $Y = 100(N-F)$로 표시된다고 하자.

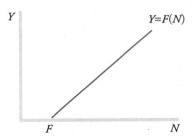

(1) 지식의 생산함수라 불릴 수 있는 이유를 설명하라.

(2) N이 $2F$일 때와 $3F$일 때 생산량을 구하라. 이를 통해 규모의 경제가 성립함을 설명하라.
(3) 한계비용은 일정하지만 평균비용은 생산이 증가함에 따라 감소함을 설명하라.

7 행동경제학이 상정하는 인간행동의 특성과 특이현상들이 주류경제학이 상정하는 합리성과 어떻게 다른지 설명하라.

8 다음 기술이 옳은가 그른가를 밝히고 그 이유를 설명하라.

① 미래에 기초상품이 오를 것이라고 생각하는 사람은 콜옵션을 사서 이득을 얻을 수 있다.
② 정보는 많을수록 좋기 때문에 되도록 많은 정보를 수집하는 것이 좋다.
③ 역선택 현상은 우리 속담의 '싼 게 비지떡'이란 말로 설명할 수 있다.
④ 독과점상품에 대한 홍보적인 광고는 항상 상품판매량을 증가시키고 가격을 하락시킨다.
⑤ 주인 - 대리인문제는 감추어진 특성 때문에 생기는 문제이다.
⑥ 도박사의 오류는 대표성 어림짐작의 예이다.
⑦ 손실회피성향이 보유효과를 낳는다.
⑧ PC의 설정을 초기설정 상태 그대로 사용하는 사람은 틀짜기효과에 빠져 있다.
⑨ 도박으로 딴 돈을 도박에 지출하는 경향을 심적회계라 한다.
⑩ 이기적 선호와 사회적 선호는 정반대의 개념이다.
⑪ 최종제안 게임은 사람들이 공정성에 대한 선호를 가지고 있음을 보여준다.

Principles of
Economics

거시경제학원론

PART

VIII

거시경제학의 기초개념과 기초이론

거시경제학은 국민경제 전체적인 현상을 연구대상으로 한다. 경제 전체의 총생산·국민소득·물가·이자율·통화·인플레이션·실업·국제수지·경제성장과 같은 거시변수들의 변동과 이들간의 상호관계 그리고 이들에 영향을 미치는 각종 경제정책 등이 거시 경제학의 주요 연구대상이다.

제8편에서는 거시경제학을 공부하는 데 중요한 기초개념과 기초 이론들을 살펴본다. 거시경제학의 주요 연구대상인 거시경제변수 들을 먼저 설명한다. 그 중에서 제일 중요한 국민소득이 결정되는 메커니즘을 기초적인 단순한 모형으로 살펴본다. 단순한 모형은 경제의 공급측면을 중시하는 고전학파모형과 수요측면을 중시하 는 케인스단순모형으로 이분화되어 있다. 이어서 단순한 모형틀에 서 정부가 펴는 재정정책이 국민소득과 기타 거시경제변수들에 어 떤 영향을 미치는가를 배운다.

주요 거시경제변수들의 기초개념과 측정

이 장에서는 거시경제학에서 가장 기본적이고 중심적인 개념들을 다룬다. 먼저 거시경제학을 공부하는 이유가 무엇인지 살펴본다. 경제 전체는 외부의 간섭이 없이도 생산·소득·지출 사이에 자율적·계속적인 순환이 이루어질 수 있다는 경제의 순환현상이 설명된다. 다음으로 거시경제학의 총량변수 가운데서 가장 중요한 변수인 국내총생산(GDP)과 이에 연관되는 각종 생산 및 소득의 개념들이 소개된다. 이어서 중요한 거시경제변수인 물가와 인플레이션·실업·이자율 등이 간략하게 다루어진다.

CHAPTER

19

제1절 거시경제학의 정의와 경제의 순환

1 거시경제학의 정의와 내용

우리가 지금까지 배운 미시경제학은 개별 경제주체들의 행태를 연구대상으로 삼았다. 이제부터 배우는 거시경제학(macroeconomics)은 개별경제주체들로 구성된 경제의 총체적인 현상(aggregate phenomena)을 연구대상으로 삼는 경제학의 한 분야이다. 총생산, 총소득, 총고용, 물가, 통화량, 금리, 재정, 경제성장, 국제수지 등 경제 전체를 묘사하는 총량을 거시경제변수(macroeconomic variable)라 부른다. 거시(경제)변수들이 어떻게 결정되고 서로 어떤 영향을 주고 받으며 정부의 각종 경제정책이 이 변수들에 어떤 영향을 주는가를 연구하는 학문이 거시경제학이다.

거시경제학
경제의 총체적인 현상을 연구하는 경제학의 한 분야

거시경제변수
경제의 총체적인 현상을 묘사하는 총량

미시경제학이 개별 기업, 가계, 정부 및 시장을 현미경으로 관찰한다고 비유하면 거시경제학은 전체 경제를 높은 공중에서 조망하는, 커다란 기상도를 연구하는 학문이라고 비유할 수 있다. 경제에 관한 전체적인 결과는 수많은 가계와 기업들의 상호작용에서 발생하므로 미시경제학과 거시경제학은 밀접하게 연계되어 있다. 경제를 전반적으로 분석할 때도 개별 경제주체들의 결정을 고려한다. 예를 들면, 국가 전체의 소비지출을 결정하는 요인이 무엇인가를 알아보기 위해서는 개별 가계가 오늘 얼마를 소비하고 미래를 위해 얼마를 저축하는가를 고찰하여야 한다. 또한 투자를 결정하는 요인을 알기 위해서는 새로운 공장을 짓거나 증설 여부를 결정하는 기업의 행태를 살펴보아야 한다. 거시경제변수들은 수많은 개별 경제주체들의 결정을 나타내는 변수들의 합계이므로 거시경제학은 불가피하게 미시경제학과 연결된다.

주요 거시경제변수들은 따로따로 움직이는 것이 아니라 서로 연관관계를 가지면서 변하는 경우가 많다. 예컨대 한 나라의 총생산이 증가하면 그 나라 국민소득이 증가하고 고용이 증가한다. 그리고 실업률이 낮아지고 투자와 소비가 증가한다. 경제 전체의 입장에서 볼 때 국민소득과 총고용은 높을수록, 환율과 국제수지는 안정을 이룰수록, 인플레이션과 실업률은 낮을수록 좋다. 거시경제학에서는 거시경제변수들이 서로 어떤 관계를 가지고, 서로 어떤 영향을 주고 받는지를 연구한다.

거시경제학이 중요하게 다루는 문제들은 크게 경기변동, 경제성장, 국제경제현상, 그리고 이것들에 영향을 미치는 거시경제정책이다. 이것들을 부연 설명해 보자.

무성한 숲
미시경제학이 나무 하나 하나에 대한 탐구라면 거시경제학은 숲에 대한 탐구이다. 어떻게 하면 국민경제라는 숲을 아름답고 풍성하게 가꿀 수 있을까.

왜 경제는 호황과 불황을 번갈아 경험하는가?

경제는 호황과 불황을 번갈아 경험한다. 호황만 계속 누릴 수는 없는가? 불황이 오더라도 그 폭을 줄일 수는 없는가? 거시경제학에서는 경기변동이 반복적으로 이루어지는 데에 주목하고 그 원인을 규명하며 경기변동을 완화시키려는 노력을 기울이고 있다.

실업과 인플레이션의 원인은 무엇이며 상호관계는 어떠한가?

불경기에 실업률이 높고 인플레이션은 낮다. 호경기에는 실업률이 낮고 인플레이션이 높다. 인플레이션율과 실업률의 통계를 비교해 보면 단기에 양자간에는 역의 관계에 있는 경우가 많다. 그러나 때로는 양자가 같은 방향으로 움직이기도 하고 장기에는 별 관계가 없는 듯이 보인다. 이런 다양한 현상은 왜 일어나는가? 실업과 인플레이션을 없애는 방법은 없는가?

한 나라의 경제성장을 결정하는 요인은 무엇인가?

제2차 세계대전 후 많은 신생국들이 출현하였는데 그 중 일부 국가는 고소득국으로 올라섰지만 대다수 국가는 저소득국에 머물러 기아와 질병에 시달리고 있다. 왜 이런 차이가 생기는가? 1950년대에는 한국의 소득수준이 필리핀보다 낮았는데 지금은 훨씬 높아졌다. 그 이유가 무엇일까? 장기적인 경제성장과 국가간 성장격차의 요인에 관한 연구는 거시경제학의 주요 연구대상이다.

세계경제체제와 국제관계가 한 나라의 경제에 어떤 영향을 미치는가?

각국의 경제가 개방되고 국제적 상호의존관계가 높아지면 대외여건의 변화가 국내경제에 미치는 영향이 커질 수밖에 없다. 자본시장의 개방으로 국제자본의 이동이 자유로울 때 국내경제가 여러 모로 큰 영향을 받는다. 구체적으로 어떤 영향을 받고 이에 어떻게 대처할 수 있는가? 이런 국제경제현상이 거시경제학의 주요한 분석대상이 된다.

정부의 거시경제정책은 어떻게 사용될 수 있으며 어떻게 사용되어야 하는가?

정부의 재정정책과 중앙은행의 통화정책은 좋든 나쁘든 간에 경제에 영향을 미친다. 어떻게 영향을 미치는가? 거시경제학은 경제정책의 효과를 분석하고 정책입안자들이 다양한 대안을 평가할 수 있도록 도와 준다.

2 경제의 순환

총생산과 총소득

사람이 살아가기 위해서는 의·식·주와 문화·오락 등에 관련된 수많은 재화와 서비스를 소비해야 한다. 이 소비활동이 가능하기 위해서는 먼저 이러한 재화와 서비스가 생산되어야 하고, 사람에게는 이 재화와 서비스를 구입할 수 있는 소득이 있어야 한다. 그런데 사회 전체로 볼 때 생산활동 그 자체가 사회구성원들의 소득을 창출하고 이 소득으로 사회구성원들이 생산물을 구입·소비함으로써 차기에 다시 생산활동을 수행할 수 있게 된다. 따라서 경제는 외부적인 간섭이 없이도 계속적·자생적인 순환이 가능하다.

경제가 외부의 간섭이나 통제 없이도 자율적·순환적인 운행이 가능한 것을 보이기 위하여 아주 단순한 민간경제의 흐름을 도시하면 그림 19-1과 같다. 기업은 생산의 주체, 가계는 소비의 주체이다. 그림에서 기업은 가계의 의·식·주 및 문화·오락 등 소비활동에 이용되는 소비재만을 생산하여 가계에 이 소비재를 모두 공급하는 것으로 가정하고 있다.

그림에서 기업은 소비재를 생산하여 생산물시장에 공급하고, 가계는 이를 구입·

그림 19-1

단순한 민간경제모형에서 생산과 소득의 순환관계

가계와 기업만 있는 단순한 민간경제모형에서 생산물시장의 총판매액은 요소시장에서 모든 생산요소들이 받는 총요소소득과 같다. 이를 총생산=총소득이라고 한다.

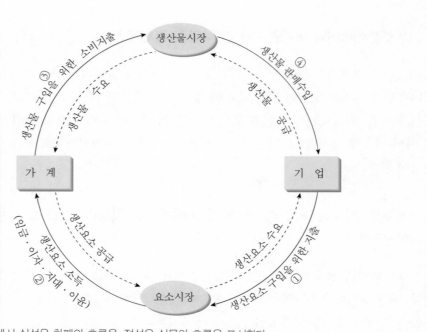

* 그림에서 실선은 화폐의 흐름을, 점선은 실물의 흐름을 표시한다.

소비한다. 이 구입과정에서 가계는 기업에 대가를 지불해야 하는데 이것이 가계의 소비지출이다. 가계의 소비지출은 어떻게 해서 가능할까? 이것은 요소시장을 통하여 기업이 생산물을 생산하는 데 필요한 각종 생산요소를 가계가 제공하고 그 대가로 요소소득을 얻는데, 이 요소소득의 지출로 가능하다. 한편 기업은 소비재를 판매하여 얻은 수입으로 생산요소를 제공하는 가계에게 그 대가를 지불한다. 그리하여 경제는 한 바퀴 순환적인 흐름이 완결되고 다음의 순환으로 접어들어 흐름이 반복된다.

만약 경제주체들이 생산활동에 참여해서만 소득을 얻는다고 가정하면 그림 상반에 나타나는 기업이 생산·판매한 총생산물가치＝총생산물판매액(④의 경우)은 하반에 나타나는 총요소소득＝총소득(②의 경우)과 같게 된다. 이를 거시경제학에서 총생산＝총소득이라고 말한다.

그림 19-1 에서 경제의 순환적인 흐름을 다시 살펴보면 다음과 같다.

기업이 생산하는 과정에서 요소 소유자들의 소득이 생긴다. 소득이 있으면 생산물에 대한 지출을 할 수 있다. 생산물에 대한 지출이 있으면 생산이 계속 이루어질 수 있다. 즉, 경제 전체적으로 생산이 소득을 낳고 소득이 지출을 낳으며 지출이 다시 생산을 낳는

생산 → 소득 → 지출 → 생산

의 순환관계를 가지는 것이다. 이 순환적인 흐름의 크기가 매 회마다 커질 때 경제는 성장한다고 말하고, 일정할 때 경제는 정체상태에 있다고 말한다.

현실세계에서 기업은 그림 19-1 에서 가정한 것처럼 소비재만을 생산하는 것이 아니라 소비재 생산에 이용되는 기계·공구·공장설비 등 자본재도 생산하며, 이 자본재는 기업부문 안에서 기업 상호간에 거래된다. 또 현실경제에서 정부부문이 존재하여 기업으로부터 소비재와 자본재를 구입한다. 한 나라 경제는 다른 나라와 대외거래를 하는데 다른 나라들을 해외부문으로 총괄하면 이 해외부문이 가계·기업·정부부문에 이어 네 번째의 생산물수요부문이 된다. 한편 생산요소의 공급부문도 그림 19-1 에서처럼 가계만이 아니고 현실경제에서는 기업·정부·해외부문이 추가된다. 이 순환관계를 화폐의 흐름을 빼고 실물의 흐름만으로 표시한 것이 그림 19-2이다.

그림에서 가계는 소비, 기업은 생산만을 담당하며, 정부와 해외부문은 때로는 소비, 때로는 생산을 담당하는 경제주체로 표시되고 있다. 그림 19-2에서 모든 점선의 실물 흐름에 대응하여 그 반대방향으로 그림 19-1 에서와 같은 화폐의 흐름이 있음을 유의하라.

이처럼 실제에 있어서는 국민경제가 그림 19-1 보다 훨씬 복잡 다양하다. 그러나
① 생산이 있는 곳에 생산물의 가치에 상응하는 소득이 창출되게 마련이어서 총생산＝총소득이고,
② 이 소득의 지출로 생산물이 수요되고 화폐가 기업에 흘러들어가 다시 생산이 이루어진다

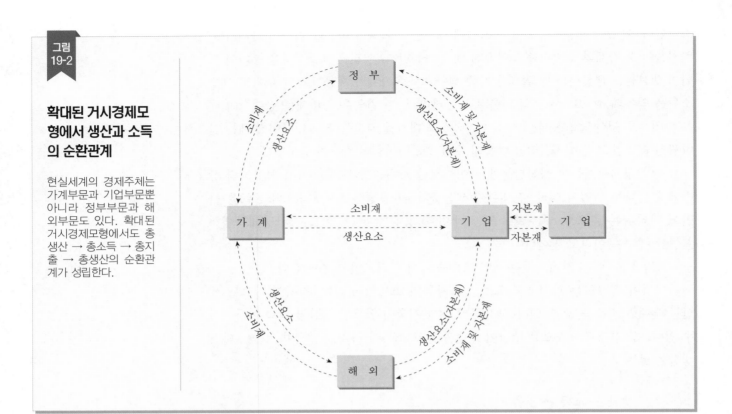

그림
19-2

확대된 거시경제모형에서 생산과 소득의 순환관계

현실세계의 경제주체는 가계부문과 기업부문뿐 아니라 정부부문과 해외부문도 있다. 확대된 거시경제모형에서도 총생산 → 총소득 → 총지출 → 총생산의 순환관계가 성립한다.

정부

소비재 및 자본재

생산요소(자본재)

소비재

생산요소

가 계

소비재

기 업

자본재

기 업

자본재

생산요소

생산요소(자본재)

소비재 및 자본재

소비재

생산요소

해 외

는 의미에서 경제가 순환적인 흐름을 가진다는 기본특징은 아무리 복잡 다양한 현실경제에도 그대로 적용된다.

총생산＝총소득과 국부

우리가 살아가는 데 필요한 수많은 재화와 서비스를 소비하기 위해서는 우리에게 소득이 있어야 한다고 앞에서 논하였다. 이에 대하여 재치있는 학생 중에는 아마도 이렇게 반론을 제기하는 학생이 있으리라. "왜 꼭 소득이 있어야 하느냐? 소득이 없더라도 토지나 주식 같은 부(＝재산, 자산)를 축적하고 있으면 소비할 수 있지 않느냐? 회사에서 정년퇴직한 우리 아버지가 그렇게 생활해 나가고 계신다." 이 의문에 대한 해답을 구하기 위해서는 소득과 부의 개념을 명확하게 구분하고 이해하는 것이 필요한데, 이는 앞으로 거시경제학을 배우는 데에도 매우 중요하다.

먼저 소득은 일정기간 동안에 벌어들이는 화폐액을 말한다. 제3장에서 설명한 바와 같이 특정기간을 밝혀서 표시하는 수량을 유량(flow)이라 하는데 소득은 유량이다. 예컨대 갑의 소득이 50만원이라고 하면 뜻이 명확하지 않다. 월소득이 50만원이라면 갑이 영세민 계층에 속할 것이나 하루 소득이 50만원이라면 갑은 고소득층에 속할 것이다. 이처럼 소득은 특정기간을 밝혀야 뜻이 확실해지므로 유량이다. 이에 대하여 부는 일정시점에 축적되어 있는 재산액을 뜻한다. 특정시점을 밝혀서 표시하는 수량을 저량(stock)이라 하는데, 부는 저량이다.

　　개인의 생활수준과 마찬가지로 한 나라 경제 전체의 총량도 부와 소득의 두 가지 측면에서 파악할 수 있다. 한 나라 전체의 부를 국부(national wealth)라 한다. 국부는 자연이 준 토지와 자원, 사람이 만든 자본재로 구성된다. 자본재는 건물·기계시설 등 사람이 만든 실물자산을 가리킨다.

　　이 국부와 총소득은 어떠한 관계가 있을까? 거시경제학에서는 국부보다 총소득 또는 총생산이 일차적인 주요 관심사가 되고 있는데 왜 그럴까? 그 부분적인 이유는 다음 예에서 알 수 있다. 우리나라는 일찍이 1997년에 외환위기를 맞은 후 1998년에는 심각한 경기침체를 경험하였다. 1997년에 비해 1998년에 국부가 갑자기 줄어든 것은 아니다. 국부는 두 해 사이에 거의 변동이 없었다. 그럼에도 불구하고 1998년에 우리나라는 급격한 소득의 감소로 실업의 증가와 경기침체를 겪어야 했다. 따라서 국부의 존재 그 자체가 높은 생활수준을 보장해 주는 것은 아니다. 천연자원이 많은 러시아나 브라질이 우리나라보다 낮은 생활수준을 유지하는 것이 단적인 예이다.

　　미시경제이론에서 생산의 3대요소로 토지, 자본, 노동을 들었다. 여기에서 한 나라 전체의 토지와 자본으로 구성되는 저량이 국부이고, 이 국부가 노동과 상호작용함으로써 흘러나오는 생산의 유량이 총소득이며, 이 총소득이 커짐으로써 윤택한 생활이 가능해지는 것이다. 그리고 이 상호작용은 우리가 당연하게 받아들일 수 있는 기계적인 현상이 아니라 복잡다단한 경제적 과정이다. 앞으로 이 상호작용의 동인과 과정 그리고 그 결과를 연구하는 것이 거시경제이론의 주요한 부분을 이룬다.

　　기업은 부와 노동을 결합하여 생산물을 생산한다. 생산물은 소비재와 생산재(= 자본재)로 나누어진다. 그 중 소비재는 노동서비스를 제공하는 인구의 부양에 돌려져 가계가 소비한다. 자본재는 투자활동을 통하여 부의 유지(=대체투자 또는 감가상각)나 증대(=신투자)에 쓰여진다. 그리하여 다음 단계에서 다시 기업이 부와 노동을 결합하여 생산이 반복된다. 우리는 그림 19-3에서 보는 바와 같이 그림 19-2와는 다른 각도에서 경제의 순환적 흐름이라는 개념에 다시 귀착되었다.

　　그림 19-3은 생산물의 순환적인 흐름이라는 개념 외에도 다음과 같은 두 가지 사실을 보여 준다.

　　첫째, 모든 사회가 자신이 생산한 생산물을 가지고 얼마만큼 소비하고 투자할 것인가를 선택하여야 한다. 투자를 많이 할수록 현재소비는 줄어드는 대신 미래의 생산의 흐름이 커짐으로써 미래소비가 늘어나게 된다.

　　둘째, 사회가 소비하지 않은 생산물의 가치분만큼만 투자할 수 있다. 소비되지 않은 총생산이 총투자인 것이다. 따라서 총소득 중 소비되지 않은 몫, 즉 소비되지 않은 총소득이 총저축이기 때문에 총생산=총소득에서 총투자= 총저축의 관계가 성립함을 알 수 있다. 저축이 있어야 투자가 이루어질 수 있다는 것이다.

　　처음의 예로 돌아가서 토지나 주식 등 축적된 재산으로 소비활동을 영위하는 개인이 있다면 그가 이 재산을 팔아 처분하지 않는 한 재산으로 소비하는 것이 아니라

국부
한 나라 전체의 부

총투자
총생산 중 소비되지 않은 몫

총저축
총소득 중 소비되지 않은 몫

그림
19-3

국부와 총생산의 관계

한 나라의 국부는 노동과 더불어 생산활동에 사용되어 매기당 총생산을 낳는다. 총생산은 총소비와 총투자로 나누어진다.

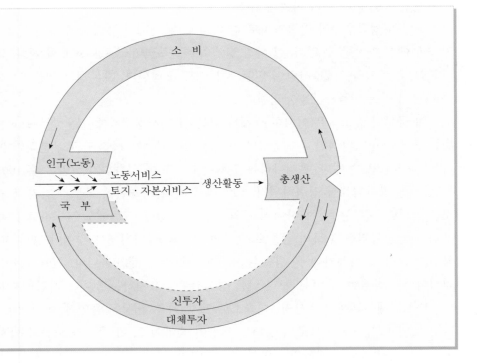

재산에서 나오는 소득, 즉 재산소득으로 소비하는 것이다.

여기에서 유의할 점은 개개인의 부를 모두 합한 것이 곧 국부가 되지는 않는다는 것이다. 개인이 소유하고 있는 현금이나 주식·회사채·은행예금 등 금융자산은 개인의 부로 계산되지만 국부로 들어가지는 않는다. 이들은 공장·기계·건물 등 실물자산에 대한 청구권이지 그 자체가 실물자산은 아니다. 실물자산만이 국부에 들어가고 금융자산은 이 실물자산이 누구의 것인가 하는 소유권을 나타낼 뿐이다.[1]

따라서 한 개인이 재산소득을 얻는다는 것은 그 개인이 부를 통하여 간접적으로 생산활동에 참여한 데 대한 보수를 받는 셈이다. 우리나라에서 부동산 투기에 의한 축재가 국민경제적인 관점에서 바람직스럽지 못하다고 말하는 것은 부동산 투기가 생산활동이 아니어서 위와 같은 논리가 적용되지 않기 때문이다.

거시경제변수들 가운데 가장 기본적이고 중요한 변수는 총생산과 물가이다. 총생산은 고용·실업과 연결되고 물가는 인플레이션과 직결된다. 제2절에서 총생산을 다루고 제3절에서 물가를 다루기로 한다. 총생산=총소득이 증가하면 경제가 성장하고 고용이 증가한다. 물가가 '안정'되면 사람들이 안정적인 경제생활을 영위할 수 있다. 정책당국의 우선적인 관심사는 물가가 안정된 가운데 총생산이 지속적으로 증가하는 것이다.

---

1 개방경제에서는 일부 금융자산이 국부에 포함된다. 이 장의 연습문제 6번과 그 해답을 참고할 것.

제2절 **총생산 · 총소득**

1 국내총생산(GDP)의 정의

총생산=총소득을 측정하는 지표가 많이 있다. 그 중에서 가장 중요한 지표는 국내총생산이다.

> **국내총생산**(gross domestic product : GDP)은 일정기간 동안에 한 나라의 국경 안에서 생산된 모든 최종생산물의 시장가치를 합한 것이다.[2]

「일정기간 동안에」라는 것은 GDP가 유량임을 뜻한다. GDP는 특정기간을 명기해야 하는 것이다. 우리나라에서는 보통 3개월(quarterly), 반년 또는 1년을 단위로 한국은행에서 GDP를 측정한다.

「한 나라의 국경 안에서」라는 것은 그 나라 국민이 생산한 것이든 외국인이 생산한 것이든 간에 그 나라 국경 안에서 생산된 것은 모두 GDP에 포함된다는 것이다. 국내에서 생산된 것이면 외국인 및 외국인 소유의 생산요소에 의하여 생산된 것도 GDP에 포함된다. 그 반면에 내국인 및 내국인 소유의 생산요소에 의하여 생산된 것이라도 해외에서 생산된 것이면 우리나라 GDP에 포함되지 않는다.

「최종」생산물이라는 것은 다른 생산물을 생산하는 데에 쓰여진 원재료 · 반제품과 같은 중간생산물의 가치를 GDP에 포함시키지 않는다는 뜻이다.

> **최종생산물**이란 본래의 형태 그대로 수명을 다할 때까지 최종 용도에 사용되는 생산물이다.

소비재는 가계의 소비, 공장시설 · 기계 등의 자본재는 기업의 생산이라는 최종 용도에 사용되면서, 본래의 형태 그대로 끝까지 사용된다는 점에서 최종생산물이다.

국내총생산
일정기간 동안에 한 나라의 국경 안에서 생산된 모든 최종생산물의 시장가치

최종생산물
본래의 형태 그대로 수명을 다할 때까지 최종 용도에 사용되는 생산물

---

[2] 국내총생산은 원의에 가깝게 하기 위해서는 국내총생산액 혹은 국내총생산물가치 등으로 써야 할 것이다. 유감스럽게도 「국내총생산」이라는 용어로 경제학계에 굳어졌기 때문에 이 관행을 따른다. 이하에 나오는 중간소비 · 총산출 · 국내순생산 · 순수출 · 투자 · 저축 등도 마찬가지이다. 우리나라는 1995년부터 총생산의 주총량 지표를 종전의 국민총생산(GNP)에서 국내총생산(GDP)으로 바꾸었다.

> **중간생산물**이란 다른 생산물을 생산하는 데에 쓰여져 본래의 형태가 없어지는 생산물이다.

중간생산물은 생산과정에 사용된다는 뜻에서 중간생산물의 가치를 중간소비라 한다. 자동차를 만들 때 사용하는 강판이 중간생산물이고 완제품인 자동차가 최종생산물이다. 중간소비를 GDP에서 제외하는 이유는 그것이 이미 최종생산물의 가치 속에 포함되어 있어 중복계산을 피하기 위한 것이다. 따라서 GDP는 총산출(gross output)과는 다른 개념이다. GDP에 중간소비를 합한 것을 총산출이라 한다.

총산출
GDP+중간소비

「생산물」이란 유형의 재화뿐만 아니라 무형의 서비스도 뜻한다. 따라서 쌀이나 옷 등의 재화뿐 아니라 의료·수송·오락 등 각종 서비스도 최종생산물이기만 하면 모두 GDP에 포함된다.

「시장」가치란 시장에서 거래되는 생산물가치만이 원칙적으로[3] GDP에 포함된다는 것을 뜻한다. 따라서 일반 가정주부는 집안에서 가사를 돌보는 유용한 서비스를 생산하지만 이것이 시장에서 거래되지 않기 때문에 GDP에 포함되지 않는다. 만일 한 가정주부가 다른 가정에 가사도우미로 나가 일을 하면 가사도우미 시장에서 가사도우미 서비스가 일정가격(예컨대 하루 60,000원)으로 거래되기 때문에 이 몫은 GDP에 포함된다.

시장「가치」란 각 생산물이 시장에서 평가되는 화폐액을 말한다. 쌀 한 가마와 휴대폰 100개와 자동차 10대를 직접 합산할 수는 없다. 이는 생산물의 종류와 물리적 단위가 다르기 때문이다. 그러나 쌀 한 가마와 휴대폰 100개와 자동차 10대의 시장가치를 합산할 수는 있다. GDP는 이처럼 최종생산물의 시장가치를 합계하여 산출한다. 이 시장가치는 당해연도의 시장가격으로 잡느냐 아니면 어떤 특정연도의 시장가격으로 잡느냐에 따라 다음에서 보는 바와 같이 명목GDP와 실질GDP로 나누어진다.

2 명목GDP와 실질GDP

GDP는 일정기간 동안에 국내에서 생산된 모든 최종생산물의 시장가치이므로 ① 재화와 서비스의 생산이 증가하거나, ② 가격이 상승하여 시장가치가 증가하면

---

3 이 기준이 항상 일관성 있게 적용되지는 않는다. 즉 시장에서 거래되지 않음에도 불구하고 GDP에 포함되는 항목들이 있다. 그 대표적인 것으로는 후술하는 주택소유에 따른 귀속임대료가 있다.

GDP가 증가한다. 이 중에서 ①의 효과만 따로 떼어 보는 것이 실질GDP이다. 이 생산효과에 ②의 가격효과까지 포함한 것이 명목GDP이다.

한 나라의 생산량을 당해연도의 시장가격으로 평가한 것을 **명목GDP**(nominal GDP)라 한다. 한 나라의 생산량을 기준연도의 가격으로 평가한 것을 **실질GDP**(real GDP)라고 한다.

명목GDP
당해연도의 시장가격으로 평가한 GDP

실질GDP
기준연도의 시장가격으로 평가한 GDP

2020년을 기준연도로 하여 실질GDP를 계산하는 예를 들어 보자. 사과와 오렌지만 생산되는 단순한 경제를 가정하면 2025년의 명목GDP와 실질GDP는 다음과 같다(기준연도에는 명목GDP와 실질GDP가 같게 된다).

2025년 명목GDP＝(2025년 사과가격×2025년 사과생산량) + (2025년 오렌지가격 ×2025년 오렌지생산량)

2025년 실질GDP＝(2020년 사과가격×2025년 사과생산량) + (2020년 오렌지가격 ×2025년 오렌지생산량)

2025년의 실질GDP는 기준연도(2020년)가격으로 2025년의 생산량을 평가하여 계산한다. 2025년의 실질GDP를 통해 2020년부터 그 이후의 가격의 변화에 영향을 받지 않고 2025년의 생산량이 2020년에 비해 얼마만큼 변동했는가를 알 수 있다.

당해연도의 경제활동규모와 산업구조 등을 분석하는 데는 명목GDP를 사용한다. 그러나 국민경제가 장기적으로 어떻게 변동하고 있는가, 혹은 경제성장률은 얼마인가를 알아보기 위해서는 실질GDP를 사용해야 한다.

3 실제GDP와 잠재GDP

앞에서 다룬 GDP는 한 나라의 경제가 실제로 생산한 모든 최종생산물을 평가한 것으로서 실제GDP(actual GDP)라 부를 수 있다. 이와 달리 잠재GDP(potential GDP)라는 개념도 있는데 이는 나중에 재정정책과 통화정책을 논할 때에 사용된다.

잠재GDP란 한 나라 국경 안에 존재하는 모든 생산요소를 정상적으로 고용할 경우 생산가능한 모든 최종생산물의 시장가치를 말한다. 이용가능한 모든 생산요소가 정상적으로 고용되는 상태를 **완전고용**이라 한다. 따라서 잠재GDP는 **완전고용GDP** 혹은 **완전고용국민소득**이라 불리기도 한다.

잠재GDP(완전고용국민소득)
한 나라 국경 안에 존재하는 모든 생산요소를 정상적으로 고용할 경우 생산가능한 모든 최종생산물의 시장가치

잠재GDP와 실제GDP의 차이를 GDP 갭(GDP gap)이라고 한다.

[19-1] GDP 갭＝잠재GDP−실제GDP

이 GDP 갭은 모든 생산요소가 완전고용되지 못함으로써 발생하는 것이므로 「불완전고용(또는 실업)의 순손실」이라고도 불린다.

생산활동이 저조하고 경제가 침체할수록 GDP 갭은 커지고 생산활동이 활발할수록 GDP 갭은 작아진다. 경제가 대단한 호황을 구가하면 실제GDP가 잠재GDP를 초과하여 GDP 갭이 음이 될 수도 있다. 이러한 가능성은 우리가 잠재GDP를 정의할 때 이용가능한 모든 생산요소를 정상적으로 고용함으로써 얻을 수 있는 GDP라 했기 때문에 일어난다. 노동자들이 하루에 공장에서 8시간 일하고 공휴일은 쉬는 것이 정상이다. 그런데 하루에 8시간을 초과하여 일을 하고 공휴일에도 가외로 일한다면 생산요소인 노동과 기계가 정상수준 이상으로 고용되고 있는 것이며, 이러한 현상이 국민경제에서 부분적으로라도 일어난다면 실제GDP는 잠재GDP를 초과하게 된다.

완전고용을 추구해 온 서방선진국들은 1970년대에 높은 인플레이션을 겪으면서 물가안정이 완전고용 못지않게 중요하다는 것을 깨달았다. 그리고 완전고용상태에 도달하면 물가가 가속적으로 높아지기 쉽다는 것을 확인하였다. 그리하여 1970년대 후반부터 많은 경제학자들이 잠재GDP를 「인플레이션을 가속시키지 않고 실현할 수 있는 최대GDP」로 정의하기 시작하였다.

오늘날 잠재GDP는 이 두 번째 의미로 흔히 사용된다. 두 번째 의미로 사용되는 잠재GDP를 자연생산량(natural rate of output)이라 한다. 자연생산량과 결부되는 실업률을 자연실업률(natural rate of unemployment)이라 부른다.

잠재GDP는 정책당국이 그 달성을 추구하는 정책목표가 될 수 있다. 전통적으로 서구 선진국에서는 실업률이 5~6%이면 완전고용상태이거나 인플레이션을 가속시키지 않는 자연실업률이라고 보고 이 자연실업률 상태에서 생산되는 GDP를 잠재GDP라 한다.

본서에서 단순히 GDP라고 쓸 때에는 실제GDP를 의미한다. 잠재GDP를 말할 경우에는 명시적으로 잠재GDP 혹은 완전고용국민소득이라고 표기한다.

4 GDP의 측정

우리나라 GDP는 한국은행이 국민소득계정을 이용하여 분기별·연도별로 측정하고 있다. 국민소득계정은 GDP를 생산·지출·분배의 3면에서 측정할 수 있으며, 이 3면에서 측정한 GDP는 같다는 원칙을 바탕으로 하고 있다. 앞에서 정의한 바와 같이 GDP는 일정기간 동안에 생산된 모든 최종생산물의 시장가치를 합산하여 측정한다. 이것을 GDP 측정의 생산접근법이라 한다.

최종생산물은 가계·기업·정부·해외부문 등 여러 경제주체들에게 팔리거나 기업의 재고로 남는다. 당기에 생산되어 팔리지 않은 몫은 기업재고의 증가로 나타난다. 이를 재고투자라고 부른다. 재고투자는 기업이 자기 자신으로부터 생산물을 사들인 것으로 처리한다. 이러한 국민소득계정 편제규정에 따라 당기에 생산된 최종생산물을 사기 위해 경제주체들이 지출한 모든 화폐액을 합하면 GDP가 된다. 이를 GDP 측정의 지출접근법이라 한다.

생산물이 팔리면 소득이 생긴다. 이 소득은 생산에 직접·간접으로 참여한 생산요소의 소유자들에게 임금·지대·이자·이윤 등의 요소소득으로 분배된다. 팔리지 않은 생산물은 기업소득으로 처리한다. 생산물의 시장가치 속에 세금이 포함되어 있으면 이는 정부의 소득으로 생각하면 된다. 이런 조정을 덧붙여 요소소득을 모두 합하면 GDP가 된다. 이를 GDP 측정의 소득접근법 혹은 GDP 측정의 분배접근법이라 한다.

생산접근법과 GDP

생산물시장에서 생산물의 흐름을 포착하고자 할 때 제일 먼저 생각할 수 있는 방법은 GDP의 정의 그대로 모든 기업들이 해당 기간중에 생산한 최종생산물의 가치를 직접 합하는 것이다. 이 경우 기업들을 산업별로 분류하여 측정한다. 산업은 크게 농림어업, 광공업, 사회간접자본 및 기타 서비스의 세 부문으로 나누고 각 부문을 더 세분한다.

농림어업은 문자 그대로 농업, 임업과 어업을 말한다. 광공업에는 제조업이 대종을 이루고 있고 광업과 채석업이 포함된다. 제조업에는 음식료품·섬유·의류산업 등 경공업과 석유·화학·기계·금속·전자산업 등 중화학공업이 있다.

사회간접자본(social overhead capital: SOC)이란 기업들의 생산활동에 간접적으로 혹은 공통적으로 필요한 도로·항만·철도·항공·전력·수도 등의 시설을 말한다. 사회간접자본부문에는 전기·가스·수도사업, 건설업, 그리고 운수·창고 및 통신업이 포함된다. 기타 서비스란 사회간접자본을 제외한 나머지 서비스를 총괄한다. 기타 서비스부문에는 도소매 및 음식·숙박업, 금융·보험·부동산 및 사업서비스업, 공공행정 및 국방, 사회서비스업 및 개인서비스업 등이 포함된다.

국내총생산은 매 생산과정에서 새롭게 창출되는 부가가치를 이용하여 계산할 수도 있는데 다음과 같은 예를 들어 설명해 보기로 하자. 어떤 농부가 밀을 생산해서 10,000원을 받고 곡물 도매상에 팔았다고 하자, 이 때 이 10,000원은

사회간접자본
기업의 생산활동에 공통적으로 필요한 도로·항만·철도·항공·전력·수도 등의 시설

우리나라 산업별 명목GDP 현황

우리나라 명목GDP는 2023년에 2,401조원(1조 8,394억 달러)이다. 이 중에서 각 산업부문이 차지하는 비중은 농림어업 1.5%, 광공업 27.7%(제조업 27.6%), 사회간접자본 및 기타 서비스업 70.8%이다. 제조업 중에서 경공업이 차지하는 비중은 18% 내외, 중화학공업이 차지하는 비중은 82% 내외로 추정된다. 이러한 산업구조는 1961년의 명목 GDP에서 차지하는 비중이 농림어업 41%, 광공업 15%(제조업 13%), 사회간접자본 및 기타 서비스업 44%이었고 제조업부문에서 경공업이 차지하는 비중이 74%, 중화학공업이 차지하는 비중은 26%에 지나지 않았던 것과 극적인 대조를 이룬다.

일반적으로 경제가 발전함에 따라 농림어업의 비중은 낮아지고 사회간접자본 및 기타 서비스산업의 비중은 높아진다. 사회간접자본 및 기타 서비스산업의 비중이 지속적으로 높아지는 것을 흔히 경제의 서비스화현상이라 일컫는다. 대부분의 선진국에서 농림어업의 비중은 3% 미만, 사회간접자본 및 기타 서비스산업은 70% 이상이다. 우리나라의 산업구조는 선진국형이다.

산업사회에서 후기산업사회 혹은 정보화사회로 이행함에 따라 전세계적으로 정보통신산업의 비중이 커지고 있다. 정보통신산업은 정보통신기기제조업(사무, 계산 및 회계용 기계, 반도체 및 통신기기)과 정보통신서비스(통신업, 방송, S/W와 컴퓨터 관련 서비스)를 포괄하는 개념이다. 우리나라의 경우 정보통신산업이 GDP에서 차지하는 비중은 1995년에 2%대에서 2023년에 12%대로 높아졌다.

① 밀 생산에 투입된 밀 종자·농약·비료 등 중간생산물 투입액 또는 원재료의 구입 비용
② 농기구 등의 자본재에 대한 감가상각비
③ 토지·노동·자본(농기구) 등 생산요소의 고용에 지불된 비용
④ 농부의 이윤

으로 분해할 수 있다. 여기에서 ①이 4,000원이고 ②가 2,000원이라 하자. 그러면 ③과 ④를 합한 금액은 4,000원이 되는데 10,000원의 총수입에서 원재료 구입비용과 감가상각비를 뺀 이 4,000원을 농부가 창출한 부가가치(value-added)라 한다.

부가가치
생산과정에서 새로 창출한 가치

부가가치란 생산자가 생산과정에서 새로 창출한 가치로서 총산출에서 중간소비와 자본재의 감가상각을 뺀 금액이다.

부가가치는 노동·토지·자본·기업경영 등 생산요소의 이용에 대한 보수로서 임금·지대·이자·이윤으로 분배된다.

[19-2] 부가가치 = 총산출 − 중간소비 − 감가상각
= 임금 + 지대 + 이자 + 이윤

다음에 곡물 도매상이 이 10,000원어치의 밀을 제분업자에게 11,000원을 받고 팔

았다 하자. 그러면 도매상이 창출한 부가가치는 1,000원이 되고 1,000원이 도매상이 제공하는 도매서비스에 대한 보수가 된다.

이번에는 제분업자가 노동과 자본을 결합하여 이 11,000원 어치의 밀을 제분해서 제빵업자에게 15,000원을 받고 밀가루를 팔았다 하자. 이 때 제분기계의 감가상각비가 1,000원이라면 제분업자의 부가가치는 3,000원이 된다.

끝으로 제빵업자가 15,000원어치의 밀가루로 빵을 만들어 직영제과점에서 20,000원에 팔았는데 제빵기계의 감가상각비가 2,000원이라면 제빵업자의 부가가치는 3,000원이 된다.

빵
GDP에는 최종생산물의 가치만 포함된다.

이 연쇄적인 관계를 정리한 것이 표 19-1 이다. 이 모든 생산활동이 같은 해에 이루어진 것으로 가정한다.

우선 우리가 쉽게 알 수 있는 것은 농부가 생산해 낸 밀이나 제분업자가 만들어 낸 밀가루의 가치는 빵이라는 최종생산물의 가치 속에 포함되어 있다는 사실이다. 따라서 GDP를 산정하는 데 있어서는 빵의 가치만을 포함시켜야 한다. 만일 밀(혹은 빵 이전의 어느 중간생산물)의 가치를 또 포함시킨다면 한 생산물을 두 번 이상 계산하는 중복계산이 된다. 표 19-1 에서 농부가 밀 생산에 사용한 원재료도 같은 해에 생산된 것이고 또한 이 원재료는 다른 중간생산물이나 기계의 사용 없이 생산되었다고 하자. 그러면 금년도 국내총생산에는 빵이라는 최종생산물의 시장가치 20,000원만 계산된다. 이것이 해당기간중 기업이 생산한 최종생산물의 가치를 직접 합산하는 첫 번째 계산법의 기초를 이룬다.

한편 이 20,000원은 모든 생산단계에서의 부가가치(15,000원)와 감가상각액 (5,000원)을 합해서도 얻어진다. 국내 모든 생산단계에서의 부가가치를 국민경제 전체에 걸쳐 합산한 것을 국내순생산(net domestic product: NDP)이라 한다. 이 국내순생산에 모든 생산단계에서의 감가상각(액)을 합산하여 GDP를 구하는 것이다. 이처럼 부가가치의 계산을 통하여 GDP를 측정하는 방법을 부가가치에 의한 접근방법(value-added approach)이라고 한다.

국내순생산
국내 모든 생산단계에서 부가가치의 합

생산 및 유통단계	생 산 액	중간소비	감각상각	부가가치
원 재 료	4,000			4,000
밀(농부)	10,000	4,000	2,000	4,000
밀(도매상)	11,000	10,000		1,000
밀가루(제분업자)	15,000	11,000	1,000	3,000
빵(제빵업자)	20,000	15,000	2,000	3,000
합 계	60,000	40,000	5,000	15,000

표 19-1

생산액, 중간소비, 감가상각 및 부가가치
(단위: 원)

부가가치에 의한 접근방법은 각 생산부문의 중요도를 가늠할 수 있게 해 준다. 예컨대 철강산업에서 일정기간 동안에 생산한 최종생산물의 가치는 총생산액에 비하여 너무 낮게 평가될 것이다. 철강은 대부분 자동차·교량·철도·선박 등 많은 최종생산물의 생산에 중간생산물로 사용되기 때문이다. 철강산업이 생산한 최종생산물의 가치는 낮아도 중간생산물로 사용되는 부분이 높기 때문에 철강산업이 국민경제에서 차지하는 비중이 낮다고 말할 수는 없다. 부가가치에 의한 접근방법은 철강산업이 국민경제에 기여하는 몫을 제대로 포착해 준다.

지출접근법으로 측정한 GDP= 국내총지출

생산물시장에서 생산물의 흐름을 포착하는 두 번째 방법은 최종생산물에 대한 지출을 합산하는 것이다. 그림 19-1에서 보는 바와 같이 최종생산물의 흐름과는 반대방향으로 최종생산물의 가치에 상당하는 화폐의 흐름이 있는바, 이 지출을 추계하여 국내총생산을 얻을 수 있다. 이렇게 하여 계산된 GDP를 국내총생산에 대한 지출(expenditure on GDP) 또는 줄여서 국내총지출(gross domestic expenditure: GDE)이라고 한다. 이는 최종수요부문들이 기업에 지출한 화폐액을 더함으로써 얻을 수 있다. 최종수요부문은 위에서 본 것처럼 가계·기업·정부·해외부문의 네 가지로 분류된다.

민간소비지출

기업이 생산하는 최종생산물에 대한 가계의 소비지출을 민간소비지출(private consumption expenditure: C)이라 한다. 여기에서 가계란 일반 소비자는 물론 노동조합·종교단체·사립학교 등과 같은 민간 비영리단체까지 포함하는 개념이다. 민간소비지출은 크게 다음과 같이 세 가지로 분류된다.

① 자동차·냉장고·가구 등과 같은 내구소비재
② 의류·식품·유류 등 비내구소비재
③ 주택전세·교통·보건의료·교육·오락 등 서비스

민간소비지출은 국내총지출을 구성하는 항목 중 가장 큰 비중을 차지한다.

국내총투자

현실세계에서는 소비재만이 최종생산물은 아니다. 공장·기계 등의 자본재는 기업이 생산활동을 수행해 나가는 가운데 서서히 마모된다. 공장·기계 등은 원재료와는 달리 생산과정에서 다른 형태로 변형되지 않고 완전히 소멸될 때까지 본래의 모습이 보존·유지된다는 점에서 최종생산물이다. 기업부문의 이러한 자본재에 대한 지출을 국내민간자본형성 또는 국내민간투자라 한다.

한편 정부부문도 한국철도공사·한국도로공사·조달청 등의 공기업(정부기관)을 통해 최종생산물을 생산하기 위하여 기계·설비 등을 사들이는바, 정부의 이러한 활동을 정부투자라 한다.

국내민간투자와 정부투자를 합한 것을 국내총자본형성 혹은 국내총투자(gross domestic investment: I_g)라 한다.

고정투자와 재고투자

국내총투자는 자본재의 형태에 따라서 총고정투자(gross fixed investment)와 재고투자로 구분된다. 총고정투자는 다시 건설투자, 설비투자, 지식재산생산물투자로 나누어진다. 건설투자는 주거용 건물(주택), 비주거용 건물(사무실·공장 등), 기타 구조물 및 공작물(철도·통신·도로·항만·수도시설 등)에 대한 투자를 포괄한다. 설비투자는 각종 기계(발전기·섬유기계·공작기계·광업 및 건설용 기계 등)와 운수설비(자동차·선박·항공기·철도차량 등)에 대한 투자로 구분된다. 지식재산생산물투자란 연구개발(R&D)과 소프트웨어 등에 대한 투자와 같은 무형투자(intangible investment)를 말한다. 지식기반사회에서 연구개발과 소프트웨어가 갈수록 중요해지는 현실을 감안하여

지식재산생산물투자

연구·개발(R&D)과 소프트웨어 등에 대한 투자와 같은 무형투자

읽을거리 19-2 ▶ 디지털경제와 무형투자의 중요성

공장, 기계, 컴퓨터와 같은 실물투자 또는 유형투자(tangible investment)에 비해 연구, 디자인, 소프트웨어, 브랜딩(branding)과 같은 무형(intangible)자산에 대한 투자가 중요한 이유는 무형투자(=지식재산생산물투자)가 가지는 확장가능성(scalability)과 파급성(spillover) 등 두 가지 속성에 기인한다.

첫째, 무형투자는 실물투자에 비해 확장가능성이 크다. 따라서 성장속도가 빠르고 규모도 빨리 확장된다. 서울시 내의 택시회사가 규모를 키우기 위해서는 택시를 더 구입해야 하고 투자비용이 많이 소요된다. 따라서 규모를 확대하기가 어렵다. 반면 택시 부르는 앱(app)을 개발한 우버(Uber)는 미국의 250개 도시에서 운영되고 있고, 그 코드를 수출함으로써 빠른 시간에 세계적 기업이 되었다.

둘째, 무형투자는 파급효과가 크다. 어떤 사업가가 컴퓨터를 생산하는 공장에 투자하면 경쟁자들이 컴퓨터 생산으로 인한 이득과 이윤을 공유하기가 쉽지 않다. 반면 소프트웨어 개발자들은 온라인(online)상의 깃허브(GitHub) 같은 저장 공간에서 코드를 공유한다. 생전에 애플의 잡스(Steve Jobs)는 구글의 운영시스템 안드로이드(Android)가 애플 운영시스템 아이오에스(iOS)와 무엇이 다른지 모르겠다고 불평했었다.

무형투자가 가지는 확장가능성과 파급성은 오늘날 성공적인 프런티어(frontier) 기업과 뒤처지는 기업 간 임금 격차, 이윤 격차 등이 점점 커지는 원인이 되고 있다. 무형투자에 주로 의존하는 프런티어 기업은 혁신과 아이디어의 확장을 통해 세계적 기업이 되고 상응하는 보상을 받는다. 유형투자에 주로 의존하는 기업은 규모를 키우기가 어렵고 프런티어 기업을 따라잡기가 점점 어려워진다. 오늘날 선진국에서 대두되고 있는 소득불평등의 상당 부분은 기업 내부의 임금 격차보다는 무형투자에 주로 의존하는 기업들과 실물투자에 주로 의존하는 기업들 간의 격차에 기인하고 있다.

21세기는 점증하는 무형투자의 중요성으로 인해 '자본 없는 자본주의'(Capitalism without Capital)가 되어 가고 있다. 마이크로소프트(MS)의 실물자산은 시장가치의 1%에 불과하다. 마이크로소프트에 종사하는 근로자들의 전문성과 그들이 창조한 코드(the code)가 훨씬 중요한 자산이다. 디지털경제의 자본주의에서 살아남고 부국이 되기 위해서는 실물자본이 풍부한 경제보다 무형자본이 풍부한 경제(intangible capital-rich economy)가 되어야 한다. 문제는 무형자본이 풍부한 경제가 되어 갈수록 국민들의 소득불평등은 더 커진다는 것이다.

출처: The Economist(2017.12.16.), "Capital in the 21st Century" 참고.

2000년대 들어와 지식재산생산물투자가 고정투자로 분류되기 시작했다. 총고정투자를 총고정자본형성이라고도 한다.

재고투자는 기말(期末)의 생산물재고가 기초(期初)에 비해 증가한 액수를 말한다. 재고투자를 GDP에 산입하는 것은 GDP가 일정기간중 생산한 최종생산물의 시장가치를 나타내는 유량이기 때문이다. 기업의 총판매액과 재고, 그리고 생산액 간에는 다음과 같은 항등식이 성립한다.

[19-3] 총판매액=기초 재고+기간중 생산액−기말 재고

식 (19-3)을 기간중 생산액에 관하여 정리하면

[19-3]′ 기간중 생산액=총판매액+(기말 재고−기초 재고)

가 되는데 기말 재고−기초 재고가 바로 재고투자이다. 재고투자를 재고증감이라고도 부른다. 식 (19-3)′을 모든 최종생산물에 대하여 합산한 것이 GDP이다.

재고투자는 비록 중간생산물의 재고투자라도 당해기간중에 다른 재화의 생산에 사용되지 않고 생산된 형태 그대로 남아 있다는 점에서 적어도 당해기간에서는 「최종」생산물이라 할 수 있다. 재고투자를 총투자에 포함시키는 이유는 재고증가분이 현재소비에 사용된 것이 아니기 때문이다.

위에서 투자의 내역을 살펴보았거니와 국민소득계정에서 말하는 투자는 경영학이나 주식시장에서 사용하는 투자라는 말과는 아주 다르게 사용되고 있음을 유의해야 한다. 국민소득계정에서 말하는 투자는 실물을 늘리는 실물투자이다. 은행에서 대출을 받아 집을 새로 지으면 국내총투자를 증가시킨다. 그러나 대출을 받아 기존 주택을 사면 국민소득계정에서 말하는 투자와는 무관하다. 기업이 신주식을 발행하

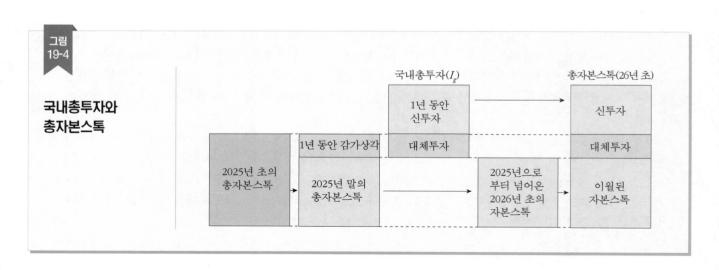

그림 19-4

국내총투자와 총자본스톡

여 그 대금으로 공장을 짓고 기계를 설치한다면 이 신주식에 대한 "투자"는 경제학에서 말하는 투자의 개념과 일치한다. 그러나 우리가 소비하고 남은 돈으로 구주식이나 기존의 채권을 사들인다면 이는 실물을 늘리지 않고 오직 과거에 생산된 자본재에 대한 소유권이 이전되는 것이기 때문에 국민소득계정의 투자가 아니다.

투자와 자본

국내총투자(I_g)와 한 나라에 존재하는 총자본과는 어떠한 관계를 가질까? 이 관계를 나타내기 위하여 국내총투자를 대체투자(replacement investment: I_r)와 신투자(new investment: I_n)로 구분한다. 대체투자는 생산과정에서 마모되는 자본재를 보전하는 데 충당하는 투자로서 감가상각 혹은 고정자본소모라고도 불린다. 신투자는 총투자와 대체투자와의 차액을 말하는 것으로서 순투자(net investment)라고도 한다. 따라서 국내총투자가 대체투자를 초과하면(신투자가 "+"이면) 마모된 자본재를 보전하는 이상의 투자가 이루어져 한 나라의 총자본이 증가한다. 총자본을 흔히 총자본스톡이라고 부른다. 반대로 국내총투자가 대체투자를 하회하면(신투자가 "−"이면) 총자본스톡이 감소한다. 국내총투자와 대체투자가 같으면 총자본스톡은 불변이다.

이상을 요약하면,

[19-4] 국내총투자(I_g) = 대체투자(I_r) + 신투자(I_n)

[19-5] 신투자(I_n) = 국내총투자(I_g) − 대체투자(I_r)

$I_n > 0 \rightarrow \varDelta K > 0$: 총자본스톡 증가

$I_n = 0 \rightarrow \varDelta K = 0$: 총자본스톡 불변

$I_n < 0 \rightarrow \varDelta K < 0$: 총자본스톡 감소

정부소비지출

정부가 외교·국방·치안·교육·사회복지 등 공익을 위한 고유업무를 수행하기 위해 최종생산물을 구입하는 소비지출을 정부소비지출(government consumption expenditure on goods & services: G)이라 한다. 정부가 최종생산물에 지출하지 않으면 비록 정부총지출에 포함되더라도 GDP에는 포함되지 않는다. 그 대표적인 예로 정부의 이전지출(transfer payments)을 들 수 있다.

정부의 **이전지출**은 실업수당이나 재해보상금, 사회보장기부금과 같이 정부가 당기의 생산활동과 무관한 사람에게 반대급부 없이 지급하는 것을 말한다.

정부의 이전지출은 당기에 생산활동과 무관하며 기업부문에서 이미 생산된 소득을 단순히 재분배한다는 점에서 GDP 계산에서 제외된다. 정부의 최종생산물에 대

선적을 기다리는 수출용 자동차들
수출은 다른 나라 소비자, 기업, 정부 등 해외경제주체들의 우리나라 상품에 대한 수요를 나타낸다.

한 지출활동 중 투자지출은 국내총투자(I_g)로 포함시키고 소비지출만을 정부소비지출이라 일컫는다.

순 수 출

우리나라에 있는 기업이 생산한 최종생산물의 일부는 외국 소비자들에 의해 수요된다. 우리나라 최종생산물에 대한 해외부문의 수요를 재화와 서비스의 수출(exports: X)이라고 한다.

위에서 본 세 가지 지출항목, 즉 민간소비지출(C)·국내총투자(I_g)·정부소비지출(G)에는 우리나라 기업이 만든 최종생산물뿐만 아니라 외국기업이 만든 중간생산물과 최종생산물을 수입한 몫까지 포함되어 있다. 예컨대 우리가 국산 스마트폰을 사면 이 스마트폰 값이 민간소비지출에 포함되는데 이 중에는 국내기업에서 창출한 부가가치뿐 아니라 일본과 미국 회사로부터 수입한 스마트폰 부품과 기술서비스에 대하여 치른 대가도 포함되어 있는 것이다. 물론 이 수입분은 일본이나 미국의 GDP에 산입되고 우리나라 GDP에서는 제외되어야 한다. 그러나 각 품목마다 생산에 소요된 외국 원자재 사용액을 일일이 따진다는 것은 어려운 일이다. 따라서 GDP의 추계에는 C, I_g, G, X를 그 속에 외제품이나 수입 원자재가 들어 있다 하더라도 모두 합계하고 나중에 그 총액에서 재화와 서비스의 수입(imports: Z)을 빼는 방법을 취한다. 수입 총액은 무역통계로부터 손쉽게 얻을 수 있다. 재화와 서비스의 수출(X)과 수입(Z)의 차($X-Z$)를 재화와 서비스의 순수출(net exports)이라고 부른다.

이상의 논의를 요약하여 국내총지출의 구성을 수식으로 표시하면 다음과 같다.

[19-6] 국내총지출 = 민간소비지출(C) + 국내총투자(I_g) + 정부소비지출(G)
　　　　　 + 재화와 서비스의 순수출($X-Z$)

국내총지출의 구성항목 중에서 민간소비지출은 그 변동폭이 작아 안정적인 데 반하여, 총투자는 그 변동폭이 커 매우 불안정적이다. 총투자의 불안정성은 뒤에서 설명하게 되는 경기변동의 가장 중요한 원인 중의 하나이다.

재화와 서비스의 수출이 GDP에서 차지하는 비중을 수출의존도, 재화와 서비스의 수입이 GDP에서 차지하는 비중을 수입의존도, 수출의존도와 수입의존도를 합하여 무역의존도라 한다.

무역의존도
재화와 서비스의 수출과 수입의 합이 GDP에서 차지하는 비중

소득접근법으로 측정한 GDP = 국내총소득

소득접근방법에 의한 국내총생산은 국민계정에서 다음과 같이 표시된다.

[19-7] 국내총소득＝피용자보수＋영업잉여＋순생산 및 수입세＋고정자본소모

요소비용국내소득

시장가격국내소득

앞에서 최종생산물이 판매되면 생산과정에 참여한 요소소유자들은 임금·지대·이자·이윤 등의 요소소득을 받는다고 설명하였다. 현실경제에서는 각 요소소득을 정확히 분해하기가 어렵다. 농부·의사·변호사·영세사업자 등 비법인기업(자영업자)의 소득에는 모든 종류의 요소소득이 혼합되어 있기 때문이다. 따라서 국민소득통계에서는 요소소득을 크게 피용자보수와 영업잉여로 구분한다. 가계가 법인기업에 노동을 제공한 대가로 받는 임금을 피용자보수라 한다. 영업잉여는 노동을 제외한 다른 요소들이 생산활동에 참여한 대가로서 지대·이자·이윤 등이 혼합되어 있다. 노동소득과 재산소득의 구분이 어려운 비법인기업의 소득도 영업잉여에 포함시킨다. 피용자보수와 영업잉여를 합하여 요소비용국내소득(domestic income at factor cost) 혹은 국내요소소득(domestic factor income)이라 부른다.

국내총생산은 요소비용국내소득보다 크다. 요소비용국내소득에 두 가지를 더해야 국내총생산이 된다. 그 두 가지는 순생산 및 수입세와 고정자본소모이다. 순생산 및 수입세는 생산 및 수입세(taxes on production and imports)에서 정부의 對기업보조금을 뺀 것이다. 최종생산물이 시장에 나오기까지 생산, 배달, 판매, 수입(imports) 등 여러 단계에서 정부가 각종 세금(생산 및 수입세)을 부과함으로써 시장가격이 생산 및 수입세에 준하여 오르게 된다. 따라서 최종생산물의 시장가격을 합하는 GDP에 생산 및 수입세가 포함되는 것이다. 정부는 때로는 산업진흥이나 제품의 시장가격 인하 등을 위해 기업에 보조금을 지급한다. 이 보조금은 최종생산물의 시장가격을 인하시킴으로써 GDP를 낮추는 역할을 한다. 사후적인 구성면에서 볼 때 시장가격으로 평가한 국내소득은 한편으로는 생산 및 수입세만큼 커지고 다른 한편으로는 보조금만큼 작아진다. 따라서 생산 및 수입세가 보조금보다 더 크면 그 차액인 순생산 및 수입세만큼 시장가격으로 평가한 국내소득이 요소비용국내소득보다 커진다. 소득접근방법에서 순생산 및 수입세는 최종생산물의 판매로 얻게 되는 소득 중 정부부문이 차지하는 소득이라고 생각할 수 있다. 요소비용국내소득에 순생산 및 수입세를 더한 것을 시장가격국내소득(domestic income at market prices) 혹은 국내순생산(net domestic product)이라 부른다.

현실세계에서 최종생산물의 시장가치는 시장가격국내소득보다 더 크다. 이는 생산과정에서 닳아 없어지는 자본재의 감모분을 반영해야 하기 때문이다. 만약 자본재의 감모분을 반영하지 않으면 자본재가 다 감모될 때 지속적인 생산을 할 수 없을 것이다. 앞에서 기업이 자본재의 감모에 대비하여 적립하는 몫을 고정자본소모 또는 감가상각이라 하였다. 고정자본소모는 자본재를 소모시키는 대가로 자본재의 소

피용자보수
가계가 법인기업에 노동을 제공한 대가로 받는 임금

영업잉여
노동을 제외한 다른 요소들이 생산활동에 참여한 대가

유자에게 지불하는 보상액이라고 생각할 수 있다. 이 고정자본소모를 고려해야 최종생산물의 시장가치를 제대로 가려낼 수 있고 따라서 GDP를 정확히 계산할 수 있다.

GDP 삼면등가의 원칙

이상에서 본 GDP접근방법들은 똑같은 GDP를 생산·지출·분배라는 세 가지 다른 각도에서 포착한 것이다. 따라서 세 가지 방법들은 원칙적으로 똑같은 결과를 얻게 마련이다. 이와 같이 국내총생산은 만들어서(생산), 쓰고(지출), 나누어 갖는(분배) 금액이 모두 같게 된다.

물론 생산과 지출, 그리고 분배가 동시에 이루어지지는 않는다. 예컨대 12월 하순에 생산된 최종생산물은 그 생산에 참여한 대가를 생산요소들이 반드시 연말까지 받는다는 보장이 없고, 설사 받았다고 하더라도 그 해 안으로 모두 지출한다고는 볼 수 없다. 생산·지출·분배 사이에 시차가 존재하는 한 세 가지 각도에서 포착한 어느 한 해의 GDP가 모두 같으리라는 보장이 없는 것이다. 더구나 통계 작성에는 부정확이 따르게 마련이다. 그러나 이러한 시차와 부정확을 통계상 불일치 혹은 오차 및 누락으로 처리하면 세 가지 각도에서 측정한 GDP는 같을 수밖에 없다. 이를 GDP 삼면등가의 원칙이라고 한다. 삼면등가의 원칙을 다음의 등식으로 요약할 수 있다.

GDP 삼면등가의 원칙
생산, 지출, 소득의 삼면에서 측정한 GDP는 같다는 원칙

표
19-2

우리나라 명목GDP의 구성

(단위: 조원, %)

계정항목	1990	2000	2010	2020	2023[1]	비중[2]
민간소비지출	103.5	369.0	706.3	984.1	1,197.6	49.9
정부소비지출	21.9	71.4	186.3	349.6	423.1	17.6
국내총투자	83.0	223.1	452.2	648.9	774.6	32.3
재화와 서비스의 수출	50.0	222.1	624.5	712.5	996.9	41.5
(-)재화와 서비스의 수입	51.7	210.8	589.8	636.7	990.5	41.2
통계상불일치	0.1	1.0	0.0	0.0	-0.5	0.0
국내총생산	206.7	675.7	1,379.5	2,058.5	2,401.2	100.0
피용자보수	89.8	280.7	591.3	985.6	1,150.4	47.9
영업잉여	70.7	212.9	408.6	458.4	504.4	21.0
순생산 및 수입세	21.0	69.2	131.7	191.1	202.9	8.5
고정자본소모	25.2	113.0	247.8	423.3	543.4	22.6

주: 1) 잠정치. 2025년 중반에 나올 2023년 확정치와 다를 수 있음.
2) 2023년 GDP 대비 비중임.
*반올림으로 인해 숫자 합의 불일치가 있을 수 있음.
자료: 한국은행 경제통계시스템, 2024년 12월 하순 열람.

[19-8] 국내총생산(최종생산물의 시장가치의 합계)
　　　 =국내총지출(최종생산물에 대한 지출의 합계)
　　　 =국내총소득(요소소득, 순생산 및 수입세, 감가상각의 합계)

　우리나라에서는 생산접근법에 의해 국내총생산을 확정하고 지출 면에서 통계상
불일치로 조정한다. 잔여소득 개념인 영업잉여에 통계상 불일치가 반영된다.
　앞으로 본서에서는 삼면등가의 원칙에 의하여 국내총지출이나 국내총소득 대신
국내총생산으로 통일하여 표기한다.
　표 19-2에 최근 우리나라 명목GDP의 구성이 나와 있다. 지출측면에서는 민간
소비지출이, 소득측면에서는 피용자보수가 가장 큰 항목이다. 2023년에 우리나라의
수출의존도는 41.5%, 수입의존도는 41.2%, 무역의존도는 82.7%이다. 재화와 서비
스의 수출과 수입이 거의 같아 순수출은 GDP의 0%에 가깝지만 수출과 수입의 합은
GDP의 83%를 차지하여 우리 경제가 해외 경기에 의해 크게 영향을 받게 되어 있는
구조이다.

5　기타 총생산 · 총소득지표

　한 나라의 총생산=총소득을 나타내는 지표로 GDP가 가장 많이 쓰이지만 GDP
가 유일한 지표는 아니다. 총생산을 추계하여 기록하는 국민소득계정에는 GDP와 다
소 다른 여러 가지 생산·소득지표들도 포함된다. 그 중에서 중요한 몇 가지를 들면
다음과 같다.

국민총소득(gross national income : GNI)

　국내총생산(GDP)은 한 나라의 국경 안에서 생산된 것만 포함된다. 외국인이든
내국인이든 국내에서 번 소득은 모두 포함한다. 내국인이 외국에서 번 소득은 제외
된다. 반면 국민총소득(GNI)은 우리나라 국민에 의해 국내·외를 막론하고 번 소득의
합계이다. 외국인에 의해 국내에서 번 소득은 포함되지 않는다. GDP는 국경을 중심
으로 하고, GNI는 사람의 국적을 중심으로 계산된다.
　필리핀의 근로자가 한국에 입국하여 일을 하고 번 소득은 우리나라 국내에서 취
득하였으므로 우리나라 GDP에 포함된다. 그러나 필리핀 근로자는 우리나라 국민이
아니므로 그의 소득은 우리나라 GNI에는 포함되지 않는다. 이와 유사하게 우리나

국민총소득
일정기간 동안에 우리나라 모
든 국민이 번 소득(의 합계)

국내총생산(GDP)과 국민총소득(GNI)

1990년대 초까지 한 나라 총생산과 총소득의 주요지표로 국민총생산(gross national product : GNP)이라는 용어가 사용되었다. 그러다가 1993년에 국제연합(UN)이 마련한 1993 국민계정체계(system of national accounts : SNA)의 권고에 따라 총생산의 주요지표로 국내총생산을 쓰고 소득지표로 국민총소득이라는 용어를 쓰기 시작했다.

실상 식 (19-9)는 명목국민총소득에 관한 정의이다. 이 명목국민총소득은 예전의 명목GNP와 똑같다. 그러나 실질국민총소득을 계산할 때는 교역조건 변화에 따른 실질무역손익을 조정해야 한다. 예전의 실질GNP에서는 이런 조정이 없었기 때문에 한 나라 국민의 실질소득 변화를 제대로 포착하지 못하는 단점이 있었다.

교역조건은 수출물가를 수입물가로 나눈 것으로 수출입상품 간의 교환비율을 나타낸다. 교역조건이 나빠지면 똑같은 양의 상품을 수출하고도 수입할 수 있는 상품의 양이 감소하므로 그 나라 국민이 소비하거나 투자할 수 있는 재원이 줄어들어 실질소득이 감소한다. 이를 포착하는 것이 「교역조건 변화에 따른 실질무역손익」이다. 실질국민총소득은 생산활동을 통하여 획득한 한 나라 소득의 실질구매력을 나타내는 지표이다.

1993 SNA의 총량지표 체계

명 목	실 질
명목GDP	실질GDP
	+교역조건 변화에 따른 실질무역손익
	=실질국내총소득(GDI)
+명목국외순수취요소소득	+실질국외순수취요소소득
=명목국민총소득(GNI=GNP)	=실질국민총소득(실질GNI≠실질GNP)

자료: 한국은행, 『알기쉬운 경제지표 해설』, 2023.

가리봉동의 중국 간판
우리나라로 이주한 노동자의 증가는 우리나라의 총소득에 어떤 영향을 미칠까.

라 근로자가 미국에서 일을 하는 경우 그의 소득은 우리나라의 GNI에는 포함되지만 우리나라의 GDP에는 포함되지 않는다.

사우디아라비아와 같은 외국인의 투자가 많이 들어와 있는 나라는 그 곳에서 외국인이 취득한 소득이 많기 때문에 GDP가 GNI보다 크게 된다. 반면 해외투자가 많은 나라는 외국에서 벌어들이는 소득이 많게 되어 GNI가 GDP보다 크게 된다. GDP와 GNI는 다음의 관계식으로 표시된다.

[19-9] GNI = GDP + (국외수취요소소득 - 국외지급요소소득)
       = GDP + 국외순수취요소소득

국내에서 외국인이 생산활동에 참여하여 얻은 소득은 우리나라 GDP에는 포함되지만 GNI에는 포함되지 않으므로 빼 주고 외국인에게 돌아가는 소득이기 때문에 국외지급요소소득이라 한다. 우리나라 국민이 외국에서 번 돈은 우리나라 GDP에는 포함되지 않지만 우리나라 국민의 소득이기 때문에 국외수취요소소득으로 더해 주어야 한다. 국외수취 및 국외지급 요소소득에는 피용자보수(임금·급여)와 재산소득(이자·배당·임대료 등) 등이 있다.

국내총생산은 한 나라의 생산활동을 가장 잘 나타내는 총량지표이다. 반면에 국민총소득은 한 나라 국민의 소득을 가장 잘 나타내는 총량지표이다. 최근 우리나라는 국민총소득이 국내총생산보다 크다. 이는 우리나라 사람들이 해외에서 생산활동으로 번 소득이 다른 나라 사람들이 우리나라에서 번 소득보다 많다는 것을 의미한다.

국민총처분가능소득(gross national disposable income : GNDI)

최근 활발한 국제교류를 반영하여 국민총처분가능소득이라는 개념이 사용되고 있다. 국민총처분가능소득은 국민경제 전체가 소비나 저축으로 자유롭게 처분할 수 있는 소득이다. 이는 국민총소득에 국외수취경상이전을 더하고 국외지급경상이전을 뺀 것이다. 국외수취경상이전은 교포송금·종교기관기부금과 같이 생산활동과는 관계 없이 외국으로부터 받은 소득이고, 국외지급경상이전은 해외기부금·무상원조와 같이 생산활동과는 관계 없이 외국으로 지급하는 소득을 말한다.

[19-10] 국민총처분가능소득(GNDI)

= 국민총소득(GNI)+(국외수취경상이전−국외지급경상이전)

= GNI+국외순수취경상이전

= 총소비+총저축

윗식에서 총소비는 민간소비지출과 정부소비지출을 합한 것이고, 총저축은 국민총처분가능소득 중 소비되지 않고 남은 부분이다. 총저축(gross saving)은 국민저축(national saving)이라고도 불린다. 총소비가 국민총처분가능소득에서 차지하는 비율을 소비율, 비율이 아닌 계수로 표시한 것을 평균소비성향이라 한다. 마찬가지로 총저축이 국민총처분가능소득에서 차지하는 비율을 총저축률, 계수로 표시한 것을 평균저축성향이라고 한다. 소비율과 총저축률을 합치면 100%, 평균소비성향과 평균저축성향을 합치면 1이 된다. 2023년에 우리나라 소비율은 66.5%, 평균소비성향은 0.65, 총저축률은 33.5%, 평균저축성향은 0.35이다.

국민처분가능소득(national disposable income : NDI)

국민처분가능소득은 앞에서 정의한 국민총처분가능소득(GNDI)에서 고정자본소모를 뺀 것이다.

국민총처분가능소득
국민경제 전체가 소비나 저축으로 자유롭게 처분할 수 있는 소득

총저축(=국민저축)
국민총처분가능소득 중 소비되지 않고 남은 부분

[19-11] 국민처분가능소득(NDI) = 국민총처분가능소득(GNDI) − 고정자본소모
   = 총소비 + 총저축 − 고정자본소모
   = 총소비 + 순저축

총저축에서 고정자본소모를 뺀 것을 순저축이라 한다.

국내순생산(net domestic product : NDP)

이는 앞 절에서 부가가치를 설명하면서 이미 언급한 개념이다. 국내순생산은 국내총생산에서 고정자본소모를 뺀 것이다. 건설물이나 생산자내구재 같은 자본재는 생산과정에서 마모된다. 생산과정에서 자본재가 마모되는 몫을 고정자본소모라 하였는바, 일정기간 동안 생산활동의 순효과를 파악하기 위해서는 고정자본소모를 빼야 한다.

[19-12] 국내순생산(NDP) = GDP − 고정자본소모
   = 시장가격국내소득

표 19-1 의 설명에서 본 것처럼 국내순생산은 모든 생산과정에서 부가가치를 합한 것이다. 국내순생산은 생산활동의 순효과를 파악한다는 점에서 GDP보다 더 의미 있는 개념이다. 그런데 국제기구는 국내순생산보다 GDP를 더 많이 사용한다. 그 이유는 자본재 마모의 추계방식이 나라마다 다른 데다가 단기적으로는 GDP에서 자본재 마모가 차지하는 비중이 대체로 안정적이어서 별로 문제가 되지 않기 때문이다. 그러나 장기적으로는 기술혁신 등으로 생산구조가 변하여 자본재 마모가 크게 달라질 가능성이 높다. 따라서 장기분석에는 국내순생산의 개념이 필요하게 된다.

국민순소득(net national income : NNI)과 국민소득(national income : NI)

국민순소득(NNI)
국민총소득에서 고정자본소모를 뺀 것

국내총생산에서 고정자본소모를 뺀 것을 국내순생산이라 하듯이 국민총소득(GNI)에서 고정자본소모를 뺀 것을 국민순소득이라 한다. 고정자본소모 몫은 기업이 내부에 적립하고 있어 일반국민의 소득이 되지 못한다.

생산활동에 참여하고 받은 순수한 국민소득을 알아보기 위해서는 국민순소득에서 국민이 정부에 낸 생산 및 수입세를 빼고 기업이 정부로부터 받은 보조금을 더해야 하는데 이렇게 계산한 국민소득을 요소비용국민소득 혹은 줄여서 국민소득이라 한다. 국민소득은 노동의 대가인 피용자보수와 기타 생산요소의 대가인 영업잉여로 구성된다.

국민소득(NI)
국민순소득에서 순생산 및 수입세를 뺀 것 혹은 피용자보수와 영업잉여를 합한 것

[19-13] 국민소득(NI)
= 국민순소득(NNI) - (생산 및 수입세 - 정부의 對기업보조금)
= NNI - 순생산 및 수입세
= 피용자보수 + 영업잉여**4**
= 요소비용국민소득

국민소득에서 피용자보수가 차지하는 비율을 피용자보수비율이라고 한다.**5** 2023년 우리나라 피용자보수비율은 67.7%이다.

가계본원소득(personal primary income : PI)

가계본원소득이란 생산활동에 참여한 대가로 가계부문 전체가 받는 소득을 말한다. 앞에서 본 국민소득이 모두 가계본원소득이 되지는 않는다. 국민소득 가운데 임금의 일부는 원천공제되어 근로자가 정년퇴직한 후 연금을 받을 수 있도록 고용주가 사회부담금으로 정부에 납부한다. 기업이윤의 일부는 기업소득세(=법인세)로 정부에 납부하며, 일부는 주식에 대한 배당으로 주주 개인에게 분배되지만, 나머지 기업이윤은 사내에 유보된다. 또 일부는 영업잉여의 재분배과정에서 이자소득·임대료 등의 재산소득으로 정부 수중에 들어간다. 영업잉여 가운데 법인세·사내유보이윤· 정부의 재산소득 등을 빼고 가계부문에 귀속되는 몫을 가계부문의 기업 및 재산소득이라 부른다. 국민소득의 영업잉여 중 가계부문의 기업 및 재산소득만 가계본원소득에 포함된다.

[19-14] 가계본원소득(PI) = 국민소득(NI) - 사회부담금 - 법인세
- 사내유보이윤 - 정부의 재산소득
= 피용자보수 + 가계부문의 기업 및 재산소득

가계본원소득(PI)
피용자보수에 국민소득의 영업잉여 중 가계부문의 기업 및 재산소득만 포함한 것

가계처분가능소득(personal disposable income : PDI)

가계처분가능소득이란 개인 또는 가계부문이 실제로 받고 마음대로 처분할 수 있는 소득을 말한다. 가계처분가능소득은 가계본원소득에 개인이 생산활동과 관계없이 정부나 기업, 국외로부터 받은 소득(이전소득)은 더하고 정부나 기업, 국외에 지

가계처분가능소득(PDI)
가계와 다른 경제주체 간의 소득이전을 반영한 가계본원소득으로 가계부문이 소비하거나 저축할 수 있는 소득

---

4 국민소득(NI)은 국민총소득에서 고정자본소모와 순생산 및 수입세를 뺀 것이다. 국민총소득에는 국외순수취 요소소득이 포함되어 있으므로 국민소득에도 국외순수취요소소득이 포함되어 있다. 따라서 국민소득의 피용자보수에는 국외순수취 피용자보수가 포함된다. 또한 영업잉여에는 국외순수취 재산소득(이자, 배당, 임대료 등)이 포함된다.

5 과거 우리나라는 피용자보수비율 대신 노동소득분배율이라는 명칭을 사용해 왔으나 노동소득분배율에 자영업자의 노동소득이 포함된 것으로 오인될 수 있어 2022년부터 피용자보수비율로 명칭을 변경하였다.

급한 몫(이전지급)은 뺀 것이다. 가계의 이전소득에는 대표적으로 각종 사회수혜금(국민연금, 공무원연금 등 각종 연금, 각종 공적 보험금, 기초연금, 재난지원금 등)이 포함되고 이전지급에는 각종 사회부담금(개인소득세, 각종 연금 기여금, 각종 공적 보험료 등의 부담금)이 포함된다. 개인소득세는 엄밀히 말하면 이전지급이 아니지만 개인이 마음대로 처분하는 소득 몫이 아니기 때문에 이전지급으로 처리한다. 가계가 생산활동에 관계 없이 받은 이전소득과 준 이전지급의 차를 가계의 순이전소득이라 한다. 가계본원소득에 가계의 순이전소득을 더한 것이 가계처분가능소득이다. 이 가계처분가능소득을 가계는 소비하거나 저축한다. 가계가 소비하는 몫이 국내총생산의 구성항목인 민간소비지출이다.

[19-15] 가계처분가능소득(PDI) = 가계본원소득+가계의 순이전소득
                          = 민간소비지출+가계저축

저축과 투자의 관계

국민총소득과 국내총생산의 관계를 보여 주는 식 (19-9)와 국민총처분가능소득의 정의식 (19-10)을 결합하면 다음 식을 얻는다.

[19-16] 국민총처분가능소득(GNDI)
         = GDP+국외순수취요소소득+국외순수취경상이전
         = 총소비+총저축

국내총생산은 지출측면에서

$$GDP = C+I_g+G+(X-Z)$$

로 정의되었다. 민간소비지출(C)과 정부소비지출(G)을 합한 것이 총소비이다. 따라서 식 (19-16)은

$$GNDI = C+I_g+G+(X-Z)+국외순수취요소소득+국외순수취경상이전$$
$$= C+G+총저축$$

으로 바꾸어 쓸 수 있다. 따라서 총저축은

[19-17] 총저축(S) = I_g+$(X-Z)$+국외순수취요소소득+국외순수취경상이전
                   = 국내총투자(I_g)+국외투자

로 표시된다. 이 장의 제1절에서 총저축은 총투자와 같게 마련이라는 것을 배웠다. 따라서 식 (19-17)의 첫 등호의 오른쪽 항은 총투자이다. 총투자는 국내총투자(I_g)와 나머지 세 항목으로 구성된다. 나머지 세 항목을 거시경제학에서 국외투자 혹은 대외투자라 부른다.

2023년 우리나라의 총저축률(=총투자율)은 33.5%, 국내총투자율과 국외투자율은 각각 31.8% 및 1.7%였다.

폐쇄경제에서는 국외투자가 0이어서 총저축＝국내총투자의 관계가 성립한다. 그러나 개방경제에서는 국외투자가 0이 된다는 보장이 없기 때문에 총저축＝국내총투자의 관계가 성립하지 않는다. 일본과 대만은 총저축이 국내총투자보다 커서 국외투자가 양이다. 국내총투자에 필요한 재원보다 더 많이 저축하기 때문에 그 차액은 국외에 투자하게 된다고 해서 국외투자라는 말이 붙여졌다. 제28장에서 양(+)의 국외투자는 경상수지 흑자와 같다는 것을 배우게 된다.

1990년대 초중반에 우리나라는 총저축보다 국내총투자가 더 커서 국외투자가 음이었다. 음의 국외투자를 해외저축(foreign saving)이라 부른다. 국내총투자에 필요한 재원이 총저축＝국민저축으로는 부족하기 때문에 외국사람들의 저축까지 끌어들여 부족분을 메운 것이다. 해외저축은 경상수지 적자와 같다는 것을 제28장에서 다룬다.

6 총생산 개념의 유용성과 한계

GDP 개념의 유용성

GDP로 대표되는 총생산지표는 한 나라 경제의 규모와 활동수준을 나타내는 지표로 널리 이용되고 있다. 중국을 미국과 더불어 G2라 부르는 이유는 GDP의 크기가 미국 다음으로 세계 2위이기 때문이다. GDP의 크기를 흔히 경제규모로 삼는다. 한 나라 경제활동의 수준은 생산·고용·물가 등에 의하여 측정되는데 이들은 모두 GDP와 밀접한 관련이 있다. 실질GDP가 증가한다는 것은 생산과 고용, 소비 등이 증가한다는 것을 의미한다. 따라서 인구과다에 따른 과잉실업의 질곡에 매여 있는 개발도상국이나 수요부족에 따른 상대적인 생산시설 과잉을 경험하고 있는 개발국이나 모두 실질GDP의 성장은 바람직스러운 정책목표이다. 그러므로 경제성장률은 실질GDP 성장률과 동의어가 되고 있다.

한편 자국화폐표시 명목GNI와 1인당 (명목)GNI를 미달러 표시의 명목GNI와 1인당 GNI로 환산하여 나라들 사이의 경제력과 소득수준을 비교하는 지표로 이용하고 있다. 한 나라 국민 개개인의 평균적인 생활수준을 나타내는 지표로는 1인당 GDP보

파키스탄 라오어(Lahore)의 공기오염
공기오염의 정도가 심해 먼지가 손으로 만져질 정도라고
한다. GDP는 삶의 질을 제대로 반영하지 못한다.
출처 : The New York Times(2017.11.13)

다 1인당 GNI가 많이 사용된다. 1인당 GNI는 GNI를 연중 평균
인구로 나눈 것이다.

GDP 개념의 한계

GDP로 대표되는 국민계정에 나오는 총생산·총소득지표
들은 측정상의 여러 가지 문제 때문에 경제활동의 수준을 나타
내는 완전한 지표가 되지 못한다. 나아가 국민 모두의 생활을 윤
택하고 쾌적하게 하는 경제적·사회적 복지라는 관점에서 볼 때
GDP가 참된 복지수준을 나타내기에는 많은 문제점을 가지고
있다.

첫째, GDP 추계방법이 전체적인 일관성을 결여하고 있다.
각국의 국민소득계정은 주거생활이 중요하다는 전제하에 주택소유자가 자기 집에서
살고 있어도 마치 집을 빌려 주어 임대료를 받는 것처럼 처리하는데 이를 귀속임대
료(imputed rent)라 한다. 귀속임대료는 시장에서 거래되지 않아도 추계되어 GDP에 포
함되는 것이다. 한편 가정주부가 가족을 위하여 제공하는 식사·빨래·육아·청소 등
의 가치는 시장에서 거래되지 않는다는 이유로 GDP에 포함되지 않는다. 똑같은 일
이 음식점·세탁소·가사도우미 또는 청소부 등에 의하여 이루어지면 GDP에 포함된
다. 따라서 한 남자가 가사도우미와 결혼하면 GDP가 줄어드는 모순이 생긴다.

둘째, GDP는 소비자들이 즐기는 여가(leisure)를 충분히 감안하지 않고 있다. 예
컨대 열렬한 테니스 팬이 그의 여가시간을 테니스로 흠뻑 즐긴다면 그의 만족도 내
지 후생수준은 그가 치른 테니스 코트 사용료보다 훨씬 높을 것이다. 그러나 GDP에
는 그가 치른 코트 사용료만이 포함된다.

셋째, GDP는 물질적 생산만을 계산하고 생산과정에서 발생하는 대기오염·수질
오염·소음 등의 공해와 자연파괴, 교통체증, 범죄증가와 같은 부작용은 도외시하고
있다. 물질의 풍요 못지않게 생활의 질(quality of life)을 중요시하는 오늘날 이러한 부
작용을 감안하지 않는 GDP는 만족할 만한 복지지표라고 할 수 없다.

넷째, GDP는 상품의 질의 변화를 제대로 반영하지 못한다. 예컨대 컴퓨터는 성
능이 계속 향상되는데도 가격은 하락하고 있다. 직접·간접으로 가격규제를 받는 상
품은 가격이 변하지 않아도 단위 분량이나 품질이 떨어지기 쉽다. 소비자의 만족도
에 영향을 미치는 이러한 품질의 변화를 GDP는 제대로 평가하지 못한다.

다섯째, GDP는 계속 확대되는 디지털경제를 잘 반영하지 못하고 있다. 디지털
경제에서는 유튜브로 공짜음악과 무료강좌를 듣고 공유경제(sharing economy: 숙박시
설·차량 등 특정자산이 남아돌 때 다른 사람과 공유하는 것)로 자산소유자가 유용한 서비
스를 생산한다. 그러나 이런 유용한 디지털경제활동이 GDP에 잡히지 않는다.

여섯째, GDP는 사채·부동산투기·밀수·마약·탈세 등 이른바 지하경제
(underground economy)의 규모를 반영하지 못하는 제약을 가진다.

순경제후생지표

이상과 같은 GDP 개념의 문제점들 중 몇 가지를 보완하여 경제적인 후생을 더 잘 측정하기 위해 미국의 경제학자 토빈(J.Tobin)과 노드하우스(W.Nordhaus)가 경제후생지표(measure of economic welfare: MEW)라는 개념을 만들어 냈다. 경제후생지표는 GDP에 가정주부의 서비스와 여가의 가치를 더하고 공해비용을 뺀 것이다. 새뮤얼슨은 이를 순경제후생(net economic welfare: NEW)이라 불렀다.

$$경제후생지표 = GDP + 가사서비스의\ 가치 + 여가의\ 가치 - 공해비용$$
$$= 녹색GDP + 가사서비스의\ 가치 + 여가의\ 가치$$

GDP에서 공해비용을 뺀 것을 녹색GDP(Green GDP)라 부른다.

경제후생지표가 GDP보다 경제복지를 나타내는데 더 나은 지표라는 점에는 이의가 없다. 문제는 경제후생지표를 측정하는 데 객관적인 수량화가 어렵다는 점이다. 여가나 공해의 경우에 객관적인 평가가 어려울 것임은 쉽게 짐작할 수 있는 일이다. 따라서 본서에서는 위에서 말한 GDP 개념의 한계를 유념하는 가운데 경제후생지표보다 GDP를 중심으로 다루어 나갈 것이다.

녹색GDP
GDP−공해비용

읽을거리 19-4

국민경제 측정지표의
한계를 극복하기
위한 노력

1 물가지수의 의의와 종류

현실세계에는 수많은 상품들이 있다. 각 상품은 우리 생활에서 차지하는 중요도가 다르고 그 가격이 다르며 가격이 오르고 내리는 정도도 다르다. 이런 다양한 가격의 수준을 종합하여 하나의 숫자로 표시하는 개념이 물가이다.

> 수많은 상품들의 가격을 경제생활에서 차지하는 중요도를 고려하여 평균한 종합적인 가격수준이 **물가**(prices) 혹은 **물가수준**(price level)이다. 물가의 움직임을 측정하기 위하여 작성되는 것이 물가지수(price index)이다. **물가지수**는 수많은 상품들의 가격을 특수한 방식으로 평균하여 작성한 지표로서 기준시점의 물가를 100으로 놓고 비교시점의 물가를 나타내는 지수이다.

물가지수를 작성할 때는 상품수량을 고정시켜 놓고 상품가격의 변동을 본다. 현재 우리나라에서 흔히 쓰이는 물가지수로는 생산자물가지수, 소비자물가지수, GDP디플레이터 등이 있다. 생산자물가지수는 한국은행이, 소비자물가지수는 통계청이 매월 작성하며 기준연도는 3~5년마다 개편된다. GDP디플레이터는 한국은행이 분기별로 작성한다. GDP디플레이터는 명목GDP를 실질GDP로 나누어 백분비로 나타낸 것으로서 정의상 일종의 물가지수가 된다.

2024년 현재 생산자물가지수, 소비자물가지수, GDP디플레이터 등의 기준연도는 2020년이다.

생산자물가지수(producer price index : PPI)

생산자물가지수는 국내생산자가 국내시장에 출하하는 상품들의 가격 변동을 측정하기 위해 작성되는 물가지수이다. 2024년 말 현재 생산자물가지수는 국내거래 비중이 큰 894개(재화 789개, 서비스 105개) 품목을 조사하여 작성한다. 조사대상품목을 대분류하여 각각의 가중치를 보면 우선 재화부문이 61.5%, 서비스부문이 38.5%이다. 산업별로 재화부문의 가중치는 농림수산품 3.4%, 광산품 0.2%, 공산품 50.9%, 전력·수도 및 도시가스 7.0%이다. 가공단계별로는 대략 원재료 6%, 중간재 60%, 최종

물가

수많은 상품들의 가격을 경제생활에서 차지하는 중요도를 고려하여 평균한 종합적인 가격수준

물가지수

기준시점의 물가를 100으로 놓고 비교시점의 물가를 나타내는 지수

생산자물가지수

국내생산자가 국내시장에 출하하는 상품들의 평균적인 가격변동을 측정하기 위해 작성되는 물가지수

재 34%이다. 생산자물가지수는 경기동향을 판단하는 지표로도 이용되고 있다.[6]

소비자물가지수(consumer price index : CPI)

소비자물가지수는 도시가계가 소비하는 상품들의 가격 변동을 측정하기 위해 작성되는 물가지수이다.[7] 생산자물가지수의 대상품목으로 포함되는 원재료·중간재·최종자본재 등은 소비자물가지수에 포함되지 않고 소비재와 각종 서비스만 포함된다. 실제추계는 2024년 현재 전국 40개 주요 도시지역에서 거래되는 일반소비재 458개(재화 310개, 서비스 148개)의 소매가격(소비자구입가격)을 시장거래액 비중에 따라 가중치를 달리하여 평균한다.

조사대상품목을 대분류하여 각각의 가중치를 보면 주택·수도·전기·연료 17.2%, 식료품·비주류음료 15.5%, 음식·숙박 13.1%, 교통 10.6%, 교육 10.4%, 보건 8.7% 등의 순이다. 도시소비자의 체감물가를 더 잘 반영하기 위하여 소비자물가지수의 보조지수로서 생활물가지수가 작성되고 있다. 생활물가지수는 소비자물가 조사 대상품목 중에서 일반소비자들이 자주 구입하는 기본 생활필수품 141개를 선정하여 이들의 평균적인 가격변동을 나타내는 지수이다.[8]

또한 물가변동의 장기적 추세를 파악하기 위하여 계절적 요인이나 일시적 충격에 의한 물가변동분을 제외하고 작성한 근원소비자물가지수로 농산물및석유류제외지수와 식료품및에너지제외지수가 있다.

소비자물가지수는 대표적인 물가지수로서 화폐의 실질가치를 비교하는 데 이용되며 각종 사회수혜금을 결정하거나 노사 간 임금을 조정할 때 참고지표로 활용된다.

GDP디플레이터(GDP deflator)

GDP디플레이터는 국민소득추계 결과 사후적으로 계산되는 종합적인 물가지수로서 명목GDP를 실질GDP로 나누어 백분비로 표시한 것이다.

소비자물가지수
도시가계가 소비하는 상품들의 가격변동을 측정하기 위해 작성되는 물가지수

---

[6] 최근에는 PPI와 함께 국내공급물가지수와 총산출물가지수도 편제되고 있다. 국내공급물가지수는 PPI의 포괄범위(국내생산자가 국내시장에 출하하는 상품)에 수입품을 합쳐 국내시장에 출하하는 상품의 종합적인 가격수준을 측정한다. 총산출물가지수는 PPI의 포괄범위에 수출품까지 합쳐 국내생산자가 산출하는 상품의 종합적인 가격수준을 측정한다.

[7] 농어촌가계가 소비하는 상품들의 가격은 포함되지 않는다. 농가가 구입하는 각종 가계용품·농업용품·농업인력 등은 농업협동조합중앙회에서 작성하는 「농가구입가격 및 임료금 지수」에 의해 측정된다. 이 지수는 농가를 대상으로 한 특수물가지수이다. 또 다른 형태의 특수물가지수로 수출입물가지수가 있다. 수출상품과 수입상품의 가격 변동을 알아보기 위해 작성하는 지수이다. 읽을거리 19-3에서 본 것처럼 수출입물가지수는 교역조건을 구하는 데에 사용된다.

[8] 소비자물가지수와 생활물가지수에 관한 자세한 사항은 통계청, 「소비자물가지수」를 참고할 것. 현재 우리나라는 한국은행이 생산자물가지수와 GDP디플레이터, 통계청이 소비자물가지수를 편제하고 있다.

$$[19\text{-}18] \quad \text{GDP디플레이터} = \frac{\text{명목GDP}}{\text{실질GDP}} \times 100$$

명목GDP를 실질 GDP로 나누면 왜 물가지수가 되는가는 이 장의 부록에서 설명된다. 기준연도에는 명목GDP와 실질GDP가 같다. 따라서 기준연도의 GDP디플레이터는 100이 되어 기준연도의 물가지수가 100이라는 조건은 우선 만족시키는 것을 알 수 있다. 앞 절에서 GDP는 일정기간 동안에 한 나라 국경 안에서 생산된 모든 최종생산물의 시장가치라고 정의하였다. 따라서 GDP디플레이터는 한 나라 안에서 생산된 모든 최종생산물의 평균가격을 나타내는 포괄적인 물가지수이다.

PPI, CPI와 GDP디플레이터의 산정방식 차이

생산자물가지수와 소비자물가지수는 기준연도의 상품조합을 사용하여 가격 변동을 계산하는 데 비해 GDP디플레이터는 비교연도(당해연도)의 상품조합을 사용하여 가격 변동을 계산한다.

생산자물가지수, 소비자물가지수와 같이 기준연도의 상품조합으로 측정된 물가지수를 라스파이레스(Laspeyres)지수라 하고, 비교연도의 상품조합으로 계산한 물가지수를 파셰(Paasche)지수라 한다.[9]

물가의 변동을 측정할 때 생산자물가지수(PPI)·소비자물가지수(CPI)·GDP디플레이터를 사용하는데 이 세 지수에 의한 물가변동이 대체로 같은 방향으로 움직이지만 똑같은 크기로 나타나지는 않는다. 이는 앞에서 본 대로 대상품목과 가격들을 종합하는 방법 및 가중치가 서로 다르기 때문이다. 대상품목의 차이점을 좀 더 자세히 설명하면 다음과 같다.

① CPI에는 소비재 및 서비스의 가격이 포함되는 반면 PPI에 포함되는 원재료, 중간재 및 자본재의 가격은 포함되지 않는다. 원재료, 중간재 및 자본재 등은 상대적으로 가격변동이 크기 때문에 CPI에 비해 PPI가 상대적으로 변동성이 크다. 또한 석유파동과 같은 해외부문의 충격은 원재료와 중간재를 포괄하는 PPI에 직접적 영향을 준다. GDP디플레이터에는 소비재·서비스·자본재 등이 최종생산물이면 모두 포함되어 대상품목수가 가장 광범위한 종합적인 물가지수이다.

② 수입품의 가격이 CPI에는 포함되는 데 반하여 PPI와 GDP디플레이터에는 포함되지 않는다. GDP 산정에 수입이 제외되므로 GDP디플레이터는 가장 포괄적인 물가지수이지만 수입상품의 가격동향을 전혀 반영하지 못하는 한계가 있다.

③ 주택·토지 등 부동산의 가격은 PPI 및 CPI에 포함되지 않는다. 신축주택과 신축사무실은 건설물로 GDP에 포함되므로 이들 가격은 GDP디플레이터에 포함된다. 그러나 기존 주택이나 토지의 투기에 의한 부동산가격의 폭등은 GDP디플레이터

---

9 이에 관한 계산의 예는 이 장의 부록을 참조할 것.

에도 포함되지 않는다.[10] 주택가격의 앙등으로 전세나 월세 등 주택 임대료가 오른다면 오른 임대료는 GDP디플레이터와 CPI에 포함된다.

2 인플레이션의 의의와 측정

인플레이션(inflation)은 물가수준이 상승하는 현상을 말한다. 구체적으로 인플레이션은 앞에서 배운 물가지수가 증가하는 것으로 표시된다. 경제학에서는 흔히 물가지수를 물가수준(price level)으로 해석한다. 물가지수가 증가하였다면 그 증가폭의 크기에 따라 인플레이션이 있는가 없는가 또는 강한가 약한가를 알게 되는 것이다.

구체적으로 물가가 몇 %나 올랐는가를 보여 주는 것이 인플레이션율 혹은 물가상승률이다. 예컨대 우리나라 소비자물가지수는 2020년을 100으로 놓을 때 2022년에 107.7이고 2023년에 111.6이다. 이 경우 소비자물가로 표시한 2023년의 인플레이션율은 아래와 같이 3.6%로 계산된다.

[19-19] 2023년의 인플레이션율 $= \dfrac{\text{2023년의 물가지수} - \text{2022년의 물가지수}}{\text{2022년의 물가지수}} \times 100$

$= \dfrac{111.6 - 107.7}{107.7} \times 100 = 3.6$

물가수준이 하락하는 현상을 디플레이션(deflation)이라 한다. 인플레이션율이 음인 것이 디플레이션이다.

현실적으로 물가지수 변동만 가지고는 인플레이션의 크기를 정확하게 알기 어려운 경우가 많다. 그 이유로 몇 가지를 들 수 있다.

첫째, 물가가 올라 외관상으로는 인플레이션이 있더라도 물가가 상승한 이상으로 상품의 질이 향상되었다면 실제로는 물가가 하락한 것과 같다. 이와는 반대로 생산자들이 상품가격은 그대로 둔 채 상품의 무게(양)나 질을 떨어뜨리는 경우에는 물가지수는 상승하지 않더라도 실제로는 인플레이션이 일어나고 있는 셈이다.

둘째, 소비 면에서의 대체가능성을 감안하지 못한다는 점이다. CPI는 고정된 상

---

10 이를 보완하기 위해 우리나라는 자기소유주택의 주거비용을 귀속임대료 방식으로 물가지수에 포함한 자가주거비용포함지수를 작성하여 CPI 보조지표로 활용하고 있다. 미국, 일본, 호주, 캐나다 등은 자가주거비를 CPI에 포함하여 공표하고 있다.

품조합을 이용하기 때문에 상대가격이 하락한 상품으로 소비가 대체될 수 있다는 점을 간과하고 있다. 예컨대 소비자가 가격이 오른 상품으로부터 가격이 그대로이거나 내린 상품으로 소비를 대체하기 때문에 물가상승의 영향이 인플레이션율 통계만큼 크지 않을 수 있다.

셋째, 이른바 지수물가와 체감물가와의 괴리를 들 수 있다. 우리가 인플레이션을 알게 되는 경로로는 크게 두 가지가 있다. 하나는 통계당국이 물가지수를 작성하고 그에 입각하여 발표하는 물가상승률에 의해 아는 것이고, 다른 하나는 직접 시장에 나가 소비행위를 하면서 피부로 느껴 알게 된다. 전자를 「지수물가」라 하고, 후자를 「체감물가」 혹은 장바구니 물가라 구분해 보자. 지수물가와 체감물가는 일치하지 않는 것이 보통이다. 그 이유로는 여러 가지가 있지만 중요한 몇 가지를 들면 다음과 같다.

(1) 토지와 주택의 가격이 물가지수 작성에서 제외된다는 사실이 특히 우리나라의 경우 지수물가와 체감물가의 차이를 크게 하는 중요한 이유가 된다. 부동산투기가 일어나 부동산가격이 폭등하면 물가의 오름세 심리를 자극하지만 공식적인 물가지수에 포함되지 않는다. 토지와 주택의 가격변동은 그 결과로 나타난 집세의 변동에 의해서만 반영될 뿐이다.

(2) 개개인의 소비구조가 다르다. 사람들이 시장바구니를 들고 나가 느끼는 체감물가는 각자 자기의 생활에 직결된 품목만을 대상으로 생각하는 것이 보통이다. 반면에 지수물가는 국민경제 전품목을 대상으로 중요도에 따라 가중평균하기 때문에 체감물가와 지수물가가 다르다. 예컨대 집세가 급등할 때 무주택서민의 체감물가는 엄청나게 오르지만 부유층의 체감물가는 거의 오르지 않는다. 이 경우 소득계층별로 소비지출이 많은 항목의 가중치를 조정하여 산출하는 소득계층별 소비자물가지수와 생활물가지수 등을 작성하면 지수물가와 체감물가의 괴리를 줄일 수 있을 것이다.

(3) 정책당국이 물가상승을 억제하기 위하여 가격통제를 실시하는 상황에서 일어나는 인플레이션을 억압형인플레이션(repressed inflation)이라 한다. 억압형인플레이션하에서는 공식적인 지수물가는 별로 오르지 않지만, 상품의 무게와 질이 떨어지고 암시장이 생기는 등 체감물가는 크게 오른다.

인플레이션의 원인과 영향, 대책 등에 대하여는 제26장에서 다룬다.

현실세계에서는 수많은 재화와 서비스가 각각의 시장에서 거래되고 여러 가지 생산요소와 자산도 각각의 시장에서 거래된다. 거시경제학은 개별시장들의 차이를 무시하고 경제 전체적으로 큰 그림을 그려 분석한다. 수많은 재화와 서비스가 각각의 시장에서 거래되는 것을 포괄하여 하나의 큰 생산물시장이 있다고 상정한다. 이 생산물시장에서 거래되는 생산량이 앞에서 배운 실질GDP이고 형성되는 가격이 GDP디플레이터이다.

현실세계에서 노동도 막일에서부터 창작예술까지 온갖 종류의 노동이 있고 따라서 수많은 이질적인 노동시장이 있다. 거시경제학은 이런 이질성을 도외시하고 경제 전체적으로 하나의 큰 노동시장이 있다고 상정한다. 이 노동시장에서 거래되는 노동량이 총고용(량)이고 형성되는 임금률이 경제 전체의 평균임금수준이다. 경제 전체의 평균임금수준에서 일하고자 하는 사람이 총고용을 초과하면 그 차이만큼이 실업이다.

생산물시장과 노동시장의 과감한 단순화 가정이 자산시장과 외환시장에도 통용된다. 현실세계에는 수많은 금융자산이 있지만 거시경제학원론에서 모형을 세울 때에는 일반적으로 화폐와 채권(bond)의 두 자산만 있다고 가정한다. 화폐는 일상거래의 매개수단으로 편리하게 쓸 수 있는 대신 이자가 붙지 않는다. 채권은 화폐처럼 일상거래에 편리하게 쓸 수 없는 대신 이자가 붙는다. 이자는 화폐 보유의 기회비용이다. 이자의 원금에 대한 비율을 이자율 혹은 금리(rate of interest)라 한다. 이자율은 화폐가 거래되는 화폐시장이나 채권이 거래되는 채권시장을 균형시켜 주는 가격변수이다.

외환시장은 서로 다른 나라의 돈들이 거래되는 시장이다. 이 시장에서 다른 나라 돈, 예컨대 미국돈 1달러가 원화 몇 원과 거래되는가 하는 환율이 결정된다. 외환시장에서 거래되는 외환량은 한 나라의 대외거래규모 및 국제수지와 밀접한 관련을 가진다.

거시경제학에서 총생산과 물가 다음으로 관심을 가지는 총고용, 실업, 국제수지, 임금, 금리, 환율 등 거시경제변수들은 고도로 집계된 큰 시장의 수량변수이거나 가격변수이다. 주요 거시변수들의 상호관계를 앞으로 차차 배워 나갈 것이다.

거시경제학에서는 가격변수들을 표현하는 데에 두 가지 방법이 있다. 화폐액으로 표현하는 방법이 그 하나요, 상품수량으로 표현하는 방법이 다른 하나이다.

우리가 보통 말하는 이자율은 화폐 1원을 일정기간 동안에 빌리는 대가로 지불하는 화폐액이다. 연 이자율이 0.1(=10%)이라면 100만원을 1년 동안 빌리는 대가

이자율(=금리)
이자의 원금에 대한 비율

로 지불하는 화폐액이 10만원이다. 이 때 빌리는 금액 100만원을 원금(元金, principal), 빌리는 대가로 지불하는 화폐액 10만원을 이자(interest)라 한다. 명목이자율(nominal interest rate)은 이자를 원금으로 나눈 값이다.

$$[19\text{-}20] \quad 명목이자율 = \frac{이자}{원금}$$

100만원을 빌려 주는 사람이 1년 후에 받는 10만원의 이자가 1년 전의 10만원의 가치를 그대로 유지할까? 그것은 일년 동안의 물가상승률에 달려 있다. 만약 1년 동안 물가가 10% 올랐다면 화폐의 상품구매력이 10%만큼 감소하게 되었다는 것을 의미한다. 이와 같이 물가상승률을 감안하여 이자율을 계산한 것을 실질이자율이라고 한다.

$$[19\text{-}21] \quad 실질이자율 = 명목이자율 - 물가상승률$$

실질이자율은 명목이자율에서 물가상승률을 빼서 계산하기 때문에 이자의 상품구매력을 나타낸다.

노동자가 노동을 제공한 대가로 매기당 받는 화폐액을 명목임금률(nominal wage rate), 혹은 단순히 명목임금, 임금(률)이라 한다.

명목임금을 물가수준으로 나눈 것을 실질임금이라 한다. 실질임금은 명목임금으로 구입할 수 있는 상품수량, 즉 구매력을 나타낸다.

$$[19\text{-}22] \quad 실질임금 = \frac{명목임금}{물가수준} \quad \Rightarrow \quad \frac{매기당\ 화폐액}{상품단위당\ 화폐액} = 매기당\ 상품수량$$

환율에 대해서도 명목환율과 실질환율로 구분할 수 있다. 미화 1달러에 1,000원이라고 표시하면 명목환율이다. 이 명목환율에 미국 물가와 우리나라 물가를 감안하여 조정된 환율을 실질환율이라고 한다. 즉,

$$실질환율 = 명목환율 \times \frac{외국물가지수}{국내물가지수}$$

로 표시된다(구체적 설명은 제28장 참조).

합리적인 경제주체들이 관심을 가지는 가격변수는 명목가격변수가 아니라 실질가격변수이다. 예컨대 돈을 빌려 주거나 빌리는 사람이 관심을 가지는 이자율은 명목이자율이 아니라 실질이자율이다. 무역업자가 관심을 가지는 환율은 명목환율이 아니라 실질환율이다. 이는 제29장에서 다루어진다. 노동자가 관심을 가지는 임금은 명목임금이 아니라 실질임금이다. 기업이 관심을 가지는 임금도 명목임금이 아니라 실질임금이다. 이는 다음 장에서 다루어진다.

부록

물가지수
계산의 예

1   경제는 생산 → 소득 → 지출 → 생산의 계속적·자율적인 순환이 가능하다. 일정기간에 총생산=총소득=총지출의 관계가 성립한다.

2   한 나라의 경제수준을 나타내는 지표로서 저량개념의 국부와 유량개념의 국내총생산이 있다. 국부는 자연이 준 토지와 사람이 만든 자본재로 구성된다. 국내총생산(GDP)은 「일정기간 동안에 국내에서 생산된 모든 최종생산물의 시장가치」이다. 국부가 크다고 해서 생활수준이 높아지는 것은 아니다. 국부가 사람의 노동과 결합되어 생산과정에 활용됨으로써 그 결과인 GDP가 커져야 생활수준이 높아진다. 개인의 부의 합계가 그대로 국부가 되는 것은 아니다.

3   GDP는 당해 연도의 시장가격으로 표시하느냐 혹은 기준연도의 시장가격으로 표시하느냐에 따라 명목 GDP와 실질GDP로 구분한다. 명목GDP는 물가변동분을 포함하지만 실질GDP는 물가변동에 관계 없이 생산량의 변동만을 표시한다. 한 나라의 경제성장은 실질GDP의 증가로 측정된다.

4   잠재GDP 또는 완전고용국민소득은 실제GDP와 달리 「국내에 존재하는 모든 생산요소를 정상적으로 고용할 경우 얻게 될 GDP」이다. 최근에는 주로 「인플레이션을 가속시키지 않고 실현시킬 수 있는 최대 GDP」로 정의한다. 완전고용 및 완전고용국민소득의 달성이 물가안정과 더불어 단기 경제정책의 주요 과제이다.

5   GDP는 생산물시장에서 생산물의 흐름을 포착하여 측정할 수도 있고 생산요소시장에서 요소소득 또는 요소비용의 크기를 파악하여 측정할 수도 있다. 또한 최종생산물에 대한 지출의 총액으로도 계산할 수 있다. 이것을 각각 생산접근법, 소득접근법, 지출접근법이라 한다.

(1) 생산물의 흐름

     ① 최종생산물가치   ┐

     ② 부가가치+감가상각   ┘ ···국내총생산(GDP)

     ③ 최종생산물에 대한 지출의 합계·····················국내총지출

(2) 요소소득(요소비용) : 요소소득＋순생산 및 수입세＋감가상각 ·····················국내총소득

GDP삼면등가의 원칙이란 GDP＝국내총지출＝국내총소득의 관계를 말한다.

6   ① GDP＝민간소비지출(C)＋국내총투자(I_g)＋정부소비지출(G)＋재화와 서비스의 순수출($X-Z$)

② GNI(국민총소득)＝GDP＋국외순수취요소소득

③ GNDI(국민총처분가능소득)＝GNI＋국외순수취경상이전

④ NDP(국내순생산)＝GDP－감가상각＝C＋국내신투자(I_n)＋G＋($X-Z$)

⑤ NDI(국민처분가능소득)＝GNDI－감가상각

⑥ NNI(국민순소득)＝국민총소득(GNI) － 감가상각

⑦ NI(국민소득)＝국민순소득(NNI) － 순생산 및 수입세

⑧ 가계본원소득＝NI － 사회부담금 － 법인세 － 사내유보이윤 － 정부의 재산소득

⑨ 가계처분가능소득＝가계본원소득＋가계의 순이전소득＝민간소비지출＋가계저축

7　국내총투자(I_g)는 자본을 유지 또는 증가시키는 경제활동을 말한다. 자본재의 감모분을 충당하여 자본재(나아가 국부)의 크기를 종전수준으로 유지하는 경제활동을 대체투자(I_r), 감가상각 또는 고정자본소모라 하고, 자본재의 크기를 증가시키는 경제활동을 신투자(I_n)라 한다. 국내총투자＝대체투자＋신투자이다.

8　국내총투자가 대체투자보다 크면 신투자가 양($I_n > 0$)이 되어 총자본이 증가하고, 국내총투자가 대체투자보다 작으면 $I_n < 0$이 되어 총자본이 감소한다. 국내총투자와 대체투자가 같으면 $I_n = 0$으로 총자본이 불변이다.

9　국내총투자는 투자의 주체별로는 국내민간투자와 정부투자로 구분하고, 자본재의 형태별로는 총고정투자(＝건설물＋생산자내구재＋지식재산생산물투자)와 재고투자로 구분한다.

10　GDP는 한 나라의 경제활동수준을 나타내는 지표로 널리 이용되고 있다. 그러나 측정상의 여러 가지 문제 때문에 GDP가 경제활동수준을 나타내는 완전한 지표가 아니다. 삶의 질을 나타내는 완전한 경제복지지표도 아니다. 이론적으로 보다 나은 경제복지지표라 할 수 있는 순경제후생(NEW)이라는 개념이 있으나 객관적인 평가가 어려운 단점을 가진다.

NEW＝GDP＋가사서비스의 가치＋여가의 가치 － 공해비용

　　　＝녹색GDP＋가사서비스의 가치＋여가의 가치

11　① 총소비율＝$\dfrac{C+G}{\text{GNDI}} \times 100 = \dfrac{C}{\text{GNDI}} \times 100 + \dfrac{G}{\text{GNDI}} \times 100$＝민간소비율＋정부소비율

② 총저축＝GNDI － 총소비＝GDP＋국외순수취요소소득＋국외순수취경상이전 － $(C+G)$

　　　　　＝$I_g + (X-Z)$＋국외순수취요소소득＋국외순수취경상이전＝국내총투자＋국외투자＝총투자

③ 총저축＝가계저축＋기업저축＋정부저축＝민간저축＋정부저축＝국민저축

④ 총저축률＝$\dfrac{\text{총저축}}{\text{GNDI}} \times 100$＝민간저축률＋정부저축률

⑤ 수출의존도＝$\dfrac{\text{수출}}{\text{GDP}} \times 100$

　수입의존도＝$\dfrac{\text{수입}}{\text{GDP}} \times 100$

　무역의존도＝수출의존도＋수입의존도

⑥ 1인당 GNI(원화)＝$\dfrac{\text{명목GNI}}{\text{연중평균인구}}$

$$1인당 \, GNI(미달러화) = \frac{1인당 \, GNI(원화)}{대(對)미달러환율}$$

12 폐쇄경제에서는 항상 총저축=국내총투자이다. 개방경제에서는 총저축=국내총투자+국외투자=국내총투자+경상수지 흑자이다. 개방경제에서 한 나라의 저축은 국내투자뿐 아니라 국외투자로도 쓰일 수 있는데 이 국외투자가 국제수지계정에서 경상수지 흑자로 나타난다.

13 물가지수에는 대상으로 하는 품목의 특징에 따라 생산자물가지수(PPI), 소비자물가지수(CPI), GDP디플레이터 등이 있다. 물가지수 계산방법에는 기준연도 거래량을 기준으로 하여 작성하는 라스파이레스지수와 비교연도 거래량을 기준으로 하여 작성하는 파셰지수의 두 가지가 있다. 생산자물가지수와 소비자물가지수는 라스파이레스지수이고, GDP디플레이터는 파셰지수이다.

14 인플레이션은 물가수준이 상승하는 현상을 말하며 일반적으로 물가지수가 증가하는 것으로 표시된다.

주요용어 및 개념   K/E/Y/W/O/R/D/S/&/C/O/N/C/E/P/T

- 소비
- 저축
- 투자
- 경제의 순환
- 국부
- 국내총생산(GDP)
- 명목GDP
- 실질GDP
- 잠재GDP

- 자연생산량
- GDP갭
- 최종생산물
- 부가가치
- 신투자
- 대체투자
- 국민총소득(GNI)
- 국민순소득(NNI)
- 국민총처분가능소득(GNDI)

- 국민처분가능소득(NDI)
- 국민소득(NI)
- 가계본원소득(PI)
- 가계처분가능소득(PDI)
- GDP 삼면등가의 원칙
- 경제후생지표(MEW)
- 순경제후생(NEW)
- 생산자물가지수(PPI)
- 소비자물가지수(CPI)

- GDP디플레이터
- 인플레이션
- 명목이자율
- 실질이자율
- 명목임금(률)
- 실질임금(률)
- 명목환율
- 실질환율

연습문제   E/X/E/R/C/I/S/E

1 제1절에서 생산이 이루어지면 사회 전체적으로 총생산=총소득이라는 등식이 성립함을 배웠다. 이제 "소득이 모두 생산물수요에 지출되지 않고 일부가 저축되면 생산물의 일부는 팔리지 않고 따라서 그 몫에 대하여는 요소소득이 실현되지 않을 것이다. 따라서 이 등식은 소득이 모두 지출되는 것을 전제해야만 성립되는 명제이다"라고 갑이 주장한다고 하자. 갑의 주장을 논평하라.

2 제2절의 표 19-1과 관련하여 순박한 농부의 아들을이 다음과 같이 주장한다고 하자. "쌀도매상은 우리 농부처럼 생산활동을 하고 있는 것이 아니다. 농부가 생산한 쌀을 소비자한테 중개해 주는 데 불과하다. 이 중개활동으로 쌀 한 톨도 더 생산되지 않는다. 도매상은 유통단계에서 생산자인 농민으로부터 헐값에 쌀을 사서 소비자한테 비싸게 파는 기생충 역할밖에 하지 않는다." 이같은 을의 주장을 논평하라.

3 다음 각 항이 GDP에 포함되는지의 여부를 밝혀라. 포함되면 국민소득 중 어떤 항목으로 가장 쉽게 포착할 수 있는가를 밝히고, 포함되지 않으면 왜 포함되지 않는가 그 이유를 밝혀라.

① 판교·동탄 등 신도시에 건설되는 아파트
② 선생님이 받는 봉급
③ 토지·아파트 등 부동산투기에 의한 이득
④ Do-it-yourselfer가 만들어 낸 책장의 가치
⑤ 유통업체의 총매출액
⑥ 중고차 판매수입
⑦ 향락산업 종사자가 받는 팁
⑧ 산업재해를 당한 근로자가 받는 보상금
⑨ 현대건설 회사채에 대한 이자
⑩ 가계의 국공채 이자수입
⑪ 환자의 입원비
⑫ 자동차생산에 사용된 강철
⑬ 연중 생산되어서 자동차생산에 앞으로 쓰여질 강철
⑭ 방탄소년단의 무대출연료
⑮ 정부 각 부처에서 사들인 사무용품값
⑯ 2억원어치 재고증가
⑰ 대학생이 아르바이트해서 벌거나 집에서 타다 쓰는 돈
⑱ KBS와 MBC의 수익금
⑲ 연금생활자를 수위로 채용하여 지급한 봉급
⑳ 기업이 소비하는 청량음료
㉑ 사우디아라비아에서 한국 건설회사 인부가 번 돈
㉒ 마산수출자유지역의 외국인투자기업에서 생산한 전자제품
㉓ 정부의 치안유지 활동
㉔ 차관이자 지불
㉕ 가계가 보유하고 있는 NFT(Non-Fungible Token)의 가치

4 "한 나라의 총지출은 크게 소비, 투자, 정부지출, 순수출의 네 부분으로 구성된다." 이 기술을 비판적으로 논하라.

5 다음은 특정연도의 국민소득계정에 대한 예이다 (단위: 100억원).

*민간소비지출   245
*정부의 가계에 대한 이전지출   12
*임대료   14
*감가상각(=고정자본소모)   27
*고용주가 내는 사회보장부담금   20
*비법인기업소득   31
*재화와 서비스의 수출   13
*재화와 서비스의 수입   20
*피용자보수   221
*기업이 지불하는 이자 및 배당금   24
*생산 및 수입세   18
*사내유보이윤   21
*개인소득세   26
*법인세   10
*정부소비지출   72
*순투자(=신투자)   33
*가계저축   15
*기업이윤   35
*국외수취경상이전   0.2
*국외지급경상이전   0.3

(1) GDP, GNDI, NDP, NDI, NI, 가계본원소득(PI), PDI를 계산하라.
(2) 생산물의 흐름에 의한 접근법과 요소소득에 의한 접근법으로 NI, PI, PDI를 각각 계산하라.
(3) 가계저축률·국민저축률·해외저축률·총투자율·무역의존도 등을 계산하라. 우리나라 최근 국부의 크기를 알아본다.

6 제1절에서 실물자산만 국부에 포함되고 금융자산은 국부에 포함되지 않는다고 하였다. 그러나 일부 금융자산은 국부에 포함된다. 어떤 금융자산이 국부에 포함될까 알아보라. 우리나라 최근 국부의 크기를 알아보라.

7 중간생산물은 다른 생산물의 생산에 사용되는

생산물이고 최종생산물은 다른 생산물의 생산에 사용되지 않는 생산물이라고 정의한다 하자. 제2절에 나오는 최종생산물의 정의와 어떻게 다른가?

8 2000년대에 셰일가스가 출현하여 원유가격이 폭락하였다. CPI, PPI, GDP디플레이터에 미치는 영향을 설명하라.

9 피용자보수와 영업잉여의 합을 식(19-7)에서는 요소비용국내소득, 식(19-13)에서는 요소비용국민소득이라 표시하고 있다. 왜 그럴까?

10 감가상각과 기업저축이 없는 폐쇄민간경제에서는 GNI＝GNDI＝NDI＝GDP＝NNI＝NI＝가계본원소득(PI)＝PDI가 성립함을 확인하라.

11 다음 각 기술이 맞는가 틀리는가를 밝히고 그 이유를 설명하라.

① GDP는 한 경제가 일정기간 동안에 생산해 낸 모든 생산물의 시장가치이다.
② 물가가 상승하는 기간에는 실질GDP가 명목GDP보다 천천히 상승한다.
③ 비교연도에 기준연도보다 물가가 하락하게 되면 비교연도의 실질GDP는 명목 GDP보다 크게 된다.
④ 순투자는 결코 음일 수가 없다.
⑤ 기준연도의 실질GDP와 명목GDP는 항상 같다.
⑥ 해외저축이 양(+)이면 국내총투자가 국민저축을 초과한다는 것을 뜻한다.
⑦ 총산출은 GDP보다 중간소비만큼 많다.
⑧ GDP상의 피용자보수와 GNI상의 피용자보수는 그 크기가 다르다.
⑨ 고정투자에는 대체투자가 포함되어 있다.
⑩ 신투자가 양이면 미래에 확대재생산이 가능하다.
⑪ 재고투자는 재고로 남아 있는 상품총액으로서 음이 될 수 없다.
⑫ 가계본원소득은 가계부문이 마음대로 소비하거나 저축할 수 있는 소득이다.
⑬ 사내유보이윤은 요소소득이지만 생산요소가 수취하지 못하는 소득의 예이다.
⑭ 소비자가 온라인에서 각종 서비스를 무료로 즐기는 것은 국민계정에 반영되지 않는다.
⑮ 한 나라의 총자본스톡이 증가하기 위해서는 순투자가 대체투자보다 커야 한다.
⑯ 우버가 합법화되면 우리나라 GDP가 증가한다.
⑰ 1인당 GNI가 큰 나라 사람들이 작은 나라 사람들보다 더 부유하다.
⑱ GNI는 속인주의이고 GDP는 속지주의이다.
⑲ GNI가 증가하면 1인당 GNI도 증가한다.
⑳ CPI와 PPI는 비교연도 거래량을 기준으로 작성되고 GDP디플레이터는 기준연도 거래량을 기준으로 작성된다.

실질국민소득 결정의 기초이론

앞 장에서 여러 가지 거시경제변수들의 개념을 익혔다. 그 중에서 가장 중요한 거시경제변수는 총생산= 총소득이다. 이 장에서는 실질국내총생산의 크기가 어떤 수준으로 어떻게 결정되는가를 아주 단순한 모형으로 살펴본다.

실질GDP의 결정에 관한 기초적인 모형으로는 고전학파모형과 케인스단순모형이 있다.

고전학파모형은 경제의 공급측면이 실질GDP를 결정한다고 보는 반면, 케인스단순모형은 수요측면이 실질GDP를 결정한다고 본다.

CHAPTER

20

 **제1절** **국민소득결정이론의 개요**

앞 장에서 여러 가지 거시경제변수들을 배웠다. 이 거시경제변수들 가운데 가장 중요한 변수는 국내총생산이다.[1]

한 나라의 GDP규모를 알면 그 나라의 총소비·총저축·총투자·정부지출 등의 규모를 대강 짐작할 수 있다. 대부분의 거시경제변수들은 GDP의 크기와 일정한 관계를 가지고 움직이기 때문이다. 예컨대 최근 어느 해 우리나라의 GDP규모를 알면 그 해의 민간소비는 GDP의 50~60%, 총저축·총투자는 25~35%, 정부소비는 10~20% 수준이라고 어림짐작할 수 있다.

국민소득이 증가하면 대개 고용이 증가하고 실업이 감소한다. 경제성장은 실질 GDP가 증가하는 것이다. 경기순환도 국민소득을 도외시하고 논할 수 없다. 물가상 승은 흔히 명목GDP의 증가와 결부되어 일어난다.

이처럼 국민소득은 다른 모든 거시경제변수들과 밀접한 관계를 가지기 때문에 거시경제학에서 가장 관심을 가지는 주요 변수이다. 이 장에서는 이러한 국민소득이 어떻게 결정되는가를 가능한 한 단순화된 두 모형으로 설명한다. 두 모형은 고전학 파모형과 케인스단순모형이다.

고전학파모형에 의하면 실질국민소득은 경제 내에 존재하는 자본량, 노동의 공급, 생산기술 등 공급측면만에 의하여 결정된다. 반면에 케인스단순모형에 의하면 실질국민소득은 경제주체들이 생산물을 얼마나 수요하는가 하는 수요측면만에 의하여 결정된다. 이 수요측면도 화폐 및 유가증권의 수요·공급을 통하여 금융시장이 생산물시장에 미치는 영향을 고려하지 않고 생산물시장만 국한하여 살펴본다.

현실경제에서 실질국민소득은 공급측면과 수요측면의 상호작용에 의하여 결정된다. 또한 다른 경제변수들의 크기와 무관하게 실질국민소득이 독자적으로 결정되는 것이 아니고 물가·이자율 등 주요 거시경제변수들과 상호연관되어 경제 전체적으로 동시에 결정되는 속성을 가진다. 이처럼 실질국민소득과 다른 주요 거시경제변수들이 경제 전체의 총수요와 총공급에 의하여 결정되는 통합모형은 제24장에서 다루어진다.

이 장에서 비현실적으로 단순화된 고전학파모형과 케인스단순모형을 차례차례

---

1 제19장의 10번 문제에서 본 것처럼 감가상각과 기업저축이 없는 폐쇄민간경제에서는 GDP=GNI=GNDI=NI =PI 된다. 이런 단순화가정으로 거시경제학에서는 국내총생산과 국민소득을 흔히 혼용한다. 나아가 이 장에서는 민간경제만을 대상으로 하고 있으므로 국민소득이 가계처분가능소득(PDI)과도 같다. 다음 장에서는 정부부문이 세금을 부과하는 경우를 다루므로 국민소득=PDI+세금의 관계가 성립한다.

배우는 이유는 두 가지이다. 그 하나는 제24장에서 다루는 보다 현실적인 통합모형을 쉽게 이해할 수 있도록 디딤돌을 마련하기 위한 것이다. 다른 하나는 고전학파와 케인스학파로 이원화된 이론체계가 제시하는 상반된 정책적 시사점이 통합모형에도 그대로 연결되어 거시경제학을 이원화된 학문체계로 만들고 있기 때문이다. 고전학파모형은 통화주의자 → 새 고전학파로 맥이 이어지고, 케인스모형은 케인스학파 → 새 케인스학파로 맥이 이어진다.

국민소득의 결정을 다룸에 있어서 명목국민소득의 결정이론이 실질국민소득의 결정이론보다 어렵다. 명목국민소득에는 생산수준과 물가수준이 혼합되어 있기 때문이다. 생산수준만을 나타내는 실질국민소득의 결정이론을 이 장에서 다룬다. 명목국민소득의 결정이론은 제24장에서 다루어진다. 앞으로 단순히 국민소득이라고 쓸 때에는 실질국민소득을 의미하기로 한다.

 ## 제2절　고전학파의 국민소득결정이론

1 고전학파의 의의

케인스(John M. Keynes)는 1936년에 발간된 그의 유명한 저서『고용, 이자 및 화폐의 일반이론』(The General Theory of Employment, Interest and Money)에서 애덤 스미스, 리카도, 밀, 마샬, 피구 등 중상주의 이후의 영국의 경제학자들을 고전학파(classical school)라고 불렀다. 이 명칭이 거시경제학계에 일반적으로 받아들여져 통용되고 있다. 케인스의『일반이론』은 거시경제학을 종래의 전통적인 경제학이었던 미시경제학으로부터 별도의 학문으로 독립시켜 준 책으로 평가되고 있다.

고전학파는 정부가 경제에 개입하고 규제하는 것을 반대한다. 정부가 경제에 개입하면 경제주체들의 창의성을 저해하며 관료주의적인 특성 때문에 효율성이 상실되게 마련이다. 정부가 인위적인 개입과 규제를 없애고 자유시장기구에 맡기면「보이지 않는 손」(invisible hand), 즉 자유시장기

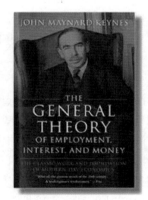

케인스와『일반이론』
캠브리지 경제학과의 교수 마샬(A. Marshall)이 총애하는 제자였던 케인스는『일반이론』을 통해 현대거시경제학을 정립하였다.

구의 자율적인 조정능력에 의하여 개인의 이익이 증진되며 이러한 개인의 이익은 국가의 이익과도 조화를 이루게 된다. 따라서 정부의 역할을 국방과 치안, 법치에 국한시키는 「최소정부가 최상의 정부」(Least government is the best government.)라는 것이 정부에 대한 고전학파의 견해이다.

2 고전학파모형의 기본가정

고전학파는 한 나라의 국민소득수준이 그 나라의 생산기술, 자본량, 노동량 등의 공급측면에 의하여 결정된다고 본다. 고전학파의 국민소득결정모형은 다음과 같은 몇 가지의 기본가정 위에 서 있다.

첫째, 고전학파모형은 세이의 법칙(Say's law)을 받아들인다.

세이의 법칙
「공급은 스스로 수요를 창조한다」는 명제

읽을거리 20-1 ▶ 세이의 법칙

세이의 법칙은 프랑스의 경제학자 세이(Jean Baptist Say, 1767~1832)가 『정치경제론』초판(1803)에서 처음으로 개진하였다. 세이 자신이 "정치경제학에서 가장 중요한 진리 중의 하나"라고 규정한 세이의 법칙은 공급과 수요의 의미를 둘러싸고 19세기에 가장 많은 논란을 일으켰던 명제이다.

미시경제학원론에서 공급과 수요는 각각 다른 경제주체들의 최적화행태를 반영한다는 것을 배웠다. 따라서 예리한 독자들은 공급이 그 자체의 수요를 창조한다는 세이의 법칙이 미시경제학의 가르침과 맞지 않는다는 것을 알아챘을 것이다.

산업혁명 이후 생산이 엄청나게 늘어나면서 주기적으로 판매가 생산을 따라가지 못하고 실업이 생기는 경기침체가 일어났다. 이런 상황에서 끝없이 늘어나는 생산물을 흡수할 만한 구매력이 계속 뒷받침될 수 있을까, 한두 상품의 부분적인 과잉생산이 아니라 대다수 상품에 대한 전반적인 과잉생산의 문제가 생기지 않을까라는 우려가 학계에서 일고 있었다.

세이는 이런 우려에 대해 다음의 두 가지 점을 제시하였다.

첫째, 상품의 생산 그 자체가 저절로 상품가치와 같은 구매력을 창출하는 경향이 있다. 따라서 부분적인 과잉생산이 일시적으로 일어날 수는 있지만 전반적인 과잉생산이 지속적으로 일어날 수는 없다.

둘째, 기업간의 경쟁으로 인해 항상 모든 생산요소가 완전고용되는 수준까지 생산이 확장되는 경향이 있다.

이 두 가지 점 때문에 공급측면이 국민소득의 결정에 주도적인 역할을 한다는 고전학파의 명제가 등장한다. 1930년대의 대공황을 전반적인 과잉생산이라고 해석한 케인스는 세이의 법칙을 부정하고 수요측면이 국민소득의 결정에 주도적인 역할을 한다는 명제를 제시하였다. 오늘날 경제학계는 세이의 법칙이 단기에는 성립한다는 보장이 없지만 장기에는 성립한다고 본다.

세이의 법칙이란 「공급은 스스로 수요를 창조한다」(Supply creates its own demand.)는 명제로 표시된다.

이는 그림 19-1에서 본 생산 → 소득 → 지출 → 생산의 순환관계가 전반적인 과잉생산을 유발하지 않고 원활하게 이루어질 수 있다는 것이다. 의도된 생산이 공급이고 의도된 지출이 수요이다. 공급이 되면 생산물가치만큼 소득이 창출되고 이 소득이 수요로 나타나 일반적인 과잉생산 없이 수요될 수 있다는 것이다.[2] 세이의 법칙에 의하면 국민소득의 결정에 공급측면만 영향을 미치고 수요측면은 전혀 영향을 미치지 못한다.

둘째, 모든 생산물가격과 요소가격, 즉 물가·명목임금·명목이자율 등이 완전신축적이다. 특히 물가와 (명목)임금이 완전신축적이라는 가정은 고전학파의 노동시장을 설명하는 데 매우 중요한 의미를 갖는다. 물가와 임금이 신축적이라는 것은 이 두 경제변수들의 크기가 어떤 일정수준에 고정되어 있는 것이 아니고, 다른 경제변수들의 변화에 부응하여 상하로 자유롭게 변할 수 있다는 것을 의미한다.

셋째, 노동에 대한 수요와 공급은 모두 실질임금의 함수이며 노동시장은 완전경쟁시장이다. 실질임금은 명목임금을 상품의 가격(보다 일반적으로는 물가수준)으로 나눈 값을 말한다. 예컨대 밀감농장에서 노동자의 1시간당 명목임금이 8,000원이고 밀감 1개의 가격이 400원이라면 이 노동자의 1시간당 실질임금은 「20개의 밀감」으로 표시된다. 현실적으로 여러 종류의 상품이 존재하기 때문에 실질임금을 계산할 때 개별상품의 가격 대신에 물가를 사용한다. 앞에서 명목임금과 물가가 신축적이라고 가정하였기 때문에 실질임금도 당연히 신축적이게 된다.

넷째, 노동시장에서의 수요와 공급의 불일치(노동의 초과공급량이나 초과수요량)는 신축적인 명목임금에 의하여 매우 신속히 조절된다. 따라서 노동시장은 항상 균형이라고 보아도 좋다. 이 넷째 가정이 의미하는 바는 노동시장에서 결정되는 고용량은 균형고용량이며 이는 시장에서 결정된 균형임금수준에서 일하고자 하는 모든 사람이 정상적으로 고용된 상태라는 뜻에서 완전고용량이 된다는 것이다.

고전학파의 국민소득결정이론의 요지는 노동시장에서 자율적으로 고용수준이 결정되고, 이것이 한 나라 전체의 생산함수와 결합되어 총공급을 결정하며 이 총공급에 의하여 국민소득이 결정된다는 것이다. 아래에서 먼저 총생산함수를 정의하고 이어 노동시장을 살펴본 다음, 이것을 기초로 하여 국민소득이 결정되는 원리를 설명한다.

---

2 물론 세이의 법칙이 부분적인 과잉생산까지 부정하는 것은 아니다. 가령 한 상품이 수요를 초과하여 과잉생산될 수 있다. 그러나 물가와 요소가격의 신축성이라는 두 번째 가정에 의하여 그 상품가격이 하락함으로써 불균형이 곧 해소된다고 본다.

3 총생산함수

　　미시경제학에서 개별기업이나 산업의 생산함수란 생산요소의 투입량과 생산량
사이에 존재하는 기술적 관계를 말한다. 개별산업의 생산함수를 국민경제 전체로 확
대시켜 단기총생산함수

(20-1)　　$Y = F(N, \overline{K})$

를 얻는다. 여기서 Y는 실질총생산＝(실질)국민소득을, N은 노동의 총고용량을, K는
총자본량을 나타낸다. K 위의 가로선은 자본이 고정요소임을 뜻한다. 단기에는 경제
전체의 기술수준과 인구도 일정하다고 가정한다. 따라서 총생산(Y)은 순전히 노동의
총고용량(N)의 변화에 따라 증감한다. 여기서 노동량의 단위는 노동자의 수나 노동
시간 등으로 표시할 수 있다. 노동자들이 제공하는 노동은 모두 동질적이라고 가정
한다.

　　그림 20-1 (a)는 총생산함수의 일반적인 형태를 그린 것이다. 노동의 총투입량
이 증가할수록 총생산함수의 기울기가 점점 작아지는 것은 노동의 한계생산물이 체
감하는 것으로 가정하기 때문이다. 그림 20-1 (b)는 이와 같은 노동의 한계생산물의
변화를 나타낸 것이다.

> 단기총생산함수는 자본량·생산기술 등이 일정한 채 국민경제의 노동의 총고용수준이
> 변함에 따라 실질총생산이 어떻게 변하는가를 보여 주는 기술적 관계이다.

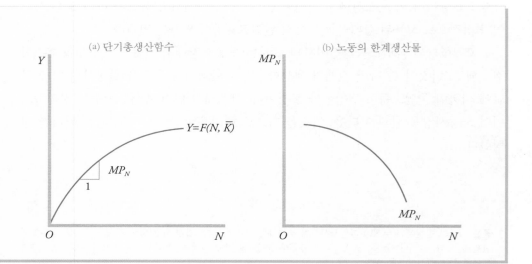

그림 20-1

단기총생산함수와 노동의 한계생산물

총자본량이 주어져 있는 단기에 노동이 증가함에 따라 일반적으로 총생산은 체감적으로 증가한다. 이 단기총생산함수로부터 우하향하는 노동의 한계생산물곡선이 도출된다.

(a) 단기총생산함수　　　　(b) 노동의 한계생산물

$Y = F(N, \overline{K})$

MP_N

4 노동시장

노동총수요곡선

노동을 수요하는 주체는 상품을 생산하는 기업들이다. 기업들의 노동에 대한 수요를 모두 합하면 국민경제 전체의 노동에 대한 총수요가 된다. 노동에 대한 총수요를 설명하기 위하여 개별기업들의 노동에 대한 수요를 먼저 설명해 보자.

고전학파의 거시경제모형에서 생산물시장은 경쟁시장이다. 따라서 생산물시장의 모든 기업들은 시장가격을 있는 그대로 받아들여 상품을 생산한다. 경쟁기업들은 각자가 이윤을 극대화하는 수준으로 생산량을 결정하며 단기에 생산량의 변경은 노동의 고용량을 변경시켜 이루어진다.

제14장에서 경쟁기업의 생산요소에 대한 수요를 설명하였다. 경쟁기업은 이윤을 극대화하기 위하여 노동의 한계생산물가치(VMP_N)와 시간당 명목임금 또는 명목임금률(w)이 일치하는 수준까지 노동을 고용한다.

[20-2] 노동의 한계생산물가치$(VMP_N) = MP_N \cdot P = w$

이 식을 다시 쓰면

[20-3] 노동의 한계생산물$(MP_N) = $ 실질임금률$(\dfrac{w}{P})$

이 된다. 윗식은 경쟁기업이 이윤을 극대화하기 위하여는 실질임금률과 노동의 한계생산물이 같게 되는 수준까지 노동을 고용해야 한다는 것을 보여 준다.

이 이윤극대화조건으로부터 그림 20-2처럼 종축에 생산량을 측정한 평면에서 우하향하는 노동의 한계생산물곡선이 개별기업의 노동수요곡선이 됨을 확인할 수 있다. 예컨대 그림 20-2에서 보는 바와 같이 시간당 실질임금 또는 실질임금률이 생산물 3단위(예를 들어 명목임금이 시간당 6,000원이고 제품가격이 2,000원이면 실질임금률은 생산물 3단위가 된다. 실질임금률과 실질임금은 생산량으로 표시된다)이면 기업은 이 실질임금과 노동의 한계생산물이 같아지는 수준인 500단위의 노동을 고용할 것이다.

국민경제의 노동에 대한 총수요는 개별기업들의 노동수요를 수평으로 합계하여 도출한다. 개별기업의 노동수요곡선이 우하향하면 이를 수평으로 합계한 노동총수요곡선도 우하향한다. 노동에 대한 총수요함수를 일반식으로 표시하면 다음과 같다.

[20-4] $N^D = N^D(\dfrac{w}{P})$, $\dfrac{\varDelta N^D}{\varDelta (w/P)} < 0$

그림
20-2

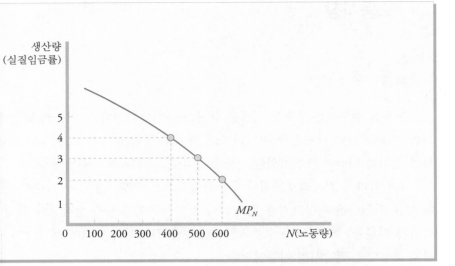

개별기업의 노동수요곡선

경쟁기업의 노동수요곡선은 종축을 생산량으로 측정할 때 우하향하는 노동의 한계생산물곡선이다. 개별노동수요곡선이 우하향하면 노동총수요곡선도 우하향한다.

여기서 N^D는 국민경제의 노동총수요를 표시한다. 그림 20-1 (a)와 같은 총생산함수에서 식 (20-4)는 그림 20-1 (b)로 그려진다.

노동총공급곡선

사람들은 가급적 소비재를 많이 소비하고 싶어하는 한편 여가시간도 많이 가지고 싶어한다. 그런데 다른 사정이 동일한 한 여가시간을 많이 가지면 가질수록 일하는 시간이 줄어들어 소득이 줄고 따라서 생산물의 소비량이 줄어든다. 따라서 사람들은 얼마만큼 일하고 얼마만큼 여가시간을 가져야 만족이 극대화될 것인가 하는 여가-노동 선택의 문제에 부딪친다.

노동시간에 시간당 임금(임금률)을 곱해 주면 노동소득이 된다. 따라서 여가-노동 선택의 문제는 여가-소득 선택의 문제가 된다. 제8장에서 여가-소득 선택의 모형으로부터 명목임금률의 증가함수로 표시되는 노동공급곡선을 도출하였다. 또한 한계효용이론에서 배운 소비자균형조건 $\frac{MU_X}{P_X} = \frac{MU_Y}{P_Y}$를 이용하여 X재를 소비재, Y재를 여가, P_Y를 명목임금률(w)로 놓으면 노동공급이 명목임금률의 증가함수로 표시됨을 제14장에서 배웠다.

소비자가 현재의 소비재가격과 명목임금률수준에서 소비자균형조건을 만족시키는 소비-여가 수준을 유지하고 있는데 P_X가 하락하였다고 하자. 그러면 종전의 소비-여가 수준에서는 $\frac{MU_X}{P_X} > \frac{MU_Y}{w}$가 되므로 w가 상승할 때와 같이 노동시간이 늘어난다. w가 상승하면 여가의 기회비용이 커져 여가를 누릴 때 더 많은 임금소득을 포기하게 되므로 여가를 줄이고 노동의 공급을 증가시킨다. w의 상승이나 P_X의 하락은 모두 $\frac{w}{P_X}$의 증가로 나타난다. $\frac{MU_X}{P_X} > \frac{MU_Y}{w}$는 $\frac{w}{P_X} > \frac{MU_Y}{MU_X}$로 바꾸어 쓸 수 있으므로 위의 논의는 실질임금률이 증가할 때 노동시간이 늘어나는 것으로 요약된다.

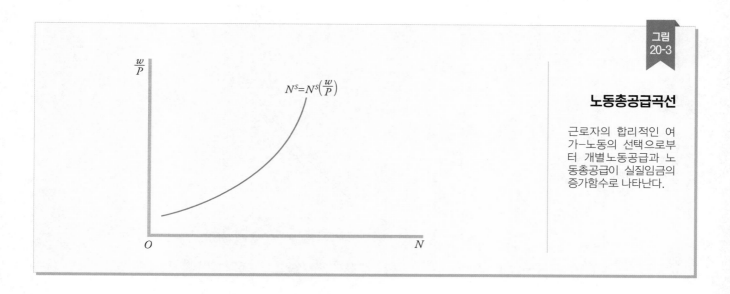

그림
20-3

노동총공급곡선

근로자의 합리적인 여가–노동의 선택으로부터 개별노동공급과 노동총공급이 실질임금의 증가함수로 나타난다.

현실적으로 소비재는 무수히 많다. 이 경우 P_X는 일반물가수준(P)으로 대체되어 개별노동자의 노동공급량은 실질임금률(w/P)의 증가함수가 된다. 개별노동자의 노동공급량을 국민경제 전체적으로 합계하면 노동총공급량 N^s가 된다. 이를 일반식으로 표시하면

[20-5] $N^s = N^s(\dfrac{w}{P}), \qquad \dfrac{\Delta N^s}{\Delta(w/P)} > 0$

이다. 이 식을 그린 것이 그림 20–3의 우상향하는 노동총공급곡선이다.

노동총공급이 실질임금률의 증가함수라는 것은 물가와 명목임금률이 비례적으로 변하여 실질임금률이 변하지 않으면 노동의 공급량도 변하지 않는다는 것을 뜻한다. 예를 들어 명목임금률이 두 배로 오르고 물가도 두 배로 오르면 $\dfrac{w_0}{P_0} = \dfrac{2w_0}{2P_0}$가 되어 실질임금률에는 전혀 변화가 없다. 따라서 노동의 공급량도 종전과 같은 수준에서 전혀 변화가 없게 된다.

노동시장의 균형

지금까지 한 나라 전체의 노동시장을 구성하는 노동총수요와 노동총공급을 살펴보았다. 노동시장이 경쟁시장이면 노동시장의 균형은 노동총수요량과 총공급량이 일치할 때 성립한다. 이 균형조건을 수식으로 표시하면

[20-6]   노동수요량(N^D) = 노동공급량(N^s)

그림
20-4

노동시장의 균형

노동시장이 경쟁시장이
면 노동총수요곡선과 노
동총공급곡선이 만나는
점에서 실질임금률과 총
고용량이 결정된다.

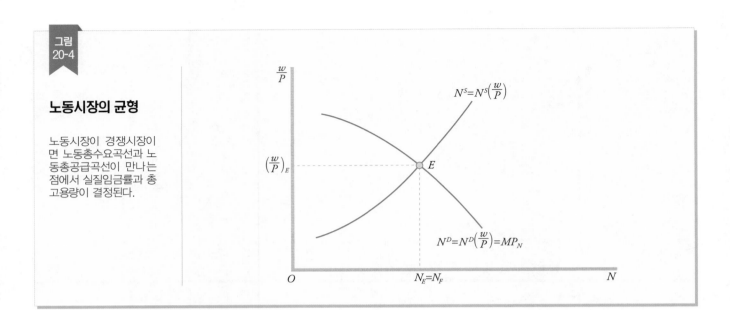

이 된다. 이러한 균형조건을 만족시키는 노동의 고용량을 균형총고용량이라 하고 실
질임금률을 균형실질임금률이라고 한다.

그림 20-4는 노동시장의 균형상태를 E점으로 표시하고 있다. 그림에서 균형실
질임금률은 $(w/P)_E$이고 균형총고용량은 N_E이다. 노동시장에 초과수요량이나 초과공
급량과 같은 불균형이 발생하면 신축적인 임금률의 조절로 조만간 균형을 회복한다.
그런데 그 조정과정이 매우 신속하다는 고전학파의 넷째 가정에 의하여 노동시장은
항상 균형상태에 있는 것으로 본다. 균형총고용량 N_E는 균형실질임금률에서 일하고
자 하는 모든 사람들이 정상적으로 다 고용된 상태라는 뜻에서 완전고용량 혹은 완
전고용수준(N_F)이라고 말한다. 고전학파모형에서는 균형고용량과 실질임금률이 노
동시장에서 결정되고 균형고용량은 완전고용수준이 된다.

5 균형국민소득의 결정

이제 노동시장과 총생산함수를 결합하여 국민경제의 총생산이 어떻게 결정되는
가를 설명할 수 있게 되었다. 그림 20-5(a)는 노동시장의 균형을 그린 것이다. 이미
그림 20-4로 설명한 바와 같이 노동시장은 E점에서 균형에 도달하여 균형총고용량
N_E를 결정한다. 노동시장에서 결정된 균형총고용량은 그림 20-5(b)에서 보는 바와
같이 총생산함수와 결합하여 균형총생산 Y_E를 결정한다. 물론 고전학파모형에서 균

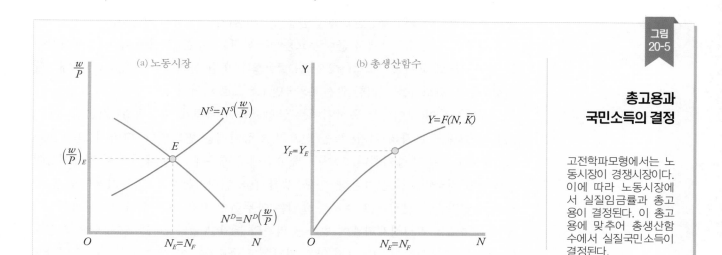

그림 20-5

총고용과 국민소득의 결정

고전학파모형에서는 노동시장이 경쟁시장이다. 이에 따라 노동시장에서 실질임금률과 총고용이 결정된다. 이 총고용에 맞추어 총생산함수에서 실질국민소득이 결정된다.

형총고용량(N_E) = 완전고용량(N_F)이기 때문에 균형총생산(Y_E) = 완전고용총생산(Y_F)이다. 미시경제학에서 개별기업의 생산량은 제품의 수량으로 표시되었다. 거시경제학에서 총생산은 개별기업들의 생산량을 기준연도가격으로 평가하여 합한 실질국민소득이다.

이와 같이 고전학파모형에서는 총생산함수와 노동총수요곡선 및 노동총공급곡선이 결정되면 국민경제의 균형총고용량과 균형총생산이 자동적으로 결정된다. 따라서 총생산함수와 노동총수요곡선 및 노동총공급곡선을 결정하는 요인들이 고용량과 총생산을 결정하는 요인들이 된다.

총생산함수는 자본량이 변하거나 기술수준이 변하면 이동한다. 그런데 자본량과 기술수준이 변하는 것은 경제성장이 일어나는 초장기(very long-run)에만 가능하다.[3] 경제성장은 제30장에서 다루어진다. 그 전까지는 경제성장을 도외시하고 논의를 전개한다. 따라서 그림 20-5(b)에 표시된 고전학파모형의 총생산함수의 위치는 변하지 않는다.

노동총수요곡선은 노동의 한계생산물곡선이고 노동의 한계생산물곡선은 총생산함수의 기울기 값을 그린 것이다. 따라서 총생산함수가 변하지 않으면 노동총수요곡선의 위치도 변하지 않는다.

인구가 증가하거나 여가-노동의 선호에 변화가 있으면 노동총공급곡선이 이동할 수 있다. 그러나 경제성장을 도외시하기 때문에 인구도 일정하고 사람들의 여가-노동에 대한 선호에도 변화가 없다고 가정할 수 있다. 따라서 그림 20-5(a)와 같이

---

3 거시경제학에서는 가격변수들이 완전신축적인 기간을 장기, 비신축적인 기간을 단기로 흔히 구분한다. 이것과 구분하기 위하여 경제성장이 일어나는 기간을 초장기라고 표현하였다. 초장기는 장기보다 더 긴 개념이다.

종축을 실질임금률로 측정한 노동총공급곡선의 위치는 변하지 않는다.

결국 고전학파모형에서 균형총고용량(=완전고용수준)은 불변이다. 총생산함수도 불변이므로 균형국민소득(=완전고용국민소득) 또한 불변이다. 고전학파는 매기에 결정되는 국민소득을 이러한 완전고용국민소득으로 파악한다.

경제성장이 일어나는 초장기에는 국민소득이 어떻게 결정될까? 자본량, 인구, 생산기술 및 근로자의 여가-노동 선호가 초장기에는 변화한다. 따라서 그림 20-5(b)에서 Y_F 수준이 증가한다. 그러나 제30장에서 배우게 되는 바와 같이 경제성장이론에서 균형국민소득은 자본량, 인구, 생산기술, 인적자본수준, 연구개발투자 등 공급측 요인만으로 결정되고 수요측 요인은 아무런 영향을 못 미친다. 이 경제성장이론에 대하여는 거시경제학계에 별다른 의견의 분열이 없다. 고전학파모형의 핵심적인 특징은 경제성장이 일어나지 않는 기간에도 국민소득이 경제의 공급측 요인만으로 결정된다는 것이다.

제3절 케인스의 국민소득결정이론

1 케인스이론의 등장배경

대공황의 늪에 빠진 1930년대 세계경제는 극심한 실업으로 허덕이고 있었다. 당시 대표적인 공업국가인 미국의 경우 1929년에 약 3%였던 실업률이 1933년에는 무려 25%에 육박하였으며, 그 이후 1940년까지 줄곧 10% 이상의 높은 실업률을 기록하였다. 이러한 상황은 영국·프랑스·독일 등에서도 비슷하였다. 기존의 고전학파이론에 의하면 노동시장은 자율적으로 균형에 도달하여 항상 완전고용을 달성하며, 실업이 있다면 현행임금수준에서 노동보다는 여가를 택한 「자발적인」 실업일 뿐이다. 따라서 세계적으로 심각한 실업문제를 제대로 설명하지도 못하고 효과적인 실업대책을 제시할 수도 없었다. 이와 같은 고전학파이론의 맹점을 비판하면서 대공황의 타개라는 실천적인 목표의식을 가지고 등장한 것이 케인스이론이다.

케인스는 당시 영국과 미국에서 만연하고 있던 극심한 실업은 생산물총수요가 부족하기 때문에 발생하는 현상이라고 보았다. 생산물총수요가 부족하면 기업이 원하지 않는 상품 재고가 발생한다. 원하지 않는 재고의 누적은 생산과 고용을 감소시킨다. 고용의 감소＝실업의 증가는 소비수요와 투자수요를 위축시켜 총수요를 더욱 감소시키는 악순환을 초래한다. 따라서 케인스는 실업을 줄이고 경기를 회복시키기 위해서는 생산물총수요를 증대시켜야 한다고 보았다. 생산물총수요를 증대시키기 위하여는 공공사업을 일으켜 정부지출을 증대시키고 조세를 감면해 주는 등 적극적인 재정정책이 필요하다. 이러한 케인스의 이론은 그의 저서『일반이론』을 통하여 일반에 알려졌다.

대공황 시기 실업자들
거리의 실업자들이 배고픔에서 구해달라고 호소하고 있다. 케인스 거시경제이론은 극심한 경기침체와 실업이라는 "현실"이 그 출발점이었다.

2 케인스단순모형의 기본가정

케인스의『일반이론』은 국민소득은 물론 고용, 물가 및 이자율의 결정에 관하여도 포괄적인 논의를 전개하였다. 그러나 이론(異論)의 여지가 없는 정형화된 모형을 세우지는 않았다. 따라서 각 경제변수의 결정이론을 가정하기에 따라서 얼마든지 쉽게 또는 어렵게 전개할 수 있다. 이 절에서는 많은 가정을 세워 국민소득의 결정을 가장 단순하게 설명해 보기로 한다. 보다 복잡하고 정교한 이론은 제10편에서 다루어진다.

케인스의 국민소득결정에 관한 단순모형은 총공급이 아니라 총수요가 국민경제의 생산량 및 고용량을 결정한다는 기본가정에 입각하고 있다. 이 기본가정은 제2절에서 설명한 고전학파모형의 첫째 가정인 세이의 법칙을 부정하는 것이다. 케인스는 대공황의 경험을 통하여 공급능력은 충분한데 수요가 없어 생산설비가 충분히 활용되지 못하는 경제, 즉 일반적인 잉여생산능력(excess production capacity)이 있는 경제를 상정하고 있다. 일반적인 잉여생산능력이 있기 때문에 수요가 늘면 이에 부응하여 생산은 얼마든지 늘어날 수 있다. 공급이 수요를 창조하는 것이 아니라 수요가 공급을 창조한다. 이 잉여생산능력의 가정 속에는 물가수준이 불변이라는 가정도 포함되어 있다. 즉 수요가 늘어날 때 물가의 상승을 초래하지 않고 생산＝공급이 얼마든지 늘어날 수 있다고 묵시적으로 가정하는 것이다.

이하의 논의에서는 다음과 같은 몇 가지 가정을 추가로 사용하여 케인스모형을 더욱 단순화시키기로 한다. ① 국민경제는 가계와 기업만으로 구성된 민간경제이다. ② 감가상각이나 사내유보이윤과 같은 기업저축은 없다. ③ 소비는 소득의 증가함수이며 소득의 증가분에 대한 소비증가분의 비율(후술하는 한계소비성향)은 0과 1 사이의 일정한 값을 갖는다. ④ 투자수요는 소득수준이나 이자율과 관계 없이 일정하게 주어지는 독립투자수요만 존재한다.

이들 각각은 이하의 논의에서 필요할 때 자세히 설명된다. 먼저 케인스모형의 핵심이 되는 생산물총수요를 살펴보자.

3 생산물총수요 : 소비수요와 투자수요

한 나라 경제의 생산물총수요(aggregate demand)는 가계·기업·정부·해외부문의 최종생산물에 대한 수요를 모두 합계한 것이다. 거시경제학에서 생산물총수요를 흔히 총수요라고 줄여 부른다. 단순화가정 ①에 의하여 가계와 기업만이 존재할 때 총수요는 가계의 민간소비수요와 기업의 투자수요만으로 구성된다.[4]

소비수요

제19장에서 소개된 민간소비지출(간단히 줄여서 소비지출)은 사후적(ex-post)으로 실현된 소비(realized consumption)이다. 이에 비해 민간소비수요(간단히 줄여서 소비수요)는 사전적(ex-ante)으로 계획된 소비(planned consumption)이다.

사전적으로 계획된 소비 또는 의도된 소비(desired consumption)를 소비수요(consumption demand)라 한다.

이처럼 소비지출과 소비수요는 개념상 뚜렷이 구분된다. 그러나 본서는 소비지출과 소비수요를 같은 뜻으로 사용하고 소비(C)로 간단히 줄여 표현하기로 한다. 원래 수요는 구매력이 있는(즉 소득의 뒷받침이 있는) 계획된 수량이다. 구매력이 없는 계획이나 의도는 실현될 수 없는 단순한 희망이기 때문에 수요의 개념에서 제외된다. 구매력의 뒷받침이 있는 범위 내에서는 가계가 스스로 계획하고 의도한 대로 소비활동을 할 수 있다는 뜻에서 소비지출을 소비수요와 같이 볼 수 있다.

소비는 노동의 재생산을 위하여 필요한 것으로서 불경기가 되어 소득이 크게 줄어도 급격히 감소하지 않고, 호경기가 되어 소득이 크게 늘어도 보통 소득이 늘어난

---

4 정부부문을 포함시키면 정부소비지출이, 해외부문을 포함시키면 순수출수요가 총수요에 추가된다.

만큼 증가하지 않는다. 따라서 소비는 상당히 안정적인 경제변수이다.

소득수준, 이자율, 재산, 장래의 경기에 대한 전망, 소비자 선호, 정부정책 등 많은 요인들이 소비수준에 영향을 미친다. 대개 소득수준이 높을수록, 이자율이 낮을수록, 재산이 많을수록 소비는 증가한다.

> **소비함수**(consumption function)란 소비에 영향을 미치는 요인들과 소비수준 사이에 존재하는 함수관계를 말한다.

케인스에 의하면 소비수준을 결정하는 여러 가지 요인들 중에서 가장 중요한 것은 당기소득의 절대적인 수준(current & absolute income level)이다. 따라서 다른 요인들은 일정하다고 가정하고 케인스의 소비함수를 소비(C)가 당기소득(Y)의 증가함수라고 단순하게 정의할 수 있다.

$$[20\text{-}7] \quad C = C(Y), \qquad \frac{\Delta C}{\Delta Y} > 0$$

소비와 소득은 명목변수일 수도 있고 실질변수일 수도 있는데, 이하의 논의에서는 실질변수로 다룬다. 즉, C와 Y는 각각 실질민간소비와 실질국민소득을 표시한다.

소비함수와 관련하여 알아 두어야 할 두 가지 중요한 개념은 평균소비성향과 한계소비성향이다. 앞장에서 평균소비성향(average propensity to consume : APC)이란 총소비를 국민총처분가능소득으로 나눈 값이라고 정의하였다. 우리가 다루고 있는 케인스 단순모형에서 총소비는 민간소비와 같고 국민총처분가능소득은 국민소득과 같다.

$$[20\text{-}8] \quad 평균소비성향(APC) = \frac{민간소비(C)}{국민소득(Y)}$$

예컨대 평균소비성향이 0.8이라면 그 나라 국민들이 국민소득의 80%를 소비한다는 것을 뜻한다.

한계소비성향(marginal propensity to consume : MPC)이란 소비의 변화분을 국민소득의 변화분으로 나눈 값으로서 사람들이 소득증가분의 몇 %를 소비하는가를 나타낸다.

$$[20\text{-}9] \quad 한계소비성향(MPC) = \frac{민간소비의 증분(\Delta C)}{국민소득의 증분(\Delta Y)}$$

케인스에 의하면 민간소비는 당기국민소득의 증가함수이지만 소득이 증가한 만큼 소비가 증가하지 않는다. 즉, 한계소비성향은 0보다 크고 1보다는 작다.

논의의 편의를 위해 식 (20-7)의 소비함수를 국민소득에 관한 일차방정식으로 표시하면 다음과 같다.

인도 델리의 근로자들
이들에게 절대소비 수준은 얼마일까.
출처: The New York Times(2017.11.28)

[20-10] $C = a + bY$, $a > 0$, $0 < b < 1$

윗식에서 a는 절대소비(absolute consumption) 또는 기초소비(基礎消費, basic consumption)의 크기를 표시한다. 절대소비란 생존을 위해 소득이 전혀 없어도 소비해야 하는 최소한의 소비수준을 말한다.

소득이 ΔY만큼 증가할 때 소비가 ΔC만큼 증가한다면 식 (20-10)은

$$C + \Delta C = a + b(Y + \Delta Y)$$

로 된다. 이 식의 양변에서 식 (20-10)의 양변을 각각 빼면

[20-11] $\Delta C = b \Delta Y$ 혹은 $b = \dfrac{\Delta C}{\Delta Y}$

가 된다. 따라서 소비함수가 식 (20-10)과 같은 일차식이라면 b가 식 (20-9)로 정의된 한계소비성향임을 알 수 있다. 케인스단순모형에서 일차식의 소비함수를 가정하면 앞의 단순화가정 ③에 의하여 b가 0과 1 사이의 값을 갖게 된다.

지금까지의 설명을 그림으로 표시한 것이 그림 20-6이다. 횡축에는 국민소득(Y)을 표시하고 종축에는 소비(C)를 표시한다. 소득이 전혀 없어도 생존을 위하여 필요로 하는 최소한의 소비수준(절대소비수준) a를 소비해야 한다. 소득이 증가하면 소비는 절대소비수준 이상으로 증가한다. 소비함수가 45°선과 만나는 E점에 대응하는 Y_1 소득수준에서는 소득과 소비가 똑같다(45°선상의 모든 점에서는 횡축과 종축의 크기가

 그림 20-6

케인스의 소비함수

케인스의 (선형)소비함수는 수직절편이 양(+)인 절대소비, 기울기가 1보다 작은 직선으로 표현된다. 소득이 늘어남에 따라 평균소비성향이 감소하지만 한계소비성향보다 항상 크다.

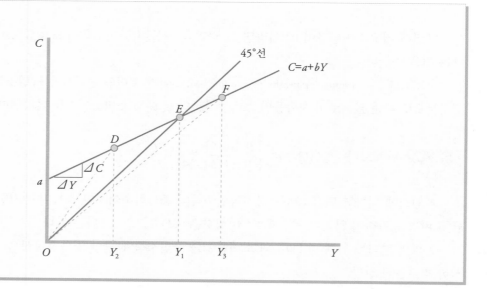

같은 것을 유의하라).

그림에서 소득이 Y_1 이하일 때는 소비가 소득보다 크고 Y_1 이상일 때는 소비가 소득보다 작음을 쉽게 확인할 수 있다. 소득과 소비가 똑같게 되는 E점을 분기점(break-even point)이라고 한다.

소비곡선의 기울기는 한계소비성향을 나타낸다. 그림 20-6에서 소비곡선은 45°선보다 작은 기울기를 갖도록 그려졌다. 원점에서 출발한 45°선의 기울기는 1이다. 그러므로 한계소비성향이 0보다 크지만 1보다 작게 그려진 것이다.

그림 20-6에서 평균소비성향은 주어진 소득수준에 대응하는 소비곡선상의 점과 원점을 연결한 직선의 기울기로 표시된다. 예컨대 소득수준이 Y_2일 때의 평균소비성향은 소비 DY_2를 소득 OY_2로 나눈 값, 즉 선분 OD의 기울기이다. 같은 논리로 소득이 Y_1, Y_3수준 때의 평균소비성향은 각각 선분 OE와 OF의 기울기이다. 선분 OD보다 OE의 기울기가 작고 OE보다 OF의 기울기가 작다. 그러므로 케인스의 소비함수는 소득이 증가함에 따라 평균소비성향이 감소하는 것을 알 수 있다. 그림에 의하면 한계소비성향을 나타내는 소비곡선의 기울기는 원점에서 출발한 어느 직선의 기울기보다도 작다. 이는 한계소비성향이 평균소비성향보다 항상 작다는 것을 의미한다.[5]

투자수요

앞에서 소비수요와 소비지출을 혼용한다고 설명하였다. 그러나 투자수요와 투자지출은 혼용할 수 없다.

투자수요(investment demand)란 사전적으로 계획된 투자 혹은 의도된 투자이고, **투자지출**(investment expenditure) 혹은 **투자**란 사후적으로 실현된 투자를 말한다.

투자(I)와 투자수요(I^D)를 같이 취급할 수 없는 이유는 재고증감이 투자의 한 항목으로 들어가기 때문이다.

투자 = 총고정자본형성 + 실현된 재고증가
투자수요 = 계획된 총고정자본형성 + 계획된 재고증가

이다. 기업은 통상 총고정자본형성을 계획한 대로 추진할 수 있어서 총고정자본형성=계획된 총고정자본형성으로 볼 수 있다. 그러나 재고증가의 경우는 계획한 대로 실현된다는 보장이 없기 때문에 실현된 재고증가=계획된 재고증가로 볼 수 없다.

투자수요
사전적으로 계획된 투자

투자지출
사후적으로 실현된 투자

---

[5] 식 (20-10)의 양변을 국민소득 Y로 나누어 주면 $\frac{C}{Y} = \frac{a}{Y} + b$가 된다. 따라서 평균소비성향($\frac{C}{Y}$)이 한계소비성향($b$)보다 항상 크다.

재고증가 혹은 재고감소의 실현은 소비자들이 기업제품을 얼마나 사주느냐에 달려 있기 때문이다.

예컨대 한 기업이 기초에 100단위의 재고를 가지고 있었는데 기간중에 1,000단위의 제품을 생산하고 기말에 200단위의 재고를 가질 것을 계획했다고 하자. 이는 기간중 900단위의 제품이 팔릴 것으로 기업이 예상한 것이다. 이 경우 기업의 계획된 재고증가는 100단위이다. 그런데 기간중에 800단위의 제품밖에 팔리지 않았다고 하자. 그러면 기말에 실현된 재고는 300단위가 되어 실현된 재고증가(200단위)가 계획된 재고증가(100단위)를 상회한다. 이에 따라 투자가 투자수요보다 크다. 예상한 만큼 물건이 팔리지 않으면 실현된 재고증가가 계획된 재고증가를 상회하여 투자가 투자수요보다 크게 되는 것이다.

반면에 예상 이상으로 물건이 잘 팔리면 실현된 재고증가가 계획된 재고증가를 하회하여 투자가 투자수요보다 작게 된다.

투자수요는 제24장의 부록 Ⅱ에서 설명하는 바와 같이 일반적으로 이자율의 감소함수이고 국민소득의 증가함수이다. 그러나 투자수요 중에는 이자율이나 국민소득과 관계 없이 일어나는 것도 있다. 생산능력을 향상시키기 위하여 장기적으로 계획된 투자수요, 새로운 상품개발을 위한 투자수요, 새로운 생산기술 도입을 위한 투자수요, 도로·항만 등 사회간접자본의 증가를 위한 공공투자수요 등이 그 예이다. 이와 같이

독립투자수요
이자율이나 국민소득과 관계 없이 이루어지는 투자수요

유발투자수요
이자율이나 국민소득의 영향을 받는 투자수요

> 이자율이나 국민소득과 관계 없이 이루어지는 투자수요를 **독립투자수요**(autonomous investment demand)라고 한다. 독립투자수요와는 달리 이자율이 하락하거나 국민소득이 증가함에 따라 증가하는 투자수요가 있는데 이러한 투자수요를 **유발투자수요**(induced investment demand)라고 한다.

독립투자수요(I^D)는

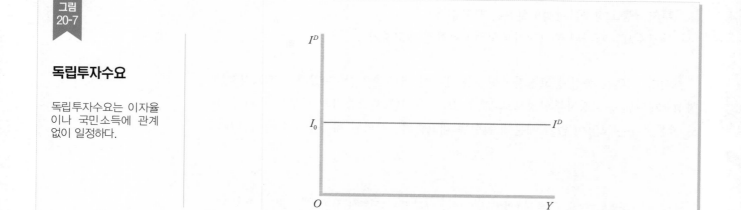

그림
20-7

독립투자수요

독립투자수요는 이자율이나 국민소득에 관계 없이 일정하다.

[20-12] $I^D = I_0,$ I_0는 상수

로 표시할 수 있다.

독립투자수요는 이자율이나 소득과 관계 없이 결정되기 때문에 그림 20-7에서
와 같이 국민소득을 나타내는 횡축에 대하여 평행선이 된다. 케인스단순모형에서는
앞의 단순화가정 ④에 의하여 독립투자수요만을 다룬다. 유발투자수요는 연습문제
와 제24장의 부록에서 다루어진다.

4 균형국민소득의 결정

케인스단순모형

지금까지 논의한 케인스의 국민소득결정에 관한 이론은 다음과 같은 네 개의 방
정식으로 구성되는 단순모형으로 정리된다.

[20-13] $Y^D = C + I^D$

[20-14] $C = a + bY,$ $0 < b < 1$

[20-15] $I^D = I_0$

[20-16] $Y^D = Y$

식 (20-13)은 우리가 다루는 민간경제의 총수요가 소비와 투자수요의 합계라는
것을 나타낸다. 케인스는 $C + I^D$를 구매력의 뒷받침이 있는 총수요라는 점을 강조하
여 유효수요(effective demand)라고 불렀다. 소비는 식 (20-14)와 같은 케인스소비함수로
표시된다. 투자수요는 독립투자수요만으로 구성되어 있다. 식 (20-16)은 케인스모형
의 균형조건을 나타낸다. 앞에서 설명한 바와 같이 케인스단순모형에서는 국민경제
에 잉여생산능력이 있어 생산은 얼마든지 할 수 있다. 문제가 되는 것은 총수요의 크
기이다. 기업 전체는 총수요(Y^D)에 맞추어 국내총생산(Y)을 조절한다. 단순화가정에
의해 국내총생산은 국민소득과 같다.

총생산이 총수요보다 많으면 기업들이 총수요를 과대예상하여 너무 많이 생산
한 경우가 된다. 반대로 총생산이 총수요보다 적으면 기업들이 총수요를 과소예상하
여 너무 적게 생산한 경우가 된다. 이 두 가지 경우 모두 총생산 = 총수요가 아니기

유효수요
구매력의 뒷받침이 있는 총
수요

때문에 균형국민소득이 되지 못한다. 총수요만큼만 생산하는 것이 케인스단순모형의 균형조건이다.

위 모형에서 처음 세 방정식은

[20-17] $Y^D = a + bY + I_0$

로 정리된다. 이 식과 균형조건식 (20-16) $Y^D = Y$를 결합하면 균형국민소득(Y_E)을 구할 수 있다.

[20-18] $Y_E = \dfrac{1}{1-b}(a + I_0) = \dfrac{1}{1-b}a + \dfrac{1}{1-b}I_0$

이상을 그림으로 나타내면 그림 20–8과 같다. 수요(=의도된 지출)를 종축, 소득을 횡축으로 하는 평면에서 식 (20-17)은 수직절편이 $a+I_0$, 기울기가 b인 직선으로 그려진다. 이 총수요선[6]은 소비함수를 상방으로 독립투자수요만큼 평행이동한 직선이다.

균형조건식 $Y^D = Y$는 수직절편이 0, 기울기가 1인 직선이므로 원점을 지나는 45°선으로 표시된다. 총수요선과 45°선이 만나는 점에서 균형국민소득(Y_E)이 결정된다.

케인스단순모형에서 총생산은 지출면에서 볼 때에는 소비되거나 투자된다. 즉,

그림 20-8

균형국민소득의 결정(Ⅰ)

케인스단순모형에서 균형국민소득은 총수요=총소득의 균형조건을 나타내는 45°선과 총수요선이 만나는 점에서 결정된다.

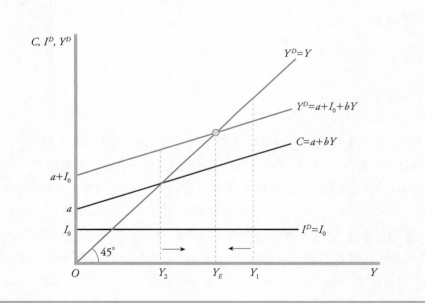

---

6 식 (20-17)을 그린 곡선은 총수요곡선이라고 불러야 할 것이다. 그러나 제24장에서 총수요곡선은 물가수준과 총수요의 관계를 나타내는 곡선으로 정의된다. 이것과 구분하기 위하여 여기에서는 총수요선이라고 부른다.

$Y=C+I$이다. 만약 국민소득이 Y_E보다 높은 Y_1에 있다면 Y_1수준에서 Y^D가 45°선 보다 아래에 있으므로 $Y^D=C+I^D$가 $Y=C+I$보다 적어 $I^D<I$가 성립한다. 이는 총수요보다 많이 생산한 것으로서 계획된 재고증가보다 실현된 재고증가가 커서 의도하지 않은 재고증가가 발생함을 뜻한다. 이 의도하지 않은 재고를 처분하기 위하여 생산이 축소되고 따라서 국민소득이 Y_E 방향으로 감소한다.

반대로 국민소득이 Y_E보다 낮은 Y_2수준이라면 $Y=C+I<C+I^D=Y^D$, 즉 $I<I^D$여서 실현된 재고증가가 계획된 재고증가보다 적다. 이는 의도하지 않은 재고감소가 발생함을 뜻한다. 이 의도하지 않은 재고감소를 만회하고 적정재고수준을 유지하기 위해 생산이 증가한다. 이에 따라 국민소득은 Y_E 방향으로 증가한다.

국민소득이 Y_E수준일 때 $C+I=C+I^D$, 즉 $I=I^D$여서 생산조정의 유인이 사라진다. 기업들은 45°선을 따라 Y_E 이상으로 생산할 능력이 있지만 총수요가 Y_E밖에 없으므로 Y_E 생산에 만족해야 한다. 이처럼 케인스단순모형에 의하면 $C+I^D$로 표시되는 유효수요의 크기가 균형국민소득을 결정한다. 이를 케인스는 유효수요의 원리라고 불렀다.

케인스단순모형의 다른 표현

케인스단순모형에서는

국내총생산	=	국민총소득	=	국민순소득	=	국민소득	=	가계본원소득	=	가계처분가능소득
(GDP)		(GNI)		(NNI)		(NI)		(PI)		(PDI)

임을 앞에서 살펴보았다. 여기에서 알아 두어야 할 것은 이러한 등식관계가 성립함으로써 이 모형에서는 항상 투자(I)와 가계저축(S)이 일치한다는 사실이다. 지출면에서 볼 때 GDP는 소비(C)와 투자(I)로 분해되고, 가계처분가능소득(PDI)은 소비(C)와 가계저축(S)으로 분해되는데 GDP=PDI이기 때문에 $I=S$가 된다. 투자는 소비하지 않은 생산물가치이고, 저축은 소비하지 않은 소득이다. 그런데 생산물가치는 곧 소득이기 때문에 양자는 같게 되는 것이다.

제19장에서 그림 19-3의 국부와 국민소득의 순환을 보면 저축은 직접 나타나지 않는다. 저축 그 자체만 보면 노동이나 국부의 유지 및 확대에 사용되는 지출이 아니다. 따라서 지출과 수요를 중시하는 케인스의 입장에서는 저축은 일단 소득의 순환으로부터 빠져 나가는 것, 즉 누출(leakage)이다.[7] 이렇게 누출된 저축이 투자되어

마중물
펌프물이 나오기 위해서는 마중물이 있어야 하듯이 국민소득이 창출되기 위해서는 유효수요가 있어야 한다.

유효수요의 원리
유효수요의 크기가 균형국민소득을 결정한다는 케인스의 이론

누출
소득의 순환에서 빠져 나가는 것

---

7 저축은 생산물에 대한 구매지출이 아니기 때문에 그만큼 기업의 판매수입을 감소시키고 이는 기업의 생산요소 구매감소로 연결되어 궁극적으로는 요소소득을 감소시킨다. 따라서 저축은 소득순환으로부터의 누출이 되

주입

소득의 순환으로 들어오는 것

야 국민소득의 순환과정에 환류되어 국부의 유지 및 확대를 위해 쓰여지는 것이다. 이와 같은 의미에서 투자를 소득순환으로의 주입(injection)이라고 한다. 케인스단순모형에서는 여러 가지 단순화가정으로 이 누출과 주입이 항상 같다.

투자와 저축은 국민소득계정에 나타난다. 국민소득통계에서 읽을 수 있는 투자와 저축은 실현된 값이고 사후적인 개념이다. 소비의 경우에는 사후적으로 실현된 소비와 사전적으로 계획된 소비가 같은 개념이라고 할 수 있지만, 투자의 경우에는 투자수요와 투자지출이 같은 개념이라고 할 수 없음을 앞에서 설명하였다.

저축은 어떤가? 케인스가 소비를 소득의 함수로 본다는 것은 저축도 소득의 함수로 본다는 것을 뜻한다. 이는 국민소득계정에서 알아볼 수 있다. 케인스모형의 단순화가정 ①과 ②에 의하여 GDP는 가계처분가능소득(PDI)과 같게 된다. 지출면에서 볼 때 PDI는 민간소비(C)와 가계저축(S)으로 분해된다. 따라서

[20-19] $Y = \text{PDI} = C + S$ \qquad 또는 $S = Y - C$

가 성립된다. 케인스단순모형에서 가계저축은 국민소득에서 민간소비를 뺀 것이다. 기업저축이 없다고 가정했으므로 가계저축은 민간저축과 같다. 이제 한계소비성향이 0보다 크고 1보다 작다면 국민소득이 늘어날 때 민간소비도 늘어나지만 국민소득이 증가한 만큼 늘어나지는 않으므로 식 (20-19)에서 민간저축도 늘어나는 것을 알 수 있다. 즉, 케인스에 의하면 저축은 소득의 증가함수이다.

[20-20] $S = S(Y), \qquad \dfrac{\Delta S}{\Delta Y} > 0$

소비함수에서와 마찬가지로 저축함수와 관련하여 평균저축성향과 한계저축성향을 정의할 수 있다. 평균저축성향(average propensity to save : APS)이란 저축을 소득으로 나눈 값을 말한다. 케인스단순모형에서

[20-21] 평균저축성향$(APS) = \dfrac{\text{민간저축}(S)}{\text{국민소득}(Y)}$

민간의 평균소비성향을 평균저축성향과 더하면 1이 된다. 이는 식 (20-19)의 양변을 Y로 나누어 주면 확인할 수 있다.

[20-22] $1 = \dfrac{C}{Y} + \dfrac{S}{Y} = APC + APS$

는 것이다. 케인스단순모형에서는 기업저축과 정부부문이 없기 때문에 가계저축＝민간저축＝국민저축이다.

따라서 평균소비성향과 평균저축성향 중에서 어느 하나를 알면 다른 하나를 바로 알 수 있다.

한계저축성향(marginal propensity to save : MPS)이란 저축의 증가분을 소득의 증가분으로 나눈

$$[20\text{-}23] \quad 한계저축성향(MPS) = \frac{민간저축의\ 증분(\varDelta S)}{국민소득의\ 증분(\varDelta Y)}$$

를 말한다. 한계소비성향과 한계저축성향을 합해도 1이 된다. 식 (20-19)를 변형하면 $\varDelta Y = \varDelta C + \varDelta S$가 되며 이 식의 양변을 $\varDelta Y$로 나누어 주면

$$[20\text{-}24] \quad 1 = \frac{\varDelta C}{\varDelta Y} + \frac{\varDelta S}{\varDelta Y} = MPC + MPS$$

가 성립하는 것이다. 따라서 한계소비성향과 한계저축성향 중 어느 하나를 알면 다른 하나를 바로 알 수 있다.

식 (20-20)으로 정의된 저축함수는 식 (20-7)로 정의된 소비함수에 대응하는 것이다. 앞에서 소비함수를 식 (20-10)과 같이 국민소득에 관한 일차식으로 표시했는데 이 경우에는 저축함수도 국민소득에 관한 일차식으로 표시된다. 왜냐하면 식 (20-10) $C = a + bY$를 식 (20-19) $S = Y - C$에 대입하면

$$[20\text{-}25] \quad S = Y - (a + bY) = -a + (1 - b)Y$$

가 되기 때문이다. 여기에서 $-a$는 소득이 0일 경우의 음의 저축을 의미한다. 음의 저축이란 과거의 저축을 인출하거나 차입하는 것을 말한다. b가 한계소비성향을 표시하기 때문에 $1 - b$는 한계저축성향이다.

저축함수 식 (20-25)를 도시한 것이 그림 20-9이다. 횡축에는 국민소득을 표시하고 종축에는 저축을 표시한다. 여기서 Y_1은 소비함수를 도시한 그림 20-6에서 분기점 E에 대응하는 Y_1과 같다. 분기점에서 소득과 소비는 그 크기가 똑같다. 따라서 저축은 0이 된다. Y_1 이하의 소득수준에서는 소비가 소득을 초과하기 때문에 이 초과분만큼 음의 저축이 발생한다. Y_1보다 큰 소득수준에서는 소득이 소비를 초과하므로 이 초과분과 같은 크기의 양의 저축이 발생한다. 앞에서 소득이 증가하면 평균소비성향은 감소한다는 것을 설명하였다. 이는 소득이 증가할수록 평균저축성향이 커진다는 것을 의미한다. 케인스의 저축함수에서는 부자일수록 소득 중에서 저축이 차지하는 비중이 커지게 된다.

저축도 실현된 저축(realized savings)과 계획된 저축(planned savings)이라는 두 가지 개념으로 파악할 수 있다. 그러나 앞에서 실현된 소비(소비지출)와 계획된 소비(소비

케인스의 저축함수

케인스의 선형의 소비함수 $C=a+bY$로부터 저축함수 $S=-a+(1-b)Y$가 도출된다.

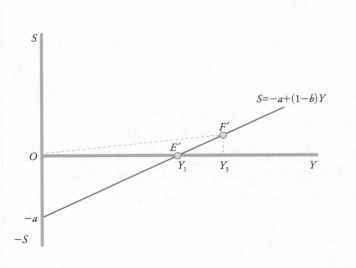

수요)를 같은 개념으로 보았기 때문에 실현된 저축(S)과 계획된 저축(S^D)도 같은 개념이 된다. 실현된 저축은 소득에서 실현된 소비를 공제한 것이며, 계획된 저축은 소득에서 계획된 소비를 공제한 것이기 때문이다.

케인스단순모형은 투자수요(I^D)와 저축(S)이 일치할 때 균형이 성립하는 것으로 바꾸어 쓸 수 있다. $Y^D=C+I^D$이고 $Y=PDI=C+S$이기 때문에 균형조건 $Y^D=Y$는 $I^D=S$로 고쳐 쓸 수 있는 것이다. 계획된 주입이 누출과 같을 때 균형이 성립한다는 것이다.

지금까지의 논의를 종합하여 앞에서 네 개의 방정식으로 표시된 케인스단순모형은 다음과 같은 세 개의 방정식으로 바꾸어 표시할 수 있다.

$$[20\text{-}26] \quad S=-a+(1-b)Y$$

$$[20\text{-}27] \quad I^D=I_0$$

$$[20\text{-}28] \quad S=I^D$$

이 세 개의 방정식으로부터 앞에서와 똑같은 균형국민소득

$$[20\text{-}18] \quad Y_E=\frac{1}{1-b}a+\frac{1}{1-b}I_0$$

를 얻는 것은 물론이다.

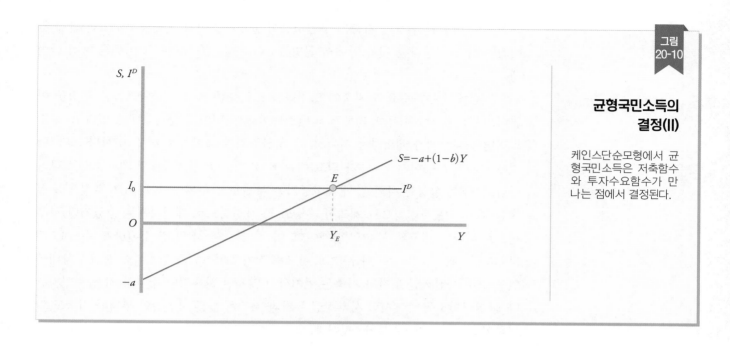

그림
20-10

**균형국민소득의
결정(II)**

케인스단순모형에서 균형국민소득은 저축함수와 투자수요함수가 만나는 점에서 결정된다.

위 모형을 그림으로 나타낸 것이 그림 20-10이다.

$I = S$와 $I^D = S$의 대비

이상에서 균형국민소득의 결정조건이 $Y^D = Y$이거나 $I^D = S$임을 설명하였다. 투자와 저축의 주체가 각각 다르기 때문에 투자수요와 저축이 일치한다는 보장이 없다. 단지 균형국민소득에서만 투자수요와 저축이 일치하는 것이다. 이에 반하여 사

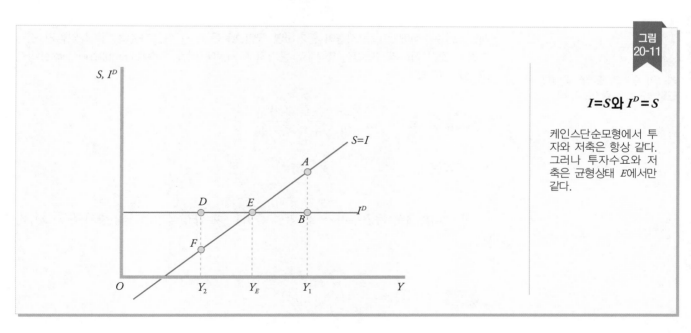

그림
20-11

$I=S$와 $I^D=S$

케인스단순모형에서 투자와 저축은 항상 같다. 그러나 투자수요와 저축은 균형상태 E에서만 같다.

후적으로 실현된 투자와 저축은 국민소득이 균형수준이건 불균형수준이건 관계 없이 언제나 일치한다는 것을 앞에서 설명하였다. 그림 20-11로 그 이유를 다시 한번 생각해 보자.

그림에서 투자수요와 저축이 일치하는 소득수준 Y_E에서 국민소득은 균형을 이룬다. 만약 어떠한 이유에 의해서 국민소득이 Y_1이 되어 불균형상태에 있다고 하자. 그러면 소비주체가 계획하는 저축 AY_1은 생산주체가 계획하는 투자 BY_1보다 크다. 이 경우 $C+I^D<C+S$여서 $Y^D<Y$가 되고 이는 $Y-Y^D=S-I^D=AB$만큼의 재고증가로 나타난다. 앞에서 설명한 바와 같이 재고증가는 투자로 간주된다. 따라서 사후적으로 실현된 투자(I)는 사전적으로 계획한 $I^D=BY_1$과 사전적으로 계획하지는 않았지만 사후적으로 나타난 재고투자 AB의 합계이며, 이는 저축 $S=AY_1$과 같게 된다(앞에서 계획된 저축과 실현된 저축을 같이 취급하기로 한 것을 상기하라). 즉, 국민소득이 불균형상태에 있을 경우 사전적인 투자와 저축은 일치하지 않지만 사후적인 투자와 저축은 일치한다. 균형국민소득 Y_E에서만 사후적인 투자와 저축은 물론 사전적인 투자와 저축도 일치하여 $I^D=S=I$가 성립하는 것이다.

5 승수이론

국민소득이나 이자율과 관계 없이 이루어지는 지출을 독립지출(autonomous expenditure)이라고 한다. 독립투자·정부지출·절대소비 등이 독립지출에 속한다.

케인스단순모형에서 독립지출이 증가하면 국민소득은 단지 독립지출의 증가분만큼만 증가하는 것이 아니라 그 이상 몇 배로 증가하게 되는데 이를 **승수효과**(multiplier effect)라고 한다. 이 때

$$[20\text{-}29] \quad 승수 = \frac{균형국민소득\ 증가분}{최초의\ 총수요\ 증가분}$$

으로 정의된다.

승수효과
최초의 총수요 증가분에 대한
균형국민소득 증가분의 배수

식 (20-18)에서 독립투자가 ΔI_0만큼 증가할 때 균형국민소득의 증가분을 ΔY_E라 하면

$$[20\text{-}30] \quad Y_E + \Delta Y_E = \frac{1}{1-b}(a + I_0 + \Delta I_0)$$

가 된다. 이 식의 양변을 식 (20-18)의 양변으로 각각 빼면

[20-31] $\varDelta Y_E = \dfrac{1}{1-b}\varDelta I_0$ 또는 $\dfrac{\varDelta Y_E}{\varDelta I_0} = \dfrac{1}{1-b} = \dfrac{1}{1-MPC} = \dfrac{1}{MPS}$

이 성립한다. 즉, 균형소득 증가분 $\varDelta Y_E$는 독립투자 증가분 $\varDelta I_0$에 1/1−b을 곱한 값과 같다. 그러므로 1/1−b은 투자 증가분에 대한 균형소득 증가분의 비율이며 이를 투자 승수(investment multiplier)라고 한다. 여기서 b는 한계소비성향(MPC)이므로 1−b는 한계저축성향(MPS)이다. 한계소비성향이나 한계저축성향이 0보다 크고 1보다 작은 수이기 때문에 투자승수는 1보다 크다. 즉, 투자수요가 증가하면 투자수요의 증가분 이상으로 균형국민소득이 증가한다. 한계소비성향이 클수록(한계저축성향이 작을수록) 투자승수는 크게 되고, 한계소비성향이 작을수록(한계저축성향이 클수록) 투자승수는 작게 된다.

　승수와 한계소비성향의 관계를 이해하기 위하여 간단한 예를 들어 보자. 사회 구성원들의 한계소비성향이 0.8이라 하자. A라는 사람이 자신이 소유한 토지 위에 5,000만원을 들여 주택을 건설한다고 가정하자. 그러면 1차적으로 목수와 미장이 등 주택건설에 참여한 사람들이 5,000만원의 소득을 얻게 된다. A가 5,000만원을 투자하면 사회 전체적으로 볼 때 당장에 5,000만원이라는 소득이 증가하게 되는 것이다. 그러나 소득의 증가는 이것으로 끝나는 것이 아니다. 이제 A의 주택건설에 참여한 사람들은 5,000만원의 소득을 더 벌었기 때문에 소비와 저축을 증가시킬 것이다. 한계소비성향이 0.8이기 때문에 늘어난 소득 5,000만원 중 4,000만원을 소비하고, 나머지 1,000만원은 저축한다. 그러면 4,000만원의 소비재가 판매되고 그 소비재를 생산·판매하는 사람들이 4,000만원의 추가적인 소득을 얻게 된다. 이 때 소비재 생산자들의 한계소비성향도 0.8이므로 그들은 3,200만원을 소비지출하고 800만원은 저축한다. 그러면 3,200만원의 소비재를 판매한 생산자는 3,200만원의 소득을 얻게 될 것이다. 이와 같은 과정이 한없이 계속된다면 A가 5,000만원을 투자한 결과 사회 전체적으로 늘어나는 소득은 표 20-1에서 보는 바와 같이 초항이 5,000만원, 공비가 0.8(MPC)인 무한등비급수의 합으로 표시된다. 이 합은 초항×$\dfrac{1}{1-\text{공비}}$이다. 여기에서 $\dfrac{1}{1-\text{공비}} = \dfrac{1}{1-MPC}$이 투자승수인 것이다. 이 예에서는 한계소비성향이 0.8이므로 투자승수는 $\dfrac{1}{1-0.8} = 5$이다. 즉, 최초의 투자가 5,000만원 늘어나면 국민소득은 2억 5,000만원 증가한다.

　만약 한계소비성향이 0.75라면 제2단계에서의 소득증가분은 3,750만원이 되고 제3단계에서는 2,812.5만원이 되는 등 모든 단계에서 소비성향이 0.8일 때보다 소득 증가가 작게 일어난다. 매 단계에서 소비지출이 작아지면 소비재 판매량이 감소되어 소비재 생산자들의 소득이 작아지기 때문이다. 이와 같이 한계소비성향이 작을수록 투자승수가 작아지고 따라서 국민소득 증가가 작게 일어난다.

표
20-1

소득증가분		소득증가 계산식
1단계	5,000	5,000
2단계	4,000	$5,000 \times 0.8$
3단계	3,200	$5,000 \times 0.8 \times 0.8 = 5,000 \times 0.8^2$
⋮	⋮	⋮
n단계		$+) \, 5,000 \times 0.8^{n-1}$
⋮		
총 계	25,000	$\Delta Y = 5,000 \times \dfrac{1}{1-0.8} = 5,000 \times 5 = 25,000$

식 (20-31)과 표 20–1 에서 보는 바와 같이 한계소비성향을 알면 독립투자수요나 절대소비의 변동에 뒤따라 일어나는 국민소득의 변동을 쉽게 예측할 수 있다. 승수 개념은 다음 장에서 다루는 재정정책의 분석에 중요한 기초가 된다.

6 절약의 역설

앞에서 똑같은 크기의 독립지출이라도 한계소비성향이 높을수록 균형국민소득 이 더 많이 증가하는 것을 보았다. 이는 주어진 소득수준에서 국민경제 전체적으로 볼 때 소비를 많이 하고 저축을 적게 할수록 좋다는 의미를 가진다. 즉, 케인스모형에 서는 소비는 미덕, 저축은 악덕이 된다. 이는 케인스모형이 총수요에 의한 국민소득 결정이론이기 때문이다. 소비가 늘어날수록 총수요가 증가하여 국민소득도 증가한 다. 반면에 저축은 소득의 흐름으로부터의 누출이다. 따라서 저축이 바로 투자로 연 결되지 않는다면 저축의 증대는 곧 총수요와 국민소득의 감소를 의미한다.

절약의 역설

개개인이 절약하여 저축을 늘 리고자 노력하는데도 국민저 축의 증대로 연결되지 않는 현상

개개인이 절약하여 저축을 늘리고자 노력하는데도 국민저축의 증대로 연결되지 않는 현 상을 **절약의 역설**(paradox of thrift)이라고 부른다.

고전학파모형에서는 절약의 역설이 일어나지 않는데 케인스단순모형에서는 절 약의 역설이 일어난다. 케인스단순모형에서 절약의 역설이 일어나는 이유는 개개인 의 저축증대가 총수요와 국민소득의 감소로 연결되기 때문이다.

그림 20-12는 투자수요와 저축의 일치에 의하여 균형국민소득이 결정되는 것을 보이고 있다. 저축곡선 S_0와 투자수요 I_0가 일치하는 소득 Y_0에서 최초의 균형이 성립되고 있다. 이제 사람들이 근검절약하여 모든 소득수준에서 저축이 ΔS만큼 증가한다고 하자. 그러면 저축곡선은 S_0에서 S_1으로 상방 평행이동한다. 그러면 Y_0수준에서 저축(S)=투자(I)가 투자수요(I^D)보다 크게 되어 불필요한 재고가 발생하게 된다. 이에 따라 생산이 위축되고 국민소득은 감소한다. 이 경우 국민소득은 $\Delta S \times \dfrac{1}{1-MPC}$만큼 감소하여 저축과 투자가 일치하는 Y_1에서 다시 균형을 이루게 된다. 국민소득은 Y_0에서 Y_1으로 감소하고 총저축은 불변($AY_0 = BY_1$)

자린고비
자린고비로 사는데 왜 경제 전체로는 저축이 늘어나지 않을까.

이다. 즉, 개인적으로 근검절약하고자 하는 노력이 국민소득의 감소를 통하여 국민경제 전체적으로는 저축을 전혀 증가시키지 못하는 것이다.

다만 새로운 균형국민소득에서 소득은 종전보다 낮아졌는데 저축은 변하지 않았기 때문에 평균저축성향(APS)은 종전보다 높아진다(즉, 점선 OB의 기울기가 점선 OA의 기울기보다 크다). 이처럼 개인적인 저축증대의 노력이 국민들의 평균저축성향만 높일 뿐 국민저축의 증대로 연결되지 않는 것을 절약의 역설이라고 하는 것이다. 독자들은 저축곡선의 하방 평행이동으로 소비가 미덕인 것을 쉽게 확인할 수 있을 것이다.

지금까지는 근검절약을 절대소비가 감소하는 것으로 포착하였다. 근검절약을 한계저축성향의 증가(한계소비성향의 감소)로 나타낼 수도 있다. 이는 저축곡선의 수직절편이 불변이고 기울기가 커지는 것으로 묘사된다. 이 경우에도 국민소득의 감소를 통해 절약의 역설이 일어난다.

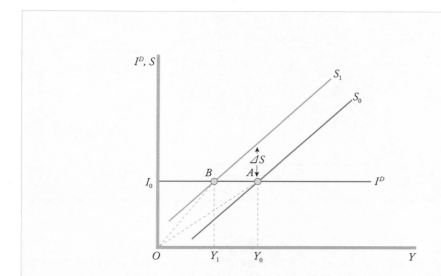

그림 20-12

절약의 역설

사람들이 모든 소득수준에서 저축을 더 하는데도 불구하고 국민소득이 감소하여 총저축이 불변이다.

7 인플레이션 갭과 디플레이션 갭

케인스모형에서 국민소득은 총수요의 크기에 의해 결정되며 총수요가 증가하면 국민소득도 증가하는 것을 보았다. 그러나 국민소득의 증가에는 한도가 있다. 그 한도를 결정하는 것은 국민경제에 주어진 가용자원의 완전고용이다. 케인스는 국민소득이 자본 및 기타 자원을 모두 정상적으로 고용하여 생산할 수 있는 완전고용국민소득 이상으로는 증가할 수 없다고 보았다.[8] 그림 20-13에서 완전고용국민소득을 Y_F라 하면 국민소득은 Y_F 이상으로 증가할 수 없다는 것이다.

완전고용국민소득 Y_F에서 총공급과 일치하는 총수요를 $EY_F = OY_F$라 하자. 만약 총수요선이 Y_1^D여서 Y_F에서의 총수요가 AY_F라면 Y_F에서 AE만큼의 초과수요가 발생하여 생산은 증가하지 않고 물가만 상승하게 된다. 이 때 AE를 인플레이션 갭(inflationary gap)이라 한다. 반대로 총수요선이 Y_2^D여서 Y_F에서의 총수요가 BY_F라면 Y_F에서 EB만큼의 수요부족이 발생하게 되는데 이것을 경기침체 갭(recessionary gap) 또는 디플레이션 갭(deflationary gap)이라고 한다. 경기침체 갭이 있을 때에는 완전고용국민소득이 균형국민소득이 되지 못한다. 그림에서 EB만큼의 경기침체 갭이 있으면 균형국민소득은 Y_2이다.

인플레이션 갭
완전고용국민소득 수준에서의 초과수요

디플레이션 갭
완전고용국민소득 수준에서의 수요부족

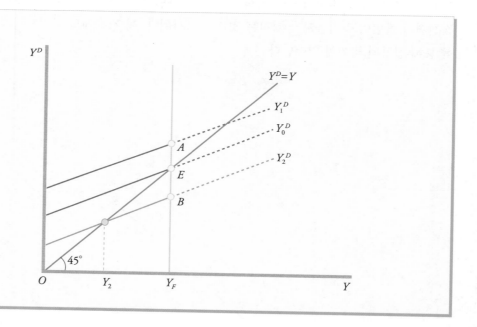

그림 20-13

인플레이션 갭과 경기침체 갭

완전고용국민소득 Y_F에서 초과수요 AE가 있으면 이를 인플레이션 갭, 수요부족 EB가 있으면 이를 경기침체 갭이라 한다.

---

8 제19장에서 단기에 실제GDP가 완전고용국민소득을 초과할 수 있음을 보았다. 현대거시경제학에서는 단기에 실제GDP가 완전고용국민소득을 하회할 수도 있고 초과할 수도 있다고 본다. 제24장을 참고하라.

[20-32] 인플레이션 갭 = Y_F에서의 실제총수요$-Y_F = Y_F$에서의 초과수요

경기침체 갭$= Y_F - Y_F$에서의 실제총수요$= Y_F$에서의 수요부족

케인스에 의하면 선진자본주의경제에서는 일반적으로 경기침체 갭이 존재한다. 따라서 균형국민소득이 완전고용국민소득보다 낮다. 이는 경제 내에 존재하는 자원이 완전고용되지 못하고 노동과 자본의 일부가 유휴상태에 있다는 말과 같다. 고전학파모형은 항상 완전고용에서 균형을 이루지만 케인스모형은 불완전고용(혹은 과소고용)에서 균형을 이룬다. 케인스에 의하면 현실경제에 실업은 항상 존재하게 마련이고 완전고용은 아주 특수한 경우에나 예외적으로 이루어진다.

그림 20–13에서 현실적으로 총수요선은 대개 Y_0^D보다 낮은 수준, 예컨대 Y_2^D이다. 그러면 균형국민소득은 Y_2이다. 이 경우 완전고용국민소득과 실제GDP의 차이로 정의되는 GDP 갭은 $Y_F - Y_2$이다. 따라서 GDP 갭을 생산할 수 있는 노동이 실업상태에 있다. 일부 노동이 실업상태에 있음에도 불구하고 생산물시장이 균형상태에 있기 때문에 Y_2는 (불완전고용)균형국민소득이다. 국민경제가 과소고용상태에서 균형이 성립할 수 있으며 이것이 보다 현실적이라고 보는 것이 케인스의 견해인 것이다.

그림에서 총수요선이 Y_2^D일 때 독립투자와 같은 총수요가 EB만큼 늘어나면 새로운 총수요선은 Y_0^D가 되어 완전고용국민소득이 바로 균형국민소득이 된다. 따라서 승수의 정의에 의해

[20-33] $$승수 = \frac{\text{GDP 갭}}{\text{경기침체 갭}}$$

이 성립한다. 경기침체 갭만큼 총수요를 늘리면 승수효과에 의해 GDP 갭이 사라지는 것이다. 케인스와 그의 뒤를 잇는 케인스학파가 적극적인 총수요관리정책을 제안하는데 그 이론적 근거가 식 (20-33)이다.

고전학파모형은 총생산의 공급이 수요를 따르지 못하는 경제에 적합한 모형이다. 이러한 경제에서 필요한 것은 공급능력을 증대시키는 일이다. 공급능력을 증대시키기 위해서는 투자가 증대되어야 하고 투자가 증대되기 위해서는 저축이 증대되어야 한다. 따라서 저축은 사회의 미덕이 된다. 정부의 정책은 공급능력을 배양시키는 데 초점을 두어야 한다는 것이 고전학파모형의 정책적 시사점이다.

케인스단순모형은 생산설비와 공급능력은 많은데 유효수요가 부족한 경제에 적합한 모형이다. 이러한 경제에서 필요한 것은 유효수요를 증가시키는 일이다. 유효수요의 증가는 소비, 투자수요, 정부지출, 순수출의 확대를 통하여 이루어진다. 따라서 소비는 사회의 미덕이 된다. 케인스모형에서는 저축이 투자로 연결된다는 보장이 없기 때문에 저축은 소득의 흐름에서 빠져나가 유효수요와 실질국민소득을 감소시키는 사회의 악덕이 된다. 정부의 정책은 유효수요를 적절히 관리하는 데 초점을 두어야 한다는 것이 케인스단순모형의 정책적 시사점이다.

케인스가 강조한 유효수요가 고전학파모형에서 국민소득 결정에 능동적인 역할을 하지 못하는 이유는 무엇일까? 이는 공급측면에 의하여 완전고용국민소득(Y_F)이 일단 결정되면 유효수요가 완전신축적인 이자율의 변동을 통하여 Y_F와 같게 되기 때문이다. 케인스는 소비가 소득의 증가함수라고 보는 데 반하여 고전학파는 소비가 이자율의 감소함수라고 본다. 투자수요도 케인스모형에서 독립투자만 다루었지만 일반적으로 이자율(r)의 감소함수이다. 따라서 생산물시장의 균형조건 총수요(Y^D) = 총소득(Y)은

$$C(r) + I^D(r) = Y_F$$

로 되어 공급측면에서 Y_F가 결정되면 총수요가 Y_F에 일치되게끔 이자율이 신축적으로 조정되는 것이다. 고전학파의 세계에서 세이의 법칙이 성립한다고 가정하는 것은 생산물시장에서 이와 같은 이자율의 조정작용을 가정하는 것이다. 고전학파에 의하면 이자율이 생산물시장에서 결정된다. 그러나 케인스는 이자율이 화폐적인 현상으로서 화폐에 대한 수요와 공급에 의해 결정된다고 본다. 이 두 가지 이자율 결정이론은 제23장에서 다시 다루어진다.

현실경제에서 국민소득은 고전학파모형에서처럼 공급측면만으로 결정되지도 않고 케인스단순모형에서와 같이 수요측면만으로 결정되지도 않는다. 다른 거시경제변수들과 관계 없이 독자적으로 결정되는 것이 아니라 이자율·물가 등 주요 거시

경제변수들과 상호관계를 가지며 동시에 결정되는 속성을 가진다. 앞으로 전개되는 국민소득결정이론은 이 장에서 배운 고전학파모형과 케인스단순모형을 보다 현실적이고 포괄적으로 확대시켜 나가는 일련의 과정으로 생각하면 된다.

수요측면을 중요시하는 케인스단순모형을 발전시킨 케인스학파모형은 으레 물가나 임금 같은 가격변수가 고정되어 있다고 가정한다. 이는 가격변수들이 완전신축적이라고 가정하는 고전학파모형과 대조된다. 오늘날 거시경제학계는 물가나 임금이 고정되어 있는 기간을 단기, 완전신축적인 기간을 장기라고 정의하여 단기에는 케인스단순모형처럼 총수요가 국민소득을 결정하고, 장기에는 고전학파모형처럼 총공급이 국민소득을 결정한다고 종합하는 입장이다. 이에 대하여 제24장에서 자세히 다룬다.

이 장에서 다룬 모형은 정부부문을 도외시한 민간경제모형이다. 경제정책의 효과를 분석하기 위하여는 정부부문을 도입해야 한다. 정부부문을 도입한 혼합경제에서 고전학파모형의 정책적 시사점은 정부의 최소한의 경제개입을 뜻하는「작은 정부」이고, 케인스단순모형의 정책적 시사점은 정부의 적극적인 경제개입을 뜻하는「큰 정부」임을 다음 장에서 배우게 된다.

오늘날 모든 국민경제는 다른 나라 국민경제와 밀접하게 연관되어 있다. 해외부문을 도입한 개방경제모형은 제11편 국제경제이론에서 다룬다.

읽을거리 20-2 ▶ 국민소득의 결정과 두 모형

2023년에 우리나라의 실질GDP는 2020년 가격으로 2,243조원이다. 지금까지 배운 것을 복습하는 뜻에서 이것을 두 모형으로 설명해 보자. 고전학파모형에 의하면 우리나라의 총자본스톡, 노동인구, 생산기술 등의 공급측면을 두루 감안할 때 2023년의 생산능력이 2,243조원이라는 것이다. 케인스모형에 의하면 국내외 경제주체들이 2023년에 우리나라 안에서 생산한 최종생산물에 대해 소비와 투자로 지출한 총금액이 2020년 가격으로 2,243조원이라는 것이다.

2023년에 우리나라의 경제성장률은 1.4%로서 잠재GDP성장률(=잠재성장률)을 하회하였다. 잠재성장률보다 낮게 성장했기 때문에 케인스모형의 설명이 더 설득력이 있다. 잠재성장률을 넘어서서 4%대의 성장을 보인 미국의 경우에는 고전학파모형의 설명이 더 설득력이 있다.

장기적으로 볼 때는 세이의 법칙이 성립하여 고전학파모형이 더 잘 국민소득의 결정을 설명한다.

요약 및 복습 S / U / M / M / A / R / Y / & / R / E / V / I / E / W

1 고전학파모형은 가격변수들이 완전신축적이라고 가정하여 공급측면이 국민소득을 결정한다고 보는 반면, 케인스단순모형은 가격변수들이 비신축적이라고 가정하여 수요측면이 국민소득을 결정한다고 본다.

2 고전학파의 국민소득결정모형은
(1) 노동시장에서 노동에 대한 수요와 공급이 일치하는 완전고용수준으로 고용량이 결정된다. 이 고용량이 총생산함수와 결합하여 총공급수준을 결정한다.
(2) 이렇게 결정된 총공급수준은 세이의 법칙에 의하여 모두 수요됨으로써 균형국민소득이 된다. 이 때의 균형국민소득은 완전고용수준에서의 국민소득이기 때문에 완전고용국민소득이다.
(3) 공급에 애로가 있는 국민경제를 설명하기에 적합한 모형으로서 국민소득을 증대시키기 위하여는 공급능력을 제고시켜야 한다는 정책적인 시사점을 가진다.

3 케인스는 세이의 법칙을 부정하고 「보이지 않는 손」의 역할에 한계가 있다고 보아 「큰 정부」, 즉 정부의 적극적인 개입이 필요하다고 주장하였다.

4 케인스의 국민소득결정의 단순모형은
(1) 총수요가 총공급을 결정함으로써 총고용량과 국민소득을 결정한다. 총수요＝총생산 혹은 투자수요＝저축일 때 국민경제가 균형에 도달하여 국민소득과 총고용량이 결정된다.
(2) 균형국민소득에 대응하는 총고용량은 통상 완전고용수준에 미치지 못한다. 따라서 케인스모형에서는 균형국민소득은 과소고용국민소득 또는 불완전고용국민소득이다.
(3) 케인스단순모형에서 독립지출이 증가하면 소득은 독립지출보다 더 크게 증가한다. 이 때 소득증가분을 독립지출증가분으로 나눈 값을 승수라고 한다. 승수는 $\dfrac{1}{1-\text{한계소비성향}}$로 표시되기 때문에 한계소비성향이 클수록(한계저축성향이 작을수록) 커진다.
(4) 개인이 절약하여 저축을 늘리고자 하면 총수요가 감소하여 국민소득이 감소하고, 그 결과 국민경제 전체적으로 총저축이 늘어나지 않거나 오히려 감소할 수 있다. 케인스모형에서 이러한 현상을 절약의 역설이라고 한다. 고전학파모형에서는 절약의 역설이 일어나지 않으며 저축은 미덕이 된다.
(5) 완전고용수준에서 총수요가 총공급보다 클 때 이 초과수요의 크기를 인플레이션 갭이라 하고, 반대로 총공급이 총수요보다 커서 발생하는 초과공급을 경기침체 갭이라고 한다. 경기침체 갭은 유효수요의 부족으로 GDP 갭과 실업이 존재함을 의미한다.
(6) 수요측면에 애로가 있는 국민경제에 적합한 모형이며, 국민경제의 단기적·안정적 성장을 위해서는 강력한 총수요관리가 필요하다는 정책적 시사점을 가진다.

5 오늘날 거시경제학계는 물가나 임금이 고정되어 있는 기간을 단기, 완전신축적인 기간을 장기라고 정의

하여 단기에는 케인스단순모형처럼 총수요가 국민소득을 결정하고, 장기에는 고전학파모형처럼 총공급이 국민소득을 결정한다고 종합하는 입장이다.

주요용어 및 개념   K / E / Y / W / O / R / D / S / & / C / O / N / C / E / P / T

- 세이의 법칙
- 완전고용국민소득
- 과소고용균형국민소득
- 케인스소비함수
- 평균소비성향

- 한계소비성향
- 평균저축성향
- 한계저축성향
- 투자지출
- 투자수요

- 독립투자승수
- 유발투자
- 독립지출
- 주입과 누출
- 절약의 역설

- 인플레이션 갭
- 디플레이션 갭

연습문제   E / X / E / R / C / I / S / E

1 고전학파모형과 케인스모형에서 「균형」은 각각 다른 의미로 사용되고 있다. 어떻게 같고 어떻게 다른지를 설명하라.

2 다음과 같은 케인스단순모형을 보고 물음에 답하라.

1) $Y^D = C + I^D$ (총수요)
2) $C = 0.8Y + 150$ (소비함수)
3) $I^D = 100$ (투자수요)
4) $Y^D = Y$ (균형조건)
5) $Y_F = 2,000$ (완전고용국민소득)

* 주: 모든 변수들은 상품수량으로 표시된 실질변수임.

(1) MPC와 MPS를 구하라.
(2) 승수를 구하라.
(3) 균형국민소득 Y_E를 구하라.
(4) Y_E의 결정을 그림으로 보여라. 총수요선을 나타내는 방정식은?
(5) 저축함수를 구하라. 저축이 0인 분기점을 이루는 소득수준을 구하라.

(6) $I^D = S$의 대체균형조건을 이용하여 Y_E를 구하고 그림으로 보여라.
(7) 이제 기업들이 미래에 대하여 낙관적인 예상을 함으로써 I^D가 20이 증가하여 120이라고 하자. 새로운 Y_E를 구하라.
(8) $I^D = 80$일 때의 새로운 Y_E는?
(9) (7)과 (8)번 문제에서 I^D의 변화가 Y_E에 미치는 영향에 대하여 어떤 결론을 내릴 수 있는가?
(10) 어떤 투자수요수준이 완전고용국민소득 2,000을 달성할 수 있게 하는가?
(11) 원래의 모형으로 돌아가서 사람들이 이제 더 근검·절약함으로써 모든 소득수준에서 종전보다 50을 더 저축하려고 한다 하자. 새로운 소비함수와 저축함수를 구하라. 새로운 Y_E를 구하라. 절약의 역설을 설명하라.
(12) 투자수요함수가 3)식 대신 $I^D = 100 + 0.1Y$라 하자. (11)번 문제를 다시 풀어라. 저축이 종전보다 더 감소하는 것을 확인하라.
(13) (11)에서의 균형국민소득의 감소분보다 (12)에서의 그것이 더 큰 것을 확인하라. 각각의 경우에 균형국민소득의 감소분은 50×승수임을 확인하라.

(14) 위 모형을 고전학파모형으로 고치기 위해서는 소비함수와 투자수요함수를 어떻게 수정해야 하는가? 고전학파모형에서 절약의 역설이 성립하지 않는 것을 보여라.

3 2번 문제에 나오는 경제가 대외무역을 함으로써 X(수출)$=100$, Z(수입)$=0.05Y+100$으로 나타난다고 하자.

(1) 국민소득결정모형을 정립해 보라.
(2) $\Delta Z/\Delta Y$를 한계수입성향이라 부른다. 한계수입성향이 0.05임을 확인하라.
(3) 균형국민소득을 구하고 그림으로 보여라.
(4) 투자승수를 구하라. 폐쇄경제의 투자승수와 그 크기를 비교하라.
(5) 수출이 200으로 증가하였다. 새로운 Y_E를 구하라. 수출승수($\Delta Y_E/\Delta X$)를 구하라.
(6) $Y^D=Y$와 대체되는 균형조건을 이용하여 Y_E를 구하고 그림으로 보여라.
(7) 균형국민소득수준에서 해외투자는 얼마인가.

4 현실경제에서 저축은 주로 가계가 하고 투자는 주로 기업이 한다. 저축자와 투자자가 서로 다른데 고전학파모형과 케인스단순모형에서 각각 어떻게 S와 I^p가 같아져 균형이 이루어지는 것으로 보는가를 설명하라.

5 고전학파 경제학자들은 어떤 논리에서 세이의 법칙을 수용하였는가? 케인스는 왜 세이의 법칙을 부정하였는가?

6 케인스단순모형에서 $MPC>1$이면 투자승수의 값이 얼마인가? MPC가 1이면 독립지출이 1단위 증가할 때 새로운 균형국민소득은 얼마인가? 케인스단순모형에서 $0<MPC<1$이 중요한 가정임을 확인하라.

7 다음 각 기술이 옳은가 그른가를 밝히고 그 이유를 설명하라.

① 절약의 역설은 「구성의 모순」의 한 가지 예이다.
② 인플레이션 갭은 음의 디플레이션 갭이다.
③ 고전학파의 노동시장에서 물가와 명목임금이 각각 두 배로 오를 때 고용수준은 불변이다.
④ 케인스모형에서 $I<I^p$는 의도하지 않은 재고투자가 있음을 뜻한다.
⑤ 개별기업의 노동에 대한 수요곡선은 노동의 한계생산물곡선과 같다.
⑥ 케인스모형에서 기초소비가 증가할 때에도 독립투자와 같은 승수효과를 낳는다.
⑦ 케인스모형에서 한계소비성향이 0.75일 때 독립투자지출이 10억 증가하면 균형국민소득은 50억이 증가한다.
⑧ 투자승수는 평균저축성향이 클수록 작다.
⑨ 직선으로 표시된 소비함수는 한계소비성향이 일정하다는 것을 가정한 것이다.
⑩ 케인스모형에서 인플레이션 갭이 있을 때 균형국민소득은 완전고용국민소득이다.
⑪ 케인스모형에서 총수요가 완전고용국민소득보다 크면 인플레이션 갭이 생긴다.
⑫ 케인스모형에서 저축과 투자가 사전적으로 항상 일치하지는 않지만 사후적으로 항상 일치한다.
⑬ 유발투자란 이자율이나 국민소득의 변동으로 일어나는 투자를 말한다.
⑭ 분기점에서 평균소비성향과 한계소비성향은 모두 1이다.
⑮ 소비함수가 직선으로 표시된 경우에 승수의 크기는 소득수준에 따라 다르게 나타난다.
⑯ 계획하지 않은 재고의 증가가 발생하면 균형국민소득은 감소한다.
⑰ 한계저축성향이 0이면 승수의 크기도 0이다.
⑱ 고전학파모형은 개발도상국 경제나 장기의 분석에 적합하고, 케인스모형은 선진국 경제나 단기의 분석에 적합하다.
⑲ 국민소득 증대를 위해 고전학파모형은 저축을 강조하고 케인스모형은 소비를 강조한다.
⑳ 세이의 법칙은 총생산물가치가 총소득과 같게 마련이라는 항등관계를 일컫는다.

재정과 재정정책

앞 장에서는 민간부문의 소비와 투자만 존재하는 폐쇄경제에서 균형국민소득이 어떻게 결정되는가를 분석하였다. 이 장에서는 정부부문을 도입하여 정부지출과 조세수입이 균형국민소득의 결정에 어떠한 영향을 미치는가를 살펴본다.
(단기)재정정책이란 정부지출과 조세를 조정하여 총수요를 조절하고 나아가 국민소득에 영향을 미치고자 하는 정책이다. 재정정책의 효과에 대하여는 케인스단순모형과 고전학파모형이 크게 다른 견해를 가지는데 이들을 차례로 분석하고 비교한다.

주요 학습사항

- 재정정책이란
- 정부의 예산제약식이란
- 케인스모형에서 재량적 재정정책의 효과는
- 고전학파모형에서 재량적 재정정책의 효과는
- 두 모형에서 재정정책의 효과가 다른 이유는
- 케인스모형에서 정부지출승수가 정액세승수보다 크고 정액세승수는 비례세승수보다 큰 이유는
- 재정의 자동안정화장치를 보는 케인스와 고전학파의 견해는
- 채권(bond)가격과 이자율이 역관계인 이유는

제1절 재정과 재정정책

1 재정의 의의와 기능

앞 장에서는 논의의 편의를 위해 정부부문을 도외시하였다. 그러나 현실 국민경제에는 정부부문이 존재한다. 이 장에서는 정부부문을 도입할 때 앞 장의 논의가 어떻게 확장되는가를 살펴본다.

정부는 국민의 생명과 재산을 지켜주는 국방·치안·소방·계약위반에 대한 제재 등 작은 정부의 역할을 기본적으로 수행한다. 오늘날에는 이에 그치지 않고 제17장에서 본 바와 같이 시장의 실패를 보완하는 한편 경제발전과 국민복지향상에 이르기까지 정부가 폭넓은 기능을 수행하고 있다. 이러한 다양한 기능을 수행하기 위하여 정부는 필요한 자금을 마련하고 그 수입으로 여러 부문에 지출을 하게 된다. 정부부문의 경제활동, 혹은 나라살림을 재정이라고 부른다.

정부는 재정을 꾸려나가기 위해 매년 예산을 편성하여 그 해의 수입과 지출에 관한 계획을 세운다. 회계연도 개시 전에 정상적인 절차에 따라 편성된 예산을 본예산이라 한다.

예산은 원칙적으로 한 회계연도의 모든 수입·지출을 망라하여 짜기 때문에 한 해에 한 번의 본예산 편성으로 그쳐야 한다. 그러나 회계연도가 진행되는 도중에 국내외 경제정세의 변화나 천재지변과 같은 돌발사태 등으로 예산을 변경할 필요가 있을 경우에는 추가하거나 바꾸는 예산을 편성할 수 있다. 이러한 예산을 추가경정예산이라 한다.

예산을 집행한 결과를 결산이라 한다. 결산은 예산에 준하지만 반드시 일치한다는 보장은 없다. 왜냐하면 예산에는 올라 있지만 사업의 진척속도가 예상대로 이루어지지 않을 수도 있고, 호황이나 불황에 따라 조세수입이 달라질 수 있기 때문이다.

정부수입과 지출의 차이를 재정수지라 한다. 수입이 지출보다 커서 재정수지가 양이면 재정수지흑자라 하고, 반대로 지출이 수입보다 커서 재정수지가 음이면 재정수지적자라 한다. 수입과 지출이 같으면 균형재정이라 부른다.

재정적자가 발생할 경우 모자라는 돈을 메우는 방법으로는 크게 중앙은행에서 빌리는 방법, 국공채를 발행하는 방법, 외국에서 돈을 빌려 오는 방법의 세 가지가 있다.

재정, 특히 중앙정부재정은 자원배분, 소득분배, 그리고 경제의 안정적 성장의

재정
나라살림

재정수지
정부수입과 지출의 차이

세 가지 주요 기능을 가진다. 자원배분의 조정기능은 시장실패를 보정하는 기능, 특히 개별기업이 공급하기 어려운 공공재를 생산·공급하고 외부효과를 보정하는 기능을 말한다. 소득분배 기능은 1차분배의 결과를 재분배로 보정하여 빈부의 격차를 완화함으로써 사회복지를 강화하는 기능을 뜻한다. 경제의 안정적 성장 기능은 지나친 경기변동을 완화하고 자연생산량을 달성하며 지속적 성장을 도모하는 기능이다.

2 재정의 분류

우리나라 재정은 운용 주체에 따라 중앙정부 재정과 지방정부 재정으로, 운용 수단에 따라 예산(일반회계 및 특별회계)과 기금으로 분류한다.

중앙정부 재정은 중앙정부를 단위로 이루어지는 재정활동을 의미하며, 지방정부 재정은 지방자치에 기초한 자치단체의 재정활동과 교육자치에 기초한 지방교육재정을 포괄한다. 2024년 현재 중앙정부 재정은 일반회계(1개), 특별회계(21개) 및 기금(68개)으로 구성되어 있다.

일반회계는 일반행정·국방·교육·복지·경제개발 등 일반적인 중앙정부 활동에 관련된 지출과, 이를 충당하기 위한 재원으로서 국세(소득세·법인세·부가가치세 등)·세외수입(정부출자기업의 배당·지분 매각 수입 등) 등의 수입을 나타내는 회계이다.

특별회계는 ① 나라가 특정한 목적의 사업을 운영할 때, ② 특정한 자금을 보유하여 운영할 때, ③ 기타 특정한 세입을 특정한 세출에 충당함으로써 일반회계와 달리하여 나타낼 필요가 있을 때 법률에 근거하여 설치하는 회계이다. 특별회계는 크게 기업특별회계와 기타특별회계로 나누어진다. 기업특별회계는 정부가 특정 사업을 영위하기 위해 설치하는 회계이다. 정부의 소유 또는 관리하에 대규모로 민간에 재화와 서비스를 공급하는 기업의 기능을 가진 양곡관리, 조달, 우편사업, 우체국예금, 책임운영기관(기업형)의 5개 특별회계를 말한다. 기타특별회계는 5개 기업특별회계 외의 특별한 정부기능의 수행을 목적으로 하는 특별회계이다.

일반회계와 특별회계 외에도 정부가 특정한 목적을 위해 설치하여 세입세출예산 외로 특정한 자금을 운용하는 것이 기금이다. 연금지출과 보험지출에 대비하여 기여금과 보험료 등의 자금을 운영하는 6개의 사회보장성기금(국민연금기금, 공무원연금기금, 군인연금기금, 사립학교교직원연금기금, 고용보험기금, 산업재해보상보험 및 예방기금), 특정한 재정사업을 수행하는 데 필요한 자금을 관리, 운영하는 49개의 사업성 기금을 비롯하여 모두 68개가 운용되고 있다.

지방정부 재정은 일반행정에 대한 자치를 관할하는 일반재정과 교육에 대한 자

일반회계
일반적인 중앙정부 활동에 관련된 지출과, 이를 충당하기 위한 재원으로서 국세·세외수입 등의 수입을 나타내는 회계

특별회계
일반회계와 달리하여 나타낼 필요가 있을 때 법률에 근거하여 설치하는 회계

기금
정부가 특정한 목적을 위해 설치하여 세입세출예산 외로 특정한 자금을 운용하는 것

그림
21-1

우리나라
재정의 분류

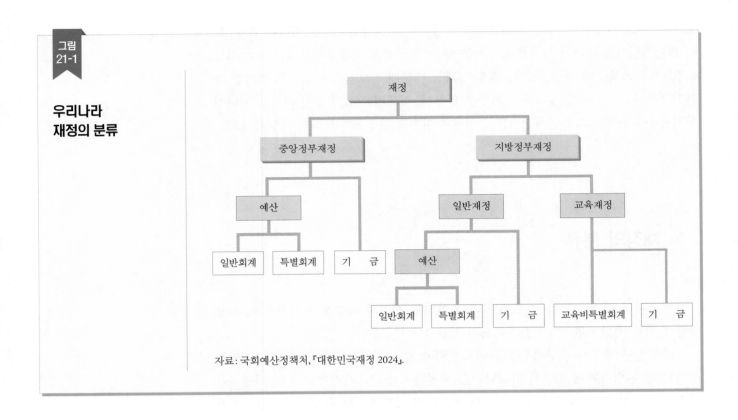

자료: 국회예산정책처, 『대한민국재정 2024』.

치를 관할하는 교육재정으로 구분된다. 일반재정은 일반회계, 특별회계(지방공기업특별회계, 기타특별회계), 기금으로 구성되어 있어 중앙정부의 재정구조와 유사하다. 일반회계는 각 지방자치단체가 기본적인 행정활동을 수행하기 위하여 설치·운영되는 회계이다. 지방공기업특별회계는 상·하수도 사업 등의 수행을 위해 일반회계와 별도로 법률 또는 조례로 설치되는 회계이다. 기타특별회계는 특별자금이나 특정사업 운영을 위해 지방공기업특별회계와는 별도로 설치되어 있다.

지방재정의 교육재정은 「지방교육자치에 관한 법률」에 따라 17개 시·도의 교육·학예에 관한 경비를 별도로 관리하기 위하여 일반재정과 구분하여 교육비특별회계 및 기금으로 운영된다.

이상에서 설명한 재정의 구성을 그림 21-1에 표시하였다. 국제통화기금(IMF)은 중앙정부와 지방정부를 합하여 일반정부로 표시한다.

3 재정수입

재정수입 혹은 정부수입은 조세(국세와 지방세)·세외수입·기금수입 등으로 구성된다. 이를 재정 주체별로 구분하면, 중앙정부 재정수입은 국세·세외수입·기금수입으로 구성되며, 지방정부 재정수입은 지방세·지방세외수입·지방기금수입으로 구성된다.

조세수입

조세는 정부의 다양한 활동을 가능하게 하는 자원을 민간부문으로부터 정부부문으로 강제로 이전하는 수단이며, 재정수입의 근간이 된다. 2024년 현재 14개의 국세와 11개의 지방세가 있다.

조세는 부과하는 주체가 누구냐에 따라 중앙정부가 부과하는 국세, 지방정부가 부과하는 지방세로 구분한다. 또한 조세부담의 전가 여부에 따라 전가가 이루어지지 않는 직접세와 전가가 가능한 간접세로 구분할 수 있다.

국세는 내국세와 관세로 구분된다. 관세는 우리나라에 들어오는 물품(수입품)에 부과하는 조세이다. 내국세는 관세를 제외한 국세이다. 내국세는 직접세와 간접세, 그리고 목적세로 나누어진다. 직접세는 납세의무자와 조세부담자가 일치하는 조세로 소득세, 법인세, 상속세, 증여세, 종합부동산세가 있다. 간접세는 경제활동을 통해 타인에게 조세부담의 전부 또는 일부가 전가되는 조세로 부가가치세, 개별소비세, 주세, 인지세, 증권거래세가 있다. 목적세는 특정 목적을 위해 용도가 정해진 세금이다. 14개의 국세 중 개인의 소득에 부과하는 소득세, 법인기업의 소득에 부과하는 법인세, 각 생산 판매단계에서 창출된 부가가치의 10%를 내게 하는 부가가치세가 가장 규모가 크다. 세 세금은 전체 국세수입의 75% 안팎을 차지하고 있다.

지방세는 지방자치단체가 부과하며, 당해 지방자치단체의 재정수요에 충당된다. 어떠한 조세를 국세 또는 지방세로 할 것인가는 세원의 규모와 분포, 재정의 여건, 행정의 편의 등을 다각적으로 고려하여 결정된다. 지방세는 재정수요의 용도에 따라 보통세와 목적세로 나뉜다.

세외수입

세외수입은 일반회계와 특별회계에서 세금 이외의 정부수입을 말한다. 세외수입은 정부재산수입, 재화와 서비스의 판매수입, 정부재산 매각수입 등을 포괄한다.

국세
중앙정부가 부과하는 세금

지방세
지방정부가 부과하는 세금

관세
수입품에 부과하는 세금

직접세
납세의무자와 세금부담자가 같은 세금

간접세
납세의무자가 타인에게 조세부담을 전가하는 세금

기금수입

각종 기금에 납부하는 연금보험료, 기여금, 출연금과 부담금 등이 기금수입이 된다.

읽을거리 21-1 ▶ **우리나라의 조세체계**

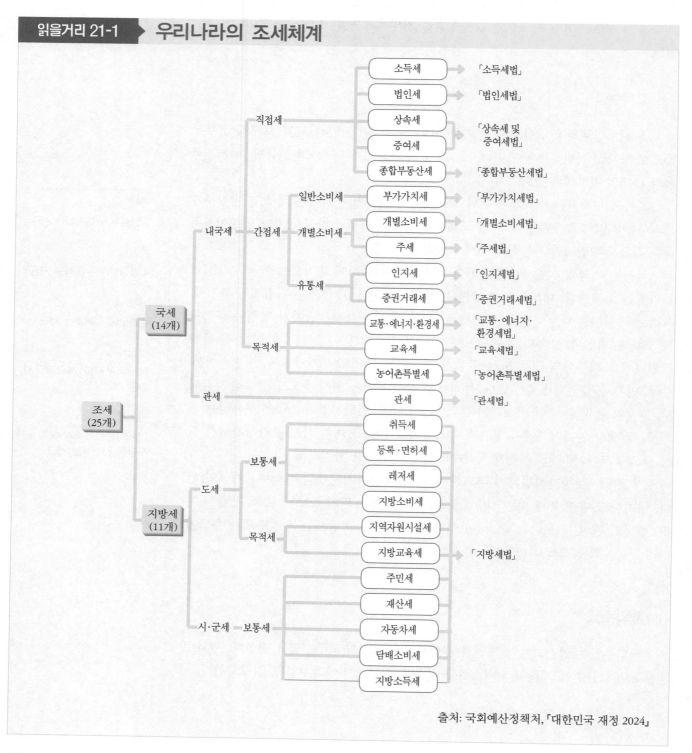

출처: 국회예산정책처, 『대한민국 재정 2024』

조세부담률과 국민부담률

국민 한 사람의 평균적인 세금 부담 정도를 나타내는 지표로 조세부담률과 국민부담률이 사용되고 있다. 조세부담률은 국세와 지방세를 합한 조세수입이 명목GDP에서 차지하는 비율이다. 국민부담률은 조세수입과 사회보장기여금을 합한 금액이 명목GDP에서 차지하는 비율이다. 최근 우리나라의 조세부담률은 25% 내외, 국민부담률은 30% 내외이다.

조세부담률

$$\frac{조세수입}{명목GDP} \times 100$$

국민부담률

$$\frac{조세수입 + 사회보장기여금}{명목GDP} \times 100$$

4 재정지출

다양한 정부활동을 수행하는 데 들어가는 지출이 재정지출 혹은 정부지출이다. 재정지출을 경제적 성격에 따라 분류하면 경상지출·자본지출·순융자로 나누어진다. 경상지출은 일상적인 정부활동에 대한 지출로서 공무원 봉급 지급을 포함한 정부소비지출, 정부가 차입한 채무에 대한 이자지급 및 이전지출 등으로 구성된다. 중앙정부재정에서 경상지출이 재정지출의 3/4을 상회하고 있다. 자본지출은 정부가 토지·건물·자본재 등을 취득하는데 따른 지출이다. 순융자는 정부가 각종 기관에 빌려준 융자금에서 회수금을 뺀 것이다.

중앙정부의 재정지출을 기능적 성격에 따라 분류하면 일반행정, 국방, 교육, 보건·복지·고용, 산업·중소기업·에너지 등의 항목으로 나누어진다. 2024년 현재 보건·복지·고용(36.7%), 일반행정(17%), 교육(14%), 국방(9%), 산업·중소기업·에너지(4.2%) 순으로 사회복지 및 고용관련 지출이 1/3 이상을 차지하고 있다.

최근 우리나라 중앙정부재정규모는 명목GDP의 35% 내외, 일반정부재정규모는 40% 내외를 차지하고 있다.

읽을거리 21-2

준조세

5 재정수지

재정수지는 해당 연도의 재정수입에서 재정지출을 뺀 것으로 해당 연도 재정활동의 건전성을 파악할 수 있는 지표가 된다.

재정지출이 재정수입보다 더 크면 재정수지 적자라고 한다. 재정수지 적자가 발생하면 차입이나 국채발행, 자산매각 등을 통한 보전이 필요하게 되므로 국가채무의 증가 또는 국가자산의 감소로 이어진다. 반대로 재정수입이 재정지출보다 더 크면 재정수지 흑자라고 한다. 재정수지 흑자가 발생하면 국채상환이나 예치금 등에 사용하게 되므로 국가채무가 감소하거나 국가자산이 증가한다.

통합재정수지

통합재정수지는 일반회계·특별회계와 기금을 모두 포괄하는 재정수지이다. 회계간·기금간 내부거래 및 차입·채무상환 등 보전거래를 제외한 실질적 의미의 수입·지출의 차이를 나타내며, '통합재정수입'에서 '통합재정지출 및 순융자'를 차감하여 계산한다.

통합재정수지 = 통합재정수입 − 통합재정지출 및 순융자

관리재정수지

관리재정수지는 통합재정수지에서 사회보장성기금수지를 제외한 재정수지로서, 재정건전성을 보다 정확히 판단하기 위한 지표로 사용된다.

관리재정수지 = 통합재정수지 − 사회보장성기금수지

국민연금기금을 비롯한 사회보장성기금은 아직 연금수급자가 본격적으로 발생하지 않고 있어 보험료 수입이 계속 누적되어 2024년 현재 47조원에 달하는 큰 폭의 흑자가 발생하고 있으며 흑자의 대부분(98%)은 국민연금기금에서 나오고 있다. 사회보장성기금수지의 흑자는 통합재정수지를 양호하게 하는 요인으로 작용하고 있다. 노령인구의 빠른 증가로 인한 사회보장성기금의 장기적인 불안정을 고려하면 이러한 사회보장성기금의 흑자를 통합재정수지에서 제외하는 관리재정수지가 재정건전성을 측정하는 유용한 재정지표이다.

최근 우리나라의 관리재정수지는 지속적으로 적자를 기록하고 있으며, 적자 폭은 GDP의 4% 내외이다.

6 국가채무

국가채무는 정부가 민간이나 해외에 원리금의 상환의무를 지고 있는 채무를 말한다. 국가의 회계 또는 기금의 '발행채권', '차입금', '국고채무부담행위'와 '정부의 대지급(代支給) 이행이 확정된 국가보증채무' 등이 국가채무에 포함된다.

국가채무는 크게 중앙정부채무와 지방정부순채무로 구성된다. 중앙정부채무는 국채, 차입금, 국고채무부담행위로 구분된다.

국채는 국가의 재정수지 상의 세입부족액을 보전하고 수지균형을 도모하기 위해 국가가 발행하는 채권이다. 현재 발행되고 있는 국채는 세 종류로서 국고채권, 국민주택채권(제1종), 외화표시 외국환평형채권이다.

차입금은 정부가 한국은행, 민간기금 또는 국제기구 등으로부터 법정 유가증권의 발행없이 직접 차입한 금액을 의미한다. 차입대상에 따라 정부가 한국은행 등 국내 금융기관, 민간기금 등으로부터 차입하는 국내차입금과 국제기구와 외국정부 등으로부터 차입하는 해외차입금으로 구분된다.

국고채무부담행위는 국가가 법률에 따른 것과 세출예산금액 또는 계속비(여러해에 걸친 사업의 경비) 총액 외에 채무를 부담하는 행위로서 사전에 국회의 의결을 받은 범위 내에서 이루어진다.

지방정부순채무는 지방정부의 지방채 및 지방교육채 잔액에서 중앙정부에 대한 채무잔액을 뺀 것이다. 「국가재정법」에 따른 국가채무의 범위에 속하지는 않지만, 국제비교 등을 위해 국가채무관리계획에서 1997년 이후 매년 지방정부순채무를 국가채무에 포함시키고 있다.

국가채무 통계

우리나라의 국가채무 통계는 크게 세 가지로 작성하여 혼란스럽다. 전통적으로는 IMF의 「정부재정통계 1986(A Manual on Government Finance Statistics; GFSM 1986)」을 기준으로 작성해 왔다. 그러나 현금주의를 따르는 이 방식은 상환시기와 금액이 확정된 채무(debt)만을 인식하여 포괄범위 및 작성방식이 다른 국가들과의 비교를 어렵게 하였다. 특히 국가 간 비교에 가장 널리 활용되는 OECD의 일반정부부채(D2) 통계와의 차이를 야기하였다.

아울러 「GFSM 1986」에 의한 국가채무 통계는 중앙정부와 지방정부 및 비영리공공기관을 포함하는 일반정부 기준으로 산출해야 하지만, 기존 국가채무는 「국가재정법」에 따라 일반회계·특별회계 및 중앙관서의 장이 관리하는 기금의 확정채무만 포함하고 있어 포괄범위가 지나치게 협소하다는 지적이 계속되어 왔다.

이에 정부는 재정통계의 투명성 및 신뢰성을 제고하기 위하여 발생주의·복식부

국가채무
정부가 민간이나 해외에 원리금의 상환의무를 지고 있는 채무

국채
국가의 재정수지 상의 세입부족액을 보전하고 수지균형을 도모하기 위해 국가가 발행하는 채권

국고채무부담행위
국회의 사전 의결을 받아 예산 확보 없이 미리 채무를 부담하는 행위

국가채무(D1)
중앙정부와 지방정부가 갚아야 할 금액과 시기가 확정된 빚

일반정부부채(D2)
발생주의에 따른 중앙정부와 지방정부의 빚에 비영리공공기관의 빚까지 합한 것

기 국가회계제도 도입과 함께 IMF의「GFSM 2001(Government Finance Statistics Manual)」을 기본적인 기준으로 하는 "발생주의 일반정부 부채" 통계를 2012년 말에 마련하여 2011회계연도부터 적용하였다. 발생주의 일반정부 부채 통계는 회계기준을 현금주의에서 발생주의로 전환하여 미지급금, 예수금 등의 발생주의 부채 항목도 포함하며, 정부 기능을 수행하는 국민연금공단과 같은 비영리공공기관의 부채도 함께 포함한다. 아울러 지방재정도 비영리공공기관을 포함하는 등 중앙정부와 동일한 기준으로 개편되었다.

정부는「GFSM 2001」을 기본적인 기준으로 하는 발생주의 일반정부부채(D2) 통계와 함께 기존의「GFSM 1986」에 따른 현금주의 국가채무(D1) 통계도 계속 작성하여「국가재정운용계획」,「국가채무관리계획」등에 활용하고 있다. 국제기구가 국제 비교에 쓰는 부채 개념은 D2와 D3이다.

2023회계연도 결산 기준으로 발생주의 회계에 따른 우리나라의 일반정부 부채(D2)는 1,217조원(GDP 대비 50.7%)이며,「국가재정법」상의 현금주의에 따른 국가채무(D1)는 1,127조원(GDP 대비 46.9%)이다. 일반정부 부채와 비금융공기업을 포함한 공공기관의 부채를 국제지침에 따라 하나의 단위로 통합한 공공부문부채(D3)는 1,673조원으로, 이는 우리나라 GDP의 69.7%에 이르는 규모이다.

공공부문부채(D3)
D2에 비금융공기업의 부채를 더한 것

국가부채 국제비교

2023년 우리나라 일반정부부채가 GDP에서 차지하는 비중은 위에서 본 것처럼 51%이다. 이는 OECD 국가들에 비해 양호한 상황이다. OECD 통계에 따르면 일본이 239%로 가장 높고, 미국 123%, 유로지역 96%, OECD 국가 평균 113%이다.

그러나 2010~2023년간 OECD 32개국의 국가채무 증가 속도를 살펴보면, 우리나라는 이 중 다섯 번째로 높은 증가율(4.5%)을 보이고 있다. 우리나라의 국가채무 증가율은 미국(2.7%)이나 일본(2.2%)보다 빠르고 재정위기를 겪었던 그리스(3.1%), 이탈리아(1.6%), 포르투갈(1.1%) 등 남유럽 국가보다 높은 증가추세를 보이고 있어, 앞으로 재정건전성에 대해 더 많은 관심을 기울일 필요가 있다.

7 재정정책

재정정책(fiscal policy)은 정부지출이나 정부수입을 변경시켜 국민경제의 안정적 성장과 복지증대를 도모하는 정책을 말한다.

재정정책
정부지출이나 정부수입을 변경시켜 국민경제의 안정적 성장과 복지증대를 도모하는 정책

국민경제의 안정적 성장과 복지증대를 도모하기 위해서는 나라 전체의 생산능력과 지출능력을 지속적으로 증가시키는 정책이 필요하다. 나라의 생산능력의 증가는 제29장에서 경제성장으로 다룬다. 단기에는 경제의 생산능력이 크게 변하지 않기 때문에 주어져 있다고 가정해도 무방하다. 그런데 단기에는 경기가 지나치게 확장국면에 있어 지출이 생산능력을 초과하거나 지나치게 수축국면에 있어 지출이 생산능력을 너무 밑도는 경우가 종종 있다. 이런 경우 재정정책은 지출을 생산능력에 맞게 조절하여 경제가 안정적으로 성장하게 할 수 있다.

경제의 생산능력에 맞추어 지출을 조절하는 정책을 **총수요관리정책**(aggregate demand management policy) 혹은 **경제안정화정책**(economic stabilization policy), 줄여서 **안정화정책**이라 한다.[1]

총수요관리정책
(=안정화정책)
경제의 생산능력에 맞추어 지출을 조절하는 정책

재정정책은 단기에 총수요관리정책의 기능을 수행할 수 있다. 정부지출에서 가장 큰 비중을 차지하는 것은 경상지출이고 경상지출 중에서도 정부소비지출이다. 정부수입에서 가장 큰 비중을 차지하는 것은 조세수입이다. 거시경제학에서는 재정 중에 이 정부소비지출과 조세수입에 주목한다.

본서에서 앞으로 재정정책을 논할 때에는 논의의 단순화를 위해 재정지출은 정부소비지출뿐이고 재정수입은 조세수입뿐이라고 가정한다. 정부소비지출을 줄여 정부지출이라 부르기로 한다. 이 가정에 의하여 정부지출이 조세수입보다 크면 재정적자, 작으면 재정흑자, 정부지출이 조세수입과 같으면 균형재정이 된다.

앞의 재정수지와 국가채무에 관한 논의를 바탕으로 재정적자를 보전하는 방법을

[21-1] 정부지출−조세수입 = 통화공급 증가+국채발행 증가+해외차입 증가

로 정리할 수 있다. 정부는 조세수입보다 더 많이 지출할 수 있는데 이 재정적자는 돈을 더 발행하거나 국내에서 국채를 추가로 발행하거나 해외에서 추가로 차입하여

---

1 앞으로 단순히 재정정책, 통화정책이라고 할 때에는 단기적인 재정정책, 단기적인 통화정책을 뜻하기로 한다.

메울 수 있다는 것이다. 식 (21-1)을 정부의 예산제약식(government budget constraint)이라 부른다. 한국은행과 예금은행으로부터의 차입은 제23장에서 보는 바와 같이 통화공급의 증가를 초래한다.

　해외차입을 도외시하는 폐쇄경제에서 재정적자는 통화공급이나 정부채발행으로 보전되어야 한다. 거시경제학에서 말하는 순수한 의미의 재정정책은 통화공급의 변화를 초래하지 않는 정부지출이나 조세의 변화를 뜻한다. 따라서 재정적자가 통화공급이 아닌 정부채발행으로 보전되는 것이 재정정책이다. 만약 통화공급으로 보전된다면 재정정책과 제23장에서 배우게 되는 통화정책이 혼합된 것으로서 순수한 재정정책이라 할 수 없다. 정부지출을 증가시킬 때 그 재원을 조세수입 증대나 국채발행 증가로 마련하는 것이 재정정책인 것이다.

제2절　재정정책과 케인스모형

1　케인스단순모형의 틀

　정부부문이 도입되면 총수요(Y^D)는 민간소비(C)·투자수요(I^D)·정부지출(G)로 구성되고, 총소득은 민간소비(C)·저축(S)·조세(T)로 처분된다. 균형국민소득수준에서는 총수요＝총소득이어야 하므로 다음과 같은 균형조건을 쓸 수 있다.

[21-2]　총수요(Y^D) $= C + I^D + G$
$$= C + S + T = 총소득(Y) = 총생산$$

　민간소비(C)는 총수요와 총소득에 같은 액수로 들어가 있기 때문에 등호의 양편에서 상쇄되므로 균형조건은

[21-3]　$I^D + G = S + T$

로 쓸 수 있다. 윗식의 왼쪽은 의도된 주입(desired injection)이고 오른쪽은 누출이다. 정부부문이 존재할 때 소득순환체계에서 주입은 투자와 정부지출의 합계가 되고 누출은 저축과 조세의 합계가 된다. 의도된 주입과 누출이 같을 때 경제는 균형상태에 도달한다. 여기서 주의할 점은 정부부문이 존재할 때 균형조건은 꼭 $I^D = S$, $G = T$일 필요는 없고, $I^D + G$가 $S + T$와 전체적으로 같으면 된다는 것이다. 식 (21-3)을 다시 쓰면

(21-3)' $\quad G - T = S - I^D$

가 된다. 정부지출이 조세수입보다 많으면 재정적자가 된다. 그러면 식의 오른쪽에서 민간저축이 투자수요보다 커야 된다. 즉, 재정이 적자상태에 있을 때 민간저축이 투자수요보다 재정적자분만큼 크면 경제는 균형에 도달할 수 있다.

정부지출은 사전적으로 계획된 정부지출과 똑같다고 가정한다. 이는 민간소비지출을 민간소비수요와 같다고 가정하는 것과 같이 거시경제학에서 즐겨 쓰는 가정이다. 나아가 정부지출은 국민소득수준과 관계 없이 일정하다고 가정한다. 일반적으로 국민소득이 증가함에 따라 정부지출도 증가한다. 그러나 단기에 정부가 정부지출을 재정정책수단으로 활용하여 의도한 수준으로 조절할 수 있다.

조세는 세율을 기준으로 정액세·비례세·누진세·역진세로 분류된다. 정액세(lump-sum tax)는 소득의 크기와 관계 없이 일정한 금액을 부담하는 세금이다. 주민세가 그 예인데 인두세라고도 한다. 비례세(proportional tax)는 세율이 일정한 세금이다. 주세와 부가가치세 등이 그 예이다. 누진세(progressive tax)는 소득이나 자산이 클수록 높은 세율이 적용되는 세금이다. (근로)소득세나 법인세, 종합부동산세 등이 이에 속한다. 역진세(regressive tax)는 과세대상의 가격이나 수량이 클수록 낮은 세율이 적용되는 세금이다. 본서에서는 정액세와 비례세의 경우만을 다루기로 한다.

조세는 총수요의 직접적인 구성요소는 아니지만 소비나 투자수요에 영향을 미치므로 총수요의 간접적인 구성요소이다. 가계부문에 세금이 부과되면 처분가능소득을 감소시켜 소비 감소 → 총수요 감소를 초래한다. 만약 기업이 자본재를 구입할 때 구입비의 일부를 조세에서 감면해 준다면 투자비용이 감소하여 투자수요 증가 → 총수요 증가를 초래한다. 이하의 논의에서는 정부가 기업부문에는 조세를 부과하지 않는다고 가정한다. 정부가 가계부문에만 세금을 부과하여 민간소비에만 영향을 미친다고 가정하는 것이다.

조세가 민간소비에 미치는 영향을 고려하기 위해서는 먼저 조세(T)와 국민소득(Y) 및 가계처분가능소득(PDI)의 관계를 살펴보아야 한다.

제20장에서 케인스의 단순모형을 다룰 때 해외부문과 정부부문을 도외시하고 기업저축이 없다고 가정하면

$$\text{GDP}(Y) = \text{NNI} = \text{NI} = \text{가계본원소득(PI)} = \text{가계처분가능소득(PDI)}$$

정액세
소득의 크기와 관계 없이 일정한 금액을 부담하는 세금

비례세
세율이 일정한 세금

누진세
소득이 높을수록 높은 세율이 적용되는 세금

임을 보았다. 정부부문이 없기 때문에 가계본원소득과 가계처분가능소득이 똑같았다. 이제 정부가 가계에 세금(T)을 부과하면 가계처분가능소득은 가계본원소득보다 세금액만큼 적어진다.

$$\text{가계처분가능소득} = \text{가계본원소득} - \text{조세}$$

따라서 윗식은

$$Y = \text{PI} = \text{PDI} + T$$

가 된다. 따라서

[21-4] $\text{PDI} = Y - T$

의 관계를 얻는다. 소비함수는 식 (21-4)로 정의된 가계처분가능소득의 증가함수가 된다.

이제 앞 장에서 다룬 케인스단순모형에 정부부문을 도입하되 정부가 가계에 정액세를 부과하여 지출활동을 한다면 케인스단순모형은 다음과 같은 방정식으로 표시된다.

[21-5] $Y^D = C + I^D + G$

[21-6] $C = a + b(Y - T), \qquad a > 0, \ 0 < b < 1$

[21-7] $I^D = I_0$

[21-8] $G = G_0$

[21-9] $T = T_0$

[21-10] $Y^D = Y$

위 모형에서 $G = T = 0$이면 앞 장에서 다룬 케인스단순모형과 똑같게 된다.
처음 다섯 방정식을 합치면

[21-11] $Y^D = (a + I_0 + G_0 - bT_0) + bY$

가 되고 이를 총수요를 종축, 국민소득을 횡축으로 하는 평면에 그리면 총수요선이 된다. 식 (21-10)의 균형조건과 식 (21-11)을 결합하여 풀면 균형국민소득은

[21-12] $Y_E = \dfrac{1}{1-b}(a + I_0 + G_0 - bT_0)$

로 표시된다. 이 식에서 투자승수는 앞 장에서 배운 바와 같이 $\dfrac{1}{1-b}$로 나타난다.

[21-13]   투자승수 $= \dfrac{\Delta Y_E}{\Delta I_0} = \dfrac{1}{1-b} = \dfrac{1}{1-MPC}$

다른 조건은 일정한데 정부지출만 증가한다면 균형국민소득은 얼마나 증가할까? 식 (21-12)에서 G_0의 계수는 I_0의 계수와 같다. 따라서 정부지출의 증가분에 대한 균형국민소득의 증가분으로 정의되는 정부지출승수도 투자승수와 그 값이 같다는 것을 알 수 있다.

정부지출승수
정부지출의 증가분에 대한 균형국민소득의 증가분

[21-14]   정부지출승수 $= \dfrac{\Delta Y_E}{\Delta G_0} = \dfrac{1}{1-b} = \dfrac{1}{1-MPC}$

정액세의 증가분에 대한 균형국민소득의 증가분으로 정의되는 정액세승수(lumpsum tax multiplier)는 식 (21-12)에서 $-\dfrac{1}{1-b}$임을 확인할 수 있다.

정액세승수
정액세의 증가분에 대한 균형국민소득의 증가분

[21-15]   정액세승수 $= \dfrac{\Delta Y_E}{\Delta T_0} = -\dfrac{b}{1-b} = -\dfrac{MPC}{1-MPC}$

투자승수나 정부지출승수의 부호가 양인 데 반하여, 정액세승수의 부호는 음이다. 이는 세금이 증가(감소)하면 국민소득이 감소(증가)하여 세금과 국민소득의 변화방향이 반대라는 것을 뜻한다. 정액세승수의 절대값 $\dfrac{MPC}{1-MPC}$는 정부지출승수 $\dfrac{1}{1-MPC}$보다 작다. 예컨대 한계소비성향이 0.8일 때 정부지출승수는 5인데 정액세승수는 -4로서 그 절대값은 4이다. 이는 케인스모형에서 100만원의 정부지출이 100만원의 세금감면보다 국민소득 증대에 더 큰 기여를 한다는 것을 뜻하는 것으로서 후술하는 균형재정정리와 연관된다.

지금까지의 논의를 앞 장의 케인스단순모형에서와 같이 총수요선과 45°선의 그림으로 나타낼 수도 있고 $Y^D = Y$의 균형조건 대신 $I^D + G = S + T$의 균형조건을 이용하여 균형국민소득을 구할 수도 있다. 총수요선과 45°선의 그림으로 나타낸 균형국민소득이 다음 그림 21-2의 E점으로 표시되어 있다.

2 케인스단순모형과 재정정책

케인스단순모형에서 균형국민소득과 완전고용국민소득 사이에 괴리가 있을 경우에는 어떻게 해야 할까? 케인스모형에서는 총수요와 총소득이 같아지는 국민소득은 통상 완전고용국민소득보다 낮다. 불완전고용하에서 균형국민소득이 결정된다는 것이 케인스이론의 핵심적인 요소이다.

앞 장에서는 균형국민소득이 완전고용국민소득(Y_F)보다 낮은 수준일 때 Y_F까지 끌어올릴 정책수단이 없었다. 이 장에서 배운 모형에서는 정부가 정부지출이나 조세 등의 재정정책수단을 사용하여 균형국민소득을 완전고용국민소득까지 끌어올릴 수 있다.

재량적 재정정책
정부가 의도적으로 정부지출이나 조세를 변동시켜 국민소득을 변동시키고 경제안정을 이루고자 하는 정책

> 정부가 의도적으로 정부지출이나 조세를 변동시켜 국민소득을 변동시키고 경제안정을 이룩하고자 하는 정책을 **재량적 재정정책**(discretionary fiscal policy)이라 한다.

케인스에 의하면 재량적 재정정책은 아주 유효하고 바람직하다. 단기에 재량적 재정정책은 총수요를 변동시키고 총수요의 변동은 승수효과를 일으켜 승수배로 국

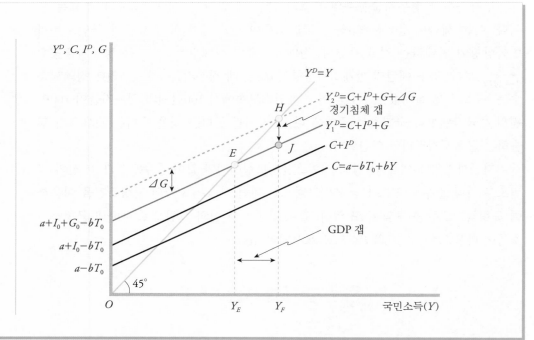

그림 21-2

경기침체 갭과 정부지출 확대

총수요선이 Y_1^D이면 균형국민소득이 Y_E이고, Y_EY_F의 GDP 갭, HJ의 경기침체 갭이 있다. 이 때 정부지출을 경기침체 갭만큼 늘리면 GDP 갭이 해소된다.

민소득을 변동시킨다. 총수요를 증가시키기 위하여 정부지출을 늘리거나 조세를 감면하는 것을 확장재정정책이라 하고, 반대로 총수요를 감소시키기 위하여 정부지출을 줄이거나 조세를 증가시키는 것을 긴축재정정책이라 한다. 재량적 재정정책은 경기가 침체할 때 확장재정정책, 경기가 호황일 때 긴축재정정책으로 나타난다.

정부지출과 총수요관리

경기침체 갭과 정부지출 확대

그림 21-2는 앞에서 다룬 케인스모형을 그린 것이다. 그림에서 총수요선이 Y_1^D일 때 균형국민소득은 $Y^D = Y$의 45°선과 만나는 Y_E이다. 이 균형국민소득은 완전고용국민소득(Y_F)보다 낮은 수준이어서 Y_EY_F만큼의 GDP 갭이 존재한다. 완전고용국민소득에서 현재의 총수요선인 Y_1^D는 45°선 아래에 있고 HJ만큼 총수요의 부족을 나타내고 있다. 따라서 HJ는 앞 장에서 설명한 경기침체 갭이다.

한 나라 경제가 그림과 같이 표시될 때 경기침체 갭만큼 정부지출을 증가시킴으로써 완전고용국민소득에 도달할 수 있다. 경기침체 갭만큼 정부지출이 증가하면 총수요선은 Y_2^D로 이동하고 H에서 경제가 균형에 도달하기 때문이다. 케인스모형에서 정부지출은 승수효과를 가져온다. 그림 21-2에서 정부지출이 경기침체 갭만큼 늘어나면 균형국민소득은 GDP 갭만큼 늘어나므로

[21-16] 경기침체 갭 × 정부지출승수 = GDP 갭

이라는 관계가 성립한다.[2] 경제를 완전고용국민소득에 도달하도록 하기 위해 정부지출을 경기침체 갭만큼 증가시켜 주면 되는 것이다.

여기에서 유의할 점은 정부지출 증가에 의한 승수효과가 완료될 때까지 조세를 징수하지 않아야 된다는 것이다. 만약 조세를 증가시키면 다음 항에서 알 수 있는 바와 같이 소비수요를 감소시켜 정부지출의 승수효과를 감소시킨다. 따라서 그림 21-2의 분석은 정부지출의 재원이 조세징수 대신 정부가 정부채를 민간에 발행하여 조달하는 것을 전제로 하고 있다. 정부가 국채를 발행하여 얻은 돈을 정부지출로 사용한다면 민간이 국채를 매입함으로써 감소된 통화량이 다시 종전과 같은 수준으로 회복된다. 조세를 징수하지 않고 정부지출을 증가시키면 재정적자가 늘어난다. 결국 민간은 정부가 발행한 국채를 정부지출 증가분만큼 더 많이 보유하게 된다.

케인스는 경제가 완전고용국민소득 수준에 이르지 못하는 것은 유효수요의 부

---

2 앞의 식 (21-14)에서 정부지출승수 $= \dfrac{\Delta Y_E}{\Delta G_0}$이므로 정부지출승수 $\times \Delta G_0 = \Delta Y_E$가 된다. 여기서 ΔG_0는 HJ=경기침체 갭과 같고 ΔY_E는 $Y_F - Y_E$=GDP 갭과 같다. 따라서 정부지출승수 × 경기침체 갭=GDP 갭이 된다.

그림
21-3

인플레이션 갭과 정부지출 긴축

총수요선이 Y_1^D여서 JH의 인플레이션 갭이 있으면 이 갭만큼 정부지출을 줄임으로써 인플레이션을 가속시키지 않고 완전고용국민소득을 유지할 수 있다.

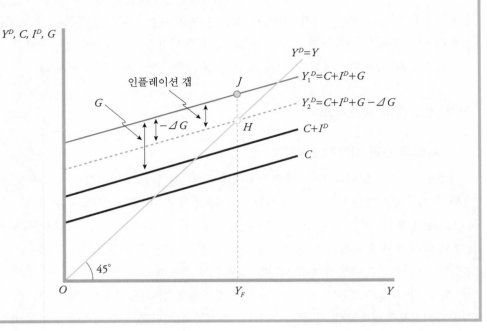

족에 있다고 보았다. 따라서 완전고용국민소득을 달성하기 위해서는 재정적자로 유효수요를 증대시켜야 하며 균형재정이 항상 재정의 건전성을 나타내는 지표는 아니라고 보았다.

인플레이션 갭과 정부지출 긴축

케인스는 유효수요가 부족하여 경기침체 갭이 존재하는 경우를 주로 다루었지만 정부부문을 도입한 케인스단순모형으로 초과수요와 그에 따른 인플레이션 갭이 존재하는 경우도 다룰 수 있다.

완전고용국민소득(Y_F)은 현재의 주어진 자원과 기술에 의해 지속적으로 생산해 낼 수 있는 최대의 국민소득수준을 나타낸다. 만약 총수요가 이 수준을 초과할 때는 초과수요가 존재하게 된다. 단기에 국민소득을 Y_F수준 이상으로 증가시킬 수 없기 때문에 초과수요는 물가를 상승시킨다.

인플레이션 갭은 완전고용국민소득 수준에서의 총수요의 초과분을 말한다. 그림 21-3에서 인플레이션 갭은 총수요선 Y^D가 완전고용국민소득을 초과하는 크기 JH로 표시된다. 인플레이션 갭이 있으면 물가가 상승하게 된다. 이 때 정부가 해야 할 일은 인플레이션 갭만큼 정부지출을 줄이는 것이다. 인플레이션을 억제하고 완전고용국민소득을 유지하기 위해서 총수요를 Y_2^D까지 끌어내려야 하는데, 이것은 정부지출을 인플레이션 갭만큼 줄임으로써 가능하다.

케인스모형에서 경기가 침체에 빠져 있을 때나 과열상태에 있을 때에는 정부지출을 경기침체 갭만큼 늘리거나 인플레이션 갭만큼 줄임으로써 총수요를 완전고용수준으로 관리하여 완전고용국민소득을 유지할 수 있다. 따라서 단기에 정부는 경제상태를 예의 주시하여 그때 그때 적절하게 재량적 재정정책을 써야 한다는 것이 케인스모형의 시사점이다.

감세법안 통과
트럼프 미국 대통령과 공화당 의원들이 백악관에서 법인세 인하 법안 통과를 자축하고 있다. 미국의 법인세 최고세율은 35%에서 21%로 대폭 인하되었다.
출처: The New York Times(2017.12.22)

조세와 총수요관리

정 액 세

앞에서 다룬 케인스모형에서 조세는 정액세였다. 정액세가 없을 때 소비함수가 $C=a+bY$라면 정액세의 부과로 소비함수는 $C=a+b(Y-T_0)$가 된다. 정액세 $T=T_0$는 처분가능소득을 T_0만큼 감소시키고 소비를 bT_0만큼 감소시키는 것이다.

정액세가 T_0에서 $T_0+\Delta T_0$으로 늘어날 때 소비는 C에서 ΔC만큼 변한다면 $C+\Delta C=a+b(Y-T_0-\Delta T_0)$가 된다. 이 식에서 $C=a+b(Y-T_0)$를 빼면

[21-17] $$\Delta C = -b(\Delta T_0) = -MPC \times \Delta T_0$$

가 된다. 소비는 $MPC \times \Delta T_0$만큼 감소하는 것이다. 이 소비의 변동은 독립지출의 변동과 같이 투자승수배만큼 균형국민소득을 변화시킨다. 투자승수는 $\dfrac{1}{1-MPC}$이다. 따라서

$$\Delta Y_E = \frac{1}{1-MPC}(-)MPC \times \Delta T_0 = -\frac{MPC}{1-MPC}\Delta T_0$$

윗식은 정액세승수 $\dfrac{\Delta Y_E}{\Delta T_0}$가 $-\dfrac{MPC}{1-MPC}$임을 보여 준다. 식 (21-15)의 정액세승수는 이러한 경제적 논리로부터 도출된 것이다.

이상의 복습을 통하여 경제가 그림 21-2와 같은 GDP 갭을 보이고 있을 때 정액세를 이용하여 이 갭을 해소시키는 구체적인 방법을 제시할 수 있다. 그림에서 GDP 갭을 해소시키는 방법은 총수요를 경기침체 갭만큼 증가시키는 것이었다. 정부지출은 총수요의 직접적인 구성항목이므로 정부지출을 경기침체 갭만큼 증가시키면 GDP 갭이 해소된다. 그러나 정액세는 총수요의 직접적인 구성항목이 아니고 소비에 영향을 미치는 간접적인 구성항목이다. 따라서 소비가 경기침체 갭만큼 증가하도록 정액세를 감면시키면 된다. 식 (21-17)을 이용하여

경기침체 갭 $= \Delta C = -MPC \times \Delta T_0$

따라서

$$\Delta T_0 = -\frac{1}{MPC} \times 경기침체\ 갭$$

즉, 경기침체 갭에 한계소비성향의 역수를 곱한 것만큼 정액세를 감면시켜 주어야 하는 것이다. 한계소비성향이 0과 1 사이의 양수이므로 한계소비성향의 역수는 1보다 크다. 따라서 정액세 감면폭은 정부지출을 사용할 때의 정부지출규모(= 경기침체 갭)보다 크다. 이는 같은 규모의 정부지출과 세금감면이라면 정부지출이 세금감면보다 국민소득 증대에 더 큰 기여를 한다는 앞의 논의와 연관된다.

같은 논리로 경제에 인플레이션 갭이 있을 때에는 인플레이션 갭에 한계소비성향의 역수를 곱한 것만큼 정액세를 늘리면 인플레이션을 유발하지 않고 완전고용국민소득을 유지할 수 있다. 이처럼 정액세는 정부지출과 같이 케인스모형에서 유효한 총수요관리수단이 된다.

균형재정승수

정부지출승수가 정액세승수의 절대값보다 크다는 점을 상기하면 정부지출과 정액세를 똑같은 규모로 증가시키더라도 케인스모형에서 국민소득이 증가하는 것을 어렵지 않게 이해할 수 있을 것이다. 정부지출을 ΔG만큼 증가시킬 때 국민소득은 $\frac{1}{1-MPC} \times \Delta G$만큼 증가한다. 정액세를 ΔT만큼 증가시킬 때 국민소득은 $\frac{MPC}{1-MPC}\Delta T$만큼 감소한다. $\Delta G = \Delta T$일 때 국민소득의 변동은 두 효과를 합하여 얻을 수 있다. 즉,

$$\Delta Y_E = \frac{1}{1-MPC}\Delta G - \frac{MPC}{1-MPC}\Delta T = \frac{1}{1-MPC}\Delta G - \frac{MPC}{1-MPC}\Delta G$$

$$= \Delta G$$

이다. 따라서 국민소득은 $\Delta G = \Delta T$만큼 증가한다. 이를 케인스모형에서 균형재정정리(balanced budget theorem)라 부른다. 최초에 균형재정($G = T$)을 이루고 있었다면 $\Delta G = \Delta T$만큼 늘어난 후에도 여전히 균형재정이다. 이러한 뜻에서 「균형」재정정리라는 이름이 붙여졌다. $\Delta G = \Delta T$일 때 $\Delta Y_E = \Delta G$이므로 균형재정정리에 따른 균형재정승수(balanced budget multiplier) $\frac{\Delta Y_E}{\Delta G}$는 1이다.

균형재정정리
케인스단순모형에서 정부지출과 정액세를 같은 규모로 증가시키면 균형국민소득은 정부지출이 증가한 만큼 증가한다는 것

케인스단순모형에서 정부지출과 정액세를 같은 규모로 증가시키면 균형국민소득은 정부지출이 증가한 만큼 증가하는 것을 **균형재정정리**라 한다. $\Delta G = \Delta T$일 때의 $\frac{\Delta Y_E}{\Delta G}$를 균형재정승수라 한다. 케인스단순모형에서 균형재정승수는 균형재정정리에 의하여 1이다.

비 례 세

현실경제에서 정액세는 그리 흔하지 않다. 일반적인 조세의 형태는 비례세와 누진세이다. 여기에서는 조세체계가 비례세인 경우를 설명하기로 한다.

그림
21-4

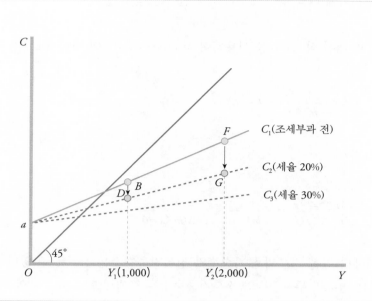

비례세와 소비함수

비례세는 소비함수의 수직절편을 그대로 둔 채 기울기를 변화시킨다. 비례세율이 높을수록 소비함수의 기울기는 작아진다.

조세가 정액세가 아니고 비례세라면 식 (21-9)가 다음 식으로 바뀐다.

[21-9]' $\quad T = tY, \qquad 0 < t < 1$

예컨대 $t = 0.1$이면 비례세율이 10%로서 100만원의 소득에 대해서는 10만원의 세금이, 200만원의 소득에 대해서는 20만원의 세금이 부과된다. 비례세하에서 식 (21-6)의 소비함수는

[21-6]' $\quad C = a + b(Y - tY) = a + b(1-t)Y$

가 된다. 이에 따라 한계소비성향은 종전의 b에서 $b(1-t)$로 감소한다.

세금이 부과되기 이전의 소비함수는 $C = a + bY$였다. 정액세는 소득수준과 관계없이 소득을 T_0만큼 감소시키는 데 반하여 비례세는 소득수준에 일정한 비율로 조세가 부과되므로 식 (21-6)'에서 보는 바와 같이 소득을 tY만큼 감소시키는 것이다.

여기에서 b와 t는 일정하므로 소득수준(Y)이 변함에 따라 소비가 감소하는 정도가 달라지게 된다. 이를 그림으로 보이면 그림 21-4와 같다. 그림에서 비례세가 부과되면 소비함수는 같은 수직절편 a에서 시계방향으로 회전한다. 높은 세율일수록 소비함수가 더 많이 우측으로 회전하여 완만한 기울기를 보인다. 비례세율의 인상은 총수요를 감소시키고 비례세율의 인하는 총수요를 증가시킨다. 이 점에 있어서는 비례세와 정액세의 효과가 비슷하다. 그러나 비례세율이 높을수록 소비함수의 기울기

가 작아지고 이에 따라 승수효과가 작아진다는 점이 정액세와 다른 비례세의 특징이다.

식 (21-9) 대신 식 (21-9)'을 이용하여 식 (21-5)~(21-10)의 케인스모형을 풀면

$$[21\text{-}18] \quad Y_E = \frac{1}{1-b(1-t)}(a+I_0+G_0)$$

가 된다. 따라서

$$[21\text{-}19] \quad \frac{\Delta Y_E}{\Delta I_0} = \frac{\Delta Y_E}{\Delta G} = \frac{1}{1-b(1-t)} = \frac{1}{1-MPC(1-t)}$$

이다. 정액세만 있을 경우의 투자승수와 정부지출승수는 $\frac{1}{1-MPC}$이었다. 따라서 비례세가 있는 경우의 투자승수와 정부지출승수는 정액세만 있는 경우의 승수보다 작아진다.[3] 이렇게 되는 경제논리는 비례세가 정액세보다 소득흐름에서 더 많은 부분을 누출시키기 때문이다.

지금까지 분석한 케인스모형의 재정정책효과를 요약하면

① 경기가 침체하고 실업이 높아 유효수요가 부족할 때 이를 해결하기 위하여는 정부지출을 늘리거나 조세를 감면하여 총수요를 증대시키는 확장재정정책을 사용해야 한다.

② 경기가 과열되고 인플레이션이 높을 때 인플레이션을 진정시키기 위해서는 정부지출을 줄이거나 조세를 증가시키는 긴축재정정책을 채택해야 한다.

이러한 적극적이고 재량적인 총수요관리정책은 재정을 적자나 흑자로 만들 것이다. 케인스모형에 따르면 정부는 균형재정에 집착하지 말고 단기에 경제에 적극적인 개입정책을 사용하여 경제의 불안정성을 시정해야 한다.

---

3 본문에서 다룬 논리를 연장시키면 누진세하에서는 소득이 증가함에 따라 상대적으로 더 높은 세율이 적용되어 소득의 순환에서 누출되기 때문에 비례세하에서보다 승수효과가 더 작아진다는 것을 유추할 수 있다.

케인스모형과는 달리 고전학파모형에서는 재정정책이 총수요나 국민소득수준에 전혀 영향을 미치지 않는다.「재정정책은 총수요관리정책으로서 무력하다」는 것이 고전학파가 재정정책에 대하여 가지는 견해이다.

고전학파에 의하면 세이의 법칙이 작용하여 총수요는 항상 총공급과 같다. 세이의 법칙이 성립하는 것은 신축적인 이자율의 총수요조절기능에 기인한다. 재정정책을 사용하지 않아도 이자율이 신축적으로 변하여 총수요가 총공급과 일치하는 것이다. 재정정책을 사용하면 뒤에 나오는 구축효과에 의하여 이자율만 변하고 총수요나 국민소득은 변하지 않는다. 국민소득은 제20장에서 살펴본 바와 같이 노동시장과 총생산함수에 의하여 독자적으로 결정된다. 고전학파가 주장하는 재정정책의 무력성을 자세히 분석하여 보자.

제1절에서 식(21-1)로 설명한 정부의 예산제약식은 폐쇄경제에서 다음 식으로 표시된다.

[21-20] 정부지출−세금＝통화공급 증가+국채발행 증가

$$(G) \qquad (T) \qquad (\frac{\varDelta M}{P}) \qquad (\frac{\varDelta B}{P})$$

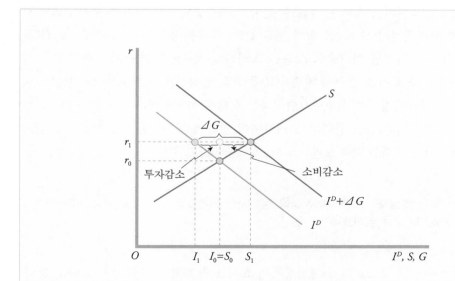

그림 21-5

고전학파가 보는 확대재정정책의 효과

고전학파모형에서는 정부지출을 늘리면 이자율을 상승시키고 이는 소비와 투자수요를 감소시켜 총수요와 총생산이 전혀 늘어나지 않는 완전한 구축효과를 낳는다.

제1절에서 설명한 바와 같이 정부지출을 늘리거나 세금을 줄이는 확장재정정책의 효과를 분석하기 위해서는 정부지출-세금의 증가가 통화공급의 증감이 없이 국채발행의 증가를 통해서만 이루어져야 한다.

정부지출을 늘리기 위하여 국채발행이 증가하면 국채시장에서 국채의 공급이 증가하므로 국채가격이 하락한다. 국채가격의 하락은 읽을거리 21-3에서 보는 것처럼 이자율의 상승을 의미한다. 채권(bond)가격의 하락은 이자율의 상승과 동의어이고 채권가격의 상승은 이자율의 하락과 동의어이다. 이는 경제학에서 가장 중요한 사실 중의 하나이다. 상식적인 논리로도 국채발행이 증가하면 국채가격이 떨어지는 한편 시중의 돈이 정부로 흡수되어 돈이 귀해지기 때문에 시장이자율이 상승하게 된다.

고전학파는 투자수요와 소비가 이자율의 감소함수라고 본다. 이자율이 올라가면 기업의 투자가 위축되고 내구소비재를 주축으로 소비가 줄어든다.

고전학파에 의하면 이자율의 상승에 따른 소비와 투자수요의 감소분은 그 크기가 정부지출의 증가분과 똑같게 된다. 따라서 정부지출이 증가해도 총수요의 크기는 변함이 없다. 총수요에 변함이 없으므로 균형국민소득은 종전의 수준에서 변함이 없다.

그러면 ΔG만큼 정확하게 $C+I^D$가 감소되는 이유는 무엇일까? 그 이유를 그림 21-5로 설명하여 보자. 그림에서 투자수요는 이자율(r)의 감소함수로, 저축은 이자율의 증가함수로 그렸다. 정부지출이 증가하기 이전에는 균형재정($G=T$)을 이루고 있었다고 하자. 그러면 생산물시장의 균형조건 $I^D+G=S+T$는 $I^D=S$로 표시된다. 그림은 최초에 r_0의 이자율에서 생산물시장이 균형을 이루고 있음을 보여 주고 있다. 이제 정부지출이 ΔG만큼 증가한다고 하자. 그러면 I^D곡선은 ΔG만큼 수평이동하여 $I^D+\Delta G$곡선으로 된다. 이에 따라 균형이자율은 r_0에서 r_1으로 상승한다. r_1의 이자율에서 투자수요는 I_1, 저축은 S_1이다. 이자율의 상승은 투자수요를 I_0에서 I_1으로 감소시키며 저축을 S_0에서 S_1으로 증가시키는 것이다. 그런데 저축의 증가분 S_0S_1은 주어진 소득수준에서 소비의 감소로 나타난다. 결국 정부지출의 증가 ΔG는 투자수요의 감소분 I_1I_0와 소비의 감소분 S_0S_1을 합한 것과 같다. 국채를 발행하여 그 대전(代錢)으로 정부지출을 증가시키면 이자율의 상승을 초래하여 정부지출의 증가분과 똑같은 크기로 투자수요와 소비를 감소시켜 총수요에 전혀 영향을 미치지 못하는 것이다. 이러한 결과는 확장재정정책이 조세감면이라는 형태로 실시되더라도 마찬가지다.

이와 같이 정부지출의 증가나 조세감면이 민간의 투자지출과 소비지출을 감소 혹은 상쇄시키는 효과를 구축효과(crowding-out effect)라고 한다.

구축효과
확장재정정책이 이자율을 상승시켜 민간소비와 투자활동을 위축시키는 효과

> 재정적자 혹은 확장재정정책이 이자율을 상승시켜 민간소비와 투자활동을 위축시키는 효과를 **구축효과** 혹은 **잠식효과**라고 한다.

고전학파는 이 구축효과가 재정정책의 효과를 완전히 상쇄할 만큼 크다고 본다.

따라서 고전학파에 의하면 케인스류의 재량적 재정정책은 필요하지도 않고 바람직스럽지도 않다.

현실경제에서 확장재정정책이 구축효과라는 부작용을 낳는 것은 틀림없다. 문제는 구축효과의 크기이다. 케인스는 고전학파가 주장하는 것처럼 구축효과가 재정정책의 효과를 완전히 상쇄할 만큼 크지 않고 무시할 수 있을 정도로 작다고 본다. 케인스에 의하면 확장재정정책은 구축효과가 있음에도 불구하고 총수요증대 → 국민소득증대 효과를 낳는다. 고전학파모형에서는 설사 확장재정정책으로 단기에 총수요가 증가한다 하더라도 경제의 총공급능력은 고용, 자본, 기술수준 등이 변화하지 않는 한 불변이기 때문에 국민소득이 증가하지 않고 물가만 상승한다. 단기적 처방으로는 경제의 장기적 생산능력에 영향을 줄 수

노숙자들
고전학파는 재정정책이 총생산과 고용 및 실업 등에 아무런 영향을 미치지 못한다고 본다. 재정지출을 늘려도 이들에게 아무런 영향도 없는 것일까.

없다. 구축효과를 통해 고전학파의 세계에서 국민소득은 경제의 총공급능력에 의해서만 영향을 받는다는 것을 다시 확인할 수 있다.

오늘날 거시경제학계는 재정정책의 효과를 놓고 고전학파의 전통을 이어받은 통화주의자와 새 고전학파, 케인스의 전통을 이어받은 케인스학파와 새 케인스학파의 두 진영으로 갈라져 있다. 이는 제25장에서 다루기로 한다.

최근 거시경제학의 조류는 물가와 임금, 이자율 등이 완전신축적인 기간을 장기, 고정된 기간을 단기라고 정의하여 케인스단순모형을 단기모형, 고전학파모형을 장기모형으로 본다. 그러면 재정정책의 단기효과는 케인스모형으로 분석하고 장기효과는 고전학파모형으로 분석할 수 있다.

정부채, 회사채와 같이 미래의 이자수익이 미리 정해져 있는 채권의 가격은 이자율과 역의 관계가 있다. 즉, 확정이자부증권의 가격은 이자율이 낮으면 높고, 이자율이 높으면 낮다. 이 관계를 제8장에서 설명한 미래가치의 현재가치 계산방법으로 쉽게 설명할 수 있다. 설명을 단순화하기 위하여 간단한 수치를 사용한다. 연 이자율이 20%일 때 현금 10,000원을 예금하면 1년 후에 원금과 이자를 합하여 10,000(1+0.2)＝12,000원을 받을 수 있다. 이것을 역으로 해석하면 1년 후 12,000원의 현재가치는

$$\frac{12,000}{1+0.2}=10,000원$$

이라 할 수 있다. 만약 이자율이 10%로 하락하였다면 1년 후 12,000원의 현재가치는

$$\frac{12,000}{1+0.1}=10,909원$$

이다. 1년 후의 같은 12,000원이라도 연 이자율이 20%일 때 현재가치는 10,000원인데 10%일 때는 10,909원이다. 이자율이 높으면 현재가치는 작고 이자율이 낮으면 현재가치가 크다는 것을 알 수 있다.

이러한 원리를 이제 이자가 확정되어 있는 채권과 관련하여 생각해 보자. 채권의 현재가치가 시장가격보다 높으면 너도 나도 그 채권을 매입하고자 하여 채권가격이 상승한다. 반대로 현재가치가 시장가격보다 낮으면 아무도 그 채권을 사려 하지 않기 때문에 채권가격은 하락한다. 결국 채권가격은 현재가치와 같은 수준으로 결정된다.

1년 후에 상환하기로 되어 있는 채권의 액면금액이 원금과 이자를 합계하여 12,000원이라고 하자. 이 때 연이자율이 20%이면 그 채권의 현재가치, 즉 현재의 시장가격은 10,000원이 되고, 연이자율이 10%이면 그 채권의 시장가격은 10,909원이 된다. 이와 같이 이자율과 채권가격은 반비례관계를 갖는다.

정부가 정부채 발행을 늘리면 정부채가격이 떨어지고 이자율은 오른다. 사람들이 주식보다 상대적으로 안전한 채권을 더 선호하면 채권가격이 올라가고 이자율이 떨어진다.

이를 투자자의 입장에서 보면 채권을 구입한 이후에 시중이자율이 낮아지게 되면 채권의 가치가 높아져 자본이득을 얻을 수 있다. 시중이자율이 하락하면 채권가격이 구입당시 가격보다 높아지므로 채권을 팔아서 매매차익을 거둘 수 있기 때문이다. 따라서 채권투자자는 채권을 사기 전에는 이자율이 높아지기(=채권가격 하락)를 바라고 채권을 산 이후에는 이자율이 낮아지기(채권가격 상승)를 바라게 된다.

제4절 | 경기변동과 재정의 경제안정화기능

1 재정의 자동안정화장치

앞에서 다룬 케인스단순모형에서는 정부가 재량적 재정정책을 실시함으로써 경제를 안정시킬 수 있다고 하였다. 그런데 정부가 재량적 재정정책을 일부러 쓰지 않아도 자동적으로 경기변동폭을 줄이고 경제를 안정시키는 장치가 재정에 있다. 이를 재정의 자동안정화장치(automatic stabilizers 또는 built-in stabilizers)라 부른다.

> 재정의 **자동안정화장치**란 경기침체나 경기호황 때 정부가 의도적으로 정부지출과 세율을 변경시키지 않아도 경기침체나 경기호황의 강도를 완화시켜 주는 재정제도를 말한다.

자동안정화장치의 대표적인 예는 소득세와 실업보험, 사회보장이전지출 등을 들 수 있다. 비례적인 소득세가 경제를 자동적으로 안정화시키는 것을 그림 21-6으로 설명해 보자. 세율은 비례세이고 정부지출은 소득수준에 관계 없이 일정하다고 가정한다. 국민소득이 Y_0일 때 조세가 정부지출과 일치하여 균형재정을 이루고 있다.

자동안정화장치

경기침체나 경기호황 때 정부가 의도적으로 정부지출과 세율을 변경시키지 않아도 경기침체나 경기호황의 강도를 완화시켜 주는 재정제도

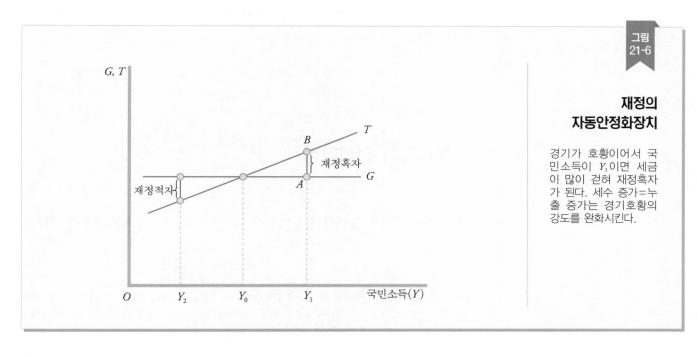

그림 21-6

재정의 자동안정화장치

경기가 호황이어서 국민소득이 Y_1이면 세금이 많이 걷혀 재정흑자가 된다. 세수 증가=누출 증가는 경기호황의 강도를 완화시킨다.

이제 국민소득이 Y_0로부터 Y_1으로 증가한다고 하자. 그러면 조세수입도 증가하여 재정은 자동적으로 AB만큼 흑자가 된다. 조세의 증가는 처분가능소득과 소비의 증가를 억제시켜 총수요의 증가를 억제시키고 따라서 경기과열을 억제하는 작용을 한다. 이와 반대로 국민소득이 Y_0로부터 Y_2로 감소하면 조세수입의 감소로 예산은 자동적으로 적자 쪽으로 옮아간다. 재정적자는 총수요를 증가시켜 처분가능소득과 소비를 증가시키고 경기침체를 완화시킨다. 자동안정화장치는 인위적으로 세율을 내리거나 새로운 정부지출계획을 세우지 않고도 어느 정도 경기조절기능을 가지는 것이다.

자동안정화장치는 케인스가 강조한 재량적 재정정책과 대립되는 개념이다. 고전학파는 자동안정화장치가 경제의 자율적인 조정기구의 일부이고 자동안정화장치로 조절되지 않은 총수요는 전술한 바와 같이 이자율의 신축적인 조정으로 총공급과 같게 완전히 조정되는 것으로 본다. 따라서 고전학파는 정부의 개입이 없어도 경제가 자율적인 조정능력을 가지고 있다고 믿는다. 미시적으로는 물론 거시적으로도 자유시장기구와 작은 정부를 신봉하는 것이다.

케인스는 고전학파와는 달리 이자율의 신축적인 조정에 의한 세이의 법칙을 믿지 않는다. 더욱이 재정의 자동안정화장치만으로는 단기적인 경기조절기능이 약하다고 보기 때문에 적극적이고 재량적인 재정정책을 사용해야 한다고 주장한다.

자동안정화의 정도는 국민소득을 변화시키는 데 조세징수와 정부지출이 얼마나 강하게 작용하는가에 달려 있다. 한계세율이 커질수록(즉, 소득이 늘어남에 따라 세율이 높아질수록) 자동안정화장치는 더욱 강력하게 나타난다.[4] 실업보험과 사회복지제도가 잘 갖추어져 있을 때 경기가 침체하면 실업보험 및 사회복지지출이 자동적으로 증가하여 처분가능소득의 급격한 감소를 방지하고 경기침체를 완화한다.

자동안정화장치와는 별도로 재량적 재정정책을 써서 총수요를 조절하고 경기를 더욱 안정시킬 수 있느냐의 여부가 고전학파와 케인스학파를 갈라 놓는 주요 논쟁의 대상이 되고 있다.

2 균형재정과 정책함정

정부가 매년 재정을 균형시키기 위하여 노력한다고 상정해 보자. 이 때 경제가

---

4 앞에서 비례세는 승수의 크기를 작게 한다는 것을 보았다. 이는 비례세가 소비지출이나 투자의 급격한 변동으로 일어나는 소득수준의 변동을 완화시켜 주는 역할을 한다는 것을 뜻한다. 한계세율이 커지는 누진세제하에서는 이러한 조세의 경기조절 역할이 더 커진다.

불황으로 빠지게 되면 어떻게 될까? 불황기에는 조세수입의 감소로 재정이 저절로 적자가 된다. 당국이 재정을 균형으로 유지하려고 하면 정부지출을 줄이든지 세율을 높이든지 두 가지 정책 중 한 가지를 수행해야 한다. 이러한 긴축재정정책은 총수요를 억제시켜 경기를 더욱 침체로 몰고 간다. 경기가 더욱 침체되면 조세수입이 감소되어 재정적자는 해소되지 않고 경기는 더더욱 침체되는 결과를 가져오기 쉽다. 이처럼 경제가 불황에 있을 때 균형재정을 추구함으로써 경기가 더욱 침체에 빠지게 되는 상황을 정책함정(policy trap)이라고 한다.

정부지출과 조세정책의 궁극적인 목적은 완전고용과 물가안정, 경제성장 등의 목표를 달성하려는 것이지 재정을 균형시키는 것이 아니다. 균형재정이 항상 좋은 것도 아니다. 재정적자가 항상 나쁜 것도 아니다. 경제가 불황에 빠져 있을 때는 케인스모형이 시사하는 바와 같이 재정지출을 증가시키고 조세를 감소시키는 확장재정정책이 효과적인 방법일 수 있다. 불황일 때 균형재정을 밀고 나가는 것은 경기를 더욱 불황에 빠뜨리기 쉽다. 그러나 재정지출을 지나치게 늘려 재정적자의 규모가 누적적으로 확대되면 「빚얻어 빚갚기 식」의 재정운용으로 재정이 경직화되고 국가채무 비중이 너무 높아져 재정파탄에 이르는 위험이 따른다.

정책함정
경제가 불황에 있을 때 균형재정을 추구함으로써 경기가 더욱 침체에 빠지게 되는 상황

1 정부의 수입과 지출에 관련된 활동을 재정이라 한다. 재정은 자원배분의 조정기능, 소득의 공평분배기능, 경제의 안정화기능 등 세 가지 주요 기능을 가진다.

2 정부부문이 경제의 순환체계에 들어옴으로써 민간경제만이 존재하는 경우의 균형조건 민간저축(S) = 투자수요(I^p)가 $S+T = I^p+G$로 변하게 된다. 이 균형조건은 $S-I^p = G-T$로 쓸 수 있다. 균형국민소득은 저축과 투자수요의 차가 재정적자와 같을 때 달성될 수 있다는 것이다. 이는 G(정부지출)나 T(조세)를 이용하여 국민소득수준을 조절할 수 있음을 의미한다. 정부가 정부지출이나 조세를 변화시켜 경제의 안정적 성장과 복지 증대를 도모하는 정책을 재정정책이라 한다.

3 케인스모형에서 경기가 침체하면 정부지출을 늘리거나 조세를 감면해 주는 확장재정정책으로 총수요를 증가시켜 소득을 증가시킬 수 있다. 경기가 과열일 때는 정부지출을 줄이거나 세금징수를 늘리는 긴축재정정책으로 총수요를 억제하여 경기를 진정시킬 수 있다. 이처럼 경제의 생산능력에 맞추어 총수요를 조절하는 정책을 총수요관리정책 혹은 (경제)안정화정책이라 한다. 케인스는 재정정책을 재량껏 실시할 것을 주장한다.

4 케인스단순모형에서 정부지출과 세금(정액세)을 똑같은 크기로 증가시키면 국민소득도 정부지출증가액 = 세금증가액만큼 증가한다. 이것을 균형재정정리라 한다. 균형재정정리에 의하여 정부지출승수는 1이 되는데 이를 균형재정승수라 한다.

5 고전학파는 재정정책의 무력성을 주장한다. 재정지출의 증가는 동일한 규모의 민간소비지출과 민간투자수요를 감소시켜 총수요와 국민소득에 전혀 영향을 미치지 못한다는 것이다. 확장재정정책이 이자율의 상승을 통하여 민간소비와 투자활동을 위축시키는 효과를 구축효과 혹은 잠식효과라 한다. 고전학파는 구축효과가 재정정책의 효과를 완전히 상쇄할 만큼 크다고 본다(케인스는 구축효과가 무시할 만큼 작다고 본다).

6 재정의 자동안정화장치란 경기의 상태에 따라 정부의 개입 없이 자동적으로 재정지출이나 조세수입이 변하여 경기침체나 경기호황의 진폭을 완화시켜 주는 재정제도이다. 소득세나 실업보험 등이 대표적 예이다. 재정의 자동안정화장치는 재량적 재정정책과 대립되는 개념이다.

7 고전학파는 자동안정화장치와 이자율의 총수요 자동조절기능 때문에 재정정책을 쓰지 않아도 경기가 조절된다고 본다. 반면에 케인스는 이자율의 총수요 자동조절기능과 자동안정화장치의 경기조절능력이 미흡하기 때문에 단기에 적극적이고 재량적인 재정정책을 써야 한다고 주장한다.

8 현실세계에서 재정정책은 단기에 케인스모형에서처럼 총수요관리정책으로서 효과가 있지만 장기에는 고전학파모형에서처럼 생산증가효과가 없다.

- 중앙정부
- 지방정부
- 일반정부
- 공공부문
- 조세수입
- 세외수입
- 자본수입

- 재정수지 적자
- 재정수지 흑자
- 균형재정
- 국가채무(D1)
- 일반정부부채(D2)
- 공공부문부채(D3)
- 재정정책

- 총수요관리정책
- 정부의 예산제약식
- 정부지출승수
- 정액세승수
- 균형재정승수
- 비례세승수
- 정액세

- 비례세
- 누진세
- 역진세
- 구축효과(잠식효과)
- 재정의 자동안정화장치
- 정책함정

연습문제　　　　　　　　　　　　　　　　E / X / E / R / C / I / S / E

1　최근 국가채무(D1), 일반정부부채(D2)와 공공부문국채(D3)의 추이를 조사해 보라. 최근에는 국가채무와 비슷한 용어인 '국가부채'라는 개념이 국가채무와는 완전히 다른 뜻으로 종종 쓰이는데 그 때 국가부채는 어떻게 정의되는가 알아보라.

2　생산물시장균형조건을 총투자수요 = 총저축으로도 표시할 수 있음을 보여라. 생산물시장균형을 나타내는 조건을 세 가지 다른 방식으로 표현할 수 있음을 설명하라.

3　다음과 같은 케인스의 혼합경제모형을 보고 물음에 답하여라.

1) $Y^D = C + I^D + G$
2) $C = 0.75(Y - T) + 200$
3) $I^D = 200$
4) $G = 100, \ T = 100$
5) $Y^D = Y$
6) $Y_F = 2,000$
* 주: 모든 변수들은 실질변수임

(1) 정부지출승수, 투자승수, 정액세승수를 구하라.
(2) Y_E를 계산하고 그림으로 나타내라.

(3) 저축함수를 구하라.
(4) 대체균형조건 $I^D + G = S + T$를 이용하여 Y_E를 구하고 그림으로 표시하라. Y_E에서 총저축 = 총투자수요임을 확인하라.
(5) 이 모형을 케인스단순모형($G = T = 0$)과 비교하라. 승수의 크기를 비교하고 균형재정정리를 확인하라.
(6) $\varDelta G = 100$(즉 새로운 $G = 200$)일 때 새 Y_E를 계산하고 이를 그림으로 나타내라.
(7) $G = 100$으로 원래대로 두고 $\varDelta T = -100$(즉 새로운 $T = 0$)일 때 새 Y_E를 계산하라. 이를 그림으로 나타내라.
(8) (6)과 (7)에서 두 정책의 효과를 비교하라. 어느 정책이 더 효과적인가? 그 이유는?
(9) 이 경제에 경기침체 갭이 있는가, 혹은 인플레이션 갭이 있는가? 그 크기는? GDP 갭은?
(10) 완전고용국민소득을 달성하기 위하여 정부가 다음과 같은 여러 가지 재정정책을 검토하고 있다고 하자. 각각의 경우에 구체적인 정책처방을 밝혀라(얼마만큼 증가 또는 감소시켜야 할 것인가를 표시하라).
　① 정부지출만 사용할 경우
　② 조세수단만 이용할 경우
　③ G와 T를 같이 구사하되 균형재정을 유지하고자 할 경우
　④ G와 T를 구사하되 $\varDelta T = 30$을 초과할 수

없는 경우

(11) $T = 100$ 대신 이제 $T = 0.1Y$라 하자. 이것이 의미하는 바는? 새 MPC를 계산하고 원래의 MPC와 비교하라.

(12) $T = 0.1Y$일 때 (2)번 문제를 풀어라.

(13) 원래의 모형 1)~5)로 돌아가서 6)식 대신 이제 $Y_F = 1,600$이라 하자. 이 때 경기침체 갭이 있는가, 혹은 인플레이션 갭이 있는가? 그 크기는? 실제GDP의 크기는?

(14) (13)의 모형하에서 (10)번 문제를 풀어라.

(15) 위와 같은 연습에서 재정정책에 관한 일반지침을 요약하라.

(16) 이 결론이 제3절에서 설명한 고전학파모형에도 적용되는가? 위 모형을 고전학파모형으로 바꾸어 정부지출승수, 정액세승수, 균형재정승수를 계산하라. 본문에 나오는 재정정책의 무력성을 확인하라.

4 고전학파모형에서 조세감면의 효과를 그림을 그려가며 설명하라.

5 그림 21-4에서 $FG = 2BD$임을 보여라. 조세가 누진세나 역진세일 경우 소비함수가 어떻게 그려지겠는가?

6 내구소비재(자동차와 가전제품, 가구 등)는 외상이나 할부로 구매하는 경우가 많다. 이를 이용하여 이자율이 상승(하락)할 때 내구소비재의 소비가 감소(증가)하는 것을 설명하라.

7 1년 후에 원금과 이자를 합하여 11,000원을 소유자에게 지불할 것을 약속하는 유가증권이 있다고 하자. 정기예금 금리는 연 10%이다. 경제주체들은 수익성에 따라서 유가증권과 정기예금의 두 금융자산 중 하나를 선택한다고 가정하자. 유가증권가격이 (1) 9,800원, (2) 10,500원, (3) 10,000원이라면 각각의 경우에 유가증권의 소유자와 원매자들이 각각 어떻게 행동할 것인가?

8 다음의 기술이 옳은가 그른가를 밝히고, 그 이유를 설명하라.

① 순수한 재정정책은 통화공급이 아닌 국채발행을 통한 정부지출과 조세의 변화를 말한다.

② 경기후퇴시 예산을 균형시키고자 하는 정부의 노력은 경기를 악화시키기 쉽다.

③ 자동안정화장치 때문에 예산은 자동적으로 조정되어 균형국민소득은 완전고용국민소득에 접근한다.

④ 정부지출이 증가할 때 소비와 저축도 승수효과를 통해 증가한다.

⑤ 투자(수요)의 증가는 정부지출 증가와 동일한 승수효과를 갖는다.

⑥ 경기침체 갭을 해소하기 위한 정부지출의 증가는 그 갭의 크기와 같다.

⑦ 경제가 완전고용상태에서 경기침체 갭에 처해 있다면 계획되지 않은 재고가 누적된다.

⑧ 경기침체 갭은 GDP 갭보다 항상 작다.

⑨ 재정이 흑자이고 투자수요가 저축보다 큰 상태에서도 경제는 균형에 도달할 수 있다.

⑩ 비례세일 경우의 균형재정승수는 1보다 작다.

⑪ 경제가 균형상태에 있을 때 재정이 흑자면 민간저축이 투자보다 크다.

⑫ 한계소비성향이나 비례세율이 클수록 승수효과가 크게 일어난다.

⑬ 케인스단순모형에서 한계소비성향이 0.7, 한계투자성향이 0.1일 때의 투자승수는 5이다.

⑭ 재정의 자동안정화장치는 재정정책에 대한 케인스의 견해와 상반된다.

⑮ 구축효과가 미미하기 때문에 단기에는 재정정책이 유효하다는 것이 케인스의 견해이다.

⑯ 케인스단순모형에서 한계저축성향이 0.2이고 GDP 갭이 100일 때 정부지출을 20만큼 증가시키면 완전고용국민소득을 달성할 수 있다.

PART
IX

화폐와 국민경제

현대경제는 화폐를 빼고 생각할 수 없게 되어 있다. 화폐를 빌려주고 빌리는 금융거래는 국민경제 안에서 폭넓게 이루어지고 있다. 이 편에서는 화폐와 금융에 따르는 제도·정책·이론을 차례로 다룬다. 화폐는 어떠한 경로를 통하여 공급되고 어떻게 조절할 수 있는가, 왜 화폐를 보유하는가, 이자율이 화폐의 수요와 공급의 변동에 의하여 어떠한 영향을 받게 되는가를 다룬다. 화폐의 공급이나 이자율을 조정하는 통화정책은 재정정책과 더불어 거시경제정책의 2대 지주를 이룬다. 통화정책은 국민소득·이자율·물가 등 주요 거시경제변수들에게 영향을 미치기 때문에 그 메커니즘을 이해하는 것은 매우 중요하다.

금융제도와 화폐공급

현대경제는 물물교환경제가 아니라 화폐경제이다. 국민경제를 사람에 비유한다면 화폐는 혈액과 같다. 이 장에서는 이러한 화폐가 한 나라의 금융제도를 통하여 어떻게 공급되는가를 살펴본다.

먼저 화폐란 무엇인가를 살펴본 후 화폐의 양을 측정하는 데에 기준이 되는 통화지표를 설명한다. 이어 금융제도를 개관하고 화폐가 공급되는 과정을 구체적으로 다룬다.

CHAPTER

22

제1절 화폐의 기능과 측정

1 화폐의 기능

경제학에서 화폐(money)를 어떻게 정의하고 화폐의 본질을 어떻게 보느냐 하는 데 대해서는 통일된 정설이 없다. 「화폐는 화폐가 하는 일 그 자체이다」(Money is what money does.)라는 말이 있을 정도이다. 따라서 화폐의 기능을 먼저 정의하고 그 기능을 수행하는 것을 화폐라고 정의하는 것이 경제학의 관행이다.

화폐는 다음과 같은 세 가지 기능을 수행한다.

첫째, 화폐는 일반적인 교환의 매개수단(general medium of exchange)으로서의 기능을 수행한다. 화폐가 없었던 원시사회에서의 교환은 상품과 상품을 맞바꾸는 직접교환, 즉 물물교환(barter)이었다. 물물교환이 지니는 가장 어려운 문제는 교환에 참여하는 「쌍방의 욕구가 동시에 일치」(double coincidence of wants)해야만 한다는 것이다. 예컨대 쌀을 가지고 옷을 원하는 사람은 옷을 가지고 쌀을 원하는 사람과 만나야만 한다. 이렇게 서로 원하는 바를 가진 사람끼리 동시에 만나기란 그렇게 쉬운 일이 아니다.

물물교환의 불편은 화폐라는 매개수단을 사용함으로써 쉽게 해소된다. 가령 쌀을 가지고 옷을 원하는 갑과 옷을 가지고 구두를 원하는 을 두 사람이 있다고 하자. 갑은 우선 쌀을 원하는 다른 사람에게 쌀을 주고 화폐를 받은 다음, 이 화폐를 주고 을로부터 원하는 옷을 얻을 수 있다. 을도 갑으로부터 받은 화폐를 가지고, 구두를 가진 다른 사람으로부터 구두를 구입할 수 있다. 이와 같이 화폐라는 매개수단을 사용하면 거래 쌍방의 욕구가 동시에 일치하지 않아도 교환이 쉽게 성립할 수 있게 되는데, 이러한 교환을 화폐적 교환 또는 간접교환이라고 한다.

둘째, 화폐는 회계의 단위(unit of account) 혹은 가치의 척도로서의 기능을 수행한다. 화폐적 교환경제에서는 모든 상품들의 가치가 화폐단위로 표시되기 때문에 사람들은 모든 상품들의 가치를 쉽게 비교할 수 있다. 예컨대 A라는 상품의 가격이 500원이고 B라는 상품의 가격이 1,000원이라면 사람들은 B가 A보다 두 배의 가치가 있다는 것을 안다. 이와 같이 화폐는 모든 상품들의 가치를 측정·비교할 수 있는 통일된 기준이 되기 때문에 상품거래의 표준이자 회계의 단위가 된다.

셋째, 화폐는 가치의 저장수단(means of store of value)으로서의 기능을 수행한다. 교환의 매개수단으로 화폐를 받은 후 다른 물품을 매입할 때까지 보유하고 있을 때에 화폐는 가치의 저장수단이 되는 것이다. 교환의 매개수단과 회계의 단위로서의 기능은 대부분의 경우 화폐만이 수행한다. 그러나 가치의 저장수단으로서의 기능은 화폐외에 주식·채권·부동산 같은 자산들도 수행한다. 화폐가 가치의 저장수단으로서의 기능을 잘 수행하기 위해서는 화폐의 가치가 안정적이어야 한다. 그렇지 않으면 화폐의 보유가 가치의 손실을 초래하여 가치의 저장수단으로서의 기능이 약해진다.

화폐에 대한 정의는 화폐의 기능 중 어느 기능을 중요시하느냐에 따라 조금씩 다를 수 있다. 그러나 위에서 든 세 가지 기능 중 가장 본원적인 기능은 일반적인 교환의 매개수단으로서의 기능이다. 모든 재화와 서비스가 화폐와 교환되기 때문에 재화와 서비스의 경제적 가치를 자연스럽게 화폐액으로 표시하고 가치의 저장수단도 되는 것이다. 화폐가 일반적인 교환의 매개수단으로 사용된다는 것은 사람들이 일상의 모든 거래에서 화폐로 지불하고 지불받기를 꺼려하지 않는다는 것을 의미한다. 따라서 일반적인 교환의 매개수단으로서의 기능을 중시하여 화폐를 다음과 같이 정의할 수 있다.

> 화폐란 상품을 매매하고 채권·채무관계를 청산하는 일상거래에서 **일반적으로 통용되는 지불수단**(generally acceptable means of payments)을 말한다.

화폐
상품을 매매하고 채권·채무관계를 청산하는 일상거래에서 일반적으로 통용되는 지불수단

화폐에 특정한 형태가 있는 것이 아니라 어떤 것이든 그것이 일반적으로 통용되는 지불수단이기만 하면 화폐인 것이다.

2 화폐의 형태와 발달

화폐의 종류는 시대와 사회에 따라 실로 다양하다. 역사상 화폐는 크게

물품화폐 → 금속화폐 → 지폐 → 예금화폐 → 전자화폐

등의 형태로 발달하여 왔다. 물품화폐(commodity money)는 상품화폐라고도 하는데 물물교환의 불편을 없애기 위하여 화폐로 쓰기로 한 물품을 말한다. 물품화폐는 가장 일찍 발달한 화폐형태로서 시대와 사회에 따라 담배·소금·곡물·모피·가축·금·은 등 여러 가지 물품들을 사용하였다. 물품화폐를 통한 교환은 물물교환에 비하여 크게 발달된 것이기는 하지만 운반·저장·분할·동질성 등에 많은 불편이 있었다. 이리하여 여러 가지 물품 중 내구성이 강하고 동질적이며 분할과 휴대의

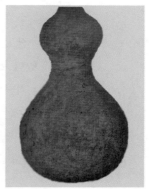

소은병
1331년 고려 충혜왕 원년에 발행된 은화. 은의 조달이 어렵게 되자 조악한 위폐가 점점 더 심하게 나돌아 1408년(태종 8년)에 유통이 금지되었다.
출처: 한국은행 화폐박물관

편리성을 비교적 고루 갖춘 금·은과 같은 귀금속이 화폐로 선택되었는데, 이것이 금속화폐(metallic money)이다.

물품화폐와 금속화폐의 특징은 상품으로서의 가치(소재가치)와 화폐로서의 가치(명목가치)가 같다는 것이다. 이에 반해 오늘날 사용되는 지폐는 소재가치와 명목가치가 다르다. 지폐의 소재가치는 종이값과 인쇄비용 정도인데 명목가치는 화폐단위를 얼마든지 높일 수 있기 때문에 소재가치의 수십배 혹은 수백배가 된다. 따라서 지폐를 찍어냄으로써 얻는 이익(주조이익)이 엄청나다. 오늘날 모든 나라에서 정부기관인 중앙은행이 지폐발권업무를 독점하면서 주조이익(seigniorage)도 독점하고 있다. 이러한 제도를 중앙은행제도라 한다.

소재가치가 큰 화폐와 작은 화폐가 똑같은 명목가치의 화폐로 동시에 통용될 때 소재가치가 큰 화폐가 화폐유통과정에서 사라지고 소재가치가 작은 화폐만 통용된다. 이를 그레샴의 법칙(Gresham's law)이라고 한다.[1] 지폐가 출현하자 그레샴의 법칙이 작용하여 금속화폐는 화폐계에서 자취를 감추다시피 되었다. 소액의 거래에 보조적으로 사용되는 동전이 금속화폐의 명맥을 잇고 있을 뿐이다.

지폐가 소재가치보다 엄청나게 높은 명목가치로 통용되는 것은 지폐를 일반적인 지불수단으로 사용하도록 국가가 법으로 강제하기 때문이다. 이처럼 법으로 강제통용력을 부여받아 통용되는 화폐를 법화(legal tender, fiat money)라 한다. 우리가 사용하는 지폐인 한국은행권은 법화로서 우리나라 영토 안에서는 어떤 거래에서든지 지불수단으로 이용할 수 있다.

지폐는 종전의 다른 화폐들보다는 우월하지만 거액거래시에 휴대의 편리성·안전성 면에서 불완전하며 일정금액 단위의 권종(券種)별로 발행되기 때문에 가분성 면에서도 문제가 있다. 이러한 문제점을 극복하기 위해 등장한 것이 예금화폐(deposit money)이다. 예금화폐는 금융기관에 맡긴 예금을 기초로 발행되는 수표(check)로서 이 수표 위에 금액을 자유롭게 기재하여 사용한다. 예금화폐는 편리성을 추구하는 상거래 관습에 의하여 출현한 관습화폐(custom money)이지 법화는 아니다.

수표는 소지자가 은행을 통하여 대금을 회수하는 데 시간이 걸리고, 발행자가 예금잔고 없이 발행할 경우(이러한 수표를 부도수표라 한다) 대금을 회수하지 못할 수도 있다. 또한 법화가 아니어서 통용지역이 제한된다.

최근에는 컴퓨터와 정보통신기술이 발전하여 다양한 전자지급수단이 일반적인 지불수단으로 통용되고 있다. 신용카드, 선불카드, 직불카드, 체크카드, 각종 페이로 불리는 간편결제수단, 전자화폐 등이 전자지급수단이다. 우리가 물건을 사고 신용카드(credit card)로 결제를 하면 신용카드회사가 그 대금을 갚아 주고 나중에 대금에 이

중앙은행제도
중앙은행이 지폐 발권 업무를
독점하는 제도

그레샴의 법칙
소재가치가 큰 화폐와 작은
화폐가 똑같은 명목가치의 화
폐로 동시에 통용될 때 소재
가치가 큰 화폐가 화폐유통과
정에서 사라지고 소재가치가
작은 화폐만 통용되는 현상

법화
법으로 강제통용력을 부여받
아 통용되는 화폐

---

1 그레샴의 법칙은 금속의 종류와 함유량이 서로 다른 여러 종류의 주조화폐가 동시에 유통될 때에도 나타난다. 금화와 은화가 동시에 유통될 때 금화가 유통과정에서 사라지는 현상이나 금화일지라도 금의 함유량이 많은 금화가 유통과정에서 먼저 사라지는 현상이 그레샴의 법칙이다. 영국의 재무장관이던 그레샴(Thomas Gresham, 1519-1579)이 "악화는 양화를 구축한다(Bad money drives out good.)"라고 표현한 후부터 유래된 것이다.

자를 덧붙여 받는다. 신용카드회사라는 공신력 있는 금융기관이 있음으로써 신용카드가 현금이나 수표 대신 지불수단 노릇을 하는 것이다. 민간기업이 제공하는 삼성페이, 카카오페이, 네이버페이 등 각종 모바일 결재수단도 은행이나 신용카드회사와 제휴함으로써 신용카드와 같은 지불 기능을 수행하고 있다.

전자화폐(electronic money)는 IC카드(integrated circuit card)나 네트워크장비 등과 같은 전자매체에 가치를 저장하여 지불수단으로 쓰는 것을 말한다. 우리나라는 금융결제원이 은행, 신용카드회사와 같이 개발한 K-cash라는 전자화폐가 있다.[2]

전자화폐는 전자매체에 가치를 저장할 때 돈을 미리 지불해야 한다는 점에서 나중에 지불하는 신용카드보다 불편하다. 편리한 신용카드가 널리 이용되어 전자화폐는 신용카드의 보완적 역할을 수행하는 수준이다. 신용카드는 읽을거리 22-3에서 설명하는 것처럼 화폐로 인정을 받지 못하고 있다. 가장 많이 지불수단으로 쓰이는 신용카드가 화폐로 인정받지 못하는 역설이 화폐의 기능을 규정하기 어렵게 만들고 있다.

3 통화량의 측정 : 두 가지 통화지표와 두 가지 유동성지표

앞에서 화폐란 세 가지 기능을 수행하는 일반적인 지불수단이라고 정의하고 오늘날엔 현금 외에 예금화폐도 통용되고 있다고 설명하였다. 그런데 현실경제에서는 많은 금융상품들이 예금화폐의 기능을 수행한다. 이 중에 어느 것까지를 일반적인 지불수단으로 볼 것인가에 대하여 확실한 정설이 없다. 따라서 여러 개의 통화지표를 편성하여 병용하고 있는 것이 보통이다.

> 시중에 통용되고 있는 화폐를 일정 시점에서 측정한 총액을 **통화량** 혹은 **통화**라고 한다. 통화량을 측정하는 지표를 **통화지표**라고 한다.

통화량은 특정시점에서 측정하는 저량(stock)이다.[3] 우리나라에서는 어디까지를

읽을거리 22-1

암호화폐
(가상화폐)는
화폐인가?

통화량
시중에 통용되고 있는 화폐를
일정 시점에서 측정한 총액

통화지표
통화량을 측정하는 지표

---

2 최근에는 전자화폐보다 디지털화폐라는 용어가 흔히 사용되고 있다. 디지털화폐는 각종 모바일 결제수단, 전자화폐, 암호화폐 등을 포괄하는 개념이다. 민간의 암호화폐(가상화폐)가 많아지는 현실에 대응하여 각국 중앙은행도 디지털화폐(Central Bank Digital Currency: CBDC) 발행에 관심을 가지고 있다. 2020년 중국의 중앙은행인 인민은행이 디지털화폐를 발행하여 시범운영에 들어간 것을 필두로 미국, 일본, 영국 등 주요국 중앙은행 대부분이 CBDC 발행을 검토하고 있는 것으로 알려지고 있다. 우리나라의 한국은행도 CBDC 발행을 위한 모의실험을 진행중이다. 중앙은행 디지털화폐는 민간의 암호화폐와 달리 가치가 안정적이고, 지폐·동전과 달리 비대면 결제에도 활용할 수 있기 때문에 '현금없는 사회'를 열 수 있다.
3 통화량을 측정하는 방식으로는 말잔기준과 평잔기준이 있다. 통화량은 특정시점에서 측정하는 저량이다. 이

화폐로 보느냐에 따라 협의통화(M_1)와 광의통화(M_2)를 편성하여 사용하고 있다.

협의통화(M_1)는 화폐의 지불수단으로서의 기능을 중시하여 시중에 유통되는 현금과 예금취급기관의 결제성예금을 합한 것으로 정의된다. 현금은 교환의 매개수단으로 직접 사용되는 지폐와 동전으로서 현금통화라고도 불린다. 예금취급기관은 다음 절에서 설명하는 중앙은행과 기타예금취급기관을 말한다. 결제성예금은 요구불예금과 수시입출식예금으로 구성된다. 요구불예금(demand deposit)은 당좌예금, 보통예금과 같이 고객이 요구할 때 즉시 지불해 주어야 하는 예금이다. 수시입출식예금은 저축예금, 시장금리부 수시입출식예금(money market deposit account: MMDA)과 같이 입금과 출금이 자유로운 금융상품을 말한다. 결제성예금은 수표 발행을 통해 지불수단으로 사용하거나 자동이체서비스로 즉각 현금과 교환될 수 있기 때문에 협의통화에 포함되고 있다. 현금통화와 대비하여 결제성예금을 예금통화라고 부르기로 한다.

$$협의통화(M_1) = 현금통화 + 결제성예금(요구불예금 + 수시입출식예금)$$
$$= 현금통화 + 예금통화$$

광의통화(M_2)는 협의통화에 예금취급기관의 저축성예금과 각종 수익성 금융상품을 더한 것이다. 저축성예금(savings deposit)이란 정기예금, 정기적금과 같이 일정한 기간이 지나야 찾을 수 있는 예금을 말한다. 요구불예금은 이자가 거의 붙지 않는 데 비해 저축성예금은 이자가 꽤 붙는다. 각종 수익성 금융상품은 양도성예금증서(certificate of deposit: CD)·환매조건부채권(repurchase agreement: RP) 등 시장형 금융상품, 금전신탁·수익증권 등 실적 배당형 금융상품, 금융채, 거주자 외화예금 등을 포함한다.[4]

저축성예금과 각종 수익성 금융상품은 지불수단으로 직접 사용되지 않는다. 그러나 이자소득만 포기하면 언제든지 꺼내 쓸 수 있다. 따라서 이것들도 결제성예금과 유동성면에서 별 차이가 없다고 보아 화폐개념에 포함시킨 것이 광의통화이다. 다만 만기 2년 이상의 장기금융상품은 유동성이 낮기 때문에 광의통화에 포함시키지 않는다. 이하에서는 만기 2년 미만의 저축성예금과 각종 수익성 금융상품을 준결제성예금, 혹은 준예금통화로 부르기로 한다.

$$광의통화(M_2)$$
$$= 협의통화(M_1) + 저축성예금 + 예금취급기관의 각종 수익성 금융상품^*$$
$$= M_1 + 준예금통화$$
$$^* 만기 2년 이상 장기 금융상품은 제외$$

저량에 걸맞게 통화량을 월말·분기말·연말 등 매기말에 측정하는 것을 말잔기준이라 한다. 한편 통화량을 일정기간 동안의 평균잔액으로 측정하는 것을 평잔기준이라 한다. 현재 한국은행 통계에서는 월말·연말잔액과 월중·연중 평균잔액을 동시에 집계하고 있다.

4 각종 금융상품은 다음 절에서 설명한다.

두 가지 유동성지표

광의통화보다 포괄범위가 더 큰 유동성지표가 두 가지 있다.[5] 2006년부터 편제하기 시작한 금융기관유동성과 광의유동성이 그것이다. 금융기관유동성(liquidity aggregates of financial institutions: Lf)은 광의통화에 만기가 2년 이상인 수익성 금융상품과 증권금융회사의 예수금 및 생명보험회사의 보험계약준비금 등 유동성이 상대적으로 낮은 금융상품까지 포함한 것이다. 종전에 가장 광의의 통화지표로 사용한 총유동성(M_3)의 포괄범위를 조정하여 2006년에 개칭한 것이다. 광의유동성(liquidity aggregates: L)은 금융기관유동성에 정부와 기업이 발행한 국채·지방채·회사채와 같은 유동성 금융상품까지 포괄한 가장 광의의 유동성 지표이다. 금융기관유동성이 금융기관의 유동성 상품을 포괄하는 데 비해 광의유동성은 금융기관은 물론 정부와 기업이 발행하는 유동성 상품까지 포괄한다. 따라서 광의유동성은 국민경제 전체 유동성의 크기를 측정하는 지표이다.

> 금융기관유동성(Lf)=M_2+금융기관 기타예수금 및 수익성 금융상품 등
> 광의유동성(L)=Lf+정부 및 기업이 발행한 유동성 시장금융상품 등

지금까지 설명한 두 가지 통화지표와 두 가지 유동성지표의 구성내용을 보면 표 22-1과 같다.

표 22-1

통화지표별 구성내역
(2023년 말 기준)

협의통화(M_1) (1,246조원)	광의통화(M_2) (3,905조원)	금융기관유동성(Lf) (5,343조원)	광의유동성(L) (6,788조원)
		금융기관 기타예수금 및 수익성 금융상품 등 (1,438조원)	정부, 기업 발행 채권 등 (1,445조원)
	준예금통화 (2,659조원)	(좌 동)	(좌 동)
예금통화 (1,076조원)	(좌 동)	(좌 동)	(좌 동)
현금통화 (170조원)	(좌 동)	(좌 동)	(좌 동)

---

[5] 이 두 지표는 일반적인 지불수단은 아니지만 유동성이 높다는 뜻에서 유동성지표라고 부른다. 유동성에 관하여는 다음 장을 참고할 것.

1 금융과 금융시장

금 융

금융
화폐(돈)의 융통

금융(finance)이란 화폐의 융통을 말한다. 돈(자금)을 빌려 주거나 빌려 쓰는 것을 금융이라 하는 것이다. 일반적으로 실물거래에는 실물과 화폐가 교환되지만 금융거래에는 화폐와 증서(혹은 증권)가 교환된다. 예컨대 우리가 은행에 예금을 하면 우리의 돈과 은행의 예금통장이 교환된다. 회사채를 사면 돈과 회사채가 교환된다. 금융에는 금융자산과 금융부채가 발생한다. 예금은 고객 입장에서 보면 금융자산이고 은행으로 보면 금융부채이다.

직접금융
자금의 최종 수요자와 공급자 사이에 이루어지는 금융

금융에는 직접금융과 간접금융이 있다. 직접금융(direct finance)은 자금의 최종 수요자와 공급자가 직접 자금을 거래하는 방식을 말한다. 기업이 주식이나 채권을 발행하여 자금을 조달하는 것이 직접금융의 예다. 직접금융은 대개 주식·채권 등이 매매되는 증권시장에서 이루어진다. 주식·회사채 등과 같이 직접금융시장에서 거래되는 증권을 본원적 증권(primary securities)이라고 한다.

간접금융
중개기관을 사이에 두고 이루어지는 금융

간접금융(indirect finance)은 중개기관(금융기관)을 사이에 두고 자금의 수요와 공급이 이루어지는 방식을 말한다. 은행이 가계로부터 받은 예금을 기초로 하여 기업에 대출해 주는 것이 간접금융의 예이다.

금융시장[6]

금융시장이란 금융이 이루어지는 시장이다. 금융시장에서 자금의 공급자와 수요자가 만나 자금거래가 이루어진다. 자금거래에 중요한 영향을 미치는 가격변수는 이자율(금리)이다. 이자율이 자금의 가격이기 때문이다. 금융시장의 수량변수는 자금거래액, 가격변수는 이자율인 것이다. 금융시장은 대부기간이 1년 미만이면 단기금융시장, 1년 이상이면 장기금융시장으로 분류된다. 같은 말이지만 거래되는 증권의 만기가 1년 미만이면 단기금융시장, 1년 이상이면 장기금융시장이다. 기업이 일상적

---

6 우리나라의 금융시장에 대한 보다 자세한 설명은 한국은행, 「한국의 금융시장」, 2021을 참고할 것.

인 운영자금을 차입하는 곳이 단기금융시장이다. 기업이 자기저축(감가상각과 내부유보이윤)을 초과하는 투자를 할 때 그 부족자금을 차입하는 곳이 장기금융시장이다.

단기금융시장은 자금시장(money market)이라고도 불리는데 크게 콜시장과 환매조건부매매시장, 양도성예금증서시장, 기업어음시장, 단기사채시장 등으로 나누어진다.

콜시장(call market)은 만기가 하루에서부터 2주 정도까지의 최단기금융시장으로서 주로 금융기관 상호간에 일시적인 유휴자금이 거래되는 금융시장이다. 전화 한 통화로 자금거래가 이루어지는 시장이라는 뜻에서 콜시장이라 부른다. 콜시장에서 거래되는 자금을 공급자측에서는 콜론(call loan)이라 하고 수요자측에서는 콜머니(call

콜시장
금융기관 상호 간에 일시적인 유휴자금이 거래되는 최단기 금융시장

▶ **자산을 어떻게 굴려야 하나? : 탈무드의 3분법**

현실세계에는 이 장에서 배우는 바와 같이 각종 금융자산(금융상품)이 있다. 금융자산 외에 토지와 주택으로 대표되는 실물자산이 있다. 자산들은 유동성·(기대)수익률·위험도의 세 가지 면에서 다른 속성들을 보여 준다. 일반적으로 유동성이 높을수록 수익률과 위험도가 낮다. 수익률이 높을수록 위험도가 높게 마련이다.

2,000년 전 유태인의 경전 탈무드에 자산 3분의 개념이 나온다.

"모든 사람은 자신의 돈을 세 부분으로 나누도록 하라. 그리고 1/3을 토지에, 다른 1/3을 사업에 투자하고, 나머지를 준비금으로 보유하라."

이를 현대적으로 해석하면 토지는 주택까지 포함한 부동산, 사업은 주식과 채권, 준비금은 현금과 예금을 뜻할 것이다.

어느 정도 유동성과 안전성을 확보한다는 제약하에 수익률을 극대화하고자 하면 돈(현금·예금·적금), 증권(주식과 채권), 부동산을 꼭 1/3씩은 아니더라도 골고루 가져야 한다는 것이 현대의 자산구성(포트폴리오)이론이다. 부자는 부(자산)가 많은 사람이다. 현실세계에서 흔히 돈이 많은 사람을 부자라고 부르는 것도 고른 자산구성 때문에 돈이 많은 사람이 다른 자산도 많기 때문이다.

미국 가계는 주식과 채권을 자산 증식의 주요수단으로 활용하고 있다. 이에 반해 우리나라 가계(특히 중산층 이상의 가계)는 부동산을 자산 증식의 주요 수단으로 활용하고 있다. 우리나라는 주식시장이 아직도 작전세력에 의해 휘둘리는 '돈 놓고 돈 먹기'식의 투기판이라는 인식이 가시지 않고 있다. 한편 부동산 보유의 기회비용이 선진국에 비해 낮다. 이 두 가지가 시정되어야 우리나라도 주식이 자산 증식의 주요 수단으로 자리잡을 것이다. 2000년대 초부터 원금이 보장되는 주가지수연계증권(equity-linked securities: ELS)이 나오고 부동산 보유 세율이 높아지는 등 증권을 자산 증식의 주요 수단으로 활용하는 여건이 어느 정도 조성되었다.

부자가 되는 방법으로 다음의 몇 가지가 으레 거론된다. 독자들은 이것을 음미하고 잘 실천해야 할 것이다.

- 꾸준히 아껴 쓰고 저축하면서 부지런히 일하라.
- '자린고비' 생활로 우선 종잣돈을 마련하는 것이 급선무다.
- 부동산, 주식, 채권, 보험, 현금 등을 황금분할하라.
- 신용카드를 잘 써라.
- 금융상품을 마스터하라.
- 세금·법률 관계 문제를 꼼꼼히 챙겨라.
- 돈 되는 정보를 잘 활용하라.

money)라고 한다. 콜머니에 대한 금리를 콜 레이트(call rate) 또는 콜금리라 한다.

　　콜시장 이외에 단기금융시장에는 환매조건부채권·양도성예금증서·기업어음 등이 거래되는 시장이 있다. 환매조건부채권(환매채, repurchase agreement: RP 또는 Repo)은 금융기관이 보유하고 있는 채권을 고객에게 판매한 후 고객이 원할 때 언제든지 일정한 수익을 얹어 다시 사들이는 채권이다. RP거래는 거래주체를 기준으로 금융기관과 일반고객 간에 이루어지는 '대고객 RP', 금융기관 간에 이루어지는 '기관 간 RP', 한국은행의 공개시장운영 수단으로서 한국은행과 금융기관 간에 이루어지는 '한국은행 RP'로 구분된다. 양도성예금증서(certificate of deposits: CD)는 은행이 정기예금을 무기명으로 발행하여 다른 사람에게 팔 수 있게 한 것이다.

　　기업어음(commercial paper: CP)은 신용상태가 양호한 기업이 단기자금을 조달하기 위하여 발행하는 융통어음을 의미한다. 어음이란 상품을 외상으로 사거나 돈을 빌린 사람이 일정기간 후에 대금을 지불할 것을 약속하는 증권이다.[7] 어음은 상업어음과 융통어음으로 구분된다. 상업어음은 상품의 매매대금으로 발행한 어음으로서 진성어음(real bills)이라고도 한다. 융통어음은 상품의 매매가 없이 순전히 자금을 융통하기 위해 발행한 어음이다. 우리나라에서는 상업어음의 비중이 작고 융통어음의 비중이 크다. 우리나라에서 기업어음(CP)으로 불리는 어음이 대표적인 융통어음이다. CP는 발행절차가 간편하고 통상 담보 없이 신용으로 발행되기 때문에 기업들이 단기자금을 조달하고자 할 때 유용한 수단으로 이용되고 있다.

　　장기금융시장에는 장기대부시장과 증권시장이 있다. 장기대부시장은 기업의 설비자금과 같은 장기자금이 산업은행이나 중소기업은행 등에 의해 대부되는 시장을 말한다. 증권시장은 증권발행시장과 증권유통시장으로 구분된다. 증권발행시장은 기업이 자금조달을 위하여 주식이나 채권 등을 발행하는 시장을 말한다. 증권유통시장은 한국거래소와 같이 발행된 주식이나 채권의 매매가 이루어지는 시장이다. 증권시장은 자본시장이라고도 부른다. 같은 말이지만 자본시장은 장기자금의 조달수단인 주식·채권이 발행되고 유통되는 시장으로서 주식시장과 채권시장으로 구분할 수도 있다.

증권시장(자본시장)
주식·채권 등이 발행되거나 유통되는 장기금융시장

외환시장과 파생금융상품시장

　　지금까지 설명한 것처럼 금융시장은 전통적으로 단기금융시장과 장기금융시장으로 분류해 왔다. 최근에는 금융상품의 특성을 고려하여 외환시장과 파생금융상품시장을 별도의 금융시장으로 구분하기도 한다. 28장에서 자세히 설명하게 될 외환시

---

7 어음을 소유한 사람이 어음의 만기일 전에 자금을 필요로 할 경우, 그 어음을 제3자에게 양도하고 자금을 조달할 수 있다. 이 때 어음의 구매자는 어음만기일까지의 이자를 빼고 그 어음을 구입하는데, 이것을 어음할인(bill discount)이라고 한다. 이러한 어음할인은 자금의 수요·공급 당사자가 직접 할 수도 있고 어음중개인(bill broker)을 통하여 이루어질 수도 있다.

장은 서로 다른 종류의 통화라는 금융자산이 거래되는 시장이다.

파생금융상품시장은 금융상품의 가격변동위험과 신용위험 등 위험관리를 위해 고안된 파생금융상품이 거래되는 시장이다. 파생금융상품은 18장에서 설명한 선물·옵션 등 위험시장에서 기초상품이 곡물, 금속 등 유형의 재화가 아니라 주식, 채권 등 금융상품인 것을 말한다.

2 금융기관

금융기관이란 자금의 수요와 공급을 중개하는 기관을 말한다. 금융기관과 자금의 수급자가 만나면 앞에서 설명한 금융시장이 열린다. 자금의 수급과정에서 금융기관이 능동적인 역할을 수행하므로 금융기관 자체를 금융시장으로 볼 수도 있다. 한 금융기관이 장기금융과 단기금융을 같이 취급하면 장기금융시장이 되기도 하고 단기금융시장이 되기도 한다.

우리나라의 금융기관은 크게 광의통화를 공급하는 예금취급기관과 그 밖의 기타금융기관으로 나누어진다. 예금취급기관은 중앙은행인 한국은행과 그 밖의 기타예금취급기관으로 나눈다. 기타금융기관은 보험회사 및 연금기금, 기타금융중개기관, 금융보조기관으로 나눈다.

예금취급기관

예금취급기관은 통화지표에 포함되는 금융상품을 발행·공급하는 금융기관으로서 일반적으로 각종 예금 취급을 통해 통화(협의통화와 광의통화)를 창출하는 기능을 가진다. 예금취급기관은 중앙은행과 기타예금취급기관으로 나눈다.

중앙은행

중앙은행은 통화가치의 안정과 금융 안정, 신용제도의 건전화를 목적으로 설립된 은행이다. 중앙은행의 기능은 크게 다섯 가지로 분류된다.

첫째, 지폐와 주화의 현금통화를 공급하는 기능을 수행한다.

둘째, 통화정책을 수립하고 집행하는 기능을 수행한다.

셋째, 국고금의 출납을 담당하고 정부에 대해 여신과 수신을 행하는 '정부의 은행'으로서의 기능을 수행한다.

넷째, 은행에 대해 여신과 수신을 행하는 '은행의 은행'으로서의 기능을 가진다.

다섯째, 외환관리업무를 수행한다. 국제수지 불균형을 조절하고 자국통화의 대

금융기관
자금의 수요와 공급을 중개하는 기관

표
22-2

우리나라의 금융기관*

예금취급기관	중앙은행	한국은행	
	기타예금 취급기관	예금은행	시중은행, 지방은행, 외국은행국내지점, 특수은행
		수출입은행	
		종합금융회사	
		자산운용회사 투자신탁계정	
		신탁회사계정	은행, 증권사 및 보험사 신탁계정
		상호저축은행	
		신용협동기구	상호금융, 새마을금고, 신용협동조합
		우체국예금계정	
		증권사 CMA 계정	
기타금융기관	보험회사 및 연금기금	보험회사	생명 보험회사, 손해보험회사, 공제조합
		연금기금	공무원연금, 군인연금, 사립학교교원연금 등
	기타금융 중개기관	증권기관	증권금융회사, 증권회사
		투자회사	뮤추얼펀드
		여신전문금융기관	신용카드회사, 리스회사, 신기술사업금융회사, 할부금융회사 등
		유동화전문기관	유동화전문회사, 주택담보채권유동화회사
		공적금융기관 등	주택도시보증공사, 한국투자공사, 한국주택금융공사, 자산관리공사 등
	금융보조기관	자금중개회사 등	자금중개회사, 선물회사, 투자자문회사, 신용보증기관, 신용평가회사 등

* IMF의 통화금융통계 매뉴얼에서 제시하는 금융기관 분류체계 기준

출처: 한국은행

외가치인 환율을 안정시키기 위해 외환을 보유하고 외환시장에 개입한다.

중앙은행의 가장 중요한 임무는 통화가치의 안정을 도모하는 것이다. 통화가치의 안정을 위하여 중앙은행은 각종 통화정책을 수립·집행할 권한을 가지고 있다. 이런 뜻에서 중앙은행을 통화당국, 통화정책당국이라고도 부른다.

기타예금취급기관

기타예금취급기관에는 은행, 종합금융회사, 자산운용회사 투자신탁계정, 신탁회사, 상호저축은행, 신용협동기구, 우체국예금 등이 있다.

은행은 총부채 중에서 요구불예금의 비중이 높아 예금통화의 창출을 주요 기능으로 하는 금융기관이다. 우리나라의 은행은 주로 예금은행을 뜻한다.

예금은행

예금은행은 일반 국민으로부터 요구불예금을 받아 자금부족부문에 단기대출을 해 주는 전통적인 상업금융업무를 주로 하고 있다. 예금은행은 시중은행·지방은행·특수은행, 외국은행 국내지점으로 나누어진다. 시중은행은 국민·우리·신한·KEB 하나·SC제일 등 전국적인 영업망을 가진 은행에 케이뱅크, 카카오뱅크, 토스뱅크 등 인터넷전문은행 3개사를 포괄한다.

특수은행은 운영자금의 대부분을 정부투자에 의존하고 있다는 점이 시중은행과 구별되는 큰 특징이다. 시중은행이 영리성만을 기준으로 자금을 공급할 때 소외당하기 쉬운 부문에 자금을 정책적으로 배분하여 국민경제의 균형 있는 발전을 도모하는 것이 특수은행의 목적이다. 우리나라의 경우 중소기업의 지원을 위한 중소기업은행, 중요 산업에 장기자금을 공급해 주기 위한 산업은행, 농수산금융을 전담하는 두 협동조합(농업협동조합과 수산업협동조합)의 신용사업부문이 발전한 농협은행과 수협은행이 특수은행에 속한다. 특수은행은 특정부문에 대출이 집중된다는 점을 빼고는 일반은행과 업무면에서 차이가 거의 없다.

한국수출입은행

수출입금융을 전문적으로 취급하는 수출입은행은 소요자금의 대부분을 정부 혹은 해외로부터의 차입이나 채권발행에 의존하고 있어 예금은행이 아닌 별도의 예금취급기관으로 분류하고 있다.

종합금융회사

종합금융회사는 다양한 기업금융수요에 부응하여 종합적인 금융서비스업을 취급할 목적으로 설립된 '금융백화점'이다. 은행의 여수신업무와 보험회사의 보험업무를 제외한 거의 모든 금융업무를 취급하고 있다. 운영자금을 조달하기 위해 어음과 채권을 발행하고 종합자산관리계좌를 취급하는데 이것들이 광의통화에 포함된다. 종합자산관리계좌(cash management account: CMA)란 고객이 맡긴 돈을 어음이나 채권에 투자해 수익을 고객에게 돌려주는 수시입출금이 가능한 금융상품을 말한다.

자산운용회사 투자신탁계정

고객의 돈을 맡아 주식·채권 등 유가증권에 투자하여 얻은 수익금을 고객에게 분배하는 것을 증권투자신탁이라 한다. 자산운용회사는 증권투자신탁업무를 전담하는 금융기관이다. 증권투자신탁에는 계약형과 회사형이 있다. 고객이 맡긴 돈을 효율적으로 운용하기 위해 일정 규모의 자금 단위로 묶는데 이 운용 단위를 펀드(fund) 혹은 수익증권이라고 부른다. 고객이 수익증권을 사는 형식으로 자산운용회사에 돈을 맡기는 것이 계약형 증권투자신탁이다. 계약형 증권투자신탁은 광의통화에 포함되고 이 몫이 자산운용회사 투자신탁계정으로 기타예금취급기관에 들어간다. 주식투자 비중이 높은 펀드를 주식형 펀드, 채권투자 비중이 높은 펀드를 채권형 펀드라 한다.

신탁회사

원래 신탁이란 금전이나 부동산 등의 자산을 위탁받아 대신 관리해 주는 것을 말한다. 증권투자신탁은 앞에서 설명한 종합금융회사와 자산운용회사가 맡고, 금전신탁은 은행, 증권회사, 생명보험회사에서 취급한다. 이 금융회사들이 취급하는 금전신탁을 따로 구분하여 기록하는 계정이 신탁회사계정이다. 신탁회사계정의 금융상품은 광의통화(계약 만기 2년 미만)나 금융기관유동성(만기 2년 이상)에 포함된다.

상호저축은행

상호저축은행은 주로 일반 서민과 영세기업의 금융편의와 저축증대를 위해 설립된 금융기관이다. 상호저축은행의 전통적인 주업무는 신용부금업무였다. 신용부금업무란 일정한 기간을 정하여 매월 일정액을 불입케 하고 만기일에 원리금을 지급해 주며 계약금액 내에서 대출도 해주는 업무이다. 최근에는 예금은행처럼 보통예금, 정기예금의 수신업무와 일반자금대출, 어음할인 등 여신업무의 비중이 커지고 있다. 예전에는 상호신용금고로 불리다가 2002년 3월부터 상호저축은행으로 이름을 바꾸고 신용부금도 정기예금으로 명칭을 바꾸었다.

신용협동기구

조합원에게 저축 편의를 제공하고, 조합원에 대한 저리융자를 통하여 조합원 상호 간의 공동 이익을 추구할 목적으로 설립된 기관이다. 직장 단위의 신용협동조합과 지역 단위의 새마을금고, 그리고 농협·수협의 농어민을 위한 상호금융 등이 있다.

우체국예금

우체국에서 취급하는 각종 예금으로 민간금융이 취약한 지역을 지원하기 위해 전국의 체신관서를 금융창구로 활용하는 국영금융이다.

기타금융기관

보험회사 및 연금기금

보험회사

생명보험업무를 취급하는 생명보험회사와 손해보험업무를 취급하는 손해보험회사를 말한다. 앞에서 다룬 통화지표인 금융기관유동성을 편제할 때에는 생명보험회사의 보험계약준비금만을 포함한다. 생명보험회사는 저축의 성격이 강한 업무를 주로 취급하기 때문에 금융기관유동성을 공급하는 비은행금융기관으로 취급된다. 위험의 보장이 주업무인 손해보험회사는 보유하는 장기저축성보험료적립금이 광의유동성에 포함되어 기타금융기관으로 들어간다.

연금기금

공무원연금, 군인연금, 사립학교교원연금 등 특정 피고용자 그룹에게 은퇴 후 연금을 주기 위하여 설립된 기관을 말한다. 연금기금은 자신의 자산과 부채를 가지며 자가계정으로 시장에서 금융거래에 참가하기 때문에 기타금융기관에 포함된다.

기타금융중개기관

증권기관

증권기관으로는 증권회사와 증권금융회사가 있다. 증권회사는 주식과 채권을 인수하여 팔거나 고객에게 주식을 알선하고 주식 매매를 대행한다. 최근 금융자유화로 증권사들이 수시입출이 보장되면서 상대적으로 높은 금리를 제공하는 CMA를 내놓아 은행의 수시입출금식예금과 월급통장 자리를 다투고 있다. 이 CMA 계정만큼은 예외적으로 광의통화에 포함된다. 증권금융회사는 증권의 취득·유통과 관련된 자금을 공급해 주고 예수금도 받는다. 이 예수금은 금융기관유동성에 포함된다.

투자회사

앞에서 설명한 자산운용회사의 회사형 증권투자신탁 부분을 말한다. 회사형 증권투자신탁(뮤추얼펀드, mutual fund)은 자산운용회사가 투자전문회사를 설립하고 이 회사의 주식을 투자자가 매입하는 형태를 취한다. 투자회사의 주식이기 때문에 광의유동성에도 포함되지 않는다.

여신전문금융기관

수신기능이 없이 여신업무만을 취급하는 금융기관이 여신전문금융기관(non-bank bank)이다. 신용카드회사, 리스(lease) 회사, 할부금융(팩터링: factoring)회사, 신기술사업금융회사의 4가지가 있다.

- **신용카드회사:** 카드 소유자가 물건을 사고 카드를 쓰면 그 대금을 갚아준 다음 나중에 카드 소유자로부터 물건 대금에 이자를 덧붙여 받는 형식으로 여신을 취급하는 회사이다.
- **리스(시설대여) 회사:** 리스(lease)회사란 기업이 필요로 하는 시설을 자체 자금으로 구입하여 기업에 장기간 임대해 주는 회사이다. 리스회사를 이용함으로써 많은 자금을 필요로 하는 기업은 생산설비를 자기 자금의 부담 없이 조달하고 조금씩 갚아 나갈 수 있는 장점을 갖는다.
- **할부금융회사:** 할부금융업이란 물품의 구매자 및 판매자와 약정을 체결하여 회사가 구매자 대신 물품 구입자금을 판매자에게 지급하고 구매자로부터 그 원리금을 분할하여 받는 금융방식이다. 할부금융업을 담당하는 회사가 할부금융회사이다.
- **신기술사업금융회사:** 신기술사업자에 대한 투자·융자 및 경영·기술의 지도를 주업무로 하는 금융회사로서 벤처캐피털(모험자본: venture capital)회사와 같은 개념이다.

유동화전문기관

부동산, 주택담보채권, 유가증권, 매출채권 등과 같이 유동성이 낮은 자산(유동화자산)을 기초로 채권(債券)이나 수익증권(유동화증권)을 발행하는 것을 자산유동화라 한다. 유동화전문기관이란 자산유동화를 전업으로 영위하는 기관을 말한다. 유동화자산을 사거나 신탁 받아 이를 기초로 유동화증권을 발행하고, 유동화자산을 관리·운용·처분하는 수익으로 유동화증권의 원리금이나 배당금을 지급하는 것을 주업무로 한다.

자산유동화
유동화자산을 기초로 유동화증권을 발행하는 것

공적(公的) 금융기관

금융거래에 직접 참여하기보다 정책적 목적으로 각각의 기능에 맞게 설립된 기관으로 한국무역보험공사, 한국주택금융공사, 한국투자공사, 주택도시보증공사 등이 있다. 주택도시보증공사에서 운용·관리하는 주택도시기금은 주거복지 증진과 도시재생 활성화를 위한 자금을 조달하고 운용하기 위해 정부가 설치한 기관이다.

부실정리금융기관

부실금융기관을 정리하는 기관이다. 한국자산관리공사는 부실채권정리기금을 조성하여 부실채권을 인수함으로써 금융중개기능을 수행한다.

읽을거리 22-3 ▶ **신용카드(credit card)와 직불카드(debit card)**

신용카드는 은행이나 별도의 신용카드회사에서 발급한다. 사용한도를 정해 놓고 그 한도 내에서 쓴다. 신용카드가 지불수단으로 폭넓게 쓰이고 있지만 화폐는 아니다. 현금과 같은 법화가 아니기 때문에 상점에서 신용카드로 대금을 결제하는 것을 거절할 수 있다. 신용카드로 결제하는 것을 수락한 카드가맹점에서만 지불수단으로 쓰이기 때문에 일반적인 지불수단이라고 할 수 없다.

모든 가게에서 신용카드를 받아들여 신용카드가 일반적인 지불수단이 된다고 해도 신용카드를 화폐로 보기에 어려운 측면이 있다. 각종 통화에 포함되는 것들은 금융기관의 부채란에 기록되는 수신상품이다. 그런데 신용카드의 사용액은 금융기관의 자산란에 기록되는 여신(대출)상품이다. 신용카드를 쓰면 그 사용액은 빠르면 1주일, 늦어도 2개월 안에 카드사용자가 카드회사에 갚아야 한다. 은행계좌에서 인출하든 현금을 쓰든 간에 갚을 때 쓰는 것들이 화폐에 포함된다. 따라서 신용카드는 지불수단이라기보다 「지불을 연기하는 결제수단」이라고 하겠다. 카드사용자가 약정된 기한 안에 카드회사에 카드사용액에 기간중 이자를 더해 갚지 않으면 신용불량자가 된다. 따라서 선진국에서는 신용카드를 발급받기가 까다롭다. 재산보유상태·직업·은행거래실적 등을 다양하게 확인하여 경제능력이 있고 신용이 확실하다고 판단되는 사람에게만 발급해 주기 때문이다. 우리나라에서는 새 천년에 접어들어 신용카드회사들이 길거리에서 무차별하게 신용카드를 발급해 주는 해괴한 일이 일어났다. 그 결과 신용불량자가 300만이 넘는 신용카드 대란으로 홍역을 치렀다.

체크카드(check card), 선불카드(prepaid card)와 같은 직불카드는 상품을 살 때 카드를 사용하는 즉시 은행예금계좌에서 상점계좌로 사용금액이 자동이체되어 결제가 이루어지는 카드이다. 따라서 은행계정에 잔고가 있어야 쓸 수 있다. 직불카드는 은행의 부채란에 기록되는 수신상품을 기초로 사용되기 때문에 성격상 화폐이다.

금융보조기관

금융보조기관은 금융제도가 원활하게 작동하도록 필요한 여건을 제공하는 것을 주된 업무로 하는 기관이다. 지금까지 설명해 온 금융기관들은 자가계정(자기 이름으로 설정한 계정)에 부채를 일으켜 위험을 부담한다는 점에서 금융중개기관이다. 금융보조기관은 자가계정에 부채를 일으키지 않고 따라서 위험을 부담하지 않는다는 점에서 금융중개기관과 차이가 있다.

금융보조기관에는 신용보증기관, 신용정보회사, 자금중개회사, 금융결제원, 한국거래소(KRX) 등이 있다.

3 금융제도

금융거래는 자금이 남는 쪽과 모자란 쪽을 연결해 줌으로써 거래 쌍방에게 이득이 된다. 자금이 남는 쪽은 자금을 빌려 주어 이자소득이나 투자수익을 번다. 자금이 모자란 쪽은 자금을 빌려 요긴한 일에 쓴다.

가계는 요긴한 소비를 통해 효용이 증가하고 기업은 요긴한 생산/투자 활동을 통해 생산성과 이윤을 제고할 수 있다.

그러나 금융거래에는 제18장에서 다룬 비대칭정보에 따른 문제, 즉 역선택과 도덕적 해이가 실물거래에 비해 더 심각하다. 이는 금융거래에 자금과 증서가 교환되는데 나중에 증서가 휴지 조각이 될 수 있기 때문이다. 증서는 자금차입자가 미래에 일정한 조건으로 갚을 것을 약속한다. 그런데 미래에 자금차입자가 망하거나 갚을 능력이 있는데도 상환의무를 지키지 않을 수 있다. 이런 자금차입자의 속성을 자금공급자가 정확히 알 수 없다. 따라서 금융거래를 활성화하기 위해서는 차입자의 상환능력과 신용에 관한 정보가 원활히 공급되고 채무상환을 유인하는 제도적 장치가 있어야 한다.

> **금융제도**(financial system)란 금융거래에서 일어나는 비대칭정보의 문제를 완화하고 거래비용을 줄임으로써 금융거래를 원활하게 하는 제도적 장치를 말한다.

금융제도는 금융거래가 구체적으로 이루어지는 방식과 이에 관한 제반 규칙 등을 포괄하는데 크게 세 가지로 구분할 수 있다. ① 금융거래가 이루어지는 금융시장, ② 금융거래를 중개하는 금융기관, ③ 금융거래를 지원하고 감시하는 금융하부구조가 그것이다. 금융시장과 금융기관을 앞의 두 항에서 다루었다.

금융제도
금융거래가 원활하게 이루어지도록 하기 위한 금융시장, 금융기관 및 금융하부구조 등의 제도적 장치금융하부구조란 금융시장 및 금융기관을 뒷받침하거나 감시하는 법률체계와 각종 기구·제도를 말한다. 금융하부구조에는 중앙은행, 금융감독기구, 법원, 예금보험 관련 기구 등이 포함된다. 중앙은행은 물가안정·금융안정과 더불어 경제활동에 따르는 자금이전이 원활히 이루어지도록 하는 지급결제시스템을 관리한다. 금융감독기구는 비대칭정보에 따르는 불공정·불건전행위를 금지하고 금융기관의 과도한 위험 추구행위를 제한하는 법규를 제정하며 이 법규가 제대로 이행되는지를 감독한다. 법원은 제반 법규의 시행에 대해 최종적인 판결을 내린다. 예금보험 관련 기구는 금융기관이 도산할 때 일정한도 내에서 예금자에게 원리금 지급을 보장해 줌으로써 금융안정을 도모한다.

우리나라는 한국은행, 금융위원회 및 금융감독원, 예금보험공사 등이 주요 금융하부구조로서의 역할을 담당하고 있다.

금융제도의 유형

금융제도는 나라마다 다르다. 여러 기준에 따라 여러 가지 유형으로 구분할 수 있다.

금융제도는 직접금융과 간접금융의 중요성을 기준으로 시장중심 금융제도(market-based financial system)와 은행중심 금융제도(bank-based financial system)로 분류된다. 시장중심 금융제도는 주식과 채권이 거래되는 자본시장이 금융의 중요한 역할을 담당하는 제도이다. 은행중심 금융제도는 말 그대로 은행이 금융의 중추적인 역할을 담당하는 제도이다. 전통적으로 미국과 영국이 시장중심 금융제도를, 독일과 일본이 은행중심 금융제도를 채택하여 왔다.

금융제도는 금융기관의 업무영역을 제한하는 정도에 따라 분업주의 혹은 전업주의(specialized banking)와 겸업주의(universal banking)로 분류되기도 한다. 전업주의는 한 금융기관이 은행·증권·보험 등 여러 금융서비스를 함께 취급할 수 없으며 각 금융서비스가 해당 전문 금융기관에 의해서만 제공되는 방식이다. 반면에 겸업주의는 한 금융기관이 은행·증권·보험 등 여러 금융서비스를 함께 취급할 수 있는 방식이다. 독일은 겸업주의, 미국과 일본, 우리나라는 전업주의 전통을 유지하여 왔다.

최근 세계금융제도 변화의 특징

최근 금융제도는 국내외로 큰 변화를 겪고 있다. 변화의 특징을 크게 네 가지로 간추릴 수 있다.

첫째, 각국의 금융제도가 종래의 규제체제에서 규제완화체제로 이행하는 추세에 있다. 1970년대까지만 하더라도 금융부문은 선후진국을 막론하고 규제가 가장 심한 산업이었다. 후진국은 경제개발에 필요한 투자자금을 동원하기 위해, 선진국은 금융부문에 내재된 불안정성을 보완한다는 명분으로, 금융부문을 규제하였다.

분업주의
은행·보험회사·증권회사가 자기 고유업무만 하는 것

겸업주의
은행·보험회사·증권회사 등이 서로 다른 금융기관의 업무도 겸영하는 것

그러나 1980년대부터 규제에 따른 금융부문의 비효율을 바로잡기 위해 실물부문의 규제완화에 발맞추어 각종 금융규제를 완화하기 시작하였다. 금융규제완화(financial deregulation)로 신종금융상품이 등장하고 새로운 금융시장이 형성되는 등 금융혁신이 활발하게 일어나고 금융겸업화가 진전되었다. 금융규제완화를 금융자유화(financial liberalization)라고도 부른다.

둘째, 각국 금융제도가 수렴하는 현상을 보이고 있다. 시장중심 금융제도와 은행중심 금융제도가 금융의 증권화(securitization)를 통해 시장중심 금융제도에 가까운 쪽으로 수렴하고 있다. 금융의 증권화란 직접금융의 비중이 높아지는 현상을 말한다. 세계적으로 전업주의보다 겸업주의 경향이 갈수록 커진다는 점도 또 다른 수렴현상이다. 기업이 재원조달 수단으로 은행대출보다 기업어음이나 회사채 발행에 더의존하고, 은행은 만기까지 돈이 잠겨 있게 되는 대출채권을 기초로 하여 유동화채권을 발행하여 유통시키는 것이 그 예이다.

종전에 우리나라는 은행은 상업금융업무, 보험회사는 보험업무, 증권회사는 증권업무에만 가급적 전문화하는 분업주의를 채택하여 왔다. 그러나 금융자유화와 금융의 국제화를 추진하여 우리나라도 겸업주의를 부분적으로 도입해 나가고 있다. 은행에서 보험업무를 취급하는 방카슈랑스(bancassurance)가 그 예이다.

셋째, 금융시장의 국제적인 통합현상이 진행되고 있다. 금융규제완화와 정보처리기술의 비약적인 발전으로 금융거래비용이 크게 축소되었다. 이에 따라 1990년대 이후 국경을 초월한 금융거래가 크게 늘어나고 각국의 대외자산 비중이 현저히 높아지며 금융시장이 점차 통합되는 모습을 보이고 있다. 이를 흔히 금융국제화라 부른다. 이러한 변화에 부응하는 효율적인 금융하부구조를 갖추지 못하면 금융위기에 휘말리거나 경제의 안정적 성장에 큰 걸림돌이 된다.

넷째, 2008년의 글로벌 금융위기 이후 위에서 설명한 금융의 규제완화와 증권화, 국제화 현상이 감속상태에 있다. 지나친 규제완화와 증권화가 금융위기를 초래하였다는 인식하에 금융의 재규제(reregulation) 내지 규제개혁, 각국의 금융감독당국이 투명하게 파악할 수 있는 자산유동화 등에 중점을 두고 있다. 이에 대하여는 제30장의 금융위기에서 자세히 다룬다.

금융자유화와 금융국제화 시대에 공정한 경쟁여건을 조성하고 효율적인 금융하부구조를 갖추며 금융시장의 안정을 도모하는 것이 중요한 과제이다.

경제발전과 금융심화

경제가 발전함에 따라 일반적으로 한 나라의 실물자산액에 대한 금융자산액의 비율은 높아지는 것으로 알려져 있다. 이런 현상을 금융심화(financial deepening)라 한다. 금융심화를 측정하는 지표로 금융연관비율(financial interrelation ratio: FIR)이 있다. 금융연관비율은 실물자산액의 측정이 어려우므로 실물자산액 대신 명목GNI를 사용하여

금융의 증권화
직접금융의 비중이 높아지는 현상

금융심화
한 나라의 실물자산액에 대한 금융자산액의 비율이 높아지는 것

$$금융연관비율(FIR) = \frac{금융자산잔액}{명목GNI}$$

으로 정의된다.[8] 명목GNI 대신 명목GDP를 사용하기도 한다. 우리나라는 다양한 금융기관의 급격한 성장에 힘입어 금융연관비율이 1970년대 초의 3 내외에서 2020년에 10을 넘어서 최근에는 11에 이르고 있다. 미국은 2000년대 후반에 금융연관비율이 10을 넘어섰고, 일본은 1990년에 10을 넘어섰다.

---

8 금융연관비율 측정에 필요한 금융자산잔액에 대한 통계는 한국은행이 「자금순환표」를 통해 제공하고 있다. 2023년 우리나라의 실물자산을 나타내는 국부가 2경 2,014조원이고 금융자산규모는 2경 4,861조원으로 GNI 대신 국부로 측정한 금융연관비율은 1.3이다.

제3절 화폐공급

시중에서 유통되는 화폐는 예금취급기관(중앙은행 및 가타 예금취급기관)이 공급한 것이다. 시중에 유통되는 화폐의 총량을 화폐공급, 통화공급(money supply) 혹은 통화량이라 한다. 화폐공급은 중앙은행이 독점적으로 공급하는 본원통화와 이것을 기초로 하여 결제성예금과 준결제성예금을 창출하는 기타예금취급기관(예금은행 및 비은행예금취급기관)의 신용창조에 의하여 이루어진다. 여기서 말하는 화폐공급은 M_1이나 M_2이다. 아래에서 중앙은행의 본원통화공급과 기타예급취급기관의 신용창조에 관하여 차례로 살펴본다.

> **통화량(화폐공급, 통화공급)**
> 시중에 유통되는 화폐의 총량

1 중앙은행의 본원통화공급을 통한 현금통화공급

> **본원통화**
> 중앙은행의 창구를 통하여 시중에 나온 현금

본원통화의 의의

중앙은행은 발권은행으로서 독점적으로 현금(지폐와 동전)을 발행한다. 조폐공사가 찍어내어 한국은행이 금고에 보관하고 있는 현금은 아직 통화가 아니다. 통화가 되기 위해서는 현금이 일단 중앙은행의 창구를 통하여 시중에 나와야 한다.

중앙은행의 창구를 통하여 시중에 나온 현금을 **본원통화**(monetary base)라고 한다.

표 22-3과 같이 본원통화는 민간(기타예금취급기관을 뺀 민간, 이하 같음)의 수중으로 들어가거나 기타예금취급기관의 수중으로 들어간다. 민간의 수중으로 들어간 본원통화는 민간의 수중에 남아 있거나 기타예금취급기관에 예치되거나 한다. 민간의 수중에 남아 있는 본원통화가 앞 장에서 설명한 현금통화이다. 한편 직접·간접으로 기타예금취급기관의 수중으로 들어간 본원통화는 기타예금취급기관의 지급준비금이 된다. 이 지급준비금의 일부는 기타예금취급기관이 현금 형태로 보유하는 시재금(時在金)이 되고 나머지는 중앙은행에 예치된다.

본원통화
중앙은행의 창구에서 시중으로 나온 현금은 당초의 현금보다 훨씬 많은 통화를 창출하는 고성능화폐이다.

| 표 22-3 | 본원통화의 구성 |

본 원 통 화		
현금통화	기타예금취급기관 지급준비금	
현금통화	기타예금취급기관 시재금	중앙은행 지급준비예치금
화폐발행액		중앙은행 지급준비예치금

지급준비금

예금은행[9]은 민간으로부터 예금을 받아 그것을 대출하여 이자를 받거나 유가증권에 투자함으로써 발생하는 수익을 소득으로 삼기 때문에 가능한 한 대출이나 유가증권투자를 많이 하고자 한다. 그러나 예금은행이 받아들인 예금액을 모두 대출하거나 유가증권에 투자할 수는 없다. 예금액을 모두 영리 목적으로 사용하면 예금자의 예금인출 요구에 응할 수 없게 되어 은행의 공신력이 실추되기 때문이다.

이러한 이유로 중앙은행은 예금은행으로 하여금 예금액의 일정비율을 예금인출 요구에 대비하는 준비금으로 반드시 보유하도록 하는데, 이 비율을 법정지급준비율(legal reserve ratio) 혹은 필요지급준비율(required reserve ratio)이라고 한다. 중앙은행이 필요지급준비율을 정하면 예금은행은 예금액에서 이 필요지급준비율에 해당하는 금액을 필요지급준비금(required reserves)으로 보유하고 그 나머지를 대출하거나 유가증권에 투자하게 된다. 우리나라 예금은행의 필요지급준비율은 2024년말 현재 요구불예금은 7%, 저축성예금은 2%이다. 이는 은행이 10억원의 요구불예금을 받으면 7천만원은 반드시 지급준비금으로 보유하고 있어야 한다는 것이다. 예금은행의 필요지급준비금은 중앙은행에 예치하는 것을 원칙으로 하고 있다.[10]

실제로 예금은행들은 필요지급준비금을 초과하여 다소 여유있게 예금액의 일부를 지급준비금으로 가지고 있는 것이 보통이다. 그 이유는 예금은행들이 매일매일의 예금인출과 대출에 대비한 현금, 즉 영업자금을 보유해야 하기 때문이다. 필요지급준비금을 초과하여 가외로 가지고 있는 지급준비금을 초과지급준비금(excess reserves)이라고 한다. 일반적으로 초과지급준비금은 은행이 대출할 수 있는 여유자금으로 이해되고 있다. 초과지급준비금을 예금총액으로 나눈 비율을 초과지급준비율(excess reserve ratio)이라고 한다. 일반적으로 예금은행들은 초과지급준비율을 관행에 따라 낮

필요지급준비율
중앙은행이 예금은행에 준비금으로 요구하는 예금액의 일정비율

---

9 이하에서는 기타예금취급기관을 예금은행으로 대표시켜 논의를 전개한다.
10 필요지급준비금은 중앙은행에 예치하는 것을 원칙으로 하고 있으나 필요지급준비금의 35%까지는 예금은행 자신이 보유하고 있는 한국은행권을 지준예치금으로 인정해주고 있다.

은 일정한 수준으로 유지한다.

$$지급준비금=필요지급준비금+초과지급준비금$$
$$지급준비율=필요지급준비율+초과지급준비율$$

중앙은행에 예치되는 지급준비예치금은 중앙은행의 창구를 통해 나간 본원통화 중 일부가 중앙은행에 다시 환류된 몫이다. 본원통화에서 이 중앙은행 지급준비예치금을 뺀 것을 화폐발행액이라 한다. 화폐발행액은 중앙은행 밖에 남아 있는 현금 총액을 나타낸다. 이는 현금통화와 예금은행이 금고에 가지고 있는 시재금으로 구성된다.

표 22-3으로 종합되는 본원통화가 증가하면 현금통화가 증가하고 예금은행의 지급준비금도 증가한다. 따라서 통화를 구성하는 현금통화는 중앙은행의 본원통화 공급과 양의 상관관계에 있다.

본원통화의 공급경로

중앙은행이 공급하는 본원통화는 중앙은행 대차대조표를 통하여 쉽게 파악할 수 있다. 일반적으로 금융기관의 대차대조표는 일정 시점에서 금융기관이 보유하고 있는 자산, 부채, 자본 등 금융기관의 총체적 재무상태를 기록한 것이다. 대차대조표의 대변(부채)은 자금의 원천(source), 즉 자금이 어떻게 조달되었는지를 나타내고, 차변(자산)은 부채를 통해 조달된 자금이 어떻게 사용(use)되었는지를 나타낸다.

본원통화는 표 22-4에서 보는 바와 같이 중앙은행의 대차대조표에서 대변란에 부채항목으로 나타난다. 따라서 중앙은행이 자산을 구입하고 그 대가로 현금이나 수표를 지급하면 본원통화가 증가한다. 본원통화는 중앙은행 부채 중 가장 큰 비중을 차지한다.

중앙은행의 자산은 정부의 은행으로서 정부에 대출한 對정부대출금, 은행의 은행으로서 예금은행에 대출한 對예금은행대출금, 중앙은행이 보유하고 있는 유가증권·건물 등의 기타자산, 그리고 외국증권, 외화예금 등의 국외자산으로 크게 나누어진다.

중앙은행의 부채는 본원통화 외에 정부예금·국외부채·기타부채로 크게 나누어 진다.

대차대조표는 차변과 대변의 합계가 항상 같다. 따라서 표 22-4의 대변에 있는 부채항목을 부호를 바꾸어 차변항목으로 옮길 수 있다.

$$대정부대출 - 정부예금 = 순대정부대출$$
$$국외자산 - 국외부채 = 순국외자산$$
$$기타자산 - 기타부채 = 순기타자산$$

표
22-4

중앙은행의
대차대조표

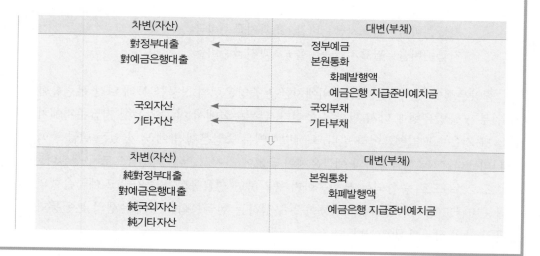

차변(자산)	대변(부채)
對정부대출 ←	정부예금
對예금은행대출	본원통화
	화폐발행액
	예금은행 지급준비예치금
국외자산 ←	국외부채
기타자산 ←	기타부채

차변(자산)	대변(부채)
純對정부대출	본원통화
對예금은행대출	화폐발행액
純국외자산	예금은행 지급준비예치금
純기타자산	

이라고 정리해 보자. 그러면 표 22-4의 아래에서 보는 바와 같이 대변에 본원통화만 남고 차변에는 순대정부대출, 대예금은행대출, 순국외자산, 순기타자산의 네 항목이 나타난다. 이 네 항목 중의 어느 하나만 변하면 본원통화가 변하는 것이다. 이를 구체적으로 설명하면 본원통화는 다음 네 가지 경로를 통하여 공급된다.

정부부문: 본원통화는 정부부문을 통하여 공급된다. 국고금의 수납과 지급은 한국은행에 설치되어 있는 정부예금계정을 통하여 결제된다. 따라서 한국은행이 정부에 대출한 금액이 정부가 한국은행에 예치한 예금보다 커서 순대정부대출이 증가할수록 정부부문을 통해 본원통화는 많이 공급된다. 순대정부대출이 증가하는 경우는 재정적자가 커지는 경우(혹은 재정흑자 폭이 줄어드는 경우)이다. 세출이 많고 세입이 적을수록 대정부대출이 증가하고 정부예금이 감소할 것이기 때문이다.

금융부문: 본원통화는 예금은행을 통하여 공급된다. 예금은행이 은행의 은행인 중앙은행으로부터 대출을 많이 받을수록 본원통화는 그만큼 증가한다.

국외부문: 본원통화는 국외부문을 통하여 공급된다. 한 나라의 모든 국외거래 결과 외환이 남으면 국제수지 흑자, 모자라면 국제수지 적자라고 한다. 국외거래에는 수출 및 수입과 같은 경상거래와 주식·채권 거래와 같은 금융거래가 포함된다.

국외거래 결과 유입된 외환이 국외거래에 필요한 외환보다 많으면, 즉 국제수지가 흑자이면 중앙은행이 남은 외환을 매입하여 외화예금에 예치하거나 외국증권(주로 미국 국채) 등에 투자하므로 중앙은행의 국외자산이 증가한다. 중앙은행이 외환을 매입하는 과정에서 외환 매입액에 상응하는 본원통화의 지급이 이루어지므로 국제수지 흑자는 중앙은행의 국외자산 증가와 본원통화의 증가로 이어진다. 반면 국제수지 적자는 중앙은행의 국외자산 감소와 본원통화의 감소로 이어진다.

기타부문: 중앙은행은 기타자산의 순증가를 통해 본원통화를 증가시킬 수 있다. 중앙은행이 건물·시설 등을 구입하거나 국공채와 같은 유가증권을 매입하는 경우 본원통화가 증가하는 것이다. 반면 중앙은행이 통화안정증권을 발행하여 부채가 증가하면 본원통화가 감소한다.

2 기타예금취급기관의 신용창조와 예금통화공급

예금은행[11]의 신용창조과정을 쉽게 설명하기 위하여 우선 몇 가지 가정을 세워보자.

첫째, 요구불예금만 존재하며 저축성예금은 없다고 가정한다. 즉 예금은행에 예치되는 예금은 모두 요구불예금이다.

둘째, 예금은행조직 밖으로의 현금누출(cash drain)은 없다고 가정한다. 어떤 한 예금은행으로부터 대출을 받은 사람은 전액을 자신이 거래하는 예금은행에 요구불예금의 형태로 예치하고 모든 거래는 현금이 아닌 수표(요구불예금)로 이루어진다.

셋째, 예금은행은 대출의 형태로만 자금을 운용하며, 유가증권에 대한 투자는 하지 않는다고 가정한다.

넷째, 예금은행은 필요지급준비금만 보유하며 초과지급준비금은 없다고 가정한다. 이 가정은 셋째 가정과 결부되어 예금액 중 필요지급준비금을 뺀 나머지가 모두 대출된다는 것을 의미한다.

이제 위의 네 가지 가정하에서 예금은행이 요구불예금의 형태로 예금통화를 어떻게 창조하는가를 설명해 보자. 예를 들어 갑이라는 사람이 자기집 장농 속에 내내 놓아 두었던 현금 10만원을 A라는 예금은행에 요구불예금으로 예치하였다고 하자. 이것을 본원적 예금(primary deposits)이라고 한다.

> **본원적 예금**이란 예금은행조직 밖에서 예금은행조직으로 최초로 흘러들어온 예금을 말한다.

예금은행이 본원적 예금을 받은 시점에서는 협의통화(M_1)

본원적 예금
예금은행조직 밖에서 예금은행조직으로 최초로 흘러들어온 예금

예금통장
고객의 예금은 대출을 통해 예금통화공급의 밑거름이 된다.

---

11 앞의 주 6) 참조.

표 22-5

예금은행의
대차대조표

(단위: 원)

A은행

자 산		부 채	
지급준비금	+ 20,000	요구불예금	+100,000
대 출	+ 80,000		
합 계	+100,000	합 계	+100,000

B은행

자 산		부 채	
지급준비금	+16,000	요구불예금	+80,000
대 출	+64,000		
합 계	+80,000	합 계	+80,000

C은행

자 산		부 채	
지급준비금	+12,800	요구불예금	+64,000
대 출	+51,200		
합 계	+64,000	합 계	+64,000

의 규모에 변함이 없다. 갑의 현금통화가 10만원 줄고 예금통화가 그만큼 늘어났기 때문에 협의통화의 구성에만 변화가 있을 뿐이다.

필요지급준비율이 20%라고 하자. 그러면 A은행은 10만원의 20%인 20,000원을 필요지급준비금으로 보유하고 나머지 80,000원을 대출할 수 있다. 이것이 표 22-5에 표시된 A은행 대차대조표의 차변(자산란)에 나타한 자산증가의 세목이다. A은행이 갑으로부터 요구불예금을 받았다는 것은 A은행이 언제인가는 갑에게 예금액을 내주어야 하기 때문에 A은행의 부채의 증가를 의미한다. 따라서 A은행의 대차대조표 대변에는 요구불예금 10만원이 부채증가로 기입된다. 예금액에서 필요지급준비금을 뺀 나머지가 모두 대출된다고 가정했기 때문에 A은행의 초과지급준비금은 0이 된다.

A은행이 8만원을 을에게 대출하고 을은 이 8만원을 자기가 거래하는 B은행에 요구불예금으로 예치한다고 하자. 그러면 이제 요구불예금(따라서 통화)은 8만원만큼 증가한다. 10만원의 본원적 예금이 갑의 요구불예금 10만원과 을이 보유하는 요구불예금 8만원을 합한 18만원으로 늘어남으로써 8만원의 예금통화를 창조한 것이다.

그러나 통화량의 팽창은 여기에서 끝나는 것이 아니다. 이제 B은행은 을로부터 받은 8만원 중 20%에 해당하는 16,000원을 필요지급준비금으로 보유하고 나머지 64,000원을 병에게 대출할 수 있다. 병은 다시 대부받은 64,000원을 모두 C은행에 요구불예금으로 예금한다면 C은행은 필요지급준비금을 뺀 나머지를 또 대출하게 된다.

이상과 같이 예금 → 대출 → 예금 → 대출의 경로를 밟아 일어나는 예금통화의

표
22-6

은 행	요구불예금(1)	대 출(2)	필요지급준비금(3)
A	100,000	80,000	20,000
B	80,000	64,000	16,000
C	64,000	51,200	12,800
D	51,200	40,960	10,240
E	⋮	⋮	⋮
F	⋮	⋮	⋮
⋮	⋮	⋮	⋮
총 계	500,000 〔총예금창조액〕	400,000 〔순예금창조액〕	100,000 〔본원적 예금〕

예금은행조직에 의한 예금통화의 창조

(단위: 원)

창출은 D, E, F……은행들을 통하여 끊임없이 일어날 것이며, 그 결과 표 22-6에서와 같은 예금과 대출이 이루어질 것이다. 표 22-6의 (1) 열을 보면 A은행이 받은 10만원의 본원적 예금을 기초로 하여 예금은행조직 전체로 50만원의 예금통화가 창출되었음을 알 수 있다. 예금은행조직이 창출한 요구불예금총액은 다음과 같이 계산된다.

$$
\begin{aligned}
총예금창조액 &= 100{,}000 + 80{,}000 + 64{,}000 + \cdots\cdots \\
&= 100{,}000 + (100{,}000 \times 0.8) + (100{,}000 + 0.8^2) + \cdots\cdots \\
&= 100{,}000 \times (1 + 0.8 + 0.8^2 + \cdots\cdots) \\
&= 100{,}000 \times \frac{1}{1-0.8} \\
&= 100{,}000 \times \frac{1}{0.2} \\
&= 500{,}000
\end{aligned}
$$

위의 계산 예에서 총예금창조액은 초항을 10만원으로 하고 공비를 0.8로 하는 무한등비급수의 합과 같다. 여기서 10만원은 본원적 예금(S)이고 0.2는 필요지급준비율(γ_l)이다. 따라서 총예금창조액(D^G)을 구하는 일반식은

〔22-1〕 $D^G = S \times \dfrac{1}{\gamma_l} = \dfrac{S}{\gamma_l}$

가 된다. 여기서 필요지급준비율의 역수($1/\gamma_l$)를 신용승수(credit multiplier)라 한다. 신용승수는 현금누출이 없고 초과지급준비금이 없다고 할 때 본원적 예금이 몇 배의 예금통화를 창출할 수 있는가를 보여 준다.

신용승수

현금누출이 없고 초과지급준비금이 없을 때 본원적 예금이 몇 배의 예금통화를 창출할 수 있는가를 나타내는 값

현금누출이 없고 초과지급준비금이 없을 때 본원적 예금은 그 몇 배에 해당하는 요구불 예금을 창출하는데 이 배수를 **신용승수**라 한다. 신용승수는 필요지급준비율의 역수이다.

식 (22-1)에서 신용승수의 크기가 필요지급준비율과 역의 관계에 있다는 것을 알 수 있다. 필요지급준비율이 높을수록 신용승수는 작아지고 필요지급준비율이 낮을 수록 신용승수는 커진다.

본원적 예금에 의해 추가로 창출된 예금을 파생적 예금(derivative deposits)이라고 한다. 표 22-6의 (2)열은 파생적 예금총액이 40만원임을 보여 준다. 파생적 예금(D^N)은 총예금창조액(D^G)에서 본원적 예금(S)을 뺀 것이다.

$$[22\text{-}2] \quad D^N = D^G - S = \frac{S}{\gamma_l} - S = (\frac{1}{\gamma_l} - 1)S = \frac{1-\gamma_l}{\gamma_l}S$$

여기서 $\frac{1-\gamma_l}{\gamma_l}$은 앞에서 정의한 신용승수($1/\gamma_l$)와 구분하여 순신용승수(net credit multiplier)라고 부른다. 순신용승수는 신용승수보다 작다. 순신용승수는 본원적 예금이 얼마나 요구불예금과 통화를 증가시켰는가 하는 배수이다.

참고로 표 22-6의 (3)열을 보면 필요지급준비금의 합계가 10만원이다. 이것은 본원적 예금이 모두 필요지급준비금으로 변할 때까지 신용창조가 계속된다는 것을 나타낸다. 신용승수배의 신용창조는 예금은행조직 전체에서 일어나는 것임을 유의해야 한다. 어느 한 은행만 놓고 볼 때는 예금액 중 필요지급준비금을 뺀 나머지가 모두 대출될 경우 그 대출액만큼밖에 신용창조를 못한다. 모든 예금은행을 통틀어 하나의 조직으로 놓고 볼 때 신용승수배의 신용창조가 일어나는 것이다.

예금은행조직에 의한 신용창조는 필요지급준비율이 100%보다 작다는 전제하에서 성립한다. 만약 필요지급준비율이 100%이면 예금을 고스란히 지급준비금으로 가지고 있어야 하므로 신용창조가 일어날 수 없다. 오늘날 예금은행은 필요지급준비율이 100%보다 적은 것이 관행이고 이 부분지급준비제도(fractional reserve system) 때문에 예금은행의 신용창조가 가능한 것이다.

지금까지 설명한 신용승수는 현금 전액을 은행에 예치하고 초과지급준비금이 없으며 유가증권에 대한 투자도 없다는 가정하에서 도출된 것이다. 그러나 현실적으로는 현금누출이 있고 초과지급준비금이 존재하며 은행은 대출만 하는 것이 아니라 증권투자도 한다. 이러한 경우에는 각 은행의 대출액이 표 22-6에 나와 있는 것보다 작아지며 따라서 예금은행조직 전체의 신용창조액도 작아진다. 따라서 식 (22-1)에서 정리된 신용승수는 이론적으로 가능한 신용창조의 최대한도를 나타낸다.

부분지급준비제도
필요지급준비율이 100%보다 적은 것

3 화폐공급함수

지금까지 중앙은행에 의한 현금통화의 공급과 예금은행에 의한 예금통화가 어떻게 통화를 창조하는지에 관하여 각각 살펴보았다. 이제 무엇이 통화량을 결정하는지에 관하여 살펴보자. 현금통화와 예금통화에 직접·간접으로 영향을 미치는 것은 중앙은행의 본원통화였다. 따라서 중앙은행이 공급하는 본원통화와 협의통화(＝현금통화+예금통화) 사이에는 어떤 일정한 관계가 있으리라는 것을 짐작할 수 있다. 경제학에서는 본원통화와 협의통화의 관계를 통화공급함수(money supply function) 혹은 화폐공급함수라 부른다. 이 화폐공급함수를 구체적으로 도출해 보자.

앞에서 예금통화의 공급에 관하여 설명할 때 몇 가지 비현실적인 가정을 사용하였는데 이제 그 가정들을 보다 현실에 가깝게 수정한다. 현금누출과 초과지급준비금이 없다고 가정했던 것을 이제는 완화한다. 민간이 어느 정도의 통화를 현금통화로 보유하기를 원하는 속성과 은행이 초과지급준비금을 보유하기도 하는 현실을 감안하는 것이다.

중앙은행이 공급한 본원통화는 예금은행조직에 흘러들어가 그 몇 배에 해당하는 예금통화를 창출하여 통화량을 증가시킨다.[12]

> 통화량을 본원통화로 나눈 값, 즉 통화량이 본원통화의 몇 배인가를 보여주는 배수를 **통화승수**(money multiplier) 혹은 **화폐승수**라 한다.

통화(화폐)승수
통화량이 본원통화의 몇 배인가를 보여주는 배수

통화량을 M, 본원통화를 B, 화폐승수를 m이라 하면 다음과 같은 정의식이 성립한다.

통화(화폐)공급함수
통화량과 본원통화의 관계

(22-3) $\quad m = \dfrac{M}{B}$ 혹은 $M = mB$

한편 통화량은 현금통화(C)와 예금통화(D)의 합이다. 그리고 본원통화(B)는 현금통화와 지급준비금(R)의 합이다.

(22-4) 통화(M) = 현금통화(C) + 예금통화(D)
    본원통화(B) = 현금통화(C) + 지급준비금(R)

---

12 이하에서 통화량은 M_1을 뜻한다. 통화량이 M_2일 경우에도 기본적으로 같은 논의가 적용된다. 예금은행이 기타예금취급기관으로 결제성예금(＝예금통화)이 결제성예금+준결제성예금으로 바뀌고, 협의통화승수가 광의통화승수로 바뀔 뿐이다.

위의 첫 번째 식을 두 번째 식으로 나누면 다음과 같다.

$$\frac{M}{B} = \frac{C+D}{C+R}$$

윗식 오른쪽 항의 분자와 분모를 D로 나누면

$$\frac{M}{B} = \frac{C/D+1}{C/D+R/D}$$

이 된다. 식에서 C/D는 현금통화와 예금통화의 비율인데 이 비율이 일정한 상수 c라고 가정한다.[13] R/D는 예금지급준비율(필요지급준비율+초과지급준비율) γ이다. 윗식을 이들 기호로 대체하면 화폐승수는 다음과 같다.

(22-5) $\quad m = \dfrac{M}{B} = \dfrac{c+1}{c+\gamma}$

$M = mB$이기 때문에 본원통화의 각 단위는 통화량을 m배로 증가시킨다. 본원통화는 통화량에 이런 승수효과를 유발하기 때문에 본원통화를 고성능화폐(high-powered money)라고도 부른다.

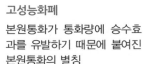
고성능화폐
본원통화가 통화량에 승수효과를 유발하기 때문에 붙여진 본원통화의 별칭

통화승수를 앞에서 정리한 신용승수($1/\gamma_l$)와 비교해 볼 때, 현금누출이 일어나고 초과지급준비금이 있기 때문에 통화승수가 신용승수보다 작음을 알 수 있다.

식 (22-5)는 통화승수가 일반대중의 현금예금비율(c)과 예금은행의 지급준비율(γ)이 작을수록 커짐을 보여 준다. 현금예금비율은 사람들이 얼마나 현금통화를 보유하고자 하는가 하는 관습에 주로 의존하는데 경제가 발달해 갈수록 점차 낮아지는 경향이 있다. 지급준비율은 일차적으로 필요지급준비율(γ_l)에 의해 영향을 받는다.

지금까지의 논의를 통해 다음과 같은 화폐공급함수를 얻을 수 있다.

(22-6) $\quad M^s = mB = \dfrac{c+1}{c+\gamma}B$

신용카드와 ATM
신용카드, ATM, 전자화폐, 모바일결제 등의 확산으로 현금의 필요성이 점점 줄어들고 있다.

식 (22-6)은 통화량이 세 개의 외생변수, B와 γ 및 c에 어떻게 의존하는지를 보여 준다. B는 중앙은행이 공급하는 본원통화이다. 지급준비율 γ는 필요지급준비율 γ_l과 초과지급준비율 γ_e를 합한 것과 같다. 따라서 통화량은 본원통화(B)의 공급과 필요지급준비율(γ_l)을 규제하는 중앙은행, 초과지급준비율(γ_e)을 결정하는 예금은행, 그리고 현금예금비율(c)을 결정하는 일반대중 모두가 함께 결정한다. 그러나

---

13 현금예금비율(C/D) 대신 현금통화비율(C/M)을 사용하여 통화승수를 도출할 수도 있다. 이 장의 연습문제 5를 참조할 것.

실제로 현금예금비율은 경제사회 관습에 의해 결정되고 초과지급준비율은 일정한 수준으로 결정(예금은행들은 관행에 따라 초과지급준비율을 낮은 일정수준으로 유지하려고 함)되기 때문에 통화량의 크기는 주로 본원통화와 필요지급준비율의 크기에 따라 변한다. 따라서 통화량의 조절은 주로 중앙은행의 정책에 달려 있다고 할 수 있다. 즉 현금예금비율과 초과지급준비율이 불변이면 중앙은행이 본원통화와 필요지급준비율을 조정함으로써 통화량을 조절할 수 있다. 이러한 맥락에서 다음에 통화정책의 효과를 논할 때, 통화량은 통화당국이 특정 수준에 결정할 수 있는 것으로 다룰 것이다.

1　화폐란 상품을 매매하고 채권·채무를 청산하는 일상거래에서 일반적으로 통용되는 지불수단을 말한다. 화폐는 일반적인 교환의 매개수단, 회계의 단위(가치의 척도), 가치저장수단의 세 가지 기능을 갖는다. 이 중에서 가장 본원적인 기능은 일반적인 교환의 매개수단으로서의 기능이다.

2　화폐의 형태는 역사적으로 상품화폐(물품화폐) → 금속화폐 → 지폐 → 예금화폐 → 디지털화폐의 순서로 변천·발달하여 왔다.

3　시중에 돌아다니고 있는 화폐의 유통량을 통화량이라 하고, 통화량의 크기와 변화를 측정하는 기준을 통화지표라고 한다. 어느 것까지를 화폐로 볼 것인가에 대하여는 정설이 없기 때문에 여러 가지 통화지표를 편성하여 병용하고 있는 것이 보통이다.

4　우리나라의 통화지표에는 협의통화(M_1)와 광의통화(M_2)가 있고 통화지표보다 더 광의의 유동성지표로 금융기관유동성(Lf)과 광의유동성(L)이 있다.

협의통화(M_1)＝민간화폐보유액(현금통화)＋예금취급기관의 결제성예금(예금통화)

광의통화(M_2)＝협의통화(M_1)＋준결제성예금(준예금통화)

금융기관유동성(Lf)＝광의통화(M_2)＋금융기관 기타예수금 및 수익성 금융상품 등

광의유동성(L)＝금융기관유동성(Lf)＋정부 및 기업이 발행한 채권(정부채·회사채) 등

5　금융이란 화폐(자금)의 융통을 말한다. 금융에는 자금의 수요자와 공급자가 직접 만나서 거래하는 직접금융과 중개기관을 사이에 두고 자금의 수요·공급이 이루어지는 간접금융이 있다.

6　금융시장이란 자금의 거래가 계속적으로 이루어지는 조직이나 기구로서 단기금융시장과 장기금융시장으로 구분한다. 단기금융시장에는 금융기관간에 일시적인 유휴자금이 거래되는 콜시장과, 환매채·기업어음·양도성예금증서 등이 거래되는 시장이 있다. 장기금융시장에는 기업의 설비자금과 같은 장기자금이 대부되는 장기대부시장과, 증권의 발행 및 유통을 담당하는 증권시장(자본시장)이 있다.

7　금융기관이란 자금의 수요와 공급을 중개하는 기관을 말한다. 금융기관은 크게 예금취급기관과 기타금융기관으로 나뉜다. 예금취급기관은 협의통화와 광의통화를 공급하는 금융기관으로서 중앙은행과 기타예금취급기관으로 나뉜다. 기타예금취급기관의 대표적인 금융기관은 예금은행이다. 기타금융기관은 보험회사 및 연금기금, 기타금융중개기관, 금융보조기관으로 분류된다.

8　금융거래를 원활하게 하는 제도적 장치를 금융제도라 한다. 금융제도는 금융시장·금융기관·금융하부

구조를 포괄하는 개념이다. 금융하부구조란 금융시장·금융기관을 뒷받침하거나 감시하는 법률체계와 각종 기구·제도를 말한다.

9 금융제도는 직접금융이 중심인 시장중심 금융제도와 간접금융이 중심인 은행중심 금융제도로 구분하기도 하고 은행·증권·보험을 따로따로 담당하는 전업주의, 같이 담당하는 겸업주의로 구분하기도 한다. 오늘날 금융제도는 이런 전통적인 구분이 퇴색하고 금융자유화와 금융국제화가 빠르게 진행되고 있다.

10 협의통화의 공급은 중앙은행의 본원통화공급을 통한 현금통화의 공급과 기타예금취급기관의 신용창조에 의한 예금통화의 공급으로 이루어진다. 본원통화는 현금통화와 지급준비금(=필요지급준비금+초과지급준비금)의 합계이다.

11 본원통화는 ① 재정지출이 재정수입보다 많을 때, ② 중앙은행의 예금은행에 대한 여신이 수신보다 클 때, ③ 국제수지 흑자로 중앙은행의 외환매입이 외환매각보다 클 때, ④ 중앙은행이 고정자산이나 유가증권을 매입할 때 증가한다.

12 본원통화를 고성능화폐라고도 하는데 이것은 본원통화가 예금취급기관조직에 들어가면 그 몇 배에 해당하는 예금통화를 창조하기 때문이다. 예금취급기관조직에 최초로 예금을 통해 유입된 본원통화를 본원적 예금이라고 한다. 현금누출이 없고 초과지급준비금이 없으며 예금취급기관의 유가증권투자도 없다면 본원적 예금은 필요지급준비율의 역수배(신용승수)만큼 예금을 창조한다.

13 협의통화나 광의통화의 크기가 어떻게 결정되는가를 보여 주는 것이 통화공급함수이다. 통화공급함수는

$$M^S = mB = \frac{c+1}{c+\gamma}B$$

로 표시된다. 현금예금비율(c)과 지급준비율(γ)이 작을수록 그리고 본원통화(B)의 공급이 클수록 통화량은 커진다. 여기서 m을 통화승수라 한다. 통화승수는 통화량(M)의 본원통화(B)에 대한 비율이다. 일반적으로 현금예금비율과 초과지급준비율은 경제사회 관습에 의해 결정된다. 따라서 민간의 현금통화 보유성향과 예금취급기관의 지급준비율이 일정하다면 통화량을 결정하는 가장 중요한 변수는 중앙은행이 통제할 수 있는 필요지급준비율과 본원통화이다.

- 법화 대(對) 관습화폐
- 예금통화
- 전자화폐
- 디지털화폐
- 중앙은행제도
- 그레샴의 법칙
- 협의통화(M_1)
- 광의통화(M_2)
- 금융기관유동성(Lf)
- 광의유동성(L)
- 단기금융시장

- 장기금융시장
- 콜시장
- 환매조건부채권
- 기업어음
- 양도성예금증서
- 직접금융
- 간접금융
- 예금취급기관
- 기타금융기관
- 금융제도
- 금융하부구조

- 금융심화
- 금융연관비율
- 전업주의
- 겸업주의
- 시장중심 금융제도
- 은행중심 금융제도
- 금융자유화
- 금융국제화
- 본원통화
- 화폐발행액
- 고성능화폐

- 필요지급준비금
- 초과지급준비금
- 본원적 예금
- 파생적 예금
- 신용창조
- 신용승수
- 순신용승수
- 부분지급준비제도
- 통화공급함수
- 통화승수

연습문제　　　　　　　　　　E/X/E/R/C/I/S/E

1 표 22-2에 있는 우리나라의 금융기관이 최근에 변화가 있는가를 확인하라.

2 본원통화가 왜 중앙은행의 부채가 되는가를 설명하라.

3 한국은행 "경제통계시스템(ecos.bok.or.kr)"을 이용하여 1980년대 이후

(1) 현금예금비율과 현금통화비율(=현금통화/협의통화)의 추세를 확인해 보라.
(2) 협의통화승수와 광의통화승수의 추세를 확인해 보라.
(3) 국민 1인당 현금보유량을 계산해 보라.
(4) 금융연관비율의 추세를 확인해 보라.

4 한국은행 "경제통계시스템"을 이용하여 최근의 한국은행 대차대조표를 살펴보고 본문의 표 22-4와 대비해 보라.

5 현금예금비율(C/D) 대신 현금통화비율(C/M)을 사용하여 통화승수를 도출하여 보자.

(1) $M = C + D$ 및 $B = C + R$을 이용하여
$$\frac{M}{B} = \frac{C/M + D/M}{C/M + R/M}$$ 를 유도하라.
(2) 현금통화비율을 z라 하면 $M = C + D$에서 예금통화 D는 $D = (1-z)M$으로 고쳐 쓸 수 있음을 보여라. 이것과 지급준비율 $\frac{R}{D} = r$을 이용하여 통화승수가 $\frac{1}{z + r(1-z)}$ 임을 보여라.

이제 현금통화비율이 0.20, 필요지급준비율이 0.15, 초과지급준비율이 0.05라고 하자.

(3) 통화승수를 구하라.
(4) 본원통화가 10억원이라면 통화량은 얼마가 되겠는가?
(5) 통화량을 2억원 증가시키려면 본원통화를 얼마나 늘려야 하는가?
(6) 본원통화는 그대로 두고 통화량을 2억원 증가시키기 위해 중앙은행이 취할 수 있는 방법은 구체적으로 무엇인가?

6 문제 5의 화폐공급함수에서

(1) 현금통화비율이 1일 때의 통화공급량을 구하라. 현금통화비율이 1이라는 의미는?
(2) 지급준비율이 1일 때의 통화공급량을 구하라. 지급준비율이 1이라는 의미는?

7 고객이 시중은행에 10만원을 1년만기 정기예금으로 예금하였다고 하자.

(1) 이는 고객과 은행 사이에 금융시장이 형성된 것이다. 이 금융시장에서 자금의 수요자는 누구이고 공급자는 누구인가? 수요자와 공급자 사이에 무엇이 서로 거래되었는가?
(2) 금융자산(혹은 금융부채) 10만원이 발생한 것을 확인하라. 만기가 되어 예금을 찾으면 금융자산에는 어떤 변동이 생기는가?
(3) 고객과 은행을 합친 민간경제에서는 10만원의 정기예금이 민간부(民間富)에 포함되는가?
(4) 10만원의 정기예금이 화폐로 간주되는 이유를 설명하라.

8 신용카드와 직불카드(debit card), 선불카드(prepaid card) 중에서 어느 카드가 화폐와 유사한 기능을 갖는지 그 이유를 설명하라.

9 기업이 필요한 자금을 조달하는 방법으로는 자기저축을 이용하는 내부자금 조달방식과 외부로부터 조달하는 외부자금 조달방식이 있고, 후자는 직접금융과 간접금융으로 나누어진다. 우리나라 기업부문의 자금조달패턴과 그 추이를 조사해 보라.

10 다음의 기술이 옳은가 그른가를 밝히고, 그 이유를 설명하라.

① 화폐의 가장 본질적인 기능은 일반적인 지불수단으로서의 기능이다.
② 재벌기업이 자기 계열 금융기관으로부터 대부를 받는 것은 직접금융이다.
③ call loan이란 단기공급자금을 말한다.
④ 중소기업은행은 일반은행에 속한다.
⑤ 정기적금을 중도해약하여 당좌예금으로 전환하면 광의통화(M_2)는 감소하고 그 대신 협의통화(M_1)는 증가한다.
⑥ 모바일 결재가 늘어날수록 현금통화의 비중이 낮아질 것이다.
⑦ 직접금융이 보편화되기 위해서는 증권유통시장이 발달되어야 한다.
⑧ 은행신탁계정은 M_2에 포함된다.
⑨ 기업이 사채시장에서 자금을 조달하는 것은 직접금융이다.
⑩ 물가가 안정되고 저축이 많을수록 금융연관비율은 높아진다.
⑪ 10원짜리 동전은 법화이지만 수표는 법화가 아니다.
⑫ 소재가치가 큰 화폐일수록 화폐로 통용되기 쉽다.
⑬ 한국은행이 건물을 매입하면 통화량이 증가한다.
⑭ 신용승수는 통화승수보다 크다.
⑮ 현금예금비율이 크다는 것은 금융기관이 덜 발달되었다는 것을 뜻한다.
⑯ 신용승수가 5라면 필요지급준비율은 25%이다.
⑰ 본원통화가 증가하면 현금통화가 증가한다. 그 역도 성립한다.
⑱ 통화승수는 현금통화비율과 초과지급준비율이 클수록 크다.
⑲ 다른 조건이 일정할 때 수출이 증가하면 본원통화도 증가한다.
⑳ 현금통화비율과 예금통화비율을 합하면 1이다.
㉑ 일부 금융기관이 파산하고 금융시장이 불안정해지면 통화승수는 하락한다.
㉒ 한국은행이 미국 국채를 매입하면 본원통화가 증가한다.
㉓ 한국은행의 통화안정증권 발행은 통화공급 증대로 이어진다.
㉔ 우리나라 한국은행의 통화공급경로 중 가장 중요한 것은 금융부문이다.
㉕ 금융연관비율은 높을수록 바람직하다.

화폐수요와 통화정책

앞 장에서는 금융제도와 더불어 화폐공급측면을 분석하였다. 이 장에서는 화폐의 수요측면을 분석한 다음 공급측면과 수요측면이 종합되는 화폐시장을 다룬다. 이어 중앙은행이 통화정책을 어떻게 펴 나가는가를 살펴본다.

사람들이 화폐를 수요하는 이유는 교환의 매개수단이나 가치의 저장수단으로서 화폐를 필요로 하기 때문이다. 고전학파가 교환방정식에 입각하여 처음으로 화폐수요를 체계적으로 설명하였다.

이어 케인스와 프리드만이 화폐수요이론을 발전시켰다. 고전학파는 이자율이 생산물시장에서 결정되는 실질현상이라고 보는 데 반하여 케인스는 이자율이 화폐시장에서 결정되는 명목현상이라고 본다. 고전학파와 케인스의 이자율결정이론은 총수요 · 총공급의 이론틀에서 함께 수용할 수 있다.

CHAPTER

23

화폐수요

사람들이 보유하고자 하는 화폐의 총량

사람들이 어떤 한 시점에서 수중에 보유하고자 하는 화폐의 총량을 화폐에 대한 수요(demand for money), 혹은 간단히 화폐수요(money demand)라고 말한다.[1] 화폐수요는 일정시점에서 측정하는 저량의 개념이다. 화폐는 수익성이 없는 금융자산이다. 일정시점에서 사람들은 화폐 대신 부동산·귀금속 같은 실물자산을 가질 수도 있고, 주식·회사채·정부채 같은 수익성 금융자산을 가질 수도 있다. 왜 사람들은 자산을 실물자산이나 수익성 금융자산으로만 나누어 가지지 않고 무수익성 금융자산인 화폐로도 보유하는가? 화폐수요의 크기는 어떻게 결정되는 것인가? 이에 대하여 경제학에서는 여러 가지 이론들이 제시되어 왔다. 그 중에서 가장 유력한 것은 고전학파의 화폐수량설과 케인스의 유동성선호설, 그리고 프리드만의 신화폐수량설이다.

1 고전학파의 화폐수요이론 : 화폐수량설

고전학파의 화폐수량설(quantity theory of money)은 화폐수요에 대한 전형적인 초기이론으로서 일반물가수준은 통화량의 크기에 의해 결정된다는 기본명제로부터 화폐수요를 설명하고 있다. 화폐수량설을 이해하기 위해서는 먼저 미국의 경제학자 피셔(I. Fisher)가 제시한 교환방정식을 알아야 한다.

교환방정식

교환방정식

일정기간 동안의 생산물 총거래액은 그 기간중 화폐 총지불액과 같다는 것

교환방정식(equation of exchange)은 일정기간 동안의 생산물 총거래액은 그 기간중 화폐 총지불액과 같다는 것이다.

---

1 엄밀하게 말하면 화폐수요량이라고 해야 할 것이다. 그러나 국민총생산이 국민총생산액을 뜻하는 것과 같이 화폐수요가 화폐수요량의 뜻으로 경제학에서 으레 쓰인다. 물론 화폐수요가 단순히「화폐를 수요하는 것」이라는 추상명사로 쓰일 수도 있다. 독자들은 그때그때 문맥에 따라 가려 이해할 수 있을 것이다. 이 절에서 사용하는 화폐는 협의통화(M_1)의 개념이다. 따라서 화폐와 협의통화를 혼용한다.

[23-1] 물가×생산물 총거래량 = 통화량×화폐의 거래유통속도
        (P) (T) (M) (V^T)

윗식의 왼쪽 항은 일정기간 동안의 생산물 총거래액(총산출), 오른쪽 항은 화폐 총지불액이다.

2022년 우리나라의 총산출은 5,566조원, 협의통화는 평잔기준으로 1,333조원이다. 따라서 2022년 협의통화의 거래유통속도는 5,566/1,333 =4.2이다. 이는 협의통화의 각 단위가 1년 동안에 생산물거래에 평균 4.2번 사용되었다는 뜻이다.

화폐의 거래유통속도(transaction velocity of money)란 일정기간 동안에 일어난 모든 생산물 거래에서 화폐의 각 단위가 평균적으로 몇 번씩 사용되었는가 하는 횟수를 말한다. 화폐의 거래유통속도는 $\frac{PT}{M}$로 측정된다.

화폐가 일반적인 교환의 매개수단이기 때문에 일정기간 동안의 생산물 총거래액은 화폐 총지불액과 항등적으로 같게 마련이라는 것을 보여 주는 것이 교환방정식이다. 실제로도 화폐의 거래유통속도가 사후적으로 생산물 총거래액을 통화량으로 나눈 $V^T = PT/M$로 측정되기 때문에 $PT = MV^T$는 항상 성립한다.

교환방정식은 거래개념 대신에 소득개념을 사용하여 정의할 수 있다. 식 (23-1)에서의 T는 최종생산물은 물론 중간생산물까지도 포함한 총산출의 개념이다. 이제 중간생산물을 제외한 최종생산물만을 고려하여 교환방정식을 정리하면 다음과 같다.

[23-2] 물가×실질국내총생산 = 통화량×화폐의 소득유통속도
        (P) (Y) (M) (V)

물가에 국내총생산을 곱한 PY는 명목국내총생산이 되는데 이것은 총거래액 PT보다는 작다. 화폐의 소득유통속도는 일정기간의 최종생산물 거래에 사용된 화폐 각 단위의 평균회전 수를 말한다. 화폐를 협의통화와 광의통화로 사용하여 협의통화의 소득유통속도, 광의통화의 소득유통속도를 얻는다.

원래 피셔는 식 (23-1)로 교환방정식을 세웠지만 일반적으로 널리 사용되는 교환방정식은 식 (23-2)이다. 이하의 논의에서 특별한 설명이 없는 한 교환방정식은 식 (23-2)를 뜻하고, 화폐의 유통속도는 화폐의 소득유통속도를 뜻하기로 한다.

항등식인 교환방정식에서 화폐의 소득유통속도가 일정하다고 가정한 것이 고전학파의 화폐수량설이다.

화폐의 (소득)유통속도
일정기간의 최종생산물 거래에 사용된 화폐 각 단위의 평균회전 수

화폐수량설이란 교환방정식에서 화폐의 유통속도가 일정하여 통화량이 변할 경우 이에 비례하여 명목국민소득이 변한다는 것이다.

고전학파에 의하면 화폐의 유통속도는 소득지불방법(예컨대 주급·월급 등), 금융기관의 발달 정도, 사회의 화폐 사용 관습 등에 의존하므로 천재지변, 전쟁, 금융관행의 변혁 등이 일어나지 않는 한 별로 변하지 않고 안정적이다. 따라서 화폐의 유통속도가 일정하다고 가정할 수 있다. 고전학파에 의하면 제20장에서 배운 바와 같이 실질총생산(Y)도 단기에는 공급측에 의해 완전고용국민소득(Y_F)수준에서 일정하다. 이 경우 식 (23-2)를 다시 정리하면

$$[23\text{-}3] \quad M = \frac{Y_F}{V}P$$

가 된다. 여기서 Y_F/V 는 상수이기 때문에 식 (23-3)은 통화량이 물가수준을 결정한다는 것을 보여 준다. 화폐수량설은 고전학파모형과 결합할 때 통화량과 물가가 정비례관계에 있다는 것을 보여 준다.

교환방정식은 원래 물가와 명목국민소득의 관계를 설명할 뿐 화폐수요에 관하여 아무런 명시적인 설명을 하지 않는 것이었다. 그러나 식 (23-2)로 표시된 교환방정식을 변형하여

$$[23\text{-}4] \quad M = \frac{1}{V}PY$$

로 정리하면 화폐수요가 명목국민소득(PY)의 일정비율($1/V$)로 결정된다는 것을 시사해 준다.

피셔의 분석에서 강조되는 화폐의 기능은 일반적인 교환의 매개수단으로서의 기능이다. 총거래량이나 명목국민소득이 늘어남에 따라 경제주체들은 일반적인 교환의 매개수단인 화폐를 더 많이 찾게 되어 화폐수요가 비례적으로 늘어난다는 것이다.

현금잔고방정식

현금잔고방정식(cash balance equation)은 신고전학파의 창설자인 영국의 경제학자 마샬(A. Marshall, 1842~1923)에 의해 정립된 것으로서 앞의 교환방정식과 마찬가지로 물가와 통화량의 관계를 정식화한 것이다. 교환방정식이 묵시적으로 화폐수요를 설명하고 있는 반면에 현금잔고방정식은 명시적으로 화폐수요함수를 제시하고 있다.

마샬에 따르면 소득의 수입시점과 지출시점이 일치하지 않고 채권의 매매에는

비용이 따르므로 사람들은 금융자산을 모두 채권으로 보유하지 않고 일부를 현금으로 보유한다. 구체적으로 명목국민소득의 일정비율을 현금으로 보유한다. 명목국민소득을 PY, 일정비율을 k라 하면 사람들이 보유하고자 하는 현금잔고(cash balance) M^D는 다음 식으로 표시된다.

$$[23\text{-}5] \quad M^D = kPY \qquad \text{또는} \quad \frac{M^D}{P} = kY$$

이 식을 현금잔고방정식이라 하고, k를 마샬의 k(Marshallian k)라 한다. 현금잔고방정식은 마샬을 중심으로 한 케임브리지(Cambridge)학파에 의해 사용되었기 때문에 케임브리지 방정식이라고도 한다. 현금잔고방정식에 의하면 실질통화수요(M^D/P)는 실질소득(Y)의 일정비율(k)로 결정된다.

현금잔고방정식
사람들은 명목소득의 일정비율을 현금잔고로 수요한다는 것을 나타내는 마샬의 방정식

20세기 초에 마샬이 말한 현금은 오늘날 협의통화(M_1)에 대응하는 개념이다. 식 (23-5)에서 M^D는 명목통화잔고(nominal money balance)수요 혹은 명목통화수요, 명목화폐수요라 한다. M^D/P는 실질통화잔고(real money balance)수요 혹은 실질통화수요, 실질화폐수요라 부른다. 영철이가 5,000원을 현금으로 보유하고 있다면 영철이 보유하고 있는 명목통화잔고는 5,000원이다. 만약 이 명목통화잔고로 한 개에 500원 하는 밀감을 산다면 10개의 밀감을 살 수 있다. 따라서 명목통화잔고 5,000원은 10개의 밀감 값이라고도 표시할 수 있다. 이 때 '10개의 밀감'이 곧 실질통화잔고(M^D/P)이다. 실제로 구입할 수 있는 재화 및 서비스의 양으로 나타낸 통화량이 실질통화잔고인 것이다.

교환방정식과 현금잔고방정식은 둘 다 화폐의 유통속도(V)가 일정하고 화폐수요가 국민소득의 크기에 의해 결정된다고 본다. V를 일정하게 보는 점이 화폐수량설

읽을거리 23-1 ▶ 마샬의 k와 화폐의 유통속도

식 (23-5)에서 $k = M^D / PY$가 된다. 따라서 k는 명목국민소득 1원을 거래시키는 데 필요한 통화량 또는 명목국민소득 가운데 통화의 잔고로 보유하고자 하는 비율이다. 마샬에 의하면 k는 사회의 거래관습에 의해 결정되며, 이 관습은 전쟁이나 천재지변, 금융변혁 등이 없는 한 별로 변하지 않는다. 그러므로 k의 값은 일정하다고 볼 수 있다.

현금잔고방정식에서 k를 일정한 상수로 보는 것은 교환방정식에서 V를 일정한 상수로 보는 것과 같다. 거시경제학에서는 통화당국이 통화량을 어떤 수준으로 공급하든 물가나 이자율, 소득 등이 변하여 통화당국이 공급한 통화량이 모두 수요되는 방식으로 화폐시장이 균형을 이룬다고 본다. 화폐시장의 균형상태에서 현금잔고방정식은 $M^D = M^S = kPY$로 된다. 이것을 교환방정식 $M = \frac{1}{V}PY$와 비교하면 k가 V의 역수임을 알 수 있다. 교환방정식을 설명하는 예에서 $V = 6$은 협의통화 각 단위가 1년에 평균 여섯 번 사용되어 여섯 번 다른 사람들의 손을 거쳤다는 것을 뜻하였다. 이 경우 $k = \frac{1}{V} = \frac{1}{6}$은 협의통화 각 단위가 한 사람의 수중에 평균 $\frac{1}{6}$년 = 두 달 동안 머물러 있었다는 것을 뜻한다.

을 후술하는 케인스의 유동성선호설 및 프리드만의 신화폐수량설과 다르게 하는 특징이다. 케인스는 V가 이자율에 민감하게 반응한다고 보아 화폐수요가 소득은 물론 이자율의 함수라고 본다. 프리드만도 V가 이자율에 반응한다는 것을 인정한다. 그러나 그 반응이 미약하기 때문에 화폐수요는 주로 소득의 함수라고 본다. 이제 케인스와 프리드만의 화폐수요이론을 차례로 살펴보자.

2 케인스의 화폐수요이론 : 유동성선호설

케인스의 화폐수요이론은 유동성선호설(theory of liquidity preference)이라 불린다. 이 이론에 의하면 사람들이 유동성(liquidity)을 확보하기 위하여 유동성이 가장 큰 화폐를 수요한다.

유동성이란 자산이 가치의 손실 없이 얼마나 빨리 교환의 매개수단으로 교환될 수 있는가 하는 정도를 말한다.

예를 들어 100만원짜리의 금과 5억원짜리의 건물을 비교해 보면 금은 금은방에 가서 100만원의 현금과 곧 교환될 수 있는 반면에, 건물은 몇 달이 지나야 5억원의 현금과 교환될 수 있다. 거래단위가 작은 금이 건물보다 유동성이 큰 자산이다. 일반적으로 금융자산은 유동성이 크고 부동산은 유동성이 작다.

모든 종류의 자산 중에서 화폐가 유동성이 가장 크다. 화폐는 그 자체가 교환의 매개수단이기 때문이다. 이러한 뜻에서 케인스는 화폐수요를 유동성선호라고 표현하였다.

케인스는 유동성선호의 동기를 거래적 동기(transactions motive), 예비적 동기(precautionary motive), 투기적 동기(speculative motive)의 셋으로 구분한다.

거래적 화폐수요

가계와 기업은 일상의 거래를 위하여 어느 정도의 화폐를 보유하고자 한다. 이는 수입과 지출 사이에 으레 존재하는 시차를 메우기 위해서이다. 예를 들어 가계의 경우 소득은 한 달에 한 번씩 받는 월급뿐인데 각종 가계지출은 매일 해야 하기 때문에 평소에 어느 정도의 화폐를 보유하고자 한다. 이것을 소득동기(income motive)에 의한 화폐수요라고 한다. 기업의 경우에도 수입과 지출 사이에 시차가 존재하므로 일상적인 영업활동을 하기 위해서는 어느 정도의 화폐가 필요하게 되는데 이것을 영업동기(business motive)에 의한 화폐수요라 한다. 소득동기와 영업동기에 의한 화폐수요를 통틀어 거래적 동기에 의한 화폐수요, 또는 간단히 거래적 화폐수요라 한다. 일반적으로 소득이 증가하면 거래규모가 커져 거래적 화폐수요도 증가하고, 소득이 감소하면 거래적 화폐수요도 감소한다. 따라서 거래적 화폐수요는 소득의 증가함수이다.

거래적 화폐수요
가계와 기업의 일상적인 지출을 위한 화폐수요

예비적 화폐수요

가계나 기업은 장래에 돌발적으로 일어날지 모르는 지출을 위하여 어느 정도의 화폐를 예비적으로 보유하고자 한다. 가계의 경우 질병이나 뜻밖의 사고에 대비하여 화폐를 보유하려고 한다. 기업의 경우에도 미리 예측하지 못한 사태에 대비하여 화폐를 보유한다. 이러한 예비적 동기에 의한 통화수요를 예비적 화폐수요라고 한다. 일반적으로 소득이 증가하면 더 많은 화폐를 예비적으로 보유하는 경향이 있다. 따라서 예비적 화폐수요도 거래적 화폐수요와 마찬가지로 소득의 증가함수이다.

예비적 화폐수요
예기치 못한 사태에 대비하는 화폐수요

투기적 화폐수요

사람들은 보통 거래적 동기와 예비적 동기에 의한 화폐보다 더 많은 화폐를 보유한다.

> 사람들이 일상생활에 필요하기 때문에 보유하는 화폐(즉 거래적 용도와 예비적 용도에 필요한 화폐)를 **활성잔고**(active balance)라 하고, 활성잔고 이외에 더 보유하고 있는 화폐를 **유휴잔고**(idle balance)라고 한다.

예컨대 어떤 사람이 현재 현금과 결제성예금을 합하여 300만원의 화폐를 보유하고 있다고 하자. 이 중에서 한 달 교통비·점심값 등 일상거래에 필요한 것이 60만원이고 예기치 못한 지출에 대비한 예비비가 40만원이라 하자. 그러면 활성잔고는 100만원이고 나머지 200만원은 유휴잔고이다. 케인스에 의하면 사람들은 수익성증권에 투자하기 위한 기회를 노려서 유휴잔고를 보유한다. 케인스는 금융자산을 이자가 붙지 않는 화폐와 이자가 붙는 증권으로 크게 구분하였다. 그리고 채권(bond)을 대표적인 수익성증권으로 보아 화폐와 채권을 대비하였다. 화폐는 유동성이 아주 큰 반면 수익성은 없다. 채권은 유동성이 작지만 수익성이 높다. 화폐가 유동성이 크기 때문에 일상생활에 필요한 만큼의 화폐를 보유한다. 이것이 거래적 동기와 예비적 동기에 의한 화폐수요이다. 그런데 현실세계에서 사람들은 거래적 동기와 예비적 동기에 의한 활성잔고 이상으로 화폐를 보유하는 경우가 많다. 이 유휴잔고는 채권을 사기 위한

우리나라 국채
기재부장관 명의로 발행하는 우리나라 국채는 만기에 따라 3년, 5년, 10년, 20년, 30년물 등이 있다. 국채는 발행물량이 많을수록 값이 싸져 수익률(이자율)이 높아진다.

것이다. 채권을 사되 채권가격이 쌀 때 사야 나중에 비싸게 팔아 매매차익, 즉 자본이득(capital gain)을 얻을 수 있다. 채권가격이 비쌀 때 사면 자본손실을 입기 쉽다. 따라서 채권가격이 높으면 낮아지기를 기다려 일시적으로 화폐를 보유하게 되는데 이것이 투기적 동기에 의한 화폐수요이다.

> 기회를 보아 채권을 살 목적으로 화폐를 보유하는 것을 **투기적 화폐수요**라고 한다. 투기적 화폐수요는 이자율과 역의 관계에 있다.

채권을 산다는 것은 사람들의 유휴잔고(투기적 화폐수요)가 감소함을 의미한다. 채권을 판다는 것은 투기적 화폐수요가 증가함을 의미한다. 그런데 채권가격은 제21장의 읽을거리 (21-4) 「채권가격과 이자율은 반대로 움직인다」에서 본 것처럼 이자율과 역의 관계에 있다. 즉 이자율이 높으면 채권가격은 낮고, 이자율이 낮으면 채권가격은 높다. 그러므로 이자율이 높으면(채권가격이 낮으면) 채권을 매입하여 투기적 화폐수요는 감소하고, 반대로 이자율이 낮으면(채권가격이 높으면) 채권을 매각하여 투기적 화폐수요는 증가한다. 따라서 투기적 화폐수요는 이자율의 감소함수가 된다.

그림 23-1은 투기적 화폐수요와 이자율의 관계를 나타낸 것이다. 종축에는 이자율을 표시하고 횡축에는 투기적 화폐수요를 표시하였다. 여기서 r_2는 사람들이 더 이상 오르지 않을 것이라고 생각하는 이자율수준이고, r_1은 사람들이 더 이상 떨어지지 않을 것이라고 생각하는 이자율수준이다. 케인스는 이런 최고금리와 최저금리 수준이 있다고 생각하였다. 이자율이 r_0일 때 사람들은 OL_0만큼의 화폐를 투기목적으로 수요한다. 그러나 이자율이 최고수준인 r_2로 되면 채권가격이 아주 낮기 때문에 유휴잔고를 모두 동원하여 채권을 매입한다. 따라서 투기적 화폐수요는 0이 된다.

이자율이 최저수준인 r_1으로 떨어지면 이번에는 채권가격이 최고로 높기 때문

그림 23-1

투기적 화폐수요곡선

케인스가 말하는 투기적 동기에 의한 화폐수요는 이자율의 감소함수이다.

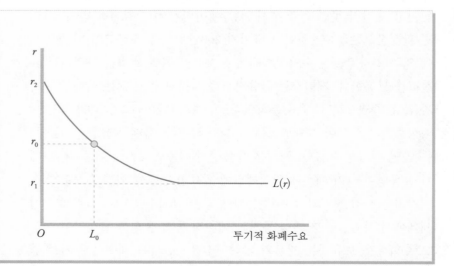

에 모든 채권을 매각하여 투기적 화폐수요는 최대가 된다. 케인스는 최저이자율수준에서 투기적 화폐수요곡선이 수평이 된다고 보았다. 이것은 이자율이 최저수준 r_1 일 때는 유휴자금의 증가분이 모두 투기적 화폐수요로 흡수된다는 것을 뜻한다. 따라서 이자율이 r_1 인 수준에서는 투기적 화폐수요가 이자율에 대하여 무한탄력적이 되며, 이러한 구간을 케인스는 유동성함정(liquidity trap)이라 불렀다.

유동성함정
화폐수요가 이자율에 대해 무한탄력적인 구간

유동성함정에 빠지는 최저금리는 어느 수준일까? 일반적으로 이자율이 마이너스일 수는 없다. 이자율이 마이너스라는 것은 돈을 빌려 주면서 일종의 '보관료'를 낸다는 것이다. 이 경우에는 자기 집 장농(금고)에 보관하는 대안이 있다. 이자율이 0이거나 0에 가까운 낮은 수준이 최저금리이다. 이를 0의 하한(zero lower bound)이라 한다.

화폐수요함수

유동성선호설에 입각한 화폐수요는 거래적·예비적 및 투기적 동기에 의한 화폐수요의 합이다. 거래적 화폐수요와 예비적 화폐수요는 소득의 증가함수이고 투기적 화폐수요는 이자율의 감소함수이다. 따라서 거래적·예비적·투기적 화폐수요를 합친 화폐수요는 소득의 증가함수이자 이자율의 감소함수이다.

케인스는 물가가 일정하다고 가정했기 때문에 화폐수요와 소득이 실질개념인지 명목개념인지 확실하지 않다. 이 점을 좀 더 분명히 하기 위하여 물가가 화폐수요에 미치는 영향을 생각해 보자. 논의를 간명하게 하기 위하여 이자율은 주어진 것으로 가정하자. 예를 들어 갑은 월소득이 100만원일 때 월간 교통비와 점심값으로 30만원을 보유하였다고 하자(이는 거래적 화폐수요이다). 이제 월소득이 200만원으로 두 배가 되었는데 한편으로 물가도 두 배로 올라서 교통비와 점심값도 두 배가 되었다고 하자. 그러면 갑은 종전과 동일한 수준의 교통비와 점심값을 해결하기 위하여 60만원을 보유하고자 할 것이다. 이 때 소득과 물가가 똑같이 두 배로 올랐기 때문에 실질소득에는 변함이 없다. 명목화폐잔고도 30만원에서 60만원으로 두 배가 되었지만 교통서비스와 점심이라는 상품, 즉 실질가치로 표시된 실질화폐잔고에는 변함이 없다. 명목화폐잔고가 두 배가 된 것은 단순히 물가가 두 배로 올랐기 때문이다. 따라서 명목화폐수요(M^D)는 주어진 이자율(r)과 실질소득(Y)에 의하여 결정되는 실질화폐잔고수요 $L(Y, r)$에 물가수준(P)을 곱한 것으로 표시할 수 있다.

(23-6) $M^D = P \cdot L(Y, r)$ 또는 $\dfrac{M^D}{P} = L(Y, r)$

실질소득이 증가하거나 이자율이 하락하면 실질화폐수요는 증가한다. 윗식에서 이자율은 화폐의 사용가격으로서 명목이자율이다.

3 프리드만의 화폐수요이론 : 신화폐수량설

밀튼 프리드만
자유시장 신봉자이며 화폐의 중요성을
강조한 통화주의자의 태두이다.

고전학파의 화폐수량설에서는 화폐의 유통속도(V)가 일정하다는 가정하에서 화폐수요(M^D)와 명목국민소득(PY) 사이의 비례관계를 정립하였다. 현실경제에서 화폐의 유통속도가 일정하지 않은 것이 사실이다. 이에 프리드만(Milton Friedman, 1912~2006)은 유통속도가 일정하다는 가정을 완화하여 새로운 화폐수량설을 전개하였는데 이것이 신화폐수량설(restatement of quantity theory of money)이다. 프리드만은 사람들이 화폐를 보유하려는 수요동기를 따지기보다는 화폐수요의 크기를 결정하는 요인이 무엇인가 하는 의문을 이론의 출발점으로 삼고 있다.

프리드만은 사람들이 화폐를 수요할 때 명목화폐가 아니라 실질화폐를 수요한다고 본다. 이것은 마치 사람들이 상품을 수요할 때 상품액을 수요하는 것이 아니라 상품량을 수요함으로써 효용을 느끼는 것과 같은 논리이다. 즉 화폐를 일종의 상품으로 보는 것이다.

화폐가 하나의 상품이기 때문에 화폐에 대한 수요는 다른 일반상품에 대한 수요와 마찬가지로 전통적 미시경제이론인 소비자의 효용극대화원리와 생산자의 이윤극대화원리에 의해 이루어진다고 본다. 따라서 소비수요를 제약하는 소비자의 소득, 수요의 대상이 되는 재화 및 서비스의 가격, 소비자의 선호 등이 화폐수요의 분석에도 필요하게 된다.

이러한 기본전제하에 프리드만은 고전학파의 화폐수량설에서 일정하다고 보는 마샬의 k가 채권의 예상수익률(r_b), 주식의 예상수익률(r_e), 예상물가상승률(π) 등의 영향을 받는 것을 보였다. 이에 따라 실질화폐수요(M^D/P)는 이자율과 실질소득의 함수이다.

$$[23\text{-}7] \quad k = k(r_b,\ r_e,\ \pi)$$

$$[23\text{-}8] \quad \frac{M^D}{P} = kY = k(r_b,\ r_e,\ \pi) \cdot Y$$

이 두 식에서 채권이나 주식의 예상수익률이 상승하면 대체자산들이 더 투자가치가 있으므로 화폐수요가 감소한다. 예상물가상승률이 상승하면 화폐의 구매력이 떨어질 것으로 예상되기 때문에 화폐수요가 감소한다.[2]

---

2 화폐에는 이자가 붙지 않기 때문에 화폐의 명목수익률은 0이다. 금융자산의 (예상)실질수익률은 명목수익률에서 예상인플레이션율을 뺀 것이기 때문에 화폐의 실질수익률은 −π이다. 인플레이션이 일어나면 실물자산

프리드만의 화폐수요함수는 실질화폐수요를 이자율과 실질소득의 함수로 보는 점에서 케인스의 화폐수요함수와 형식상 유사하다. 다만 케인스는 채권의 명목수익률만을 고려하였는데 프리드만은 모든 형태의 자산의 예상수익률을 다 고려하고 있다. 즉, 가치저장수단의 역할을 강조하는 화폐수요를 대상으로 삼고 있다. 화폐는 자산선택의 일부로 보유한다는 것이다. 그러나 프리드만의 화폐수요이론은 r_b, r_e, π 등이 k에 미치는 영향이 아주 미미하여 실질화폐수요는 거의 실질소득에 의해 결정된다고 보는 점에서, 이자율의 영향을 중시하는 케인스의 화폐수요이론과 내용상 다르다. 실질소득도 당기의 실질소득이 아니라 장기적인 기대소득이 실질화폐수요에 영향을 미친다고 본다. 실질소득의 영향을 강조하는 프리드만의 화폐수요이론은 실질화폐수요를 실질소득만의 함수로 보는 고전학파의 화폐수량설과 내용상 매우 유사하다. 이러한 이유로 프리드만의 화폐수요이론을 신화폐수량설이라고 부른다.

 ## 제2절 이자율 결정에 관한 이론

앞 절에서 고전학파와 케인스가 화폐수요에 대하여 서로 다른 입장을 취하고 있음을 살펴보았다. 이러한 입장의 차이는 이자율이 결정되는 원리를 설명하는 데에도 연장되어 나타난다. 이자율은 통화정책의 효과를 논의하는 데 있어서 중요한 변수이기 때문에, 이 절에서 이자율 결정에 관한 이론을 다루어 보기로 한다. 이자율 결정에 관한 대표적인 이론으로는 이자율이 화폐시장(광의로는 금융시장)에서 결정된다고 보는 케인스의 이론과 생산물시장에서 결정된다고 보는 고전학파의 이론이 있다.

은 실질수익률이 감소하지 않는데 금융자산은 실질수익률이 감소한다. 따라서 인플레이션이 일어나면 실물자산의 수요가 증가하고 화폐를 포함한 금융자산의 수요는 감소한다.

1 케인스의 이자율이론

앞 장에서 화폐공급을, 앞 절에서 화폐수요를 분석하였다. 케인스는 이 화폐공급과 화폐수요를 같게 해 주는 수준에서 이자율이 결정된다고 보았다. 화폐시장을 상정하여 이자율을 화폐수요와 화폐공급을 같게 해 주는 가격변수로 해석한 것이다.

앞 절에서 케인스는 화폐수요가 이자율의 감소함수라고 하였다.

$$\text{(23-9)} \quad M^D = P \cdot L(Y, r)$$

에서 물가(P)와 실질국민소득(Y)이 주어져 있을 때 이자율(r)이 상승하면 화폐수요가 감소하고 이자율이 하락하면 화폐수요가 증가하는 것이다. 이를 그림 23-2에서 우하향하는 화폐수요곡선으로 표시하였다.

앞 장에서 화폐공급은 화폐공급함수

$$\text{(23-10)} \quad M^S = mB = \frac{c+1}{c+\gamma}B$$

로 표시되었다. 식에서 c는 현금예금비율, γ는 지급준비율, B는 본원통화이다. 이 세 변수만 정해지면 화폐공급이 정해진다. 그런데 이 세 변수는 이자율과 아무 관계가 없다. 이자율과 관계 없이 화폐공급이 결정되기 때문에 그림 23-2에서 화폐공급곡선을 수직으로 그렸다.

현금예금비율, 지급준비율, 본원통화가 주어지면 화폐공급도 주어진다. 화폐수

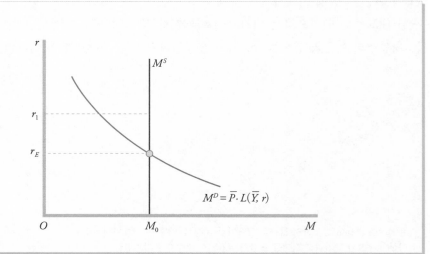

그림 23-2

케인스의 이자율 결정이론

케인스에 의하면 화폐공급이 주어져 있을 때 이 화폐공급과 화폐수요가 같아지도록 이자율이 r_E에서 결정된다.

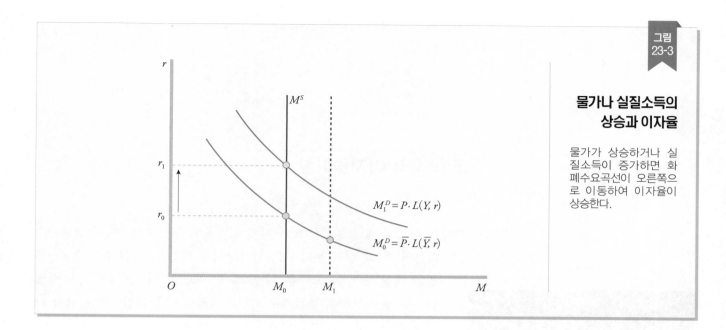

그림
23-3

**물가나 실질소득의
상승과 이자율**

물가가 상승하거나 실
질소득이 증가하면 화
폐수요곡선이 오른쪽으
로 이동하여 이자율이
상승한다.

요가 주어진 화폐공급과 같아지도록 이자율이 결정된다. 이 균형이자율은 그림에서 r_E이다. 만약 이자율이 r_1이면 화폐수요가 주어진 화폐공급보다 적다. 즉, 사람들이 가지고 싶어 하는 화폐보다 더 많이 화폐가 공급되고 있다. 이 경우에는 이자율이 떨어져 투기적 화폐수요가 증가해야 화폐시장의 초과공급이 줄어든다. 이 조정과정은 이자율이 r_E에 이를 때까지 계속된다. 이자율이 r_E보다 낮은 수준에 있어 화폐시장에 초과수요가 있으면 이자율이 상승하여 투기적 화폐수요가 감소해야 한다.

이처럼 케인스는 이자율이 화폐시장에서 화폐의 수요와 공급에 의해 결정되는 화폐적 현상(monetary phenomenon)이라고 보았다.

지금까지 물가와 실질국민소득, 화폐공급이 주어져 있다고 가정하여 논의를 전개하였다. 이것들이 변하면 어떻게 될까? 물가나 실질국민소득이 상승하면 그림 23-3에서 보는 바와 같이 화폐수요곡선이 오른쪽으로 이동한다. 물가가 상승하거나 실질국민소득이 증가하면 각각의 이자율에서 종전보다 화폐수요가 증가하기 때문이다. 이에 따라 종전의 이자율 r_0에서 화폐의 초과수요가 생겨 이자율이 상승한다. 균형이자율은 r_1이다. 물가가 상승하거나 실질국민소득이 증가하면 화폐시장에 초과수요를 일으켜 이자율을 상승시키는 것이다.

통화당국이 화폐공급을 증가시키면 수직의 화폐공급곡선이 오른쪽으로 이동하여 이자율이 하락한다.

케인스는 화폐 대신 가질 수 있는 금융자산으로 채권만을 상정한다고 앞에서 설명하였다. 이런 분석틀로 보면 화폐에 대한 초과수요는 화폐와 대체관계인 채권의 초과공급과 같고 화폐시장이 균형이면 채권시장도 균형이다. 따라서 광의로는 이자율이 화폐시장과 채권시장을 포괄한 금융시장에서 결정되는 현상이라고 말할 수 있다. 즉, 케인스의 세계에서 이자율은 화폐시장과 채권시장을 동시에 균형시키는 수준에서 결정된다.

2 고전학파의 이자율이론

고전학파는 제21장에서 설명한 바와 같이 이자율이 생산물시장에서 생산물의 수요·공급에 의하여 결정된다고 본다. 생산물시장의 균형조건은 생산물총수요=총공급 대신 총투자수요=총저축으로 쓸 수도 있음을 제20장에서 배웠다. 생산물시장에서 총투자수요는 소비되지 않은 생산물의 수요를 나타내고 총저축은 소비되지 않은 생산물의 공급을 나타낸다. 총투자수요는 일반적으로 이자율의 감소함수이다. 한편 고전학파는 생산물 중 소비하지 않은 부분인 총저축이 이자율의 증가함수라고 본다. 이자율을 사람들이 생산물을 현재소비에 사용하지 않고 축적하게 하는 유인으로 파악하여, 이자율이 상승하면 이러한 축적유인이 높아져 저축이 증가한다는 것이다.

고전학파에 의하면 그림 23-4와 같이 우하향하는 총투자수요곡선(I^D)과 우상향하는 총저축곡선(S_g)의 교차에 의하여 이자율(r_E)이 결정된다. 고전학파모형에서 총투자수요와 총저축은 기준연도 가격으로

되와 말

되로 (빌려)주고 말로 받는다는 옛말이 있다. 사진에서 큰 순으로 두말, 한말, 한되, 한홉 짜리 곡식 계량도구이다. 홉<되<말은 크기가 10배씩 증가한다. 춘궁기에 '다섯 되의 쌀을 빌려서 추수기에 한 말로 갚아야 한다'면 고전학파가 이야기하는 실질이자율 개념이다.

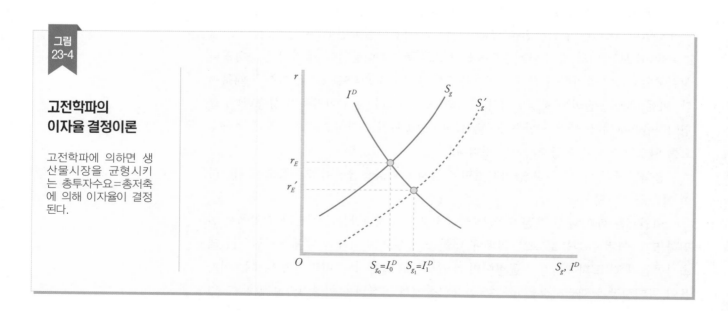

그림 23-4

고전학파의 이자율 결정이론

고전학파에 의하면 생산물시장을 균형시키는 총투자수요=총저축에 의해 이자율이 결정된다.

표시하는 실질변수이다. 물가변동까지 포함된 명목투자수요와 명목저축이 이자율을 결정하는 것이 아니라 물가변동을 제거한 실질투자수요와 실질저축이 이자율을 결정한다는 것이다.

이제 사람들이 종전보다 근검절약하는 저축의욕이 고취된다고 하자. 그러면 모든 이자율수준에서 종전보다 더 저축하게 되기 때문에 저축곡선이 S_g'과 같이 오른쪽으로 이동한다. 그 결과 새로운 균형이자율은 종전보다 낮은 r_E'이 되고 저축과 투자는 증가한다.

읽을거리 23-2 ▶ 실물거래와 금융거래

고전학파는 이자율이 생산물시장에서 결정된다고 본다. 대부자금설은 이자율이 대부자금시장에서 결정된다고 본다. 양자가 같은 말이라는 것을 단순한 틀로 설명해 보자. 가계와 기업만 있는 민간경제를 상정하자. 가계는 자금 공급부문이고 기업은 자금수요부문이다. 가계의 예산제약식을 다음과 같이 쓸 수 있다.

처분가능소득+금융부채 증가 = 소비+가계투자+금융자산 증가

식의 좌변은 일정기간 동안 가계가 쓸 수 있는 자금 총액이다. 이 자금 총액은 가계가 소비하거나 투자하거나 금융자산을 늘리는 데에 쓸 수 있다.

윗식을 바꿔 쓰면

처분가능소득−소비−가계투자 = 금융자산 증가−금융부채 증가

그런데 처분가능소득에서 소비를 빼면 가계저축이 된다.

(1) 가계저축−가계투자 = 가계금융자산 순증가 = 가계자금 잉여

윗식은 가계부문의 자금 잉여는 실물거래에서 보면 저축에서 투자를 뺀 금액과 같고 금융거래에서 보면 금융자산 증가와 금융부채 증가의 차액으로 나타난다는 것을 보여 준다.

기업도 다음과 같은 제약식을 갖는다.

매출+금융부채 증가 = 중간재 구입비+임금 등 기타경비+투자지출+금융자산 증가

윗식을 고쳐 쓰면

투자지출−{매출−(중간재 구입비+임금 등 기타경비)} = 금융부채 증가−금융자산 증가 = 자금 부족

그런데 { } 안은 기업의 총수입에서 총지출을 빼기 때문에 기업저축이라 할 수 있다. 따라서

(2) 기업투자−기업저축 = 기업금융부채 순증가 = 기업자금 부족

이다. 식 (1)에서 (2)를 빼면 다음의 식 (3)이 된다.

(3) 가계저축+기업저축−(가계투자+기업투자) = 가계자금 잉여−기업자금 부족

따라서 총저축이 총투자와 같게 되면 가계자금 잉여분과 기업자금 부족분도 같게 된다. 국민계정에서 총저축은 총투자와 같게 되어 있다는 것을 배웠다. 총저축이 총투자수요와 같다는 생산물시장의 균형조건이 성립하면 가계자금 공급이 기업자금 수요와 같다는 대부자금시장의 균형조건도 성립한다. 독자들은 정부부문을 도입해도 지금까지의 논의가 기본적으로 통용된다는 것을 확인할 수 있어야 한다.

정부부문이 추가되는 혼합경제에서 생산물시장의 균형조건은 총투자수요(I^D) = 총저축(S_g) = 민간저축(S) + 정부저축인데 민간저축은 이자율의 증가함수이고 정부저축은 조세수입(T) − 정부지출(G)로 정의된다. 따라서 균형조건은

$$\boxed{[23\text{-}11]}\quad I^D(r) = S_g = S(Y,\, r) + (T - G)$$

이다.

대부자금설
대부자금의 수요와 공급에 의해 이자율이 결정된다고 보는 고전학파의 이론

고전학파의 이자율이론은 경제학에서 전통적으로 대부자금설(theory of loanable fund)로 불린다. 식 (23-11)의 총투자수요가 총자금수요로, 총저축이 총자금공급으로 나타나기 때문이다. 총자금수요를 대부자금 총수요로, 총자금공급을 대부자금 총공급으로 해석하면 자금을 빌려 주고 빌리는 대부자금시장의 수요와 공급에 의해 이자율이 결정된다고 볼 수 있기 때문이다.

3 일반균형모형에 의한 이자율이론

케인스에 의하면 화폐시장에서 이자율이 결정된다. 고전학파에 의하면 생산물시장 혹은 대부자금시장에서 이자율이 결정된다. 어느 쪽이 맞을까?

지금까지 다룬 케인스와 고전학파의 이자율이론은 부분균형모형에 입각한 이론이다. 다른 시장들과 영향을 서로 주고 받는 것을 무시하고 한 시장만 따로 떼어 분석한 것이다. 이런 부분균형분석 과정에서 실질국민소득과 물가가 주어져 있다고 가정하였다. 그러나 실질국민소득과 물가는 그냥 주어져 있지 않고 어떻게 결정되는가를 이론으로 설명해야 할 중요한 거시경제변수이다.

거시경제학에서는 생산물시장과 화폐시장, 나아가 생산요소시장까지 상호작용하여 실질국민소득, 물가, 이자율이 한꺼번에 결정된다고 본다. 이런 상호작용은 주요 거시경제변수들이 서로 영향을 주고 받는 것을 명시적으로 고려하는 일반균형모형의 틀로 분석해야 한다. 다음 장에서 다루는 총수요·총공급의 이론이 바로 그러한 일반균형모형이다.

제3절 통화정책의 의의와 정책수단

1 통화정책의 의의와 목적

통화정책(monetary policy)이란 중앙은행이 통화량이나 이자율에 영향을 미쳐 국민경제의 안정적 성장을 실현하고자 하는 정책을 말한다.[3]

통화정책의 체계는 일반적으로 최종목표(goals)·명목기준지표·운용목표(operating targets)·정책수단(instruments)의 네 가지 요소로 구성된다.

통화정책의 최종목표란 통화정책이 실현하고자 하는 국민경제상의 목표를 말한다. 세계 각국은 물가안정·금융안정·완전고용·국제수지균형·경제성장 등을 통화정책의 최종목표로 삼고 있는데 각국의 중앙은행은 물가안정과 금융안정, 그리고 완전고용에 더 중점을 두고 있다. 우리나라의 한국은행은 금융안정과 함께 물가안정을 최우선 목표로 하고 있다.

정책수단은 아래에서 설명하는 것과 같이 중앙은행이 통화량이나 금리를 조절하기 위해 직접 사용할 수 있는 수단들을 말한다. 통화정책의 다양한 파급경로와 정책시차를 고려할 때 정책수단으로 통화정책이 올바르게 운영되고 있는지를 확인하기 어렵다. 이에 따라 중앙은행은 정책수단과 최종목표 사이에 운용목표와 명목기

통화정책
중앙은행이 통화량이나 이자율에 영향을 미쳐 국민경제의 안정적 성장을 실현하고자 하는 정책

정책수단		운용목표		명목기준지표		최종목표
• 공개시장운영 • 재할인율정책 • 지급준비율정책 • 여수신제도 등	⇨	• 단기금리 • 지급준비금 등	⇨	• 통화량 • 환율 • 물가상승률	⇨	• 물가안정 • 금융안정 • 완전고용 • 국제수지균형 • 경제성장

그림 23-5

통화정책의 체계

---

[3] 통화정책은 금융정책, 통화신용정책, 통화금융정책이라고도 부른다.

준지표를 둔 체계에서 통화정책을 운영하고 있다. 명목기준지표(nominal anchor)란 최종목표의 달성을 위해 중앙은행이 영향을 끼치는 변수를 말한다. 명목기준지표에는 통화량, 환율, 물가상승률 등이 있으며 국가별로 경제상황에 맞게 설정된다. 우리나라는 현재 물가상승률을 명목기준지표로 삼고 있는데 이를 물가안정목표제(inflation targeting)라고 한다.

운용목표(operating target)란 명목기준지표의 달성을 위해 중앙은행이 관리하고자 하는 지표로서 단기 시장금리, 지급준비금 등이 대상이 된다.

통화정책의 수행과 관련된 제반 수단, 목표 등 일련의 과정을 통화정책체계라 한다. 그림 23-5는 통화정책의 체계를 나타낸 것이다.

단기적으로 총공급능력은 주어져 있다. 총공급의 확대에 의한 경제성장은 제29장에서 다룬다. 단기에 재정정책과 통화정책은 주어진 총공급능력하에서 총수요를 조절하는 총수요관리정책(aggregate demand management policy)의 성격을 가진다.

2 통화정책의 수단

통화정책의 수단에는 여러 가지가 있는데 크게 일반적 정책수단과 선별적 정책수단으로 구분한다. 일반적 정책수단(general control)이란 정책효과가 국민경제 전반에 미칠 수 있도록 고안된 정책수단을 말한다. 선별적 정책수단(selective control)이란 정책효과가 국민경제의 어떤 특정부문에만 선별적으로 미치는 정책수단을 말한다.

일반적 정책수단

일반적 정책수단에는 전통적으로 공개시장운영·지급준비율정책·재할인율정책 등이 있는데, 이 세 가지가 중앙은행이 통화량과 이자율을 조절하는 가장 기본적인 수단들이다.

공개시장운영

공개시장운영(open market operation)이란 중앙은행이 단기금융시장이나 채권시장에서 금융기관을 대상으로 정부채 등 유가증권을 매매함으로써 본원통화와 이자율을 조절하는 정책수단을 말한다.

단기금융시장이나 채권시장 등은 누구나 자금만 있으면 참여할 수 있다는 뜻에서 공개시장이라 불린다. 중앙은행이 공개시장에서 정부채(정부가 발행한 국공채)를 매입하면 통화량이 증가하고 정부채를 매각하면 통화량이 감소한다. 한국은행이 A

공개시장운영
중앙은행이 단기금융시장이나 채권시장에서 금융기관을 대상으로 정부채 등 유가증권을 매매함으로써 본원통화와 이자율에 영향을 미치는 정책수단

A은행 대차대조표의 변화			(단위: 억원)
자 산		부 채	
지급준비예치금	+10		
국채	-10		
중앙은행 대차대조표의 변화			
자 산		부 채	
국채	+10	A은행의 지급준비예치금	+10 ◀

표 23-1

**중앙은행의
A은행으로부터의
국채매입**

은행으로부터 10억원의 국채를 사들인다고 하자. 한국은행은 A은행의 지급준비예
치금을 10억원만큼 늘려 주는 방식으로 국채매입 대금을 결제한다. 그 결과 A은행의
지급준비예치금이 10억원 증가한다. 중앙은행의 부채인 지급준비예치금의 증가는
본원통화의 증가를 의미한다. A은행은 국채매각 대금으로 결제된 10억원의 지준예
치금에서 필요지급준비금을 적립하고 나머지를 대출한다면 앞 장에서 설명한 신용
창조를 통하여 통화량이 증가한다. 표 23-1은 이와 같은 일련의 신용창조가 이루어
지기 이전의 첫 단계만을 보인 것이다.

이와 같이 중앙은행이 공개시장에서 정부채를 매입하면 본원통화가 증가하여
통화량의 증가로 나타난다. 반대로 중앙은행이 국채를 매각하면 본원통화가 감소하
며 통화량은 감소한다.

공개시장조작은 이자율도 변화시킨다. 제21장의 읽을거리 「채권가격과 이자율
은 반대로 움직인다」에서 설명한 것처럼 채권가격과 이자율은 서로 반대방향으로 움
직인다. 중앙은행이 정부채를 매입하면 정부채에 대한 수요가 증가하여 정부채가격
이 오르기 때문에 이자율이 하락한다. 반대로 중앙은행이 정부채를 매각하면 정부채
의 공급이 증가하여 정부채가격은 하락하고 이자율은 상승한다.

중앙은행이 정부채를 매입하면 통화량은 증가하고 이자율은 하락한다.
중앙은행이 정부채를 매각하면 통화량은 감소하고 이자율은 상승한다.

금융시장이 고도로 발달하여 금융자산이 다양화되어 있고 금리가 자유화되어
있는 선진국의 경우에는 통화조절수단으로 공개시장운영을 가장 많이 활용하고 있
다. 공개시장운영은 우리나라에서도 중요한 통화정책수단이 되고 있다. 다만 선진국
의 경우와 다른 점은 주된 운영대상이 정부채가 아니라 중앙은행이 발행한 통화안정

증권4이라는 점이다. 통화안정증권의 이자부담이 막대하여 이자지급 자체가 통화증발요인으로 작용하기 때문에 최근에는 환매조건부정부채 매매가 활용되고 있다. 환매조건부(RP: repurchase agreements) 매입은 한국은행이 정해진 기간 내에 정부채를 다시 매각한다는 약속을 하고 금융기관으로부터 정부채를 매입하는 거래이다. 정부채를 매입함으로써 시중에 통화량이 증가하게 된다. 반대로 환매조건부매각은 통화량을 흡수할 때 사용된다.

지급준비율정책

지급준비율정책
중앙은행이 예금은행의 필요
지급준비율을 변경시킴으로써
통화량을 조절하는 것

지급준비율정책(reserve requirements ratio policy)이란 중앙은행이 예금은행의 필요지급준비율을 변경시킴으로써 통화량을 조절하는 것을 말한다. 중앙은행이 필요지급준비율을 변경시키면 일차적으로 예금은행의 초과지급준비금이 변한다.5 예를 들어 A라는 예금은행의 요구불예금 총액이 100억원이고 필요지급준비율이 25%라고 하면 A은행의 대차대조표는 표 23-2(a)와 같다. 이제 중앙은행이 필요지급준비율을 25%에서 20%로 인하한다면 A은행의 대차대조표는 표 23-2(b)와 같이 될 것이다. A은행의 필요지급준비금은 25억원에서 20억원으로 줄어드는 대신 초과지급준비금은 75억원에서 80억원으로 5억원이 늘어난다. 앞에서 설명한 것처럼 초과지급준비금의

표 23-2

필요지급준비율 인하와 초과지급준비금 증가

(a) 필요지급준비율 25% (단위: 억원)

자 산		부 채	
필요지급준비금	25	요구불예금	100
초과지급준비금	75		

(b) 필요지급준비율 20%

자 산		부 채	
필요지급준비금	20	요구불예금	100
초과지급준비금	80		

---

4 통화안정증권(혹은 통안증권)은 자금조달을 목적으로 발행하는 다른 증권과는 달리 시중 통화량을 조절하기 위하여 한국은행이 발행하는 단기증권이다. 재정증권과 외국환평형기금채권도 통안증권과 같은 목적으로 정부가 발행하는 증권이다. 외환시장에 개입하여 환율의 급격한 변동을 완화하기 위해 준비해 둔 기금이 외국환평형기금이다. 이 기금에서 발행한 채권이 외국환평형기금채권이다.

5 초과지급준비금이란 예금액에서 필요지급준비금을 뺀 나머지 중 아직 대출되거나 증권에 투자되지 아니한 부분을 말한다. 앞 장의 표 22-5에서는 예금액 10만원에서 필요지급준비금 20,000원을 뺀 나머지가 모두 대출된다고 가정하였기 때문에 80,000원이 대출로 잡혔었다. 그러나 표 23-2의 경우에는 아직 예금은행이 대출도 증권투자도 하지 않은 단계이기 때문에 예금액에서 필요지급준비금을 뺀 나머지를 모두 초과지급준비금으로 잡은 것이다.

증가는 예금은행의 대출증가로 나타나고 이것이 예금은행조직 속에서 통화승수를 통해 통화량을 증가시킨다.

반대로 중앙은행이 필요지급준비율을 인상하면 예금은행의 초과지급준비금이 감소하여 대출이 감소하기 때문에 통화량은 감소한다.

> 중앙은행이 필요지급준비율을 인하하면 예금은행의 초과지급준비금이 증가하고 통화승수가 커져 통화량이 증가한다.

지급준비율정책은 1980년대 이후 전 세계적으로 통화정책이 통화량 중심에서 금리 중심으로 전환되면서 그 활용도가 과거에 비해 저하되었으나 우리나라를 비롯한 주요국에서 여전히 중요한 통화정책수단으로 사용되고 있다.

재할인율정책

재할인율정책(rediscount rate policy)이란 중앙은행이 금융기관에 빌려 주는 자금의 금리를 높이거나 낮추어 금융기관이 중앙은행으로부터 차입하는 자금규모를 조절함으로써 금리와 통화량을 조절하는 금융정책수단이다. 재할인(rediscount)이란 예금은행이 자금을 대출하면서 고객으로부터 받은 상업어음을 중앙은행에 제시하여 자금을 차입하는 것을 말한다. 이 경우에 중앙은행이 예금은행에 대하여 적용하는 이자율을 재할인율(rediscount rate)이라 부른다.[6]

중앙은행은 재할인율을 인상하거나 인하함으로써 통화량을 조절할 수 있다. 예를 들어 예금은행이 고객으로부터 할인한 10억원 상당의 약속어음을 중앙은행에 제시하고 재할인을 받아 자금을 차입한다고 하자. 이 때 재할인율이 10%라면 예금은행이 중앙은행으로부터 차입할 수 있는 금액은 9억원이다. 이제 재할인율이 20%로 인상된다면 동일한 약속어음을 재할인할 때 예금은행이 중방은행으로부터 차입할 수 있는 금액은 8억원이 되어 재할인율이 10%일 때보다 감소한다. 이와 같이 중앙은행이 재할인율을 인상하면 예금은행의 중앙은행에 대한 차입금이 감소하는데 이것은 예금은행의 초과지급준비금 감소로 나타난다. 앞에서 설명한 것처럼 예금은행의 초과지급준비금이 감소하면 통화량이 감소한다. 한편 재할인율을 인하하면 예금은행의 초과지급준비금이

재할인율정책
중앙은행이 금융기관에 빌려 주는 자금의 금리를 높이거나 낮추어 금리와 통화량을 조절

약속어음
예금은행이 고객으로부터 받은 약속어음(상업어음)을 중앙은행에 제시하고 자금을 차입할 때 적용되는 금리가 재할인율이다.

---

6 갑이라는 중소기업이 대기업에 제품을 납품하고 그 대금으로 6개월 만기의 약속어음을 받았다고 하자. 이 약속어음은 상거래에 수반하여 발행한 어음이기 때문에 앞 장의 단기금융시장에서 설명한 것처럼 상업어음(혹은 진성어음)이라 한다. 갑은 이 상업어음을 가지고 있다가 만기일에 제품판매대금을 회수할 수 있다. 그러나 중간에 자금이 필요하면 이 어음을 거래은행에 제시하여 만기까지의 이자를 뺀 나머지를 빌려 쓸 수 있다. 이를 어음할인이라 한다. 거래은행도 만기 이전에 자금이 필요하면 이 어음을 은행의 은행인 중앙은행에 제시하여 만기까지의 이자를 뺀 나머지를 빌려 쓸 수 있다. 이를 어음재할인이라고 한다. 어음할인은 금융기관이 어음을 담보로 대출해 주는 성격을 띤다.

증가하여 통화량은 증가한다.

> 중앙은행이 예금은행에 대한 대출금리인 재할인율을 인상하면 통화량이 감소한다. 재할인율을 인하하면 통화량이 증가한다.

　　재할인율정책은 예금은행의 중앙은행에 대한 자금의존도가 낮으면 그 효과를 크게 기대할 수 없다는 단점이 있다.
　　우리나라의 중앙은행인 한국은행은 중앙은행의 대출제도인 재할인제도를 1994년부터 폐지하고 금융기관(은행금융기관으로 한정)을 상대로 일시적 부족자금 대출과 함께 일시적 여유자금을 예수할 수 있는 대기성 여수신제도(standing facility)를 운용하고 있다. 한국은행이 운용하고 있는 대출제도에는 금융기관의 자금수급 과정에서 발생한 부족자금을 지원하는 '자금조정대출', 금융기관의 중소기업 등에 대한 금융중개기능에 필요한 자금을 지원하는 '금융중개자원대출' 등이 있다. 또한 한국은행은 금융기관의 자금수급 과정에서 발생한 여유자금을 예치할 수 있는 '자금조정예금' 제도를 운용하고 있다. 우리나라의 경우에 재할인율정책은 한국은행대출정책으로, 재할인율은 자금조정 및 금융중개지원 대출금리로 해석해야 한다.[7]

중앙은행 여수신제도
중앙은행이 금융기관을 상대로 대출을 해주거나 예금을 받는 통화정책수단

선별적 정책수단

　　앞에서 본 세 가지 일반적 정책수단이 통화나 이자율에 대한 간접규제수단인 데 반하여, 선별적 정책수단은 은행이 민간에게 제공하는 대출에 대해 통화당국이 선택적·차별적으로 개입하여 통화량이나 이자율 자체를 조절하고자 하는 직접규제수단이다. 일반적 정책수단만을 가지고는 충분한 통화량 조절의 효과를 기대할 수 없는 경우에 선별적인 규제수단을 사용한다. 선별적 통화정책은 경제안정을 위하여 혹은 국민경제의 어떤 특정부문에 대한 자금의 공급을 촉진(또는 억제)하기 위하여 이루어진다.
　　개발도상국에서 주로 사용되는 선별적 정책수단 중 중요한 것으로는 크게 대출한도제와 금리규제정책이 있다.

대출한도제

　　대출한도제(ceiling system)에는 예금취급기관의 국내여신한도제가 가장 일반적으

---

7 한국은행의 예금금융기관에 대한 대출 및 예금금리는 주로 기준금리를 기준으로 하여 결정된다. 기준금리(base rate)는 중앙은행과 금융기관 간 거래의 기준이 되는 정책금리이다. 우리나라의 기준금리는 한국은행 금융통화위원회에서 연 8회 결정한다. 한국은행이 기준금리를 결정하면 최단기금리인 콜금리에 즉시 영향을 미치고, 장단기 시장금리, 예금 및 대출금리 등의 변동으로 이어져 물가, 소비, 투자 등 경제 전반에 영향을 미치게 된다. 각국 중앙은행의 기준금리는 미 연준(Fed)의 공개시장위원회(FOMC)에서 결정하는 기준금리에 의해 큰 영향을 받고 있다.

724 • PART IX 화폐와 국민경제

로 사용된다.

국내여신한도제는 모든 예금취급기관의 국내여신에 대하여 최고한도를 책정하여 놓고 국내여신이 그 이상을 초과하지 못하도록 규제하는 제도이다. 국내여신(domestic credit: DC)이란 정부와 민간에 대한 예금취급기관의 여신총액을 말한다.

금리규제정책

통화당국이 금융시장의 각종 이자율을 규제함으로써 신용의 규모와 배분 그리고 통화량 등을 조절하고자 하는 정책을 말한다. 금리규제는 은행의 예금이자율과 대출이자율에 상한을 설정하거나 통화당국이 이들 금리수준을 직접 결정하는 방식을 취한다. 금리규제는 제5장에서 배운 최고가격제의 예로서 대부자금에 대한 만성적인 초과수요를 낳는 폐단이 있다. 그러나 경제발전의 초기단계에서는 국가 전략산업에 싼 이자율로 자금을 집중 배분함으로써 급속한 경제개발을 도모할 수도 있다.

제4절 통화정책의 운영방식

앞 절에서 통화정책의 체계에 대하여 살펴보았다. 각국의 통화당국이 실제로 통화정책을 운영하는 데에는 크게 두 가지 방식이 있어 왔다. 중간목표관리제와 물가안정목표제가 그것이다.

1 중간목표관리제

중간목표관리제는 물가안정·금융안정·완전고용 등 통화정책의 최종목표를 달

중간목표관리제
통화정책의 최종목표를 달성하기 위해 중간목표를 설정하고 이 중간목표를 우선적으로 달성하려고 하는 방식

성하기 위해 중간목표를 설정하고 이 중간목표를 우선적으로 달성하려고 하는 방식이다. 중간목표로는 최종목표들과 밀접한 관계가 있고 중앙은행이 영향을 미칠 수 있는 이자율·통화량·환율 등이 사용된다.

이자율목표제

이자율을 중간목표로 삼는 운영방식은 진성어음주의(real bills doctrine)라는 이름으로 1950년대와 1960년대까지 케인스학파가 강력히 추천한 방식이다. 기업이 일반상거래에 수반하여 발행한 진성어음을 제시하면 은행은 고정된 이자율수준에서 얼마든지 할인해 주는 정책을 진성어음주의라 한다. 진성어음주의에 의하면 이자율을 적정수준에 고정시켜 놓고 그 수준에서 민간이 수요하는 화폐를 얼마든지 공급하는 것이 통화당국의 임무이다.

신화폐수량설을 주장한 프리드만에 의하면 이자율은 관리하기가 어렵고 금융시장의 변화에 대하여 매우 불완전한 정보를 제공한다. 먼저 적정수준의 이자율을 알기 어렵다. 고정시킨 이자율이 적정수준보다 높으면 경제활동이 위축된다. 적정수준보다 낮으면 통화량이 지나치게 증가하여 물가가 상승한다.

다음으로 시중이자율이 변할 때 해석하고 대처하기가 어렵다. 시중이자율이 상승한다고 하자. 이는 대부시장에서 자금의 초과수요가 있기 때문에 생길 수 있다. 이때에는 통화공급을 증가시켜야 한다는 정책시사점을 얻는다. 그러나 다른 한편으로 그 동안 통화공급이 지나치게 많아 물가가 상승하고 이에 따라 이자율이 시차를 두고 상승하기 시작한 것일 수도 있다. 이 경우에는 통화공급을 줄여야 한다는 정책시사점을 얻는다. 이자율의 변동만으로는 정확한 상황판단이 어려운 것이다.

통화량목표제

1970년대와 1980년대에 많은 나라들이 이자율목표제 대신 통화량을 중간목표로 삼는 통화량목표제(monetary targeting)를 선택하였다.

통화량목표제하에서는 여러 통화지표 중에서 어떤 지표를 중간목표로 삼을 것인가, 구체적으로 목표치를 어떻게 결정할 것인가 하는 문제를 풀어야 한다. 어떤 통화지표를 중간목표로 삼을 것인가에 대하여는 나라와 시대에 따라 다양한 차이를 보이지만 너무 넓지도 않고 너무 좁지도 않은 통화지표(우리나라의 지표로 말하면 광의통화)를 사용하는 것이 일반적인 경향이다.

구체적인 목표치는 통화지표의 증가율로 나타낸다. 각국은 중앙은행이 오랫동안 쌓아 온 지식과 경험을 토대로 원칙을 설정하여 통화공급증가율을 책정한다. 이러한 원칙 중 가장 일반화되어 있는 방식이 1972년 유럽공동체(European Community: EC) 각료이사회가 전회원국에 채택할 것을 권고한 바 있는 이른바 EC방식이다. 이 방식은 피셔의 교환방정식에 이론적 근거를 두고 있다. 교환방정식 $PY = MV$를 증가

율로 나타내면

$$물가상승률 + 실질경제성장률 = 통화공급증가율 + 소득유통속도증가율$$
$$(\Delta P/P) \qquad (\Delta Y/Y) \qquad (\Delta M/M) \qquad (\Delta V/V)$$

이다. 따라서

[23-12] $$\frac{\Delta M}{M} = \frac{\Delta P}{P} + \frac{\Delta Y}{Y} - \frac{\Delta V}{V}$$

이다. 이 식을 바탕으로 물가상승률은 예상물가상승률이나 목표인플레이션율로, 실질경제성장률은 자연성장률로, 소득유통속도증가율은 예상소득유통속도 증가율로 잡으면 통화공급의 목표증가율을 정할 수 있다.

[23-13] 통화공급목표 증가율 = 목표인플레이션율 + 자연성장률
－예상소득유통속도 증가율

윗식에 따라 통화공급증가율을 정하는 것을 EC방식이라 한다. 우리나라를 포함한 대부분의 나라들이 대체로 EC방식을 원용하여 통화를 공급해 왔다.

우리나라는 1997년의 외환위기 이전까지 광의통화를 명목기준지표로 하여 식 (23-12)를 이용해 통화증가율을 정하고 이를 달성하는 통화량목표제를 시행하였다.

EC방식
통화공급증가율을 식 23-12에 따라 결정하는 것

2 물가안정목표제

각국이 통화량목표제하에서 얻은 경험은 통화당국이 물가안정을 최우선목표로 삼고 안정적으로 통화를 공급하는 것이 물가안정 · 경제성장 · 국제수지균형 등 여러 최종목표들을 모두 달성하려고 하는 것보다 장기에 더 만족스러운 최종목표들의 조합을 달성한다는 것이었다. 이를 보여 주는 대표적인 예가 선진국에서는 독일, 개발도상국에서는 대만이다.

1980년대부터 금융혁신과 금융자유화, 금융국제화가 급속도로 진행되면서 화폐수요의 불안정성이 커지고 통화량과 최종목표와의 관계가 불안정해졌다. 금리를 중간목표로 삼는 것이 바람직하다고 볼 수도 없는 상황이었다.

이런 상황에서 1990년대에 들어와 뉴질랜드(1990), 캐나다(1991), 영국(1992), 스

웨덴(1993), 핀란드(1993), 호주(1993), 스페인(1994) 등 선진국 여러 나라가 물가안정목표제를 도입하였다. 물가안정목표제(inflation targeting)는 중앙은행이 일정기간 동안 달성해야 할 물가목표치를 미리 공표하고 이를 기준으로 통화정책을 운용하는 제도이다. 이 제도는 중간목표 없이 공개시장운영·재할인율정책 등의 통화정책수단을 사용하여 인플레이션 목표를 직접 달성하려고 하는 방식이다. 인플레이션 목표를 세우는 데에는 인플레이션의 결정요인을 알고 미래의 인플레이션을 제대로 예측하는 것이 중요하다. 통화당국은 통화량·금리·환율·기대인플레이션·자산가격 등 다양한 거시변수들을 활용하여 인플레이션을 예측하는데, 이 다양한 거시변수들을 정보변수(information variables)라 한다.

물가안정목표제하에서는 통화량과 금리가 물가에 영향을 미치는 주요 거시지표이기 때문에 통화당국이 관심 있게 지켜보는 정보변수이다. 그러나 특정 수준의 목표를 정해 놓고 달성을 꾀하지 않는다는 점에서 종전의 중간목표관리제와 다르다.

물가안정목표제의 장점으로는 불확실성을 줄여 안정적인 경제환경을 조성한다는 점을 들 수 있다. 물가가 인플레이션 억제목표를 상회할 경우 중앙은행이 경기과열을 막기 위해 긴축정책을 취할 것이며 하회할 경우 경기를 부양할 것이라는 믿음을 소비자와 기업에게 준다.

우리나라의 물가안정목표제

우리나라는 1979년부터 총통화(M_2)를 중간목표로 하는 통화목표관리제를 채택해 왔다. 그러나 1990년대 후반 들어 금융제도 개편에 따라 금융상품간 자금이동이 확대되면서 통화지표들의 유용성이 크게 낮아졌다. 이에 따라 1997년 말 한국은행법 개정 때 물가안정목표제를 도입하여 1998년부터 운용하고 있다.

목표로 삼는 물가는 처음에는 한국은행이 통제하기 어려운 농산물가격과 석유류가격을 제외한 소비자물가였다. 단, 곡물은 농산물이지만 국민경제에 중요한 영향을 미치기 때문에 그 가격을 포함시켰다.

곡물을 제외한 농산물과 석유류의 가격을 뺀 소비자물가의 상승을 근원인플레이션(core inflation)이라 한다.

2004년부터는 물가를 종전의 연간 단위에서 3년 단위로 관리하는 중기 물가안정목표제가 도입되었다. 근원인플레이션이 현실의 물가상승을 제대로 반영하지 못한다고 판단됨에 따라 2006년 여름에 한국은행은 2007~2009년 물가안정목표 기준을 근원인플레이션율에서 소비자물가상승률로 바꾸었다. 2013~2015년 물가안정목표는 2.5~3.5%였다.

2016~2018년은 종전의 범위로 제시하던 것을 더 분명한 목표를 제시한다는 차

원에서 단일 숫자로 바꿨다. 이 기간 중 물가안정목표는 소비자물가상승률 2%이다. 2019년 이후에도 소비자물가상승률 2%가 물가안정 목표로 계속 유지되고 있다.

한국은행은 설정된 물가목표 달성을 위해 기준금리를 운용목표로 하는 금리중시 통화정책방식을 활용하고 있다. 한국은행의 최고의사결정기구인 금융통화위원회는 연간 물가목표와 실물경제 및 금융시장 전망 등을 종합적으로 고려하여 회의를 통해 기준금리 수준을 결정·공표한다. 이 수준은 차기 회의 때까지 적용된다. 한국은행 공개시장운영 데스크에서는 콜시장의 수급상황을 감안하여 콜금리(금융기관간에 초단기로 자금을 융통할 때 적용되는 이자율)가 기준금리 수준에서 유지될 수 있도록 지급준비자금을 조절한다. 콜금리가 장기금리와 밀접한 관계가 있다는 전제하에 콜금리를 안정시키고자 한다.

읽을거리 23-3 ▶ 이자율 하한과 양적 완화 통화정책(QE : Quantitative Easing Policy)

일본은 1991년부터 시작된 경기부진과 수년간의 경기후퇴로 이자율이 하한으로 생각되는 영(0) 근처(zere bound)에서 유지되면서 경기를 부양시키기 위해 더 이상 금리를 낮출 수 없는 유동성 함정(liquidity trap)에 빠져 있다고 생각되었다. 2000년대 들어 전 세계적인 물가안정으로 이자율이 낮은 수준에 머물면서 이자율이 하한까지 떨어질 가능성이 높아지자 많은 경제학자들이 이자율 하한에서의 통화정책 운용방식에 관심을 두기 시작하였다. 미 연준 의장을 역임한 버냉키(Ben S. Bernanke)는 명목이자율이 영(0)이나 영(0) 근처에서의 통화정책으로 (1) 이자율 기대에 영향을 주거나, (2) 중앙은행의 자산구성을 변경시키거나, (3) 중앙은행 대차대조표의 자산규모를 확대하는 세 가지 방법을 제시하였다.

첫 번째 방법은 중앙은행이 미래 단기 이자율에 대한 사람들의 기대를 변화시키는 것이다. 사람들은 장기 이자율을 보고 소비와 투자를 결정하기 때문에 중앙은행이 단기 이자율을 조정하는 것만으로 소비와 투자에 큰 영향을 주기는 어렵다. 하지만 중앙은행이 사람들에게 앞으로 상당한 기간 동안 단기 이자율을 낮게 유지할 것이라는 신호 혹은 믿음을 주면 장기 이자율을 더 낮게 유지할 수 있다.[8] 즉 중앙은행은 상당한 기간 동안 단기 이자율을 낮게 유지할 것이라고 밝힘으로써 장기 이자율을 낮추고 민간의 소비와 투자지출을 늘릴 수 있다.

이자율 하한에 대처하는 두 번째 방법은 중앙은행이 공개시장에서 단기채권 대신 장기채권을 매입하는 것이다. 중앙은행은 장기채권 매입을 통해 장기 채권가격을 높임으로써 장기 이자율을 낮추고 소비와 투자를 촉진할 수 있다. 이러한 방법을 사용하면 중앙은행 대차대조표의 규모에는 변화가 없지만 중앙은행의 자산이 단기채권 위주에서 장기채권 중심으로 변하게 된다.

---

8 특정 조건하에서 현재와 미래 단기 이자율의 평균인 장기 이자율은 현재의 단기 이자율이 조정되지 않더라도 미래 단기 이자율에 대한 기대가 조정되면 변할 수 있다.

세 번째 방법은 중앙은행이 화폐를 발행하여 공개시장에서 채권을 매입하는 것이다. 이 경우 중앙은행 대차대조표의 규모(채권매입은 자산 증가, 화폐발행은 부채 증가)가 늘어난다. 이렇게 중앙은행이 본원통화와 은행의 지급준비금을 늘리는 정책의 예로는 1979~1982년 미국의 통화정책과 2002~2003년 디플레이션을 막기 위한 일본의 양적완화(quantitative easing)[9] 정책을 들 수 있다.

양적 완화정책은 전통적 통화정책이 무력할 때 경제를 활성화하기 위해 중앙은행이 사용하는 비전통적 통화정책을 말한다. 전통적 통화정책은 국채매매라는 공개시장운영이나 기준금리 조정을 통해 이자율을 변화시켜 소비와 투자를 원하는 방향으로 유도한다. 그러나 이자율이 0에 가까울 때 이자율을 낮추어 소비와 투자를 진작시키려는 전통적 통화정책은 무력해진다. 이 때 중앙은행이 시중은행이 보유하는 금융자산을 매입하여 경제에 본원통화를 주입하는 것이 양적 완화정책이다.

2007년 말 발생한 글로벌 금융위기 때에도 미국, 영국, 일본 등 주요국들은 정책금리를 거의 제로 수준으로 유지하면서 양적 완화정책을 실시하였다. 다만, 이번에는 국채 이외의 위험자산도 적극 매입(시중에 통화량을 직접 공급)하여 중앙은행 대차대조표(B/S) 규모를 확대하였다는 점에서 과거 부채 증가에 초점을 둔 일본의 양적 완화(은행에 대출 증가를 통해 통화량을 간접 공급)와는 차이를 보였다. 이후 금융시장이 어느 정도 안정을 되찾음에 따라 각국은 양적완화정책이 인플레이션 압력 증대로 이어지지 않도록 완화정책의 종료전략, 즉 출구전략(exit strategy)을 추진하였다. 2020년대 초의 코로나 사태를 맞아 주요국들이 심각한 경기침체를 겪자 다시 영(0)이나 영에 가까운 명목이자율과 양적 완화정책이 등장하고 출구전략이 논의되었다.

글로벌 금융위기를 계기로 등장한 비전통적 통화정책으로는 양적 완화와 위험자산 매입 외에도 일부 국가의 중앙은행이 금융기관과의 거래에 적용하는 정책금리를 0 이하의 마이너스 수준으로 운용한 것도 포함한다. 금융기관이 중앙은행에 지급준비금을 예치하면 마이너스 금리를 적용하여 금융기관의 적극적인 자금운용을 도모하고 자국 통화가치를 낮게 유지하기 위한 조치가 마이너스 정책금리이다. 일부 국가에서는 상업은행들도 일시적으로 예금에 대해 마이너스 금리를 적용하기도 했다.

---

9 양적 완화정책은 정책금리를 제로 수준까지 낮춘 후 추가적인 통화정책 완화를 위해 실시하거나(금리정책의 대체수단) 정책금리 조정의 파급경로가 제대로 작동하지 않을 때 통화정책 효과를 보강하기 위해 시행한다(금리정책의 보완수단).

1   화폐수요에 관한 대표적인 이론으로는 고전학파의 화폐수량설, 케인스의 유동성선호설, 프리드만의 신화폐수량설 등이 있다. 고전학파의 화폐수량설은 소득의 일정비율만큼 화폐수요가 일어난다는 것으로서 교환방정식과 현금잔고방정식으로 화폐수요를 설명한다. 피셔의 교환방정식은

물가수준(P) × 실질총생산(Y) = 통화량(M) × 화폐의 소득유통속도(V)

로 표시된다. 이 식에서 V가 일정하다고 가정하면 $M = \dfrac{1}{V}PY$이므로 화폐수요가 명목총생산(PY)에 비례한다는 묵시적인 화폐수요함수를 얻는다.

마샬의 현금잔고방정식은 $M^D = kPY$라고 명시적으로 규정하고 k가 일정하다고 가정함으로써 화폐수요량이 국민소득의 일정비율이라고 본다. 마샬의 k는 화폐의 소득유통속도(V)의 역수이다.

2   케인스의 유동성선호설에 의하면 화폐수요는 거래적·예비적·투기적 화폐수요의 합계인데, 거래적 화폐수요와 예비적 화폐수요는 소득의 함수이고 투기적 화폐수요는 이자율의 함수이다. 구체적으로 실질화폐수요(M^D/P)는 소득의 증가함수이고 이자율의 감소함수이다.

3   프리드만의 신화폐수량설은 소득 이외에도 여러 가지 이자율과 예상물가상승률이 화폐수요의 주요 결정요인이라고 본다. 그러나 소득이 압도적으로 중요한 요인이라고 보는 점에서 고전학파의 화폐수량설과 유사하다.

4   이자율 결정에 관한 대표적인 이론으로는 고전학파의 이론과 케인스의 유동성선호설이 있다. 고전학파의 이론에 의하면 이자율은 생산물시장에서 총저축과 총투자수요가 같도록 결정된다. 고전학파의 이론을 대부자금설이라고 부른다. 케인스의 유동성선호설에 의하면 이자율은 화폐시장에서 화폐의 공급과 수요에 의하여 결정된다.

5   이자율은 생산물시장과 화폐시장의 어느 한 시장에서 결정되는 것이 아니라 모든 시장이 상호작용하여 결정되는 거시경제변수이다. 따라서 이자율 결정은 일반균형모형의 틀로 접근해야 한다.

6   통화정책이란 통화정책당국이 통화량과 이자율을 조절하여 국민경제의 안정적 성장을 꾀하는 경제정책을 말한다. 통화정책은 정책수단·운용목표·명목기준지표·최종목표의 네 가지 요소로 구성된다.

(1) 정책수단: 일반적 수단(공개시장운영·지급준비율정책·재할인율정책, 여수신제도), 선별적 수단(대출한도제·금리규제정책)

(2) 운용목표: 단기이자율, 지급준비금 등

(3) 명목기준지표: 통화량·환율·물가상승률

(4) 최종목표: 물가안정, 금융안정·완전고용, 국제수지균형, 경제성장

7　중앙은행이 공개시장에서 정부채를 매입(매각)하면 통화량은 증가(감소)하고 이자율은 하락(상승)한다. 중앙은행이 필요지급준비율을 인하(인상)하면 통화량이 증가(감소)한다. 중앙은행이 재할인율을 인하(인상)하면 통화량이 증가(감소)한다. 우리나라의 한국은행은 재할인제도를 통한 대출 대신 자금조정대출, 금융중개지원대출제도 등 여수신제도를 운용하고 있다.

8　대출한도제란 국내여신의 최고한도를 설정해 놓고 그 이상을 초과하지 못하게 규제함으로써 통화량을 규제하는 것을 말한다. 이자율 규제정책은 통화당국이 예금은행의 예금 및 대출이자율을 직접 규제하는 것으로서 이자율에 간접적으로 영향을 미치는 일반적 금융정책수단과 대비된다.

9　통화정책의 중간목표로서 케인스는 이자율을 중시하고, 통화주의자는 통화량을 중시한다. 통화주의자에 의하면 이자율이 금융시장의 자금사정에 대하여 불완전한 정보를 제공하기 때문에 통화량을 중간목표로 삼아야 한다고 주장한다. 서구 선진국에서 1950년대와 1960년대는 대체로 이자율을 중간목표로, 1970년대와 1980년대는 통화량을 중간목표로 삼아 왔다.

10　적정통화의 공급은 피셔의 교환방정식을 이용하여 도출할 수 있다. $PY = MV$에서 $\frac{\Delta M}{M} = \frac{\Delta P}{P} + \frac{\Delta Y}{Y} - \frac{\Delta V}{V}$의 식을 이용하여 물가상승률($\Delta P/P$)과 경제성장률($\Delta Y/Y$)이 정책목표치로 주어지면 통화의 소득유통속도($\Delta V/V$)를 예측하여 적정통화공급 증가율을 설정할 수 있는데 이러한 통화공급방식을 EC방식이라 부른다.

11　통화정책의 중간목표와 최종목표의 관계가 불안정해짐에 따라 1990년대부터 여러 나라가 중간목표를 세우지 않고 많은 거시변수들을 종합적으로 활용하여 직접 인플레이션 목표를 달성코자 하는 통화정책을 실시하고 있는데 이를 물가안정목표제라 한다. 우리나라도 1998년부터 물가안정목표제를 시행해 오고 있다.

주요용어 및 개념　　　　K / E / Y / W / O / R / D / S / & / C / O / N / C / E / P / T

- 교환방정식
- 화폐수량설
- 현금잔고방정식
- 화폐의 소득유통속도
- 마샬의 k
- 실질화폐수요
- 명목화폐수요
- 거래적 화폐수요
- 예비적 화폐수요

- 투기적 화폐수요
- 유동성
- 유동성선호설
- 유동성함정
- 활성잔고
- 유휴잔고
- 통화정책
- 통화정책의 파급경로
- 총수요관리정책

- 통화정책 최종목표
- 통화정책 운용목표
- 명목기준지표
- 통화정책수단
- 공개시장운영
- 지급준비율정책
- 재할인율정책
- 중앙은행 여수신제도
- 일반적 정책수단

- 선별적 정책수단
- 국내여신한도제
- 중간목표관리제
- 이자율목표제
- 통화량목표제
- 물가안정목표제
- 기준금리
- 근원인플레이션
- EC방식

1 10,000원권 한 장이 1주일 동안에 5명의 손을 거쳐서 거래되었다면 화폐의 유통속도와 마샬의 k는 얼마인가? 갈수록 모바일결제의 비중이 늘어나고 있다. 이것이 k와 V에 어떤 영향을 미칠까?

2 화폐수량설이나 신화폐수량설에서는 실질통화잔고의 소득탄력도가 1이지만 유동성선호설에서는 1이라는 보장이 없다. 이를 확인하라.

3 1990년대 초에 우리나라에서는 「마샬 k의 논쟁」이 있었다. 이 논쟁은 재계가 다음과 같은 명제를 개진함으로써 시작되었다. "우리나라의 마샬 k는 주요국의 그것보다 훨씬 낮다. 마샬 k가 낮은 이유는 우리나라의 통화공급량이 너무 낮기 때문이다. 통화량을 대폭 증가시켜야 우리나라의 마샬 k가 선진국수준에 근접할 것이다." 이 명제를 비판적으로 논하라.

4 우리나라는 1993년 8월 12일에 금융실명제를 전격 실시하였다.

(1) 실시 직후 현금수요가 늘면서 현금이 (비금융) 민간의 장농과 금고 속으로 퇴장하는 현상이 일어났다. 이것이 화폐의 유통속도와 마샬 k에 미치는 영향은?

(2) 정부는 "통화를 풀어도 물가가 오르지 않는다"면서 실시 직후 2~3개월 동안 통화량의 공급을 대폭 증가하였다. 정부 주장의 논거는 무엇이었을까?

(3) 이러한 통화공급 증가의 중장기적 효과는?

5 한국은행 통계를 이용하여 우리나라 화폐의 거래유통속도와 소득유통속도의 추이를 계산해보라. 2008년 세계적인 금융위기 이후 화폐의 유통속도가 하락한 것을 확인하라.

6 다음은 예금은행조직과 중앙은행의 가상적인 대차대조표이다. 표를 보고 물음에 답하라. 필요지급준비율은 5%이고 각 문제는 서로 독립되어 있다고 가정하라.

(1) 괄호 안을 채워라.

예금은행조직   (단위: 억원)

자 산		부 채	
지급준비금	20	요구불예금	400
대 출 금	300	중앙은행차입금	10
유가증권	90		
합 계	410	합 계	410

중 앙 은 행

자 산		부 채	
외화자산	10	화폐발행액	50
유가증권	52	( )	20
( )	10	정부예금	2
합 계	72	합 계	72

(2) 예금은행조직은 얼마의 초과지급준비금을 가지고 있는가?

(3) 다음 문제를 풀 때 예금은행조직과 중앙은행의 새 대차대조표를 작성하라. 신용승수의 효과가 완전히 발휘된다고 가정하라.

① 중앙은행이 예금은행으로부터 1억원어치 정부채를 매입하다.

② 중앙은행이 예금은행에 1억원어치 국공채를 매각하다.

③ 중앙은행이 필요지급준비율을 10%로 인상하다.

④ 중앙은행이 필요지급준비율을 4%로 인하하다.

⑤ 재할인율의 인하로 예금은행이 중앙은행으로부터 1억원을 더 차입하다(5% 필요지급준비율 가정).

7 시골에서 연초에 쌀 10가마를 빌리면 늦가을에 12가마를 갚아야 한다고 하자. 이 경우에 이자율 20%는 어떤 이자율결정이론으로 설명할 수 있는가?

8   우리나라는 EC방식을 원용하여 1990년대에 대개 12~16%의 총통화공급목표를 정해 왔다. EC방식을 어떻게 원용해 왔는지 알아 보라.

9   2007년말 발생한 글로벌 금융위기에 대처하여 주요국 중앙은행은 양적완화(quantitative easing) 정책을 실시하였다. 이와 관련하여 다음 질문에 답하라.

① 버냉키 미 연준의장은 정책금리가 제로금리에 근접한 상황에서 중앙은행이 사용할 수 있는 세 가지 정책대안을 제시하였다. 각 방법이 민간의 소비나 투자 결정에 어떤 경로를 통해 영향을 미치는가?

② 금리를 조절하는 전통적인 통화정책수단과 비교하여 양적완화정책의 주요 장점과 단점은 무엇인가?

③ 2002~2003년 일본의 양적완화정책과 글로벌 금융위기시 주요국의 양적완화정책이 각각 통화량에 미친 영향을 중앙은행 대차대조표를 이용하여 설명하라.

④ 양적완화정책의 종료 및 정상화, 즉 출구전략(exit strategy)을 지나치게 빠르게 또는 지나치게 늦게 실시할 경우 발생할 수 있는 문제점은 무엇일까?

⑤ 일부 국가에서는 일시적으로 상업은행들도 예금에 대해 마이너스 금리를 적용했다. 구체적인 사례를 찾아보고 마이너스 금리를 적용한 배경과 그 결과를 알아보라.

10   최근 우리나라 기준금리, 단기금리, 장기금리, 지급준비율, 마샬의 k가 어느 수준에 있는가를 조사해보라. 주요국과 비교해 보라.

11   다음의 각 기술이 옳은가 그른가를 밝히고 그 이유를 설명하라.

① 화폐수량설은 통화량이 총생산의 화폐가치를 결정한다고 주장한다.

② 유동성함정에 빠지면 통화량을 계속 증가시켜도 증가되는 통화량을 종전과 똑같은 이자율 수준에서 사람들이 모두 수요한다.

③ 통화의 거래유통속도는 통화의 소득유통속도보다 크다.

④ 화폐수량설에서 통화량이 증가하면 물가는 비례적으로 상승한다.

⑤ 마샬의 k가 일정하다는 것은 통화의 유통속도가 일정하다는 말과 같다.

⑥ 이자율이 낮을수록 유휴잔고는 증가한다.

⑦ 화폐 1원 보유의 기회비용은 이자율이다.

⑧ 케인스의 이자율결정이론은 일정기간중 화폐의 유량을 분석대상으로 삼는다.

⑨ 올해 경제가 5% 성장하고 통화의 유통속도가 2% 하락한다면 인플레이션 없는 적정통화공급증가율은 연 7%이다.

⑩ 중앙은행이 일반 시중은행으로부터 정부채를 사들이는 경우 통화량에는 변동이 없다.

⑪ 경제가 불황일 때 정부는 정부채의 매입, 지급준비율의 인하, 재할인율의 인하, 재정의 적자를 추구할 것이다.

⑫ 어떤 예금은행의 총요구불예금액이 200억원이고 필요지급준비율이 30%에서 25%로 인하된다면 통화량은 10억원이 증가한다.

⑬ 필요지급준비율이 인하되면 지급준비율이 작아져 통화승수는 커지고 통화량은 증가한다.

⑭ 중앙은행이 재할인율을 인상하면 초과지급준비금이 감소하여 통화량이 감소한다.

⑮ 단기 재정정책과 통화정책은 주어진 총공급능력에 맞추어 총수요를 조절하는 총수요관리정책의 성격을 가진다.

⑯ 중앙은행이 국채를 매입할 때도 신용창조가 발생한다.

⑰ 증권의 가격과 이자율은 역의 관계에 있으므로 중앙은행이 정부채를 매각하면 정부채의 가격이 싸져 이자율이 상승한다.

⑱ 통화당국이 은행의 신탁계정으로 하여금 회사채를 사도록 강력하게 유도하면 회사채 유통수익률이 약세를 보인다.

⑲ 우리나라에서 화폐의 소득유통속도는 장기적으로 하락추세를 보이고 있다.

⑳ 재할인율정책은 한국은행의 통화정책수단 가운데 하나이다.

총수요·총공급의 이론과 안정화정책

이 편은 주요 거시경제변수들의 결정과 재정·통화정책의 효과를 총수요·총공급의 이론으로 설명한다.

미시경제학에서 개별시장의 가격과 거래량을 수요·공급의 이론으로 설명하듯이 거시경제학에서는 물가와 실질국민소득을 총수요·총공급의 이론으로 설명한다.

고전학파계통과 케인스학파계통은 안정화정책의 효과 및 필요성을 놓고 견해가 양분되어 있다. 두 학파의 차이는 총공급곡선의 기울기를 어떻게 보느냐에 있다. 고전학파계통은 총공급곡선이 물가수준에 관계 없이 자연생산량수준에서 수직선이라고 본다. 케인스학파계통은 총공급곡선이 우상향한다고 본다. 총수요곡선을 이동시키는 안정화정책이 고전학파계통에서는 무력하고 케인스학파계통에서는 효과적인 이유가 여기에 있다. 두 학파의 견해 차이는 인플레이션과 실업을 보는 관점 및 대책에도 나타난다.

총수요·총공급의 이론

이 장에서는 실질국민소득 · 물가 · 이자율 결정의 종합이론인 총수요 · 총공급의 이론을 다룬다. 총수요 · 총공급의 이론은 다음 장에서 안정화정책의 효과를 비교 · 분석하기 위한 기본모형이 된다.

총수요 · 총공급의 이론은 실질국민소득과 물가가 생산물시장 · 화폐시장 · 노동시장 등 경제의 모든 시장과 생산기술의 상호작용에 의해 결정된다고 보는 일반균형이론이다. 총수요곡선은 생산물시장과 화폐시장을 동시에 균형시키는 물가 · 이자율 및 총수요의 관계에 의해 도출된다. 총공급곡선은 노동시장과 총생산함수로부터 도출된다. 총수요곡선은 우하향한다. 그러나 총공급곡선의 형태에 관하여는 논란이 많다. 고전학파는 총공급곡선이 수직선이라고 보는 데 반해 케인스는 수평선이라고 본다. 오늘날 거시경제학계는 고전학파의 총공급곡선을 장기총공급곡선이라고 보고 단기총공급곡선은 우상향한다고 본다.

CHAPTER

24

제1절 | 총수요와 총수요곡선

미시경제학원론에서 개별 상품에 대한 시장수요곡선과 시장공급곡선을 도출하여 두 곡선의 교차에 의해 해당 상품의 시장가격과 거래량이 결정되는 것을 배웠다.

1년 동안 생산된 모든 최종생산물의 기준연도 시장가치를 합치면 그 해의 실질 GDP가 된다. 개별 상품의 거래량이 늘어나면 실질 GDP도 늘어날 것이다. 개별 상품 가격이 오르면 모든 상품가격들의 평균치 개념인 물가도 오를 것이다. 따라서 독자들은 개별 상품의 거래량과 시장가격이 어떻게 결정되는가를 수요곡선과 공급곡선으로 접근하듯이, 실질 GDP와 물가가 어떻게 결정되는가 하는 것도 경제 전체의 수요곡선과 공급곡선으로 접근할 수 있지 않겠는가 하는 생각을 가질 것이다.

경제 전체에 대하여도 개별 시장과 마찬가지로 수요곡선과 공급곡선이라는 개념을 사용할 수 있다. 경제학에서는 실질 GDP에 대한 수요곡선과 공급곡선이라는 개념을 총수요곡선, 총공급곡선이라는 용어로 나타낸다. 총수요곡선과 총공급곡선의 교차에 의해 한 나라의 총생산과 물가 수준이 결정된다고 본다. 이를 총수요·총공급의 이론이라고 한다.

1 총수요, 총수요곡선이란?

먼저 총수요곡선을 정의해 보자.

> 총수요곡선(aggregate demand curve : AD곡선)은 각각의 물가수준에서 수요되는 실질 총생산을 보여주는 곡선이다.

총수요곡선
각각의 물가수준에 대응하여 한 나라 생산물에 대한 실질 총수요를 보여 주는 곡선

총수요곡선을 그릴 때 세로축에는 물가를, 가로축에는 실질총생산을 측정한다. 구체적으로 물가는 GDP 디플레이터이고, 실질총생산은 실질 GDP이다.

수요되는 실질총생산을 간단히 줄여서 총수요라 부르기도 한다.1 총수요는 수요되는 총생산 혹은 지출하고자 하는 총생산이다.

2 우하향하는 총수요곡선

한 나라 생산물에 대한 총수요는 21장에서 배운 것처럼 폐쇄경제에서 민간소비(C), 투자수요(I^D), 정부지출(G)을 더한 것이다.

$$[24\text{-}1] \quad Y^D = C + I^D + G$$

소비함수가 케인스모형처럼 $C = a + b(Y - T)$, 투자수요함수가 고전학파모형처럼 $I^D = I_0 - cr$이라고 가정하면 총수요는

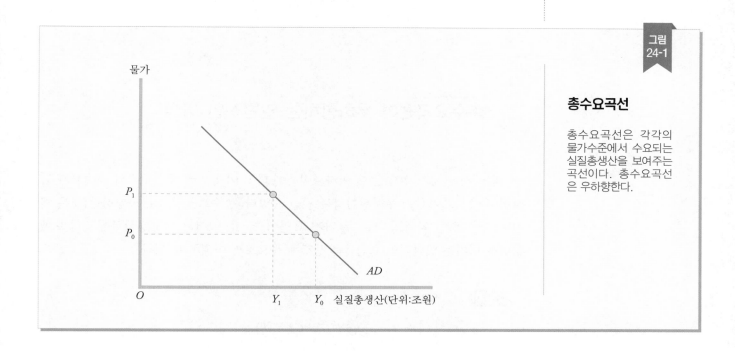

그림 24-1

총수요곡선

총수요곡선은 각각의 물가수준에서 수요되는 실질총생산을 보여주는 곡선이다. 총수요곡선은 우하향한다.

---

1 엄밀하게 말하면 실질총수요라고 해야 한다. 앞으로 총수요는 실질총수요를 의미하기로 한다. 명목총수요는 명시적으로 '명목총수요'로 표시한다. 이는 총공급, 총소득, 총생산, 소비, 투자, 수출, 수입 등 다른 거시경제 지표들의 경우에도 마찬가지다.

$$[24\text{-}2] \quad Y^D = a + b(Y-T) + I_0 - cr + G$$

로 바꿔 쓸 수 있다. 이 식에 물가수준(P)이 명시적으로 나타나지 않는다. 그런데 어떻게 총수요가 물가수준과 관계를 가지는 것일까? 이에 대한 해답은 물가가 이자율의 변동을 통하여 총수요에 영향을 미친다는 것이다. 물가가 식 (24-2)에서 총수요의 직접적인 결정요인으로 나타나지는 않지만 이자율의 변동을 통한 간접적인 결정요인이 된다.

$$[24\text{-}3] \quad Y^D = a + b(Y-T) + I_0 - cr(P) + G$$

물가가 상승하면 명목화폐수요가 증가하여 통화공급이 주어져 있을 때 화폐시장에 초과수요가 생기므로 이자율이 오른다. 이자율이 오르면 투자수요가 감소한다. 투자수요가 감소하면 총수요가 감소한다. 이처럼 물가상승은 화폐시장에 영향을 주어 이자율을 상승시키고 이것이 다시 총수요를 감소시키므로 총수요곡선은 그림 24-1에서 보는 것처럼 우하향한다. 만약 고전학파가 보는 것처럼 소비함수가 소득의 증가함수일 뿐 아니라 이 자율의 감소함수이기도 하면 물가상승이 이자율의 상승을 통해 소비도 감소시키므로 총수요를 감소시키는 효과는 더 커진다.

3 총수요곡선이 우하향하는 일반적인 이유

앞에서 물가가 상승할 때 이자율이 상승하고 이에 따라 투자수요와 총수요가 감소하여 총수요곡선이 우하향한다는 것을 보았다. 총수요곡선이 우하향하는 것은 이런 이자율 요인 외에도 다른 두 가지 요인이 더 있다. 이는 개방경제하에 총수요에 영향을 미치는 일반적인 요인들을 생각해 봄으로써 이해할 수 있다.

$$[24\text{-}4] \quad Y^D = C + I^D + G + X^n$$
$$= C\left(Y-T, r, \frac{W}{P}\right) + I^D(r) + G + X^n(P)$$

개방경제에서 생산물총수요는 민간소비지출, 투자수요, 정부소비지출, 순수출수요(X^n)로 구성된다. 일반적으로 민간소비지출은 케인스가 중요시한 처분가능소득 ($Y-T$) 외에도 고전학파가 중요시한 이자율, 그리고 실질자산(W/P)에도 의존한다.

물가가 상승할 때 이자율이 상승하고 이에 따라 투자수요와 민간소비가 감소하여 총수요가 감소한다. 일반적으로 이자율 요인은 앞에서 설명한 투자수요뿐만 아니라 민간소비에도 영향을 미쳐 총수요에 영향을 미친다.

다음으로 물가가 상승하면 민간이 보유하고 있는 현금과 국채 등 금융자산의 실질가치가 떨어져 실질자산이 감소함으로써 소비수요가 감소한다. 소비수요가 감소하면 물론 총수요가 감소한다. 이처럼 물가상승이 민간실질자산을 감소시켜 소비수요를 위축시키는 효과를 부(富)의 효과 혹은 자산효과(wealth effect)라 한다.

마지막으로 물가가 오르면 제28장에서 배우게 되는 바와 같이 우리나라 수출상품가격이 올라 수출이 감소하고 수입상품이 상대적으로 싸져서 수입수요가 증가한다. 이에 따라 순수출수요와 총수요가 감소한다. 이러한 물가의 효과를 무역수지효과라 한다.

요약하면 물가의 상승은 이자율을 상승시키는 이자율효과, 민간실질자산을 감소시키는 자산효과, 순수출수요를 감소시키는 무역수지효과를 통하여 총수요를 감소시키기 때문에 총수요곡선은 우하향한다.

부의 효과(자산효과)
물가상승이 민간실질자산을 감소시켜 소비수요를 위축시키는 효과

외식물가 상승
김밥, 라면 등 서민들이 주로 이용하는 외식메뉴의 가격인상을 표시한 분식점의 메뉴판. 물가상승은 소비, 투자, 순수출을 위축시켜 총수요 감소를 낳는다.
출처: 한겨레(2018.1.5.)

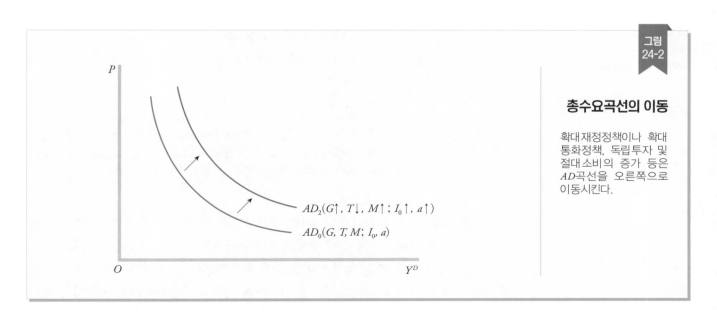

그림 24-2

총수요곡선의 이동

확대재정정책이나 확대통화정책, 독립투자 및 절대소비의 증가 등은 AD곡선을 오른쪽으로 이동시킨다.

$AD_2(G\uparrow, T\downarrow, M\uparrow; I_0\uparrow, a\uparrow)$

$AD_0(G, T, M; I_0, a)$

4 총수요곡선의 이동

총수요곡선은 물가와 총수요의 관계를 보여 준다. 물가 외에 총수요에 영향을 미칠 다른 요인들이 변하면 총수요곡선 자체가 이동한다.

만약 통화공급이 증가하면 총수요곡선은 어떤 영향을 받을까? 통화공급이 증가하면 이자율이 하락한다. 이자율이 하락하면 투자수요가 증가하여 총수요가 증가한다. 이 관계는 어떤 물가수준에서도 성립하므로 통화공급이 증가하면 총수요곡선이 오른쪽으로 이동한다. 정부지출이 증가하거나 조세가 감소할 때도 총수요가 증가하여 총수요곡선이 오른쪽으로 이동한다. 즉, 확대재정정책과 확대통화정책은 AD곡선을 오른쪽으로 이동시킨다.

일반적으로 총수요곡선은 물가 외에 총수요에 영향을 주는 일체의 외생적(혹은 독립적) 요인들인 절대소비, 독립투자·정부지출·조세·통화 등이 변할 때 이동한다.

제2절 총공급과 총공급곡선

총공급곡선
각각의 물가수준에 대응하여 한 나라 기업 전체가 팔고자 하는 실질총생산을 보여 주는 곡선

일정기간 동안에 기업 전체가 팔고자 하는 총생산을 총공급이라 한다. 총공급곡선(aggregate supply curve: AS곡선)은 각각의 물가수준에 대응하는 총공급을 보여 주는 곡선이다.

> 일정 기간 동안에 한 나라 기업 전체가 팔고자 하는 총생산을 총공급이라 한다. **총공급곡선**은 각각의 물가수준에 대응하여 한 나라 기업 전체가 팔고자 하는 실질총생산을 보여 주는 곡선이다. 총공급곡선은 각각의 물가수준에 대응하는 총공급을 보여준다.

총공급곡선은 노동시장과 총생산함수로부터 도출된다. 그런데 노동시장을 어떻게 분석하느냐에 따라 여러 가지 형태의 총공급곡선을 얻는다. 상이한 총공급곡선은 총수요관리정책의 효과 분석에 상이한 결론을 가져온다. 거시경제학은 현재 이원화된 학문인데 이 이원성은 실상 상이한 기울기를 갖는 총공급곡선에서 비롯된다.

1 고전학파의 총공급곡선

제20장에서 다룬 고전학파모형의 노동시장과 총생산함수를 정리하면 다음 식과 같다.

[24-5] 노동공급함수: $N^S = N^S\left(\dfrac{w}{P}\right)$

[24-6] 노동수요함수: $N^D = N^D\left(\dfrac{w}{P}\right) = MP_N$

[24-7] 노동시장균형: $N^S = N^D$

[24-8] 총생산함수: $Y = F(N, \overline{K})$

고전학파모형에서는 노동의 수요와 공급이 실질임금에 의존하고, 노동시장에 불균형(초과공급량 혹은 초과수요량)이 존재할 때는 명목임금이 상·하 신축적으로 움직여서 불균형을 신속하게 해소시킨다. 그림 24–3에서 최초에 물가가 P_0, 균형실질임금은 w_0/P_0, 균형고용량은 완전고용수준 N_F여서 완전고용국민소득 Y_F를 공급하고 있다고 하자. 이제 물가가 P_0에서 P_1으로 하락한다면 실질임금이 w_0/P_0에서 w_0/P_1로 상승하여 그림 (a)에서 ab만큼 노동의 초과공급량이 발생한다. 노동의 초과공급량은 명목임금을 끌어내린다. 이 하향조정은 명목임금의 하락폭이 정확히 물가하락폭과 같게 되어 실질임금이 원래의 수준인 $w_0/P_0 = w_1/P_1$으로 되돌아갈 때까지 계속된다. 결국 노동시장의 균형이 물가하락 이전의 완전고용수준으로 다시 회복되고 완전고용국민소득을 생산할 수 있게 된다. 노동시장의 균형고용량 N_E가 그림 24–3(b)의 총생산함수를 통하여 Y_F를 생산한다. 물가의 변화가 노동시장의 균형고용량에 전혀 영향을 미치지 않으므로 생산량에도 변화가 없다.

고전학파에 의하면 이 조정과정이 매우 신속하게 이루어진다고 보기 때문에 물가수준이 변하더라도 완전고용 및 완전고용국민소득이 그대로 유지된다. 이는 물가와 총공급의 관계를 나타내는 총공급곡선이 완전고용국민소득수준에서 수직선이라는 것을 뜻한다. 수직의 총공급곡선이 오른쪽으로 이동하는 경우는 기술혁신에 의한 생산성의 증가, 자본축적, 노동력의 증가 등이 일어날 때이다.

고전학파의 공급측면의 이론적 핵심은 명목임금이 물가에 맞추어 완전신축적으로 움직이면 노동시장에서 항상 완전고용이 이루어지고 이에 따라 항상 완전고용국민소득을 달성할 수 있다는 것이다.

그림
24-3

고전학파의 총공급곡선

고전학파의 총공급곡선은 완전고용국민소득수준에서 수직이다. 예컨대 물가가 하락하면 실질임금이 상승하여 노동의 초과공급량이 생긴다. 이 때 명목임금이 하락하여 노동의 초과공급량을 즉시 해소하고 원래의 완전고용수준이 그대로 유지되기 때문에 국민소득이 완전고용국민소득수준에서 불변이다.

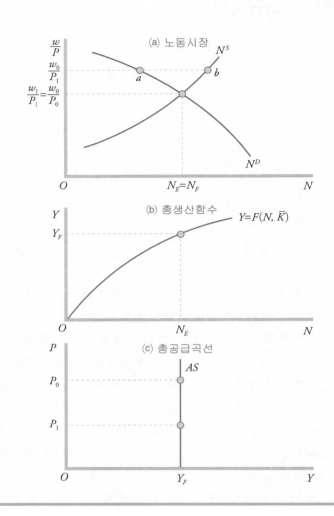

2 케인스의 총공급곡선

케인스는 노동시장을 자세히 분석하지 않고 생산시설이 유휴상태인 1930년대의 경제상황을 배경으로 물가를 상승시키지 않고도 얼마든지 총공급을 증가시킬 수 있다고 보았다. 이는 주어진 물가수준에서 수평의 총공급곡선을 상정한 것이다.

케인스단순모형에서 본 것처럼 케인스는 완전고용국민소득(Y_F)에 도달하기 전에는 유효수요의 크기가 전적으로 균형국민소득을 결정한다고 설명하였다. 주어진 물가수준에서 얼마든지 총공급이 증가할 수 있어서 균형국민소득수준의 결정에 공급측면이 전혀 제약요인이 되지 않는다는 것이다. 그림 24-4가 이와 같이 단순화된 케인스의 총공급곡선을 보여 주고 있다. 주어진 물가수준에서 총공급은 완전고용국

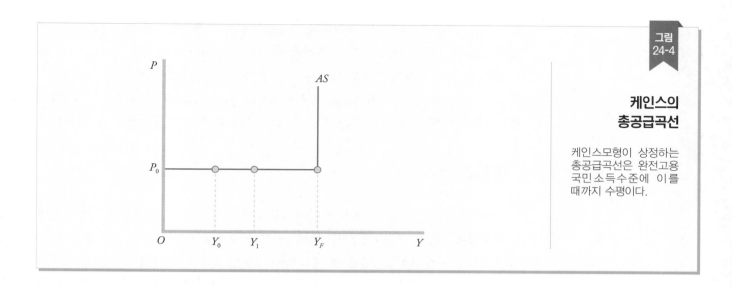

그림
24-4

**케인스의
총공급곡선**

케인스모형이 상정하는
총공급곡선은 완전고용
국민 소득수준에 이를
때까지 수평이다.

민소득(Y_F)에 이를 때까지 수평이다. Y_F에 이르면 고전학파와 같이 총공급곡선은 수직이다. 케인스는 과소고용(실업)이 일반적이라고 보아 총공급곡선이 수평인 부분에 초점을 맞추었다.[2]

대공황기의 실업자들
케인스의 총공급곡선은 대공황기의 극심한 경기침체와 실업이라는 시대적 상황이 반영된 것이다.

3 현대의 총공급곡선

고전학파는 명목임금이 물가에 맞추어 완전신축적으로 변동한다고 가정하여 수직의 총공급곡선을 얻었다. 케인스는 물가가 전혀 변하지 않고도 생산을 늘릴 수 있다고 가정하여 수평의 총공급곡선을 얻었다.

오늘날 거시경제학은 총공급곡선에 대하여 두 가지 방향에서 접근하고 있다. 한 가지 방향은 물가가 변하지 않는 기간을 단기, 물가와 명목임금이 시장상황에 부응하여 완전신축적으로 변하는 기간을 장기라고 정의하여 단기에는 수평의 케인스 총

---

2 케인스는 그의 저서 『일반이론』의 다른 부분에서 우상향의 총공급곡선도 상정한다. 그런데 노동공급이 명목임금의 증가함수이며 명목임금이 쉽게 내리지 않는다고 가정하여 우상향의 총공급곡선을 도출한다. 노동공급이 명목임금의 증가함수라는 것은 물가와 명목임금이 두 배로 오를 때 실질임금은 전혀 변하지 않는데도 불구하고 명목임금이 오른 것만 주목하여 노동공급을 증가시킨다는 것이다. 이처럼 최적화행태와 어긋나는 행태를 화폐의 환상(money illusion)이라 한다. 화폐의 환상은 노동자들이 비합리적으로 행동한다는 것을 뜻하기 때문에 불만족스러운 노동공급함수이다. 따라서 거꾸로 L자형이나 수평의 총공급곡선으로 케인스의 총공급곡선을 대표시킨다.

공급곡선, 장기에는 수직의 고전학파 총공급곡선을 사용하는 것이다. 다른 한 가지 방향은 물가가 전혀 변하지 않는 기간을 단기라고 정의하는 대신에 물가가 어느 정도 변하는 것을 수용하면서 단기에 우상향의 총공급곡선을 도출하는 것이다. 두 번째 방향을 대변하는 총공급곡선을 창시자 루카스(Robert Lucas)의 이름을 따서 루카스 총공급함수라 한다. 루카스 총공급함수는 흔히 다음과 같은 선형식으로 표시된다.

$$[24\text{-}9] \quad Y = Y_N + a(P - P^e), \qquad a > 0$$

식에서 Y_N은 자연생산량 혹은 완전고용국민소득, P^e는 예상물가이다. 오늘날 거시경제학계는 완전고용국민소득이라는 말보다 자연생산량이라는 말을 즐겨 쓴다. 자연생산량은 자연실업률수준에 대응하는 생산량이다. 자연실업률은 제26장에서 설명하는 바와 같이 노동시장을 균형시켜 주는 실업률이다. 또한 고전학파와 케인스가 완전고용국민소득을 초과하여 생산할 수 없다고 상정하는 데 반하여 단기에 정상적인 조업도를 초과하여 생산요소들을 가동시킴으로써 자연생산량을 초과하여 생산할 수 있다고 현대 거시경제학계는 상정한다.

식 (24-9)에 의하면 예상물가수준(P^e)이 주어져 있을 때 총공급은 물가의 증가함수이다. 물가가 오르더라도 예상물가가 같이 오르면 총공급증가 효과가 없다. 물가가 예상했던 수준보다 더 올라야 총생산이 자연생산량을 초과하여 증가할 수 있다. 물가가 예상했던 수준보다 덜 오르면 총생산이 자연생산량을 하회한다. 물가가 예상했던 물가와 같으면 총생산은 자연생산량과 같다.

루카스 총공급함수는 여러 가지 방법으로 도출할 수 있다. 그 중 한 가지 방법은 노동공급이 실질임금(w/P)의 함수가 아니라 예상실질임금(w/P^e)의 함수라고 가정하는 것이다.

$$[24\text{-}5]' \quad N^S = N^S\!\left(\frac{w}{P^e}\right)$$

이는 현실적으로 임금계약을 할 때 계약기간 동안(예컨대 앞으로 1년 동안)의 명목임금은 미리 결정되는 반면, 그 기간 동안의 물가수준은 정확히 알 수 없다는 점에 착안한 것이다. 근로자들은 앞으로 1년 동안의 물가수준(P)을 정확히 알지 못한다. 과거 물가수준의 동향을 참작하여 물가수준을 예상할 수 있을 뿐이다. 예상물가수준이 P_0^e로 주어져 있다 하자. 그러면 그림 24-5(a)에서 화폐임금을 종축으로 한 평면에서 노동공급곡선은 우상향한다. 예상물가수준이 일정하게 주어지면 명목임금의 상승은 예상실질임금의 상승과 같기 때문이다.

이제 물가가 P_0에서 P_1, P_2로 상승한다고 하자. 그러면 노동수요곡선인 노동의 한계생산물가치곡선이 $MP_N \cdot P_0$에서 $MP_N \cdot P_1$, $MP_N \cdot P_2$로 이동한다. 예상물가수준은 일정

그림
24-5

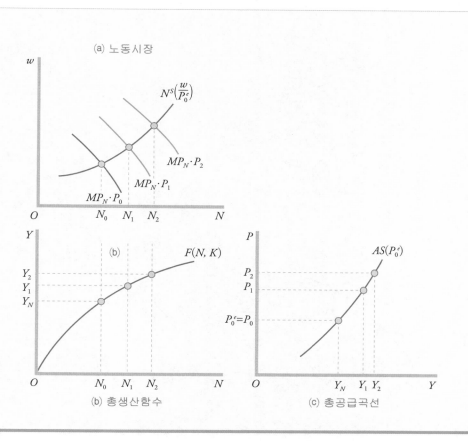

(a) 노동시장

(b) 총생산함수

(c) 총공급곡선

물가가 상승하면 노동 수요곡선이 오른쪽으로 이동하여 고용량이 증가한다. 고용량이 증가하면 총생산함수를 통하여 총생산이 증가한다. 따라서 예상물가수준이 주어져 있을 때 총공급곡선은 우상향한다.

하게 주어져 있다고 가정했기 때문에 물가가 상승하더라도 예상물가수준이 변동하지 않고 따라서 노동공급곡선은 이동하지 않는다.[3] 이에 따라 물가가 P_1, P_2로 상승하면 고용량이 N_1, N_2로 증가한다. 물가가 상승하면 기업은 노동의 한계생산물가치가 증가하기 때문에 노동수요량을 늘리고, 근로자는 주어진 예상물가수준(P_0^e)에서 명목임금상승으로 예상실질임금이 상승하기 때문에 노동공급량을 늘려 고용량이 증가하는 것이다. 고용량이 증가하면 총생산함수를 통해 총공급이 증가한다. 따라서 그림 (c)에서와 같이 우상향의 총공급곡선을 얻게 된다.

위 틀에서 노동자들의 예상물가가 올라가면 총공급곡선이 왼쪽으로 이동하는 것을 보일 수 있다. 노동자들의 예상물가가 P_0^e에서 P_1^e로 오른다고 하자. 그러면 루카스 총공급함수에 의해 이제 $P_1 = P_1^e$ 수준에서 총생산이 Y_N과 같게 된다. 이는 그림 24-6(a)에서 노동공급곡선이 $N^S(w/P_1^e)$로 상방이동하는 것과 같다. 물가가 종전보다

---

3 그림 (a)와 달리 종축에 실질임금(w/P)을 측정하면 물가가 상승하더라도 노동수요곡선인 노동의 한계생산물(MP_N)곡선은 이동하지 않는다. 그 대신 노동공급곡선이 오른쪽으로 이동한다. 독자들은 노동공급곡선이 왜 오른쪽으로 이동하는지 설명할 수 있어야 한다.

그림
24-6

예상물가의 상승과 루카스 총공급곡선의 상방이동

근로자들이 물가가 상승할 것이라고 예상하면 노동공급곡선이 위쪽 혹은 왼쪽으로 이동한다. 이에 따라 고용이 감소하고 총생산이 감소한다. 이런 현상은 실제물가가 어떤 수준에 있든 간에 일어나므로 총공급곡선이 위쪽 혹은 왼쪽으로 이동한다.

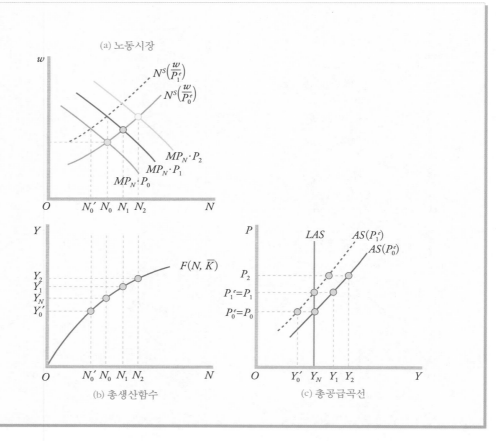

오를 것으로 예상되는데 종전과 같은 N_0를 공급하기 위해서는 당연히 명목임금이 종전보다 올라야 한다. 같은 말로 종전의 명목임금으로는 예상실질임금이 하락하여 노동공급량이 감소한다. 따라서 노동공급곡선이 위쪽 혹은 왼쪽으로 이동해야 하는 것이다. 왼쪽으로 얼마나 이동해야 하는가? $P_1 = P_1^e$ 수준에서 이제 총생산이 Y_N이므로 새로운 노동수요곡선 $MP_N \cdot P_1$과 교차하여 결정하는 고용수준이 자연고용량 N_0가 되도록 왼쪽으로 이동해야 한다. 노동공급곡선이 왼쪽으로 이동하면 각각의 물가수준에서 균형고용량이 감소하여 총생산이 감소하므로 총공급곡선이 왼쪽으로 이동한다.

　　루카스 총공급함수에서 장기에는 사람들의 예상물가수준이 실제물가수준과 같게 된다고 가정한다. 단기에는 사람들이 물가를 정확히 예상하지 못하지만 장기에는 시행착오과정을 거쳐 물가를 정확히 예상한다고 가정할 수 있는 것이다. 장기를 이렇게 정의하면 식 (24-9)에서 물가수준에 관계 없이 $P = P^e$이기 때문에 $Y = Y_N$이다. 즉 Y_N수준에서 수직인 총공급곡선이 되어 고전학파의 총공급곡선을 장기총공급곡선으로 해석하는 첫째 방향과 일치한다.

제3절 총수요·총공급의 이론

이제 제1절에서 배운 총수요곡선과 제2절에서 배운 총공급곡선을 한 평면에 같이 그릴 수 있다. 평면의 횡축은 국민소득 = 총생산(Y)을 측정한다. 각각의 물가수준에서 총수요곡선은 지출하고자 하는 국민소득을, 총공급곡선은 팔고자 하는 총생산을 나타낸다. 총수요·총공급의 이론은 현실경제에서 관측되는 물가와 국민소득을 총수요곡선과 총공급곡선이 만나는 균형물가와 균형국민소득으로 보는 것이다. 총수요곡선과 총공급곡선의 교차점 이외의 점에서는 생산물의 초과수요나 초과공급이 발생하기 때문에 개별시장에서와 같은 조정과정을 통하여 균형점으로 접근해 간다. 균형물가와 균형국민소득이 일단 결정되면 이자율, 소비, 투자수요 등 다른 거시경제변수들의 균형값도 쉽게 구할 수 있다. 각 학파가 보는 물가와 국민소득의 결정을 보면 그림 24-7과 같다.

고전학파에 의하면 국민소득은 총수요곡선에 관계 없이 총공급곡선만으로 결정된다. 고전학파모형을 공급측 국민소득결정이론이라 부르는 이유이다. 총수요곡선은 총공급곡선과 결합하여 물가수준만을 결정할 뿐이다.

케인스모형에서는 총공급곡선이 주어진 물가수준에서 완전고용국민소득(Y_F)에 이를 때까지 수평이다. 따라서 국민소득은 주어진 물가수준에서 총수요곡선에 의하여 결정된다. 케인스모형을 수요측 국민소득결정이론이라 부르는 이유이다.

루카스 총공급곡선은 예상물가수준이 주어져 있을 때 우상향의 곡선으로 그려진다. 이 경우에는 국민소득과 물가수준이 수요측이나 공급측 어느 하나만으로 결정되지 못하고 두 측면의 상호작용으로 결정된다. 이 분석틀로 앞에서 배운 외생적인 요인들이 변하면 균형점이 변하는 것을 이 장의 연습문제와 다음 장의 정책효과 분석에서 다룬다.

앞에서 케인스모형을 단기모형, 고전학파모형을 장기모형으로 해석하였다. 두 모형을 서로 다른 경기변동국면에 적용되는 모형이라고 해석할 수도 있다.

국민소득수준이 아주 낮고 실업이 아주 많은 극심한 불황기에는 케인스모형이 상정하는 수평의 총공급곡선이 설득력을 가진다. 이를 그림 24-8에서 케인스 영역으로 표시하였다. 완전고용국민소득수준에 도달한 활황기에는 고전학파가 상정하는 수직의 총공급곡선이 설득력을 가진다. 이를 고전학파 영역으로 표시하였다. 현실경제는 대개 케인스 영역이나 고전학파 영역에 속하지 않고 중간영역에 속한다. 중간영역에서는 우상향의 루카스 총공급곡선을 가진다. 우상향의 총공급곡선에서는 총수요측면이나 총공급측면의 어느 한쪽만으로 국민소득과 물가를 결정하지 못하고, 총수요와 총공급이 상호작용하여 균형국민소득과 균형물가를 동시에 결정한다. 일

그림
24-7

균형물가와
균형국민소득의
결정

총수요곡선과 총공급곡선이 만나 물가와 국민소득이 결정된다. 고전학파모형에서는 총공급곡선에 의해, 케인스모형에서는 총수요곡선에 의해 국민소득이 결정된다. 일반적으로는 두 곡선이 상호작용하여 국민소득이 결정된다.

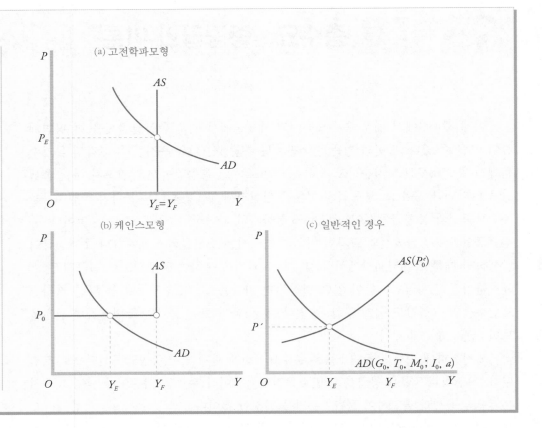

그림
24-8

일반적인
단기총공급곡선

극심한 불경기는 케인스모형이 상정하는 수평의 총공급곡선을, 지나친 호황기는 고전학파모형이 상정하는 수직의 총공급곡선을, 보통 때는 우상향의 루카스 총공급곡선을 가지는 것으로 해석할 수 있다.

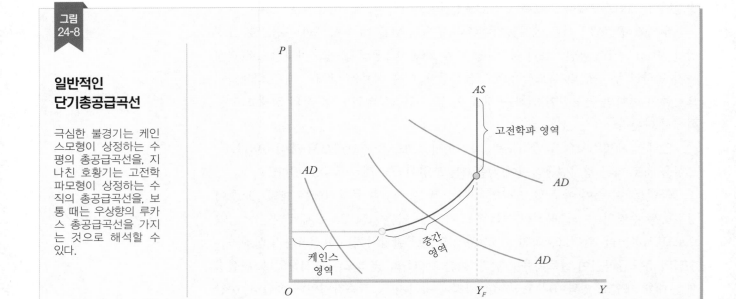

단 균형국민소득과 균형물가가 결정되면 생산물시장이나 화폐시장에서 균형이자율을 바로 알 수 있다.

앞으로 일반적인 단기총공급곡선을 그릴 때에는 그림 24-8과 같은 일반적인 형태를 염두에 두면서 중간영역만을 주로 표시하기로 한다.

다음 장에서는 케인스모형을 단기모형, 고전학파모형을 장기모형이라고 해석하여 안정화정책의 효과를 분석한다. 케인스모형을 단기모형이라고 해석하여 수평의 총공급곡선을 단기총공급곡선으로 보든, 우상향하는 루카스 총공급곡선을 단기총공급곡선으로 보든 간에 단기에 물가가 고정되어 있느냐 약간 변하느냐만 차이가 있을 뿐 그 외의 안정화정책의 정성적인 효과는 똑같다.

한약과 양약
고전학파모형은 한약, 케인스모형은 양약에 비유할 수 있다. 한약은 평소 보약 복용을 통해 장기적으로 건강을 관리하는 데 중점을 둔다. 양약은 증상에 대한 처방을 통해 단기적인 고통을 치유하는 데 중점을 둔다.

부록

총수요의 이론 :
소비이론과 투자수요이론

1　총수요곡선은 각 물가수준에 대응하는 생산물총수요를 보여 주는 곡선이다. 물가가 하락하면 이자율이 하락하여 민간소비 및 투자수요가 증가하는 이자율효과, 실질자산이 증가하여 민간소비가 증가하는 자산효과, 수출이 증가하고 수입이 감소하여 순수출이 증가하는 무역수지효과가 일어나 총수요가 증가한다. 따라서 총수요 곡선은 우하향한다. 총수요곡선은 일반적으로 정부지출·조세·통화공급·독립투자·절대소비 등에 의해 영향을 받는다. 확대재정정책과 확대통화정책, 독립투자나 절대소비의 증가 등은 총수요곡선을 오른쪽으로 이동시킨다.

2　총공급곡선은 각 물가수준에 대응하여 한 나라 기업 전체가 팔고자 하는 총생산을 나타내는 곡선이다. 총수요곡선은 우하향하지만 총공급곡선의 형태에 대하여는 적어도 세 가지 다른 모형이 있다. 고전학파의 총공급곡선은 완전고용국민소득수준에서 수직이다. 이것은 노동공급과 노동수요가 실질임금의 함수이고 명목임금이 완전 신축적으로 움직여 노동시장이 항상 균형을 유지한다는 가정의 결과이다. 반면에 케인스의 총공급곡선은 주어진 물가수준에서 수평이다. 루카스 총공급함수는 예상물가수준이 주어져 있을 때 우상향의 곡선으로 그려진다.

3　경기가 극심한 불경기일 때에는 케인스모형, 초호황기일 때에는 고전학파모형, 양 극단의 사이일 때에는 루카스 총공급함수가 적용된다고 보아 그림 24-8과 같이 케인스영역·중간영역·고전학파영역으로 종합수용하여 수평-우상향-수직으로 연결되는 일반적인 총공급곡선을 그릴 수 있다. 보다 일반적인 해석은 물가가 고정된 케인스모형이나 예상물가가 고정된 루카스 총공급함수를 단기모형, 물가가 신축적인 고전학파모형을 장기모형이라고 해석하는 것이다. 이 틀에서 안정화정책의 단기 및 장기효과를 분석할 수 있다.

- 총수요
- 총수요곡선
- 이자율효과
- 자산효과
- 무역수지효과
- 총공급
- 총공급곡선
- 고전학파의 총공급곡선
- 케인스의 총공급곡선
- 루카스 총공급함수
- 고전학파 영역
- 케인스 영역
- 중간영역

1 총수요곡선과 관련하여 다음 물음에 답하라.

(1) 총수요곡선이 생산물시장과 화폐시장을 동시에 균형시키는 물가, 이자율 및 총수요의 관계를 나타내는 이유는?

(2) 물가변화로 인한 이자율효과 이외에 총수요곡선이 우하향하는 또 다른 이유는?

(3) 케인스학파와 통화주의자 및 고전학파의 시각에서 총수요곡선의 기울기는 어떻게 다른가?

(4) 총수요곡선을 이동시키는 요인은?

2 총공급곡선과 관련하여 다음 물음에 답하라.

(1) 총공급곡선이 우상향하는 일반적인 이유는? 총공급곡선이 우상향하기 위해서는 어떤 조건이 필요한가?

(2) 총공급곡선이 우상향하는 이유를 루카스 총생산함수를 통해 설명해 보라.

(3) 루카스 총공급곡선과 같은 현대의 우상향하는 총공급곡선을 이동시키는 요인은?

(4) 장기에 고전학파의 총공급곡선과 루카스 총공급곡선을 이동시키는 요인은?

3 (1) 다음 각 항이 국민소득·물가·이자율·소비·투자수요 등에 미치는 영향을 $AD-AS$곡선을 그려가면서 분석하라.

① 정부지출의 증가 ② 정액세의 증가

③ 통화공급의 증가 ④ 물가의 상승

⑤ 독립투자의 증가 ⑥ 과소비풍조

(2) 고전학파모형에서 통화량이 2배, 3배 증가하면 물가도 2배, 3배 상승하고 실질변수들에는 아무런 영향도 미치지 못한다는 화폐의 중립성이 성립하는 것을 보여라. 케인스모형에서는 화폐의 중립성이 성립하지 않는 것을 보여라. 재정정책의 경우는 어떤가?

4 그림 24-5(a)의 노동시장을 종축에 실질임금$(\frac{w}{P})$을 측정하여 분석하라.

5 제1절의 생산물시장모형에서 $r=\frac{1}{c}(a+I_0+G_0-bT_0)$ $-\frac{1-b}{c}Y$가 됨을 보여라.

6 다음 모형을 보고 물음에 답하라.

(1) $Y^D = C + I^D + G$

(2) $C = 0.8(Y-T) + 200$

(3) $I^D = 200 - 20r$

(4) $G = 100,\ T = 100$

(5) $\frac{M^D}{P} = 100 + 0.2Y - 30r$

(6) $M^S = 510$

(7) $P = 1$

(8) $Y_F = 2,100$

① AD곡선의 방정식을 구하고 AD곡선을 그려라.

② AS곡선의 방정식을 구하고 AS곡선을 그려라.

③ 균형국민소득과 균형이자율을 구하라.

④ 완전고용국민소득을 달성하기 위하여 G, T, M^S 등을 쓸 때 각각 얼마씩 어떻게 변화시켜야 하는가?

7 다음의 기술이 옳은가 그른가를 밝히고 그 이유를 설명하라.

① 화폐수요의 이자율탄력도가 클수록 화폐수요곡선의 기울기는 완만해진다.

② $AD-AS$곡선에서 균형이자율이 표시된다.

③ 주어진 총수요곡선을 따라 이동할 때 이자율도 변한다.

④ 케인스에 의하면 기업가는 화폐의 환상을 가지지 않고 노동자만 화폐의 환상을 가진다.

⑤ 투자수요의 이자율탄력도가 커질수록 AD곡선은 가파르게 된다.

⑥ 투자수요가 독립투자뿐이면 이자율의 변동은 생산물시장의 균형에 영향을 미치지 못한다.

⑦ 케인스모형을 때로 「공황의 모형」이라고 부르는데 그 이유는 고정물가의 가정 때문이다.

⑧ 유동성함정이 존재하면 동일한 이자율수준에서 화폐시장을 균형시키는 국민소득수준이 둘 이상 존재한다.

⑨ 정부지출이 증가할 때 한계소비성향이 클수록

*AD*곡선의 우측이동도 커진다.

⑩ 루카스 총공급함수는 단기에 예상물가가 고정되어 있다고 본다.

⑪ 루카스 총공급함수에서는 실제생산량이 자연생산량을 초과할 수도 있다.

⑫ 실제물가와 예상물가수준이 다르면 총공급곡선이 우상향하고 실제물가와 예상물가수준이 같으면 총공급곡선이 자연생산량에서 수직이라는 것이 루카스 총공급함수이다.

⑬ 물가가 상승하면 이자율도 상승한다.

⑭ 물가가 상승하면 소비수요가 위축된다.

⑮ 총공급곡선의 형태에 대하여 일반적으로 불황기에는 케인스 견해가, 호황기에는 고전학파 견해가 타당하다.

⑯ 근로자들의 예상물가가 상승하면 노동공급곡선과 총공급곡선이 상방이동한다.

⑰ 통화량이 두 배로 늘면 고전학파는 물가와 명목임금도 두 배로 오른다고 본다.

⑱ 통화량이 증가하면 고전학파모형에서도 총수요가 증가한다.

⑲ 정부지출이 증가하면 고전학파모형에서도 물가가 상승한다.

⑳ 투자수요와 함께 소비도 이자율의 영향을 받는다면 *AD*곡선은 더 완만해진다.

경기변동과 안정화정책 : 거시경제학의 두 조류

이 장에서는 경기변동현상을 정리하고 경기변동의 진폭을 줄이고자 하는 경제안정화정책을 둘러싸고 대립되어 온 고전학파와 케인스학파의 핵심적인 주장을 비교 · 분석한다. 안정화정책이 필요한가, 필요하다면 어떻게 시행되어야 하는가에 대해 거시경제학은 크게 고전학파와 케인스학파로 이원화되어 있다.

CHAPTER

25

제1절 | 경기변동

1 경기변동의 의의

우리나라 경제는 1950년대에 전쟁의 참상과 전후복구를 경험하고 난 후부터 지속적인 성장을 이룩하였다. 특히 제1차 경제개발 5개년계획이 시작된 1962년부터 지금까지 우리 경제규모는 엄청나게 팽창하고 국민들의 생활수준도 비약적으로 높아졌다. 그러나 이 기간 동안 경제가 고르게 확대되어 온 것은 아니다.

평균적인 경제활동수준보다 훨씬 더 활기 있는 생산과 지출이 이루어져 경제가 호경기를 누리던 때가 있는가 하면 평균수준보다 훨씬 밑도는 불경기를 경험하기도 하였다. 호경기가 오랫동안 진행되다 보면 어느 땐가 불경기로 돌아서고 불경기가 한참 진행되다 보면 경제가 회복되어 호경기로 들어서곤 하였다. 이처럼

경기순환(경기변동)
경제활동이 확장국면과 수축국면이 반복되어 나타나는 현상

> 경제활동이 확장국면과 수축국면이 반복되어 나타나는 현상을 **경기순환** 또는 **경기변동**이라고 한다. 여기서 경기란 전반적인 경제활동상태를 말한다.

경기변동은 우리나라에만 국한된 것이 아니다. 영국에서 18세기 후반에 산업혁명이 일어나 자유시장경제가 본격적으로 발달하기 시작한 이후 시장경제가 주축이 되는 현대혼합자본주의에 이르기까지 모든 자본주의국가에서 경기변동을 경험해 오고 있다.

그림 25–1에 현실경제에서 관찰되는 전형적인 경기변동이 그려져 있다. 경기변동이 없으면 경제는 정상적인 성장경로를 따라 확대될 것이다. 정상적인 성장경로를 성장추세선(trend growth path)이라 한다. 제2차 세계대전 이후 일본·대만·한국 등 동북아지역은 고도성장을 누림으로써 성장추세선의 기울기가 아주 컸다. 반면에 아프리카와 서아시아, 그리고 남미지역의 성장추세선은 그 기울기가 작았다. 한 나라의 성장추세선의 기울기를 결정하는 요인은 생산기술, 자본축적, 양질의 노동력 등이다. 이에 대하여는 제29장에서 다룬다.

확장국면
저점에서 정점까지 경제활동이 활발한 국면

수축국면
정점에서 저점까지 경제활동이 위축된 국면

경기변동과정에서 경기가 가장 나쁜 상태를 저점 혹은 계곡(trough), 가장 좋은 상태를 정점 혹은 정상(peak)이라 한다. 저점에서 정점까지 경제활동이 활발한 국면을 확장국면(expansion), 정점에서 저점까지 경제활동이 위축된 국면을 수축국면(contraction) 혹은 경기침체라 한다. 저점에서 다음 저점까지를 경기변동의 한 주기(cycle)라 한다. 정점과 (성장추세선상의) 저점의 격차를 진폭(amplitude)이라 한다.

758 · PART X 총수요·총공급의 이론과 안정화정책

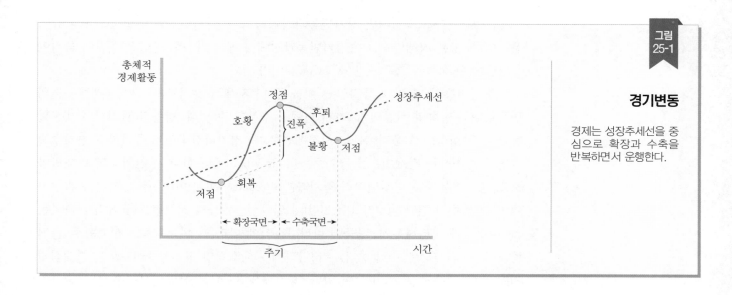

그림
25-1

경기변동

경제는 성장추세선을 중심으로 확장과 수축을 반복하면서 운행한다.

때로는 확장국면을 경기회복과 호황, 수축국면을 경기후퇴와 불황으로 구분하여 경기변동의 4국면이라고 부르기도 한다. 경기회복은 저점에서 성장추세선까지를 말하고 호황은 경기가 성장추세선을 넘어 정점까지 진행되는 상태를 말한다. 경기후퇴는 정점에서부터 경기가 위축되기 시작하여 성장추세선까지 하강하는 국면을 말하고 불황은 성장추세선 이하로 경기가 하강하는 상태를 말한다.

2 경기변동의 특징

경기변동의 특징은 크게 다음의 네 가지를 들 수 있다.

① 경기변동은 반복적이되 비주기적이다. 확장국면과 수축국면이 번갈아 가면서 되풀이되어 나타난다는 점에서 반복적이다. 그러나 경기변동의 주기와 진폭이 경기변동마다 다르다는 점에서 비주기적이다.

② 경기변동은 지속적이다. 경기후퇴가 일단 시작되면 상당기간 경기는 더 나빠지고 경기가 일단 확장되기 시작하면 상당기간 경기는 더 좋아진다는 점에서 경기변동은 지속적이다.

③ 경기변동은 비대칭적이다. 확장국면과 수축국면의 강도와 기간이 다르다. 대개 확장국면은 회복과정이 서서히 일어나면서 수축국면보다 기간이 길다.

④ 경기변동은 몇몇 특정분야나 경제변수에만 일어나지 않고 많은 경제활동에서 거의 동시에 일어난다. 총체적 경제활동을 흔히 실질GDP 혹은 (산업)생산활동으

로 대표시켜 다루고 있지만 경기변동과정에서 많은 거시변수들이 실질GDP와 같이 움직인다. 많은 경제변수들이 경기변동과정에서 예측 가능한 방향으로 같이 움직이는 경향을 공동변동 혹은 공행(comovement)이라 한다.

경기변동의 네 번째 특징인 공행을 좀 더 자세히 살펴보자. 거시경제변수들의 변동형태를 방향과 시간의 두 가지 면에서 구분할 수 있다. 방향과 관련하여 생산활동과 같은 방향으로 움직이는 거시경제변수, 즉 경기확장국면에 증가하고 경기수축국면에 감소하는 경제변수를 경기순응적(procyclical)이라 한다. 생산활동과 반대방향으로 움직이는 거시경제변수를 경기역행적(countercyclical)이라 한다. 시간과 관련하여 어떤 변수의 전환점(정점 또는 저점)이 일반생산활동의 전환점보다 빨리 나타나는가, 비슷하게 나타나는가, 나중에 나타나는가에 따라 그 변수를 경기선행변수, 경기동행변수, 경기후행변수라 한다. 우리나라에서 대표적인 경기선행변수로는 경제심리지수·건설수주액·코스피 등이 있다. 경기동행변수로는 산업생산지수·내수출하지수·비농림어업 취업자수 등이 있다. 경기후행변수로는 제품재고지수·소비자물가지수변화율·기업어음유통수익률 등이 있다.

---

3 경기변동의 종류

경기변동은 전통적으로 주기의 길고 짧음에 따라서 단기파동·중기파동·장기파동으로 나눈다.

단기파동

2.5~5년을 주기로 하는 경기변동으로 발견한 사람의 이름을 따서 키친파동(Kitchin wave)이라고도 한다. 통화공급이나 이자율의 변동, 기업의 재고변동 등에 따라서 일어나는 단기적인 변동이다.

중기파동

8~10년을 주기로 하는 경기변동으로서 발견한 사람의 이름을 따서 주글라파동(Juglar wave)이라고도 한다. 주로 기업의 설비투자의 변동으로 일어나는 경기변동이다.

표
25-1

장기파동

	기 간	원 인
제1파동	1785~95-1844~51	섬유와 직물을 중심으로 한 산업혁명
제2파동	1844~51-1890~96	증기기관과 철강에 의한 철도건설
제3파동	1890~96-1939~48	전력 · 자동차 · 화학공업에 의한 산업발전
제4파동	1939~48-1990~2000(?)	반도체 · 컴퓨터 · 정보통신 등 신기술
제5파동	1990~2000(?)~	반도체 · AI · 생명공학 등 분야에서 기술혁신

장기파동

50~60년을 주기로 하는 경기변동으로 발견한 사람의 이름을 따서 콘트라티에프파동(Kondratiev wave)이라고도 한다. 기술혁신이나 신자원의 개발 등에 따라 일어나는 변동이다. 표 25-1에서 보는 바와 같이 ① 18세기 말(1785~1795)에 시작된 산업혁명, ② 1840년대의 철도의 등장, ③ 1890년대의 자동차 · 전기의 발명 등 기술혁신과 이에 따른 대규모 투자에서 장기파동이 20세기 중엽까지 적어도 세 차례 있어 왔다고 슘페터(J. Schumpeter)는 주장한다. 이러한 맥락에서 1940년대부터 20세기 말까지를 반도체 · 컴퓨터 · 정보통신 등이 주도하는 제4파동, 21세기 전반을 반도체 · 인공지능(AI) · 생명공학 · 우주항공산업 등의 분야에서 끊임없는 혁신과 이에 따른 대규모 투자가 이루어지는 제5파동기로 볼 수도 있을 것이다.

안면인식 기술
중국 일부 도시는 대중교통 거점에 안면인식 기술을 도입하여 이용자 통행의 편리성을 높이고 있다. 신기술이 주도하는 제4파동기 다음의 파동은 어떤 모습일까.
출처: 뉴스핌(2018.1.11.)

위에서 세 가지 파동에 관하여 살펴보았다. 그러나 현실적으로 진행되는 경기변동에서 이들 파동을 정확하게 구분해 내기는 매우 어려운 일이다. 이는 각 파동의 주기를 어느 일정연수로 표시하지 못하고 기간으로 표시한 데서도 짐작할 수 있다. 각국에서 비교적 뚜렷하게 식별해 낼 수 있는 경기변동은 단기파동이기 때문에 일반적으로 경기변동이라 할 때에는 단기파동을 뜻한다. 중기파동은 경기변동을 연구하는 학자들에 의하여 주된 연구대상이 된 반면, 장기파동은 그 규칙성에 관하여 학계에서 회의적이다.

우리나라의 경기변동

우리나라의 경기변동과정은 1950년대 말부터 한국은행이 분석하기 시작했는데 현재는 통계청이 공식적으로 편제하고 있다. 통계청이 편제한 1970년대 이후 우리나

표
25-2

**우리나라의
경기변동**

	기준순환일			지속기간(개월)		
	저점	정점	저점	확장기	수축기	순환기
제1순환기	1972.3	1974.2	1975.6	23	16	39
제2순환기	1975.6	1979.2	1980.9	44	19	63
제3순환기	1980.9	1984.2	1985.9	41	19	60
제4순환기	1985.9	1988.1	1989.7	28	18	46
제5순환기	1989.7	1992.1	1993.1	30	12	42
제6순환기	1993.1	1996.3	1998.8	38	29	67
제7순환기	1998.8	2000.8	2001.7	24	11	35
제8순환기	2001.7	2002.12	2005.4	17	28	45
제9순환기	2005.4	2008.1	2009.2	33	13	46
제10순환기	2009.2	2011.8	2013.3	30	19	49
제11순환기	2013.3	2017.9[1]	2020.5[1]	54	32	86
제12순환기	2020.5[1]	-	-	-	-	-
평균	-	-	-	33	20	53

주1) 잠정
자료: 통계청(kosis.kr), 국가통계포털 > 온라인 간행물 > 경기종합지수 > 부록, 2024.

라의 경기변동이 표 25-2에 나와 있다. 각 경기변동마다 주기가 다르고 확장국면이 대개 수축국면보다 긴 비대칭성을 보여 주고 있다. 1970년대부터 지금까지 열한 차례의 경기변동을 경험하였는데 평균적으로 확장기간이 33개월, 수축기간이 20개월, 주기가 53개월인 단기파동이다. 주기가 가장 길었던 경기순환은 2013년 3월부터 시

그림
25-2

**우리나라의
경기순환**

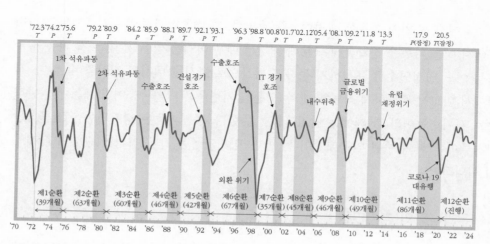

자료: 통계청(kosis.kr), 경기동행지수 순환국면 도표.

작된 제11순환기로 무려 86개월 동안 지속되었다. 1970년 이후 우리나라의 경기순환 국면을 그래프로 나타내면 그림 25-2와 같다.

많은 거시경제변수들이 경제상태에 대해 서로 엇갈리는 신호를 보내는 경우가 많기 때문에 경기변동의 기준순환일 혹은 전환점(저점이나 정점)을 확정하기는 어려운 일이다. 통계청은 많은 거시지표와 경기지수의 움직임을 분석한 후 관련 전문가의 의견을 들어 사후적으로 기준순환일을 확정한다.

경기변동현상이 시장실패의 증상인가, 아니면 계절의 운행과 같이 자연적인 시장경제의 흐름인가? 경기변동을 완화하기 위해 정부가 적극 경제에 개입해야 하는가, 아니면 정부의 실패를 낳기 쉬운 경제개입은 가급적 지양해야 하는가? 현대 거시경제학을 고전학파와 케인스학파의 이원적인 이론체계로 만드는 것은 경기변동을 보는 이러한 상이한 두 시각에서부터 비롯된다.

읽을거리 25-1

경기침체의 유형
(Recession
Shapes)

제2절 안정화정책의 필요성 논쟁

경기가 지나치게 호황일 때는 높은 물가상승이 따르기 쉽다. 반면에 경기가 지나치게 불황일 때는 심각한 실업에 시달리기 쉽다. 따라서 경기변동의 진폭이 너무 큰 것은 바람직스럽지 않다. 가능하다면 경기변동의 진폭이 없이 경제가 성장추세선을 따라 성장을 지속해 나가는 것이 가장 바람직스러운 일이다. 정부가 안정화정책(총수요관리정책)을 쓰는 이유는 경기변동의 진폭을 가급적 줄여 안정적 성장을 도모하려는 데에 있다.

앞 장에서 재정정책·통화정책과 같은 안정화정책은 단기에 생산물총공급곡선에는 영향을 미치지 않고 총수요곡선에만 영향을 미치기 때문에 총수요관리정책이라고 불렀다.

1 안정화정책의 효과 : 장단기 논쟁

구직자들
동대문 디자인 플라자에서 개최된 서울글로벌일자리박람회(Seoul Global Job Fair). 경제학자들은 소득 및 일자리 안정을 위한 (경제)안정화정책의 필요성에 공감하지만 그 수단과 효과에 대해서는 학파에 따라 생각이 다르다.
출처: Korea Joongang Daily(2017.11.11~12)

앞 장에서 케인스모형이나 루카스공급함수를 단기모형, 고전학파모형을 장기모형으로 해석하면 안정화정책이 단기에는 생산과 고용을 변동시키지만 장기에는 물가만 변동시킨다는 것을 배웠다. 경기가 침체되어 있을 때 확대 재정정책이나 확대 통화정책이 단기에 생산과 고용을 증가시킨다는 것은 고전학파경제학자들도 인정한다. 안정화정책이 장기에는 생산과 고용에 별다른 영향을 주지 못하고 물가에만 영향을 미친다는 것은 케인스학파경제학자들도 인정한다. 문제는 단기와 장기의 길이이다. 고전학파는 단기가 고작해야 1~2년 이내의 짧은 기간이라고 생각한다. 따라서 고전학파는 이런 단기밖에 효과가 지속되지 않는 안정화정책을 쓸 필요가 없다는 입장이다. 반면에 케인스학파는 「장기에는 우리 모두 죽는다」는 케인스의 말을 받아들여 장기를 적어도 10년이 넘는 기간, 단기도 4~5년 정도는 되는 기간이라고 생각한다. 이에 따라 안정화정책의 효과가 경기변동의 주기에 걸쳐 나타나기 때문에 경제안정을 위해 총수요관리정책을 써야 할 필요가 있다는 입장이다.

이를 그림 25-3으로 설명해 보자. 경제가 최초에 AD_0와 $AS(P_0^e)$가 만나는 E_0에서 균형을 이루고 있었는데 기초소비·독립투자·수출수요 등이 갑자기 위축되어 총수요곡선이 AD_1으로 이동한다고 하자. 그러면 경제는 자연생산량(Y_N)보다 훨씬 낮은 생산수준 Y_1에 머물고 이에 따라 고용이 감소하고 실업이 증가한다. 이 때 고전학파는 정부가 안정화정책을 쓰지 않아도 머지않아 새 균형점 E_2로 회귀한다고 본다. 총생산이 자연생산량보다 낮은 경기침체로 물가가 하락하고 이에 따라 근로자들의 기대물가수준도 낮아져서 단기총공급곡선이 $AS(P_2^e)$로 이동한다는 것이다. 고전학파는 기대물가가 하향 조정되면 AD_1으로 위축된 총수요하에서도 E_2에서 자연생산량을 달성할 수 있다고 본다.

이에 반해 케인스학파는 정부가 아무런 조치를 취하지 않을 경우 E_2로 회귀하는데에는 너무 오랜 시일이 걸려 경기침체와 실업의 고통이 불필요하게 오래 지속된다고 본다. 정부가 확대 재정정책이나 확대 통화정책을 써서 총수요곡선을 AD_0까지 오른쪽으로 이동시키면 경제가 자연생산량수준으로 곧 복귀하여 경기침체와 실업의 고통을 오래 겪지 않아도 된다. 안정화정책을 써서 자연생산량으로 곧 복귀하는 기회비용은 항구적인 물가상승이다. 안정화정책을 쓰지 않을 때에 비해 물가수준이 P_2에서 P_0로 높아지기 때문이다. 그러나 이 기회비용을 치르는 것이 경기침체와 높은 실업이 오래 지속되는 것보다 낫다.

요약컨대 안정화정책의 효과 자체에는 고전학파와 케인스학파간에 차이가 없다. 안정화정책의 효과가 지속된다고 보는 단기를 얼마나 짧고 길게 보느냐 하는 차이가 있을 뿐이다. 그런데 이 차이가 안정화정책의 필요성 여부를 놓고 두 학파가 다른 입장을 취하는 분수령이 되고 있다.

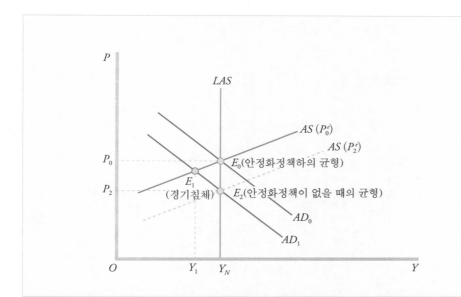

그림 25-3

경기침체와 안정화 정책 유무

경제가 E_1에서 경기침체를 겪고 있다고 하자. 고전학파는 정부의 안정화정책이 없어도 경제가 머지않아 E_2로 회귀한다고 본다. 케인스학파에 의하면 E_2로 회귀하는 데에는 시간이 너무 걸리기 때문에 안정화정책을 써서 E_0를 달성해야 한다.

2 안정화정책의 효과 : 재정정책 대 통화정책

경기가 크게 위축되어 고전학파까지도 안정화정책을 써야 할 필요성에 마지못해 동의한다고 하자. 그러면 안정화정책으로서 확대 재정정책을 써야 하는가, 확대 통화정책을 써야 하는가 아니면 양자를 동시에 써야 할 것인가 하는 문제가 제기된다. 이에 대해 케인스학파는 확대 재정정책을 써야 한다고 주장한다. 반면에 고전학파를 이어받아 경제의 자동조정기능과 작은 정부를 신봉하는 통화주의자(monetarist)는 확대 통화정책을 써야 한다고 주장한다. 통화주의자의 대표적인 학자는 프리드만이다. 케인스학파와 통화주의자가 이처럼 다른 입장을 취하는 이유는, 첫째, 투자수요와 화폐수요의 이자율탄력도에 대해, 둘째, 안정화정책의 전파경로에 대해 각기 다른 견해를 갖고 있기 때문이다.

우선, 투자수요와 화폐수요의 이자율탄력도에 대해

① 케인스학파는 소비와 투자수요의 이자율탄력도가 작고 화폐수요의 이자율탄력도는 크다고 본다. 이자율이 크게 상승해도 소비와 투자수요는 별로 감소하지 않는 데 반해 이자율이 상승할 때 화폐수요는 크게 감소한다는 것이다.

② 반면에 통화주의자는 소비와 투자수요의 이자율탄력도가 크고 화폐수요의 이자율탄력도는 작다고 본다. 이자율이 상승하면 소비와 투자수요는 크게 감소하는데 화폐수요는 별로 감소하지 않는다는 것이다.

이를 그림으로 나타내면 그림 25-4와 같다. 투자수요나 화폐수요의 이자율탄

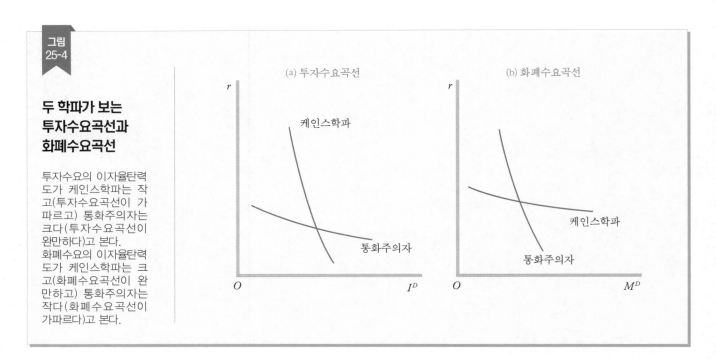

그림 25-4

두 학파가 보는 투자수요곡선과 화폐수요곡선

투자수요의 이자율탄력도가 케인스학파는 작고(투자수요곡선이 가파르고) 통화주의자는 크다(투자수요곡선이 완만하다)고 본다.
화폐수요의 이자율탄력도가 케인스학파는 크고(화폐수요곡선이 완만하고) 통화주의자는 작다(화폐수요곡선이 가파르다)고 본다.

력도가 작(크)다는 것은 투자수요곡선이나 화폐수요곡선의 기울기가 가파르(완만하)
다는 것을 의미한다.

케인스학파의 재정정책 효과 분석

확대 재정정책은 앞 장에서 살펴본 것처럼 각 물가수준에서 총수요가 증가하기
때문에 그림 25-5에서 보듯이 총수요곡선이 오른쪽으로 이동한다. 얼마나 오른쪽으
로 이동하는가? 확대 재정정책은 이자율 상승을 통해 소비와 투자수요를 감소시킨다
는 것을 배웠다. 그런데 이자율이 상승해도 소비와 투자수요가 별로 감소하지 않기
때문에(구축효과가 크지 않기 때문에) 총수요곡선을 오른쪽으로 많이 이동시킨다. 이에
따라 균형 국민소득이 많이 증가한다.

케인스학파에 의하면 재정정책은 안정화정책으로서 강력한 효과를 발휘한다.

재정정책이 안정화정책으로서 강력한 효과를 발휘하는 것은 재정정책, 특히 정
부지출이 승수효과를 통하여 직접적으로 국민소득을 증가시키기 때문이다. 조세는
정부지출처럼 직접적인 총수요의 구성항목이 아니라 소비를 통한 간접적인 구성항
목이다. 승수효과가 발휘되기 전에 우선 소비가 변하여야 한다. 한계소비성향이 1보
다 적기 때문에 소비는 조세가 변한 만큼 변하지 않는다. 따라서 조세는 정부지출만
큼 국민소득에 미치는 효과가 크지는 않다. 케인스학파가 보는 재정정책의 생산효과
전파경로를 요약하면 그림 25-6과 같다.

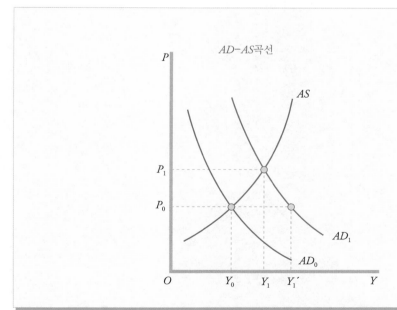

AD-AS곡선

그림
25-5

**케인스학파의
확대 재정정책 효과**

케인스학파에 의하면 확
대 재정정책은 이자율
상승을 통해 소비와 투
자수요를 감소시키지만
이 구축효과가 크지 않
기 때문에 총수요와 총
생산의 증대 효과가 크
게 나타난다.

그림
25-6

케인스학파가 보는 재정정책의 생산효과 전파경로

$G\uparrow$ ──────────── 승수효과 ────────────→ $Y\uparrow$

$T\downarrow$ ──────────→ $C\uparrow$ ──── 승수효과 ────→ $Y\uparrow$

통화주의자의 재정정책 효과 분석

통화주의자에 따르면 확대 재정정책은 총수요 증가를 낳지만 그 크기는 보잘것 없다. 확대 재정정책으로 이자율이 상승할 때 소비와 투자수요가 크게 감소하기 때문이다. 총수요 증가 효과가 미약하면 (균형)국민소득 증가 효과도 미약하다.

확대 재정정책은 그림 25-6에서 본 것처럼 총수요를 직접 증가시켜 승수효과를 크게 일으키는데 왜 통화주의자는 소득의 증가가 미약하다고 보는 것일까? 이는 제21장에서 설명한 구축효과 때문이다. 확대 재정정책을 수행하는 과정에서 이루어지는 국채 증발이 국채가격을 하락시켜서 이자율의 상승을 초래하여 민간소비 및 투자활동을 위축시키는 효과를 구축효과라 하였다. 통화주의자는 이 구축효과가 원래의 확대 재정정책의 효과를 거의 상쇄할 만큼 충분히 크다고 보기 때문에 총수요의 증가가 아주 작게 된다. 그림 25-7에서 보는 바와 같이 총수요곡선이 AD_0에서 AD_1으로 조금만 이동하게 되는 것이다.

통화주의자에 의하면 확대 재정정책은 앞에서 본대로 이자율을 상승시키고, 이

통화주의자의 확대 재정정책 효과

통화주의자에 의하면 확대재정정책은 이자율 상승을 통한 구축효과가 크기 때문에 총수요와 총생산의 증대 효과가 작게 나타난다.

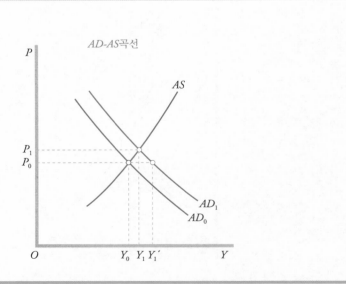

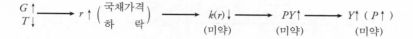

$$G\uparrow \atop T\downarrow \longrightarrow r\uparrow \binom{국채가격}{하락} \longrightarrow \underset{(미약)}{k(r)\downarrow} \longrightarrow \underset{(미약)}{PY\uparrow} \longrightarrow \underset{(미약)}{Y\uparrow (P\uparrow)}$$

그림 25-8

통화주의자가 보는 재정정책의 생산효과 전파경로

자율 상승은 화폐에 대한 수요를 감소시켜 화폐의 소득유통속도(V)의 상승[1]을 가져온다. V가 상승하면 마샬의 k가 감소한다. $k = \dfrac{1}{V}$이기 때문이다. k의 감소는 화폐시장의 균형식 $M_0 = k(r)PY$에서 명목국민소득(PY)을 증가시킨다. 명목국민소득의 증가는 단기에 실질국민소득(Y)도 증가시키고 물가(P)도 상승시킨다. 통화주의자는 고전학파처럼 k가 이자율과 관계 없는 상수라고 보지는 않지만, 이자율상승에 따른 k의 감소효과는 미약하다고 본다. 그러므로 통화주의자는 재정정책이 국민소득에 두드러진 영향을 미치지 못하고 구축효과를 통하여 민간경제활동을 위축시킬 따름이라고 보는 것이다.

고전학파에서는 확대 재정정책의 효과를 완전히 상쇄할 만큼 구축효과가 커서 재정정책이 국민소득과 고용량에 전혀 영향을 미치지 못한다. 이에 반하여 통화주의자는 그림 25-8에서처럼 재정정책이 단기에 국민소득과 고용량에 긍정적인 영향을 미친다는 것을 인정한다. 그러나 이 긍정적인 효과에 비해 민간경제활동을 위축시키는 구축효과라는 부작용이 크다고 보기 때문에, 통화주의자는 재정정책을 인위적인 안정화정책으로 사용하는 것에 반대한다.

케인스학파의 통화정책 효과 분석

케인스학파에 의하면 통화정책이 국민소득에 미치는 효과는 미약하다. 통화공급을 늘리는 확대 통화정책은 이자율을 하락시킨다. 이자율이 하락하면 소비수요와 투자가 증가한다. 그러나 증가폭은 미미하다. 따라서 총수요와 국민소득의 증가가 미약하다. 통화정책은 안정화정책으로서 강력한 효과를 발휘하지 못한다.

이는 통화공급의 증가가 국민소득의 증가로 나타나기 위해서는 그림 25-9와 같은 두 단계를 거쳐야 하는데 이 두 단계에서의 효과가 소비와 투자수요의 이자율

---

1 $MV = PY$에서 $V = Y / \dfrac{M}{P}$으로 정의된다. M이 $M^S = M^D$인 통화량이라고 하면 $V = Y / \dfrac{M^D}{P}$가 되어 이자율 상승에 따른 M^D/P의 감소는 소득유통속도(V)를 상승시킨다. 일반적으로 V와 이자율은 같은 방향으로 움직인다.

그림
25-9

케인스학파가 보는 통화정책의 생산효과 전파경로

탄력도가 작고 화폐수요의 이자율탄력도는 크다는 케인스학파의 견해에 의하여 미약하게 나타나기 때문이다. 그림 25-10에서 보는 바와 같이 통화공급이 M_0에서 M_1으로 대폭 증가하여도 이자율하락($r_0 r_1$)과 그에 따른 투자수요의 증가폭($I_0^D I_1^D$)은 미미하다.

요약컨대 케인스학파는 안정화정책으로서 재정정책의 효과는 강력하나 통화정책의 효과는 미약하다고 본다. 따라서 재정정책을 단기안정화정책으로서 적극적으로 사용해야 한다는 것이 케인스학파의 입장이다. 즉, 경기가 침체되어 있으면 정부지출 증대, 조세 감면을 통한 적자재정의 운영으로 경기를 부양시키고, 잠재GDP를 넘어서 경기가 과열상태에 접어들면 정부지출 감소, 조세징수 증가를 통한 흑자재정의 운영으로 경기를 진정시키는 것이 바람직하다. 이처럼 케인스학파는 단기에 정부가 재량정책으로 경제에 적극 개입해야 한다고 주장하는 개입주의자(interventionist)들이다.

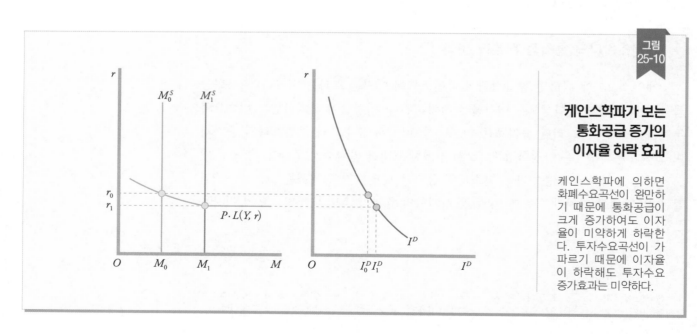

그림
25-10

케인스학파가 보는 통화공급 증가의 이자율 하락 효과

케인스학파에 의하면 화폐수요곡선이 완만하기 때문에 통화공급이 크게 증가하여도 이자율이 미약하게 하락한다. 투자수요곡선이 가파르기 때문에 이자율이 하락해도 투자수요 증가효과는 미약하다.

그림
25-11

$$M^S\uparrow \longrightarrow PY\uparrow \longrightarrow Y\uparrow \ (P\uparrow)$$

통화주의자의 통화정책 효과 분석

통화주의자의 모형에서 확대 통화정책은 소비와 투자수요의 이자율탄력도는 아주 큰 반면, 화폐수요의 이자율탄력도는 아주 작다는 견해에 의하여 국민소득을 크게 증가시킨다. 통화공급이 증가하면 화폐시장에 초과공급이 생겨 이자율이 하락한다. 이자율이 하락해도 화폐수요가 별로 증가하지 않기 때문에 화폐시장의 초과공급을 해소하기 위해서 이자율이 크게 하락한다. 한편 소비와 투자수요는 작은 이자율 하락에도 크게 증가하는데 이자율이 크게 하락하기 때문에 더욱 크게 증가한다. 이 총수요의 큰 증가는 국민소득을 크게 증가시킨다. 통화주의자는 그림 25-9와 같은 케인스학파의 통화정책효과 전파경로뿐만 아니라 별도의 통화정책효과 전파경로를 내세운다.

통화주의자에 의하면 통화공급의 변화가 케인스학파의 주장과 같이 이자율변동을 통하여 총수요에 영향을 미치는 것은 사실이지만 그 효과는 대단히 작다고 본다. 오히려 통화공급 증가가 그림 25-11과 같이 명목총수요(PY)를 직접적으로 증가시켜 단기에 Y와 P를 동시에 증가시킨다는 것을 중시한다. 화폐시장균형식 $M_0 = k(r)PY$에서 통화공급이 증가할 때 이자율이 하락하여 통화의 소득유통속도가 하락하고 k가 상승하지만 화폐수요의 이자율탄력도가 작기 때문에 그 상승하는 정도는 미약하다. k가 거의 일정하기 때문에 M의 증가는 PY를 직접적으로 증가시켜 단기적으로는 Y와 P를 동시에 증가시킨다. 따라서 통화주의자는 통화정책이 재정정책보다 그 효과가 직접적으로 나타나고 그 폭도 크다고 주장한다. 이와 반면에 케인스학파는 이자율의 하락이 k를 거의 같은 수준으로 상승시켜서 PY의 증가를 제약하게 된다고 주장한다.

이처럼 단기적인 경제안정화정책으로서 재정정책은 별로 효과가 없고 통화정책은 강력한 효과를 발휘한다는 것을 통화주의자는 화폐만이 중요하다(Money only matters.)라고 표현하였다.

화폐만이 중요하다.
통화주의자들은 통화공급 변화가 단기에 생산, 소득, 고용, 물가에 직접 영향을 미친다고 주장한다.

3 합리적 기대와 체계적인 안정화정책의 효과 논쟁

새 고전학파의 안정화정책 불필요성 명제

1970년대에 일단의 고전학파경제학자들이 거시경제모형에 합리적 기대를 도입하여 총수요관리정책이 고전학파모형처럼 무력한 것을 증명하였다. 이들은 미국의 경제학자 루카스(R. Lucas), 사전트(T. Sargent), 왈라스(N. Wallace), 배로우(R. Barro) 등으로서 새 고전학파라 부른다.[2] 이들은 고전학파모형틀에 불확실성과 합리적 기대(rational expectation)를 도입한다.

> **합리적 기대**란 경제주체들이 미래의 경제변수를 예측할 때, 그 변수에 영향을 미치는 정부정책과 관련변수 등 이용가능한 모든 정보를 활용하여 합리적으로 예측한다는 것이다.

지금까지는 경제주체들이 예상하는 물가수준이 일정하게 주어져 있다고 가정하였다. 이는 물가가 실제로 어떻게 변해도 예상물가는 특정수준에 정해져 있다고 가정하는 것으로서 조리있는 가정이 아니다. 합리적 기대하에서는 앞으로의 물가를 예상할 때 미래 물가에 영향을 미칠 수 있는 정부의 통화정책과 재정정책, 그리고 물가와 상호연관관계에 있는 이자율·임금·해외원자재가격·경기상태 등의 변수들을 두루 고려하여 예상한다. 따라서 경제주체들이 합리적 기대를 가지면 변동하는 물가를 평균적으로 정확하게 예측할 수 있다. 여기서 평균적으로 정확하게 예측한다는 것은 예측오차가 발생할 수 있지만, 양의 오차와 음의 오차가 상쇄되어 평균적으로는 예측오차가 0이 된다는 것이다.[3]

루카스 총공급함수 $Y = Y_N + \alpha(P - P^e)$

에서 새 고전학파는 합리적 기대를 갖는 근로자들이 단기에도 평균적으로 물가를 정확하게 예상할 수 있다고 본다. 평균적으로 $P^e = P$이면 안정화정책에 관계 없이 단기에 총공급은 평균적으로 $Y = Y_N$이 되어 안정화정책이 무력하고 불필요해진다. 이를 정책무력성정리(policy ineffectiveness proposition)라 한다.

정책무력성정리
체계적인 안정화정책은 합리적 기대를 가진 경제주체들이 정책의 물가변동효과를 제대로 예측케 하여 단기에도 소기의 생산변동효과를 낳지 않는다는 주장

---

2 경제학사에서 neoclassical school을 신고전학파로 번역하기 때문에 이것과 혼동을 피하기 위하여 new classical school을 새 고전학파로 번역했다. 거시경제학에서 새 고전학파는 1970년대에 합리적 기대를 도입하여 정책무력성정리를 내세운 고전학파경제학자들과 1980년대에 실물적 경기변동이론을 내세운 일단의 경제학자들을 포괄하여 사용된다.

3 이 때문에 합리적 기대하에서 일어나는 예측오차는 사전에 그 크기와 부호를 전혀 알 수 없다. 즉, 합리적 기대하에서는 비체계적 예측오차만 있다. 합리적 기대가 아닌 다른 기대하에서는 사전에 예측오차의 크기와 부호를 흔히 알 수 있다는 의미에서 체계적 예측오차가 있다고 말한다.

그림 25-12는 통상적인 총수요곡선과 루카스 총공급곡선을 그린 것이다. 최초에 AD_0곡선과 $AS(P_0^e)$곡선이 교차하여 물가는 P_0, 국민소득은 자연생산량 Y_N에서 균형을 이루고 있다. 이제 정부가 확대재정정책이나 확대통화정책을 써서 총수요곡선이 AD_1으로 이동한다고 하자. 케인스학파와 통화주의자에 의하면 이 확대정책으로 단기균형은 E_0에서 E_0'으로 옮겨가고 시간이 흘러감에 따라 균형점이 AD_1곡선을 따라 위로 이동하여 새로운 장기균형점은 E_1이다. 그러나 합리적 기대에 의하면 새로운 단기균형마저 평균적으로 E_1이다.

앞 장에서 루카스 총공급곡선을 다룰 때 사람들이 예상하는 물가가 상승하면 총공급곡선이 위쪽으로 이동하는 것을 설명하였다. 새 고전학파에 의하면 확대정책으로 물가가 상승하는 것을 근로자들이 알기 때문에 예상물가가 상승하고, 예상물가가 상승하기 때문에 총공급곡선이 위쪽으로 이동한다. 그림에서 확대정책으로 물가가 P_1으로 올라갈 것으로 예상되면 단기총공급곡선이 $AS(P_1^e)$로 이동하여 새 단기균형이 E_0'이 아니라 E_1이다. 따라서 총수요관리를 위한 확대 재정·통화정책은 장기에는 물론 단기에도 국민소득에 영향을 미치지 못하고 물가만을 상승시킨다. 이것이 새 고전학파가 주장하는 정책무력성정리이다.

그렇다면 새 고전학파에서는 안정화정책이 어느 경우에나 고용량과 국민소득에 전혀 영향을 미칠 수 없다는 것인가? 그렇지는 않다. 새 고전학파에 의하면 갈피를 잡을 수 없는 깜짝정책(suprise policy)으로 실제물가와 예상물가 사이에 괴리가 발생할 경우(즉, 경제주체들이 예상하지 못한 인플레이션이 일어날 경우) 안정화정책의 효과가 발생한다.

그림에서 실제물가는 P_1으로 오르는데 예상물가는 P_1''로 P_1보다 낮으면 총공급은 단기에 Y_N보다 높은 수준으로 증가하는 것을 알 수 있다. 실제물가는 P_1으로 오르는데 예상물가는 P_1보다 낮을 때 총공급곡선이 $AS(P_1'')$처럼 $AS(P_1^e)$보다 아래쪽에 위치한다. 이 때 균형국민소득은 Y_1'이다. 따라서 실제물가가 예상물가보다 높을 때는 안정화정책의 효과가 발생하는 것이다.

경제주체들이 합리적 기대를 가지는 새 고전학파의 세계에서 어떻게 실제물가가 예상물가보다 더 높을 수 있을까? 그것은 정부가 공약한 통화공급목표를 갑자기 초과하여 통화를 공급하거나 예산을 초과하여 재정을 집행하는 등, 일반국민이 기대했던 이상으로 비체계적인 확대정책을 쓸 경우에 가능하다. 그러나 정부가 일반국민한테 공약하여 국민이 기대했던 수준 이상으로 확대정책을 일단 쓰면, 국민이 다음에 정부의 발표를 곧이 곧대로 믿지 않고 정부의 의도를 넘겨짚게 되며 정책에 대한 신뢰(confidence)에 금이 가게 된다. 이에 따라 확대정책의 효과가 극히 일시적이고 경제가 더 불안정해지며 정부의 평판(reputation)만 나빠진다.

예컨대 그림 25-12에서 정부가 실시하는 확대정책이 차기에 물가를 P_1으로 상승시킬 것이라고 정부와 연구기관이 예측하더라도, 지난번에 정부의 깜짝정책으로 실제물가가 예측치보다 높았다면 국민들이 P_1보다 높은 물가수준을 예상하게 된다.

그림
25-12

새 고전학파의 정책 무력성 정리

새 고전학파에 의하면 확대정책은 총수요곡선을 오른쪽으로 이동시킬 뿐 아니라 예상물가의 상승을 통해 루카스 총공급곡선을 위쪽으로 이동시킨다. 경제주체들이 합리적 기대를 가지고 있으면 확대정책으로 총수요곡선이 AD_1으로 이동할 때 총공급곡선은 $AS(P_1'^e=P_1)$으로 이동하여 단기에 평균적인 생산변동은 00이다.

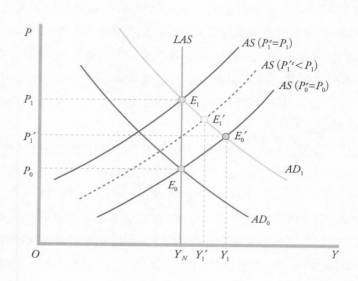

이 경우 물가상승은 생산과 고용의 감소로 연결되어 확대정책이 종잡을 수 없는 효과를 빚어 낼 수 있는 것이다.

요약컨대 새 고전학파에 의하면 국민으로 하여금 물가가 오를 것이라고 기대하게 만드는 체계적인 안정화정책은 단기적으로 무력하다. 총수요곡선이 오른쪽으로 이동하더라도 합리적 기대가 생산을 전혀 증가시키지 못할 정도로 총공급곡선을 상방이동시켜 인플레이션만 유발시키기 때문이다. 일반이 기대했던 이상으로 물가를 올리는 종잡을 수 없는 깜짝정책(비체계적인 안정화정책)은 안정화정책으로서 단기적으로는 유효하지만 나중에는 부작용이 크게 나타나 국민경제적인 관점에서 바람직스럽지 않다. 따라서 새 고전학파는 고전학파와 통화주의자처럼 적극적인 안정화정책이 불필요하다고 주장한다.

새 케인스학파의 안정화정책 필요성 명제

새 고전학파의 이론적 도전에 대응하여 케인스학파의 입장을 옹호하는 경제학자들을 새 케인스학파라 부른다. 새 케인스학파는 경제주체들이 합리적 기대를 가지고 있다 하더라도 물가·임금 등의 가격변수들이 단기에 완전신축적으로 변하지 않는 이유를 여러 모로 탐구하여 안정화정책이 유효하고 필요하다는 명제를 옹호한다.

먼저 물가의 비신축성과 관련하여서는 미국의 경제학자 테일러(John B. Taylor)와 피셔(Stanley Fischer)가 제시한 엇갈리는 가격설정(staggered price setting)모형과 맨큐(Gregory N. Mankiw)가 제시한 차림표비용(menu cost)모형이 있다.

엇갈리는 가격설정모형은 현실경제의 독과점기업들이 가격을 모두 똑같은 날에 조정하지 않는다는 사실에 주목하여 사람들이 합리적 기대를 가지고 있어도 단기에 체계적인 안정화정책이 유효하고 필요하다는 것을 보인다. 제품 수요가 증가하여 독과점기업들이 가격을 올리는데 모두 똑같은 날에 올리지 않고 엇갈려 올린다고 하자. 그러면 지금 가격을 올리는 기업의 제품가격이 나중에 가격을 올리는 기업의 제품가격에 비해 상대적으로 비싸진다. 상대적으로 가격이 비싸져 제품수요가 줄어들 것을 우려하여 모두 똑같은 날에 올리는 경우보다 가격을 적게 올린다. 이에 따라 고전학파모형에서처럼 물가가 완전신축적으로 상승하지 않고 비신축적으로 상승하여 생산이 증가한다. 이런 상황 때문에 총수요를 증가시키는 체계적인 안정화정책이 생산과 고용을 증가시키는 효과를 낳는다.

차림표비용모형은 가격변경에 따르는 비용 때문에 불완전경쟁기업들이 시장수요의 변동에 따라 즉각 가격을 변경시키지 않는다는 것이다. 가격을 변경하면 목록과 가격표 등을 새로 작성·인쇄·배포하는 데에 비용이 들어간다. 이 비용을 차림표비용이라 부른다. 우리가 배운 미시경제학원론에서는 수요의 변화에 대응하여 기업들이 가격을 조정할 때 아무런 비용도 들지 않는 것으로 가정하였다. 그러나 현실세계에서는 가격을 조정할 때 여러 가지 비용이 들고 그 중에 대표적인 비용이 차림표비용이다.

경기가 나빠 수요가 감소한다고 하자. 수요가 감소하면 가격을 낮추어야 한다. 불완전경쟁기업이 직면하는 수요곡선이 왼쪽으로 이동하면 한계수입곡선도 왼쪽으로 이동하여 이윤을 극대화시키는 가격이 하락하기 때문이다. 이런 가격인하가 종전가격을 유지할 때보다 이윤을 증가시킨다. 그러나 가격인하에 따라 메뉴비용이 들어간다. 따라서 늘어나는 이윤이 메뉴비용보다 작으면 가격을 인하하지 않는 것이 낫다. 이처럼 기업이 차림표비용을 고려하게 되면 이런 비용을 고려하지 않을 때보다 가격을 자주 바꾸지 않을 것이다.

다음으로 임금의 비신축성과 관련해서는 실질임금이 균형실질임금보다 높은 상태에서 경직적이기 때문에 실업이 존재한다는 것을 설명한다. 고전학파의 세계에서는 명목임금과 실질임금이 완전신축적이기 때문에 노동시장이 항상 청산되고 실업이 없다. 이것이 비현실적이라고 본 새 케인스학파는 실질임금이 경직적인 미시경제학적 이유를 여러 가지로 제시함으로써 현실세계의 실업을 설명하려고 한다. 새 케인스학파의 실업이론에 대하여는 다음 장에서 다룬다.

차림표비용
기업이 가격을 변경할 때 목록과 가격표 등을 새로 만들고 배포하는 데에 들어가는 비용

제3절 안정화정책과 시행방법 논쟁 : 준칙 대 재량

1 안정화정책효과의 시차문제

케인스학파는 시장경제가 기본적으로 불안정하다고 본다. 실물부문 중에 민간 소비와 투자수요, 특히 신투자수요는 매우 불안정하다. 금융부문은 실물부문보다 더 불안정하다. 민간경제활동에만 맡길 경우 경제가 완전고용을 달성한다는 보장이 없 다. 총수요가 자연생산량과 같다는 보장이 없기 때문이다. 따라서 자연생산량과 총 수요와의 차이, 즉 GDP 갭을 재량적인 안정화정책으로 메워 주는 것이 필요하다. 경 제의 불안정성과 과소고용은 시장경제에 내재하는 시장의 실패이다. 이 실패를 교정 하기 위하여 정부가 장기에는 물론 단기에도 경제에 적절히 개입해야 한다. 케인스 학파는 정책당국이 경기변동을 완화하기 위해 그때그때 경제상황에 맞게 재량껏 경 제안정화정책을 써야 한다는 뜻에서 재량정책(discretionary policy)을 주장한다.

이러한 케인스학파의 견해에 대해 통화주의자는 경제불안정의 주요 원천은 민 간경제활동의 가변성에 있는 것이 아니라 정부부문의 지나친 경제개입 그 자체에 있 다고 진단한다. 신투자수요를 중심으로 민간지출이 어느 정도 불안정성을 보인다는 것을 통화주의자는 부인하지 않는다. 그러나 민간경제활동의 불안정성을 보정(補正) 한다는 명목으로 정부가 경제에 재량껏 개입하면 경제의 불안정성이 축소되는 것이 아니라 오히려 확대된다. 따라서 시장경제가 불안정한 대로 일정한 준칙(rules)을 일 관성 있게 밀고 나가는 것이 차라리 낫다는 입장이다.

통화주의자는 왜 경제안정화를 위한 정부의 개입이 경제의 불안정성을 오히려 확대시킨다고 보는 것일까? 그것은 안정화정책의 효과가 나타나는 데 길고 가변적 인 시차가 있기 때문이다. 프리드만이 미국경제에 대해 연구한 바에 의하면 통화공 급 증가의 총생산 증가효과는 3개월에서 18개월에 이르기까지 길고 가변적으로 나 타난다. 안정화정책의 효과는 짧고 확정된 형태로 나타나는 것이 이상적이다. 효과 가 나타나는 시차가 길더라도 확정된 형태로 나타난다면 안정화정책은 경기변동의 진폭을 완화시키는 소기의 역할을 수행할 것이다. 그러나 안정화정책은 일단 실시되 면 효과가 나타나기까지의 시차가 길 뿐 아니라 그 시차도 일정한 것이 아니라 다양 하게 가변적으로 나타나기 때문에 문제가 된다. 더욱이 안정화정책을 실시하기까지 에도 실시의 당위성에 대한 인식이 공유되기까지 적지 않은 시간이 소요된다.

경제가 수축국면에 접어들기 시작할 때 경기활성화정책을 써야 하는가, 쓴다면 어느 정도로 써야 하는가에 대한 의견의 일치를 보기는 어렵다. 경제가 수축국면이 한창 진행되고 나서야 활성화정책의 필요성에 대한 인식이 서서히 생기는 것이 일반적이다. 이처럼 현실경기상태를 정확히 인식하는 데 소요되는 시차를 인식시차(recognition lag)라 한다. 경제활성화의 필요성을 인식하더라도 구체적인 정책으로 나타나기까지 또 시간이 걸린다. 활성화정책을 어떻게, 어느 정도까지 써야 하느냐에 대해 각 정책부서가 의견을 조정하고 합의를 이루는 작업에 시간이 소요되기 때문이다. 경제상황을 인식하여 구체적인 정책을 실시할 때까지 걸리는 시차를 실행시차(implementation lag)라 한다. 인식시차와 실행시차를 합쳐서 내부시차(inside lag)라 부른다. 안정화정책을 실시한다고 해서 그 효과가 당장에 나타나는 것이 아니다. 거기에도 시차가 있다. 안정화정책을 실시하여 그 효과가 나타나기까지의 시차를 외부시차(outside lag)라 부른다.

외부시차가 길고 가변적일 뿐 아니라 내부시차도 길고 가변적이다. 따라서 이런 시차를 두고 나타나는 경제활성화정책의 효과는 경제가 저점을 통과하여 이미 회복국면에 들어서 있을 때에야 나타나기 쉽다. 그러면 자생적인 경기회복의 힘에 인위적인 경기부양의 힘이 가세하여 경제는 과열되기 십상이다. 마찬가지 방식으로 경제과열을 진정시키기 위한 긴축정책은 경제가 정점을 통과하여 후퇴국면에 있을 때 효과를 발휘함으로써 긴축정책을 실시하지 않을 때보다 경기침체의 골을 더 깊게 만들기 십상이다.

우리가 배우는 단순한 정태모형에서 안정화정책의 승수효과는 시간의 흐름을 도외시한 정태적인 승수효과이다. 그러나 현실경제에서 문제가 되는 것은 시간이 흐름에 따라 안정화정책이 어떤 방식으로 효과를 나타내는가 하는 동태적인 승수효과(dynamic multiplier effect)이다. 그런데 거시경제에 대한 지식이 불완전하여 안정화정책의 길고 가변적인 효과를 사전에 제대로 파악할 수 없고 동태적인 승수효과도 제대로 알 수 없다. 따라서 안정화정책을 재량껏 적극적으로 사용한다는 것은 정책당국이 아무리 선의의 의도를 가지고 있다고 하더라도 소기의 목적을 달성할 수 없다. 재량정책을 자제함으로써 정부 자체가 경제불안정의 주범이 되는 것을 회피하는 것이 중요하다. 일정한 준칙을 세워 경제상황에 관계 없이 이 준칙을 일관성 있게 밀고 나

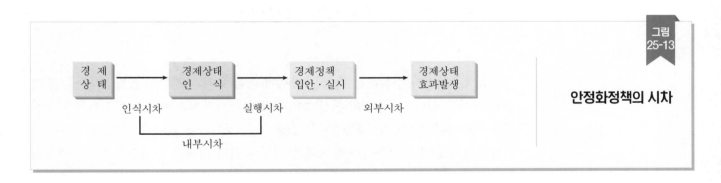

그림
25-13

안정화정책의 시차

경제
상태 → 경제상태
인 식 → 경제정책
입안·실시 → 경제상태
효과발생

인식시차   실행시차   외부시차

내부시차

통화정책의 대표적인 준칙정책으로 k% 준칙과 테일러 준칙(Taylor's Rule)이 있다. 각국 중앙은행의 가장 중요한 관심사 중의 하나는 기준금리를 어느 수준으로 유지해야 생산과 고용의 급속한 변동을 피하면서 물가를 안정시킬 수 있을까이다. 미국의 중앙은행인 연준(연방준비제도의 줄임말)이 주목하는 단기금리는 연방기금금리(federal funds rate)이다. 연방기금금리는 은행간에 거래되는 단기자금에 적용하는 금리로 우리나라의 콜금리와 비슷하다. 우리나라 한국은행의 금융통화위원회와 비슷한 기능을 수행하는 연준의 공개시장위원회에서 연방기금금리의 목표치(기준금리)가 결정된다.

스탠포드 대학의 테일러(John Taylor) 교수는 (명목)연방기금금리가 다음과 같이 인플레이션과 경기순환을 고려하는 단순한 준칙을 따라야 한다고 1993년에 제안했다.

연방기금금리 = 2.0 + a × (인플레이션율 − 2.0) + b × (경제성장률 − 자연성장률)
      단, a, b는 양의 상수

위 식에 따르면 인플레이션율이 목표 인플레이션율 2.0%와 같고 실질경제성장률이 자연성장률과 같으면 연방기금금리를 연 2%로 설정하고, 인플레이션율이 목표인플레이션율을 초과할수록 물가 안정을 위해 연방기금금리를 높게 설정해야 한다. 또한 경제성장률이 자연성장률을 초과할수록 초과수요를 억제하기 위해 연방기금금리를 높게 설정해야 한다. 위 식을 제안자의 이름을 따서 테일러 준칙이라 한다. 미국을 비롯한 세계 주요국의 중앙은행들이 기준금리를 결정할 때 테일러 준칙을 많이 참고하는 것으로 알려져 있다. 인플레이션 갭과 성장 갭에 부여하는 가중치는 중앙은행이 인플레이션과 성장 중에 어느 것에 더 중점을 두느냐에 따라 달리 설정된다. 인플레이션을 혐오하는 중앙은행일수록 a 값을 크게 매긴다.

준칙정책
경제상황에 관계없이 일정한 준칙을 일관성 있게 밀고 나가는 정책

가는 준칙정책(rule policy)이 바람직한 대안이다. 경기가 좋든 나쁘든 관계 없이 통화 공급을 매년 일정한 비율로 늘리는 k% 준칙, 재정적자나 흑자의 GDP에 대한 비중을 매년 일정한도(예컨대 2%) 이내로 유지하는 것 등이 준칙정책의 예이다.

2 최적정책의 동태적인 비일관성과 신뢰성

통화주의자가 주장하는 준칙은 경제에 대한 우리의 지식이 불완전하다는 전제에 입각하고 있다. 이 주장의 시사점은 우리가 거시경제의 작동과 안정화정책의 시차효과를 제대로 안다면 재량정책을 써도 좋을 것이라는 점이다. 그런데 우리가 거시경제의 작동과 안정화정책의 시차를 제대로 안다 하더라도 재량정책보다 준칙이

바람직하다는 논리가 일단의 새 고전학파 경제학자에 의해 개진되었다. 미국의 경제학자 키들랜드(F. Kydland)와 프레스콧(E. Prescott)은 케인스학파가 주장하는 재량정책이 그때그때에는 최적일지라도 길게 보아서는 비최적이라는 것을 보였다.4 이를 최적정책의 동태적인 비일관성 혹은 시간비일관성(time inconsistency of optimal policy)이라 부른다.

동태적인 비일관성은 현실경제사회에서 흔히 관찰되는 현상이다. 비경제적인 예를 들어 보자. 아이가 나쁜 짓을 하면 따끔하게 혼내준다는 원칙을 부모가 세워 놓았다고 하자. 아이가 착하게 굴면 아무런 문제가 없다. 그러나 아이가 나쁜 짓을 저지르면 문제가 생긴다. 아이를 따끔하게 혼내준다는 것은 아이에게 고통스러운 일이고 부모로서도 결코 즐거운 일이 아니다. 이 경우 부모도 좋고 아이도 좋은 방법은 혼내주지 않고 다음에 한 번만 더 나쁜 짓을 하면 꼭 혼낸다고 겁을 주는 일이다. 그러나 이 재량정책은 나쁜 짓을 예방하는 데에는 이번에 혼내주는 것보다 비효과적이다. 그리고 아이가 다음에 또 나쁜 짓을 했을 경우 다시 「한 번만 더」라는 딜레마에 봉착한다. 이것이 동태적인 비일관성이다. 아이가 나쁜 짓을 저지를 때마다 혼내주는 준칙정책이 단기에는 고통스러울지 몰라도 부모의 결연한 의지를 보이는 신뢰성 있는 정책으로서 장기에는 착한 아이를 만드는 더 나은 방법이다. 이것이 동태적으로 일관성 있는 정책이다.

이제 경제정책과 연관시켜 동태적인 비일관성을 설명해 보자. 공급측면에 교란이 생겨 경기침체와 인플레이션이 동시에 일어났다고 하자. 통화당국은 이 공급충격에 대응하여 경기침체를 완화하기 위하여 확장적인 통화정책을 쓰는 이른바 수용적인 통화정책을 쓸 수도 있고 쓰지 않을 수도 있다. 통화공급을 증가시키는 수용적인 통화정책을 쓰는 경우 물가는 더 오르지만 경기침체와 실업을 완화시킨다. 경기가 풀리고 실업문제에 시달리지 않아도 좋다는 점에서 수용적인 통화정책은 매력적인 대안이다. 이것이 나쁜 짓을 저지른 아이를 처벌하지 않는 것과 같다. 그러나 경기침체가 있을 때마다 실업을 두려워 하여 수용적인 통화정책을 쓴다면 사람들은 곧 이를 예상하게 된다. 그 결과 기대인플레이션이 높아져 임금과 물가가 수용적인 통화정책을 쓰지 않을 때보다 훨씬 높게 오른다. 장기에는 생산량이 자연생산량에 복귀하여 인플레이션만 더 높게 만든다. 단기적으로는 최적인 듯이 보이는 재량정책이 장기에는 최적이 아닌 것이다.

최적정책의 동태적인 비일관성은 준칙 대 재량(rules vs. discretion)의 논쟁이 준칙

최적정책의 동태적인 비일관성
재량정책이 단기에는 최적일지라도 장기에는 최적이 아닌 것

비행기 납치
비행기 납치범과는 아예 타협하지 않는 것이 동태적으로 일관성이 있는 최적정책이다.

---

4 Finn Kydland and Edward Prescott, "Rules Rather Than Discretion: The Inconsistency of Optimal Plans," *Journal of Political Economy*, June 1977 참조. 키들랜드와 프레스콧은 이 연구와 후술하는 실물적 경기변동이론의 연구로 2005년에 노벨상 경제학상을 수상하였다.

에 유리하게 쏠리도록 새로운 시각을 제공해 주었다. 종전에는 케인스학파가 강조하는 바와 같이 재량은 신축성, 준칙은 비신축성과 동의어로 받아들여졌다. 좋은 의도를 가진 현명한 정책당국이라면 미리 자기의 손을 묶는 준칙에 매달릴 필요가 없다는 것이었다.

최적정책의 동태적인 비일관성은 준칙을 구속력 있는 계약(binding contract)으로, 재량을 구속력 없는 계약으로 해석하게 만들었다. 구속력 있는 계약이란 앞으로 취하게 될 행위를 미리 명시하는 것이다. 구속력 없는 계약이란 미래의 행위에 대하여 아무런 제약을 가하지 않는 특수한 형태의 계약이다. 일반 상거래에서의 계약이란 구속력 있는 계약이다. 구속력 없는 계약은 신뢰할 수 없기 때문에 상거래에서 최적계약이라고 할 수 없다. 마찬가지로 아무런 구속력 없는 계약인 정부의 재량정책도 최적계약이라고 할 수 없다. 아무리 사심 없고 유능한 정책당국이라도 구속력 있는 약속, 따라서 신뢰할 수 있는 약속을 지켜 나가게 하는 것이 바람직스럽다.

최적정책의 동태적인 비일관성은 재량정책의 이론적 기반을 아주 취약하게 만들었다. 그러나 새 케인스학파는 재량정책이 장기적으로도 최적일 가능성을 다각도로 탐구하고 있다. 예컨대 정책당국이 평소에 준칙에 따라 행동하여 평판을 쌓은 다음 결정적인 때에 딱 한 번만 재량정책을 쓴다면 계속 준칙을 쓸 때보다 더 나을 수 있다는 것을 보였다.

지금까지 사심 없고 유능한 단일의 경제정책당국을 상정하였다. 이는 현실세계에서 실현되기가 매우 어려운 가정이다. 경제정책당국은 흔히 단일 부처로 되어 있지 않고 여러 부처로 구성되어 있다. 각 부처가 대변해야 할 이익집단이 상이하거나 부처간 권한 다툼이 심하여 효율적인 의견조정이 되지 않는 경우가 많다. 겉으로는 공익을 표방하지만 실제로는 사익을 추구하는 경우도 많다. 민주사회에서 정책입안자들은 자기와 자기가 소속한 당파가 선거에서 승리할 가능성을 극대화하는 방향으로 정책을 추진하는 경우가 흔하다. 그 구체적인 방법으로 선진국에서는 정책입안자들이 임기 중반을 지나서부터 다음 선거 때까지 성장과 고용이 높아지도록 의도적인 팽창정책을 쓰고, 선거를 치루고 난 후부터 다음 임기 중반까지는 팽창정책의 부산물인 인플레이션을 다스리기 위해 긴축정책을 쓰는 현상이 종종 관측된다. 이렇게 하여 일어나는 경기변동을 정치적 경기변동(political business cycle)이라고 부른다.

읽을거리 25-3

준칙이냐
재량이냐

2008년 미국의 금융위기 이후 세계적인 경제대침체를 겪었다. 1930년대의 대공황 이후 가장 심각한 경제침체를 탈출하는 해법으로 미국과 일본 등은 확장적인 재정정책과 통화정책을 어느 하나만 실시하지 않고 같이 실시했다. 특히 미국의 중앙은행인 연방준비제도는 미국 역사상 처음으로 기준금리를 0% 수준으로 낮추었다. 시장에서 단기 국채는 물론 장기 국채와 부동산 채권까지 사들여 돈을 푸는 비전통적인 양적 완화정책도 위기 초에 실시하였다. 일본은 2013년에 아베노믹스를 표방하면서 미국식 통화정책을 적극 수용했다. 국가채무가 국내총생산에서 차지하는 비중이 240%대로 OECD 국가 중 가장 높은 것도 개의치 않고 확장적인 재정정책기조를 유지했다. 미국과 일본에서는 정부가 온갖 재량정책을 적극 실시하였다. 케인스학파가 선호하는 적극적인 시장개입과 재량정책을 사양하지 않은 것이다.

이에 반해 유럽은 긴축정책으로 대응하였다. 2011년에 두 차례 금리를 인상했다. 재정적자가 더욱 악화할 것을 우려하여 유럽중앙은행은 회원국들에게 재정긴축과 부채 구조조정을 주문하였다. 그리스 재정위기가 터지자 독일과 프랑스는 "허리띠를 졸라매 빚을 갚으라"며 긴축을 최우선과제로 들고 나왔다. 이는 평소에도 강조했던 정책이기 때문에 고전학파 류의 준칙정책이라 할 수 있다.

비상한 시기에는 비상한 정책이 필요한 법이다. 금융위기의 초기 대응에는 미국, 일본 등의 개입주의 정책이 유럽의 긴축정책보다 효과적이었던 것으로 평가된다. 중앙은행의 돈 풀기는 경제에 거품을 일으켜 나중에 더 큰 위기를 불러올 수 있다는 우려에도 불구하고 미국의 경기회복에 크게 기여하였다. 유럽중앙은행도 2015년에는 양적 완화 대열에 합류하였다.

경제침체국면이 장기화하자 추가 경기부양에 나서야 하느냐, 구조개혁을 먼저 할 것이냐를 놓고 다시 양쪽의 입장이 대립하였다. 미국과 일본은 확장적인 재정정책과 통화정책으로 경기를 확실히 살려 놓아야 한다는 입장이다. 경제가 확실히 회복된 후에야 긴축과 구조조정을 하는 것이 바람직하다. 유럽은 정책의 시차효과를 감안하여 경제가 확실히 회복되기 전부터 점차적으로 양적 완화를 중단하고 금리를 인상할 것을 주문한다. 종래의 확장적인 재정정책과 통화정책만으로도 부동산, 주식, 채권 등 자산시장에 거품을 일으키고 재정을 취약하게 만들었고, 갈수록 이런 사정이 악화될 수 있다고 보기 때문이다.

일반적인 경기순환과정에서의 수축국면과 달리 2008년 이후의 세계경제 대침체는 1930년대의 대공황 이후 최대 위기였기 때문에 이 위기를 우선 극복하는 것이 가장 중요한 과제였다. 따라서 금융위기의 진앙지이자 세계 제1의 경제대국인 미국이 비전통적인 정책까지 구사하면서 초기에 재량적인 확대정책배합을 구사한 것은 바람직했다고 평가된다. 그러나 이런 정책을 성장추세선 이상으로 경기가 회복할 때까지 지속해야 하느냐는 별개의 문제다. 비상한 위기상황은 지나고 완만한 회복국면으로 접어든 것으로 판단되는 상황에서 더 이상의 확장정책은 나중에 경기순환의 진폭을 늘리는 한편 또 다른 위기의 씨앗을 뿌린다는 유럽의 (고전학파 류) 문제의식을 무겁게 받아들여야 한다.

제4절 새 고전학파와 새 케인스학파의 경기변동이론

1 새 고전학파의 실물적 경기변동이론

시장경제는 왜 경기변동을 계속 경험할까? 이에 대하여는 일찍부터 수많은 이론이 나왔다. 그 중에서 경기변동을 일으키는 주요 원인을 놓고는 크게 총공급측면이라고 보는 견해와 총수요측면이라고 보는 견해가 있다.

1980년 대에 프레스콧(Edward Prescott), 킹(Robert King), 플로써(Charles Plosser) 등 일단의 새 고전학파 경제학자들은 기술혁신·경영혁신·석유파동·노사분규·기후 등과 같은 생산물의 총공급곡선에 영향을 미치는 요인들이 경기변동의 주요 원인이라는 이론을 전개하였다. 이 이론을 실물적 경기변동이론(real business cycle theory)이라고 부른다.

예컨대 반도체부문에 기술혁신이 일어나거나 경영혁신붐이 일어났다고 하자. 그러면 주어진 고용수준에서 노동의 한계생산물이 증가하기 때문에 노동수요곡선이 오른쪽으로 이동한다. 이에 따라 실질임금이 상승하고 고용량이 증가한다. 고용량이 증가하기 때문에 총생산이 증가하고 총소비와 총저축이 증가한다. 총저축이 증가하기 때문에 총투자도 증가한다. 따라서 고용·생산·소비·저축·투자·실질임금이 경기순응적인 것을 보일 수 있다.

석유파동·노사분규·일기불순·정부의 환경기준 강화 등은 주어진 고용수준에서 노동의 한계생산물을 감소시키기 때문에 노동수요곡선이 왼쪽으로 이동한다. 이에 따라 실질임금·고용·생산·소비·저축·투자 등이 감소하는 경기침체현상이 발생한다.

실물적 경기변동이론은 기본적으로 고전학파의 수직의 총공급곡선을 받아들인다. 따라서 총수요측면은 경기변동을 일으키는 주요 원인이 아니라고 본다.

2 새 케인스학파의 경기변동이론

실물적 경기이론에 대하여 새 케인스학파는 크게 두 가지 방향으로 경기변동이론을 전개하고 있다. 첫째는 케인스학파의 전통을 이어받아 경기변동의 주요 원인은 경제의 총수요측면이라고 본다. 민간소비·투자수요·순수출·화폐수요 등 총수요측면에서 여러 가지 형태의 변화가 일어나 경기변동을 일으킨다는 것이다. 예컨대 기업가들의 동물적 직감에 의해 인공지능 분야에 투자붐이 일어난다고 하자. 그러면 우상향하는 루카스공급곡선이 단기에 주어져 있을 때 총수요곡선이 오른쪽으로 이동하여 생산증가와 물가상승을 낳는다. 생산증가는 고용증가, 소비·저축·투자 증가로 연결된다.

둘째는 첫째보다 포용적인 방향으로서 경기변동의 주요 원인은 총공급측면일 수도 있고 총수요측면일 수도 있다고 본다. 각 경기변동 주기마다 때로는 실물적 경기변동이론이 강조하는 것처럼 총공급측면이 경기변동을 일으키기도 하고 때로는 케인스학파가 강조하는 바와 같이 총수요측면이 경기변동을 일으키기도 한다는 것이다. 실물적 경기변동이론이 총수요측면은 경기변동을 일으키는 주요 원인이라고 인정하지 않는 데 반해, 새 케인스학파는 총공급측면이 경기변동을 일으키는 주요 원인이 될 수도 있다고 인정하는 것이다. 경기변동을 일으키는 주요 원인이 총공급측면일 수도 있고 총수요측면일 수도 있다고 보는 새 케인스학파의 견해는 이론의 정밀성이 떨어지는 대신 더 실용성 있는 입장이라고 평가된다.

1 경제활동이 확장국면과 수축국면이 반복되어 나타나는 현상을 경기순환 또는 경기변동이라 한다. 경기변동은 확장과 수축의 2국면으로 구분하기도 하고 확장을 경기회복과 호황, 수축을 경기후퇴와 불황으로 더 나누어 4국면으로 구분하기도 한다.

2 경기변동은 ① 반복적이되 비주기적이다, ② 지속적이다, ③ 비대칭적이다, ④ 많은 경제변수들이 공동변동한다는 특징을 가진다.

3 단기의 경제안정화정책을 놓고 케인스학파계통과 고전학파계통이 서로 다른 견해를 가지고 있다. 케인스학파계통은 경기변동을 시장의 실패로 보고 안정화정책을 재량껏 실시해야 한다고 본다. 안정화정책으로는 재정정책이 효과적이다. 고전학파계통의 통화주의자는 경기변동을 계절의 변동과 같은 자연스러운 현상으로 받아들여 안정화정책을 쓸 필요가 없다고 본다. 안정화정책의 바람직한 효과가 나타나기까지 길고 가변적인 시차가 있어 안정화정책이 경제불안정의 원천이 되기 쉬우며 바람직한 효과는 짧고 부작용은 오래 간다고 본다. 꼭 써야 한다면 통화정책이 효과적이라고 본다.

4 합리적 기대란 경제주체들이 미래의 경제변수를 예측할 때 그 예측에 이용가능한 모든 정보를 활용하여 합리적으로 예측하는 것을 말한다. 새 고전학파는 예상메커니즘을 빼고는 통화주의자와 기본적으로 같은 입장이다. 사람들이 합리적 기대를 가진다고 가정함으로써 새 고전학파는 통화주의자와는 달리 (통화정책까지 포함해서) 체계적인 안정화정책이 단기에도 효과가 없다는 정책무력성정리를 전개한다. 새 케인스학파는 합리적 기대를 받아들이더라도 임금과 물가가 경직적이거나 조정속도가 느리면 체계적인 안정화정책이 단기에 유효하고 따라서 필요하다고 주장한다.

5 안정화정책의 시행방법을 놓고 고전학파계통은 준칙을, 케인스학파계통은 재량을 주장한다. 고전학파계통은 경제에 불확실성이 많고 경제정책이 효과를 발휘하는 데에는 내부시차(인식시차와 실행시차)와 외부시차가 있어 길고 가변적이며 재량정책은 동태적으로 비일관적이기 때문에 준칙을 써야 한다고 주장한다. 케인스학파계통은 경제가 지나치게 침체되거나 과열일 때에도 준칙을 고수하는 것은 융통성이 없는 비효율적인 정책이라고 보고 능동적인 재량정책을 써야 한다고 주장한다.

6 고전학파계통은 경기변동의 주요 원인이 기술혁신·요소부존 변화·자원파동 등 총공급측면에 있다고 보는 실물적 경기변동이론을 선호한다. 케인스학파계통은 경기변동의 주요 원인이 소비심리 변화·기업가의 동물적 직감·수출충격·화폐수요충격 등 총수요측면에 있다고 보는 경기변동이론을 선호한다. 오늘날 경제학계는 경기변동의 주요 원인이 때로는 총공급측면, 때로는 총수요측면에 있다는 절충적인 입장을 취하고 있다.

- 경기변동의 2국면과 4국면
- 진폭, 주기
- 저점과 정점
- 경기순응적
- 경기역행적
- 경기동행적
- 통화주의자

- 새 고전학파
- 새 케인스학파
- 인식시차
- 실행시차
- 내부시차
- 외부시차
- 테일러 준칙

- 정책무력성정리
- 합리적 기대
- 엇갈리는 가격설정
- 차림표비용
- 최적정책의 시간비일관성
- 실물적 경기변동이론

연습문제   E / X / E / R / C / I / S / E

1 다음 각 항이 실질국민소득·이자율·물가·소비·저축·투자에 미치는 영향을 (a) 고전학파모형, (b) 케인스모형, (c) 루카스 공급함수가 있는 거시모형으로, *AD–AS*곡선을 그려가며 분석하라.

① 정부지출의 감소
② 공개시장매입
③ 소득세율 인하
④ 석유파동
⑤ 투자액에 대한 세금감면

2 다음 모형을 보고 물음에 답하라.

(1) $Y^D = C + I^D + G$
(2) $C = 0.8(Y - T) + 204$
(3) $I^D = 200 - 100r$
(4) $G = T = 200$
(5) $\dfrac{M^D}{P} = 0.1Y - 100r$
(6) $M^S = 210$
(7) $Y = 2{,}179 + P^2$

단, 식 (7)은 노동시장과 총생산함수로부터 도출된 것임.
① *AD*, *AS*함수를 구하라. 그림을 그려라.
② 균형국민소득·물가·이자율·소비·투자·화폐수요를 계산하라.
③ 확대 재정정책과 확대 통화정책의 효과를 그

림을 그려가며 분석하라.
④ 케인스모형으로 바꾸려면 모형을 어떻게 고쳐야 하는가? 케인스모형으로 ③을 풀어라.
⑤ 고전학파모형으로 바꾸려면 모형을 어떻게 고쳐야 하는가? 고전학파모형으로 ③을 풀어라.
⑥ 케인스모형을 단기모형, 고전학파모형을 장기모형으로 해석하여 재정정책과 통화정책의 효과를 분석하라.

3 아브라함 링컨은 「모든 사람들을 한 때 속일 수 있고, 몇몇 사람들을 항상 속일 수 있지만, 모든 사람들을 항상 속일 수는 없다」고 말하였다. 이 기술과 "비합리적" 기대 및 합리적 기대, 장·단기총공급곡선과의 관계를 논하라.

4 경기순환의 4국면을 고전학파의 입장에서 4계절과 대비시켜 설명해 보라.

5 가속도효과와 승수효과의 결합에 의하여 경기변동을 설명하는 고전적인 경기변동이론이 있다. 그 내용을 알아보라.

6 경제주체들의 미래에 대한 예상은 흔히 「자기충족적」(self-fulfilling)이라고 말한다 이에 따라 경제주체들이 앞으로 경기침체를 예상하면 경기가 침체되고, 경기가 회복될 것이라고 예상하면 경기가 회복되는 「심리적 경기순환이론」을 전개해 보라. 이 이론의 장·단점을 논하라.

7 "실물적 경기변동이론에서는 물가가 경기역행적이고, 새 케인스학파의 총수요 주도 경기변동이론에서는 실질임금이 경기역행적이다." 이를 보여라.

8 현실세계에서 최적정책의 시간비일관성에 관한 예를 세 가지 이상 찾아보라.

9 다음 각 기술이 옳은가 그른가를 밝히고 그 이유를 설명하라.

① 통화주의자는 투자수요의 이자율탄력성은 작고 화폐수요의 이자율탄력성은 크다고 본다.

② 내부시차와 외부시차는 통화정책에만 존재한다.

③ 확대 재정정책은 고전학파의 총수요곡선을 오른쪽으로 이동시킨다.

④ 세금을 감면하면 국민소득·물가·이자율이 모두 상승한다.

⑤ 화폐수요의 소득탄력도가 클수록 통화정책은 더 효과적이고 재정정책은 덜 효과적이게 된다.

⑥ 경제주체가 합리적 기대를 가지면 미래물가를 정확히 예측한다.

⑦ 이자율은 케인스학파와 통화주의자 모두에게 금융부문과 실물부분을 연결하는 고리이다.

⑧ 통화주의자에 의하면 통화정책보다 재정정책 하에서 생산에 영향을 미치기까지 거쳐야 하는 경로가 더 많다.

⑨ 안정화정책의 시차를 제대로 알게 된다면 준칙보다 재량정책이 낫다.

⑩ 새 고전학파는 체계적인 안정화정책이든 비체계적인 안정화정책이든 안정화정책은 무력하다고 본다.

인플레이션과 실업

이 장에서는 현실경제를 괴롭히는 인플레이션과 실업이 왜 발생하고, 그에 대한 대책은 무엇이며, 그 대책이 유효한 것인가에 대하여 분석한다.

인플레이션과 실업은 역의 관계가 있는 것으로 거시경제학계에 알려져 왔다. 그러나 1970년대에 높은 인플레이션과 실업이 공존하는 스태그플레이션이 일어남으로써 종래의 통념을 깨뜨렸다.

마지막 절에서는 인플레이션과 실업이 단기에 역관계가 있지만 장기에는 아무런 관계가 없다는 것을 배운다.

CHAPTER

26

주요 학습사항

- 인플레이션이 일어나는 원인은
- 예상된 인플레이션의 영향은
- 예상치 못한 인플레이션의 영향은
- 초인플레이션은 무엇이며 왜 일어나는가
- 자연실업률과 자연실업률이론은 무엇인가
- 장·단기필립스곡선이 총수요관리정책에 주는 시사점은
- 스태그플레이션이 일어나는 원인과 대책은
- 기대부가 필립스곡선과 장기필립스곡선의 관계는
- 인플레이션과 실업의 단기 및 장기관계는

제1절 | 인플레이션

물가가 상승하는 현상을 인플레이션이라고 한다. 구체적으로 인플레이션은 제 19장에서 배운 물가지수가 증가하는 것으로 표시된다. *AD-AS*분석에서 인플레이션은 총수요곡선과 총공급곡선의 교차점이 종전보다 높아지는 것으로 표시된다.

인플레이션이 일어난다는 것은 화폐의 상품구매력이 떨어진다는 것을 의미한다. 예컨대 소비자물가가 10% 오른다면 평균적으로 말해서 종전에 1,000원을 주고 사던 소비재를 1,100원을 치러야 살 수 있다는 것을 뜻한다. 따라서 화폐의 구매력이 10% 떨어지는 셈이다.

1 인플레이션의 원인과 대책

물가의 변동은 생산물에 대한 총수요나 총공급의 변동으로 일어난다. 인플레이션이 수요측 요인에 의해 발생하는 경우를 수요견인 인플레이션(demand-pull inflation)이라 하고, 생산비용을 반영하는 공급측 요인에 의해 발생하는 경우를 비용인상 인플레이션(cost-push inflation)이라 한다. 수요측 요인과 공급측 요인이 동시에 물가상승을 일으키는 경우를 혼합형 인플레이션(mixed inflation)이라 한다.

그림 26-1 (a)와 같이 총수요가 증가하여 물가가 상승하는 것이 수요견인 인플레이션이다. 그림 26-1 (b)와 같이 총공급이 감소하여 물가가 상승하는 것이 비용인상 인플레이션이다. 수요견인 인플레이션의 경우에는 국민소득이 증가하고 비용인상 인플레이션의 경우에는 국민소득이 감소한다. 때로는 현실경제에서 국민소득이 뚜렷한 변동을 보이지 않으면서 인플레이션이 일어나는 경우가 있다. 이 때에는 인플레이션의 원인이 수요측면에 있는가, 공급측면에 있는가를 판별하기가 어려운데 흔히 그림 26-1 (c)와 같이 수요측면과 공급측면이 혼합된 경우이기가 쉽다. 수요견인 인플레이션과 비용인상 인플레이션이 혼합되어 일어나는 인플레이션을 혼합형 인플레이션이라 한다.

이하에서는 인플레이션의 원인을 수요측면과 공급측면으로 나누어 보다 자세히 살펴보기로 한다.

수요견인 인플레이션
수요측 요인이 일으키는 인플레이션

비용인상 인플레이션
공급측 요인이 일으키는 인플레이션

혼합형 인플레이션
수요견인 인플레이션과 비용인상 인플레이션의 혼합

그림
26-1

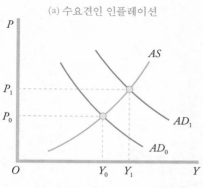

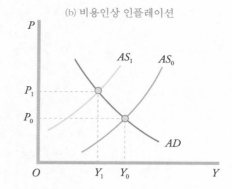

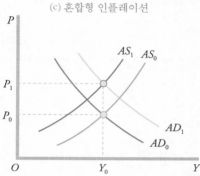

세 가지 유형의 인플레이션

총수요가 증가하면 수요견인 인플레이션, 총공급이 감소하면 비용인상 인플레이션, 양자가 결합되면 혼합형 인플레이션이 일어난다.

수요측 요인

과도한 통화 증가

통화공급이 증가하면 총수요곡선이 오른쪽으로 이동하여 수요견인 인플레이션이 일어난다. 고전학파와 통화주의자는 통화증가가 인플레이션의 주범이라고 본다. 고전학파모형에서는 노동이 항상 완전고용되고 화폐의 유통속도가 일정하다고 보기 때문에 통화의 증가는 물가수준을 비례적으로 상승시킨다. 교환방정식 $PY = MV$에서 실질국민소득(Y)이 노동시장과 총생산함수에 의해 완전고용국민소득(Y_F)수준에 있고, 화폐의 소득유통속도(V)가 일정하기 때문에 통화량과 물가가 비례적이라는 화폐수량설이 성립한다. 그림 26-2에서 총공급곡선은 수직이고 통화공급이 증가하면 총수요곡선은 오른쪽(또는 위쪽)으로 이동한다. 이에 따라 통화공급과 물가가 비례적으로 상승한다.

통화주의자는 신화폐수량설 $PY = MV(r)$을 내세워, 단기에 물가의 상승이 통화량의 증가에 정확하게 비례적이라고 볼 수 없지만 기본적으로 인플레이션은 화폐적인 현상이라고 주장한다.

교환방정식 $PY = MV$에서

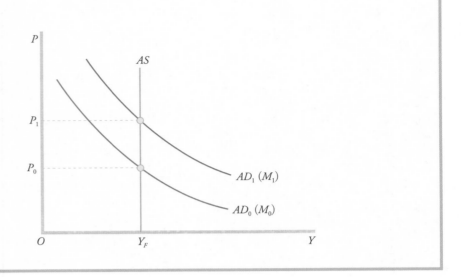

$$[26\text{-}1] \qquad \frac{\Delta P}{P} + \frac{\Delta Y}{Y} = \frac{\Delta M}{M} + \frac{\Delta V}{V}$$

를 얻는다. 인플레이션율과 경제성장률(= 실질GDP 증가율)의 합이 통화증가율과 통화의 소득유통속도 증가율의 합과 같아야 한다는 것이다.

　　통화주의자에 의하면 $\Delta V/V$는 상당히 안정적이다. 단기에 통화공급이 증가하면 그 증가율과 통화의 유통속도 증가율의 합이 인플레이션율과 경제성장률로 분해된다. 그러나 장기에는 국민소득의 증가효과는 사라지고 모두 인플레이션율로 나타난다. 대표적인 통화주의자 프리드만에 의하면 비용인상 인플레이션은 어디까지나 단기적인 현상일 뿐, 통화공급의 증가가 일어나지 않는 한 인플레이션은 지속되지 않는다. 그의 표현을 빌리면 "인플레이션은 언제나 어디에서나 화폐적인 현상이다." 급격한 통화증가가 급격한 인플레이션을 낳는다.

　　고전학파나 통화주의자는 안정적인 통화공급이 인플레이션을 방지할 수 있는 가장 강력한 방법이라는 것을 강조한다. 특히 프리드만은 $k\%$ 준칙($k\%$ rule)을 주장한다. 경제가 매년 3~4% 성장할 것으로 예상되면 통화의 유통속도가 일정할 때 통화공급의 연 증가율도 3~4%로 고정하라는 것이다. 이는 식 (26-1)에서 인플레이션율을 0으로 만든다.

　　각국의 역사적 경험은 장기에 통화증가가 인플레이션과 밀접한 양의 관계를 가지는 것을 보여 준다. 지나친 통화공급의 증가가 인플레이션의 주된 원인이며 따라서 안정적인 통화공급이 가장 효과적인 인플레이션대책이라는 고전학파와 통화주의자의 견해는 거시경제학의 지혜로 받아들여지고 있다.

프리드만과 인플레이션
인플레이션은 언제 어디에서나 화폐적 현상이므로 인플레이션 예방에는 '일관되고 안정적인 통화공급 준칙'($k\%$ 룰)이 중요하다.

　　2020년 코로나-19가 전 세계에 파급됨에 따라 경기침체를 방지하기 위해 주요국은 기준금리를 0%대로 대폭 인하하고 확장적인 통화정책을 실시하였다. 그런데 물가는 오르지 않고 안정세를 보였다. 왜 코로나-19 시기에는 화폐수량설이 제기하는 바와 같이 과도한 통화공급의 증가가 인플레이션으로 이어지지 않았을까?

　　피셔의 교환방정식 $PY = MV$는 항등식이다. 교환방정식에서 나온 식 (26-1)도 항등식이다. 미국, EU, 일본 등 주요 선진국에서 통화공급(M)을 대폭 늘렸지만 물가가 오르지 않은 것은 통화의 소득유통속도(V)가 많이 떨어졌기 때문이다. V가 많이 떨어진 이유는 코로나-19로 사람들의 이동을 제한하는 봉쇄조치(shut down)가 이루어지고 불확실성이 커지면서 화폐의 거래수단의 기능보다 가치저장의 역할이 커지게 되었기 때문이다. 경기가 침체되고 불확실성이 커지면 소비자들은 소비활동 대신 저축을 선호하고 기업들도 투자보다는 유동성이 높은 안전자산을 선호하게 된다. 화폐는 많이 풀렸는데 돈을 쓰지 않고 보관하고 있으므로 통화의 유통속도가 낮아진다. 1920년대 말의 대공황기와 2008년 미국발 글로벌 금융위기로 인한 대침체기에도 V의 감소를 경험하였다.

　　우리나라도 2020년 초반 코로나-19가 확산되자 5월에 기준금리를 0.5%로 낮추었으나 이후 몇 년간 통화의 유통속도가 낮아졌다. 코로나-19로 인한 경기침체와 불확실성으로 소비와 투자가 위축되어 화폐의 가치저장수단으로서의 중요성이 커지면서 원화의 유통속도가 낮아진 것이다.

　　코로나-19가 종식되고 경기가 회복되어 소비 및 투자심리가 회복되면서 그동안 떨어진 통화의 유통속도가 높아졌으나 생산과 소득의 증가는 더디게 이루어져 인플레이션이 유발되면서 우리나라를 비롯한 세계 경제는 물가안정이 다시 화두가 되고 있다. 2008년 글로벌 금융위기, 코로나-19 등을 계기로 통화의 유통속도가 안정적이어서 일정하다고 보아도 무방하다는 고전학파의 견해와 이에 따른 화폐수량설은 적어도 심각한 경기침체와 불확실성이 큰 시기에는 적용되지 않는다는 사실이 드러났다. 그러나 경기침체가 지나고 회복기에 접어들어 통화의 유통속도도 예전의 수준으로 돌아가면 식 (26-1)에 따른 인플레이션이 유발된다는 것을 알 수 있다.

확대 재정정책

　　정부지출의 확대, 세율의 인하와 같은 확대 재정정책은 총수요곡선을 오른쪽으로 이동시켜 수요견인 인플레이션을 일으킨다. 케인스학파는 단기에 경기가 침체할 때 확대 재정정책을 적극 사용해야 한다고 주장하였다. 이는 국민소득의 증대를 위해 단기에 수요견인 인플레이션을 감수해야 한다는 말과 같다.

　　확대 재정정책은 재정적자를 가져오게 마련이다. 따라서 혹자는 「재정적자가 수요견인 인플레이션을 일으킨다」고 생각할지 모른다. 그러나 이 명제는 장기에는 성립되어도 단기에는 반드시 옳은 명제라고 할 수 없다. 단기에는 경기침체로 인한 조세수입 감소로 재정적자가 생길 수도 있고, 긴축 통화정책으로 생산감소·고용감소·실업 증가가 일어나 조세수입이 감소하여 재정적자가 생길 수도 있기 때문이다. 경기가 침체하거나 긴축 통화정책을 실시하면 물가가 떨어진다(혹은 인플레이션율이 감소한다).

　　만약 재정적자를 통화공급의 증가나 국채의 증발로 보전한다면 장기에는 재정적자와 인플레이션간에 양의 상관관계가 존재한다. 통화공급이 증가하면 인플레이션이 일어나는 것은 앞에서 설명한 바와 같다. 국채가 증발되면 이자율이 상승하여 기업의 금융비용이 높아진다. 한편 국채의 증가는 민간보유 금융자산의 증가를 통하여 소비를 증가시키는 자산효과가 있다. 이 두 가지가 동시에 작용하여 물가를 상승시킨다.[1]

수요충격

어떤 변수가 예기치 않게 변동하는 것을 충격(shock)이라 한다. 수요충격(demand shock)이란 민간소비 혹은 투자의 행태가 갑자기 변하거나 예기치 않은 경제정책의 변동으로 총수요가 예기치 않게 변동하는 것을 말한다.

과소비풍조가 갑자기 번지거나 기업가가 「동물적 직감」(animal spirit)으로 첨단산업에 대규모로 투자할 것을 전격 결정하거나 통화당국이 통화공급을 올해 5%만 증가시키겠다고 공표하고는 실제로는 8%로 슬그머니 증가시키거나 물가오름세 심리로 가수요가 증가하는 것 등이 수요충격이다. 유리한 수요충격이 일어나면 총수요곡선이 갑자기 오른쪽으로 이동하여 수요견인 인플레이션이 일어난다.[2] 이 인플레이션은 경제주체들이 사전에 예상하지 못했다는 점에서 예상치 못한 인플레이션(unanticipated inflation)이다. 예를 들면 금년에 물가가 4% 상승할 것으로 사람들이 예상하였는데 실제로 5%가 상승했다면 그 차이인 1%가 예상치 못한 인플레이션이 된다.

공급측 요인

총공급을 감소시켜 비용인상 인플레이션을 일으키는 요인으로는 여러 가지가 있다. 총공급곡선은 모든 기업들의 한계비용곡선과 밀접한 관계를 가지므로 생산요소비용이 변하면 이동하게 된다. 생산요소비용의 증가는 기업들의 공급가격을 상승시킨다. 이에 따라 총공급곡선이 상방(또는 왼쪽)으로 이동하여 물가가 상승한다.

케인스학파모형에서 예상물가수준이 높아지면 각각의 명목임금수준에서 예상 실질임금이 하락하여 노동공급이 감소하기 때문에 총공급곡선이 위로 이동하였다.

임금과 같이 기업에게 비용으로 작용하는 에너지나 원재료의 가격이 상승하면 총공급이 감소한다. 1973~74년과 1979~80년 두 차례에 걸친 석유파동으로 원유가격이 배럴당 3달러대에서 30달러대로 폭등하자 원유수입국들은 총공급의 큰 감소와 그에 따른 두 자리수의 인플레이션을 경험하였다.

태업(怠業)이나 파업 등의 노사분규로 노동생산성이 떨어지면 단위노동비용(unit labor cost)이 증가하여 총공급곡선이 상방이동한다.

---

1 국채가 증발되면 이자율이 상승하여 구축효과를 낳는다. 구축효과는 총수요의 감소를 가져와 물가를 하락시키는 힘으로 작용한다. 각국의 실증연구에 의하면 이 힘이 물가를 상승시키는 반대 힘을 상쇄할 정도로 크지 않아 장기에 「재정적자와 인플레이션간에 양의 관계」를 보인다. 이는 아마도 구축효과를 우려하여 각국 정부가 장기에는 재정적자를 주로 통화공급의 증가로 보전하기 때문일 것이다. 국채를 증발하더라도 이 국채를 중앙은행이 공개시장에서 매입하면 통화공급의 증가로 귀결된다.

2 수요를 증가시키는 방향으로 일어나는 수요충격을 유리한 수요충격이라고 표현하였다. 수요를 감소시키는 방향으로 일어나는 수요충격은 불리한 수요충격이다. 뒤에서 나오는 공급충격에 대하여도 마찬가지이다.

단위노동비용이란 제품 1단위당 노동비용으로서

$$\frac{총노동비용}{생산량} = \frac{명목임금(w) \times 고용량(N)}{생산량(Q)} = \frac{명목임금(w)}{노동생산성(Q/N)}$$

으로 정의된다. 따라서 명목임금이 오르거나 노동생산성이 떨어지면 단위노동비용이 오른다. 단위노동비용은

$$단위노동비용 \ 증가율 = 명목임금 \ 상승률 - 노동생산성 \ 증가율$$

로 나타낼 수 있다.

총공급곡선을 예기치 않게 이동시키는 사건을 공급충격(supply shock)이라 한다. 불리한 공급충격이 일어나면 총공급곡선이 상방이동하여 예상치 못한 비용인상 인플레이션이 일어난다.

이상의 여러 가지 요인 중에서 케인스학파가 주목하는 것은 지나친 임금인상이다. 미국 · 영국 등의 선진국은 과거에 철강 · 자동차 · 석탄 등 몇몇 기간산업에서 노동조합이 강력하여 노동생산성을 초과하는 임금인상을 요구하곤 했다. 이는 제품가격 인상으로 전가되고 다른 산업에도 임금인상이 파급되는 효과를 불러일으켰다. 케인스학파는 이러한 과도한 임금인상이 1970년대부터 일어난 높은 인플레이션의 주된 원인이라고 본다. 따라서 임금이 과도하게 상승하지 않도록 정부가 소득정책(incomes policy)을 적극 실시해야 한다고 주장한다.

임금인상 요구
Go-Jet, 우버(Uber) 등의 기사들이 인도네시아 자카르타에서 임금인상을 요구하는 시위를 벌이고 있다. 유가상승, 노사분규 등은 총공급에 부정적 영향을 미친다.
출처: The New York Times(2017.12.11.)

소득정책이란 정부가 임금과 물가의 상승을 규제하여 임금 및 기타소득에 직접적으로 영향을 미치고자 하는 정책을 말한다.

정부가 매년 임금상승률의 상한을 정하는 임금가이드라인(wage guideline), 임금과 물가의 인상을 억제하거나 동결시키는 임금—물가통제(wage-price controls) 등이 소득정책의 예이다. 케인스학파는 생산증가 · 실업감소를 위해 재량정책을 실시함으로써 파생되는 수요견인 인플레이션은 감수하되, 임금인상으로 인한 비용인상 인플레이션은 소득정책으로 대처해야 한다는 입장이다. 새 고전학파는 재량정책으로 수요견인 인플레이션이 일어나면 이것이 경제주체들에게 인플레이션 기대심리를 심어 주어 비용인상 인플레이션까지 일어나게 되므로 재량정책을 사용하지 말아야 한다는 입장이다.

장기에 비용인상 인플레이션을 수습하는 유력한 정책은 공급능력 향상을 위한 제반 정책이다. 투자 · 저축 · 노동공급의 증대를 위한 조세감면, 노동생산성을 증가시킬 수 있는 기술향상과 연구 · 개발 등의 정책수단은 장기에 총공급곡선을 오른쪽으로 이동시켜 인플레이션이 없는 경제성장을 가능하게 한다.

　세계적인 경제대침체가 오래 지속되자 국제노동기구(ILO)의 몇몇 경제학자들이 임금주도성장모형을 제시하였다. 이를 이어받아 우리나라 문재인 정부는 소득주도성장모형을 경제정책의 지침으로 채택하였다. 임금주도성장이나 소득주도성장의 개념을 우리가 배운 거시기본모형으로 파악할 수 있다.

　소득주도성장모형에 따르면 소득이 낮은 계층에게 최저임금을 대폭 올려주거나 사회복지지출을 대폭 늘리면

　가계소득 증가 → 소비 증가 → 생산 증가, 투자 증가 → 가계소득 증가 → …

의 선순환이 일어나 경제가 계속 성장할 수 있다는 것이다. 이 논리는 우리가 배운 케인스모형으로 설명할 수 있다. 케인스모형에서 최저임금이 오르거나 사회복지지출이 늘어나면 가계의 처분가능소득이 늘어나 소비가 늘고, 이 늘어난 소비에 맞춰 생산이 늘어 가계의 처분가능소득이 더 늘어나는 승수효과가 일어난다.

　그러나 케인스와 케인스학파는 위와 같은 임금의 소득채널을 강조하지 않는다. 고전학파모형에서 상정하는 것처럼 임금의 비용채널을 강조한다. 최저임금이 대폭 오르면

　실질임금 상승 → 노동수요량 감소 → 고용 감소 → 생산 감소 → 가계소득 감소 → 소비 감소 → 생산 감소 → …

의 악순환이 일어난다는 것이다. 임금가이드라인을 통해 임금 상승을 가급적 억제하고자 하는 것은 임금의 비용채널 논리에 따른 것이다.

　임금을 올려주면 소득채널효과도 있고 비용채널효과도 있다. 상충하는 두 효과 중에 어떤 효과가 클까? 경제학계에서는 비용채널효과가 소득채널효과보다 크다고 보아 소득채널효과를 주목하지 않았다. 특히 최저임금을 대폭 올려나간다면 비용채널효과가 압도적으로 크다고 본다. 또한 장기 성장을 다룰 때에는 수요측면보다 공급측면이 주도적인 역할을 하고 수요측면은 공급측면에 맞추어 간다고 본다. 따라서 최저임금을 대폭 올려주는 것이 경제성장으로 연결된다는 논리는 성립할 수가 없다. 문재인 정부는 소득채널효과가 더 크다고 보고 최저임금을 대폭 올리는 실험을 했다. 최저임금을 대폭 올리면서 소비 증가와 소득 증가의 선순환이 일어나 성장이 촉진되었다면 이는 거시경제학의 통념을 뒤집는 일대 사건으로 경제학계에 기록되었을 것이다. 그러나 그런 일은 없었다.

　사회복지지출을 대폭 늘리면 케인스모형에서 정부지출이 늘어나는 것과 마찬가지로 소득 증가, 소비 증가, 투자 증가, 소득 증가의 선순환이 일어난다. 최저임금을 대폭 올릴 때와 같이 공급측면에 부정적인 영향을 미치지도 않는다. 따라서 최저임금을 대폭 올리는 것보다 바람직한 소득 증대정책이다. 그러나 케인스와 케인스학파가 강조한 바와 같이 이는 어디까지나 부족한 민간총수요를 보완해주는 단기 총수요관리정책이지 장기 성장정책이 아니다. 사회복지지출이 인적자본에 대한 투자 효과를 낳는다면 장기에 성장을 촉진시킬 것이다. 이 효과가 있겠지만 그리 크게 나타나지는 않는다.

　지금까지 다루어 온 기본거시모형에서는 확장적인 재정정책과 통화정책, 기초소비의 증가로 묘사한 소비심리의 호전, 독립투자의 증가로 나타낸 투자심리의 호전, 세계경기의 호전 등 경제의 기본여건이 좋아지는 결과로 임금과 가계소득이 증가한다. 소득주도성장모형에서는 임금과 가계소득이 (최저임금의 대폭 상승으로) 먼저 증가하면 임금과 가계소득이 계속 증가한다는 순환론에 빠져 있는 한계도 가진다.

　소득주도성장모형에 대한 자세한 이론적·실증적 논의는 박정수, 『소득주도성장론에 대한 분석과 시사점』, 한국경제연구원, 2017을 참고할 것.

무인 편의점
롯데그룹이 롯데월드타워에 오픈한 무인 편의점. 대폭적인 최저임금의 인상은 고용 축소를 낳는다.
출처: Korea Joongang daily(2017.11.29.)

수요측 요인과 공급측 요인의 혼합

현실세계의 인플레이션은 수요·공급측 요인이 같이 작용하여 일어나는 경우가 많다. 노동조합이 과도한 임금인상 요구를 관철시키거나 자원파동과 같은 불리한 공급충격이 일어나면 비용인상 인플레이션이 일어난다. 비용인상 인플레이션이 나쁜 점은 인플레이션이 생산감소·고용감소(실업증가)와 같이 일어난다는 것이다. 이 경우에 정부가 실업을 감소시키기 위해 확대정책을 쓰면 물가가 상승하고 이것이 다시 임금상승 → 물가상승으로 연결될 가능성이 높다. 경제주체들이 지속적인 물가상승을 경험하는 과정에서 사람들의 기대인플레이션도 높아진다. 여기에 혼합형 인플레이션이 시작되는 무대가 형성된다.

기대인플레이션이 높아져 예상물가수준이 상승하면 루카스 총공급곡선에서 보는 것처럼 총공급곡선이 왼쪽으로 이동하여 다시 생산감소·실업증가가 일어난다. 실업감소를 위해 정부는 다시 확대정책을 쓰고 그 결과 인플레이션과 기대인플레이션이 더 높아진다.

통화주의자와 새 고전학파는 1970년대에 선진제국과 남미제국이 경험한 높은 인플레이션이 바로 이러한 혼합형 인플레이션이라고 본다. 이 견해는 제3절에서 기대부가필립스곡선으로 다시 설명된다. 혼합형 인플레이션하에서는 임금인상이 물가상승을 낳고 물가상승은 더 높은 임금인상을 요구하여 임금·물가의 악순환(wage-price spiral)이 일어나기 쉽다.

여기에서 주의할 것은 비용인상 인플레이션으로 인한 실업증가를 해소하기 위해 정부가 통화공급을 증가시켜야만 임금·물가상승의 악순환이 일어난다는 것이다. 임금상승 → 물가상승 → 임금상승의 악순환이 끝없이 일어날 수 있다고 생각하기 쉬우나 이는 틀린 생각이다. 물가가 오르면 총수요가 감소하고 실업이 증가한다. 실업이 증가하면 국민소득이 감소하여 총수요가 감소한다. 총수요가 계속 감소하는데 물가가 계속 오를 수는 없다. 불리한 공급충격을 완화시켜 주기 위해 정부가 통화공급을 계속 늘려야만 총수요가 감소되지 않고 임금·물가상승의 악순환이 일어날 수 있는 것이다.

이상의 논의는 인플레이션이 기본적으로 화폐적인 현상이라는 통화주의자의 입장을 강화시켜 준다. 그들은 과도한 통화공급이 없으면 장기적으로 비용인상 인플레이션이 발생할 수 없다고 본다. 즉, 통화공급으로 뒷받침되는 확대재정정책이 임금과 물가의 악순환을 초래하는 것이다. 재정정책과 통화정책을 같이 실시하는 것을 정책배합 혹은 정책혼합(policy mix)이라고 한다. 통화주의자에 의하면 1970년대에 세계 각국이 실업감소라는 정책목표를 단시일에 달성하기 위하여 확대 재정정책과 확대 통화정책이라는 정책배합을 즐겨 사용하였고, 그 결과 사상 유례없는 높은 인플레이션을 일으켰다는 것이다.

2 인플레이션의 영향

사람들은 인플레이션이 일어나면 자기들의 생활수준이 낮아질 것을 우려한다. 인플레이션은 화폐가치의 하락을 뜻하므로 주어진 소득에서 음식물·의복·주택 등의 가격이 오르면 생활수준이 낮아질 것이다. 그러나 인플레이션이 진행되면 우리가 사는 상품들의 값만 오르는 것이 아니라 노동서비스와 자본서비스 등 우리가 파는 생산요소의 가격도 올라 소득이 증가한다. 소득이 물가보다 더 많이 증가하면 인플레이션이 있어도 생활수준은 향상된다. 소득보다 물가가 더 많이 오를 때 인플레이션은 생활수준을 떨어뜨린다.

인플레이션이 중요한 사회문제가 되는 것은 주로 다음과 같은 세 가지 이유 때문이다.
　① 인플레이션은 생산과정을 통하지 않고 사회구성원 사이에 소득과 부를 재분배한다.
　② 인플레이션은 생산과 고용을 변동시킨다.
　③ 인플레이션은 경제적 효율성을 낮춘다.
이 세 가지 효과는 인플레이션이 예상된 인플레이션인가 예상치 못한 인플레이션인가에 따라 달리 나타난다.

예상치 못한 인플레이션

예상치 못한 인플레이션은 ①과 ②에 큰 영향을 미친다. 예상치 못한 인플레이션이 일어나면 소득의 재분배가 채권자와 채무자 사이에 일어난다. 물가가 상승하면 현금·예금·국채 등과 같은 금융자산을 가진 사람과 채권자는 손해를 보고, 실물자산을 가진 사람과 채무자는 이득을 본다. 금융자산은 물가가 상승하면 그만큼 실질가치(실물자산에 대한 구매력)가 하락한다. 채권자가 손해를 보는 이유는 인플레이션을 제대로 예상하지 못하여 화폐가치의 하락을 보상받지 못하기 때문이다. 민간이 보유하고 있는 현금은 채무자인 정부가 그 부채를 갚을 필요가 없기 때문에, 물가상승에 의한 화폐가치의 하락은 화폐소유자의 실질비용이 된다. 따라서 세금과 연관시켜 인플레이션은 화폐라는 세원(tax base)에 대해 부과하는 조세와 같다는 뜻에서 인플레이션 조세(inflation tax)라 부른다.[3]

인플레이션 조세
인플레이션으로 인해 유발되는 화폐가치 손실

---

3 예를 들어 인플레이션율이 연 5%라면 현재 50,000원의 1년 후 실질가치는 47,500원이 된다. 따라서 인플레이션은 사람들이 보유한 화폐에 대해 5%의 조세를 부과하여 2,500원을 세금으로 징수한 것과 같다. 어떤 기간 동안의 인플레이션 조세는 이 기간 중의 인플레이션율에 화폐공급을 곱한 것과 같다. 인플레이션 조세가 사람들에게 부과하는 실질적인 부담은 실질인플레이션 조세로 나타낼 수 있으며 이는 인플레이션율에 실질화폐공급을 곱한 값과 같다. 화폐공급을 M, 인플레이션율을 π, (명목)인플레이션 조세를 T라 하면 $T=\pi M$이다.

역사적으로 보면 각국 정부는 재원의 획득을 민간부문의 저항이 큰 세금으로 징수하는 것보다는 인플레이션이라는 수단을 사용한 경우가 많았다. 우리나라도 1960년대와 70년대의 높은 경제성장이 높은 인플레이션 아래 이루어졌는데, 이는 정부주도형의 개발과정에서 필요한 재원의 조달이 인플레이션 조세의 형태로 이루어졌기 때문이다. 부문별로 대분하면 가계부문은 자금공급부문이고 기업부문은 자금수요부문이기 때문에 인플레이션으로 가계부문이 손해를 보고 기업부문이 이익을 본다. 특히 빚이 많은 기업일수록 더 큰 이익을 본다. 물가가 상승함에 따라 가격이 올라가는 토지·빌딩·주택과 같은 실물자산을 많이 보유한 사람은 인플레이션으로 혜택을 볼 수 있다.

예상치 못한 인플레이션하에서는 일시적으로 생산이 증가할 수 있다는 것을 앞 장에서 루카스 총공급곡선으로 설명하였다. 따라서 예상치 못한 인플레이션은 단기에 생산과 고용을 증가시킬 수 있다. 그러나 예상치 못한 인플레이션이 지속되면 미래의 인플레이션에 대한 경제주체들의 예상을 어렵게 만들고, 따라서 안정된 소비 및 투자계획을 세울 수 없게 한다. 예상치 못한 인플레이션에 따른 불확실성이 경제의 효율성을 낮추는데 이것이 인플레이션의 경제적 비용이다. 실증적으로는 인플레이션율이 높아질수록 인플레이션이 더욱 가변적이고 불확실성이 커지는 것으로 알려져 있다.

예상된 인플레이션

경제주체들이 미리 예상한 인플레이션을 예상된 인플레이션(anticipated inflation)이라 한다. 예상된 인플레이션하에서는 채권자로부터 채무자로 소득이 재분배되는 효과가 일어나지 않는다. 화폐로 결제하는 계약을 체결할 때 인플레이션이 예상되면 합리적인 채권자는 화폐가치의 하락을 보상할 수 있는 인플레이션 프리미엄을 얹어 받으려 하고 채무자는 이 요구에 따르게 된다. 합리적인 채권자가 관심을 가지는 것은 명목이자율이 아니라 실질이자율이다. 채무자의 진정한 부담을 나타내는 지표도 명목이자율이 아니라 실질이자율이다. 제19장에서 명목이자율과 실질이자율 사이에는 다음과 같은 관계가 성립함을 배웠다.

[26-2] 명목이자율 = 실질이자율 + 인플레이션율

따라서 인플레이션이 예상되면 그 몫만큼을 명목이자율에 반영함으로써 실질이자율을 일정하게 유지할 수 있는 것이다. 식 (26-2)의 관계를 경제 전체적으로 확대시

따라서 실질인플레이션 조세는 $\frac{T}{P} = \pi \frac{M}{P}$이다.

피셔가설

인플레이션이 예상되면 그만큼 명목이자율이 올라가기 때문에 실질이자율은 불변이라는 주장

킨 것이 피셔가설(Fisher hypothesis)이다. 피셔가설이란 인플레이션이 예상되면 그만큼 명목이자율이 올라가기 때문에 실질이자율은 불변이라는 주장이다.

예상된 인플레이션이 진행되면 차림표를 바꾸는 데 따르는 차림표비용이 들고 화폐를 가급적 적게 보유하면서 은행을 자주 드나드는 데 따라 구두바닥이 닳아지는 구두창비용(shoe-leather cost)이 든다. 그러나 이 비용들은 사소하다.

장기에는 사람들이 인플레이션을 정확하게 예상하므로 장기에 실현된 인플레이션과 예상된 인플레이션은 같게 된다. 선진자본주의국가들의 역사적 경험에 의하면 실질이자율은 장기적으로 상승 추세나 하강 추세를 보이지 않고 안정적(약 3~4%)이다. 따라서 식 (26-2)에 의해 장기에 인플레이션과 (명목)이자율이 양의 관계를 가질 것이라는 것을 알 수 있다. 단기에 이자율은 경기변동과정에서 인플레이션과 같은 방향으로 움직인다.

예상된 인플레이션은 생산과 고용에 별다른 영향을 미치지 못한다. 루카스 총공급함수에서 물가가 예상물가만큼 오르면, 즉 인플레이션이 일어나더라도 이 인플레이션이 예상된 인플레이션과 같으면 총생산이 변하지 않는다. 개별생산자의 입장에서 볼 때 인플레이션이 예상되면 생산하는 제품의 가격이 상승하므로 개별공급이 증가하고 따라서 총공급이 증가할 것이라고 생각하기 쉽다. 그러나 인플레이션이 예상될 때 기업이 파는 제품의 가격만 오르는 것이 아니라 기업이 사는 각종 생산요소의 가격도 오르게 마련이다. 총수입의 증가에 비례하여 총비용도 증가한다면 이윤을 극대로 하는 공급량은 불변이다.

현실사회제도와 예상된 인플레이션

지금까지 예상된 인플레이션의 비용은 사소하고 소득재분배와 생산에 미치는 예상된 인플레이션의 효과는 별로 없다는 것을 설명하였다. 그러나 이 명제가 성립하기 위해서는 한 가지 전제가 필요하다. 그 전제는 인플레이션에 따라 사회의 제도, 법률 및 규정 등이 충분히 조정되어야 한다는 것이다. 그렇지 못할 경우에는 예상된 인플레이션이 생산과 소득재분배에 부정적인 영향을 미친다. 그 예를 두 가지만 들어 보자.

금융기관의 명목이자율이 예상인플레이션을 반영한다면 금융저축에는 영향이 없게 된다. 그런데 일반적으로 정부가 이자율을 통제하는 경우에는 명목이자율이 물가상승률을 충분히 반영하지 못하여 실질이자율이 하락하는 경향이 있다. 이에 따라 금융저축이 감소한다.[4] 투자재원으로서의 금융저축의 감소는 투자를 감소시켜 장기적으로 경제성장에 역효과를 미친다.

---

4 저축은 고전학파가 강조하는 것처럼 이자율의 증가함수이다. 이 때 이자율은 엄밀하게 말하면 실질이자율이다. 제8장의 연습문제 4에서 다룬 바와 같이 합리적인 가계가 소비−저축을 결정할 때 관심을 가지는 이자율은 명목이자율이 아니라 실질이자율이기 때문이다.

인플레이션에 따라 사람들의 명목소득이 비례적으로 오른다면 납세 전 실질소득은 종전과 변함이 없다. 그러나 세율이 고정되어 있는 경우 명목소득에 부과하는

(1) 예상인플레이션율	(2) 명목이자율	(3) 납세 전 실질이자율	(4) 세 율	(5) 납세 후 명목이자율	(6) 납세 후 실질이자율
0	4	4	30	2.8	2.8
10	14	4	30	9.8	-0.2

* (3) = (2) − (1), (5) = (2) − [(4) × (2)], (6) = (5) − (1)

세율의 고정에 따른 예상인플레이션의 효과
(단위: %)

읽을거리 26-3 ▶ 적정인플레이션율이란?

미시경제학에서 가계의 소비활동, 기업의 생산활동을 설명할 때 효용극대화와 이윤극대화의 원리를 활용하여 '최적'활동을 논할 수 있었다. 정부가 펴는 정책에는 최적활동을 논하기가 어렵다. 누구나 공감할 수 있는 사회후생함수를 설정하여 사회후생을 극대화하는 인플레이션율과 실업률을 구할 수 있다면 최적인플레이션율과 최적실업률을 말할 수 있을 것이다. 그러나 이런 작업은 불가능한 수준이다. 다음 절에서 설명하는 실업률에는 사회마다 '자연적으로' 회귀해 가는 균형실업률 혹은 자연실업률이 있다. 그러나 인플레이션에는 자연적으로 회귀해 가는 균형인플레이션율 혹은 자연인플레이션율이라는 것이 없다. 다른 조건이 불변이라면 장기에 통화공급의 증가율이 높으면 높을수록 인플레이션율이 높아지는 패턴을 관찰할 수 있을 따름이다. 프리드먼이 인플레이션은 언제나 어디서나 화폐적인 현상이라고 말한 것은 이 때문이다.

그러면 어떤 인플레이션율이 적정인플레이션율일까? 물가가 하락하는 현상을 디플레이션(deflation)이라 한다. 마이너스의 인플레이션이 디플레이션인 것이다. 경제학에서는 디플레이션을 고율의 인플레이션 못지 않게 무서워한다. 물가가 싸지면 소비자 입장에서는 당장에 물건을 싸게 살 수 있어서 좋은 것 같지만 국민경제 전체로는 매우 좋지 않다. 기다리면 더 싸질 거라는 기대 때문에 사람들이 소비를 연기한다. 이 때문에 국민경제가

물가 하락 예상, 소비 감소 → 재고 증가, 생산 감소 → 소득 감소 → 물가 하락 (예상), 소비 감소 → …

의 악순환에 빠지는 것이다. 자본주의경제 역사상 최악의 대공황이라고 일컬어지는 1930년대의 대공황도 이런 디플레이션의 악순환 기간을 10년이나 겪었다. 따라서 디플레이션이나 고율의 인플레이션은 적정인플레이션이 아니다.

오늘날 주요국의 중앙은행은 2%의 인플레이션율을 적정인플레이션율로 보고 있다. 인플레이션율이 높으면 자원배분이 왜곡되고 인플레이션 조세가 커져 국민들의 삶의 질이 나빠진다. 가급적 물가상승률이 낮을수록 좋지만 너무 낮으면 자칫 디플레이션의 늪에 빠질 수 있다. 이런 현실적인 이유로 이론적 엄밀성은 없지만 2%를 목표인플레이션율로 삼고 있다. 주요국의 중앙은행이 2%를 목표인플레이션율로 삼고 있다는 것은 2%를 적정인플레이션율로 보고 있다는 뜻이다. 주먹구구식으로 말하면 낮은 한 자리수(연 2~3%)의 인플레이션율이 적정인플레이션율이라 할 수 있다. 제19장에서 경제정책당국의 주요 관심사는 물가가 안정된 가운데 총생산이 지속적으로 증가하는 것이라고 했는데 이 때의 물가안정도 연 2~3%의 인플레이션을 뜻한다.

베네수엘라의 초인플레이션
베네수엘라 카라카스(Caracas)의 치킨 매장에서 100명이 넘는 사람들이 가격통제된 치킨을 사기 위해 차례를 기다리고 있다. 시간당 주차요금이 2시간 만에 올라가기도 했다.
출처: The New York Times(2017.12.7.)

세금은 인플레이션으로 종전보다 많아져 납세 후 실질소득이 감소할 수 있다.

예를 들어 표 26-1에서 보는 바와 같이 명목이자율이 4%이고 이자소득세율이 30%라 하자. 인플레이션이 없는 경우 4%의 명목이자율에 세율 30%를 곱한 1.2%가 소득세로 과세되기 때문에 이자소득자의 납세 후 명목이자율은 2.8%(= 4%-1.2%)가 된다. 인플레이션이 없기 때문에 이자소득자의 납세 후 실질이자율도 2.8%이다. 이제 예상인플레이션율이 10%이고 그것이 명목이자율에 완전히 반영되어 명목이자율이 14%로 되었다고 해 보자. 이자소득세율은 인플레이션이 일어나기 전과 같이 30%이다. 14%의 명목이자율에 세율 30%를 곱한 4.2%가 소득세로 과세되기 때문에 금융자산 소득자의 납세 후 명목이자율은 9.8%(= 14%-4.2%)가 된다. 그런데 인플레이션율이 10%이므로 납세 후 실질이자율은 -0.2%가 되어 음의 실질이자율이 된다. 명목이자율이 인플레이션을 완전히 반영한다 하더라도 세율이 조정되지 않으면 인플레이션이 실질이자율의 하락을 낳는 것이다.

초인플레이션

고율의 예상된 인플레이션이 지속되면 국민경제의 효율성이 낮아진다. 예상된 인플레이션하에서 인플레이션 조세를 회피하고 나아가 이득을 보기 위하여 사람들은 부동산·귀금속·골동품·외환 등을 사들인다. 이러한 투기적인 활동은 공장과 기계시설을 사들이는 투자활동에 비하여 비생산적임은 말할 것도 없다. 고율의 예상된 인플레이션은 자원을 생산적인 투자로부터 비생산적인 투기로 흐르게 함으로써, 경제의 생산능력을 감축시키고 자원배분을 비효율적으로 만든다. 이러한 비효율성은 초인플레이션(hyperinflation)하에서 두드러지게 나타난다.

초인플레이션이란 연율(annual rate) 몇 백% 이상으로 진행되는 아주 높은 인플레이션을 말한다. 초인플레이션은 대개 높은 통화증가에 사람들의 인플레이션 기대심리가 가세하여 일어난다.

초인플레이션이 일어날 것으로 예상되면 근로자들은 임금을 화폐로 받으려 하지 않고 현물로 받으려 한다. 사람들은 돈이 들어오는 대로 즉시 물건을 사려고 하기 때문에 통화의 소득유통속도가 천문학적으로 높아진다. 기업과 기업간에, 채권자와 채무자간에 장기계약이 체결되지 않고 그때그때 물물교환의 형태로 거래가 이루어진다. 한마디로 화폐를 교환의 매개수단으로 이용하는 교환경제가 파괴된다. 근로자들은 끊임없이 임금인상을 요구하고 기업은 생산활동보다 투기활동에 매달린다.

초인플레이션
연율 몇 백% 이상으로 진행되는 아주 높은 인플레이션

1 실업의 정의와 측정

실업이란 일할 의사와 능력을 가진 사람이 일자리를 갖지 못한 상태를 말한다.

한 나라의 인구 중 일할 의사와 능력을 가진 사람들을 통틀어 경제활동인구라 한다. 경제활동인구는 나라마다 분류기준이 다른데, 우리나라는 만 15세 이상의 인구 중에서 일할 의사가 없는 학생, 주부와 일할 능력이 없는 환자 등을 뺀 민간인을 말한다. 만 15세 이상의 인구를 생산가능인구 혹은 노동가능인구라고 부른다. 생산가능인구 중에서 경제활동인구가 차지하는 비율을 경제활동참가율이라 한다.

경제활동인구는 취업자와 실업자로 나누어진다. 취업자란 수입을 목적으로 조사대상 주간에 1시간 이상 일한 사람이나, 자기에게 직접 수입이 들어오지 않더라도 가구주의 사업을 도와 주당 18시간 이상 일하는 무급가족종사자로 정의된다. 주부나 학생은 원래 경제활동인구에 포함되지 않는 비경제활동인구이다. 그러나 가사도우미와 같이 가사를 돌보면서 부수입을 올리는 일을 하거나 학생이면서도 편의점 등에서 파트타임으로 아르바이트를 한다면 경제활동인구에 잡혀 취업자로 분류된다. 경제활동인구에서 취업자 수를 빼면 실업자 수가 된다. 실업자는 조사대상주간에 수입이 있는 일을 한 시간도 하지 않았고 지난 4주간 적극적으로 구직활동을 하였던 사람으로서 일자리가 생기면 즉시 취업이 가능한 경제활동인구를 말한다. 실업률은 실업자가 경제활동인구에서 차지하는 비율이다.

이상의 취업·실업의 구분은 국제노동기구(International Labor Organization : ILO)가 권하는 기준을 따르고 있다. 그러나 통계조사 작성상 두 가지 문제점 때문에 현실 실업률을 낮게 측정하는 경향이 있다. 첫 번째 문제점은 임시로 고용되거나 파트 타임으로 일하면서 정식고용을 원하는 사람도 취업자로 잡혀 실업통계에서 빠진다는 점이다. 1주일에 한 시간이라도 수입 있는 일에 종사한 임시근로자는 나머지 시간을 대부분 구직활동에 할애하더라도 실업자가 아니라 취업자인 것이다.

다른 하나는 오랫동안 일자리를 찾아다닌 끝에 지쳐서 당분간(지난 4주간) 구직활동을 하지 않은 실망노동자(discouraged worker) 혹은 구직단념자도 일할 의사가 없는 사람으로 보아 경제활동인구에서 제외되므로 실업통계에서 빠진다는 점이다. 이 두 가지 문제점을 보완하기 위해 실업률 외에 고용보조지표(보조실업률지표)를 작성하고 있다.

경제활동인구
만 15세 이상의 인구(생산가능인구) 중 일할 의사와 능력을 가진 사람들

경제활동참가율
$$\frac{경제활동인구}{생산가능인구} \times 100$$

실업률
$$\frac{실업자}{경제활동인구} \times 100$$

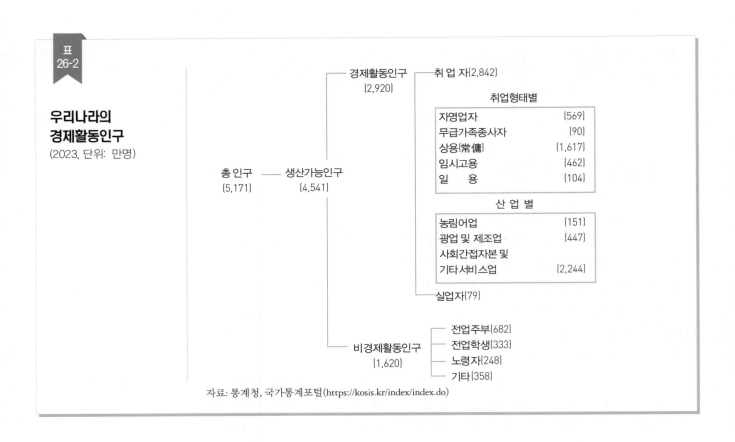

자료: 통계청, 국가통계포털(https://kosis.kr/index/index.do)

표 26-2

우리나라의 경제활동인구
(2023, 단위: 만명)

한편 취업자는 취업형태에 따라 임금근로자와 비임금근로자로 구분한다. 임금근로자는 자신의 노동에 대해 대가를 받는 근로자로서 고용계약기간이 1년 이상이면 상용(常傭, regular employee), 1개월 이상 1년 미만이면 임시고용(temporary employee), 1개월 미만이면 일용(daily employee)으로 분류한다. 비임금근로자는 자영업자와 무급가족종사자를 말한다.

이상의 내용을 정리하면 표 26-2와 같다. 괄호 안은 2023년도 우리나라 연평균 통계이다. 우리나라의 경제활동인구통계는 통계청에서 매월 작성하고 있다. 매월 15일을 포함한 1주일을 조사대상 주간으로 삼고 36,000가구에 대한 표본조사방법에 의존하여 작성한다.[5] 2023년에 우리나라 총인구는 5,171만명, 15세 이상 인구는 4,541만명으로 추계되고 있다. 그 중에 경제활동인구는 2,920만명이어서 경제활동참가율이 64.3%이다. 경제활동인구 중 취업자는 2,842만명이고 실업자는 79만명으로 실업률이 2.7%이다. 이 전체실업률은 높지 않지만 15~29살 청년 실업률은 5.9%에 달하고 있다.

취업자가 생산가능인구에서 차지하는 비율을 고용률이라 한다. 고용률은 실업

고용률

$$\frac{취업자}{생산가능인구} \times 100$$

---

5 조사대상 기간을 기준으로 우리나라에 상주하는 만 15세 이상인 사람을 조사대상으로 하되 군인 및 사회복무요원, 교도소·소년원·치료감호소 수감자는 제외한다.

률과 달리 생산가능인구를 기준으로 계산되기 때문에 실업자와 비경제활동인구 간의 이동에 따른 경제활동인구 변동의 영향을 받지 않는 장점이 있다. 2023년 우리나라 고용률은 62.9%이다.

취업자를 고용형태로 분류하면 자영업자 569만명, 가족종사자 90만명, 상용 1,617만명, 임시고용 462만명, 일용 104만명이다. 임시고용과 일용이 전체 임금근로자의 1/4을 차지하고 있어 고용상태가 불안정한 것을 알 수 있다.

읽을거리 26-4 ▶ 현실세계의 취업난을 보여주는 보조실업률지표

기존의 실업률통계에 따르는 문제점을 극복하고 노동시장 현실을 더 잘 반영하는 통계를 작성하기 위해 통계청은 2015년부터 매월 기존 실업률 통계와 함께 고용보조지표 1, 2, 3이라는 이름의 실업률 관련 통계를 추가로 작성하고 있다. 고용보조지표는 원어 그대로 노동저활용지표(labor underutilization indicator) 또는 기존 실업률을 보완하고 체감실업을 반영한다는 뜻에서 보조실업률, 체감실업률이라는 용어를 사용하는 것이 타당하다. 세 지표는 다음과 같다.

$$보조실업률\ 1 = \frac{실업자 + 시간\ 관련\ 추가\ 취업가능자}{경제활동인구} \times 100$$

$$보조실업률\ 2 = \frac{실업자 + 잠재경제활동인구}{경제활동인구 + 잠재경제활동인구} \times 100$$

$$보조실업률\ 3 = \frac{실업자 + 시간\ 관련\ 추가\ 취업가능자 + 잠재경제활동인구}{경제활동인구 + 잠재경제활동인구} \times 100$$

단,
- 시간 관련 추가 취업가능자 : 취업자 중 실제근로시간이 주 35시간 미만이면서 추가 취업을 희망하고 추가 취업이 가능한 자
- 잠재경제활동인구 : 잠재취업가능자와 잠재구직자의 합
- 잠재취업가능자 : 비경제활동인구 중에서 지난 4주간 구직활동을 하였으나 조사대상 주간(매월 15일이 포함된 주)에 취업이 가능하지 않은 자
- 잠재구직자 : 비경제활동인구 중에서 지난 4주간 구직활동을 하지 않았지만 조사대상주간에 취업을 희망하고 취업이 가능한 자

보조실업률 1과 실업률의 차이는 불완전취업자가 경제활동인구 중에 차지하는 비율을 나타낸다. 실제로는 경제활동인구인데 비경제활동인구로 분류되어 실업자 통계에서 빠진 사람들을 실업자로 분류해 본 것이 보조실업률 2이다. 두 보조실업률을 포괄한 가장 광의의 실업률이 보조실업률 3이다.

2023년에 우리나라 실업자는 모두 79만 명, 실업률은 2.7%이다. 시간 관련 추가 취업가능자는 75만 명으로 이를 고려한 보조실업률 1은 5.2%이다. 잠재취업가능자는 10만명, 구직단념자를 포함한 잠재구직자는 112만 명으로 보조실업률 2는 6.6%, 보조실업률 3은 9.0%이다. 공식 실업률 통계에 따르면 우리나라 실업자가 79만 명이지만 실제로 제대로 된 일자리를 구하는 사람은 그 3.5배에 달하는 275만 명에 달한다는 얘기다. 노동시장의 현실을 보다 더 잘 반영할 경우 우리나라 실업률은 공식적인 실업률보다 훨씬 더 높다.

2 실업의 형태

인공지능시대
사람의 역할을 인공지능이 대신하면 나의 일자리는 어디에서 찾을까.
출처: The New York Times(2017.12.15.)

마찰적 실업
직업을 바꾸는 과정에서 일시적으로 생기는 실업

경기적 실업
경기의 수축국면에 발생하는 실업

구조적 실업
기술혁신으로 종래의 기술이 경쟁력을 상실하거나 어떤 산업이 사양화됨에 따라 발생하는 실업

케인스는 실업을 자발적 실업과 비자발적 실업으로 구분하였다.

자발적 실업이란 일할 능력을 가지고 있으면서도 현재의 임금수준에서 일할 의사를 가지고 있지 않은 상태이다. 자발적 실업의 예로는 마찰적 실업(frictional unemployment)이 있다. 마찰적 실업이란 직업을 바꾸는 과정에서 일시적으로 생기는 실업을 말한다. 마찰적 실업은 대부분 지금까지 얻을 수 있었을 일자리보다 더 나은 일자리를 찾는 과정에서 생긴다는 뜻에서 탐색적 실업(search unemployment)이라고도 한다.

마찰적 실업은 대부분 인위적으로 줄일 수가 없다. 역동적인 사회에서 마찰적 실업은 항상 존재하게 마련이다. 이러한 실업의 규모는 경제활동인구의 연령별·성별·직업별·인종별 분포와 경제의 변화속도 등에 의존한다. 개인적인 차원에서는 직업의 변경 및 탐색에 따르는 비용과 편익에 의해 영향을 받는다. 자발적 실업자들은 새로운 직업탐색에 따르는 한계비용과 한계편익이 같도록 탐색을 함으로써 효용을 극대화할 수 있다. 고전학파모형에서 말하는 완전고용은 실업이 전무한 것이 아니고 마찰적 실업과 같은 자발적 실업의 존재를 인정하는 개념이었다. 자발적 실업은 사회적으로나 경제정책적으로 별로 문제가 되지 않는 실업이다. 정부가 구태여 어떤 대책을 세워야 한다면 고용기회에 관한 정보의 흐름을 원활하게 하고 탐색과정을 촉진시키는 정책을 세움으로써 자발적 실업을 최소한의 규모로 줄이는 것 정도이다.

비자발적 실업이란 일할 능력과 현재의 임금수준에서 일할 의사를 가지고 있음에도 불구하고 일자리를 얻지 못하고 있는 상태이다. 사회적·경제적으로 문제가 되는 것이 바로 이 비자발적 실업이다. 비자발적 실업의 대표적인 예로는 경기적 실업(cyclical unemployment)과 구조적 실업(structural unemployment)이 있다. 경기적 실업은 경기침체에 수반하여 발생하는 실업이다. 구조적 실업은 기술혁신으로 종래의 기술이 경쟁력을 상실하거나 어떤 산업이 사양화됨에 따라 그 산업부문에서 일자리를 잃는 것을 말한다. 예를 들면 석탄산업이 사양산업으로 전락함에 따라 광부들이 일자리를 잃게 되는 경우이다. 다가오는 인공지능시대에 로봇과 인공지능에 의해 일자리를 잃는 경우도 구조적 실업이 된다. 구조적 실업은 경기적 실업보다 오래 지속되는 속성을 가지고 있다. 경기적 실업은 경기가 회복되면 해소되지만, 구조적 실업은 산업구조의 재편과 새로운 인력훈련이 있어야 해결될 수 있기 때문이다.

3 학파별 실업의 이론과 대책

케인스학파의 이론

케인스학파는 고전학파의 노동시장 분석에 임금의 하방경직성을 도입하여 실업을 설명한다. 그림 26-3은 고전학파의 노동시장이다. 노동시장이 최초에 E점에서 균형상태에 있었다고 하자. 경기가 침체하여 물가가 P_0에서 P_1으로 하락하면 종전의 명목임금 w_0에서 실질임금은 w_0/P_1로 상승한다. 이에 따라 $N_1 N_2$만큼 노동의 초과공급량이 생긴다. 이 때 고전학파의 세계에서는 노동자들간의 상호경쟁으로 명목임금이 하락하여 E점으로 곧 돌아온다. 그러나 케인스학파에 의하면 근로자들은 물가가 하락한다고 해서 명목임금이 감소하는 것을 용인하지 않는다. 이처럼 w_0에서 명목임금의 하방경직성이 있다면 $N_1 N_2$만큼의 비자발적 실업이 생긴다.

비자발적 실업을 해소하기 위해서는 두 가지 방향으로 대책을 세워야 한다. 첫째는 케인스가 처방한 바와 같이 확대 재정·통화정책을 써서 총수요를 증가시키는 것이다. 총수요가 증가하면 물가가 상승하여 명목임금이 w_0에 고정되어 있어도 실질임금이 하락한다. 실질임금이 하락하면 노동수요량이 증가하여 고용이 증가하고 실업이 감소한다. 둘째로 노동시장의 유연성을 제고시킨다. 기업의 경영권을 보장하고 해외인력 수입을 자유화하는 것이 그 예이다.

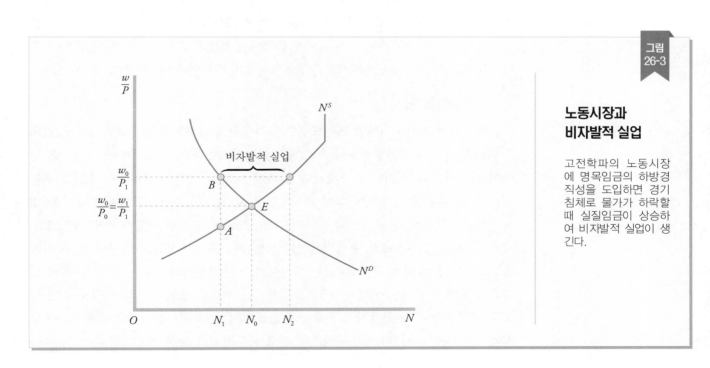

그림
26-3

**노동시장과
비자발적 실업**

고전학파의 노동시장에 명목임금의 하방경직성을 도입하면 경기침체로 물가가 하락할 때 실질임금이 상승하여 비자발적 실업이 생긴다.

통화주의자와 새 고전학파의 실업이론

통화주의자와 새 고전학파의 고전학파계통은 자발적 실업과 비자발적 실업의 구분이 자의적이라고 보아 다른 방법으로 새롭게 구분한다. 그리고 보통의 경기변동 과정에서 생기는 실업을 감소시키기 위해 정부가 안정화정책을 쓰는 것에 반대한다.

앞에서 탐색적 실업은 자발적 실업으로, 구조적 실업은 비자발적 실업으로 분류하였다. 현재의 임금수준에서 일자리를 잡을 수 있는데도 실업상태에 있다면 이는 탐색적 실업으로 자발적 실업이다. 그러나 보다 높은 보수를 받는 직장에 취직하고자 하는 의사와 일할 능력이 있음에도 불구하고 취업이 되지 않고 있다는 점에서 「비자발적」이다. 용접기술을 가진 숙련공이 로봇의 등장으로 일자리를 잃고 집에서 놀고 있다면 그것은 구조적 실업이다. 그러나 그 노동자가 특별한 기술이 필요하지 않은 노동, 예컨대 공사판 막일이나 포장마차·행상 등을 할 수 있음에도 하지 않는다는 점에서 「자발적」이다.

고전학파계통에 의하면 모든 실업은 정도의 차이는 있어도 기본적으로 자발적이다. 일할 의사와 능력이 있음에도 불구하고 어떤 사람이 실업상태에 있다면, 그것은 자기 적성에 맞지 않거나 격과 보수가 낮다고 생각하는 일자리를 택하지 않은 채 보다 나은 일자리를 탐색하기 때문이다. 구조적 실업도 경제활동인구로 남아 있는 한 탐색적 실업이다. 따라서 고전학파계통은 탐색적 실업이 실업의 대부분이라고 보고, 탐색적 실업에 관한 이론을 전개하였다.

고전학파계통이 실업감소를 위해 정부가 안정화정책을 쓰는 것을 반대하는 이유는 무엇일까? 그것은 한편으로 확대정책이 단기에 실업을 감소시킬지 모르지만 인플레이션을 일으키기 때문이고, 다른 한편으로 자연실업률이론을 신봉하기 때문이다. 실업은 개인적인 차원에서 볼 때 어느 정도 자발적으로 선택한 요소가 있다. 그러나 인플레이션은 개인의 선택과는 관계 없이 인플레이션 조세를 부과하면서 소득분배와 자원배분을 왜곡시킨다. 고전학파계통은 실업보다 인플레이션을 더 큰 해악으로 본다.

자연실업률가설

대표적인 통화주의자인 프리드먼은 고전학파가 말하는 완전고용의 개념을 현대적으로 발전시켜 자연실업률이라는 개념을 정립하였다. 현실경제에는 이질적인 노동이 무수히 많은 시장에서 거래된다. 단기에 이 모든 시장이 균형이라고 말할 수는 없다. 이와 같은 현실을 감안하여 프리드만은 모든 노동시장에 걸쳐 구인자 수(기업들이 찾는 노동자 수)와 구직자 수(일자리를 찾는 노동자 수)가 맞아 떨어지면 「완전고용」이라고 보고 이 수준에서 형성되는 실업률을 자연실업률이라고 불렀다. 빈 자리가 있어도 적당한 사람을 구할 수 없는 기업이 있는가 하면 일을 하고 싶어도 적절한 일자리를 구하지 못하는 실업자가 있다. 경제 전체적으로 구인자 수와 구직자 수가 균형을 이루면 일부 산업에서 노동수급에 불균형이 있더라도 장기적으로 볼 때 큰 문제가 되지 않는다. 따라서 평균적으로 전체 노동시장이 균형이라고 볼 수 있다는 것이다. 이는 케인스학파가 균형이론의 비현실성을 공격하는 것에 대응하여 일견 불균형인 현상도 균형으로 수용할 수 있도록 「균형」의 개념을 확대시킨 것이다.

구인자 수 혹은 「빈 자리 수」는 정부통계로 정확하게 측정되지 않는다. 따라서 통화주의자는 다음과 같은 정의를 대신 사용한다.

자연실업률은 현재 진행되는 인플레이션을 가속시키지도 않고 감속시키지도 않게 해 주는 실업률수준이다.

현재의 실업률이 자연실업률보다 낮다고 하자. 원래의 정의에 의하여 이는 구인자 수가 구직자 수보다 많다는 것을 뜻한다. 따라서 현재 진행되는 임금상승률을 더 높이는 힘이 작용하고, 이는 현행 인플레이션율을 평균적으로 더 높게 만들 것이다. 반대로 실업률이 자연실업률보다 높다면 구인자 수보다 구직자 수가 많다는 것을 뜻한다. 따라서 현행 임금상승률을 둔화시키는 힘이 작용할 것이며, 이는 현행 인플레이션율을 떨어뜨리는 방향으로 작용할 것이다. 자연실업률수준에서만 현행 인플레이션율이 높아지지도 않고 낮아지지도 않으며 지속될 수 있다.

그런데 현행 인플레이션율은 장기적으로는 임의의 수준에 있을 수 있다. 따라서 자연실업률은 장기에 어떤 특정 수준의 인플레이션율과 대응하는 것이 아니라 어느 인플레이션율과도 대응할 수 있다. 이를 달리 말하면 안정화정책으로 인플레이션율이 바뀌어도 자연실업률은 변하지 않는다. 정부가 안정화정책을 쓰든 쓰지 않든 간에 자연실업률 수준은 변하지 않는다는 것을 자연실업률가설이라 부른다. 고전학파계통은 자연실업률가설을 믿기 때문에 실업을 감소시키기 위한 안정화정책이 부질 없다고 본다.

고전학파계통은 케인스학파가 설명하는 비자발적 실업을 설득력이 없다고 일축한다. 그림 26-3에서 실질임금이 w_0/P_1에 고정되어 있을 이유가 없다는 것이다. 그림에서 노동의 공급가격은 AN_1이고 노동의 수요가격은 BN_1이다. 균형실질임금 w_1/P_1은 노동자의 노동공급가격보다 높고 기업의 노동수요가격보다 낮다. 따라서 균형실질임금으로 N_1N_0가 추가로 고용되는 것은 노동자에게도 좋고 기업에게도 수지맞는 일이다. 이 파레토개선의 교환기회가 존재하는데도 불구하고 임금이 경직적이라는 자의적인 가정으로 상호 유리한 교환기회를 봉쇄하는 것은 비합리적이다.

탐색적 실업의 이론

고전학파계통의 경제학자들은 탐색적 실업의 이론을 활발하게 연구해 왔다. 사람들은 지금 당장 혹은 가까운 장래에 자기가 갈 수 있는 일자리에 관한 정보를 모두 가지고 있지 못하다. 일자리에 관하여 완전한 정보를 가지고 있지 못하기 때문에 일자리를 탐색해야 한다. 기업은 기업대로 일손을 찾고 있다. 직장탐색의 이론은 실업자와 기업이 합리적인 방법으로 탐색을 한다고 가정한다.

자연실업률
현재 진행되는 인플레이션을 가속시키지도 않고 감속시키지도 않게 해 주는 실업률수준

자연실업률가설
정부가 안정화정책을 쓰든 쓰지 않든 간에 자연실업률 수준은 변하지 않는다는 것

그림 26-4

구직자의 합리적 탐색

구직자는 탐색의 한계 편익과 한계비용이 같 아지는 시간까지 직장 을 탐색한다.

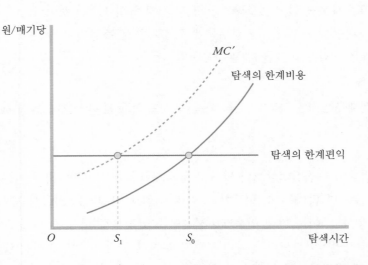

직장탐색에는 시간과 돈, 그리고 일자리를 일찍 받아들이지 않음으로써 포기하 는 소득 등의 비용이 들어간다. 한편 직장탐색을 할수록 보다 대우가 좋은 일자리가 생길 수도 있다. 앞으로 나타날 직장에서 더 받게 되리라고 예상되는 임금과 실업수 당의 합이 직장탐색의 한계편익이다. 합리적인 사람은 직장탐색으로 얻으리라고 기 대되는 편익이 직장탐색에 들어가리라고 기대되는 비용보다 크면 탐색활동을 계속 할 것이다. 따라서 미시경제학원론에서 배운 $MR = MC$의 이윤극대화원리를 여기에 응용할 수 있다.

그림 26-4에서 탐색시간이 길어질수록 탐색의 한계비용은 증가하고 한계편익 은 일정한 것으로 그렸다. 탐색시간이 길어지면 직장을 더 찾아보는 비용이 커지게 마련이기 때문에 탐색의 한계비용이 증가한다. 한계편익이 일정한 것으로 가정한 것 은 직장탐색을 한번 더 하여 잡게 될 직장에서 받는 초과임금이 종전보다 꼭 커지거 나 작아진다고 단정할 수 없기 때문이다.[6]

그림에서 탐색의 한계비용과 한계편익이 교차하는 S_0가 최적탐색시간이다. 탐색 의 이론에 의하면 개인적인 차원에서 최적탐색시간이 감소(증가)할수록 경제 전체적 으로 실업이 감소(증가)한다. 그림에서 탐색의 한계비용곡선이 MC'처럼 위로 이동하 거나 한계편익곡선이 아래로 이동하면 실업이 감소하는 것이다. 이러한 요인으로는 여러 가지가 있다. 그 중 몇 가지만 들면 예상치 못한 인플레이션의 발생, 실업수당의 감소, 직업정보의 증대 등이 탐색적 실업을 감소시킨다.

---

6 탐색의 한계편익곡선이 우하향해도 아래의 논의가 통용된다. 탐색의 한계편익곡선이 우상향하더라도 한계비 용곡선보다 완만하면 된다.

예상치 못한 인플레이션이 일어나면 일반국민이 예상하는 것보다 경기가 좋아 구직자가 예상했던 이상의 보수나 양호한 근로조건을 제의받기 쉽다. 따라서 이러한 좋은 일자리의 제의를 거절하고 다음 기회를 기다리는 데 대한 탐색의 한계비용이 증가한다. 이는 탐색의 한계비용곡선을 위로 이동시켜 탐색시간과 탐색적 실업을 줄인다. 실업수당을 줄이면 탐색의 한계편익곡선이 아래로 이동하여 탐색시간과 탐색적 실업을 줄인다.

이상이 원론적인 차원에서 소개할 수 있는 직장탐색이론의 주요 내용이다. 독자들은 이 이론이 케인스학파가 실업대책으로서 강조하는 재량정책과는 아무런 관계도 없음을 알 수 있을 것이다. 케인스학파에 의하면 실업은 자원의 낭비요, 사회적으로 무조건 나쁜 것이다. 따라서 정부가 실업을 치유하는 경제의사(economic doctor) 노릇을 해야 한다.

탐색의 이론은 실업을 경제주체들의 합리적인 선택이라는 관점에서 접근함으로써 「최적」실업을 논한다. 경제의사가 펴는 확대 재정·통화정책은 예상된 인플레이션을 낳기 쉬운데 예상된 인플레이션은 실업 감소와 아무런 관계가 없다. 노동시장 정보의 흐름을 원활하게 하고 실업수당을 내리라는 것이 위 분석에서 얻는 정책적인 시사점일 뿐이다. 탐색의 이론은 「재량보다는 준칙」을 내세우고 「작은 정부」를 표방하는 통화주의자나 새고전학파의 입장을 보다 정밀하게 뒷받침해 준다.

새 케인스학파의 실업이론

새 케인스학파는 그림 26-3에서 실질임금이 w_0/P_1에 고정되어 있어야 할 이유가 없다는 고전학파계통의 비판을 진지하게 받아들였다. 그리하여 실질임금이 경직적인 여러 가지 이유를 모색하였다. 새 케인스학파가 개발한 이론 중 대표적인 실질임금 경직성의 이론으로 효율임금이론과 내부자-외부자이론이 있다. 효율임금이론(efficiency wage theory)은 유수기업들이 근로자의 생산성과 회사에 대한 충성심을 고취하고 유능한 근로자들을 유치하기 위해 시장평균임금보다 높은 임금을 지불한다고 보는 이론이다. 우리나라에서도 젊은이들이 들어가고 싶어 하는 대기업의 좋은 직장은 동종업계의 다른 기업들보다 높은 봉급을 주는데 이는 효율임금이론으로 잘 설명된다.

내부자-외부자이론은 노동시장이 노조에 의해 주도되어 높은 수준의 임금이 유지될 수 있다고 본다. 노조가입자(내부자)는 임금협상과정에서 노조비가입자(외부자)를 고려하지 않고 자신들의 이익을 위해 높은 임금수준을 고집한다. 기업은 노동이동에 따르는 조정비용 때문에 내부자를 외부자로 쉽게 대체하지 못하고 노조의 요구를 수용한다. 그 결과 외부자까지 고려한 경우보다 임금수준이 높아진다.

새 케인스학파는 탐색적 실업이 현실 실업의 대부분이라는 고전학파계통의 견해에 동의하지 않는다. 1980년대부터 지금까지 유럽연합국가들의 평균실업률은 10%에 육박한다. 이 높은 실업률을 탐색적 실업으로 설명하는 것은 무리이다. 다른

효율임금이론
근로자의 생산성과 회사에 대한 충성심을 고취하고 유능한 근로자들을 유치하기 위해 시장평균임금보다 높은 임금을 지불한다는 이론

내부자-외부자이론
노동시장이 노조에 의해 주도되어 높은 수준의 임금이 유지된다고 보는 이론

합리적인 설명이 필요하다.

　　1970년대에 두 차례에 걸쳐 일어난 석유파동과 뒤이은 유럽경제의 침체는 1980년대의 실업률을 높였다. 후한 실업보험제도도 탐색적 실업을 높임으로써 실업률을 높이는 데에 기여하였다. 석유파동과 뒤이은 유럽경제 침체의 후유증은 1990년대에는 사라졌다. 그러나 1980년대의 높은 실업률이 1990년대와 그 후의 실업률을 높이는 데에 기여하였다. 새 케인스학파는 이런 이력현상을 강조한다.

> 어떤 경제충격이 사라진 후에도 장기적이고 지속적으로 영향을 미치는 현상을 **이력현상**(履歷現象, hysteresis)이라고 한다.

　　새 케인스학파에 의하면 1980년대 유럽연합의 높은 실업률이 자연실업률도 높이고 이력현상에 의해 그 후의 실업률과 자연실업률도 높였다는 것이다. 고전학파계통은 자연실업률이 일정불변이라고 묵시적으로 가정하였는데 이는 잘못된 견해이다. 실업률이 오랫동안 높아지면 자연실업률도 높아진다. 확장적인 정책을 써서 실업률을 낮추면 자연실업률도 뒤따라 낮아진다.

　　새 케인스학파는 유럽연합의 자연실업률에 이력현상이 나타난 이유로 크게 두 가지를 든다. 첫째, 고실업이 오래 지속됨에 따라 실업자들이 실업보험과 부모의 도움을 받으면서 실업상태에 적응하고 있다는 점이다. 둘째, 내부자–외부자이론이 잘 적용될 정도로 강성노조가 득세하여 노동시장의 유연성이 없다는 점이다.

　　2008년 미국의 금융위기로 촉발된 세계적인 경제대침체는 유럽경제의 실업률을 다시 두 자리 수로 높였다. 7년 넘게 10%가 넘는 실업률은 이력현상으로 자연실업률도 다시 높은 것으로 평가된다.[7]

　　현실경제에서 실질임금이 상당히 경직적이고 그 결과 비자발적 실업이 존재하는 현상을 새 케인스학파는 잘 설명해 주고 있다.

---

7 미국과 영국은 유로지역처럼 사회보장제도가 후하지 않고 노동시장이 유연하기 때문에 경제위기 때 실업률이 크게 높아지지만 곧 4~6%의 자연실업률 수준으로 복귀한다.

긱 경제(gig economy)와 '괜찮은 일자리' 창출 정책

　일할 의사와 능력이 있는데 일자리가 없다는 것은 본인과 가족에게 불안감과 스트레스를 주는 안타까운 일이다. 나아가 유용한 인적 자원이 활용되지 못하고 있다는 점에서 경제 전체로도 GDP 갭이라는 손실을 낳는다. 따라서 10%대의 체감실업률을 3~4%로 추정되는 자연실업률까지 낮추는 노력이 중요하다. 문재인 정부도 사람 중심 경제를 표방하면서 일자리 창출을 경제정책의 최우선목표로 삼았다. 그러나 의욕과 노력만으로 일자리 창출과 실업 감소가 이루어지지 않는다. 제5장에서는 최저임금의 대폭 인상이 일자리 창출에 역행하는 정책이라는 것을 보았다. 경제구조의 변화와 노동시장의 현실을 제대로 이해하는 바탕에서 경제논리에 따른 고용정책을 펴 나가야 기대하는 효과를 얻을 수 있다.

　1980년대부터 세계화와 자본집약적 기술변화가 전 세계적으로 두드러지게 일어났다. 세계화의 두드러진 양상은 사회주의권이 붕괴하면서 중국, 베트남과 동구권의 비숙련 노동력이 시장경제권에 대거 편입되었다는 점이다. 개발국들이 이 체제전환국들에 진출하여 싼 임금으로 공산품을 생산하거나 제품 생산의 외주화(outsourcing)를 시행하고, 무엇보다 중국이 싼 임금과 선진기술 모방으로 세계의 공장이 되었다. 그 결과 개발국은 물론 우리나라와 같은 신흥경제권의 비숙련근로자들이 종전과 같은 임금 상승을 누릴 수 없게 되었다. 한편 기술혁신 면에서는 1980년대까지 지속되어 온 임금 상승에 기업들이 노동절약적, 자본집약적 기술변화로 대응해 왔다. 이에 따라 예전과 같은 경제성장을 해도 고용창출효과는 낮아지는 '고용 없는 성장'이 일어났다.

　세계화와 자본집약적 기술변화 때문에 선진국은 고용구조가 긱 경제(gig economy)의 형태로 바뀌고 있다. 긱 경제란 필요에 따라 임시로 계약해 일을 맡기는 고용형태가 일반화되는 경제를 말한다. '좋은 일자리'인 정규직의 비중이 낮아지고 비정규직의 비중이 높아진다는 얘기다. 우리나라도 그런 방향으로 가지 않을 수 없는 시대적 추세이다. 그런데 문재인 정부는 공공부문의 비정규직을 정규직화하고 민간부문의 비정규직도 정규직으로 바꾸어 나가도록 촉구하였다. 비정규직을 오히려 늘리는 시대착오적인 노동정책이었다.

　강력한 노동조합이 있는 우리나라 대기업과 공기업의 GDP 대비 임금은 선진국인 일본보다 높게 올라 있다. 기업들은 국제경쟁력을 유지하기 위해 임금과 처우가 낮은 비정규직을 확대하였다. 그 결과 대기업 정규직과 중소기업 근로자 및 비정규직 사이에 노동생산성과 관계없는 큰 임금 격차가 발생하였다. 이런 비합리적인 임금 격차를 합리적으로 해소하는 리더십을 발휘하는 것이 정부가 할 일이다. 긱 경제와 스마트 워크(smart work) 시대에 비정규직이 나쁘다거나 바람직하지 않다는 고정관념에 사로잡혀 있는 것은 고용 창출을 가로막는 어리석은 일로서 정부가 할 일이 아니다.

제3절 필립스곡선과 스태그플레이션

1 최초의 필립스곡선

앞에서 인플레이션과 실업을 따로따로 살펴보았다. 그런데 실업을 감소시키려면 어느 정도의 인플레이션을 감수할 수밖에 없고, 또한 인플레이션을 진정시키려면 어느 정도의 실업을 피할 수 없다는 의미에서 인플레이션과 실업 사이에는 상충관계(trade-off)가 존재한다고 알려져 왔다. 인플레이션과 실업의 관계를 나타내는 곡선을 필립스곡선(Phillips curve)이라 부른다. 필립스곡선은 원래 임금상승률과 실업률 사이의 관계[8]로 표시되었지만, 현재는 대개 인플레이션율(π)과 실업률(u) 사이의 관계로 표시된다. 최초의 필립스곡선은 식 (26-3)과 그림 26-5와 같이 나타낼 수 있다.

필립스곡선
인플레이션율과 실업률의 관계를 나타내는 곡선

$$[26\text{-}3] \quad \pi = -\alpha(u - u_N), \qquad \alpha > 0$$

윗식은 실제실업률(u)이 자연실업률(u_N) 보다 작으면 인플레이션율은 양이 되고 그 반대이면 음이 된다는 것을 나타내고 있다. $u = u_N$이면 $\pi = 0$가 된다. 그림 26-5(a)에서 만약 $\alpha = 0.5$, $u_N = 6\%$라면 $u = 4\%$에 대응하는 인플레이션율은 $\pi = 1\%$가 된다. 즉, 자연실업률($u_N = 6\%$)보다 실제실업률($u = 4\%$)이 더 낮으면 인플레이션율($\pi = 1\%$)이 양이 된다. α는 인플레이션율이 실제실업률과 자연실업률간의 격차에 얼마나 반응하는가를 나타내는 반응계수이다.

우하향하는 필립스곡선은 우상향하는 총공급곡선과 표리의 관계에 있다. 그림 26-5(a)의 필립스곡선에서 G점은 1%의 인플레이션율과 4%의 실업률을 나타내고 있다. 이 G점에서의 물가수준을 P_0, 국민소득수준을 Y_0라 하자. 경제가 G점에서 H점으로 이동한다는 것은 인플레이션율이 높아지고 실업률이 낮아지는 것을 뜻한다. 실업률이 낮아진다는 것은 고용량이 늘어난다는 것을 뜻하며, 이는 국민소득의 증가로 나타난다. 이것은 경제의 균형점이 그림 26-5(b)에서와 같이 우상향하는 총공급곡선을 따라 G'으로부터 H'으로 이동하는 것으로 표시할 수 있다. 필립스곡선에서의 인플레이션율 상승, 실업률 하락은 총공급곡선에서의 물가 상승, 생산 증가로 나타나는 것이다.

---

8 영국의 경제학자 필립스(A.W. Phillips)는 1861~1957년의 시계열자료를 가지고 영국경제에서 명목임금상승률과 실업률 사이에 음의 관계가 있다는 사실을 실증적으로 보였다. 필립스곡선은 발견자의 이름을 따서 붙여졌다.

그림 26-5

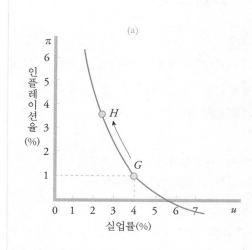

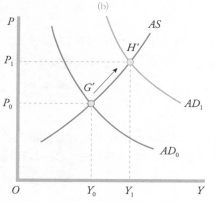

최초의 필립스곡선과 우상향하는 총공급곡선

우하향하는 필립스곡선상의 이동은 우상향하는 총공급곡선상의 이동과 표리의 관계를 가진다.

만약 총공급곡선이 고전학파가 주장하는 바와 같이 완전고용 총생산 수준에서 수직선이라면 총수요곡선이 우측으로 이동하여도 새로운 균형점에서 국민소득은 불변이고 물가만 상승한다. 이는 실업률은 불변이고 인플레이션율만 높아진다는 것을 뜻하므로 필립스곡선은 수직선이 될 것이다. 반대로 필립스곡선이 수직선이라면 마찬가지 논리에 의해 총공급곡선도 수직선이 된다.

총공급곡선은 단기에 우상향한다. 최초의 필립스곡선은 우상향의 총공급곡선을 실증적으로 밝힌 것이라 할 수 있다.

그림 26-5(a)에서 실업률이 높을 때에는 기울기가 완만하지만 실업률이 낮을 때에는 기울기가 가파라진다. 이것은 실업률이 낮을 때에는 실업률이 높은 경우보다 실업을 줄이기 위해 감수해야 할 물가상승률의 증가가 크다는 것을 의미한다.

우하향의 필립스곡선은 영국뿐 아니라 미국의 경우에도 1960년대에 실증적으로 검증되었다. 이러한 우하향의 필립스곡선은 케인스학파에게 재량적인 안정화정책의 당위성을 부여해 주는 것으로 받아들여졌다. 필립스곡선상의 인플레이션율과 실업률의 바람직한 조합을 달성하기 위해 유효수요를 정책적으로 관리하면 된다는 것이다. 최초의 필립스곡선은 적어도 수십년의 실증적인 검증을 통해 도출된 것이므로 그림 26-5로 표시되는 필립스곡선의 위치는 불변(안정적)이라고 생각하였다. 서구 각국의 경제정책당국은 케인스학파가 처방하는 총수요관리정책을 채택하여, 1960년대에는 경제가 안정적인 우하향의 필립스곡선을 따라 운행하였다. 그리하여 일부 케인스학파 경제학자들은 보다 정교한 총수요관리정책으로 경제를 미세조정(fine-tuning)하면 0~2%의 아주 낮은 인플레이션율하에 완전고용을 유지할 수 있을 것이라고 자신있게 전망하기까지 하였다.

2 스태그플레이션과 기대부가 필립스곡선

1970년대에 들어와 상황은 일변하였다. 인플레이션은 진정되지 않거나 오히려 높아지는 가운데 총수요관리정책을 써도 실업률은 줄어들지 않고 높은 수준을 유지하는 기이한 현상이 발생한 것이다. 이를 스태그플레이션이라 한다.

경제가 침체(stagnation)하여 생산활동이 위축되고 실업률이 높음에도 불구하고 높은 인플레이션(inflation)이 일어나는 것을 **스태그플레이션**(stagflation)이라 한다.

높은 인플레이션과 높은 실업률이 공존하는 1970년대의 스태그플레이션 현상은 전통적으로 총수요관리정책에 의존해 온 케인스학파 경제이론을 그 기저에서부터 흔들어 놓았다. 왜냐하면 총수요관리정책을 실시할 경우 확대 재정·통화정책을 쓸 때에만 인플레이션이 발생하고, 이 인플레이션은 수요견인 인플레이션에서 다룬 것처럼 생산 증가·고용 증가·실업률 하락으로 나타나기 때문이다. 즉, 재량적인 총수요관리정책으로 경제를 미세조정하고자 하는 전통적인 케인스학파의 관점에서 볼 때 높은 인플레이션율은 낮은 실업률을 의미한다. 이런 관계를 나타내는 최초의 필립스곡선을 가지고는 높은 인플레이션율과 높은 실업률을 의미하는 스태그플레이션을 설명할 수 없다. 이처럼 거시경제학계를 지배해 온 케인스학파의 전통적인 총수요이론 및 총수요관리정책이 1970년대에 새롭게 일어난 스태그플레이션 현상을 설명하지 못하는 무력성을 영국의 경제학자 로빈슨(J. Robinson) 여사는 「경제학의 제2의 위기」라고까지 표현하였다.

스태그플레이션은 케인스학파가 필립스곡선이 안정적이라고(이동하지 않는다고) 생각해 온 종래의 관념을 수정하게 만들었다. 필립스곡선이 안정적이지 않고 오른쪽으로 이동하는 현상으로 스태그플레이션을 이해하게 된 것이다. 왜 1970년대 이전까지는 오랫동안 안정적이던 필립스곡선이 1970년대부터는 불안정하게 이동하게 되었을까? 1970년대에 필립스곡선을 오른쪽으로 이동시킨 요인으로 케인스학파는 석유 및 원자재 파동으로 인한 공급충격을 강조한다. 반면에 통화주의자와 새 고전학파는 지속적인 총수요관리정책에 따른 예상인플레이션의 상향조정을 강조한다. 전자는 앞에서 설명한 비용인상 인플레이션이며, 후자는 프리드만-펠프스(Friedman-Phelps)의 자연실업률가설이다.

비용인상 인플레이션과 스태그플레이션

임금이나 원자재가격이 상승하면 총공급곡선이 위로 이동하여 물가상승과 생산량 감소가 동시에 일어난다는 것을 비용인상 인플레이션에서 설명하였다. 생산량 감

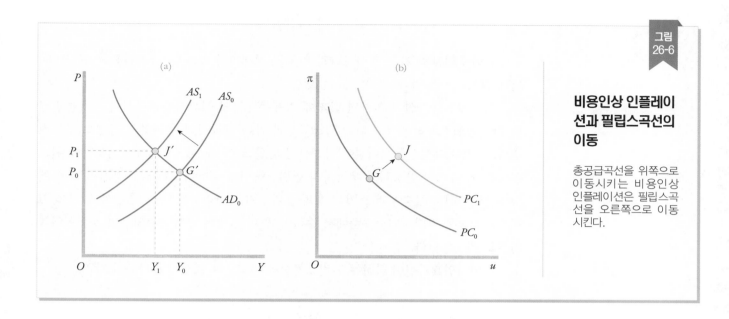

그림
26-6

비용인상 인플레이션과 필립스곡선의 이동

총공급곡선을 위쪽으로 이동시키는 비용인상 인플레이션은 필립스곡선을 오른쪽으로 이동시킨다.

소는 고용량 감소와 실업 증가를 뜻한다. 따라서 비용인상 인플레이션이 스태그플레이션 현상을 설명할 수 있다. 필립스곡선은 총공급곡선과 표리의 관계를 가지므로 총공급곡선이 이동한다는 것은 필립스곡선 자체가 이동한다는 것과 같다. 그림 26-6(a)에서 총공급곡선이 AS_0에서 AS_1으로 이동하여 균형점이 G'에서 J'으로 이동하였다면 그림 26-6(b)에서와 같이 필립스곡선 자체가 PC_0에서 PC_1으로 이동하고 균형점은 G점에서 J점으로 이동한 것과 같다.

일부 케인스학파는 1970년대의 스태그플레이션 현상이 석유가격과 원자재가격의 상승 및 임금 인상과 같은 공급충격에 의해 초래된 것이라고 본다. 따라서 생산성 향상을 통한 원가절감으로 총공급곡선을 오른쪽으로 이동시키는 동시에, 확장적인 재정·통화정책을 사용하면 스태그플레이션 현상을 해결할 수 있다고 보았다. 즉 케인스학파는 종래의 재정·통화정책과 같은 총수요관리정책이 여전히 필요하고 또 유효하다고 주장하였다.

비용인상 인플레이션은 스태그플레이션을 만족스럽게 설명하지 못한다. 제1차 석유파동이 일어난 1973~74년 이전부터 경제는 1960년대까지의 안정적인 필립스곡선에서 벗어나 있었기 때문이다. 또한 제2차 석유파동이 일어난 1978~79년 이후 1980년대에는 석유가격이 하락하고 국제원자재가격이 안정세를 보였음에도 불구하고 최초의 필립스곡선으로 회귀하지 않았기 때문이다. 오늘날 거시경제학계는 재량정책이 주도한 수요견인 인플레이션에 예상요인이 가세하고 비용인상 인플레이션도 부차적으로 첨가된 혼합형 인플레이션으로 스태그플레이션을 설명한다. 이것이 다음에 나오는 자연실업률가설이다.

프리드만–펠프스 모형: 자연실업률가설

통화주의자의 기수 프리드만과 미국의 경제학자 펠프스(Edmund Phelps)는 1960년대 말에 자연실업률가설을 제시하였다.

자연실업률가설에 의하면 단기에 경제주체들의 예상인플레이션이 일정불변일 때 단기필립스곡선은 최초의 필립스곡선과 같이 안정적인 우하향의 곡선으로 그려진다. 그러나 예상인플레이션이 상승하면 필립스곡선도 예상인플레이션율만큼 위로 이동한다. 따라서 안정적인 우하향의 필립스곡선을 이용하고자 하는 재량정책은 예상인플레이션을 상승시켜 소기의 성과를 거두지 못한다. 재량정책에 관계 없이 장기필립스곡선은 자연실업률수준에서 수직이다. 이는 앞에서 통화주의자의 자연실업률가설로 설명하였다.

자연실업률가설이 말하는 필립스곡선을 수식으로 표시하면 다음과 같다.

$$[26\text{-}4] \quad \pi - \pi^e = -\alpha(u - u_N) \qquad \text{또는} \quad \pi = \pi^e - \alpha(u - u_N), \qquad \alpha > 0$$

식 (26-3)으로 표시되는 최초의 필립스곡선과 비교해 보면 윗식에 기대인플레이션율(π^e)이 부가되었다. 따라서 식 (26-4)를 기대부가 필립스곡선(expectation augmented Phillips curve)이라고도 부른다. 실제인플레이션율(π)에서 기대인플레이션율(π^e)을 빼면 예상치 못한 인플레이션율이 된다. 기대부가 필립스곡선에서 $\pi^e = 0$이면 최초의 필립스곡선이 된다.

> 최초의 필립스곡선이 (실제)인플레이션율과 실업률간에 음의 관계가 있다고 보는 데 반하여, 기대부가 필립스곡선은 **예상치 못한 인플레이션율과 실업률간에 음의 관계가 있다**고 본다.

앞에서 우하향의 필립스곡선은 우상향의 총공급곡선을 뜻하며 수직의 필립스곡선은 수직의 총공급곡선을 뜻한다고 설명하였다. 앞 장에서 배운 통화주의자의 이론에 의하면, 예상물가수준이 주어져 있을 때 단기총공급곡선은 우상향하지만 장기에 예상물가수준을 정확히 예상함에 따라 장기총공급곡선은 자연생산량수준에서 수직선이다. 독자들은 자연실업률가설과 이 통화주의자의 이론이 유사하다고 느낄 것이다. 실상 양자는 동전의 양면과 같은 관계에 있다.

기대부가 필립스곡선은 첫째, 스태그플레이션을 설명할 수 있고, 둘째, 단기필립스곡선은 사람들의 인플레이션기대심리가 변하면 이동하게 되며, 셋째, 단기를 제외하고는 재량정책이 실업률을 감소시킬 수 없다는 점을 시사하고 있다.

그림 26-7(a)는 앞 장의 그림 25-12를 옮겨 그린 것이다(그림 (a)에서 종축의 괄호 안은 물가지수를 나타낸다). 그림 (b)는 인플레이션율(π)을 종축, 실업률(u)을 횡축으

기대부가 필립스곡선
예상치 못한 인플레이션율과 실업률간의 음의 관계

그림
26-7

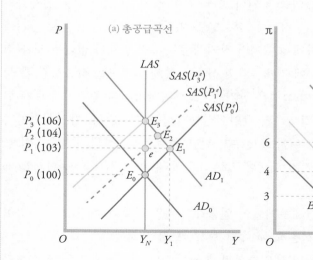

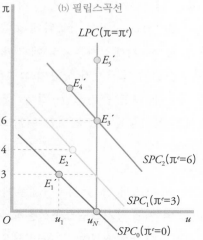

총수요곡선이 AD_0에서 AD_1으로 이동하면 단기균형은 E_1, 장기균형은 E_3이다. 이는 필립스곡선상에서 단기균형 E_1', 장기균형 E_3'으로 표시된다. 단기필립스곡선은 우하향하지만 장기필립스곡선은 자연실업률수준에서 수직선이다.

로 하는 평면에서 그린 필립스곡선이다. 최초에 경제가 인플레이션율은 0%이고 실업은 자연실업률(u_N)수준에 있으며 물가수준은 P_0, 생산량수준은 Y_N이라고 가정하자. 경제주체들의 예상인플레이션율이 0%일 때 단기필립스곡선 SPC_0가 u_N점을 통과하고 있다. 이제 정부가 u_N의 실업률을 너무 높은 수준이라고 판단하여 u_1수준으로 실업률을 낮추기로 목표를 정하고 확대정책을 실시한다고 가정하자. 확대정책은 총수요곡선을 AD_1으로 이동시켜 생산이 증가하고 물가가 상승하며 새로운 단기균형점은 E_1이 된다. 이는 실업이 줄고 인플레이션이 발생하는 것을 뜻하므로 필립스곡선에서는 예컨대 E_1'점으로 이동하는 것과 같다.

총수요확대정책에 의해 실제로 물가는 3% 오르는데 근로자들은 아직도 3%의 물가상승을 알아차리지 못하고 종전의 예상물가상승률($\pi^e = 0\%$)이 그대로 유지될 것으로 생각하고 있다. 물가상승은 실질임금을 하락시켜 기업의 노동에 대한 수요를 증가시킨다. 결국 총수요확대정책은 고용을 증가시켜 그림 (b)에서 자연실업률 u_N으로부터 u_1까지 실업을 감소시킨다.

그러나 E_1과 E_1'의 상태는 일시적이고 불안정한 균형점일 뿐이다. 시간이 경과함에 따라 근로자들은 총수요 증대로 인하여 물가가 3% 상승했다는 사실을 알게 되고 기대물가를 0%에서 3%로 상향조정한다. 기대물가가 상향조정되면 단기총공급곡선이 위쪽으로 이동한다. 장기에는 실제물가와 기대물가가 같아져 그림 26-7에서 E_3와 E_3'이 새균형점이 된다. E_3와 E_3'은 각각 자연생산량과 자연실업률수준이다. 결국 실업률을 낮추고자 하는 정부의 목적은 달성되지 않고 물가수준만 P_0에서 P_3로 오른 것이다.

만약 정부가 당초의 의도대로 또다시 실업률을 감소시키기 위해서 총수요확대정책을 쓰면 SPC_2를 따라 E_4'으로 이동하겠지만 앞에서와 같은 논리로 물가만 상승시키고 다시 자연실업률수준에 돌아오게 된다. 이와 같이 장기필립스곡선은 실제물가상승률과 기대물가상승률이 같은 점들(u_N, E_3', E_5')을 연결한 수직선이다. 이는 단기에는 인플레이션과 실업이 상충관계에 있지만 장기에는 아무런 관계가 없다는 것을 의미한다. 총수요확대정책은 장기에 기대물가의 상승을 통해 물가만을 상승시킬 뿐 생산 및 고용을 증대시키지 못하며 실업은 장기적으로 자연실업률수준에 머무르게 된다는 것이다. 이를 프리드만–펠프스의 자연실업률가설이라고 한다. 자연실업률가설에서는 실업률을 자연실업률 이하로 낮추기 위한 총수요확대정책은 가속적인 물가상승($u_N \rightarrow E_3' \rightarrow E_5'$)을 일으키기 때문에 가속적 인플레이션가설(accelerated inflation hypothesis)이라고도 한다.

식 (26-4)에서 장기에는 경제주체들이 인플레이션을 정확히 예견($\pi = \pi^e$)하여 $u = u_N$을 얻는다. 장기필립스곡선은 $u = u_N$에서 수직선으로 표시된다.

프리드만과 펠프스에 의하면 케인스학파가 처방하는 재량정책을 각국 정부가 전략적으로 즐겨 쓴 결과 1960년대 후반부터 예상인플레이션율이 현실인플레이션율과 같이 오르기 시작하였다. 이는 1970년대에도 이어져 앞에서 분석한 바와 같은 재량정책과 예상요인이 결합하여 1970년대에 필립스곡선이 위로 이동하는 스태그플레이션을 야기시켰다. 앞의 그림 26-7(b)에서 $E_1' \rightarrow E_2' \rightarrow E_3'$과 같은 이동을 낳았다는 것이다. 1970년대에 일어난 자원파동도 자연실업률가설에 쉽게 수용할 수 있다. 이는 그림 26-7(a)에서 총공급곡선이 좌측이동하는 것으로 표시된다. 그러나 자원파동은 1회적인 비용인상 인플레이션을 일으킬 뿐 지속적이고 가속적인 인플레이션을 일으킬 수는 없다.

자연실업률가설은 1960년대 후반 이후 지금까지 선진국들이 보이고 있는 인플레이션과 실업과의 상호관계를 잘 설명해 주는 모형으로 평가된다.

오늘날 인플레이션율(π)과 실업률(u)의 관계를 나타내는 필립스곡선은 자연실업률가설과 공급충격을 수용하여 다음 식으로 표시된다.

[26-5] $\pi - \pi^e = -\alpha(u - u_N) + \varepsilon$ $\alpha > 0$

위 식은 식 (26-4)에 불리한 공급충격(ε)이 추가된 것이다. 자원파동, 천재지변, 대규모 파업과 같이 생산물 총공급에 나쁜 영향을 미치는 불리한 공급충격이 클수록, 기대인플레이션율이 높아질 때와 마찬가지로 단기필립스곡선이 윗쪽으로 이동한다. 기대인플레이션율과 불리한 공급충격이 주어져 있을 때 단기필립스곡선은 우하향한다. 장기에 기대인플레이션율이 실제인플레이션율과 같고 공급충격이 없으면 필립스곡선은 자연실업률수준에서 수직이다.

이 자연실업률가설로부터 고전학파계통은 단기의 안정화정책이 불필요하다는 입장을 다시 확인한다. 그러나 케인스학파계통은 시장기구의 자기보정적인 역할을 통해 자연실업률로 회귀하는 데에는 오랫동안 큰 고통을 수반할 수 있기 때문에 단기적인 처방이 필요하다는 입장을 견지한다.

자연실업률은 정부의 재량적인 안정화정책에 관계 없이 생산물시장의 불완전경쟁의 정도, 구직자와 구인기업의 탐색비용, 노동의 이동가능성, 최저임금제, 노조의 역할, 효율임금 등 생산물시장과 노동시장의 구조적 특성에 의해 결정되는 것으로 알려져 있다. 미국의 자연실업률은 유연한 노동시장에 힘입어 4~5%수준인 것으로 추계되고 있다. 유로지역의 자연실업률은 경제위기 때 오른 실업에 이력현상이 작용하여 6~7%대로 추정된다.

1997년에 경제위기가 일어나기 전까지 우리나라의 실업률과 자연실업률은 2%대였다. 경제위기 이후 실업률이 3%대로 올랐다. 사회보장제도가 꾸준히 확충됨에 따라 탐색의 한계비용이 낮아져 탐색적 실업이 늘어날 것이다. 여성의 경제활동참가율이 높아지고 경제구조가 고도화됨에 따라 직업을 바꾸는 인구와 좋은 직업을 탐색하는 인구도 늘어날 것이다. 따라서 우리나라의 자연실업률은 종전의 2% 내외에서 3~4%대로 높아진 것으로 추정된다.

읽을거리 26-6

고전학파계통과
케인스학파계통의
비교

1　　인플레이션은 수요측면이 주도했는가, 공급측면이 주도했는가, 두 측면이 같이 혼합되어 있는가에 따라 수요견인 인플레이션, 비용인상 인플레이션, 혼합형 인플레이션으로 구분한다. 또한 사람들이 인플레이션을 정확히 예상했는가, 아니면 정확히 예상치 못했는가에 따라 예상된 인플레이션과 예상치 못한 인플레이션으로 나누어진다. 소득분배 왜곡과 생산증대 효과는 예상치 못한 인플레이션하에서 더 크다. 경제적 효율성을 낮추는 효과는 예상된 인플레이션하에서 더 크다.

2　　인플레이션을 억제하기 위해서는 적정통화공급, 절제 있는 재정정책, 공급능력 향상을 위한 기술개발 등이 중요하다. 불리한 공급충격으로 물가가 급등할 때 수입확대와 소득정책 등의 단기처방을 쓸 수도 있다. 그러나 혼합형 인플레이션이 일어나지 않도록 하기 위해 재량정책을 남용하지 않도록 하는 것이 필요하다.

3　　실업은 마찰적(탐색적) 실업, 경기적 실업, 구조적 실업 등으로 나누어진다. 자연실업률은 기업들의 구인자 수와 노동자들의 구직자 수가 일치하는 실업률이자, 현재 진행되는 인플레이션을 가속시키지도 감속시키지도 않고 유지시켜 주는 실업률이다. 자연실업률은 재량적인 총수요관리정책과는 관계 없이 생산물시장의 구조적 특성, 탐색비용, 노동의 이동가능성, 최저임금제 등에 의해 결정된다. 정부가 인위적으로 자연실업률보다 낮은 실업률을 이루고자 하는 재량정책은 소기의 성과를 거두지 못하고 인플레이션만 가속시킨다는 것이 자연실업률가설의 시사점이다.

4　　케인스학파는 경기적 실업이 중요한 사회문제라고 보아 재량정책으로 경기적 실업을 해소해야 한다는 입장이다. 통화주의자와 새 고전학파는 탐색적 실업에 초점을 맞추어 탐색의 이론을 전개하는 한편 인플레이션을 유발하는 재량정책에 반대하는 입장이다.

5　　인플레이션과 실업간의 관계를 보여 주는 곡선을 필립스곡선이라 한다. 필립스곡선은 1960년대까지 케인스학파에 의해 우하향의 안정적인 곡선이라고 생각되었으나 1970년대에 일어난 스태그플레이션으로 이 생각이 틀리다는 것이 판명되었다. 오늘날 필립스곡선은 기대부가 필립스곡선으로 수정되어 예상인플레이션율이 주어진 단기에는 우하향하지만 장기에는 수직이라고 본다. 단기필립스곡선은 예상치 못한 인플레이션율과 실업률간에 역의 상관관계를 보여 준다.

6　　경기침체 속에 인플레이션이 높게 일어나는 것을 스태그플레이션이라 한다. 1970년대에 세계경제가 경험한 스태그플레이션은 기대부가 필립스곡선의 틀에서 혼합형 인플레이션으로 설명할 수 있다.

- 수요견인 인플레이션
- 비용인상 인플레이션
- 혼합형 인플레이션
- $k\%$ 준칙
- 예상된 인플레이션
- 피셔가설
- 예상치 못한 인플레이션
- 수요충격

- 공급충격
- 소득정책
- 정책혼합(정책배합)
- 인플레이션 조세
- 초인플레이션
- 경제활동참가율
- 고용률
- 실업률

- 보조실업률(체감실업률)
- 마찰적 실업
- 탐색적 실업
- 경기적 실업
- 구조적 실업
- 자연실업률
- 자연실업률가설
- 효율임금이론

- 내부자–외부자이론
- 필립스곡선
- 미세조정
- 스태그플레이션
- 기대부가필립스곡선
- 이력현상

연습문제 E/X/E/R/C/I/S/E

1 유럽에서는 노동부에 「일자리를 찾고 있는 실업자라고 등록한 사람」을 실업자로 분류하는 OECD 기준을 쓰고 있다. 최근에 우리나라도 ILO 기준과 더불어 이 기준으로도 실업자를 추계하고 있다. OECD 기준에 의하면 실업자 수가 과대추계되는 경향이 있다. 그 이유를 알아보라.

2 표 26-2를 2024년과 그 후 통계로 대체해 보라. 관련 노동 통계로 다음을 설명하라.

① 성별·직업별·고용형태별 취업구조를 설명하라.
② 경제활동인구 중에서 불완전취업자의 비율은 얼마나 되는가?
③ 선진국에 비교해서 우리나라 실업률이 낮은 이유는?
④ 보조실업률을 체감실업률로 볼 수 있는 이유는?

3 2015년부터 2024년까지 (공식)실업률, 보조실업률 1, 2, 3의 추이를 조사해 보라.

4 인플레이션 조세는 세율이 인플레이션율이고 세원은 화폐량이다. 다음 물음에 답하라.

① 어떤 사람이 2020년에 100만원을 1년간 집에 보관하고 있다고 하자. 2020년의 연간 인플레이션율은 10%라고 하자. 단, 2020년의 물가수준은 1이라고 가정한다. 2020년에 이 사람이 부담한 실질인플레이션 조세는 얼마인가?
② 이 사람이 2021년에도 100만원을 1년간 집에 보관한다고 하자. 2021년 초 100만원의 실질가치는? 2021년의 인플레이션율도 10%라고 하자. 2021년에 이 사람이 부담한 실질인플레이션 조세는 얼마인가?
③ 이 사람이 2022년에도 100만원을 1년간 집에 보관한다고 하자. 2022년 초 100만원의 실질가치는? 2022년의 인플레이션율도 10%라고 하자. 2022년에 이 사람이 부담한 실질인플레이션 조세는 얼마인가?
④ 2020-2022년까지 3년간 누적된 실질인플레이션 조세는 얼마인가?
⑤ 이제 인플레이션율을 20%라고 하자. ①번부터 ④번까지의 문제를 다시 풀어라. 초인플레이션이 문제가 되는 이유는?
⑥ 정부가 재정적자를 메우기 위해 지속적으로 대규모의 인플레이션 조세를 거두어야 할 때

초인플레이션이 발생할 수 있는 이유를 설명하라.

5 예상된 인플레이션은 궁극적으로 경제성장에 해롭다고 말한다. 그 이유를 설명하라.

6 미국의 경제학자 오쿤(A. Okun)은
실질GDP성장률 $= a - b\varDelta u$
(단, a는 자연성장률, $\varDelta u$는 실제실업률 변화분)
의 관계를 미국의 역사적 경험에서 도출하였다. 이와 같은 관계를 'Okun의 법칙'이라고 한다. 실업률이 1% 포인트 상승할 때마다 실질GDP가 $100b\%$ 포인트 감소한다는 것이다.

(1) 오쿤은 케인스학파 경제학자인가? 그 이유를 설명하라.
(2) 우리나라는 1971~1998년 기간에 대해 $\frac{\varDelta Y}{Y} = 0.075 - 0.036\varDelta u$를 얻었다. 이 식을 설명해 보라.
(3) 1980년대 이후 각국의 b값(오쿤계수)은 상승하는 추세이다. 이것이 의미하는 것은 무엇일까?

7 자연실업률가설에서 현실실업률이 자연실업률보다 높은 수준에 있을 때에는 인플레이션이 지속적으로 감소한다. 이를 그림 26-7(a)(b)와 같은 그림을 그려가며 설명하라.

8 한 나라의 필립스곡선이 다음과 같은 방정식으로 표시된다고 하자.

$$\pi = 6.0 - u + \pi^e$$

(1) 이 경제의 자연실업률을 구하라.
(2) 사람들이 인플레이션을 예상하지 않을 때 실업률을 4%로 낮추기 위해서는 얼마만큼의 인플레이션을 감수해야 하는가?
(3) 사람들이 3%의 인플레이션을 예상할 때 실업률을 4%로 낮추고자 한다면?
(4) 이 경제의 장기필립스곡선을 나타내는 식을 구하고 그림을 그려라.

9 최초의 균형점이 그림에서처럼 E_0와 E_0'이었다고 하자.

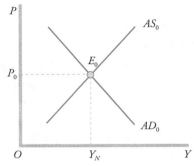

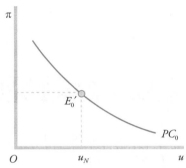

(1) 원유가격의 급상승으로 생산비가 급증하였다고 하자. 이것이 생산·고용·실업·인플레이션에 미치는 영향을 $AD-AS$곡선과 필립스곡선을 이용하여 설명하라.
(2) 이제 불리한 공급충격으로 인해 늘어난 실업을 자연실업률수준으로 줄이기 위해 총수요를 진작시킨다고 하자. 이 때의 기회비용을 $AD-AS$곡선과 필립스곡선을 이용하여 설명하라.
(3) 이제 불리한 공급충격으로 인해 상승한 물가수준을 최초의 물가수준 P_0로 낮추기 위해 총수요를 감소시킨다고 하자. 이 때의 기회비용을 $AD-AS$곡선과 필립스곡선을 이용하여 설명해 보라.
(4) 불리한 공급충격으로 인한 필립스곡선의 상방이동이 일시적인지 아니면 영구적일 수 있는지 설명해 보라.

10 다음의 각 경우에 인플레이션율을 낮추기 위한 긴축 통화정책이 경기침체를 더욱 심화시키는지 완화시키는지 설명하라.

(1) 인플레이션을 감소시킬 것이라는 정부 발표에
    대해 일반국민들이 반신반의하는 경우
(2) 일반국민들이 예상인플레이션을 실제인플레
    이션과 같이 재빨리 조정하는 경우
(3) 명목임금의 계약기간이 짧은 경우

11 다음의 기술이 옳은가 틀린가를 밝히고 그 이유
    를 설명하라.

① 장기에 인플레이션을 일으키는 가장 중요한
   요인은 과다한 통화공급이다.
② 재정적자는 인플레이션과 항상 양의 상관관계
   를 가진다.
③ 인플레이션이 예상되면 그만큼 실질이자율이
   오르고 명목이자율은 변하지 않는다는 것이
   피셔가설이다.
④ 실망근로자나 대학생은 실업자가 아니다.
⑤ 예상치 못한 인플레이션이 기대인플레이션보
   다 더 경제적 효율성을 낮춘다.
⑥ 총수입과 총비용이 모두 2배로 증가하면 이윤
   을 극대로 하는 생산량도 종전보다 2배 증가
   한다.
⑦ 물가지수가 100에서 1,000으로 오르면 물가는
   10배 오른 것이다.
⑧ 우리나라에서 1만원권 지폐가 처음 나온 것은
   1973년 6월이다. 그 때부터 1987년 12월까지
   소비자물가가 5.3배 올랐다. 그러면 기간중 1
   만원권 지폐의 값어치는 1/5 이하로 떨어진 것
   이다.

⑨ 고용률이 높아지면 실업률이 낮아진다.
⑩ 보조실업률 3은 보조실업률 1이나 2보다 크다.
⑪ 사회보장제도가 확충되면 탐색의 한계비용이
   낮아져 탐색적 실업이 늘어난다.
⑫ 자연실업률이론에서 사람들이 인플레이션을
   예상하면 생산이 전혀 증가하지 않고 인플레
   이션만 일어난다.
⑬ 최저임금제가 도입되면 숙련노동자의 실업률
   을 높이는 결과를 초래한다. 따라서 자연실업
   률을 높이는 결과를 가져오게 된다.
⑭ 실업보험제가 실시되면 자연실업률이 높아진다.
⑮ 확대 재정정책과 긴축 통화정책의 정책혼합은
   국민소득과 이자율을 상승시킨다.
⑯ 인플레이션 조세는 세원이 통화량이고 세율이
   인플레이션율이다.
⑰ 자연실업률은 사회적으로 바람직할 뿐 아니라
   시간이 지나도 불변인 실업률이다.
⑱ 예상치 못한 인플레이션이 일어나야 실업률에
   영향을 줄 수 있다는 것이 자연실업률이론이다.
⑲ 효율임금도 자연실업률의 한 요인이다.
⑳ 단기필립스곡선이 가파를수록 인플레이션 감
   소를 위한 긴축정책 수행이 쉬워진다.

PART XI

국제경제이론

지금까지는 주로 한 나라의 국민경제만을 분석하여 왔다. 그러나 지구상에는 여러 나라의 국민경제들이 있고 이들은 각종 경제거래를 통하여 서로 관계를 맺고 있다. 이와 같이 여러 나라의 국민경제가 서로 관련되어 형성하는 경제를 국제경제라고 한다.

국제경제에도 한 나라의 국민경제와 같이 실물의 흐름이 있고 화폐의 흐름이 있다. 전자를 주요 연구대상으로 하는 것이 국제무역론(international trade theory)이고 후자를 주요 분석대상으로 하는 것이 국제수지론(balance of payments theory)이다. 제27장에서는 국제무역론을 다룬다. 제28장에서는 국제수지론을 다룬다.

개방경제에서는 물가안정·완전고용·경제성장 등의 대내균형은 물론 국제수지균형이라는 대외균형도 중요한 정책목표가 된다. 대내균형과 대외균형을 동시에 달성하는 재정·통화정책과 환율정책을 개방경제의 거시경제정책으로 제28장의 마지막 부분에서 다룬다.

국제무역의 이론

오늘날 각국은 다른 나라들과 여러 형태의 거래를 가진다. 그 중에서 재화의 거래가 가장 빈번하다.

이 장에서는 먼저 국가간에 재화의 수출과 수입이 왜 일어나는가에 대한 기본원리로서 비교우위이론을 다룬다. 이어서 국제무역을 통한 이득이 각 경제주체들에게 어떻게 분배되는지 살펴본다. 또한 관세를 부과할 때 발생하는 여러 가지 경제적 효과를 다룬다. 마지막으로 비교우위이론에 바탕을 둔 자유무역정책과 이에 반기를 드는 보호무역정책을 다룬 후 국제무역 환경의 변화를 소개한다.

CHAPTER

27

제1절 | **국제무역의 이익**

1 절대우위와 비교우위

오늘날 세계 각국은 다른 나라와 여러 가지 형태의 경제거래를 한다. 경제거래 가운데 가장 기본적인 거래는 재화의 수출과 수입이다. 재화의 수출과 수입을 국제무역(international trade) 혹은 무역(trade)이라 한다. 그림 27–1을 보면 우리나라의 재화 수출과 수입은 GDP에서 차지하는 비중이 1960년대 이후 크게 높아졌다. 특히 2000년 이후 재화의 수출과 수입이 빠르게 증가하여 한때 GDP의 100% 가까이 달했을 정도로 그 중요성이 커졌다. 현재 우리나라 무역의 가장 중요한 상대국은 중국이며 우리 수출의 1/4을 차지하고 있다.

절대우위

무역은 왜 일어나는가? 그 이유는 무역으로 쌍방이 이익을 얻기 때문이다. 이는 국내에서 서로 다른 사람들끼리 자발적인 교환거래가 일어나는 이유가 그 거래를 통해 쌍방이 이익을 얻기 때문인 것과 같다.

한국과 중국 두 나라가 각각 핸드폰과 옷 두 상품만을 생산하고, 두 상품을 생산

그림 27-1

우리나라의 재화 수출과 수입

(1960–2023)
(단위: GDP 대비 %)

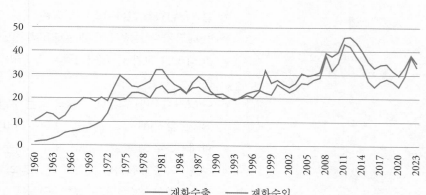

자료: 한국은행 경제통계시스템에서 작성.

	상품단위당 생산비(노동량)		표 27-1
	핸드폰	옷	**두 나라의 생산비**
한 국	10단위	20단위	
중 국	8단위	1단위	

하는 데 들어가는 비용을 노동량으로 표시할 수 있다고 하자. 표 27-1에서와 같이 한국에서는 핸드폰 1단위를 생산하는 데 노동 10단위를 필요로 하고 옷 1단위를 생산하는 데는 노동 20단위를 필요로 한다고 하자. 반면에 중국에서는 핸드폰 1단위 생산에 8단위의 노동, 옷 1단위 생산에 1단위의 노동을 사용한다. 그러면 핸드폰과 옷 둘 다 중국이 한국보다 싸게 생산한다.

> 한 경제주체가 어떤 활동을 다른 주체들보다 더 잘할 때 그 주체는 그 활동에 **절대우위**(absolute advantage)를 가진다, 혹은 절대우위가 있다고 말한다. 이 때 다른 주체들은 그 활동에 **절대열위**(absolute disadvantage)를 가진다고 말한다.

절대우위
다른 경제주체보다 더 잘하는 것

같은 상품을 생산하는 데 싼 비용으로 생산하면 그 상품 생산활동을 더 잘한다고 평가할 수 있다. 표 27-1의 예에서는 중국이 핸드폰과 옷 생산 모두 절대우위를 가지고 있다.

비교우위

표 27-1에서처럼 중국이 두 상품 모두에 대하여 절대우위를 가지고 있고 한국은 두 상품 모두에 대하여 절대열위를 가지고 있는 경우에도 무역을 통해 양국이 이익을 얻을 수 있는가? 이 경우에도 두 나라가 무역을 하게 되면 두 나라 모두 이익을 볼 수 있다는 것이 비교우위이론(theory of comparative advantage)이다.

한국은 두 상품 생산에 모두 절대열위를 가진다. 그런데도 한국이 비교우위를 가지는 품목이 있다.

> 한 경제주체가 수행하는 어떤 활동의 기회비용이 다른 주체들보다 쌀 때 그 주체는 그 활동에 **비교우위**(comparative advantage)를 가진다, 혹은 비교우위가 있다고 말한다. 이 때 다른 주체들은 그 활동에 비교열위를 가진다고 말한다.

비교우위
다른 경제주체보다 기회비용이 싼 것

어디로 갈까?
무엇을 생산하는 것이 상대적으로 더 좋은지는 기회비용에 달렸다.

표 27-1에서 비교우위를 가려 보자. 핸드폰 생산의 기회비용을 보자. 중국은 핸드폰 1단위를 생산하는 데 8단위의 노동이 필요하고 옷 1단위를 생산하는 데는 1단위의 노동만 필요하다. 중국이 8단위의 노동을 핸드폰 생산에 투입하지 않고 옷 생산에 투입한다면 8단위의 옷을 생산할 수 있다. 따라서 중국의 핸드폰 1단위의 기회비용은 8단위의 옷이다.

한국의 핸드폰 1단위의 기회비용은 얼마인가? 한국은 핸드폰 1단위를 생산하는 데 10단위의 노동이 필요하고, 옷 1단위를 생산하는 데는 20단위의 노동이 필요하다. 따라서 핸드폰 1단위 생산에 필요한 10단위의 노동을 옷 생산에 투입한다면 1/2단위의 옷을 생산할 수 있다. 따라서 한국의 핸드폰 1단위의 기회비용은 옷 1/2단위이다.

핸드폰 1단위의 기회비용이 중국은 8단위의 옷이고 한국은 1/2단위의 옷이다. 한국이 생산하는 핸드폰의 기회비용이 중국보다 싸기 때문에 한국이 핸드폰 생산에 비교우위를 가진다. 한국은 중국보다 핸드폰도 비싸게 생산하고 옷도 비싸게 생산하지만 비싼 정도가 옷에 비해 핸드폰이 약하기 때문에 핸드폰 생산에 비교우위가 있는 것이다.

옷에 대해서도 위와 같은 논리를 전개하면 중국이 옷 생산에 비교우위가 있는 것을 확인할 수 있다.

표 27-2는 양국의 핸드폰과 옷의 기회비용을 보여 주고 있다. 표에서 볼 수 있듯이 양국의 옷의 기회비용은 핸드폰의 기회비용의 역수이다. 중국이 핸드폰 1단위를 더 생산하기 위해서는 옷 8단위를 생산하는 기회를 포기해야 하므로 옷 1단위를 더 생산하기 위해서는 핸드폰 1/8단위를 포기해야 하는 것이다. 한국은 핸드폰 1단위를 더 생산하기 위해서 옷 1/2단위를 포기해야 되므로 옷 1단위를 더 생산하기 위해서는 핸드폰 2단위를 포기해야 한다.

표와 같은 두 상품의 경우에 한 상품의 기회비용은 다른 상품의 기회비용의 역수이기 때문에, 어떤 나라에서 한 상품에 대한 기회비용이 크면 다른 상품의 기회비

표 27-2

두 나라의 기회비용 비교

	상품단위당 기회비용	
	핸드폰(포기된 옷 수량)	옷(포기된 핸드폰 수량)
한 국	1/2단위	2단위
중 국	8단위	1/8단위

용은 작을 수밖에 없다. 따라서 두 나라의 기회비용이 똑같지 않은 한 어떤 나라가 한 상품에 대해 비교우위를 가지면 다른 나라는 다른 상품에 대해 비교우위를 가지게 된다.

2 비교우위와 무역의 이익

생산가능곡선

비교우위이론은 각국이 비교우위를 가지는 상품만을 생산하여 서로 무역을 하면 모두 다 이익을 볼 수 있다는 것이다. 중국이 비교우위를 가지는 옷을 생산하고 한국이 비교우위를 가지는 핸드폰을 생산하여 무역을 하면 어떠한 이익이 있는가를 생산가능곡선으로 설명해 보자.

생산가능곡선은 한 나라가 모든 생산요소를 전부 투입하여 생산할 수 있는 두 상품의 조합을 표시한다. 한국과 중국 둘 다 각각 40단위의 노동을 가지고 있다고 하자. 한국은 핸드폰과 옷 1단위 생산에 각각 10단위와 20단위의 노동이 필요하기 때문에 한국이 가진 40단위의 노동을 모두 투입하여 핸드폰만 생산하면 핸드폰 4단위를 생산할 수 있다. 반면 옷만 생산한다면 옷 2단위를 생산할 수 있다. 만약 40단위의 노동 중 20단위는 핸드폰 생산에, 나머지 20단위는 옷 생산에 투입한다면 핸드폰 2단위와 옷 1단위를 생산할 수 있을 것이다. 이처럼 40단위의 노동으로 생산할 수 있는 핸드폰과 옷의 모든 조합을 그림으로 표시하면 그림 27-2(a)와 같은 한국의 생산가능곡선을 얻을 수 있다. 그림 27-2(b)는 같은 방법으로 그려진 중국의 생산가능곡선을 나타낸다. 중국은 핸드폰과 옷 1단위 생산에 각각 8단위와 1단위의 노동이 필요하므로 40단위의 노동을 전부 핸드폰 생산에 투입하면 핸드폰만 5단위를, 옷 생산에 전부투입하면 옷만 40단위를 생산할 수 있다. 반면 노동력을 20단위씩 반분하여 핸드폰과 옷을 생산하면 핸드폰 2.5단위와 옷 20단위를 생산할 수 있다. 외국과 무역을 하지 않는 상황을 자급자족(autarky)이라 한다. 자급자족의 경우에 각국은 자국에서 생산한 것만 소비할 수 있기 때문에 각국의 생산가능곡선은 각국이 소비할 수 있는 소비가능곡선이기도 하다.

그림 27-2에 표시된 양국의 생산가능곡선은 양국의 핸드폰과 옷 생산의 기회비용을 반영하고 있다. 그림 (a)에 표시된 한국의 생산가능곡선의 기울기는 1/2이고 이것은 핸드폰 생산의 기회비용과 같다. 그림 (b)에 표시된 중국의 생산가능곡선의 기울기는 중국의 핸드폰 생산의 기회비용인 8과 같다. 생산가능곡선이 직선이기 때문에 핸드폰과 옷의 기회비용은 이들 두 상품의 생산량에 관계 없이 일정불변이다.

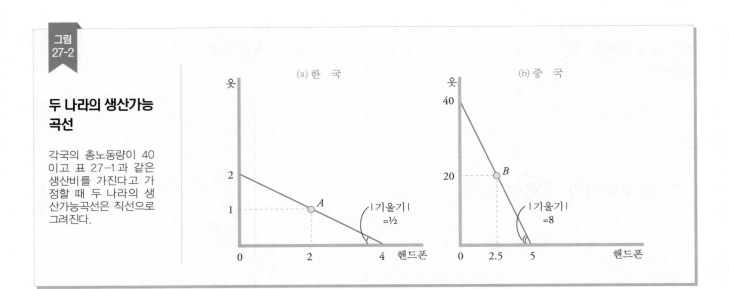

그림
27-2

두 나라의 생산가능 곡선

각국의 총노동량이 40 이고 표 27-1과 같은 생산비를 가진다고 가정할 때 두 나라의 생산가능곡선은 직선으로 그려진다.

무역이 일어나기 전에 각국에서 두 상품의 가격이 생산비를 반영한다고 하자. 그러면 핸드폰 한 단위가 한국에서는 옷 1/2단위와, 중국에서는 옷 8단위와 교환된다. 생산가능곡선의 기울기가 핸드폰의 상대가격인 것이다. 상대가격이란 제3장에서 설명한 바와 같이 한 상품의 가격을 다른 상품의 수량으로 표시한 것이다. 제7장에서 무차별곡선이론을 다룰 때 예산선의 기울기의 절대값이 X재의 상대가격이었다. 가격이 생산비를 반영하고 그림 27-2처럼 생산가능곡선이 직선이라면 생산가능곡선의 기울기의 절대값이 핸드폰의 상대가격이 된다.

무역의 이익

한국과 중국이 무역을 할 경우 핸드폰 1단위의 국제적인 상대가격은 옷 1/2단위(한국의 상대가격)와 옷 8단위(중국의 상대가격) 사이에서 결정된다. 같은 말이지만 옷 1단위의 국제상대가격은 핸드폰 2단위(한국의 상대가격)와 핸드폰 1/8단위(중국의 상대가격) 사이에서 결정된다. 국제적인 교환비율이 이처럼 양국의 상대가격의 상한과 하한 사이에서 결정되는 한, 무역은 두 나라 모두에게 이익이 된다. 양국 모두 자국의 기회비용보다 더 비싸게 수출하고 더 싸게 수입할 수 있기 때문이다.

이를 구체적인 예를 통해 확인해 보자. 핸드폰 1단위의 국제상대가격이 옷 3단위라 하자. 또한 무역 전 한국과 중국의 생산·소비점은 그림 27-3의 A점과 B점이라고 하자. 무역 전 한국은 핸드폰 2단위와 옷 1단위를 생산·소비하고 있었고 중국은 핸드폰 2.5단위와 옷 20단위를 생산·소비하고 있었다. 이런 상황에서 두 나라가 모두 무역으로 생산가능곡선 밖의 점을 소비할 수 있다는 것을 보이기만 하면 된다. 그림은 A'과 B'이 바로 그런 소비점이라는 것을 보여 준다.

한국의 경우 무역 전 핸드폰 1단위의 기회비용은 옷 1/2단위였다. 즉 핸드폰 1단

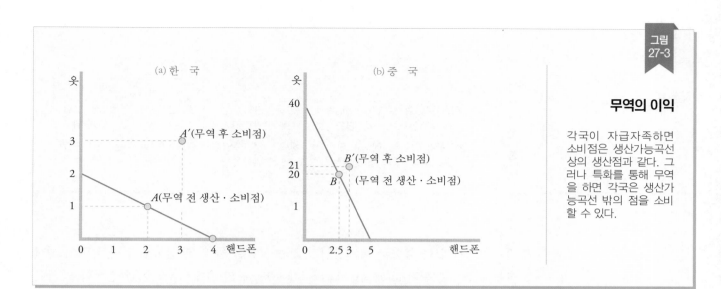

그림 27-3

무역의 이익

각국이 자급자족하면 소비점은 생산가능곡선 상의 생산점과 같다. 그러나 특화를 통해 무역을 하면 각국은 생산가능곡선 밖의 점을 소비할 수 있다.

위를 덜 생산하면 옷 1/2단위를 더 생산할 수 있었다. 그러나 이제 핸드폰 1단위를 중국에 수출하면 옷 3단위를 얻을 수 있다. 자국의 핸드폰 생산 기회비용보다 비싼 국제상대가격으로 핸드폰을 팔 수 있는 것이다. 바꾸어 말하면 교역 전 한국의 옷 1단위의 기회비용은 핸드폰 2단위인데 옷 1단위의 국제상대가격은 핸드폰 1/3단위이므로 한국 입장에서는 자국의 기회비용보다 낮은 가격으로 옷을 수입하는 것이 유리하다. 따라서 한국이 비교우위가 있는 핸드폰 생산에 특화하고 40단위의 노동을 전부 투입하여 핸드폰 4단위를 생산한 후, 이 중 1단위를 중국에 수출하면 3단위의 옷을 수입할 수 있다. 이렇게 무역을 통하여 3단위의 핸드폰과 3단위의 옷을 소비하는 점이 그림 27-3(a)의 A′이다.

중국은 한국과 대칭적이다. 한국이 A′을 소비하기 위해서는 중국이 핸드폰 1단위를 수입하고 옷 3단위를 수출해야 한다. 이를 위해 중국은 40단위의 노동 중 24단위는 옷 생산에, 16단위는 핸드폰 생산에 투입하여 24단위의 옷과 2단위의 핸드폰을 생산한다. 이 중 옷 3단위를 한국에 수출하여 핸드폰 1단위를 수입하면 21단위의 옷과 3단위의 핸드폰을 소비하는 것이 그림 27-3(b)의 B′이다.

이상의 논의를 정리하면 표 27-3과 같다.

표에서 볼 수 있듯이 무역 전과 비교하여 무역 후 양국이 상대적으로 낮은 기회비용을 가진 상품에 특화함으로써 양국의 총생산량이 증가하게 되고 이 증가된 생산으로 인한 이득을 양국 모두 누릴 수 있는 것이다. 다시 말해 양국의 기회비용이 같지 않으면 무역을 통해 각국의 기회비용보다 높은 (국제상대)가격으로 비교우위 상품들을 수출하고 각국의 기회비용보다 낮은 국제상대가격으로 비교열위 제품들을 수입함으로써 서로에게 이득이 되는 것이다. 비교열위가 있는 상품은 전혀 생산하지 않고 비교우위가 있는 상품만을 생산하는 것을 완전특화(complete specialization)라 한다.

표
27-3

무역의 이익

	무 역 전	무 역 후			
	생산·소비	생 산	무 역	소 비	무역의 이익
한 국	핸드폰 2단위 옷 1단위	핸드폰 4단위 옷 0단위	핸드폰 1단위 수출 옷 3단위 수입	핸드폰 3단위 옷 3단위	핸드폰 1단위 옷 2단위
중 국	핸드폰 2.5단위 옷 20단위	핸드폰 2단위 옷 24단위	핸드폰 1단위 수입 옷 3단위 수출	핸드폰 3단위 옷 21단위	핸드폰 0.5단위 옷 1단위

비교우위가 있는 상품과 비교열위가 있는 상품을 둘 다 생산하되 전자를 많이 생산하는 것을 부분특화(partial specialization)라 한다. 위의 예에서 한국은 완전특화, 중국은 부분특화하고 있다. 현실경제에서는 완전특화보다 부분특화가 일반적인 현상이다. 이 이론적 근거를 이 장의 부록에서 배운다.

3 비교우위의 원인

앞에서 설명한 비교우위이론은 재화의 생산비가 국가간에 차이가 나고 그 결과 재화생산의 기회비용이 국가간에 다르기 때문에 국가간의 비교우위도 달라진다고 설명하고 있다. 각국의 특정 재화의 생산비는 재화 1단위 생산에 필요한 노동량으로 측정된다. 재화 1단위 생산에 필요한 노동량이 적을수록 그 재화생산의 노동생산성이 높다는 것을 의미한다. 재화 1단위 생산에 많은 노동을 필요로 할수록 그 재화생산의 노동생산성이 낮다는 것을 의미한다. 결국 비교우위이론은 국가간 노동생산성의 차이에 의해 어떤 제품 생산의 기회비용에 차이가 나고, 비교우위 상품이 결정된다는 것이다. 이처럼 국가간 노동생산성의 차이를 통해 비교우위와 무역의 이득을 설명하는 국제무역이론이 리카도모형(Ricardian model)이다. 리카도모형은 무역의 원인과 이득을 잘 설명해주고 있지만 국가간에 노동생산성의 차이가 발생하는 원인, 즉 비교우위의 원인에 대해서는 설명하고 있지 않다.

국가간에 비교우위가 발생하는 원인은 크게 기후의 차이, 기술의 차이, 요소부존의 차이 등 세 가지이다. 크루그만(Paul Krugman)은 이와 달리 규모의 경제가 국제무역의 원인이라고 설명하고 있다. 이는 부록에서 살펴본다.

리카도(David Ricardo, 1772-1823)
리카도는 국가간 노동생산성의 차이에 의해 각국의 비교우위가 결정되고, 각국은 비교우위 산업에 특화함으로써 자유무역을 통해 참여국 모두가 이득을 얻을 수 있음을 명쾌하게 보여주었다.

기후의 차이

망고, 바나나 등 열대과일을 생산하는 기회비용이 우리나라보다 태국에서 더 낮은 주요 원인은 기후조건 때문이다. 태국의 기후는 열대과일 재배에 적당한 반면 우리나라의 기후조건은 그렇지 않다. 우리가 프랑스나 칠레산 와인을 수입하는 이유도 마찬가지로 이들 나라의 기후조건이 포도 생산에 적합하기 때문이다.

이 바나나의 비교우위는 무엇에서 비롯되었을까?

기술의 차이

국가간에 기술격차가 발생하는 이유는 명확히 설명되고 있지 않다. 일반적으로 국가간 인적자본(human capital)의 차이가 기술의 차이와 생산성의 차이로 연결된다. 한 나라의 인적자본은 그 나라의 교육에 대한 투자에 의해 가장 큰 영향을 받는다. 일반적으로 국민들의 교육수준이 높은 국가들일수록 인적자본이 높은 경향이 있다. 기업들이 연구개발(R&D)투자를 많이 할수록 기술수준이 높아질 수 있다. 또한 크루그만에 따르면 기술혁신이 특정 국가에서 나타나고 다른 국가에서는 나타나지 않아 기술격차가 발생하기도 한다.

요소부존의 차이

역사적 지리적 이유로 국가마다 가지고 있는 생산요소(노동, 자본, 토지, 자연자원 등)의 부존도는 다르고 부존도의 차이는 비교우위의 중요한 원인으로 인식되고 있다. 비교우위의 원천으로 국가간 요소부존도의 차이를 가장 중시하는 국제무역이론이 헥셔(Heckscher)-올린(Ohlin)모형이다. 헥셔-올린모형의 가장 중요한 가정은 국가간의 상대적 요소풍요도(factor abunduncy)와 산업간 요소집약도(factor intensity)의 차이이다. 헥셔-올린모형은 국가간에 요소풍요도가 다르고 산업간에 요소집약도에 차이가 있으면 설사 두 나라의 기술수준이 동일해도 무역이 발생한다는 것을 설명하고 있다.

요소풍요도는 어떤 요소가 다른 요소들에 비해 상대적으로 얼마나 풍부한가를 나타낸다. 중국은 자본보다 노동이 상대적으로 풍부한 노동풍요국이다. 우리나라는 자본이 노동보다 상대적으로 풍부한 자본풍요국이다. 요소집약도는 특정 재화 생산에 투입된 생산요소의 비율을 나타낸다. 자동차산업은 자본·노동 비율이 높기 때문에 자본집약적이다. 의류산업은 노동·자본 비율이 높기 때문에 노동집약적이다.

헥셔-올린모형에 따르면 한 국가는 그 나라가 상대적으로 풍부한 생산요소를 집약적으로 사용하는 재화생산에 비교우위를 가진다. 따라서 우리나라는 상대적으로 자본이 풍부하고 자동차 산업이 자본집약적이므로 자동차 생산에 비교우위가 있

중국의 근로자들
중국의 저장성의 신발공장에서 작업 중인 근로자들. 중국은 노동풍부국이어서 노동집약적인 제품을 싸게 만들어서 수출해 왔으나 현재는 스마트폰, 고화질TV 등 기술집약제품에도 비교우위를 보이고 있다. 향후에는 전기자동차, 로봇, 반도체, 인공지능 등 첨단기술집약적 제품생산에 비교우위를 가지기 위해 국가 차원의 노력을 기울이고 있다.

다. 중국은 상대적으로 노동이 풍부하고 의류산업이 노동집약적이므로 의류 생산에 비교우위가 있다. 어떤 생산요소의 기회비용—그 생산요소가 다른 생산에 사용될 때 창출되는 가치—은 그 생산요소가 상대적으로 풍부할수록 더 낮다. 따라서 노동이 상대적으로 풍부한 중국은 노동집약적인 의류를 생산하는 기회비용이 우리나라보다 낮다. 그래서 중국은 의류생산에 비교우위를 가진다.

　　앞 절에서는 비교우위 개념을 통해 국제무역의 이득을 설명하였다. 비교우위이론에 따르면 각국이 비교우위가 있는 제품에 특화하면 무역을 통해 무역당사국 모두가 이득을 얻을 수 있다. 그러나 비교우위이론은 무역을 통한 이득이 무역당사국의 경제주체들에게 어떻게 분배되는지를 설명하지 못한다. 이 절에서는 자동차시장을 예로 들어 자동차 무역으로 누가 이득을 보며 누가 손실을 보는가를 설명한다. 아울러 국내 자동차생산자들을 보호하기 위해 정부가 관세를 부과할 경우의 경제적 효과도 분석한다. 논의의 단순화를 위해 자동차가 한 종류뿐이고 국산과 외제 모두 품질이 같다고 가정한다.

1 국제무역이 없는 경우의 균형

우리나라 정부가 자동차의 수출입을 완전 금지하여 자동차의 무역이 전혀 없다고 하자. 그러면 우리나라의 자동차시장은 우리나라의 소비자와 생산자만으로 형성될 것이다. 우리나라의 자동차시장이 완전경쟁시장이라고 가정할 때 그림 27-4와 같이 국내수요곡선과 국내공급곡선이 만나는 E점에서 균형을 이룬다. 제5장에서 배운 바와 같이 소비자잉여와 생산자잉여의 합은 무역이 없는 경우 한국의 소비자와 생산자가 국내 자동차시장에서 얻는 총잉여를 나타낸다.

이제 정부가 자동차의 수출입을 허용한다면 첫째, 국내 자동차시장에서 판매되는 자동차수량과 자동차가격에는 어떤 변화가 있는지, 둘째, 자동차의 자유무역을 통해 누가 이득을 보고 누가 손실을 보는지, 셋째, 자동차의 수입에 대해 관세를 부과하는 경우 어떤 효과가 있는지를 차례로 분석해 보자.

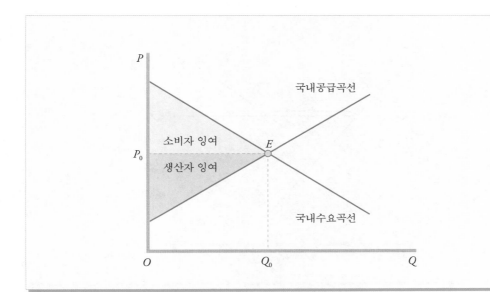

그림 27-4

국제무역이 없는 경우의 균형

무역이 없을 때 상품의 국내가격과 거래량은 국내수요곡선과 국내공급곡선이 만나는 점에서 결정된다. 수요곡선 · 공급곡선 · 수직축이 만드는 삼각형이 해당 상품이 창출하는 총잉여이다.

2 국제무역의 이득과 손실

자유무역이 허용된다면 한국은 국제 자동차시장에서 자동차를 수입해야 되는가 아니면 수출해야 되는가? 한국이 자동차의 수출입 여부를 결정하기 위해서는 한국의 자동차가격과 국제 자동차가격을 비교하면 된다. 어떤 상품에 대해 국제시장에서 형

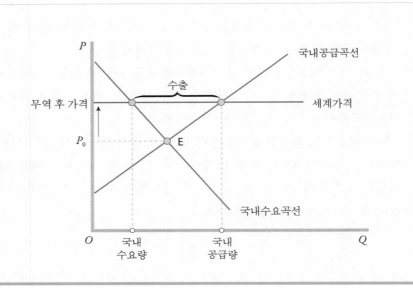

그림 27-5

수출국의 국제무역

무역 전 국내가격이 세계가격보다 낮았던 나라는 무역자유화로 수출국이 된다. 수출국은 세계가격으로 국내초과공급량(국내공급량− 국내수요량)을 수출한다.

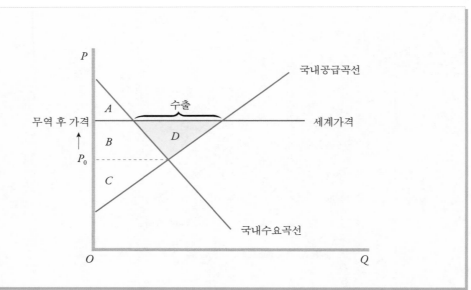

그림 27-6

자유무역과
수출국의 후생변화

자유무역으로 수출국의 소비자잉여는 $A+B$에서 A로 감소하고 생산자잉여는 C에서 $C+B+D$로 증가한다. 이에 따라 자유무역은 수출국의 총잉여를 D만큼 증가시킨다.

표
27-4

	무 역 전	무 역 후	변화분
소비자잉여	$A+B$	A	$-B$
생산자잉여	C	$B+C+D$	$B+D$
총 잉 여	$A+B+C$	$A+B+C+D$	$+D$

성된 가격을 국제가격 혹은 세계가격(world price)이라고 한다. 만약 자동차의 세계가격이 한국의 국내가격보다 높으면 한국은 자동차의 수출국이 될 것이다. 반대로 자동차의 세계가격이 국내가격보다 낮으면 한국은 자동차의 수입국이 될 것이다.

우리나라가 세계 자동차시장에서 가격수용자(price takers)로 행동한다고 하자. 한국은 자동차의 세계가격을 주어진 것으로 받아들여 이 가격으로 얼마든지 자동차를 수출하거나 수입할 수 있다.

수출국 소비자와 생산자의 이득과 손실

무역 전 한국 자동차의 국내 균형가격은 그림 27-5에서와 같이 세계가격보다 낮았다고 하자. 자유무역이 이루어지면 한국은 가격수용자로서 주어진 세계가격을 그대로 받아들이기 때문에 한국의 국내가격은 상승하여 국제가격과 같아진다. 세계가격수준에서 한국이 얼마든지 자동차를 팔 수 있기 때문에 한국이 세계 자동차시장에서 직면하는 수요곡선은 세계가격수준에서 수평선이 된다.

국내가격이 세계가격수준으로 상승함에 따라 국내생산자들은 더 많은 자동차를 생산하려 하고 수요자들은 자동차 구입을 줄이려고 한다. 이에 따라 자동차의 국내수요량보다 국내공급량이 더 많아져 한국은 자동차수출국이 된다.

그렇다면 자동차 수출로 인한 손실과 이득은 무엇이고 누구에게 돌아갈까? 자유무역으로 국내가격이 세계가격수준으로 상승하여 무역 전보다 비싼 가격으로 자동차를 팔 수 있게 된 국내 자동차생산자들은 이득을 보고 종전보다 더 비싼 가격으로 자동차를 구입해야 되는 소비자들은 무역으로 인해 손실을 입게 된다.

이와 같은 소비자의 손실과 생산자의 이득을 소비자잉여와 생산자잉여의 변화를 통해 측정해 보자. 무역 전에 소비자잉여는 수요곡선과 무역 전 가격 사이의 면적인 그림 27-6의 $A+B$와 같았다. 생산자잉여는 공급곡선과 무역 전 가격 사이의 면적인 C와 같았다. 따라서 무역 전 소비자잉여와 생산자잉여를 합친 총잉여는 $A+B+C$와 같다.

자유무역이 허용된 후 국내가격이 세계가격수준으로 상승하기 때문에 소비자잉여는 수요곡선과 세계가격 사이의 면적 A로 축소된다. 반면 생산자잉여는 공급곡선과 세계가격 사이의 면적 $B+C+D$로 확대된다. 따라서 자유무역하의 총잉여는

그림 27-7

수입국의 국제무역

무역 전 국내가격이 세계가격보다 높았던 나라는 무역자유화로 수입국이 된다. 수입국은 세계가격으로 국내초과수요량(국내수요량− 국내공급량)을 수입한다.

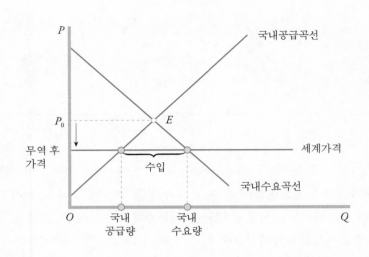

A+B+C+D가 된다.

자유무역으로 인한 후생의 변화를 통해 자동차수출로 인해 누가 수혜자이고 누가 피해자인지를 가늠할 수 있다. 자동차의 생산자들은 생산자잉여가 B+D만큼 늘어났으므로 수혜자이다. 반면 소비자잉여는 B만큼 축소되었기 때문에 피해자이다. 그러나 생산자들의 이득이 소비자들의 손실보다 D만큼 크기 때문에 한국의 총잉여는 무역 전 A+B+C에서 무역 후 A+B+C+D로 D만큼 늘어났음을 알 수 있다. 이를 표로 정리하면 표 27−4와 같다.

그림 27-8

자유무역과 수입국의 후생 변화

자유무역으로 수입국의 소비자잉여는 A에서 A + B + D로 증가하고 생산자잉여는 B + C에서 C로 감소한다. 이에 따라 자유무역은 수입국의 총잉여를 D만큼 증가시킨다.

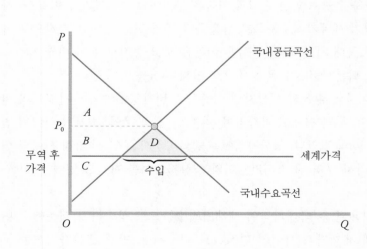

표
27-5

	무 역 전	무 역 후	변화분
소비자잉여	A	$A+B+D$	$+(B+D)$
생산자잉여	$B+C$	C	$-B$
총 잉 여	$A+B+C$	$A+B+C+D$	$+D$

자유무역과 수입국의 후생변화

이상의 분석에서 알 수 있는 것은 두 가지이다. 첫째, 어떤 나라가 자유무역하에서 어떤 상품의 수출국이 되면 그 상품의 국내생산자가 이득을 보고 국내소비자가 손실을 입는다. 둘째, 무역으로 인한 생산자의 이득이 소비자의 손실보다 크기 때문에 무역을 통해 국가 전체의 총잉여는 증가한다.

수입국 소비자와 생산자의 이득과 손실

이제 한국의 무역 전 국내 자동차가격이 세계가격보다 높았다고 가정하자. 자유무역이 허용되면 국내가격은 세계가격과 같아져야 하기 때문에 국내 자동차가격은 세계가격수준으로 하락한다.

이 경우 세계가격수준에서의 수평선은 한국이 자유무역하에서 직면하는 자동차 공급곡선이다. 한국이 원하는 만큼 세계가격수준에서 자동차를 살 수 있기 때문에 한국은 완전탄력적인 공급곡선에 직면하게 되는 것이다.

자유무역으로 국내 자동차가격이 세계가격수준으로 하락하기 때문에 국내 자동차 생산자들은 생산을 줄이려 하는 반면 국내소비자들은 자동차 소비를 늘리려 한다. 결국 그림 27-7에서 보는 것처럼 자동차의 국내수요량이 국내공급량을 초과하여 초과수요량을 해외에서 수입하게 된다.

자유무역으로 인한 손실과 이득은 무엇인가? 자유무역으로 인해 국내가격이 하락하면 자유무역 전보다 싼 가격으로 자동차를 구입할 수 있게 된 소비자는 이득을 보고 종전의 국내가격보다 낮은 세계가격으로 자동차를 팔아야 하는 생산자는 손실을 본다. 손실과 이득의 크기는 소비자잉여와 생산자잉여의 변화로 측정할 수 있다. 무역 전 소비자잉여는 그림 27-8의 A, 생산자잉여는 $B+C$, 그리고 총잉여는 $A+B+C$와 같았다. 자유무역 후 소비자잉여는 $A+B+D$, 생산자잉여는 C, 그리고 총잉여는 $A+B+C+D$이다.

결국 자유무역으로 인해 소비자잉여는 $B+D$만큼 늘어난 반면 생산자잉여는 B만큼 감소한다. 소비자의 이득이 생산자의 손실을 초과하기 때문에 총잉여는 D만

자유무역의 이득
자유무역은 그 나라에서 생산하지 못하거나 다른 나라에 비해 상대적으로 비싼 생산물을 싸게 소비할 수 있도록 해준다.

자유무역협정(Free Trade Agreement: FTA)이란 특정국가간에 상품의 자유무역을 위해 제반 관세 및 비관세장벽을 완화 내지 철폐하는 특혜무역 협정을 말한다. 자유무역협정은 종전에는 인접국가나 일정한 지역을 중심으로 이루어진 지역협정의 성격을 띠었다. 그러나 최근에는 근접성에 구애받지 않는 원거리 FTA 체결도 늘어나고 있다. 또한 종전에 중요시했던 공산품 무역자유화뿐 아니라 농산품과 서비스 무역자유화와 직접투자의 자유화까지 대상범위를 폭넓게 잡고 있는 추세이다. 최근에는 지식재산권, 정부조달 등 다양한 통상규범도 포함하여 체결되는 추세이다. 현재 우리나라는 59개국과 21건의 FTA를 체결하고 있다. 우리나라는 미국, EU, 중국, 인도와 FTA를 체결한 유일한 국가이다(FTA와 관련된 상세한 정보는 정부가 운영하는 fta.go.kr에서 살펴볼 수 있다).

자유무역에 대해 다음과 같은 익살맞은 말이 있다. "Achieving free trade is like getting to heaven. Everyone wants to get there, but not too soon."

현실세계에서 자유무역은 천국처럼 모든 사람이 궁극적으로 가고 싶어 하는 곳이 아닌 것 같다. 자유무역으로 손해를 보는 집단은 자유무역이 자기네 손해를 상쇄하고도 남는 이득을 경제에 안겨 준다는 사실에 위안을 받지 못하고 자유무역에 반대한다. 사람들이 자기 이익을 위해 행동한다는 경제학의 기본원리에 비추어 볼 때 이 반대를 나무랄 수 없다. 이들의 손해를 보상해 주고 산업구조 조정과 전직훈련 등에 정부가 적극 나서지 않으면 피해부문의 집단이기주의에 의해 자유무역정책을 제대로 추진할 수 없다. 자유무역협정을 맺는 데에 대외협상 못지 않게 대내협상이 중요하다고 말하는 것은 이 때문이다.

큰 증가한다. 이를 정리하면 표 27-5와 같다.

자유무역에 따른 수입국의 후생변화 분석을 통해 수출국과 대응되는 두 가지 시사점을 얻을 수 있다. 첫째, 자유무역이 허용되어 어떤 나라가 한 상품을 수입하면 그 상품의 국내소비자들은 이득을 보고, 국내생산자들은 손실을 본다. 둘째, 무역으로 인한 소비자의 이득이 생산자의 손실보다 크기 때문에 자유무역을 통해 국가 전체의 총잉여는 증가한다.

국제무역으로 인한 이득과 손실 분석을 통해 알 수 있는 것은 자유무역이 모든 사람에게 이득이 되지는 않는다는 것이다. 한국이 자동차의 수출입을 금지하다가 허용하면 자동차의 수출입으로 인해 손실을 입는 사람과 이득을 보는 사람이 생겨나게 된다. 수출국이 되었건 수입국이 되었건 무역으로 인한 수혜자의 이득이 피해자의 손실보다 크기 때문에 이득을 보는 사람들이 손실을 보는 사람들을 보상한다면 자유무역은 모든 사람들에게 이득이 된다. 그러나 무역으로 인해 손실을 보는 사람들에 대한 보상이 현실적으로 어렵다는 것을 감안하면 자유무역은 모든 사람들에게 이득이 되지 않을 수 있다. 무역으로 인한 피해자에 대한 보상이 이루어지지 않는 상황하에서의 자유무역은 경제 전체의 총잉여를 증가시키면서 일부 경제주체들이 받는 몫을 종전보다 줄어들게 만드는 양면성을 지닌다.

3 관세의 경제적 효과

지금까지 무역에 대한 국가의 개입이 없는 자유무역을 전제로 무역이 왜 발생하며 무역으로 인한 수혜자와 피해자는 누구인지에 대해 살펴보았다. 그러나 현실적으로 세계의 모든 나라들은 여러 가지 수단을 동원하여 무역에 개입하고 있는데 그 대표적인 수단이 관세이다.

관세(tariff)란 수입상품에 대하여 부과하는 세금을 말한다.

관세가 부과될 때 국민경제에 어떠한 변화가 일어나게 되는가를 앞의 예로 살펴보자. 한국이 세계가격으로 자동차를 수입하다가 자동차에 수입관세를 부과한다고 하자. 그러면 한국 내에서 자동차의 가격이 관세를 부과하기 전보다 상승할 것이다. 자동차의 가격이 상승하면 국내 자동차 생산자들의 자동차 공급량이 증가한다. 반면 자동차의 수요량은 감소하게 되어 자동차의 수입량은 관세를 부과하기 전보다 줄어든다.

이러한 변화를 그림 27-9로 살펴보자. 그림에서 P_1은 자동차의 세계가격이다. 이 가격수준에서 한국 내의 자동차에 대한 수요량은 Q^D인 데 비하여 자동차의 공급량은 Q^S이다. 한국은 P_1의 가격수준에서 수요량 Q^D 중 Q^S을 국내생산으로 충당하고 나머지 Q^SQ^D을 수입하고 있다. 이제 한국이 자동차에 대하여 한 대당 t원의 관세를 부과한다고 하자. 그러면 국내 자동차가격이 P_1에서 관세액만큼 상

관세
수입상품에 대하여 부과하는
세금

외제차
외제차에 관세를 부과하면 국산 자동차 생산이 증가하여 고용이 늘어나는 효과가 있다. 그러나 관세 등 수입규제는 국내 산업의 글로벌 경쟁력을 약화시켜 장기에는 득보다 실이 크게 마련이다.

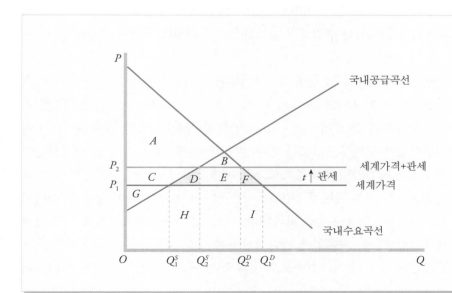

관세의 경제적 효과

관세가 부과되면 국내가격이 상승하고 거래량이 감소한다. 가격이 상승하기 때문에 소비자잉여가 감소하고 생산자잉여가 증가한다. 감소하는 소비자잉여 중 일부 ($D+F$)는 사회후생의 순손실로 나타난다.

표 27-6		관세부과 전	관세부과 후	변화분
관세의 후생변화	소비자잉여	$A+B+C+D+E+F$	$A+B$	$-(C+D+E+F)$
	생산자잉여	G	$C+G$	$+C$
	정부수입	0	E	$+E$
	총 잉 여	$A+B+C+D+E+F+G$	$A+B+C+E+G$	$-(D+F)$
	국내생산량	Q_1^S	Q_2^S	$+(Q_1^SQ_2^S)$
	국내소비량	Q_1^D	Q_2^D	$-(Q_2^DQ_1^D)$
	수 입 량	$Q_1^SQ_1^D$	$Q_2^SQ_2^D$	$-(Q_1^SQ_2^S+Q_2^DQ_1^D)$

승하여 P_2가 된다. 이에 따라 국내공급량은 Q_1^S에서 Q_2^S로 증가하고 국내수요량은 Q_1^D에서 Q_2^D로 감소한다. 따라서 수입량은 $Q_1^SQ_1^D$에서 $Q_2^SQ_2^D$로 감소한다.

그림 27-9로부터 여러 가지의 관세효과를 설명할 수 있다.

생산증가효과: 생산증가효과란 관세부과로 국내생산량이 증가하는 효과이다. 그림에서 생산증가효과는 $Q_1^SQ_2^S$이다. 관세가 부과되어 국내생산이 증가하면 고용도 증가하기 때문에 생산증가효과는 관세의 고용증대효과 혹은 국내산업보호효과라고도 부른다.

소비억제효과: 관세를 부과한 결과 국내수요량이 $Q_2^DQ_1^D$만큼 감소하는데 이것을 관세의 소비억제효과라고 한다.

재정수입증가효과: 수입량이 $Q_2^SQ_2^D$고 수입량 1단위당 P_1P_2의 관세가 부과되기 때문에 사각형 E는 정부가 거두어들인 관세수입의 크기이다. 이것을 재정수입증가효과라고 한다.

무역수지개선효과: 관세로 인하여 수입이 $Q_1^SQ_1^D$에서 $Q_2^SQ_2^D$로 감소한다. 따라서 사각형 H와 I는 관세로 인한 수입액의 감소분으로서 관세의 무역수지개선효과를 나타낸다.

소비자후생 및 사회후생의 순손실: 관세부과로 가격이 P_2로 상승함에 따라 소비자잉여는 관세부과 전 $A+B+C+D+E+F$에서 $A+B$로 $C+D+E+F$만큼 감소한다. 생산자잉여는 관세부과 전 G에서 $C+G$로 C만큼 증가한다. 또한 관세부과 전 0이었던 정부재정수입은 관세부과로 E가 된다. 따라서 관세부과로 감소된 소비자잉여 $C+D+E+F$ 중 C는 생산자잉여의 증가로, E는 재정수입의 증가로 나타난다. 그러나 나머지 면적 D와 F는 다른 국내경제주체들의 이익 증대로 나타나지 않는다. 따라서 면적 D와 F는 사회후생의 순손실을 나타낸다. 이 중 면적 D는 관세부과로 인한 가격상승으로 국내생산자들이 자동차를 과다생산하여 생긴 사회적 순손실을 나타낸다. 면적 F는 관세부과로 인한 가격상승으로 국내소비자들이 자동차를 적게 소비하여

읽을거리 27-2

**미중 무역전쟁과
관세**

	관세부과 전	관세부과 후	변화분
소비자잉여	$A+B+C+D+E+F$	$A+B$	$-(C+D+E+F)$
생산자잉여	G	$C+G$	$+C$
정부수입	0	E	$+E$
총잉여	$A+B+C+D+E+F+G$	$A+B+C+E+G$	$-(D+F)$
국내생산량	Q_1^S	Q_2^S	$+(Q_1^S Q_2^S)$
국내소비량	Q_1^D	Q_2^D	$-(Q_2^D Q_1^D)$
수 입 량	$Q_1^S Q_1^D$	$Q_2^S Q_2^D$	$-(Q_1^S Q_2^S + Q_2^D Q_1^D)$

표 27-6 관세의 후생변화

생긴 사회후생의 순손실을 나타낸다. 관세가 부과되면 소비자잉여가 감소할 뿐 아니라 사회후생의 순손실이 발생하는 부작용이 생기는 것이다. 제8장에서 조세는 사회후생의 순손실을 낳는다는 것을 배웠다. 관세도 조세의 일종으로 사회후생의 순손실을 낳는다. 경제학에서 관세가 자원배분을 왜곡시킨다고 말하는 이유가 여기에 있다. 이상의 논의를 정리하면 표 27-6과 같다.

제3절 무역정책의 이론

무역정책에 관한 이론으로는 자유무역론과 보호무역론이 있다. 역사적으로 볼 때 자유무역론이 지배적인 시대도 있었고, 보호무역론이 지배적인 시대도 있었다. 오늘날 대부분의 나라들이 전반적으로는 자유무역을 표방하면서 전략산업이나 핵심기술산업에 대해서는 보호무역론의 입장을 취하고 있다.

1 자유무역론

자유무역론
자유로운 무역이 쌍방에 이익
이 된다는 이론

자유무역론이란 국가가 수출을 통제하거나 수입을 제한하지 않고 자유롭게 방임하는 것이 국가적으로나 국제적으로나 다 같이 이익이 된다는 이론이다. 이는 앞에서 설명한 비교우위이론에서 자연스럽게 파생되는 무역정책론으로서 스미스, 리카도, 밀(John Stuart Mill, 1806~1873) 등의 고전학파 경제학자들이 주장하였다. 무역을 자유롭게 방임하면 세계 각국이 각자 비교우위에 있는 상품을 생산하여 교역하게 되기 때문에 자원의 효율적인 배분과 국제분업의 이익이 실현된다.

자원배분의 효율성

정부가 관세와 같은 무역정책을 통해 시장가격을 왜곡하지 않을 때 가장 효율적으로 자원배분이 이루어지고 생산자와 소비자 잉여의 합이 최대가 된다. 관세를 철폐하고 자유무역을 할 경우 그림 27-9의 생산과 소비 왜곡으로 인한 자원배분의 비효율성(D+F)을 제거할 수 있다.

규모의 경제의 이점 향유

자유무역하에서 기업과 산업이 규모의 경제(economies of scale)의 이점을 보다 잘 향유할 수 있다. 관세를 통해 시장을 보호할 경우 생산비용이 높은 기업들도 산업에 진입한다. 이에 따라 생산이 비효율적으로 이루어져 규모의 경제의 이득이 제한된다.

경쟁 증가 및 혁신의 동기 제공

경쟁이 심한 자유무역하에서 수출 혹은 수입 경쟁에 필요한 새로운 기술, 제품, 디자인 개발에 대한 유인이 커진다. 또한 자유무역하에서 학습과 혁신의 기회를 더 많이 가질 수 있다. 자유무역을 통해 보다 생산적인 기업은 해외시장에 진출하고 덜 생산적인 기업은 국내시장을 담당하거나 퇴출됨으로서 생산성이 높은 기업 중심으로 산업구조가 전환된다. 그 결과 경제 전체의 효율성이 제고된다.

지대추구를 통한 자원 낭비 방지

지대추구(rent seeking)행위는 제도적으로 보호된 소득을 얻기 위해 자원을 사용(낭비)하는 것이다. 수입할당(import quota)과 같은 보호주의 무역정책이 도입되면 수입면허를 가진 수입업자가 보호된 소득(쿼터렌트)을 얻을 수 있다. 따라서 지대추구에 따르는 시간과 자원의 낭비가 이루어진다.

2 보호무역론의 근거

한 나라의 산업을 보호·육성하기 위하여 국가가 적극적으로 수입을 규제해야 한다는 이론이 **보호무역론**이다.

보호무역론은 독일의 역사학파 경제학자 리스트(Friedrich List, 1789~1846)가 19세기 중반에 처음으로 주창한 이래 지금까지 여러 이유와 다양한 형태로 많은 나라에 통용되고 있다.

유치산업 보호

보호무역을 주장하는 가장 핵심적인 이유는 유치산업(infant industry)의 보호이다. 유치산업이란 설립된 지 얼마 되지 않아 유아기에 있는 산업을 말한다. 일반적으로 후진국의 공업은 유치산업이며 선진국의 동종산업에 비해 생산성이 낮아 국제경쟁력의 측면에서 비교열위에 있다. 따라서 비교우위이론을 내세워 처음부터 자유무역을 하면 후진국의 유치산업이 선진국의 경쟁력에 눌려 성장할 수 없다. 그러나 적당기간 선진국으로부터의 수입을 막고 보호를 해 주면 국내수요를 기반으로 하여 성장할 수 있고, 또 국제경쟁력을 기를 수 있게 된다. 이렇게 유치산업을 보호하기 위하여 무역을 제한하다가 그 유치산업이 성장하여 국제경쟁력을 갖게 될 때 자유무역을 실시하는 것이 바람직하다는 것이 유치산업보호이론이다. 유치산업보호이론이 모든 유치산업을 보호하자는 주장은 아니다. 유치산업 중에서도 일정기간 동안 보호를 해 주면 비교우위산업이 될 수 있는 산업만을 보호해 주어야 한다는 것이다.

유치산업보호이론은 보호무역론의 핵심이론이지만 실제 운용에는 문제가 많다. 유치산업을 선정하고 보호기간을 결정하는 문제가 객관적으로 풀기 어렵다. 제17장에서 다룬 공공선택의 문제점이 기승을 부리게 마련인 영역이다. 일단 유치산업으로 선정되면 당초에 예상했던 일정기간이 지나도 해당산업의 치열한 지대추구행위로 보호막을 치우기가 어려워진다.

경제안정과 국가안보

보호무역론은 유치산업 외에도 국민경제의 안정과 국방을 위해 특정산업들이 보호되어야 한다고 주장한다. 한 나라가 비교우위만을 따져 몇 가지 산업에만 특화하는 경우, 그 국민경제는 수입에 지나치게 의존하여 해외경제의 변화에 좌우되기 쉽다. 특히 핵심전략물자의 생산을 포함하는 국방산업을 해외에 전적으로 의존하는 것은 바람직하지 않다. 따라서 국민경제의 안정과 국방을 위해서는 그 국민경제에

보호무역론

한 나라의 산업을 보호·육성하기 위하여 국가가 적극적으로 수입을 규제해야 한다는 이론

유치산업

설립된 지 얼마 되지 않아 유아기에 있는 산업

꼭 필요한 기간산업이나 방위산업을 보호·육성해야 한다는 것이다.

국내고용 안정

자유무역 반대론자들의 또 다른 주장은 자유무역이 국내 일자리를 축소시켜 실업자를 양산한다는 것이다. 자유무역으로 수입을 통해 국내가격이 하락하고 국내생산이 줄면 국내고용이 줄고 실업이 는다는 주장이다.

자유무역은 국내고용을 축소시키는 측면도 있지만 동시에 국내 일자리를 창출하는 측면도 가지고 있다. 우리나라가 낮아진 국제가격으로 자동차를 수입함으로써 국내 자동차 생산이 줄면 자동차산업 종사자의 일자리는 줄어든다. 그러나 우리나라가 비교우위를 가지고 수출하는 산업의 일자리는 늘어난다. 따라서 직업 전환에 따른 고용감소 효과는 단기에 그치기 쉽다.

전략적 차원

자유무역을 제한해야 한다는 또 다른 주장은 전략적 차원에서 나온다. 다른 나라가 A산업에 보조금을 주어 A산업 제품이 싸게 수입된다면 보조금을 철폐할 때까지 A산업 제품의 수입을 금지하는 것이 그 예이다. 2010년대부터 두드러지게 나타난 G2(미국과 중국)의 무역분쟁과 근래 미국의 중국에 대한 첨단기술산업 제품의 수출금지는 경제적인 차원을 넘어 세계적인 패권을 다투는 전략적 차원에서 비롯되었다.

읽을거리 27-3 ▶ 최근 미국 보호무역주의의 정치경제학

제2차 세계대전 후 20세기 말까지 세계는 미국과 유럽 선진국들이 주도하는 자유무역주의가 대세를 이루었다. 1995년에 우루과이 라운드가 타결되어 세계무역기구(WTO)체제가 출범하면서 자유무역주의는 만개하였다. 그러나 의욕적으로 추진된 후속 도하 라운드가 지지부진하다가 끝내 좌초하고 WTO의 무역분쟁 해결 기능이 무력화함으로써 자유무역주의에 제동이 걸렸다. 특히 자유무역의 챔피언이었던 미국이 관세 인상, 수입 금지, 수입 할당 등 무역규제조치들을 빈번하게 발동하고 WTO의 분쟁 조정을 무시하였다. 이는 미국의 중국에 대한 인식 변화를 반영한다.

미국은 2001년에 세계 최대의 공장이자 시장인 중국을 WTO에 가입시켰다. 무역 확대를 통해 공동번영을 추구하면 중국도 서구처럼 시장경제국이자 자유민주국가가 될 것이라는 기대를 가지고 중국을 세계시장 안으로 끌어들인 것이다. 중국의 WTO 가입은 기대에 맞게 세계무역과 경제성장, 그리고 선진국의 물가 안정에 크게 기여하였다. 한편으로 중국의 값싼 공산품이 선진국시장을 휩쓸어 미국의 전통적인 공업지대인 중서부가 경쟁력을 잃고 쇠락하였다. 중국이 자국에 진출한 외국인 투자기업에 대해 차별적이고 변덕스러운 규제를 행하여 WTO가 강조하는 자유무역의 기본원칙인 내국민대우가 이행되지 않았다. 나아가 기술을 탈취하고 지식재산권을 무시하는 등 공정한 무역에 어긋나는 일이 흔히 일어났다. 중국이 스스로 일컫는 '중국 특색의 사회주의 시장경제'는 정부가 각종 국유기업과 통제로 시장을 주도하는 '국가자본주의'체제다. 시장경제 못지 않게 각종 규제와 명령으로 정부가 민간의 시장경제활동을 통제하는 사회주의경제의 요소가 많다. 중국은 이를 인정하지 않고 자기네가 추구하는 국가자본주의가 위기를 종종 경험하는 서방의 자유시장경제보다 나은 제도라고 주장한다(이를 워싱턴 컨센서스에 대항하는 베이징 컨센서스라 부른다). 무엇보다 중국이 시진핑 권위주의체제 하에서 중국몽을 내세우며 패권국을 지향한 것이 미국의 자존심을 건드리고 중국에 대한 견제심리를 불러 일으켰다. 트럼프 2기 국무장관 지명자가 "억압, 거짓말, 속임수, 해킹, 도적질을 통해 미국의 희생 속에서 글로벌 초강국 지위에 올랐다"는 강경한 발언을 쏟아낸 배경이다.

사회주의 종주국인 소련이 1990년에 해체됨으로써 미국은 20세기에 진행된 소련과의 체제경쟁에서 승리하였다. 경제와 군사 면에서 초강대국이 된 미국은 더 이상의 패권도전국은 없을 것이라고 낙관하였다. 그러나 중국이 어느덧 경제력으로 미국 다음 가는 G2가 되자 중국몽을 내세우면서 패권국의 야심을 드러냈다. 해양초강대국으로 거듭나서 남중국해의 영유권을 주장하고, 대만을 흡수하려는 욕심을 숨기지 않고, 아시아, 아프리카는 물론 중남미에까지 영향력을 확대해 가고 있다. 이에 미국은 중국을 예전의 소련보다 더 강한 패권도전국이라고 인식하게 되었다. 트럼프 1기 행정부 때부터 드러난 이런 인식을 미국의 양당 모두 공유한다. 트럼프 2기 행정부에서 추진하는 높은 관세장벽은 물론 반도체, AI, 양자 등의 첨단기술 분야에서 중국에 대한 수출을 금지하는 것은 이런 맥락에서 나온 것이다.

하늘에 태양이 둘 있을 수 없듯이 중국이 패권국이 되는 것은 용납할 수 없다는 미국 정부와 의회의 분위기는 중국의 권위주의체제가 바뀌지 않는 한 바뀌지 않을 것으로 보인다. 자유무역이 쌍방을 이롭게 한다는 경제논리는 경제적인 차원을 넘어서는 이런 국제정치 논리 때문에 앞으로 상당 기간 G2에 통용되지 않을 전망이다. 주요 선진국 중 무역의존도와 중국 의존도가 제일 높은 우리나라로서는 이중의 의존도를 낮추어 나가면서 경제에 미치는 충격을 가급적 작게 해야 하는 난제를 안고 있다.

3 보호무역을 위한 정책수단

국내산업을 보호하기 위하여 각국이 사용하고 있는 정책수단에는 여러 가지가 있는데 이들은 크게 관세장벽과 비관세장벽으로 나누어 볼 수 있다.

관세장벽

관세장벽(tariff barriers)이란 수입을 억제하기 위하여 높은 관세를 부과하는 것을 말한다. 관세의 수입가격에 대한 비율을 **관세율**(tariff rate)이라 한다.

관세는 수입재의 수량을 기준으로 단위당 일정한 금액의 세금이 부과되는 종량관세(specific duty)와 수입재의 가격에 일정 비율의 세금을 부과하는 종가관세(ad valorem duty)가 있다. 관세는 가장 단순하고 오래된 형태의 보호주의 정책수단이다. 관세장벽은 후진국들이 소비 억제를 목적으로 사용하기도 하지만 일반적으로 수입을 억제하여 국내산업을 보호할 목적으로 많이 사용한다. 앞 절에서 관세를 부과하

관세장벽
수입을 억제하기 위하여 높은 관세를 부과하는 것

관세율
관세의 수입가격에 대한 비율

면 국내산업보호효과가 생기는 것을 살펴보았다.

관세장벽은 일반적으로 국민경제의 변화에 민감하게 대응할 수 있도록 관세율의 범위를 정하여 놓고 필요에 따라 관세장벽의 높이를 변경할 수 있는 탄력관세제도를 많이 사용한다. 탄력관세제도에는 수출국이 그 나라의 수출산업에 지원하는 수출장려금·보조금 등을 상쇄하기 위해 부과하는 상계관세(countervailing duties), 상대국이 자국의 수출상품에 차별대우를 하는 경우 상대국으로부터 수입되는 상품에 대해 부과하는 보복관세(retaliatory duties), 생산원가 이하로 덤핑하는 수출국의 수출품에 부과하는 반덤핑관세(anti-dumping duties), 특정상품이 자국에 급속도로 수입되어 국내산업이 심각한 손해를 보게 될 때 이를 보호해 주기 위해 행정부가 입법절차를 거치지 않고 긴급하게 관세를 부과하는 긴급관세, 물자수급의 원활을 기하기 위하여 일정량의 수입물량에 대해 관세를 조정해 주는 관세할당제도 등이 있다.

비관세장벽

관세 이외의 수입억제조치들을 총칭하여 비관세장벽(non-tariff barriers)이라고 한다. 비관세장벽의 종류는 무수히 많은데 여기서는 몇 가지만 간략하게 살펴보기로 한다.

수입허가제

말 그대로 정부의 허가를 받아 수입하게 하는 제도이다. 수입 가능 품목 중 특정 품목의 수입을 아예 금지하거나 수입에 여러 조건을 붙여 그 조건들이 충족된 경우에만 제한적으로 수입을 허가한다.

수입할당(import quota)제

수입할당제
상품을 수입할 수 있는 최대 수량을 정해 놓고 그 이내에서만 수입을 허가하는 수량제한제도

비관세장벽의 대표적인 예로서 상품을 수입할 수 있는 최대수량을 정해 놓고 그 이내에서만 수입을 허가하는 수량제한제도이다. 수입상품을 국가별 또는 수입업자별로 제한적으로 할당함으로써 수입을 억제하여 국내 산업을 육성하고 무역수지를 개선하려는 제도이다. 수입할당제의 경제적 효과는 관세부과 시 발생하는 정부의 재정수입(관세수입)이 쿼터렌트로서 수입면허를 가진 수입업자에게 귀속된다는 점을 빼고는 관세의 경제적 효과와 동일하다.[1]

국산부품의무사용(local content requirements : LCRs)제

최종재의 일정 비율 이상 국내산 중간재(부품)를 반드시 사용하도록 요구하는

---

[1] 수입면허는 과거의 수입실적을 바탕으로 수입업자에게 배분되는 것이 일반적이다. 반면 미국이 설탕수입에 대해 시행하고 있는 수입할당제의 경우 수입면허를 수출국 정부에 부과하고 있다. 이 경우 수입할당제로 인한 쿼터렌트가 미국정부에 귀속된다.

규정이다. 국산부품의무사용제는 자국의 부품 생산자 입장에서는 수입할당제와 같은 방식으로 중간재(부품)의 수입을 제한하는 효과를 가진다. 다만 관세나 수입할당제에서 발생하는 재정수입이나 쿼터렌트 등은 발생하지 않는다.

수출자율규제(Voluntary Export Restraint : VER)

수출자율규제는 자율규제협정(VAR: Voluntary Restraint Agreement)으로도 불린다. 명칭과는 다르게 이 제도는 일반적으로 협상력이 큰 수입국이 수출국에 강요하여 시행되며 다른 무역규제를 미연에 방지하기 위해 수출국이 (마지못해) 동의하는 경우가 대부분이다. 수출자율규제로부터 발생하는 렌트는 제한된 수출물량에 대한 수출 권한을 가진 수출국 정부나 수출국 생산자들에게 귀속된다. 수출자율규제를 요청한 수입국의 입장에서 수출자율규제의 경제적 효과는 수입권이 수출국 정부(혹은 수출국 기업)에 부여되는 수입쿼터와 유사하다. 수출자율규제눈 수출물량 제한에 따른 경제지대가 모두 수출국에 귀속된다는 점에서 관세나 수입쿼터에 비해 수입국의 후생손실이 훨씬 더 크다.[2]

국영무역(state trading)과 정부구매(government procurement)

정부가 직접 관여하는 비관세장벽으로 국영무역과 정부구매가 있다. 무역을 국영으로 하는 사회주의국가는 말할 것도 없고 자본주의국가에서도 곡물·무기·원유 등 중요한 물자를 국영으로 무역하는 경우가 많은데 이 때 정부는 이들을 독점적으로 수입함으로써 수입을 제한한다. 또한 정부는 정부산하기관에서 필요로 하는 물자를 구입하는 데 있어서 국산품을 우선적으로 구입하여 수입을 제한하기도 한다.

이상에서 설명한 비관세장벽은 모두 수입을 제한하기 위한 수단이다. 수입을 제한하기 위한 비관세장벽에는 위에서 설명한 것 이외에도 제품의 기술수준 및 규격에 대한 표준, 허가 등을 제한하거나 안전, 보건 및 위생, 환경보호 등을 이유로 수입을 제한하기도 한다. 또한 죄수, 어린이 등을 이용한 강제노동 생산물의 수입을 규제하는 경우도 있다. 반면 수출 촉진을 위한 무역정책 수단으로는 대표적으로 수출보조금이 있다.

소고기 위생검역
각국은 본문에서 소개된 비관세장벽 이외에도 농·축산물에 대한 위생검역, 환경기준, 노동기준, 기술표준, 지식재산권 등 각종 비관세장벽을 동원하고 있다.

---

2 수출국이 수입국의 국내시장 점유율을 일정수준 이하로만 유지하도록 하는 것을 수출질서유지협정(orderly marketing arrangement : OMA)이라고 한다. 수출자율규제와 수출질서유지협정 등을 회색지대조치(grey area measure)라고 부른다. 자율규제와 질서유지라는 명분으로 국가간 차별을 금하는 가트(GATT) 기본원칙을 교묘히 우회하고 있기 때문에 이런 이름이 붙여졌다.

수출보조금(export subsidy)

수출보조금은 수출을 촉진하기 위해 정부가 수출품에 지급하는 보조금이다. 수출보조금도 관세처럼 종량 또는 종가 기준으로 지급할 수 있다. 종량 보조금은 수출품 단위당 일정 금액을 보조금으로 지불하는 것이고 종가 보조금은 수출품 가격의 일정 비율을 지불하는 것이다.

정부가 수출기업에게 수출보조금을 지급하면 기업은 수출을 통해 더 높은 수익을 기대할 수 있으므로 해외 수출을 늘리기 위해 가급적 수출재의 국내공급을 줄이려 한다. 따라서 수출품에 대한 수출보조금 지급은 수출재의 국내가격 상승을 유발한다. 수출재의 국내가격 상승으로 소비자잉여는 감소하고 생산자잉여는 증가한다. 정부의 수입은 수출보조금만큼 손실이 발생한다. 재정수입이 발생하는 관세에 비해 수출보조금의 후생순손실이 더 크게 나타난다.[3]

4 자유무역과 공정무역을 위한 국제기구

역사적으로 국제경제에는 자유무역론과 보호무역론의 논리가 동시에 나타났다. 세계의 모든 나라들이 한편으로는 여러 가지 보호무역정책을 실시하면서도, 다른 한편으로는 국제무역의 이익을 증진시키기 위하여 자유무역의 확대를 추진해 온 것이다.

자유무역과 GATT

GATT
관세 및 무역에 관한 일반협정

GATT(General Agreement on Tariffs and Trade)는 자유무역을 촉진시켜 세계경제의 번영을 꾀하고자 1947년에 맺어진 「관세 및 무역에 관한 일반협정」이다. 우리나라는 1967년에 가입하였다.

가트는 자유무역의 촉진을 위해 최혜국대우원칙, 내국민대우원칙, 수량제한철폐원칙의 세 가지 기본원칙을 추구하고 있다.

최혜국대우원칙
한 국가에 주어지는 무역상의 혜택은 자동적으로 다른 모든 GATT 회원국에게도 부여되어야 한다는 원칙

최혜국대우원칙(most-favored-nation treatment: MFN)이란 회원국들이 관세인하협정을 맺을 때 협정당사국들만의 특혜조치를 금지하는 조항이다. 즉, 가트 회원국 중 두 나라가 쌍무적으로 관세인하협정을 맺으면 그 협정의 내용과 효력이 다른 모든 회원

---

3 수출보조금의 보다 자세한 경제적 효과는 이 장의 연습문제 3번 참고.

국에게도 적용되어야 한다는 것이다. 다만 인접국간 관세동맹과 자유무역협정은 최혜국대우원칙을 위배하여 차별적 성격을 갖고 있으나 지역 내의 자유무역을 촉진시키는 측면이 있다는 점에서 예외로 인정하고 있다. 오늘날 최혜국대우원칙은 한 국가에 주어지는 무역상의 혜택은 자동적으로 다른 회원국 모두에게 똑같이 적용되어야 한다는 무차별원칙으로 확대·사용되고 있다.

내국민대우원칙(national treatment)이란 회원국이 관세 이외에 내국세·정부규제 등에서 수입품을 국산품과 동등하게 취급해야 한다는 원칙이다. 이 원칙이 설정된 것은 최혜국대우원칙에 의거하여 각국에 균등한 경쟁기회를 준다 하더라도 수입품에 대해 내국세·정부규제 등의 면에서 국산품과 차별대우를 하면 실질적인 무역확대가 어렵게 되기 때문이다.

수량제한철폐원칙은 가트가 인정하는 유일한 수입규제수단인 관세 이외에 원칙적으로 수량할당·수입허가 등에 의한 어떠한 수량규제도 두어서는 안 된다는 것이다.

보호무역론에서 살펴본 것처럼 이러한 이상적인 자유무역원칙을 선·후진국간에 무차별적으로 적용하면 후진국의 대부분의 산업들은 선진국에 의해 압도당하여 대등한 입장에서의 무역이 어려워질 것이다. 이를 감안하여 가트협정문 제18조는 개발도상국이 경제개발계획을 수행하거나 일반적인 국제수지 곤란을 경험할 때에는 관세특례, 수량제한 등 보호주의적 수단을 취할 수 있도록 허용하고 있다. 이 조항에 의거하여 수량제한을 취하는 국가를 가트 18조국이라고 한다.

우리나라는 1989년에 가트 18조국을 졸업하였다. 이어 1996년부터 우리나라는 가트 11조국이 되었다.

> 수출입 수량제한의 일반적 철폐의무를 준수하는 국가를 **GATT 11조국**이라고 부른다.

가트 18조국을 졸업하더라도
① 국제수지가 극도로 악화되었을 경우
② 국가의 안전이나 공중도덕 및 보건위생을 위해 필요할 경우
③ 특정상품의 수입 증대로 인하여 국내산업이 심각한 피해를 받고 있거나 받을 우려가 있을 경우
④ 국영무역의 경우
등에는 수입을 제한할 수 있다. 이 중 ③에 의한 수입제한을 긴급수입제한조치 (safeguard)라 한다. 긴급수입제한조치가 허용되기 때문에 앞에서 다룬 탄력관세제도와 여러 비관세장벽이 정당화된다.

가트체제에서는 무역환경이 변할 때마다 새로운 내용을 무역규범으로 정하기 위해 다국간(multilateral) 협상을 벌여 왔다. 이 다국간 협상을 라운드(round)라고 한다. 가트라운드는 모두 8차에 걸쳐 진행되어 왔다. 마지막 제8차 라운드는 우루과이 라

읽을거리 27-4

GATT 70주년과 글로벌 통상시스템

운드라고 불린다. 1993년 12월 우루과이 라운드의 타결로 제2차 세계대전 이후 세계무역질서를 유지해 온 가트체제가 발전적으로 확충되어 GATT/WTO(세계무역기구)체제가 열리게 되었다.

경제협력개발기구(OECD)

경제협력개발기구(Organization for Economic Cooperation and Development: OECD)는 경제에 관한 선진공업국 중심의 국제협력기구로서 1961년 9월 파리에 본부를 두고 설립되었다. 설립 당시 미국, 캐나다와 서유럽 선진국의 20개국이 회원국이었는데 2024년 말 현재 회원국 수는 38개국이다. OECD 회원국은 비록 많지 않지만 전 세계 재화 생산의 2/3를 차지하고 있어 세계경제에 막강한 영향력을 미치고 있다. 우리나라는 1996년에 29번째 회원국으로 가입하였다.

OECD는 포용적이고 지속적인 경제성장, 개발도상국 원조, 자유롭고 다변적인 무역의 확대 등 세 가지를 목표로 한다. UN이나 후술하는 세계무역기구처럼 모든 국가에 가입 자격이 주어지는 것이 아니라 위 OECD 목적에 찬동하고 민주주의와 자유 시장경제라는 공통의 가치관을 가진 나라 중에서 기존 회원국의 초청에 의해 가입할 수 있는 동질성이 강한 모임이다. OECD는 협상을 위한 국제기구는 아니다. 회원국 간의 상호관심 분야와 세계경제 현안에 대해 협의(consultation)를 거쳐 합의(consensus)에 의해 해결방안을 도출하는 국제경제기구일 뿐이다. 의사결정은 다수결이 아닌 회원국 전체의 만장일치제로 이루어진다.

OECD 규범의 가장 핵심적인 내용은 경상무역외거래자유화규약(The Code of Liberalization of Current Invisible Operation)과 자본이동자유화규약(The Code of Liberalization of Capital Movement)의 두 자유화규약이다. 이는 국제간 서비스거래와 자본이동의 자유화를 달성하려는 OECD의 기본헌장으로서 형식상으로는 국제조약이 아니지만 사실상 법적인 구속력을 가진다. 다만 신규가입국의 경우에는 기존회원국이 동의하면 양대 규약의 일부 조항에 대한 유보가 가능하다. 오늘날 무역과 환경, 경쟁정책, 노동기준, 反부패, 투자를 연계시키는 등 국제경제의 주요 현안문제에 대한 국제적 논의를 OECD가 주도하고 있다.

선·후진국간 공정무역과 UN무역개발회의(UNCTAD)

가트에 의한 관세율 인하는 선진국보다 국제경쟁력이 약한 후진국에게는 불리하다. 관세율 인하 대상이 주로 선진국의 수출품이자 후진국의 수입품인 공산품이라는 점에서 가트가 선진국의 이익만을 위한 것이라는 비판이 제기되었는데 그 결과 1964년에 UN무역개발회의(United Nations Conference on Trade and Development: UNCTAD)가 탄생하였다.

제2차 세계대전이 끝난 후 식민지상태로부터 정치적 독립을 얻은 개발도상국들은 경제발전이 매우 부진하고 선진공업국과의 경제적 격차가 확대되는 경향을 보였다. 이러한 선진국과 후진국 사이의 경제적 격차가 1960년대에 접어들면서 중요한 국제경제문제로 대두되었는데 이를 남북문제(North-South problem)라 일컫는다.4 여기서 남북이란 후진국은 대부분 남반구에 있고 선진국은 대부분 북반구에 위치하고 있다는 점에서 후진국과 선진국이라는 뜻으로 사용된 것이다. UNCTAD는 주로 남반구의 후진국들이 주도하여 선진국과 후진국 사이의 심각한 무역불균형을 해소하고, 선진국은 후진국 개발에 원조를 제공함은 물론 여러 면에서 적극 협조해야 한다는 등 후진국의 이익을 강력히 주장하는 국제기구이다.

UNCTAD에서 제기된 후진국들의 주장은 크게 다음의 두 가지이다.

첫째, 선진국과 후진국 사이에 존재하는 심각한 빈부의 격차는 지난날 선진국이 펼쳤던 식민지정책의 소산이다. 따라서 선진국들은 마땅히 후진국들에게 무상이나 장기저리의 원조를 하는 등 후진국들의 개발을 적극 지원해야 한다.

둘째, 후진국들은 일반적으로 선진국을 상대로 값싼 1차상품(농산물)을 수출하고 값비싼 2차상품(공산품)을 수입하기 때문에 무역수지는 악화하고 경제개발은 지연될 수밖에 없다. 따라서 선진국들은 이러한 불균형을 해소하기 위하여 후진국으로부터 수입하는 상품에 대한 관세를 철폐하거나 경감시키는 특혜관세제도를 실시해야 한다. 이것이 선진국과 후진국 간의 공정한 무역이다.

UNCTAD의 주장을 수용하여 일부 선진국들은 개도국들과 특혜무역협정(Preferential Trade Agreement: PTA)을 통해 개발도상국을 원산지로 하는 수입품에 대하여 일반관세율보다 낮은 관세율이나 무관세를 적용하는 관세상의 특혜제도를 1971년부터 실시해 오고 있다. 개도국에 대한 특혜관세는 일반특혜관세제도(Generalized System of Preferences: GSP)와 특정 개도국에 국한된 개도국특정(LDC-Specific)제도의 두 가지가 있다. 우리나라는 과거 유럽연합·미국·일본 등 선진국으로부터 GSP의 혜택을 받다가 2000년에 졸업하였다. 이제 특혜관세 수혜국에서 공여국으로 바뀌어 아프가니스탄, 네팔, 잠비아 등 47개국의 개도국에 개도국특정 특혜관세를 제공하고 있다.

선진국과 후진국 간 무역의 균형화와 공정무역을 부르짖는 UNCTAD의 목소리는 선진국간 무역불균형의 시정을 둘러싼 힘겨루기에 가려지고 있다. 국제무역은 기술과 국력이 모든 것에 우선한다는 정글의 논리가 지배하고 있는 것이 현실이다. 1980년대에 개발도상국의 외채위기를 중심으로 한 선·후진국 간 갈등이 심화되었는데 UNCTAD가 이에 효과적으로 대처하는 데 실패함으로써 UNCTAD가 유명무실해졌다. UNCTAD가 제기한 개도국에 대한 원조문제를 계획하고 조정·통일하는 기구가 국제연합(UN)의 한 기구로 조직되었는데 이를 UN개발계획(United Nations

---

4 이와 같은 맥락에서 선진국과 후진국 사이에 이루어지는 무역을 남북무역이라 한다. 한편 사회주의국가들과 자본주의국가들 사이에 일어나는 경제문제와 무역을 각각 동서문제, 동서무역이라고 한다. 사회주의권이 붕괴함에 따라 동서문제, 동서무역은 더 이상 거론되지 않고 있다.

Development Programme: UNDP)이라 부른다. 2024년 말 현재 170여 개 국가가 UNDP에 가입되어 있다.

5 우루과이 라운드의 타결과 WTO체제의 출현

가트는 1947년에 창설된 이후 세계무역환경의 변화에 따라 1970년대까지 7차례의 다국간 협상을 벌여 왔다. 그러나 이 협상들은 주로 공산품의 관세율 인하에 초점을 맞추어 진행되었다. 농산물이나 서비스는 세계교역규모가 크지 않기 때문에 협상대상에 포함되지 않았다. 1980년대에 들어와 농산물과 서비스, 지식재산권 등 공산품 이외 분야의 교역 비중이 크게 높아지자 이런 분야를 포괄하는 새로운 다자간 협상이 필요하게 되었다.[5] 1986년 9월 우루과이에 있는 푼타 델 에스테(Punta del Este)라는 도시에서 1990년 12월을 시한으로 제8차 다자간 협상의 개시를 선언하였는데 이 것이 우루과이 라운드(Urguay Round: UR)이다.

우루과이 라운드는 당초 시한인 1990년 12월을 훨씬 넘기면서 협상이 많은 난항을 겪었다. 그러다가 7년 3개월 만인 1993년 12월에 타결되어 각국 정부의 서명과 의회의 비준을 거쳐 1995년 1월부터 발효되었다.

UR협정의 주요 내용

우루과이 라운드 협정은 기존의 가트가 다루지 못하였던 섬유·농산물 등을 다자간 협상체제로 복귀시키고, 서비스·지식재산권과 같은 새로운 분야도 포괄하였다. 국제교역에 관한 총괄적 규범을 제정한 것이다.

공산품의 관세 인하

공산품에 부과하는 관세를 인하하고 일부 품목에 대해서는 아예 관세를 없앴다. 1999년까지 공산품의 관세율을 UR협상이 출범했던 1986년 수준보다 1/3 이상 인하하였다. 철강·건설장비·의약품·의료기기·가구·농업장비 등 6개 부문 68개 공산품에 대해서는 관세를 전혀 부과하지 않는 무관세화를 실시하였다.

---

5 지금까지 무역(trade)은 재화의 수출입을 뜻해 왔다. 재화 이외에 각종 서비스도 포괄한다는 뜻에서 교역이라는 말을 썼다. 최근에는 서비스와 생산요소의 국가간 거래도 광의로 무역이라는 말에 포함시키고 있다.

농산물시장의 수입 개방

모든 농산물교역에 대해 예외없는 관세화와 최소시장접근이라는 원칙을 제정하였다. 예외없는 관세화(tariffication)란 모든 농산물의 교역에 관세 이외의 수입장벽을 인정하지 않는다는 원칙을 말한다. 이 원칙에 의하면 특정농산물의 수입을 금지하거나 수입량을 제한하는 등의 인위적 조치를 취할 수 없다. 모든 비관세장벽을 관세로 흡수하여 농산물시장을 100% 개방하라는 것이다.

농산물시장을 완전개방하는 관세화가 미치게 될 엄청난 사회경제적인 파장을 줄이기 위해 일정기간 관세화를 연기해 주는 것이 관세화유예이다. 우리나라가 주곡인 쌀의 관세화를 20년간 유예한 것이 그 예이다. 그러나 관세화를 유예받는 기간에도 국내소비량 중 일정량을 의무적으로 수입해야 하는데 이를 최소시장접근(minimum market access: MMA)이라 한다.

그 밖에 농산물의 가격 지지 및 생산과 관계된 농업보조금과 수출보조금을 상당폭 감축키로 했다.

서비스시장의 대폭 개방

무역가능한 모든 서비스업을 대상으로 서비스교역의 다자간 규범인 관세 및 서비스에 대한 일반협정(General Agreement on Tariffs and Service: GATS)을 제정하였다. 노동력 이동·금융·통신·항공 등 분야별 부속서를 제정하였다. 거의 모든 서비스분야를 자유화협정대상으로 삼아 시장접근과 내국민대우에 관해 국가간 양허협상을 추진하며 5년 주기로 서비스시장을 개방한다.

반덤핑기준의 강화

선진수입국들이 반덤핑관세를 자의적으로 발동하는 것을 막기 위해 반덤핑기준을 강화하였다.

보조금·상계관세의 기준 강화

보조금의 종류를 금지보조금·상계가능보조금·허용보조금으로 세분하였다. 수출에 직접적인 왜곡을 가져오는 보조금은 금지보조금으로 분류되어 철폐한다. 상계가능보조금은 수입국에 심각한 피해가 생길 것으로 추정되는 보조금으로서 수입국이 보복조치를 취할 수 있도록 허용한다. 허용보조금은 특정성이 없거나 연구·개발 및 지역개발을 위한 보조금으로 국한하며 3년마다 목록을 제시한다.

회색지대조치의 철폐와 긴급수입제한조치의 규정 명료화

수출자율규제·시장질서유지협정 등 회색지대조치를 철폐한다. 긴급수입제한조치를 발동하기 위해서는 수입증가와 손해의 인과관계를 입증해야 한다. 발동기간은 당초 4년, 연장하여 최장 8년이다. 긴급수입제한조치가 발동된 후 최초 3년간 상대국의 보복을 금지한다. 수입 비중이 3% 이하인 개발도상국에 대해서는 긴급수입제한

조치를 발동할 수 없다.

섬유류 무역규제의 완화

가트체제 밖에서 1974년 체결된 다자간섬유협정(Multi-Fiber Arrangement: MFA)에 의해 규제되어 온 섬유류를 2005년까지 10년에 걸쳐 단계적으로 가트에 통합시킨다. 다자간섬유협정의 가트체제로의 통합을 통해 MFA에서 합의된 섬유 및 의류에 대한 양적 제한(Quta)을 2005년까지 철폐한다.

지식재산권의 보호 강화

기존 지식재산권 관련 국제협약을 바탕으로 무역관련 지식재산권에 대한 협정(Agreement on Trade-Related Aspects of Intellectual Property: TRIPS)을 제정하여 내국민대우와 최혜국대우의 기본원칙을 밝히고 보호수준을 강화시켰다. 컴퓨터 프로그래밍을 저작물로 보호하며 저작물의 보호기간을 50년 이상으로 연장한다. 집적회로는 물론이고 이를 내장한 반도체칩과 최종제품까지도 지식재산권을 보호한다. 음반을 소급하여 보호하며 컴퓨터 프로그래밍과 영화저작물에 대해 저작자의 대여권도 인정한다.

분쟁해결의 일원화

국가간의 모든 무역분쟁은 WTO 산하의 분쟁해결기구가 관장한다. GATT에 위배되는 일방조치를 취하지 않도록 억제하는 근거를 마련하였다. GATT에 위배되지 않는 조치에 대한 일반분쟁 해결절차의 적용기준도 마련하였다. 상소제도를 신설하고 분쟁해결 구조를 일원화해 분쟁을 효과적으로 해결할 수 있도록 하였다.

WTO체제의 출현

과거의 가트가 단순한 국제협정이어서 구속력이 약했던 점을 개선하여 UR협정을 관할하고 국제무역분쟁을 해결하는 세계무역기구(World Trade Organization: WTO)를 설립하였다. 따라서 UR협정이 발효된 1995년 1월부터는 제2차 세계대전 이후 세계무역질서를 유지해 온 가트가 WTO와 밀접하게 통합된 GATT/WTO체제, 줄여서 WTO체제가 출범하게 되었다. WTO는 관세 및 무역에 관한 일반협정(GATT), 관세 및 서비스에 관한 일반협정(GATS), 무역관련 지식재산권에 대한 협정(TRIPS) 등 세 가지 협정에 기반을 두고 있으며 두 가지 역할을 수행한다. 첫째, 주요 국제무역협정에 관련된 협상의 기본틀을 제공한다. WTO 하에서 타결된 주요 협정은 대부분 전체 문서가 수천~수만 페이지에 달한다. 둘째, WTO는 회원국간의 분쟁을 조정한다. 회원국간의 분쟁은 한 나라가 다른 나라의 무역정책이 체결된 협정에 위배된다고 제소함

WTO
2025년은 WTO 출범 30주년, GATT 출범 8주년이 되는 해이다. WTO는 출범 당시의 꿈과 목표를 얼마나 달성했을까.

으로써 발생한다. 그 밖에 WTO는 UR협상 결과의 이행 감독 및 도하 개발 아젠다 등 신규협상을 주관하고 있다.

WTO체제는 세계적인 교역자유화의 확대를 통하여 신보호무역주의 추세를 완화하며 세계경제의 활성화와 무역질서의 안정화에 크게 기여할 것으로 기대되었다. 그러나 미국과 중국의 G2가 무역분쟁 해결에 협조하지 않음으로써 국제적인 위상과 기능이 크게 위축되었다. 2024년 현재 세계무역기구에 가입한 회원국은 모두 164개국이다.

도하 개발 아젠다(Doha Development Agenda)의 좌초

WTO 회원국들은 UR협상의 최종타결 때 농산물과 서비스분야의 추가적인 자유화협상을 2000년부터 추진하기로 하였다. UR협정을 이행하는 과정에서 많은 문제점들이 나타났다. 공산품분야에서도 상당한 무역장벽이 남아 있고 새로운 무역환경을 반영하기 위해 다른 분야에서도 추가적인 협상을 해야 할 필요가 생겼다. 몇몇 나라들끼리만 관세 및 비관세장벽을 없애는 자유무역협정[6](free trade agreement: FTA)을 맺는 추세가 확산되고 있는바 새로운 다자간 무역협상이 출범하지 못하면 WTO의 신뢰성이 훼손될 것이라는 위기감도 있었다.

이런 배경하에 WTO체제하에서 새로운 다자간 무역협상이 시작되었는데 이를 도하 개발 아젠다(Doha Development Agenda: DDA) 또는 도하 라운드라 부른다. 2001년 11월 카타르의 도하에서 열린 제4차 WTO 각료회의에서 새로운 다자간 무역협상의 출범을 공식화했기 때문에 이 이름이 붙여졌다.

도하 아젠다가 다룰 주요 분야는 ① 농산물에 대한 보호장벽을 낮추고 농업보조금을 단계적으로 축소하는 것을 중심으로 하는 농업협상, ② WTO협정으로 서비스시장이 원칙적으로 대폭 개방되었지만 실질적으로는 개방 및 자유화가 별로 이루어지지 않은 것을 타파하고자 하는 각종 서비스산업의 후속협상, ③ 공산품 관세의 추가 인하, ④ 반덤핑·보조금·지역무역협정·경쟁정책 등을 규율할 규범 등이다. 원래 2005년 1월 1일까지 협상을 마무리할 것을 목표로 하였지만 2010년 결렬 이후 현재까지 협정으로 이어지지 않고 있다.

---

[6] 2개 이상의 국가가 무역을 할 때 관세 및 수입제한을 철폐, 통상을 자유화하려는 협정이다. FTA가 체결되면 당사국간에는 관세율이 제로(0) 수준으로 낮춰지고 무역장벽도 없어져 상품·투자·서비스 등의 시장이 상호 개방된다. 협상을 통해 극히 일부 품목의 예외를 인정하기도 한다. 현재 세계에는 350여 개의 FTA가 있으며 아래에서 설명하는 NAFTA(북미자유무역협정), EFTA(유럽자유무역지역), EU(유럽연합) 등이 대표적 예이다.

6 변화하는 세계경제환경과 새로운 국제경제질서

1989년에 동구권에서 사회주의경제를 포기하는 대변혁이 일어나고 1991년에 사회주의 종주국인 소련이 해체되었다. 이에 따라 제2차 세계대전 이후 이념의 대립이 빚어 온 냉전시대는 끝나고 새로운 세계질서를 모색하는 대변혁의 전환기를 맞았다. 새로운 세계질서는 과거의 군사력에 바탕을 둔 힘의 균형(balance of power)으로부터 경제력에 바탕을 둔 이해의 균형(balance of interest)을 중시하는 경향을 보이고 있다. 최근 세계경제환경의 변화는 크게 네 가지로 정리할 수 있다.

WTO체제와 새로운 교역질서의 형성

앞에서 설명한 바와 같이 WTO하의 새로운 무역규범은 무역자유화의 범위를 종전의 공산품에서 농산물·서비스·투자·지식재산권 등 교역이 가능한 거의 모든 분야에까지 확대하였다. 특히 지식산업이 주축을 이루는 서비스무역이 자유화됨으로써 세계교역은 재화를 중심으로 하는 하드웨어(hardware)의 경쟁에서 지식·두뇌·제도운영 등 소프트웨어(software)의 경쟁시대로 전환되고 있다. UR협정에서 결실을 거둔 세계공동규범 제정의 움직임은 환경문제·경쟁정책·노동기준·디지털기술·반부패 등 세계경제의 주요 현안으로 점차 확산되고 있다. 경제규범의 범세계적 확산은 모든 국가가 똑같은 규범하에서 경쟁해야 함을 뜻하기 때문에 공정무역의 범위가 넓어지면서 모든 국가에게 새로운 기회와 도전을 제공해 주고 있다.

지역경제통합의 가속화현상

냉전 종식 이후 많은 국가들이 지역경제협정을 통하여 경쟁력의 강화를 꾀하고 있다.[7] 단일시장을 이룩한 유럽공동체는 이를 바탕으로 단일통화와 공동외교·안보정책까지 추구하는 유럽연합(European Union: EU)[8]을 구성하였다. 이러한 유럽의 통합 움직임에 대응하여 미국·캐나다·멕시코는 1994년 북미자유무역협정(North American Free Trade Agreement: NAFTA)을 출범시켰다.[9]

---

[7] 2023년 현재 지역무역협정(Regional Trade Agreement: RTA)으로 통칭되는 지역경제협정은 369개에 달한다. 지역무역협정은 자유무역협정(FTA), 관세동맹(Customs Union; CU), 경제통합지역(Economic Integration Area: EIA) 등을 포괄하는 개념이다. 자세한 RTA 현황에 대해서는 WTO(wto.org)의 웹사이트를 참고할 것.

[8] 1993년 11월 1일 정식으로 발효된 유럽동맹조약을 계기로 유럽공동체(EC)에서 유럽연합(EU)으로 공식명칭이 개정되었다. 회원국이 모두 28개국으로 유럽 국가의 대부분이 가입되어 있다. 2016년 6월 영국이 국민투표 결과 EU에서 탈퇴(Brexit)하기로 결정하여 2019년 3월에 탈퇴하였다.

[9] NAFTA는 트럼프 행정부에 의해 재협상이 이루어져 2020년 7월 미국·멕시코·캐나다협정(US-Mexico-Canada Agreement: USMCA)으로 개편되었다.

남아메리카의 브라질·아르헨티나·파라과이·우루과이 4개국은 1995년에 남미의 자유무역과 관세동맹을 위한 경제공동체로 남미공동시장(메르코수르, MERCOSUR)을 결성하였다. 칠레와 볼리비아가 자유무역지역 수준에서 준회원국으로 참가하고 있으며 페루·에콰도르·콜롬비아·베네수엘라와도 남미자유무역지역 결성을 위한 협상을 진행중이다.

아시아에서는 말레이시아·싱가포르·인도네시아·태국·필리핀·브루나이 6개국의 동남아국가연합(ASEAN: Association of South East Asian Nations)이 아세안자유무역지역(ASEAN Free Trade Area: AFTA)을 2003년 1월에 출범시켰다. 또한 ASEAN은 기존의 6개국에 캄보디아, 라오스, 미얀마, 베트남을 추가하여 2024년 아세안서비스무역협정(ASEAN Trade in Service: ATISA)을 출범시켰다. 인도·파키스탄·방글라데시·스리랑카·네팔·부탄·몰디브의 7개국도 2004년 1월에 남아시아자유무역협정(Southeast Asian Free Trade Agreement)을 체결하여 역내에서 거래되는 상품의 관세를 0~5%로 인하하였다.

최근에는 환태평양경제동반자협정(Comprehensive and Progressive Agreement for Trans-Pacific Partnership: TPP)이 2018년 12월 체결되었다. 당초 태평양 연안 12개국이 참여하였으나 트럼프 1기행정부 출범 후 미국이 빠지면서 11개국이 합의했다.[10]

우리나라는 2004년 발효된 칠레와의 FTA를 시작으로 FTA를 적극 추진한 결과 현재 EFTA(유럽자유무역연합), ASEAN, 인도, EU, 페루, 미국, 터키, 호주, 캐나다, 중국 등 59개국과 FTA가 발효되었다. 또한 현재 한·중·일 FTA, 한·MERCOSUR FTA, 한·러시아 FTA, 역내포괄적경제동반자협정(Regional Comprehensive Economic Partnership: RCEP) 등을 추진 중이다. RCEP는 ASEAN 10개국과 한국, 중국, 일본, 인도, 호주, 뉴질랜드 등 총 15개국이 관세장벽 철폐를 목표로 하는 지역 협정으로 타결될 경우 동아시아의 경제통합에 기여할 것으로 예상된다.

경제의 연계망(network) 확산과 세계적인 시장경제권

교통 및 통신의 발달과 정보기술(information technology: IT)의 폭발적 확산에 따라 국가경제의 상호의존성이 심화되고 있으며 모든 개별국가경제가 세계경제의 일부로 통합되는 세계의 지구촌화가 진행되고 있다. 세계경제의 상호의존성은 재화뿐만 아니라 자본·기술·서비스 및 인적자원의 이동 등 경제의 전 분야로 확산되고 있으며, 이와 함께 전 세계에 걸쳐 광범위한 연계망을 형성해 나가고 있다. 이러한 상호의존성의 심화추세와 함께 또 다른 세계경제환경의 주요 변화는 세계적인 시장경제권의 형성이라 할 수 있다. 체제전환국인 러시아와 동유럽제국 등 구사회주의권 국가뿐만 아니라 중국·베트남 등 겉으로 사회주의를 표방하고 있는 국가들도 시장경제를 도

---

10 중국과 한국은 태평양 연안 국가이지만 TPP에 참여하지 않고 있다. 일본이 TPP를 주도한 데에 크게 기인한다.

입하여 세계의 모든 국가는 단일 시장경제체제에 편입되었다.

글로벌 공급망 위축과 보호주의의 대두

2017년 트럼프행정부 출범 이후 미국이 자국 산업을 보호하기 위한 무역정책을 강화하면서 미중간의 무역전쟁이 유발되고 보호주의에 대한 우려가 확산되었다. 미국은 환태평양경제동반자협정(TPP)과 같은 지역무역협정에도 참여하기를 거부하였으며, 북미자유무역협정, 한미자유무역협정 등 자유무역협정에 대해서도 자국의 이익을 강화하기 위해 재협상을 추진하였다. 또한 국가안보를 전가의 보도처럼 휘두르면서 WTO의 원칙에서 벗어나는 무역제한조치를 취하고 있다. 코로나-19로 글로벌 공급망(global supply chain)이 위축되면서 트럼프 행정부를 이어받은 바이든 행정부에서도 보호주의는 더욱 강화되었다. 2024년 11월 트럼프가 재집권에 성공하여 향후 보호주의는 더욱 강화될 전망이다. 가트체제를 출범시킨 자유무역의 전도사 미국이 보호주의의 주도자로 탈바꿈하고 있는 것이다.

2021년 출범한 바이든 행정부는 2022년 "인플레이션감축법"(Inflation Reduction Act)과 "반도체칩 및 과학 법"(CHIPS and Science Act) 등을 잇달아 제정하여 자국 산업의 보호·육성에 나섰다. 인플레이션감축법은 표면적으로는 온실가스 감축, 인플레이션 완화 등을 위한 조치를 담은 법안으로 보이지만 실상은 전기차 구매에 지급되는 미국의 보조금 혜택을 받기 위해서는 전기차 제조에서 중국의 배터리 부품과 광물을 일정률 이하로 사용하도록 규제함으로써 전기차 공급망에서 중국을 배제하려는 의도가 담겨있는 보호주의 정책이다. "미국 반도체 지원법"으로도 불리는 반도체칩 및 과학 법은 미국이 반도체산업과 같은 첨단기술산업에서 중국에 대한 기술적 우위를 강화하기 위한 반도체생태계 육성 법안이다. 이 법안은 미국 내에 반도체 시설을 건립하는 기업에게 보조금을 지급하고, 보조금을 받는 기업은 10년간 중국에 반도체 시설을 투자하지 못하도록 규제하고 있다.

미국의 보호주의는 코로나-19로 각인된 글로벌공급망 리스크, 첨단기술의 우위 확보에 대한 미국의 의지 등을 감안할 때 2025년 출범한 미국의 트럼프 행정부에서도 더욱 강화될 전망이다. 중국과 미국은 세계경제의 양축이자 우리나라의 가장 중요한 교역대상국이다. 우리나라의 높은 무역의존도를 감안할 때 미국의 보호주의 강화와 이에 대한 중국의 보복적 대응으로 세계경제가 침체되고 자유무역이 위축되면 무역자유화의 혜택을 누구보다 많이 누려온 한국경제로서는 큰 도전이 될 수밖에 없다.

읽을거리 27-5 ▶ 경제통합의 유형

경제통합에는 가장 낮은 단계의 자유무역협정으로부터 가장 높은 단계의 완전한 경제통합에 이르기까지 크게 다섯 가지 유형이 있다. 이를 간단히 설명하면 다음과 같다.

통합유형	내 용	특 징	대표적인 경제블럭 또는 지역무역협정(RTA)
자유무역협정 (Free Trade Agreement)	가맹국 상호간 상품이동에 관한 일체의 무역장벽을 없애고 자유무역을 보장하는 한편, 비가맹국에 대해서는 각국이 독자적인 관세 및 무역정책을 실시	역외관세가 낮은 회원국을 통해 수입된 제3국의 제품이 역외관세가 높은 회원국으로 재수출되는 무역굴절(trade deflection) 현상을 방지하기 위해 원산지규정 등 공동의 시장운용 규칙의 제정이 필요	• 유럽자유무역연합(EFTA) • 미국·멕시코·캐나다협정 (USMCA) • 한·미 FTA • 한·중 FTA
관세동맹 (Customs Union)	역내 자유무역에 더하여 비가맹국에 대해 공통의 관세 및 무역정책을 실시	공통관세의 실시로 무역굴절현상을 방지할 수 있으며 가맹국간의 교역조건은 대체로 단일국내 지방간의 교역과 유사	• 남아프리카관세동맹(SACU) • 유럽연합(EU) • 동아프리카공동체(EAC)
공동시장 (Common Market)	관세동맹보다 더욱 강화된 통합형태로서 역내 국가간 노동·자본 등 생산요소의 자유로운 이동이 보장	생산요소의 자유이동은 역내 자원배분의 효율성을 극대화시켜 역내 전체의 후생은 증진될 수 있으나 국별 산업의 비교우위에 따라 일부 가맹국의 후생은 통합 전보다 악화될 수 있음	• 동남아프리카공동시장 (COMESA) • 중앙아메리카공동시장 (CACM) • 남미공동시장(MERCOSUR)
경제동맹 (Economic Union)	공동시장에 더하여 가맹국간 공동 통화 사용 및 공동 통화정책 실시	경제면에서는 단일국가에 접근한 경제통합형태로서 가맹국들은 사실상 독자적인 통화정책을 포기해야 함	• 중앙아프리카경제통화공동체 (CEMAC) • 서아프리카경제통화동맹 (WAEMU) • 유럽경제통화동맹(EMU)
완전한 경제통합 (Complete Economic Integration)	가맹국 상호간에 초국가적 기구를 설치하여 각 가맹국의 사회·경제정책을 통합 실시	완전한 경제통합은 각국의 국가주권이 포기된 사실상의 정치적 통합을 의미	

자료: 손병해, 『경제통합의 이해』, 법문사, 2002 및 WTO.org 참고.

부록

일반적인 비교우위이론과
기타 무역이론

요약 및 복습

1 한 나라가 어떤 상품을 다른 나라보다 싸게 생산할 때 그 나라는 그 상품생산에 절대우위를 가진다고 말한다.

2 한 나라가 다른 나라보다 한 상품 생산의 기회비용이 작을 때 그 나라는 그 상품생산에 비교우위가 있다고 말한다. 각국이 비교우위가 있는 상품을 생산하여 무역을 하면 무역당사국 모두에게 이익이 된다는 것을 비교우위이론이라 한다. 비교우위이론은 각국간의 자유무역을 옹호하는 근거가 되고 있다.

3 어떤 나라가 한 상품의 수출국이 될지 수입국이 될지는 무역 전의 국내가격과 세계가격을 비교함으로써 알 수 있다. 한 상품의 국내가격이 세계가격보다 낮으면 그 나라는 그 상품의 수출국이 된다. 한 상품의 국내가격이 세계가격보다 높으면 그 나라는 그 상품의 수입국이 된다.

1 한 나라가 어떤 상품의 수출국이 되면 그 상품의 생산자들은 이득을 보고 그 상품의 소비자들은 손실을 입는다. 한 나라가 어떤 상품의 수입국이 되면 그 상품의 소비자들이 이득을 보고 그 상품의 생산자들이 손실을 입는다. 그러나 두 경우 모두 국제무역의 이득이 손실보다 크다.

5 수입상품에 부과하는 세금인 관세가 부과되면 국제무역의 이익이 감소한다. 국내생산자가 이득을 보고 정부의 수입이 증가하지만 소비자의 손실이 국내생산자의 이득과 정부 수입증가를 초과하게 된다. 구체적으로 수입상품에 관세를 부과하면 ① 생산량증가효과(국내산업보호효과·고용증대효과), ② 소비억제효과, ③ 재정수입증가효과, ④ 국제수지개선효과, ⑤ 소비자후생 및 사회후생의 손실효과 등의 여러 가지 효과가 발생한다. 자유무역론은 ⑤의 부정적인 효과가 크다고 보아 관세장벽을 없애야 한다는 입장이다. 보호무역론은 관세의 처음 네 가지 긍정적인 효과가 크다고 보아 관세장벽을 활용해야 한다는 입장이다.

6 보호무역의 논거로는 유치산업 보호, 국가안보, 국내고용안정, 전략적 차원 등을 들 수 있다. 보호무역을 위한 정책수단으로 관세 및 비관세 장벽이 있다.

7 수입을 제한하기 위하여 고율의 관세를 부과하는 것을 관세장벽이라고 한다. 수입을 제한하는 데 사용되는 관세 이외의 모든 수단을 총칭하여 비관세장벽이라고 한다. 비관세장벽의 대표적인 것에는 수입할당제·국산부품의무사용제·수출자율규제·국영무역 및 정부구매 등이 있다.

8 제8차 GATT 다국간 협상인 우루과이 라운드가 1993년 12월에 타결되어 세계무역기구(WTO)체제가 1995년 1월 1일부터 발효되었다. 우루과이 라운드는 관세·비관세장벽을 낮추고 과거 GATT가 다루지 못하였던 섬유·농산물·서비스 등의 분야를 대폭 개방하게 하며, 지식재산권을 보호하고 분쟁해결조직을 만드는 등 국제

무역에 관한 총괄적 규범을 마련하였다. 새 체제를 보완하고 확충하기 위해 2001년 11월부터 새로운 다국간 협상이 출범하였는데 이를 도하 개발아젠다(DDA)라고 부른다. DDA는 2010년 결렬 이후 아직 협정에 이르지 못하고 있다.

9 국제경제는 새로 출범한 WTO체제하에 지구촌으로의 통합화가 진전되는 한편 경제블럭화로 표현되는 지역주의와 국가간 자유무역협정이 확산되는 중층적인 흐름을 보이고 있다.

주요용어 및 개념

- 절대우위
- 비교우위
- 기회비용
- 상대가격
- 국제가격, 세계가격
- 생산가능곡선
- 소비가능곡선

- 자유무역론
- 보호무역론
- 관세
- 비관세장벽
- GATT
- GATS
- TRIPS

- UNCTAD
- 최혜국대우원칙
- 내국민대우원칙
- 수량제한철폐원칙
- GATT 11 조국
- 우루과이 라운드
- 긴급수입제한조치

- GATT/WTO 체제
- 도하 개발 아젠다
- 유럽연합
- 세계화
- 지역주의
- 자유무역협정
- 지역무역협정

연습문제

1 한국과 중국 두 나라가 청소로봇과 게임 소프트웨어만을 생산하고 있고 생산요소는 오직 노동뿐이라고 하자. 한국이 가진 노동은 총 400단위이고 중국이 가진 노동은 총 300단위이다. 한국은 노동을 전부 사용하여 청소로봇 40단위를 생산하거나 게임 소프트웨어 40단위를 생산할 수 있다. 한편 중국은 노동을 전부 사용하여 청소로봇 25단위를 생산하거나 게임 소프트웨어 20단위를 생산할 수 있다. 노동의 한계생산물은 상품 생산량에 관계 없이 일정하다는 가정하에서 아래 물음에 답하라.

(1) 두 나라의 생산가능곡선을 그려라.
(2) 두 나라 사이의 두 상품에 대한 표 27-1과 같은 생산성 비교표를 작성하라.
(3) 어느 나라가 청소로봇 생산에 절대우위를 가지고 있는가? 게임 소프트웨어 생산에는?
(4) 한국과 중국에서 청소로봇 한 단위의 기회비용은 각각 얼마인가?
(5) 한국과 중국에서 게임 소프트웨어 한 단위의 기회비용은 각각 얼마인가?
(6) 한국과 중국은 각각 어느 상품생산에 비교우위를 갖는가?
(7) 두 나라가 청소로봇와 게임 소프트웨어를 1:1로 교역했다고 하자. 두 나라의 무역이익은 각각 얼마인가?
(8) 각국이 비교우위를 가지는 상품에 완전특화하는 것이 그렇지 않은 경우보다 유리함을 보여라.

(9) 현실세계에서 완전특화의 경우는 그리 흔하지 않다. 비교우위이론은 이를 어떻게 설명하고 있는가?

(10) 지금까지는 수송비가 없다고 가정하였다. 수송비가 존재하더라도 그 크기가 얼마를 초과하지 않으면 양국이 무역으로 계속 이익을 볼 수 있다. 이 수송비의 상한을 구하여라.

2 소국(small country)인 어떤 나라의 마늘에 대한 수요곡선은 $D = 200 - P$, 공급곡선은 $S = 10 + 0.5P$ 라고 하자. 또한 자유무역하의 마늘 가격은 마늘 1단위당 80이었다고 하자. 이 나라가 수입마늘에 25%의 관세를 부과하기로 했다고 하자.

(1) 관세부과 후 1) 생산증가효과(국내산업보호효과), 2) 소비억제효과, 3) 재정수입증가효과, 4) 무역수지개선효과는 얼마인가?

(2) 관세부과로 인한 소비자잉여, 생산자잉여의 변화분은?

(3) 관세부과로 인한 순후생손실(net welfare loss)은?

(4) 이 나라의 수입할당제 도입이 수출국의 소비자와 생산자, 정부에 미치는 후생효과는? 왜 수출국은 보복관세로 대응하는가?

(5) 이 나라가 관세대신 수입할당제를 통해 관세부과와 동일한 무역수지개선효과를 초래하기 위해서는 관세를 얼마만큼 부과해야 하는가. 수입할당제를 도입했을 때의 경제적 효과를 (1), (2), (3), (4)를 통해 다시 확인하라. 수입할당제와 관세의 차이는?

(6) 현실적으로 소비자나 정부의 입장에서 수입할당제보다 관세를 선호하는 이유는?

3 중국 정부가 수출진흥책의 일환으로 해외로 수출하는 신발 1켤레당 s위안만큼의 수출보조금을 지불하기로 했다고 하자. 이와 같은 수출보조금이 ① 신발의 국내가격, ② 신발 생산량, ③ 신발 소비량, ④ 신발 수출량, ⑤ 소비자잉여, ⑥ 생산자잉여, ⑦ 정부수입, ⑧ 총잉여 등에 미치는 영향을 분석하라.

4 세계는 본국(home country)과 외국(foreign country) 두 나라로 구성되어 있다고 하자. 본국은 노동에 비해 상대적으로 자본이 풍부한 나라이다. 두 나라 모두 X재와 Y재 두 재화를 생산하고 X재는 상대적으로 노동을 많이 사용하는 노동집약적 재화라고 하자. 나머지 가정은 부록에 나오는 헥셔-올린모형의 가정을 따른다.

(1) 무역이 이루어지기 전 X재생산에 비교우위가 있는 나라는? 두 나라의 임금-이자율비율과 X재의 상대가격을 비교하라.

(2) 두 나라의 무역패턴은?

(3) 외국이 무역을 통해 이익을 얻을 수 있는 국제균형상대가격의 범위는? 외국의 무역의 이익은 왜 생기는가?

(4) 외국에서 자유무역에 반대하는 경제주체는?

(5) 외국정부가 수입관세를 부과하여 보호주의 무역정책을 실시하는 경우 외국에서 누가 찬성하고 누가 반대하는가?

(6) 외국정부가 수출보조금을 통한 보호주의 무역정책을 실시하는 경우 외국에서 누가 찬성하고 누가 반대하는가?

5 다음 기술을 논평하라.

(1) 자유무역의 이익과 관세효과는 상충관계에 있다.

(2) "거의 모든 상품이 해외에서 더 싸게 생산되어 수출할 수 있는 제품이 거의 없다면 자유무역을 통한 고용창출이란 신기루에 불과하다."

(3) "아웃소싱(outsourcing)은 국내 실업을 증가시킨다."

6 WTO가 어떻게 조직·운영되는가를 알아보라.

7 산업통상자원부의 FTA사이트(fta.go.kr)에서 전 세계 FTA체결현황, 우리나라의 FTA체결현황, 협상중인 FTA를 확인해보라.

8 UR과 관련된 다음 용어들의 뜻을 알아보라.

(1) 쌍무협정, 복수간협정, 다자간협정

(2) 관세상당치, 관세상당치 감축이행기간

(3) 양허관세율

(4) 케언즈그룹

(5) 다자간 섬유협정

(6) 지적재산권의 내국민대우와 최혜국대우

(7) 그린 라운드
(8) 반부패 라운드

9 수입할당제와 수출보조금의 효과가 관세 부과 효과와 어떻게 같고 다른가를 분석해 보라.

10 다음 각 기술이 옳은가 그른가를 밝히고 그 이유를 설명하라.

① 자유무역을 하면 모든 나라들은 비교우위를 갖는 상품에 완전특화하게 된다.
② 각국이 비교우위에 있는 상품에 특화하여 무역을 하는 이유는 자국이 생산할 수 없는 상품을 얻을 수 있기 때문이다.
③ 재주가 아주 뛰어난 사람들은 모든 일에 비교우위를 가질 수 있다.
④ 경제원론 집필시 경제학 교수가 조교보다 자료수집·교정·편집 등 모든 것을 잘할 수 있다면 조교를 고용할 필요가 없다.
⑤ 한 나라가 어떤 상품에 비교우위를 가지고 있으면 그 상품에 절대우위도 가지고 있다.
⑥ 관세를 부과하면 생산 및 고용 증가, 국제수지 개선 등 여러 가지 이득이 있기 때문에 관세부과는 경제적 측면에서 바람직하다.
⑦ 노동만을 투입하여 두 상품을 생산할 때 노동의 한계생산물이 상품생산량에 관계 없이 일정하면 두 상품에 대한 생산가능곡선은 직선으로 표시된다.

⑧ 국내가격이 세계가격보다 높으면 수입국이 되고 낮으면 수출국이 된다.
⑨ 어떤 상품을 수출하면 그 상품 생산자가 수혜자가 되고 소비자가 피해자가 된다.
⑩ 관세동맹은 자유무역지대보다 역내결속이 더 강하다.
⑪ 수출상품에 대해 보조금을 지급하면 관세부과시와 마찬가지로 수출업자의 이득보다 소비자와 정부의 손실이 더 커서 사회적 순손실이 초래된다.
⑫ 우리나라 관세율을 보면 일반적으로 원자재의 관세율이 가장 낮고 그 다음이 부품·중간재이고, 완제품의 관세율이 가장 높다.
⑬ 자유무역을 하면 무역당사국들의 임금이 균등해지는 경향이 있다.
⑭ 헥셔-올린정리에 의하면 후진국은 일반적으로 노동집약적인 상품을 수출해야 한다.
⑮ 헥셔-올린정리에 따르면 자유무역은 장기적으로 각국의 비교우위를 상쇄시킨다.
⑯ 수입국 입장에서는 관세보다 VER을 선호한다.
⑰ 소비자 입장에서는 관세보다 국내생산자에게 생산보조금을 지급하여 국내산업을 보호하는 것을 선호한다.
⑱ 자동차의 수입에 관세를 부과하면 근로자가 이득을 본다.
⑲ 관세, 수입할당제, 수출보조금 등은 모두 과다생산에 따른 비효율적 자원배분을 유발한다.
⑳ 국산부품의무사용제도 일종의 수입제한 조치이다.

국제수지, 환율 및 개방 경제모형

앞 장에서 한 나라와 다른 나라가 무역을 통하여 서로 이익을 얻을 수 있음을 보았다. 오늘날 세계 각국은 다른 나라와 무역을 포함한 여러 가지 형태의 경제적 거래를 한다. 이 장에서는 먼저 국가간 대외거래의 종류와 기록방법을 국제수지표를 통하여 배운다. 이어서 국가간 통화의 교환비율인 환율에 대하여 공부한다. 마지막으로 개방경제하의 재정·통화정책의 효과를 고정환율제도와 변동환율제도로 구분하여 분석한다.

CHAPTER

28

제1절 국제수지

1 국제수지와 국제수지표의 정의

오늘날 각국은 다른 나라와 여러 가지 형태의 경제적 거래를 가진다. 나라 사이의 여러 가지 거래를 체계적으로 기록한 표를 국제수지표라 한다.

> 국제수지(balance of international payments)표란 일정기간 동안 한 나라의 거주자와 비거주자 사이에 발생한 모든 경제적 거래를 체계적으로 기록한 표이다. 국제수지는 한 나라가 다른 나라들과 한 모든 대외 거래의 결과 외화가 얼마나 남거나 모자랐는가를 나타내는 개념이다.

국제수지
한 나라가 다른 나라들과 한 모든 대외 거래의 결과 외화가 얼마나 남거나 모자랐는가를 나타내는 개념

첫째, '일정기간 동안'이라는 말은 국제수지가 어떤 특정 시점의 잔액을 나타내는 저량(stock)이 아니고 일정기간 동안에 발생한 국가 간 거래를 집계한 유량(flow)임을 의미한다. 현재 우리나라에서는 한국은행에서 국제수지표를 월별로 작성하여 1년 단위로 종합하고 있다.

둘째, '거주자'(residents)와 '비거주자'(nonresidents)의 구분은 법률상의 국적이나 거주지가 아니라 경제활동에 있어서 주된 경제적 이익의 중심(center of predominant economic interest)이 어디인가를 기준으로 한다. 통상적으로 경제주체가 1년 이상 한 나라에서 경제활동을 할 경우 주된 경제적 이익의 중심이 그 나라에 있다고 본다.

예를 들면 개인의 경우 외국인일지라도 1년 이상 국내에 거주하여 국내생산활동에 종사할 경우 경제활동의 중심이 국내에 있으므로 거주자에 해당된다. 또한 기업의 경우 법적으로 설립되고 등기된 나라에 경제적 이익의 중심이 있는 것으로 본다. 따라서 국내에서 사업을 하고 있는 외국인 투자기업은 거주자에 포함된다.[1]

셋째, '모든 경제적 거래'란 재화 및 서비스, 소득, 이전, 자본, 금융 등 모든 형태의 대외거래를 포괄한다는 것을 뜻한다.

넷째, '체계적으로 기록'한다는 것은 국제적으로 통일된 기준과 항목 분류에 따

---

1 예외적으로 외국주재 외교기관(대사관, 영사관 등), 군사시설 등은 본국 정부의 거주자로 취급된다. 예를 들어 주미 한국대사관은 미국에 있더라도 우리나라의 거주자로 취급한다. 주한 미국대사관이나 주한미군은 우리나라의 입장에서는 비거주자이다.

라 작성한다는 것을 의미한다. 현재 우리나라를 비롯한 대부분의 국가가 국제통화기금(IMF)의 '국제수지매뉴얼'(BPM: Balance of Payments and International Investment Position Manual)에 따라 국제수지표를 작성하고 있다.[2]

국제수지표 작성의 복식부기원칙

국제수지표는 복식부기원칙에 따라 작성된다. 복식부기원칙은 모든 거래를 동일한 금액으로 대차 양변에 동시에 기록하는 것을 말한다. 이 중 한쪽은 대변(credit)이라 하며 산술적으로 플러스(+)의 부호를, 다른 쪽은 차변(debit)이라 하며 산술적으로 마이너스(−)의 부호를 갖는다. 따라서 국제수지표는 원칙적으로 모든 대변항목의 합계와 차변항목의 합계가 같게 되어 있다. 구체적인 기록 원칙은 표 28-1과 같다. 대변에는 재화 수출(export), 서비스를 비거주자에게 제공하는데 따른 서비스 수입(收入), 이자·배당금 등 본원소득 수취, 금융자산 감소, 금융부채 증가 등을 기록한다. 차변에는 재화 수입(import), 서비스를 비거주자로부터 제공 받은데 따른 서비스 지급, 이자·배당금 등 본원소득 지급, 금융자산 증가, 금융부채 감소 등을 기록한다. 예컨대 자동차를 1억 달러 수출하고 그 대금을 받으면 대변에 재화 수출 1억 달러, 차변에 금융자산 증가 1억 달러로 기록된다. 대변(+란)과 차변(−란)의 차이를 수지(balance)라 한다.[3]

표
28-1

복식부기원칙에 따른 국제수지 거래의 기록

	차변	대변
경상수지	재화 수입(실물자산증가) 서비스 지급(제공 받음) 본원소득 지급 이전소득 지급	재화 수출(실물자산 감소) 서비스 수입(제공) 본원소득 수입 이전소득 수입
자본수지	자본이전 지급 비생산·비금융자산 취득	자본이전 수입 비생산·비금융자산 처분
금융계정	금융자산 증가 금융부채 감소	금융자산 감소 금융부채 증가

자료 : 한국은행, 『알기 쉬운 경제지표 해설』, 2023, 342쪽.

---

[2] IMF의 국제수지매뉴얼은 1948년 처음 발간된 이후 다섯 차례 개정되었다. 가장 최근 개정된 것은 2010년 국제수지매뉴얼 제6판(BPM6)이다. 한국은행은 2014년 3월에 새로운 국제수지표 작성기준인 BPM6를 따랐다. 이 절은 한국은행, 『알기 쉬운 경제지표 해설』, 2023을 많이 인용하였다.

[3] 이는 경상수지와 자본수지에 해당된다. 후술하는 금융계정은 차변과 대변의 차이를 순자산 증감으로 표기하고 있다.

2 국제수지표의 구성

국제수지표는 표 28-2처럼 경상수지, 자본수지, 금융계정 등으로 구성되어 있다.

경상수지

경상수지

재화, 서비스, 소득, 이전거래 등 경상거래의 결과 수취한 외화와 지급한 외화의 차이

경상수지는 재화, 서비스, 소득, 이전거래 등 경상거래의 결과 수취한 외화와 지급한 외화의 차이다. 경상수지는 재화수지, 서비스수지, 본원소득수지 및 이전소득수지를 합한 것이다. 경상수지가 양(+)이면 경상수지 흑자, 음(-)이면 경상수지 적자라 한다. 아래의 하위 수지 개념들도 마찬가지다. 경제학에서 국제수지 흑자 또는 적자를 말할 때는 으레 경상수지 흑자 또는 적자를 뜻한다.

상품수지 혹은 재화수지(goods balance)는 재화의 수출액과 수입액의 차이를 나타낸다.[4] 재화의 수출과 수입은 경상거래에서 가장 큰 비중을 차지하는 항목이다.

표 28-2

국제수지표의 구성

항목	비고
I. 경상수지	
재화수지	수출, 수입, FOB 기준
서비스수지	운송·여행·건설·금융·보험·정보통신·유지보수·정부서비스, 지식재산권 사용료, 기타사업서비스 등
본원소득수지	급료 및 임금, 투자소득(이자, 배당)
이전소득수지	무상원조, 송금
II. 자본수지	
자본이전	자산 소유권의 무상이전, 채무면제(debt forgiveness) 등
비생산·비금융 자산 거래	무형자산의 취득·처분(상표권, 영업권 등)
III. 금융계정	
직접투자	해외직접투자(OFDI), 외국인직접투자(FDI)
증권투자	주식, 채권
파생금융상품	선도형, 옵션형 등 각종 파생금융상품 거래 결과 실현된 손익
기타투자	무역신용, 대출, 차입, 예금, 현금
준비자산(reserve assets)	운용수익 발생 등 거래적 요인에 의한 외환보유액 변동분

출처: 한국은행(2023), 『알기쉬운 경제지표해설』을 토대로 작성.

---

4 상품수지는 goods balance이기 때문에 재화수지라 해야 정확한 표현인데 한국은행 국제수지표에는 상품수지라고 쓰고 있다. FOB(본선인도, free on board) 기준 수출가격은 선적비용만 포함된다. CIF(cost, insurance and freight) 기준 수입가격은 선적비용에다 수입지까지의 보험료와 운송비용까지 포함된다. 관세청에서 작성하는 통관기준 수출액은 FOB가격으로 산출되지만 수입액은 CIF가격으로 산출된다. 국제수지표는 수출과 수입 모두 FOB가격으로 작성된다. 따라서 CIF가격을 기준으로 한 통관기준 수입액은 국제수지 통계를 작성할 때 운임 및 보험료를 뺀 FOB가격으로 변경하여야 한다. 통관기준 수입액에서 뺀 거주자와 비거주자간의 운임 및 보험료는 서비스수지에 계상한다.

서비스수지는 다른 나라와 운송·여행·건설·금융·보험·정보·통신 등 각종 서비스를 거래하여 수취한 외화와 지불한 외화의 차이이다.

본원소득수지는 급료 및 임금수지와 투자소득수지로 구성된다. 급료 및 임금수지는 내국인 해외근로자가 수취하는 급여 및 임금과 외국인 노동자에게 지급되는 급여 및 임금의 차이이다. 투자소득수지는 우리나라 사람이 외국에 투자하여 벌어들인 이자 및 배당금과 외국인이 우리나라에 투자해서 벌어간 이자 및 배당금의 차이이다.

다른 나라와 재화 및 서비스를 아무런 대가 없이 무상으로 주고받는 거래를 이전거래라 한다. 이전소득수지는 이전거래의 결과 다른 나라로부터 무상으로 받은 외화와 다른 나라에 무상으로 지급한 외화의 차이이다. 이전소득수지에는 해외에 거주하는 교포가 보내오는 송금, 국내 종교기관이나 자선단체가 해외에 보내는 기부금과 구호물자, 정부 간의 무상원조 등이 기록된다.

자본수지

자본수지에는 자본이전과 비생산·비금융자산 거래가 기록된다. 자본이전에는 자산 소유권의 무상이전, 채권자에 의한 채무면제 등이 포함된다. 비생산·비금융자산 거래에는 상표권, 영업권 등 무형(intangible)자산의 취득과 처분이 기록된다. 예컨대 국내기업이 외국기업으로부터 상표권을 매입하고 100만 달러를 지급하였다면 자본수지 차변에 비생산·비금융자산 취득 100만 달러가 기록된다(대변에는 현금이라는 금융자산 100만 달러 감소로 기록된다).

금융계정

금융계정(financial account)은 한 나라(거주자)와 다른 나라(비거주자) 간의 모든 금융거래를 기록하는 계정이다. 금융계정은 직접투자(direct investment), 증권투자(portfolio investment), 파생금융상품(financial derivatives), 기타투자, 준비자산(reserve assets)으로 구성된다.

직접투자는 해외직접투자(OFDI: outward foreign direct investment)와 외국인직접투자(FDI; foreign direct investment)를 포함한다. 해외직접투자는 우리나라 기업이 다른 나라에서 생산 활동을 직접 수행하거나 우리나라 사람이 해외 기업에 투자하는 것을 말한다. 외국인직접투자는 외국 기업이 우리나라에서 생산 활동을 직접 수행하거나 외국인

금융계정
한 나라(거주자)와 다른 나라(비거주자) 간의 모든 금융거래를 기록하는 계정

테헤란에 진출한 한국 편의점과 내부 모습
한국의 편의점 체인 CU가 이란의 테헤란에 점포를 열어 이란인들이 매장 내부를 살펴보고 있다. 해외직접투자의 예이다.
출처: Korea Joongang Daily(2017.11.22.)

이 우리나라 기업에 투자하는 것을 말한다. 증권투자는 거주자와 비거주자 간의 주식이나 채권에 대한 투자이다. 파생금융상품은 다양한 형태의 파생금융상품거래로 실현된 이익이나 손실을 기록한다. 기타투자는 직접투자, 증권투자, 파생금융상품 및 준비자산에 포함되지 않는 거주자와 비거주자 간의 모든 금융거래를 포함한다. 기타투자에는 대출 및 차입, 상품을 외상으로 수출하거나 수입할 때 발생하는 무역신용, 현금 및 예금 등의 금융거래가 기록된다.

복식부기를 따르는 국제수지표에서 각종 투자거래는 물론이고 앞에서 다룬 경상거래와 자본거래에도 금융거래가 수반된다. 예컨대 자동차를 1억 달러 수출하고 대금을 받으면 경상거래의 대변에 재화 수출 1억 달러가 기록되고, 금융계정 기타투자의 차변에 현금 1억 달러 증가(금융자산 증가)로 기록된다. 비행기를 2억 달러 수입하고 그 대금을 지급하면 경상거래의 차변에 재화 수입 2억 달러가 기록되고, 금융계정 기타투자의 대변에 현금 2억 달러 감소(금융자산 감소)로 기록된다. 대외거래가 이 두 거래만 있다면 재화수지(이 경우엔 경상수지이기도 하다)는 재화거래의 대변과 차변의 차이인 −1억 달러, 즉 1억 달러 적자이다. 새 국제수지 편제에서는 금융계정도 1억 달러 적자이다. 금융계정의 숫자는 금융자산 증가(차변)에서 금융부채 증가(대변)를 뺀 금융자산의 순증가를 나타낸다. 우리나라 거주자들이 보유하는 금융자산이 1억 달러 감소했다는 것이다.

금융계정은 우리나라(거주자)의 입장에서 자산 또는 부채의 여부를 판단한다. 우리나라 (외화)금융자산이 늘어나는 것이 차변, 감소하는 것이 대변에 기록되는 것에 유의해야 한다.[5] 직접투자, 증권투자, 파생금융상품, 기타투자 각각의 차변과 대변의 차이를 모두 더한 것을 투자수지라 하자. 투자수지의 부호가 양이면 우리나라의 중앙은행을 뺀 모든 경제주체들의 순대외자산이 증가한 것을, 음이면 감소한 것을 뜻한다.

국제수지표는 새 편제방식에서

$$경상수지 + 자본수지 = 금융계정 = 투자수지 + 준비자산(증감)$$

의 등식이 성립하도록 되어 있다.

준비자산 증감

과거 국제수지표에서 준비자산은 별도의 항목으로 다루어졌으나 새로운 국제수지표에서는 금융계정의 한 항목으로 분류되고 있다. 준비자산은 중앙은행이 국제수지 불균형을 조정하기 위해 사용할 수 있는 (공적 대외)준비자산(official international

준비자산
중앙은행이 국제수지 불균형을 조정하기 위해 사용할 수 있는 자산

---

5 예전에는 준비자산 증감을 뺀 모든 금융계정이 자본수지에 포함되어 있었고 경상거래처럼 외화 유입을 +, 유출을 − 로 기록했는데 새 국제수지 편제에서 바뀌었다. 국제수지표가 유량 통계이므로 〈준비자산 증감〉으로 쓰는 것이 정확한 표기인데 한국은행 국제수지표에서는 〈준비자산〉으로 쓰고 있다.

reserve assets)의 변동을 기록한다. 준비자산은 외화자산(외화예금, 외국증권, 외환), 금, IMF 특별인출권(SDR: Special Drawing Right), 국제금융기구 출자금 등의 형태로 보유한다.

준비자산은 모든 대외거래의 결과 발생한 외화자금의 과부족을 중앙은행이 어떻게 메우고 운용하는가를 나타낸다. 중앙은행을 제외한 한 나라의 모든 경제주체들이 각종 대외거래를 한 결과 외화가 부족한 경우에는 중앙은행이 최종대부자(lender of last resort)로서 보유하고 있는 준비자산으로 메워 주어야 한다. 반대로 중앙은행을 제외한 모든 경제주체들이 대외거래를 한 결과 외화가 남아 중앙은행이 이를 매입하면 준비자산이 증가한다.

실제 국제수지표의 작성과정에 사용되는 여러 통계자료의 원천과 집계방식이 다르기 때문에 위 식이 정확히 성립하지는 않는다. 경상수지와 자본수지의 합계가 금융계정과 차이가 있으면 위 식이 성립하도록 오차 및 누락(errors and omissions)이라는 조정항목을 둔다. 따라서

〔28-1〕 경상수지 + 자본수지 + 오차 및 누락 = 금융계정 = 투자수지 + 준비자산(증감)

의 관계가 항상 성립한다.

준비자산 증감과 통화공급

표 28-3에서 2023년에 우리나라 준비자산이 -36억 달러라는 것은 한국은행을 제외한 국민경제의 모든 부문이 대외거래로 수취한 외화가 지급한 외화보다 36억 달러 모자라고, 그 결과 한국은행의 외화자산이 36억 달러 감소했다는 것을 나타낸다. 한국은행의 외화자산이 감소하면 그 대가로 원화를 수취하여 본원통화가 그만큼 감소한다.

글로벌 금융위기를 겪은 2008년에는 (한국은행을 제외한) 우리나라의 모든 경제주체들이 외국과 거래하여 외화가 크게 모자라 한국은행이 565억 달러를 메꾸어 주었다. 이에 따라 한국은행의 준비자산이 565억 달러 감소하였다. 준비자산이 감소한다는 것은 한국은행이 보유하고 있던 달러화나 미 국채 등을 매각한다는 것이고 이에 따라 원화가 환수되어 본원통화가 감소한다. 일반적으로 준비자산이 증가하면 본원통화가 증가하고 준비자산이 감소하면 본원통화가 감소한다.

준비자산 증감과 외환보유액

일정시점에 한 나라 통화당국이 다른 나라에 가지고 있는 확정 금융자산을 대외채권, 확정 금융부채를 대외채무 혹은 외채라 한다. 대외채권과 대외채무의 차이를 순대외채권이라 한다. 국제수지가 유량인 반면 대외채권·채무는 저량 개념이다. 일정기간 중의 국제수지 실적은 기간 말의 대외채권·채무에 영향을 미친다. 일반적으로 경상수지가 흑자이면 해외자산이 증가하여 대외채권이 증가하거나 대외채무가

대외채권
일정시점에 한 나라가 다른 나라에 가지고 있는 확정 금융자산

외채(대외채무)
일정시점에 한 나라가 다른 나라에 가지고 있는 확정 금융부채

이제 충분한가
외환보유고는 외환건전성을 측정하는 대표적 지표이다.
2024년 11월 말 현재 우리나라 외환보유고는 4,154억 달러로 세계 6위이다.

감소하여 순대외채권이 증가한다.

대외채권 중 즉시 현금화가 가능한 준비자산을 외환보유액이라고 한다. 통화당국이 해외에 예치해 두어 필요할 때 즉시 쓸 수 있는 외화표시 금융자산이 외환보유액인 것이다. 국제수지표 상의 중앙은행의 준비자산 증감은 외환보유액 증감으로 직결된다. 국제수지표의 준비자산에는 중앙은행의 외환보유액 변동분 중 거래적 요인에 의한 변동분만 포함된다. 외환보유액은 특정 시점을 기준으로 운용수익 등 거래적 요인뿐 아니라 금융상품 가격, 환율 등 거래외적 요인까지 감안하여 집계하는 저량 통계이다. 외환보유액은 기초 외환보유액에 기간 중 준비자산 증감을 더하고 환율변동에 의한 준비자산 증감(보유중인 다른 나라 통화 표시 외화자산의 달러표시 가치가 변동한 몫) 등 거래외적 요인을 조정한 것이 기말 외환보유액이다.

표 28-3

우리나라의 국제수지표와 대외채권·채무
(단위: 억 달러)

	1997	1998	2007	2008	2018	2023
I. 경상수지	-108.1	401.1	104.7	17.5	774.7	354.9
재화수지	-67.5	396.1	324.4	117.5	1,100.9	340.9
서비스수지	-12.4	28.8	-130.4	-63.1	-293.7	-256.6
본원소득수지	-31.7	-52.0	-45.4	-24.2	49.0	316.1
이전소득수지	3.5	28.2	-43.9	-12.7	-81.5	-45.5
II. 자본수지	0.0	4.4	0.1	0.3	3.2	0.4
자본이전	0.0	0.0	0.3	0.3	0.0	2.2
비생산·비금융자산	0.0	4.4	-0.2	0.0	3.2	-1.8
III. 금융계정	-177.9	339.7	171.3	-64.9	764.7	323.9
직접투자	11.1	-17.7	130.0	83.5	260.4	193.6
증권투자	-143.8	12.2	270.8	24.2	474.2	74.5
파생금융상품	0.9	6.5	-54.4	143.7	-15.0	-4.8
기타투자	73.2	28.9	-326.4	248.1	-129.8	96.4
준비자산	-119.2	309.8	151.3	-564.5	175.0	-35.8
IV. 오차및누락	-69.7	-65.9	66.5	-82.7	-13.1	-31.4
외환보유액(A)	204.1	520.4	2,622.2	2,012.2	4,036.9	4,201.5
대외채권(B)	979.0	1,210.4	4,140.0	3,406.1	9,188.2	10,445.2
대외채무(C)	1,617.1	1,508.3	3,362.4	3,129.4	4,411.5	6,725.5
단기외채(D)	583.7	351.2	1,631.9	1,457.0	1,256.0	1,406.9
장기외채	1,033.4	1,157.1	1,730.4	1,672.4	3,155.5	5,318.6
순대외채권(B-C)	-638.0	-297.9	777.7	276.7	4,776.7	3,719.8
단기외채비율(D/A)(%)	286.1	67.5	62.2	72.4	31.1	33.5

출처: 한국은행 경제통계시스템(http://ecos.bok.or.kr)

$$기말(期末) 외환보유액 = 기초(期初) 외환보유액 + 기간 중 준비자산 증감 + 환율변동에 의한 준비자산 증감$$

1997년의 외환위기로 외환보유고의 중요성이 각인되고 나서 1998년 이후 우리나라는 지속적인 경상수지와 준비자산 증가를 기록하였다. 1998년에서 2023년까지 26년간 무려 1조 701억 달러에 달하는 경상수지 흑자가 누적되었다. 이에 힘입어 우리나라는 대외채권이 비약적으로 증가하여 예전의 만성적인 채무국에서 벗어나 2000년 이후 채권국(대외채권이 대외채무보다 큰 나라)이다. 2023년 말에 순대외채권은 3,720억 달러, 외환보유액은 4,202억 달러에 달하여 사상 최대 규모를 보이고 있다. 우리나라의 외환보유액은 세계에서 중국, 일본, 스위스, 인도, 러시아에 이어 여섯 번째로 많은 규모이다.

2023년 말 현재 우리나라는 만기가 1년 이내인 단기외채는 1,407억 달러이다. 외환보유액에 대한 단기외채비율은 33.5%이다. 외환위기가 발생한 1997년과 글로벌 금융위기가 발생한 2008년 우리나라의 단기외채비율은 각각 286%와 72%였다. IMF는 단기외채비율이 60% 미만이면 안정수준, 60~100%이면 경계수준, 100%를 초과하면 위험수준으로 분류한다.

3 경상수지와 저축 및 투자

경상수지와 국민소득계정

경상수지는 재화수지 · 서비스수지 · 본원소득수지 · 이전소득수지의 합과 같다. 재화수지와 서비스수지를 합쳐서 재화 및 서비스수지라 부르기도 한다. 재화 및 서비스수지는 국민소득계정에서 국내총생산의 구성항목인 재화와 서비스의 순수출과 같다. 본원소득수지는 국민소득계정의 국외순수취요소소득과 같다. 이전소득수지는 국민소득계정의 국외순수취경상이전과 같다.

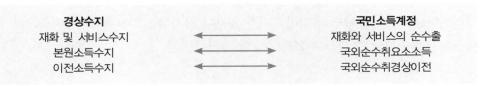

경상수지		국민소득계정
재화 및 서비스수지	⟷	재화와 서비스의 순수출
본원소득수지	⟷	국외순수취요소소득
이전소득수지	⟷	국외순수취경상이전

제19장에서 배운 바와 같이 국내총생산(GDP)은 지출측면에서 민간소비지출(C), 국내총투자(I), 정부소비지출(G), 재화와 서비스의 순수출(X^n)로 구성된다. 재화와 서비스의 순수출은 경상수지의 재화 및 서비스수지와 같다. 국내총생산에 국외순수취요소소득을 더하면 국민총소득(GNI)이 된다. 국민총소득에 국외순수취경상이전을 더하면 국민총처분가능소득(GNDI)이 된다.

[28-2] $GNDI = C + I + G + X^n +$ 국외순수취요소소득 + 국외순수취경상이전
$= C + I + G +$ 재화 및 서비스수지 + 본원소득수지 + 이전소득수지
$= C + I + G +$ 경상수지

식 (28-2)의 둘째 등호는 국민소득계정과 경상수지의 관계를 이용하였다. 위 식의 마지막 등식은 경상수지의 정의를 이용하였다.

경상수지와 저축 및 투자

국민총처분가능소득을 Y라 하면 식 (28-2)는

경상수지 $= Y - (C + I + G)$
$= Y - (C + G) - I$

로 고쳐 쓸 수 있다. 여기서 $Y - (C + G)$는 국민총처분가능소득에서 총소비를 뺀 것으로 총저축(S)과 같다. 따라서 다음과 같은 경상수지와 저축 및 투자의 일반적인 관계를 얻을 수 있다.

[28-3] 경상수지 = 총저축(S) - 국내총투자(I)

윗 식에 따르면 한 나라의 총저축이 국내총투자를 초과하면 경상수지가 흑자가 된다. 그러면

[28-3]' 총저축 = 국내총투자 + 경상수지

로부터 제19장에서 본 것처럼 경상수지 흑자가 국외투자 혹은 대외투자로 해석된다.
반대로 국내총투자가 총저축보다 많으면 경상수지가 적자가 되고 해외저축으로 해석된다. 따라서 한 나라의 경상수지가 흑자냐 적자냐는 그 나라의 총저축으로 국내총투자를 충당할 수 있느냐 없느냐에 달려 있다.

재정적자와 쌍둥이 적자

총저축 혹은 국민저축은 민간저축(S_p: private saving)과 정부저축(S_g: government saving)의 합과 같다. 따라서 총저축 $S = Y-(C+G)$는 다음과 같이 고쳐 쓸 수 있다.

$$S = (Y-T-C)+(T-G)$$
$$= S_p + S_g$$

위의 식을 이용하여 식 (28-3)은 다음과 같이 고쳐 쓸 수 있다.

(28-4) 경상수지 $= S_p + S_g - I = S_p - I + (T-G)$
$$= S_p - I - (G-T)$$

식에서 알 수 있듯이 민간저축과 국내총투자의 차이가 정부의 재정적자$(G-T)$를 상쇄하고도 남을 만큼 크지 않으면 재정적자가 경상수지 적자로 귀결된다. 재정적자가 경상수지적자를 수반하는 쌍둥이 적자(twin deficits)가 나타날 수 있는 것이다.

민간저축의 용도

식 (28-4)를 민간저축에 대해 정리하면 다음과 같다.

(28-4)′ $S_p = I +$ 경상수지 $+ G - T$

따라서 민간저축(S_p)은 국내총투자(I), 대외투자(경상수지 흑자) 및 재정적자$(G-T)$를 충당하는 데 쓰이는 것을 알 수 있다. 일반적으로 재정적자는 국채발행을 통해 그 재원이 조달된다. 정부가 국채를 발행하면 가계저축과 기업저축이 국채매입에 쓰인다. 따라서 민간저축이 정부의 재정적자 보전에 사용되는 것이다.

민간저축으로 재정적자를 충당할 여력이 없으면 해외차입을 통해 재정적자를 보전해야 한다. 재정적자의 누적이 외채의 누적으로 이어져 국가부도 위기에 직면하는 경우는 대부분 민간저축이 부족한 경우이다.

읽을거리 28-1

미국의 쌍둥이
적자

읽을거리 28-2 ▶ **1997년의 우리나라 외환위기**

1997년에 우리 경제는 경기순환의 수축국면에 있었지만 5% 성장하였다. 물가는 소비자물가 기준으로 4.4% 상승하여 안정세를 보였다. 경상수지가 108억 달러의 적자를 보여 국제수지가 불균형상태였으나 전년의 230억 달러 적자에 비해 크게 개선된 상황이었다. 전체적인 그림이 아주 나쁘지 않았다는 얘기다. 그런데 왜 외환위기가 일어났을까? 도대체 외환위기란 무엇인가?

한 나라의 외환위기란 그 나라가 다른 나라에 지급해야 할 외화가 부족한 상태를 말한다.

1990년대 중반에 우리나라 은행(종합금융회사 포함)은 외국은행으로부터 대개 만기가 1년 이하인 외화자금을 싼 금리로 빌려 동남아·러시아 등에 비싼 금리를 받고 장기로 빌려 주고 있었다.

1997년 외환위기로 금모으기 운동에 나선 국민들
중앙은행은 준비산이 증가하면 금, 외환(달러화 등), 증권(미국채 등) 등 다양한 형태로 외환보유액을 늘린다.

1997년 7월에 태국, 10월에 인도네시아가 외환위기를 겪었다. 동남아 외환위기는 금융시장이 불안정한 동아시아에 대해서도 국제투자자들이 경각심을 갖게 만들었다. 11월에 들어 금융위기설에 휘말려 제 코가 석자인 일본의 은행들로부터 시작하여 외국은행들이 우리나라 은행에 돈을 새로 빌려 주지 않는 것은 물론이고, 빌려 준 돈 중 만기가 된 몫을 다시 연장해 주지 않고 회수하기 시작하였다(종전에는 만기분 중 80% 이상을 재연장해 주었는데 그 비율이 11월에는 59%, 12월에는 32%로 급감하였다). 우리나라 금융기관들은 단기로 외화자금을 차입하여 외국에 장기로 빌려 주고 있었기 때문에 만기불일치로 우리나라 은행이 가지고 있는 외화대출 채권은 문제 해결에 도움이 안 되었다. 국내은행들이 자체 능력으로 단기외채를 갚을 수 없어 국제적 부도상태에 빠지게 된 것이다.

최종대부자이자 은행의 은행인 한국은행은 국내은행들이 국제적 부도상태에 빠지는 것을 방치할 수 없어 자체 보유하고 있는 외화(외환보유액)에서 긴급외화자금을 지원하였다. 그러나 단기외채 만기 연장 거부사태를 돌이킬 수 없었고 한국은행의 가용 외환보유액은 금방 바닥났다. 국제통화기금은 적어도 한 나라 수입액의 4개월분은 외환보유액으로 중앙은행이 가져야 한다고 권고한다. 1997년 11월 말 한국은행의 외환보유액은 89억 달러(실제로 쓸 수 있는 외환보유액은 39억 달러)에 불과하였다. 이는 한 달의 수입액 120억 달러에도 턱없이 모자라는 금액이었다.

1997년말에 우리나라는 외환보유액에 대한 단기외채비율이 무려 286%였다. 단기외채에 만기가 1년 이내로 남은 장기외채를 더한 것을 유동부채라 한다. 외환보유액 대비 백분비로 나타낸 유동부채비율은 973%였다. 국제통화기금은 단기외채비율이 100%, 유동부채비율이 200%를 초과하면 위험수준으로 평가한다. 외환위기가 일어날 수밖에 없는 아주 높은 위험수준이었던 것이다.

이런 다급한 상황에서 우리나라 정부는 1997년 11월 21일 국제통화기금에 구제금융을 신청한 사실을 발표한다. 이어 12월 3일 국제통화기금과 구조조정 프로그램에 합의하고 국제금융기구로부터 총 310억 달러에 달하는 자금지원을 약정받는다.

2023년에 우리나라는 외환보유액이 4,202억 달러에 달하고 단기외채비율과 유동부채비율이 대단히 양호한 안정수준을 보이고 있다. 따라서 불리한 외생적 충격이 오더라도 우리나라가 1997년과 같은 외환위기에 빠질 가능성은 이제 크게 낮아졌다.

KDI는 IMF 외환위기 발생 20년을 맞아 외환위기가 국민들의 인식과 삶에 미친 영향을 파악하고자 2017년 11월 설문 조사를 실시하였다.[6] 그 결과, 일반국민 57.4%가 지난 50년간 한국경제의 가장 어려운 시기로 'IMF 외환위기'를 지목했고, 일반국민의 59.7%가 IMF 외환위기가 본인 삶에 부정적인 영향을 미쳤다고 응답한 것으로 나타났다. 또한 외환위기로 응답자의 39.7%가 '본인, 부모, 형제 등의 실직 및 부도를 경험'했고, 64.4%가 '경제위기에 따른 심리적 위축'을 느꼈다고 응답했다. 일반국민들은 20년 전 발생한 외환위기가 '일자리 문제 및 소득격차' 등 우리나라의 경제·사회적 문제를 심화시켰으며, 가장 크게 영향을 미친 것은 '비정규직 문제(88.8%)'라고 답하였다.

---

6 한국개발연구원(KDI), "IMF 외환위기 발생 20년 대국민 인식조사 결과," 2017.11.

제2절 **환율의 결정이론**

국제수지표에 기록되는 각종 대외거래는 교환의 매개수단인 화폐를 통하여 이루어진다. 그런데 나라마다 통용되는 화폐가 다르다. 따라서 국제거래의 배후에는 서로 다른 화폐의 교환이 이루어지고 있다.

1 환율과 외환시장

우리나라 사람이 미국산 냉장고를 사고자 하면 백화점 수입상품점에 가서 우리나라 돈을 주고 살 수 있다. 따라서 미국산 냉장고나 국산 냉장고나 우리나라 소비자가 살 때에는 우리나라 돈을 치러야 한다는 점에서 똑같다.

그러나 우리가 미국산 냉장고를 사기 위해서는 우리나라 수입업자가 미국의 수출업자로부터 냉장고를 사와야 한다. 미국의 수출업자는 냉장고를 팔 때 달러화를 받는다. 따라서 우리나라 수입업자는 냉장고 수입액만큼 원화를 은행에 제시하여 달러화로 바꿔야 한다. 이 때 원화와 달러화가 어떻게 교환되는가를 나타내 주는 것이 환율(exchange rate)이다.

> 외화 1단위를 얻기 위하여 지불해야 하는 자국통화의 수량을 환율이라고 한다.

2024년 6월 말 현재 미화 1달러를 얻기 위하여 1,380원을 지불해야 하는데 이 1,380원이 우리나라 원화의 미 달러화에 대한 환율이다.[7] 환율이란 우리나라 돈으로 표시한 다른 나라 돈의 가격이다. 환율을 달러화를 기준으로 1$: 1,380원처럼 표시하면 환율은 원화표시 달러화 가격이 된다.

환율
외화 1단위를 얻기 위하여 지불해야 하는 자국통화의 수량

---

7 우리나라의 대미환율은 $1 : ₩1,380로 표시된다. 이렇게 표시하는 환율을 자국통화표시환율이라고 한다. 그런데 $1 : ₩1,380은 ₩1 : $1/1,380로 표시할 수도 있다. 이렇게 표시하는 환율을 외국통화표시환율이라고 한다. 오늘날 대부분의 국가들은 미국 달러화를 기준통화로 환율을 나타내고 있다. 본서에서도 달러화 기준 자국통화표시환율을 사용한다. 자국통화표시환율을 써야 그림 28-1과 같은 우하향의 외환수요곡선과 우상향의 외환공급곡선을 얻는다.

외환시장
서로 다른 화폐들이 교환되는
시장

서로 다른 화폐들이 교환되는 시장을 외환시장(foreign exchange market)이라 한다. 앞의 예에서는 은행이 외환시장이다. 여기서 외환이란 외화는 물론이고 외화예금, 외화표시어음, 외화표시 지불지시서(전신환·여행자 수표 등)와 같이 외화를 청구할 수 있는 모든 유가증권을 포괄하는 개념이다. 이 책에서는 외환과 외화를 섞어 쓴다.

2 환율제도

환율이 결정되는 제도에는 크게 고정환율제도, 자유변동환율제도, 관리변동환율제도가 있다.

고정환율제도
정부가 환율을 일정수준에 고
정시키는 제도

고정환율제도란 정부가 환율을 일정수준에 고정시키는 제도이다. 환율이 외환시장에서 외환에 대한 수요·공급에 의해 자유롭게 결정되도록 방임하는 제도를 **(자유)변동환율제도**라 한다. 환율이 일정범위를 벗어나면 정부가 개입하고 일정범위 안에서는 외환시장에 의해 자유롭게 결정되도록 허용하는 제도를 **관리변동환율제도**라 한다.

(자유)변동환율제도
외환시장에서 외환에 대한 수
요·공급에 의해 환율이 자
유롭게 결정되도록 방임하는
제도

고정환율제도하에서는 환율이 안정되어 있기 때문에 환율의 변동에서 오는 환위험이 없어 일관성 있는 대외경제정책을 펼 수 있다는 장점이 있다. 그러나 대외여건 변화에 신축적으로 대응할 수 없다는 단점이 있다. 특히 고정된 환율이 지나치게 평가절상된 경우에는 투기세력의 공격을 받아 외환위기가 일어날 수 있다. 반대로 변동환율제도하에서는 환율의 급변동에 따른 불확실성과 불안정성에 노출되는 단점이 있는 반면에 대내외 여건 변화에 가격변수의 자율적인 조절 기능이 작동하는 장점이 있다. 고정환율제도와 자유변동환율제도의 장점만을 취합하여 일관성 있는 대외경제정책을 펴면서도 대외여건 변화에 신축적으로 대처하고자 하는 것이 관리변동환율제도이다. 오늘날 대부분의 선진국은 변동환율제도를, 대부분의 개도국은 고정환율제도나 관리변동환율제도를 채택하고 있다.

관리변동환율제도
환율이 일정범위를 벗어나면
정부가 개입하고 일정범위 안
에서는 외환시장에 의해 자
유롭게 결정되도록 허용하는
제도

우리나라는 1990년 3월 1일부터 1997년 12월 15일까지 관리변동환율제도의 일종인 시장평균환율제도를 실시해 왔다. 초기에는 환율이 급격하게 변동하는 것을 막기 위해 하루의 변동폭을 상하 0.4%로 제한하였다가 단계적으로 올려 1995년 12월부터는 상하 2.25%였다. 1997년 11월 외환위기가 일어난 이후 변동폭을 5%, 10%로 대폭 확대하고 1997년 12월 16일 이 상하변동폭을 철폐함으로써 변동환율제도로 이행하였다.

변동환율제도하에 환율이 상승하여 자국통화가치가 하락하는 것을 그 나라 통

(평가)절하
환율이 상승하여 자국통화가
치가 하락하는 것

(평가)절상
환율이 하락하여 자국통화가
치가 상승하는 것

화가 절하(depreciation)되었다고 한다. 반대로 환율이 하락하여 자국통화가치가 상승하는 것을 그 나라 통화가 절상(appreciation)되었다고 한다. 고정환율제도하에서 고정된 환율수준을 올려 통화가치가 하락하는 것을 평가절하(devaluation), 환율수준을 인하하여 통화가치가 상승하는 것을 평가절상(revaluation)이라 표현한다.

3 환율의 결정

환율은 외환의 가격이다. 외환은 외환시장에서 거래된다. 경제학에서는 외환을 사고 파는 사람이 무수히 많기 때문에 외환시장을 으레 완전경쟁시장이라고 상정한다. 따라서 변동환율제도하에 환율은 외환시장에서 외환의 수요곡선과 공급곡선이 만나는 점에서 결정된다고 말할 수 있다. 외환의 수요곡선과 공급곡선은 어떻게 도출될까?

환율시세판
오늘날 세계 거의 모든 나라들은 달러화를 기준으로 자국통화의 가치를 나타내고 있기 때문에 환율은 외환시장에서 결정되는 (자국통화로 표시한) 달러화의 가격이다.

외환에 대한 수요는 앞에서 설명한 바와 같이 우리나라 주민이 외국의 상품이나 자산을 사고자 할 때 일어난다. 외환의 공급은 다른 나라 주민이 우리나라 상품이나 자산을 사고자 할 때 일어난다. 우리나라 사람이 미국산 카메라나 미국 기업이 발행한 주식, 뉴욕에 있는 빌딩 등을 사고자 할 때 미 달러화, 즉 외환을 필요로 한다. 미국의 수출상이나 기업이 필요로 하는 것은 우리나라 원화가 아니라 미 달러화이기 때문이다. 반대로 미국 사람이 우리나라 핸드폰이나 우리나라 기업이 발행한 회사채, 서울에 있는 빌딩 등을 사고자 할 때에는 달러화 대신 원화가 있어야 한다. 우리나라 기업이 궁극적으로 필요로 하는 것은 우리나라 돈이기 때문이다. 따라서 외환의 수요는 자국통화의 공급과 같고 외환의 공급은 자국통화의 수요와 같다.

이제 환율이 종전보다 상승한다고 하자. 환율이 상승하면 우리나라 사람이 치러야 하는 외국상품의 가격은 종전보다 비싸진다. 예를 들어 100달러짜리 미국산 청바지를 사기 위해서는 환율이 1,000원일 때 우리나라 소비자는 10만원을 치러야 하지만, 환율이 1,100원으로 상승하면 11만원을 치러야 한다. 물론 외국상품의 가격이 상승하면 수요의 법칙에 의하여 외국상품에 대한 수요량이 감소하고 외환에 대한 수요량도 감소한다. 따라서 다른 조건이 일정하다면 환율의 상승은 외환에 대한 수요량(쓰고자 하는 외화액)을 감소시킨다. 같은 논리로 환율의 하락은 외환에 대한 수요량을 증가시킨다. 즉, 환율을 세로축, 외환거래량을 가로축으로 하는 평면에서 외환수요곡선은 우하향한다.

그림
28-1

**외환시장과
균형환율의 결정**

변동환율제도하에 환율
은 외환시장에서 외환
수요곡선과 외환공급곡
선이 만나 결정된다.

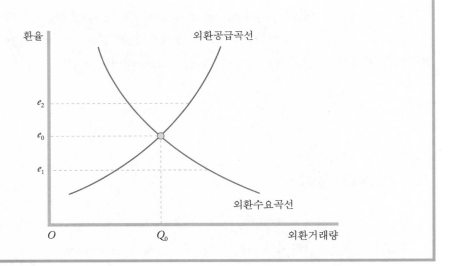

한편 외환공급곡선은 우상향한다. 환율이 상승하면 우리나라 사람이 치러야 하는 외국상품의 가격이 비싸지는 반면 외국사람이 치러야 하는 우리나라 상품의 가격이 싸진다. 예컨대 600만원짜리 우리나라 TV는 환율이 1달러에 1,000원일 때 6,000달러이지만, 1달러에 1,200원으로 오르면 5,000달러가 된다. 우리나라 상품의 가격이 싸지면 다른 조건이 일정할 때 해외시장에서 우리나라 상품에 대한 수요량이 증가하여 수출이 증가하기 때문에 외환의 공급량(팔고자 하는 외화액)이 증가한다.

외환시장에서 우하향하는 외환수요곡선과 우상향하는 외환공급곡선이 만나 균형 환율과 균형외환거래량이 결정된다. 자본자유화가 이루어지지 않은 경우에는 경상거래에 따른 외환의 수요·공급이 자율적인 외환 수급의 대종을 이루기 때문에 균형환율수준에서 경상수지가 균형을 이룬다. 자본자유화로 자본거래와 각종 투자거래도 독자적·자율적으로 이루어지는 경우에는 균형환율수준에서 준비자산증감이 일어나지 않는다. 앞에서 준비자산 증감은 한국은행을 제외한 국민경제의 각 부문이 일정기간 동안 대외거래를 한 결과 외화가 얼마나 남거나 모자랐는가를 나타내는 개념이었다. 외화가 남는다는 것은 외환의 초과공급이 있다는 말이다. 외화가 모자란다는 것은 외환의 초과수요가 있다는 말이다. 따라서 중앙은행이 실물경제활동을 주도하지 않고 준비자산의 증감 목표가 별도로 있지 않다고 가정하면 균형환율수준에서 준비자산 증감이 0이 된다. 국제통화기금(IMF)은 변동환율제하에서 경상수지 흑자(적자)나 준비자산의 증감이 국내총생산의 2% 이내이면 대체로 균형환율이라고 본다.

4 환율의 변동

수요·공급의 이론이 으레 그러하듯 그림 28-1도 환율 이외에 외환의 수요·공급량에 영향을 미치는 다른 요인들은 일정불변하다는 가정하에 논의를 전개하였다. 다른 요인들이 변하면 외환의 수요곡선이나 공급곡선이 이동한다. 외환의 수요곡선이나 공급곡선을 이동시키는 요인들은 여러 가지가 있다. 그 중 중요한 것만 몇 가지를 들면 우리나라 물가와 해외물가, 우리나라 경기와 해외경기, 우리나라의 이자율 및 경제정책 등을 들 수 있다.

우리나라 물가

우리나라 물가가 오르면 조만간 수출품가격이 비싸진다. 수출품가격이 비싸지면 환율이 변하지 않더라도 외화로 표시한 수출품가격도 비싸진다. 외국시장에서 우리나라 수출품가격이 비싸지면 외국사람들의 우리나라 상품에 대한 수요량이 감소하고 따라서 우리나라 수출이 감소한다. 수출이 감소하면 외환의 공급량이 감소한다. 이런 현상은 환율이 어떤 수준에 있든 간에 일어난다. 따라서 우리나라 물가가 오르면 외환공급이 감소하여 외환공급곡선이 왼쪽으로 이동한다.

한편 우리나라 물가가 오르면 수입품가격이 상대적으로 싸진다. 따라서 우리나라 사람들의 수입품에 대한 수요량이 늘어나고 이는 환율이 어느 수준에 있든 간에 일어나기 때문에 외환에 대한 수요를 증가시킨다. 즉, 외환수요곡선이 오른쪽으로 이동한다.

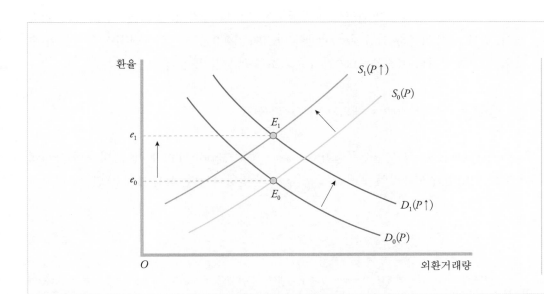

그림
28-2

우리나라 물가의 상승과 환율의 변동

우리나라 물가가 상승하면 외환수요곡선이 오른쪽으로 이동하고 외환공급곡선이 왼쪽으로 이동하여 환율이 상승한다.

결국 우리나라 물가가 상승하면 그림 28-2에서 보는 바와 같이 외환공급곡선을 왼쪽으로 이동시키고 외환수요곡선을 오른쪽으로 이동시켜 환율을 상승시킨다. 국내물가와 환율은 같은 방향으로 변동하는 것이다. 이 때 외환거래량의 변동방향은 미리 확실히 알 수 없다. 외환수요곡선과 외환공급곡선 중 어느 쪽이 많이 이동하느냐에 따라 그 방향이 달라진다.

해외물가

다른 나라의 물가가 내리면 우리나라 수출품이 해외시장에서 상대적으로 비싸지고 수입품이 국내시장에서 상대적으로 싸진다. 따라서 우리나라 물가가 상승한 것과 똑같은 효과를 가진다. 해외물가가 하락하면 외환수요곡선이 오른쪽으로 이동하고 외환공급곡선이 왼쪽으로 이동하여 환율이 상승하는 것이다. 해외물가가 상승하면 외환수요가 감소하고 외환공급이 증가하여 환율이 하락한다.

이상의 분석을 바탕으로 우리나라 물가와 해외물가를 함께 묶어서 이야기할 수 있다. 우리나라 물가가 해외물가에 비하여 상대적으로 오르면 우리나라의 수입이 수출에 비하여 상대적으로 증가하여 환율이 오른다. 우리나라 물가가 해외물가에 비하여 상대적으로 내리면 우리나라의 수출은 증가하고 수입은 감소하여 환율이 떨어진다. 수출증가, 수입감소를 위해서는 국내물가가 해외물가보다 안정되어야 하는 것이다.

미화 1달러의 환율(e)은 1,000원, 미국시장에서 바나나 1kg의 가격(P_f)은 3달러라고 하자. 미국과 우리나라 사이에 관세 없는 자유무역이 이루어진다면 수송비를 도외시 할 때[8] 우리나라 시장에서 바나나 가격(P)은 3,000원일 것이다.

우리나라의 바나나 가격이 3,000원보다 높다고 하자. 바나나를 수입하여 팔면 팔수록 이윤이 증가하여 수입업자들이 경쟁적으로 바나나를 수입한다. 그 결과 우리나라 바나나 시장에서 초과공급이 발생하여 바나나 가격이 3,000원 수준으로 떨어진다. 반대로 우리나라 시장에서 바나나 가격이 3,000원을 하회하면 수입업자들이 수입을 줄여 바나나 가격을 3,000원 수준으로 회복시킨다. 결국

[28-5] 국내가격(P) = 해외가격(P_f)×환율(e)

이 성립한다. 윗 식을 **구매력평가**(purchasing power parity: PPP)라 한다. 바나나 가격이 3,000원이면 원화 1원의 구매력은 $\dfrac{1}{3,000}$kg의 바나나이다. 식을 다시 쓰면

---

8 수송비가 있더라도 우리나라 시장에서 바나나 가격이 수송비만큼 비싸질 뿐 이하의 논의가 기본적으로 달라지지 않는다.

$$[28\text{-}5]' \quad e = \frac{P}{P_f} = \frac{1/P_f}{1/P}$$

이 된다. 환율은 외화의 구매력과 원화의 구매력의 비율로 표시된다는 것이다. 무역 상품이 많을 때에는 P는 국내물가로, P_f는 해외물가로 해석할 수 있다. 식 (28-5)′을 변화율로 표시하면

$$[28\text{-}6] \quad \frac{\varDelta e}{e} = \frac{\varDelta P}{P} - \frac{\varDelta P_f}{P_f}$$

가 된다. 환율상승률(= 원화절하율)은 국내물가상승률과 해외물가상승률의 차이와 같다. 식 (28-6)을 구매력평가설이라 부른다.

구매력평가설
환율상승률(=원화절하율)은 국내물가상승률과 해외물가상승률의 차이와 같다는 것

> 국내인플레이션이 해외인플레이션보다 높으면 그 인플레이션율 차이만큼 환율이 상승한다는 가설을 **구매력평가설**이라 한다.

두 나라가 자유무역을 한다면 두 나라 통화 간에는 대체로 구매력평가설이 성립한다. 무역에 인위적인 규제가 가해진다고 하더라도 외환시장에서는 장기적으로 구매력평가설이 반영되게끔 환율이 조정되는 경향이 나타난다. 1960년대와 1970년대에 우리나라는 주요 교역국보다 높은 인플레이션을 경험하였다. 우리나라가 고정환율제하에서 수차에 걸쳐 평가절하를 단행한 배경은 이러한 높은 국내 인플레이션 때문이었다.

현실세계에서 구매력평가는 잘 성립하지 않지만 구매력평가설은 장기에 꽤 잘 성립한다. 식 (28-5)의 양변을 P로 나누어 주면 $\frac{eP_f}{P} = 1$이 되는데 단기에 구매력평가가 성립하지 않기 때문에 이 등식이 성립하지 않는다. P_f를 해외물가지수, P를 국내물가지수라 할 때 eP_f/P를 실질환율(real exchange rate)이라 한다. 실질환율은 국산품 수량으로 표시한 해외상품 1단위의 가치를 나타낸다.[9]

실질환율
국산품 수량으로 표시한 해외상품 1단위의 가치

읽을거리 28-3 ▶ **구매력평가와 빅맥지수(Big Mac Index)**

영국의 유명한 경제주간지 *The Economist*는 1986년부터 전세계 80여 개국에서 팔리는 빅맥(Big Mac) 햄버거의 현지가격을 조사해 오고 있다. 이 현지가격들을 미국의 빅맥가격과 비교하여 빅맥의 구매력을 기준으로 하는 구매력평가환율을 계산할 수 있다. 구매력평가환율을 실제환율과 비교함으로써 구매력평가설이 현실 환율동향을 얼마나 잘

---

[9] 실질환율의 개념에 대해서는 이 장의 연습문제 1을 참고할 것.

설명하는지 가늠해 볼 수 있다.

    *Economist*지에 따르면 2024년 1월에 빅맥 한 개에 미국은 5달러 69센트, 우리나라는 5,500원이었다. 당시 우리나라 외환시장에서 형성된 실제환율은 1달러=1,339원이었다. 빅맥의 구매력을 기준으로 보면

        5.69달러=5,500원, 혹은 1달러=967원

이어야 한다.

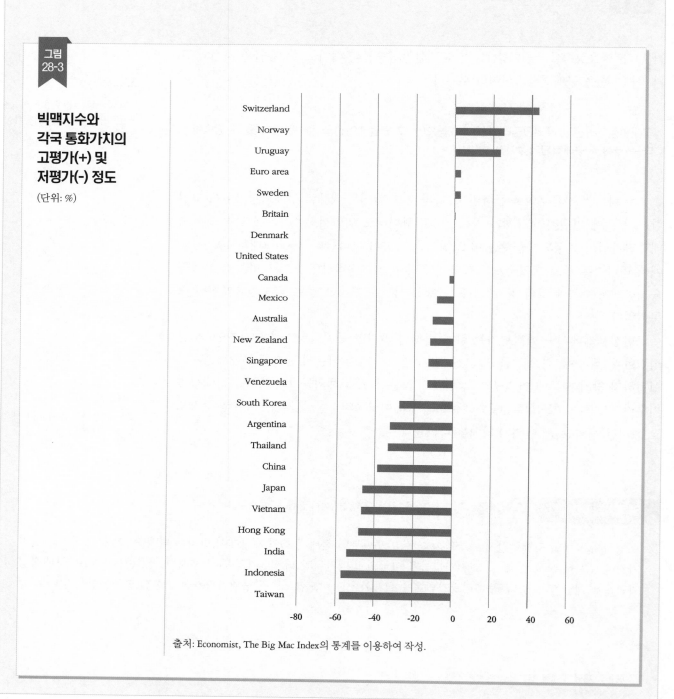

그림 28-3

빅맥지수와 각국 통화가치의 고평가(+) 및 저평가(-) 정도

(단위: %)

출처: Economist, The Big Mac Index의 통계를 이용하여 작성.

빅맥의 구매력으로 보면 1달러에 967원이어야 하는데 외환시장에서 1달러에 1,339원이니까 원화가 미달러화에 대비해 저평가되어 있는 것이다. 저평가된 정도는

$$\frac{1,339-967}{1,339} \times 100 = 28\%$$

이다.

빅맥(Big Mac)
빅맥은 세계 각국에서 표준화된 상품이기 때문에 가격 비교가 용이하다. 각국의 빅맥가격은 빅맥에 사용되는 재료가격의 차이 이외에 매장 임대료, 인건비 등에 의해 차이가 난다.

2024년 1월 현재 빅맥의 가격은 대만이 2.4달러로 가장 싸고 스위스가 8.2달러로 제일 비싸다. 빅맥처럼 표준화된 동질적인 상품의 국가 간 차이는 원재료가격의 차이보다 인건비, 임대료 등에 주로 기인한다.

그림 28-3은 빅맥지수로 평가한 달러화에 대한 각국 통화가치의 고평가 혹은 저평가 정도를 나타낸다. 그림에서 보듯이 대만 달러화(TWD)가 가장 저평가되어 있고 스위스 프랑화(CHF)가 가장 고평가되어 있다(영국 파운드화는 0.36%, 덴마크 크로나화는 0.03% 고평가되어 그림에는 고평가의 정도가 잘 나타나지 않고 있다.). 일반적으로 1인당 소득수준이 높은 국가일수록 물가수준도 높다. 그 결과 1인당 소득수준이 높은 나라일수록 통화가치도 고평가되는 경향이 있다.

1인당 소득이 높은 나라의 물가가 높은 이유는 저소득국과 고소득국의 노동생산성의 차이에 기인한다. 저소득국과 고소득국 간에 비교역재부문(non-tradable sector, 주로 서비스부문)의 노동생산성은 비슷해도 교역재부문(tradable sector)의 노동생산성은 고소득국이 더 높다. 따라서 임금수준도 고소득국이 더 높다. 그 결과 교역재의 가격은 자유무역으로 인해 국가 간에 차이가 거의 없더라도 대부분 노동집약적인 비교역재의 가격은 임금수준이 높은 고소득국이 더 높다. 한 나라의 물가수준은 교역재뿐 아니라 비교역재의 가격도 반영되므로 교역재의 가격이 국가 간에 비슷하더라도 비교역재의 가격 차이로 인해 부유한 나라의 물가수준이 더 높게 된다. 고소득국의 물가수준이 저소득국에 비해 높은 이유를 이론적으로 설명한 것을 발라사-사무엘슨 정리(Balasa-Samuelson theorem)라고 한다.

국내외 경기

우리나라 경기가 호황이고 총소득이 높아지면 소비수요와 투자수요가 늘기 때문에 수입이 증가한다. 이에 따라 외환에 대한 수요곡선이 오른쪽으로 이동하여 환율이 오른다.

해외의 경기가 좋고 외국의 총소득이 올라가면 우리나라 상품에 대한 수출수요가 증가한다. 이에 따라 외환공급곡선이 오른쪽으로 이동하여 환율이 떨어진다.

이 자 율

국내이자율이 오르면 일반적으로 환율이 하락한다. 환율이 하락하는 경로는 두 가지이다. 첫째, 국내이자율이 오르면 소비수요와 투자수요가 줄고 이에 따라 상품수입이 감소한다. 상품수입이 감소하면 외환수요가 감소(외환수요곡선이 왼쪽으로 이

동)하여 환율이 하락한다. 둘째, 국내이자율이 오르면 높은 투자수익률을 바라고 외국에서 자본이 유입된다. 이에 따라 외환공급이 증가(외환공급곡선이 오른쪽으로 이동)하여 환율이 하락한다.

제23장에서 이자율은 화폐의 사용을 포기한 대가라고 설명하였다. 따라서 국내이자율이 오르면 다른 조건이 불변일 때 우리나라 돈의 가치가 다른 나라 돈의 가치보다 비싸지는 것을 뜻한다. 그런데 우리나라 돈의 가치가 다른 나라 돈의 가치보다 비싸지는 것은 환율이 떨어질 때이다. 그러므로 국내이자율이 오르면 환율이 떨어진다.

국제금융시장에서 세계이자율이 하락하면 국내이자율이 상승한 것과 같은 효과가 일어나 외국에서 자본이 유입되고 이에 따라 외환공급이 증가하여 환율이 하락한다.

통화정책과 재정정책

확대통화정책은 이자율을 떨어뜨린다. 위에서 본 바와 같이 이자율은 환율과 반대로 움직이기 때문에 이자율이 하락하면 환율은 상승한다.

확대재정정책은 이자율을 상승시킨다. 이자율이 상승하면 환율이 하락한다. 확대재정정책은 물가도 상승시키고 총소득도 증가시킨다. 위에서 본 것처럼 물가 상승과 총소득의 증가는 환율을 상승시킨다. 그러나 단기에는 대체로 이자율 상승에 따른 환율 하락효과가 더 크다.

경제정책의 효과에 대하여는 제3절에서 개방 $AD-AS$모형으로 좀 더 자세히 다룬다.

예   상

사람들의 예상요인이 외환의 수요·공급에 중요한 영향을 미친다. 예컨대 환율이 상승할 것으로 예상되면 수출은 가급적 늦추고 수입은 앞당기는(leads and lags) 현상이 일어난다. 이에 따라 외환공급이 감소하고 외환수요는 증가한다. 환율이 상승할 것으로 예상되면 일반 투자가들도 외환공급을 줄이고 외환수요를 늘리는 환투기가 일어난다. 그 결과 어느 정도까지는 환율이 실제로 상승하는 예상의 자기충족적(self-fulfilling) 현상이 일어난다. 현실세계에서 단기에 환율이 급변할 때는 이 예상요인에 기인하는 바가 크다. 실상 환율은 가격변수들 중에서 예상과 투기에 의해 가장 큰 영향을 받는다.

5 환율의 결정모형

앞에서 변동환율제도하에 환율이 외환시장에서 수요와 공급의 힘에 의해 결정되고 변동되는 틀을 설명하였다. 실제로는 외환시장에서의 수요량과 공급량을 결정하는 변수들을 어떻게 보느냐에 따라 여러 가지 환율 결정에 관한 부분균형모형이 있다. 본서에서 지금까지 다룬 가격변수로는 물가·이자율·임금률·지대(또는 임대료)가 있다. 이것들에 환율을 합하여 거시경제학에서 흔히 5대 가격변수라고 부른다. 5대 가격변수 중에서 환율의 결정이론이 가장 다양하고 논란의 여지가 많다. 환율 결정에 관한 다양한 모형을 살펴보기 전에 국제경제학에서 많이 인용되는 한 가지 관계식과 특기할 만한 한 가지 흥미로운 가설을 설명할 필요가 있다. 한 가지 관계식은 앞에서 다룬 구매력평가와 비슷한 이자율평가다. 한 가지 흥미로운 가설은 불규칙보행가설이다.

이자율평가

이자율평가(interest rate parity)는 투자가의 입장에서 국가간의 자본이동이 자유롭고 자국의 금융자산과 타국의 금융자산이 똑같은 수익률을 가져다 주는 완전대체자산(perfect substitutes)이라면 다음과 같은 식이 성립해야 한다는 것이다.

이자율평가
환율의 기대상승률만큼 국내외 금리 차이가 생긴다는 가설

[28-7] 국내이자율 = 해외이자율 + 환율의 기대상승률

이자율평가가 뜻하는 바를 예를 들어 설명해 보자. 우리나라 이자율은 연 10%이고 미국 이자율은 연 6%라 하자. 이러한 국내외 금리차는 두 나라간 자본이동이 자유롭다면 원화표시 달러화 값이 1년 동안에 4% 상승(원화의 4% 절하)할 것이라고 사람들이 예상하고 있기 때문에 생기는 것이다. 미국의 투자가가 달러화를 원화로 바꾸어 1년 정기예금을 한다면 1년 후에 원금과 10%의 이자를 원화로 받는다. 그러나 1년 후에 이 원화는 4%만큼 가치가 떨어지기 때문에 달러화로 바꿀 때 실제수익률은 10%가 아니라 6%이다. 그래서 어느 나라에 예금하든 1년후 예상 수익률은 같아진다.

합리적인 투자가가 타국의 금융자산을 구입하고자 할 때는 국가간 이자율 차이뿐만 아니라 예상되는 환율의 변화도 고려한다. 이러한 합리적인 투자행태 때문에 식 (28-7)이 성립한다고 보는 것이 이자율평가이다.

불규칙보행가설

환율에 관한 많은 모형들을 완전히 무시하는 매우 흥미로운 가설이 있다. 임의

보행가설 혹은 불규칙보행가설(random walk hypothesis)은 내일(次期)의 환율수준을 예측하는 데에 다른 거시변수들은 아무 소용없고 오늘(今期)의 환율수준만 알면 충분하다고 주장한다. 구체적으로 내일의 환율은 오늘의 환율과 평균적으로 같다. 즉 내일 환율의 평균은 오늘의 환율이라는 것이다.

불규칙보행가설은 환율의 움직임이 술취한 사람의 걸음걸이와 비슷하다는 점에서 붙여진 이름이다. 광야에 술취한 사람을 떨어뜨려 놓고 한 시간 후에 찾으러 간다고 하자. 어느 곳으로 찾으러 가는 것이 최선일까? 불규칙보행가설에 의하면 처음에 떨어뜨려 놓은 곳으로 찾으러 가는 것이 (찾는 수고를 최소로 줄인다는 의미에서) 최선이다. 물론 그 자리에 그대로 있으리라는 보장은 전혀 없다. 그러나 처음 그 자리에서 동서남북 사방으로 비틀거리며 걸어갈 확률이 똑같다. 따라서 평균적으로 볼 때는 처음 그 자리에 가서 찾는 것이 최선이다. 이처럼 내일의 환율도 오늘의 환율수준보다 오를 수도 있고 내릴 수도 있으며 오르내리는 정도도 얼마든지 달리 나타날 수 있지만 그 모든 가능성을 감안하여 평균해 보면 오늘의 환율수준과 같다는 것이다. 불규칙보행가설의 시사점은 미래 환율의 동향을 예측할 수 없다는 것이다. 미래 환율이 확실히 오르거나 확실히 내린다면 제18장에서 다룬 선물시장을 통해 일확천금을 얻을 수 있다. 그러나 불규칙보행가설에 의하면 미래의 환율이 확실히 오르거나 내린다고 말할 수 없다.

거시경제학에서 배운 바와 같이 물가·임금·이자율·임대료와 같은 가격변수들의 미래값을 예측할 때에는 거시모형을 통해 각 변수에 영향을 미칠 만한 다른 거시변수들을 두루두루 감안한다. 그리고 이러한 거시모형을 통한 예측이 그럴 듯하게 들어맞는다. 그러나 환율만은 여러 종류의 거시모형이 있지만 환율변동을 제대로 예측하는 모형은 드물다. 그래서 등장한 것이 불규칙보행가설이다. 지금까지 나온 어떤 정교한 환율결정모형도 단순하기 짝이 없는 불규칙보행가설보다 환율 예측면에서 항상 우월한 모형은 없다는 것이 많은 실증분석 결과 밝혀졌다.

불규칙보행가설이 그럴 듯하게 들어맞는 가격변수가 또 하나 있다. 주식가격이 그것이다. 불규칙보행가설이 그럴 듯하게 성립하는 외환시장이나 주식시장을 효율적 시장이라 한다. 내일의 환율이나 주가를 예측하는 데 필요한 정보는 오늘의 환율이나 주가일 뿐 다른 정보들이 필요하지 않다. 오늘의 가격이 내일의 가격을 예측하는 데 필요한 모든 정보를 대표하고 있다는 뜻에서 효율적 시장이라고 부른다. 불규칙보행가설을 효율적 시장가설(efficient market hypothesis)이라고도 부른다. 불규칙보행가설은 경제학과 기업재무학에서 환율과 주가를 설명하는 강력한 이론으로 평가되고 있다.

5. 환율의 결정모형(계속)

6 국제통화제도의 변천과 환율제도

19세기 중엽까지 각국은 무역당사국간의 흥정·협상·협정 등으로 그때그때 결제수단과 적용 환율을 결정하였다. 따라서 많은 나라에서 채택하는 국제통화제도라는 개념이 없었다. 국제통화제도가 공식적으로 등장한 것은 금본위제도가 도입된 1870년부터이다.

세계의 주요 국가들이 채택하는 국제결제수단과 환율에 관한 제도를 **국제통화제도**(international monetary system)라 한다.

국제통화제도는

금본위제도(1870~1914) → 브레튼우즈체제(1944~1971) → 신 브레튼우즈체제(1976~   )
의 순서로 변천하여 왔다.

금본위제도(Gold standard)는 금을 중앙은행 준비자산으로 하는 국제통화제도이다. 금본위제도에서는 금을 기준으로 각국의 통화가치를 정하였다. 이 제도하에서는 각국의 통화가 금의 중량으로 그 가치가 정해져 있으므로 각국 화폐간의 교환비율은 금을 기준으로 하여 고정된다. 예컨대 1913년에 미국의 1달러는 금 0.053온스의 가치를 갖는 것으로 정해져 있었고, 영국의 1파운드는 0.257온스의 금의 가치를 갖는 것으로 정해져 있었다. 따라서 금을 기준으로 하여 1파운드=4.86달러의 환율이 결정된다. 금본위제도하에서는 자연히 고정환율제도가 되는 것이다. 또한 금본위제도는 통화량이 금 보유량과 연결되어 있고 금의 유출입이 자유롭게 이루어지는 특징을 가지고 있다. 금본위제도는 제1차 세계대전이 발발하면서 붕괴되었다.

제1차 세계대전이 끝난 후 서방 주요국들은 금본위제도로 복귀하였지만 전쟁 전과는 세계경제상황이 판이하게 달라져서 금본위제도는 안정성을 유지할 수 없었다. 1929년의 세계대공황을 계기로 각국은 금본위제도를 완전히 포기하고 경쟁적으로 자국통화의 평가절하를 시도하였다. 그 결과 환율의 극심한 변동이 초래되는 등 국제경제질서는 매우 혼란스럽게 되었다. 이를 수습하기 위해 제2차 세계대전이 끝나갈 무렵인 1944년에 44개국 대표들이 미국의 브레튼우즈(Bretton Woods)에 모여 새로운 국제통화제도를 수립하였다. 브레튼우즈체제의 성격을 한마디로 표현하면「미국은 금을 준비자산으로 하고 다른 나라들은 달러화를 준비자산으로 하는 금환본위제도(gold-exchange standard system)로서의 고정환율제도」이다.

브레튼우즈체제에서는 미 달러화만이 금과 일정한 교환비율(금 1온스=35달러)을 유지하고, 다른 나라의 통화는 미 달러화와의 교환비율을 유지함으로써 환율을 안정시키고자 하는 것이다. 각국의 환율은 미 달러화와 일정한 교환비율을 통하여 고정되

국제통화제도
세계의 주요 국가들이 채택하는 국제결제수단과 환율에 관한 제도

금본위제도
금을 중앙은행 준비자산으로 하는 국제통화제도

금괴(gold bar)
금본위제에서는 금이 준비자산이고 모든 나라의 통화가치를 결정하는 표준이다.

브레튼우즈체제
미국은 금, 다른 나라들은 달러화를 준비자산으로 하는 금환본위제도

브레튼우즈 컨퍼런스
미국 뉴저지주 뉴햄프셔의 브레튼우즈 컨퍼런스에 참가한 영국의 대표 케인스. 케인스는 이 회의에서 'banco'라는 국제통화 발행을 제안하였으나 미국의 반대로 무산되었다.

었다. 브레튼우즈체제에서는 각국의 환율안정을 위해 국가간 자본 및 금융거래가 통제되었다. 따라서 브레튼우즈체제에서 각국의 국제수지 불균형은 경상수지에서 야기되었다. 이를 감안하여 각국은 단기적인 경상수지 불균형이 발생할 때 1% 이내에서 자국의 환율을 조정할 수 있었다. 나아가 경상수지의 만성적·지속적인 불균형, 즉 기초적 불균형(fundamental disequilibrium) 상태의 경우에는 국제통화기금(International Monetary Fund: IMF)의 승인을 얻어 10%까지 환율을 조정할 수 있었다. 이러한 브레튼우즈체제하의 환율제도는 「조정가능 고정환율제도」(adjustable fixed exchange rate system)라고도 한다. 국제통화기금은 브레튼우즈체제를 감시하고 운영하기 위해 1947년에 설립된 국제기구이다.

제2차 세계대전 이후 서유럽국가들과 일본의 경제가 급속히 발전하기 시작하였다. 반면에 국제경제에서 미국의 절대적 우위는 사라지고 미국의 국제수지가 악화되었다. 특히 1960년대에 월남전으로 인한 미국의 막대한 군비지출과 이로 인한 재정적자는 미국의 경상수지를 급격히 악화시켰다. 이에 따라 달러화의 국제신뢰도가 떨어져, 달러화를 보유한 나라들이 미국에 대하여 금태환을 요구하였다. 미국의 금 보유가 감소함에 따라 달러화에 대한 신뢰도는 더욱 떨어지고 급기야는 국제외환시장에서 달러의 투매현상이 일어났다. 사태가 악화하자 미국의 닉슨 대통령은 1971년 달러화의 금태환정지를 선언하였다. 이로써 브레튼우즈체제하의 고정환율시대는 막을 내렸다. 브레튼우즈체제는 달러화의 실질가치가 장기적으로 유지될 수 없다는 태생적인 한계(트리핀의 딜레마)[10]로 인해 체제의 지속성에 대한 의문이 제기되었으나, 주요 선진국들의 이해관계 일치에 의해 30년 가까이 지속되었다.

브레튼우즈체제의 붕괴 이후에도 국제통화질서는 일종의 (준)달러본위제로 이행하여 '신 브레튼우즈체제(Bretton Woods II)'라 불리며 현재까지 체제를 유지하고 있다. 환율제도 또한 고정환율제도에서 변동환율제도로 이행하였다. 브레튼우즈체제와 마찬가지로 (준)달러본위제(혹은 달러 기축통화제)하에서는 국제유동성(달러)의 공급이 미국의 경상수지 적자와 대외투자를 통해 이루어질 수밖에 없으므로 '글로벌 불균형'(global imbalances) 문제가 새롭게 부상하기 시작하였다. 글로벌 불균형이란 미국의 경상수지가 지속적인 적자를 보이는 반면 일본, 독일 등과 같은 선진국과 중국 등 동

---

10 국제통화로서 달러화의 가치는 안정적으로 유지되어야 한다. 이를 위해서 미국은 경상수지 흑자기조를 유지해야 한다. 그런데 미국 이외의 국가에서는 무역거래나 외환보유액 축적 등을 위해 국제통화인 달러가 필요하다. 따라서 미국은 경상수지 적자를 통해 충분한 달러화의 공급을 해줘야 될 필요가 있다. 미국의 입장에서 달러화의 공급 확대는 외국 상품과 서비스에 대한 수입을 증가시켜 경상수지 적자를 확대시킨다. 이로 인하여 미 달러화 가치 하락은 불가피하게 된다. 즉, 미국의 입장과 세계 다른 국가의 입장이 서로 충돌한다. 만약 국제통화인 달러를 국제적 수요에 맞추어 공급하지 않는다면 세계경제는 불황에 빠지는 문제가 발생할 수 있다. 로버트 트리핀(Robert Triffin) 예일대 교수는 1950년대 말 이와 같은 달러화의 가치 유지와 충분한 공급 필요성 간의 딜레마를 지적하였다. 이를 '트리핀의 딜레마'(Triffin's dilemma)라고 부른다.

아시아 신흥국들은 큰 폭의 대미 경상수지 흑자를 기록하고 있음을 의미한다. 이들 국가들의 외환보유액과 더불어 산유국들의 누적된 오일달러가 미 국공채에 재투자되어 유입됨으로써 미국은 쌍둥이 적자로 대외부채가 많음에도 불구하고 실제 소득보다 더 많은 소비가 가능한 것이다. 이런 현상은 달러화가 기축통화(vehicle currency)라는 특권에 기인하고 있다.

글로벌 금융위기 이후 국제통화체제의 불안정성이 심화됨에 따라 G20 회원국과 IMF 등 국제기구를 중심으로 국제통화제도의 개혁 논의가 활발하게 진행되고 있다. 현행 달러화 중심 국제통화제도의 구조적 문제점을 완화하기 위하여 IMF의 특별인출권(Special Drawing Right: SDR)[11]의 역할을 강화해야 한다는 주장도 제기되었으나 아직까지는 미국 달러화의 대안을 찾지 못하고 있다.

금-달러 본위제의 붕괴
브레튼우즈체제는 트리핀의 딜레마를 극복하지 못하고 붕괴되었다. 그러나 신 브레튼우즈체제에서도 특별한 대안을 찾지 못하고 여전히 달러에 의존하고 있다.

읽을거리 28-4

국제통화제도와 미국의
비대칭적 지위

제3절 개방경제하에 경제정책의 효과

1 총수요곡선과 총공급곡선

총수요는 제24장에서

총수요 = 민간소비 + 국내총투자수요 + 정부소비 + 순수출수요

로 정의하였다. 개방경제에서 총수요는 순수출수요를 명시적으로 고려한다는 것만 빼고는 폐쇄경제와 같다. 순수출수요는 총소득이 증가하면 감소하고 환율이 상승하

---

11 국제유동성 부족을 보충하기 위하여 IMF가 IMF출자금에서 공급하는 유동성을 뜻한다. 브레튼우즈체제에서 트리핀딜레마를 극복하기 위한 방편으로 1969년 처음으로 도입되었다. SDR 한 단위의 가치는 달러화, 유로화, 위안화, 엔화, 파운드화의 가치를 가중평균하여 결정된다. SDR은 민간거래에 사용되지 않고 각국 통화당국간의 결제에 사용되는 일종의 국제통화이다.

면 증가한다. 총소득이 증가하면 수입수요가 증가하기 때문에 순수출수요(=수출수요-수입수요)가 감소한다. 환율이 상승하면 제2절에서 본 바와 같이 수출이 증가하고 수입이 감소하기 때문에 순수출수요가 증가한다. 물가와 관계없이 순수출수요가 증가하면 우하향하는 총수요곡선이 오른쪽으로 이동한다. 총공급곡선은 우상향하는 일반영역을 이용하면 된다.[12]

2 경제정책의 효과

폐쇄경제와 같이 개방경제에서도 경제정책의 효과를 총수요·총공급곡선을 이용하여 분석할 수 있다.

재정정책과 통화정책의 효과는 기본적으로 폐쇄경제에서와 같다. 확대재정정책이나 확대통화정책은 총수요곡선을 오른쪽으로 이동시켜 총생산의 증가와 물가의 상승을 낳는다. 폐쇄경제와 다른 점을 굳이 든다면 총생산과 총소득이 증가할 때 순수출수요가 감소하기 때문에 개방경제에서는 총수요곡선의 오른쪽 이동폭이 작아진다는 것이다.

재정정책의 효과

확대재정정책은 먼저 총수요를 증가시켜 그림 28-4에서처럼 총수요곡선이 AD_1'으로 우측이동한다. 그 결과 물가와 총생산을 증가시키고 이자율을 상승시킨다. 이자율이 상승하면 금리차익을 노리는 자본이 해외로부터 유입되어 외환 공급이 증가한다. 우리나라가 현재 채택하고 있는 변동환율제도하에서 외환 공급이 증가하면 환율이 하락한다.

환율이 하락하면 수출이 감소하고 수입이 증가한다. 따라서 총소득 증가와 환율 하락이 둘 다 순수출을 감소시켜 총수요곡선이 AD_1으로 왼쪽으로 이동한다. 순수출의 감소는 경상수지의 감소와 같다.

결국 확대재정정책은 물가 상승, 총생산 증가, 이자율 상승, 환율 하락, 경상수지 감소의 효과를 낳는다.

긴축재정정책은 확대재정정책과 정반대의 효과를 낳는다.

---

[12] 환율이 변하면 원화로 나타낸 수입재의 가격(eP_f)이 변하므로 수입 에너지, 원자재, 중간재 등의 가격이 변하고 기업들의 생산비에 영향을 미친다. 그 결과 총공급곡선이 좌측이나 우측으로 이동할 수 있다. 아래의 경제정책 효과의 설명에서는 환율이 총공급에 미치는 영향은 단기에 그리 크지 않다고 보아 고려하지 않는다.

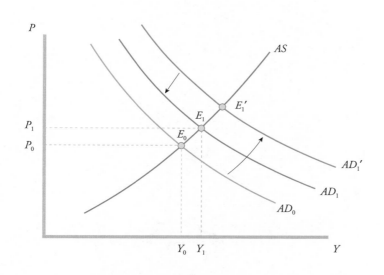

그림
28-4

확대재정정책의 효과

확대 재정정책은 총수요곡선을 우측으로 이동시켜 물가 상승과 총생산 증가 및 경상수지 감소를 낳는다. 확대재정정책으로 인한 총생산 증가와 환율하락으로 총수요곡선의 우측 이동 폭은 처음보다 작아진다.

통화정책의 효과

통화공급을 늘리는 확대통화정책은 총생산을 증가시키고 이자율을 하락시킨다. 이자율이 하락하면 자본이 해외로 유출되어 외환 수요가 증가한다. 변동환율제도하에서 외환 수요가 증가하면 환율이 상승한다. 총소득이 증가하고 환율이 상승하여 순수출의 변동 방향은 확실치 않은 것으로 보인다. 그러나 일반적으로 환율 상승의 효과가 더 커서 경상수지는 증가한다. 따라서 확대통화정책은 그림 28–5에서처럼 확대재정정책보다 총수요곡선을 더 오른쪽으로 이동시킨다. 확대통화정책은 물가 상승, 총생산 증가, 이자율 하락, 환율 상승, 경상수지 증가의 효과를 낳는다.

일본과 대만처럼 대규모 경상수지 흑자를 지속하는 나라가 아닌 한 경상수지의 증가(호전)가 감소(악화)보다 바람직하다. 따라서 대내외 균형의 조화라는 측면에서 볼 때 통화정책이 재정정책보다 낫다고 평가할 수 있다.

환율정책

고정환율제도를 채택하고 있으면서 만성적인 경상수지 적자에 허덕이는 나라에서는 인위적인 환율 인상(자국통화의 평가절하)을 실시하여 대외균형을 회복할 수 있다. 환율이 상승하면 순수출이 증가하여 총수요곡선이 오른쪽으로 이동한다.[13] 이에 따라 총생산이 증가하고 물가가 상승한다. 총생산이 증가하고 물가가 상승하면 순수

---

13 고정환율제도에서 평가절하로 환율이 상승하면 통화공급 증가도 이루어져 평가절하의 효과가 더욱 커진다. 이에 대해서는 연습문제 5번을 참고할 것.

그림
28-5

확대통화정책의 효과

확대통화정책은 확대재정정책보다 총수요곡선을 더 우측으로 이동시키고 물가, 총생산, 경상수지 증가를 가져온다.

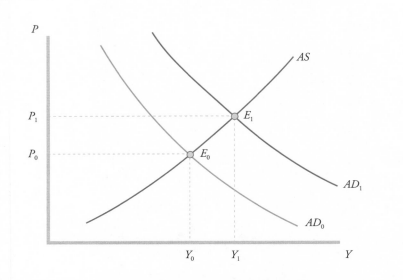

읽을거리 28-5 ## 삼원체제의 불가능성

본문에서 다룬 바와 같이 변동환율제도가 아니라 고정환율제도라면 통화공급을 늘리는 확대통화정책의 효과는 어떻게 다르게 나타날까? 확대통화정책으로 금리가 하락하면 자본이 해외로 유출되어 외환 수요가 증가한다. 외환 수요가 증가하면 외환의 초과 수요가 생겨 환율이 상승 압력을 받는다. 기존 환율을 유지하려면 외환의 초과 수요를 해소해 주어야 한다. 외환의 초과 수요를 해소해 주는 통상적인 방법은 통화당국이 외환시장에 나가 외환을 공급하는 것이다. 이는 통화당국이 외환시장에서 자국통화를 흡수하는 것을 뜻한다. 따라서 처음에 통화공급을 늘린 확대통화정책이 외환시장 사정으로 통화가 흡수됨으로써 결과적으로 무력화된다. 이처럼 자본자유화가 이루어지고 고정환율제도를 채택하고 있는 나라는 국내 경제상황을 고려하는 독자적인 통화정책을 쓸 수 없다. 자본자유화와 고정환율제도, 독자적인 통화정책, 이 세 가지를 동시에 누릴 수 없으며 이 중 두 가지만 선택 가능하다는 것을 3원체제의 불가능성(Impossible Trinity) 원리라고 한다.

1930년대 초까지의 금본위제도는 자본이동이 자유로운 상태에서의 고정환율제도였다. 따라서 독자적인 통화정책을 포기해야 했다. 브레턴우즈 체제는 고정환율제도였지만 국민경제 안정을 도모하는 주요 수단으로 재정정책과 통화정책을 실시할 수 있었다. 따라서 자본자유화가 제약될 수밖에 없었다. 고정환율제를 채택하고 있는 개발도상국들은 자본 자유화를 유보함으로써 독자적인 통화정책을 쓰고 있다. 그러나 세계화가 진전되어 자본이동을 통제하는 것이 어려워지면 고정환율제도와 독자적인 통화정책 가운데 하나를 포기해야 하는 상황이다. 변동환율제도를 채택하고 있는 서방 선진국과 우리나라는 독자적인 통화정책을 펼 수 있다.

출이 감소하는 효과가 나타나지만 이는 어디까지나 2차적인 효과이다. 환율 인상의 1차적인 효과는 순수출이 증가하고 경상수지가 개선되는 것이다.

2009년 말부터 PIIGS라 불린 일부 EU 회원국들(포르투갈, 아일랜드, 이탈리아, 그리스, 스페인)이 재정위기와 경상수지 적자를 겪으면서 전통적인 환율정책의 중요성이 재인식되었다. 이 국가들은 유로라는 단일통화를 쓰고 있어서 자기 나라의 독자적인 통화가 없다. 독자적인 통화가 있으면 중앙은행이 통화공급을 증가시키는 한편 1998년의 우리나라처럼 환율이 대폭 상승하여 경상수지 적자를 극복할 수 있는데 그렇지 못한 것이다.

변동환율제도하에서는 환율의 급격한 변동이 경제 안정을 해칠 수 있다고 하였다. 따라서 환율의 결정은 기본적으로 시장에 맡기되 불안심리나 외생적인 충격 때문에 비정상적으로 환율의 변동성이 확대되는 경우에는 정부가 시장에 개입하여 환율을 안정시키는 환율안정운영(smoothing operation)을 하는 것이 필요하다. 환율안정운영은 변동환율제도를 채택하는 나라에서 으레 하는 것이고 해야 한다. 어떤 목표환율대를 정하고 그 수준을 유지하기 위해 정부가 외환시장에 개입하거나 수출 경쟁력을 유지하기 위해 자국통화의 저평가를 유도하는 것과 같은 환율조작과는 다른 개념이다.

1997년 우리나라의 외환위기

외환위기란 한 나라의 통화가치가 단기간에 급락하는 현상을 말한다. 원화는 1996년 말에 달러당 845원이었는데 1997년 말에 1,695원으로 환율이 100%나 폭등함으로써 달러 대비 원화가치가 절반으로 떨어졌다. 한때는 달러당 1,990원대까지 치솟았다. 일찍이 없었던 이런 원화가치의 폭락은 왜 일어났을까?

그 원인은 무엇보다 정부의 잘못된 환율정책에 기인한다. 구체적으로 말해서 정부가 경직적으로 고정환율제도를 운용했기 때문이다. 우리 경제는 1995년부터 1997년까지 매년 100억 달러가 넘는 경상수지 적자를 보이고 있었다. 방대한 경상수지 적자가 지속된다는 것은 외환시장에서 외환의 초과수요가 지속되고 있다는 말과 같다. 900원대에서 벗어나지 않는 관리변동환율제로는 이 초과수요를 진정시킬 수 없었다. 1997년 12월에 자유변동환율제로 전환하자 환율은 1998년에 연평균 1,399원으로 50% 이상 폭등하였다. 2005년까지 환율은 1,000원 아래로 떨어지지 않았다. 외환위기 이전에 외환시장에서 형성될 균형환율보다 너무 낮은 환율을 억지로 유지했다는 방증이다.

1997년 외환위기는 외채위기(debt crisis)와 금융위기(financial crisis)의 성격을 띠고 있다. 외채위기란 외채를 갚을 수 없게 되는 상황을 말한다. 금융위기란 많은 금융기관이 예금이나 빚을 돌려주지 못해 부도 위기에 처하는 상황을 말한다.

외채위기와 금융위기가 일어난 원인은 주로 은행의 부실한 자금 운용과 정부(한국은행 포함)의 부실한 외환관리에 있다.

1990년대 중반에 우리나라 은행(종합금융회사 포함)은 외국은행으로부터 만기가

외환위기
한 나라의 통화가치가 단기간에 급락하는 현상

금융위기
많은 금융기관이 예금이나 빚을 돌려주지 못해 부도 위기에 처하는 상황

1년 이하인 외화자금을 싼 금리로 빌려 동남아·러시아 등에 비싼 금리를 받고 장기로 빌려주고 있었다.

1997년 7월에 태국, 10월에 인도네시아가 외환위기를 겪었다. 동남아 외환위기는 금융시장이 불안정한 동아시아에 대해서도 국제투자자들이 경각심을 갖게 만들었다. 11월 들어 외국 은행들이 우리나라 은행에 돈을 새로 빌려주지 않는 것은 물론이고, 빌려준 돈 중 만기가 된 몫도 다시 연장해 주지 않고 회수하기 시작하였다(종전에는 만기분 중 80% 이상을 재연장해 주었는데 그 비율이 11월에는 59%, 12월에는 32%로 급감하였다). 외화를 단기로 빌려와 장기로 빌려주는 금리의 기간 간 미스매치(mismatch)로 인해 은행이 가지고 있는 외화대출채권이 외채위기를 막는 데에 아무 도움이 되지 못했다. 국내은행들이 자체 능력으로 단기외채를 갚을 수 없어 국제적 부도상태에 빠지게 된 것이다.

최종대부자(lender of last resort)이자 은행의 은행인 한국은행은 국내은행들이 국제적 부도상태에 빠지는 것을 방치할 수 없어 외환보유액을 풀어 긴급외화자금을 지원하였다. 그러나 단기외채 만기 연장 거부사태를 들이킬 수 없었고 한국은행의 가용외환보유액은 금방 바닥났다. 당시 국제통화기금(IMF)은 적어도 한 나라 수입액의 4개월분을 외환보유액으로 중앙은행이 가지고 있어야 한다고 권고했다. 11월 말 한국은행의 외환보유액은 그때까지의 편제기준으로 89억 달러(실제로 쓸 수 있는 외환보유액은 39억 달러)에 불과하였다. 이는 한 달 수입액 120억 달러도 안 되는 금액이었다.

만기가 1년 이내인 외채를 단기외채라 한다. 단기외채에 만기가 1년 이내로 남은 장기외채를 더한 것을 유동부채라 한다. 국제통화기금은 외환보유액 대비 백분비로 나타낸 단기외채비율이 60% 미만이면 안정수준, 60~100%이면 경계수준, 100%를 초과하면 위험수준으로 평가한다. 외환보유액 대비 백분비로 나타낸 유동부채비율은 100% 미만이면 안정수준, 100~200%이면 경계수준, 200%를 초과하면 위험수준으로 평가한다. 1997년 말에 우리나라는 단기외채비율이 무려 717%, 유동부채비율이 973%였다. 단기외채가 외환보유액보다 많으면 위험수준이라는데 7배나 많고, 유동부채가 외환보유액의 2배보다 많으면 위험수준인데 거의 10배나 많았다. 외환위기가 일어날 수밖에 없는 매우 높은 위험수준이었던 것이다.

이런 다급한 상황에서 우리나라 정부는 1997년 11월 21일 국제통화기금에 구제금융을 신청한 사실을 발표한다. 이어 12월 3일 IMF와 구조조정 프로그램에 합의하고 국제금융기구로부터 총 310억 달러에 달하는 자금 지원을 약정받는다. 이로써 국가부도의 위험은 사라졌지만 달러가 부족한 외환시장에서 폭등한 달러값은 한동안 강세를 유지하였다.

구제금융 지원조건을 놓고 협상을 벌이는 과정에서 금리는 연 20%대의 높은 수준을 유지하고 외환위기는 지속되어 환율도 높은 수준을 이어갔다. 1997년 12월 하순 외환부족 상태에서 조기에 벗어나기 위해 100억 달러를 앞당겨 지원받게 됨에 따라 진정국면으로 돌아섰다. 이어 1998년 1월 하순 단기외채 상환을 연장하는 협상을 타결함으로써 비로소 외환위기에서 벗어날 수 있었다.

단기외채
만기가 1년 이내인 외채

유동부채
단기외채에 만기가 1년 이내로 남은 장기외채를 더한 것

구제금융 지원조건으로 우리나라는 긴축적인 통화정책과 재정정책의 조합을 실시해야 했다. 한때 1,900원대까지 지나치게 오른 환율을 안정시키는 데에는 앞에서 살펴본 대로 고금리와 물가 안정이 필요하다. 고금리는 외화의 순유입을 통해, 물가 안정은 수출 증대를 통해 외환 공급을 증가시켜 환율 안정에 기여한다. 따라서 긴축적인 통화정책은 적절하다. 그러나 긴축적인 재정정책은 잘못된 정책이었다. 외환위기의 발단은 잘못된 환율정책이었지 방만한 재정이 아니었기 때문이다. 당시에 재정 건전성은 매우 양호하였다. 따라서 음의 경제성장과 높아진 실업으로 고통을 겪는 사회적 취약계층에 대해 사회복지지출을 과감하게 늘리는 확장적인 재정정책을 써야 했다. 이런 시대적 배경에서 2000년에 국민기초생활보장제도가 도입되었다.

읽을거리 28-6 ▶ 2008년 우리나라의 외환위기

2008년 9월에 시작된 세계적인 금융위기로 우리나라는 다시 외환위기를 겪었다. 2008년 8월 말에 1,089원이었던 환율이 11월 말에 1,469원으로 35%나 상승하였다. 12월에는 안정되는 듯하다가 다시 오르기 시작하여 2009년 2월 말에는 1,534원으로 6개월 전보다 41%나 상승하였다. 이때의 외환위기는 외채위기나 금융위기와 같이 오지 않았다. 미국의 금융위기로 선진국 은행들과 증권투자가들이 우리나라에서 돈을 대량으로 빼갔지만 1997년 외환위기 이후 외환보유액을 많이 쌓아 놓은 덕분에 외채위기와 금융위기를 겪지 않은 것이다.

표 28-3에서 보는 바와 같이 2008년에 한국은행의 준비자산은 564억 달러나 감소하였다. 우리 기업의 해외투자가 외국인 직접투자에 비해 크고, 외국인 증권투자가들이 우리나라 주식과 채권을 처분하며, 선진국 은행들이 빌려준 자금을 회수해 가는 등 대규모 달러화 유출이 일어난 것이다. 그 와중에 환율이 급등하고 전년보다 외환보유액이 610억 달러나 감소하였다. 그러고도 2008년 말에 우리나라 외환보유액은 2,012억 달러였지만 안심할 수 있는 상황은 아니었다. 외환보유액이 계속 감소하여 중앙은행의 외환시장 개입능력에 대해 의구심이 생기면 투기적 공격(speculative attack)이 일어나 외환보유액이 일시에 고갈될 수 있기 때문이다. 투기적 공격이란 시장참가자들이 한 통화의 가치가 하락할 것으로 예상하고 그 통화를 지속적으로 파는 것을 말한다. 이런 투기적 공격의 가능성을 없애기 위해 2008년 10월에 미국과 300억 달러의 통화스왑(currency swaps: 두 나라가 자국통화를 상대국 통화와 맞교환하는 방식으로 외환위기가 발생하면 자국통화를 상대국에 맡기고 외국통화를 차입하는 중앙은행 간 신용 계약)을 맺고 일본과 중국과도 각각 300억 달러, IMF와는 200억 달러의 통화스왑을 맺음으로써 비상시에 외화를 주요국에서 끌어다 쓸 안전장치를 마련하였다. 1997년 외환위기를 거울삼아 경제의 기본여건도 건실해진 데다가 만일의 사태에도 철저히 대비한 것이다.

자본자유화가 이루어진 우리나라는 급격한 자본 유출입에 따르는 불안정성에 고스란히 노출되어 있다. 자본자유화시대에 외환보유액은 비상시에 외국인 증권투자 자금이 거의 다 유출될 수 있다는 전제 하에 종전보다 훨씬 많이 쌓아 놓고 평소에 거시경제 안정성을 다져야 한다.

자본자유화가 진전된 시장경제체제에서 무엇보다 견실한 경제운영으로 거시경제 안정성을 다지는 것이 중요하다. 2020년대에 들어와 코로나19가 번지자 세계적인 경제침체가 일어나고 주요국이 획기적인 경기부양책을 썼다. 과감한 정부지출 확대, 0 수준에 가까운 저금리, 양적 완화 등이 다시 등장하였다. 코로나가 잦아지자 주요국 정부는 2024년 후반부터 인플레이션을 수습하기 위해 긴축기조로 돌아섰다. 특히 미국이 양적 완화를 중단하고 금리를 올리자 많은 개도국에서 외국인 투자자금이 대량 유출되고 주식과 채권값이 폭락하며 환율이 급등하는 등 외환시장과 국제금융시장이 크게 흔들렸다.

1   일정기간 동안 한 나라 거주자와 다른 나라의 비거주자 사이에 이루어진 모든 경제적 거래를 체계적으로 작성한 표를 국제수지표라 한다. 국제수지표에 의해 한 나라가 다른 나라들과의 모든 거래에서 외화가 얼마나 남거나 모자라는가를 나타내는 개념이 국제수지이다.

2   국제수지표는 경상수지, 자본수지, 금융계정, 오차 및 누락으로 구성되어 있다. 경상수지는 재화, 서비스, 소득, 이전거래 등 경상거래의 결과 수취한 외화와 지급한 외화의 차이다. 경상수지는 재화수지, 서비스수지, 본원소득수지, 이전소득수지로 구성되어 있다. 재화수지는 재화의 수출액에서 수입액을 뺀 것이다. 서비스수지는 서비스를 거래하여 수취한 외화와 지급한 외화의 차이다. 본원소득수지는 다른 나라들과 노동과 투자자금이 거래된 결과 수취한 요소소득(임금, 이자 및 배당금)과 지급한 요소소득의 차이다. 이전소득수지는 다른 나라들로부터 무상으로 수취한 금액과 다른 나라들에 무상으로 지급한 금액의 차이다. 국제수지표는 복식부기원칙에 의해 한 거래가 대차 양변에 기록되는데 경상거래의 대변과 차변의 차액이 경상수지이다.

3   자본수지에는 자산 소유권의 무상 이전, 상표와 같은 마케팅자산과 기타 양도 가능한 무형자산의 취득과 처분이 기록된다. 금융계정에는 다른 나라들과 이루어지는 모든 금융거래가 기록된다. 금융계정은 직접투자, 증권투자, 파생금융상품, 기타투자, 준비자산(증감)으로 구성된다. 준비자산이 증가하면 한편으로 외환보유액이 증가하고 다른 한편으로 해외부문을 통한 본원통화공급이 증가한다. 국제수지표는

경상수지 + 자본수지 + 오차 및 누락 = 금융계정

의 등식이 항상 성립하도록 되어 있다. 위 항등식이 성립하도록 만드는 것이 오차 및 누락 항목이다.

4   금융계정의 직접투자, 증권투자, 파생금융상품, 기타투자의 차변(금융자산 증가)과 대변(금융부채 증가)의 차이를 투자수지라 하고 비중이 미미한 자본수지와 오차 및 누락을 무시하면 국제수지표의 등식은

경상수지 = 투자수지 + 준비자산 증감

이 된다. 중앙은행이 특별한 준비자산 목표를 가지고 있지 않다면 준비자산 증감 = 0이 대외균형(국제수지 균형)조건이다. 이에 따라 자본자유화가 이루어지지 않은 나라에서는 경상수지 균형이 대외균형조건이고, 자본자유화가 이루어진 나라에서는 경상수지 = 투자수지가 대외균형조건이다.

5   경상수지는 국민소득계정에 나오는 총저축에서 국내총투자를 뺀 것과 같다. 총저축은 민간저축과 정부저축(=재정수지 흑자)의 합이기 때문에

민간저축 = 국내총투자 + 재정적자 + 경상수지

의 관계식을 얻을 수 있다. 식은 민간저축이 국내총투자를 보전하고도 남으면 재장적자를 보전하고 경상수지 흑자(국외투자)를 낸다는 것을 보여준다.

6　외화 1단위를 얻기 위하여 지불해야 하는 자국통화의 수량을 (명목)환율이라 한다. 명목환율이 통화단위로 표시되는 데 비해 실질환율은 상품수량으로 표시된다. 실질환율은 국산상품수량으로 표시한 외국상품의 가치를 나타낸다. 명목환율을 e, 해외물가수준을 P_f, 국내물가수준을 P로 나타내면 실질환율은 $\dfrac{eP_f}{P}$로 나타낼 수 있다. 명목환율이 상승하여 자국의 통화가치가 하락하는 것을 절하(depreciation)라 하고, 명목환율이 하락하여 자국의 통화가치가 상승하는 것을 절상(appreciation)이라고 한다. 실질환율의 상승은 외국상품의 실질가치가 국내상품의 실질가치보다 비싸진다는 것을 의미한다. 실질환율 하락은 그 반대이다.

7　외화가 거래되는 시장을 외환시장이라 한다. 환율이 외환시장에서 자유롭게 결정되도록 방임하는 제도를 (자유)변동환율제도라 하고, 중앙은행이나 정부가 개입하여 환율을 고정하는 제도를 고정환율제도라 한다. 변동환율제도는 대외여건 변화에 신속히 대응할 수 있다는 장점이 있으나, 대외정책이 환율변동에 따라 변해야 하기 때문에 일관성이 없고 안정적이지 못하다는 단점이 있다. 이러한 변동환율제도의 장점과 단점은 그대로 고정환율제도의 단점과 장점이 된다. 양 제도의 장점을 취하고자 하는 것이 대부분의 나라들에서 사용하고 있는 관리변동환율제도이다. 우리나라는 1997년 12월에 자유변동환율제도로 이행하였다.

8　환율결정에 관한 구매력평가설은 모든 나라의 통화 1단위의 구매력이 같도록 환율이 결정되어야 한다는 것이다. 구매력평가설에 따르면 양국통화의 명목환율은 양국의 물가수준에 의해 결정된다. 즉

$$e = \frac{P}{P_f}$$

가 성립하도록 명목환율이 결정된다. 이 식은

$$1 = \frac{eP_f}{P} = 실질환율$$

로 고쳐 쓸 수 있기 때문에 구매력평가가 성립하면 실질환율이 불변이다. 비교역재의 존재, 소비자의 기호 차이 등으로 인해 국가 간의 물가수준에 차이가 나므로 구매력평가환율과 실제환율은 괴리될 수 있다.

9　국제통화제도는 금본위제도−브레튼우즈체제(금환본위제도)−신브레튼우즈체제 등으로 이행되어 왔다. 금본위제도는 모든 나라가 금을 준비자산으로, 금환본위제도는 미국은 금, 다른 나라는 달러화를 준비자산으로 하는 고정환율제도이다. 금본위제도와 금환본위제도 모두 금의 생산과 공급의 제한으로 인한 내재적 한계를 극복하기 어려웠다. 현행 국제통화제도는 (준)달러본위제처럼 운용되고 있어 달러화의 과도한 특권이 한계로 지적되지만 아직 그 대안을 찾지 못하고 지속되고 있다.

10　고정환율제도하에서 확대통화정책은 완전한 자본이동이 가능한 경우 무력하다. 고정환율제도하에서는 통화량의 증가 또는 감소가 고정환율 유지를 위한 중앙은행의 외환 매각 또는 매입을 통해 상쇄되기 때문에 통화정책은 무력하다. 고정환율제도하에서 확대재정정책은 강력한 효과를 발휘한다. 확대재정정책은 이자율을 상승시켜 자본유입을 초래하고 환율이 하락 압력을 받는다. 환율 하락을 막기 위해 중앙은행이 외환을 매입하고 이 과정에서 통화공급이 확대되어 당초의 확대재정정책 효과가 더 커지게 된다. 고정환율제도에서 평가절하는 총생

산을 증가시키고 경상수지의 개선을 초래한다.

11 변동환율제도하에 확대재정정책의 총생산 증가효과는 미약하다. 변동환율제도하에 확대통화정책은 총생산 증가효과가 커서 통화정책은 강력한 안정화정책의 효과를 발휘한다.

주요용어 및 개념

- 국제수지
- 경상수지
- 재화 및 서비스수지
- 본원소득수지
- 이전소득수지
- 자본수지
- 금융계정
- 투자수지
- 준비자산(증감)

- 외환보유액
- 순대외채권
- 단기외채비율
- 명목환율
- 실질환율
- 외환시장
- 고정환율제도
- (자유)변동환율제도
- 관리변동환율제도

- (평가)절하
- (평가)절상
- 구매력평가
- 이자율평가
- 불규칙보행가설
- 효율적 시장가설
- 국제통화제도
- 금본위제도
- 브레튼우즈체제

- 금환본위제도
- 트리핀 딜레마
- 3元체제의 달성불가능성
- 외환위기
- 외채위기
- 금융위기
- 유동부채비율
- 투기적 공격
- 통화스왑

연습문제

1 (1) 그림 28-3에 나타난 빅맥지수에 따르면 구매력평가에 따른 환율이 실제환율과 괴리되어 있다. 왜 구매력평가설이 시사하는 일물일가법칙이 들어맞지 않는지 그 이유를 설명해 보라.

(2) 실제 환율(e)을 구매력평가환율(PPP)로 나누어 주면 우리나라의 물가수준(P)에 대한 원화로 나타낸 미국의 물가수준(eP_w)과 같고 이는 실질환율(q)과 같음을 보여라.

(3) 1) 물가측정의 기준이 되는 우리나라 재화 및 서비스 바스켓의 가격은 10만원, 미국의 재화 및 서비스 바스켓의 가격은 100달러이고 환율은 1달러=1000원이라고 하자. 실질환율은 얼마인가? 그 의미는?

2) 우리나라 재화 및 서비스 바스켓의 가격과 환율에는 변화가 없는데 미국의 재화 및 서비스 바스켓의 가격은 120달러로 상승했다고 하자. 실질환율은 얼마인가? 1)에서 구한 실질환율과 비교할 때 그 의미는?

3) 미국의 재화 및 서비스 바스켓의 가격은 120달러로 변화가 없는데 우리나라 재화 및 서비스 바스켓의 가격과 환율이 모두 20%씩 상승했다고 하자. 실질환율은 얼마인가?

(4) 1) 우리나라와 미국의 소비자물가지수가 100이고 환율은 1달러=1000원이라고 하자. 실질환율은 얼마인가? 그 의미는?

2) 우리나라의 소비자물가지수와 환율에는 변화가 없는데 미국의 소비자물가지수가 120으로 상승했다고 하자. 실질환율은 얼마인가? 1)에서 구한 실질환율과 비교할 때 그 의미는?

3) 미국의 소비자물가지수는 120으로 변화가

없는데 우리나라의 소비자물가지수와 환율이 모두 20%씩 상승했다고 하자. 실질환율은 얼마인가? 그 의미는?

(5) 1) (3)의 물가수준과 (4)의 소비자물가지수로 나타낸 실질환율은 다른 개념인가?

2) 수출 및 수입, 나아가 경상수지는 명목환율보다는 실질환율의 함수라고 보아야 한다. 그 이유를 (4)에서 구한 실질환율을 이용하여 설명해 보라.

2 미국 트럼프 행정부가 자동차업계의 강력한 로비에 의해 외국산 자동차에 대해 관세를 인상했다고 하자. 이와 같은 수입규제정책이 단기 및 장기에 미국의 생산, 고용·실업, 이자율, 저축, 투자, 소비, 실질환율, 순수출, 물가 등에 미치는 영향을 분석하라.

3 변동환율제하에서는 국내생산과 고용이 해외부문의 충격으로부터 격리·차단될 수 있음을 해외경기가 호조인 경우를 가정하여 설명해 보라.

4 재정정책과 통화정책의 효과가 고정환율제도하에서는 변동환율제도하에서와 어떻게 달라지는지 생각해 보라.

5 고정환율제도에서 중앙은행이 평가절하를 단행하면 통화공급이 증가하는 이유를 설명해 보라. 중앙은행이 평가절하를 하는 이유가 고용 증가, 경상수지 개선, 준비자산 증가 등에 있음을 확인하라.

6 정부가 실업대책의 일환으로 공공지출을 늘리는 한편 경기부양을 위해 민간소비를 증가시킬 것을 호소한다고 하자. 변동환율제하에서 이와 같은 정부시책이

(1) 민간저축, 정부저축, 총저축에 미칠 영향을 설명하라.

(2) 이자율, 국내투자에 미칠 영향을 설명하라.

(3) 실질환율과 경상수지에 미칠 영향을 설명하라.

(4) 단기와 장기의 생산·고용·실업에 미칠 영향을 설명하라.

(5) 정부가 통화공급을 늘릴 때 위 (2), (3), (4) 문제를 풀어라.

7 20세기 초까지 시행된 금본위제도하에서 국제수지가 어떻게 조정되었는지 알아보라.

8 코로나-19이후 미국 연준이 인플레이션을 낮추기 위해 긴축통화정책을 실시했다고 하자. 단, 양국 간에는 자유로운 자본이동이 가능하고, 연준의 긴축통화정책 시행 전에는 한미 양국의 금리수준은 같았다고 가정한다.

(1) 우리나라가 달러화에 대해 고정환율제도를 채택하고 있다고 하자.

1) 미국이자율 상승이 우리나라의 이자율에 미치는 영향을 본문의 식 (28-7) 이자율평가를 통해 설명하라.

2) AD-AS곡선으로 우리나라의 생산, 고용, 이자율, 소비 및 투자수요, 경상수지 및 투자수지, 준비자산 및 외환보유고 등에 미칠 영향을 설명하라.

3) 고정환율제도하에서의 장단점은?

(2) 우리나라가 자유변동환율제도를 채택하고 있다고 하자.

1) 미국이자율 상승이 우리나라의 이자율과 환율에 미치는 영향을 본문의 식 (28-7) 이자율평가를 통해 설명하라.

2) AD-AS곡선으로 우리나라의 생산, 고용, 이자율, 환율, 소비 및 투자수요, 경상수지 및 투자수지, 준비자산 및 외환보유고 등에 미칠 영향을 설명하라.

3) 변동환율제도하에서의 장단점은?

(3) 우리나라가 관리변동환율제도를 채택하고 있다고 하자.

1) 미국이자율 상승이 우리나라의 이자율과 환율에 미치는 영향을 본문의 식 (28-7) 이자율평가를 통해 설명하라.

2) AD-AS곡선으로 우리나라의 생산, 고용, 이자율, 환율, 소비 및 투자수요, 경상수지 및

투자수지, 준비자산 및 외환보유고 등에 미칠 영향을 설명하라.
　　3) 관리변동환율제도하에서의 장단점은?

9 다음과 같은 개방경제의 행태방정식을 보고 물음에 답하라.

① $C = a + b(Y - T)$,　　$a > 0,\ 0 < b < 1$
② $I^D = I_0 - cr$,　　$c > 0$
③ $G = G_0$,　　$T = T_0$
④ $X = X_0 + de$,　　$d > 0$
⑤ $Z = Z_0 + zY - \sigma e$,　　$z > 0,\ \sigma > 0$
⑥ $M^s = D + F = \alpha + \beta B_P$,　　$\alpha > 0,\ 0 \le \beta \le 1$
⑦ $L(Y, r) = gY - hr$,　　$g > 0,\ h > 0$
⑧ $R(r, r_f) = K_0 - ur + vr_f$,　　$u > 0,\ v > 0$

(1) 균형 이자율, 환율, 소득을 구하라
(2) 자유변동환율제도하에서 독자적인 통화정책을 쓸 수 있음을 설명하라.
(3) 고정환율제도하에서는 독자적인 통화정책을 쓸 수 없음을 설명하라.

10 다음 기술이 옳은가 그른가를 밝히고 그 이유를 설명하라.

① 외국인직접투자의 원금은 금융계정의 '투자수지'에 잡히고 외국인직접투자에서 나오는 배당금은 본원소득수지의 투자소득수지에 잡힌다.
② 북한에 식량과 비료를 무상으로 주면 이전거래에 포함된다.
③ 우리나라 기업과 예금은행이 보유한 외화도 외환보유액에 포함된다.
④ 세계 모든 나라들이 동시에 수출을 늘리고 수입을 줄일 수는 없다.
⑤ 우리 농촌 총각이 베트남 처녀나 필리핀 처녀와 결혼하는 인적 교류 자체는 국제수지표에 반영되지 않는다.
⑥ 환율이 상승하면 교역조건이 개선된다.
⑦ 명목환율은 불변인 채 우리나라 물가가 해외 물가보다 더 빨리 상승하면 실질환율이 하락한다.
⑧ 1998년 우리나라 국제수지표의 준비자산란이 310억 달러이면 경상거래와 자본 및 투자거래

의 결과 310억 달러의 외화가 남았다는 것이다.
⑨ 코가콜라 한 병에 우리나라에서는 1,000원, 미국에서는 1달러이면 구매력평가를 만족시키는 환율은 1$: 1,000원이다.
⑩ 미국의 냉장고 1대 가격이 500달러이고 우리나라 냉장고가격은 40만원인데 명목환율은 1$: 1,200원이라면 실질환율은 1.5이다.
⑪ 우리나라의 한국통신이 중국에 사무소를 개설하면 우리나라의 해외직접투자가 증가한다.
⑫ 미국인이 우리나라 정부가 발행한 외국환평형기금채권을 구입하면 우리나라의 투자수지가 증가한다.
⑬ 국민저축은 불변인데 우리나라의 투자수지가 증가하면 우리나라의 자본축적이 증가한다.
⑭ 원화가 절상되면 한국여행을 계획하고 있는 일본인에게 득이 된다.
⑮ 원화가 절상되면 해외자산을 구입하려는 우리나라 사람에게 득이 된다.
⑯ 우리나라 공기업과 은행들이 해외채권을 발행하면 원화환율이 하락한다.
⑰ 경상수지가 투자수지보다 크면 한국은행 대차대조표의 국외자산이 증가한다.
⑱ 자유로운 자본이동이 가능할 경우 고정환율제도하에서 확대 통화정책은 준비자산을 증가시킨다.
⑲ 자본이 자유롭게 이동가능한 경우 고정환율제도하에서 해외이자율이 상승하면 준비자산이 감소한다.
⑳ 자본이동이 자유로운 고정환율제도하에서 확대재정정책은 경상수지를 악화시킨다.
㉑ 국가 간 자본이동이 자유로운 경우 국제수지 및 외환시장 균형은 경상수지와 투자수지가 같을 때 이루어진다.
㉒ 변동환율제도에서는 통화정책, 고정환율제도에서는 재정정책이 고용 증대에 더 효과적이다.
㉓ 투자자들이 고정환율을 유지하고 있는 어떤 나라 통화의 평가절하를 예상하면 이자율이 상승하고 준비자산이 감소한다.
㉔ 환율이 상승하면 총공급곡선이 좌측으로 이동할 수 있다.
㉕ 변동환율제도에서 환율이 가장 크게 상승하는 정책조합은 확대통화정책과 긴축재정정책이다.

PART

XII

경제발전과 금융위기

경제성장은 한 나라의 국력과 그 나라 국민들의 생활수준을 향상시키는 가장 강력한 방법이다. 그런데 경제성장률과 1인당 소득은 선진국과 후진국 간에 엄청난 차이를 보이고 있다. 이 편에서는 먼저 1인당 소득수준과 경제성장을 결정하는 요인들을 배운다.

세계 각국은 경제성장과 발전과정에서 다양한 형태로 반복되는 금융위기를 경험하였다. 금융위기는 자본주의경제의 숙명처럼 여겨지고 있다. 30장에서는 경제성장과 발전과정에서 반복되는 금융위기의 역사적 경험을 통해 교훈과 과제를 조명해본다.

경제성장 및 발전의 이론

지금까지는 주로 총생산·고용·이자율·물가·국제수지 등이 어떻게 결정되는 가와 이 거시경제변수들이 경기변동과정에서 어떻게 움직이는가를 배웠다. 이 장에서는 경제가 장기적으로 성장·발전하는 요인과 패턴을 다룬다.

먼저 각국이 성장과정에서 공통적으로 보이는 패턴과 성장의 요인을 설명하는 경제성장의 이론을 고찰한다. 이어 개발도상국의 다양한 경제발전전략과 자본축적방식에 대해 살펴본다.

CHAPTER

29

1 경제성장의 의의

경제성장
시간이 흘러감에 따라 실질총생산과 1인당 실질소득이 증가하는 것

경제성장(economic growth)이란 시간이 흘러감에 따라 실질총생산과 1인당 실질소득이 증가하는 것을 말한다. 실질총생산의 지표로는 실질GDP가, 1인당 실질소득의 지표로는 1인당 실질GNI가 주로 사용된다.

제19장에서 설명한 바와 같이 실질GDP증가율을 경제성장률과 동의어로 쓰고 있다. 1인당 실질GNI는 실질GNI를 인구수로 나눈 것이다. 실질GDP가 증가하는 경제성장은 제1장에서 배운 생산가능곡선이 바깥 쪽으로 이동하는 것으로 표시할 수 있다. 총수요곡선과 총공급곡선이 시간이 흘러감에 따라 오른쪽으로 이동하여 그 교차점이 오른쪽으로 이동하는 것으로 표시할 수도 있다.

예컨대 그림 29-1에서와 같이 총수요곡선 AD와 총공급곡선 AS의 교차점이 2020년의 GDP디플레이터와 실질GDP를 나타낸다면 2023년의 그것들은 AD'곡선과 AS'곡선의 교차점으로 표시할 수 있는 것이다. 3년 동안 물가에 관계 없이 소비수요·투자수요·순수출 등이 증가하였기 때문에 총수요곡선이 오른쪽으로 이동한다. 취업인구가 증가하고 신투자로 총자본스톡이 증가하여 각각의 물가수준에서 종전보다 총공급이 늘어났기 때문에 총공급곡선이 오른쪽으로 이동한다.

실질GDP와 실질GNI가 증가하더라도 인구가 더 높은 비율로 증가한다면 국민의 평균생활수준은 하락할 것이다. 따라서 국민 한 사람 한 사람의 생활수준이 1년 사이에 평균적으로 얼마나 향상되었는가를 알아보기 위하여는 경제성장률 대신 인구의 증가까지를 고려한 1인당 실질소득증가율을 이용하여야 한다.

1인당 (실질)소득증가율
실질GNI증가율−인구증가율

1인당 (실질)소득증가율은 1인당 실질GNI가 전기에 비하여 얼마나 늘어났는가를 백분율로 나타낸 것이다. 1인당 소득증가율은 실질GNI증가율에서 인구증가율을 뺀 것이다.

실질GNI증가율이 인구증가율보다 높아야 1인당 실질GNI가 증가하여 국민들의 생활수준이 높아진다. 현대의 경제성장은 실질GNI와 실질GDP가 증가하면서 그 증가율이 인구증가율을 상회하여 1인당 실질소득이 증가하는 것을 뜻한다.

세계경제는 1세기부터 17세기까지(0~1700년) 연평균 0.1% 성장하고 인구도

그림
29-1

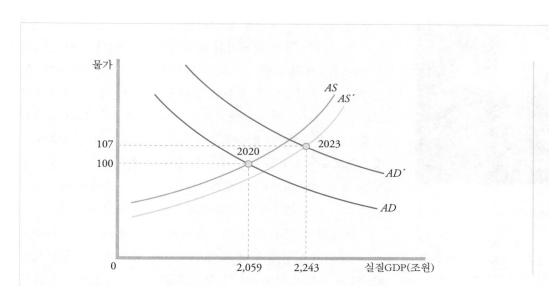

총수요 · 총공급곡선과 경제성장

경제성장은 총수요곡선과 총공급곡선이 오른쪽으로 이동하는 것으로 나타낼 수 있다.

0.1% 증가하여 1인당 소득증가율이 0%였다. 자본주의의 초창기인 18세기에 이르러서야 산업혁명에 힘입어 세계경제가 연평균 0.5% 성장하고 (인구는 0.4% 증가하여) 1인당 소득은 0.1% 성장함으로써 명실상부한 경제성장을 경험하였다. 18세기부터 20세기까지 300년 동안 세계경제는 연평균 1.6% 성장했다. 같은 기간 중 인구가 0.8% 증가하고 1인당 소득은 0.8% 성장하였다.[1]

2 경제성장의 요인

장기적으로 각국 경제는 대부분 성장의 추세를 보이고 있는데, 경제의 추세적인 성장을 가져오는 요인은 무엇인가? 또 각국마다 성장률이 다른데 그 원인은 무엇인가? 이에 대한 대답으로는 보통 두 가지를 든다.

먼저 이러한 질문에 답하기 위하여는 시간개념을 명시적으로 도입하여 장기에 걸쳐 실질GDP의 지속적인 증가를 초래하는 요인들을 살펴보아야 한다. 장기에는 지금까지 국민소득의 결정을 다룰 때 일정하다고 가정했던 자본량이 증가하며, 이 자

---

1 21세기 세계경제성장률, 인구증가율, 1인당 소득증가율은 각각 2.3%, 0.4%, 1.9%로 전망되었다. 출처: 토마 피케티, 『21세기 자본』, 글항아리, 2013.

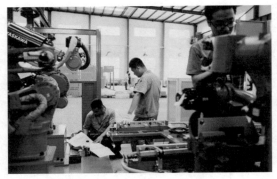

조립중인 로봇들
근로자들이 중국 선양(Shenyang)의 한 공장에서 로봇을 조립하고 있다. 저임금을 기반으로 생산의 공장이었던 중국은 '중국제조 2025'(Made in China 2025) 프로젝트를 추진하여 태양광패널, 전기자동차, 인공지능, 로봇 등 첨단기술 분야에서 혁신의 공장(innovation power house)으로 발돋움하고 있다.
출처: The New York Times(2017.11.9)

본량과 결합되어 상품을 생산해내는 노동력도 인구의 증가에 따라 늘어나는 것이 일반적인 사실이다. 자본이나 노동량 그리고 에너지·자원 등이 늘어나면 생산이 늘어나게 마련이다. 물론 케인스가 강조하는 것처럼 생산능력이 있어도 유효수요가 없으면 기업들은 잠재GDP까지 생산하지 않는다. 그러나 유효수요의 제약을 받아 경제가 교란되는 것은 단기적인 현상이고, 장기적으로는 수요측이 경제에 실질적인 제약을 주지 않는다고 보는 것이 경제학계의 지배적인 관점이다. 따라서 경제성장을 다룰 때는 고전학파의 입장에 서서 공급측면에 초점을 맞춘다.

위에서 자본과 노동량, 천연자원 등의 요소부존(factor endowment)이 성장에 영향을 미치는 첫째 요인이라는 것을 보았다. 이는 일찍이 고전학파가 성장의 원동력으로 중요시한 요인이다. 그런데 이 생산요소 못지않게 중요한 요인이 기술진보이다. 요소부존량이 똑같더라도 생산기술이 진보하면 요소의 생산성이 향상되어 종전보다 더 많은 상품을 생산할 수 있기 때문이다. 현대와 같이 과학과 기술이 비약적으로 발전하는 시대에는 기술진보가 경제성장에 기여하는 몫이 요소부존량의 증가가 경제성장에 기여하는 몫 못지않게 크다.

기술진보는 교육과 훈련을 통해 우수한 노동으로 나타나기도 하고, 연구·개발을 통해 종전보다 생산성이 높은 기계로 나타나기도 한다. 제9장에서 설명한 바와 같이 똑같은 생산량을 종전보다 적은 노동으로 생산할 수 있게 하는 기술진보를 노동절약적 기술진보(labor-saving technological progress)라 하고, 적은 자본으로 생산할 수 있게 하는 기술진보를 자본절약적 기술진보(capital-saving technological progress)라 한다. 우리나라를 포함한 각국의 기술진보는 대부분 노동절약적 기술진보이다. 노동절약적 기술진보를 자본집약적(capital-intensive) 기술진보라고도 한다. 로봇, 공장자동화, 인공지능 등은 자본집약적 기술진보의 예이다.

첫째로 설명한 요소부존을 인적자원·천연자원·자본형성의 셋으로 세분하고 이에 기술을 포함시켜 경제성장의 4대요인이라고 부르기도 한다.

① 인적자원 : 노동공급·교육·훈련·동기부여·기업가정신 등
② 천연자원 : 토지·광물·연료·기후 등
③ 자본 : 기계·공장·도로 등
④ 기술 : 과학·공학·기업경영 등

3 경제성장의 특징과 정형화된 사실

경제성장에 관한 선구적인 업적으로 노벨 경제학상을 받은 미국의 경제학자 쿠즈네츠(S. Kuznets)는 과거 2세기 동안 선진국에서 일어난 경제성장에서 다음과 같은 여섯 가지 특징을 발견하였다.

(1) 1인당 실질소득과 인구의 증가율이 높다. 유럽에서 1820~2012년 기간 중 1인당 실질소득은 연평균 1.5%, 인구는 0.6% 증가하였다.

(2) 요소생산성, 특히 노동생산성(＝노동의 평균생산물 혹은 한계생산물)의 증가율이 높다. 기술진보가 1인당 실질소득 증가의 대부분을 설명한다.

(3) 경제구조의 전환이 높다. 농업으로부터 비농업부문으로, 소규모 개인기업으로부터 대규모 회사기업으로, 농촌으로부터 도시로 경제의 구조적 변동이 크게 일어난다.

(4) 사회·정치·이념상의 전환이 높다. 전통적 관행 대신 합리적 활동이 지배하고, 기회·소득·재산면에서 평등이 촉진되며, 이에 따라 사회제도와 개인 행태가 개선된다.

(5) 시장과 원료의 확보를 위해 선진국의 대외진출성향이 두드러진다.

(6) 경제성장의 성과는 전세계적으로 확산되는 것이 아니라 제한적으로 세계인구의 1/3에만 한정되어 있다.

지난 반세기 동안 우리나라에서도 쿠즈네츠가 말하는 경제성장의 특징 중 (1) (2) (3) (5)가 두드러지게 일어났다. 다만 (4)에 관한 한 부분적인 개선에 머물고 합리적인 사회제도와 개인 행태가 정착되지 않은 채 사회적 갈등이 크다는 것이 문제이다. 서구와 동아시아에서 경험해 온 두드러진 경제성장을 아직도 세계인구의 2/3가 맛보지 못하고 있다는 것이 세계경제의 현주소이다.

영국의 경제학자 칼도우(N. Kaldor)는 선진자본주의경제의 성장과정에서 장기적인 규칙성을 추출하여 경제성장의 정형화된 사실(stylized facts of growth) 혹은 성장의 경험적 규칙성(empirical regularities of growth)이라 불렀다. 정형화된 사실은 경제성장률, 생산요소의 증가율, 요소가격, 상대적인 분배율 등에서 나타나는 규칙성인바, 이를 다음과 같이 여섯 가지로 정리할 수 있다.

경제성장의 정형화된 사실
선진 자본주의 경제의 성장과정에서 나타나는 장기적 규칙성

① 1인당 실질소득이 대략 일정한 비율로 증가한다.

시간이 흐름에 따라 1인당 실질소득이 증가하는데 그 증가율이 나라마다 대체로 일정하다는 것이다.

② 1인당 실물자본은 증가한다.

1인당 실물자본, 혹은 (실물)자본·노동비율이 증가하는 것을 자본의 심화(capital deepening)라 한다. 시간이 흐름에 따라 자본의 심화가 일어난다.

③ 경제 전체의 자본 · 생산량비율이 대체로 일정하다.

생산량을 실질GDP로 놓을 때

$$\text{자본} \cdot \text{실질GDP비율} = \frac{\text{자본}}{\text{실질GDP}} = \text{자본계수}$$

가 대체로 일정하다는 것이다. 자본계수(capital coefficient)는 실질GDP 1단위를 생산하는 데 평균적으로 소요되는 자본량을 뜻한다.

④ 실질이자율은 뚜렷한 추세를 보이지 않는다.

실질이자율은 명목이자율에서 인플레이션율을 뺀 것이다. 오랜 경제성장과정을 놓고 볼 때 명목이자율에서 인플레이션율을 뺀 실질이자율이 특별한 추세를 보이지 않는다. 제26장에서 설명한 피셔가설이 장기에 성립한다는 것이다.

경제이론면에서 실질이자율은 흔히 자본의 실질수익률(real rate of return to physical capital)과 동일시된다. 자본의 실질수익률은 개도국이 선진국보다 높고 개도국에서는 장기적으로 완만한 하락세를 나타낸다.

⑤ 노동과 자본의 상대적 분배율(relative shares)이 대체로 일정하다.

생산요소를 크게 노동과 자본으로 나누면 총소득은 노동소득과 자본소득의 두 요소소득으로 분해된다는 것을 제15장 소득분배의 이론에서 배웠다. 노동과 자본의 상대적 분배율은 노동소득을 자본소득으로 나눈 값을 말한다. 상대적 분배율이 대체로 일정하다는 것은 국민소득통계에서 나온 노동소득분배율이 대체로 일정하다는 것과 같다. 노동소득분배율이 0.6이면 노동과 자본의 상대적 분배율은 0.6/0.4 = 1.5이다.

칼 마르크스는 자본주의가 발전함에 따라 노동과 자본의 상대적 분배율이 떨어짐으로써 부익부 빈익빈이 심화될 것이라고 예언하였다. ⑤는 선진자본주의국가에서 마르크스의 예언이 틀렸다는 것을 보여 주는 추세이다. 자본이 노동보다 더 빨리 증가하는 데도 두 요소의 상대적 분배율이 일정하다는 것은 장기적으로 실질임금이 자본-노동비율의 증가율과 같이 상승해 왔다는 것을 뜻한다.

⑥ 1인당 소득의 증가율은 나라마다 현저한 차이를 보인다.

한국 · 대만 · 싱가포르 · 홍콩 등 아시아 신흥공업경제는 1960년대부터 1990년대까지 연평균 5%를 넘는 비율로 1인당 실질소득이 증가해 왔다. 중국은 1978년 개혁 · 개방 이후 30년 이상 연평균 8%대의 1인당 실질소득 증가율을 기록하였다. 반면에 선진공업국은 1인당 소득이 2.5%대, 인도와 필리핀은 연평균 1%대, 아프리카와 남아메리카의 많은 나라들은 0%대로 증가해 왔다. 같은 지역권 안에서도 나라마다 1인당 소득증가율이 다르다.

아프리카의 빈민가

케냐 나이로비의 빈민가. 개인과 마찬가지로 국가간에도 소득증가율과 소득수준에 차이가 나는 다양한 요인이 존재한다.

세계은행(worldbank.org)은 매년 빈곤 및 불평등, 환경, 경제 등에 대한 『세계개발지표』(World Development Indicators (WDI))를 제공하고 있다. 세계개발지표(WDI)는 세계은행의 회원국 189개국과 인구가 30,000명 이상인 기타 28개 국가(독립국이거나 자치령)를 포함한 전 세계 217개국을 매년 7월 1일 그 전해의 1인당 국민총소득(GNI)을 기준으로 저소득국가, 중소득국가, 고소득국가로 분류한다. 중소득국가는 다시 중하위소득국가와 중상위소득국가로 구분한다.

2024년 7월 1일 제공된 2023년의 1인당 GNI를 기준으로 한 분류에 따르면 저소득국가는 1인당 GNI가 미화(美貨) 1,145달러 이하, 중하위소득국가는 1,146~4,515달러, 중상위국가는 4,516~14,005달러, 고소득국가는 14,006달러 이상인 나라이다. 여기에서 환율은 구매력평가 환율이 아니라 시장환율이다. 그것도 2023년 중 평균환율이 아니라 직전 2개 연도(2021년과 2022년)까지 포함하여 3년간의 환율을 평균한 시장환율이다. 이를 세계은행은 Atlas방식이라고 부르고 있다.

표를 보면 전 세계 인구는 80억 명, 전 세계 명목 GNI는 106조 달러여서 전 세계 1인당 GNI가 13,212달러이다. 80억 중 거의 절반인 38억이 저소득국가군과 중하위소득국가군에서 살고 있다. 고소득국가군의 인구는 세계인구의 18%인 14억인데 GNI는 68조 달러로 세계 GNI의 64%를 차지하고 있다. 고소득국가군의 1인당 GNI는 48,224달러이다. 이는 저소득국가군의 1인당 GNI 769달러의 62배나 되는 높은 수준이다. 우리나라의 GNI는 1조 8,360억 달러로 세계 12위이다. GNI가 1조 달러를 넘는 나라는 모두 18개국이다. 우리나라의 1인당 GNI는 35,490달러로 36위를 차지하였다. 구매력평가환율로 보면 우리나라의 1인당 GNI는 55,040달러이고 세계순위는 34위다.

한국은행에 의하면 2022년 북한의 인구는 2,566만명, GNI는 284억 달러로 추정된다. 1인당 GNI는 1,107달러로 저소득국가에 머무르고 있다.

표 29-1

각 소득그룹별 인구와 GNI(2023)[1]

소득그룹별	인구(억 명)	GNI(조 달러)	1인당 GNI(달러)
저소득국가 $1,145 이하: 26개국	7.2 (9.0)	0.6 (0.5)	769.2 (5.8)
중하위소득국가 $1,146-$4,515: 51개국	30.6 (38.1)	7.7 (7.3)	2,513.1 (19.0)
중상위소득국가 $4,516-$14,005: 54개국	28.1 (35.0)	29.8 (28.1)	10,587.6 (80.1)
고소득국가 $14,006 이상: 86개국	14.0 (17.5)	67.7 (63.8)	48,223.7 (365.0)
세계(217개국)	80.2 (100.0)	106.0 (100.0)	13,211.8[2] (100.0)

주: 1) ( ) 안은 전체에 대한 비중(%), 〈 〉 안은 1인당 GNI의 세계평균(100.0)에 대한 비율(%)임.
　　2) 세계평균치.
자료: The Worldbank(worldbank.org), 『World Development Indicators(WDI)』, 2024.

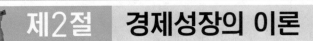

국민소득결정이론에서 배운 고전학파는 공급측면에 초점을 맞추어 저축을 통한 자본축적과 이에 따른 노동생산성의 향상을 경제성장의 관건으로 보았다. 그러나 고전학파는 앞 절에서 밝힌 경제성장의 정형화된 사실을 체계적으로 설명하지는 못한다. 한편 케인스는 단기분석으로 수요측면에 초점을 맞추어 투자를 투자수요로만 보고, 신투자가 자본을 증가시켜 공급능력과 노동생산성을 향상시키는 면을 간과하였다. 고전학파와 케인스를 종합하면서 정형화된 사실을 체계적으로 설명하는 근대적인 성장이론은 영국의 경제학자 해로드(R. Harrod)와 도마(E. Domar)로부터 시작된다. 해로드와 도마의 성장모형을 미국의 경제학자 솔로우(Robert Solow)가 발전시켜 오늘날 경제성장이론의 초석이 되었다.

1 해로드-도마의 성장모형

해로드와 도마는 자본주의체제하에서 경제가 장기적으로 안정적인 성장을 할 수 있을 것인가, 할 수 있다면 그 조건은 무엇인가에 관하여 이론적인 규명을 시도하였다. 그들이 이와 같은 문제의식을 가진 것은 자유시장경제를 근간으로 하는 자본주의체제가 기본적으로 분권화된 체제(decentralized system)이기 때문이다. 시장경제에서는 수많은 개인들이 효용극대화를 추구하면서 독자적으로 소비수요를 결정한다. 한편 수많은 기업들이 이윤극대화를 추구하면서 독자적으로 투자수요와 상품공급량을 결정한다. 이처럼 개별경제주체들이 스스로의 이익을 위해 독자적으로 소비·투자 및 생산활동을 수행하더라도 시장의 실패가 없다면 애덤 스미스의 「보이지 않는 손」에 의해 효율적인 자원배분이 이루어진다는 것이 후생경제학의 기본 명제였다. 그러나 우리가 배운 후생경제학은 시간의 흐름을 명시적으로 감안하지 않은 정태이론이다. 시간의 흐름을 명시적으로 감안하더라도 이러한 결과를 얻을 것인지는 알 수 없다.

이와 같은 문제의식하에 해로드와 도마는 노동이 완전고용되고 자본설비가 완전가동되는 가운데 경제가 안정적으로 성장할 수 있는 조건이 무엇인가를 연구하였다. 문제를 풀기 위하여 해로드와 도마는 단순화된 모형을 상정하였는데, 이 모형으로 앞 절에서 언급한 성장의 정형화된 사실 중 일부를 설명할 수 있다.

해로드–도마모형의 기본가정

해로드–도마모형은 해외부문과 정부부문을 도외시하는 외에 다음과 같은 세 가지를 가정하고 있다.

① 총생산함수는 노동과 자본간 대체성이 없는 레온티에프(Leontief) 생산함수이다. 레온티에프 생산함수는 제9장에서 소개한 L자형의 특수한 등량곡선을 가지는 생산함수이다. 해로드-도마모형에서 상정하는 등량곡선은 그림 29–2와 같다. L자형의 등량곡선을 수식으로 표현하면 다음과 같다.

$$\text{(29-1)} \quad Y = \text{Min}\left[\frac{K}{v}, \frac{N}{\alpha}\right] \qquad \text{단, } v\text{와 } \alpha\text{는 상수}$$

식에서 Min은 총생산이 두 항목 중 최소(minimum)의 값을 취한다는 기호이다.

② 매기당 인구증가율은 n(또는 $100 \times n\%$)으로 일정하다. 노동공급의 증가율도 매기당 n이다. 즉 노동공급량을 N이라 하면

$$\text{(29-2)} \quad \frac{\Delta N}{N} = n$$

이다.

③ 총저축은 총소득의 일정한 몫이고 총저축과 총투자는 같다. 이 가정에 따라 총저축을 S, 총투자를 I, 국민소득을 Y, 저축성향을 s라 하면

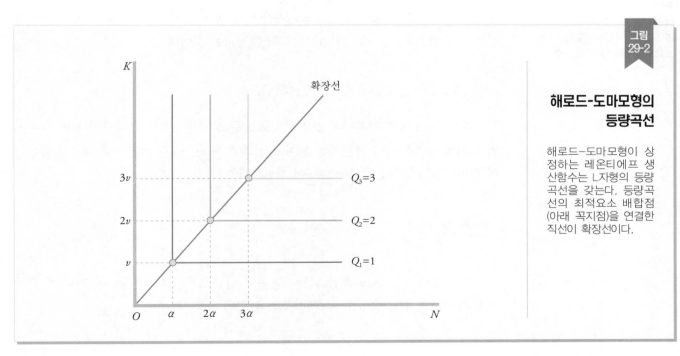

그림
29-2

해로드-도마모형의 등량곡선

해로드–도마모형이 상정하는 레온티에프 생산함수는 L자형의 등량곡선을 갖는다. 등량곡선의 최적요소 배합점(아래 꼭지점)을 연결한 직선이 확장선이다.

[29-3] $S = sY = I$

가 된다.

레온티에프 생산함수의 성질

레온티에프 생산함수는 미시경제이론에서 설명한 바와 같이 효율적인 자본과 노동의 결합비율이 항상 일정하여 요소가격이 변해도 두 요소의 결합비율은 불변이다. 그림 29-2의 해로드-도마모형의 등량곡선에서 보듯이 K가 v단위, N이 a단위 투입되면 생산량은 한 단위가 된다. K가 v단위로 고정되어 있으면 N이 a단위 이상 투입되어도 역시 생산량은 한 단위이다. 예컨대 N이 $2a$단위 투입되어도 K가 v단위이면 식 (29-1)에서 $Y = \mathrm{Min}[1, 2] = 1$인 것이다. 합리적인 기업이라면 생산량을 한 단위 생산하는 데 v단위만 자본을 고용하고 a단위만 노동을 고용할 것이다. 생산량이 두 단위, 세 단위일 때에도 자본과 노동은 $v : a$의 비율을 유지할 것이다. 따라서 효율적인 생산이 이루어지면

[29-4] $Y = \dfrac{K}{v} = \dfrac{N}{a}$

의 조건이 충족된다. 윗식에서 $v = K/Y$를 자본–생산량 비율(capital-output ratio) 또는 자본계수(capital coefficient)라 부르는데, 이는 자본의 평균생산물(Y/K)의 역수이다. 자본계수는 생산량을 한 단위 생산하는 데 자본이 평균적으로 얼마나 소요되는가를 나타낸다. 마찬가지로 노동계수(labor coefficient) $a = N/Y$은 생산량을 한 단위 생산하는 데 노동이 평균적으로 얼마나 소요되는가를 나타낸다. 결국 해로드–도마의 첫번째 가정은 자본계수와 노동계수가 일정하다고 가정하는 것이다.

노동계수
생산량을 한 단위 생산하는 데 노동이 평균적으로 얼마나 소요되는가를 나타내는 것

노동의 완전고용조건 : 자연성장률

해로드–도마의 경제에서 장기적으로 노동의 완전고용을 유지하기 위해서는 어떤 조건이 충족되어야 하는가를 살펴보자. 노동이 완전고용되면서 효율적인 생산이 이루어지면 다음과 같은 식 (29-4)′이 성립한다.

[29-4]′ $Y = \dfrac{N}{a}$ 또는 $N = aY$

노동이 증가할 때 증가된 노동 $\varDelta N$까지 완전고용되는 조건은 식 (29-4)′을 증분으로 표시해서 구할 수 있다. 식에서 a는 상수이므로

$$[29\text{-}5] \quad \Delta Y = \frac{1}{\alpha} \Delta N$$

이 성립한다. 즉 국민소득이 $\frac{1}{\alpha} \Delta N$만큼 늘어나면 생산함수에 의하여 ΔN만큼 늘어난 노동이 추가로 고용된다는 것이다. 식 (29-5)의 양변을 식 (29-4)′의 양변으로 나누면 두 식 모두 등식이므로 다음과 같은 등식이 성립한다.

$$[29\text{-}6] \quad \frac{\Delta Y}{Y} = \frac{\Delta N}{N}$$

이 식을 식 (29-2)와 결합하면

$$[29\text{-}7] \quad \frac{\Delta Y}{Y} = \frac{\Delta N}{N} = n$$

이 된다. 식 (29-7)이 노동의 완전고용을 달성하는 성장조건식이다. 이 식에 의하면 경제가 장기적으로 노동의 완전고용을 달성하면서 성장하기 위해서는 경제성장률이 인구증가율과 같아야 한다. 인구의 자연증가율과 같은 경제성장률을 해로드는 자연성장률(natural rate of growth)이라 불렀다.

자연성장률
인구의 자연증가율과 같은 경제성장률

자본의 완전가동조건 : 적정성장률

이제 이 경제에서 장기적으로 자본의 정상적인 가동(완전가동)을 유지하기 위하여 어떤 조건이 충족되어야 하는가를 살펴보자. 자본이 완전가동되면서 효율적인 생산이 이루어지기 위해서는 노동의 완전고용의 경우처럼 다음과 같은 식 (29-4)″이 성립되어야 한다.

$$[29\text{-}4]'' \quad Y = \frac{K}{v} \qquad \text{또는} \qquad v = \frac{K}{Y}$$

자본설비가 증가할 때 증가된 자본설비 ΔK까지 완전가동되는 조건은 윗식을 증분으로 표시하여 구할 수 있다.

$$[29\text{-}8] \quad \Delta Y = \frac{\Delta K}{v}$$

식 (29-8)을 식 (29-4)″로 나누면 다음 식이 성립한다.

$$[29\text{-}9] \quad \frac{\Delta Y}{Y} = \frac{\Delta K}{K}$$

윗식은 증가된 자본이 완전고용되기 위해서는 자본증가율이 생산량증가율과 같아야 함을 보여 준다.

제19장에서 총투자(I)는 대체투자(I_r)와 신투자(I_n)로 구성되고, 신투자가 자본증가(ΔK)와 같다는 것을 배웠다.

$$[29\text{-}10] \quad I = I_r + I_n = I_r + \Delta K$$

만약 자본재가 감가상각이 없이 계속 사용될 수 있다고 가정하면[2] $I_r = 0$이 되므로

$$[29\text{-}10]' \quad \Delta K = I$$

가 된다. 따라서 식 (29-9)는 다음과 같이 쓸 수 있다.

$$[29\text{-}11] \quad \frac{\Delta Y}{Y} = \frac{I}{K}$$

식 (29-9)나 식 (29-11)은 고전학파가 강조하는 투자의 생산력증대효과를 명시적으로 고려한 식이다. 즉 투자(I)는 두 식에서 보는 바와 같이 생산력증대

$$\Delta Y = \frac{I}{K} \cdot Y = \frac{I}{K/Y} = \frac{I}{v}$$

를 가져온다.

투자는 이같은 생산력증대효과 외에 케인스가 투자승수를 통하여 강조한 것처럼 유효수요 및 소득창출효과를 가진다. 이는 균형조건 $I = S$에서 쉽게 계산할 수 있다. 매기당 생산물시장의 균형조건 $I = S$와 식 (29-3)을 결합하면

$$[29\text{-}12] \quad I = S = sY$$

이고 따라서

---

2 이 비현실적인 가정은 앞으로의 논의를 단순화시키기 위한 것일 뿐이다. 이 가정을 완화하는 경우에 관하여는 이 장의 연습문제 2를 참조할 것.

(29-13) $\quad \Delta I = s \cdot \Delta Y$

가 된다. 이 식은 제20장에서 배운 투자승수효과

$$\frac{\Delta Y}{\Delta I} = \frac{1}{1 - MPC} = \frac{1}{MPS} = \frac{1}{s}$$

과 같은 것이다.

식 (29-11)과 (29-12)를 결합하고 식 (29-4)″을 이용하면

(29-14) $\quad \dfrac{\Delta Y}{Y} = \dfrac{I}{K} = \dfrac{S}{K} = \dfrac{sY}{K} = \dfrac{s}{K/Y} = \dfrac{s}{v}$

가 된다. 식 (29-14)가 투자의 이중효과, 즉 생산력증대효과와 소득창출효과를 감안하여 생산물시장이 균형을 유지하면서 자본설비가 완전가동되기 위한 조건식이다. 생산물시장이 균형을 유지하면서 자본설비가 완전가동되기 위해서는 매기에 국민소득이 $\dfrac{s}{v}$로 성장해야 한다는 것이다. 해로드는 이 성장률을 적정성장률(warranted rate of growth)이라 불렀다.

적정성장률
생산물시장이 균형을 유지하면서 자본설비가 완전가동되기 위한 성장률

자본과 노동의 완전고용조건

자본과 노동 두 생산요소가 완전고용(완전가동)되면서 경제가 장기적으로 성장하기 위한 조건은 노동의 완전고용조건식 (29-7)과 자본의 완전가동조건식 (29-14)를 결합함으로써 얻을 수 있다.

(29-15) $\quad \dfrac{\Delta Y}{Y} = \boxed{\dfrac{s}{v} = n}$

윗식은 다음 항에서 배우는 솔로우모형의 균형조건식이기도 하다. 이 때문에 경제성장의 정형화된 사실을 설명함에 있어서 해로드–도마모형은 솔로우모형과 기본적으로 같다.

지금까지 다룬 해로드–도마모형은 기술진보를 도외시했다. 솔로우모형처럼 기술진보를 도입하여 성장의 정형화된 사실들을 설명할 수 있다.

해로드–도마모형의 시사점

해로드–도마모형을 이용하여 경제가 일정한 성장률을 유지하기 위해 필요한 저축 및 투자수준을 가늠할 수 있다. 예컨대 한 나라 경제의 자본계수(v)가 3이고 매년

인구는 1.5% 증가하며, 신규노동인구는 여성의 사회진출 등의 영향을 받아 7% 증가한다고 하자. 해로드-도마모형에서 노동공급의 증가율은 인구증가율과 같은 것으로 가정하였다. 그러나 이 양자가 다를 때에는 노동공급의 증가율, 즉 신규노동인구증가율이 인구증가율보다 더 적절한 정책지표가 될 것이다. 해로드-도마모형에 의하면 신규노동인구까지 완전고용되기 위해서 경제가 매년 7%로 성장하여야 한다. 그러기 위해서 필요한 국민저축률(s)은 식 (29-14)에서 0.21로 계산된다. 필요저축률 및 투자율은 21%인 것이다.

해로드-도마모형에서 저축률(s), 인구증가율(n) 및 자본계수(v)는 모형 내부에서 결정되는 내생변수가 아니라 모형 외부에서 각각 독립적으로 주어진 상수(常數)이다. 따라서 식 (29-15)가 충족된다는 것은 순전히 우연이며 이 조건이 항상 성립된다는 보장이 전혀 없다. 만약 s/v와 n이 일치하지 않으면 레온티에프 생산함수의 속성 때문에 경제성장은 양자 중에서 작은 쪽에 의해 제약을 받게 된다. 예컨대 s/v가 n보다 크면 경제성장률은 n에 그치고 자본의 과잉설비가 누적된다. 거꾸로 s/v가 n보다 작으면 경제성장률은 s/v에 그치고 실업이 누적된다. 이와 같이 해로드-도마이론은 자유시장경제에서 장기적으로 모든 생산요소들이 완전고용되고 총수요와 총공급이 균형을 이루면서 지속적인 성장을 이루어 나가기가 어렵다는 점을 시사하고 있다. 해로드-도마는 그들의 이론이 자본주의경제의 불안정성을 묘사하는 것으로 해석하였다.

2 솔로우의 성장모형 : 신고전파적 성장모형

솔로우의 모형틀

해로드-도마가 자본주의경제에서의 안정적 성장의 가능성에 회의를 나타낸 것은 그들의 모형이 생산과정에서 요소간의 대체가 이루어지지 않는 것을 가정하였기 때문이라고 밝힌 모형이 솔로우의 성장모형이다. 미국의 경제학자 솔로우(R. Solow)는 생산요소간의 대체를 인정할 때 자본주의경제는 장기적으로 안정적인 균형성장을 달성할 수 있으며, 성장의 정형화된 사실도 대부분 설명할 수 있음을 보였다.

솔로우모형은 해로드-도마모형의 세 가지 기본가정 중에서 첫 번째 가정만을 변형한 모형이다. 즉 해로드-도마가 레온티에프 생산함수를 가정한 데 대하여, 솔로우는 콥-더글라스 생산함수와 같이 요소대체가 가능하고 규모에 대한 보수가 불변인 생산함수를 가정한다. 솔로우가 상정하는 1차동차의 총생산함수

솔로우
경제성장이론을 크게 발전시킨 공로로 1987년 노벨 경제학상을 받았다.

$(29-16)$ $Y = F(N, K)$

의 등량곡선을 그리면 제9장에서 배운 바와 같이 등량곡선이 원점에 대하여 볼록한 우하향의 곡선으로 표시된다. 따라서 동일한 수량의 상품을 생산하는데 자본과 노동을 여러 가지 상이한 비율로 결합하여 생산해낼 수 있다고 가정하는 것이다. 그러면 등량곡선상의 어떤 점이 구체적으로 선택될 것인가? 미시경제이론에서 배운 대로 이윤극대화조건을 충족시키는 점이 선택될 것이며 이는 요소가격비율에 달려 있다.

　솔로우모형은 고전학파와 같은 자율적인 시장의 조정을 통한 완전고용을 상정하고 있다. 요소 중 한 요소는 완전고용되고 다른 한 요소는 초과공급상태에 있다면 초과공급상태에 있는 요소의 가격이 하락하여 그 요소에 대한 수요가 늘어남으로써 초과공급상태가 해소된다고 상정하는 것이다. 만약 두 요소가 다 초과공급상태에 있을 경우에는 두 요소 모두 초과공급상태가 해소되면서 제14장에서 배운 이윤극대화조건

$$VMP_N = w, \qquad VMP_K = r$$

이 달성될 때까지 두 요소가격이 하락한다.

　이처럼 요소간에 대체가 원활하게 이루어져 원점에 대하여 볼록한 등량곡선을 가지는 생산함수를 신고전학파적 생산함수라 하고 솔로우의 성장모형을 신고전(학)파적 성장모형(neoclassical growth model)이라고 부른다.

　솔로우모형은 총생산함수 대신 1인당 생산함수를 가지고 고찰하는 것이 편리하다. 1인당 생산량을 y, 자본·노동비율(또는 1인당 자본)을 k로 표시하자. 그러면

$(29-17)$ $y = \dfrac{Y}{N}$　　　또는　　　$Y = yN$

$(29-18)$ $k = \dfrac{K}{N}$　　　또는　　　$K = kN$

이다. 솔로우모형에서 규모에 대한 보수가 불변인 1차동차의 총생산함수를 가정하기 때문에 제9장 부록에서 다룬 바와 같이 1인당 생산량은 자본·노동비율만의 함수로 된다.

$(29-19)$ $y = f(k)$

　식 (29-19)의 1인당 생산함수를 그림으로 표시하면 그림 29-3의 $f(k)$와 같다. 그림에서 k가 0이면 y도 0이다. k가 증가하면 y도 증가하지만, y가 증가하는 정도는 k가 증가함에 따라 줄어든다.

해로드–도마모형에서와 같이 소득의 일정비율이 저축되고, 저축은 투자와 같으며, 투자는 자본의 증분이다. 따라서

[29-20] $\Delta K = I = S = sY$

이다. 이 식은 다시 식 (29-17)과 식 (29-19)를 이용하여 다음과 같이 고쳐 쓸 수 있다.

[29-21] $\Delta K = sY = syN = sf(k)N$

식 (29-21)의 양변을 $K = kN$으로 나누면

[29-22] $\dfrac{\Delta K}{K} = \dfrac{sf(k)}{k}$

가 된다. 노동의 증가율은 물론 n이다.

[29-2] $\dfrac{\Delta N}{N} = n$

자본과 노동이 완전고용되면서 성장하기 위하여는 해로드–도마모형에서와 같이 두 요소의 증가율이 일치하여야 한다.

솔로우모형의 균형

솔로우모형에서는 경제가 최초에 어디에서 출발하든 간에 결국에는 $sf(k)=nk$를 만족시키는 k^*로 수렴한다. 이 정상상태에서 $\dfrac{s}{v}=n$이다.

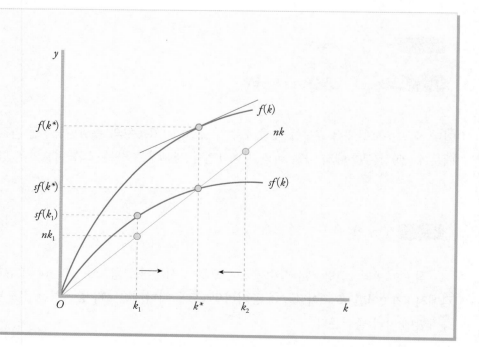

[29-23] $\dfrac{sf(k)}{k}=n$ 　　　또는　　　 $sf(k)=nk$

그림 29-3에서 nk는 원점을 지나고 기울기가 n인 직선이다. $sf(k)$는 s가 0과 1 사이의 상수이므로 $f(k)$와 같은 형태를 취하면서 $f(k)$곡선보다 아래에 위치한다.

만약 그림의 k_1처럼 $sf(k)/k$가 n보다 크면(즉 $sf(k)$가 nk보다 크면) 자본증가율이 노동증가율보다 커서 자본이 상대적으로 과잉상태에 있게 된다. 이는 임대료의 하락을 통하여 자본의 이용량을 증가시킴으로써 식 (29-23)이 충족될 때까지 1인당 자본 k는 증가한다. 반대로 그림의 k_2처럼 $sf(k)/k$가 n보다 작으면(즉 $sf(k)$가 nk보다 작으면) 노동증가율이 자본증가율보다 커서 노동이 상대적으로 과잉상태에 있게 된다. 이는 임금률의 하락을 통하여 노동고용량을 증가시킴으로써 1인당 자본은 식 (29-23)이 충족될 때까지 감소한다. 즉 경제가 식 (29-23)을 만족시키지 못하는 자본·노동비율로 시작하더라도 시간이 흐름에 따라 경제는 자율적인 조정을 통하여 이 식을 만족시키는 자본·노동비율 k^*로 수렴한다. 경제가 일단 k^*에 도달하면 k^*로부터 벗어날 유인이 작용하지 않기 때문에 균형상태이다. 이 균형상태는 시간이 흘러도 변하지 않는다는 뜻에서 균제상태 또는 정상상태(正常狀態: steady state)라고 부른다.

솔로우모형의 균형조건을 나타내는 식 (29-23)은 해로드-도마의 균형조건 $s/v=n$과 일치한다. 왜냐하면

<aside>
정상상태(균제상태)
성장모형에서 장기적인 균형상태
</aside>

$$\frac{sf(k)}{k}=\frac{sf(k)N}{kN}=\frac{sY}{K}=\frac{s}{K/Y}=\frac{s}{v}$$

가 되기 때문이다. 해로드-도마모형에서는 s, n, v가 모두 상수여서 균형성장조건 $s/v=n$을 달성시켜 주는 장치가 없었다. 그러나 솔로우모형에서는 $v(=k/f(k))$가 변수이다. 시장의 자율적인 조정으로 자본계수가 변화하여 균형성장조건을 자동적으로 충족시킨다.

솔로우모형과 성장의 정형화된 사실

경제가 식 (29-23)을 만족시키는 k^*에 머무르게 되면 자본증가율과 국민소득의 성장률은 인구증가율 n과 같게 된다.

국민소득의 성장률이 인구증가율과 같다는 사실은 $Y=yN$에서 확인할 수 있다. 1인당 자본량(k)이 k^*에서 일정하기 때문에 1인당 소득(y)도 일정하다. 따라서 $Y=yN$에서 양변에 증분을 취하면 $\varDelta Y=y\cdot\varDelta N$이 된다. 이 식을 $Y=yN$으로 나누면

$$\frac{\varDelta Y}{Y}=\frac{y\cdot\varDelta N}{y\cdot N}=\frac{\varDelta N}{N}=n$$

이 되는 것이다. 물론 k^*에서 자본-생산량비율도 일정하다. 그러므로 솔로우모형은

세 번째 정형화된 사실을 설명할 수 있다.

솔로우모형에서 실질이자율은 자본의 한계생산물과 같다. 그런데 자본의 한계생산물($\Delta Y/\Delta K$)은 $\Delta y/\Delta k$와 같다. 따라서 경제가 균형자본·노동비율 k^*에 있을 때 실질이자율은 $f(k^*)$에서 그은 접선의 기울기로 표시되어 실질이자율이 대체로 일정하다는 네 번째 정형화된 사실도 설명할 수 있다. 규모에 대한 보수가 불변이면 노동과 자본의 상대적 분배율이 일정하다는 것은 제9장 부록에서 설명하였다. 따라서 솔로우모형은 다섯 번째 정형화된 사실도 설명할 수 있다.

기술진보와 솔로우모형

위에서 다룬 솔로우모형에서는 경제성장률과 자본증가율이 노동증가율과 같다. 따라서 자본·노동비율과 1인당 소득이 일정하다. 자본·노동비율과 1인당 소득이 일정한 비율로 증가한다는 첫 번째와 두 번째 정형화된 사실과 상치된다. 이는 솔로우모형에서 경제성장의 중요한 요인인 기술진보를 고려하지 않았기 때문이다. 기술이 진보되어 노동의 생산성이 매년 향상된다고 가정하면 첫 번째와 두 번째 정형화된 사실도 설명할 수 있다.

설명의 편의를 위해 노동자들의 생산성이 매년 5%씩 증가한다고 하자. 이는 기술향상과 직업훈련 등으로 작년에 105명의 노동자가 하던 일을 금년에는 100명의 노동자가 할 수 있다는 것을 뜻한다. 이 경우 실제 노동인구 = 자연노동(N)의 증가율은 n이지만 유효노동(effective labor: E)은 $g = n + 0.05$의 비율로 증가한다고 말한다. 그리고 5%를 (노동에 체화된) 기술진보율이라고 말한다.

기술진보가 있을 때 정상상태에서 변하지 않는 것은 자본·자연노동비율(K/N)이 아니라 자본·유효노동비율(K/E)이다. 따라서 총생산함수가 자본과 유효노동에 대해 1차동차의 함수라고 가정하면 $k = K/E$, $y = Y/E$로 놓아 앞에서와 똑같은 분석으로 식 (29-23)과 그림 29–3을 얻을 수 있다. 이제 자연성장률은 유효노동의 증가율과 같은 경제성장률(g)을 말한다. 노동과 자본이 완전고용되면서 균형 있게 경제가 성장하기 위해서는 자본량과 생산량이 모두 자연성장률로 성장해야 한다. 따라서 자본증가율과 경제성장률이 인구증가율보다 기술진보율(노동생산성 증가율 5%)만큼 더 높게 되는 것이다. 즉 자본·노동비율과 1인당 소득이 매년 기술진보율 5%만큼 증가한다. 정상상태에서

[29-24] 경제성장률 = 인구증가율 + 기술진보율
1인당 소득증가율 = 기술진보율

인 것이다.

노동생산성의 향상이라는 기술진보를 도입할 때 성장의 정형화된 사실 ①, ②는 여전히 성립하는 것을 쉽게 알 수 있다. 나머지 ④, ⑤도 어렵지 않게 설명할 수 있다.

자본의 각 단위는 종전과 똑같은 유효노동과 결합하기 때문에 자본의 한계생산물 = 실질이자율이 변하지 않는다. 유효노동이 아닌 자연노동이 생산성의 증가분을 한계생산물로 수취하므로 실질임금은 매년 5%씩 증가한다. 자본·노동비율이 5%씩 증가하는데 실질이자율은 불변이고 실질임금은 5%씩 증가하므로 노동과 자본의 상대적 분배율도 변하지 않는다.

요약컨대 솔로우모형은 생산에 있어서의 원활한 요소간 대체를 가정하여 국가간 1인당 소득증가율의 차이를 제외한 성장의 정형화된 사실들을 모두 설명할 수 있다. 눈부신 기술혁신과 공장자동화 추세에서 알 수 있듯이 장기에는 요소간에 원활한 대체가 일어난다고 볼 수 있다.

솔로우모형과 장기적인 생활수준의 향상 방법

한 나라 국민들의 생활수준이 높아지기 위해서는 무엇보다도 1인당 소득이 높아져야 한다. 1인당 소득이 높아지기 위해서는 1인당 자본이 높아지는 자본심화가 일어나야 한다. 솔로우모형에서 장기에 자본심화가 일어나 1인당 소득이 높아지는 방법에는 크게 세 가지가 있다. 국민저축률(s)의 증가, 인구증가율(n)의 억제, 생산기술(f)의 향상이 그것이다. 이는 앞에서 나온

(29-23) $sf(k) = nk$

에서 확인할 수 있다.

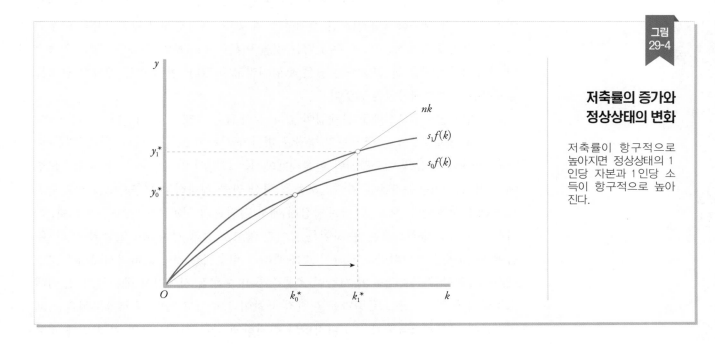

그림
29-4

저축률의 증가와 정상상태의 변화

저축률이 항구적으로 높아지면 정상상태의 1인당 자본과 1인당 소득이 항구적으로 높아진다.

국민저축률이 종전의 s_0에서 s_1으로 높아진다고 하자. 그러면 그림 29-4에서 보는 바와 같이 1인당 저축곡선이 $s_0 f(k)$에서 $s_1 f(k)$로 이동한다. 이에 따라 정상상태의 1인당 자본이 k_0^*에서 k_1^*로 증가하여 1인당 소득, 1인당 소비 및 1인당 저축이 모두 증가한다.

인구증가율이 낮아지면 nk직선의 기울기가 작아지기 때문에 정상상태의 1인당 자본이 증가한다. 기술진보가 일어나면 1인당 생산 $f(k)$곡선이 위로 이동하기 때문에 1인당 저축 $sf(k)$곡선도 위로 이동하여 정상상태의 1인당 자본이 증가한다.

솔로우모형은 경제성장을 촉진하고 국민의 생활수준을 높이기 위해서는 저축률을 증대시키고 인구증가를 억제하며 생산기술을 향상시키는 정부정책을 펴는 것이 바람직하다는 것을 시사해 준다.

솔로우모형에서 인구는 이중적인 역할을 한다. 한편으로는 위에서 본 것처럼 인구증가율이 낮아지면 정상상태의 1인당 자본이 많아지고 1인당 소득이 높아진다. 다른 한편으로 인구증가율이 낮아지면 식 (29-24)에서 보는 것처럼 정상상태의 경제성장률이 낮아진다. 서구선진국에서 장기적인 인구증가율과 경제성장률이 개도국보다 낮고 1인당 소득수준은 높은 것을 설명해준다.

솔로우모형의 의의와 한계

솔로우모형은 칼도우가 정리한 성장의 정형화된 사실들을 잘 설명해 주는 대표적인 성장이론이다. 마르크스는 일찍이 분권화된 시장경제에서는 생산의 무정부성, 자본가의 탐욕스러운 자본축적 때문에 자본수익률이 갈수록 떨어지고 실업이 늘어나며 노동소득분배율은 하락한다고 예언하였다. 그러나 시장경제는 비약적인 기술진보와 혁신으로 자본수익률이 떨어지지 않았고, 노동소득분배율은 하락하는 대신 미약하게나마 상승하거나 일정한 추세를 보여 왔다. 시장경제가 완전고용을 이루면서 지속적인 균형성장을 보일 수 있다는 것을 이론적으로 보인 솔로우모형은 역동적인 자유시장경제를 잘 설명하는 좋은 모형이라고 하겠다. 이 모형을 개발한 공로로 솔로우는 노벨경제학상을 받았다.

그러나 솔로우모형에도 문제점이 있다. 문제점은 크게 두 가지이다.

첫째, 솔로우모형은 국가간의 성장률 격차가 시간이 흐름에 따라 줄어든다는 수렴(convergence)현상을 예측하지만 현실세계에서는 그렇지 않다는 것이다. 솔로우모형에서 경제는 인구증가율에 기술진보율을 더한 만큼 성장하고 1인당 소득은 기술진보율만큼 성장한다. 오늘날 「글로벌경제」에서 신기술의 전파속도는 아주 빠르다. 따라서 각국의 기술진보율은 큰 차이를 보이지 않고 비슷할 것이라고 말할 수 있다. 처음에 큰 차이를 보이더라도 시간이 흐름에 따라 비슷해질 것이고 따라서 솔로우모형에서는 1인당 소득증가율이 시간이 흐를수록 비슷해질 것이라고 예측한다. 그런데 오늘날 각국의 1인당 소득증가율은 현격한 차이를 보이고 있다. 솔로우모형은 경제성장률과 1인당 소득증가율이 나라마다 현저하게 다른 경제성장의 여섯 번째 정형화된 사실을 만족스럽게 설명해 내지 못하는 것이다.

둘째, 솔로우모형은 장기적인 1인당 소득증가의 동인을 기술진보라고 보는데 기술진보는 모형 밖에서 외생적으로 주어져 있을 뿐이고 기술진보를 결정하는 요인이 무엇인가에 대하여는 설명하지 못한다는 점이다.

위의 문제점들을 극복하기 위한 노력으로 1980년대에 내생적 성장이론이 등장하였다.

3 신성장이론 : 내생적 성장이론

솔로우모형에서 장기적으로 1인당 소득을 증가시키는 원동력은 기술진보이다. 정상상태에서 1인당 소득은 기술진보율 g의 비율로 증가한다. 그러나 기술진보가 어떻게 일어나는가에 대한 설명은 없다. 기술진보가 저절로 일어나는 것으로 가정했을 뿐이다. 이러한 한계를 극복하고 성장의 원동력을 모형 안에서 내생적으로 설명하기 위한 노력이 1980년대부터 활발하게 일어났다. 로머(Paul Romer)와 루카스(R. Lucas)를 효시로 등장한 이런 성장이론을 내생적 성장이론(endogenous growth theory) 혹은 신성장이론(new growth theory)이라 부른다.

내생적 성장이론은 경제성장의 원동력에 관하여 크게 두 가지 줄기의 설명을 제공하고 있다. 첫째는 솔로우모형처럼 기술진보가 경제성장의 원동력이고 기술진보의 실체는 연구 및 개발(Research and Development: R&D)에 의해 새로운 지식과 아이디어가 창출되는 것이라고 설명하는 것이다. 솔로우모형에 나오는 기술의 실체를 지식스톡이라고 보고 지식스톡이 R&D에 의해 늘어나는 것을 기술진보라고 보는 것이다.

둘째는 물적 투자와 인적 투자를 포괄하는 광의의 투자가 경제성장의 원동력이라는 것이다. 이에 따르면 기술진보 없이도 물적자본스톡과 인적자본스톡이 지속적으로 증가하면 1인당 소득이 지속적으로 증가할 수 있다.

로머의 R&D모형

로머에 의하면 기술진보의 핵심은 새로운 지식의 창출이다. 20세기에 인류는 비행기, 페니실린, 텔레비전, 컴퓨터, 레이저, 인터넷 등을 만들어 시간과 공간이 혁명적으로 축소되고 각종 질병이 치료되며 삶이 풍요롭게 되었다. 이것들은 19세기까지는 인류가 알지 못했던 것들로서 20세기에 이룩한 두드러진 기술진보의 사례이다. 20세기에 이런 신상품들을 만들어내는 지식과 아이디어가 생겨서 기술진보가 일어났다.

따라서 기술진보는 새로운 지식의 창출과 병행된다. 연구·개발을 통해 새 지식이 창출되면 사회구성원들이 새 지식을 두루 활용하여 요소들의 생산성이 향상된다.

제18장에서 배운 바와 같이 지식은 비경합성이라는 준공공재의 성질을 갖는다. 지식스톡이 주어져 있을 때 개별 생산공장에서는 규모에 대한 보수불변이 일어나더라도 지식의 비경합성 때문에 경제전체로는 규모에 대한 보수증가가 일어나면서 1인당 생산이 증가한다.

AK모형과 루카스의 인적자본모형

로머모형과는 달리 1인당 소득을 지속적으로 증가시키는 요인은 광의의 자본이라고 보는 접근방법이다.

본서에서 지금까지 다루어 온 모든 거시모형에서 생산요소의 한계생산물은 체감한다고 가정하였다. AK모형은 총생산함수를

[29-25] $Y = AK$ 단, A는 상수

로 상정함으로써 단기든 장기든 간에 자본의 한계생산물이 체감하지 않고 일정하다. 여기에서 K는 물적자본뿐 아니라 인적자본을 포괄하는 광의의 자본이다.

인적자본(human capital)은 노동생산성을 높여 주는 교육·훈련·건강과 같은 노동의 질을 말한다.

인적자본
노동생산성을 높여 주는 교육·훈련·건강과 같은 노동의 질

원래 자본이라는 말은 생산시설이나 차량과 같이 생산에 투입되는 생산요소이자 그 자체가 생산물인 물적자본을 뜻하였다. 그런데 노동의 질도 생산요소이자 생산물이기 때문에 경제학에서는 인적자본이라는 표현을 즐겨 쓴다. 근로자가 교육과 훈련을 받을수록, 그리고 건강할수록 그렇지 못한 경우보다 생산성이 높아진다. 교육·훈련·건강은 그 자체가 비용을 들여야 얻을 수 있는 생산물이다.

총생산이 광의의 자본 K의 선형함수라고 상정하는 데에서 AK모형이라는 이름이 유래하였다. AK모형은 경제성장의 원동력이 자본축적이라는 것을 강조하기 위하여 A를 상수(정확히 말해 파라미터)로 처리하고 있다.

자본축적행태는 솔로우모형과 똑같다.

[29-20] $I = S = sY$

수업중인 아프리카의 어린이들
교육은 인적자본 형성의 가장 중요한 요인이다. 국가간 소득격차의 원인을 분석하는 대다수의 학자들은 교육연수(schooling years)로 측정한 인적자본이 높은 나라가 1인당 소득도 더 높은 것을 입증하고 있다.
출처: The Economist(2017.11.11)

식 (29-20)은 총저축＝총투자는 총생산의 일정 몫 sY이고 대체투자를 무시할 때 신투자 $I = \Delta K$와 같다는 것을 보여 준다. 식의 양변을 K로 나누면

$$\frac{\Delta K}{K} = s\frac{Y}{K} = sA$$

를 얻는다. 마지막 등식은 총생산함수 $Y = AK$에서 $Y/K = A$를 활용하였다. 식 (29-25)에서 A가 상수이기 때문에 총생산의 증가율은 자본스톡의 증가율과 같다. 따라서

[29-26] $\quad \dfrac{\Delta Y}{Y} = \dfrac{\Delta K}{K} = sA$

이다. 이 모형에서 정상상태의 경제성장률은 sA인 것이다.

인구증가율이 n이라면 1인당 소득증가율은 경제성장률에서 인구증가율을 뺀 것이기 때문에

[29-27] $\quad$ 1인당 소득증가율 $= \dfrac{\Delta Y}{Y} - n = sA - n$

이다. 윗식에서 sA가 n보다 크다고 하자. 그러면 정상상태에서 1인당 소득증가율이 일정한 양수가 된다. 일정한 비율의 자본축적만으로 1인당 소득이 영구히 증가하는 것이다. 이 결과는 총생산함수 $Y = AK$에서 보듯이 광의의 자본 K가 수확체감의 지배를 받지 않고 규모에 대한 보수불변을 보이기 때문이다.

루카스도 광의의 자본에 포함되는 인적자본이 더 많이 축적될수록 1인당 소득이 항구적으로 높아지며, 정상상태에서 인적자본축적률이 1인당 소득증가율과 같게 되는 모형을 제시하였다. 광의의 자본이 경제성장에 중요하다고 봄으로써 AK모형과 맥을 같이 한다.

신성장이론의 정책 시사점

신성장이론은 1980년대 이후 경제학에서 가장 눈부시게 발전해 온 분야이다. 다양한 연구를 통해 신성장이론은 위에서 다룬 지식과 자본 외에도 무역, 외국인투자, 정부의 경제정책, 더 나아가 한 나라의 법·제도·정부정책을 포괄하는 사회하부구조(social infrastructure)가 경제성장의 원동력이라는 것을 보여 주었다.

기술혁신, 적극적인 대외개방, 국민저축률의 제고, 교육·훈련의 강화와 교육혁신, 효율적인 경제정책, 제도의 질, 공정한 법치, 공정하고 효율적인 법·제도의 집행 등이 장기적으로 경제성장의 원동력이며 이를 위한 정부의 역할이 중요하다는 것을 강조한다. 애쓰모글루-로빈슨(Acemoglu-Robinson)은 포용적 정치제도와 경제제도가 장

기적인 경제번영의 핵심이라는 것을 실증적으로 밝혀 2024년에 노벨경제학상을 받았다.[3] 포용적 정치제도란 충분히 중앙집권적이되 권력이 한 개인이나 소수집단에 집중되지 않고 고루 분배되며 견제와 균형이 작동하는 정치제도이다. 포용적 경제제도는 법치와 공정한 경쟁이 보장되는 시장경제체제를 말한다.

신성장이론은 동아시아의 성장의 기적과 남아프리카·중남미 여러 나라의 성장의 파국을 설득력 있게 설명해 준다.

장기에 자연성장률을 실현하고 제고하는 정책이 바람직한 경제성장정책이다. 위에서 살펴본 많은 경제성장의 원동력을 발현시키는 정책이 바람직한 경제성장정책이라 하겠다.

제3절 개발도상국의 경제발전

1 경제성장과 경제발전

후진국은 생산·소득 및 교육수준이 낮고 인구증가율과 사망률이 높으며, 공업 비중은 작고 농업 비중은 크다는 특징을 가진다. 이러한 특징을 가지는 후진국은 선진국보다 훨씬 복합적인 문제를 안고 있다.

선진국의 경제성장에서는 생산요소 부존량의 증가와 기술진보에 따른 생산능력의 제고에만 관심을 집중해도 된다. 그러나 후진국의 경제성장에서는 생산능력의 제고뿐만 아니라 전통적 사회구조의 개혁, 공업화, 인적 자원의 개발 등 질적 향상에도 주력해야 한다. 개도국의 구조적인 측면의 향상을 강조하는 뜻으로 경제성장과 구별하여 경제발전(economic development)이라는 말이 쓰여져 왔다.

최근에는 경제성장과 경제발전을 굳이 구분하지 않고 섞어 쓰는 경향을 보이고

---

3 대런 애쓰모글루-제임스 로빈슨, 『국가는 왜 실패하는가』, 시공사, 2012.

있다. 양적 증가가 지속되면 질적 향상이 으레 뒤따르기 때문이다. 또한 종전에 흔히 쓰던 후진국이나 저개발국이라는 용어 대신 개발도상국, 줄여서 개도국(developing countries)이라는 용어를 많이 쓴다.

미국의 경제사학자 로스토우(W. Rostow)는 모든 나라들이 단속적 과정을 보이며 다섯 단계를 밟아 발전한다고 주장하였다. 그 다섯 단계란 전통사회단계, 도약준비단계, 도약단계(take-off stage), 성숙단계, 대중적 고도소비단계이다. 이 중에서 본격적인 경제발전이 이루어지는 단계는 비행기가 이륙(take-off)하는 데에서 따온 도약단계이다.

영국의 산업혁명 이래 세계 각국의 공업화과정을 실증분석한 독일의 경제학자 호프만(W. Hoffman)은 전통사회에서 산업사회로 탈바꿈하는 과정에서 공업구조가 세 단계를 밟는다고 주장하였다. 제1단계는 소비재산업의 비중이 압도적인 단계로 발전의 초기단계이다. 제2단계는 생산재산업의 비중이 커지는 단계이다. 제3단계는 생산재산업의 비중이 소비재산업과 대등하거나 소비재산업을 압도하는 단계이다.

19세기 이후 세계 각국의 산업구조와 소비구조를 분석한 미국의 경제학자 클라크(C. Clark)는 산업을 제1차산업(농림수산업), 제2차산업(광공업), 제3차산업(사회간접자본 및 기타 서비스업)으로 구분하였다. 그리고 경제가 발전할수록 산업구조는 제1차산업에서 제2차산업으로, 제2차산업에서 제3차산업으로 그 중심이 이동한다고 주장하였다.

이와 같은 경제발전과정에 관한 분석은 각국의 특수한 발전경험을 도외시하고 도식적으로 분류한다는 한계점을 가진다. 그러나 뒤늦게 공업화를 통한 경제발전을 추구하는 개발도상국에게 미래에 대한 개괄적인 전망을 할 수 있게 해 주기도 한다.

개발도상국에서 개발국(developed countries) 혹은 선진국으로 발전해 나가는 데에 있어서 일반적으로 몇 가지 과정이나 단계를 거쳐야 한다면 정부가 어떤 발전전략을 세우는 것이 이러한 과정을 단축시키는 길인가 하는 문제의식이 대두된다. 아래에서 다루는 다양한 경제발전전략에 관한 논의는 이와 같은 문제의식에서 나온 것이다.

2 개발도상국의 경제발전전략

하루 2.15달러 이하(국제빈곤선)의 소득으로 살아가는 사람들이 전세계 80억 인구 중 7억 안팎에 이른다. 이 사람들이 최소한의 인간다운 생활을 할 수 있기 위해서는 지속적인 경제발전이 이루어져야 한다. 지속적인 경제발전을 이루기 위한 다양한 전략이 제2차 세계대전 이후 활발하게 논의되어 왔다. 다음에서는 이를 살펴보기로 한다.

한국(남한)과 북한은 역사, 언어, 문화를 공유해 온 단일민족이다. 제2차 세계대전 이후 미국과 소련에 의해 갈라진 후 어언 60여 년이 지났다. 그동안 남한과 북한의 처지는 극적으로 바뀌었다. 1961년 군사쿠데타로 남한에 박정희 정부가 들어섰을 때 남한이나 북한이나 다 같이 독재정권이어서 정치체제면에서 별 차이가 없는 듯 보였다.

1961년에 한국의 1인당 소득은 82달러로 세계 125개국 중 101번째였다. 파키스탄·토고·우간다·방글라데시·에티오피아 등과 더불어 최빈국 그룹에 속했다. 북한은 320달러로 50번째였다. 멕시코·리비아와 포르투갈·브라질의 중간이었다.

박대통령의 18년 집권이 끝난 1979년에 한국은 1,636달러로 49번째로 올랐고 북한은 120번째로 최빈국으로 전락했다. 한국과 북한이 두드러지게 다른 점은 경제체제이다. 부차적으로 다른 점은 후술하는 경제개방면에서 한국은 적극적이고 북한은 소극적이었다는 점이다. 장기적으로 볼 때 계획경제보다 시장경제가 우월하다는 것을 보여주는 단적인 예로 오늘날 세계 각국의 경제성장론 교과서에 남북한이 등장한다. 중국이 박정희 개발독재를 자기네 체제전환경제의 개발모형으로 삼았다는 것은 잘 알려진 사실이다.

<출처: 김정렴, 『최빈국에서 선진국 문턱까지』, 2006.>

체제의 선택 : 계획경제와 시장경제

투자재원이 절대적으로 부족한 경제발전의 초기단계에는 정부가 나서서 투자재원을 조달하고 배분하는 것이 그렇지 않는 경우보다 효율적이다. 이 점에서 경제발전의 초기단계에는 계획경제가 시장경제보다 낫다. 1920년대와 1930년대에 경제성장면에서 소련이 미국을 앞지르고, 북한이 1970년대 초까지 남한을 앞지른 것은 이 때문이다.

경제발전의 초기단계에는 시장경제도 시장에 방임하는 자유시장경제보다 정부가 개발계획(development planning)을 세워 자원배분을 유도하는 정부주도형 시장경제가 효율적이다.

그러나 경제발전이 진행되고 경제가 복잡다단해짐에 따라 계획경제의 비효율성이 두드러지게 나타난다. 중국이 1979년부터, 베트남이 1987년부터 체제전환경제의 길을 간 것은 결과적으로 현명한 발전전략이었다. 북한이 중국과 베트남보다 경제가 낙후된 것은 체제전환경제로 돌아서지 않았기 때문이다.

시장경제도 경제가 복잡다단해짐에 따라 정부주도형에서 민간주도형으로 전환하는 것이 효율적이다.

산업정책 : 균형성장전략과 불균형성장전략

경제발전을 적극 추진하는 과정에서 각각 정부는 다양한 산업정책을 쓴다.

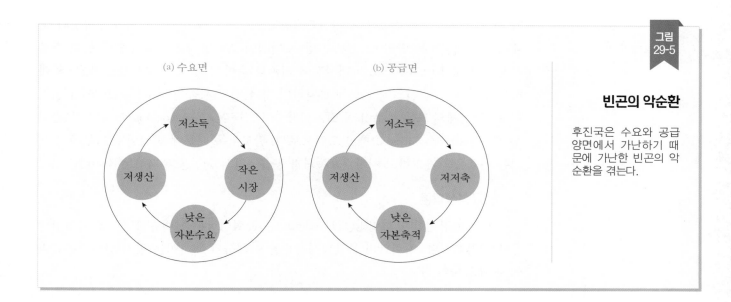

그림
29-5

(a) 수요면

저소득

작은
시장

낮은
자본수요

저생산

(b) 공급면

저소득

저저축

낮은
자본축적

저생산

빈곤의 악순환

후진국은 수요와 공급
양면에서 가난하기 때
문에 가난한 빈곤의 악
순환을 겪는다.

정부가 외부경제를 낳거나 연관효과가 높은 산업을 지원하는 정책을 **산업정책**(industrial policy)이라 한다.

산업정책을 집중적으로 써야 하는지의 여부를 두고 균형성장론과 불균형성장론이 1950년대에 등장하였다.[4]

균형성장론

균형성장(balanced growth)의 이론을 주창한 사람은 미국의 경제학자 넉시(R. Nurkse)이다.

넉시에 의하면 오늘날 후진국들은 가난하기 때문에 가난하게 살 수밖에 없는 빈곤의 악순환(vicious circle of poverty)을 경험하고 있다. 이 악순환은 그림 29-5에서 보는 바와 같이 수요와 공급의 양면에서 작용하고 있다. 수요면에서는 소득이 낮으니까 시장이 작고, 시장이 작으니까 자본수요가 낮으며, 자본수요가 낮은 결과 생산이 낮고, 생산이 낮으니까 다시 소득이 낮은 악순환이 일어난다. 공급면에서는 소득이 낮으니까 저축이 낮고, 저축이 낮으니까 자금공급이 부족하여 자본축적이 낮고, 그 결과 저생산·저소득·저저축의 악순환이 일어난다.

후진국의 발전문제는 바로 이 악순환을 단절하는 것이다. 넉시는 후진국 개발에 있어서 가장 큰 애로는 작은 시장이며, 따라서 악순환을 타개하기 위해 시장확대

산업정책
정부가 외부경제를 낳거나 연관효과가 높은 산업을 지원하는 정책

---

4 앞에서의 정의에 충실하려면 균형발전론과 불균형발전론으로 불러야 할 것이다. 그러나 학계에서 균형성장론과 불균형성장론으로 용어가 굳어졌다.

가 가장 필요하다고 주장한다. 시장확대방법으로는 수출시장을 개척하는 방법과 국내시장을 개발하는 방법이 있을 수 있다. 넉시에 의하면 후진국은 무역을 통한 수출시장의 확대가 어려우므로 국내시장에 의존할 수밖에 없다. 국내시장을 개발·확대하는 방법은 모든 산업에 고르게 투자하여 각 산업의 제품을 서로 사가도록 하는 것이다. 즉 경제의 모든 부문이 골고루 성장하여 상호수요(reciprocal demand) 혹은 보완적 수요(complementary demand)를 일으킴으로써, 판로부족 때문에 산업별로 과부족이 생기는 비효율을 제거하고 시장수요능력과 공급능력의 균형을 유지하는 것이다.

불균형성장론

미국의 경제학자 허쉬만(A. Hirschman)은 균형성장론을 비판하면서 불균형성장론을 주장하였다. 허쉬만의 불균형성장론을 이해하기 위하여는 먼저 산업연관효과에 대해 알아야 한다.

전방연관효과
A산업에 대한 투자가 A산업 제품을 사가는 B산업의 성장과 투자를 유발하는 효과

후방연관효과
A산업에 대한 투자가 A산업에 투입물을 공급하는 C산업의 성장과 투자를 유발하는 효과

산업연관효과는 전방연관효과(forward linkage effect)와 후방연관효과(backward linkage effect)로 나누어진다. **전방연관효과**는 A산업에 대한 투자가 A산업 제품을 사가는 B산업의 성장과 투자를 유발하는 효과를 말한다. **후방연관효과**는 A산업에 대한 투자가 A산업에 투입물을 공급하는 C산업의 성장과 투자를 유발하는 효과를 말한다.

제철공장이 건설되어 철강공급이 늘고 철강가격이 내린다면, 철강을 투입물로 쓰는 자동차산업의 생산과 투자, 그리고 수익성을 높여 준다. 제철공장 건설로 자동차산업의 성장이 유발되는 효과는 전방연관효과이다. 반면에 제철공장 건설이 철광업의 성장을 유발하는 효과는 후방연관효과이다.

허쉬만에 의하면 균형성장론은 후진국이 자본·기술면에서 취약하여 모든 산업을 동시에 성장시키기가 어렵고, 산업마다 연관효과가 상이한 점을 간과하고 있다. 자본부족에 허덕이는 후진국은 어떤 특정산업에 집중투자하여 그 선도산업으로부터 다양한 전·후방연관효과를 통해 역동적인 경제발전을 추진해야 한다. 허쉬만은 투자의 효과를 생산능력창출효과·소득창출효과·연관효과로 구분하였다. 투자(특히 신투자)는 자본량을 증가시켜 공급능력을 확장시킨다. 이는 고전학파가 중요시한 투자

표 29-2

산업별 연관효과의 크기

산업류별	전방연관효과	후방연관효과
중간재 제조업(예: 철강)	대	대
최종소비재 제조업(예: 비누)	소	대
중간재 농업(예: 목화)	대	소
최종재 농업(예: 보리)	소	소

의 효과이다. 한편 투자는 국내총생산의 구성요소로서 투자가 증가하면 소득이 증가
되는 효과를 발휘한다. 이는 케인스가 유효수요의 이론에서 중요시한 투자의 효과이
다. 이 두 가지 효과보다 허쉬만은 투자의 연관효과를 강조하였다. 연관효과가 큰 산
업에 집중투자하여 이 산업을 경제발전의 선도부문으로 삼아야 한다는 것이다.

　　허쉬만은 후진국의 개발에는 전방연관효과보다 후방연관효과가 더 중요하다고
주장한다. 표 29-2에서 보는 바와 같이 후방연관효과는 대체로 농업보다 공업이 크
다. 따라서 허쉬만은 농업보다 공업을 우선적으로 개발해야 한다고 주장한다.

균형성장론과 불균형성장론의 평가

　　두 이론 중에서 어느 쪽이 합리적인 전략이냐 하는 것은 각국의 경제사정에 따라
좌우된다. 첫째, 수출에 의한 판로의 개척이 쉬운 나라에서는 불균형성장론이 보다 설
득력이 있고, 내수(內需)에 주로 의존하는 나라에서는 균형성장론이 설득력을 갖는다.
둘째, 균형성장론은 생산요소 공급면에서의 애로를 감안하지 않는 반면, 불균형성장
론은 제한적 요소공급을 전제로 하고 있다. 따라서 경제자원이 풍부한 나라일수록 균
형성장론이 더 설득력을 갖고 그렇지 못한 나라일수록 불균형성장론이 더 설득력을
갖는다. 셋째, 균형성장론은 경제개발이 주로 시장기능에 의해 이루어진다고 묵시적
으로 가정하고 있다. 따라서 경제개발과정에서 시장기능이 원활하지 못할수록 균형성
장론의 타당성은 줄어들고, 불균형성장론의 설득력은 커진다고 볼 수 있다.

　　궁극적으로 산업의 각 부문이 균형을 이루면서 성장해야 한다는 점에 대해서는
두 이론이 일치한다. 자본과 우수인력, 기술 등의 제약을 받지 않는다면 균형성장이
바람직스러운 것이다. 그러나 이러한 요소들의 제약을 받지 않는 나라라면 그 나라
는 선진국이지 후진국이 아니다. 자본·우수인력·기술 등이 부족한 후진국의 개발초
기단계에서 모든 부문을 골고루 발전시키기는 실제로 불가능하다는 점에서 어떤 형
태로든 불균형성장으로 출발하지 않을 수 없다. 결국 경제개발을 수행하는 입장에서
볼 때 불균형성장론의 권고대로 투자의 우선순위에 따라 집중투자하되, 균형성장론
의 주장을 따라 산업간의 불균형이 너무 크지 않도록 하고, 특히 집중투자산업의 판
로문제(내수시장 및 수출시장의 문제)를 적절하게 고려한다면 두 이론은 큰 무리없이
조화될 수 있다.

경제개방 : 대외지향형 전략과 대내지향형 전략

　　제2차 세계대전 후 아시아의 네 마리 용이라 불리는 한국, 대만, 홍콩, 싱가포르
는 대외지향형 발전전략(outward-looking development strategy)을 채택하였다.

> **대외지향형 발전전략**이란 내수산업(domestic industry)보다 수출산업을 중시하고 투자재
> 원으로 국민저축 못지 않게 해외자본를 적극 활용하는 발전전략을 말한다.

대외지향형 발전전략
내수산업보다 수출산업을 중
시하고 투자재원으로 국민저
축 못지 않게 해외자본를 적
극 활용하는 발전전략

이에 반해 남미의 많은 나라들과 북한, 쿠바 등은 대내지향형 발전전략(inward-looking development strategy)을 채택하였다.

대내지향형 발전전략이란 수출산업보다 수입대체산업을 중시하고 국민저축을 투자재원으로 삼아 경제의 대외의존도를 낮추려는 발전전략을 말한다.

대내지향형 발전전략은 선진자본주의국가와의 경제교류가 제국주의의 침탈을 불러들인다는 종속이론에 의해, 그리고 균형성장론의 그럴듯한 명분에 의해 뒷받침되었다. 그러나 대내지향형 발전전략을 채택한 나라들의 경제발전은 대외지향형 발전전략을 채택한 나라들에 비해 매우 저조하다.

제4절 개발도상국의 자본축적과 경제발전

경제발전의 기본적인 애로요인은 낮은 자본축적이다. 저생산·저소득의 기본 원인은 낮은 자본축적이다. 따라서 자본축적이 경제발전의 관건이다. 넉시에 의하면 후진국이 자본을 축적하는 방법은 기본적으로 저축증대, 농촌 잠재실업인구의 생산인구화, 해외자본도입의 세 가지가 있다. 국내저축 증대에 의한 자본축적은 경제성장모형에서 다루었다. 이 절에서는 잠재실업과 해외자본도입에 의한 자본축적을 다루기로 한다.

1 잠재실업의 생산인구화를 통한 자본축적

일반적으로 저소득국에는 방대한 잠재실업이 존재한다. 그 이유는 저소득국의 전통적인 산업인 농업이 가족노동에 의해 경영되기 때문이다. 한두 사람의 노동력으로 충분히 경작할 수 있는 농토에 5인가족이 모두 매달려 있는 경우가 흔한데, 이 경우 3~4명은 잠재실업이다.

> **잠재실업**(disguised unemployment)이란 노동의 한계생산물이 0이거나 0에 가까운 농촌인구로서 사실상 실업상태에 있지만 표면적으로는 실업자로 노출되지 않는 상태를 말한다.

잠재실업에 의하여 자본이 축적되는 경로는 두 가지가 있다. 그 하나는 농촌에서 잠재실업자를 빼냄으로써 농가의 1인당 평균소득이 상승하여 농촌의 저축이 늘어나는 것이다. 다른 하나는 이농하는 잠재실업자가 공업부문에 고용됨으로써 공업부문의 저축을 증대시키는 것이다. 첫째 경로의 효과는 그리 크지 않다. 미국의 경제학자 루이스(A. Lewis)는 둘째 경로에 주목하여 무한노동공급모형을 세웠다.

우리나라의 경제발전패턴은 루이스모형으로 잘 설명되므로 루이스모형을 살펴보기로 한다.[5]

루이스는 1960년대 초의 우리나라와 같이 농업부문에 방대한 잠재실업이 존재하는 경제를 상정한다. 농업부문에 방대한 잠재실업이 존재하기 때문에 공업부문에서 농업부문보다 높은 임금을 주면 잠재실업자들이 도시의 공업부문으로 빠져나간다. 잠재실업자들이 많기 때문에 공업부문의 실질임금이 오르지 않더라도 공업부문에 신규노동인구는 계속 유입된다. 루이스는 이를 "무한노동공급"이라고 표현하였다.

루이스에 의하면 방대한 잠재실업으로 인한 무한노동공급으로 실질임금이 낮게 유지됨으로써 노동소득보다 자본소득이 더 빨리 증가하여 자본축적이 촉진된다. 노동소득의 한계저축률보다 자본소득의 한계저축률이 훨씬 크다. 경제성장에 필요한 자본축적을 촉진하기 위해서는 자본소득이 빨리 늘어나는 것이 관건인데, 이에 잠재실업이 크게 기여한다는 것이다.

금기의 생산활동으로 얻은 자본소득과 이윤을 재투자한다고 하자. 그러면 차기의 공업부문의 자본량이 증가하여 노동의 한계생산물이 상승한다. 이에 따라 노동수

5 W. A. Lewis, "Economic Development with Unlimited Supply of Labor," *The Manchester School*, May 1954.

잠재실업
노동의 한계생산물이 0이거나 0에 가까운 농촌인구로서 사실상 실업상태에 있지만 표면적으로는 실업자로 노출되지 않는 상태

중국의 농민공(農民工)
1978년 개혁개방 이후 도시에서 일자리를 잡기 위해 농촌을 떠난 농촌노동력(농민공)은 중국공업화의 밑거름이 되었다. 중국의 무한노동공급은 2000년대 중반 들어 사라진 것으로 추정되고 있다.

요가 증가한다. 그러나 무한노동공급하에서는 말 그대로 일 하려는 사람이 얼마든지 있기 때문에 임금을 더 주지 않고도 고용을 늘릴 수 있다. 따라서 임금소득보다 자본소득이 더 빨리 증가한다. 경제성장에 필요한 자본축적을 촉진시키기 위해서는 이러한 소득분배 악화는 감수해야 한다.

　　루이스의 이론처럼 농촌에서 가족의 일원으로 소비하지만 생산에 대한 기여는 없는 과잉노동인구를 공업부문이 싼 임금으로 고용하면 공업부문의 자본소득이 늘어나면서 자본축적이 가속될 수 있다. 이러한 싼 임금 따먹기로 우리나라에서 1960~70년대에 공업화가 급속히 추진되었다. 아시아의 네 마리 용을 이어 중국과 베트남이 고속성장을 보여온 것도 루이스의 무한노동공급모형으로 설명할 수 있다.

　　처음에 공업부문에서 농촌의 잠재실업을 흡수할 투자재원은 어떻게 조달할 것인가? 투자재원을 자체적으로 조달할 만큼 공업부문이 발달하지도 않고 농업부문에서도 잠재실업 때문에 투자재원을 공급할 입장에 있지 못하다. 루이스는 인플레이션조세에 의한 강제저축(forced saving)으로 자본을 조달할 것을 권고하고 있다. 중앙은행의 화폐발행으로 투자재원을 조달하고 그 과정에서 생기는 인플레이션의 피해는 화폐 및 금융자산의 보유자가 부담하게 한다는 것이다.

　　경제발전의 초기단계에서 이와 같은 자본축적 과정과 경제확대 과정은 방대한 잠재실업 때문에 매우 강력하게 일어난다. 그러나 경제발전이 진행됨에 따라 잠재실업인구가 감소하므로 잠재실업에 의한 자본축적효과는 궁극적으로 소멸하게 된다. 우리나라는 1980년대에 농촌인구의 고령화·부녀자화가 급속히 진행되어 농촌일손이 부족하게 되고 잠재실업이 사라졌다.

2　해외자본 도입에 의한 자본축적

해외자본 도입과 외채

해외자본(foreign capital)이란 다른 나라 사람이 소유하는 자본을 말한다. 해외자본도입의 유형에는 **외국인투자, 기술도입** 및 **차입**이 있다.

　　외국인투자는 직접투자와 간접투자(혹은 증권투자)로 구분된다. 직접투자(direct investment)는 외국인이 주식의 인수와 함께 회사의 경영에 직접 참여하는 형태이다. 예컨대 한국의 삼성자동차회사를 프랑스의 르노회사가 사서 경영하는 형태이다. 간접투자(indirect investment or portfolio investment)는 외국인이 직접적으로 경영에 참가하지 않고 배당이나 이자수입을 목적으로 주식이나 채권을 사고 예금을 하는 것이다.

기술은 생산에 관련된 제품기술과 공정기술 그리고 경영에 관련된 제반 지식 (know-how)을 포함한다. 기술도입에는 일정한 대가(royalty)가 지급된다. 따라서 해외에서 도입된 기술은 광의로 해외자본의 한 형태라고 볼 수 있다.

차입에는 차관, 금융기관차입 및 기타 민간차입이 있다. 차관은 상대국의 정부나 금융기관에서 자금을 조달하는 형태이다. 차관계약의 주체가 정부(또는 공공기관)일 때는 공공차관이라 부르며, 민간기업이 외국금융기관으로부터 자금을 조달하는 것을 상업차관이라 한다. 해외자본도입 중 가장 큰 비중을 차지하는 것이 금융기관의 해외차입이다. 기타 민간차입은 무역거래과정에서 발생하는 신용공여를 말한다. 예를 들면 외상수입의 경우 그 대금을 상환할 때까지 외국은행에서 대출을 받는 단기무역신용이 신용공여의 한 형태이다.

외채(foreign debt)는 원금상환과 이자지급의 의무가 따르는 채무성 해외자본 도입의 잔액을 말한다. 해외자본 도입이 유량(flow)임에 반하여 외채는 저량(stock)이다. 외채는 제28장에서 설명한 것처럼 외국에 대하여 지고 있는 확정 금융부채를 말한다. 따라서 외국인직접투자와 이에 따른 외국인 주식취득 및 기술도입은 외채규모 추계에서 제외된다. 외국인의 주식취득은 그것을 통해서 자본유입이 이루어지게 되지만 기업으로서는 원리금상환 의무를 지는 것이 아니기 때문에 외채의 범주에서는 제외되는 것이다. 외채는 공공차관, 상업차관, 금융기관 차입, 기타 민간차입으로 구성된다.

해외자본 도입의 긍정적인 효과

해외자본 도입이 도입하는 나라의 국민경제에 미치는 효과는 아주 다양하다. 국민경제에 유용하고 긍정적인 역할을 하는가 하면 해악을 끼치기도 한다. 또 단기와 장기의 효과가 서로 달라지기도 한다.

해외자본 도입의 긍정적인 효과는 크게 소득·고용효과, 개발효과, 국제수지효과의 세 가지로 나누어 볼 수 있다.

첫째, 해외자본 도입은 투자를 증대시켜 소득과 고용을 늘려 준다. 외국에서 들여 온 자본재의 생산성이 높을수록 소득·고용효과는 커진다.

둘째, 해외자본은 개도국의 경제개발을 촉진시킬 수 있는 개발효과(development effect)를 가진다. 해외자본 도입, 특히 자본재 형태로 들여 오는 차관이나 외국인직접투자에는 기술이 따라 들어 온다. 도입되는 기술은 생산기술, 관리능력과 정보 등을 포괄한다. 새로운 생산기술과 그에 따른 노동의 질의 향상은 경제개발을 착수하는 개도국에게 「성장의 엔진」으로 작용할 수 있다. 해외자본이 사회간접자본에 투자되면 두고두고 외부경제를 낳으면서 사회개발이 촉진되는 효과를 가진다.

셋째, 해외자본이 도입되면 당장 그 나라의 대외준비자산이 증가한다. 도입된 해외자본이 투자되어 생산에 활용됨으로써 수입대체효과와 수출효과가 두드러지게 나타나면 경상수지도 개선될 수 있다.

이 세 가지 효과는 경제발전의 초기단계일수록 (그리고 기간이 단·중기일수록) 크게 나타난다. 경제발전이 충분히 진행되면 이 효과들은 작아진다. 장기에는 어느 땐가 차관은 원리금을 상환해야 하고 직접투자 원본은 회수해 가기 쉽다. 그러나 투자기회는 많지만 투자재원이 없고 투자수익률은 높은 것이 개발도상국의 일반적인 특징이다. 따라서 해외자본을 생산부문에 효율적으로 사용하는 한 장기에도 위 세 가지 효과는 그 크기가 작아질 뿐 여전히 긍정적이다.

해외자본 도입의 부정적인 효과

해외자본 도입의 부정적인 효과는 경제의 대외의존효과, 원리금상환부담효과, 국민저축위축효과 등의 세 가지를 들 수 있다.

첫째, 해외자본 도입은 해외자본수출국에 대한 도입국의 의존도를 크게 한다. 차관의 경우에는 차관상환을 확실하게 하기 위하여, 직접투자의 경우에는 투자의 수익성과 안전성을 확보하기 위하여, 자본수출국이 도입국의 경제에 직접·간접으로 개입하는 경우가 많다. 차관을 제공하는 주체나 직접투자기업이 다국적기업인 경우에는 국제적인 네트워크와 막강한 경제력을 활용하여 도입국의 경제는 물론 정치에까지 부당한 영향력을 행사하는 경우도 있다. 이러한 대외의존효과에 주목하여 종속이론(dependence theory)을 주장하는 정치경제학자들은 해외자본을 강대국이 약소국을 지배하는 수단이라고 규정하기도 한다. 단기에나 장기에나 대외의존도가 높아진다는 것은 분명히 해외자본 도입에 따른 부작용이다.

둘째, 해외자본은 앞에서 언급한 바와 같이 결국 원리금을 상환해야 한다. 외채잔액이 크고 차입금리와 환율이 높을수록, 그리고 상환만기가 짧을수록 원리금상환부담은 커진다. 상환부담이 너무 크면 국가 부도가 날 수도 있다.

셋째, 해외자본은 때로 국민저축을 대체함으로써 국민저축을 적어도 단기에는 감소시키는 경향이 있다.

이처럼 해외자본 도입은 복합적인 측면을 가지고 있으므로 해외자본 도입이 개발도상국의 경제발전에 반드시 유리하다거나 불리하다고 단정할 수 없다. 도입국이 생산적인 부문에 효율적으로 사용하면서 해외자본 도입의 부정적인 효과를 줄이는 데에 슬기롭게 대처한다면 빈곤의 악순환 중 낮은 자본축적이라는 가장 굵은 고리를 해외자본이 끊게 해 준다. 우리나라는 해외자본 도입의 긍정적인 효과를 최대로 누린 나라로 손꼽힌다. 그러나 1990년대에 외채관리를 소홀히 한 결과 남미 여러 나라처럼 외환위기를 겪었다.

남미 여러 나라에서는 부정적인 효과가 두드러지게 나타나 해외자본이 성장의 엔진이 아니라 성장의 질곡이 되어 외채상환불능위기를 종종 경험해 왔다.

 **제5절** **우리나라의 경제성장과 경제발전**

1 제조업 위주의 수출주도형 불균형성장

우리 경제의 본격적인 발전은 1962년부터 실시한 제1차 경제개발 5개년계획으로부터 시작되었다. 정부는 허쉬만이 주장한 제조업 위주의 불균형성장전략을 채택하였다. 급속한 공업화에 필요한 투자재원은 국민저축이 적기 때문에 외자도입을 통한 해외저축과 통화증발을 통한 인플레이션 조세로 조달하였다.

3절에서 설명한대로 공업화를 통한 경제발전 전략은 대외지향형(수출지향형)과 대내지향형(수입대체형)으로 구분된다. 남미 여러 나라가 종전에 수입해 오던 공산품을 자국에서 생산하는 수입대체형 공업화를 추진한 데 비하여 우리나라는 수출지향형 공업화를 추진하였다. 후진국이 수출시장을 개척하는 것은 쉬운 일이 아니다. 우리나라는 낮은 임금을 바탕으로 수출공산품이 가격경쟁력을 가짐으로써 수출지향형 공업화를 지속적으로 추구할 수 있었다. 수출입국(輸出立國)이라는 기치 하에 저임금 외에도 원자재를 거의 무관세로 수입하고 수출에는 1980년대 초까지 보조금을 주었다.

저임금은 루이스가 말하는 농촌지역의 방대한 잠재실업과 저농산물가격으로 가능하였다. 저농산물가격정책과 농업을 비교열위산업으로 치부한 정부의 농업경시정책 때문에 농업·농촌부문은 녹색혁명(green revolution : 품종개량으로 다수확 농작물을 생산해 냄)을 이룩했음에도 불구하고 낙후를 면치 못하였다.

3절에서 설명한 불균형성장전략을 일곱 차례에 걸친 5개년계획으로 추진한 결과 우리 경제는 빈곤의 악순환을 끊고 전통적인 농업사회에서 선진공업국으로 이행하였다. 1962~1997년 기간 중 연평균 총저축률은 25%, 국내총투자율은 30%, 경제성장률은 8%에 이름으로써 같은 기간 중 세계에 유례가 없는 고도의 압축성장을 이룩하였다. 1960년대에 전체 인구의 40%에 달했던 절대빈곤인구는 선진국 수준인 5~7%대로 줄어들었다. 산업구조는 농림어업의 비중이 꾸준히 감소하고 사회간접자본 및 기타 서비스업의 비중이 꾸준히 증가하여 선진국형 산업구조를 갖추었다. 1997년 산업구조는 농림어업, 광공업, 사회간접자본 및 기타 서비스업이 각각 5%, 27%, 68%로 고도화되었다. 1962~1997년 기간 중 연평균 22%대로 증가해 온 수출은 고도성장의 견인차 역할을 해왔다. 수출지향형 공업화를 넘어 수출주도형 공업화를 이루어온 셈이다. 지속적인 고도성장으로 실업률은 1960년대 초반의 8%대에서 1990년대 중반에는 2%대로 떨어져 늘어나는 신규 노동력을 흡수하면서 고용의 안정을 유지할 수 있었다.

　　우리 경제는 3반세기에 걸친 고도성장과정에서 많은 경제·사회지표들이 현저하게 개선·향상되는 추세를 보였다. 고도성장이 지속되는 과정에서 우리나라는 어느덧 고도산업사회와 고소득국가로 발돋움하였다. 장기간의 양적인 경제성장이 질적인 경제발전까지 이룩한 것이다.

2 우리나라는 경제 강국이자 선진국

　　성장일변도의 불균형성장으로 일찍이 경험해보지 못한 비약적인 성장을 이루고 고도산업사회를 일구었지만 그 부작용도 작지 않았다. 수익성을 무시한 재벌의 과잉차입, 과잉투자와 금융기관 차입-대출 기간의 불일치성, 28장에서 다룬 정부의 경직적인 고정환율제도의 운용 등으로 우리 경제는 1997년에 외환위기를 겪었다. 위기를 극복하는 과정에서 많은 부실기업이 퇴출되고 실업이 급증하며 노동, 금융, 공공부문의 구조 개혁이 이루어졌다. 그 후 한국경제는 종전의 8%대 고도성장 궤도에서 4%대 저성장 궤도로 내려앉았다. 연평균 경제성장률이 1960~1996년의 1/3세기 동안 8.0%였는데 1997~2010년 기간에는 4.1%로 낮아졌다. 그러나 3%대의 세계성장률에 비하면 상대적으로 높은 성장세였다. 각 부문 구조 조정과 제도 개혁으로 경제의 기본여건이 튼튼해져 2008년의 세계적인 금융위기도 비교적 쉽게 이겨낼 수 있었다.

　　이제 우리나라는 경제 강국이자 선진국이다. 유엔 회원국(주권국가) 기준으로 전 세계에 190여 개 나라가 있는데 사회·경제적으로 인구가 5,000만 명을 넘고 1인당 소득이 3만 달러 이상인 세계 7대국(미국, 영국, 독일, 프랑스, 일본, 이탈리아, 한국)에 속한다. 국내총생산과 국민총소득이 세계 10위 안팎의 경제 대국이다. 반도체, 자동차, 선박, 정보통신기기 등을 잘 만드는 제조업 강국이다. 무역 규모(수출과 수입의 합계)가 1조 달러대의 세계 10대 무역 대국이다. 제2차 세계대전 이후 산업화와 민주화에 성공한 몇 안 되는 나라 중 하나이다. 제2차 세계대전 이후 원조를 받는 나라에서 원조를 공여하는 나라로 바뀐 유일한 국가이다. 민주화를 이룬 덕에 정치적으로 주요 20개국(G20)의 일원이다. 주요 7개국(G7 : 자유민주주의 국가인 미국, 영국, 독일, 프랑스, 이탈리아, 캐나다, 일본의 정상 간 협의체)에서 G11로 확대 개편하기 위해 호주, 인도, EU와 더불어 가입 초청을 받는 나라이기도 하다. 유엔무역개발회의(UNCTAD)가 설립 이래 처음으로 2021년에 개도국 그룹에서 선진국 그룹으로 소속을 변경해 준 나라이다. 대한민국은 이제 개도국이 아니라 선진국이다.

문화적으로도 K 팝, K 드라마, K 영화, K 스포츠, K 식품, K 문학 등 한류 붐을 일으키고 있는 강국이다. 지난 50년간 경제발전의 기적과 정치 민주화의 기적을 이룩한 우리나라는 앞으로 문화 창달의 기적, 남북 통일의 기적도 내다볼 수 있다. 이런 '한강의 기적'에 대해 우리 국민은 얼마든지 자부심을 가질 수 있다. '다이나믹 코리아(dynamic Korea)'는 세계가 인정하는 우리나라 국가 브랜드다. 많은 중저소득 국가들이 우리나라를 부러워하고 한국의 경제발전 경험을 배우고자 한다.

3 멈춰 선 다이나믹 코리아와 경제성장

2020년대 중반 현재 우리 경제는 낮은 한 자릿수의 저성장시대에 있다. 최근 잠재성장률이 1~2%대로 추락하고 머지않아 0%대로 진입할 전망이다. 자랑스러운 국가 위상에도 불구하고 우리나라의 많은 국민은 행복하지 않다. 국가 행복지수가 OECD 국가 중 꼴찌 수준이다. 소득이 일정 수준을 넘어서면 소득이 늘어나도 행복이 늘어나지 않는다는 이스털린의 역설이 우리나라에 강하게 적용되는 상황이다. 무엇보다 2003년부터 2024년까지 한 해를 빼고는 줄곧 OECD 국가 중 자살률 1위를 기록하고 있다. 산업재해율, 노인빈곤율도 OECD 국가 중 제일 높다. 청년들이 결혼과 출산을 꺼려 세계에서 가장 낮은 출산율을 보이고 있다. 청년실업률은 일찍이 우리나라에서 볼 수 없었던 20%대이다. 소득분배는 체감분배가 공식 분배 통계보다 나쁘고 사회는 분열되어 있다. 각종 공적 연금은 국민의 수혜금이 기여금보다 훨씬 많아 장기적으로 지속 가능하지 않다. 저출산과 일본 버금가는 고령화, 그리고 저성장, 고실업은 한국경제의 역동성이 사라졌음을 시사해 주고 있다.

일찍이 케인스는 "인류의 정치 문제는 경제적 효율, 사회 정의, 개인의 자유, 이 세 가지를 결합하는 것이다"라고 설파하였다. 서구 선진국의 시장경제와 (자유)민주주의를 택한 우리나라는 계획경제와 권위주의를 택한 북한과는 비교할 수 없을 정도로 선진국이 되었다. 그러나 구조적인 대전환기에 종전과 같은 제도와 행태로는 더 이상 국민의 생활수준과 삶의 질을 계속 높여 나갈 수 없다. 무엇보다 장기에 세계 평균의 성장률 연 2-3%대를 우리도 이루어 나갈 수 있도록 광범위한 제도 개혁이 있어야 한다. 잠재성장률과 실제성장률이 최소한 2%대는 되어야 대다수 국민들의 소득이 줄어들지 않는다. 광범위한 제도 개혁에는 적어도 비효율적인 공적 연금을 포함한 공공부문의 개혁, 인적 자본 축적을 북돋는 교육 개혁, 일과 가정의 조화가 가능한 포괄적인 저출산대책, 기업하기 좋은 환경과 혁신의 장려 등이 포함되어야 할 것이다. 장기적으로 2—3%대의 견실한 경제성장이 지속되면 경제강국의 지위와 선진 자유민주국가의 국격을 유지하고, 중부담-중복지의 복지국가로 올라서면서 다이나믹 코리아의 진가를 계속 발휘해 나갈 수 있다. 경제력이 뒷받침되어야 깨끗한 자연환경, 튼튼한 국방, 각종 사고와 범죄로부터의 안전, 풍요로운 문화생활과 다양한 여가활동 등 삶의 질이 높은 사회도 만들 수 있다.[6]

---

6 이에 관한 더 자세한 논의는 안국신, 『한국의 분배』, 율곡출판사, 2021 및 『경제학 길잡이』, 율곡출판사, 2022, 14장을 참고.

1　경제성장이란 시간이 흐름에 따라 실질GDP와 1인당 실질GNI가 증가하는 것을 뜻한다. 경제성장의 2대 요인은 ① 자본·인적자원·천연자원 등 생산요소 부존량의 증가와 ② 기술진보이다. 생산요소 부존량의 증가를 세분하여 경제성장의 4대 요인으로 부르기도 한다.

2　쿠즈네츠는 근대 경제성장의 특징으로 ① 1인당 실질GDP와 인구의 높은 증가율, ② 요소생산성의 높은 증가율, ③ 높은 경제구조의 전환, ④ 사회·정치·이념상의 높은 전환, ⑤ 두드러지는 대외진출 경향, ⑥ 세계적으로 제한된 성장을 들었다.

3　자본주의경제의 성장과정에서 나타난 장기적인 규칙성을 칼도우는 경제성장의 정형화된 사실이라 불렀다. 성장의 정형화된 사실로는 다음의 여섯 가지를 들 수 있다.
① 1인당 실질소득이 대략 일정한 비율로 증가한다.
② 1인당 실물자본은 증가한다.
③ 실물자본－생산량 비율이 대체로 일정하다.
④ 실질이자율은 뚜렷한 추세를 보이지 않는다.
⑤ 노동과 자본의 상대적 분배율이 대체로 일정하다(실질임금률은 상승추세를 보인다).
⑥ 1인당 실질소득의 증가율은 나라마다 현저한 차이를 보인다.

4　경제성장의 정형화된 사실을 설명하기 위한 본격적인 시도는 솔로우의 신고전파적 성장모형에서 이루어졌다. 이 모형의 균형성장조건은

$$\frac{저축률}{자본계수} = 인구증가율 + 기술진보율 = 경제성장률$$

이다. 솔로우모형은 기술진보가 어떻게 이루어지는가를 밝히지 못했다. 1980년대에 등장한 내생적 성장이론은 연구 및 개발(R&D)에 의한 새로운 지식의 창출이 기술진보의 실체라는 것을 밝혔다.

5　넉시는 빈곤의 악순환을 낳는 핵심적인 고리는 협소한 시장이라고 보는 입장에서 경제의 모든 부문을 고르게 성장시켜 전체적인 시장의 확대를 도모해야 한다고 주장한다. 이러한 개발이론을 균형성장론이라 한다.

6　허쉬만은 자본부족에 허덕이는 후진국은 몇몇 전략산업에 집중투자하여 전·후방연관효과를 통한 역동적인 경제개발을 추진해야 한다고 주장한다. 이러한 개발이론을 불균형성장론이라 한다.

7　균형성장과 불균형성장 중 어느 쪽이 합리적인 전략이냐 하는 것은 각국의 경제사정에 따라 좌우된다. 처음 경제개발을 추진할 때는 불균형성장론의 권고대로 어느 정도의 불균형성장은 불가피하다. 그러나 균형성장

론의 주장을 따라 산업간의 불균형이 곧 시정되도록 하고 우선순위산업의 판로문제를 적절하게 고려하는 것이 바람직하다.

8 후진국의 기본 애로요인인 낮은 자본축적을 해결하는 길은 ① 국민저축, ② 잠재실업의 생산인구화, ③ 해외자본 도입 등이 있다.

9 잠재실업이란 노동의 한계생산물이 0이거나 0에 가까운 농촌인구로서 사실상 실업상태에 있지만 농업이 가족노동에 의해 경영되고 있기 때문에 표면적으로는 실업자로 노출되지 않는 상태를 말한다. 넉시에 의하면 잠재실업을 이용한 자본축적은 잠재실업자를 농촌으로부터 도시의 비농업부문으로 이동시켜 농촌에서 소비하는 잠재실업자의 소비액만큼을 저축화함으로써 이루어진다. 루이스에 의하면 잠재실업으로 인한 무한노동공급 하에서 자본축적은 상대적으로 빨리 늘어나는 공업부문의 자본소득과 이윤에 의해 이루어진다. 우리나라의 자본축적은 루이스의 무한노동공급모형과 적극적인 해외자본도입정책으로 설명된다.

10 해외자본 도입은 긍정적인 효과와 부정적인 효과를 가진다. 긍정적인 효과로는 소득·고용효과, 개발효과, 국제수지효과를 들 수 있다. 부정적인 효과로는 경제의 대외의존효과, 원리금상환부담효과, 국민저축위축효과를 들 수 있다.

주요용어 및 개념   K / E / Y / W / O / R / D / S / & / C / O / N / C / E / P / T

- 경제성장
- 경제발전
- 노동절약적 기술진보
- 자본절약적 기술진보
- 경제성장의 4대요인
- 경제성장의 정형화된 사실
- 해로드-도마의 성장모형
- 레온티에프 생산함수
- 자본계수
- 노동계수

- 자연성장률
- 적정성장률
- 균제상태
- 정상상태
- 신고전(학)파적 성장모형
- 유효노동
- 내생적 성장이론
- 인적자본
- 사회하부구조
- 선진공업국(개발국)

- 신흥공업국
- 후진국, 개발도상국
- 무한노동공급모형
- 개발계획
- 산업정책
- 균형성장전략
- 불균형성장전략
- 산업연관효과
- 대외지향형 발전전략
- 대내지향형 발전전략

- 잠재실업
- 강제저축
- 해외자본
- 외채
- 개발효과
- 직접투자
- 간접투자

1　총생산함수 $Y = AF(K, N)$으로 경제성장의 4대 요인을 설명해 보라. 총생산함수로부터

$$\frac{\Delta Y}{Y} = \frac{\Delta A}{A} + \alpha_K \frac{\Delta K}{K} + \alpha_N \frac{\Delta N}{N}$$

을 도출하라. 이 식을 성장회계방정식이라 부른다. 단, α_i는 생산의 i요소 탄력도이다.

2　자본의 감가상각이 매기당 일정비율(δ)로 이루어져 대체투자가 δK로 표시된다고 하자.

(1) 그러면 식 (29-15)는

$$\frac{s}{v} - \delta = n$$

임을 보여라.

(2) 솔로우모형에서와 같은 기술진보를 가정하고 기술진보율이 g라면

$$\frac{s}{v} - \delta = n + g$$

로 바뀌는 것을 보여라.

3　GDP와 GNI가 1조 달러를 넘는 18개국과 그 순위를 알아보라.

4　한 나라 신규노동의 증가율은 매년 8%, 자본계수는 3.5라 하자. 신고전파적 성장모형에 의하면

① 노동을 완전고용시키는 성장률은 얼마인가?
② 자본설비를 완전가동시키기 위해 필요한 투자율과 저축률은?
③ 국민저축률이 21%라면 균형성장을 이루기 위해 필요한 해외저축률은?

5　1960년대 초에 우리나라의 1인당 소득은 필리핀보다 낮았는데 90년대 말에는 3배나 높아졌다. 이런 성장의 격차를 ① 솔로우모형, ② 내생적 성장이론, ③ 경제발전이론으로 각각 설명해 보라.

6　동아시아의 성장의 기적에는 높은 저축률이 중

요한 역할을 했다. 저축률은 솔로우모형에서는 1인당 소득증가율에 영향을 미치지 못하지만 AK모형에서는 영향을 미친다. 두 모형의 차이를 어떻게 조화시킬 수 있을까?

7　세계은행의 세계개발지표(WDI)에 따르면 현재 국제빈곤선(international poverty line)은 2017년 PPP기준으로 미화 2.15달러이다. 이를 월 금액으로 환산하면 약 65달러, 연 금액으로는 약 785달러 정도이다.

(1) 현재 절대빈곤선 이하에서 살아가는 세계인구의 규모와 지역별 분포는?
(2) 세계 최대의 인구대국(인구 14억 3천만 명) 인도의 1인당 GNI는 2,540달러이다. 인도 다음으로 세계에서 인구가 많은 중국(인구 14억 1천만 명)은 1인당 GNI가 13,400달러, 우리나라(인구 5천 100만 명)는 1인당 GNI가 35,490달러로 인도는 중하위소득국, 중국은 중상위소득국, 우리나라는 고소득국가로 분류된다. 반면 모잠비크(인구 3천 400만 명)는 1인당 GNI가 530달러로 저소득국으로 분류된다. 이 4개국의 1990년대 이후 빈곤율(절대빈곤인구/전체인구)의 추세를 살펴보라.
(3) 지속가능한 성장과 빈곤감소를 위해서는 신성장이론에서 강조하는 인적자본에 대한 투자가 중요하다. 세계은행은 2023년 처음으로 세계개발지표(WDI)에 교육수준, 건강 등을 고려한 세계 각국의 인적자본지수(human capital index(HCI))를 추가하여 공개하였다. 위에서 언급한 4개국의 인적자본지수를 살펴보라. 인적자본지수가 높은 나라가 1인당 소득도 높고 절대빈곤인구도 빠르게 감소했음을 확인하라.
(4) 세계에서 가장 인적자본지수가 높은 나라는? 저소득국, 중하위소득국, 중상위소득국, 고소득국의 평균인적자본지수를 살펴보라.

8　우리나라의 경제성장은 1960년대부터 고도성장을 보여 성장의 기적을 이룬 나라로 평가된다.

1950년대 이후 경제성장의 추이를 알아보라. 세계경제의 성장과 비교해 보라. 제27장의 그림 27-1과 관련하여 무역의 성장 추이는?

9 다음의 기술이 옳은가 그른가를 밝히고 그 이유를 설명하라.

① 세계인구는 18세기에 연평균 0.4% 증가하였다.
② 인공지능의 진화는 자본집약적 기술진보의 예이다.
③ 경제가 성장하면 생산가능곡선이 바깥 쪽으로 이동한다. 그 역도 성립한다.
④ 경제가 성장하면서도 1인당 소득은 감소할 수 있다.
⑤ 자본·노동비율이 증가한다는 것은 자본증가율이 노동증가율보다 높다는 것을 뜻한다.
⑥ 저축률이 높을수록 적정성장률이 높아진다.
⑦ 신고전학파적 생산함수란 1차동차의 생산함수를 말한다.
⑧ 솔로우모형에서 1인당 자본이 증가하면 1인당 소득이 체감적인 비율로 증가한다.
⑨ 클라크가 분류한 제1차산업에는 수산업이 포함되지 않는다.
⑩ 빈곤의 악순환은 수요면에서 볼 때 저소득 → 저저축 → 낮은 자본축적 → 저생산 → 저소득으로 표시된다.
⑪ 불균형성장정책을 채택할 경우 농업보다 후방연관효과가 큰 공업 쪽을 우선적으로 개발해야 한다.
⑫ 철강산업은 자동차산업에 전방연관효과를 낳고 자동차산업은 철강산업에 후방연관효과를 미친다.
⑬ 잠재실업자는 한계생산물이 0인 노동자를 칭한다.
⑭ 잠재실업자는 공업부문에서도 존재한다.
⑮ 루이스가 농업부문에서 무한노동공급이 가능하다고 본 것은 잠재실업을 가정하고 있기 때문이다.
⑯ 루이스의 자본축적모형에서 이윤을 모두 재투자하는 이유는 소득 중에서 차지하는 이윤소득이 상대적으로 더 늘어나기 때문이다.
⑰ 인플레이션 조세에 의한 자본조달이란 인플레이션으로 유리하게 된 저축자의 저축증대에 의해 자본을 조달하는 것을 말한다.
⑱ 외국인직접투자자는 해외자본이지만, 우리나라 외채에는 포함되지 않는다.
⑲ 5년 거치 20년 분할상환이란 이자와 원금을 5년 후부터 20년간 균등하게 분할하여 지급하는 것을 뜻한다.
⑳ 솔로우모형에서 자본증가율보다 인구증가율이 높으면 경제성장률은 자본증가율에 그친다.
㉑ 솔로우모형에서 저축률이 인구증가율보다 높은 경우 자본증가율과 인구증가율이 같아지도록 자본계수가 커진다.
㉒ 솔로우모형에서 자본증가율보다 노동증가율이 높으면 임금율이 하락하고 고용이 증가한다.
㉓ 장기적인 균형상태의 자본·자연노동비율은 시간이 흘러도 불변이다.
㉔ 솔로우모형은 국가간의 1인당 소득증가율의 차이를 잘 설명하고 있다.
㉕ 신성장모형은 자본의 한계생산물이 체감하지 않고 일정하다고 상정한다.

금융위기

역사는 같은 것도 없지만 달라지는 것도 없이 반복된다. 모든 경제위기의 근원인 금융위기의 역사도 마찬가지이다. 이 장에서는 금융위기가 초래되는 논리를 민스키의 금융불안정성가설을 중심으로 살펴본다. 또한 금융위기가 왜 심각한 경기침체를 야기하는지 설명한다. 아울러 금융위기를 역사적 맥락에서 이해하기 위해 현대 금융시스템을 구축하는 계기가 된 1907년의 패닉과 1929년 월가 붕괴를 중심으로 역사적 사례를 살펴보고 현대 금융위기를 설명한다. 1929년 월가 붕괴 이후 가장 심각했던 금융위기는 2008년 글로벌 금융위기였다. 월가 붕괴는 '대공황'으로, 글로벌 금융위기는 '대침체'로 연결되었다. 글로벌 금융위기의 핵심적인 원인은 증권화와 글로벌 불균형이었다. 증권화가 어떻게 글로벌 금융위기를 초래한 장본인이 되었는지 금융부문의 대차대조표를 통해 설명한다. 증권화와 함께 미국의 금융기관들이 무분별한 대출을 할 수 있었던 자금원이 되었던 글로벌 불균형 현상에 대해 살펴본다. 끝으로 글로벌 금융위기를 계기로 논의된 금융규제 개혁 조치들에 대해 살펴본다.

자본주의 역사는 예전에는 꿈꿀 수 없었던 경제성장과 발전을 보이는 가운데에도 반복되는 금융위기로 점철되어 왔다. 금융위기는 통상적인 경기순환과정에서 보이는 수축국면보다 훨씬 경기를 침체시킴으로써 자본주의경제의 고질적인 질곡으로 인식되기 시작했다. 이 장에서는 20세기와 21세기에 있었던 수많은 금융위기 중에 세 금융위기를 중심으로 금융위기가 현대경제사회를 어떻게 변화시켰는가를 살펴본다.

제1절 금융위기의 논리와 결과

금융위기(financial crisis)는 금융기관이 보유하고 있는 금융자산의 가치가 갑자기 크게 떨어지면서 금융기관과 나아가 경제가 위기를 맞는 상황을 말한다. 금융위기는 은행위기(banking crisis), 통화위기, 국가부도위기(sovereign default crisis) 등 다양한 개념을 포괄한다. 자본주의의 역사는 반복되는 금융위기로 점철되어 왔다. 이 장에서는 은행위기와 관련한 금융위기를 중점적으로 살펴본다. 은행은 상업(예금)은행은 물론 투자은행, 헤지펀드 등 그림자은행(shadow banks)도 모두 포괄하는 개념으로 사용한다. 은행위기는 예금은행이나 그림자은행이 보유하고 있는 금융자산의 가치가 크게 떨어져 상당수의 은행들이 부도를 내거나 부도에 직면하게 될 때 발생한다.

금융위기가 발생하는 원인은 다양하다. 이 절에서는 금융위기를 이해하기 위한 논리로서 채무의 중요성을 강조하는 민스키(Hayman Minsky)의 금융불안정성가설과 함께 전염의 역할을 살펴본다. 또한 금융위기로 인한 경기침체가 왜 통상적인 경기침체보다 심각하고 오래 지속되는지 설명한다.

은행위기
예금은행이나 그림자은행이 보유하고 있는 금융자산의 가치가 크게 떨어져 상당수의 은행들이 부도를 내거나 부도에 직면하게 될 때 발생

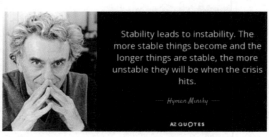

민스키
케인스 신봉자였던 민스키는 1996년 작고하기 전에는 별로 주목받지 못했다. 2008년 글로벌 금융위기가 발생하자 '안정기에 불안정이 잉태된다'는 그의 주장이 주목받게 되었다.

1 금융위기의 논리

민스키의 금융불안정성가설[1]

금융위기와 관련한 민스키의 이론은 2007년 자본주의 금융시장의 메카 미국에서 비우량주택담보대출 위기가 발생한 후 각광을 받게 되었다. 칼 마르크스(Karl Marx)가 경제위기는 '자본주의의 피할 수 없는 질병'으로 생각한 것처럼 민스키에게 불안정성은 '자본주의의 피할 수 없는 숙명'이다. 자본주의의 숙명인 불안정성은 자본주의가 작동하는 데 핵심인 금융기관에서 기인한다. 민스키는 '금융불안정성가설'(financial instability hypothesis)을 통해 자본주의에 내재된 불안정성을 설명하고자 했다.

민스키 이론에서 핵심은 채무(debt)이다. 민스키는 투자자의 자금조달 방식이 부채에 의존할수록 금융시스템의 취약성이 커지고 경제의 불안정성과 위기 발생가능성이 커진다고 봤다. 민스키는 자금조달 방식에 따라 채무자를 세 종류로 구분하였다. 첫 번째 종류의 채무자는 헤지채무자(hedge borrowers)로 가장 안전한 채무자이다. 헤지채무자는 자신의 투자에서 나오는 현금 흐름으로 원금과 이자를 상환할 수 있는 능력을 가지고 있다. 두 번째 종류의 채무자는 투기채무자(speculative borrowers)로 약간 위험한 채무자이다. 투기채무자는 자신의 현금 흐름으로 이자는 갚아나갈 수 있지만 원금상환 능력은 없다. 따라서 채무의 만기가 도래하면 채무의 원금 상환을 연기하거나 재차입이 필요하다. 투기채무자는 경제가 정상적으로 돌아가면 아무런 문제가 없지만 경기가 나빠져 채무의 상환연기나 재차입이 되지 않을 경우 위험에 노출된다. 세 번째 종류의 채무자는 폰지(사기성)채무자(Ponzi borrowers)로 가장 위험한 채무자이다. 폰지채무자는 채무를 상환하고도 남을 정도로 충분히 투자 자산의 가치가 오를 것이라는 믿음으로 차입하지만, 실상은 자신들의 투자에서 나오는 현금 흐름으로 원금은 물론이고 이자도 감당하지 못한다.

민스키가 중시하는 것은 채무 투자자들의 분포이다. 현금 흐름이 좋고 채무수준이 낮은 헤지채무자가 주를 이루는 경제일수록 안전하다. 반면 투기채무자나 특히 폰지채무자가 전면에 등장할수록 금융시스템은 불안정해진다. 경제상황이 좋고 성장에 대한 확신이 서면 차입투자의 유혹을 이기기 어려워진다. 설상가상으로(투기자 입장에서는 금상첨화로) 호황이 지속될수록 은

찰스 폰지(Charles Ponzi)
또 다른 사기를 생각하고 있을까? 나중에 투자한 사람의 돈으로 먼저 투자한 사람의 돈을 갚아 주는 수법의 사기를 폰지사기(Ponzi scheme)라고 부르게 되었다.

---

1 Economist(July 30th, 2016), "Financial Stability: Minsky's Moment" 참고. 민스키의 원래 글은 다음을 참고할 것. Hyman Minsky, "The Financial Instability Hypothesis," The Jerome Levy Economics Institute Working Paper No. 74, 1992.

행들은 신용기준을 더욱 낮추어 차입을 용이하게 함으로써 투기에 기름을 부어준다. 투기열풍이 불면 투기채무자와 폰지채무자의 수는 점점 증가하고 헤지채무자는 감소한다. 투기열풍으로 주식, 부동산 같은 호황의 중심에 있는 자산의 가치가 상승하면 자산가격 상승이 지속될 것이라는 믿음 하에 모든 종류의 채무자들이 더 많은 빚을 얻어 투자에 나서게 된다. 그 결과 자산가격에 거품이 형성되고, 과도한 채무가 쌓이게 되어 금융시스템은 금융위기에 접근한다.

민스키에 따르면 '민스키 모우먼트'(Minsky's moment)가 도래하는 계기는 그것이 무엇이 되었든 관계가 없다. 민스키 모우먼트는 부채수준이 한계점(breaking point)에 도달하고 거품이 터지면서 자산 가격이 (갑자기) 하락하기 시작하는 시점이다. 그 계기는 2007~2008년의 글로벌 금융위기처럼 헤지펀드의 도산과 은행의 부도 조짐일 수 있다. 2008년 밝혀진 매도프(Bernard Madoff)의 엄청난 폰지사기 행각과 같은 사건이 될 수도 있다. 외부충격이나 통화긴축으로 인한 금리상승일 수도 있다. 투자분석가나 펀드매니저들에게 '민스키 모우먼트'는 금융위기와 동의어로 사용되고 있다.

민스키 모우먼트가 도래하면 채무의 피라미드가 붕괴되기 시작하고, 신용경색이 시작된다. 그 결과 과도한 채무에 노출된 불건전한 자금구조를 가진 금융기관, 기업 및 소비자는 자신이 처한 자금상황을 깨닫고 (헐값에라도 자산을 매각하지 않으면 빚을 갚기가 어렵다는 사실을 인식하고), 헐값에 자산을 급매도(fire sale)하기 시작한다. 이로 인해 자산 가격이 빠르게 하락하기 시작하고, 점점 더 많은 사람들이 자산의 급매도에 나서게 되어 자산가치는 폭락하게 된다. 자산가치가 폭락하면서 급매도와 자산가치가 더욱 폭락하는 악순환이 반복된다. 소비와 투자심리가 급격히 위축되고 물가가 하락하면서 경기침체가 시작된다. 경기침체하의 디플레이션으로 부채의 실제 가치는 증가하고 채무상환 부담은 가중된다. 이로 인해 지급정지나 파산의 확률이 증가한다. 지급정지나 파산이 증가하면 물가는 더욱 하락하고 경기침체는 더욱 심화된다.

민스키는 경제 번영기에 금융불안정성이 잉태된다고 주장한다. 경제적 호황기에 행해지는 과도한 채무와 이로 인한 과도한 레버리지(leverage: 자기자본에 대한 총자산의 비중)로 인해 위기의 위험이 창출된다는 민스키의 통찰력은 주택 투자 붐에 편승해 신용불량자에게까지 제공된 무차별적 비우량주택담보대출과 이로 인한 과도한 채무가 초래한 미국발 글로벌 금융위기를 겪으면서 그 어느 때보다 주목받게 되었다. 민스키의 금융불안정성가설은 이전까지 크게 주목하지 않았던 금융시장의 안정과 관련된 채무의 중요성을 각인시켜 주었다.

민스키 모우먼트
부채수준이 한계점에 도달하고 거품이 터지면서 자산 가격이 (갑자기) 하락하기 시작하는 시점

민스키 모우먼트
채무의 꼭대기에는 민스키 모우먼트가 투기자들을 기다리고 있다. 인간은 탐욕스럽고, 꼭대기에 이르러서야 벼랑을 감지하고 두려움을 느끼게 된다.
출처: Economist(July 30, 2016)

금융전염

금융위기는 금융전염(financial contagion)으로 인해 악화된

다. 금융전염은 금융위기로 어떤 금융기관이 파산할 경우 예금자나 채권자들의 두려움이 가중되어 다른 금융기관들의 도산 가능성이 증가하는 악순환이 일어나는 것이다. 금융전염이 초래되는 원인 중 하나는 뱅크런(bank run: 예금자들이 자신의 돈을 찾기 위해 은행으로 달려가는 현상)이 발생하는 논리와 일맥상통한다. 어떤 은행이 파산하면 예금자들은 다른 은행들의 도산가능성에 대해서도 신경을 곤두세우게 된다. 그 결과 두려움과 루머가 초래하는 뱅크런이 다른 은행으로도 확산될 가능성이 높아진다.

금융전염이 발생하는 또 다른 채널은 자산시장에서 발생하는 디레버리징의 악순환(a vicious cycle of deleveraging) 때문이다. 디레버리징의 악순환은 한 금융기관의 부채축소를 위한 자산 급매도와 이에 따른 자산가격 하락효과가 다른 금융기관들로 파급되어 다른 금융기관들도 자산을 급매도함으로써 자산가격이 더욱 하락하는 것이다. 어떤 금융기관이 부채를 축소하고 현금을 확보해야 할 상황에 놓이면 긴급히 자산을 처분하기 위해 자산을 헐값으로 매각한다. 문제는 다른 금융기관들도 이와 비슷한 자산을 가지고 있기 때문에 한 금융기관의 자산 급매도에 따른 자산 가격 하락으로 다른 금융기관들이 보유하고 있는 대차대조표상의 자산가치도 하락한다. 한 금융기관의 긴급처분으로 인한 자산 가격 하락이 대차대조표효과(balance sheet effect)를 통해 다른 금융기관으로 파급되어 음(−)의 외부효과를 미친다. 그 결과 다른 금융기관들도 더 이상의 대출을 중단하게 된다. 이 같은 파급효과로 인해 보다 많은 금융기관들이 자산을 처분하지 않으면 안 되는 상황으로 내몰리게 되어 자산 가격은 더욱 하락하는 악순환에 빠진다.

디레버리징의 악순환은 글로벌 금융위기 당시 세계 유수의 투자은행 리만브라더스(Leman Brothers)의 파산으로 가시화되었다. 리만브라더스가 파산하자 다른 금융기관들이 보유하고 있던 자산을 처분하고 현금 확보를 시도하는 과정에서 금융기관이 대차대조표상에 보유하고 있던 다양한 종류의 자산 가격이 급락했다.

금융전염은 금융패닉(financial panic)을 야기한다. 금융패닉은 사람들이 금융기관과 금융시장의 유동성에 대한 믿음을 갑자기 상실할 때 발생하는 갑작스럽고 광범위한 금융시장의 혼란이다. 금융패닉이 야기되면 예금자와 투자자들이 돈을 둘 수 있는 가장 안전한 장소는 자신의 베개 밑이라고 믿게 된다. 사람들이 현금을 자신의 집에 비축하게 되면 금융위기의 고통은 가중된다.

이제 금융위기가 실물경제에 주는 고통을 살펴보자.

디레버리징의 악순환
한 금융기관의 부채축소를 위한 자산 급매도와 이에 따른 자산가격 하락효과가 다른 금융기관들로 파급되어 다른 금융기관들도 자산을 급매도함으로써 자산가격이 더욱 하락하는 것

금융패닉
사람들이 금융기관과 금융시장의 유동성에 대한 믿음을 갑자기 상실할 때 발생하는 갑작스럽고 광범위한 금융시장의 혼란

2 금융위기의 결과

금융위기의 영향은 금융부문에만 국한되지 않는다. 금융위기는 그 정도가 심각할수록 그보다 훨씬 더 심각한 경기침체를 야기한다. 금융위기로 야기된 경기침체는 경제에 지속적인 손실을 초래하고 회복에 몇 년씩 걸린다는 것을 금융위기의 역사가 확인시켜 준다.

라인하트(Carmen Reinhart)와 로고프(Kenneth Rogoff)는 금융위기를 겪은 여러 나라의 실업률 증가(% 포인트)와 그 지속기간(실업률이 하락하기 시작할 때까지 걸린 기간)을 분석하였다. 이들의 분석결과에 따르면 그림 30–1 에서 볼 수 있듯이 금융위기가 발생한 후 실업률은 평균적으로 7% 포인트 증가하였으며, 그 지속기간은 거의 5년에 달하는 것으로 나타난다. 일반적인 경기침체의 경우 불황국면이 통상적으로 1년 안팎인 점을 감안하면 금융위기의 여파로 인한 경기침체는 아주 오래 지속된다고 볼 수 있다. 1920년대 말에 시작된 미국의 대공황기에 실업률은 무려 25%에 이르렀으며, 90년대 초반 일본의 금융위기의 여파로 인한 실업 증가는 10년 이상 지속되었다.

금융위기가 경기침체를 야기하는 것은 신용의 이용가능성 감소로 인한 신용경색(credit crunch), 채무과잉(debt overhang), 통화정책의 유효성 약화 등 세 가지 때문이다.

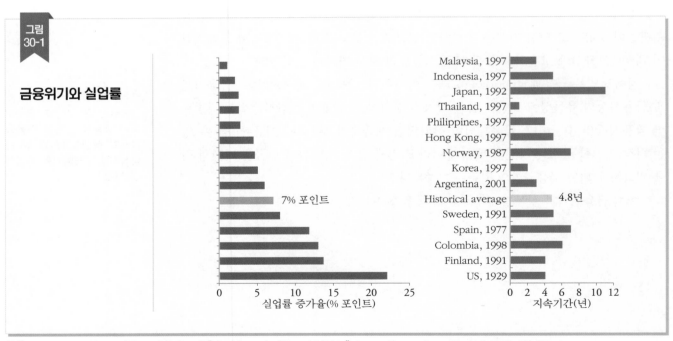

그림 30-1

금융위기와 실업률

출처: Carmen M. Reinhart and Kenneth S. Rogoff, "The Aftermath of Financial Crisis," *American Economic Review* 99, no. 2, 2009; 466-472.

신용경색

금융위기가 발생하고 은행시스템이 붕괴하면 신용의 이용가능성이 감소하는 신용경색이 초래된다. 금융위기가 발생하고 금융기관들이 앞다투어 부채축소에 나서면 금융기관들의 대출여력이 줄어든다. 또한 금융위기로 불확실성이 증대되면서 금융기관들은 대출을 더욱 꺼린다. 신용경색이 야기되면 잠재 차입자가 전혀 신용을 얻을 수 없거나 차입하더라도 아주 높은 금리를 지불해야 한다. 이에 따라 기업과 소비자가 투자와 소비를 줄이게 되고 경기는 침체에 빠진다.

채무과잉

금융위기가 발생하면 디레버리징의 악순환을 통해 다양한 종류의 자산 가격이 하락한다. 디레버리징은 금융기관들이 대차대조표상에 가지고 있는 자산의 가치를 낮추고, 그 결과 금융기관들의 지급능력을 저하시킴으로써 금융위기를 확산시키는 요인으로 작용한다. 금융위기로 야기된 금융기관들의 디레버리징은 소비자와 기업 등 다른 경제주체들에게도 부정적인 영향을 미친다. 예를 들어 금융위기로 인한 디레버리징의 악순환으로 집값이 폭락하면 주택소유자는 자산가치가 줄어 종전보다 가난하게 되지만 주택 구입을 위해 빌린 채무는 그대로 남아있어 채무과잉이 된다. 채무과잉은 기업과 소비자 등의 채무자가 갚아야 할 채무의 실질적 부담이 늘어나는 것을 말한다. 채무과잉에 직면한 기업과 소비자가 채무를 줄이고 자신들이 목표로 삼고 있는 수준으로 자산을 늘리기 위해 지출을 줄이고 저축을 늘리면 신용경색과 마찬가지로 채무과잉도 경기침체를 일으킨다.

채무과잉
기업과 소비자 등의 채무자가 갚아야 할 채무의 실질적 부담이 늘어나는 것

통화정책의 유효성 약화

금융위기로 야기된 경기침체의 중요한 특징은 통화정책의 유효성이 상당부분 상실된다는 것이다. 통화정책의 유효성 상실로 인해 금융위기로 야기된 경기침체는 특히 심각하고 오래 지속된다.

경기침체가 야기되면 중앙은행은 공개시장운영을 통해 은행들이 보유하고 있는 단기 국채를 매입하여 본원통화를 공급한다. 그 결과 정상적인 경우라면 은행들의 대출이 늘고 이자율이 하락하여 소비와 투자가 늘어야 한다. 그런데 금융위기의 여파로 이같은 확장적인 통화정책의 효과가 정상적으로 나타나지 않는다. 은행들은 예금자들의 뱅크런과 채권자들의 신뢰상실에 대한 두려움으로 중앙은행의 국채매입으로 늘어난 현금(준비금)을 대출하기보다는 가지고 있게 된다. 채무과잉에 처한 기업과 소비자는 이자율 하락에도 불구하고 은행에서 대출받는 것을 꺼린다. 결국 이자율이 매우 낮아지더라도 경제는 활성화되기 어렵다.

금융위기로 야기된 경기침체는 통화공급을 늘리고 이자율을 낮추는 통화정책

을 통해 활성화를 꾀하기 어렵다. 그 결과 경기침체의 정도가 심하고 오래 지속된다. 1930년대의 대공황, 1990년대의 일본의 경기침체 등은 금융위기로 야기된 경기침체가 통화정책을 통해 회복되기 어렵다는 것을 보여주었다.

제2절 · 금융위기의 역사적 경험과 현대 금융위기

러시아의 위대한 문호 톨스토이(Leo Tolstoy)의 말을 빌리면 '행복한 가정은 서로 비슷하지만, 불행한 가정은 제 각기다'(Every happy family is the same. Every unhappy family is miserable in its own way). 지금까지 일어난 역사상 수많은 금융위기도 불행한 가정처럼 모두 나름대로의 이유가 있었다.

이 절에서는 금융위기의 역사적 사례 중 2008년 글로벌 금융위기와 일맥상통하는 1907년의 패닉과 함께 역사상 가장 심각한 대공황을 초래한 1929년의 월가 붕괴(the Wall Street crash)를 살펴본다.[2] 대공황 이후 80년 만의 가장 심각한 경기침체는 3절에서 살펴보는 2008년 글로벌 금융위기로 야기되었다.

1 1907년 닉커복커(Knickerbocker) 위기

미국과 영국은 20세기 이후 은행부문에 대한 중앙은행의 역할에 대해 서로 상반되는 접근방식을 취했다. 영국은 1694년 설립된 잉글랜드은행이 중앙은행으로서 전권을 가지고 은행업무에 대해 감독·관리기능을 수행했다. 반면 미국은 1791년 초대

---

2 이 절에서 소개하는 금융위기의 역사적 사례는 Economist(April 12th, 2014), "Financial Crises: The Slump that Shaped Modern Finance"를 참고하였음.

재무장관 해밀턴이 중앙은행격인 미국 제1은행(the First Bank of the United States)을 설립하지만 미 의회가 인가를 갱신하지 않아 1811년에 문을 닫았다. 5년 후 1816년 미의회는 미국 제1은행의 대안으로 미국 제2은행의 설립을 승인하였지만 미 의회의 재인가 불허로 1836년 문을 닫게 된다. 엄격한 영국인들과 달리 상대적으로 자유분방한 미국인들은 은행들이 스스로의 자정능력이 있다고 믿었다. 그 결과 1907년의 위기가 닥칠 때까지 미국의 은행부문은 다수의 국가은행(national banks)으로 구성된 분권화된 체제로 발전하였다.

예금보험은 물론 최종대부자(the lender of last resort)로서 단일 중앙은행이 없는 미국의 경우 금융위기 발생가능성이 높았다. 내전(the civil war) 이후 대공황에 이르기까지 미국에서는 적어도 10년에 한두 번의 금융위기가 발생했다. 분권화된 미국 은행 시스템의 가장 큰 문제는 금융위기가 발생했을 때 은행들에 충분한 유동성을 공급하기가 어려웠다는 점이다. 그 결과 어떤 은행의 지불능력에 의구심을 갖게 하는 루머가 발생할 경우 쉽게 뱅크런으로 이어질 수 있다. 뱅크런은 금융전염에 의해 다른 은행들로 확산되고 광범위한 패닉으로 연결된다.

1907년의 패닉은 그 뿌리가 2008년 글로벌 금융위기와 비슷한 측면이 있다. 글로벌 금융위기의 뿌리에 우후죽순처럼 생겨난 투자은행, 헤지펀드 등 그림자은행(shadow banks)이 있는 것처럼 1907년 발생한 금융위기도 일반 상업은행이 아닌 뉴욕의 신탁회사(trust companies)에서 비롯되었다.

남북전쟁이 끝난 후 미국에서는 은행이 폭발적으로 증가하였다. 1907년에 이르자 인구 4,000명당 1개씩, 무려 22,000개의 은행이 난립하였다. 도처에 은행이 있는데도 불구하고 투자자들은 자신들의 돈을 은행보다는 수익성이 높은 신탁회사에 예치하는 것을 선호했다.

신탁회사들은 은행처럼 예금수탁자 역할도 수행했지만 당초 1890년대 초반에 부유한 고객의 유산이나 부동산을 관리해주는 신탁관리자(trustees) 역할에서 시작하였다. 20세기 초반 미국경제가 호황을 구가하자 1907년 무렵에 신탁회사들이 신탁관리자 역할과 함께 부동산, 주식 등 일반 상업은행들에게 금지된 위험한 투기적 거래에도 뛰어들었다. 문제는 신탁회사의 영업 범위가 당초 저위험 활동에 국한되어 있었기 때문에 일반 상업은행에 비해 규제가 덜했다는 점이다. 은행은 고객의 갑작스러운 인출 요구에 대비한 필요지급준비금으로 자산의 25%를 현금으로 보유해야 하는 반면 신탁회사는 최소 5%의 지준금만 보유하도록 되어 있었다.

신탁회사는 예금자에게 은행보다 더 높은 금리를 지급함에 따라 급성장하였다. 1907년까지 10년 만에 거의 250%의 성장을 구가했다. 뉴욕에 있는 신탁회사들의 총자산 규모가 국가은행들에 비견될 만큼 규모가 커졌다.

1896년부터 1906년까지 10년간 연평균 경제성장률 5%를 달성하면서 미국은 호황을 구가하고 있었다. 위기가 닥치기 전에 으레 그랬듯이 인간이 가진 탐욕이 발동하기 시작했다. 두 명의 탐욕스러운 사기꾼이 등장한다. 하인즈(Augustus Heinze)와 모어스(Charles Mores), 이 두 명의 은행가는 유나이티드 구리(the United Copper)의 주식을 매점하기 위해 막대한 액수를 차입하고 횡령했다. 미국경제가 1907년에 약간 둔화되기 시작하자 구리 등 원자재의 가격이 하락하기 시작했고, 이에 유나이티드 구리의 주가도 하락했다. 두 은행가는 주가 하락을 막기 위해 자신들이 운영하던 은행의 자금을 쏟아 부었지만 주가 하락을 막지 못하고 막대한 손실을 입었다. 하인즈와 모어스가 운영하던 은행에 대한 나쁜 소문으로 다른 소규모 은행들도 어려움에 휩싸이게 되어 연쇄적인 손실로 이어졌다. 닉커복커(Knickerbocker)라는 신탁회사도 여기에 휘말려 들게 되었다.

닉커복커는 뉴욕 맨하탄에서도 좋은 위치에 자리하고 있었다. 이웃에 지금은 중국의 보험회사 안방(Anbang)이 소유하고 있는 유명한 월도프 아스토리아(Waldorf Astoria) 호텔이 자리 잡고 있었다. 닉커복커는 1897년 예금이 1,000만 달러에 불과했으나 1906년에는 6,000만 달러를 넘어섰고 미국에서 세 번째로 큰 신탁회사가 되었다. 1907년 10월 22일 아침, 대규모 주식투기 손실을 입은 닉커복커가 하인즈-모어스의 주식투기와 이로 인한 은행위기에 전염되었다는 뉴스가 나오자 예금자들이 거리에서 예금 인출을 요구했다. 닉커복커는 그날 하루에 800만 달러를 지불했지만 일부의 인출요구는 거절했고, 이것이 다른 신탁회사들에 짙은 먹구름을 드리우게 되었다. 미국신탁(Trust Company of America), 링컨신탁(Lincoln Trust) 등이 뒤이어 뱅크런 사태를 겪게 되었다. 금융시스템이 안전하지 않다는 것이 분명해지면서 미국인들은 집에 현금을 쌓아두기 시작했다.

패닉이 확산되고 금리가 연 125%로 치솟으면서 금융위기가 확산되자 이를 진정시키기 위해 나선 것은 (당시에 존재하지 않은) 중앙은행이 아니라 거물 은행가 J.P. 모건(John Pierpoint Morgan)이었다. 그는 뉴욕의 은행가 전부를 자신의 서재에 모아 놓고 문을 잠근 채 협상에 들어가 2,500만 달러에 달하는 구제금융 자금에 대한 합의를 이끌어냈다. 그러나 이것으로도 충분치 않아 미국 전역에서 예금자들의 예금인출 사태가 계속되었다. 미국의 여러 주에서는 임박한 금융 붕괴를 막기 위해 긴급휴일(emergency holidays)을 선포하기에 이르렀다. 긴급휴일을 선포하지 않은 다른 주들은 제한된 인출만을 허용했다. 위기발생에도 불구하고 1907년의 성장률이 1.9%로 건실했지만, 금융의 메카 뉴욕의 금융시장이 붕괴되면서 전국적인 유동성 부족사태가 야기되었다. 결국 기업활동이 위축되면서 실물경제도 큰 타격을 입게 되었다. 1907~1908년 사이 국내총생산이 무려 11%나 감소되었다.

심각한 금융위기를 겪고 난후 금융위기의 재발을 막기 위한 개혁 조치가 이루어졌다. 국가통화위원회(National Monetary Commission)를 설립하여 미국의 금융시스템을 일신할 수 있는 방안을 강구하였다. 위원회는 4년간의 연구 끝에 최종대부자가 필요하다는 결론을 내렸다. 그

1907년 패닉과 J.P. 모건
단일 중앙은행이 없었던 미국에서 1907년 패닉이 확산되자 J.P. Morgan의 창시자 모건(John Pierpont Morgan Sr.)이 다른 은행가들과 함께 구제금융 자금을 모금하기 위해 앞장섰으나 역부족이었다.
출처: Economist(April 12th, 2014)

결과 1913년 연방준비제도법(the Federal Reserve Act)이 제정되고, 그해 12월 미국의 중앙은행인 연방준비제도(연준)가 탄생하였다.

2 1929년 월가 붕괴

여느 위기가 발생하기 전과 마찬가지로 미국뿐 아니라 세계경제 역사상 최악의 경제위기가 닥친 1929년 전야까지 미국 경제는 호황을 구가하고 있었다. 1920년대의 호황기 중에 특히 자동차와 건설 산업이 번성하였다. 두 산업의 탄탄한 일자리는 임금상승과 소비활성화를 이끌었다. 경기호황으로 은행도 번영을 누리고 있었다. 1919년에 25,000개에 달하는 미국 전역의 은행들은 총자산이 600억 달러에 달했다. 자산구조도 건전했다. 은행들의 보유자산 중 60%만 대출이고, 15%는 현금이었다. 증권에 투자한 20%도 대부분이 채권이었고, 채권의 절반 이상은 가장 안전한 국채에 투자하고 있었다.

1920년대가 무르익으면서 신생 연준은 주가와 상품가격이 반대방향으로 움직이기 시작하는 어려운 문제에 직면한다. 라디오, 알루미늄, 비행기 등 신기술을 향유하는 기업의 주가가 급등하면서 주식시장은 호황을 누리고 있었다. 투자자들은 이들 신기술 관련 기업들의 가치 상승이 지속되리라는 믿음 속에 이들 기업의 주식을 계속 사들였다. 동시에 신기술과 무관한 기존의 기업들이 생산하는 제품은 소비자 가격이 하락하면서 기업들이 어려움에 직면하고 있었다. 그 결과 한동안 금리 인상과 인하를 놓고 연준이 고민하게 되었다. 결국 신기술 관련 기업의 주가 급등으로 인한 시장과열을 막아야 한다는 쪽이 승리하여 1928년에 연준은 금리를 인상하였다.

연준의 금리인상은 파국적 결과를 초래한다. 연준이 3.5%에서 5%로 금리를 인상하였지만 주식시장의 열기를 식히기에는 역부족이었다. 주가는 1929년 9월까지 급등하였다. 당시 다우존스지수(the Dow Jones Index)가 고점인 250을 찍었다. 1925~1929년 9월 사이에 주가가 2.5배 가까이 급등하였다. 그러나 연준의 금리인상은 자동차, 철강 등 미국의 주요 산업에는 치명타를 가하였다. 1929년 늦여름까지 산업생산은 전년도에 비해 45% 하락하였다.

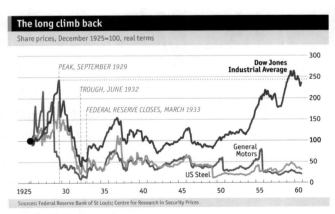

1929년 다우지수 붕괴
1925년을 100으로 한 미국의 주가지수. 다우존스지수는 1929년 9월 정점에서 1932년 저점에 이른다. 1933년 봄 연준은 은행들에 대한 구제금융 대신 루스벨트 대통령이 은행의 강제휴일을 선포한다.
출처: Economist(April 12th, 2014)

은행휴무 선포
1933년 3월 4일 루스벨트 대통령의 은행휴무 선포를 알리는 대공황 당시의 뉴욕타임스
출처: Economist(April 12th, 2014)

대공황기의 실업자들
이들의 고통은 어디에서 시작되었을까? 월가 붕괴와 대공황으로 4명 중 1명이 실직상태에 놓이게 되었다.
출처: 위키피디아(검색일: 2017.10.30)

설상가상으로 해외에서 나쁜 소식이 들려왔다. 1929년 9월 영국에서 해트리(Clarence Hatry)라는 사기꾼 금융가가 체포되자 런던증권거래소(London Stock Exchange)가 붕괴되는 사건이 일어났다. 이것이 엄청난 충격으로 작용하여 미국에서도 주식 매도사태가 일어났다. 1929년 10월 28일과 29일 이틀 동안 다우지수가 무려 25% 폭락했다. 11월 13일이 되자 다우지수는 9월의 정점에 비해 45%나 추락하였다.

은행파산이 파도처럼 이어졌다. 첫 번째 파도는 1930년 농업 주인 알칸사스, 미조리, 일리노이 주의 뱅크런 사태로 시작되었다. 그해 한 해 동안 무려 1,350개의 은행이 문을 닫았다. 두 번째 파도가 1931년 4월 시카고, 클리블랜드, 필라델피아 시 등의 은행을 휩쓸었다. 1933년 2월 전국 규모의 마지막 패닉이 휘몰아쳤다. 뱅크런 사태를 막기 위해 네바다, 아이오와, 루이지애나 및 미시간 주 등에서 긴급휴일이 선포되었다.

은행들이 기댈 곳은 최종대부자 연준뿐이었다. 그러나 연준은 1933년 3월 4일 설립 목적과는 반대로 구제금융을 거부했다. 연준이 긴급상황에서 최종대부자의 역할을 수행할 책무를 방기한 것이다. 대신 프랭클린 루스벨트(Franklin Roosevelt) 대통령은 일주일간의 전국적 은행휴무(bank holiday)를 선포하였다. 이 일주일은 미국 금융역사상 가장 암울한 시기에 맞이한 어두운 일주일이 되었다. 이 일주일 동안 규제당국은 은행들의 자금구조를 검토하였고, 2,000개 이상의 은행이 문을 닫아야 했다.

1929년부터 1933년 사이에 거의 11,000개의 은행이 파산했다. 통화공급은 30% 이상 감소했다. 위기 직전 3.2%였던 실업률은 25%대까지 상승했다. 1940년대 초반이 되어서야 3%대의 실업률이 회복되었다. 다우지수가 1929년에 기록한 고점에 이르는 데는 25년 이상이 걸렸다.

월가 붕괴 이후 위기방지를 위한 개혁조치가 이루어졌다. 첫 번째 조치는 글래스-스티걸(Glass-Steagall)법안을 통해 금융시스템에 대한 미래 위험을 방지할 수 있도록 했다. 1933년 입법화된 글래스-스티걸 법안으로 상업은행과 투자은행은 방화벽(fire wall)으로 분리되었다. 상업은행은 예금은행으로서 예금수신이 가능하고 예금보험의 보호를 받도록 했다. 반면 투자은행은 주식, 회사채 등 보다 위험한 금융자산을 거래하지만 예금보험의 보호를 받지 못하도록 했다. 또한 투자은행은 상업은행에 비해 규제의 강도가 훨씬 약했다. 글래스-스티걸 법안은 1999년에 사실상 유명무실해져 상업은행도 투자은행의 역할을 담당할 수 있게 되었다.

두 번째 개혁조치는 뱅크런을 방지할 수 있는 새로운 정부기구를 설립하는 것이었다. 이를 위해 1934년 1월 1일에 연방예금보험위원회(Federal Deposit Insurance Commission: FDIC)가 신설되었다. 예금보험은 예금자 1명당 2,500달러의 예금을 보장해 줌으로써 은행파산으로 인한 비용을 줄이는 데 그 목적이 있었다. 또한 정부기관인 연방예금보험위원회에 대한 신뢰로 경미한 금융위기에도 예금자들이 은행으로 달려가는 것을 막을 수 있다. 뿐만 아니라 예금보험은 예금자의 손실을 제한함으로써 예금자의 소득을 지키고, 대규모 현금인출로 인해 통화공급이 급감하는 것을 방지할 수 있는 장점도 있다.

예금보험이 시행되자 은행 예금이 무위험자산으로 인식되기 시작했고 이후 70년 이상 뱅크런은 과거지사가 되었다. 예금보험제도로 인해 은행들은 유동성과 위험에 대한 완충장치인 자기자본을 줄일 수 있게 되었다. 은행 입장에서는 비효율적인 자체보험 시스템 대신 예금보험과 함께 위험을 나누는 저비용 위험분담 시스템으로 대체된 것이다. 정부의 입장에서는 금융시스템의 안정성을 확보하는 것은 이제 과거처럼 은행 스스로가 아닌 국가의 몫이 되었다. 결과적으로 이제 스스로의 돈으로 위험 비용을 부담해야 할 은행이 정부를 등에 업고 납세자의 돈으로 위험 비용을 충당할 수 있게 되었다. 결국 금융시스템이 안고 있는 미래 위험을 제거하기 위해 은행은 정부에게, 정부는 납세자에게 위험부담을 전가시키는 것이다. 그 결과 금융시스템이 진화되면서 납세자의 돈으로 자본주의의 핵심인 은행에 왜곡된 보조금이 돌아가게 된다는 비판이 제기되었다.

금융위기의 교훈

영국의 소설가 헉슬리(Aldous Huxley)의 말을 빌리면 "역사의 매력과 그 불가사의한 교훈은, 시간이 흘러도 아무것도 변한 것은 없지만, 같은 것도 하나도 없다는 점이다"(The charm of history and its enigmatic lesson consist in the fact that, from age to age, nothing changes and yet everything is completely different). 금융위기는 그 시점을 달리하면서 다양한 양상으로 반복되었지만 그 본질은 변한 것이 없다. 금융위기의 역사적 사례가 주는 중요한 교훈은 모든 금융위기는 킨들버그(Charles Kindleberger)가 지적한 바와 같이 본질적으로 호황(boom)−광기(mania)−패닉(panic)−붕괴(bust)의 전철을 되풀이한다는 것이다.

위기는 모두 경기가 호황일 때 잉태된다. 호황이 도래하고 자산 가격이 상승하면서 투기 붐이 일면 신용이 확장되고 저신용 투자자에게까지 신용이 공여된다. 투기자들은 자산가격 상승이 지속될 것이라는 믿음으로 자산가격 상승세에 너도 나도 동참한다. 안전한 헤지채무자는 줄고 투기채무자와 폰지채무자가 늘어나 채무가 급격히 증가하지만, 가격은 더욱 상승한다. 그 결과 더욱 많은 투기자들이 빚을 얻어 투기에 나서게 되는 피드백 구조(feedback loop)가 작동된다.

자산가격 상승이 지속될 것이라는 '비이성적 낙관주의'와 '편견에 빠진 자아도취'가 이성을 지배하고, 광기가 판을 친다. 결국 자산 가격은 비이성적으로 높아지고 거품이 형성된다. 은행들은 자산 가격이 높아지고 거품이 형성될수록 거품자산(bubble assets)에 더욱 투자하는 '공유된 실수'(shared mistakes)를 범한다. 은행들의 공유된 실수는 금융위기로 이어진다.

1907년 패닉 때의 하인즈와 모어스, 1929년 월가 붕괴 때의 해트리 등 사기꾼들까지 등장하면서 거품이 부풀어 오를 대로 오른다. 이때 예기치 못한 실패가 불신과 불확실성으로 연결되면 민스키 모우먼트가 도래한다. 인간은 탐욕스러운 만큼 두려움도 많다. 자산가격이 하락하기 시작하면 인간의 탐욕 대신 두려움이 작동하기 시작한다. 두려움으로 인해 비이성적 낙관주의는 비이성적 비관주의로 반전되고 패닉상태가 시작된다. 예금자들은 자기 돈을 찾으러 은행으로 달려간다. 한 은행의 뱅크런은 다른 은행으로 전염되어 패닉상태가 확산된다. 결국 자산가격이 폭락하면서 시장은 붕괴된다. 호황-광기-패닉-붕괴의 전철이 시점을 달리하면서 되풀이되는 것이다.

금융위기가 발생한 후 대응하는 방식도 비슷한 패턴이 있다. 위기가 발생한 후 첫 반응은 주범을 찾아내고 비난하는 것이다. 주로 새로운 형태의 은행, 금융기관, 투자자, 자산 등 금융시스템의 새로운 구성요소가 위기의 주범으로 비난의 대상이 된다. 다음으로는 주범들에 대한 규제조치를 취한다. 마지막으로 위험으로부터 투자자를 보호하기 위한 법적, 제도적 개선책을 마련하는 방향으로 금융시스템에 대한 개혁조치들이 이루어진다. 이 과정에서 금융시스템이 진화될수록 정부의 역할은 강화되는 추세가 이어졌다.

금융위기 이후 위기에 대한 해법으로 창출된 현대 금융시스템의 골간이 되는 중앙은행, 초대형은행, 예금보험 같은 제도들은 안정된 시기에 치밀하게 준비되어 탄생한 것이 아니다. 금융위기로 벼랑 끝에 몰렸을 때 당혹감 속에서 황급히 고안된 것들이다.

3 현대의 금융위기

금융위기는 끊임없이 반복되어 왔다. 그림 30-2는 1870년 이후 금융위기를 겪은 개도국과 선진국의 비중을 나타내고 있다. 그림에 따르면 1940년 이전의 금융위기는 주로 선진국에서 발생했으며 1940년 이후 1970년까지는 선진국과 개도국 모두 금융위기를 거의 겪지 않은 것으로 나타나고 있다. 약 30년 가까이 세계경제가 금융위기에서 자유로울 수 있었던 것은 1944년 수립된 새로운 국제통화제도인 브레튼우즈체제(Brettonwoods system)에 기인한다. 브레튼우즈체제 하에서 세계 각국은 달러화에 자국의 통화가치를 고정하고 세계 각국의 통화가치 안정을 위해 국가 간 자본이동의 자유를 제한하였다.

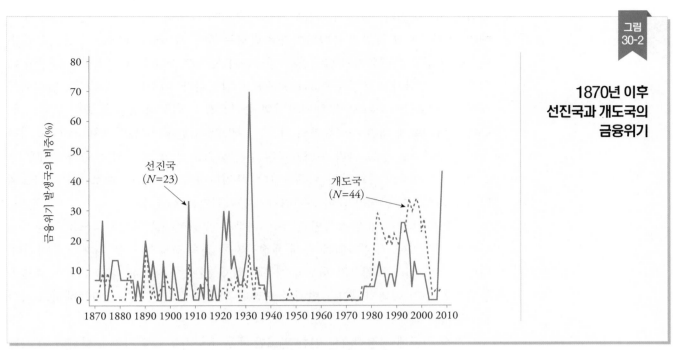

주: 세로축은 선진국 23개국과 개도국 44개국 중 금융위기가 발생한 국가의 비율을 나타냄.

출처: Maurice Obstfeld and Alan M. Taylar, "International Monetary Relations: Taking Finance Seriously," *Journal of Economic Perspectives*, vol. 31, no. 3, 2017; 3-28.

1970년대 들어 브레튼우즈체제가 붕괴되었다. 그 결과 변동환율제도를 채택하는 나라가 많아지고 국가 간 자본이동이 자유로워지면서 금융위기의 발생과 국가 간 전염가능성도 커지게 되었다.

그림 30-2를 보면 선진국과 개도국 모두 1980년 이후 빈번한 금융위기를 겪은 것으로 나타나고 있다. IMF의 2008년 분석에 따르면 1970년부터 2007년 사이에 127차례의 금융위기가 발생했다.

1980년대 이후의 금융위기는 크게 두 가지 유형으로 나누어 볼 수 있다. 금융위기의 첫 번째 유형은 1990년대 중반 멕시코의 페소화 위기, 1990년대 말의 아시아 금융위기처럼 상대적으로 외적요인(external factors)이 많이 작용한 경우이다. 이 경우의 금융위기는 주로 해외차입을 통해 잉태된다.

해외차입의 주체는 기업, 금융기관 등 민간부문과 정부이다. 금융기관은 주로 단기 해외차입을 통해 자금을 조달한 후 장기로 대출하여 수익을 창출한다. 금융기관의 해외차입을 통한 국내 대출로 경기 호황이 이루어지면 점점 더 많은 채무투자자들이 등장하게 된다. 어떤 이유로 해외채권자(foreign creditors)가 신뢰를 접고 대출을 '갑자기 중단'(sudden stop)하면, 차입 투자자들의 추가 차입이나 만기가 도래한 채무의 상환 연기가 불가능해지고 금융위기와 신용경색으로 연결된다.

외적요인으로 인한 금융위기는 해외통화로 차입해야 하는 개도국에서 주로 일어났다. 개도국들의 해외차입은 대부분 자국통화가 아닌 해외통화(주로 미달러화)로 차입이 이루어진다. 그 결과 금융위기가 발행하면 디레버리징의 악순환 과정에서 은행위기와 함께 그 나라의 통화가치가 폭락하는 통화위기(currency crisis)가 동반되었다. 개도국의 경우 은행위기가 발생하면 뱅크런과 함께 인출한 돈을 달러화로 바꾸어 해외로 가지고 나가는 이중누출(double drain)이 발생한다. 이중누출 과정에서 달러화에 대한 수요는 늘어나는 반면 해외차입의 중단으로 달러화의 공급은 줄어 환율이 급등하고 달러화에 대한 자국통화의 가치가 하락한다. 한 나라 통화가치가 하락조짐을 보이면 투기자들은 그 나라 통화가치의 추가 하락을 믿고 그 나라 통화를 투매한다. 그 결과 그 나라의 통화가치는 폭락한다. 우리나라도 1997년에 주로 금융기관들의 단기 해외차입이 문제가 되어 은행위기와 통화위기를 겪었다.

해외차입의 주체가 정부인 경우는 대부분 재정적자를 국내자금으로 감당하지 못하는 경우이다. 해외차입을 통해 재정적자를 계속 충당할 경우 외채가 누적된다. 어떤 이유로 해외 채권자가 채무국 정부의 외채상환 능력에 의구심을 가지고 대출을 중단하면 추가 해외차입이나 만기가 도래한 외채의 상환연기가 불가능해지고 국가부도위기에 직면한다.

가장 최근에 재정적자로 인한 과도한 채무가 국가부도 위기의 도화선이 된 사례는 2008년 글로벌 금융위기 이후 유럽에서 찾아볼 수 있다. 유럽의 금융위기는 주로 그리스, 스페인, 이탈리아 등 남유럽 국가들의 재정적자로 인한 공공부문의 채무로부터 야기되었다.

금융위기의 두 번째 유형은 1990년대 초에 발생한 일본, 스웨덴, 핀란드 등의 금융위기와 2008년 미국의 금융위기처럼 금융기관의 대차대조표 축소 과정에서 발생한다. 이 경우 호황기의 무분별한 대출이 거품경제를 조장하고 어떤 이유로 거품이 꺼지면서 금융권의 대출이 부실화되면 대차대조표를 축소하는 과정에서 디레버리징의 악순환이 일어나고 금융위기가 발생한다. 대차대조표 축소로 인한 금융위기는 주로 선진국에서 발생하며 전형적으로 부동산과 같은 자산의 버블로 인해 야기된다.

1980년 이후 금융위기를 겪은 나라들을 살펴보면 대부분의 선진국과 개도국에서 가계 및 기업 등 민간부문의 채무가 주요 원인으로 나타나고 있다. 일본과 스페인의 경우 금융위기가 발생했을 때 민간부문의 부채가 GDP의 200%를 상회했다. 태국과 미국의 경우도 민간부문 부채가 각각 GDP의 180% 및 170%에 달했다. 동전의 양면처럼 민간부문의 과도한 채무의 이면에는 은행들의 과도한 대출이 자리 잡고 있다. 은행들의 과도한 대출은 민간부문의 예금 이외에 은행 간 단기차입, 증권 판매 등을 통한 과도한 차입으로 이루어진다. 결국 은행들의 민간부문에 대한 과도한 대출(자산)은 은행들의 과도한 부채(차입)와 레버리지를 의미한다.

흥미로운 사례는 중국이다. 중국의 경우 민간부문의 부채가 GDP의 200%를 상회하고 있어 금융위기 가능성이 점쳐지지만 아직 금융위기는 발생하지 않고 있다. 중국 민간부문 부채의 대부분은 기업, 특히 국유기업에 대한 대출에 기인한다. 통상적으로 시장경제에서 민간부문의 부채 규모가 중국처럼 과도하면 금융위기를 피하기 어려운 것으로 알려져 있다. 그러나 사회주의 시장경제를 표방하는 중국의 자본 통제 능력과 3조 달러에 달하는 세계 최대의 외환보유고 때문에 금융위기의 가능성은 낮다고 볼 수 있다. 특히 중국의 국유은행과 국유기업이 갖는 정치적, 경제적 위상과 역할을 감안할 때 체제 수호 차원에서 금융위기가 일어나지 않도록 정부가 나서기 십상일 것이다.

읽을거리 30-1 ▶ 국가신용등급과 CDS프리미엄

글로벌 금융위기와 유럽국가 재정위기를 겪는 과정에서 국제금융시장이 불안해질 때마다 신문과 방송을 통해 국가신용등급과 CDS프리미엄이 주요 이슈로 부각되었다. 이는 이들 지표들이 한 국가의 거시경제 및 금융상황의 안정성을 나타내는 대표적 지표이기 때문이다.

먼저 국가신용등급은 한 나라의 채무상환 능력이 어느 정도인지를 평가한 등급으로 그 나라의 경제성장률, 재정 건전성, 외환보유액 수준 등의 경제적 요인뿐만 아니라 정치체제의 안전성, 국가 안보상황 등 사회·정치적 요인 등을 종합적으로 평가하여 결정된다. 한 나라의 신용등급이 높다는 것은 국제금융시장에서 돈을 빌리기 쉬울 뿐만 아니라 보다 낮은 금리로 외화를 빌릴 수 있다는 것을 뜻한다. 일반적으로 국가신용등급 평가는 세계 3대 신용평가회사인 무디스(Moody's), 스탠더드 앤 푸어스(Standard & Poor's), 피치(Fitch)에 의해 주로 이루어지는데 회사별로 신용등급 분류 방식은 조금씩 차이(무디스, 스탠더드 앤 푸어스 21등급, 피치 24등급)가 있지만 등급별 신용도의 의미는 대체로 비슷하다.

신용파산스왑(CDS, Credit Default Swap)이란 금융채권의 부도 위험을 사고파는 금융파생상품이다. 어떤 채권을 구매한 사람이 그 채권이 부도가 날 때 채권원금을 보장받기 위해 일종의 수수료(보험료)를 지급하고 채무불이행 (default)이 발생했을 때 약정한 채권원금(보험금)을 보장받는 보험증권이다. 이때 원금보장을 위해 지급해야 하는 수수료를 CDS프리미엄이라 부르며 부도 위험이 높아질수록 프리미엄도 그만큼 높아진다. 이는 국가의 경우도 마찬가지여서 국가의 채무불이행 위험(sovereign default risk)이 높아지면 국제금융시장에서 그 국가가 발행하는 채권의 CDS프리미엄은 올라가게 된다. 우리나라의 국가부도 위험은 주로 달러표시금액으로 외국에서 발행하는 외국환평형기금채권(외평채)의 CDS프리미엄으로 가늠해 볼 수 있다.

제3절 **글로벌 금융위기**

1 글로벌 금융위기의 전개과정

민스키에 따르면 금융위기는 경제 번영기에 잉태된다. 미국 경제는 1990년대 중반 이후 2000년대 초까지 저금리와 안정적 성장이 결합된 대안정기(the Great Moderation)를 구가하였다.[3] 대안정기로 인해 미처 깨닫지 못했지만 가계부채 및 주택가격의 지속적 상승, 은행부문의 레버리지 증가 등으로 인해 금융위기가 일어날 환경이 조성되고 있었다. 민스키의 지적처럼 과도한 채무와 레버리지는 금융위기로 연결된다.

2000년대 들어와 미국의 부동산 호황이 시작되었다. 주택가격이 상승하면서 주택의 담보가치가 높아졌다. 사람들은 주택가격 상승이 지속될 것이라는 기대로 더 많은 주택담보 대출을 통해 더 많은 주택을 구입할 수 있었다. 그 결과

주택가격 상승 → 주택담보 가치 상승 → 주택담보 대출 증가 → 주택구입 증가 → 주택가격 상승

이라는 긍정적 피드백(positive feedback)이 이루어졌다.

부동산 가격의 지속적 상승에 대한 믿음으로 은행과 비은행금융기관(모기지 취급 회사, 정부지원 금융기관 등)은 신청자의 신용도에 관계없이 돈을 대출해 주었다. 채무자의 신용등급에 상관없이 수입도 없고(No Income), 직업도 없고(No Job), 자산도 없는(No Assets) 채무자에게까지 대출을 해주는 이른바 '닌자대출'(NINJA Loans)이 성행하였다. 이 과정에서 정상적인 조건으로는 주택담보대출을 받을 수 없는 저소득 가계까지 서브프라임 모기지(sub-prime mortgage)가 이루어짐으로써 가계의 부채 규모는 급증하였다.[4] 모기지는 금융기관이 주택(혹은 부동산) 구입을 목적으로 하는 차입자에게 주택을 담보로 장기로 대출해주는 것이다.

모기지

금융기관이 주택(혹은 부동산) 구입을 목적으로 하는 차입자에게 주택을 담보로 장기로 대출해주는 것

증권화

금융기관들이 각종 대출을 패키지로 묶어서 유동화증권을 만든 후 외부 투자자들에게 판매하는 것

---

3 미국 금융위기의 진행과정에 대한 자세한 설명은 최혁, 『2008 글로벌 금융위기』, K-books, 2009; Roubini, Nouriel and Stephen Mihm, 허익준 옮김, 『위기경제학(Crisis Economics)』, 청림출판사, 2010 등을 참고할 것.
4 모기지(mortgage)는 차입자의 신용등급에 따라 프라임(prime), 알트 에이(Alt-A), 서브프라임(subprime) 모기지 등으로 구분된다. 이 가운데 글로벌 금융위기와 관련하여 문제가 된 것은 신용등급이 가장 낮은 차입자에게 대출해준 서브프라임 모기지이다. 서브프라임 모기지는 비우량주택담보대출로 번역된다.

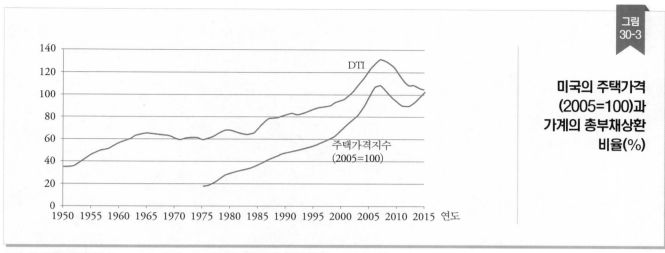

출처: 경제학 공개강좌(curriculum open-access resources in economics)의 제17장 대공황, 황금기, 글로벌 금융위기(The Great Depression, Golden Age, and Global Financial Crisis(http://www.core-econ.org/the-economy/book/text/17.html) 참고.

그림 30-3은 미국에서 2000년대 이후 글로벌 금융위기가 발생하기 전까지 주택가격이 급증하고 가계의 총부채상환비율(debt-to-income ratio: DTI)도 급증하고 있음을 보여주고 있다.

가계부채의 이면에는 은행의 대출이 있다. 은행들은 기존의 예금 이외에 모기지 같은 비유동자산(illiquidity assets)을 한데 모아 판매가 가능한 유동자산으로 탈바꿈시키는 증권화(securitization)를 통해 조달한 자금을 이용하여 더욱 많은 대출을 해줄 수 있었다. 월가의 투자은행들은 은행 및 비은행금융기관과 손을 잡고 유동화 전문기관인 특수목적회사(SPV: special purpose vehicle)를 설립한 후 채권이나 모기지담보증권(MBS: mortgage-backed securities)을 발행하여 투자자에게 팔았다.

이 과정에서 집이 필요한 사람은 대출을, 모기지 브로커(broker)와 감정평가사들은 수수료를 얻었다. 모기지 대출자들은 수십 년을 기다리지 않고도 수익을 얻었고, 투자은행도 당연히 수익을 올렸다. 모기지 대출자들은 모기지가 증권화되어 팔려 나갈수록 더 많은 모기지 대출을 해줄 수 있게 되었다. 투자은행이 판매한 증권을 구입한 투자자들도 모기지대출을 받아 집을 산 사람들이 대출을 상환하기만 하면 장기간의 안정적인 고수익을 누릴 수 있었다. 증권화를 통해 모든 사람이 좋아진 것이다.

증권화는 MBS에서 멈추지 않았다. 금융기관들은 학자금대출, 자동차대출, 신용카드대출 같은 소비자대출, 나아가 상업용 부동산 모기지, 기업대출도 증권화하여 실제 대출이 안고 있는 위험을 전혀 인지하지 못하고 있는 전 세계의 투자자들에게 팔려나갔다. 미국 금융기관들이 증권화를 통해 다양한 증권들을 전 세계 투자자들에게 판매하였고 그 결과 미국의 신용위험이 전 세계로 파급된 것이다.

유동화증권의 판매를 통해 조달한 자금으로 금융기관들은 대출을 확대할 수 있었지만 이에 따라 레버리지가 비정상적으로 높아졌다. 그림 30-4에 따르면 미국 투

그림 30-4

**미국 투자은행과
영국 은행의
레버리지
(총자산/자기자본)**

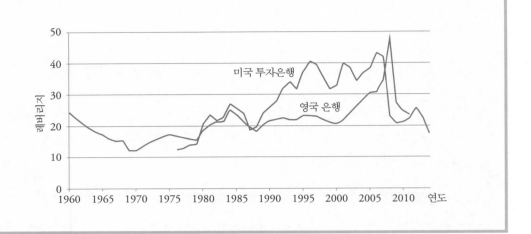

출처: 그림 30-3참고.

매도프의 단란한 한때
한 때 존경받는 금융업자였던 매도프(왼쪽)는 천문학적인
사기, 횡령 등으로 2008년 12월 구속되어 150년 형을 선
고받았다. 큰 아들(맨 오른 쪽)은 2년 후 자살하였다. 수많
은 이들에게 엄청난 고통을 안겨준 매도프의 사기행각은
영화 "거짓말 대마왕"(The Wizard of Lies)을 통해 소개되
었다.
출처: The New York Times(October 27, 2017)

자은행들의 레버리지는 글로벌 금융위기 직전 43까지 상승한
것으로 나타나고 있다. 영국 은행들의 평균 레버리지도 2007년
48까지 급증하였다. 영국과 유럽의 글로벌 은행들은 2000년대
들어 미국 금융기관이 발행한 유동화증권을 구입하였다.

증권화를 통해 감당할 수 없는 신용대출과 부동산투기 열
풍이 일자 2004년에서 2006년에 걸쳐 연준은 통화긴축정책으
로 선회했지만 신용팽창의 열기에 별 영향을 미치지 못했다. 해
외에서 자금이 쏟아져 들어오기 시작한 것이다. 중국을 위시한
개도국, 일본, 독일 등이 쌓아온 막대한 저축이 미국으로 흘러
들었다. 그 결과 개인과 기업, 누구나 손쉽게 돈을 빌릴 수 있게
되었다. 주택가격이 연 20% 이상 상승할 것이라고 믿는 비이성
적 낙관주의가 형성되면서 투기채무자가 더욱 늘어나고 매도프
(Bernard Madoff) 같은 사기성 폰지채무자도 등장하였다. 마침내
주택시장의 거품이 커질 대로 커지고 주택가격도 고점에 이르게 되었다. 민스키 모
우먼트가 임박해진 것이다.

사람들이 신규 주택투자를 망설이게 되고, 신규 주택구입자가 나타나지 않아 주
택에 대한 수요보다 공급이 많아지자 주택가격이 하락하기 시작하였다. 주택가격의
하락세로 대출금 상환부담을 느낀 서브프라임모기지 대출자들이 집을 처분하기 시
작하면서 주택가격은 2007년 이후 급락하기 시작했다.

처음에는 2006년 후반과 2007년 초반에 서브프라임 대출을 전문적으로 취급했
던 모기지 업체들이 채무자의 지급불능으로 도산하기 시작했다. 2007년 6월에는 서
브프라임 모기지 증권에 투자해온 베어스턴스(Bearsterns)가 운용하던 2개의 헤지펀드

증권화는 금융기관들이 각종 대출을 패키지(package)로 묶어서 자산유동화증권을 만든 후 외부 투자자들에게 판매하는 것이다. 증권화는 은행과 투자자 모두가 윈윈할 수 있는 수단으로 인식되었다. 은행의 입장에서는 증권화를 통해 시장에서 자금조달이 가능해지게 되어 더 이상 기존의 예금상품 판매에 전적으로 의존하지 않고도 대출자금을 마련할 수 있는 새로운 자금원을 개척한 셈이 되었다. 투자자의 입장에서는 정부가 발행하는 증권(국채)보다 수익률이 높은 자산에 투자할 수 있는 길이 열려 다양한 투자수단이 확보되는 긍정적인 측면이 있었다. 투자자와 은행 모두에 이로운 전략이 된 증권화는 급속도로 성장하였다.

증권화의 대표적인 사례는 자산담보부증권(ABS: asset-backed securities)이다. ABS는 주택구입용 대출(모기지), 학자금대출, 자동차대출, 신용카드대출 등을 기초자산으로 발행한 채권들이다. ABS의 대표적인 사례가 모기지담보부증권(MBS)이다. ABS는 MBS 같은 단순한 형태에 그치지 않고 더욱 복잡해져 담보부부채증권(CDO: collateralized debt obligations) 형태로 더욱 복잡해졌다.

CDO는 여러 ABS들과 다양한 종류의 채권들을 묶어 하나의 풀(pool)을 만들고 이 풀을 투자자의 위험에 대한 선호도에 따라 우선순위가 다른 트랜치(tranches)로 구분한 상품이다. CDO의 트랜치는 리스크가 낮은 것에서 높은 순으로 수퍼 시니어(super-senior), 시니어(senior), 메짜닌(mezzanine), 이퀴티(equity) 등으로 구분된다. 이퀴티 등급의 CDO는 수익률이 가장 높지만 위험도 가장 크다. 반면 가장 안전한 수퍼시니어 등급 CDO는 수익률이 가장 낮다.

CDO는 복잡하고 고도화된 증권이다. CDO는 독특한 형태로 기초 자산들을 조합하여 만들어져 투자자들이 CDO의 기초자산에 대한 구체적 정보를 갖기가 어려웠다. 하나의 CDO가 수백 개의 기초자산에서 소득이 창출되는 것이 일반적이었다. CDO는 그 복잡성으로 인해 리스크 관리가 원천적으로 어려운 상품이었다. CDO는 글로벌 금융위기의 과정에서 그 복잡한 실체가 드러났다.

증권화는 위험분산과 높은 투자수익률에 일조한 것이 사실이지만 유동화증권의 판매자인 투자은행과 매입자인 투자자 모두 그 위험의 정도를 정확히 인식할 수 없었다. 투명성 결여와 위험에 대한 과소평가는 결과적으로 투자은행들의 과도한 부채와 대출, 과도한 레버리지 확장이라는 부작용을 초래하였다.

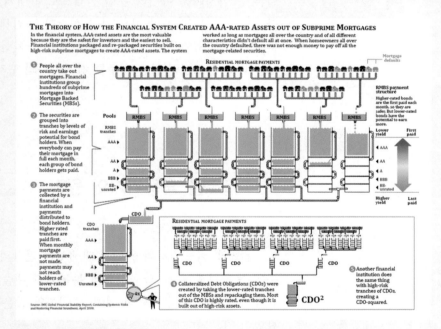

얼마나 복잡해야 될까
인간의 탐욕은 급기야 CDO를 가지고 또 다른 CDO를 만들어 CDO²을 탄생시켰다.
출처: 위키피디아(검색일: 2017.10.30.).

가 도산했다. 이 후 서브프라임 모기지와 관련된 모든 증권의 가치가 급락하면서 사람들은 서브프라임 대출과 관련된 문제가 전 세계 금융시스템에 퍼져 있다는 사실을 깨닫기 시작했고, 패닉상태가 시작되었다. 어느 금융기관이 파산할지 모르는 극도의 불안과 불확실성 하에서 모든 금융기관들 사이의 거래가 중단되고 사람들은 돈을 찾기 위해 은행으로 달려갔다. 대공황 이래 가장 심각한 신용경색이 뒤를 이었다.

대량인출 사태가 벌어지고 패닉상태가 확산되면서 상황은 2008년 들어 급물살을 탔다. 먼저 300개 이상의 모기지 업체가 부도가 났다. 다음 단계는 미국에서 다섯 번째로 큰 투자은행이었던 베어스턴스의 2008년 3월 파산을 시작으로, 9월에는 네 번째로 큰 투자은행 리먼브러더스(Leman Brothers)가 파산했다. 메릴린치(Merillynch)는 뱅크오브아메리카(Bank of America)와의 합병으로 겨우 위기를 넘겼다. 골드만삭스(Goldman Sachs)와 모건스탠리(Morgan Stanley)는 연준의 구제금융으로 은행지주회사로 전환되었다. 패니메이(Fannie Mae)와 프레디맥(Freddie Mac) 등 정부지원 모기지 전문매입기관도 구제금융으로 살아남았다. 뒤이어 많은 헤지펀드가 파산했고 세계 최대 보험회사 AIG도 파산 직전으로 몰렸다가 연준의 구제금융으로 살아남았다.

2008년 말에 이르자 미국의 부동산 거품에서 시작된 위기는 미국을 넘어 중국과 일본 등 아시아뿐 아니라 유럽 전역으로 확대되었다. 우리나라도 예외가 될 수 없었다. 세계경제는 대공황 이후 가장 심각한 대침체에 빠지게 되었다. 글로벌 금융위기를 겪으면서 규제철폐, 시장의 효율성, 금융혁신의 이익 등을 강조하던 주류 경제학자들 대신 민스키와 같은 비주류 경제학자의 생각이 빛을 보게 되었다.

2 글로벌 금융위기의 원인

글로벌 금융위기의 원인에 대해서는 인간의 탐욕과 두려움을 비롯하여 미국 연준의 통화정책 실패, 금융기관의 무분별한 대출과 리스크관리 실패, 금융당국의 탈규제화, 신용기관의 도덕적 해이, 증권화와 같은 금융혁신, 글로벌 불균형 등 다양한 요인이 거론된다.

미국의 금융기관들이 신용등급이 낮은 저소득자들에게까지 무분별하게 대출을 해줄 수 있었던 것은 증권화를 통해 레버리지를 키울 수 있었기 때문이다. 증권화된 유동화 금융자산에 대한 투자자금은 글로벌 불균형으로 해외에서 주로 유입되었다. 여기에서는 증권화와 글로벌 불균형을 중심으로 글로벌 금융위기의 원인을 살펴본다.

표
30-1

자산(assets)	부채(liabilities)
가계 및 기업 대출 타 은행 대출	비(非)은행부문에 대한 부채(예금) 타 은행에 대한 부채 자기자본(equity)

자산(assets)	부채(liabilities)
가계 및 기업 총대출	비은행부문에 대한 총부채(총예금) 총자기자본(equity)

표
30-2

**전체 은행부문의
대차대조표**

글로벌 금융위기와 증권화

금융기관들은 증권화를 통해 다양한 형태의 유동화증권을 판매함으로써 자기자본의 증가 없이도 대출 증가가 가능해지게 되었다.[5] 이를 이해하기 위해 개별 은행의 대차대조표를 살펴보면 표 30-1 과 같다. 여기서 은행은 일반 상업은행뿐 아니라 모기지대출업체, 유동화증권 전문 특수목적회사, 투자은행, 증권회사, MMF, 헤지펀드, 사모펀드와 같은 그림자은행을 포함하여 레버리지를 활용하는 금융기관을 통칭한다.

개별은행의 부채는 자금 조달의 원천을 나타낸다. 부채는 비은행부문의 예금과 타 은행에서 조달한 차입금, 그리고 자기자본 등으로 구성된다. 개별 은행의 자산은 이렇게 조달한 자금의 운영 상태를 나타낸다. 자산은 주로 가계 및 기업, 타 은행 등에 대한 대출로 이루어진다. 개별 은행들의 대차대조표를 모두 합치면 개별 은행들의 타 은행에 대한 자산과 부채가 서로 상쇄된다. 따라서 표 30-2과 같은 전체 은행부문의 대차대조표를 얻을 수 있다.

전체 은행부문의 대차대조표에서 다음과 같은 관계가 성립한다.

가계 및 기업에 대한 총대출 = 총자기자본 + 비은행부문의 총예금

---

5 이하의 논의는 신현송, "2007-2009 국제금융위기의 이론적 및 실증적 고찰", 『한국경제포럼』, 제2권 3호, 2009년 가을, pp. 87-145 참고.

	자산(assets) 증가	부채(liabilities) 증가
증권화와 전체 은행부문의 레버리지 증가	가계 및 기업 총대출 : 증가	비은행부문에 대한 총부채 : 증가 (총예금 + 증권화된 부채) 총자기자본(equity) : 불변

표 30-3

전체 은행부문의 최종 차입자에 대한 대출은 자기자본으로 조달하거나 은행부문 이외의 자금원으로부터 예금 형태로 조성해야 한다. 예금은 남의 돈을 차입한 것이나 마찬가지다. 전체 은행부문이 외부 자금원으로부터 차입을 통해 부채의 비중을 늘릴수록 대출도 늘릴 수 있어 레버리지(자산/자기자본)도 커지게 된다.

기존의 전통적인 은행시스템에서는 총예금액이 전체 은행시스템의 비은행부문에 대한 총부채를 나타냈다. 그러나 증권화로 말미암아 총예금액과 함께 증권화된 부채가 전체 은행시스템의 부채를 나타내게 되었다. 이를 표로 나타내면 표 30-3과 같다.

표 30-3에서 알 수 있듯이 증권화를 통해 전체 은행부문의 자산과 부채 사이에는 이제 다음과 같은 관계가 성립한다.

$$\text{가계 및 기업에 대한 총대출} = \text{총자기자본} + \text{비은행부문의 총예금}$$
$$+ \text{증권화된 유동화증권 판매금}$$

전체 은행부문은 증권화된 유동화증권 판매를 통해 새로운 자금을 조달함으로써 총자기자본의 증가 없이도 대출 증가와 신용확대가 가능해진 것이다. 그 결과 증권화로 전체 은행부문의 부채와 레버리지도 높아지게 되었다. 증권화에 앞다투어 나선 것은 투자은행, 헷지펀드 등 그림자은행이다. MBS, CDO 등 증권화된 유동화증권을 구입하여 미국의 금융부문에 새로운 대출자금을 제공한 투자자로는 연기금, 보험회사, 해외투자자 등이 있다. 특히 미국 은행부문이 새로운 자금원을 창출하는 데는 해외 중앙은행과 국부펀드(sovereign wealth funds), 연기금(pension funds) 등 해외투자자들의 역할이 컸다.

증권화로 은행권의 레버리지가 확대되고 대출 가능 자금이 증가하면 새로운 차입자가 등장해야 한다. 신용도가 높은 차입자들이 모두 프라임모기지 대출을 받고나면 새로운 차입자를 위해 대출기준을 완화해야 한다. 은행들은 저신용 차입자들을 위해 대출기준을 완화함으로써 저신용 차입자들도 서브프라임모기지 대출을 받을 수 있도록 하였다. 증권화가 새로운 대출 자금을 창출할 수 있게 함으로써 상환능력을 제대로 갖추지 않은 저신용자들에게도 서브프라임모기지 대출이 가능하게 된 것이다.

신용위기

금융부문은 신용위기에 유연하게 대처할 수 없었다. 그 이유는 상업은행과 그림자은행 모두 만기전환(maturity transformation)으로 인해 자산과 부채 사이의 만기불일치(maturity mismatch) 문제를 안고 있기 때문이다. 만기전환은 단기 부채를 장기 자산으로 전환하는 것을 말한다. 일반 상업은행은 예금자로부터 주로 단기 예금형태로 돈을 받아 모기지와 같이 장기로 대출하거나 장기증권에 투자한다. 리먼브라더스와 같은 그림자은행은 예금 대신 단기 신용시장에서 자금을 차입하여 장기적 투기에 활용한다. 그림자은행들도 예금을 취급하지는 않지만 상업은행들처럼 만기전환을 통해 수익을 창출하는 것이다. 신용위기가 닥치면 자산과 부채를 조정하여 대차대조표를 조정해야 하지만 금융권의 장기 비유동(iliquid)자산과 단기 유동(liquid)부채 사이의 만기불일치로 대차대조표의 조정이 쉽게 이루어질 수 없다.

그림자은행들은 1980년대부터 꾸준히 성장하였다. 그림자은행들이 빠르게 성장한 것은 자기자본비율이나 지급준비금 등의 규제에서 상업은행에 비해 규제의 강도가 약했기 때문이다. 1907년 금융위기의 주범은 규제의 사각지대에서 고객들에게 상업은행보다 높은 수익률을 제공할 수 있었던 신탁회사였다. 글로벌 금융위기의 주범은 고객들에게 상업은행보다 높은 수익을 제공할 수 있었던 그림자은행이다. 글로벌 금융위기가 시작된 2007년 7월에 이르러서는 그림자은행의 자산 규모가 일반 상업은행보다 1.5배 큰 것으로 나타났다.

신용위기와 레버리지

만기불일치 문제와 함께 금융권의 취약성을 키운 핵심요인은 부채와 이로 인한 레버리지의 확대이다. 미국 가계부문의 부채는 1981년에서 2008년 사이 GDP의 47%에서 78%로 증가했다. 특히 금융부문의 부채는 GDP의 22%에서 117%로 무려 5배 이상 증가했다. 금융부문은 대규모의 부채에 의존해 그림 30-4에서 본 것처럼 레버리지를 키워온 것이다.

민스키에 의하면 부채나 레버리지에 대한 의존도가 클수록 금융시스템의 취약성이 커진다. 부채에 의존한 레버리지 확대가 왜 금융권을 취약하게 만드는지 예를 들어 보자. A라는 헤지펀드가 투자은행으로부터 1,900만 달러를 빌려 자기자본 100만 달러를 합쳐 2,000만 달러 가치의 CDO를 구입했다고 하자. A는 20 : 1의 레버리지를 이용한 것이다. 레버리지가 커도 투자 상품의 가치가 안정적이거나 상승하면 아무 문제가 없다. 그런데 CDO의 시장가치가 2,000만 달러에서 1,900만 달러로 5% 하락했다고 하자. 이 경우 CDO의 가치가 5% 하락했지만 헤지펀드는 자기자본이 잠식되고 100%의 손실을 보게 된다. 같은 논리로 레버리지비율이 100 : 1 즉, 자기자본 1달러에 채무가 99달러이면 1%의 자산가치 하락만으로도 자기자본은 사라지고 100%의 손해를 본다.

신용위기가 닥치고 대량인출사태가 도래하면 은행들은 만기전환된 비유동자산

만기전환
단기 부채를 장기 자산으로 전환하는 것

때문에 지급정지 상황에 이르게 된다. 영국 노던락(Northern Rock) 은행의 경우 자산의 대부분이 장기 모기지였다. 그 결과 신용위기가 닥쳐도 장기 자산을 처분하여 단기 부채를 상환하지 못해 대차대조표를 조정하기가 어려웠고 결국 파산하였다. 노던락의 레버리지는 2001년 말 30배였으나 미국발 신용위기가 터지기 직전인 2007년 6월 60배로 증가한 것으로 나타났다.[6] 파산 직전 리먼 브라더스의 레버리지는 30배가 넘는 상황이었다. 420억 달러의 충분한 유동성을 확보하고 있다며 투자자들을 안심시키려 하였으나 이중 40%는 현금화가 어려운 상태였다.[7]

글로벌 금융위기와 글로벌 불균형

미국의 금융기관들이 상환능력이 의심되는 저신용자들에 대해서도 무분별하게 모기지 대출을 해줄 수 있었던 것은 글로벌 불균형으로 인해 해외투자자로부터 자금을 조달할 수 있었기 때문이다. 미국에서 발생한 글로벌 금융위기의 근저에는 글로벌 불균형(global imbalances)이 자리하고 있다.[8]

글로벌 불균형의 의미와 규모

글로벌 불균형은 미국의 지속적인 대규모 경상수지 적자와 신흥시장국(emerging markets)을 포함하는 개도국(developing countries), 특히 중국의 대규모 경상수지 흑자 패턴을 지칭한다. 개도국들은 1990년대 말 아시아 금융위기를 겪으면서 학습효과를 통해 외환보유의 필요성을 인식하게 되었고, 그 결과 2000년 이후 개도국들의 경상수지 흑자와 외환보유액이 급증하게 되었다.

경상수지는 제28장의 식 (28-3)으로부터 저축과 투자 사이의 관계를 이용하여 다음과 같이 나타낼 수 있다.

$$경상수지\ 적자 = 국내총투자 - 총저축 = 해외차입$$

총저축(국민저축)으로 국내총투자를 충당할 수 없는 경상수지 적자국은 결국 해외차입을 통해 경상수지 흑자국의 저축을 빌려와야 한다.

미국은 1992년 이후 매년 경상수지 적자를 시현하고 있다. 미국의 경상수지 적자는 1997년 이후 빠르게 증가하여 2006년 미국 GDP의 6%인 7,880억 달러로 최고점에 달하였다. 미국의 지속되는 경상수지 적자로 미국의 해외차입 규모는 2002년 2조 5,000억 달러에서 2007년 6조 5,000억 달러로 급증하였다. 2007년 미국의 해외차입규모는 GDP의 40%를 상회하는 규모이다. 중국 등의 막대한 경상수지 흑자로

---

6 Hyun Song Shin, "Securitization and Financial Stability," *The Economic Journal*, 119, March 2009, p.330.

7 Economist (January 21, 2010; March 12, 2010).

8 이하의 논의는 Economist(January 24, 2009), "Global economic imbalances" 참고.

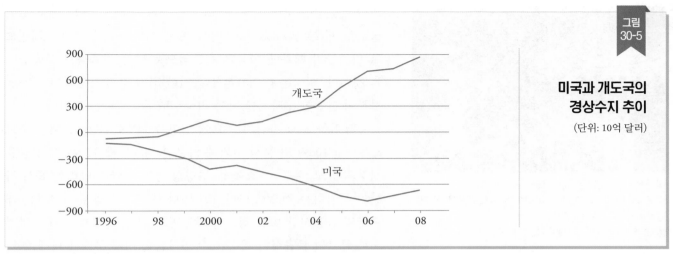

그림
30-5

**미국과 개도국의
경상수지 추이**
(단위: 10억 달러)

출처: Economist(2009)

2002년부터 2007년 사이 연평균 8,000억 달러의 해외자본이 미국으로 유입되었다. 그 결과 새로운 차입자가 필요해진 미국의 금융기관에 의해 저신용 등급자에게도 모기지 대출이 이루어진 것이다.

그림 30-5는 1996년 이후 미국과 개도국의 경상수지를 나타낸 것이다. 그림에서 알 수 있듯이 1996년에는 미국과 개도국의 경상수지 적자규모가 비슷했으나 2000년 이후 미국의 경상수지 적자와 개도국의 경상수지 흑자규모가 급증한 것으로 나타나고 있다. 개도국의 경상수지 흑자는 2008년 9,000억 달러에 달했다. 개도국 경상수지 흑자의 대부분은 중국과 석유수출국에서 비롯된 것이다.

특히 중국은 미국에 대해 2004년 이후 매년 2,000억 달러 이상의 흑자를 내고 있다. 경상수지 흑자폭이 최고조에 달한 2008년에는 약 2,600억 달러의 대미 경상수지 흑자를 기록하였다. 2008년 미국의 경상수지 적자가 약 7,000억 달러임을 감안하면 미국 경상수지 적자의 약 1/3은 중국에서 비롯된 것을 알 수 있다.

미국의 경상수지 적자는 투자 증가에 기인한다기보다 저축 감소가 주된 원인이다. 미국의 저축 감소는 미국 정부의 대규모 재정적자와 민간의 높은 소비수준에 기인한다. 일반적으로 재정적자는 국채발행을 통해 민간부문의 저축에서 조달된다. 지속적인 대규모 재정적자를 보전하기 위해 대규모로 국채가 발행되면 금리가 높아지고 소비가 위축되어야 한다. 그런데 미국의 국채를 경상수지 흑자국들이 매입했기 때문에 미국의 국채가격이 유지되고 저금리도 유지될 수 있었다. 그 결과 미국의 주택가격은 상승세를 지속할 수 있었다.

해외자금의 미국유입 원인

미국으로 막대한 해외자본이 유입된 원인은 무엇일까? 중국을 위시한 개도국의 자금이 대규모로 미국으로 유입된 원인과 관련하여 가장 널리 회자된 것은 미 연준

미국을 집어 삼키는 해외자금
중국 등 개도국의 저축이 미국으로 유입되면서 글로벌
금융위기의 단초가 되었다.
출처: Economist(January 22, 2009)

의장이었던 벤 버냉키(Ben Bernanke)의 시각이다.[9] 버냉키에 따르면 글로벌 저축과잉(global saving glut)으로 해외저축이 미국의 해변으로 밀려왔기 때문에 미국은 수동적으로 낮은 저축률로 반응했다는 것이다. 미국은 해외자본을 유인한 적이 없지만 넘쳐나는 해외자본이 안전한 투자처를 찾아 미국으로 몰려왔다는 것이다.

달러화 표시 자산의 수요에 영향을 미치는 요인에 대한 포브스(Kristin Forbes)의 분석 결과에 따르면 해외투자자들은 미국 금융시장의 규모, 유동성, 효율성, 투명성 등에 이끌려 달러화 표시 자산에 투자하는 것으로 나타나고 있다.[10] 포브스의 분석결과는 개도국의 금융시장 발달 정도가 낮고 발전이 느리기 때문에 결과적으로 글로벌 불균형이 지속될 수 있다는 설명에 무게를 더해준다.

3 글로벌 금융위기의 여파와 대응

2008년 글로벌 금융위기로 세계경제가 심각한 경기침체에 빠져들었지만 그 타격을 가장 많이 받은 나라는 미국과 유럽이었다. 미국과 유럽은 글로벌 금융위기 이후 GDP가 5% 이상 감소하고 실업률이 급증했다. 미국은 2011년에 가까스로 위기직전의 GDP 수준을 회복할 수 있었다. 미 연준은 2016년 말에 이르러서야 비로소 경제회복에 대한 자신감을 가지고 위기 이후 양적완화정책으로 0%대로 하락한 기준금리를 인상하였다.

미국 버클리대의 통화사학자 아이켄그린(Barry Eichengreen)은 2009년 "두 공황 이야기"(A Tale of Two Depressions)라는 제목의 논문에서 1930년대의 '대공황'과 2008년 글로벌 금융위기로 야기된 '대침체'를 비교하였다. 그림 30-6에서 대공황은 1929년 1월을 100으로, 글로벌 금융위기로 인한 대침체는 2008년 4월을 100으로 하여 월별 세계 공업생산액의 변화 추이를 나타낸 것이다. 그림에서 보면 세계 공업생산액은 금융위기 발생 후 대공황과 대침체하에서 10개월간 거의 비슷한 속도로 감소하였다. 그러나 대공황에 비해 대침체 하에서 세계 공업생산이 저점에 도달하는 시간이 짧은 것으로 나타나고 있다.

---

9 Ben Bernanke, "The global saving glut and the U.S. current account deficit," presented at the Sandridge Lecture, Virginia Association of Economics, Richmond, Virginia, March 2005.
10 Kristine Forbes, "Why do foreigners invest in the United States?", Working Paper 13908, NBER, 2008.

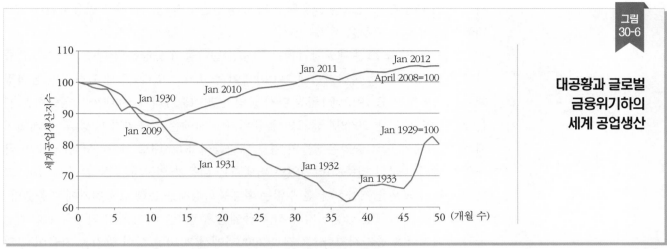

그림
30-6

**대공황과 글로벌
금융위기하의
세계 공업생산**

출처: 경제학 공개강좌(curriculum open-access resources in economics)의 제17장 대공황, 황금기, 글로벌 금융위기(The Great Depression, Golden Age, and Global Financial Crisis(http://www.core-econ.org/the-economy/book/text/17.html).

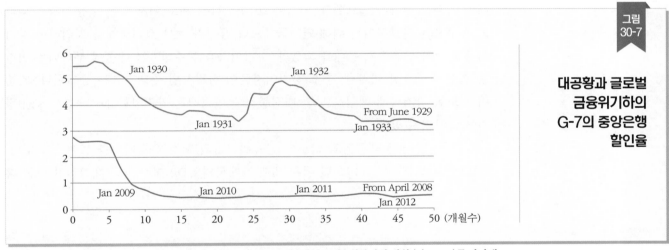

그림
30-7

**대공황과 글로벌
금융위기하의
G-7의 중앙은행
할인율**

주: 종축은 G-7의 GDP 가중평균 중앙은행 할인율, 횡축은 1929년 6월과 2008년 4월부터의 개월수(months)를 나타냄.
출처: 그림 30-6 참고.

    대공황보다 글로벌 금융위기 이후 대침체하에서 상대적으로 경기침체가 지속되는 기간이 짧고, 경기회복의 시작점이 빨라진 것은 세계 각국의 정책대응이 더 협조적이고 효과적이었음을 시사한다. 세계 각국은 글로벌 금융위기로 경기침체가 시작되자 전례 없는 확장적 통화·재정정책으로 대응했다. 특히 미국과 유럽은 중앙은행의 정책금리를 0%대로 내리는 과감한 확대 통화정책을 통해 경기회복을 꾀했다.

    그림 30-7은 G-7국가들의 GDP 가중평균 중앙은행 할인율(discount rates; 중앙은행이 일반은행에 적용하는 대출금리)을 나타내고 있다. 그림에서 보라색 선은 1929년 6월 이후, 파란색 선은 2008년 4월 이후 G-7국가들의 평균 할인율을 나타낸다. 그림에

서 보듯이 대공황과 글로벌 금융위기 당시 중앙은행의 정책금리가 반응하는데 약 5개월 가까이 소요된 것을 볼 수 있다.

그림 30-7을 보면 대공황기에는 주요 선진국들의 중앙은행 대출금리가 5% 중반에서 3% 중반으로 하락하는데 2년 가까이 소요되고 있다. 또한 확장적인 통화정책이 지속되지 않고 1932년 1월경 다시 중앙은행 대출금리가 5%대까지 상승하는 것을 볼 수 있다. 반면 2008년 글로벌 금융위기 당시에는 금융위기 발생 후 10개월이 채 되기 전에 주요국 중앙은행들의 평균 대출금리가 0%대로 하락하였다. 글로벌 금융위기 당시 미국의 연준 의장이었던 버냉키는 대공황 연구자로 잘 알려져 있다. 그는 대공황의 교훈을 거울삼아 전례 없는 확대통화정책을 통해 금융위기에 대응했다.

미 연준은 글로벌 금융위기 당시 처음에는 주로 만기 3개월의 단기국채를 매입하여 통화공급을 증가시켰다. 그 결과 2009년에서 2010년 사이 단기 이자율이 거의 0%에 가까워졌다. (명목)이자율은 0보다 더 낮아질 수 없다. 이를 제로 이자율 하한(zero lower bound)이라고 한다. 그런데 2009년과 2010년 사이에는 인플레이션율이 낮고 생산이 잠재GDP보다 훨씬 낮은 수준에 있었기 때문에 연준은 추가적인 통화 확대와 이자율 인하가 필요했다. 연준은 2010년 11월 제로 이자율 하한 문제를 우회하고 총수요를 진작시키기 위해 단기국채보다 금리가 높은 장기국채를 매입하여 장기 이자율 하락과 총수요 증대를 꾀했다. 장기이자율은 주택자금 대출에 부과되는 이자율 결정에 중요한 역할을 한다. 장기이자율이 하락하면 주택수요는 증가한다. 연준이 시도한 장기국채 매입을 통한 비전통적 통화정책은 양적완화(quantitative easing)정책으로 알려져 있다.

그림 30-8은 대공황과 글로벌 금융위기하의 재정정책 기조를 보여주고 있다. 그림에서 보라색 선은 1925년 이후 세계 21개국의 GDP 대비 평균 재정적자 또는 흑

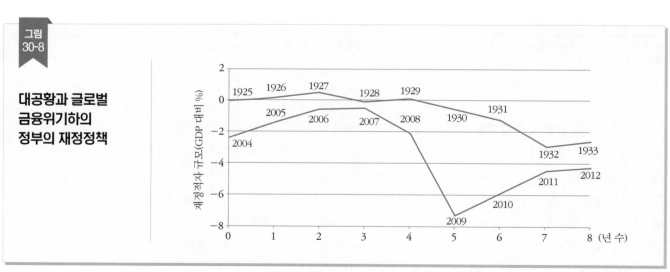

그림 30-8

대공황과 글로벌 금융위기하의 정부의 재정정책

주: 1925년부터의 통계는 21개국의 GDP 가중 평균치임. 2004년부터의 통계는 IMF 가맹국의 평균치임. 횡축은 1925년 및 2004년부터의 년수(years)를 나타냄.
출처: 그림 30-6 참고.

자 규모의 추이를 보여준다. 파란색 선은 2004년 이후 세계 평균 재정적자 추이를 나타낸다. 그림에서 보듯이 세계 각국은 대공황보다 글로벌 금융위기가 발생했을 때 훨씬 더 큰 폭의 확장적 재정정책으로 대응했음을 알 수 있다.

4 금융개혁의 방향

글로벌 금융위기 이후 선진국을 중심으로 다양한 금융개혁 조치가 취해졌다.

바젤 III 도입

바젤 III은 글로벌 금융위기 이후 도입된 새로운 글로벌 은행규제체계이다. 글로벌 금융위기 이후 G20 정상들은 금융개혁의 효율적 추진을 위해 G7 국가들로 구성되었던 기존의 금융안정포럼(FSF: Financial Stability Forum)을 확대·개편한 금융안정위원회(FSB: Financial Stability Board)를 설립하고 금융규제 개혁의 추진에 주도적 역할을 하도록 임무를 부여하였다. FSB를 중심으로 추진된 규제개혁 가운데 중요한 부분은 은행과 관련된 규제이다. 은행 관련 규제는 바젤위원회로도 불리는 바젤은행감독위원회(BCBS: Basel Committee on Banking Supervision)가 맡아서 추진하고 있다.[11]

바젤위원회는 2010년 12월 기존의 은행부문 규제를 대폭 개편·강화한 바젤 III를 도입하였다.[12] 바젤 III의 주요 규제로는 자본 규제, 레버리지 규제 및 유동성 규제가 있다.

바젤 III
글로벌 금융위기 이후 도입된 새로운 글로벌 은행규제체계

스위스 바젤
스위스의 작은 도시 바젤에서 글로벌 은행감독기준이 마련되었다.

자본 규제

자본 규제는 규제자본을 손실흡수력이 높은 보통주자본 위주로 구성하고 자본 인정요건을 강화함으로써 자본의 질을 제고하는 한편 규제비율도 높여 자본의 양이 늘어나도록 하였다.

---

11 바젤은행감독위원회(BCBS)는 국제결제은행(BIS)의 산하 위원회로 G20 국가, 벨기에, 룩셈부르크 등 총 28개국의 중앙은행·감독기구로 구성되어 있다. 은행감독 국제표준 결정 및 이행권고를 주요 업무로 하고 있다. 우리나라는 2009년 3월에 가입하였다.

12 바젤은 스위스의 작은 도시이다. BCBS 사무국이 바젤에 소재함에 따라 BCBS가 제정한 글로벌 은행감독기준을 이 도시의 이름을 따서 '바젤 은행감독기준'이라고 명명하였다. 1988년과 2004년에 각각 도입되었던 바젤 I, 바젤 II에 이어 규제체계의 전면적 개편이라는 의미에서 새로운 글로벌 은행규제체계를 '바젤 III'라 명명하였다. 바젤 III와 관련된 자세한 설명은 한국은행(2014), "글로벌 금융위기 이후 규제개혁 논의"를 참고할 것.

BCBS는 은행의 손실흡수력을 높이기 위하여 규제자본을 양질의 보통주자본 중심으로 개편하였다. 기존 바젤 II는 최저자기자본 항목을 기본자본(Tier 1), 보완자본(Tier 2), 단기후순위채무(Tier 3)로 구분하였으나 바젤 III는 이를 보통주자본(Common Equity Tier 1), 기타 기본자본(Additional Tier 1) 및 보완자본(Tier 2)으로 재구성하고 단기후순위채무를 규제자본에서 제외하였다. 또한 기존 바젤 II는 기본자본, 보완자본 등에 대한 별도의 규제비율 없이 총자본비율에 대해서만 위험가중자산의 8% 이상을 유지하도록 규정하였는데 바젤 III에서는 보통자본비율, 기본자본(보통자본 + 기타 기본자본)비율, 총자본(기본자본+보완자본)비율이 각각 위험가중자산의 4.5%, 6.0%, 8.0% 이상이 되도록 규정하였다.

레버리지 규제

바젤 III는 자본 규제를 보완하기 위한 수단으로서 레버리지 규제를 새롭게 도입하였다. 레버리지는 앞에서 본 것처럼 일반적으로 총자산/자본으로 정의된다. 따라서 일반적인 레버리지 개념은 레버리지 배수(leverage multiple)(예: 33배) 형태로 이용되고 있다. 반면 Basel III에서 레버리지 규제는 레버리지의 역수인 레버리지비율, 자본/총자산(예: 1/33=3%) 형태로 도입되는데 이는 자기자본비율(자본/위험가중자산)과 비교하기 쉽도록 한 것이다.[13] 바젤위원회가 제시한 최저 레버리지 규제비율은 3%이다. 이는 자본이 3인 경우 총자산은 100을 넘지 않아야 한다는 뜻이다.

유동성 규제

바젤위원회는 금융위기로 인한 유동성 위기에 대비하여 글로벌 유동성 기준인 유동성커버리지비율(LCR: Liquidity Coverage Ratio)과 순안정자금조달비율(NSFR: Net Stable Funding Ratio) 규제를 도입하였다. 유동성커버리지비율은 단기 유동성 기준으로서 은행이 유동성 부족에 대비하여 보유한 고유동성자산(HQLA: High Quality Liquid Assets) 규모를 30일간의 유동성 스트레스 시나리오 하에서 예상되는 순현금유출액으로 나눈 비율이다. 고유동성자산은 현금은 물론 정부 및 중앙은행이 발행하는 채무증권, 은행이 중앙은행에 예치한 지급준비금 등으로 구성된다.

순안정자금조달비율은 장기 유동성 기준으로서 유동성을 감안한 은행 보유 자산에 대한 안정적 조달자금(자본 및 부채)의 비율이다. 은행들은 2018년부터 순안정자금조달비율을 100% 이상으로 유지해야 한다. 순안정자금조달비율은 은행들이 단기 도매자금조달에 과도하게 의존하는 것을 제한하고 자금조달의 안정성을 제고하는 것을 목적으로 하고 있다.

---

13 레버리지와 레버리지비율은 서로 역수이므로 레버리지(배수)가 커지면 레버리지비율은 낮아진다. 예를 들어 레버리지(배수)가 10배에서 50배로 확대되면 레버리지비율은 10%(=1/10)에서 2%(=1/50)로 하락한다.

미국의 금융규제 개혁

여느 금융위기와 마찬가지로 글로벌 금융위기가 발생한 이후에도 금융개혁 방안은 금융소비자(투자자)를 위험으로부터 어떻게 하면 더 잘 보호할 수 있을까 하는 방향으로 진전되었다. 그 과정에서 정부의 역할은 더욱 강화되는 방향으로 개혁조치가 강구되었다.

미국의 경우 금융개혁을 위한 구체적 조치는 2010년 발효된 도드-프랭크법 (Dodd-Frank Act) 또는 월가 개혁 및 소비자 보호법(the Wall Street Reform and Consumer Protection Act)에 잘 나타나 있다. 이 법은 금융위기 재발을 방지할 목적으로 1930년대 대공황 이후 가장 광범위한 영역에 걸친 개혁조치를 포함하고 있다.

도드-프랭크법은 소비자 보호, 파생상품 규제, 그림자은행에 대한 규제, 부도위기에 처한 비은행 금융기관 처리 권한 등을 주요 골자로 하고 있다.

소비자 보호

도드-프랭크법에 따라 모기지대출, 신용카드 발행 등과 관련된 불공정 관행이나 시장지배적 남용행위를 차단하기 위해 연준 산하에 소비자금융보호국(Consumer Financial Protection Bureau)이 신설되었다. 당초 하원의 법안에서는 별도의 소비자금융보호청(Consumer Financial Protection Agency)을 설립하여 의사결정 및 규정집행의 독립성을 강화하는 방안을 마련했으나 상원법안은 연준 산하에 소비자금융보호국을 설치하는 형태로 가결되었다.

파생상품에 대한 규제 강화

글로벌 금융위기의 원인 중 하나는 위험 분산에 도움이 될 것으로 생각되었지만 내재된 위험을 파악조차 할 수 없을 정도로 복잡한 파생금융상품의 범람이었다. 도드-프랑크법은 연방감독당국에게 파생금융상품시장에 대한 감독권한을 새롭게 부여하고 거래의 투명성을 제고하도록 하고 있다. 또한 금융당국이 대형은행들이 영위하고 있는 파생상품업무를 별도의 외부사업조직으로 분리하도록 요구할 수 있게 하고 있다.

그림자은행에 대한 규제

글로벌 금융위기의 핵심 요인은 전통적 상업은행 이외의 금융기관들이 우후죽순처럼 나타나 금융위기의 위험을 가중시킨 것이다. 이들 그림자은행들은 사실상 규제의 사각지대에 있었다. 도드-프랭크법에서는 그림자은행을 명시적으로 정의하고 있지는 않다. 대신 도드-프랑크법은 금융당국이 은행위기를 발생시킬 수 있는 잠재력을 가지고 있는 '시스템상 중요한 금융기관'을 지정할 수 있는 권한을 가지도록 하고 있다. '시스템상 중요한 금융기관'(SIF: Systemically Important Financial Institution)은 보다 강한 규제를 받게 하고 있다.

비은행 금융기관 정리 권한

도드–프랭크법은 체계적인 감독이 미치지 못하는 금융기관들의 파산이 금융시스템 위험을 유발하고 막대한 공적자금 투입을 초래했다는 점을 감안하여 금융당국에게 이들에 대한 강제적 정리절차 권한을 부여하고 있다.

정리 권한(resolution authority)이라 불리는 이 권한은 연방감독당국이 위기발생시 공적자금 투입에 따르는 납세자의 부담을 방지하기 위해 파산에 직면한 금융기관의 통제권을 장악하여 강제적으로 공적관리로 전환하고 정리절차를 밟을 수 있는 권한이다.

우리나라의 금융규제 개혁

우리나라의 금융규제 개혁은 글로벌 금융위기 이후 새롭게 도입된 거시건전성정책(macro-prudential policy)으로 설명할 수 있다. 거시건전성정책은 금융시스템이라는 전체적인 시각에서 리스크를 관리함으로써 금융불안이 거시경제 위기로 파급되는 것을 방지하는 정책이다.[14] 2008년 글로벌 금융위기 이후 금융시스템의 안정성 유지와 실물경제의 지속 성장을 위해 시스템 리스크(systemic risk)를 조기에 포착하고 거시건전성정책을 통해 이를 사전에 방지해야 한다는 인식이 확산되었다.

우리나라는 글로벌 금융위기 이후 자본유출입 변동성을 완화하기 위한 외환부문의 새로운 거시건전성정책을 도입하였다. 이와 함께 바젤 III에 따라 자기자본, 레버리지 비율, 유동성 규제 등을 강화하고 있다.

외환부문의 새로운 거시건전성정책

외환부문의 거시건전성정책은 자본유출입의 변동성을 완화하기 위해 도입된 제도이다. 글로벌 금융위기 이후 선진국의 위기 극복을 위한 비전통적 통화정책 실시로 글로벌 유동성이 풍부해짐에 따라 위기 시 급격히 유출되었던 글로벌 자본이 우리나라로 다시 빠르게 유입되기 시작하였다. 글로벌 금융위기 중 큰 폭으로 유출되었던 은행의 단기 외화차입이 2009년 2/4분기 이후 다시 빠르게 유입되고 주식 및 채권 시장의 포트폴리오 자금 유입도 큰 폭 확대되면서 자본유출입 변동성이 커짐에 따라 시스템 리스크 확대 우려가 높아졌다. 또한 자본유출입의 변동성 증대로 금리, 환율 등 가격변수가 기초경제여건과 괴리될 가능성이 커짐에 따라 통화, 재정 및 외환 정책 등 통상적인 거시경제정책만으로 대응하기에는 충분하지 않다는 인식이 확산되었다.

이에 따라 우리나라 자본유출입 변동성을 완화하기 위한 새로운 거시건전성정

거시건전성정책
금융시스템이라는 전체적인 시각에서 리스크를 관리함으로써 금융불안이 거시경제 위기로 파급되는 것을 방지하는 정책

---

14 시스템리스크는 일반적으로 '금융시스템 중요 부문의 신뢰가 손상되고 이로 인한 불확실성 증대로 실물경제에 중대한 부정적 영향을 미치는 사건이 발생할 위험'으로 정의할 수 있다. 거시건전성정책과 관련된 자세한 논의는 한국은행(2015), "한국의 거시건전성정책"을 참고할 것.

책으로 선물환포지션 비율 규제, 외환건전성부담금 제도 등이 도입되었다. 선물환포지션 비율 규제는 선물환, 외환스왑, 통화스왑, 차액결제선물환(NDF) 등 통화 관련 파생상품거래포지션을 일정 수준으로 제한하는 제도이다.[15] 외환건전성부담금 제도는 금융기관의 과도한 외화차입을 억제하고 외채구조의 장기화를 유도하기 위한 제도이다.[16]

외환부문의 거시건전성정책은 과도한 단기자본유입이 시스템 리스크로 확산되지 않도록 예방하는 사전적 대응조치의 성격을 가지고 있다. 이 제도의 시행으로 외채의 규모가 축소되고 만기구조가 장기화됨에 따라 외환부문을 중심으로 대외충격에 대한 금융시스템의 복원력(resilience)이 향상되었다. 또한 2013년 중반 미 연준이 양적완화 축소(QE tapering) 가능성을 시사했을 때 우리나라 금융시장이 다른 신흥국들에 비해 상대적으로 안정적인 모습을 보인 데에도 상당히 기여한 것으로 평가된다. 앞으로도 외환부문의 거시건전성제도는 경제여건 변화시 탄력적인 조정을 통해 자본유출입 변동성 완화에 적지 않은 역할을 할 수 있을 것이다.

바젤 III 이행

새로운 글로벌 은행감독기준인 바젤 III에서는 자본규제를 강화하고 레버리지비율 및 유동성 규제를 도입하였다. 또한 바젤위원회는 대형은행들의 대마불사(too big to fail) 문제를 완화하고 상호연계성 확대를 억제하기 위해 시스템상 중요한 금융기관(SIF)에 대한 추가자본 규제체계도 발표하였다.

이러한 국제기준 제정에 발맞추어 우리나라도 2013년 바젤 III 최저자본비율, 2016년 시스템상 중요한 은행에 대한 추가자본 규제, 2017년 외화 유동성커버리지비율 규제를 도입하였다. 레버리지비율 규제도 순차적으로 도입할 것으로 예상된다.

5 글로벌 금융위기와 주류경제학

자본주의경제는 나타나는 양상은 다르지만 반복되는 금융위기를 경험해 왔다.

---

15 현재 선물환포지션 한도는 국내은행의 경우 전월 말 자기자본의 50%, 외은지점은 전월 말 자기자본의 250%로 설정되어 있다. 우리나라 외환부문 거시건전성정책과 관련된 자세한 설명은 한국은행(2023), "한국의 외환제도와 외환시장"을 참고할 것.
16 현재 외환건전성부담금은 은행의 비예금성외화부채를 대상으로 만기에 따라 차등화된 요율을 적용하여 부과하고 있다. 은행 외에 증권사, 여신전문금융기관 등 비은행금융기관도 부과대상에 포함시키고 있다. 적립된 부담금은 외국환평형기금에 귀속되어 위기시 금융기관에 대한 외화유동성 지원에 활용되도록 하였다(한국은행, 전게서, 2023).

주류경제학이 상정해 온 것처럼 경제주체가 합리적이고 금융시장이 효율적이면 금융위기가 왜 반복적으로 일어나는가를 설명할 수 없다. 그래서 민스키와 같이 경제주체들이 경기순환과정에서 때로 비합리적인 군집행동(herd behavior)을 하다가 거품을 부풀리고 터트린다는 설명은 설득력이 있다. 민스키의 금융불안정성가설과는 다른 틀로 금융위기가 언제 왜 일어나는가를 설명하지 못한다면 주류경제학의 입지는 좁아질 것이다. 다른 틀은 경제주체들의 합리성을 전제하되 금융시장의 특수한 성격과 불완전정보, 상이한 경제주체들 간의 다양한 기대 등을 수용하는 모형일 것이다. 그런 방향으로 모형화작업이 활발히 진행되고 있다. 반복되는 금융위기는 금융위기에 관한 주류경제학의 진지한 응전을 요구하고 있다. 행동경제학과 금융위기는 주류경제학의 한 단계 높은 진화를 요구하는 도전이다.

1   민스키는 경제적 번영기에 금융불안정성이 잉태된다고 주장한다. 경제적 호황기에 행해지는 과도한 채무부담과 이로 인한 과도한 레버리지로 인해 민스키 모우먼트가 도래하고 금융위기가 발생한다. 민스키 모우먼트는 부채수준이 한계점에 도달하고 거품이 터지면서 자산가격이 하락하기 시작하는 시점이다. 금융위기와 관련한 민스키의 통찰력은 주택 투자붐에 편승해 신용불량자들한테도 제공된 묻지마식 서브프라임모기지 대출과 과도한 채무가 초래한 최근의 미국 발 글로벌 금융위기를 겪으면서 주목받고 있다.

2   금융위기는 금융전염으로 인해 더욱 악화된다. 금융전염은 금융위기로 어떤 금융기관이 파산할 경우 예금자나 채권자들의 두려움이 가중되어 다른 금융기관들의 도산가능성이 증가하는 악순환이 일어나는 것이다. 금융전염이 초래되는 원인은 뱅크 런과 디레버리징의 악순환 때문이다. 디레버리징의 악순환은 한 금융기관의 긴급처분에 따른 자산가격 하락이 대차대조표효과를 통해 다른 금융기관으로 전염되어 보다 많은 금융기관들이 자산을 처분하지 않으면 안되는 상황으로 내몰리게 되고, 결과적으로 자산가격은 더욱 하락하는 악순환에 빠지는 것이다.

3   금융위기가 일어나면 신용경색, 채무과잉, 통화정책의 유효성 상실 등으로 인해 심각한 경기침체가 이어진다. 1929년 가을에 시작된 미국의 대공황기에 실업률은 25%까지 상승하였다. 90년대 초반 일본의 금융위기의 여파로 인한 실업 증가는 10년 이상 지속되었다.

4   금융위기의 역사적 사례가 주는 중요한 교훈은 시점은 다르지만 모든 금융위기는 본질적으로 호황(boom)-광기(mania)-패닉(panic)-붕괴(bust)의 전철을 되풀이한다는 것이다. 은행들은 이 과정에서 거품자산에 투자하는 '공유된 실수'를 범하게 되고 공유된 실수는 금융위기의 밑거름이 된다.

5   글로벌 금융위기의 가장 중요한 원인은 미국 금융기관들의 증권화를 통한 무분별한 신용공급의 확대였다. 미국의 금융기관들이 자산유동화증권 발행을 통해 대출규모를 확대시킬 수 있었던 것은 글로벌 불균형으로 인해 해외자금조달이 가능했기 때문이다.

6   증권화는 금융기관들이 각종 대출을 패키지로 묶어서 증권을 만든 후 외부 투자자들에게 판매하는 것이다. 증권화된 유동화증권의 판매를 통해 은행들은 대출을 증가시키고 레버지를 확대할 수 있었다. 증권화는 위험분산과 높은 투자수익률에 일조한 것이 사실이지만 유동화증권의 판매자인 투자은행과 매입자인 투자자 모두 그 위험의 정도를 정확히 인식할 수 없었다. 투명성 결여와 위험에 대한 과소평가는 결과적으로 투자은행들의 과도한 부채와 대출, 과도한 레버리지 확장이라는 부작용을 초래하였다.

7   증권화로 은행부문의 레버리지가 확대되어 은행권의 대출 가능액이 증가하면 새로운 차입자가 등장해

야 한다. 은행들은 저신용 차입자도 서브프라임모기지 대출이 가능하도록 대출기준을 완화하였다. 은행들은 증권화를 통해 새로운 자금원을 끌어올 수 있게 됨으로써 상환능력을 제대로 갖추지 않은 저신용 차입자에도 무분별하게 신용을 확대할 수 있었다.

8 금융부문이 신용위기에 유연하게 대처할 수 없는 것은 상업은행과 그림자은행 모두 만기전환으로 인해 자산과 부채 사이의 만기불일치 문제를 안고 있기 때문이다. 만기전환은 단기부채를 장기자산으로 전환하는 것을 말한다. 신용위기가 닥치면 자산과 부채를 조정하여 대차대조표를 조정해야 하지만 금융권의 장기 비유동(iliquid)자산과 단기 유동(liquid)부채 사이의 만기불일치로 대차대조표의 조정이 쉽게 이루어질 수 없게 된다.

9 미국의 금융기관들이 상환능력이 의심되는 저신용자들에 대해서도 무분별하게 모기지 대출을 해 줄 수 있었던 것은 글로벌 불균형으로 해외투자자로부터 자금을 조달할 수 있었기 때문이다. 글로벌 불균형은 미국의 지속적인 대규모 경상수지 적자와 신흥시장국을 포함하는 개도국, 특히 중국의 대규모 경상수지 흑자 패턴을 지칭한다. 글로벌 불균형으로 미국으로 중국 등 개도국의 자금이 유입되었다. 세계에서 가장 발달하고 유동성이 풍부한 금융시장이 존재하는 미국은 경상수지 흑자국의 자연스러운 해외투자처가 되었다. 개도국의 외환보유고가 급증한 것은 아시아 금융위기로 인한 학습효과로 외환보유고의 중요성을 실감한 개도국들이 갑작스런 자본유출에 대비한 보험으로 외환보유고를 지속적으로 확충했기 때문이다.

10 글로벌 금융위기를 계기로 새로운 글로벌 은행규제체계인 바젤 III가 도입되었다. 바젤 III는 기존의 자본규제를 강화하고, 레버리지 및 유동성에 대한 규제를 새로 도입하였다. 미국은 도드–프랭크법을 통해 소비자 보호, 파생상품 및 그림자은행 등에 대한 규제 강화, 금융당국 권한 강화 등을 골자로 금융개혁 조치를 마련하였다. 우리나라에서는 자본유출입의 변동성을 완화하기 위해 선물환 포지션 비율 규제, 외환건전성부담금 제도 등 거시건전성정책을 도입하였다. 또한 바젤 III의 최저자본비율, 유동성커버리지비율 규제, 시스템상 중요 은행에 대한 추가자본 규제를 도입하였다. 레버리지비율 규제도 순차적으로 도입할 것으로 예상된다.

주요용어 및 개념   K/E/Y/W/O/R/D/S/&/C/O/N/C/E/P/T

- 민스키 모우먼트
- 금융위기
- 금융전염
- 디레버리징의 악순환
- 채무과잉
- 증권화
- 서브프라임 모기지
- 자산담보부증권(ABS)
- 모기지담보부증권(MBS)
- 부채담보부채권(CDO)
- 레버리지(leverage)
- 만기전환
- 글로벌 불균형
- 바젤 III
- 도드–프랭크법
- 거시건전성정책

1 영국의 이코노미스트에 실린 "금융위기"의 역사적 사례들을 읽고 다음 물음에 답하라. [Economist(April 12th, 2014), "Financial Crises: The Slump that Shaped Modern Finance"]

(1) 1792년 미국 최초의 금융위기가 남긴 교훈은 무엇인가?

(2) 1825년 영국의 금융위기가 남긴 교훈은 무엇인가?

(3) 최초의 글로벌 금융위기로 알려진 1857년 금융위기에 대한 영국 중앙은행의 대응이 주는 교훈은 무엇인가?

2 2007-2008년 글로벌 금융위기는 70년대에 이미 태동되고 있었다는 시각이 있다. 국제금융제도와 관련된 70년대의 어떤 변화가 글로벌 금융위기로 연결될 수 있었는가?

3 위의 2번 문제 풀이를 보면 파생상품의 출현과 자본의 글로벌화가 글로벌 금융위기로 연결되었다고 설명하고 있다.

(1) 파생상품의 등장이 글로벌 금융위기를 초래할 수 있었던 이유는?

(2) 자본의 글로벌화가 글로벌 금융위기로 연결될 수 있었던 이유는?

4 금융위기 이후 투자자를 보호하기 위해 좋은 의도로 이루어진 개혁조치가 '도덕적 해이'를 조장할 수도 있다. 은행의 대형화로 인한 대마불사(too big to fail)에 대한 믿음과 예금보험 등이 그 사례가 될 수 있다.

(1) 대마불사에 대한 믿음이 도덕적 해이를 조장할 수 있는 이유는?

(2) 예금보험이 도덕적 해이를 조장할 수도 있지만 왜 존속되고 있는지 생각해 보라.

5 채무로 인한 레버리지의 확대가 위험한 이유를 주택담보대출을 통해 20배의 레버리지로 주택을 구입한 가계를 예로 들어가며 설명해 보라.

6 은행들의 단기 부채와 장기 자산 간의 만기불일치는 신용위기를 가속시키는 요인으로 지목되고 있다. 개도국들의 국가부도(sovereign default)를 만기불일치 측면에서 설명해 보라.

7 2007-2008년 미국의 금융위기 이후 금융위기를 방지하기 위해서는 은행에 대한 규제가 필요하다는 시각이 대두되었다.

(1) 은행들이 일반기업에 비해 부정적 충격에 더 취약한 이유는?

(2) 은행시스템의 취약성과 위험성을 높이는 요인에는 무엇이 있는가?

(3) 금융위기를 방지하기 위해 은행에 대한 규제가 필요한 이유는?

8 다음은 어떤 은행의 대차대조표이다.

자산	2006		2023	
중앙은행예치금	7,345	(0.7%)	191,127	(14.2%)
단기대출	174,090	(17.5%)	248,014	(18.4%)
주택담보대출	313,226	(31.4%)	342,632	(25.4%)
고정자산 (빌딩및장비)	2,492	(0.3%)	4,032	(0.3%)
포트폴리오 거래자산	177,867	(17.8%)	127,950	(9.5%)
파생금융상품	138,353	(13.9%)	302,446	(22.4%)
기타자산	183,414	(18.4%)	133,314	(9.9%)
총자산	996,787	(100.0%)	1,349,515	(100.0%)
부채				
예금	336,316	(34.7%)	481,036	(37.5%)
담보부차입	136,956	(14.1%)	276,968	(21.6%)
비담보차입	111,137	(11.5%)	75,796	(5.9%)
포트폴리오 거래채무	71,874	(7.4%)	47,405	(3.7%)
파생금융상품	140,697	(14.5%)	300,775	(23.4%)
기타채무	172,417	(17.8%)	100,652	(7.8%)
총채무	969,397	(100.0%)	1,282,632	(100.0%)
자본	27,930		66,883	

(1) 글로벌금융위기 이전과 이후 이 은행의 자산과 부채구조의 변화를 설명하라. 중요한 변화는 무엇인가?

(2) 유동성 충격에 대한 이 은행의 대응력은 글로벌금융위기 이후 높아졌는가?

(3) 이 은행의 레버리지비율은 글로벌금융위기 이후 어떻게 변화하였는가?

(4) 이 은행이 보유하고 있는 자산의 가치가 상승 혹은 하락하는 경우 자본비율 및 레버리지비율에 미치는 영향은?

(5) 이 은행의 자산이 레버리지비율의 역수만큼 감소하는 경우 자본비율이 0%가 되는 것을 2023년을 예로 들어 보여라.

9 글로벌 금융위기의 여진으로 발생한 유럽의 금융위기는 대부분 재정적자로 인한 정부의 과도한 채무로 인해 발생한 국가부도위기이다.

(1) 그리스, 스페인, 이탈리아 등의 국가부도위기 사례를 조사해 보라.

(2) 남유럽 국가들이 직면했던 국가부도위기는 유로존(euro zone)과 같은 단일 통화지역이 가지는 한계에 그 본질이 있다는 시각이 있다. 유로존과 같은 단일통화지역의 경우 국가부도위기에 노출되기 쉬운 본질적인 이유는 무엇인지 설명해보라.

10 경제학 공개강좌(curriculum open-access resources in economics)의 제17장 대공황, 황금기, 글로벌 금융위기(The Great Depression, Golden Age, and Global Financial Crisis)를 읽고 다음 물음에 답하라(다음 사이트를 참고할 것).

(1) 자산가격이 지나치게 부풀려지고 거품이 형성되는 것은 투기자들이 자산 가격 상승이 지속될 것이라고 믿기 때문이다. 투기자들의 자산가격 상승 지속에 대한 믿음이 어떻게 자산가격을 상승시키는지 수요 및 공급곡선을 이용하여 그래프로 설명해 보라.

(2) 부채수준이 한계점에 도달하고 거품이 터지면서 자산가격이 하락하기 시작하는 민스키 모우먼트가 도래하면 자산가격 폭락으로 이어지는 것을 주택시장을 예로 들어 그래프로 설명해 보라.

경제학의 흐름과 정치경제학

이 장에서는 먼저 경제이론이 과거에서부터 어떤 변천과정을 거쳐 현재에 이르렀는가를 간단히 살펴본다. 다음으로 본서에서 다루어 온 주류경제학과는 다른 분석틀을 보여 주는 비주류경제학을 개관한다.

주요 학습사항

- 각 경제학파의 생성배경과 특징은
- 주류경제학과 정치경제학의 차이점은
- 객관적 가치설과 주관적 가치설은 어떻게 다른가
- 각 학파가 한국경제에 주는 시사점은

제1절 경제학의 조류

경제학은 순수과학이 아니고 경제문제를 다루는 사회과학이다. 시대와 사회를 달리함에 따라 경제문제의 양상이 달라지므로 경제이론은 시대와 사회의 산물이다. 따라서 각각의 경제이론이 ① 어떠한 시대적 배경하에 등장하였는가? ② 그 의의와 특징은 무엇인가? 등의 시각에 맞추어 정리해 보면 오늘날의 경제이론을 이해하고, 경제문제를 해결하는 데 보다 넓은 시각을 가지게 된다. 또한 우리나라, 우리 시대에 맞는 경제이론의 발전을 위해서도 과거의 경제이론을 알아야 한다는 당위성이 있다.

경제학이 하나의 독립된 학문체계로서 성립된 시기는 산업자본주의가 등장한 18세기 중엽이다. 그 창시자를 중농학파를 일으킨 프랑스의 케네라고 보는 학자도 있고, 고전학파를 일으킨 영국의 애덤 스미스라고 보는 학자도 있다. 그러나 스미스를 경제학의 시조라 부르고 그의 저서『국부론』을 경제학의 출발점으로 보는 것이 정설이다.

스미스 이전에 인간이 경제현상에 대하여 무관심했던 것은 물론 아니다. 경제문제에 관한 논의는 고대 그리스까지 거슬러 올라간다. 그러나 고대 및 중세의 경제사상은 윤리학이나 정치학, 신학 체계의 일부였고 경제문제만을 독립적으로 취급하지 않았다. 경제문제가 다소나마 독립된 형태로 연구대상이 된 것은 중상주의에서부터이다. 따라서 중상주의부터 다루기로 한다.

1 중상주의

시대적 배경

중상주의
국가(정부)의 적극적 개입과 보호무역주의를 통해 한 나라의 부강을 이룰 수 있다고 생각하는 사상

중상주의(mercantilism)란 15세기 중엽부터 18세기 중엽까지 3세기 동안 유럽에서 경제적으로 자본주의의 초기단계인 상업자본주의가 형성되던 시기의 경제사상과 경제정책을 말한다. 그 당시 유럽 각국은 안으로 지방분권주의, 밖으로는 교회의 보편주의(universalism) 및 다른 나라와 싸우면서 근대민족국가를 세우기 위하여 정부주도하에 적극적인 부국강병책을 썼다. 나라를 부강하게 하는 지름길은 정부의 보호·지원하에 주요산업을 적극 육성하며, 가급적 수출을 많이 하고 수입을 억제하여 무역

수지를 극대화하는 것이라고 생각하였다.

중상주의의 대표적인 사상가로는 영국의 먼(Thomas Mun, 1571~1641), 페티(William Petty, 1623~1685), 캉티용(Richard Cantillon, 1685~1734), 프랑스의 콜베르(Jean Baptist Colbert, 1619~1683), 독일의 유스티(Johann Heinrich von Justi, 1717~1771) 등이 있다.

내용 및 특징

중상주의는 일관된 이론체계라기보다 실제 경제정책을 뒷받침하는 다양한 사상인데 그 특징을 다음 몇 가지로 요약할 수 있다.

첫째, 개인의 이익과 국가의 이익은 조화가 이루어지지 않는다. 따라서 국가의 이익을 위하여는 개인의 이익을 규제하고, 정부가 경제에 적극 개입해야 한다(정부의 경제개입주의).

둘째, 금·은과 같은 귀금속이 곧 부이다(중금주의).

셋째, 생산은 부를 창조하는 데 전제가 된다는 점에서 장려되어야 한다. 그러나 부는 기본적으로 생산과정이 아니라 유통과정에서 상업, 특히 무역에서 창출된다.

넷째, 국가간의 무역을 영합게임(zero-sum game)으로 본다. 한 나라의 이익은 다른 나라의 손실이며, 이 이익과 손실을 합하면 0이 된다는 것이다.

셋째와 넷째 특징 때문에 중상주의는 강력한 보호무역주의로 식민지 개척 및 인국궁핍화정책(beggar-my-neighbour-policy)을 실시한다.

"노을지는 항구"(seaport at sunset)
중상주의가 절정에 달한 1639년에 완성된 프랑스의 화가 클로드 로랭(Claude Lorrain)의 작품. 중상주의는 관세를 통한 보호무역과 자국 우선주의를 내세우고 있는 오늘날 미국의 정책과 닮아 있다.
출처: wikipedia

2 중농주의학파

시대적 배경

중농주의학파(physiocracy school)는 프랑스에서 18세기 후반에 프랑소와 케네(Francois Quesnay, 1694~1774)가 창시하고 미라보(M. Mirabeau, 1715~1789), 튀르고(A. Turgot, 1727~1781) 등에 의하여 이어진 학파로서 농업중심의 사상 및 정책을 펼쳤다.

18세기 중엽까지 프랑스는 절대군주체제하에 농민이 전체인구의 90%를 점하는 유럽 제일의 농업국가였다. 그런데 왕정은 사치산업과 상업 및 무역만을 중시하는 중상주의정책을 실시하여 농업이 경시되었다. 한편 농민들은 75%에 달하는 높은 소

중농주의(학파)
자유방임주의와 농업의 중요성을 강조하는 사상

작료, 과중한 조세, 전쟁 등으로 시달려 농업이 피폐하게 되었다. 상업과 공업도 국가의 심한 간섭으로 인하여 발전이 저지되고 있었다.

이에 케네는 중상주의정책을 비판하면서 농업을 부흥시키고 상공업에 대한 국가의 간섭을 배격하는 중농주의를 제창하였다. 중농주의학파는 일관된 학설을 제시했다는 점에서 최초의 경제학파로 인정되고 있다.

내용 및 특징

『경제표』
케네의 『경제표』는 중농주의학파의 사상적 근간을 제시한 것으로 오늘날 국민소득 순환 개념의 기초가 되었다.
출처: wikipedia

중농주의학파의 대표자인 케네는 인간사회에도 자연계와 마찬가지로 자연질서(natural order)가 존재함을 믿었다. 자연질서란 자연현상에 존재하는 규칙성을 말하는데, 이러한 규칙성을 인간사회에서도 찾아볼 수 있다고 생각한 것이다. 따라서 중상주의와 달리 인위적인 보호, 간섭, 또는 통제를 배척하고 자유방임주의(laissez faire)를 채택함으로써 자연질서에 순응할 것을 주장하였다.

국부의 원천은 금·은이 아니라 토지라 하여 농업을 중시하였다. 농업만이 새로운 부를 생산하고, 상공업이나 운수업 등은 부를 증가시키는 것이 아니라 기존의 부를 변형시키거나 이전시킬 뿐이라고 보았다.

케네는 그의 저서 『경제표』(1758)에서 단순한 형태이기는 하지만 최초로 국민경제를 전체적인 측면에서 고찰하여 재화가 생산·유통·분배·소비되어 재생산되는 과정을 밝혔다. 이는 현대 거시경제이론에서 국민소득의 순환이라는 개념의 기초가 되고 산업연관분석의 선구가 된다.

중농주의학파는 스미스를 비롯한 고전학파에 큰 영향을 미쳤다.

3 고전학파

시대적 배경

고전학파
자유방임주의 및 시장의 역할을 강조하고 자유무역을 옹호하는 경제학파

고전학파(classical school)란 18세기 후반부터 1860년대까지 영국을 지배한 경제학파로서 애덤 스미스(Adam Smith, 1723~1790), 데이비드 리카도(David Ricardo, 1772~1823), 토마스 맬서스(Thomas R. Malthus, 1766~1834), 존 스튜어트 밀(John Stuart Mill, 1806~1873)에 이르는 일단의 학자들을 망라한다. 고전학파의 시조 스미스는 저서 『국부론』(Wealth of Nations, 1776)에서 그 이전의 산만한 경제이론을 집대성하고 체계화함으로써 경제학을 독립된 사회과학으로 출발시켰다. 따라서 스미스는 근대경제

학의 아버지라고 불린다.

스미스가 『국부론』을 쓴 당시는 영국에서 산업혁명이 본격적으로 시작되는 시기로서 농업, 공업 및 상업이 견실하게 성장하면서 새로운 산업자본가들이 등장하고 있었다. 그런데 지주, 특권상인들로 대표되는 종래의 지배계급은 중상주의정책을 유지하려고 애쓰고 있었다. 그러나 보호무역은 실효를 거두지 못하고 정부의 간섭은 자생적으로 성장하는 산업자본이나 일반시민들에게 불필요한 족쇄를 채우는 것으로 인식되어졌다. 신흥산업자본가와 일반시민들의 자유로운 경제활동을 보장해 주는 자유방임이 새로운 시대적 논리라고 인식되어지는 시점에서 새로운 현실에 부응하는 이론을 제시한 사람이 바로 스미스였다. 스미스 이후의 고전학파 경제학자들은 스미스의 이론을 그들의 시대에 맞게 수정·발전시켰다.

내용 및 특징

스미스는 국부의 원천이 노동의 생산물이라고 봄으로써, 중상주의 국부관을 배척하고 중농주의의 국부의 개념을 확대시켰다. 중상주의와는 정반대로 개인의 이익은 국가의 이익과 조화를 이룬다고 보고, 중농주의의 자유방임주의를 이어받아 정부의 간섭(「보이는 손」)을 반대하였다. 정부는 국방·치안·공공사업·기초교육·계약불이행에 대한 규제 등 자유로운 경제활동이 이루어지는 틀과 준칙만을 마련해 주고 경제에 간섭하지 말아야 한다. 그의 자유방임주의는 무역에도 중상주의의 보호무역에 반대하여 자유무역을 옹호하는 것으로 나타났다.

스미스는 한 상품의 시장가치가 그 상품의 생산에 투입된 노동량에 의해 결정된다는 노동가치설을 전개하였다. 그리고 노동가치설로 풀 수 없는 「스미스의 역설」을 제기하였다.

스미스는 경제성장, 소득분배, 화폐, 재정문제 등 많은 경제문제들을 다루었다. 『국부론』은 수많은 경제학자들에게 지혜와 영감, 그리고 논의의 출발점을 마련해 주었다. 특히 리카도에게 직접적인 영향을 주었다.

리카도는 그의 저서 『정치경제학 및 조세원리』(On the Principles of Political Economy and Taxation, 1817)에서 스미스의 자유무역이론과 노동가치설을 발전시키고, 공채누적이 자본축적을 저해하여 국민경제에 해롭다는 공채의 이론을 전개하였다. 리카도의 가장 중요한 공적은 자본주의경제에서의 소득분배의 법칙을 분석한 데에 있다. 리카도에 의하면 한 나라의 생산물이 자본가·노동자·지주 등 상이한 계층간에 어떻게 분배되는가를 밝히는 것이 경제학에서 가장 중요한 과업이다. 생산물 중 먼저 지대가 지주에게로 돌아가고 다음에 임금이 노동자에게 돌아가며 나머지가 이윤으로 자본가에게 돌아간다. 지대는 토지의 비옥도와 곡물에 대한 수요의 크기에 의해 결정된다. 임금은 장기에는 최저생계비수준에서 결정된다. 수확체감의 법칙이 작용하여 한 나라의 생산물이 증가하는 데에는 한계가 있다. 생산물

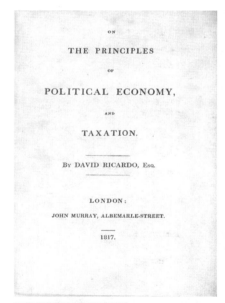

『정치경제학 및 조세원리』
자본주의경제에서의 소득분배의 법칙을 분석하여 리카도를 위대한 고전학파경제학자 중 한 명의 반열에 올린 책. 그의 무역이론은 오늘날 무역이론의 효시가 되고 있다.
출처: wikipedia

이 한 계급으로 흘러들어간다는 것은 다른 계급이 그만큼 적게 받는 것을 의미한다.

맬서스도 리카도와 같이 임금이 장기에는 최저생계비수준에서 결정된다는 임금철칙설을 주장하였다. 수확체감의 법칙으로 식량은 산술급수적으로 늘어나는 데 반하여, 인구는 기하급수적으로 늘어난다. 인구과잉, 식량부족은 실질임금을 최저생계비수준으로 떨어뜨린다. 한편 공산품은 수요부족으로 과잉생산될 수 있다. 이 과잉생산이론은 케인스의 유효수요이론의 토양이 된다. 맬서스의 대표적인 저서로는 『인구론』(1798)이 있다.

고전학파의 한계는 산업혁명과정에서의 눈부신 기술진보가 수확체감의 법칙을 무력하게 만들고 있는 현실을 보지 못한 채 수확체감의 법칙에 지나치게 매달렸다는 데 있다. 고전학파는 다른 모든 후세의 경제학파에게 이론적 기초와 논의의 출발점을 제공해 주었다.

4 역사학파

시대적 배경

독일의 철도망

리스트는 경제발전에서 철도시스템의 중요성을 강조했다. 리스트가 디자인한 독일의 철도망은 그의 사후 출간되었다.

출처: wikipedia

역사학파는 독일의 경제적 후진성을 탈피하기 위하여 19세기에 등장한 학파이다. 자본주의의 종주국인 영국은 19세기 초 유럽에서 가장 발달한 자본주의국가로서 세계의 공장이었고, 영국 상품은 세계시장을 석권하고 있었다. 이와 반대로 독일은 수많은 영주에 의하여 분할 통치되고 있었으며, 경제는 낙후되어 농업국의 지위를 벗어나지 못하였다. 나폴레옹의 대륙봉쇄에 의하여 겨우 발전하기 시작한 공업은 봉쇄가 풀리자 영국의 상품이 물밀듯이 들어와 치명적인 타격을 입게 되었다.

이러한 후진적인 경제구조를 개선시키고 당시 독일경제를 지배하고 있던 영국의 영향으로부터 벗어나기 위해서는 강력한 국가권력으로 걸음마단계에 있는 기간산업(유치산업)을 보호·육성하는 것이 필요하다고 인식되어졌다. 이와 같은 시대적 배경하에 등장한 것이 역사학파이다.

역사학파는 구역사학파와 신역사학파로 양립된다. 구역사학파의 대표자는 프리드리히 리스트(Friedrich List, 1789~1846)이고 그 밖에 롯셔(W. Roscher, 1817~1894), 힐데브란트(B. Hildebrand, 1812~1878) 등이 있다. 이들의 입장은 경제이론이 아무리 합리적이고 정밀하다 해도 시간과 공간에 의해 제약받는 상대적인 이론이며 자연법칙처럼 보편적일 수는 없다는 것이다. 리스트는 저서 『정치경제학의 국민적 체계』(*National System of Political Economy,*

1904)에서 국민경제의 발전단계를 원시상태·유목상태·농업상태·농공상태·농공상상태의 다섯 단계로 나누고, 영국은 농공상의 최고발전단계에 있으나 독일은 농공상태에 있다고 분석하였다. 그리고 독일이 농공상상태에 이르기까지는 영국과는 달리 보호무역주의와 적극적인 유치산업 육성정책을 실시해야 한다고 주장하였다. 보호·육성정책에 의하여 국민경제가 농공상상태로 발전하면 자유무역정책으로 환원하여야 한다고 하였다.

슈몰러(G. Schmoller, 1838~1917)를 대표로 하는 신역사학파는 역사적 연구를 통하여 귀납적인 방법으로 윤리적 국민공동체의 이론을 전개하고, 자본주의체제를 유지하기 위해서는 국가가 사회보장정책을 적극 실시해야 한다고 주장하였다.

내용 및 특징

역사학파의 특징은 여러 가지 면에서 설명할 수 있으나 다음과 같이 세 가지로 요약할 수 있다.

첫째, 국가와 개인은 별개의 조직으로서 개인의 이기심은 사회의 이익 밑에 두어야 한다. 국민경제의 중심과제는 생산력의 배양이며 부 자체보다는 부를 창조하는 힘이 중요하다.

둘째, 고전학파의 추상화와 연역화에 반대하고 구체성과 개별성을 중요시하며, 이론의 일반적인 연구 대신에 구체적인 역사자료의 분석에 중점을 둔다.

셋째, 경제현상을 일반 문화현상과 대등한 위치에서 그 유기적인 면을 중시한다.

5 사회주의경제학파

시대적 배경

산업혁명이 진행됨에 따라 부의 집중현상이 나타나면서 다른 한편으로는 일반 대중의 빈곤이 심화되어 갔다. 기계에 의한 노동자의 배제는 실업자를 배출하고, 식량부족과 저임금은 노동자의 생활을 위협하였다. 1810년대부터 시작된 주기적인 공황은 자본주의체제의 내재적 모순으로까지 인식되기에 이르렀다. 1830년대부터 노동자계급은 자신들의 비참한 처지를 깨닫고 조직적인 운동을 통하여 자본가계급과 투쟁하기에 이르렀다. 이러한 계급관계의 문제는 리카도가 분배론을 통하여 분석한 바 있거니와, 인도적 혹은 역사적인 관점에서 노동자계급의 입장을 대변하는 새로운 학파의 등장이 시대적으로 요청되었다.

사회주의경제학파
자유방임주의를 배격하고 국가의 역할 및 계급 간의 이해갈등을 강조하는 학파

이런 상황에서 사회주의경제학파가 19세기 초부터 영국·독일·프랑스에서 일어났는데 칼 마르크스(Karl Marx, 1818~1883)에 의하여 집대성되었다. 이 학파는 그 주장과 내용에 따라 공상적 사회주의와 과학적 사회주의로 나누어 설명할 수 있다.

내용 및 특징

공상적 사회주의

공상적 사회주의학파의 대표자는 시스몽디(Jean Sismondi, 1773~1842)인데 그는 고전학파 경제학에 대한 최초의 비판자이기도 하다. 그는 노동과 재산의 분리, 노동계급의 곤경, 공황의 도래 등을 자유경쟁의 결과라고 간주하여 자유방임주의를 배척하고 국가의 역할에 기대를 걸었다.

한편 프랑스의 생 시몽(Saint Simon, 1760~1825), 푸리에(Charles Fourier, 1772~1837), 영국의 오웬(R. Owen, 1771~1858) 등의 초기 사회주의자들도 각각 인도적·이상주의적 입장에서 사유재산제도를 부정하는 이상사회의 설계를 주장하였다.

과학적 사회주의

과학적 사회주의의 대표자는 마르크스와 엥겔스(Friedrich Engels, 1820~1895)이다. 마르크스는 자본주의경제에 내재하는 기본적인 계급간의 이해갈등을 강조한 리카도이론에 일반적인 역사이론과 사회이론을 접목시켰다. 마르크스이론에 관하여는 제2절에서 다룬다.

시스몽디
시스몽디는 『정치경제의 새로운 원칙』에서 자유방임주의를 비판하고 노동계급을 지칭하기 위해 프롤레타리아(proletariat)라는 용어를 처음으로 만들어 냈다.
출처: wikipedia

6 한계효용학파

시대적 배경

사회주의경제학이 노동자계급의 입장을 대변하면서 자본주의체제의 변혁을 요구하는 극단적인 노선을 걷는 데 비하여, 사회주의 및 노동조합운동에 반대하면서 고전학파와 같이 정부의 간섭을 배제하고 자유방임정책을 옹호하는 학파가 1870년대에 등장하였는데 이 학파가 한계효용학파이다. 1870년대에는 서구 각국의 경제가 대체로 지속적인 성장을 시현하는 가운데 노동의 생산성과 모든 계급의 생활수준이 향상되고 있었다. 이러한 시대적 배경하에 한계효용학파는 사회주의경제학파이론의 독단(dogma)을 배척하고 자본주의의 장래에 대하여 낙관적인 견해를 가졌다.

한계효용학파
정부의 간섭을 배제하고 자유방임정책을 옹호하며 주관적 효용가치설을 주장하는 학파이 학파는 영국의 제본스(William S. Jevons, 1835~1882), 오스트리아의 멩거(Carl Menger, 1840~1921), 프랑스의 왈라스(Léon Walras, 1834~1910) 3인이 동일한 이론을 각각 독자적으로 1870년대에 제창함으로써 성립되었다. 이 3인의 뒤를 이어 뵘 바베르크(Böhm-Bawerk, 1851~1914), 파레토(Vilfredo Pareto, 1848~1923), 빅셀(Knut Wicksell, 1851~1926), 카셀(Gustav Cassel, 1866~1945) 등이 이 학파를 발전시켰다.

내용 및 특징

한계효용학파라는 이름은 그때까지 지배적이었던 객관적 가치설을 부정하고 주관적 가치설을 주장하여 상품의 가치는 한계효용에 의하여 결정된다고 주장한 데에서 나왔다.

고전학파와 사회주의학파의 가치결정원리는 노동가치설이었는데 한계효용학파의 가치결정원리는 한계원리이다. 동일한 상품의 소비량이 증가할 때 그 추가단위로부터 얻게 되는 만족은 체감하며, 특히 마지막으로 소비되는 상품 1단위의 효용이 전체상품의 가치를 결정한다는 것이다. 제6장에서 설명한 바와 같이 이 학파는 종래의 객관적 가치설로는 설명할 수 없었던 스미스의 역설을 한계효용의 개념을 사용하여 해결할 수 있었다.

가치의 역설
아담 스미스가 제기한 다이아몬드와 물의 가치에 대한 역설은 한계효용의 개념으로 해결되었다.

이 밖에도 한계효용학파의 특징은 다음과 같은 점을 들 수 있다.

첫째, 종래의 경제학은 경국제민(經國濟民)과 사회 각 계급간의 이해관계를 다루는 정치경제학(political economy)이었다. 이에 대하여 한계효용학파는 계급 대신 개인을 분석대상으로, 수학을 분석도구로 삼아 경제학을 수학과 같은 순수한 정밀과학으로 접근하였다.

둘째, 경제질서는 인간의 합리적 정신으로 통제될 수 있다고 보았다.

셋째, 재화의 생산면보다는 소비면을 강조하여 주관적 효용가치설에 의한 가격기구의 분석에 주력하였다.

넷째, 일반균형분석이 「순수정치경제의 원리」(1884)를 쓴 왈라스에 의하여 완성되고, 경제후생분석이 파레토에 의하여 시도됨으로써, 현대 일반균형이론과 후생경제학의 초석을 마련하였다.

케임브리지학파
객관적 가치설과 주관적 가치
설을 종합하여 시장가격과 거
래량을 수요·공급의 이론으
로 설명하는 학파로 신고전학
파로도 불림.

『경제학원리』
미시경제학과 후생경제학의 아버지로
불리는 마샬이 1890년 출간한 『경제
학원리』. 그의 학문세계는 피구와 케
인스로 이어졌다.
출처: wikipedia

7 케임브리지학파

시대적 배경

역사학파·사회주의학파·한계효용학파의 이론이 난립하는 19세기 말에, 각 학파의 장점이라고 생각되는 점들을 선택 결합하여 독자적인 체계를 수립한 학자가 케임브리지대학의 알프레드 마샬(Alfred Marshall, 1842~1923)이다. 그는 고전학파의 객관적 가치설과 한계효용학파의 주관적 가치설을 종합하여 수요·공급의 이론을 완성하는 한편, 역사학파와 같이 경제이론은 역사적 현실의 검증을 통하여 현실경제문제의 해결에 기여해야 한다고 생각하였다. 그러나 그는 사회주의학파의 이론을 받아들이지 않았다. 마샬은 당시 경제학의 유일한 교과서로 사용되고 있던 밀의 『정치경제학원리』(Principles of Political Economy, 1848)를 새로운 분석기법과 수학식으로 정교하게 발전시켜 『경제학원리』(Principles of Economics, 1890)를 펴냄으로써 스미스–리카도–밀–마샬로 연결되는 체계를 이루었다. 따라서 그는 신고전학파(neo-classical school)의 창설자라고도 불린다.

마샬의 경제학은 그의 제자 피구(Arthur Pigou, 1887~1959)에 의하여 계승되었다. 피구는 파레토의 연구를 이어받아 제16장에서 다룬 후생경제학을 개척하였다. 마샬과 피구가 케임브리지대학에 봉직하였기 때문에 케임브리지학파(Cambridge school)라고 부른다.

내용 및 특징

케임브리지학파 이론의 주요 내용과 특징을 들어 보면 다음과 같다.

첫째, 경제사회를 생성·발전하는 생물유기체와 같은 것으로 보고, 역사적으로 생성·발전하는 경제행태를 규명하는 경제이론을 전개하고자 하였다.

둘째, 시장가격과 거래량을 수요·공급으로 설명하였다. 고전학파의 객관적 가치설은 생산자가 받고자 하는 공급가격을 결정한다. 한계효용학파의 주관적 가치설은 소비자가 지불할 용의가 있는 수요가격을 결정한다. 이 공급가격과 수요가격이 일치하는 수준에서 결정되는 가격이 균형가격인데, 현실 시장가격을 바로 이러한 균형가격으로 보는 것이다. 균형가격을 일시적 균형가격·단기균형가격·장기균형가격으로 나누어 한계효용이 생산비보다 더 중요한 구실을 하는 것은 일시적 균형이 성립되는 경우이며, 단기와 장기에 있어서는 생산비가 더 중요한 요인이 된다고 보았다.

셋째, 이윤을 분배론에 포함시켜 단기에서는 이윤이 순수한 잉여이지만 장기에는 「대표적 기업」(representative firm)의 정상적인 공급가격의 불가결한 구성요소로 보았다.

넷째, 수요의 이론에서 수요의 탄력도, 소비자잉여 등 근대 경제학의 중요한 분

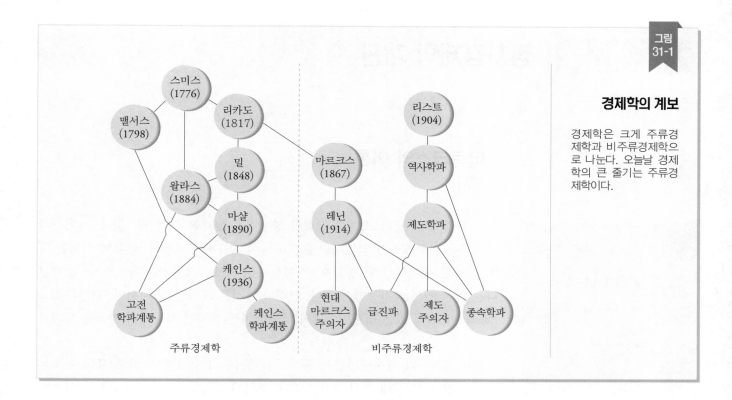

그림
31-1

경제학의 계보

경제학은 크게 주류경제학과 비주류경제학으로 나눈다. 오늘날 경제학의 큰 줄기는 주류경제학이다.

스미스
(1776)

리카도
(1817)

맬서스
(1798)

밀
(1848)

왈라스
(1884)

마샬
(1890)

케인스
(1936)

고전
학파계통

케인스
학파계통

주류경제학

리스트
(1904)

역사학파

마르크스
(1867)

제도학파

레닌
(1914)

현대
마르크스
주의자

급진파

제도
주의자

종속학파

비주류경제학

석기법을 창안하였다.

　다섯째, 경제복지를 과제로 하여 이론과 정책을 결부시켜 정책이 입각해야 할 일반적 기준을 후생경제이론으로 제공하고자 하였다. 경제학을 복지를 위한 실증과학으로 보는 케임브리지학파의 입장은 마샬의 「냉철한 머리와 따뜻한 가슴」(*cool head but warm heart*)이라는 케임브리지대학의 취임연설문에 잘 나타나 있다.

　케임브리지학파를 신고전학파라고도 하는데, 일부 문헌에서는 한계효용학파와 케임브리지학파를 포괄하여 신고전학파(neo-classical school)라 부르기도 한다.

　개인과 기업의 행태를 분석하는 미시경제학은 케임브리지학파에 의하여 체계화되었다. 그 후 케임브리지학파의 이론틀에 추가된 것은 제16장에서 다룬 일반균형이론과 제17장에서 다룬 공공선택이론이다.

　그러나 한 나라 경제 전체를 다루는 거시경제학은 케인스가 처음으로 미시경제학에서 공식적으로 분리시킨 이후, 고전학파의 전통을 이어받은 통화주의자 및 새 고전학파의 고전학파계통과 케인스를 이은 케인스학파계통으로 대립되어 있는 이원화된 이론체계이다. 이는 본서의 제10편에서 다루었다.

　본서가 다룬 것은 케임브리지학파, (새) 케인스학파, 통화주의자, 새 고전학파로 대표되는 주류경제학(mainstream economics)이다. 이 주류경제학과 다른 분석틀을 제시하는 여러 가지 경제이론들이 있다. 이들을 비주류경제학 혹은 정치경제학이라 이름 붙여 다음 절에서 간략하게 개관하기로 한다.

제2절 정치경제학 개관

1 마르크스의 이론

『자본론』
마르크스의 『자본론』은 인류사에 가장 큰 영향력을 남긴 불멸의 역작 중 하나로 평가된다.
출처: wikipedia

20세기에 마르크스만큼 강력한 영향력을 행사한 사상가는 없다. 사회주의 국가들은 마르크스가 없었다면 출현하지 않았을지도 모른다. 인류에 심대한 영향을 미친 사회사상가·철학자·경제학자인 마르크스의 이론을 간단히 소개한다는 것은 거의 불가능한 일이다. 그러나 본서는 그의 주요 저서인 『자본론』(*Das Kapital*, 1867)에 있는 경제이론에만 국한하여 원론적인 차원에서 정리해 보기로 한다.

마르크스의 경제이론은 노동가치설에서부터 시작한다. 한 상품의 가치는 그 상품을 만드는 데 직접·간접적으로 투하된 노동량(노동자가 투입한 「사회적 노동시간」)에 의해 결정된다는 것이다.

제11장에서 총수입과 총비용의 차이인 이윤을 다음과 같이 표시하였다.

$$이윤(\pi) = 총수입 - 총비용$$
$$= 가격 \times 생산량 - (총고정비용 + 총가변비용)$$

윗식의 양변을 생산량으로 나누어 시장가격에 대해 정리하면

[31-1] 가격(P) = 평균고정비용(AFC) + 평균가변비용(AVC) + 평균이윤

으로 표시된다. 마르크스가 말하는 상품 1단위의 가치도 위의 식과 비슷하게 표시된다.

[31-2] 가치 = 불변자본(c) + 가변자본(v) + 잉여가치(s)

불변자본
생산에 투입되는 자본재와 원자재의 가치

불변자본(constant capital)은 생산에 투입되는 자본재와 원자재의 가치를 말한다. 자본재와 원자재는 이미 노동에 의해 생산된 것으로서 그 가치를 사회적 평균시간으로 표시할 수 있다는 뜻에서 간접노동이라고 부른다. 자본재와 원자재는 생산과정에서 상실되는 가치만큼만 최종상품에 부가시킨다.

생산에 투입되는 노동력(직접노동)이 나머지 상품가치를 생산한다. 가변자본

(variable capital)은 생산에 투입되는 노동력의 가치 중 임금으로 지불된 부분이다. 잉여가치(surplus value)는 직접노동이 생산한 가치 중 임금으로 지불되지 않은 부분이다. 노동자는 가변자본(v)+잉여가치(s)만큼의 가치를 생산하지만 노동의 대가로 가변자본만 받게 되고 나머지 잉여가치는 자본가에게 귀속된다. 이 잉여가치는 노동자가 생산한 몫인데도 노동자한테 돌아가지 않고 자본가에게 돌아간다는 점에서 자본가가 노동자로부터 착취한 것이다. 마르크스는 식 (31-2)의 각 항목간의 비율을 다음과 같이 정의하였다.

가변자본
생산에 투입되는 노동력의 가치 중 임금으로 지불되는 부분

잉여가치
노동이 생산한 가치 중 임금으로 지불되지 않은 부분

$$[31\text{-}3] \quad (노동)착취도 = \frac{잉여가치(s)}{자본가치(v)}$$

$$자본의\ 유기적\ 구성 = \frac{불변자본(c)}{가변자본(v)}$$

$$이윤율 = \frac{잉여가치(s)}{총자본(c+v)}$$

자본주의가 발전함에 따라 마르크스는 착취도와 자본의 유기적 구성이 높아지는 반면 이윤율은 떨어진다고 보았다. 마르크스에 의하면 자본주의의 동적 변화는 다음과 같이 요약할 수 있다. 먼저 자본주의에서 보편적으로 존재하는 노동착취는 한편으로는 자본가들의 경쟁과 잉여가치의 투자를 통하여 자본축적으로 이어지고, 다른 한편으로 노동자의 구매력의 부족을 초래한다. 구매력이 부족해지는 이유는 노동자들이 제 몫을 받지 못하는데다가 투자로 생산능력은 계속 확대되기 때문이다. 결국 공급과잉으로 불황이 찾아온다. 불황기에 생산은 감축되고 물가는 떨어지며 실업은 늘고 잉여가치는 감소하다가 사라져 버린다. 이에 따라 자본축적은 중단된다. 이러한 과정은 공급과잉이 해소될 때까지 지속된다. 공급과잉이 해소되면 물가가 회복되고 잉여가치가 발생하며 자본축적이 다시 이루어져 다음 불황으로 다시 연결된다. 호황과 불황의 반복되는 순환은 생산의 무정부성과 자본가의 탐욕스러운 이윤추구에 바탕을 둔 자본주의의 내재적 모순에 기인한다. 시간이 갈수록 이 경기순환은 더 강도가 높아지고 더 길어져 불황은 공황으로 연결된다.

호황기에도 자본축적은 기계에 의한 노동의 대체를 가져와 실업자인 「산업예비군」(reserve army)이 늘어난다. 불황기에 실업이 늘고 임금이 떨어지는 것은 물론이다. 결과적으로 노동자계급은 시간이 갈수록 궁핍해진다.

한편 자본이 축적됨에 따라 이윤율은 하락한다. 이윤율의 하락을 회피하고 불황의 타격을 중화시키기 위하여 대자본이 소자본을 합병하는 자본집중이 일어난다. 자본집중은 극소수의 대자본가에게 부의 집중을 가져다 주고 많은 소자본가들을 노동자계급으로 떨어뜨린다.

노동자계급의 빈곤과 대자본가에 의한 부의 집중이 갈수록 심화됨으로써 궁극적으로 다수의 노동자가 극소수의 대자본가들을 타도하는 혁명이 일어난다. 노동자

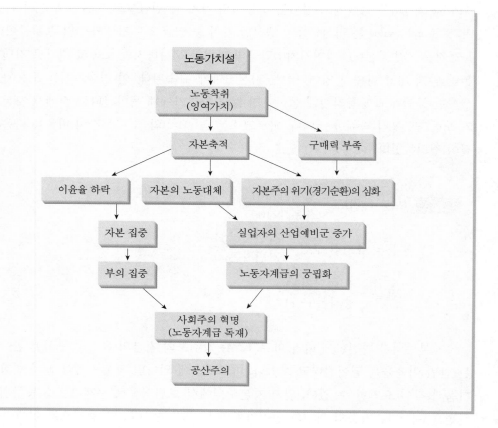

그림 31-2

마르크스의 자본주의 진행양식

마르크스에 의하면 자본주의는 시간이 흐를수록 부익부 빈익빈 현상이 심화됨으로써 노동자계급의 혁명을 불러일으켜 공산주의로 이행한다.

혁명으로 자본주의는 붕괴하고 사회주의가 들어선다. 자본주의라는 정제(thesis)를 부정하여 나타나는 사회주의라는 반제(antithesis)는 결국 「능력에 따른 생산과 필요에 따른 분배」가 이루어지는 공산주의라는 합성(synthesis)으로 귀착된다.

이상의 논의를 도식화하면 그림 31-2와 같다.

서구자본주의는 마르크스가 예언한 붕괴와 멸망의 길을 걸어오지 않았다. 노동자들의 실질임금은 상승추세를 밟아 왔다. 노동시간은 단축되는 한편 노동소득분배율은 거의 일정하거나 조금씩 증가하는 추세를 보이고 있다. 노동자들은 총칼을 통한 혁명이 아니라 투표를 통하여 정치세력으로 성장해 왔다. 기술진보와 혁신이 끊임없이 일어남으로써 이윤율은 하락추세를 보이지 않았다. 경기순환은 1930년대까지 마르크스의 예언대로 심화되는 듯하였으나 1940년대부터는 혼합경제하에서 오히려 약화되었다. 오늘날 서구자본주의는 종전의 사회주의국가보다 노동자들에게 더 풍요로운 생활을 보장해 주면서 시대변화에 더 우월한 적응능력을 보여주고 있다. 오히려 사회주의국가가 계획경제 대신 시장경제를 채택하고 생산수단의 사유화를 폭넓게 추진하는 등 체제전환경제로서 자본주의경제를 본격적으로 닮아가는 양상을 보이고 있다.

마르크스이론의 출발점인 노동가치설은 자본가와 노동자간의 계급투쟁을 부각시키기 위해 유용한 이론이지, 객관적이고 타당성 있는 이론이라 할 수 없다. 똑같은 노동량을 투입하더라도 토지의 비옥도, 생산기술, 기업가의 경영능력 등에 따라서 생산물가치는 얼마든지 달라진다. 기계·설비 등의 자본재에 체화되어 있는 노동량을 객관적으로 측정하기도 어렵다. 노동을 유일한 생산요소로 보는 노동가치설은 본서에서 다룬 것과 같이 토지·노동·자본을 본원적인 생산요소로 보는 견해로 수정되어야 마땅하다.

이러한 이론적 취약점에도 불구하고 마르크스이론체계로부터 우리가 배울 수 있는 것은 다음의 세 가지이다.

첫째, 이념이 행동을 규정하기보다는 경제적 이해관계가 행동과 그 가치체계를 결정하는 경우가 많다는 것이다. 특히 자본주의사회는 경제적 이해관계를 달리하는 자본가계급과 노동자계급간의 갈등·대립이 특징적인 현상이다. 이는 과거의 주류경제학이 사회 각 계층의 조화와 균형에만 초점을 맞춤으로써 갈등과 대립의 측면을 도외시한 단점을 보완해 준다. 일반적으로 정치·사회·문화면의 많은 현상들은 경제적 힘의 상호관계로 설명할 수 있다.

둘째, 경제현실은 영원불멸한 것이 아니고 계속 변화한다는 것이다. 현대의 혼합경제체제도 변하고, 노동자계급이 승리하면 계급투쟁이 완전히 종식될 것이라는 명제도 변하게 마련이다. 마르크스의 표현대로 「이 모든 것들은 사라질 것이다.」

셋째, 건전하고 안정된 사회를 위해서는 효율 못지않게 형평이 이루어져야 한다는 것이다. 모든 사람에게 공평한 기회를 마련해 주고 인간으로서의 존엄성을 가질 수 있도록 하는 경제가 중요하다. 오늘날 도도히 진행되는 세계화에 대해 지구촌 곳곳에서 일어나는 반대시위도 형평과 인간의 존엄성을 강조하는 마르크스이론의 정신을 새롭게 계승한 것이라 할 수 있다.

마르크스로부터 파생된 정치경제학으로부터 배울 수 있는 것도 기본적으로 이 세 가지이다. 이하에서는 현대 정치경제학의 여러 분파를 간략하게 살펴본다.

2 레닌의 이론

마르크스에 의하면 자본주의가 가장 발달한 서구자본주의국가에서 노동자혁명이 일어나 사회주의로 이행하게 된다. 그러나 현실에서는 자본주의를 제대로 경험하지도 못한 러시아와 중국에서 노동자·농민혁명이 일어나 사회주의국가가 수립되었다. 마르크스이론과 현실의 이러한 간격을 메우는 이론이 레닌(Vladimir Lenin, 1870~1924)의 이론이다.

레닌
마르크스주의자 레닌은 노동자를 주축으로 1917년 10월 혁명을 성공시키고 러시아에 사회주의국가를 수립하였다.

레닌은 『자본주의의 최고단계로서의 제국주의』(1917)에서 자본주의가 상업자본주의, 산업자본주의를 거쳐 제국주의단계로 이행하였다고 주장한다. 제국주의는 자본의 확대논리에 의해 대내적 독점에 이어 대외적 팽창이 일어나는 단계이다. 제국주의의 구체적인 특징은 다음과 같다.

① 생산과 자본의 집중이 고도로 발전하여 경제적으로 결정적인 역할을 하는 독점이 형성된다.

② 은행자본과 산업자본이 융합하여 금융자본이 되고, 이 금융자본의 기초 위에 금융과두제(金融寡頭制)[1]가 창출된다.

③ 상품수출과 구별되는 자본수출이 중요하게 된다.

④ 세계를 장악하는 국제독점자본(=다국적기업)이 성립한다.

⑤ 선진자본주의 열강들간에 세계영토의 식민지 분할이 완성된다.

레닌에 의하면 독점은 마르크스가 말하는 자본주의의 내재적인 모순 때문에 경쟁과 공황을 제거할 수 없다. 선진자본주의 열강들의 내재적인 모순이 식민지로 이입되며 식민지 쟁탈의 제국주의전쟁이 주기적으로 일어난다. 여기서 그는 세계자본주의의 가장 약한 곳에서 사회혁명이 일어나야 할 필연성을 논하고 러시아에서의 공산주의혁명이론을 전개하였다.

현대자본주의에서 금융자본과 다국적기업, 자본수출 등의 중요성을 강조한 레닌의 지적은 옳다. 그러나 식민지를 쟁탈하기 위해 제국주의전쟁이 주기적으로 일어날 것이라는 그의 예측은 빗나갔다.

마르크스의 이론과 레닌의 이론을 합쳐 마르크스–레닌주의라고 한다.

3 신 좌 파

신좌파
현대자본주의의 문제점을 비판하고 일반대중의 참여에 의한 민주적 계획을 통하여 시장의 실패를 교정해야 한다고 주장하는 급진파

1960년대부터 미국에서 현대자본주의에 대하여 급진적인 비판을 가하면서 등장한 일단의 경제학자들을 급진파 혹은 신좌파(new left)라 부른다. 급진파는 현대자본주의의 문제점으로 부의 불평등과 빈곤, 생활의 질을 위협하는 공해, 인종차별과 성차별, 경제적 군국주의, 노동자의 기계부품화 및 인간소외, 낭비를 조장하고 선호를 조작하는 대기업주의 등을 든다.

급진파는 시장이 사람들의 선호와 사회적 비용을 제대로 반영한다고 보지 않는

---

1 소수의 거대 금융자본가 집단이 한 나라의 경제를 지배하는 체제를 뜻하는 마르크스 경제학 용어이다.

다. 그렇다고 해서 급진파가 정부계획을 지지하는 것도 아니다. 개인의 자유를 억압하는 구 소련의 공산주의 같은 전체주의체제에 대하여도 시장 못지않게 비판적이다. 급진파는 관료제의 강화가 아닌 일반대중의 참여에 의한 민주적인 계획을 통하여 시장의 실패를 교정해야 한다고 주장한다. 최근 급진파는 자본주의하에서의 인간소외에 초점을 맞추어 개인의 자아실현에 관심을 쏟고 있다.

급진파는 현대자본주의의 문제점들을 제대로 지적하고 있다. 그러나 그 해결책은 설득력이 부족하다. 정부에 의존하지 않고 시장의 실패를 교정한다는 것은 말은 쉽지만 실제로는 어렵다. 그 구체적인 방법을 제시하지 못하고 있기 때문에 급진파는 유토피아적인 공동체를 동경하는 공상적 사회주의에서 크게 벗어나지 못하고 있다.

급진파의 대표적인 학자들로는 걸리(John G. Gurley), 보울즈(Samuel Bowles), 고든(David Gordon) 등을 들 수 있다.

4 현대 마르크스주의자

현대 마르크스주의자들(Marxists)이 보는 현대자본주의의 문제점들은 급진파와 같다. 이들은 이러한 문제점들의 근원에는 자본주의의 내적인 모순이 있다고 보고, 변화된 자본주의의 현실에 맞추어 마르크스의 이론을 해석하면서 자본주의의 운동법칙을 규명하려고 한다.

현대 마르크스주의자들은 현대자본주의의 내적 모순이 무엇인가를 놓고 이론적 입장이 크게 두 가지로 나누어진다. 하나는 스위지(P. Sweezy)로 대표되는 과소소비설이고, 다른 하나는 마르크스가 강조한 노자대립(노동자와 자본가의 대립)론이다. 과소소비설은 자본주의의 내적 모순을 자본축적과정에서 필연적으로 발생하는 생산력과 소비력간의 괴리에서 찾고 있다. 따라서 군사비지출이나 비생산적 낭비가 자본주의의 유지에 불가피하다고 본다. 노자대립론은 기계를 사용하여 노동에 대해 지배력을 강화하려는 자본가측의 의도가 고정자본의 증가로 나타나고 잉여가치의 창출을 둔화시킨다는 점을 강조한다. 과소소비설이 가치의 실현과정에 초점을 맞추는 데 비하여, 노자대립론을 주장하는 사람들은 가치의 생산과정에 초점을 맞추기 때문에 후자를 근본주의자(fundamentalist)라고도 부른다.

내적 모순에 관한 이론적 대립과는 달리 현대 마르크스주의자들은 자본주의가 경쟁적인 산업자본주의 단계, 독점자본주의 단계, 국가독점자본주의 단계로 발전한다고 보며, 선진국경제를 국가독점자본주의로 규정한다. 자본축적과정의 내적 모순을 해결하기 위해 국가가 경제에 개입하는 것이 국가독점자본주의이다. 국가독점자본주의에서는 국가가 독점자본과 유착되어 갈수록 경제에 더 깊이, 더 넓게 개입한다.

현대 마르크스주의자
급진파의 시각에서 현대자본주의의 문제점을 고찰하고 변화된 자본주의의 현실 속에서 마르크스의 이론을 해석하고자 하는 학파제도학파의 뒤를 이은 신제도주의 경제학(New Institutional Economics)은 오늘날 비주류경제학에서 주류경제학에 가장 큰 영향을 미치는 학문분과이다.

신제도주의 경제학은 제도가 중요하다고 보는 점에서 제도학파와 같다. 그러나 정부개입보다 시장에서 생성되는 자생적 질서와 제도를 더 신뢰한다는 점에서 제도학파와 다르다. 신고전학파의 미시적 분석도구를 수용한다는 점에서도 다르다. 코오즈 정리를 개발한 코오즈, 노스(D. North), 윌리암슨(O. Williamson) 등이 대표적인 신제도주의 경제학자들이다.

우리가 배워 온 주류경제학(신고전학파이론)은 시장과 제도를 주어진 것으로 보고 시장이 어떻게 작동하는가를 분석하는 데에 주안점을 둔다. 그 과정에서 시장의 발전, 제도의 진화, 거래비용 등을 도외시하고 있다. 신제도주의 경제학은 이런 주류경제학의 한계를 보완해 주고 있다. 주류경제학계는 좋은 제도를 포함한 사회하부구조가 지속적인 경제성장과 선진국에 아주 중요하다고 보는데 이는 신제도주의 경제학의 영향을 크게 받은 것이다.

5 제도학파

제도학파
역사학파와 같이 역사적인 접근을 중시하면서 자본주의를 비판적 시각에서 고찰하는 학파

독일의 역사학파와 같이 역사적인 접근을 중요시하면서 자본주의를 비판적으로 본 미국의 학파로 제도학파(institutional school)가 있다. 제도학파의 대표적인 학자로는 일리(R. Ely), 커먼즈(J. Commons), 미첼(W. Mitchell), 베블렌(T. Veblen) 등이 있다. 이들은 신고전학파 경제학이 제도적 요인을 무시한 제한된 이론임을 지적하고, 문화발달과 사회 및 경제제도와의 연관관계를 설명할 수 있는 진화론적 경제학을 세워야 한다고 주장했다.

제도학파의 영향을 받은 갤브레이드(K. Galbraith), 뮈르달(G. Myrdal) 등은 현대의 주류경제학에 대하여 비판적인 입장을 취한다. 갤브레이드는 제13장에서 언급한 대항세력의 이론을 전개하여 현대자본주의의 각 부문이 세력관계를 형성하며, 정부와 기업은 기술관료(techno structure)에 의해 계획적으로 만들어지는 요소가 강함을 지적한다. 이러한 계획화 추세가 계속됨으로써 자본주의는 사회주의로 수렴한다는 입장을 취하고 있다.

뮈르달은 시장기구가 선진국 내의 부문간, 그리고 선진국과 후진국간의 불평등을 누적적으로 확대시키고 있음을 주류경제학이 도외시하고 있다고 비판한다. 이를 극복하기 위하여 개발도상국은 종합적인 발전계획을 세워 추진해 나가야 하며, 선진국의 민족주의적·폐쇄적 복지국가의 개념을 넘어서 「복지세계」로 지향해 나가야 한다는 점을 강조한다.

6 종속학파

　　오늘날 제3세계 국가들이 경제개발을 이루지 못하고 저개발에 머물러 있는 이유를 후진국의 내적 요인보다 자본주의 선진국들과 맺고 있는 대외적 종속관계에서 찾는 일단의 경제학자들을 종속학파(dependence school)라 한다. 종속학파의 대표적인 학자로는 바란(P. Baran), 산토스(Dos Santos), 프랭크(A. Frank), 아민(S. Amin) 등이 있다.

　　종속학파에 의하면 선진국과 후진국은 상호의존(interdependence)관계가 아니라 후진국이 선진국에 종속되는 관계에 있다. 여기서 상호의존관계는 두 나라 사이에 힘이 대등하여 영향력을 주고 받는 관계이고, 종속관계란 힘의 크기가 비대칭적이며 한 나라가 진정한 독립성과 자율성이 결여된 채 다른 나라로부터 일방적으로 영향을 받는 상황이다. 선진국은 후진국에 비하여 자본·기술·상업·자원은 물론 정치적·사회적 측면에서 우월한 위치에 있기 때문에, 후진국과의 부등가교환(unequal exchange)으로 후진국에서 생긴 경제잉여를 빼내어 갈 수 있다.

　　종속이론에 의하면 세계적인 자본주의체제에서 선진국은 중심부 혹은 수도권을 형성하고, 후진국은 주변부 혹은 위성권을 형성한다. 중심부는 주변부에 주로 공산품과 자본을 수출하고 다국적기업이 진출하며, 주변부로부터 식료품, 원자재 등 1차산품을 수입한다. 그런데 1차산품의 공산품에 대한 교역조건은 소득증대가 일어남에 따라 점점 악화되어 가는 부등가교환이 일어난다.

　　선진국과 후진국 사이에 중심부와 주변부의 관계가 있는 것처럼, 선진국은 선진국대로 후진국은 후진국대로 각각 나라 안에 중심부와 주변부를 가지고 있다. 이 중심부와 주변부간에도 이익의 부조화가 일어나며 주변부가 중심부에 종속된다. 후진국의 중심부는 선진국의 중심부와 야합함으로써 주변부의 값싼 노동력과 자원을 선진국에 제공하고, 그 대가로 선진국의 도움을 받아 주변부의 정치적·경제적 지배를

종속학파
제3세계 국가들이 저개발에 머물러 있는 이유를 내적 요인보다 자본주의 선진국들과 맺고 있는 대외적 종속관계에서 찾고자 하는 학파

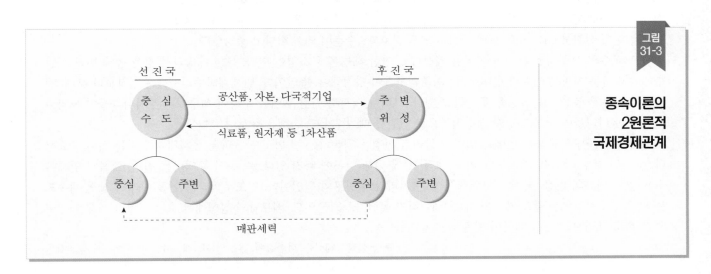

그림 31-3

종속이론의 2원론적 국제경제관계

장악한다. 후진국의 매판세력은 선진국의 중심집단과 수직적인 야합체계를 구축하고, 자신들의 이익보호를 위하여 종속관계를 심화시켜 중심국의 주변국에 대한 착취를 조장한다.

이상의 논의를 요약하면 그림 31-3과 같다.

종속이론은 식민모국과 식민지 사이에 정확하게 들어맞는 모형이다. 제2차 세계대전 이후 많은 제3세계국가들이 정치적으로는 독립하였지만 경제적으로는 종속관계가 온존되는 경우가 흔하였다. 특히 외국자본과 국내지주계급이 결합하여 값싼 노동력으로 커피, 코코아 등 1차산품을 대대적으로 생산·수출하는 남미 여러 나라에 대하여는 종속이론이 큰 설득력을 가진다. 사실 남미 여러 나라의 역사적 경험과 제도적 현상으로부터 종속이론이 나왔다. 후진국의 경제발전전략은 선진자본주의국가의 후진국에 대한 지배와 착취를 가능케 하는 종속관계를 축소하거나 단절하는 데서 찾아야 한다는 것이 종속이론의 정책적 시사점이다. 후진국의 중심부를 관료와 대기업, 주변부를 영세기업과 노동자로 해석함으로써 종속이론은 근본주의자들의 이론과 접목된다.

읽을거리 31-2 ▶ '빈곤의 종언'의 조건

제프리 삭스(Jeffrey Sachs) 교수는 하버드대학에서 최단기간에 정년보장을 받은 똑똑한 경제학자이다. 그가 1983년부터 20여년간 남미, 동유럽, 아프리카 등을 발로 뛰며 경험한 것을 토대로 빈곤의 원인을 파헤치고 2025년까지 지구상에서 절대빈곤을 몰아낼 수 있다는 해법을 제시했다. 『빈곤의 종언』(The End of Poverty)이라는 책에서다.

삭스 교수에 따르면 극심한 빈곤은 대개 물리적 환경에 기인하는 바가 크다. 예컨대 아프리카의 경우 3D 요인이 있는데 말라리아와 같은 질병(Disease), 농사를 망치는 가뭄(Drought), 그리고 교통망이 극히 열악한 거리(Distance)가 그것이다. 생존에 필요한 최소한의 건강, 식량, 물자가 담보되지 않으니 기아상태가 지속될 수밖에 없다.

따라서 빈곤의 해법 또한 원인을 제거하는 데에서 시작된다. 즉 말라리아나 에이즈 같은 질병 퇴치를 위한 방충망, 약제 등의 보급, 댐 등 관개시설의 건설, 가뭄에 견디는 품종 개발, 도로·교량 등 사회간접자본의 확충 등을 필요로 한다. 이렇게 3D 환경을 극복해 가면서 개방경제의 성장전략을 택함으로써 빈곤을 탈출할 수 있다고 본다. 삭스 교수는 2025년까지 지구상에서 절대빈곤을 몰아내기 위해서는 잘 사는 나라들이 적극 도와 주어야 하며 원조의 규모는 현재 선진국 GDP의 0.2% 수준보다 훨씬 큰 0.7% 수준이 돼야 한다고 주장한다.

삭스 교수의 사실적인 분석과 꼼꼼한 계산에 근거한 해법은 호소력이 있다. 특히 개방과 성장을 통해 빈곤을 탈출해야 한다는 처방은 이른바 반(反) 세계화주의자들이 경청해야 할 말이다. 반세계화주의자들은 성장보다 분배, 개방보다 자주를 통한 빈곤탈출을 주장하고 있다. 그러나 역사적 경험은 이들 주장이 허구이며 부자나라들이 도와주되 가난한 나라들이 이를 개방화 성장전략으로 연결할 때 빈곤을 탈출했음을 보여 준다.

따라서 빈곤을 탈출하는 데에는 열악한 물리적 환경을 극복하는 것 말고도 올바른 통치체제를 갖는 것이 중요하다. 북한의 경우 환경적 3D가 아니라 체제적 3D에 의해 빈곤에 빠져 있다. 즉 공산 주의라는 질병, 열심히 일해야 소용없는 의욕의 가뭄, 국제적 고립에서 오는 거리감이 빈곤의 원인이다. 인도주의라는 이름 아래 무작정 계속되는 퍼주기식 원조로는 결코 체제의 3D를 제거하지 못한다. 중국, 인도, 베트남의 경험에서 보는 것처럼 체제를 개혁(改革)하고 개방으로 나설 때만이 빈곤 탈출이 가능하다.

<출처: 한국경제신문, 다산칼럼, 남성일(서강대 교수), 2006. 8. 2.에서 발췌.>

1　모든 경제이론은 다른 사회과학의 이론이 그러하듯이 시간과 사회의 제약을 받는 상대적인 이론이다. 역사적으로 시대와 사회가 달라짐에 따라 많은 경제이론들이 명멸하였다. 오늘날 우리 현실에 비추어 볼 때 각 이론은 취할 점도 있고 버릴 점도 있다.

2　중상주의란 중세의 봉건사회 붕괴 후 중앙집권적인 절대국가가 형성되기 시작한 15세기 중엽에서부터 산업자본주의가 등장한 18세기 중엽까지의 3세기 동안 유럽의 경제정책을 지배한 사상을 말하며, 정부주도하에 부국강병책을 실시하고 수출위주의 경제성장을 꾀했다.

3　중농주의학파는 통일된 학설을 제시했다는 점에서 최초의 경제학파이다. 중상주의와는 달리 인위적인 보호·간섭·통제를 배척하고 자유방임주의를 주장하였다. 국부의 원천을 토지라 하여 농업을 중시하였다.

4　고전학파는 국부의 원천을 노동이라고 봄으로써 중농주의의 국부의 개념을 확대시키고, 자유방임주의를 이어받아「작은 정부의 이론」을 제창하였다. 모든 개인이 사적인 이익을 위해 자유롭게 경제활동을 하면「보이지 않는 손」에 의해 공익은 자동적으로 증진된다고 본다. 이론의 분석방법은 연역적 방법에 의한 일반균형분석이고, 「보이지 않는 손」에 의해 항상 완전고용이 달성된다고 보며 객관적 가치설을 전개한다.

5　역사학파는 독일의 경제적 후진성을 탈피하기 위하여 국가가 국민경제를 보호·육성할 것을 주장한 학파이며, 구역사학파와 신역사학파로 나누어진다. 구역사학파는 보호무역주의와 국가의 적극적인 유치산업 육성정책을 주장한다. 신역사학파는 윤리적 국민공동체 이론과 국가의 적극적 사회정책을 주창한다.

6　산업혁명에 따른 부의 불균형상태가 팽배하자 노동자계급이 자본가계급에 대해 조직적인 운동을 통하여 투쟁을 하게 되었다. 노동자계급의 입장을 대변한 학파가 사회주의경제학파이다. 사회주의경제학파는 그 주장과 내용에 따라 공상적 사회주의와 과학적 사회주의로 나눌 수 있다.

7　한계효용학파는 사회주의와 노동조합운동에 반대하면서 고전학파와 같이 정부의 간섭을 배제하고 자유방임정책을 옹호한다. 그들은 한계효용의 이론에 의해 상품가격의 결정을 설명하고 이를 통하여「스미스의 역설」을 해결하였으며 경제학을 정치경제학이 아닌 정밀과학으로 출발시켰다.

8　케임브리지학파는 고전학파의 노동가치설과 한계효용학파의 한계효용의 이론을 종합·발전시켜 수요·공급의 이론을 완성하였다. 역사학파와 같이 경제이론은 역사적 현실의 검증을 통하여 현실경제문제의 해결에 기여하여야 한다고 보고 사회주의학파의 이론을 배척하였다. 이들의 경제이론은 현대 미시경제학의 근간을 이룬다.

9 　케인스학파는 1930년대 세계대공황에 대하여 정책적 처방을 제시한 케인스로부터 비롯되었다. 케인스는 극심한 실업의 원인이 총수요의 부족이라고 보고 공공사업을 일으켜 정부지출을 증대시키는 등 강력하고 직접적인 재정정책을 주장하였다. 재량적인 재정정책으로 총수요를 관리해야 한다는 케인스의 주장은 케인스학파에 의하여 계승되었다. 이에 반하여 고전학파의 전통을 계승한 통화주의자와 새 고전학파는 정부의 인위적인 경제개입을 반대하고 자유시장기구의 기능을 가급적 살려 정부의 실패를 막아야 한다는 입장이다. 케인스학파와 고전학파계통의 이론을 주류경제학이라 한다.

10 　비주류경제학 혹은 정치경제학에는 마르크스-레닌주의, 급진파, 제도주의자, 종속학파 등이 있다.

11 　한국경제는 세계화라는 시대적 상황과 정치경제학이 강조하는 사회세력간 이해관계 및 제도적 요인 등을 수용한 주류경제학의 틀에서 효율을 앞세운 안정성장과 형평을 추구해 나가야 한다.

주요용어 및 개념　　　　　　K / E / Y / W / O / R / D / S / & / C / O / N / C / E / P / T

- 중상주의
- 중농주의학파
- 고전학파
- 역사학파
- 사회주의경제학파

- 한계효용학파
- 케임브리지학파
- 불변자본
- 가변자본
- 잉여가치

- 노동가치설
- 마르크스-레닌주의
- 신좌파
- 현대 마르크스주의자
- 신제도주의 경제학

- 제도학파
- 종속학파

연습문제　　　　　　E / X / E / R / C / I / S / E

1 　"모든 경제이론은 시간과 사회의 제약을 받는 상대적인 이론이다."이 기술을 각 학파의 예를 들어 가며 설명하라.

2 　중상주의, 중농주의학파, 고전학파, 역사학파, 사회주의경제학파, 한계효용학파, 케임브리지학파, 케인스학파, 통화주의자. 새 고전학파, 각종 비주류경제학파가 등장한 시대적 배경을 설명하고, 각 학파의 같은 점과 다른 점, 정책적 시사점 등을 논하라.

3 　1960년대와 70년대에 수출제일주의를 내걸고 경제입국에 매진했던 우리나라의 경제정책은 일부 학자들에 의하여 중상주의의 현대판이라는 뜻으로 신중상주의라 불리어졌다. 중상주의와 같은 점, 다른 점을 생각해 보라. 중상주의 사상을 우리가 배워 온 경제이론으로 평가하라.

4 　최근 주요 선진국들의 보호무역정책과 개발도상국들의 무역정책은 중상주의 및 역사학파의 입장과 어떤 연관을 가지는가 생각해 보라.

5 다음의 기술은 어느 학파의 입장을 대변하며 정책적 시사점은 무엇인가?

(1) 진주의 값이 비싼 것은 해녀가 생명을 걸고 해저 깊이 뛰어 들어가서 따왔기 때문이 아니라, 반대로 진주의 값이 비싸기 때문에 해녀가 바다 속으로 들어가는 것이다.

(2) 피라밋의 건조나 지진, 전쟁과 같은 것도 부를 증진함에 기여할 수 있다.

(3) 가치판단의 설정은 특정한 역사적 상황의 평가로부터 나오게 되는 것이며, 따라서 그 자체에 구체적인 "객관성"을 핵으로 가지고 있다.

(4) 지금까지의 인류역사는 계급투쟁의 역사이다.

(5) 공산주의는 자본주의 발전에 실패한 나라들이 감염되기 쉬운 「과도기의 질병」이다(로스토우).

(6) 신고전학파는 사람들간의 거래가 자발적인 교환으로 이루어지며 따라서 쌍방 모두 이득을 본다는 점을 강조한다. 그러나 "돈을 내 놓든지 생명을 내 놓으라!"는 강도와의 거래처럼 거래결과는 거래조건에 따라 달라진다. 거래조건은 권력·강제·힘·재산 등에 의해 결정된다.

(7) 우리나라는 외세로서의 미·일제국주의, 파시즘, 매판자본, 그리고 자유보수세력이 노동자·농민·도시빈민·혁명적 인텔리겐치아와 대립 투쟁하는 양극의 사회이다.

6 사회주의국가에는 인플레이션과 실업이 없다. 국가가 정한 가격대로 물건을 출하해야 하고 모든 근로자는 직장에 「배치」되기 때문이다. 그런데 인플레이션과 실업이 따르게 마련인 시장경제요소를 왜 도입하려고 하는가? 중국은 최근에 기업파산법을 만들어 실업이 생길 소지를 만들었다. 왜 그럴까?

7 구소련에서 농경지 중 사유지는 1% 이내인데, 여기에서 나오는 농산물은 전체 농산물 생산량의 1/3에 달했다고 한다. 이 구체적인 예에서 효율과 형평과의 관계를 논하라.

8 "모든 사람은 자기 밥그릇으로 밥을 먹자"는 중국의 최근 슬로건은 사회주의 최초의 슬로건과 어떻게 다른가?

9 한반도에도 머지않아 독일과 같은 대변혁이 일어날 것이라는 기대와 전망이 나오고 있다.

① 남북한과 동서독의 같은 점, 다른 점들을 비교 설명하라.

② 남북한의 통합에 대비하여 남한이 먼저 해야 할 일들은 무엇일까?

③ 통합 이후의 경제체제는 어떤 형태여야 할 것인가를 토론해 보라.

④ "독일의 통일은 서독이 돈으로 산 것이다." 이 말을 논평하고 한반도 통일을 위한 시사점을 논하라.

10 현실사회주의의 몰락으로 자본주의가 그 자체의 모순을 시정해 나가는 노력을 게을리하는 데 기여하고 있다고 일부 식자들은 개탄한다. 사회주의의 등장과 발전이 자본주의를 순화시키는 데 어떻게 기여해 왔는가를 살펴봄으로써 이 개탄을 음미해 보라.

11 우리나라를 종속이론으로 설명한 1980년대 운동권논리를 비판적으로 논하라.

12 다음 기술이 옳은가 그른가를 밝히고 그 이유를 설명하라.

① 특정시대에만 국한하면 경제이론은 절대적인 이론이다.

② 중상주의는 경제에 대한 시장의 역할을 중시한다.

③ 중상주의는 국가간의 무역을 영합게임으로 본다.

④ 중농주의 학파는 자유방임주의이다.

⑤ 고전학파는 중농주의의 자유방임주의를 이어받아 「작은 정부의 이론」을 제창하였다.

⑥ 급진파 또는 신좌파는 시장실패를 인정하여 정부가 이를 교정해야 한다는 입장이다.

⑦ 국가독점자본주의란 국가가 기업을 직접 경영

하는 것을 말한다.

⑧ 개인들의 이익추구가 저절로 공공이익의 증진으로 연결되지 않는 자본주의를 천민자본주의라 한다.

⑨ 아프리카의 기아상태를 지속시키는 3D는 Disease, Drought, Dirty이다.

⑩ 효율 또는 성장과 형평 또는 분배는 상충관계이다.

⑪ 산업연관분석의 효시가 된 것은 중농주의학파의 창시자 미라보가 저술한 『경제표』이다.

⑫ 마샬은 고전학파경제학자이다.

⑬ 한계효용학파는 사회주의경제학파와 마찬가지로 자본주의의 장래에 대해 비관적 견해를 가졌다.

⑭ 한계효용학파는 고전학파와 마찬가지로 자유방임정책을 옹호하였다.

⑮ 후생경제학에서 잘 알려진 파레토와 피구는 케임브리지학파이다.

⑯ 한계효용학파는 고전학파와 마찬가지로 경제의 생산측면을 강조하였다.

⑰ 케임브리지학파는 균형가격 결정에서 한계효용보다 생산비가 더 중요하다고 보았다.

⑱ 개인과 기업의 행태를 분석하는 미시경제학은 마샬의 제자 케인스로 대표되는 케임브리지학파에 의해 체계화되었다.

⑲ 마르크스는 자본주의가 발전할수록 "자본의 유기적 구성"이 높아지는 반면 이윤율은 하락한다고 보았는데 마르크스가 말하는 자본의 유기적 구성은 솔로우모형의 1인당 자본량과 비슷한 개념이다.

⑳ 마르크스는 자본주의가 발전할수록 자본의 유기적 구성이 높아지는 반면 "이윤율은 하락"한다고 보았는데 이윤율의 하락을 예상한 것은 신 성장이론에서 강조하는 R&D 투자나 인적자본의 역할을 고려하지 않았기 때문이다.

ㄴ

제8판
현대경제학원론

초판발행	1985년 3월 15일
전정판발행	1988년 3월 10일
제2전정판발행	1991년 2월 25일
제3전정판발행	1994년 3월 10일
제4전정판발행	1999년 2월 25일
제4전정판(수정판)발행	2003년 2월 20일
제5판발행	2007년 1월 5일
제6판발행	2012년 3월 10일
제7판발행	2018년 3월 15일
제8판발행	2025년 2월 28일

지은이	김대식 · 노영기 · 안국신 · 이종철 · 박성용
펴낸이	안종만 · 안상준
편 집	배근하
기획/마케팅	조성호
표지디자인	이영경
제 작	고철민 · 김원표
펴낸곳	(주) **박영사**
	서울특별시 금천구 가산디지털2로 53, 210호(가산동, 한라시그마밸리)
	등록 1959.3.11. 제300-1959-1호(倫)
전 화	02)733-6771
f a x	02)736-4818
e-mail	pys@pybook.co.kr
homepage	www.pybook.co.kr
ISBN	979-11-303-2140-0 93320

정 가	43,000원